Edgar Wolfrum
Die geglückte Demokratie

W0077794

Schriftenreihe   Band 641

Edgar Wolfrum

Die geglückte Demokratie

Geschichte der Bundesrepublik Deutschland
von ihren Anfängen bis zur Gegenwart

bpb:
Bundeszentrale für politische Bildung

Der Autor:
Edgar Wolfrum, geb. 1960, ist Professor für Zeitgeschichte an der Universität Heidelberg.

Mit 95 Abbildungen, Karten und Tabellen

Bonn 2007
Lizenzausgabe für die Bundeszentrale für politische Bildung
Adenauerallee 86, 53113 Bonn

Klett-Cotta
© J.G. Cotta'sche Buchhandlung Nachfolger GmbH, gegr. 1659, Stuttgart 2006

Umschlaggestaltung: Michael Rechl, Kassel
Umschlagfoto: © Langrock / Zenit / laif

Druck und Bindung: GGP Media GmbH, Pößneck

ISBN 978-3-89331-795-0

www.bpb.de

Inhalt

Für Claudia

Dank

Mein Mitarbeiter, Dr. Cord Arendes und Katrin Hammerstein, Doktorandin in meinem Graduiertenkolleg, haben das Manuskript ganz gelesen und wichtige Verbesserungsvorschläge gemacht – herzlichen Dank. Kollegen gaben zu verschiedenen Gelegenheiten Anregungen, Zuspruch und Kritik; ich danke Prof. Dr. Frank Engehausen, Prof. Dr. Hans Günter Hockerts, Prof. Dr. Manfred G. Schmidt, Prof. Dr. Heinrich August Winkler und Prof. Dr. Eike Wolgast. Dank gebührt meinen wissenschaftlichen Hilfskräften, die viel geleistet haben: Caroline Hesch, Victor Tuczek und Elena Zhludova. Mit großem Sachverstand lektorierte Dietmar Töpfer das Buch. Die Zusammenarbeit mit ihm und mit Dr. Christoph Selzer vom Verlag Klett-Cotta war eine Freude.

1 Fragen an die Bundesrepublik

Wie läßt sich eine Geschichte der Bundesrepublik Deutschland heute schreiben? Liefert die Geschichte der zweiten deutschen Demokratie den Stoff für ein Epos? Einem Drama gleicht sie glücklicherweise nicht: Im Unterschied zur Weimarer Republik kannte der Weststaat keine dramatischen Systemkrisen und »keine bis auf die Knochen einschneidenden Zäsuren«.[1] Das Aufregende an der Geschichte der Bundesrepublik ist, daß die Katastrophe ausblieb und daß dieser Staat zu einer der stabilsten und angesehensten westlichen Demokratien geworden ist. Der Weg dorthin war – nach Nationalsozialismus, Zivilisationsbruch und Zäsur von 1945 – alles andere als selbstverständlich. Er ist vielmehr außerordentlich erklärungsbedürftig und im Grunde so ungewöhnlich, daß er uns heute noch ins Staunen versetzen muß. Daraus insbesondere leitet sich die Berechtigung ab, sich mit den demokratischen Wandlungen der Deutschen und der bundesdeutschen Demokratie zu befassen. Das Deutschland im Westen entwickelte sich zu einem zivilisierten Staat; seine Kennzeichen waren Friedfertigkeit, Postnationalismus, soziale Marktwirtschaft und die Rechtsstaatlichkeit. In dieser freiheitlichen Gesellschaft bildete sich etwas Wichtiges aus: eine Art Zivilisierungsprozeß. Nicht weil die Menschen anders, sondern weil die Strukturen anders waren, gestaltete sich dieser Prozeß mächtiger als in der DDR. Der Kollaps des Kommunismus ermöglichte, daß sich diese Veränderungen auf Ostdeutschland auswirkten, ja, in der Revolution von 1989 bildete sich hier eine eigene Zivilgesellschaft.[2]

Diese Geschichte der deutschen Demokratie ist nicht – wie die der DDR – abgeschlossen; »die Bundesrepublik ist nicht, hat aber eine Geschichte«.[3] Bevor ich meine Leitperspektive für dieses Buch darlege, sollen einige grundlegende Fragen erörtert werden, ohne die eine Gesamtgeschichte der Bundesrepublik nicht geschrieben werden kann. Kein anderer zeitgenössischer Staat dieser Erde ist so umfassend und so systematisch erforscht wie die Bundesrepublik Deutschland. Die bisherige Forschung läßt sich nach zehn Darstellungsformen und Zugriffen strukturieren, die mit unterschiedlichen Phasen der wissenschaftlichen Aufarbeitung einhergehen, mit Verwissenschaftlichungsschüben und mit jeweiligen Fragen, die verschiedene Generationen an die bundesdeutsche Geschichte gestellt haben.

1. Nation und Nationalgeschichte

Das Ende der DDR und die Vereinigung der beiden deutschen Nachkriegsstaaten 1989/90 markieren einen epochalen Einschnitt. Die Geschichte der Bundesrepublik

Deutschland war und ist nicht die Geschichte ganz Deutschlands. Das Denkmodell einer postnationalen Westrepublik von Dauer ist obsolet geworden. Die Zäsur von 1989/90 spülte alle vermeintlichen Gewißheiten über die deutsche Zweistaatlichkeit als dem vorgeblich logischen Ende aller Sonderwege unwiederbringlich fort. Die Neuvermessungen nach 1989/90 bewegten sich bisweilen jedoch in einem fast triumphalistischen Rahmen. Manchen Wissenschaftlern ist vorgeworfen worden, sie begrüßten die Wiedervereinigung nur mit »gestopften Trompeten«,[4] weil sie die Bundesrepublik schon lange nicht mehr als Provisorium, sondern als Definitivum betrachtet hätten. Vollkommen daneben gingen geschichtsrevisionistische Darstellungen, die 1990 als »Stunde Null« zelebrierten: als Wiedergeburt der Nation, die die angebliche bundesdeutsche »Abirrungsgeschichte«, die »bundesrepublikanische Sonderexistenz« beendet habe. Einige wenige deuteten die Bundesrepublik als amerikanisch »besetzte(n) Teilstaat« und denunzierten damit die Westbindung als nun unnötiges Opportunitätsprinzip.[5]

Beim »Nations-Paradigma« müssen alle Ansätze mitbedacht werden, die sich mit dem Problem befassen, wie die Geschichte der DDR einbezogen werden kann. Ich nenne nur die wichtigsten: Parallelgeschichte,[6] Beziehungsgeschichte oder – besser – eine »asymmetrisch verflochtene Beziehungsgeschichte«,[7] Geschichte der teilungsbedingten Sonderentwicklungen oder – besser – Geschichte eines »symbiotische(n) Antagonismus«, in dem aber einzig und von Beginn an die Bundesrepublik das zukunftsträchtige Modell war.[8] Neuerdings ist die Untersuchung der Rezivilisierung der Deutschen hinzugetreten, die anhand von drei Zeitabschnitten betrachtet wird: 1945/49, die 60er Jahre und 1989/90.[9]

2. Supranationalität, internationale Verflechtung

Dieses Paradigma bildet die Gegenseite zum gerade genannten. Es fußt auf folgenden Deutungen: Ende des deutschen Sonderwegs 1945, zumindest im Westen; Kontrolle Westdeutschlands durch internationale, vor allem europäische Integration; freiwillige Souveränitätsabgabe, um Vertrauen im Westen zu schaffen. So ist eine Zähmung der unruhigen Deutschen gelungen. Weil Souveränitätsrechte permanent auf supranationale Institutionen wie die EG/EU oder die NATO übertragen wurden, ist in dieser Deutung die Bundesrepublik heute, so Heinrich August Winkler, nur noch ein »postklassischer Nationalstaat unter anderen«.[10]

Demgegenüber wirft Hans-Peter Schwarz die Frage auf, »ob die Geschichte der Bundesrepublik nicht doch einmal mit einem neuen Paradigma aufgeschlüsselt werden müßte, nämlich als die Geschichte eines Staates, der sich nicht zum ›postklassischen Nationalstaat‹ weiterentwickelt …, sondern der die tragenden Elemente seiner Staatlichkeit planmäßig und unüberlegt zugleich auflöst – planmäßig wegen des unablässigen Drängens seiner politischen Eliten auf gleichzeitige Vertiefung und Erweiterung der EU, unüberlegt deshalb, weil damit die Selbstbestimmung des deutschen Volkes und somit die Voraussetzung zur demokratischen Gestaltung der eigenen Geschicke preisgegeben wird.«[11]

3. Modernisierung und Demokratisierungserfolge

Daß die Bundesrepublik eine Erfolgsgeschichte war, ist nach simplen Kriterien nicht zu leugnen. Diese Ausgangsbasis für eine historische Interpretation muß berücksichtigt und darf nicht relativierend herabgewürdigt werden. *Bonn ist nicht Weimar*, so betitelte der politische Beobachter Fritz René Allemann sein Buch im Jahr 1956 erleichtert;[12] und Bonn wurde nicht Weimar – das war schon viel!

Die Bundesrepublik: ein Phönix aus der Asche. In den 50er Jahren hat demnach Westdeutschlands Erfolgsweg zur demokratischen Gesellschaft begonnen; Wohlstandsexplosion, soziale Sicherung und die Entwicklung hin zur Konsumgesellschaft halfen hierbei kräftig mit. Für die »Bonnensische Denkschule« bedeutete die »geglückte Neuordnung«[13] das Gegenkonzept zur älteren linken Restaurationsthese. Das Modernisierungsparadigma – zumindest das Paradigma von der »Modernisierung unter ›konservativen‹ Auspizien«[14] – war ein anspruchsvoller Interpretationsrahmen. Es gelang, so die Argumentation, eine fast unerwartete Versöhnung der Modernisierungsprozesse in den verschiedenen gesellschaftlichen Bereichen. Modernisierung verband sich zudem mit Demokratisierung: Das war ein Novum in der deutschen Geschichte. Die Bundesrepublik war erfolgreich, ihre Geschichte überaus glücklich, sie erwies sich – das betonen vor allem ausländische Beobachter bis heute – als Anker der Stabilität. Allerdings haben die Bundesdeutschen ihre Modernisierungserfolge konsumiert, ohne sich über die Ambivalenz ihrer Grundlagen viele Gedanken zu machen: Hätte es ohne den vorangegangenen Zivilisationsbruch, den die Deutschen zu verantworten hatten, diesen kometenhaften Aufstieg gegeben?

4. Liberalisierung, »Westernisierung«, Zivilisierung

Die Aussage Ralf Dahrendorfs:»Die deutsche Frage ist die Frage nach den Hemmnissen der liberalen Demokratie«, die er in seinem Buch *Gesellschaft und Demokratie in Deutschland* aus dem Jahr 1965 machte,[15] ist in linksliberalen Kreisen bald bekenntnishaft nachgesprochen worden. Sie stimmte die Grundmelodie eines neuen Demokratiediskurses an. Die Heldenepoche dieses Paradigmas sind die 60er Jahre, die als »Gelenkzeit zwischen den in Konsolidierungsprozessen auslaufenden Problemen der Gründerjahre« und dem Aufbau eines schließlich »dramatisch in den Vordergrund rückenden Veränderungspotentials« beschrieben werden.[16] Die 60er Jahre gelten als dynamische Zeit, als Epoche der Fundamentalliberalisierung und als Beginn einer westlichen Zivilgesellschaft. Am Ende des Jahrzehnts des Auf- und des Umbruchs, das in der gegenwärtigen Forschung bis in die frühen 70er Jahre hinein verlängert wird, war die Bundesrepublik zu einer pluralistischen westlichen Demokratie mit zivilgesellschaftlichen Werthorizonten geworden. Die 60er Jahre – eine zweite bundesdeutsche Sattelzeit, ein Scharnierjahrzehnt zwischen Wiederaufbau und postindustrieller Moderne.

Der Charme dieser Deutung speist sich aus mehreren Aspekten: Sie verträgt sich 1. mit Eric Hobsbawms globaler Deutung vom »Goldenen Zeitalter«, das bis 1973 dauerte, also: Durchbruch der Konsumgesellschaft, Abschied von der Agrargesellschaft, schrittweise Entfernung von der Klassengesellschaft, neue Wertorientierungen.[17] Sie bezeichnet 2. die Liberalisierung als Generationenprojekt vornehmlich der »45er«-Generation, schließt jedoch 3. auch die Protestgeschichte der 68er mit ein. Sie erzählt 4. von der »Umgründung« der Republik, davon, wie die bundesdeutsche Demokratie vor allem in ihrer zweiten Phase seit dem Machtwechsel von 1969 feste Wurzeln erhielt.[18] Und sie teilt damit letztlich die Geschichte der Bundesrepublik in zwei gleich lange Hälften: Zwischen 1949 und 1989 liegt 1968/69. Also *Drei Mal Stunde Null?* – 49, 69, 89.[19]

5. Belastungsgeschichte und Nachgeschichte des Dritten Reiches
Die Restaurationsthese, die ein neomarxistisch inspiriertes destruktives Interpretationskonzept zur Gründung der Bundesrepublik abgab und deren Blütezeit in den 70er Jahren lag, hat heute keine ernsthaften Anhänger mehr.[20] Allenfalls wird den Gründerjahren eine »autoritäre Demokratie« zugeordnet. Das eigentliche »Wunder« der Bundesrepublik war indessen nicht das Wirtschaftswunder. Das Wunder war, wie aus den ehemaligen Volksgenossen der NS-Diktatur demokratische Bürger wurden. Welches waren die Erfolgsrezepte? Welche Kosten verursachten sie? Wie ragte das katastrophale moralische Erbe in die Bundesrepublik hinein? Wie war es um die Amnesie der Gesellschaft und um eine Amnestie der Täter bestellt? Warum wurden die NS-Täter integriert und die Opfer vergessen? Elitenkontinuität, »Karrieren im Zwielicht« und opportunistische Vergangenheitspolitik[21] umschreiben das Paradigma der Nachgeschichte des Dritten Reiches.

6. Ankunftsgeschichte
Die Geschichtsschreibung mit der Ankunftsthese verfügt über zwei Spielarten, eine ältere und eine jüngere. Die ältere aus der Mitte der 80er Jahre entdeckte die bundesdeutsche Eigengeschichte. »Wie sehr sie sich dagegen gesträubt hat, die Bundesrepublik Deutschland hat eine Geschichte, und diese soll erzählt werden«, hieß es im Vorwort eines großen fünfbändigen Standardwerkes.[22] Ziel war es, ein auf die Bundes-

republik bezogenes demokratisches Geschichtsbewußtsein hervorzurufen und damit zur Festigung und zur Selbstanerkennung der Bundesrepublik beizutragen. Das geschah oft ohne relativierenden gesamtnationalen Vorbehalt; dementsprechend spielte die DDR kaum mehr eine Rolle.

Die jüngere Variante aus der Feder Heinrich August Winklers argumentiert nicht aus einer solchen Verengung heraus. Vielmehr bestimmen der 18. Januar 1871 und der 3. Oktober 1990 die Sichtachse und die Wertung. Indem er die Bundesrepublik und die DDR parallel betrachtet, läßt Winkler den deutschen Sonderweg *erst* mit der »Normalisierung« und supranationalen Zähmung des deutschen Nationalstaates 1990 enden, mit dem das ganze Deutschland an seinem eigentlichen Ziel, nämlich im Westen, angekommen ist. Erst seit 1990 ist endgültig geklärt, wo Deutschland liegt und wo seine Grenzen verlaufen; eine deutsche Frage gibt es nicht mehr, und die Deutschen haben auch keinen Anspruch auf fortdauernde Anomalie.[23]

7. Hegemoniegeschichte

Die Bundesrepublik war und ist eine wirtschaftliche Großmacht. Vor allem aus französischer Sicht flößte der Wirtschaftsgigant Bundesrepublik Furcht ein, weil wirtschaftliche Macht auch in politisches Gewicht umzumünzen war oder dies bereits bedeutete.[24] Der erneuerte deutsche Nationalstaat von 1990 war noch größer und schien noch potenter als die zuvor schon von Frankreich und Italien häufig als übermächtig empfundene Bundesrepublik; das polemische Wort vom »Vierten Reich« nach der Wiedervereinigung machte die Runde. Die beiden Verlierer des Zweiten Weltkriegs, Japan und Deutschland, sowie die USA seien die neuen Supermächte.

8. Niedergangsgeschichte

Scheitert Deutschland? fragte Arnulf Baring ein um das andere Mal und diagnostizierte die deutsche Krankheit;[25] auch Christian Graf von Krockow schrieb über den »deutschen Niedergang«.[26] Hinzu kamen seit dem Ausgang der 90er Jahre zahlreiche ökonomische Diagnosen, in denen aus dem stolzen »Modell Deutschland« ein Sanierungsfall wurde. Angesichts des Drucks, welchen die Globalisierung erzeuge, habe das deutsche System der sozialen Marktwirtschaft ausgedient; den einstigen »Superstar« Deutschland sahen manche Autoren am Boden liegen.[27] Liberale Ökonomen kritisieren die Wucherungen und Verkrustungen des bundesdeutschen Wohlfahrtsstaates. Seine Reformprobleme ließen sich anscheinend kaum lösen; Etatismus und lähmender Legalismus kennzeichneten ihn ebenso wie eine träge nationale Gewerkschaftsmacht auf der einen und die flinke, global ausgerichtete Macht des Kapitals auf der anderen Seite. Die »blockierte Republik« geriet zum Schlagwort;[28] Krisenszenarien und Schwarzmalereien stiegen zu Verkaufsschlagern auf, so, als wollte sich das erschrockene Publikum an den Untergangsbeschreibungen noch ergötzen. Die Deutschen, so suggerieren es diese Kritiker, sind in jeglicher Hinsicht risikoscheu und machtvergessen geworden, nachdem sie in der ersten Hälfte des 20. Jahrhunderts machtversessen gewesen waren.

9. Geschichte der Genese heutiger Probleme

Ausgangspunkt des strukturell-genetischen Zugriffs auf die Geschichte der Bundesrepublik ist die Erkenntnis von der Janusgesichtigkeit der Modernisierung. Die Moderne setzt eine Kumulation unbeabsichtigter Nebenwirkungen frei, die Modernisierung ist also nicht nur Problembewältigerin, sondern ebenso Problemerzeugerin.[29] Erst heute werden Probleme sichtbar und in ihrer ganzen Tragweite erkannt, die bereits eine längere Vorgeschichte hatten. Dieses heutige Wissen deutet auf etwaige Strukturfehler hin, auf Fehler im System und in der Steuerung, die der Bundesrepublik in die Wiege gelegt waren oder im Verlauf ihrer Geschichte hinzutraten. Politische Steuerung bewältigt somit einerseits Probleme, andererseits erzeugt sie aber auch Probleme, die sich jedoch erst später als heikel oder sogar prekär herausstellen können. Das trifft etwa mit Blick auf die Sozialsysteme zu, die als Lohnersatz konzipiert waren und damit in direkter Konkurrenz zur Arbeit standen. Franz-Xaver Kaufmanns Wort von der »Sozialpolitik zweiten Grades« umfaßt treffend die prekäre Situation: Diese ist unablässig mit der Bewältigung von Folgeproblemen beschäftigt, die sich als Nebenwirkungen, Spätfolgen oder aus veränderten Voraussetzungen der Sozialpolitik erster Ordnung ergeben.[30] Probleme erwuchsen überdies aus dem Institutionengefüge der Bundesrepublik: Kartellgesellschaft, Konkordanzdemokratie, blockierte Gesellschaft, Reformstau, so lauten nur einige Stichworte.

10. Normalisierungsgeschichte

Die Bundesrepublik war weitaus mehr als andere Demokratien eine »lernende Demokratie«.[31] Sie hat dann ihren Platz unter den demokratischen Verfassungsstaaten westlicher Tradition gefunden. Die Deutschen sind heute nicht mehr »besonders«, weder im schlechten noch im guten, sondern sie kennzeichnet eine Normalität, die vollkommen unspektakulär ist. Dieses Paradigma läuft darauf hinaus, daß die Bundesrepublik kein besonders nachahmenswertes Vorbild mehr darstellt, aber auch kein alarmierend rückständiger politischer Nachzügler mehr ist. Sie ist auch keine kulturelle, politische oder wirtschaftliche Führungsmacht, sondern einfach normal und ein bißchen langweilig. Jede »Normalität« hat gewisse Besonderheiten. Die dominierende Entwicklungstendenz der alten Bundesrepublik verlief in Richtung »Konzentration« und »Zentralisierung«, etwa hinsichtlich des Parteiensystems oder der Länder. Ihre Institutionen sind durch eine im internationalen Vergleich große

Kontinuität geprägt; Stetigkeit findet sich auch bei den Eliten; die Ziele und Strategien der Außenpolitik zeichnete ebenfalls ein hoher Grad an Kontinuität aus. Die Anomalie bestand in der Vergangenheitshypothek und der fortwährenden Spaltung der Nation.

Ausgehend von den vorgestellten Überlegungen wird die Geschichte der Bundesrepublik Deutschland in diesem Buch *chronologisch* durchschritten. Ein chronologischer Aufbau ist wichtig, damit die Wirkungszusammenhänge von verschiedenen Dimensionen nicht zerrissen werden. Denn wir haben es im Zeitraum zwischen 1945 und heute mit wechselnden Problemkonstellationen zu tun: Einmal sind deutschdeutsche Beziehungen das Herausragende, und deshalb muß an diesen Stellen die Entwicklung in der DDR mit betrachtet werden, dann wieder sind europäische Prozesse wichtiger oder auch Eigenentwicklungen Westdeutschlands.

Das Buch beginnt mit einem Kapitel über Deutschland nach dem Krieg, das die alliierte Besatzungszeit 1945–1949 und die Spaltung der Nation beschreibt. Dann gliedert es sich in vier Teile und setzt auf diese Weise die entscheidenden Zäsuren in der bundesdeutschen Geschichte: das Gründungsjahrzehnt von 1949 bis 1959, die Ära neuer Dynamik und Liberalisierung von 1959/60 bis 1973, die Epoche neuer Probleme und der Globalisierung von 1974 bis 1989 und der Zeitraum von 1990 bis heute: die unverhoffte Wiedervereinigung und der Weg von der Bonner zur Berliner Republik. Worauf können die Deutschen heute aufbauen, welche neuen Herausforderungen und Chancen – im Innern wie in der Außenpolitik – stellen sich? Innerhalb der chronologischen Teile finden sich jeweils drei *systematische Kapitel*: 1. die Innenpolitik, also Politik und Staat, das Institutionengefüge und die Institutionenentwicklung, die politischen und ökonomischen Konflikte und Entscheidungen, die Gesetzgebung, das Regierungshandeln und die Regierungswechsel; 2. die Außenpolitik, also das Problem von supranationaler Einbettung der Bundesrepublik einerseits und fortbestehender nationaler Ansprüche angesichts der bis 1989/90 offenen deutschen Frage andererseits sowie allgemein die Veränderungen im internationalen System, die Europäisierungs- und Globalisierungstendenzen, die weltwirtschaftlichen Verflechtungen; 3. die Sozialkultur, also der Zusammenhang von Gesellschaft und Kultur, die innere Demokratisierung und die neuen Belastungen, die sozialen Strukturwandlungen (z. B. Demographie und Zuwanderung), der Wertewandel, die lebensweltlichen und mentalen Umbrüche, allgemein die Lernprozesse, die Erfahrungen der Menschen.

So soll die Geschichte der Bundesrepublik Deutschland perspektivenreich untersucht und beschrieben werden. Wiederum drei Beziehungsgeflechte werden dabei herausgestellt: 1. das *Kontinuitätsproblem*, das Verhältnis von Vergangenheit und Gegenwart. Da die Bundesrepublik in der Tradition der deutschen Geschichte stand und steht, geht es um den Zusammenhang von Erbe und bewußter Neugestaltung. Außerdem muß gefragt werden, was Ausdruck deutscher oder allgemeiner Wandlungsprozesse war; 2. das *Verhältnis von innen und außen*. Es geht hier zum einen um den Subjekt- und Objektstatus Deutschlands, um das Problem von Fremdbestimmung und Autonomie vor dem Hintergrund, daß der westdeutsche Kernstaat bis 1989/90 nur mehr halbsouverän und zudem die DDR nicht Ausland war. Zum andern werden aber auch Rückwirkungen wie etwa aus den weltwirtschaftlichen Verflechtungen untersucht; 3. die *Wechselwirkungen* zwischen den verschiedenen Dimensionen – Staat und Politik, Wirtschaft und Gesellschaft, Kultur und Sozialkultur – müssen beachtet werden. Alte Problemlagen wurden abgeschliffen, und neue entstanden. Auch Einbrüche von Unerwartetem, Schockerlebnisse – wie der Bau der Berliner Mauer 1961 – spielten eine Rolle, sie hatten Rückwirkungen auf neue Fragen und Denkmodelle. Schließlich muß den Handlungsspielräumen und der Offenheit der Geschichte Rechnung getragen werden, d.h. man muß alternative Möglichkeiten stets mitdenken und der Kontingenz den Platz einräumen, der ihr gebührt.

Meine Darstellung ist von einer kritischen Sympathie für die Entwicklung der Bundesrepublik Deutschland getragen. Denn diese Demokratie erwies und erweist sich nach all den Katastrophen der deutschen Geschichte als ein Glücksfall. Die Bundesrepublik ist eine erfolgreiche und geachtete Demokratie; sie ist eine reformfähige Wohlstandsgesellschaft wie nur wenige in der Welt geworden. Auch in schwierigen Zeiten hat sie und haben die Deutschen nach innen wie nach außen die Balance gewahrt. Im Hinblick auf Leitbegriffe möchte ich die Geschichte der Bundesrepublik unter folgender integrierender Perspektive schreiben: *fortgesetzte Stabilisierung – durchgreifende Pluralisierung – wachsende Internationalisierung*; alles bei bis 1989/90 offener deutscher Frage. Diese Dreifachperspektive scheint mir in doppelter Weise nützlich. Zum einen: Mit ihr lassen sich vier große chronologische Teile des Buches sinnvoll untergliedern, denn es handelt sich jeweils um die hervorstechende Dimension dieser Teile: Stabilisierung in den 50er Jahren, Pluralisierung in den 60er und frühen 70er Jahren, Internationalisierung bzw. Globalisierung seit Mitte der 70er Jahre.

Zum andern: Stabilisierung, Pluralisierung und Internationalisierung verhalten sich für die Bundesrepublik wie kommunizierende Röhren zueinander. Sie bezeichnen also die bundesdeutsche Entwicklungstendenz im gesamten Zeitraum zwischen 1949 und 1989 sowie über die deutsche Wiedervereinigung hinaus. Außerdem sind diese Begriffe nicht nur hinreichend offen für einen europäischen Vergleich, sondern sie scheinen auch geeignet, um gelungene wie mißlungene, positive wie negative, vorteilhafte wie belastende Dimensionen sondieren zu können, nach denen fortwährend gefragt wird. So umfaßt Stabilisierung z.B. sowohl die Flexibilität der politischen Ordnung als auch Probleme der Konkordanzdemokratie. So umschließt Pluralisierung z.B. ebenso Partizipationschancen wie auch Strukturen sozialer Ungleichheit. So lassen sich mit Internationalisierung z.B. alle Ambivalenzen der Wirtschaftsordnung oder der Migration oder der Technik- und Wissenschaftsrevolution einfangen. Diese Trias erscheint mir somit ein geeignetes Koordinatensystem, wenn man heute eine Gesamtgeschichte der Bundesrepublik Deutschland von ihren Anfängen bis zur Gegenwart schreiben will.

2 Deutschland unter der Kontrolle der Siegermächte 1945–1949

Ein besetzter Feindstaat

Als Einheiten der britischen Armee am 15. April 1945 das Konzentrationslager Bergen-Belsen bei Celle, nordöstlich von Hannover, erreichten, war den Soldaten zwar schon lange bewußt, wie menschenverachtend das NS-Regime war, gegen das sie kämpften. Aber was sie jetzt bei der Befreiung des Lagers sehen mußten, überstieg doch ihre schlimmsten Ahnungen, und es sollte ihr Bild von »den Deutschen« für lange Zeit prägen: Tausende Leichen, teilweise bereits bis zur Unkenntlichkeit verwest, lagen auf dem Gelände verteilt. Es befanden sich über 60000 Menschen in dem völlig überfüllten Lager, denn seit Januar waren fast wöchentlich Häftlinge aus den aufgelösten Konzentrationslagern im Osten Europas eingeliefert worden. Dort hatte das NS-Regime die Spuren der Vernichtungsmaschinerie tilgen wollen. Auch Anne Frank hatten die Nationalsozialisten von Auschwitz nach Bergen-Belsen gebracht. Das 16jährige jüdische Mädchen hatte von 1942 bis zu ihrer Verhaftung durch die Gestapo 1944 in einem Versteck in Amsterdam gelebt und dort ein Tagebuch geschrieben. Ihr Schicksal fand nach dem Krieg weltweite Anteilnahme. In Bergen-Belsen ist sie an Typhus gestorben. Hunger und Seuchen hatten bereits mehr als die Hälfte der Häftlinge dahingerafft, als die Briten das Lager erreichten, und auch nach der Befreiung gab es für 14000 der ausgemergelten, völlig erschöpften und kranken Menschen keine Rettung mehr.

Im Süden Deutschlands, in der Nähe Münchens, befreiten amerikanische Truppen das Konzentrationslager Dachau. Hier hatten die meisten der Häftlinge überlebt. »Ich war frei! Welch ein glückliches Gefühl nach mehr als acht Jahren schrecklicher Gefangenschaft«, schrieb ein Mann, der nur knapp am Leben geblieben war.[1]

Und die deutsche Bevölkerung – fühlte auch sie sich befreit? Sicherlich atmeten viele Menschen auf, denn die bedingungslose Kapitulation des Dritten Reiches am 8. Mai 1945 bedeutete für sie nicht nur das Ende der nächtlichen Luftangriffe, sondern auch das Ende des nationalsozialistischen Terrors. Das amoklaufende NS-Regime hatte sich in den letzten Monaten massiv gegen die deutsche Bevölkerung selbst gewendet; dem zuerst nach außen getragenen Terror war so ein Terror nach innen gefolgt. Keine Industrieanlage, kein Bahnhof, kein Elektrizitätswerk und keine andere lebenswichtige Einrichtung dürften den Alliierten unzerstört in die Hände fallen – so bestimmte es der »Verbrannte-Erde-Befehl«, den die regionalen NS-Führer auf Ge-

Abb. 1:   Die deutsche Wehrmacht ist vernichtend geschlagen. Nach der alliierten Großoffensive an der Westfront ziehen deutsche Soldaten auf der Autobahn nördlich von Frankfurt/M. im März 1945 auf dem Mittelstreifen in amerikanische Kriegsgefangenschaft, während amerikanische Panzer und LKWs nach Deutschland hereinrollen.

heiß Hitlers ausgaben, bevor sie vielfach selbst die Flucht ergriffen. Dieser Terror des Regimes gegen das eigene Volk öffnete vielen die Augen, und sie erkannten endlich das wahre Gesicht der NS-Diktatur. »Dazu brauchte Hitler zwölf Jahre Zeit« stand auf so mancher Trümmerwand im zerstörten Deutschland.

Trotzdem wurde, wie es die Durchhalteparolen verlangten, an den meisten Orten in blindem Gehorsam bis zum bitteren Ende gekämpft, so kriegsmüde und schlecht ausgerüstet die deutschen Soldaten auch waren. Umfassenden Widerstand des Volkes gegen das sinnlose Sterben hat es bis zum Ende des NS-Regimes nicht gegeben. Die Mehrheit der Deutschen hielt bis zuletzt an ihrem Führer Adolf Hitler fest und fühlte sich am 8. Mai 1945 besiegt, aber nicht befreit. Es herrschte ein Gefühl von Trauer und Bitternis über die Niederlage. Natürlich war man dankbar, mit dem Leben davongekommen zu sein. Das Verständnis dafür jedoch, daß Besiegtsein und Befreiung unlöslich miteinander verbunden waren und daß der 8. Mai 1945 den Keim einer besseren Zukunft in sich barg, sollte sich erst viel später einstellen.

Die süddeutschen Städte wurden von der US-Army erobert, und der bloße Augenschein lehrte jeden, daß die deutsche Wehrmacht keineswegs im Felde unbesiegt geblieben, sondern im Kampf zerschmettert worden war. Eine »Dolchstoßlegende«, wie sie 1918 nach dem Ersten Weltkrieg entstanden war, hatte 1945 keine Chance. Die wahre Verfassung der Wehrmacht strafte jede NS-Propaganda Lügen. »Es war ein jammervolles Bild, diese abgekämpften, abgerissenen und zum größten Teil waffenlosen Reste des deutschen Heeres auf der Flucht zu sehen«, hieß es in einem deutschen Tagebuch.[2] Welch einen Kontrast boten dazu doch die amerikanischen »GIs«: Sie waren ausgezeichnet ausgerüstet und motorisiert, die technische Überlegenheit der US-Army stach sofort ins Auge. Außerdem, so beschrieb es ein Augenzeuge, sahen die Soldaten »blühend aus, gesund und wohlgenährt mit Uniformen aus den besten Stoffen bekleidet«.[3] Nicht zuletzt verwunderte es viele Deutsche, wie korrekt sich die amerikanischen Besatzungssoldaten meistens verhielten. Besser hätte die Hetztirade von Propagandaminister Goebbels auf die »amerikanischen Gangster« nicht entlarvt werden können.

Im Südwesten und im Osten des untergehenden »Tausendjährigen Reiches« schürte die nationalsozialistische Feindbild-Propaganda besondere Ängste, hier mit der Parole vom »Erbfeind« westlich des Rheins, dort mit dem Schreckensbild des »Bolschewismus«. Die wilden »Horden« Frankreichs würden im Südwesten bald ihr Unwesen treiben, genauso, wie sie schon den Vätern nach dem Leben getrachtet hätten, hieß es ständig. Viele Deutsche in diesem Teil des Reiches hofften deshalb, von den Amerikanern und nicht von den Franzosen besetzt zu werden. Zusätzlich fürchteten sie die Rache für die deutsche Besatzungsherrschaft in Frankreich und die Teilung des Landes in einen besetzten Norden und einen Satellitenstaat im Süden, das Vichy-Regime. Anders als die Franzosen hatten die Briten und Amerikaner ihrerseits keine deutsche Besatzung erlebt, und ihre Länder waren nicht geteilt und systematisch ausgeplündert worden. Was würde Frankreich jetzt davon abhalten können, eine gnadenlose Revanche-Politik gegen die verabscheuten »boches« zu betreiben?[4]

Am größten war der Schock für die Deutschen in den Gebieten, wo die Rote Armee einrückte. Die Sowjetunion war nur knapp der völligen Vernichtung durch Hitler-Deutschland entronnen, sie hatte unermeßlich hohe Menschenverluste erlitten, und das Land war völlig verwüstet. Kaum eine sowjetische Familie hatte kein Opfer zu beklagen. Nun schlug der Haß auf die Deutschen zurück. In Frontzeitungen wurden die sowjetischen Soldaten dazu aufgerufen, sich die Leiden zu vergegenwärtigen, die ihnen und ihren Familien zugefügt worden waren. Die ersten Opfer dieses Wunsches nach Vergeltung waren die Ostpreußen. Besonders schlimm traf es die Frauen. Es blieb keine Ausnahme, daß sowjetische Soldaten in einem Dorf jede Frau und jedes halbwüchsige Mädchen vergewaltigten, ja viele auf grausame Weise umbrachten. Seit die Rote Armee die deutschen Ostgebiete erreicht hatte, trieb sie eine riesige Flüchtlingswelle vor sich her. Plünderungen und Verschleppungen gehörten zum tagtäglichen Schrecken. Die schon Jahre andauernde Erfahrung von Grausamkeiten hatte nahezu jegliche Gewaltbarriere beseitigt. Parolen säumten die Straßen: »Soldat: Du bist in Deutschland, nimm Rache an den Faschisten.«[5]

Als ein Soldat der Roten Armee im Mai 1945 zum Zeichen des Sieges die Sowjetflagge auf dem Reichstag in Berlin hißte, lag die Zukunft der Deutschen im tiefsten Dunkel. Was sollte an die Stelle des untergegangenen Reiches treten? Wie würden die Sieger mit den Deutschen, die den grausamsten Krieg der Weltgeschichte angezettelt und bis zum bitteren Ende geführt hatten, umgehen?

In den Schubladen der Außenministerien aller vier Siegermächte befanden sich seit längerem Pläne für die Zeit nach einem Sieg über Hitler-Deutschland. Aber die Vorstellungen der »Großen Drei« – der USA, der Sowjetunion und Großbritanniens – sowie Frankreichs, das erst 1945 in den Kreis der Siegermächte aufgenommen wurde, unterschieden sich ganz erheblich voneinander.[6] Die Hauptfrage für alle lautete: Wie kann die Welt künftig vor 70 Mio. Deutschen in Sicherheit leben? Sollte man Deutschland als Einheit erhalten oder in viele kleine Staaten zerstückeln? Vor allem französische Politiker forderten dies immer wieder, sie stießen jedoch regelmäßig auf britischen Widerstand. Auch die Briten wollten Sicherheit vor Deutschland, doch schneller als ihre beiden westlichen Verbündeten erkannten sie eine neue Gefahr: die Expan-

Abb. 2: »Ruhm der Stalinschen Artillerie« – in typischer sozialistischer Plakatkunst wird die Kapitulation Berlins am 2. Mai 1945 gefeiert.

sionspolitik Stalins. Die Deutschlandpolitik des sowjetischen Diktators läßt sich zwar bis heute nicht in allen Punkten genau durchschauen, aber eines – soviel ist sicher – stand für Stalin fest: Die Westmächte mußten anerkennen, daß Osteuropa nun sowjetisches Einflußgebiet war. Bereits im März 1946 sprach Winston S. Churchill in einer Rede in Fulton, Missouri, berühmte Worte: Von der Ostsee bis an die Adria sei ein »Eiserner Vorhang« über den europäischen Kontinent heruntergegangen.

In den USA war während des Krieges ein radikaler Vorschlag auf den Tisch gekommen: War es nicht die einfachste und wirkungsvollste, vielleicht sogar die einzig wirkungsvolle Lösung, Deutschland in einen »Agrarstaat« zurückzuverwandeln, wie der US-Finanzminister Henry Morgenthau meinte? Aber dieser berühmt-berüchtigte »Morgenthau-Plan« blieb eine Eintagsfliege. Er wurde nicht nur rasch wieder beiseite gelegt, sondern die USA vollzogen schnell eine Kehrtwende um 180 Grad. Dennoch: 1945 wurde Deutschland, so hieß es im Befehl Nr. 1067, »nicht zum Zweck der Befreiung, sondern als besiegte Feindnation besetzt«.[7] Die Fehler, die die Alliierten 1918 nach dem ersten mißlungenen deutschen Griff nach der Weltmacht gemacht hatten, sollten sich nach dem zweiten nicht wiederholen: Jeder Deutsche wurde als eine potentielle Gefahr angesehen. Extreme Vorsicht gegenüber allen Deutschen, harte Bestrafung der Verantwortlichen, langfristige Besetzung des Landes, verordnete Umerziehung, ja »Entgiftung« der Deutschen, wie es die Franzosen nannten – diesmal sollte ganze Arbeit geleistet werden. Was die Westalliierten ausüben wollten, läßt sich auf den Begriff »Erziehungsdiktatur« bringen.

Ein erneuter deutscher Wiederaufstieg erschien vollkommen unwahrscheinlich, jedenfalls dann, wenn man nicht in ganz langen Zeiträumen dachte. Deutschland war nicht nur eine materielle Trümmerwüste, auch der moralische Bankrott des einst so gerühmten Kulturvolkes war – angesichts des einzigartigen Menschheitsverbrechens und des barbarisch geführten Krieges – fast vollständig. Die Zukunft lag im Ungewissen. Woher sollte irgendein Funken Gewißheit denn noch kommen, daß es mit Deutschland weitergehen werde? Die Hinterlassenschaften des Dritten Reiches überstiegen alles bisher Bekannte; dem totalen Krieg war die totale Niederlage gefolgt; viele Menschen waren durch die Folgen des Krieges traumatisiert, alte Strukturen waren zerbrochen, die Ideale, an die man geglaubt hatte, lagen nun im Staub; die Deutschen waren verhaßt in der zivilisierten Welt, Deutschland glich einem Paria: Finis Germaniae?

»Terminal« – Endstation, so hieß der vielsagende Codename der Konferenz von Potsdam. Vom 17. Juli bis zum 2. August 1945 trafen sich dort im Schloß Cecilienhof die Siegermächte, um über die Neuordnung Europas und Deutschlands zu beraten. Die Atmosphäre war gespannt, schon hingen die ersten dunklen Wolken des aufziehenden Kalten Krieges in der Luft. Gastgeber in Potsdam, denn dieser Teil Deutschlands gehörte zur festgelegten sowjetischen Besatzungszone, war Josef Stalin, der in einer glanzvollen, weißen Paradeuniform auftrat. So sah der neue Herrscher über Osteuropa aus, der kein Jota davon aufzugeben bereit war, sondern seine Herrschaft weit nach Deutschland hinein ausdehnen wollte. Sein Gegenspieler, Harry S. Truman, der neue amerikanische Präsident – Franklin D. Roosevelt war im April gestorben –, hatte eine achttägige Schiffsreise über den Atlantik hinter sich. Intensiv hatte er sich während dieser Zeit auf die Konferenz vorbereitet. Zweimal täglich waren mit seinen politischen Beratern Lagebesprechungen abgehalten worden. Man wartete auf eine wichtige Nachricht. Am 16. Juli endlich wußten die Amerikaner, daß sie nun *die* Supermacht waren: »Babies satisfactorily born« (Geburt der Babys erfolgreich verlaufen), hieß es in einer Eildepesche, die Truman erreichte. Amerikanische Wissenschaftler hatten auf dem Testgelände in Neumexiko soeben erfolgreich die erste Atombombe gezündet. Nun sollte sie gegen Japan eingesetzt werden und dort den Krieg rasch beenden. Die USA waren die erste atomare Macht und damit stärker als jedes andere Land der Welt. Die Potsdamer Konferenz: Das war auch der Beginn des Atomzeitalters.

Abb.3: Churchill, Truman und Stalin vor dem Schloss Cecilienhof. Die Potsdamer Konferenz dauerte vom 17. Juli bis zum 2. August 1945. Die freudige Siegerpose soll von den ernsthaften Konflikten der »Großen Drei« ablenken. Tatsächlich warf der Kalte Krieg seine Schatten voraus.

Winston S. Churchill, der listige, damals bereits legendäre britische Kriegsheld, kam müde in Potsdam an. Er hatte einen harten Wahlkampf auf der Insel hinter sich. Als Ende Juli die Stimmen ausgezählt waren, stand fest, daß Churchills Konservative Partei eine herbe Niederlage erlitten hatte, und so wurde Churchill am 28. Juli 1945 in Potsdam vom neuen britischen Premierminister der Labour-Partei, Clement R. Attlee, abgelöst. Die Franzosen schließlich waren nicht nach Potsdam eingeladen worden. Ihr selbstbewußter – die Amerikaner meinten: selbstherrlicher – provisorischer Regierungschef Charles de Gaulle tobte, aber es half nichts, die »Großen Drei« erkannten Frankreich nur als Siegermacht von geringerem Status an. Frankreich seinerseits fühlte sich daher später auch nicht an alle Potsdamer Beschlüsse gebunden.

Das Zweckbündnis des Weltkrieges war insgesamt labil geworden, Mißtrauen unter den ehemaligen Partnern dominierte. Dennoch einigten sie sich in Potsdam auf wichtige gemeinsame Grundsätze gegenüber Deutschland, die »4 Ds«: Demilitarisierung, Denazifizierung, Demokratisierung, Dezentralisierung. Es waren dies Formelkompromisse, unter denen jeder etwas anderes verstehen konnte. Aber immerhin: Deutschland wurde vollkommen entwaffnet, sein Kriegspotential zerstört. Das Ruhrgebiet, Herz der deutschen Schwerindustrie und Waffenschmiede, sollte unter internationale Kontrolle gestellt werden. Deutschland sollte entnazifiziert, die Kriegsverbrecher hart bestraft und die Deutschen umerzogen werden. In Nürnberg richteten die Alliierten einen internationalen Militärgerichtshof ein. Die Wahl der Stadt hatte auch pragmatische Gründe, doch vor allem sprach die Symbolik des Ortes dafür: Nürnberg, die Stadt der Nürnberger Gesetze und der Reichsparteitage. Der Gerichtshof war zuständig für die Verurteilung von Kriegsverbrechen sowie die damals neu formulierten Straftatbestände der Verbrechen gegen die Menschlichkeit und den Frieden. 24 Angehörige des Führerkorps, der NSDAP, der Schutzstaffel (SS) und des Sicherheitsdienstes (SD) wurden angeklagt. Nicht alle Hauptverantwortlichen konnten vor Gericht gestellt werden. Hitler und Goebbels hatten Selbstmord begangen und sich so der Verantwortung entzogen, Bormann schien untergetaucht zu sein; tatsächlich war er in Berlin umgekommen. Der Prozeß dauerte fast ein Jahr. Am 30. September 1946 wurden zwölf der 24 Hauptkriegsverbrecher zum Tode verurteilt und hingerichtet. Göring beging vor der Urteilsvollstreckung Selbstmord. In den folgenden Jahren gab es noch zwölf Nachfolgeprozesse. Zuerst hatte der Nürnberger Prozeß angesichts der verhandelten Verbrechen bei den Deutschen einen Schock und ein Schamgefühl ausgelöst, doch bald erlahmte das öffentliche Interesse.[8] Die Nürnberger Verfahren waren in der Weltgeschichte präzedenzlos. Sie richteten sich gegen eine jegliche Zivilisationsstandards verachtende Politik und eine barbarische Kriegsführung. In diesem Sinne waren besonders drei Aspekte zentral: 1. daß die Alliierten nicht auf Gewalt setzten, sondern auf das Recht; 2. daß die Einsicht unausweichlich geworden war, nachdem es am Ende des furchtbarsten Krieges der Menschheitsgeschichte keine Alternative mehr dazu gab, einen internationalen Strafgerichtshof einzusetzen; 3. daß die Täter ohne Ansehen ihres Ranges oder ihrer Position persönlich verantwortlich sein sollten.[9]

Die allgemeine Entnazifizierung und Umerziehung der Deutschen fand jeweils in den einzelnen Besatzungszonen statt und verlief sehr unterschiedlich. In der sowjetischen Besatzungszone (SBZ) war die Entnazifizierung mit einer Umgestaltung der Gesellschaft, mit Enteignungen der Industriebetriebe und in der Landwirtschaft verknüpft. Dadurch sollte die Macht der alten Eliten, die für den Krieg verantwortlich gemacht wurden, gebrochen werden. Bis 1948 wurden 520000 ehemalige Nationalsozialisten aus der öffentlichen Verwaltung und aus der Industrie entfernt. Von den reinen Zahlen her gesehen, verlief in der SBZ die Entnazifizierung am erfolgreichsten. Doch wichtiger als eine System*auseinandersetzung* (mit dem Nationalsozialismus) war hier eine System*veränderung* (in Richtung einer kommunistischen Parteiherrschaft).[10] In den Westzonen gab es statt einer solchen strukturellen viel stärker eine personelle »Säuberung«. Jeder Deutsche über 18 Jahre mußte einen Fragebogen mit 131 Fragen zur politischen Überprüfung ausfüllen; dann wurden Spruchkammern eingerichtet. Allein in der amerikanischen Zone waren es 545 mit über 22000 Mitgliedern – das waren Deutsche, die sich im Dritten Reich nichts hatten zuschulden kommen lassen. Diese Spruchkammern hatten die schwierige Entscheidung zu treffen, wer Hauptschuldiger, wer Belasteter, Minderbelasteter, Mitläufer oder Entlasteter war. Der Katalog der Sanktionen reichte von mehrjährigen Gefängnis- bis zu Geldstrafen oder einem zeitweiligen Entzug des Wahlrechts. Zahlreiche Täter konnten sich jedoch durch Entlastungsschreiben von Bekannten, sogenannte »Persilscheine«, reinwaschen. So entwickelten sich die Spruchkammern häufig zu »Mitläuferfabriken«, und es wurden prozentual nur sehr wenige Deutsche als Belastete oder Hauptbelastete eingestuft und bestraft.[11] Als sich dann noch der Ost-West-Konflikt verschärfte, regte sich erst recht der Widerstand gegen die Entnazifizierung. Anfang der 50er Jahre endete sie abrupt. Viele, die in leitenden Positionen während der NS-Diktatur lebensvernichtende Entscheidungen getroffen, verbrecherische Urteile gefällt oder Menschen getötet hatten, wurden überhaupt nicht mehr verfolgt.

Ist also die Entnazifizierung insgesamt gescheitert? Die Antwort wird, trotz des Geschilderten, eher nein lauten müssen. Denn zu ihr gehörte auch die Umerziehung, die »Reeducation«. Sie erstreckte sich auf eine Aufklärung der Deutschen über die Verbrechen des NS-Regimes, aber auch darauf, daß neue demokratische Institutionen geschaffen, daß Presse und Rundfunk neu organisiert wurden und daß neue Lehrer in den Schulen demokratische und freiheitliche Ideale anstelle von absoluter Unterordnung vermittelten. Aber eine solche Demokratisierung brauchte ihre Zeit. Es war eine

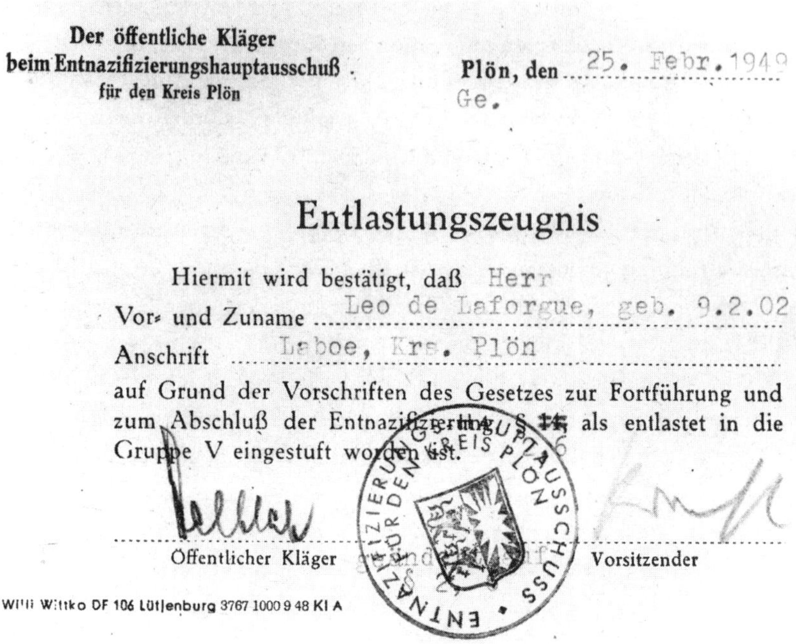

Der öffentliche Kläger
beim Entnazifizierungshauptausschuß .
für den Kreis Plön

Plön, den ...25. Febr. 1949
Ge.

Entlastungszeugnis

Hiermit wird bestätigt, daß Herr

Vor- und Zuname ...... Leo de Laforgue, geb. 9.2.02

Anschrift ...... Laboe, Krs. Plön

auf Grund der Vorschriften des Gesetzes zur Fortführung und zum Abschluß der Entnazifizierung § 14, als entlastet in die Gruppe V eingestuft worden ist.

Öffentlicher Kläger   Vorsitzender

Willi Wittko DF 106 Lütjenburg 3767 1000 9 48 KI A

Abb.4: *Ein berühmt-berüchtigter »Persilschein«. Entlastungszeugnis des öffentlichen Klägers im Rahmen eines Entnazifizierungsausschusses.*

von den Alliierten angeordnete, eine erzwungene Re-Zivilisierung der Deutschen, die später an Eigendynamik gewann und von eigenständigen deutschen Lernprozessen mehr und mehr abgestützt wurde.[12]

Das vierte »D«, die Dezentralisierung, bedeutete, daß ein neues demokratisches Leben in den Besatzungszonen von unten nach oben – von den Kommunen aus – wachsen sollte. »Grass root democracy« (Basisdemokratie) nannten dies die Amerikaner. Jede der vier Mächte war in ihrer Zone für die Besatzungspolitik selbst zuständig, aber für Deutschland als Ganzes wurde zusätzlich ein Alliierter Kontrollrat in Berlin eingerichtet. Er konnte jedoch nur einstimmige Beschlüsse fassen, und so blockierten sich die Mächte künftig gegenseitig. Die Folgen waren fatal: Die Westzonen und die Ostzone entwickelten sich immer weiter auseinander.

Einer der neuralgischen Punkte in Potsdam war die Reparationsfrage. Zäh und lange wurde darüber gestritten. Für die Sowjets bedeutete Deutschland ein Beuteobjekt: Es sollte materiell – in Form von Reparationen – für die immensen Schäden und Verluste, welche die Sowjetunion erlitten hatte, aufkommen. Da die SBZ zu klein und ökonomisch zu schwach war, sollte die Sowjetunion ihren Reparationshunger aus ganz Deutschland stillen können. Die Westmächte gaben vorerst nach, die sowjetischen Ansprüche schienen ihnen berechtigt. Quoten wurden vereinbart, doch eineinhalb Jahre später zerbrach die Vereinbarung endgültig.

Eine der folgenreichsten Bestimmungen des Potsdamer Abkommens betraf die deutsche Ostgrenze. Die Westmächte stimmten zu, daß das nördliche Ostpreußen mit der Stadt Königsberg von der Sowjetunion annektiert wurde und die übrigen ehemaligen deutschen Gebiete östlich der Oder und der Lausitzer Neiße unter polnische Verwaltung gestellt wurden. Eine endgültige Festlegung der Grenzen war erst auf einer Friedenskonferenz vorgesehen, zu der es in den folgenden 45 Jahren aber nicht kommen sollte. Erst im Jahr 1990, auf dem Weg zur deutschen Wiedervereinigung, kamen die »Zwei-plus-Vier«-Verhandlungen zwischen der Bundesrepublik und der DDR sowie den USA, der Sowjetunion, Großbritannien und Frankreich einem Friedensvertrag gleich. Sie regelten die äußeren Aspekte der deutschen Einheit, bestätigten die Grenzen Polens und gaben dem vereinigten Deutschland die volle staatliche Souveränität zurück.

In Potsdam billigten die Briten und Amerikaner eine – wie es damals hieß – »Überführung« derjenigen Deutschen »in ordnungsgemäßer und humaner Weise«, die nach der Massenflucht Anfang 1945 in Polen, der Tschechoslowakei und Ungarn »zurückgeblieben« waren.[13] Von »human« konnte in der Praxis allerdings keine Rede sein, ganz im Gegenteil. Waren auf der Flucht vor der Roten Armee 2–3 Mio. Deutsche verhungert, erfroren, ertrunken oder von feindlichen Granaten getötet worden, so wurden noch in den ersten Jahren nach dem Krieg 10 Mio. vertrieben, verloren ihre Heimat und mußten in einer der vier Besatzungszonen ganz von vorn anfangen. Wie überall auf der Welt, wo Flüchtlinge Opfer des politischen Wahns werden, spielte sich damals in Mitteleuropa eine Tragödie ab: Hoffnungslose Gestalten schleppten sich über die neuen Grenzen, ihre wenigen Habseligkeiten in einem Rucksack, Holzkoffer oder auf einem wackeligen Handkarren. In Potsdam regelten die »Großen Drei« nicht allein die Vertreibung der Deutschen aus Osteuropa, vielmehr sanktionierten die Westmächte auch die »wilden« Vertreibungen, die seit dem Frühjahr 1945 stattgefunden hatten. Man muß es so hart sagen: Die westalliierten Grundsätze von der herzustellenden »besseren Welt« erwiesen sich auf diesem Gebiet als hohle Phrase.

Bei all dem Schrecken der Vertreibung und den grausamen individuellen Schicksalen müssen jedoch Ursache und Wirkung auseinandergehalten werden. Dies alles waren die Folgen eines von Hitler-Deutschland entfesselten verbrecherischen Krieges. Darüber hinaus darf man nicht außer acht lassen, daß sich nach 1945 noch über 10 Mio. »Displaced Persons« (DPs) in Deutschland befanden, Zivilpersonen, die aus Kriegsfolgegründen außerhalb ihres Heimatlandes leben mußten. Es handelte sich vor allem um Zwangsarbeiter, die aus allen Teilen Europas stammten und während des Krieges aus ihrer Heimat verschleppt, ausgebeutet und zur Arbeit in Deutschland gezwungen worden waren. Die Rückführung in ihre Heimatländer wurde für die Siegermächte zu einem zusätzlichen Problem, und nur mit Hilfe einer eigens dafür geschaffenen UNO-Organisation – der UNRRA – konnten sie schrittweise repatriiert werden. Doch noch 1949 lebten in den Westzonen rund 400 000 DPs.[14]

Zweierlei Aufbruch aus Ruinen

»Wir sehen uns der tödlichen Erkenntnis gegenüber: Nicht Parteien oder Gewerkschaften bestimmen unser Leben, nicht die junge demokratische Regierung oder die Besatzungsmacht, sondern einfach der Hunger, nichts als Hunger. Er ist zum

Abb. 5: *Köln liegt nach der Einnahme durch die US Armee in Trümmern. Auf fast allen zeitgenössischen Aufnahmen sieht man auch den Dom, der – so schien es den Zeitgenossen – wie durch ein Wunder nur wenig beschädigt worden war. Vielen galt dies als Mahnung.*

schlimmsten Diktator geworden, es gelten nicht mehr Gesetz, Moral oder gar Vernunft.«[15] Solche Zeilen, wie hier aus der *Kölnischen Rundschau*, konnte man zwischen Mai 1945 und Ende 1947 in vielen der noch dünnen, meist nur aus zwei Blättern bestehenden deutschen Zeitungen lesen. Der Winter 1946/47 war einer der härtesten des ganzen Jahrhunderts, und es folgte einer der heißesten Sommer; beides beeinträchtigte Aussaat und Ernte und verschlimmerte die ohnehin schon katastrophale Lage. Zum Leben hatte man damals zu wenig – und zum Sterben gerade noch zuviel. Das galt keineswegs nur für Deutschland. Ganz Europa wurde nach dem Zweiten Weltkrieg von einer Hungerkatastrophe heimgesucht. Aber die Deutschen empfanden ihre Lage als besonders schlimm, weil für sie die Zeit des Hungerns erst mit dem Kriegs-

Abb. 6:   *Das Leben in Trümmern war nicht so angenehm und idyllisch wie es dieses Bild, aufgenommen im zerstörten Frankfurt/M. 1946, suggeriert. Der Müßiggang ist gestellt; vielmehr bestimmten Not und Elend den Alltag der Bevölkerung.*

ende kam. Zuvor hatten sie auf Kosten der besetzten und rigoros ausgebeuteten Länder vor allem im Osten Europas gut gelebt.

Wohin man 1945 auch blickte, nach Berlin, Leipzig, Dresden, Hamburg, Frankfurt, Stuttgart, München oder Köln – überall Ruinen. Köln beispielsweise, die einst so blühende, drittgrößte Stadt Deutschlands, war 1945 einer der größten Trümmerhaufen der Welt. Nur der Rhein und, auf nahezu wundersame Weise, der Dom hatten den Krieg überdauert. Stundenlang konnte man an gähnend leeren Häusern, oder was von ihnen übriggeblieben war, vorbeilaufen. In der ehemals schönen Altstadt standen gerade noch 2% der Häuser; insgesamt waren 70% des Wohnungsbestandes vernichtet. Leichengeruch stieg in die Nase, denn unter den Trümmern lagen noch viele tausend Tote. Seuchen drohten auszubrechen. In den Kriegsjahren hatten mehr als 10 000 Flugzeuge bei 262 Angriffen 1,5 Mio. Bomben abgeworfen, 20 000 Menschen starben, 40 000 wurden verletzt, und 700 000 mußten evakuiert werden oder flüchteten auf das Land. Köln war nach dem Krieg zerstört und entvölkert. Unter den Schuttbergen, in Trümmerhöhlen und Kellern vegetierten die wenigen verbliebenen Kölner, insgesamt vielleicht 70 000. Aus einem Kulturvolk waren wieder Höhlenmenschen geworden.

Viele irrten haltlos umher. Eltern suchten verlorene Kinder – und Kinder, von denen die Kleinsten nicht einmal ihren eigenen Namen kannten, suchten ihre verschollenen Eltern. Es schlug die Stunde der Frauen, denn die meisten Männer befanden sich noch in Kriegsgefangenschaft. »Trümmerfrauen« trugen die Hauptlast des Wiederaufbaus, sie leisteten unter den widrigsten Bedingungen Schwerstarbeit, räumten die gigantischen Trümmermassen beiseite, bauten Notunterkünfte, verarbeiteten Fallschirmreste zu Kleidung, formten aus Granathülsen Lampen und aus Stahlhelmen Schüsseln. Frauen organisierten das Überleben und bewältigten das Chaos der Nachkriegszeit. Die »Trümmer« betrafen dabei nicht allein das Materielle, sondern auch Familie, Ehe, Freund- und Nachbarschaften.

Die Versorgung in den großen Städten war zusammengebrochen. Es gab kein fließendes Wasser, keinen elektrischen Strom, kein Gas zum Kochen. Der Speiseplan einer typischen Kölner Frau mit zwei Kindern sah so aus: Das Frühstücksbrot, eine dünne, kleine Scheibe, blieb meistens trocken, denn das bißchen Marmelade reichte gerade für drei Tage in der Woche. An den ersten drei Tagen wurden zum Mittag Kartoffeln und Kraut in geringen Mengen serviert, die auf einer Feuerstelle warm gemacht wurden. Für ein solches warmes Essen mußten die Kinder zuvor auf »Kohlenklau« gehen – also von vorbeifahrenden Zügen herunter ein paar Brocken Kohle stehlen. Am Donnerstag tischte die Frau eine dünne Gemüsesuppe auf, am Freitag und Samstag Haferflockensuppe und am Sonntag Kartoffeln mit einem Bissen Fisch oder Fleisch – wenn man Glück hatte, denn das Vieh, das in den Kölner Schlachthof eingeliefert wurde, bestand selbst fast nur noch aus Haut und Knochen. Zum Abendessen gab es jeweils die Reste des Mittagessens, es mußte strengstens rationiert werden. So kam man im Schnitt auf 800 bis 1000 Kalorien täglich, manchmal weniger. Zum Überleben benötigt ein arbeitender Mensch aber mindestens 3000 Kalorien und bei völliger Ruhe immer noch 1600.

Besonders wertvoll waren Lebensmittelkarten, denn Nahrung wurde zugeteilt; die Deutschen lebten in einer »Rationen-Gesellschaft«. Das bedeutete tägliches stundenlanges Schlangestehen vor notdürftig eingerichteten Versorgungsämtern. Die gesundheitlichen und sozialen Folgen der Hungersnot waren erheblich: Da vitaminreiche Nahrung fehlte, brachen typische Mangelkrankheiten wie Typhus, Tuberkulose und Hungerödeme aus, besonders bei alten und schwachen Menschen. Außerdem dachte jeder zuerst an sich; Not, Elend und allgemeine Hoffnungslosigkeit machten aus den Menschen Egoisten, einen Zusammenhalt gab es kaum. Das Geld war wertlos geworden, für die ruinierte Reichsmark bekam man nichts mehr, man kehrte zur Naturalwirtschaft zurück – die Deutschen wurden zu einem Volk von Händlern. Ware tauschte man gegen Ware: einen Fotoapparat gegen ein paar Päckchen Zigaretten, Uhren und alten Familienschmuck gegen ein paar Eier. Dieser rasch aufblühende Schwarzmarkt war zwar offiziell verboten, aber die Ordnungskräfte konnten ihn nicht unterbinden. Razzien halfen nur wenig; und auch Plakate wie »Weg mit Schiebern und Volksbetrügern«[16] konnten nicht verhindern, daß sich eine regelrechte Schwarzhändler-Mafia ausbreitete. Es gab kleine Gaunereien und große Tragödien, Gewinner und Verlierer. Wer nichts zum Tauschen, sondern alles verloren hatte, wer krank oder alt war, wurde schnell ganz an den Rand gedrängt.

Ohne eine Zusatzversorgung, ohne Hamsterfahrten auf das Land, hätten die Menschen nicht überlebt. Die Städter schleppten ihre verbliebenen Teppiche oder ihr Silberbesteck zu den Bauern und kehrten mit Obst und Gemüse heim. Überlebenshilfe kam aber nicht zuletzt von außen: Von den Hilfsorganisationen der Nachkriegszeit ist CARE bis heute die bekannteste. Fast 10 Mio. lebensrettende Pakete, die Konserven, Milchpulver, Fertigmenüs und Schokolade enthielten, erreichten Deutschland. Zur Linderung der Not trugen auch andere Länder, etwa die Schweiz, und Organisationen wie die Quäker, die Schulspeisungen veranlaßten, bei.

Am schnellsten besserte sich die Lage in der amerikanischen Zone; in der britischen, französischen und auch in der sowjetischen Zone blieb sie noch bis 1948 prekär. Angesichts der Hungersnot und der Sorge um das tägliche Überleben herrschte in der SBZ unter der Bevölkerung häufig politische Apathie. Und ein entstehendes deutsches Selbstmitleid war keine günstige Voraussetzung für eine Demokratisierung. Wie sollte, solange die Mägen leer waren, sich irgend jemand für die beabsichtigten sozialistischen Umgestaltungsmaßnahmen begeistern können? Der sowjetische Oberst Sergej Tulpanow schrieb resigniert: »Viele Bürger, unter ihnen auch Angehörige der Intelligenz, ganz zu schweigen von den Vertretern des Kleinbürgertums, ließen sich davon beeindrucken, daß die amerikanischen Soldaten Schokolade, gute Zigaretten, Kaffee usw. im Überfluß hatten, während diese Dinge unseren Soldaten nicht zur Verfügung standen.«[17]

Aber die Amerikaner hatten Schokolade und Kaffee nicht nur für sich im Überfluß, sondern sie verteilten sie auch. Das Fraternisierungsverbot, das die westalliierten Oberkommandos für die Besatzung Deutschlands erlassen hatten, war bald das Papier nicht mehr wert, auf dem es stand. In den »Non-Fraternization«-Bestimmungen hieß es, die Deutschen seien als Feinde zu betrachten. Jeglicher Kontakt zur Zivilbevölkerung, Kinder ausdrücklich eingeschlossen, war den Soldaten unter Androhung von Strafe verboten. Unterhaltungen oder gar private Gespräche mit ihnen durften nicht stattfinden. Wohnungen der Deutschen durften nicht aufgesucht werden; es war nicht gestattet, Deutschen die Hand zu geben, geschweige denn ihnen Geschenke zu machen, von ihnen Geschenke anzunehmen oder sich sonstwie freundlich mit ihnen einzulassen. Theorie und Praxis klafften jedoch bereits nach kurzer Zeit meilenweit auseinander. »Amerikanische Soldaten«, so beschrieb es ein politischer Berater des amerikanischen Oberkommandierenden General Dwight D. Eisenhower, »haben Kinder gern, ihre Haltung hat die Bevölkerung stets berührt und für uns gewonnen, selbst wo anfänglich eine gewisse Kälte herrschte. Durch die Kinder kommen die Soldaten mit den Eltern in Verbindung, und es entwickeln sich freundliche Beziehungen.«[18] Am 1. Oktober 1945 ließen die Amerikaner den Nicht-Fraternisierungsbefehl, der einer ihrer größten Mißerfolge in ihrer Besatzungszeit war, wieder fallen.

Wie konnten sich die Deutschen nach zwölf Jahren Diktatur allmählich wieder in Demokraten verwandeln? 1945 hatten die Westalliierten »Weiße Listen« bei sich, auf denen die Namen der Personen standen, die gegen die NS-Diktatur gekämpft oder sich ihr verweigert hatten. Mit ihnen konnte der politische Neubeginn trotz allen Mißtrauens gegenüber den Deutschen gewagt werden. Antifaschistische Vereinigungen, die sich noch vor Kriegsende gegründet hatten und denen es zu verdanken war, daß viele Städte kampflos übergeben und somit sinnlose Zerstörungen und Tote verhindert werden konnten, aber auch Betriebsräte und kirchliche Gruppen waren die ersten, die sich an den Wiederaufbau in den Kommunen machten. Doch insgesamt waren dies viel zu wenige Menschen, und wenn eine Demokratie funktionieren sollte, dann mußte man – wie die Siegermächte genau wußten – Parteien, Gewerkschaften und Verbände wieder zulassen.

Allerdings wurde den Deutschen eines deutlich ins Stammbuch geschrieben: Sie durften nicht einfach dort weitermachen, wo sie 1933 hatten aufhören müssen. In den Augen der Alliierten, aber auch vieler Deutscher, die darüber nachdachten, hatten die meisten deutschen Parteien in der Weimarer Republik versagt. Jetzt sollte etwas Neues entstehen, nicht das Alte wiederbelebt werden. Neuland betraten die Gründer der Christlich Demokratischen Union, denn eine Partei, die katholische und evangelische Christen politisch vereinigte, hatte es bis dahin in Deutschland noch nicht gegeben. Rasch setzte sich Konrad Adenauer in der westzonalen CDU als Führungsfigur durch, und mit ihm verschwanden Vorstellungen eines irgendwie gearteten christlichen Sozialismus, den einige seiner Parteifreunde sich wünschten. Die CDU wurde, ebenso wie die bayerische Schwesterpartei, die Christlich-Soziale Union, zu einer konservativen bürgerlichen Sammelbewegung, die ganz auf den späteren Bundeskanzler Adenauer ausgerichtet war. Sein großer Widersacher von der Sozialdemokratischen Partei Deutschlands war Kurt Schumacher, der schon im April 1945 in Hannover das »Büro Dr. Schumacher« einrichtete, die Keimzelle der wenige Monate später wiederzugelassenen SPD. Die Sozialdemokraten waren stolz auf ihre demokratische Tradition und lehnten es ab, ihren Namen zu ändern und jetzt unter einem neuen »Firmenschild« anzutreten: 1933 hatte die SPD, anders als die bürgerlichen Parteien, Hitlers Ermächtigungsgesetz ein Nein entgegengeschleudert, und im Widerstand hatten ihre Anhänger einen hohen Blutzoll entrichtet. Das galt auch für die Kommunisten, die nun wieder ihre Partei, die KPD, gründeten. Überdies entstanden zahlreiche kleinere Parteien, vor allem aber, auf regionaler Ebene, liberale Parteineugründungen. Dies waren zumeist individualistisch betonte Honoratiorenparteien; sie schlossen sich 1948 zur Freien Demokratischen Partei zusammen.

In den Parteien zeichnete sich am frühesten die Spaltung Deutschlands ab. Mit der sowjetischen Besatzungsmacht waren 1945 auch deutsche Kommunisten, die sich während des Krieges im Moskauer Exil befunden hatten – die »Gruppe Ulbricht« –, nach Ostdeutschland gekommen. Seinen Mitarbeitern gab Walter Ulbricht folgende Losung mit auf den Weg: »Es muß demokratisch aussehen, aber wir müssen alles unter Kontrolle haben.«[19] Das hieß nichts anderes als: kommunistische Dominanz. Von Anfang an konnte die Kommunistische Partei Deutschlands auf die Unterstützung der sowjetischen Besatzungsmacht bauen, die im April 1946 massiven Druck auf die Sozialdemokraten ausübte und diese zwang, sich mit der KPD zur Sozialistischen Einheitspartei Deutschlands, SED, zu vereinigen. Die SPD hatte im Osten somit aufgehört zu existieren, und Sozialdemokraten, die sich verweigerten, wurden verfolgt, inhaftiert, manche sogar umgebracht. Auch den anderen Parteien, die in der sowjetisch besetzten Zone wiederzugelassen worden waren, gelang es niemals wieder, den Klammergriff der Kommunisten abzuschütteln. Die »Ostzone« begab sich auf einen Sonderweg, der erst 1989/90 enden sollte.

Der Riß, der zwischen dem Osten und dem Westen Deutschlands verlief, zeigte sich bald auf vielen Gebieten. Unter der Parole »Junkerland in Bauernhand« wurden in der SBZ alle Güter über 100 ha Größe enteignet, denn die Kommunisten machten die Junker, also die Großgrundbesitzer, für den Aufstieg Hitlers mit verantwortlich, was sicherlich nicht ganz falsch war.[20] In den Westzonen war seither eine Bodenreform, die in vielen Gebieten tatsächlich zu einer gerechteren Verteilung der Anbauflächen hätte führen können, ohne jede Chance. Mit einer »Ostzonenpolitik« wollte hier niemand etwas zu tun haben. Ähnliches widerfuhr den Wirtschaftsreformen. Nach einem Volksentscheid »über die Enteignung der Nazibonzen und Kriegsverbrecher« 1946 in Sachsen, der eine Zustimmung von 77 % brachte, wurden die wichtigsten Industriebetriebe in staatliche Leitung übernommen. Nach diesen Anfängen der Planwirtschaft war alles, was auch nur im entferntesten nach Sozialisierung roch, im Westen diskreditiert. Ohnehin hielt die amerikanische Besatzungsmacht, die auf eine freie Wirtschaft setzte, überhaupt nichts von sozialistischen Modellen.

Was den Deutschen viel mehr unter den Nägeln brannte, war die »Demontagewut« der Besatzungsmächte. Als Wiedergutmachung für erlittene Kriegsschäden wurden zahlreiche deutsche Industrieanlagen demontiert und unzählige Maschinen aus deutschen Fabriken entnommen. Was damals wie ein »industrieller Kannibalismus«[21] aussah, vielfach Proteststürme hervorrief, zu Streiks führte und allgemein die Emotionen gegen die Besatzungsmächte hochkochen ließ, sollte sich jedoch bald als unverhofftes, großes Glück erweisen. Denn als das European Recovery Program (ERP; »Marshallplan«), das der US-Außenminister George Marshall im Juni 1947 verkündete, anlief und viel Geld nach Westdeutschland kam, konnten neue Maschinen gekauft werden, wohingegen die Alliierten, besonders die Franzosen, nun auf den alten deutschen Maschinen saßen.

Was in Deutschland mit Hilfe der Alliierten bald wiedererblühte, war die Kultur. Nach der kulturellen Ödnis des Dritten Reiches, nach all der verstaubten Deutschtümelei und der kulturellen Abschottung von der Welt wirkte der frische Wind wie eine Befreiung – das Fenster nach Westen wurde aufgestoßen, und man bekam internationale Kunstwerke zu sehen, etwa die französischen Impressionisten, hörte amerikanischen Swing, Blues und Jazz und erlebte endlich wieder Bühnenaufführungen von Klassikern wie Lessings »Nathan der Weise«, der im Dritten Reich verboten war, aber auch ganz neue Stücke wie das Nachkriegsdrama »Draußen vor der Tür« des jungen Wolfgang Borchert. Der Volksmund nannte diese Jahre »eine Zeit der schönen Not«[22] – es gab wenig zu essen, aber viel Kultur zu sehen, lesen und hören.

West- und Ostdeutsche traten sich inzwischen mit Argwohn und gegenseitigen Verdächtigungen gegenüber. Auf der politischen Ebene verfestigte sich die Teilung immer mehr. Nach der gescheiterten Moskauer Außenministerkonferenz der Siegermächte vom Frühjahr lud der bayerische Ministerpräsident Hans Ehard im Juni 1947 alle deutschen Ministerpräsidenten aus allen vier Besatzungszonen zu einer Konferenz nach München ein. Die neuen Länder waren in der amerikanischen Zone bereits im

September 1945, in der sowjetischen 1945/46 und in der britischen und französischen im Laufe des Jahres 1946 konstituiert worden. Ehard hoffte, Deutschlands Auseinanderdriften aufhalten zu können. Das Gegenteil sollte aber der Fall sein. Die Münchner Ministerpräsidentenkonferenz erwies sich als ein einziges Fiasko. Sie war bereits gescheitert, ehe sie richtig begonnen hatte, weil die westlichen Ministerpräsidenten von ihren östlichen Kollegen verlangten, die ohne sie ausgearbeitete Tagesordnung bedingungslos zu akzeptieren, was diese als eine Zumutung empfanden und sofort wieder aus München abreisten. Wie konnte so etwas geschehen? Die Länderchefs im Westen argwöhnten, es mit »russischen Herren« zu tun zu haben, mit Handlangern Moskaus, und sprachen den Regierungschefs aus dem Osten das Recht ab, für die Bevölkerung der sowjetischen Zone zu sprechen. Tatsächlich waren die Wahlen dort eine Farce, aber im Westen blendete man völlig aus, daß die Vertreter aus der sowjetisch besetzten Zone zu dieser Zeit noch keineswegs alle moskauhörige Kommunisten waren. Hätte man die gutwilligen unter ihnen nicht stützen müssen und so vielleicht das Steuer noch einmal herumreißen können?[23]

Die Idee, der Westen könne Deutschland gemeinsam mit den Sowjets regieren, mußte innerhalb kürzester Zeit aufgegeben werden. US-Publizist Walter Lippmann prägte bereits 1947 den später gängigen Begriff »Kalter Krieg«. Amerikaner und Briten verständigten sich darauf, ihre beiden Zonen zum 1. Januar 1947 zusammenzulegen; die Bizone war die Vorform eines sich abzeichnenden Weststaates. Die Franzosen schwankten noch, weil ihre Besatzungspolitik hochgradig föderal ausgerichtet blieb und weil sie auf die Länder setzten. Aber die »große Politik« wurde seit 1947 nicht mehr in den Ländern gemacht, sondern die Zukunft entschied sich im bizonalen Wirtschaftsrat. Am Ende blieb der schwächsten und kleinsten der drei westlichen Zonen nur noch der Anschluß an die Bizone. Wichtig aber war: Prinzipiell und strukturell war eine Vereinigung der französischen mit der Bizone jederzeit möglich – zwischen Bizone und sowjetisch besetzter Zone galt dies nicht mehr.

US-Präsident Harry S. Truman sprach im März 1947 vor dem US-Kongreß von der Zweiteilung der Welt. Nachdem ihm berichtet worden war, daß in Griechenland und in der Türkei Untergrundbewegungen operierten, die einen kommunistischen Umsturz planten, entstand die Truman-Doktrin: Jede Nation müsse zwischen freier westlicher Demokratie und kommunistischer Diktatur wählen; die Demokratien könnten sich auf die USA verlassen, sie kämen in den Genuß von Marshallplan-Hilfen. Die USA wollten alles daran setzen, den Kommunismus einzudämmen und zurückzudrängen – die »Roll-back«-Strategie war geboren. Truman-Doktrin und Marshallplan waren zwei Seiten ein und derselben Medaille. Stalin beurteilte die weltpolitische Situation nicht viel anders. Die Sowjets gründeten das »Kommunistische Informationsbüro«, die Nachfolgeorganisation der Kommunistischen Internationalen. Das Ziel hieß: Weltrevolution. Zugleich formulierte man die »Zwei-Lager-Theorie«, nach der sich das kapitalistische und das kommunistische Lager unversöhnlich gegenüberstünden.

Das geteilte Deutschland war die Nahtstelle des Konflikts. Zur ersten massiven Konfrontation im Kalten Krieg entwickelte sich die Berlin-Krise im Jahr 1948; sie war in vielerlei Hinsicht von herausragender Bedeutung. Damit die westlichen Besatzungszonen am Marshallplan überhaupt beteiligt werden konnten, war eine Währungsreform notwendig, denn das deutsche Geld war infolge der Kriegswirtschaft 1945 völlig ruiniert. Am 18. Juni 1948 verkündeten die drei westlichen Siegermächte unter heftigem sowjetischem Protest die Umstellung der deutschen Währung von Reichsmark auf Deutsche Mark. Als die Sowjetunion daraufhin die Ostwährungsreform unter Einschluß Berlins anordnete und Gespräche der vier Mächte über eine gemeinsame Währungsreform in Berlin scheiterten – gedacht war an eine »Bären-Mark« –, wurde die westdeutsche Währung auch in Berlin eingeführt. Sofort blockierte die Sowjetunion alle Land- und Wasserwege nach Berlin, der Stadt, die wie ein Fremdkörper in der sowjetischen Besatzungszone lag. Moskau glaubte, damit einen deutschlandpolitischen Kurswechsel erzwingen zu können, aber die spektakuläre Aktion erwies sich als Bumerang.

Es ist eines der unvergeßlichsten Bilder aus der Frühgeschichte des Kalten Krieges: Am Nachmittag des 9. September 1948 strömte eine riesige Menge, über 300 000 Menschen, zu den Ruinen des Reichstagsgebäudes im britischen Sektor von Berlin. Es wären noch mehr gekommen, aber selbst der große Platz der Republik konnte die vielen Menschen kaum fassen. Ernst Reuter, der spätere Bürgermeister von West-Berlin, rief vor dieser versammelten Menge die Weltgemeinschaft auf: »Ihr Völker der Welt, ihr Völker in Amerika, in England, in Frankreich, in Italien! Schaut auf diese Stadt und erkennt, daß ihr diese Stadt und dieses Volk nicht preisgeben dürft, nicht preisgeben könnt!«[24] West-Berlin sei ein Vorposten der Freiheit im gemeinsamen Kampf gegen die Feinde der Demokratie. Die Westmächte organisierten die »Luftbrücke«. Ein ganzes Jahr lang versorgten alliierte Flugzeuge in mehr als 270 000 Flügen die Stadt aus der Luft mit Lebensmitteln. Das war eine in der Weltgeschichte bisher nie dagewesene menschliche und technische Leistung. Sogar Teile eines kompletten Kraftwerkes wurden auf diese Weise nach Berlin gebracht, um die Stromversorgung sicherzustellen. Welch ein Wandel: Die Flugzeuge, die noch vor wenigen Jahren Bomben auf deutsche Städte abgeworfen hatten, brachten nun Nahrungsmittel. Die Berliner nannten sie deshalb »Rosinenbomber«. Berlin wurde zum Symbol der westlichen Selbstbehauptung, und die Luftbrücke stand für eine Versöhnung der Westmächte mit den Deutschen, sie waren nicht mehr Sieger-, sondern Schutzmächte. Aus einstigen Feinden wurden allmählich Verbündete und später sogar Freunde.

Die dramatischen Ereignisse um die Berlin-Blockade schweißte Westdeutsche und Westalliierte fester zusammen. Eine Teilung Deutschlands, eine Staatsgründung im Westen und eine im Osten waren nun nicht mehr aufzuhalten. Am 1. Juli 1948 hatten die westlichen Militärgouverneure in Frankfurt den westdeutschen Regierungschefs die »Frankfurter Dokumente« übergeben. Sie enthielten den Auftrag, einen westdeutschen Staat zu gründen. Die Frankfurter Dokumente stellen somit die Geburtsurkunde der Bundesrepublik Deutschland dar. Die Ministerpräsidenten berieten sich zunächst im Koblenzer Hotel Rittersturz, anschließend noch einmal auf dem Jagdschloß Niederwald bei Rüdesheim, ganz in der Nähe der kolossalen bronzenen Germania, dem Nationaldenkmal, das in Erinnerung an die Errichtung des Deutschen Reiches von 1871 gebaut worden war. Ihre größte Sorge: Eine Verfassung für die drei Westzonen würde die Spaltung Deutschlands weiter verfestigen. Deshalb setzten sie gegen die Westalliierten durch, keine Verfassung zu erarbeiten, sondern lediglich ein »Grundgesetz« als Provisorium für die Übergangszeit, bis ein deutscher Gesamtstaat wiederhergestellt würde. Bei hochsommerlicher Hitze im August trafen sich sodann

Abb.7: *Wenige Jahre zuvor brachten alliierte Flugzeuge noch den Tod. Berliner Kinder warten zur Zeit der Luftbrücke (24. Juni 1948 bis 12. Mai 1949) auf den »Rosinenbomber« von US-Leutnant Halversen, der Taschentuchfallschirme mit Süßigkeiten abzuwerfen pflegte. Solche emotionalen Bilder begründeten die deutsch-amerikanische Freundschaft.*

Experten der Länder auf der Insel Herrenchiemsee und bereiteten die Arbeit eines Parlamentarischen Rates vor, der in dem kleinen Städtchen Bonn tagen sollte. Bonn hatte im Krieg weniger gelitten als andere Städte, hier gab es noch ausreichend Möglichkeiten, die vielen Delegierten unterzubringen. In diesem »geruhsame[n] Pensionopolis« am Rhein[25] wurde am 1. September 1948 feierlich der Parlamentarische Rat eröffnet. Wo normalerweise ausgestopfte Tiere den Raum bevölkerten, im Lichthof des »Zoologischen Forschungsinstituts und Museums Alexander Koenig«, saßen nun die 65 von den Landesparlamenten gesandten sowie die fünf nicht stimmberechtigten Abgeordneten aus Berlin, die Ministerpräsidenten, die Chefs der Ländermilitärregierungen und die westalliierten Zonenbefehlshaber. Die Verteilung der Mandate auf die Parteien erfolgte in Analogie zu den Ergebnissen der Landtagswahlen. Von den 65 Abgeordneten vertraten 27 die SPD, 19 die CDU, acht die CSU, fünf die FDP und jeweils zwei die DP, die KPD und das Zentrum. Zum Präsidenten des Parlamentarischen Rates wurde Konrad Adenauer gewählt; dieser leitete zwar nur die wenigen Sitzungen des Plenums, aber der entscheidende Vorteil dieses Amtes sollte sich schnell erweisen: Es repräsentierte den Rat nach außen, gab ihm ein Gesicht, und der Präsident trat auch als Verhandlungspartner der Militärgouverneure auf; so ist Adenauer in der Öffentlichkeit bekannt geworden. Die eigentliche politische Arbeit fand in mehreren Fachausschüssen statt, den Hauptausschuß leitete der besonders einflußreiche Justizminister von Württemberg-Hohenzollern, Carlo Schmid (SPD).

Die Väter und vier Mütter des Grundgesetzes schufen den Rahmen für die freieste Demokratie, die je auf deutschem Boden existiert hat.[26] Neubeginn im Westen hieß: Demokratiegründung – und zwar als gemeinsames Projekt von Siegern und Besiegten. Die deutsche Demokratie kam 1948/49 nicht als unbekannter Importartikel daher, sie entsprang auch nicht der demokratischen Schatztruhe der Alliierten, sondern sie schöpfte aus deutschen historischen Erfahrungen, vor allem aus den Traditionen der Paulskirche von 1848 und den Verfassungsberatungen in Weimar 1919. Kernbestand waren die Grundrechte, die Volkssouveränität, der Föderalismus sowie die Rechts- und Sozialstaatlichkeit. Aus den Versäumnissen der Vergangenheit wurden auch Lehren gezogen. So sind die Grundrechte in 19 Artikeln garantiert – es handelt sich also nicht bloß um allgemeine Absichtserklärungen wie in der Weimarer Reichsverfassung, sondern um unmittelbar geltendes, einklagbares Recht. Das konstruktive Mißtrauensvotum und – nach kontroverser Diskussion – die weitestgehende Ablehnung von plebiszitären Elementen rührten ebenfalls aus negativen Weimarer Erfahrungen her. Konfliktreich war die Föderalismusfrage: Während die SPD die Stärkung der Bundesgewalt gegenüber den Ländergewalten forderte, verlangte insbesondere die CSU genau das Gegenteil. Auch die Alliierten wollten die Bundesgewalt einschränken und lehnten einen ersten Entwurf des Grundgesetzes ab, weil die Finanzhoheit der

Länder nicht umfangreich genug sei. Auf Vermittlung der Briten lenkten schließlich Amerikaner und Franzosen ein.

Am 8. Mai 1949, auf den Tag genau vier Jahre nach der bedingungslosen Kapitulation des Dritten Reiches, wurde das Grundgesetz für die Bundesrepublik Deutschland verabschiedet; am 23. Mai trat es in Kraft. Als einziger lehnte der Bayerische Landtag das Grundgesetz ab; seine CSU-Mehrheit hielt es für zu zentralistisch. Die Ablehnung blieb freilich ohne Folgen. In der Präambel des Grundgesetzes wurde ein Bekenntnis zur nationalen Einheit Deutschlands in einem vereinten Europa abgelegt. Die Bundesrepublik war als Provisorium und Zwischenlösung konzipiert worden, als der deutsche »Kernstaat«, von dem eine Magnetwirkung auf den Osten Deutschlands ausgehen sollte.

In der sowjetischen Besatzungszone hatte es seit Dezember 1947 eine scheindemokratische »Volkskongreßbewegung für Einheit und gerechten Frieden« gegeben, und im März 1948 war ein Volksrat aus 400 Mitgliedern ins Leben gerufen worden, der eine Verfassung ausarbeitete. Der 7. Oktober 1949 war der Gründungstag der DDR. Ob die DDR »Stalins ungeliebtes Kind« war,[27] wie es manche Historiker heute sehen, ist umstritten. Was auch immer Stalin im Schilde geführt haben mag, sicher ist, daß es die ostdeutschen Kommunisten waren, die schon frühzeitig auf eine eigene Staatsbildung drängten. Die erste Verfassung der DDR kombinierte Elemente bürgerlicher Verfassungen mit Forderungen der Arbeiterbewegung, entscheidend aber war, daß die politischen Rechte und die Machtverteilung entgegen den Verfassungsbestimmungen anders geregelt blieben: Alles lief auf einen von der SED auf Dauer dominierten Einparteienstaat hinaus. Die »doppelte Staatsgründung«[28] war vollzogen.

Wiederaufbau und Verwestlichung:
Das Gründungsjahrzehnt 1949–1959

»Im Jahre 49«, so schrieb Golo Mann 1962 rückblickend, »schien die Bundesrepublik ein künstlicher Homunkulus zu sein, ich gestehe offen, daß ich damals geringes Vertrauen in ihre Zukunft hatte. Man kann sich irren. Vom Homunkulus ist die Bundesrepublik zum kräftigen Lebewesen, zum Wesen mit einer kräftigen Identität geworden.«[1] In fast sämtlichen Bilanzen, die nach rund einem Jahrzehnt publiziert wurden, schlug ein solches Erstaunen durch – und zwar mit vollem Recht. 1949, als die Bonner Republik ins Leben trat, war es höchst ungewiß, ob das Experiment der zweiten deutschen Demokratiegründung glücken würde. Waren die Belastungen, denen sie sich gegenübersah, nicht zu gewaltig?

Abb. 8:   Überaus kärglich trat die Bundesrepublik Deutschland ins Leben, und das war auch so gewollt, denn sie verstand sich als kurzlebiges Provisorium. Auf einem schlichten Holztisch liegt während der Schlußsitzung des Parlamentarischen Rates das Grundgesetz, das gleich verkündet wird.

Angesichts der Hypotheken des Dritten Reiches, der Kriegsfolgen und der sozialen wie ökonomischen Probleme war die innere Situation des neuen Staates labil: In Westdeutschland lebten nun rund 50 Mio. Menschen, so viele wie noch niemals zuvor, darunter etwa 8 Mio. Flüchtlinge und Vertriebene aus den ehemaligen deutschen Ostgebieten, deren Zahl Tag für Tag weiter anwuchs. Heimkehrer und Kriegsgefangene kamen in ein nach wie vor zerstörtes Land zurück, in dem die alliierten Demontagen fortdauerten. Entwurzelung, Elend und Not, Wohnungsmangel und Pauperisierung bedeuteten die Erfahrungen der Zeit; im Februar 1950 belief sich die beträchtliche Arbeitslosigkeit auf über 10%, mit steigender Tendenz. Territorial war die Bundesrepublik eine Neugründung – dies hatte erhebliche Auswirkungen auf die wirtschaftlichen, sozialen, politischen und konfessionellen Strukturen. Aus welchen deutschen Traditionen konnte geschöpft werden, und in welchem Verhältnis standen sie zu den westlich-alliierten Prägungen? Auf dem Gebiet der Sozialkultur und der politischen Kultur waren die Probleme nicht geringer: Man schätzt, daß bei Kriegsende 6,5 Mio. Deutsche Mitglieder der NSDAP waren – was hatte die junge bundesdeutsche Demokratie von ihnen zu erwarten? Ältere Mentalitäten und Leitbilder prallten auf notwendige Neuorientierungen – welche Folgen ergaben sich daraus? Die parlamentarische Demokratie mit ihren Institutionen, Organisationsstrukturen und Verfahrensregeln war zwar in den vier zurückliegenden Besatzungsjahren halbwegs eingeübt worden, sie mußte sich nach den zwölf Jahren NS-Diktatur aber erst bewähren.

Welche Elemente gaben den Ausschlag für einen Erfolg der Bundesrepublik Deutschland? Welche spezifischen Konstellationen, Entscheidungen und Konflikte wirkten sich letztlich stabilisierend auf die Republik aus? Bestand nicht noch lange Zeit die Gefahr, daß die junge Demokratie an innenpolitischen, vor allem aber deutschland- und außenpolitischen Klippen zerschellte? Denn alle genannten Bereiche wurden durch den Ost-West-Konflikt, die Teilung Europas und die Spaltung der deutschen Nation überwölbt. Wie würde sich die Frontstellung der Bundesrepublik im Kalten Krieg auswirken und wie die tagtägliche Anschauung der totalitären Politik der DDR und der in den Weltkonflikt eingebundene deutsch-deutsche Systemkonflikt? Für beide Geschöpfe des Kalten Krieges, für die Bundesrepublik wie für die DDR, bildete der Nationalsozialismus »den jeweils spezifisch akzentuierten Kontrastbezug zur Legitimierung der neuen Ordnung«.[2] Dabei ging es zwischen beiden immer auch um einen Wettbewerb der politischen und sozialen Ordnungen und um den Anspruch, die gesamtdeutsche Nation zu repräsentieren, den beide vertraten. Zwar verfügte die Bundesrepublik mit dem Grundgesetz, das durch die Katastrophenerfahrung des Nationalsozialismus geprägt und in dem Weimar als negative Folie immer gegenwärtig war, über eine Grundausrüstung beim Eintritt in die Demokratie – doch mußte diese erst mit Leben gefüllt werden und sich in der Praxis bewähren. Im Gründungsjahrzehnt – der formativen Phase – entschied sich somit Erfolg oder Mißerfolg der zweiten parlamentarischen Demokratie auf deutschem Boden.

3 Demokratische Weichenstellungen im Inneren

Schwierige Anfänge westdeutscher Staatlichkeit

Ob in Bonn nicht bald wieder Weimarer Verhältnisse einziehen würden, ob »Bonn« nicht doch schnell wieder »Weimar« werden würde, konnte man nach der ersten Wahl zum Deutschen Bundestag vom 14. August 1949, zu der 31 Mio. Wahlberechtigte aufgerufen waren, keineswegs ausschließen. 16 Parteien, von denen allerdings nur CDU/CSU, SPD, KPD und FDP/DVP in allen Bundesländern Listen präsentierten, stellten Kandidaten für die 402 Bundestagsmandate; hinzu kamen 70 parteilose Bewerber. Im Grundgesetz war bewußt darauf verzichtet worden, den Wahlmodus festzulegen; das Wahlgesetz wurde auf die erste Wahl zum Bundestag beschränkt, um diesem dann Gelegenheit für eine grundsätzliche Erörterung zu geben. Diese Einschränkung sollte sich als eine kluge Entscheidung erweisen. Denn hätte sich ein im Grundgesetz verankertes Wahlrecht in der Praxis nicht bewährt, wäre es nur durch eine Verfassungsänderung mit Zweidrittelmehrheit wieder aus der Welt zu schaffen gewesen. Der Urnengang im August 1949 fand nach einem modifizierten Verhältniswahlrecht statt, einer Verbindung von Elementen aus Persönlichkeits- und Listenwahl. Es handelte sich dabei um einen Kompromiß, auf den sich die aus den Landtagswahlen hervorgegangenen großen Parteien, die Union und die SPD, geeinigt hatten. Hinzu kam eine Fünf-Prozent-Klausel, die indessen – eine Entscheidung der Militärgouverneure – nur auf Länderebene, nicht aber für das gesamte Bundesgebiet galt. So sollten die Chancen kleinerer Parteien gewahrt und sollte zugleich einer übermäßigen Zersplitterung des Parteiwesens vorgebeugt werden.

Der Wahlkampf im Sommer 1949 war kurz, jedoch äußerst hart. Zwischen den beiden großen Parteien herrschte eine politische und emotionale Radikalität, die sich bis zu ungehemmter Feindseligkeit und Diffamierung steigern konnte. Es hatte den Anschein, als würde in Westdeutschland wenige Jahre nach dem Ende des Dritten Reiches schon wieder ein »Freund-Feind-Denken« fröhliche Urständ feiern, das den politischen Kontrahenten nicht als Konkurrenten im demokratischen Wettbewerb, sondern als Feind betrachtete – eine bedenkliche Entwicklung. Auf diese Weise wurden Erinnerungen an Weimar geweckt, und Beobachter aus dem westlichen Ausland runzelten bereits besorgt die Stirn. Konrad Adenauer geizte nicht mit Unterstellungen und Verdächtigungen gegenüber den westdeutschen Sozialdemokraten, denen er sogar – wider besseres Wissen – eine Mitschuld an der Zwangsvereinigung zwischen

KPD und SPD zur SED in der sowjetischen Zone in die Schuhe schob. Christentum und Antikommunismus lautete seine Formel, die er in einer Wahlrede im Heidelberger Schloß am 21. Juli 1949 folgendermaßen präsentierte: »Sehen Sie, das ist das Tiefste, um das es in diesem Kampf geht: wird Deutschland christlich oder wird es sozialistisch regiert werden? Wenn es sozialistisch regiert werden wird, dann seien wir uns klar darüber, daß der Sozialismus keinen Damm gegen den Kommunismus bildet.«[3] Adenauer kennzeichnete nicht nur ein ausgeprägter Antisozialismus, vielmehr verstand er es meisterhaft, »die Frontlinien des Kalten Krieges in die Innenpolitik zu verlängern«.[4] Außerdem bemühte sich die Union, die unverblümte Schützenhilfe durch die katholische Kirche erhielt, die SPD als kirchenfeindlich hinzustellen, und malte das Bild eines Kulturkampfes, das, je nach Bedarf, bis zum drohenden Untergang des christlichen Abendlandes ausgeschmückt werden konnte.

Der SPD-Vorsitzende Kurt Schumacher stand seinem Rivalen in nichts nach. Der Wahlkampf wurde zu einer Art Zweikampf der beiden: Schumacher schmähte Adenauer als »Lügenauer«, die CDU/CSU als klerikale, restaurative und kapitalistische Partei und verband dies alles mit einer schneidenden Kritik an den Besatzungsmächten. Mit Vorliebe hatte er dabei die französische Besatzungsmacht im Visier, die er früher, als das Ruhrstatut in Kraft getreten war, sogar einmal als »Westrussen« bezeichnet hatte.[5] Er unterstellte ihr, sie bevorzuge aus eigensüchtigen, hegemonialen Interessen die Adenauer-CDU. In Gelsenkirchen führte er im Juni 1949 aus: »Wir sind für die deutsch-französische Verständigung, aber wir sind nicht dafür, uns von einer unheilvollen Allianz eines französischen Generals und eines römischen Kardinals beherrschen zu lassen. Gekuscht wird nicht!«[6] Schumacher brandmarkte die Union als eine Hörige der Franzosen und empfahl ihr, »sie möge doch einmal ihren französischen Freunden so gegenübertreten, wie es die SPD gegen die britische Besatzungsmacht oft genug getan habe, da sie die Rechte des deutschen Volkes gegenüber allen, also auch den britischen Ansprüchen verteidige«.[7] Aufgrund solcher nationalistisch gespickter Verbalinjurien galt Schumacher in französischen, aber auch in amerikanischen Kreisen bald als »wilder Nationalist«, der gegen Andersdenkende Amok laufe; ja selbst Vergleiche mit Hitler scheuten französische Beobachter nicht.[8]

Man hat zu Recht gesagt, daß Schumacher der beste Wahlkampfhelfer für die Union gewesen sei. Auch Parteifreunde sahen seine verbalen Ausfälle mit größter Skepsis. Mit Sicherheit haben sie der SPD geschadet. Jenseits dieser Grobheiten stand der Wahlkampf jedoch ganz unter dem Zeichen einer wirtschaftspolitischen Alternative: »Planwirtschaft oder soziale Marktwirtschaft?« Mitte Juli hatte die CDU unter Federführung von Franz Etzel, der 1957 Bundesfinanzminister werden sollte, auf Adenauers Drängen hin die »Düsseldorfer Leitsätze« veröffentlicht, die – entgegen den Absichten von Vertretern eines christlichen Sozialismus, welche nun vollständig an

den Rand gedrängt wurden – ein Programm der sozialen Marktwirtschaft verkündeten. Die Wahl wurde so auch zu einem Plebiszit über die Politik des bisherigen Wirt-
schaftsdirektors der Bizone, Ludwig Erhard, der die Zwangswirtschaft aufheben wollte
und auf die Freisetzung der Kräfte des Marktes setzte. Das war in jener Zeit durchaus
ein gewagtes Unterfangen mit unsicherem Ausgang. Aber Erhard, den die CDU als
Wahlkampflokomotive einsetzte, stand für das Neue, Hoffnungsvolle, während die
Rezepte der Sozialdemokraten – wofür sie eine massive Wahlkampfunterstützung der
Gewerkschaften erfuhren – eher an das Alte, zu Überwindende und an Klassenkampf
erinnerten.

Der Wahlausgang überraschte vor allem die Sozialdemokraten, die mit einem sicheren Sieg gerechnet hatten, fühlten sie sich doch nach dem Dritten Reich besonders
berufen, Deutschland neu zu gestalten. Schumacher war regelrecht verbittert über das
Votum der Westdeutschen. Bei einer Wahlbeteiligung von 78,5 %, eine der niedrigsten, die es jemals in der Bundesrepublik gab, entfiel jeweils etwa ein Drittel der Stimmen auf die CDU/CSU, die SPD und die acht kleineren Parteien, einschließlich den Liberalen, sowie auf drei fraktionslose Mandatsträger. Die Union setzte sich mit 31 % als
stärkste Fraktion an die Spitze, gefolgt von der SPD mit 29,2 % und den Liberalen mit
11,9 Prozent. Die KPD kam auf 5,7 %, die Bayernpartei (BP) auf 4,2 %, die Deutsche
Partei (DP) auf 4 %, das Zentrum auf 3,1 %, die Wirtschaftliche Aufbau-Vereinigung
(WAV) auf 2,9 %, die Deutsche Rechtspartei auf 1,8 %, die Notgemeinschaft auf 1 %,
der Südschleswigsche Wählerverband auf 0,3 % und die unabhängigen Kandidaten
zusammen auf 3,8 % der Wählerstimmen. Damit fielen die großen Parteien hinter
ihre Landtagswahlergebnisse während der Besatzungszeit zurück. Die Bundestagswahl
vom Sommer 1949 ist in der Rückschau zu Recht als eine Wahl des Übergangs von
Weimar nach Bonn beschrieben worden. Kontinuität und Neubeginn mischten sich
auf eigentümliche Weise; das galt für die gesellschaftlichen Segmentierungen und regionalen Milieus, die teilweise Weimar widerspiegelten, ebenso wie für das Wahlver-
halten und für den Habitus der Politiker im Wahlkampf;[9] vier Jahre später sollte schon
vieles anders sein. Für die Zeitgenossen jedoch hinterließ die Konstellation von 1949
viele Fragezeichen für die Zukunft; stabil war sie nicht. Wie sich das Parteiensystem
künftig entwickeln würde, war vor allem deshalb nicht abzusehen, weil der Lizenzie-
rungszwang durch die Alliierte Hohe Kommission bald aufgehoben werden sollte. Es
gehörte nicht viel Phantasie dazu, danach eine Welle neuer Parteigründungen voraus-
zusagen – nicht zuletzt solcher, die bisher von den Alliierten zu Recht in ihrem Wirken
behindert worden waren, also radikalere Parteien mit zweifelhaftem demokratischem
Leumund.

Wichtige grundsätzliche Weichenstellungen hatten sich bereits jetzt ergeben: Das
Wahlergebnis schloß eine sozialdemokratisch geführte Bundesregierung und somit

auch eine sozialistische Wirtschaftspolitik aus. Aber eine Frage stand im Raum: Sollte man nicht auf eine große Koalition setzen, wie dies in zahlreichen Regierungen der Länder während der Besatzungsjahre mit Erfolg praktiziert worden war? Noch immer wurden sieben von zwölf Ländern, einschließlich Berlins (Baden-Württemberg wurde erst 1952 gegründet, somit existierten noch die Länder Württemberg-Baden, Baden und Württemberg-Hohenzollern, und das Saarland kam erst 1957 zur Bundesrepublik), von Christ- und Sozialdemokraten gemeinsam regiert. Wäre es nicht das Beste, auch auf Bundesebene eine solche Verantwortungsgemeinschaft in schweren Zeiten zu bilden? Die Mehrheit der Westdeutschen hatte dies wohl erwartet. In der SPD gab es eine breite Strömung, die sich dafür aussprach. Auch innerhalb der CDU plädierten mächtige Ministerpräsidenten, vor allem Karl Arnold aus Nordrhein-Westfalen und Peter Altmeier aus Rheinland-Pfalz, für eine solche Lösung. Selbst einige Liberale, etwa der bayerische Landesvorsitzende der FDP, Thomas Dehler, wollten die SPD in eine bürgerliche Regierung einbeziehen. Konrad Adenauer hingegen lehnte dieses Ansinnen strikt ab. Er kämpfte mit List und am Ende erfolgreich für eine kleine, bürgerliche Koalition. Ob sich die Bundesrepublik anders entwickelt hätte, wenn es zu einer großen Koalition gekommen wäre, läßt sich im nachhinein nicht mit Sicherheit sagen. Unbestreitbar aber ist, daß man die Koalitionsentscheidung des Jahres 1949 zu den zentralen »Gründungsentscheidungen der Republik« rechnen muß.[10]

Sie fiel auf der mittlerweile legendären Konferenz, zu der Adenauer eine Woche nach der Bundestagswahl, am 21. August 1949, eine Runde von 26 Parteifreunden in sein Haus in Rhöndorf einlud.[11] Sein Ziel: die Anwesenden auf die kleine Koalition und auf ihn, Adenauer, als Bundeskanzler festzulegen. Es handelte sich zwar nicht um ein parteioffizielles Gremium, denn wichtige Widersacher, wie etwa Karl Arnold, waren gar nicht erst dazugebeten worden. Die förmlichen Beschlüsse blieben selbstverständlich der Bundestagsfraktion der Union vorbehalten, doch an dem, was hier beschlossen wurde, konnte die Union nicht mehr vorbeigehen. Die Entscheidung gegen eine große Koalition war für Adenauer im Grunde bereits vor der Wahl gefallen. »Man würde«, so formulierte er es jetzt auf dem Rhöndorfer Treffen, »den Sinn einer politischen Wahl verfälschen, wenn nach diesem erbitterten Kampf sich die beiden großen Gegner des Wahlkampfes zusammenfinden würden.«[12] Für die Union wäre es ein schwerer Fehler, nach einem »solchen Wahlerfolg und Wahlkampf einen Regierungsmischmasch« zu machen.[13] Gerade auf wirtschaftlichem Gebiet sei es ausgeschlossen, soziale Marktwirtschaft und Sozialismus zu verbinden. Und die CDU/CSU werde ihr Zugpferd Ludwig Erhard nicht fallenlassen. Dieser formulierte seinerseits unmißverständlich: »Es ist mir völlig unmöglich, in der Praxis mit der SPD zu gehen, selbst wenn die SPD grundsätzlich umschwenken würde.«[14] Eine etwaige große Koalition hielt er für einen politischen Selbstmord der Union, weil sich die linke Flanke der Partei gegenüber der SPD und die rechte gegenüber der FDP öffnen würde. Die meisten anderen Anwesenden pflichteten bei, jene, die noch schwankten, bearbeitete Adenauer in einer Pause und konnte sie zumeist umstimmen. Danach brachte er sich selbst mit Erfolg als Bundeskanzler ins Spiel. Sein ernsthaftester Konkurrent, der Parlamentspräsident des Frankfurter Wirtschaftsrates, Erich Köhler, war damit ausgestochen. Die am äußersten rechten Rand der demokratischen Bewerber stehende DP – sie betrachtete die Sozialdemokraten als ihre Erzfeinde – sollte in die Koalition einbezogen werden. Den Liberalen sollte das Amt des Bundespräsidenten zugestanden werden, welches diese ihrerseits bereits als Voraussetzung für die Mitarbeit in einer kleinen Koalition beansprucht hatten. Ihr Kandidat dafür war der schwäbische FDP-Politiker Theodor Heuss, damals noch keineswegs unumstritten, galt er vielen doch als »Manchester-Mann«.

Konrad Adenauer hätte nicht ein so leichtes Spiel gehabt, wäre ihm nicht der vom Wahlausgang geschockte Kurt Schumacher auf seine Art beigesprungen. Unter umgekehrten Vorzeichen schätzte er die Situation genauso ein wie dieser. Eine große Koalition schloß er kategorisch aus, er wollte das Programm der SPD nicht verwässern lassen. Außerdem war die SPD mit einem Führungsanspruch aufgetreten; Schumacher als zweiter Mann in einer CDU/CSU-geführten Bundesregierung – schon diese Vorstellung war nahezu undenkbar. Mochten viele seiner Parteifreunde auch Bedenken haben, Schumacher, der die SPD fest im Griff hatte, legte sie auf eine entschiedene Opposition fest und prophezeite der Regierung angesichts der vorherrschenden politischen und sozialen Probleme einen baldigen Zusammenbruch. Danach, binnen kurzem also, werde die Stunde der SPD schlagen. Das Oppositionsprogramm, die sogenannten Dürkheimer Punkte – in Bad Dürkheim hatte Ende August 1949 die entscheidende SPD-Konferenz stattgefunden –, wurde vom Parteivorstand einstimmig angenommen,[15] obwohl nicht wenige, so etwa Carlo Schmid, unter dem aufdiktierten Oppositionskurs litten. Doch sich gegen Schumacher zu erheben wagte niemand. So war es insgesamt, seitens der neuen Regierung wie seitens der Opposition, ein resoluter, keineswegs zögerlicher und auch kein einvernehmlicher Auftakt, mit dem die Bundesrepublik ins Leben trat. Die deutliche Abgrenzung von Regierung und Opposition sollte sich jedoch als förderlich für die parlamentarische Demokratie erweisen. Das klare, auf einem demokratischen Grundkonsens basierende Gegeneinander der beiden großen Parteien wirkte auf ihre Anhängerschaft und Mitglieder integrierend.

Am 7. September 1949 konstituierten sich Bundestag und Bundesrat, am 12. September wurde der Bundespräsident gewählt und am 15. September Konrad Adenauer zum Bundeskanzler – mit nur einer Stimme mehr als er zur Wahl im ersten Wahlgang benötigte. Vier Wochen später, nachdem am 7. Oktober die DDR offiziell gegründet worden war, unterstrich der Bundeskanzler in einer Regierungserklärung den Alleinvertretungsanspruch des deutschen Kernstaates Bundesrepublik, der eine Magnetwirkung auf Ostdeutschland entfalten werde: »In der Sowjetzone gibt es keinen freien Willen der deutschen Bevölkerung. Das, was jetzt dort geschieht, wird nicht von der Bevölkerung getragen und legitimiert. Die Bundesrepublik Deutschland stützt sich dagegen auf die Anerkennung durch den frei bekundeten Willen von rund 23 Mio. stimmberechtigter Deutscher. Die Bundesrepublik Deutschland ist somit bis zur Erreichung der deutschen Einheit insgesamt die allein legitimierte staatliche Organisation des deutschen Volkes ... Die Bundesrepublik Deutschland fühlt sich auch verantwortlich für das Schicksal der 18 Mio. Deutscher, die in der Sowjetzone leben ..., die Bundesrepublik Deutschland ist allein befugt, für das deutsche Volk zu sprechen.«[16] Diese Ansicht war – mit Ausnahme der Kommunisten – überparteilicher Konsens.

Adenauer erwähnte in seiner ersten Regierungserklärung vom 20. September auch das Besatzungsstatut. Es sei alles andere als ein Ideal, aber doch »ein Fortschritt gegenüber dem rechtlosen Zustand«,[17] der bisher geherrscht habe. Die Bundesrepublik Deutschland war 1949 zwar ein Staat, aber souverän agieren konnte sie nicht, sondern sie stand unter der Vormundschaft der drei Westmächte, die sich – aus Vorsicht, d.h. wegen der noch nicht ausgeräumten Zweifel an der Demokratiefähigkeit der Deutschen – vielfältige Vorbehaltsrechte sowie Einspruchs- und Mitsprachemöglichkeiten sicherten. Eine Art Oberregierung bildete die Alliierte Hohe Kommission: Sie kontrollierte den gesamten Bereich der Außenpolitik, die Sicherheitsfragen, die Entmilitarisierung, den Außenhandel, die Devisenbeschaffung, die Entflechtung der Großbetriebe und weiteres mehr. Deutsche Gesetze wurden erst durch die Unterschrift der drei Hohen Kommissare – John McCloy für die USA, Sir Brian Robertson (ab März 1950 Sir Ivone Kirkpatrick) für Großbritannien und André François-Poncet für Frankreich – rechtskräftig. In der pessimistischsten Deutung war die Bundesrepublik somit ein Protektorat der Westmächte mit einer inneren Autonomie; in optimistischerer Deutung konnte man sie als Provisorium auf dem Weg zu einer Gesamtregelung Deutschlands oder als »souveräne(n) Staat in spe« betrachten.[18] Das Besatzungsstatut legte auch fest, daß die Kosten der Besatzungsherrschaft von den Deutschen selbst aufzubringen seien. Allein im Jahr 1950 beliefen sich diese auf 4,5 Mrd. DM – eine gewaltige Summe, sie entsprach 36% des Bundeshaushaltes dieses Jahres. Bereits im März 1951 kam es hinsichtlich der auswärtigen Angelegenheiten zu einer kleinen Revision des Besatzungsstatuts, 1952 sollte es in den Deutschlandvertrag eingehen und durch die Pariser Verträge mit Wirkung vom 5. Mai 1955 schließlich aufgehoben werden.

Bei der Bildung des ersten Bundeskabinetts achtete Konrad Adenauer darauf, Persönlichkeiten fernzuhalten, die seiner herausgehobenen Stellung hätten gefährlich werden können. So gestaltete sich die Kabinettsliste nicht besonders eindrucksvoll:

Abb. 9:   *Das Foto hält die berühmte Teppich-Szene fest: Am 21. September 1949 wird das erste Bundeskabinett zur Alliierten Hohen Kommission auf den Petersberg bestellt. Zum Entsetzen seiner Minister betritt Adenauer beherzt den Teppich, der eigentlich den drei Hohen Kommissaren vorbehalten war, und demonstriert damit Ebenbürtigkeit.*

Unstrittig war Ludwig Erhard als Wirtschaftsminister, eine gute Figur machte Finanzminister Fritz Schäffer, der evangelische Flügel der Union konnte Gustav Heinemann als Innenminister durchsetzen, mehr gelang ihm aber nicht. Nahezu völlig entmachtet war der linke Flügel der Union; Jakob Kaiser, einer seiner Hauptrepräsentanten, wurde zwar Minister für Gesamtdeutsche Fragen, aber Adenauer nahm ihn an die Kandare. Die FDP besetzte drei, die DP zwei Ministerposten. Vizekanzler Franz Blücher (FDP) blieb ganz im Hintergrund und verfügte kaum über Einfluß, das Amt war unter ihm nur mehr ein Ehrentitel. Außer dem Justizministerium, das der Liberale

Thomas Dehler übernahm, hatte sich die Union sämtliche Schlüsselressorts gesichert, und der 73jährige Bundeskanzler überragte alle, genauer gesagt: Er war entschlossen, seinen Ministern deutliche Grenzen zu setzen.

Die Herausbildung einer »patriarchalischen Demokratie«[19] sollte sich als recht glückliche Lösung nach Drittem Reich und dem Chaos der Nachkriegszeit erweisen. Adenauers »Kanzlerdemokratie« – diese Bezeichnung wurde zum geflügelten Wort – stabilisierte die Bonner Republik. Dieser unverwechselbare Regierungsstil mit der überragenden Gestalt des Bundeskanzlers ist von der Forschung inzwischen im wesentlichen auf die Zeit von 1953 bis 1961 eingegrenzt worden, als der Kanzler in den Wahlen nahezu plebiszitär bestätigt worden war, über eine breite Mehrheit verfügte und großes Prestige genoß.[20] Jedenfalls bildete dieser Zeitraum die Blütezeit der Kanzlerdemokratie. Verfassungsrechtlich beruhte das Kanzlersystem auf dem konstruktiven Mißtrauensvotum (Art. 67 GG), der Ministerwahl (Art. 64 GG) und der Richtlinienkompetenz (Art. 65 GG). Diese Komponenten allein können die Kanzlerdemokratie aber nicht vollständig erklären, denn bereits Adenauers Nachfolger im Bundeskanzleramt, Ludwig Erhard, sollte trotz der genannten Grundgesetzartikel das Gegenteil starker Führerschaft verkörpern. Zwar prägten auch in den 70er und 80er Jahren starke Bundeskanzler die Bundesrepublik, und gerade in Wahlkampfzeiten war der Slogan »Auf den Kanzler kommt es an« unter den großen Parteien beliebt, aber eine typische Kanzlerdemokratie wie in der Ära Adenauer hat es nicht mehr gegeben, vielmehr spricht die Forschung überwiegend vom Übergang zu einer »Koordinationsdemokratie«.[21]

Es müssen also besondere politische Konstellationen und vor allem personelle Dimensionen beachtet werden, um Adenauers Kanzlerdemokratie zu verstehen. Was die politischen Konstellationen betrifft: Adenauer überragte, wie erwähnt, sein Kabinett bei weitem, und er beherrschte auch die Exekutive; Adenauers verläßlicher Helfer innerhalb der Bundestagsfraktion war Heinrich Krone, der parlamentarische Geschäftsführer der Unionsfraktion. Überdies gab es bis 1955 noch keinen Außenminister, und der Bundeskanzler monopolisierte außenpolitische Aktivitäten in seiner Person, weshalb die Kanzlerdemokratie auf diesem Feld am stärksten ausgeprägt war. Ferner hatte der Bundeskanzler alleinigen Zugang zu den alliierten Hohen Kommissaren, mit denen die staatspolitischen »arcana« verhandelt wurden. Schließlich ließ Adenauer ein nur von ihm kontrolliertes, bürokratisch hochqualifiziertes und von verbandspolitischen Einflüssen abgeschirmtes Bundeskanzleramt, die Schaltzentrale der Macht, errichten. Um eine möglichst effiziente Kontrolle zu gewährleisten, wurde jedem Ministerium und jeder Bundesbehörde ein Referat im Kanzleramt zugeordnet. Herbert Blankenhorn, in der Weimarer Republik und im Dritten Reich im diplomatischen Dienst tätig, war einer der engsten Mitarbeiter Adenauers. Den Rechtsprofessor Walter Hallstein ernannte der Bundeskanzler im Mai 1950 zum Leiter der »Dienststelle für Auswärtige Angelegenheiten«. Im Februar kam Felix von Eckardt als Leiter des Presse- und Informationsamts der Bundesregierung zum Kreis der Mitarbeiter hinzu. Der wichtigste von allen aber war Hans Globke, der für den Aufbau des Kanzleramts zu sorgen hatte. Bis 1953 war Otto Lenz Staatssekretär im Bundeskanzleramt, danach stieg der durch den Nationalsozialismus belastete Globke auch nominell zum Staatssekretär auf. Strukturell abgesichert war die Kanzlerdemokratie zusätzlich dadurch, daß Adenauer Regierungs- und CDU-Parteichef in Personalunion war.

Integrationskraft und Autorität weit über die Reihen der eigenen Parteifreunde hinaus sind die herausragenden Bestandteile der besonders wichtigen personellen Dimensionen der Kanzlerdemokratie: Adenauer scheint der Psyche der Nachkriegswestdeutschen entgegengekommen zu sein. Nach der Hyperideologisierung, der tiefen Verwirrung, der radikalen Desillusionierung und der Angst, die die Deutschen durchlitten hatten, wirkte Adenauer als Beruhigungsfaktor. »Er gewöhnte die Deutschen an den Gedanken«, so drückte es Sebastian Haffner treffend aus, »daß Autorität und Demokratie nicht unvereinbar sind. Er versöhnte sie sozusagen allmählich mit der Demokratie«.[22] In Verbindung mit seiner gelassenen Willenskraft, seinem rheinischen Naturell und seinem hohen Alter wirkte Adenauers autoritärer Regierungsstil altväterlich. Er stiftete Vertrauen, und das Vertrauen, das viele Menschen in seine Person setzten, sollte sich rasch auf die Bundesrepublik übertragen. Niemals ist dies sinnfälliger geworden als im höchst erfolgreichen Wahlkampfmotto der CDU/CSU »Keine Experimente« unter dem Konterfei des Bundeskanzlers aus dem Jahr 1957. Adenauer stand bald synonym für eine Bundesrepublik, die Kurs nach Westen hielt und sich eines wachsenden Wohlstands erfreute, für das Neue, das aus Altem hervorging – wer Adenauer anerkannte, erkannte auch die Bundesrepublik an. Geholfen hat ihm auch seine zumeist einfache Redeweise, die Gut und Böse, Wichtiges und Nebensächliches auf innen- und außenpolitischem Gebiet klar unterschied – und die jeder verstand. Adenauers politische Gegner waren vom Stil und Niveau mancher seiner Reden entsetzt – und über ihre Wirkung »draußen im Land« überrascht; die Simplifizierung erwies sich als große Stärke.[23] Alles wird noch deutlicher, wenn man Adenauer mit seinem Widersacher Kurt Schumacher kontrastiert.[24] Mit Schumacher hatte die SPD einen Vorsitzenden, wie sie ihn seit einem Menschenalter, seit August Bebel, nicht mehr besessen hatte. Wer Schumacher zum ersten Mal hörte, horchte auf, von dem Ton im Innersten getroffen. Seine Geistigkeit, seine Fähigkeit, blitzschnell zu reagieren, sein Hang zu ätzenden politischen Bemerkungen waren im Zeitalter der Massendemokratie jedoch nicht immer eine Empfehlung für ihn. So boshaft hätte ein Voltaire sprechen können; aber verstand ihn auch jeder? Die Überfrachtung mit Ironie, Geist und Spott aus dem Munde des schwerinvaliden und von langer KZ-Haft gezeichneten

Mannes, der schon im August 1952, im Alter von nicht einmal 57 Jahren, sterben sollte, ließ viele Westdeutsche frösteln.

Konrad Adenauer habe die Bundesrepublik wie ein mit starken Vollmachten ausgestatteter Bürgermeister regiert, in dieses Bild goß Willy Brandt die Kanzlerdemokratie.[25] Einer von Adenauers Kabinettskollegen beschrieb dessen Politikstil weniger freundlich: »Gott ahnt es, der Kanzler weiß es, uns geht es nichts an.«[26] So berechtigt diese Beschreibungen erscheinen, das Etikett Kanzlerdemokratie darf nicht überstrapaziert werden: Auch Adenauer war auf Abstimmung mit anderen Politikern angewiesen und hing von den anderen Staatsorganen ab. Deshalb sollte die Kanzlerdemokratie, stärker als bisher geschehen, gruppenbiographisch analysiert werden. Überdies hat der Bundestag einen sehr bedeutsamen Beitrag zum Aufbau der westdeutschen Demokratie geleistet. Eine zu starke Personalisierung unterschlägt ferner die Aufbauleistungen weiterer Spitzenpolitiker, etwa von herausragenden Ministerpräsidenten der Bundesländer wie Reinhold Maier (FDP) und Gebhard Müller (CDU) in Baden-Württemberg oder den Sozialdemokraten Hinrich Wilhelm Kopf in Niedersachsen und Georg August Zinn in Hessen. So chancenlos die SPD auf Bundesebene in den 50er Jahren auch war, und so sehr sie sich durch eine intransigente Opposition selbst ins Abseits manövrierte, sie blieb nicht grundsätzlich von der Macht ausgeschlossen, sondern profitierte von der starken Stellung der Länder im Gefüge der Bundesrepublik. Ähnliches gilt für die Rolle der großen Kommunen im Regierungsgefüge, die sich oft fest in sozialdemokratischer Hand befanden.

Bereits im Vorfeld der Wahl des Bundespräsidenten bekam Konrad Adenauer den Groll einiger Ministerpräsidenten aus den eigenen Reihen zu spüren, die sich zunächst gegen Adenauers Wunschkandidaten Theodor Heuss aussprachen und sich selbst auf Kandidatensuche machten. Wieder half Kurt Schumacher der Union zur Geschlossenheit zurück: Er boxte in den SPD-Führungsgremien seine eigene Kandidatur für das Amt durch. Das völlig aussichtslose Unterfangen – dem lediglich symbolische Bedeutung zukam – führte dazu, daß schwankende Christdemokraten doch für Heuss stimmten, der daraufhin im zweiten Wahlgang gewählt wurde. Seine Wahl erwies sich als Glücksfall für die junge Republik, denn mehr als Macht und Amt verkörperte der schwäbische Liberale, der 1954 noch für eine zweite Amtszeit gewählt werden sollte, den Geist und die Kultur Deutschlands. Er war mehr Intellektueller als Politiker. Heuss prägte das Amt des Bundespräsidenten für die Zukunft.[27] Wie alle Bundespräsidenten nach ihm, wirkte er vor allem durch die Macht des Wortes – eine andere Macht hatte das Grundgesetz dem Amt ja auch nicht eingeräumt. Theodor Heuss' Ansprachen und Reden zeugten von hoher moralischer Verantwortung und hoben ihn über den Konfliktbetrieb der demokratischen Politik hinaus. Seine zwanglose Würde und Schlichtheit, die er, obwohl eitel, ausstrahlte, beeinflußten den politischen Stil der

Bonner Republik in den Anfangsjahren und halfen, das finstere Bild der Deutschen im Ausland wieder aufzuhellen. Gescheitert ist Heuss allerdings mit dem Versuch, für die Bundesrepublik eine neue Nationalhymne durchzusetzen. Er glaubte, das »Deutschlandlied« mit dem Text von Hoffmann von Fallersleben und der Melodie von Joseph Haydn sei infolge des Mißbrauchs durch die Nationalsozialisten für die neue Demokratie nicht mehr tragbar. Doch Adenauer – hier ausnahmsweise mit Zustimmung Schumachers – setzte sich mit dem Vorschlag durch, die dritte Strophe des »Deutschlandliedes« als Nationalhymne zu übernehmen.

In den Jahren nach der ersten Bundestagswahl wurde von Bonn aus auf die Parteispitzen in den Ländern Druck ausgeübt. Sie sollten das Bonner Modell kopieren. In Nordrhein-Westfalen beispielsweise wurde Karl Arnold 1950 gezwungen, die Koalition mit der SPD aufzugeben. Andererseits gab es in einigen Ländern früh Berührungspunkte zwischen SPD und FDP, besonders in Fragen einer laizistischen Kulturpolitik, so etwa in Bayern. Der Bundesrat hat somit von Beginn an nicht nur Länderinteressen vertreten, sondern es spielten immer schon parteipolitische Gesichtspunkte eine wesentliche Rolle. So ist der Bundesrat frühzeitig zu einem Instrument der Opposition gegen die Regierungspolitik geworden, zu einem Machtkorrektiv.[28] Diese Rolle hat er bis heute behalten.

Als letztes Verfassungsorgan konstituierte sich im September 1951 das Bundesverfassungsgericht unter seinem ersten Präsidenten Hermann Höpker-Aschoff (FDP), auf den man sich nach langem parteipolitischen Hin und Her hatte einigen können.[29] Diese dritte Gewalt in Gestalt einer machtvollen Verfassungsgerichtsbarkeit ist eine der besonders originellen Instanzen des westdeutschen Verfassungssystems und verfügt über mehr Kompetenzen als ähnliche Institutionen in irgendeiner anderen Demokratie und vor allem über eine überragende Autorität. Trotz vieler Konflikte, die gleich in den Jahren 1952/53 auftraten, als das Gericht in zentrale politische Auseinandersetzungen zwischen der Regierung und der Opposition hineingezogen wurde, hat es das Bundesverfassungsgericht bis heute verstanden, seine Unabhängigkeit und Autorität zu bewahren – und dies trotz andauernder Versuche, schon verlorene politische Kämpfe vor Gericht fortzuführen.

Damit hatte das politische System der Bundesrepublik seine Form gefunden. Eine repräsentative Parteiendemokratie, die Bindung der Regierung und eines starken Bundeskanzlers an das Parlament, das auf Repräsentativfunktionen beschränkte Bundespräsidentenamt, die Verteilung staatlicher Kompetenzen zwischen Bund und Ländern, schließlich das Bundesverfassungsgericht: Kann man dies als eine Westorientierung *vor* der Westintegration bezeichnen? Ja und nein. Ja, in dem Sinne, daß eine verfassungspolitische Neubestimmung vonstatten ging und sich in der Praxis bewährte, die sich auch an angelsächsischen Vorbildern orientierte und die Bundesrepublik so strukturell dem Westen anglich. Nein, wenn damit gemeint ist, daß ein westliches System durch Diffusion nach Deutschland transportiert worden und die Demokratie gänzlich von außen übergestülpt worden sei. Kennzeichnend waren komplizierte Mischungsverhältnisse zwischen alliierter bzw. westlicher Prägung und deutscher Tradition; erst dies erklärt den dauerhaften Erfolg der bundesrepublikanischen Institutionen. Nach 1949 gab es in vielen Bereichen wieder- und neubelebte deutsche Traditionen der Rechts- und Sozialstaatlichkeit und der parlamentarischen Demokratie, die durch den Nationalsozialismus verschüttet worden waren und nun zusätzlich durch spezifisch westliche Vorstellungen angereichert wurden. Bei der Renaissance des Föderalismus und beim Bundesrat fallen deutsche Traditionen und innerdeutsche Modernisierungen besonders ins Auge. Aber auch das Bundesverfassungsgericht etwa war, besonders hinsichtlich seiner weitreichenden Kompetenzen, nicht allein vom amerikanischen Supreme Court inspiriert, sondern verfügt über Wurzeln in der älteren deutschen Rechtstradition, die bis zum Reichskammergericht des Alten Reiches zurückreichen. Hier schlug die deutsche Tendenz zum »Rechtswegestaat« durch.

Was schließlich die Entwicklung der Staatsverwaltung anbelangt, so müssen gravierende restaurative Tendenzen verzeichnet werden: hinsichtlich der Normen, der Organisationsform und des Personals. Die westlichen Alliierten waren mit ihren Bemühungen, das deutsche Berufsbeamtentum zu reformieren, bereits während der Besatzungsjahre am deutschen Widerstand gescheitert. Nach der Gründung der Bundesrepublik liefen die gesetzlichen Regelungen, besonders das Bundesbeamtengesetz vom Juli 1953, darauf hinaus, an das traditionelle Beamtenrecht – und das hieß konkret: an die zuletzt im Reichsbeamtengesetz von 1937 fixierten Grundsätze[30] – anzuknüpfen und zugleich sämtliche alliierte Reformbestrebungen zunichte zu machen. Schon 1950 waren mehr als 2 Mio. Menschen im öffentlichen Dienst beschäftigt, was etwa 15 % aller Arbeitnehmer entsprach. Ihnen kam eine Schlüsselposition zu, denn sie fungierten als Bindeglied zwischen den Regierenden und der Bevölkerung. Der Art. 131 des Grundgesetzes, der eine bundesgesetzliche Regelung der Rechtsverhältnisse ehemaliger Berufsbeamten und Soldaten durch ein Bundesgesetz vorschrieb, wurde von den Regierungsparteien und der SPD gemeinsam ausgefüllt. Unter anderem sah er vor, daß 150 000 Angehörige des öffentlichen Dienstes, die infolge der Entnazifizierung ihre Stellung verloren hatten, ihre Arbeitsmöglichkeiten und Versorgungsansprüche zurückerhielten. Alle Gebietskörperschaften Westdeutschlands wurden verpflichtet, 20 % ihres Etats für die Einstellung dieses Personenkreises zu verwenden. Zwar sollte untragbaren Personen der Zugang verwehrt werden, doch zahlreiche Schlupflöcher ließen auch jene wieder in den Staatsdienst gelangen, die durch den Nationalsozialismus schwer belastet waren. Zusätzlich skandalös war: Frauen, die während des Krieges in den Verwaltungen aufgerückt und zudem nicht belastet waren, wurden nun gezielt aus dem öffentlichen Dienst hinausgedrängt. Bei verheirateten Frauen schreckten Verwaltungen nicht einmal davor zurück, einschlägige Entlassungsvorschriften aus der NS-Zeit anzuwenden, um Arbeitsplätze für Männer freizumachen oder sie auf subalterne Tätigkeitsfelder abzuschieben – dies ist nur ein Beispiel für die vielfältige Diskriminierung von Frauen in der Arbeitswelt der 50er Jahre.

Die Folgen des Rückgriffs auf die frühere NS-Beamtenschaft zeigten sich in drastischer Weise in der Bundesverwaltung. Von den zwischen 1950 und 1953 neuernannten Abteilungsleitern waren 60 % zumindest nominelle Mitglieder der NSDAP gewesen. Die für die Personalpolitik des Bundes zuständigen Regierungsvertreter glaubten, auf ihre Verwaltungserfahrung nicht verzichten zu können. Eine Schlüsselstellung bei der Personalauswahl hatte Hans Globke inne, der zur »grauen Eminenz« der Adenauer-Ära und für den Bundeskanzler wegen seines Organisationstalents unentbehrlich wurde; Globke diente Konrad Adenauer von 1953 bis zu seinem Rücktritt 1963 als Staatssekretär im Bundeskanzleramt. Während des Dritten Reiches war Globke Ministerialrat im Reichsinnenministerium gewesen und hatte entscheidend am amtlichen Kommentar der Nürnberger (Rasse-)Gesetze mitgewirkt, wodurch er sich tief in das NS-Regime verstrickt hatte. Globke, der der DDR-Propaganda eine ständige und willkommene Angriffsfläche bot, war und blieb von der Gunst Adenauers abhängig, das mag auf ihn »demokratisierend« gewirkt haben. Doch es warf einen dunklen Schatten auf die Bonner Demokratie, daß an der Spitze des Staates ehemalige Nationalsozialisten wieder Karriere machen konnten. Warum kam es dennoch nicht zu einer Renazifizierung der Beamtenschaft? Die traditionelle Anpassungsfähigkeit dieser Berufsgruppe dürfte eine Rolle gespielt haben, ebenso die großzügige Berücksichtigung ihrer materiellen Interessen und die neuen Aufstiegschancen im Zeichen wirtschaftlicher Prosperität. Überdies fürchtete man die DDR-Alternative einer völligen Abschaffung der Beamtenschaft, weshalb viele die demokratischen Spielregeln akzeptierten. Schließlich stand mit dem Antikommunismus eine für alle tragfähige Integrationsideologie zur Verfügung. Der entscheidende Unterschied gegenüber dem Beginn der Weimarer Republik lag darin, daß es in der Bonner Republik keine lebendigen und geduldeten Gegenbilder zum demokratischen Gemeinwesen gab oder – abgeschwächt formuliert – daß Demokratie und Parlamentarismus zumindest hingenommen wurden. Wenngleich die Verwaltung rasch reibungslos (weiter)funktionierte, blieben alte Denkmuster und Verhaltensdispositionen noch lange Zeit erhalten. Die fragwürdige Konservierung der alten Bürokratie stellte den neuen Staat ins Zwielicht. Aber auch die Kehrseite verfehlte ihre Wirkung nicht: Sie hat dem neuen Staat die Loyalität einer wichtigen Funktionselite gesichert und ihn so stabilisiert.

Nie wieder in der Geschichte der Bundesrepublik hat es einen so arbeitsamen

Bundestag unter spartanischsten Bedingungen gegeben wie den ersten; sitzungsfreie Wochen kannte man, von der Sommerpause im August abgesehen, nicht. Trotz der harten öffentlichen Konkurrenz zwischen Regierung und Opposition gab es in den Ausschüssen des Parlaments, dort, wo die parlamentarische Knochenarbeit geleistet wird, konstruktive Zusammenarbeit. Zwar ereigneten sich im Gesetzgebungsverfahren etliche Pannen, doch die Gesetzgebungstätigkeit war insgesamt bemerkenswert, wenn sie auch nur eine Seite der Wirklichkeit zeigte.

Denn die Anfänge des Bonner Parlamentarismus standen unter keinem guten Stern. Nicht nur, daß das Image des Bundestages in der Öffentlichkeit schlecht war, viele seiner Repräsentanten gossen ihrerseits Wasser auf die Mühlen der Parteienverdrossenheit. Niemals in der weiteren Geschichte des Deutschen Bundestags gab es so viele Ordnungsrufe, Rügen, Wortentziehungen, ja selbst eine hohe Zahl von Sitzungsausschlüssen und Immunitätsaufhebungen wie im ersten frei gewählten Parlament zwischen 1949 und 1953.[31] Zahlreiche Debatten liefen nicht ohne beleidigende Einwürfe, Lärmszenen und sogar Schlägereien – nach Weimarer Muster – zwischen Rechts- und Linksradikalen ab. Für die mangelnde politische Kultur zeichnete nicht allein böser Wille verantwortlich: Von den 402 Abgeordneten verfügten 217 über noch keinerlei Parlamentserfahrungen; ihnen fehlte es an Durchblick und Routine, es mangelte an Professionalität. Politik galt vielen nicht als Beruf, sondern als Teilzeitbeschäftigung. Die Skepsis, ob die Demokratie bei schwieriger werdenden sozialen und wirtschaftlichen Verhältnissen nicht wieder auf die schiefe Bahn geraten würde, nahm nach 1949 nicht ab, sondern – jedenfalls zunächst – zu.

Parteiensystem und Parteienverbote

Kaum jemand hätte zu Beginn der 50er Jahre die Prognose gewagt, daß das deutsche Parteiensystem zu einem der wichtigsten Elemente für die Stabilität der Republik werden sollte, obwohl im Art. 21 des Grundgesetzes die Parteien eine verfassungsmäßig bedeutsame Rolle zugewiesen bekamen und ein Trennungsstrich zwischen verfassungsloyalen und verfassungswidrigen Parteien gezogen wurde. Die prekäre Situation der jungen Demokratie konnte insbesondere dann abgemildert werden, wenn die neugeschaffenen Institutionen überzeugend funktionierten – und hier kam dem Parteiensystem eine Schlüsselrolle zu, weil Parteien im Rahmen der Repräsentativverfassung eine Mittlerrolle zu übernehmen hatten. Die Ausgangssituation war allerdings schlecht: In der Weimarer Republik waren die Parteien eine der meistgehaßten Erscheinungen des politischen Lebens gewesen, und dieses negative Image haftete ihnen auch nach 1949 eine Zeitlang an. Im Jahr 1950 hielten 25% der befragten Westdeutschen einen Einparteienstaat für wünschenswert, nur 53% bevorzugten ein Mehrparteiensystem; dagegen sollten es 1968 nur noch 7% sein, die gegen, und 81%, die für den Parteienpluralismus votierten.[32]

Man muß sich vor Augen halten: In der Geschichte der Bundesrepublik gab es bisher insgesamt über 130 Parteien, die sich seit 1949 an Bundes- bzw. Landtagswahlen beteiligten. Die größeren und wichtigeren unter ihnen sind durch die Entwicklungen der Großparteien in den vorparlamentarischen Raum oder in lokale Vertretungen abgedrängt worden.[33] Von den zehn Parteien des ersten Deutschen Bundestags waren 1961 nur noch drei übrig, CDU/CSU, SPD und FDP, und dies sollte bis in die 80er Jahre hinein so bleiben. Dieser im internationalen Vergleich beispiellose Konzentrationsprozeß ging mit einer enormen Integrationsleistung einher. Die Forschung ist sich weitgehend darüber einig, daß hier das besondere Geheimnis der Nachkriegsmetamorphose Westdeutschlands zu suchen ist: Die im ersten Jahrzehnt der Bonner Demokratie vollzogene Konzentration auf ein Drei-Parteien-System wird als ein entscheidender Grund für die Stabilität der Bundesrepublik angesehen, weil so erstmals in der deutschen Geschichte die zentrifugalen Kräfte ideologischer, sozialer und politischer Zersplitterung aufgehoben werden konnten.

Selbstverständlich war diese Entwicklung keineswegs. Nachdem die Alliierten die Lizenzierungspolitik aufgegeben hatten, entstanden 1950 schlagartig etwa 30 neue Parteien, es kam zu einer breiten Auffächerung, zu einer – wenn auch kurzen – Blüte zumeist bürgerlicher Splitterparteien. Dabei handelte es sich um kleinere Interessen- und Regionalparteien, die die vorhandenen Nöte, Ängste, Unzufriedenheiten und regionalen Traditionen eines Teils der Bevölkerung zum Ausdruck brachten, aber auch um Gruppierungen im rechtsextremistischen Bereich, die sich bisher nicht hatten formieren dürfen. Bereits mit der zweiten Bundestagswahl von 1953, vor allem aber mit der dritten von 1957 – als die CDU/CSU die absolute Mehrheit an Stimmen erhielt – war die Parteienvielfalt jedoch eingeschmolzen, und die christdemokratische Union hatte die kleinen Gruppierungen gleichsam aufgesogen, weshalb Zeitgenossen in Analogie zum »Wirtschaftswunder« von einem »Wahlwunder« sprachen.[34]

Die Union war dabei mit ihrer Sammlungspolitik so erfolgreich, weil die junge Bundesrepublik, die sie mit einem überragenden Bundeskanzler regierte, über Erwarten erfolgreich war, insbesondere auf wirtschaftlichem Gebiet. Das zeigte sich in erster Linie bei genauerer Betrachtung des Bunds der Heimatvertriebenen und Entrechteten (BHE), der 1950 in Schleswig-Holstein gegründet wurde und bei der ersten Landtagswahl, an der er sich beteiligte, auf Anhieb 23,4% der Stimmen erhielt, womit er noch vor der CDU lag.[35] In den ersten acht Landtagswahlen zwischen 1950 und 1953 erreichte der BHE durchschnittlich 12% der Wählerstimmen, seine größten Erfolge errang er in den nord- und süddeutschen Regionen mit einem überdurchschnittlich hohen Anteil an Flüchtlingen und Vertriebenen, deren Vertretung er zum Programm erhob. Allerdings verwies der Namensteil »Entrechtete« auch auf eine zusätzliche Klientel: Dahinter verbargen sich zumeist alte Nationalsozialisten. Waldemar Kraft, der Parteigründer, war ebenfalls ein spätes Mitglied der NSDAP gewesen. Bei der Bundestagswahl von 1953 betrug das Verhältnis von Flüchtlingen und Einheimischen unter den Kandidaten des BHE 9 : 1; ungefähr ein Viertel aller Flüchtlinge votierte für den BHE, der damit nur auf enttäuschende 5,9 % kam. Konrad Adenauer band ihn gleichwohl in die neue Bundesregierung ein und benutzte Kraft, der mehr und mehr auf der Linie der Union lag, als Mehrheitsbeschaffer für seine Innen- und Außenpolitik. Im Streit um das Saarstatut, über das Adenauer 1954 mit Frankreichs Ministerpräsident Mendès-France verhandelte, zerbrach die Partei, denn die angestrebte Europäisierung der Saar erschien vielen innerhalb des BHE als »Preisgabe« deutschen Territoriums, welche auch für die ehemaligen deutschen Ostgebiete nichts Gutes erwarten ließ. Kraft sowie Theodor Oberländer, der ihm nahestehende Vertriebenenminister, verließen 1955 mit sieben weiteren BHE-Bundestagsparlamentariern die Partei und wechselten zur CDU, zwei weitere gingen zur FDP. In der Folgezeit verschob sich die Programmatik des »Blocks« auf die Vertretung nationaler, gesamtdeutscher Positionen mit zum Teil gefährlicher Nähe zum Rechtsextremismus. 1957 schaffte der BHE den Einzug in den Bundestag nicht mehr. Dafür waren die innerparteilichen Querelen nur zum Teil verantwortlich; als wichtiger noch erwies sich, daß »im Schmelztiegel des Wirtschaftswachstums« die Wählerbasis des BHE mehr und mehr dahinschwand.[36]

Diese »äußeren« Faktoren wie die erfolgreich verlaufende Wirtschafts- und Sozialpolitik oder der konsequente Kurs der Westintegration im Kalten Krieg und ein beliebter Kanzler sind nur eine Erklärung dafür, warum die Union so erfolgreich war und eine so große Integrationskraft entfalten konnte.[37] Seit dem Goslarer Parteitag von 1950 verfügte die CDU über eine bundesweite Organisation, doch die Parteistruktur blieb betont locker und war weitgehend regional verankert, was ihre Flexibilität erhöhte. Darüber hinaus bildete die CDU in der politischen Praxis wirkungsvolle Mechanismen aus, um eine breite Blockbildung mit den bürgerlichen Kleinparteien zu erlangen, die sich für diese schnell als eine tödliche Umarmung erweisen sollte. Bei ihren Wahlbündnissen, Fusionsangeboten und der Postenverteilung sowie bei der gemeinsamen Aufteilung von Wirtschaftsspenden zeigte sich die Unionsführung sehr großzügig. Hierdurch gelang es ihr, Parteien wie den BHE oder die DP, von den kleineren Regionalparteien ganz zu schweigen, gleichsam als einen »externen« Arm der eigenen Partei darzustellen. Ohne die Hilfe der CDU – die ihr einige sichere Wahlkreise abtrat – wäre die vor allem auf protestantische Gebiete in Niedersachsen konzentrierte DP weder 1953 noch 1957 in den Bundestag eingezogen. Die Spitzenpolitiker solcher Parteien lockte die CDU dann mit einer Umarmungsstrategie zu sich herüber, und den führenden Leuten folgten bald auch weite Teile der Wählerschaft.

Ausgangspunkt der Unionserfolge war ihre Verwurzelung im politischen Katholizismus; bei der Bundestagswahl von 1953 lag der katholische Stimmenanteil 25% über dem evangelischen. Innerparteilich jedoch setzte die CDU-Führung auf allen Ebenen einen harten konfessionellen Proporz durch, wodurch sie allmählich das Image, nur eine katholische Partei zu sein, verlor. War beispielsweise der Bundeskanzler katholisch, so hatte der CDU-Bundestagspräsident – zuerst Hermann Ehlers, dann Eugen Gerstenmaier – evangelisch zu sein. Ihr weltanschauliches Selbstverständnis, das auf drei Pfeilern – der christlichen Orientierung, dem Antisozialismus und der Selbstverortung als Volkspartei – ruhte, erwies sich in jeder Hinsicht als erfolgreiches Sammlungskonzept: Der Vorteil des christlichen Nenners war, daß er im Schatten zweier Diktaturen zugleich eine entlastende, eine abgrenzende und eine integrierende Selbstdeutung bot, ließ er sich doch als Gegenstück zum Dritten Reich, zum SED-Staat und zum Manchester-Kapitalismus herausstellen. Der Antisozialismus war bereits in der Weimarer Republik eine wichtige Sammlungsformel der bürgerlich-protestantischen Wählerschaft gewesen – und der Kalte Krieg, die deutsche Teilung sowie das Anschauungsbeispiel des »Sozialismus« im eigenen Land verstärkte sie noch zusätzlich. Die Selbstbeschreibung als Partei der »Mitte«, des Maßes und der Ausgewogenheit schließlich konnte an die erfolgreichste Formel der Union überhaupt anknüpfen, an die »soziale Marktwirtschaft« mit ihren populären Repräsentanten Konrad Adenauer und Ludwig Erhard.

Doch in den 50er Jahren befanden sich die kleinen bürgerlichen Parteien nicht allein im »Adenauer-Sog«,[38] auch das Wahlrecht bedrohte ihre Existenz: Seit 1953 mußten bundesweit 5% der Stimmen oder ein Direktmandat errungen werden, um in den Bundestag einzuziehen, 1957 wurde die Sperrklausel noch einmal verschärft, seither reichen erst drei Direktmandate für den Einzug in den Bundestag aus, wenn eine Partei bundesweit die Fünf-Prozent-Hürde nicht überspringt.

Auf der Länderebene vollzog sich der Einschmelzungsprozeß des Vielparteiensystems längst nicht so schnell wie auf der Bundesebene, hier blieben regionale Besonderheiten bestehen. Namentlich die Schwesterpartei der CDU, die bayerische CSU, war lange Zeit noch keine interkonfessionelle Sammlung, sondern eine Partei der einheimischen katholischen Bevölkerung und hatte auch bis weit in die 50er Jahre hinein in der Bayernpartei – die gezielt an antipreußische Ressentiments appellierte und die bayerische Eigenständigkeit gewahrt wissen wollte – einen, wie es Franz Josef Strauß ausdrückte, harten »strategischen Gegner«.[39] Erst als dieser Gegner mühsam niedergerungen werden konnte, war die Bahn frei für den Aufstieg der CSU zur bayerischen Staats- und Hegemonialpartei.[40]

Die einzige bürgerliche Partei, die dem Sog der Union entging, war die FDP, aber sie hätte sich im ersten Jahrzehnt nach 1949 fast selbst zugrunde gerichtet, weil starke

Abb. 10: *Zwei der wichtigsten Politiker der Nachkriegszeit im Fond einer Staatskarosse: Bundes-präsident Theodor Heuss wird am 30. April 1952 vom Regierenden Bürgermeister von Berlin, Ernst Reuter, am Flugplatz Tegel abgeholt. Solche politischen Besuche in Berlin waren wichtig, um die Bindungen der Stadt an die Bundesrepublik zu erhalten.*

Spannungen zwischen einzelnen Landesverbänden auftauchten. Niedersachsen, Hessen und bis 1955 Nordrhein-Westfalen stellten die Basis des rechtsnationalistischen Flügels in der FDP dar, der eine Gratwanderung vollführte und sich einige Zeit lang mit einem Bein über den Abgründen der traditionalistischen Rechten befand. In der nordrhein-westfälischen Naumann-Affäre von 1953 kam die Gefahr einer neonazistischen Unterwanderung der FDP eklatant zum Ausdruck; ähnliches galt für die Schlüter-Affäre in Niedersachsen nur zwei Jahre später.[41] Das »Deutsche Programm«, welches Friedrich Middelhauve, FDP-Landesvorsitzender von Nordrhein-Westfalen, im Juli 1952 dem Landesparteitag in Bielefeld unterbreitete, war ganz dem Ziel einer deutschnationalen Sammlung verpflichtet. Noch in den Tagebuchbriefen von Theodor Heuss findet sich diesbezüglich das scharfe Wort von der »Nazi-FDP«.[42] Heuss selbst gehörte dem altliberalen Flügel der FDP an, der die Landesverbände Baden-Württemberg, Rheinland-Pfalz, Hamburg und Berlin vereinte und der die traditionellen liberalen Freiheits-, Rechtsstaats- und Eigentumsgrundsätze fortschrieb.

Die Führungsriege der Liberalen auf Bundesebene begann früh, auf die Umarmungsstrategie der Union zu reagieren, und suchte in der Innen- und in der

Deutschlandpolitik ein eigenständiges Profil. Der traditionelle Antiklerikalismus der Liberalen bildete ohnehin die weltanschauliche Trennlinie zu den Christdemokraten. Als 1954 der streitlustige Thomas Dehler, der sich von einem glühenden Verehrer Adenauers zu einem seiner schärfsten deutschlandpolitischen Kritiker entwickelte, den Parteivorsitz übernahm, verschärfte sich der Konflikt zusehends. Er spitzte sich weiter zu, als die Union ein neues Wahlrecht vorschlug, das »Grabensystem«: Es sah vor, in Zukunft 60 % der Abgeordneten direkt und nur noch 40 % nach dem Verhältniswahlrecht über Listen zu wählen; direkt gewonnene Mandate sollten nicht auf die Listenmandate angerechnet werden, Mehrheits- und Verhältniswahlrecht vielmehr durch einen »Graben« voneinander getrennt bleiben. Für eine Partei wie die FDP, die, wenn überhaupt, nur in sehr geringem Umfang Direktmandate erringen konnte, war dies eine existentielle Gefährdung. Adenauer nutzte den Wahlrechtsantrag, der später wieder zurückgezogen wurde, als Druckmittel, um einen Wechsel an der FDP-Spitze herbeizuführen – aber er stabilisierte damit Dehlers Position nur. Außerdem initiierten die »Jungtürken« um Wolfgang Döring, Willi Weyer und Walter Scheel, die sich gegen die rechtsnationale Ausrichtung der Liberalen in Nordrhein-Westfalen auflehnten, im Düsseldorfer Landtag im Februar 1956 ein konstruktives Mißtrauensvotum, stürzten die Regierung Arnold und gingen für kurze Zeit ein Regierungsbündnis mit der SPD ein.[43] Die FDP war nun nicht mehr der »geborene« Koalitionspartner der Union. Dieser Koalitionsbruch wirkte sich auf die Bundespolitik aus: 16 Bundestagsabgeordnete, darunter Franz Blücher und die anderen Minister, verließen die FDP-Fraktion und gründeten die Freie Volkspartei (FVP), während die dezimierte Rest-FDP in die Opposition ging. Im Jahr darauf fusionierte die FVP mit der DP; dies sollte sich jedoch nicht als der erhoffte Neuanfang erweisen, sondern schon das Ende dieser Gruppierung sein. Der prominente Altliberale Reinhold Maier löste 1957 Thomas Dehler an der Spitze der FDP ab, und unter seiner Führung fand die Partei wieder in ein ruhigeres Fahrwasser sowie zu ihrer Rolle als verläßliche und gediegene Honoratiorenpartei des mittelständischen Bürgertums zurück. Als einzige »Überlebende« neben den beiden Großparteien CDU/CSU und SPD nahm die FDP künftig eine Schlüsselposition für die Mehrheitsbeschaffung im Bundestag ein, die weit über ihren Anteil an der Wählerschaft hinausreichte. Sie wurde zum Zünglein an der Waage.

Hinsichtlich der Anti-Systemparteien am echten und linken Rand des politischen Spektrums erwiesen sich Parteienverbote der wehrhaften Demokratie als ein probates Mittel, die Republik zu konsolidieren. Die auf Bayern konzentrierte, aber im ersten Bundestag mit zwölf Mandaten vertretene Wirtschaftliche Aufbau-Vereinigung (WAV) des Agitators Alfred Loritz, der gegen die »Weimarer Versagerparteien« wetterte und antidemokratische Ressentiments schürte, erledigte sich nach einem kurzen Aufflackern wie von selbst.[44] Gefährlicher konnte jedoch die Sozialistische Reichspartei (SRP) werden, deren Führung in den Händen überzeugter Nationalsozialisten lag und die bei den Landtagswahlen von 1951 in Bremen und Niedersachsen 7 bzw. 11 % der Wählerstimmen erhielt. Ihre Propaganda knüpfte unverhohlen an den Nationalsozialismus an; die nationale Revolution Hitlers sollte vollendet werden, und für die demokratische Bundesrepublik hatte die SRP nur Verachtung und Haß übrig. Einer ihrer Abgeordneten hielt im Bundestag sogar eine antisemitische Rede. Mitbegründer der SRP war Ernst Otto Remer, ein ehemaliger Major im Dritten Reich, der als Kommandeur des Berliner Wachbataillons am 20. Juli 1944 bei der Niederschlagung der Widerstandskämpfer im Berliner Bendlerblock führend beteiligt gewesen war und auch jetzt noch den Widerstand als »Landesverrat« diffamierte. Die Überlebenden würden dereinst vor ein »deutsches Gericht« gestellt, prophezeite er. Allerdings war es Remer selbst, der bald vor Gericht stand, denn wegen der Verleumdungen hatten Angehörige von Widerstandskämpfern einen Prozeß gegen ihn angestrengt, der in Braunschweig stattfand. Er ist als Markstein in die bundesdeutsche Justizgeschichte eingegangen, weil er den Widerstand gegen die NS-Diktatur moralisch und juristisch rehabilitierte.[45] Parallel zum Prozeß, an dessen Ende Remer zu einer dreimonatigen Gefängnisstrafe verurteilt wurde, hatte Innenminister Gustav Heinemann ein Verbotsverfahren gegen die SRP geprüft. Am 11. November 1951 beantragte die Bundesregierung beim Bundesverfassungsgericht in Karlsruhe, die SRP aufgrund des Art. 21 des Grundgesetzes als verfassungswidrig erklären zu lassen. Ein knappes Jahr später wurde der Urteilsspruch durch den ersten Senat gefällt, der die Auflösung der Partei anordnete. Erstmals in der deutschen Geschichte wurde damit eine Partei wegen ihrer Verfassungsfeindlichkeit verboten. Die SRP verstoße gegen die freiheitlich-demokratische Grundordnung, mißachte die Menschenrechte, bekämpfe das Mehrparteienprinzip, sei nach dem Führerprinzip aufgebaut und mit der NSDAP (zum Teil sogar personell) wesensverwandt. Auf den Einwand der Verteidiger hin, auch andere Parteien hätten versucht, ehemalige Nationalsozialisten in ihre Reihen aufzunehmen, erwiderte das Gericht: »Es wird ihr (der SRP) nicht zum Vorwurf gemacht, daß sie sich um frühere Nationalsozialisten bemüht, sondern daß sie gerade die Unverbesserlichen sammelt, die ›sich treu geblieben sind‹, und nicht, um positive Kräfte für die Demokratie zu gewinnen, sondern um die nationalsozialistischen Ideen zu erhalten und zu verbreiten.«[46]

Wenige Tage nach der Klage gegen die SRP, am 22. November 1951, beantragte die Bundesregierung das Verbot der KPD. Es ging offensichtlich darum, die Schläge zwischen den Extremen zu verteilen. Doch das KPD-Verbot erwies sich als viel langwieriger – das Urteil wurde erst am 17. August 1956 gefällt – und als juristisch komplizierter. Die bundesdeutsche KPD wurde gemeinhin als Filiale der SED wahrgenommen, was sie auch war. In der Atmosphäre der Bedrohung galten ihre Funktionäre als Vertreter eines fremden Staatswillens, die danach trachteten, die Demokratie in der Bundesrepublik auch mit Mitteln der Gewalt zu untergraben. Die KPD hatte das Grundgesetz abgelehnt, sich aber an der Wahl zum ersten Deutschen Bundestag beteiligt. Das für sie negative Ergebnis von nur 5,7 % führte zu dem Versuch, »revolutionären Klassenkampf« und »nationalen Widerstand« miteinander zu verbinden.

Die Klageschrift der Bundesregierung ging deshalb sowohl auf die theoretischen Grundlagen des Kommunismus als auch auf die politische Situation in der DDR ein. Die angestrebte Errichtung einer »Diktatur des Proletariats« zur Verwirklichung einer »sozialistisch-kommunistischen Gesellschaftsordnung« verstoße gegen die freiheitlich-demokratische Grundordnung. Im Verlauf des Verfahrens rückten die Anwälte der KPD vor allem zwei Punkte ins Zentrum der Argumentation: Erstens bemühten sie sich, das Potsdamer Abkommen von 1945 als unwiderruflich, gewissermaßen als eine Art Naturrecht zu postulieren, das über dem Grundgesetz der Bundesrepublik Deutschland stehe. Daher sei Art. 21 des Grundgesetzes kein auf die KPD anwendbares Recht; die Bundesrepublik dürfe sich über den staatsrechtlichen Lizenzierungsakt der Besatzungsmächte nicht hinwegsetzen, das Abkommen garantiere die Existenz der KPD. Demgegenüber argumentierte die Bundesregierung, das Potsdamer Abkommen sei kein völkerrechtlicher Vertrag, der für das deutsche Volk bindende Kraft habe, sondern lediglich ein Regierungsabkommen zwischen den Siegermächten. Der zweite Streitpunkt lautete: Existiert ein Zusammenhang zwischen dem drohenden KPD-Verbot und der Wiedervereinigung Deutschlands? Die KPD-Anwälte argumentierten, ein Verbot der Partei gefährde die Wiedervereinigung Deutschlands und verstoße damit gegen die Präambel des Grundgesetzes. Gegenüber diesen abstrusen Gedankengängen betonte das Gericht, daß im Falle gesamtdeutscher Wahlen die KPD durchaus wieder zugelassen werden könne.

Unverkennbar ragte der Kalte Krieg in das Verbotsverfahren hinein; eine Überschrift des *Rheinischen Merkur* vom 10. Dezember 1954 traf den Nagel auf den Kopf: »Auf dem Karlsruher ›Kriegsschauplatz‹«. Die SED begleitete den Prozeß von Ost-Berlin aus mit einem jahrelangen publizistischen Trommelfeuer, und auch aus Moskau kamen drohende Töne an die Adresse der Bundesregierung. Aber Zweifel, ob es sinnvoll sei, eine ohnehin unter der Verachtung des westdeutschen Staatsvolkes dahinsiechende Partei – die KPD sank vor allem bei der zweiten Bundestagswahl in der Folge des Aufstandes vom 17. Juni 1953 in der DDR zur Splitterpartei herab und erreichte lediglich 2,2 % der Stimmen – zu verbieten, gab es auch in der Bundesrepublik. So meinte etwa der Christdemokrat Ernst Lemmer, der 1957 Minister für Gesamtdeutsche Fragen werden sollte, die politische Liquidation einer Partei, die in der Bevölkerung keinen Rückhalt habe, solle man den Wählern, nicht aber den Staatsanwälten überlassen.[47] Ein häufiges Argument gegen das Verbot war zudem, daß der Osten damit im Streit um die Wiedervereinigung und um eine freiheitliche Grundordnung ein wirksames Propagandamittel in der Hand halte, weil sich die DDR der Existenz einer christlich-demokratischen und liberalen Partei rühmen konnte – auch wenn die beiden vollständig den Kommunisten unterworfen waren. Das KPD-Verbot war in der Zeit selbst umstritten und blieb es seither in der Forschung. Vom glücklichen Ausgang – der »Erfolgsstory« der Bundesrepublik – her gesehen läßt sich leicht behaupten, das Verbot der KPD sei unnötig gewesen; in den 50er Jahren jedoch konnte man mit Fug und Recht zu anderen Wahrnehmungen gelangen. Bedenklich war allerdings das Ausmaß der Kriminalisierung im Zeichen eines alles überwölbenden Antikommunismus: So wurde z. B. das Einführen von Informationsbroschüren aus der DDR als »Einfuhr verfassungsverräterischer Publikationen« bestraft, und touristische Reisen in die DDR konnten als »verfassungsverräterische« oder »landesverräterische Beziehungen« geahndet werden.[48]

Hatten der Mißerfolg der KPD und schließlich ihr Verbot Auswirkungen auf die Sozialdemokratie? Es ließe sich argumentieren, daß die SPD dadurch in die Lage kam, ihr Wählerpotential zu vergrößern, doch dieser Gewinn bewegte sich in engen Grenzen, denn auch ohne Parteiverbot war der Kommunismus in Westdeutschland diskreditiert und liefen der KPD die Wähler davon. Wichtiger war etwas anderes: Der Wegfall einer linken Konkurrenz erleichterte den Kurs einer programmatischen Neubestimmung, den Weg von der Klassen- zur Volkspartei, wenn die Sozialdemokraten diesen Weg überhaupt einschlagen wollten; eine Frage, die lange Zeit unentschieden blieb. Andererseits konnte das Feindbild Kommunismus sich auch schnell zum Feindbild Sozialdemokratie ausdehnen, wovon der Bundestagswahlkampf im September 1953 eine Kostprobe lieferte. Ein FDP-Wahlplakat zeigte Erich Ollenhauer – der nach dem Tod Schumachers SPD-Vorsitzender und Kanzlerkandidat der Partei wurde – als pflügenden Landmann, dem ein Rotarmist folgte. Die Untertitelung in leuchtendem Gelb lautete: »Wo Ollenhauer pflügt, sät Moskau«. Vor dem Hintergrund eines diabolischen Gesichts, das den Betrachter anstarrte, titelte die CDU auf einem ihrer zentralen Wahlplakate: »Alle Wege des Marxismus führen nach Moskau.«[49] Mit der Wirklichkeit der Sozialdemokratie, die antikommunistischer war als jemals in ihrer Geschichte und sich von den anderen Parteien darin nicht übertreffen ließ, hatte dies nichts zu tun, dürfte aber dennoch die Wirkung kaum verfehlt haben.

Was zunächst als Vorteil der Sozialdemokratie erschien, ihre lange demokratische Tradition, entpuppte sich schnell als Nachteil: 90 % der SPD-Mitglieder im Westen waren bereits vor 1933 in der SPD oder ihr nahestehenden Vereinigungen tätig gewesen. Diese »Traditionskompanie«, die auch die alten Funktionäre umschloß, bremste den Erneuerungswillen, sogar ein Hang zur Abschottung machte sich breit. Der Stolz auf die Traditionen der Partei drohte in Borniertheit umzuschlagen. Durch die Teilung Deutschlands war die SPD geschwächt, denn sie verlor viele ihrer Hochburgen, aber dies allein vermag die Stagnation und den Abstieg nicht zu erklären: Nachdem sie 1947 noch 875000 Mitglieder gezählt hatte, erreichte die SPD 1954 mit 585000 Mitgliedern einen Tiefstand. Bei den Wahlen blieb sie im »30-Prozent-Turm« gefangen, während die Union von Wahl zu Wahl mehr triumphierte. 1953 war die SPD nur von rund der Hälfte der Arbeiterbevölkerung – ihrer »natürlichen« Hausmacht – gewählt worden; die Mittelschichten, Selbständige, Frauen und Katholiken in nennenswertem Umfang zu gewinnen, blieb ihr infolge der noch weithin dominierenden marxistischen Ausrichtung ohnehin verwehrt.[50] Den meisten Westdeutschen erschien die Sozialdemokratie in den 50er Jahren als die Partei der permanenten Neinsager. Sie hatte sich in der von Kurt Schumacher aufgezwungenen radikalen Opposition, die auch unter der Führung Erich Ollenhauers – der redlich wirkte, aber politisch keine Attraktivität entfalten konnte – beibehalten wurde, wie in einem Netz verfangen. Vor allem mit der sterilen innen- und außenpolitischen Konfrontationspolitik ist es zu erklären, »daß es die politischen Gegner so leicht hatten, die SPD als eine systemgefährdende, antiwestliche und demokratisch unzuverlässige Partei hinzustellen.«[51]

Anstöße zu einer Partei- und Programmreform gingen nicht von der zentralen Führungsspitze, sondern zuerst von den Ländern aus, in denen sich eine Reihe neuer tatkräftiger Persönlichkeiten schon seit den Besatzungsjahren daran gemacht hatte, ideologischen »Ballast« abzuwerfen und Türen der Erneuerung, besonders in Richtung westlicher Wertorientierungen hin, zu öffnen, um so die SPD zu einer undogmatischen Volkspartei der sozialen Demokratie zu machen. Aber es bedurfte dreier schwerer Wahlniederlagen, 1949, 1953 und 1957, ehe die Reformer innerhalb der SPD endlich Oberwasser gewannen. Seit 1957 beschleunigte sich die Programmdiskussion, der Stuttgarter Parteitag von 1958 setzte deutliche inhaltliche Zeichen des Wandels, und die Initiative ging von der zentralen Funktionärsbürokratie, den Traditionalisten, über auf jüngere, politisch kundige, ausstrahlungskräftige, in der Öffentlichkeit bekannte und geschätzte Politiker wie Fritz Erler, Willy Brandt oder Carlo Schmid. Diesen verlieh Herbert Wehner, seit 1958 stellvertretender SPD-Vorsitzender, die notwendige innerorganisatorische Rückendeckung. Die SPD befand sich auf dem Weg zum Godesberger Programm von 1959, das nicht nur ein Parteidokument darstellte, sondern den Wandel der westdeutschen Demokratie überhaupt ausdrückte: eine immer weitere Kreise umfassende ideelle und politische Liberalisierung und »Westernisierung«.

Damit sind wir allerdings bereits zu der Epochenschwelle im letzten Drittel der 50er Jahre vorausgeeilt, ohne bisher eine parteipolitische Besonderheit auf dem Höhepunkt des Kalten Krieges erwähnt zu haben: Die großen bundesdeutschen Parteien, SPD, Union und FDP, schufen sich sogenannte »Ostbüros« – Produkte der spezifischen historischen Situation von deutscher Teilung, politischer Verfolgung in der DDR und Massenflucht in den Westen.[52] Sie waren Ausdruck des Selbstbehauptungswillens sozialdemokratischer, christdemokratischer und liberaler Kräfte, die durch die kommunistische Diktatur im Osten Zug um Zug ausgeschaltet worden waren. Als erste hatte es, mit der Zwangsvereinigung von KPD und SPD zur SED im Jahr 1946, die Sozialdemokraten getroffen. Die »Ostbüros« – unter denen das SPD-»Ostbüro« das weitaus größte und schlagkräftigste war –, die von Berlin aus im Untergrund der DDR agierten und in verschiedenen Städten illegale Gruppen unterhielten, verstanden sich als Sprachrohre der demokratischen Parteien und als eine Investition in eine gesamtdeutsche demokratische Zukunft; sie waren auch Anlaufstellen für politisch sympathisierende »Zonenflüchtlinge«. Ihre Aktivitäten in den 50er Jahren – Verbindungsarbeit, Rückhalt für Oppositionelle in der DDR, Informationsbeschaffung, Propagandaaktionen – gründeten auf der Vorstellung, daß die Wiedervereinigung Deutschlands in absehbarer Zeit möglich sei. Neben diesen »innenpolitischen« Tätigkeiten waren sie in die globale Blockkonfrontation eingespannt, und westalliierte Stellen unterstützten sie, so daß sich die »Ostbüros« immer stärker zu Kampforganisationen des Kalten Krieges entwickelten. Gegenreaktionen des SED-Staates wie massive Verhaftungswellen, politische Prozesse und Entführungen, beschnitten ihre Aktivitäten zusehends,[53] aber erst mit der Abkehr von der Konfrontationspolitik des Kalten Krieges und dem Beginn einer Ära der Entspannung in den 60er Jahren kam es zu einem schleichenden Auflösungsprozeß der »Ostbüros«.

Die Kirchen im neuen Staat

Im Parteiensystem der Bundesrepublik schliffen sich traditionelle Konflikte auch deshalb allmählich ab, weil die strikte Trennung zwischen Protestanten und Katholiken, die bis dahin ein konstitutives Element darstellte, aufgehoben wurde. Seit der Reformation ist Deutschland wie kein anderes Land in Europa von konfessionellen Gegensätzen geprägt worden, und Zerwürfnisse wie Ausgleichsversuche zwischen der protestantischen und der katholischen Konfession hinterließen tiefe Spuren in der deutschen Geschichte. Mit der Gründung des kleindeutschen Nationalstaates 1871 waren die Katholiken in eine Minderheitsposition geraten, sie umfaßten nur etwa ein Drittel der Bevölkerung. Ihre Hochburgen lagen im Westen und Südwesten Deutschlands, Territorien, die nun, infolge der deutschen Teilung von 1949, zu Kerngebieten der Bundesrepublik wurden, während der Protestantismus mehrheitlich im Osten und Norden Deutschland beheimatet war. Erstmals seit der Gründung des deutschen Nationalstaats 1871 herrschte in einem deutschen Staat eine numerische Balance zwischen den beiden großen Konfessionen. Dieser Gleichstand erleichterte es, den im

Kulturkampf des 19. Jahrhunderts geborenen politischen Konfessionalismus zu überwinden: Der innen- und kulturpolitisch so bedeutsame Konfessionskonflikt fiel fort, ja, die Bonner Republik war das erste Gemeinwesen seit der Reformation, in dem wirklich Konfessionsfrieden herrschte, in dem Staat und Kirchen in einem kooperativen Verhältnis zueinanderfanden.

In der praktischen Ausgestaltung des Verhältnisses von Kirche und Staat überwog zunächst das restaurative Element: Im großen und ganzen griff man in der Bundesrepublik kirchenpolitisch auf die unumstrittenen Weimarer Verfassungsformeln zurück. Sie wurden nun durchweg im Sinn der Freiheit und Selbständigkeit der Kirchen ausgelegt, und es herrschte Konsens darüber, daß die Kirchen in der Bundesrepublik – über einige Privilegien und Sonderstellungen, etwa im Besteuerungsrecht, hinaus – einen öffentlichen, von der Verfassung anerkannten Status besaßen, der als positives Element des sozialen Lebens bewertet wurde.[54] Beiden Kirchen gelang es rasch, ihre politische und gesellschaftliche Position weiter auszubauen. Sie waren vielfältig hineinverflochten in das politische und soziale Leben; in fast allen Lebensbereichen kam man an ihnen nicht vorbei: im Bildungs- und Erziehungsbereich, im Gesundheitswesen, in Rundfunk-, Film- und Fernsehwesen, im Strafvollzug und in der Bundeswehr. Prälat Wilhelm Böhler amtierte als ständiger Vertreter der katholischen Bischofskonferenz in Bonn, und Bischof Hermann Kunst war seit 1949 »Beauftragter des Rates der EKD am Sitz der Bundesregierung«, wie es offiziell hieß. Im Zentrum der Macht versuchten beide Kirchen, ihren jeweiligen Einfluß auf Regierung und Parlament zur Geltung zu bringen.

Wie nahmen einerseits die Katholiken die Chance wahr, erstmals in einem deutschen Staatswesen nicht mehr in der Minderheit zu sein? Wie reagierten andererseits die Protestanten darauf, daß sie ihre dominierende kulturelle und gesellschaftliche Stellung verloren hatten? Große Unterschiede werden deutlich: Den meisten Katholiken fiel die schnelle Identifikation mit der Bundesrepublik leichter als den Protestanten. Die katholische Kirche begriff Westdeutschland von Anfang an als ihren Staat und wollte ihn umfassend mitgestalten. Durch »spirituelle Vor- und Zusatzleistungen« hat sie den westdeutschen Staat sanktioniert, wie Kritiker anmerkten.[55] Sie besaß ein klares Konzept, das auf dem christlichen Naturrecht sowie auf der katholischen Soziallehre basierte und im Europabild eines »christlichen Abendlandes« gipfelte. Schließlich gab es eine katholisch dominierte Unionspartei und einen katholischen Bundeskanzler. Der westdeutsche Katholizismus unterstützte Konrad Adenauers Westkurs kompromißlos, und daß die westeuropäische Integrationspolitik auch auf einer geschichtlichen Solidarität ihrer Hauptinitiatoren – Robert Schuman auf französischer, Alcide de Gasperi auf italienischer und Konrad Adenauer auf deutscher Seite – fußte, deren konfessionelles Element nicht von der Hand zu weisen war, stärkte den katholischen Einfluß noch zusätzlich. Nie zuvor und niemals danach vermochten die Katholiken einer Zeit in Deutschland so sehr ihren Stempel aufzudrücken wie der Epoche zwischen der Gründung der Bundesrepublik und dem Ende von Adenauers Kanzlerschaft. Dennoch wurde Westdeutschland zu keinem klerikalen Staat, auch nicht zu einem mit rheinisch-süddeutsch-katholischer Dominanz, wie es in protestantischen Kreisen zunächst befürchtet worden war. Dem stand allein schon die Interkonfessionalität der Union entgegen, auf die Adenauer immer bedacht sein mußte. Außerdem zeigten sowohl der Bundeskanzler als auch andere Unionspolitiker den politischen Ambitionen der katholischen Kirche das eine um das andere Mal Grenzen auf, etwa bei der Ausgestaltung des Erziehungs- und Bildungswesens.

Die tendenzielle Reserve des Protestantismus gegenüber der frühen Bundesrepublik entsprang traditionsgeschichtlichen und organisatorischen Motiven. Er begriff die Bundesrepublik in viel ausgeprägterer Form und viel länger als die katholische Seite als Provisorium und ein lediglich vorübergehendes »Notdach«. Es sei eine unbestreitbare Tatsache, so brachte Eugen Gerstenmaier – der Leiter des Evangelischen Hilfswerks und eine der zentralen Persönlichkeiten des Nachkriegsprotestantismus – diesen Umstand noch 1959 auf den Punkt, »daß mehr als neun Zehntel der auf deutschem Boden unter kommunistischem Terror gehaltenen Deutschen Protestanten sind«.[56] Für die Einheit von Volk und Nation sollte nach Kräften gearbeitet werden. Nach fast 100jährigem Bemühen hatten die aus der Reformation erwachsenen Landeskirchen 1948 eine Verfassung der Evangelischen Kirche Deutschlands (EKD) beschließen können, und organisatorisch, aber auch im Bewußtsein der Kirchenführer, war die EKD eine gesamtdeutsche Institution: Trotz der territorialen und politischen Spaltung der Nation wurde an der Zugehörigkeit ihrer nun in der DDR gelegenen Gliedkirchen festgehalten. Viele innerprotestantische Debatten, die vor der Kulisse des Kalten Krieges stattfanden, markierten theologische und politische Gegensätze, die häufig quer zu den üblichen Ost-West-Fronten verliefen.[57]

Auf westdeutschem Gebiet verstrickte sich der Protestantismus in einen nahezu unversöhnlichen politischen Richtungskampf und war mehr als einmal einer schweren Zerreißprobe ausgesetzt. Es standen sich ein konservativer, lutherisch geprägter und die breite Mehrheit des Kirchenvolkes umfassender Protestantismus unter der Führung von Bischof Otto Dibelius und ein von Karl Barths Theologie beeinflußter, in der Tradition der »Bekennenden Kirche« des Dritten Reiches stehender Protestantismus um Martin Niemöller und Gustav Heinemann gegenüber, dessen Verständnis vom »politischen Mandat« der Kirche jedoch nur bei einer Minderheit der Gläubigen Zuspruch fand. Die Auseinandersetzungen kreisten um Grundfragen der politischen Ethik, die jedesmal dann in den Mittelpunkt rückten, wenn im politischen Raum um Weichenstellungen gerungen wurde: namentlich mit Blick auf die Westintegration, die Deutschlandpolitik und die Wiederbewaffnung der Bundesrepublik. Aus Protest gegen Adenauers Sicherheitspolitik trat Bundesinnenminister Heinemann – damals auch Präses der Synode der EKD – im August 1950 aus der Regierung und später auch aus der CDU aus. Durften die Deutschen, so fragten er und seine Anhänger, im Bewußtsein der Schuld am Zweiten Weltkrieg wieder eine Armee aufstellen? Und würde damit nicht die Hoffnung auf eine Wiedervereinigung Deutschlands zunichte gemacht und die Spaltung vertieft? Als innerkirchliches Gegengewicht gegen diese protestantischen Wiederbewaffnungsgegner wurde 1951 der »Kronberger Kreis« gegründet; Ziel dieses Zusammenschlusses von evangelischen Kirchenvertretern, Politikern und Journalisten war es, Adenauers Kurs zu unterstützen und die Bundesrepublik auch ideell in die westliche Wertegemeinschaft hineinzuführen.[58]

Wenngleich die Mehrheit der Protestanten Heinemann nicht folgte – er wurde 1955 als Präses nicht wiedergewählt, und auch Niemöller verlor seinen Sitz im Rat der EKD –, so zweifelte dennoch niemand an der besonderen Verantwortung der westdeutschen Protestanten gegenüber ihren ostdeutschen Brüdern und Schwestern. In der DDR gestaltete sich das Verhältnis zwischen Staat und Kirche mehr und mehr konfrontativ, weil die SED das Monopol der marxistisch-leninistischen Ideologie durchzusetzen und den Prozeß des Absterbens von Religion im Sozialismus zu beschleunigen trachtete. Mit ideellen und finanziellen Hilfsaktionen aus dem Westen sollte die kirchliche Einheit im Sinne einer gesamtdeutschen Klammer erhalten werden. Auch auf den evangelischen Kirchentagen – diese Art von Foren hatten die Protestanten seit 1949 von den Katholiken übernommen, deren Kirchentage eine lange Tradition besaßen – drückte sich der Zusammenhalt der Nation aus: An der Abschlußkundgebung des Leipziger Evangelischen Kirchentages von 1954 nahmen beispielsweise über 600 000 Menschen teil. Die Kirchentage waren symbolträchtige Foren einer deutschen »evangelischen Gesamtgemeinde«.

Seit der zweiten Hälfte der 50er Jahre betrieb die SED zunehmend eine territoriale Trennung der östlichen Landeskirchen von der als »NATO-Kirche« diffamierten EKD. Der Vertrag über eine Militärseelsorge für die Bundeswehr, den die EKD mit der Bundesregierung im Februar 1957 abschloß, bot ihr hierfür einen willkommenen Vorwand. Denn daß die ostdeutschen Synodalen dem Vertrag zustimmten, bedeutete zweifelsohne eine Brüskierung der SED-Regierung. Die DDR-Führung verweigerte fortan das Gespräch mit den westlichen EKD-Vertretern, brach bald offiziell die Verbindung zur EKD ab und behinderte die gesamtkirchliche Handlungsfähigkeit, wo sie nur konnte, etwa durch Einreise- und Veranstaltungsverbote. Zur Kirchentrennung zwischen Ost und West sollte es jedoch erst mit der Gründung des Bundes der Evangelischen Kirchen in der DDR im Jahr 1969 kommen.

Die 50er Jahre erwiesen sich für den deutschen Protestantismus als eine Zeit der

Gärung und des Umbruchs: Der traditionelle Nationalkonservatismus und damit ein-
hergehende autoritäre Obrigkeitsideale wurden allmählich abgeschliffen, man löste
sich aus den Verstrickungen während der NS-Zeit, und die scharfen Kontroversen gerade in der Wiederbewaffnungsfrage können als eine Einübung des Protestantismus
in die Demokratie interpretiert werden. In diesen Debatten tauchten zwischen den
protestantischen Gegnern Adenauers und der Sozialdemokratie ernsthafte und vielfältige Berührungspunkte auf; so konnte die traditionelle »Kultursperre« zur SPD mit
der Zeit durchlässiger gemacht und schließlich sogar abgebaut werden.

Sowohl die protestantische als auch die katholische Kirche bekannten sich, anders
als in den Epochen zuvor, zu einem »Öffentlichkeitsauftrag«, den sie auf vielen Feldern wahrnehmen wollten und der in der Bevölkerung breite Zustimmung fand. Wie
Umfragedaten vom Juli 1954 verdeutlichen, sollte sich die Kirche nach der Auffassung
von Protestanten besonders um die »Abschaffung der Atombombe« (71 %) und um
die Fragen von Schule und Jugenderziehung (70 %) kümmern. Auf katholischer Seite
zeigte sich ein noch höheres Interesse an Schule und Erziehung – viele favorisierten
die Bekenntnisschule, während die meisten Protestanten für eine Gemeinschafts-
schule eintraten –, aber auch an »Empfehlungen« für Ehe und Familie, Freizeit und
Alltagskultur. Im zuletzt genannten Bereich wünschten sich nur 22 % der befragten
Protestanten, aber 45 % der Katholiken kirchliche Einflußnahme. Offenbar war der
Wunsch nach einer umfassenden religiösen oder gar kirchlichen Durchdringung der
Lebenswelt bei Katholiken weit mehr ausgeprägt als bei Protestanten.[59]

Insbesondere die Evangelischen Akademien bildeten zeitgemäße Foren des öffentlichen Gesprächs, sie waren Räume des Austausches verschiedener Meinungen und
Interessen. Die evangelische Kirche hatte hierbei zunächst einen Vorsprung, die katholische Seite baute erst später ein Akademiewesen auf: Allein in der evangelischen
Akademie Hermannsburg/Loccum fanden zwischen 1946 und 1962 666 Tagungen
mit rund 50 000 Teilnehmern statt, und über Multiplikatoren, nicht zuletzt die (evangelische) Publizistik, wirkten die Debatten weit in die Gesellschaft hinein.

Hatten sich bei der Bundestagswahl von 1949 25 % und bei der von 1957 41 % der
Protestanten politisch für die Union entschieden, so waren die Werte bei den Katholiken erheblich höher: 1957 wählten 61 % aller Katholiken die Unionsparteien. Es war
dies eine parteipolitische Geschlossenheit, die den Vergleich mit der Zentrumspartei
der Weimarer Republik herausfordert. Das im Jahr 1952 neugebildete Zentralkomitee
der deutschen Katholiken stellte öffentlich zu Recht fest: »Der Kern- und Durch-
schnittskatholik ist CDU-Wähler.«[60] Das katholische Milieu verlor seinen defensiven
Charakter und trug seine traditionelle Gedankenwelt offensiv in die Gesellschaft der
Bundesrepublik hinein. Die Katholiken, besonders die Kirchenführer, betrachteten
sich nicht mehr als Vertreter einer »Sonderkultur«, sondern vielmehr als relevante

Keine Experimente! Konrad Adenauer CSU

203

Abb. 11:   *Eines der berühmtesten Wahlplakate in der Geschichte der Bundesrepublik. Mit dieser Wahlkampfparole, die das Sicherheitsbedürfnis der Westdeutschen in Zeiten des Kalten Krieges zum Ausdruck brachte, erzielte die CDU/CSU 1957 die absolute Mehrheit. Nie mehr danach sollte dies einer deutschen Partei auf Bundesebene gelingen.*

Faktoren in der bundesdeutschen Öffentlichkeit. Schien dem katholischen Klerus infolge seines Einflusses auf Politik und Kultur einerseits die in seinen Augen verwerfliche kulturelle Modernisierung gestoppt, sah er andererseits wenig Grund, sich der strukturellen Modernisierung zu widersetzen und die Katholiken vor dem Wirtschaftswachstum und seinen Folgen abzuschirmen. Doch seit dem Ende der 50er Jahre begann sich die große Geschlossenheit des organisierten Katholizismus – der den Übergang von der NS-Diktatur zur Demokratie fast bruchlos überstanden hatte –

zu lockern, und die kirchlich-klerikalen Fesseln der Kultur wurden zunehmend als Anachronismus erfahren. Die kirchenfreundliche Stimmung schwand im Verlauf der 60er Jahre und machte einer Haltung der Skepsis und Kritik, besonders mit Blick auf die Rolle der katholischen Kirche im Dritten Reich, Platz.

Am Ausgang der 50er Jahre hatten sich die Ausdrucks- und Wirkungsformen der Kirchen in der Bundesrepublik Deutschland weitgehend angeglichen, und in vielen Bereichen gab es Kooperationen. Doch mit der zunehmenden Verstädterung und Industrialisierung setzte insgesamt eine spürbare Erosion kirchlicher Bindung und religiös geprägten Verhaltens ein, auf seiten der Protestanten war sie noch viel ausgeprägter als auf seiten der Katholiken. Gingen 1952 51 % der erwachsenen katholischen und 13 % der evangelischen Kirchenmitglieder regelmäßig zur Kirche, so verminderten sich die Zahlen bis 1982 auf 32 bzw. 6 Prozent.[61] Nur noch in den durchgehend katholischen ländlichen Regionen konnte die Kirche das Alltagsleben, das Erziehungswesen und den politischen Raum sozial nachdrücklich normieren. Die Beschleunigung des Säkularisationsprozesses seit der zweiten Hälfte des 20. Jahrhunderts war eine gesamteuropäische Erscheinung, traf aber beispielsweise für die USA nicht zu. Soziologisch ausgedrückt: Für immer weniger Menschen in der bundesdeutschen Gesellschaft waren Religiosität, religiöse Praxis und äußere Kirchenzugehörigkeit vorfindbare soziale Gegebenheiten. Man hat diesen Vorgang »Segmentierung« des Religiösen genannt: Das Religiöse füllt nicht mehr das ganze Dasein aus, prägt nicht mehr den ganzen Sinn des Menschen, sondern steht in Konkurrenz zu anderen Lebensbereichen wie Arbeit, Sport, Kunst oder Politik.

Soziale Marktwirtschaft und Wirtschaftswunder

Daß die Geschichte der Bundesrepublik Deutschland vor allem aus ihrer Wirtschaftsgeschichte bestand und sie ein Gemeinwesen darstellte, das nicht nur eine Wirtschaft *hatte*, sondern vielmehr eine Wirtschaft *war* – solche Beschreibungen konnte man oft lesen, besonders natürlich aus der Feder von Wirtschaftshistorikern.[62] Kaum etwas hat die Zeitgenossen und die Nachgeborenen mehr beeindruckt als das »Wirtschaftswunder«, durch das die Verlierer des Weltkriegs zu ökonomischen Siegern aufstiegen, jedenfalls in einem Teil des Landes. Die materiellen Veränderungen zwischen Kriegsende und den 60er Jahren, der wirtschaftliche Wiederaufbau und die Vollbeschäftigung, der wachsende Wohlstand und der Durchbruch zur Konsumgesellschaft, die soziale Absicherung und die Beseitigung von Massenarmut schienen viel bemerkenswerter als die noch lange bestehenden kulturellen und mentalen Kontinuitäten innerhalb der Gesellschaft. Mittlerweile hat sich die Perspektive der Forschung verschoben: Dem »Wirtschaftswunder« wurde der Mythos des Wundersamen und Unerklärlichen genommen, es läßt sich bei Kenntnis der NS-Kriegswirtschaft und der ökonomischen Ausgangsbedingungen in Westdeutschland heute durchaus erklären. Verwunderlich erscheint vielmehr, wie sich die Lebensweisen, Werte und Einstellungen der Westdeutschen innerhalb nur einer Dekade in Richtung auf Partizipation, Pluralität und Demokratie hin wandelten. Das eine hängt mit dem anderen zusammen: Ohne den demokratischen Verfassungsstaat, der Hand in Hand mit einer prosperierenden Wirtschaft ging, wären die mentalen und kulturellen Wandlungsprozesse nicht vorstellbar gewesen. Politische und wirtschaftliche Modernisierung ebneten den Weg für eine gesellschaftliche Liberalisierung.[63]

Die florierende Ökonomie hat entscheidend zur Stabilisierung der Bonner Demokratie beigetragen und ihr breite öffentliche Akzeptanz verschafft. Daß »Demokratie und freie Wirtschaft« ebenso logisch zusammengehören wie »Diktatur und Staatswirtschaft« wurde Wirtschaftsminister Ludwig Erhard nicht müde zu betonen.[64] An der Verankerung der bundesdeutschen Spielart des Kapitalismus hatten der Kalte Krieg und die DDR einen gehörigen Anteil. Positiv betrachtet, weil die Systemkonkurrenz die Flexibilität und die Kompromißbereitschaft der westdeutschen Machteliten in Wirtschaft und Politik beförderte, und ex negativo, indem sich die antikapitalistische Umwälzung und der Aufbau des Sozialismus hervorragend als abschreckendes

Abb. 12: *Die Schaufensterauslage eines Textilgeschäftes aus dem Jahr 1950, die den alten »Führer-Slogan« abwandelt, sagt viel über die damalige Mentalität der Westdeutschen aus.*

Beispiel eigneten. Hätte die soziale Marktwirtschaft nicht den politischen und welt-wirtschaftlichen Rahmenbedingungen der beginnenden 50er Jahre in fast idealer Weise entsprochen, wäre sie nicht so umfassend und fast widerstandslos durchsetzbar gewesen. So ließen sich marktwirtschaftliche Effizienz und sozialpolitischer Ausgleich als freiheitlich-demokratische Antwort auf die totalitär-antidemokratische Zentral-verwaltungswirtschaft bezeichnen.

Währungsreform und Abschaffung des Bewirtschaftungssystems im Jahr 1948 könnten als die Geburtsstunde der sozialen Marktwirtschaft gelten. In der öffent-lichen Debatte existierte der Begriff zu dieser Zeit zwar noch nicht – Erhard machte aus ihm erst später eine überaus populäre Parole –, er war aber bereits 1947 zum er-sten Mal aufgetaucht – in einem Aufsatz von Alfred Müller-Armack, damals Professor an der Universität Münster, seit 1952 enger Mitarbeiter von Ludwig Erhard im Bun-deswirtschaftsministerium und dort von 1958 bis 1963 auch Staatssekretär.[65] Müller-Armack unterschied drei wirtschaftspolitische Formen oder Ordnungen: die liberale Marktwirtschaft, die Wirtschaftslenkung und die soziale, d.h. sozial gesteuerte oder auch sozial gestaltete, Marktwirtschaft. Leitgedanken dieses sogenannten Ordoliberalismus waren, daß Wettbewerb schlechthin konstitutiv für eine freiheitliche Wirt-schaftsordnung sei, daß die Teilnehmer an diesem Wettbewerb aber des rechtlichen und auch sozialen Schutzes bedürfen. Marktwirtschaft und soziale Gerechtigkeit soll-ten aus ihrem Gegensatz herausgeführt werden, hier begann die Aufgabe staatlicher Ordnungspolitik; der Staat sollte nicht mehr auf eine »Nachtwächter«-Rolle be-schränkt sein. Die geistigen Wurzeln der sozialen Marktwirtschaft reichen allerdings noch weiter zurück, nämlich bis in die 30er Jahre. Einen Strang bildet die Freiburger Schule, zu der u.a. die Nationalökonomen Walter Eucken und Leonhard Miksch so-wie die Wirtschaftsjuristen Franz Böhm und Hans Großmann-Doerth zu zählen sind. Der zweite Strang geht zurück auf die neoliberale Sozialökonomie, wie sie von Alex-ander Rüstow und Wilhelm Röpke vertreten wurde. Wenngleich es Unterschiede in der Frage gab, wie stark das soziale Moment ausgebildet sein sollte, wie hoch mithin das Ausmaß notwendiger Korrektur der Marktergebnisse durch den Staat sein sollte, so war doch die Erkenntnis gemeinsam, daß der kaum gezügelte wirtschaftspolitische Liberalismus des 19. Jahrhunderts zur Entwurzelung der Menschen, zur Vermassung und zur Ausbeutung, aber auch zur Vermachtung der Wirtschaft geführt habe.[66]

Die Ausgestaltung der sozialen Marktwirtschaft – der Schritt von den theoretischen Überlegungen hin zur praktischen Politik – vollzog sich im Jahrzehnt zwischen 1948 und 1958. Danach gab es in einem mittlerweile gängig gewordenen Drei-Phasen-Mo-dell noch zwei weitere Phasen der sozialen Marktwirtschaft: diejenige zwischen 1959 und 1973, die unter dem Zeichen der Vollbeschäftigung und der boomenden Wirt-schaft stand; und die Zeit seit 1974, in der Strukturbrüche und wirtschaftliche Krisen auftraten, die das einstige Erfolgsmodell zunehmend verblassen ließen.[67] In der ersten, der Aufbauphase der sozialen Marktwirtschaft kam dem sozialpolitischen Gesetzgebungswerk eine wichtige Bedeutung zu. Gleiches gilt in wirtschaftspolitischer Hinsicht für zwei Gesetze aus dem Jahr 1957, die als »Grundgesetze« der sozialen Marktwirtschaft bezeichnet werden können: 1. das Gesetz über die Deutsche Bundesbank – sie löste die seit 1948 bestehende Bank deutscher Länder ab –, welches der Bundesrepublik eine weitgehend unabhängige Zentralbank bescherte, die über die Währungsstabilität wachte und eine Art Gewaltenteilung zwischen Regierung und Zentralnotenbank schuf. Hier wurde eine Entscheidung aus der Besatzungszeit förmlich in ein Gesetz gegossen; und 2. das in der deutschen Geschichte bis dahin beispiellose, gegen Widerstände aus der Industrie verabschiedete Kartellgesetz, das potentiellen Wettbewerbsbeschränkungen einen Riegel vorschieben sollte.[68] Bei beiden Neuerungen handelte es sich um feste Grundprinzipien der sozialen Marktwirtschaft. Entgegen landläufigen Meinungen muß hier aber betont werden, daß die soziale Marktwirtschaft von ihrer Konzeption her kein ein für alle Mal fertiges System, sondern eine »evolutionäre Ordnung«[69] darstellt, die flexibel für neue Herausforderungen ist.

Zum Zeitpunkt der Republikgründung 1949 war ein Erfolg der sozialen Marktwirtschaft keineswegs absehbar, sie blieb zuerst ein großes Wagnis mit unsicherem Ausgang. Mangel an Kapital, vielfältige alliierte Produktionsbeschränkungen und eine konjunkturelle Abschwächung infolge verminderter Inlandsnachfrage führten zunächst zu ganz erheblichen ökonomischen Schwierigkeiten. Waren im Juni 1948 400 000 Menschen arbeitslos, so stieg diese Zahl im Februar 1950 bereits auf über 2 Mio. Menschen. Das Menetekel »Weimarer Verhältnisse« – Nachkriegsdepression und Massenarbeitslosigkeit mit der Gefahr politischer Radikalisierung – tauchte bereits an den Wänden auf. Die »Gründungskrise« war für die Mehrheit der Menschen spürbar. Realeinkommen sanken, während die Preise und Industriegewinne – letztere insbesondere wegen steuerlicher Entlastungen – stiegen. Ludwig Erhard versuchte, mit einem behördlich kontrollierten »Jedermann-Programm« für besonders preisgünstig gestaltete Konsumgüter sowie durch die Veröffentlichung von »Preisregeln« – die dem Verbraucher den Normalpreis einer Ware zeigen sollten – den Preisauftrieb zu brechen, vergeblich. Nach nur 20 Monaten bürgerlicher Adenauer-Regierung stellten Opposition und Gewerkschaften der Koalition ein verheerendes Zeugnis aus und forderten ihren Rücktritt. Die Sozialdemokraten verlangten im Bundestag eine interventionistische Wirtschaftspolitik nach dem Vorbild Großbritanniens oder Skandinaviens, die Marktwirtschaft habe versagt und könne die Probleme der Zeit nicht lösen. »Herr Professor Erhard, was Sie heute auf dieses Podium brachten, das war die Mumie der Marktwirtschaft«, erklärte Erik Nölting von der SPD.[70] Erhard hatte eingeräumt, daß Freizügigkeiten durch planvolle Regelungen ersetzt werden müßten. Schlimmer als solche vorhersehbaren Anwürfe war allerdings, daß selbst innerhalb der Union und besonders bei der Alliierten Hochkommission, die um die Stabilität der jungen Demokratie bangte, sich die Zweifel am eingeschlagenen Kurs mehrten. John McCloy pochte auf Modifizierungen der freien Marktwirtschaft: staatliche Wirtschaftslenkung sowie Preis- und Devisenkontrollen. Erhard mußte gegen seinen Willen einem Arbeitsbeschaffungsprogramm zustimmen, das er für verfehlt hielt. In den Interventionen der Alliierten sah er einen »Generalangriff auf die deutsche Marktwirtschaft«.[71] Das war weit übertrieben, macht allerdings deutlich, daß sich seine Wirtschaftspolitik in einem Wettlauf mit der Zeit befand. Der Ausbruch des Koreakrieges im Juni 1950 hatte die Situation zunächst noch einmal verschärft, weil die Rohstoffpreise nach oben schnellten – man hat dies »Korea-Inflation« genannt – und die Bundesrepublik rund ein Viertel ihrer Rohstoffe importieren mußte.

Nur durch die direkte Unterstützung der Wirtschaftsverbände konnte es die Bundesregierung verhindern, allzu offensichtlich marktwirtschaftliche Grundsätze kurz nach ihrer Einführung wieder fallenzulassen und durch eine staatliche Lenkungspolitik zu ersetzen. So übernahm der Bundesverband der Deutschen Industrie (BDI) die Aufgabe, knappe Rohstoffe zu verteilen und die Exporte zu steuern. Die Unternehmerverbände demonstrierten Effizienz und Unentbehrlichkeit, das stärkte ihren Einfluß, und zugleich wurden in die Marktwirtschaft wiederum Elemente des traditionellen deutschen Korporatismus eingeflochten, woraus sich die Frage ergab, ob sich der Staat künftig gegen die wirtschaftliche Verbandsmacht würde durchsetzen können.[72] Seit Mitte 1951 wendete sich das Blatt, die Korea-Krise verwandelte sich wirtschaftlich für die Bundesrepublik zu einem Korea-Boom: Die Rohstoffpreise sanken wieder, und weil die Bundesrepublik als einziger großer westlicher Industriestaat über freie Kapazitäten verfügte, kam die Exportwirtschaft immer mehr auf Touren; es gelang der Durchbruch zu einem sich selbsttragenden wirtschaftlichen Wachstum. Das ließ jetzt auch die soziale Marktwirtschaft als das richtige Konzept erscheinen.

Das »Wirtschaftswunder« ist heute erklärlich, aber es ist in der Forschung lange umstritten gewesen, ob die ordnungspolitischen Weichenstellungen Ludwig Erhards eine, wenn nicht sogar *die* entscheidende Rolle für den wirtschaftlichen Aufschwung spielten. Gegen eine solche, bis in die 70er Jahre weithin vorherrschende, Meinung zeigte zuerst Werner Abelshauser, daß die Kriegszerstörungen und Demontagen bei weitem nicht die vermuteten Auswirkungen auf den Kapitalstock der Industrie hatten, sondern ganz im Gegenteil insgesamt sogar eine relativ günstige Ausgangsposition vorhanden war; vor diesem Hintergrund relativierte er die Bedeutung der Währungsreform erheblich und rief damit zugleich energischen Widerspruch vieler seiner Fachkollegen hervor.[73] Inzwischen ist die Diskussion abgeklungen, man hat sich auf einer mittleren Ebene getroffen: Wichtige Voraussetzungen für den lange währenden Nachkriegsboom waren demnach die bereits vor der Währungsumstellung vorhandenen guten Rekonstruktionspotentiale in Westdeutschland; allerdings konnten sie erst nach der Währungsreform durchschlagend wirksam werden. Anders gesagt: In Westdeutschland hat es nach dem Krieg, entgegen dem Augenschein der völligen Zerstörung, gute Bedingungen für industrielles Wachstum gegeben, die jedoch nicht automatisch wirkungsmächtig werden konnten, sondern Katalysatoren wie der Währungsreform und des Korea-Booms bedurften. Der Krieg in Fernost kurbelte die Auslandsnachfrage gerade in den Bereichen an, auf die die deutsche Industrie spezialisiert war: Werkzeugmaschinen, Fahrzeuge, Erzeugnisse der Elektro- und Chemieindustrie. Die Unterbewertung der D-Mark erleichterte den Export zusätzlich. Während Industrienationen wie die USA, Großbritannien und Frankreich entweder weltweite militärische Verpflichtungen hatten oder in kostspielige Kolonialkriege verwickelt waren – so besonders Frankreich –, konnten die Verlierer des Zweiten Weltkriegs, Westdeutschland und Japan, am stärksten vom neuen weltwirtschaftlichen Umfeld profitieren.

Der Erfolg der sozialen Marktwirtschaft hatte noch weitere Ursachen. Damit ist nicht nur die materielle Aufbauhilfe der Vereinigten Staaten angesprochen, sondern vor allem der von ihnen durchgesetzte globale Freihandel, beginnend mit dem Abkommen von Bretton Woods im Jahr 1944, das zur Errichtung des Internationalen Währungsfonds (IWF) und der Weltbank führte. Zwar ist das Konzept der sozialen Marktwirtschaft originär deutschen Ursprungs, doch ohne die amerikanischen Vorgaben – Dekartellisierung, weltwirtschaftliche Integration, Liberalisierung des Außenhandelsregimes – hätte sie nicht realisiert werden können. Die USA haben das westliche Deutschland zur Speerspitze ihrer weltweiten Liberalisierungspolitik gemacht. Auf amerikanische Initiative hin wurde im Sommer 1950 die Europäische Zahlungsunion (EZU) gegründet, womit die Währungen der Mitgliedsländer, darunter auch der Bundesrepublik, untereinander konvertibel wurden, was den Handel erleichterte. Bereits ein Jahr später trat die Bundesrepublik dem Allgemeinen Zoll- und Handelsabkommen (GATT) bei. Seit 1951 schließlich hatten zwischen der Bundesregierung und den Westmächten Verhandlungen begonnen, die das Problem der deutschen Auslandsschulden lösen sollten. Wollte die Bundesrepublik wieder kreditfähig werden – und dies war unabdingbar für den Aufschwung –, mußte sie die in der Vergangenheit aufgelaufenen Auslandsschulden anerkennen, nur so konnte sie internationales Vertrauen gewinnen. Sie tat dies als Rechtsnachfolgerin des Deutschen Reiches im Londoner Schuldenabkommen vom 27. Februar 1953. Die deutschen Vorkriegsschulden beliefen sich auf 13,5 Mrd. DM; die Nachkriegsverbindlichkeiten waren auf 16 Mrd. festgelegt worden. Fast die Hälfte der Verbindlichkeiten wurde der Bundesrepublik erlassen, am weitesten kamen dabei die USA den Deutschen entgegen. Die jährliche

Tilgung in Höhe von 576 Mio. DM erschien der Bundesregierung zunächst hoch – besonders Finanzminister Fritz Schäffer warnte davor, den Bundeshaushalt zu überdehnen – doch nach einigen Jahren ungebremsten Wirtschaftswachstums konnte die Regierung sogar dazu übergehen, vorzeitige Tilgungszahlungen zu leisten.

London ist aber auch zu einem Beispiel für die problematische Kontinuität deutscher Wirtschaftseliten geworden. Verhandlungsführer auf deutscher Seite war der Bankier Hermann Josef Abs, Adenauers wichtigster Berater in Finanzfragen, der ein außergewöhnliches Verhandlungsgeschick an den Tag legte, das jedoch einen bitteren Beigeschmack enthielt. Bereits während des Dritten Reiches hatte Abs etliche Vorstandsposten inne, vor allem bei der Deutschen Bank und den IG-Farben, und er hatte aus Arisierung und Zwangsarbeit persönliches Kapital geschlagen. Abs erreichte in London günstige Bedingungen für die Bundesrepublik, so auch eine Zurückstellung von Reparationsleistungen – die vor allem die Staaten Osteuropas betroffen hätten, welche nicht mit am Verhandlungstisch saßen – bis zum Abschluß eines Friedensvertrags. Diese »Abs-Klausel« diente jahrzehntelang als Rechtsgrundlage für die Nichtentschädigung von Zwangsarbeitern – eine der fragwürdigsten Folgen des Kalten Krieges.[74]

Die bundesdeutsche soziale Marktwirtschaft profitierte auf der einen Seite von der westlichen Wirtschaftspolitik der Nachkriegszeit und dem Kalten Krieg. Doch um ihre Effizienz erst richtig verständlich zu machen, müssen gleichzeitig auf der anderen Seite strukturelle Elemente, die auf deutschen Traditionen fußten, genannt werden. Das System der verrechtlichten Arbeitsbeziehungen mit einer ausgestalteten Arbeitsgerichtsbarkeit und mit Flächentarifverträgen zwischen Gewerkschaften und Arbeitgeberorganisationen, das seine Wurzeln im Kaiserreich hatte und 1918 ausgebaut worden war, spielte hier eine besonders herausragende Rolle.[75] Der Grundzug des Legalismus prägte so die politische und auch ökonomische Kultur der Bundesrepublik, sichtbar nicht zuletzt an einem im internationalen Vergleich sehr niedrigen Streikniveau. Eine der Lehren aus der Weimarer Republik lautete: Tarifautonomie. In Weimar war der Staat durch direkte Interventionen in Arbeitskonflikte überfordert gewesen; das sollte sich nicht wiederholen. Auch auf dem Feld der Wirtschaft wird somit deutlich, daß das Erfolgsrezept aus einer Mischung von teils modifizierten deutschen und teils übernommenen amerikanischen Traditionen resultierte.

Solche Mischungsverhältnisse finden sich ferner in ökonomischen Denkstilen, Verhaltensweisen und in der praktischen Erfahrungsbildung. Wie in vermindertem Umfang bereits nach dem Ersten Weltkrieg, so machten sich nach 1945 westdeutsche Industrielle, Gewerkschafter und Ökonomen auf die Reise, um das Wirtschafts- und Gesellschaftssystem der Vereinigten Staaten zu studieren. Sie brachten viele spezifische Ideen für die wirtschaftliche Neuorganisation der Bundesrepublik mit, besonders die Vorstellung einer liberal-kapitalistischen, »fordistischen« Massenproduktion, wie sie sich in den USA seit der Zwischenkriegszeit weitgehend durchgesetzt und so Massenkonsum und Wohlstandsgesellschaft ermöglicht hatte. Auf Unternehmerseite veränderten sich durch atlantische Transfers Managementstile und Marketing-Techniken. Somit erfolgten die Wandlungen des westdeutschen Industriekapitalismus nicht lediglich durch anonyme Kräfte und säkulare Trends, sondern wurden durch neue Verhaltensweisen der Unternehmer direkt mitgestaltet.[76] Diese »Amerikanisierung« lief nicht von heute auf morgen ab, sie war ein langsamer Prozeß, und sie wischte ältere Traditionen nicht einfach weg. Vielmehr kam es zu einer Mischung einheimischer und importierter Elemente; auch gab es generationen- und vor allem regional bedingte Unterschiede. Im damals noch wenig industrialisierten Bayern etwa waren regionale mittelständische Traditionen viel bedeutender als in industriellen Metropolen wie Hamburg. Außerdem war das »Wirtschaftswunder« im wesentlichen ein Industriewunder, d. h. nicht alle Bereiche in der Bundesrepublik kennzeichnete eine marktwirtschaftliche Organisation, vor allem nicht die Landwirtschaft. Aber auch die Wohnungswirtschaft blieb noch über ein Jahrzehnt unter staatlicher Reglementierung, noch länger blieben es Bahn, Post und der Kohlebergbau. In einigen Sektoren, besonders im Kleinhandel und Handwerk, gab es ferner einen hohen wirtschaftlichen und politischen Anpassungsdruck, der von den wirtschaftsliberalen Vorstellungen ausging. Das Massensterben mittelständischer Kleinbetriebe brachte gerade zu Beginn der 50er Jahre ein großes Protestpotential hervor, ehe der Prozeß einer »Stabilisierung durch Schrumpfung« seinen Abschluß fand.[77]

Nicht allein die Unternehmerseite wurde von amerikanischen Einflüssen erfaßt, sondern die deutsche Arbeiterbewegung ebenfalls. Sie befand sich in einem Reformprozeß, der sich von den späten 40er bis zu den frühen 60er Jahren erstreckte und kapitalismuskritische, klassenkämpferische Grundauffassungen überwand, statt dessen einen »Konsenskapitalismus« entdeckte, wie er in der amerikanischen New-Deal-Ära der 30er Jahre entworfen worden war.[70] Durch verschiedene personelle Netzwerke verbreitete er sich in der Nachkriegszeit, und die »Westernisierer« konnten sich nach jahrelangen internen Auseinandersetzungen im Übergang von den 50er zu den 60er Jahren durchsetzen. Zu den »Westernisierern« in den bundesdeutschen Gewerkschaften zählen Ludwig Rosenberg, Werner Hansen und Hermann Beermann, die eine Programmreform durchfochten, welche im November 1963 in das Düsseldorfer Programm des Deutschen Gewerkschaftsbundes (DGB) mündete. Ähnlich wie die SPD – deren »Westernisierer« u. a. Willi Eichler, Fritz Heine, Max Brauer, Willy Brandt und Carlo Schmid waren – bereits im Godesberger Programm von 1959 die soziale Marktwirtschaft bejahte, akzeptierten nun auch die Gewerkschaften die geschaffenen ökonomischen Rahmenbedingungen. Klassenkampf und Marxismus dienten nicht länger als handlungsleitendes Denksystem – das bedeutete einen massiven Kontinuitätsbruch für die deutsche Arbeiterbewegung.

Bei all diesen Entwicklungen handelte es sich um einen längeren, in die Zukunft weisenden Prozeß, der erklären hilft, wieso die soziale Marktwirtschaft in Westdeutschland zu einer weithin akzeptierten, ja sogar identitätsstiftenden Ordnung geworden ist. Den unmittelbaren Wiederaufbau von Unternehmensverbänden und Gewerkschaften nahmen jedoch zunächst in erster Linie Persönlichkeiten in die Hände, die sich konzeptionell und programmatisch an der Weimarer Zeit orientierten. Dabei stellten die Organisationen der Unternehmer ein viel stärkeres Element der Kontinuität – auch der personellen – in der deutschen Geschichte des 20. Jahrhunderts dar als die der Gewerkschaften. Die bereits zuvor gegründeten Arbeitsgemeinschaften mündeten 1949/50 in drei schlagkräftige Dachorganisationen: in den Deutschen Industrie- und Handelstag (DIHT) unter der Leitung von Alfred Petersen, in die Bundesvereinigung der Deutschen Arbeitgeberverbände (BDA) mit dem Hauptgeschäftsführer Gerhard Erdmann und vor allem in den Bundesverband der Deutschen Industrie (BDI), dem Fritz Berg vorstand und der sich die Führungsposition sichern konnte. Die Unternehmerverbände griffen in zahlreiche wirtschafts- und sozialpolitische Fragen der Zeit ein, sie hatten oft einen unmittelbaren Zugang zur Bundesregierung und produzierten Hunderte von Eingaben, Denkschriften und Gutachten zur Wettbewerbsordnung. Ihre Durchsetzungsfähigkeit stellten die Dachverbände besonders beim »Investitionshilfegesetz« unter Beweis, das der Bundestag 1952 verabschiedete. Nicht zuletzt bei der Parteienfinanzierung spielten sie eine große Rolle. Zum Zweck der steuerfreien und zentralen Finanzierung gründete man 1954 die »Staatsbürgerliche Vereinigung«, über die bis 1958 jährlich durchschnittlich rund 7 Mio. DM an alle »bürgerlichen« Parteien, vor allem die Union und die FDP, gespendet wurden. Eine Unterstützung der SPD stand nicht zur Debatte – sie galt als »sozialistische« Partei.[79]

Auch der Aufbau der Gewerkschaften hatte sich nach dem Krieg so schnell vollzogen, daß man von einem »Wunder der Organisation« sprach.[80] Er kam 1949 mit der Gründung des DGB als einheitsgewerkschaftlichem Dachverband statt der Richtungsgewerkschaften der Weimarer Republik zum Abschluß – ein wichtiger Kontinuitätsbruch. Über die Bedeutung der Gewerkschaften besteht eine Kontroverse. Einige eher konservative Wissenschaftler meinen, die Bundesrepublik sei gewissermaßen an den Gewerkschaften vorbei gegründet worden, andere »linke« Autoren kritisieren die Gewerkschaften als »blinde Macht«.[81] Dieser Vorwurf basiert auf der alten Denkfigur von der reformerischen Genügsamkeit der Führung und der radikalen Aktionsgemeinschaft der Arbeitermassen, doch diese Dichotomie wirkte in der Bundesrepublik längst als überholt. Man muß auch die internationalen Rahmenbedingungen und den deutschen Systemkonflikt gebührend beachten, und wer glaubt, den Gewerkschaften vorwerfen zu müssen, sie hätten auf das Mittel des Massenstreiks zur Durchsetzung weitergehender wirtschaftsdemokratischer Ideen verzichtet, ist gezwungen, eine Antwort auf die Frage geben, ob ein solches Vorgehen angesichts der labilen demokratischen Situation zu verantworten gewesen wäre.

Daß es den Gewerkschaften gegen immense Widerstände aus dem Unternehmerlager gelang, die paritätische Mitbestimmung in der Montanindustrie aus der Besatzungszeit in die Bundesrepublik herüberzuretten, die der Bundestag im April 1951 mit großer Mehrheit gesetzlich verankerte, hatte allerdings auch mit einem »Deal« zu tun. Streikdrohungen lagen bereits in der Luft, und die Situation spitzte sich dramatisch zu, als Bundeskanzler Adenauer und der DGB-Vorsitzende Hans Böckler – beide kannten sich persönlich aus der Kölner Lokalpolitik der 20er Jahre – eine Lösung fanden. Adenauer war klar, daß der DGB niemals den Schuman-Plan, geschweige denn einen westdeutschen Verteidigungsbeitrag akzeptieren würde, wenn er in der Frage der Mitbestimmung eine Niederlage hätte hinnehmen müssen. Es drohte eine Art »Einheitsfront« von Gewerkschaften und SPD-Opposition, welche die Politik der Bundesregierung hart attackierte. In dieser Situation sicherte sich Adenauer für die Mitbestimmung im Montanbereich die Neutralität der Gewerkschaften in weiteren innen- und außenpolitischen Grundsatzfragen.[82]

Bereits ein Jahr später erlitten die Gewerkschaften einen für sie schmerzhaften Rückschlag und befanden sich fortan nur noch in der Verteidigung. Das 1952 verabschiedete Betriebsverfassungsgesetz teilte den Arbeitnehmern in den Aufsichtsräten außerhalb des Montanbereichs nur ein Drittel der Sitze zu; außerdem wurde die Mitbestimmung des Betriebsrates hauptsächlich auf soziale und personelle Fragen eingeschränkt; einige länderspezifische Betriebsverfassungsgesetze aus der Besatzungszeit hatten viel weiter reichende Bestimmungen enthalten. Der DGB stürzte in eine tiefe Krise. Christian Fette, nach dem Tod Böcklers seit 1951 Vorsitzender des DGB, wurde auf dem Bundeskongreß im Oktober 1952 abgewählt, Nachfolger wurde Walter Freitag von der mächtigen IG-Metall, an deren Spitze nun Otto Brenner aufrückte. Wie es weitergehen sollte, war umstritten. Viktor Agartz entwickelte die Strategie einer »expansiven Lohnpolitik« mit antikapitalistischer Stoßrichtung: Durch eine aggressive Lohnoffensive wollte er die Konfliktbereitschaft der Mitglieder steigern und so ein Kampfinstrument schaffen, um den Kapitalismus zu überwinden. Aus dem katholischen Gewerkschaftslager um Oswald von Nell-Breuning schlug ihm entgegen, die klassenkämpferische Attitüde sei verantwortungslos. Agartz verlor schnell an Rückhalt und wurde kaltgestellt. Der DGB verabschiedete sich in der Folgezeit von marxistischen Konfrontationsstrategien, die bei den meisten Gewerkschaftsmitgliedern ohnehin auf keine Resonanz mehr stießen. Der wirtschaftliche Aufschwung, der bis Mitte der 60er Jahre mit durchschnittlichen jährlichen Wachstumsraten von über 6 %

Abb. 13: *Feierstunde in Wolfsburg anläßlich der Fertigstellung des 500 000. VW-Käfers im Jahr 1953. Im Dritten Reich entwickelt, trat der Käfer in der Nachkriegszeit seinen internationalen Siegeszug an und ließ die Entstehungsgeschichte des Volkswagens vergessen.*

anhielt, ließ die Kritiker der Marktwirtschaft schließlich verstummen. Die Zahlen der Statistischen Jahrbücher belegen das eindrucksvolle wirtschaftliche Wachstum: Sie weisen zwischen 1950 und 1956 eine Verdoppelung und bis 1960 eine Verdreifachung des Bruttosozialprodukts aus; die Serie von Exportrekorden führte rasch zu einem hohen Außenhandelsüberschuß; der Produktionsindex für Investitionsgüter schnellte bis 1960 auf 322 hoch (1950 = 100), der Wert für Verbrauchsgüter betrug 298 (1950 = 100). Auch der »innerdeutsche« Handel mit der DDR weitete sich – entgegen allen politischen Abgrenzungsbestrebungen – kontinuierlich aus.

Bei einer hohen Preisstabilität konnten sich die monatlichen Nettolöhne und -gehälter zwischen 1950 und 1965 mehr als verdoppeln; außerdem herrschte seit dem Ende der 50er Jahre Vollbeschäftigung. Als Folge davon machte sich eine Organisationsmüdigkeit bemerkbar: Obwohl sich die Zahl der Beschäftigten Jahr für Jahr stark erhöhte, vermochten die Gewerkschaften kaum neue Mitglieder zu gewinnen, der prozentuale Organisationsgrad der Erwerbspersonen verringerte sich jährlich und ging von 38,6% im Jahr 1951 auf 29,9% im Jahr 1966 zurück.[83] Ferner verloren die

Gewerkschaften ihre »Jugendlichkeit«, die sie im Kaiserreich und in der Weimarer Republik noch kennzeichnete: Sie überalterten.

Die Wahlsiege des konservativ-bürgerlichen Lagers von 1953 und 1957 trugen ein übriges dazu bei, daß sich der DGB von wirtschaftsdemokratischen Modellen wegbewegte und sich inhaltlich auf die klassische Tarifpolitik konzentrierte: auf kürzere Arbeitszeiten, höhere Löhne, größere soziale Sicherheit und besseren Arbeitsschutz. Schließlich veränderten sich die Beziehungen zwischen Kapital und Arbeit im Zeichen eines Konsenskapitalismus, was besonders im Vergleich zur Weimarer Republik ins Auge fällt. Das starke Wirtschaftswachstum, das Interessen auf beiden Seiten befriedigte, erleichterte den Konsens natürlich sehr. Die Bundesrepublik wurde zum Modellstaat der »Sozialpartnerschaft«.

Allerdings darf dieser Begriff nicht die großen Interessensgegensätze verdecken, die natürlich nach wie vor bestanden. Das zeigte sich bereits im Jahr 1955. Im Grundrechtskatalog der Bundesrepublik war das Streikrecht nicht garantiert, daher mußten die Gerichte ein grundsätzliches Urteil fällen. Der Große Senat des Bundesarbeitsgerichts stellte fest, Streik und Aussperrung seien gleichberechtigte Waffen in sozialen Konflikten – aus gewerkschaftlicher Sicht war dies ein Affront, weil die Verfügungsgewalt über die Produktionsmittel nicht durch das Streikrecht der Lohnabhängigen kompensiert werden konnte. Die Verkürzung der Arbeitszeit erwies sich ebenfalls als eine harte Nuß. Zu Beginn der 50er Jahre war eine wöchentliche Arbeitszeit bis zu 49 Stunden allgemein üblich, ebenso die Sechs-Tage-Woche. Mit der Mai-Kampagne des DGB aus dem Jahr 1957 – auf bundesweit geklebten Plakaten war ein kleines Kind zu sehen, das »Samstags gehört Papi mir« sagte – kam Bewegung in die Sache. Über verschiedene Stufen und Modelle gelang bis Mitte 1960 die Einführung der 40-Stunden-Woche, auf die sich die IG-Metall mit dem Arbeitgeberverband Gesamtmetall im Bad Homburger Abkommen einigen konnte; bis sie sich in allen Branchen durchgesetzt hatte, vergingen anschließend noch einmal 15 Jahre. Insgesamt waren die Wirtschaftswunderjahre jedoch eine Periode der »gewerkschaftlichen Aussöhnung mit dem Privatkapitalismus«,[84] deren vorläufigen Höhepunkt das Düsseldorfer Grundsatzprogramm von 1963 darstellte. Der Kapitalismus sollte nicht mehr zerschlagen, er sollte gezähmt werden.

Der wirtschaftliche Boom erfaßte, wenn auch in unterschiedlicher Geschwindigkeit und Ausprägung, ganz Westeuropa. Nie zuvor und niemals mehr danach gab es eine solch einzigartige Prosperitätsperiode. Die grundlegende Verbesserung des Lebensstandards war für die Arbeitnehmer eine völlig neuartige Erfahrung. Nie zuvor waren die Menschen in Westeuropa schneller wohlhabend geworden. Die außergewöhnliche Steigerung der Durchschnittseinkommen korrespondierte mit außergewöhnlichen Arbeitsmarktchancen, denn der Nachfragesog nach Arbeitskräften war ohne Beispiel in den 50er und 60er Jahren. Darüber hinaus hat der Boom den Konsum und die sozialen Strukturen nachhaltig verändert. Unter produktionstechnischen Gesichtspunkten brachte er den endgültigen Durchbruch der standardisierten Massenproduktion mit sich. Die westeuropäischen Länder erreichten im Handel einen historisch nie gekannten Internationalisierungsgrad, dazu gehörte auch die hohe Mobilität des Kapitals und des technischen Fortschritts. Für die Regierungen, bis hinunter zur kommunalen Ebene, eröffneten sich große finanzielle Spielräume für den Aufbau eines modernen Wohlfahrtstaates sowie für infrastrukturelle Maßnahmen etwa der Stadt- und Raumplanung. Schließlich hat der Boom westeuropäischen Staatsformen und Verfassungen zu großer Stabilität verholfen.[85]

Das »Wirtschaftswunder« war nicht nur eine bundesdeutsche Besonderheit, auch in Italien sprach man beispielsweise von einem »mirácolo económico«. Dennoch gab es einige begünstigende Faktoren, die in anderen Ländern nicht zu finden waren und als spezifisch westdeutsch bezeichnet werden können: Nirgendwo sonst war ein so großes Reservoir an qualifizierten, flexiblen und leistungsorientierten Arbeitskräften vorhanden, wie es die Bundesrepublik durch das Millionenheer von Flüchtlingen und Vertriebenen hatte; noch bis zum Mauerbau 1961 strömten aus der DDR vor allem junge und hochqualifizierte Menschen in die bundesdeutsche Wirtschaft. Die Rahmenbedingungen der sozialen Marktwirtschaft, der Konsenskapitalismus und die gemeinwohlorientierte Politik der Gewerkschaften sicherten den Arbeitsfrieden. Steuerliche Begünstigungen und maßvolle Lohnpolitik der Gewerkschaften ließen die Unternehmergewinne rasant steigen, die wiederum investiert werden konnten. Die internationale Nachfragesteigerung durch den Koreakrieg hat die Rückkehr Westdeutschlands auf den Weltmarkt erleichtert, weil davon Branchen betroffen waren, die traditionell die Stärke der deutschen Industrie ausmachten. Das Spitzentempo der westdeutschen Industrie erklärt sich vor allem aus den Exporterfolgen, das Siegel »Made in Germany« erlangte Weltgeltung, und der Volkswagen stieg zu einem Epochensymbol auf. Die Liberalisierung des Außenhandels und eine unterbewertete D-Mark brachten schließlich den Effekt vorteilhafter Währungsrelationen. Unter wirtschaftlichen Gesichtspunkten waren somit die 50er Jahre das eigentliche Erfolgsjahrzehnt der Bundesrepublik, wobei es sich bei Wirtschaftshistorikern eingebürgert hat, von den »langen fünfziger Jahren«, einem Zeitraum ungebremsten Wachstums zwischen 1949 und 1966, zu sprechen.[86] Schließlich: Das »Wirtschaftswunder« hatte in der Bundesrepublik, viel mehr als in anderen europäischen Ländern, eine politische Bedeutung. Nach den Erfahrungen des Nachkriegselends und dem Verlust klassischer nationaler Identifikationen durch die Kriegs- und Verbrechenspolitik des Dritten Reiches sowie durch die deutsche Teilung konnte aus ihm Identität abgeleitet werden. Man war wieder wer, und man war es auf der »richtigen« Seite des Kalten Krieges.

Die Sozialpolitik als Konsensstifterin

Es gehört heutzutage zum Selbstverständnis der sozialen Marktwirtschaft, daß sie und der Sozialstaat sich zusammengefügt haben. Doch das war zu Beginn der 50er Jahre noch keineswegs der Fall, und die Widerstände gegen dieses Zusammenfügen waren erheblich. Das Attribut »sozial« verdiente Erhards Wirtschaftspolitik zunächst nur deshalb, weil sie im Gegensatz zum Wirtschaftsliberalismus der Zwischenkriegszeit dem Staat eine neue, starke Rolle zuwies. In der Idealvorstellung Erhards sollte unter den Bedingungen einer florierenden Wirtschaft Sozialpolitik entbehrlich werden, das Ziel hieß vielmehr Erwirtschaftung von privatem Eigentum – der Titel des Bestsellers aus der Feder des Wirtschaftsministers war Programm: *Wohlstand für alle*.

Die Realität sah anders aus. Die Verteilung des Produktivvermögens blieb während der 50er Jahre weiterhin extrem ungleichmäßig. Am Ende des Jahrzehnts verfügten 1,7 % der reichsten Haushalte allein über 70 % des Produktivvermögens und über 35 % des Gesamtvermögens. Vor diesem Hintergrund löste der wiederholte Ruf nach einem korrigierenden Staatseingriff einen Reformdruck aus, der den Anhängern der sozialen Marktwirtschaft nicht willkommen war, suchten sie doch die soziale Komponente über den Markt und die staatliche Ordnungspolitik abzusichern, nicht jedoch über die Instrumentarien des sozialpolitischen Interventionsstaates.

Das Grundgesetz der Bundesrepublik Deutschland bekennt sich in Art. 20 zum Sozialstaatspostulat, aber es bleibt weit hinter der Vielzahl sozialrechtlicher Garantien der Weimarer Reichsverfassung zurück. Die Unfall-, Kranken- und Rentenversicherung waren in der Bismarck-Ära entstanden und in der Weimarer Republik 1927 durch die Arbeitslosenversicherung ergänzt worden. Der Nationalsozialismus hatte dieses System verzerrt und dem Führerprinzip unterworfen, aber nicht gänzlich abgeschafft. In der ersten Legislaturperiode des Deutschen Bundestages ist das soziale Grundsicherungssystem im wesentlichen wiederhergestellt und zusätzlich durch ganz neue Elemente bereichert worden.[87] Diese Wiederherstellung geschah in einer doppelten Abgrenzung: einerseits zu den nationalsozialistischen Eingriffen und andererseits zu den Entwicklungen in der DDR. Es kam zu einer Mischung aus Tradition und Modernisierung. In seinen grundsätzlichen Strukturen hat der bundesdeutsche Sozialstaat die Tradition fortgeführt, die in der Bismarckschen Sozialgesetzgebung wurzelt; doch zu diesen Kontinuitäten traten bedeutsame Neuerungen, besonders in der Rentenreform von 1957 (dazu unten). Im Gegensatz zu den anderen Bereichen staatlichen Handelns stellte die sozialstaatliche Formung der Bundesrepublik ein Produkt rein innerdeutscher Entscheidungen dar, die Westmächte hinterließen keine Spuren. Zwar machten die Sozialdemokraten und die Gewerkschaften bei ihren Vorschlägen noch eine Zeitlang Anleihen bei britischen und skandinavischen Modellen einer durch allgemeine Steuern finanzierten Sozialpolitik, was bei den bürgerlichen Parteien auf grundsätzliche Ablehnung stieß, doch wandelte sich das Verhältnis bald von der Konfrontation unterschiedlicher Ordnungsvorstellungen zu einer Art »Parteienkonkurrenz um Leistungsausbau« auf einer gemeinsamen Basis.[88]

Am Anfang war die Sozialpolitik ein Nothelfer und auf Menschen aus »Schicksalskategorien« wie »Flüchtlinge«, »Heimkehrer«, »Ausgebombte« oder »Kriegerwitwen« ausgerichtet. Es ging darum, die schwersten Kriegsfolgen zu bewältigen und Massennotstände zu lindern: 4 Mio. Menschen hatte der Krieg als Invalide, Witwen und Waisen hinterlassen, 3–4 Mio. waren Kriegssachgeschädigte, bis zu 2 Mio. Spätheimkehrer, nicht selten gesundheitlich zermürbt, suchten Anschluß an das Zivilleben. Flucht und Vertreibung hatten über 9 Mio. Menschen deklassiert und pauperisiert, die 1950 20% der bundesdeutschen Bevölkerung ausmachten – all das konnte sich als Dynamit für die Gesellschaft erweisen. Die Sozialpolitik war während der Jahre der Besatzung Sache der Länder gewesen, doch noch vor der Gründung der Bundesrepublik beschloß der Wirtschaftsrat Soforthilfemaßnahmen, die für alle drei Westzonen galten; die Überschrift des Gesetzes verdeutlichte das Provisorium: »Gesetz zur Milderung dringender sozialer Notlagen (Soforthilfegesetz)«. In Ergänzung dazu wurde im August 1949 ein Flüchtlingssiedlungsgesetz erlassen, und in den folgenden Jahren sollten großangelegte Umsiedlungsprogramme Entlastungen schaffen. Nach Schleswig-Holstein beispielsweise waren seit 1945 besonders viele Flüchtlinge und Vertriebene gekommen, und sie stellten 1952 noch 51% der Arbeitslosen; ähnlich gravierend war die Lage in Niedersachsen, dort betrug der Anteil 40%.

Es ist bereits an anderer Stelle betont worden, daß der erste Bundestag ein immenses Arbeitspensum bewältigt hat. Das traf gerade für den sozialpolitischen Bereich zu. So mußten Rechtszersplitterungen zwischen Ländern und Besatzungszonen beseitigt werden, und es galt, die früher auf Reichsebene bestehenden Institutionen und Verfahrensregeln für das Bundesgebiet wiederherzustellen. Man kann das gesamte sozialpolitische Gesetzgebungswerk unterteilen in »Entschädigungsgesetze« und »Errichtungsgesetze«,[89] letztere betrafen nicht zuletzt die unter demokratischen Aspekten so wichtige Wiederherstellung der Selbstverwaltung in den Sozialversicherungen, aber beispielsweise auch das schließlich vom zweiten Bundestag verabschiedete Gesetz über das Kassenarztrecht, welches die Rechtsbeziehungen zwischen Krankenkassen und Ärzten bundesrechtlich ordnete.

Am Beispiel der Kriegsopferversorgung läßt sich zeigen, daß einige länderspezifische Versorgungsleistungen während der Besatzungsjahre höher lagen als später in der Bundesrepublik. In der französischen Besatzungszone, besonders in Baden, waren die materiellen Leistungen am höchsten, viel höher als diejenigen, die das Bundesversorgungsgesetz festlegte, weshalb Baden als einziges Land im Bundesrat am 27. Oktober

1950 gegen das Gesetz stimmte. Doch in Baden gab es prozentual weniger Kriegsopfer als im Bundesgebiet. Weshalb die Bundesrepublik ihren Kriegsopfern keine großzügigere Versorgung zugestehen konnte, wird im internationalen Vergleich deutlich; ihre Zahl lag deutlich höher als in den meisten anderen Ländern: Die anerkannten Kriegsopfer beliefen sich in Westdeutschland 1953 auf 8,8 %, in Frankreich auf 3,3 % und in Großbritannien auf 2,1 Prozent.[90]

Mit dem am 14. August 1952 verabschiedeten Gesetz über den Lastenausgleich begann die größte Wirtschafts- und Finanztransaktion der deutschen Geschichte vor 1989/90. Lastenausgleich bedeutete, daß zwischen den betroffenen und den nicht geschädigten Bevölkerungsteilen Vermögensschäden und -verluste, die während des Zweiten Weltkriegs oder als dessen Folgen – Flucht und Vertreibung, Evakuierung, Verlust des Geldvermögens durch die Währungsreform – entstanden waren, ausgeglichen werden sollten.[91] Das Gesetz, das 34mal geändert und erweitert wurde, sah vor allem Ausgleichsleistungen vor: Hilfen zur Eingliederung und zum laufenden Lebensunterhalt, Kriegsschadensrenten, Hausratsentschädigung und Aufbaudarlehen, um Wohnraum zu beschaffen oder sich eine berufliche Existenz aufzubauen. Die Hauptentschädigung setzte erst ab 1957 ein und galt Verluste an Einheitswertvermögen, Spartguthaben und Wertpapieren ab. In einem langwierigen bürokratischen Verfahren wurden die Ansprüche ermittelt, und in 18 Jahren ergingen 7,1 Mio. Feststellungsanträge, von denen die Ausgleichsämter 73 % positiv entschieden; den Höhepunkt erreichten die Auszahlungen erst in den 60er Jahren. Insgesamt beliefen sich die Gesamtausgaben im Lastenausgleich bis 1995 auf rund 141 Mrd. DM. Daß es dabei allerdings nicht zu einer Vermögensumschichtung kam, lag im Verfahren begründet: Die Abgabenschuld wurde über einen längeren Zeitraum »verrentet«, d.h. die Abgaben waren de facto lediglich nach dem Vermögen bemessene Sondersteuern – durchschnittlich sind sie mit 10 % belastet worden –, die weitgehend aus den laufenden Einkommen und Erträgen bestritten werden konnten.[92]

Es ist zu Recht gesagt worden, daß die politisch-psychologische Bedeutung des Lastenausgleichs – im Sinne einer Integration der Flüchtlinge und Vertriebenen in die bundesdeutsche Gesellschaft – wichtiger war als die realwirtschaftlichen Effekte. Und doch gibt es eine entscheidende Ausnahme: den Wohnungsbau, der gewaltig angekurbelt wurde. Seit 1940 war der zivile Wohnungsbau in Deutschland weitgehend eingestellt worden, und der alliierte Bombenkrieg hatte riesige Lücken gerissen. Durch den Zustrom von Flüchtlingen und Vertriebenen nach 1945 verschärfte sich die Lage dramatisch. Massenunterkünfte in Lager- und Turnhallen sowie in Baracken symbolisierten für Jahre die deutsche Nachkriegsgeschichte. Standen auf dem Gebiet der Bundesrepublik 1939 einer Bevölkerung von 40 Mio. Menschen 10,6 Mio. Wohnungen zur Verfügung, so waren es 1950 für 48 Mio. Menschen etwa 9,4 Mio. Wohneinheiten.

Wege aus der bedrückenden Wohnungsnot konnten nur unter öffentlicher Regie gefunden werden: Eine rigide Verwaltung des Bestandes und die Planung von günstigem Massenwohnungsbau waren unabdingbar. Städtebauliche und ästhetische Gesichtspunkte hatten zunächst zurückzutreten, man orientierte sich an den unmittelbaren Bedürfnissen. Der soziale Wohnungsbau, den sämtliche Parteien und gesellschaftliche Gruppen für nötig hielten, stellte ein staatsplanerisches Element innerhalb der Marktwirtschaft dar; zum Zuge kamen gemeinnützige Bauträger aus kommunalem, kirchlichem oder gewerkschaftlichem Besitz, am bekanntesten war in diesem Zusammenhang die gewerkschaftseigene »Neue Heimat«. Nach den Bestimmungen von 1950 durfte die Miethöhe 1 DM pro m² nicht überschreiten, die Wohnfläche sollte mindestens 32 und höchstens 65 m² betragen – letztere sollte eine vierköpfige Familie beher-

Abb. 14: *Das neu erbaute Hansa-Viertel in West-Berlin, hier ein Bild nach 1957, war das Vorzeigeobjekt modernen, familienfreundlichen Wohnens. Auch architektonisch sollte dieser Teil der Stadt »Schaufenster« des Westens sein.*

bergen –, die Ausstattungsstandards waren normiert und karg. Trotz des beginnenden Wohnungsbaus waren 70% der Bevölkerung in Ein- bis Zweizimmerwohnungen untergebracht, denen häufig Bad, WC und eine Zentralheizung in der Wohnung fehlten. Eindrucksvoll gestaltete sich die Bilanz des sozialen Wohnungsbaus nach einem Jahrzehnt: Mehr als 5 Mio. Wohnungen waren entstanden, und so entfiel im Jahr 1960 ein Drittel des Wohnungsbestandes auf Neubauwohnungen. Die Situation hatte sich merklich entspannt. Je erfolgreicher der Wiederaufbau war, desto deutlicher wurde ein Trend zur marktkonformen Umgestaltung des Wohnungsbaus; bereits im zweiten Wohnungsbaugesetz von 1956 erhielt die Eigentumsförderung Vorrang, und einen entscheidenden Schritt zur Liberalisierung und Deregulierung des Wohnungsmarktes tat das Gesetz über den Abbau der zwangswirtschaftlichen Bindungen von 1960, kurz »Abbau-Gesetz« oder auch »Lücke-Plan« genannt nach dem damaligen Bundeswohnungsbauminister Paul Lücke. Die Wohnungsbaupolitik der Bundesrepublik war gewiß eine Erfolgsgeschichte, »aber im Erfolg entstanden neuartige Probleme auf einer höheren Stufe«,[93] sichtbar an der Gigantomanie trostloser Siedlungen, in denen neue soziale Spannungen entstanden, an der Verödung von Innen- und der Entstehung von Trabantenstädten, die vor allem in der zweiten Phase seit den 70er Jahren das Erscheinungsbild prägten.[94]

1954 ist auch das Kindergeld wieder eingeführt worden, das zunächst für jedes dritte und weitere Kind 25 DM im Monat vorsah. Ursprünglich ging das Kindergeld auf das Dritte Reich zurück und war von den Alliierten wegen seiner ideologisch bedingten bevölkerungspolitischen Intentionen 1945 suspendiert worden. Zahlreiche Novellen verbesserten die Leistungen des Gesetzes seit Mitte der 50er Jahre fortlaufend, so daß das Kindergeld 1965 nach den Ausgaben für die Sozialversicherung (8,4 Mrd. DM) und der Kriegsopferversorgung (5,8 Mrd. DM) mit 2,8 Mrd. DM an dritter Stelle der Sozialausgaben des Bundes lag.

Aus den sozialpolitischen Entscheidungen im Nachkriegsdeutschland ragt die Rentenreform von 1957 wie eine Baumkrone heraus, weil hier ganz neue Wege einge schlagen und dennoch deutsche Traditionen fortgesetzt wurden. Die Sozialdemokratie und die Gewerkschaften favorisierten eine Zeitlang wohlfahrtsstaatliche Ideen, wie sie in Großbritannien mit dem Beveridge-Plan und in Skandinavien verwirklicht wurden: eine aus allgemeinen Steuern finanzierte Staatsbürgerversorgung mit umfassendem Schutz und garantierten Grundleistungen, auch bei der Rente. 1952 hatte die SPD einen »Sozialplan für Deutschland« gefordert. Die Wahlergebnisse der beiden ersten Bundestagswahlen und die Bildung der bürgerlichen Koalition ließen solche Pläne zur Makulatur werden, denn die Regierung wollte an deutsche Traditionen anschließen, und das hieß: begrenzte Versicherungspflicht, Leistungsbemessung nach dem Äquivalenzprinzip, Finanzierung aus den Beiträgen. Auch die SPD kam im Verlauf der 50er Jahre wieder auf dieses traditionelle deutsche Versicherungsprinzip zurück. Quer durch die Parteien setzte sich die Überzeugung durch, daß die anfängliche, aus der unmittelbaren Not und deren Behebung entsprungene »Periode des ›Flickwerks‹ in eine Periode planvollen Ordnens« eintreten müsse.[95]

Die Probleme konnten nicht mehr übersehen werden: Im Gegensatz zu den rasanten wirtschaftlichen Entwicklungen und den rasch steigenden Realeinkommen der aktiven Bevölkerung waren die Empfänger von Sozialleistungen auf der Strecke geblieben, das traf besonders für die Renten zu, die Achillesferse der sozialen Marktwirtschaft. Im Bewußtsein der Arbeitnehmer standen Alter und materielle Not synonym: Die Rentenempfänger waren die vernachlässigten Stiefkinder des Wirtschaftswunders. Der Streit um eine Rentenreform zog sich lange hin, die Widerstände waren gewaltig, bevor schließlich Konrad Adenauer ein Machtwort sprach. Aus der Vielzahl von Plänen und Entwürfen ragte der »Schreiber-Plan« von 1955 heraus, entworfen von Wilfrid Schreiber, Privatdozent der Nationalökonomie an der Universität Bonn und Geschäftsführer des Verbandes Katholischer Unternehmer, den sich der Bundeskanzler weitgehend zu eigen machte. Drei Prämissen kennzeichneten den Plan: 1. Das Schutzbedürfnis der Arbeitnehmer sei in der industriellen Gesellschaft Mitte des 20. Jahrhunderts ein anderes als zu Bismarcks Zeiten. 2. Die Sozialrente trete nicht mehr ergänzend zu anderen Quellen der Alterssicherung auf, sondern müsse zur Existenzsicherung im Alter ausreichen. 3. Die Mittel der Altersversorgung könnten nicht länger aus einem angesparten Deckungsfonds, sondern müßten aus dem laufenden Sozialprodukt entnommen werden.[96] Aus dem letzten Punkt folgte naturgemäß eine Anpassung der Renten an die Lohnentwicklung – die »dynamische Rente« war geboren.

Bundesarbeitsminister Anton Storch, der Arbeitnehmerflügel der CDU/CSU, der DGB und auch die SPD befürworteten den Schreiber-Plan, der allerdings auf hartnäckigen Widerstand des Finanzministers, des Wirtschaftsministers, der Banken und Versicherungen sowie der Arbeitgeberverbände stieß. Sie sahen die Gefahr einer Inflation heraufziehen und beschworen insbesondere ordnungspolitische Prinzipien. Erhard fürchtete eine »seelenlos mechanisierte Gesellschaft«, an deren Ende der »soziale Untertan« stehen würde.[97] Mit der Dynamisierung der Renten, so die Arbeitgeberverbände, komme es zu einer lohnpolitischen Interessengemeinschaft der Rentner mit den Arbeitnehmern und somit zu einer gefährlichen Verschiebung des tarifpolitischen Kräftegleichgewichts zugunsten der Gewerkschaften. Je näher jedoch der Wahltag zur Bundestagswahl 1957 rückte, desto entschiedener ergriff Adenauer Partei für die Reform und wies Erhard in die Schranken; dabei spielten wahltaktische Motive eine nicht unerhebliche Rolle. Der Ausschuß der CDU/CSU, der vor der Wahl 1957 verschiedene sozialpolitische Vergünstigungen ausarbeitete, erhielt im Politiker-Jargon die Bezeichnung »Kuchen-Ausschuß«,[98] und auf solche Ausschüsse, die Wahlge-schenke vorbereiteten, verzichtete seither keine Bundesregierung. Viel wichtiger war 1957, daß der Bundeskanzler die bestehende Gesellschaftsordnung von sozialen Spannungen freihalten und die Bundesrepublik im Systemkonflikt mit der DDR sozialpoli-tisch attraktiv ausgestalten wollte.

Die Rentenreform passierte Ende Februar 1957 gegen die Stimmen der FDP und der DP den Bundestag. Im Ergebnis führte sie dazu, daß die laufenden Renten rück-wirkend zum 1. Januar des Jahres um mehr als 60 % erhöht wurden. Die Steigerung der Renten folgte seither in gewissen Abständen den Löhnen und Gehältern, d. h. die Rentner partizipierten auch nach dem Ende des aktiven Berufslebens am Wirtschafts-wachstum. So bedeutete die Altersrente nicht mehr einen Zuschuß zum Unterhalt, sondern Lohnersatz. Massenarmut im Alter sollte der Vergangenheit angehören, und der erreichte Lebensstandard sollte gesichert werden. Das Prinzip der Generationen-solidarität bedeutete: Die arbeitende Generation erbringt aus ihren aktuellen Beiträ-gen zur Rentenversicherung die Leistungen für die nicht mehr arbeitende Generation. Es entstand mithin ein nicht-nivellierendes System, das auf lebenslang voll erwerbstä-tige Arbeitnehmer zugeschnitten ist und die Dauer und den Erfolg im Arbeitsleben in der Rentenzeit prämiert. Allerdings war das System ausschließlich auf die Erwerbsar-beit zugeschnitten, andere Formen von Arbeit, wie häusliche Arbeit, etwa bei der Kin-dererziehung oder bei der Pflege älterer Menschen, blieben für das Sozialversiche-rungssystem unerheblich. Alleinerziehende Frauen, von denen viele ihren Mann im Krieg verloren hatten, waren die großen Verliererinnen des Systems. Und die Frage, ob das Rentensystem eine hohe Sockelarbeitslosigkeit oder die Erosion des Normalar-beitsverhältnisses aushalten würde, ist in den 50er Jahren beiseite geschoben worden. Wenige Monate nach der Rentenreform wurde ein Gesetz über die Altershilfe von Landwirten verabschiedet; 1960 folgten schließlich auch für das kleinbetrieblich strukturierte Handwerk ähnliche Bestimmungen. Den vorläufig letzten Baustein der sozialpolitischen Rekonstruktion bildete das Sozialhilfegesetz aus dem Jahr 1961, das die alte öffentliche Fürsorge ablöste und bestrebt war, ihren stigmatisierenden Cha-rakter abzumildern.

Obwohl die SPD die Rentenreform mitkonzipiert hatte und auch zu den anderen sozialpolitischen Entscheidungen Wesentliches beisteuerte, zahlten sich diese Refor-men in Wählerstimmen allein für Adenauers Union aus. Demoskopische Umfragen belegen, wie entscheidend die »dynamische Rente« dafür war, daß die CDU/CSU bei der Bundestagswahl am 15. September 1957 die absolute Stimmenmehrheit erhielt. Anfangs lediglich als Nothelfer konzipiert, erwies sich die Sozialpolitik nach einem Jahrzehnt Bonner Demokratie als bedeutsame Integrationsklammer, die entscheidend geholfen hat, die westdeutsche Gesellschaft zu konstituieren. Ihre Bedeutung für die

Überwindung der Gründungskrise kann nicht hoch genug veranschlagt werden. Denn das wirtschaftliche Wachstum hätte auch – wären die Begünstigungseffekte einseitig geblieben – desintegrierend wirken können. So aber konsolidierte sie den neuen Staat: »Diese Konsolidierung förderte den Prozeß der Gewöhnung an das politische System der parlamentarischen Demokratie, das bei vielen Deutschen durch die Erinnerung an Krisen und Katastrophen der Weimarer Republik wenn nicht völlig diskreditiert, so doch schwer belastet war. Daß parlamentarische Demokratie nicht mit Funktionsunfähigkeit assoziiert werden müsse, sondern – politisch und sozial – Stabilisierung bewirken könne, dies war für viele Deutsche eine ganz neue Erfahrung.«[99] Am Ende der 50er Jahre war diese sozial- und mentalitätsgeschichtliche Zäsur erreicht. Durch große Verteilungsspielräume begünstigt, wurden Wohlstand und Demokratie bald in eins gesetzt, und im direkten Vergleich mit der DDR konnte für kaum jemanden mehr ein Zweifel an der westdeutschen Überlegenheit aufkommen. Der Bonner Sozialstaat brachte Demokratie und Kapitalismus in eine Balance, und die soziale Marktwirtschaft ging seither jene Verbindung von neoliberaler Marktwirtschaft und staatlicher Sozialpolitik ein, für die sie bis heute beispielhaft steht.

4 Bindungen an den Westen und Deutschlandpolitik

Deutsche Handlungsmöglichkeiten im Kalten Krieg

»Im Anfang war Adenauer«, so begann Arnulf Baring sein 1969 erstmals erschienenes und bekanntgewordenes Buch *Außenpolitik in Adenauers Kanzlerdemokratie*.[1] Über 30 Jahre später konnte man in Helga Haftendorns Gesamtdarstellung zur deutschen Außenpolitik nach 1949 den Eingangssatz lesen: »Im Anfang waren die Alliierten –

Abb. 15: *Erster offizieller Besuch eines deutschen Bundeskanzlers in Washington im April 1953. Konrad Adenauer ganz allein auf den Stufen des Capitols – mehr Sinnbild der noch andauernden deutschen Isolation nach dem Zweiten Weltkrieg als Zeugnis internationaler Anerkennung.*

und nicht Adenauer, wie die deutsche Zeitgeschichtsschreibung bis heute behauptet.«[2] An diesen so konträren Aussagen wird ein Grundproblem sichtbar: Wenn die Außenpolitik eines Staates gemeinhin den Versuch darstellt, die Beziehungen zur internationalen Umwelt aktiv und reaktiv den eigenen Zielvorstellungen und Präferenzen gemäß zu gestalten – in welchem Umfang war dann eigenständiges bundesdeutsches Handeln nach 1949 überhaupt möglich? Wie kein zweites Land war Deutschland in die Konstellation des Ost-West-Konflikts nicht nur eingebunden, sondern die beiden deutschen Staaten waren Kinder des Kalten Krieges, und dieser Konflikt gab die Ausgestaltung der Beziehungen zwischen ihnen und mit ihren jeweiligen Schutzmächten vor. Nicht mehr eine geographische Mittellage wie vormals zeichnete Deutschland nach dem Zweiten Weltkrieg aus, vielmehr eine weltpolitische Grenzlage: Die Bundesrepublik und die DDR wurden zu den Vorposten des Kalten Krieges, jenes ordnungs- und machtpolitischen Gegensatzes, der den internationalen Beziehungen für Jahrzehnte den Stempel aufdrückte. Diese neue geographische Lage verlieh ihnen ihr Gewicht.

Der Kalte Krieg charakterisierte die Form, in der die USA und die Sowjetunion ihre gegensätzlichen politischen Vorstellungen und die daraus resultierenden Machtansprüche auf der ganzen Welt austrugen. Es handelte sich dabei um einen Aggregatzustand des Ost-West-Konflikts, der im Zeitverlauf in je unterschiedlichen Dosierungen aufgetreten ist und zwei kollektive Bündnissysteme, die NATO und den Warschauer Pakt, hervorgebracht hat, die, anders als militärische Bündnisse in vergangenen Jahrzehnten und Jahrhunderten, bereits in Friedenszeiten ein gemeinsames militärisches Oberkommando ausbildeten. Außerdem gingen sie weit über militärische Absprachen hinaus, und ihr Kennzeichen war eine tiefergehende Interessenverbundenheit ökonomischer, ideologischer und gesellschaftspolitischer Natur. So gab es ein ganzes Netz an Agenturen des Kalten Krieges, Behörden, Institutionen und Organisationen, die Propagandaschlachten austrugen oder, so die überbordenden Aktivitäten der Geheimdienste, operativ und teils auch subversiv tätig waren. Neuere Forschungen[3] haben gezeigt, daß der Kalte Krieg aufgrund der vielen Gegensätze zwischen liberalkapitalistischer Demokratie und sowjetkommunistischer Mobilisierungsdiktatur zwar von vornherein wahrscheinlich, aber dennoch kein unvermeidliches Schicksal war, sondern auch aus Furcht und Fehlperzeptionen erwuchs. Das heißt nicht, daß er ein bloßes Mißverständnis darstellte; angesichts der repressiven Festung des sowjetischen Ostens und der amerikanischen Eindämmungspolitik liegt eine solche Interpretation fern. Angetrieben jedoch wurde er durch die Logik des Sicherheitsdilemmas: Ost und West standen sich gegenüber, ohne durch eine gemeinsame Sicherheitsstruktur miteinander verbunden zu sein. So war weder die eine noch die andere Seite ganz sicher, ob die Gegenseite nicht doch aggressive Absichten hegte, und es kam zu einer Eskalation der Ängste, die wiederum neue Präventivmaßnahmen auslöste.

Wenn am Anfang also nicht vorrangig eine große historische Persönlichkeit, sondern eine Struktur stand – das internationale System –, und wenn die Bundesrepublik in bereits bestehende Konstellationen hinein gegründet wurde,[4] so stellt sich die Frage, ob es überhaupt Alternativen gab. Verfügte die deutsche Politik nach 1949 über irgendeinen außenpolitischen Handlungsspielraum? Stellten die doppelte Staatsgründung und die nachfolgende jeweilige Blockintegration eine bewußte Option dar oder waren sie zwangsläufige Resultate? Man wird trotz der fast schon erdrückenden Prävalenz des Ost-West-Konflikts den Gedanken ernst nehmen müssen, daß die Geschichte auch in dieser Frage nicht nur eine einzige Möglichkeit bereithielt, denn immerhin können Handlungsspielräume auch variieren, jedenfalls sind sie keine unveränderlichen, konstanten oder statischen Größen.

Trotz der weltpolitischen Bipolarität existierten unterschiedliche Interessen auf seiten der westlichen Siegermächte und der westeuropäischen Nationen. Nicht nur in Europa, auch in den USA herrschte angesichts der deutschen Schuld und der deutschen Verbrechen weithin eine antideutsche Stimmung vor. Nichts ginge mehr an der Wirklichkeit vorbei, als nach dem Zweiten Weltkrieg irgendwelche »Völkerfrühlingsgefühle« zu veranschlagen. Frankreich plagte eine veritable, aber vor dem Hintergrund dreier großer Kriege seit 1870 auch verständliche Sicherheitsobsession gegenüber dem unruhigen Nachbarn am Rhein, die noch eine Zeitlang selbst die »sowjetische Gefahr« überlagerte. Großbritannien besann sich auf sein traditionelles Gleichgewichtsdenken, die »Balance of Power«, forderte einen stärkeren Zusammenschluß Westeuropas, der aus pragmatischen Gründen die Bundesrepublik miteinschließen sollte, wollte sich selbst jedoch auf dem Kontinent nicht über die Maßen engagieren. Daß Europa aus dem Weltkrieg geschwächt hervorging, kam den endgültig zur Supermacht aufgestiegenen USA zugute, doch anders als nach dem Ersten Weltkrieg konnten sie sich in Anbetracht des beginnenden sowjetischen Expansionismus eine Politik der »splendid isolation« nicht mehr leisten. So sehr man die Westeuropäer auch drängte, ihre eigenen Geschicke in die Hand zu nehmen, ohne die westliche Führungsmacht, das sollte bald deutlich werden, war keine dauerhafte Ordnung möglich.

Wesentliche Strukturen des westlichen Bündnisses waren bereits errichtet, als 1949 die Bundesrepublik gegründet wurde: Die NATO existierte schon und auch das Wirtschaftsbündnis für den Wiederaufbau des Westens, die OEEC, ebenso der Europarat als ein erster Schritt in Richtung auf eine europäische Zusammenarbeit. In den ersten Jahren befand sich die Bundesrepublik in einem halbkolonialen Zustand, war noch Protektorat der westlichen Siegermächte und mußte engmaschige alliierte Kontrollen über sich ergehen lassen. Außenpolitische Kompetenzen hatten sich die Westmächte mittels des Besatzungsstatuts vorbehalten, nur schrittweise – und in Übereinstimmung mit der westalliierten Außenpolitik – konnten deutsche Spielräume gewonnen werden. Erst ab dem Frühjahr 1951 wurde der Bundesrepublik eine begrenzte außenpolitische Handlungsfreiheit zugestanden, die durch ein jetzt erst wiedererrichtetes Auswärtiges Amt wahrgenommen werden konnte, das Bundeskanzler Adenauer in Personalunion leitete; Walter Hallstein wurde Staatssekretär im Außenministerium. Als die Bundesrepublik 1955 souverän wurde, übernahm Heinrich von Brentano die Leitung des Auswärtigen Amtes.

Welches waren die Aufgaben, die Ziele bundesdeutscher Außenpolitik? In der Präambel des Grundgesetzes der Bundesrepublik Deutschland wurde der Wille bekundet, die »nationale und staatliche Einheit zu wahren«, womit sich der Verfassungsgeber zum Fortbestand des (gesamt-)deutschen Staatsvolkes und Deutschlands als Rechtssubjekt bekannte. Deutschland sollte zu einem »gleichberechtigten Glied in einem vereinten Europa« werden; schließlich blieb das gesamte deutsche Volk aufgefordert, »in freier Selbstbestimmung die Einheit und Freiheit Deutschlands zu vollenden«.[5] Damit hatte man das Fernziel festgelegt, nicht jedoch den Weg zu dessen Verwirklichung. War die Aufgabe deutscher Politik auf eine Funktion festgelegt, die dem 19. Jahrhundert entstammte: die Vollendung der nationalen Einheit? Wie ließ sich der Doppelkonflikt – die Auseinandersetzung zwischen demokratischer und kommunistischer Herrschaftsordnung einerseits und die Auseinandersetzung um die nationale Einheit andererseits – lösen? Im Berlin-Problem traten diese Konstellationen wie unter einem Vergrößerungsglas deutlich hervor. Wie stand es um die Oder-Neiße-Grenze des neuen polnischen Staates, wie um andere ehemalige deutsche Ostgebiete? Und wenn die Bundesrepublik von den westlichen Staaten in den Westen integriert wurde, um sie besser kontrollieren zu können, konnte sie ihrerseits diese Integration als Chance zur Teilhabe und Mitbestimmung nutzen, ja als Chance, Souveränität zu erlangen?

Die Überzeugung, daß nur durch eine Zusammenarbeit mit den Westmächten gegen die Sowjetunion die Grundlagen für einen freiheitlichen demokratischen Rechtsstaat in Westdeutschland geschaffen werden konnten, war in allen bundesdeutschen Parteien, mit Ausnahme der KPD, vorhanden. Doch jenseits dieses normativen Basiskonsenses mußte es in der Frühphase der Bundesrepublik zwischen den politischen Richtungen zu einer Kontroverse über den Sinn, das Ziel und den Zweck der neuen Republik kommen. Die politischen Strömungen waren sich seit dem Beginn bundesdeutscher Politik uneinig, welchem Selbstverständnis die Bonner Republik folgen sollte. Zwei Vorstellungen standen sich gegenüber: die Bundesrepublik als Kernstaat auf dem Rückweg zur nationalen Wiedervereinigung oder als Transitorium auf dem Weg in ein supranationales Europa.[6] Diese Spannungslinie kennzeichnete die außenpolitische Debatte nach 1949. Abgesehen von der Neuen Ostpolitik der sozialliberalen Regierung seit dem Ende der 60er Jahre hat keine Phase der Geschichte der Bundesrepublik eine derart kontroverse und intensive zeitgenössisch-politische sowie wissen-

Abb. 16: *Konrad Adenauer fährt im April 1951 nach Paris, um die Verträge zur Montan-Union zu unterschreiben. Hier befindet er sich mit dem französischen Hochkommissar für Deutschland, André François-Poncet, mit dem er sich gut verstand, auf der Terrasse des Palais de Chaillot vor dem Eiffelturm. Der Fotograf hat den Ort bewußt gewählt: Nur elf Jahre zuvor war Adolf Hitler nach dem erfolgreichen Frankreich-Feldzug an fast gleicher Stelle vor dem Wahrzeichen von Paris gestanden.*

schaftliche Auseinandersetzung erfahren wie der Zeitraum ihrer Eingliederung in die westliche Staatenwelt. Damals standen die außen- und deutschlandpolitischen Prioritätensetzungen zur Debatte, die Zielkonflikte zwischen forcierter Westintegration und Wiedervereinigung, die Geschwindigkeit und die Massivität des Integrationsprozesses. Zwar befand sich die innenpolitisch aufs heftigste umkämpfte Westintegrationspolitik der Regierungskoalition unter Konrad Adenauer zwischen 1949 und 1955 in ihrer dynamischen Phase, sie wurde aber von innen und außen immer wieder mit der Frage konfrontiert, ob man sich nicht vielleicht doch auf einem Irrweg befinde und eine gänzlich andere als die amtliche Deutschland- und Außenpolitik vonnöten sei. Würde eine zu schnelle und umfassende Westintegration, so fragten Kritiker, nicht zu hohe Hürden für die Wiedervereinigung errichten und die Teilung der Nation auf unabsehbare Zeit festschreiben? Wie aber hätten realistische alternative Strategien auszusehen? Daß im Mai 1955 die Pariser Verträge in Kraft treten und die Bundesrepublik in die NATO aufgenommen wird sowie außenpolitisch Souveränität erlangt, daß schließlich durch die Gründung des Warschauer Pakts und die Eingliederung der ostdeutschen NVA-Streitkräfte die Blockbildung vollzogen und die Teilung Deutschlands gleichsam ratifiziert sein sollte – dies alles erhält erst aus der Rückschau seine Folgerichtigkeit.

In gewisser Hinsicht ist der Satz, daß am Anfang Adenauer stand, dennoch richtig. Denn die internationale Konstellation bot der Bundesrepublik Chancen, und kein zweiter hat dies schneller und besser erfaßt und die entsprechenden politischen Konsequenzen daraus gezogen als Konrad Adenauer. »Erst die Entsprechung von vorgegebener Konstellation und außenpolitischer Konzeption des ersten Bundeskanzlers hat den außerordentlichen Aufstieg des westdeutschen Staates in den Jahren bis 1955 möglich gemacht.«[7] Adenauer erkannte, daß sich in der Nachkriegszeit infolge der Bipolarität der Welt eine revolutionäre Veränderung des europäischen Staatensystems vollzogen hatte, die eine völlige Neuorientierung der deutschen, d.h. der westdeutschen Außenpolitik erforderte. Bereits in seiner ersten Regierungserklärung vom 20. September 1949 erteilte er dem deutschen Pathos vom »Land der Mitte« eine Abfuhr. »Es besteht für uns kein Zweifel, daß wir nach unserer Herkunft und nach unserer Gesinnung zur westeuropäischen Welt gehören«, führte er aus.[8] Diese Eindeutigkeit war neu in der deutschen Geschichte. Eine Schaukelpolitik zwischen Ost und West durfte niemand von ihm erwarten.

Im ersten Band seiner *Erinnerungen* beschrieb Konrad Adenauer aus der Rückschau sein Denken und die daraus abgeleiteten Prinzipien westdeutscher Außenpolitik: Das Gleichgewicht in Europa sei durch den großen Machtzuwachs der Sowjetunion zerstört worden. »Ich war der Auffassung, der Gegensatz zwischen Sowjetrußland und den freien Völkern werde ständig wachsen.« Nur eine Bindung an den Westen bringe

Sicherheit und Wohlstand für die Bundesrepublik. Adenauer war sich aber bewußt, daß die Deutschen nach dem Krieg mit großem Argwohn rechnen mußten: »Es galt, einen Weg zu finden, der sowohl dem Sicherheitsbedürfnis der europäischen Länder Rechnung trug, wie auch den Wiederaufbau Westeuropas einschließlich Deutschlands durchzuführen gestattete. Über diesen Weg würden wir auch, darüber war ich mir klar, Schritt für Schritt unsere Gleichberechtigung unter den freien Völkern der Welt zurückerlangen.« Die wichtigste Voraussetzung für Partnerschaft hieß: Vertrauen. »Vertrauen zu uns Deutschen zu schaffen, war ... das oberste Gebot.« Von vornherein jedoch konnten die Deutschen volles Vertrauen nicht verlangen und auch nicht erwarten: »Wir mußten uns darüber klar sein, daß das Vertrauen nur langsam, Schritt für Schritt, wiedergewonnen werden konnte und daß wir sorgsam alles vermeiden mußten, was geeignet war, wieder Mißtrauen gegen uns zu wecken. Unwürdig und falsch wäre es gewesen, wenn wir eine Politik sklavischer Unterwürfigkeit verfolgt hätten. Eine dumme, unkluge und aussichtslose Politik wäre es gewesen, hätten wir mit unserer Unentbehrlichkeit auftrumpfen wollen.« Die Methode der deutschen Außenpolitik hatte für Adenauer »absolut ehrlich und geradlinig« zu sein; und niemals durfte die Geduld, einer der stärksten Faktoren in der Politik, verlorengehen.[9]

Faßt man Konrad Adenauers Denken über Europa und den Westen zusammen, so lassen sich wichtige Grundkonstanten erkennen: Er ging von der schicksalhaften Zweiteilung des Kontinents aus, hielt die Sowjetunion – die er als expansionistisch, totalitär, atheistisch und asiatisch beschrieb – für eine säkulare Bedrohung der europäischen Freiheit und setzte deshalb (vorläufig) Europa mit den westeuropäischen Demokratien gleich. Den Kern eines Zusammenschlusses Westeuropas bedeutete für ihn die Aussöhnung zwischen Deutschland und Frankreich – dies vor allem aus historischen Gründen, doch darüber hinaus auch, weil er eine indirekte Destabilisierung Europas durch die fünfte Kolonne der Sowjets in Gestalt einer starken französischen Kommunistischen Partei fürchtete. Adenauers außenpolitische Prinzipien fußten auf drei grundlegenden Erkenntnissen. 1. zweifelte er nicht an der langen Dauer des bestehenden, neuen antagonistischen Systems, 2. war er sich im klaren darüber, daß die europäischen Völker noch unter dem Schock der NS-Vergangenheit standen, wodurch trotz des Ost-West-Antagonismus auch ein System gefordert werde, das die Deutschen kontrollierte, und 3. hielt Adenauer die westeuropäischen Demokratien ohne die amerikanische Schutzmacht für verloren. Aus all dem schloß er: Deutsche Außenpolitik mußte in ihren Zielen und Methoden die älteren Traditionen hinter sich lassen und grundlegend neue schaffen, die auf wenigen unumstößlichen Maximen basierten: auf unbedingter Friedlichkeit, makelloser Vertragstreue, vorbildlicher Kooperations- und Kompromißbereitschaft, auf Verläßlichkeit und sicherer Kalkulierbarkeit. Unverzichtbar war ein behutsamer Respekt vor den Interessen und Empfindlichkeiten anderer Staaten, wobei er allerdings nur die westlichen Staaten, nicht die östlichen im Blick hatte; an die Stelle von Nationalismus hatte ein Internationalismus zu treten, an die Stelle von Machtpolitik Friedenspolitik. Und schließlich: Um Vertrauen zu schaffen, mußten die Deutschen zu einer Politik der Vorleistungen bereit sein. Hinzu kam, daß Adenauer von einem »Alptraum von Potsdam« umgetrieben wurde, der Vorstellung, die Siegermächte des Zweiten Weltkriegs könnten sich über den Kopf (West-)Deutschlands hinweg einigen. Eine rasche Eingliederung der Bundesrepublik in den Westen, auch in seine geistig-kulturelle Wertegemeinschaft, schien ihm nicht zuletzt deshalb unabdingbar, weil er nur wenig Zutrauen in die demokratische Standfestigkeit seiner Landsleute hatte.

Garantien, daß eine solche Politik von Erfolg gekrönt würde, gab es keine. Rückschläge konnten nicht ausgeschlossen werden, sondern waren eher wahrscheinlich. Die theoretische Einsicht in das Notwendige und Mögliche stellte die eine Seite der Medaille dar, die praktische Politik, die auf demokratische Zustimmung angewiesen war, die andere. Wie würde die westdeutsche Bevölkerung reagieren, bei der nationale Traditionen und die Erwartung einer baldigen Wiedervereinigung eine große Rolle spielten? Ließen sich Westbindung und Wiedervereinigung überhaupt zusammenbringen? Adenauers »Programm« fehlte es nicht an einem hohen Risiko, weil der erhoffte Preis für eine Politik der Vorleistungen keineswegs feststand. Ob das Kalkül aufgehen würde, stand in den Sternen. Und bis sich die prinzipielle Westbindung als neue Traditionslinie und unumstößliche »Staatsräson«[10] der Bundesrepublik herausgebildet sowie partei- und gesellschaftsübergreifend verankert hatte, mußte noch ein steiniger Weg zurückgelegt werden.

Kontroverse Westpolitik

Am 21. September 1949 spielte sich eine höchst symbolträchtige Szene ab: Hoch über Bonn, auf der östlichen Seite des Rheins, liegt der Petersberg, und auf dessen Gipfel befindet sich ein nobles Hotel, in dem die drei Hochkommissare McCloy, Robertson und François-Poncet Quartier bezogen hatten. Unten, in den Bonner Niederungen, amtierte seit einer Woche die neue westdeutsche Regierung, und oben, auf dem Berg, von wo aus man das gesamte Rheintal überblicken konnte, residierte die Alliierte Hohe Kommission, die Oberregierung. An diesem Septembertag war der neue Bundeskanzler Konrad Adenauer mit seinem gesamten Kabinett auf den Petersberg bestellt worden, um das umständlich auf Pergament geschriebene Besatzungsstatut persönlich in Empfang zu nehmen. Die Hohen Kommissare wollten mit diesem Akt noch einmal deutlich machen, wer in letzter Instanz das Sagen und die Macht im Staate innehatte. Das Protokoll, das man sich dazu hatte einfallen lassen, war etwas albern: Als

die Deutschen, nachdem man sie lange im Freien hatte warten lassen, endlich vortre-
ten durften, standen die drei Hohen Kommissare auf einem großen, wertvollen roten
Teppich, die westdeutschen Regierungsmitglieder wurden hingegen davor, auf dem
blanken Fußboden, plaziert. Adenauer erkannte die Symbolträchtigkeit der Situation
sofort, und bei der nächstbesten Gelegenheit wandte er sie ins Gegenteil. Als er zu einer
kurzen Ansprache anhob, betrat er mit einem beherzten großen Schritt wie selbstverständlich den Teppich; seine Minister waren kreidebleich vor Entsetzen. Doch Adenauer
wußte, was er tat: Mit dieser Geste demonstrierte der Bundeskanzler nichts anderes als
das neugewonnene Selbstvertrauen; er und die durch ihn vertretene Bundesrepublik
wollten dazugehören. Die Hohen Kommissare beherrschten sich und nahmen diesen
Schritt zur Ebenbürtigkeit mit süßsaurer Miene zur Kenntnis (s. Abb. 9, S. 52.)

Gesten waren die eine Sache, die tatsächlichen Machtverhältnisse eine völlig andere. Im Petersberger Abkommen vom 22. November 1949 räumten die Hochkommissare den Westdeutschen das Recht ein, konsularische und Handelsbeziehungen zu
anderen Staaten aufzunehmen, vor allem aber wurde der Druck durch die Demontagen stark gemildert, eine wesentliche Voraussetzung für eine allmähliche wirtschaftliche Gesundung. Adenauers Gegenleistung heizte indessen den innenpolitischen
Streit aufs schärfste an: Die Bundesrepublik erklärte sich bereit, der Internationalen
Ruhrbehörde beizutreten, und akzeptierte damit die bisher als diskriminierend abge-
lehnte überstaatliche Ruhrkontrolle. Diese war kurz vor der Gründung der Bundesrepublik von den Westmächten und den Benelux-Staaten eingerichtet worden, um die
Kontrolle über das deutsche Wirtschaftspotential nicht ganz zu verlieren – immerhin
wurden an der Ruhr rund 40% der westdeutschen Industriegüter produziert. In der
Ruhrbehörde verfügten die Deutschen nur über eine geringe Stimmenzahl und konnten durch die anderen Beteiligten jederzeit überstimmt werden. Der Kanzler hatte
ohne Mandat des Bundestages gehandelt. War er den Alliierten nicht unnötig weit
entgegengekommen?

Im Deutschen Bundestag erklärte Adenauer am 24. November 1949 die »Methode
unserer Außenpolitik« in dieser Frage: »Man muß sich ... darüber klar sein, daß bei
den Verhandlungen, die wir Deutsche mit den Alliierten zu führen haben, um fort-
schreitend in immer größeren Besitz der staatlichen Macht zu kommen, das psychologische Moment eine sehr große Rolle spielt, daß man aber von vornherein nicht
ohne weiteres volles Vertrauen verlangen und erwarten kann.« Adolf Arndt von der
SPD, der ihm antwortete, hielt dem Bundeskanzler entgegen: »Glauben Sie, Herr
Dr. Adenauer, daß ein rein psychologischer Akt wirksamer vorgenommen wird, wenn
Sie allein ihn vollziehen, statt die gesamte frei gewählte Volksvertretung ihn sich zu
eigen macht?« Es handele sich um nichts anderes als um »ein neues Glied in der Kette
der Versuche der permanenten Ausschaltung des Parlaments, [Sehr wahr! bei der

SPD] des Unterfangens, Verfassungskämpfe durch autoritären Handstreich zu gewinnen«. Die Debatte schaukelte sich allmählich hoch. Der Christdemokrat Kurt Georg Kiesinger warf der Opposition vor, den großen Erfolg, den der Bundeskanzler erzielt habe, verkleinern zu wollen. Mehrere Parlamentarier, auch Adenauer, griffen in die leidenschaftliche Debatte ein. Und als der Bundeskanzler am Schluß noch einmal zum Mikrofon ging, kam es zum Eklat. Adenauer sagte, die Opposition müsse zu der Frage Stellung nehmen, ob sie bereit sei, einen Vertreter in die Ruhrbehörde zu schicken oder nicht. »Und wenn sie erklärt: nein – dann weiß sie aufgrund der Erklärungen, die mir der General Robertson abgegeben hat, daß die Demontage bis zu Ende durchgeführt wird.«

Das Bundestagsprotokoll vermerkt an dieser Stelle: »Abg. Dr. Schumacher: Das ist nicht wahr!! – Hört! Hört! und Gegenrufe bei den Regierungsparteien. – Weitere erregte Zurufe von der SPD und KPD. – Glocke des Präsidenten. – Abg. Renner: Wo steht denn das? – Zurufe links: Sind Sie noch Deutscher? – Sprechen Sie als deutscher Kanzler? – Abg. Dr. Schumacher: Der Bundeskanzler der Alliierten! … Stürmische Protestrufe in der Mitte und rechts. Großer Lärm und Klappen mit den Pultdeckeln. – Abgeordnete der SPD und der CDU/CSU erheben sich von den Plätzen und führen erregte Auseinandersetzungen. – Anhaltendes Glockenzeichen des Präsidenten. – Fortdauernder Lärm. … Pfuirufe und Rufe in der Mitte und rechts: Unerhört! Raus! Raus!«[11]

»Bundeskanzler der Alliierten« – das war ein unstatthafter, ein unerhörter Zwischenruf, für den Schumacher für zwanzig Sitzungstage von der Teilnahme an den Verhandlungen des Bundestages ausgeschlossen wurde. Schumacher setzte durch sein Vorgehen die Sozialdemokraten zwischen alle Stühle: Natürlich konnte man am Verhalten des Kanzlers Kritik üben, aber mußte sich die traditionell prowestliche SPD so unbesonnen in antiwestliche Positionen hineinmanövrieren? Die SPD entzweite sich damit selbst vom Deutschen Gewerkschaftsbund, der die Mitarbeit in der Ruhrbehörde befürwortete, weil etwas Wichtiges damit erreicht werden konnte: das Ende der Demontagen.

Wenige Monate nach der Gründung der Bundesrepublik erschien die Situation in Europa verfahren, wofür besonders Frankreich die Verantwortung trug. Bereits im Petersberger Abkommen war eine Mitgliedschaft der Bundesrepublik im Europarat ins Auge gefaßt worden, dem stand jedoch faktisch die französische Saarpolitik entgegen. Das Saargebiet mit 1 Mio. Deutschen, aber von Deutschland abgetrennt, sahen die Franzosen als Kriegsbeute an, die Saargruben unterstanden einer französischen Sequesterverwaltung, und mit der Saarkonvention vom 11. März 1950 versuchte Frankreich, wie später noch öfter, dem Saarland gleichsam Staatsqualität zu verleihen. Daß die Bundesrepublik gleichzeitig mit dem Saargebiet Mitglied des Europarates werden sollte, wie Frankreich es wünschte, konnte kein deutscher Politiker zulassen, hätte dies doch eine Zustimmung zur Herauslösung der Saar aus dem deutschen Staatsgebiet bedeutet. Bis Anfang 1957, als das Saarland Bundesland der Bundesrepublik werden sollte, blieb die Saarfrage ein ständiger deutsch-französischer Zankapfel.

Allerdings hinkte das Saarproblem der politischen Entwicklung hinterher, denn die grundsätzliche Wende der französischen Außenpolitik lag viel früher: Der 9. Mai 1950 ist das Schlüsseldatum, das bereits für die Zeitgenossen sensationell wirkte. Außenminister Robert Schuman verlas an diesem Tag eine Regierungserklärung, in der er den Plan einer Zusammenlegung der deutschen und französischen Kohle- und Stahlproduktion bekanntgab; sie sollte unter internationale Kontrolle gestellt werden und für die Beteiligung anderer Länder Europas offen sein. Die herausragende Bedeutung des Schuman-Plans hat die internationale Geschichtswissenschaft seither immer wieder hervorgehoben; er gilt als »Geburtsurkunde des gemeinschaftlichen Europa«.[12] Der Schuman-Plan ist untrennbar mit dem Namen des Geschäftsmannes Jean Monnet verbunden, der die geniale Idee hatte, mit dem wirtschaftlichen Schwungrad große Politik zu machen: Um künftige Kriege in Europa zu verhindern, sollten die

Abb. 17:   *Im Palais Schaumburg bespricht sich Konrad Adenauer am 5. April 1951 mit dem Architekten des gemeinschaftlichen Europa: Jean Monnet. Links im Bild verfolgt Staatssekretär Walter Hallstein die Besprechung.*

Montanindustrien der westeuropäischen Staaten miteinander verschmolzen werden.[13] Hinter dem Plan steckte ein ganzes Motivbündel: Nur wenn man für die Deutschen die Demütigungen durch alliierte Kontrollen beseitigte und den Franzosen die Angst vor einem unkontrollierbaren Deutschland nahm, waren in den Augen Monnets zukunftsträchtige Lösungen möglich. Die Sorge, Westdeutschland könne bald wieder zur dominierenden Wirtschaftsmacht aufsteigen, spielte dabei ebenso eine Rolle wie die Absicht, für die französische Stahlindustrie die nötigen Rohstoffe zu sichern. Aber überwölbt wurden diese Interessen durch den Willen, eine neue Etappe im deutschfranzösischen Verhältnis einzuläuten und das Fundament für eine europäische Integration zu gießen. Amerika unterstützte und förderte den Plan, und bei Konrad Adenauer stieß er auf nahezu enthusiastische Begeisterung – bedeutete er doch eine klare Bindung an den Westen, zudem versprach er Produktionssteigerungen und neue Absatzmärkte. Aber Adenauer hoffte auch darauf, mit dem Plan das Saar-Problem lösen zu können. Nur die Schumacher-SPD bekämpfte ihn hartnäckig wegen vermeintlicher deutscher wirtschaftlicher Nachteile und weil sie eine kapitalistische »Europa-AG« witterte; ihre französischen Genossen sahen dies zumeist ganz anders. Kritik an der Ausgestaltung der Montanunion konnte durchaus berechtigt sein: So schlug in der Montanbehörde ein politischer Dirigismus durch, und während die Macht der Exekutive bei der Hohen Behörde konzentriert war – ihre neun Mitglieder wurden für sechs Jahre ernannt –, blieb die in Straßburg tagende Parlamentarische Versammlung der Montanunion mit 78 Delegierten aus den nationalen Parlamenten ohne echte Befugnisse. Was schließlich die sozialen Folgen der Entscheidungen anbelangte, so hatten diese die einzelnen Staaten selbst zu tragen, deren Parlamente jedoch keinen Einfluß auf die Tätigkeit der Hohen Behörde besaßen. Man konnte also durchaus zu dem Schluß kommen, der Vertrag sei schlecht ausgehandelt – aber daß es ein an sich guter Plan war, daran führte keine Erkenntnis vorbei.

Am 19. März 1951 konnte der Vertrag zur Montanunion unterzeichnet werden, am 23. Juli 1952 trat die »Europäische Gemeinschaft für Kohle und Stahl« (EGKS), gegründet von sechs europäischen Ländern – Frankreich, der Bundesrepublik, den Benelux-Staaten und Italien – ins Leben. Am 23. Juli 2002 lief der auf 50 Jahre angelegte Vertrag aus, er hatte seine Schuldigkeit getan: Die EGKS-Konstruktion entfaltete sofort ihre Dynamik für Europa und beinhaltete bereits alle Faktoren, die später die Europäische Union ausmachen sollten. So wurde aus der gemeinsamen Hohen Behörde mit Sitz in Luxemburg die Europäische Kommission und aus der Parlamentarischen Versammlung das Europaparlament. Für die Bundesrepublik bedeutete die Gründung der Montanunion nicht nur das Ende des Ruhrstatuts mit seinen alliierten Beschränkungen und Kontrollen, sondern vor allem eine erhebliche Aufwertung: Sie hatte für Westdeutschland doppelte, ökonomische wie politische, Dimensionen. Das Saar-Problem wurde durch einen Austausch von Dokumenten zwischen der Bundesrepublik und Frankreich ausgeklammert bzw. aufgeschoben, in denen die Bundesregierung erklärte, in der Unterzeichnung des EGKS-Vertrags erblicke sie keine Anerkennung des gegenwärtigen Status an der Saar. Diese Formel ebnete gegen erhebliche innenpolitische Widerstände nicht allein der Sozialdemokraten den Weg dafür, daß die Bundesrepublik Anfang Mai 1951 vollberechtigtes Mitglied und die Saar assoziiertes Mitglied des Europarates werden konnte.

Mit den Deutschen wirtschaftlich zusammenzuarbeiten, war die eine Seite, mit ihnen auch militärisch zu kooperieren, eine ganz andere und weitaus schwierigere. Verdeckte Planungen für eine als notwendig erachtete Wiederaufrüstung der Bundesrepublik gab es in Washington und London seit Ende 1949. Damals verloren die Vereinigten Staaten ihr Atomwaffenmonopol, die Sowjetunion zündete – für viele Beobachter überraschend früh – ihre erste Atombombe. Außerdem siegten im chinesischen Bürgerkrieg zur gleichen Zeit endgültig Maos Kommunisten, die Bedrohung der freien Welt wuchs damit zusätzlich an. Schließlich befand sich die konventionelle Bewaffnung Europas in einem desolaten Zustand, weil Frankreichs Armee in den Dekolonisationskriegen in Indochina und Großbritannien in Malaysia gebunden war. Aber einer westdeutschen Wiederbewaffnung standen viele Hindernisse im Weg, nicht zuletzt psychologische. Nur fünf Jahre nach dem Zweiten Weltkrieg waren dessen materielle und moralische Spuren noch nirgends verblaßt, und vor allem in Frankreich und den kleineren Ländern Westeuropas stieß der Gedanke einer neuen deutschen Nationalarmee auf einhellige, empörte Ablehnung quer durch alle politischen Lager; selbst in den USA und in Großbritannien fehlte es den angestoßenen Planungen an einer breiten politischen Basis. Trotz des an Dynamik gewinnenden Kalten Krieges überragte die »deutsche Gefahr« noch jede andere, was auch bei der Gründung der NATO in Washington am 4. April 1949 zum Ausdruck gekommen war.

Von einem Tag auf den anderen änderte sich fast alles: Am 26. Juni 1950 marschierten Truppen des kommunistisch regierten Nordkorea in das zur US-amerikanischen Einflußsphäre zählende Südkorea ein. Der Koreakrieg wurde überall in Westeuropa als der Auftakt einer weltweiten militärischen Offensive des Sowjetblocks gewertet, als der Beginn einer kriegerischen Expansion über die seit 1945 gezogenen Blockgrenzen. Nach dem Dominoprinzip, so die Befürchtung, würden immer größere Teile der freien westlichen Welt dem aggressiven Kommunismus zum Opfer fallen – die Angst vor einem dritten Weltkrieg nahm rapide zu. Könnte, so fragten sich viele Menschen, das, was in Nord- und Südkorea geschah, nicht auch in Ost- und Westdeutschland geschehen, könnten nicht auch paramilitärische Verbände Ostdeutschlands im Verbund mit Sowjettruppen die europäische Grenzlinie der feindlichen Blöcke überschreiten und den kalten in einen heißen Krieg verwandeln? War man für diesen Ernstfall gewappnet? Die sowjetische Gefahr schob sich in den Vordergrund und drängte die deutsche zwar nicht vollständig, aber doch immer stärker in den Hintergrund. Angesichts der westlichen Truppenstärke war nach amerikanischem Dafürhalten im Ernstfall die Rheinlinie gegenüber der Sowjetunion nicht zu halten; die Verteidigung Europas schien erst hinter den Pyrenäen möglich. Washington und auch London ging es jetzt nicht mehr um das Ob eines westdeutschen Verteidigungsbeitrags, sondern nur noch um das Wie. Die USA stellten die Europäer – sie hatten dabei insbesondere Frankreich im Visier – vor eine harte Alternative: Entweder Verstärkung des amerikanischen Engagements auf dem europäischen Kontinent bei gleichzeitiger Aufrüstung Westdeutschlands oder keine Verstärkung der amerikanischen Präsenz, womit die Europäer sich selbst überlassen blieben. Am 11. August 1950 forderte der Europarat in einer Resolution, die dem Vorschlag des britischen Oppositionsführers Winston Churchill folgte, die Bildung einer europäischen Armee unter deutscher Beteiligung. Der Druck auf Paris stieg ständig an: Ultimativ verlangten die USA bis zur nächsten Konferenz der NATO-Verteidigungsminister Ende Oktober 1950 eine französische Stellungnahme.

Unter dem Zwang der Geschehnisse und aus Furcht, in die Isolation zu geraten, trat Frankreich die Flucht nach vorn an. Wie beim Schuman-Plan, so war es auch diesmal wieder Jean Monnet, der gegenüber dem französischen Ministerpräsidenten René Pleven mit einem konstruktiven Gedanken aufwartete, um die Verteidigung Europas zu sichern und die USA zu besänftigen.[14] In der Regierungserklärung vom 24. Oktober 1950 stellte der Ministerpräsident den künftig nach ihm benannten Pleven-Plan vor, wonach die sechs Montanunion-Staaten eine gemeinsame europäische Armee aufbauen sollten. Der Plan einer Europäischen Verteidigungsgemeinschaft (EVG) wurde als eine Art militärische Fortsetzung des Schuman-Plans, dessen Verkündung erst fünf Monate zurücklag, dargestellt: Er sah eine integrierte westeuropäische Armee unter westdeutscher Beteiligung vor; auf der Basis der kleinsten militärischen Einheit sollten die Mannschaften verschmolzen werden, und nach dem Vorbild der Montanunion sollte es eine oberste militärische Behörde geben; neben einem europäischen Verteidigungsminister war ein integrierter Generalstab mit einem französischen General an der Spitze geplant. So politisch umwälzend und anspruchsvoll der Pleven-Plan auch klang, es kamen sofort berechtigte Zweifel an seiner militärischen Effizienz auf. In einer privaten Unterredung nannte ihn der britische Verteidigungsminister Emanuel Shinwell schlicht »zum Kotzen: militärischer Blödsinn und politischer Wahnsinn«.[15] Unverkennbar handelte es sich in erster Linie um einen politischen Befreiungsschlag der französischen Regierung, denn bei seiner Konzeption waren Militärs zunächst gar nicht beteiligt worden, nicht einmal französische. Und anders als beim Schuman-Plan schlug in diesem Fall die französische Interessenpolitik konzeptionell unverhohlen durch und mündete in eine Diskriminierung der Deutschen, denen überall Fesseln angelegt wurden: Während deutsche Soldaten auf der Basis der »kleinstmöglichen Einheit« in eine Europaarmee zu integrieren waren, behielten die anderen Partner die Möglichkeit, außerhalb der europäischen Armee eigene Nationalarmeen zu unterhalten. Was somit Paris zunächst als große, dem Schuman-Plan ebenbürtige Initiative verkaufte, war bei Lichte betrachtet nicht mehr als das Konzept einer »europäisch drapierten Fremdenlegion«,[16] in der deutschen Soldaten die Rolle von Söldnern zugedacht wurde. So verständlich dies aus französischer Warte sein mochte, weil eine deutsche Wiederbewaffnung für die meisten Franzosen einen Alptraum darstellte und sie Angst davor hatten, daß ein deutscher Militarismus wiedererwachen und schnell mächtig werden könnte, so war dennoch der Preis dafür – ganz anders als beim Schuman-Plan – ein erheblicher Widerstand gegen die EVG, nicht zuletzt in der Bundesrepublik.

Ähnlich wie die Amerikaner glaubte auch Konrad Adenauer, Frankreich habe den Pleven-Plan nur vorgebracht, um die Aufstellungen deutscher Truppen um Monate oder gar Jahre zu verzögern. Die heutige historische Forschung hat diese dilatorische Intention bestätigt und wertet das EVG-Projekt hauptsächlich als Verzögerungsmanöver der französischen Regierung.[17] Das Tauziehen um die Europaarmee zog sich tatsächlich über mehr als drei Jahre hin: Am 15. Februar 1951 eröffnete der französische Außenminister Robert Schuman in Paris die »Konferenz über die Bildung der Europäischen Armee«, und als nach unzähligen Debatten der EVG-Vertrag im Mai 1952 unterzeichnet werden konnte, hatte er mit dem Pleven-Plan der ersten Stunde nur noch wenig zu tun. Die USA und Adenauer hatten auf eine partnerschaftliche, gleichberechtigte Einbeziehung der Westdeutschen gedrungen. Eine Integration sollte nicht mehr auf der Basis der kleinstmöglichen Einheit vollzogen werden, sondern der Bundesrepublik sollte es möglich sein, national-homogene Truppenkörper in der Stärke von ungefähr 6000 Mann aufzustellen. Je mehr deutsche Diskriminierungen abgebaut werden konnten und je stärker Frankreich in die Zucht einer EVG genommen wurde, in der alle Mitgliedstaaten mit gleichem Recht ausgestattet sein sollten, desto größer wurde die Ablehnungsfront in Frankreich. Daß die französischen Kommunisten eine Europaarmee ablehnten, bedarf keiner Erklärung, aber auch bei den Sozialisten hatte sich eine zunehmende Skepsis breitgemacht: Gerade jene, die sich seit den Tagen der Résistance für ein Europa der Dritten Kraft eingesetzt hatten, verbitterte der amerikanische Druck, und sie nahmen die EVG zusehends als Instrument einer aggressiven amerikanischen Machtpolitik wahr. Hinzu kam für viele das Staunen und Erschrecken über das deutsche Wirtschaftswunder. Das atemberaubende Tempo des bundesdeutschen wirtschaftlichen Aufstiegs drohte in ihren Augen auf das Militärische überzugreifen. Der Vorhang zum letzten Akt des Dramas über die EVG wurde jedoch in Indochina hochgezogen. Am 7. Mai 1954 erlitten französische Truppen in Dien Bien Phu eine spektakuläre Niederlage; sie war der Anfang vom Ende des französischen Kolonialreichs. Der amerikanische Verbündete hatte sich geweigert, den eingeschlossenen Franzosen mit massiver Luftunterstützung zur Hilfe zu kommen; andererseits vermittelten die Sowjets zugunsten Frankreichs die Feuereinstellung in Indochina. Beide Vorgänge wirkten auf die EVG-Entscheidung zurück: Zum einen schien aufgrund der erlittenen Enttäuschung durch den amerikanischen Verbündeten nur auf nationale Streitkräfte wirklich Verlaß zu sein. Für die französische nationalkonservative Partei RPF erklärte Charles de Gaulle, die EVG sei nichts anderes als die »Auslöschung Frankreichs als eigenständige Nation«.[18] Zum andern kam es zu einer Art asiatisch-europäischem Tauschgeschäft mit der Sowjetunion; Europa und Asien verhielten sich wie zwei kommunizierende Röhren der Weltpolitik. »Die Opferung der EVG war der Preis, den Mendès-France für den Frieden in Indochina zahlte.«[19] Am 30. August 1954 lehnte die französische Nationalversammlung die EVG mit 319 zu 294 Stimmen ab. Am selben Abend notierte Adenauer in sein Tagebuch, es handele sich um einen schwarzen Tag für Europa.[20]

Allerdings stimmte das nur zum Teil. Denn in der Aufrüstungsfrage arbeitete Bonn von Beginn an intensiver mit Washington zusammen als mit Paris. Adenauer, dem alles Militärische fernlag und alles Zivile nahestand, setzte die Militärfrage als Mittel ein, sein vorrangiges politisches Ziel zu erreichen: die Souveränität für die Bundesrepublik.[21] Er begriff die Status- und Machtfragen im klassischen Kontext des Nationalstaats – mit Militär. Der amerikanische Hochkommissar McCloy hatte den Bundeskanzler am 17. August 1950 mit der Militärfrage konfrontiert; noch vor dem Beginn der Außenministerkonferenz der drei westlichen Siegermächte in New York am 12. September wollte er die Bundesrepublik in die Pflicht nehmen. Am 29. August fertigte Adenauer zwei Memoranden an, die er dem in die USA reisenden McCloy per Kurier zum Flugzeug schicken ließ. Im ersten sicherheitspolitischen Memorandum schilderte Adenauer vor dem Hintergrund des Koreakrieges die bedrohliche Lage Europas, malte die Remilitarisierungstendenzen in der DDR und die dortige Aufrüstung der sowjetischen Kräfte in den dunkelsten Farben aus, um dann – angesichts der vergleichsweise nur geringen westalliierten Truppen – das Angebot zu unterbreiten, »im Falle der Bildung einer internationalen westeuropäischen Armee einen Beitrag in Form eines deutschen Kontingents zu leisten«.[22] Im zweiten Memorandum präsentierte Adenauer die Rechnung für dieses Angebot sowie den bundesdeutschen Beitritt zum Europarat und die positive Stellung zum Schuman-Plan: »Wenn die deutsche Bevölkerung die Pflichten erfüllen soll, die ihr im Rahmen der europäischen Gemeinschaft aus der gegenwärtigen Lage und ihren besonderen Gefahren erwachsen, muß sie innerlich hierzu instand versetzt werden. Es muß ihr ein Maß von Handlungsfrei heit und Verantwortlichkeit gegeben werden, das ihr die Erfüllung dieser Pflichten sinnvoll erscheinen läßt. Wenn der deutsche Mensch Opfer jeder Art bringen soll, so muß ihm wie allen anderen westeuropäischen Völkern der Weg zu Freiheit offen sein.«[23] Im Klartext hieß das: die Revision des eben erst in Kraft getretenen Besatzungsstatuts und Souveränität für die Bundesrepublik.

Auf einer von Adenauer angeregten Geheimkonferenz ehemaliger hoher Wehrmachtsoffiziere – unter ihnen die Generäle Adolf Heusinger, Hans Speidel und Friedrich Foertsch – im Kloster Himmerod in der Eifel vom 5. bis zum 11. Oktober 1950 wurde dieser Gedanke unterstrichen. Die streng geheime »Himmeroder Denkschrift« über die Aufstellung deutscher Truppenkontingente machte indessen bei den politischen Forderungen nicht halt, sondern präsentierte den Westmächten auch einen »psychologischen« Preis, der nichts weniger beinhaltete als eine »Ehrenerklärung für den deutschen Soldaten«, mithin eine moralische Rehabilitierung der Wehrmacht.[24]

Das Ergebnis von Himmerod lief auf einen militärischen Traditionalismus hinaus. Die Positionen der Traditionalisten wirkten beim Aufbau der Bundeswehr und der Wehrgesetzgebung künftig neben denen von potentiellen Reformern. Mit den Vorbereitungen zum Aufbau einer deutschen Armee wurde der CDU-Bundestagsabgeordnete Theodor Blank beauftragt, seine Ende Oktober eingerichtete »Dienststelle Blank« war Vorläufer des künftigen Verteidigungsministeriums.

Was die erwähnten beiden Memoranden vom 29. August anbelangt, so stellte Adenauer die Minister seines Kabinetts zwei Tage darauf vor vollendete Tatsachen; mit Ausnahme von Gustav Heinemann, der aus Protest gegen die eigenmächtige Remilitarisierungspolitik des Bundeskanzlers als Innenminister zurücktrat, stimmten alle trotz Kritik am Regierungsstil zu. Innenpolitisch flammte die Wiederbewaffnungsdebatte aber erst richtig auf. Umfragen machten deutlich, daß in der westdeutschen Bevölkerung die Angst vor einer sowjetischen Expansion und vor einem Angriff von Volkspolizei-Formationen der DDR auf die Bundesrepublik schlagartig zunahm. Doch die Bereitschaft zum eigenen Engagement blieb in der Bevölkerung relativ gering, eine »Ohne-mich«-Stimmung herrschte weithin vor, gespeist aus deutschland- und friedenspolitischen sowie aus christlich-moralischen Motiven. Der Rat der Evangelischen Kirche sprach sich im Unterschied zur katholischen Kirche offen gegen eine Wiederbewaffnung aus. In zahlreichen westdeutschen Städten kam es zu antimilitaristischen Kundgebungen. Daß sich die Gewerkschaften dabei zurückhielten, war dem Bundeskanzler zu verdanken: Als Gegengabe für gewerkschaftliches Wohlverhalten in der Wehrfrage offerierte die Bundesregierung die Mitbestimmung in der Montanindustrie.

Ein westdeutscher Wehrbeitrag war zwischen Regierung und Opposition nicht prinzipiell umstritten, doch der Konfliktpunkt betraf wiederum die Politik der Vorleistungen bzw. die Frage der Gleichberechtigung. Die SPD bestand auf der Herstellung nationaler Souveränität *vor* einem Eintritt in Verhandlungen über einen deutschen Militärbeitrag. Durch den Versuch einer vorbeugenden Verfassungskontrolle – initiiert von 144 Bundestagsabgeordneten, vor allem aus den Reihen der SPD, vertreten durch deren Kronjuristen Adolf Arndt – wurde die Wiederbewaffnung zu einem »rechtshängigen Verfassungsproblem«.[25] Das zweifelhafte Gutachtenersuchen des Bundespräsidenten vom Juni 1952 zur Verfassungsmäßigkeit der EVG-Verträge, das nach halbjährigem Hin und Her wieder zurückgezogen wurde, entfachte die Kontroverse um die Westbindung auf eine ganz neue Art und Weise. Parallel zu den komplizierten EVG-Verhandlungen liefen seit September 1951 solche über den Generalvertrag, später Deutschlandvertrag genannt, der die Bundesrepublik aus dem Besatzungsregime entlassen und die Beziehungen zwischen ihr und den Westmächten neu regeln sollte. Zwischen beiden Verträgen hatte Paris ein Junktim hergestellt. Innenpolitisch äußerst umstritten, bei der Opposition ohnehin, aber namentlich auch beim Fraktionschef der CDU, Heinrich von Brentano, war die »Bindungsklausel«, die klar besagte, daß auch ein wiedervereinigtes Deutschland Mitglied der EVG, eines gegen die Sowjetunion gerichteten Bündnisses, sein würde. Wie sollte – so die Kritiker – unter solchen Bedingungen jemals eine Wiedervereinigung zustande kommen? Nachverhandlungen brachten eine Abschwächung der Klausel, womit die Zustimmungsmehrheit im Bundestag gesichert werden konnte. In den parlamentarischen Beratungen zur Wiederbewaffnung verwies Erich Ollenhauer darauf, diese würde die Wiedervereinigung gefährden; die soziale Sicherheit der Demokratie müsse Vorrang vor der militärischen haben. Redner der Regierungsparteien verteidigten den eingeschlagenen Weg, und zu Beginn der zweiten Lesung der Verträge gab Bundeskanzler Konrad Adenauer vor dem Bundestag am 3. Dezember 1952 eine Ehrenerklärung für die Angehörigen der deutschen Wehrmacht im Zweiten Weltkrieg ab. Am 19. März 1953 wurde der Deutschlandvertrag mit 218 gegen 164 Stimmen (SPD, KPD, Fraktionslose und einige FDP-Abgeordnete) bei vier Enthaltungen angenommen und der EVG-Vertrag mit 216:165:4 gebilligt.

Stalin-Noten 1952 und Volksaufstand des 17. Juni 1953

Daß der Plan einer Europäischen Verteidigungsgemeinschaft im August 1954 durch die französische Nationalversammlung abgelehnt werden würde und sich somit die Notwendigkeit – oder auch die Chance – für Neuverhandlungen eröffnete, war überhaupt nicht absehbar, als Josef Stalin am 10. März 1952 die deutsche Karte ausspielte. Der sowjetische Vorstoß wurde gerade in jenem Augenblick unternommen, als die Bundesrepublik im Begriff stand, sich einer westlichen Militärallianz anzuschließen, ihre Westbindung feste Konturen annahm und sich ein mächtiges westeuropäisch-atlantisches Bündnis abzeichnete.

Am 10. März 1952 ließ Stalin durch den stellvertretenden sowjetischen Außenminister Andrej Gromyko den Botschaften der Vereinigten Staaten, Großbritanniens und Frankreichs gleichlautende Noten über das Deutschlandproblem übermitteln.[26] Ihr Inhalt war hochbrisant: Stalin schlug nichts weniger vor als ein vereintes, souveränes und demokratisch verfaßtes Deutschland mit einer Nationalarmee, die allerdings gewissen Einschränkungen hinsichtlich ihrer Stärke und Ausrüstung unterliegen sollte. Als Preis dafür forderte Stalin eine strikte Bündnisfreiheit und die dauerhafte Fixierung der Oder-Neiße-Grenze. Die Siegermächte des Zweiten Weltkriegs sollten mit einer gesamtdeutschen Regierung einen Friedensvertrag abschließen. Alles wäre auf einer neuerlichen Viermächte-Konferenz unter Beteiligung einer gesamtdeutschen Regierung genauer auszuhandeln. Damit spielte der sowjetische Diktator offen mit der Option, seine Kriegsbeute in Gestalt der DDR zugunsten eines neutralen Deutschlands aufzugeben. In einer Antwortnote vom 25. März lehnten die Westmächte den Vorschlag ab, indem sie auf mehrere kritische, ungenaue oder von der Sowjetunion bewußt falsch dargestellte Punkte verwiesen: Sie erachteten freie Wahlen in Deutschland als die unabdingbare Voraussetzung, um überhaupt eine gesamtdeutsche Regierung bilden zu können; sie lehnten eine festgeschriebene Neutralität ab und vertraten die Ansicht, einer deutschen Regierung müsse es freistehen, Bündnisse einzugehen; schließlich äußerten sie territorialpolitische Vorbehalte und erinnerten daran, daß auf der Potsdamer Konferenz die endgültigen deutschen Grenzen nicht festgelegt, sondern einem späteren Friedensvertrag vorbehalten worden seien. In einer zweiten Note vom 9. April 1952 kam Stalin den Westmächten dann bei der Frage gesamtdeutscher Wahlen entgegen, ohne freilich ganz deutlich zu machen, wie das Prozedere auszusehen hätte. Die Westmächte beharrten in ihrer neuerlichen Antwort vom 13. Mai darauf, daß Deutschland eine koalitions- und bündnispolitische Handlungsfreiheit eingeräumt werden müsse – womit die sowjetische Neutralitätsforderung ein weiteres Mal abgelehnt wurde –, zudem dürfe man Deutschland nicht verwehren, auch über seine Grenzen zu verhandeln. Beide Forderungen stellten für die Sowjetunion inakzeptable Bedingungen dar, und das weitere west-östliche Notengefecht – am 24. Mai und am 23. August schrieb die Sowjetunion, am 10. Juli und am 23. September antworteten die Westmächte – brachte im Ergebnis nur noch eine Verhärtung der gegensätzlichen Positionen. Immerhin wurde eine neuerliche Viermächte-Konferenz ins Auge gefaßt.

Jenseits der Frage, ob die Stalin-Offerte ernst gemeint war oder lediglich ein »Bluff« und ein gegen die Westintegration gerichtetes Störmanöver – sicher ist: Sie stand in krassem Gegensatz zu den deutschlandpolitischen Zielen der Westalliierten, die auf eine Einbindung der Bundesrepublik ausgerichtet waren. Eine Auswertung amerikanischer Akten ergab, daß der Westen infolge des politischen Kontextes im Schlüsseljahr 1952 durchaus mit östlichen Aktionen und Angeboten rechnete.[27] Auch die propagandistischen Initiativen der SED vom Herbst und Winter 1951/52, die unter dem Motto »Deutsche an einen Tisch« standen und im Vorschlag gipfelten, einen »Gesamtdeutschen Konstituierenden Rat« zu bilden, hatten hellhörig gemacht. Daß sich indessen die östliche Vormacht selbst zu Wort meldete und sich dabei so weit wie noch nie zuvor vorwagte, wirkte sensationell. Weder Amerikaner noch Briten oder Franzosen waren aber bereit, eine in ihren Augen »gefährliche« Lösung der Deutschlandfrage, wie sie in der Stalin-Note zum Ausdruck kam, zu akzeptieren. Die deutsche Wiedervereinigung, so kann man in den Memoiren des ehemaligen französischen Ministerpräsidenten Edgar Faure nachlesen, war eine Angelegenheit, »die jeder lautstark forderte und die alle fürchteten wie die Pest«.[28] Allein die Aussicht auf ein wiederbewaffnetes Gesamtdeutschland erschreckte die französische Öffentlichkeit und Politik derart, daß ihnen selbst die wenig beliebte Europäische Verteidigungsgemeinschaft in rosigem Licht erschien. Unter den gegebenen Umständen war die Eingliederung der Bundesrepublik in die westliche Allianz die optimale Lösung, und zwar für alle drei Mächte – worüber hätte man verhandeln sollen?

Konrad Adenauer hat in seiner Einschätzung, daß die Stalin-Note ein Propagandacoup der Sowjetunion sei, um die Westintegration der Bundesrepublik zu torpedieren, keine Sekunde geschwankt. Für ihn war sie ein Fetzen Papier, und er verwarf die Note sofort »mit voller Überlegung«.[29] Für den deutschen Bundeskanzler blieben Neutralisierungsideen in den 50er Jahren mit einem Bann belegt, denn sie bedeuteten in seinen Augen den Tod jeder europäischen Integrationspolitik und würden Deutschland langfristig nur um so sicherer einem sowjetischen Zugriff, einer Bolschewisierung ausliefern, zumal sich die Amerikaner bei einem Scheitern der westeuropäischen Integration vom Kontinent zurückziehen würden. Wenn eine bundesdeutsche Regierung bereits bei vagen Signalen aus dem Kreml die Westintegration in Zweifel ziehe, setze sie das mühsam errungene Vertrauen in ihre Bündnistreue aufs Spiel, wodurch ein nicht wiedergutzumachender Schaden entstünde. Für Adenauer war die Sache klar: Bis zur Unterzeichnung des Deutschland- und EVG-Vertrages durfte es keine Viermächte-Konferenz über Deutschland geben. In seinen Besprechungen mit den Hochkommissaren vom 11. und 17. März sowie in den Treffen mit den westlichen Außenministern am 20./21. März versicherte Adenauer, niemand könne ihn und den Westen auseinanderdividieren.[30] Für die westliche Notenpolitik war diese Standfestigkeit des deutschen Bundeskanzlers von erheblicher Bedeutung, wenngleich er auf die Noten selbst kaum einen Einfluß ausüben konnte: Die Bundesrepublik war immer noch ein unter Besatzungsrecht stehendes Land ohne selbständige Außenpolitik; wesentlich waren die Interessen der Westmächte.

Auf der anderen Seite trifft aber auch zu: Wenn irgend jemand, dann hätte allein Konrad Adenauer, der bundesdeutsche Regierungschef, Bewegung in die Sache bringen können. Er tat es nicht, obwohl sich im Regierungskabinett der Minister für gesamtdeutsche Fragen, Jakob Kaiser, gegen eine zu hastige Ablehnung der Note aussprach, die er als einen Wendepunkt im Verhältnis zwischen West und Ost deutete. Zwar werde erst die Erfahrung lehren, so Kaiser, ob die geweckte Hoffnung berechtigt gewesen sei, man dürfe jedoch keine Möglichkeit versäumen, Deutschland zur Einheit in Freiheit zu führen. Vizekanzler Franz Blücher und der CDU/CSU-Fraktionsvorsitzende Heinrich von Brentano teilten zwar nicht Kaisers Enthusiasmus, plädierten aber ebenfalls für eine eingehende Prüfung der Note. Der Bundestagsausschuß für gesamtdeutsche Fragen unterstützte in seiner Sitzung am 14. März ausdrücklich Kaisers Position.[31] Am selben Tag schrieb Paul Sethe, Leiter des politischen Ressorts und Herausgeber der *Frankfurter Allgemeinen Zeitung*, die deutsche Diplomatie müsse alles daran setzen, um zu erfahren, »ob und in welchem Grad es die Russen vielleicht doch ernst meinen«.[32] Besonders Kurt Schumacher und mit ihm die SPD empfahl, die sowjetische Position auf dem Verhandlungsweg »auszuloten«. Man müsse Stalin auf die Probe stellen, um herauszufinden, wie weit zu gehen er bereit sei, danach lasse sich immer noch entscheiden, ob man die Bedingungen akzeptieren könne oder zurückweisen müsse. Die SPD-Bundestagsfraktion verlangte, Viererverhandlungen über die Wiedervereinigung in Gang zu bringen, was Schumacher in einem Schreiben an Adenauer vom 22. April 1952 wiederholte: Es dürfe nichts unversucht bleiben, um »festzustellen, ob die Sowjetnote eine Möglichkeit bietet, die Wiedervereinigung in Frieden und Freiheit durchzuführen. Wenn sich bei den Verhandlungen herausstellen würde, daß es keine Möglichkeit gebe, dann wäre doch auf jeden Fall klargestellt, daß die Bundesrepublik keine Anstrengungen gescheut hat, um eine sich bietende Chance zur Wiedervereinigung Deutschlands und Befriedung Europas auszunützen.«[33]

Es ging den Sozialdemokraten und anderen deutschlandpolitischen Widersachern Adenauers niemals darum, die Einheit vor die Freiheit zu stellen. Vor jedem anderen Schritt hatten zuerst freie Wahlen unter internationaler Kontrolle in Deutschland zu stehen. Schumacher warf Adenauer seit 1949 vor, das »Nahziel Wiedervereinigung« aus den Augen zu verlieren; für jeden innen- und außenpolitischen Schritt müsse die Wiederherstellung von Deutschlands Einheit maßgebend sein. Die nationale Einheit bedeutete für die SPD den »Maßstab aller Dinge« und die »dringendste Aufgabe des deutschen Volkes«.[34] Fritz Erlers Anwurf an die Bundesregierung, daß »um der Sicherheit des Westens einschließlich der Bundesrepublik willen ... die deutsche Einheit geopfert« werde, brachte den Gegensatz in der politischen Prioritätenfolge auf den polemischen Punkt.[35] Die SPD zog in den 50er Jahren ihre Identität aus der Fixierung auf die deutsche Wiedervereinigung, wo sie die »wahren« Interessen des deutschen Volkes vermutete, ebenso wie sie für sich beanspruchte, in der Weimarer Republik und im Widerstand gegen das Dritten Reich die »wahren« Interessen der Nation vertreten zu haben. Der fast schon physisch empfundene Schmerz über die Spaltung Deutschlands – so sprach beispielsweise Herbert Wehner, seit 1949 Vorsitzender des Gesamtdeutschen Bundestagsausschusses, davon, daß »ein Teil unseres Volkskörpers« derzeit »zerfleischt« werde[36] – war keine Marotte, sondern entsprach dem Selbstverständnis einer Partei, die nach der kommunistischen Zwangsvereinigung von 1946 erstes Opfer der deutschen Teilung geworden war. Außerdem lagen viele der traditionellen sozialdemokratischen Wahlhochburgen im Osten, was die Überzeugung nährte, bei gesamtdeutschen Wahlen gewinnen zu können. Nach Kurt Schumachers Tod am 20. August 1952 erhielt die Forderung nach einer aktiven Deutschlandpolitik der SPD vermehrt eine neutralistische Komponente, die ihr zuvor fremd gewesen war; aber bereits in der Diskussion um die Stalin-Noten konnten erste Stimmen vernommen werden, die unter Umständen bereit waren, auch eine Neutralisierung Gesamtdeutschlands hinzunehmen.

Der Primat nationaler Wiedervereinigung, auch unter neutralistischen Vorzeichen, stand Pate bei der Gründung der »Notgemeinschaft für den Frieden Europas«, die Ende November 1952 in die neue Gesamtdeutsche Volkspartei (GVP) einmündete.[37] Ihre herausragenden Leitfiguren waren Gustav Heinemann, vormals CDU, und Helene Wessel, vormals Partei- und Fraktionsvorsitzende der Deutschen Zentrumspartei im Bundestag. Ihr erklärtes Ziel lautete, Deutschland aus dem Ost-West-Konflikt auszuklammern und die Bundesrepublik nicht unter allen Umständen in den Westen einzugliedern. Ähnliche Gedanken – mit Variationen wie einer Neutralität unter Aufsicht der Vereinten Nationen oder einer Neutralität aus humanitärem Antrieb – wurden von publizistischer Seite vorgetragen, namentlich von Richard Tüngel in der *Zeit*, von Rudolf Augstein unter dem Pseudonym Jens Daniel im *Spiegel*, von Paul Sethe in der *Frankfurter Allgemeinen Zeitung* sowie von verschiedenen Intellektuellenkreisen auch christlich-bürgerlichen Zuschnitts, etwa dem Nauheimer Kreis um den Würzburger Historiker Ulrich Noack.[38] Großen Rückhalt konnten diese Versuche in der Bevölkerung, die »Neutralisierung« als Synonym für Osthörigkeit verstand, nie erringen.

Bei den Liberalen wuchs die Opposition gegen Adenauers Deutschlandpolitik ebenfalls, und es begann die Suche nach alternativen Wiedervereinigungskonzepten. In der Denkschrift »Vertragswerk und Ostpolitik« eines bis dahin noch weitgehend unbekannten württembergischen Politikers, Karl Georg Pfleiderer, vom September 1952 wurde erstmals eine grundsätzliche Alternative zur Politik des Bundeskanzlers formuliert, und je mehr sich die FDP, namentlich Thomas Dehler, später von der CDU distanzierte, desto mehr eignete sie sich deren Grundgedanken an. Nach Pfleiderers Ansicht war das sowjetische Sicherheitsbedürfnis der Dreh- und Angelpunkt für die Frage der deutschen Wiedervereinigung und ebenso berechtigt wie das französische Sicherheitsbedürfnis, das auch Adenauer anerkannte. Daher müsse ein Kompromiß zwischen der Zugehörigkeit Deutschlands zum westlichen Verteidigungssystem und der Befriedigung der sowjetischen Sicherheitsinteressen gefunden werden. Pfleiderer schlug ein bündnisfreies Deutschland ohne fremde Truppen zwischen Rhein und Oder vor, das aber eigenständige Nationalstreitkräfte unterhalten sollte.[39]

Der Gedanke, daß es ohne die Zustimmung der Sowjetunion keine deutsche Wiedervereinigung geben werde, war die eine Seite, die andere aber war: Ohne den immer wieder erklärten Willen der Deutschen blieb sie gänzlich undenkbar. Vor diesem Hintergrund betrieb Jakob Kaiser, unterstützt von vielen Sozialdemokraten, den Aufbau einer gesamtdeutschen Sammlungsbewegung. Am 14. Juni 1954 konstituierte sich das »Kuratorium Unteilbares Deutschland« (KUD), das bis weit in die 60er Jahre hinein mit verschiedenen Massenaktionen den, wie es im Gründungsaufruf hieß, »Willen für die Wiedervereinigung im Volk stärken« wollte.[40] Adenauer selbst beäugte diese Bewegung, die lange Zeit ein Sammelbecken seiner Gegner darstellte, mit großem Mißbehagen und monierte, daß die Aktionen des KUD »zu viele Emotionen« im Volk aufwühlten.[41] Wie aufgeladen die Atmosphäre noch jahrelang blieb, zeigte sich vor allem in der Bundestagssitzung vom 23. Januar 1958, als es zu einer Generalabrechnung mit Adenauers Deutschlandpolitik kam. In einer ungemein scharfen Rede – fraglos die aufsehenerregendste seiner politischen Karriere überhaupt – griff Thomas Dehler Adenauer an, indem er ihm vorwarf, die Wiedervereinigung nicht nur nicht gewollt, sondern vielmehr alles getan zu haben, um die Wiedervereinigung zu verhindern. »Mein Bruch mit Dr. Adenauer beruht auf dieser Frage. Ich habe ihm nicht mehr geglaubt. Ich habe nicht mehr geglaubt, daß er das deutsche Ziel, die Wiedervereinigung, anstrebt.« Es habe, so Dehler, der Wille gefehlt, »das Mögliche zu tun, eine Chance zu ergreifen«. Mit seiner Politik könne Adenauer zwar Wahlen gewinnen, aber: »So verliert man das Vaterland«. Auch Gustav Heinemann, mittlerweile SPD-Abgeordneter, ließ in seiner anschließenden Rede keinen Zweifel daran, daß er Adenauer und die CDU für historisch schuldig hielt, weil sie 1952 Chancen leichtfertig verspielt hätten. Die politische Aufgabe nach dem Krieg sei eine doppelte, und sie sei viel schwerer, als die Regierung glauben machen wollte: »Nämlich das harte, das unerschütterliche Nein zum totalitären System zu verbinden mit dem Ja zur Nachbarschaft der totalitär regierten Ostvölker. Das müssen wir miteinander fertigbringen, dieses Nein und gleichzeitig dieses Ja. Ich habe dem Herrn Bundeskanzler nie und keinen Augenblick vorgeworfen, daß er mit den westlichen Nachbarn einen Ausgleich betrieb. Das war unerläßlich. Aber ich habe ihm immer vorgeworfen und tue es auch in dieser Stunde, daß er mit diesem westlichen Ausgleich neue Ostfeindschaft verbunden

hat.« Heinemann, in dessen Rede man Gedanken der späteren Neuen Ostpolitik aufblitzen sieht, schloß an die Adresse der Bundesregierung:»Wiederholen Sie bitte auch
nicht den Satz, daß die Sozialdemokratische Partei mit ihrer Politik den Untergang
Deutschlands verursachen werde. Die Bundesrepublik ist nicht Deutschland. Sie, ver-
ehrte Damen und Herren, haben Deutschland nicht wiederhergestellt; wieso sollte ein
anderer Deutschland untergehen lassen können?!«[42]

Seit dieser legendären nächtlichen Bundestagssitzung vom 23. Januar 1958 ist die
Debatte um die Stalin-Noten immer wieder einmal aufgeflammt. Sie hat sich dann ab
den 80er Jahren zu einer wissenschaftlichen Kontroverse entwickelt, die massiv von
geschichtspolitischen Dimensionen dominiert wird, steht im Zentrum doch die
Frage, ob 1952 eine Chance für die Wiedervereinigung vorschnell vertan wurde oder
ob diese Chance überhaupt nicht bestand, sondern nur eine »Legende von der verpaßten Gelegenheit« wucherte. Dabei liegen die Vertreter der »Propaganda-These«[43]
mit denjenigen der »Angebots-These«[44] im Dauerstreit. Historiker, die von einem
»Bluff« Stalins ausgehen, argumentieren, Stalin habe die Note nur als Alibi für eine
Deutschlandpolitik benutzt, in der die Teilung längst als dauerhaftes Faktum in Rechnung gestellt war. Zu keinem Zeitpunkt des Jahres 1952 habe die Sowjetunion die
Wiedervereinigung zu akzeptablen Bedingungen angeboten, vielmehr sei es in dem
grandiosen Propagandacoup darum gegangen, die Verantwortung für die Spaltung
Deutschlands den Westmächten und der Bundesregierung in die Schuhe zu schieben.
Den Gegnern des westeuropäischen Integrationskurses habe Stalin den Rücken stärken wollen, um dadurch Unruhe in das westliche Bündnis zu pflanzen. Vielleicht, so
sein Kalkül, würde es gelingen, die Westmächte und die Bundesrepublik auseinander-
zudividieren. Vorrangiges Ziel Stalins sei es gewesen, die DDR einer sozialistischen
Transformation zu unterwerfen und sie voll in den Ostblock einzubinden. So gesehen
sei die Note auch als Mittel angesehen worden, die sowjetische Kontrolle über die
DDR zu festigen und die SED-Führung mit der Drohung, man könne sie fallenlassen,
zu disziplinieren. Alles in allem wertet diese Forschungsrichtung die Stalin-Note als
einen Bestandteil sowjetischer Offensivstrategie, womit zugleich die Standfestigkeit
und die Politik der Stärke Adenauers sowie der Westmächte eine volle Bestätigung erfahren.

Die Zahl derjenigen Historiker, die von einer sensationellen, ernstgemeinten Of-
ferte der Sowjetunion ausgehen und meinen, in Moskau habe die Bereitschaft bestanden, mit dem Westen zu verhandeln und die DDR preiszugeben, ist demgegenüber geringer. Ihre Quelleninterpretation zeigt einen sowjetischen Partei- und Staatsapparat,
der sich ernsthaft bemühte, eine Verständigung über ein neutrales Deutschland zustande zu bringen. Die DDR sei »Stalins ungeliebtes Kind« gewesen, das er gerne aufzugeben bereit gewesen sei, wenn sich damit eine Westintegration der Bundesrepublik

hätte verhindern lassen. Im Kreuzfeuer der Kritik dieser Historiker steht vor allem Konrad Adenauer, dem nicht nur vorgeworfen wird, daß er 1952 seine »gesamtdeutsche Unschuld« verloren habe; vielmehr spitzen einige Wissenschaftler noch zu: Adenauers Desinteresse an der Wiedervereinigung, wie es sich 1952 dokumentiert habe, sei auf ihre politische Ablehnung hinausgelaufen. Die Wiedervereinigungsrhetorik des Kanzlers halten sie für die Integrationsideologie der Bundesrepublik Deutschland, die sich als Staat selbst genügte. Adenauers Politik wird auf den Begriff: »Westintegration statt Wiedervereinigung« gebracht.[45]

Ein Exempel realistischer Politik angesichts der sowjetischen Gefahr oder ein historisches Versäumnis der Bundesregierung? Die Antwort hängt vor allem von den unterstellten Intentionen Stalins ab. Bis heute jedoch kann man nicht mit letzter Sicherheit sagen, welches seine wirklichen deutschlandpolitischen Ziele waren; die verfügbaren Quellen geben noch keinen genauen Aufschluß, und kürzlich zugänglich gemachte Dokumente im Umfeld der Stalin-Noten lassen sich unterschiedlich interpretieren.[46] Immerhin scheint es einsichtig, daß Stalin nicht bereit war, die sich abzeichnende Westintegration der Bundesrepublik tatenlos hinzunehmen, und ihm daran lag, eine dauerhafte amerikanische Truppenpräsenz in Europa zu verhindern. War ihm dies nicht wichtiger als der Fortbestand der Ulbricht-Diktatur? Weiterhin ungeklärt müssen aber die Fragen nach seinem beabsichtigten Weg zur Wiedervereinigung und der intendierten »demokratischen« Struktur eines vereinten Deutschlands bleiben. Ob somit Adenauer 1952 den westlichen Teil Deutschlands vor dem langfristigen Zugriff der Sowjetunion rettete und so ein Sowjetdeutschland verhinderte, läßt sich nicht entscheiden. Glücklicherweise ist den Westdeutschen ein sowjetisches Experiment erspart geblieben. Aber die Ostdeutschen hatten an diesem Glück nicht teil. Deutlich wurde 1952, daß die Westpolitik einen Preis kostete, der moralisch anfechtbar war, weil ihn fast 40 Jahre lang allein die 18 Mio. Deutschen in der DDR zahlen mußten. Forschung und Politik werden sich weiterhin streiten, ob Adenauers Westintegration den Ostdeutschen die Hypothek eines Lebens in der Diktatur aufbürdete und er somit einen Teil der deutschen Schicksalsgemeinschaft im Stich gelassen hat oder ob seine Politik im Gegenteil im Westen ein Bollwerk der Freiheit schuf, welches die Wiedervereinigung unter westlichen Bedingungen 1989/90 erst ermöglichte. Doch wie dem auch sei: Stünde die Bundesrepublik vor der Geschichte nicht besser da, so fragt Peter Graf Kielmansegg zu Recht, »wenn sie sagen könnte, sie habe in den fünfziger Jahren alles versucht, um herauszufinden, ob es nicht doch noch eine Chance gebe, die bereits weit fortgeschrittene Teilungsentwicklung rückgängig zu machen?«[47]

In der Nacht vom 4. zum 5. März 1953 starb Josef Stalin. Im Kreml brachen Diadochenkämpfe aus. Große Teile der europäischen Öffentlichkeit und Regierungsvertreter erwarteten unter dem neuen starken Mann Lawrentij Berija, der die eingesetzte

Führungstroika überragte, einen Wandel der sowjetischen Deutschlandpolitik, vielleicht sogar eine allgemeine Liberalisierung in Osteuropa überhaupt. Als Winston Churchill am 11. Mai 1953 in einer Unterhausrede die baldige Einberufung einer Viermächte-Konferenz zur Lösung der deutschen Frage anregte, geriet Adenauer, der ein solches Vorgehen immer abgelehnt hatte, in arge Bedrängnis. An der Einschätzung der Person Berijas bis zu dessen Absetzung, Verhaftung und schließlichen Hinrichtung scheiden sich bis heute die Geister, weil unklar bleibt, ob eine fundamentale Revision der bisherigen sowjetischen Politik auf der Tagesordnung stand. Bot sich in den Monaten zwischen Stalins Tod und dem Aufstand des 17. Juni 1953 in der DDR die letzte Chance zur Lösung der deutschen Frage bis zur Wiedervereinigung 1989/90?[48] Nach der Niederschlagung des Aufstands vom 17. Juni 1953 durch sowjetische Panzer gab es eine solche Chance nicht mehr. Die östliche Vormacht dokumentierte vor der ganzen Welt, daß sie bereit war, die SED auch gegen den Willen des ostdeutschen Volkes zu stützen und die DDR am Leben zu erhalten.

Abb. 18: *Volksaufstand in der DDR: Der 17. Juni 1953 war die bis dahin größte politische Krise im kommunistischen Machtbereich. Sowjetische Panzer inmitten der Menschenmenge auf der Leipziger Straße. Viele Fotos vom 17. Juni zeigen fröhliche, hoffnungsvolle Gesichter der Demonstrierenden – so auch dieses. Nach der gewaltsamen Niederschlagung des Aufstandes setzte in der DDR eine Zeit der Repressionen ein.*

Wie ein Lauffeuer verbreitete sich um die Mittagszeit des 17. Juni 1953 die Nachricht, daß der Ausnahmezustand über Ost-Berlin verhängt worden sei. Seit 13 Uhr herrschte Kriegsrecht. Generalmajor Dibrowa, Militärkommandant des sowjetischen Sektors von Berlin, hatte den Befehl verlesen; immer und immer wieder wurde die Nachricht über den Rundfunk verbreitet. Die Ausdehnung des Kriegsrechts auf den weitaus größten Teil der DDR erfolgte im Abstand von wenigen Stunden. Berlin war das Epizentrum des Aufstands. Hier gab es die Initialzündung, die jedoch schnell viele weitere große Städte in der DDR und selbst die ländlichen Gebiete erfaßte. Sowjetische Truppen marschierten im Ostteil des noch nicht abgeriegelten und geteilten Berlin auf, bis zum Abend waren bereits 20 000 Soldaten der Roten Armee im Einsatz, 15 000 Angehörige der ostdeutschen Kasernierten Volkspolizei (KVP) unterstützten sie.

Für die Deutschen legendäre, weil Angst und Schrecken verbreitende sowjetische T 34-Panzer preschten durch die Leipziger Straße und riegelten den Potsdamer Platz ab; fast an jeder Ecke wichtiger Straßenzüge tauchten Panzer auf. Überall Menschenansammlungen, Massenaufläufe, Demonstrationszüge. Demonstranten forderten den Rücktritt der SED-Regierung: »Spitzbart, Bauch und Brille sind nicht Volkes Wille«, skandierten sie – Spitzbart, das war Walter Ulbricht, Bauch Wilhelm Pieck, Brille Otto Grotewohl, die drei ungeliebten Führer der DDR. »Es hat keinen Zweck, der Spitzbart muß weg!« lautete eine andere Parole; oft hörte man »Nieder mit den Normen«, gelegentlich auch »Russen raus!«, häufig »Freiheit für politische Gefangene« und vor allem »Freie Wahlen« und »Wiedervereinigung«.

Wehrlose deutsche Demonstranten stellten sich vor die Panzer, brüllten die Soldaten an, schwangen die Fäuste, kletterten auf die Panzer hinauf, rissen Antennen ab, steckten Holzbalken in die Geschützrohre, warfen Eisenträger zwischen die Ketten der Panzer, schleuderten Pflastersteine gegen herannahende Militärfahrzeuge. Aus einigen Panzern wurde geschossen, auch in abgelegenen Straßenzügen peitschten Gewehrsalven und ratterten Maschinengewehre.

Die Sowjets sicherten das Regierungsviertel, in dem die SED-Funktionäre erschrocken zusammensaßen und ob des Undanks mit ihrem Volk haderten, niemand sollte hier lebend durchkommen, um die Regierung zu bedrohen. Die Sowjets erwiesen sich als Schutzmacht – allerdings allein gegenüber der SED-Führung, die man, koste es, was es wolle, retten und am Leben erhalten wollte, gegen den Willen des Volkes. Die SED-Machtelite – nicht wenige von ihnen sollten als alte Männer den Untergang ihres Staates 1989 noch erleben – erholte sich nie mehr von diesem Trauma. Bis zum Schluß steckte das »Juni-Syndrom« der Partei- und Staatsführung in den Knochen. Sie wußte: Ihre Herrschaft konnte nicht auf mehrheitliche Unterstützung der Bevölkerung zählen. Eine weitere Lektion lautete: Die Sowjets garantierten die SED-Herrschaft, notfalls sogar mit Waffengewalt, die Auflehnung des Volkes war zwecklos.

Doch Zweifel schlichen sich in diesen Triumph ein: Würde das immer so bleiben, war auf die Russen auch in Zukunft Verlaß?

Die paranoide Angst vor einem zweiten Aufstand verschwand nie wieder aus den Köpfen der SED-Führung. 1953 – welch ein Menetekel, vier Jahre nach der Staatsgründung des angeblich »besseren«, weil aus der Vergangenheit die richtigen Lehren ziehenden, Deutschland, des ersten »Arbeiter- und Bauernstaates« auf deutschem Boden: Berliner Arbeiter stiegen auf das Brandenburger Tor, rissen die rote Fahne herab und ersetzten sie durch die schwarzrotgoldene Deutschlandfahne.

Umgekehrt zeigten sich aber auch aufgesetztes Pathos und publicitywirksame Sakralisierung der Ereignisse vom Westen her: Viele Bonner Bundestagsabgeordnete versuchten mit eingesetzten amerikanischen Dakota-Sondermaschinen nach Berlin zu fliegen, um am Tatort des großen, so unerwartet und eruptiv hereingebrochenen Geschehens zu sein. Nicht alle bekamen Plätze in den Flugzeugen; Gerd Bucerius, CDU-Bundestagsabgeordneter, hatte Glück und schaffte es. Er kam bald darauf triumphierend mit einem Stück eben jenes Fahnentuches nach Bonn zurück, das die Aufständischen vom Tor heruntergerissen hatten, und präsentierte es seinen neidischen Kollegen wie einen Skalp. Ein britischer Beobachter kommentierte sarkastisch: »Bald werden so viele Fetzen von der heruntergeholten Fahne gezeigt werden wie Holzsplitter vom Kreuze Christi. Wenn man sie alle zusammennähen würde, hätte man ein so großes Laken, daß man das ganze Bundeshaus darin einwickeln könnte.«[49]

Während Westdeutsche in Berlin Devotionalien sammelten, waren im Osten der Stadt Tote zu beklagen. Geschützdonner hallte über die Stadt, Straßen- und Häuserkämpfe schienen sich abzuspielen. Und nachts: unheimlich biwakierende Rotarmisten, deren Lagerfeuer noch jeder von West-Berlin aus sehen konnte. Erstmals seit 1945 war die Rote Armee in Europa außerhalb des eigenen Landes mit dem Ernstfall konfrontiert. Der Krieg in Korea, der seit Mitte 1950 drei Jahre lang gewütet hatte und in den die beiden Supermächte bis an den Rand eines Atomkrieges verwickelt waren, stand kurz vor dem Ende. Sprang jetzt der Funke von Asien auf Europa über? Viele hatten das seit Jahren befürchtet, manche gar von einem möglichen dritten Weltkrieg gesprochen. Begann jetzt in der Frontstadt des Kalten Krieges, in Berlin, ein heißer Krieg? War hier nicht bereits ein Krieg im Gange?

Metall, die Zeitung der westdeutschen Gewerkschaft IG-Metall, titelte in der Art einer Kriegsberichterstattung: »Das Volk steht auf!« Brach nun auch, wie man leicht im Kopf ergänzen konnte, der »Sturm los«? Furcht flößten auch die unablässig gesendeten Radioberichte ein, besonders diejenigen des RIAS, des »Rundfunks im amerikanischen Sektor« in Berlin, der die Stimme der freien Welt war und polarisierte: Befand sich Ostdeutschland, die »Zone« wie man das Gebiet nannte, in Aufruhr gegen die russische Fremdherrschaft? Lagen nicht Vergleiche nahe zu den antinapoleonischen

Befreiungskriegen vor 140 Jahren? Ein Volk, das die Knechtschaft abschüttelte und zu einem nationalen Urerlebnis fand, zu einer patriotischen Aufwallung gegen die Usurpatoren, und das von Berlin aus, dem Mittelpunkt und der Hauptstadt Deutschlands? War dies alles ein, in der Diktion des damals vielgelesenen Philosophen José Ortega y Gassets, *Aufstand der Massen*, eine antikommunistische, eine antitotalitäre Erhebung? Drohte angesichts einer solchen Massenbewegung die politische Vernunft unter die Räder zu kommen? Aber was überhaupt war politisch vernünftig? Worum handelte es sich bei diesem Aufstand vom 17. Juni 1953 in Ostberlin und in der DDR überhaupt?

Der Aufstand – das wissen wir heute durch zahlreiche Forschungen sehr genau[50] – war keineswegs auf wenige Tage beschränkt, sondern zeichnete sich bereits im Herbst 1952 ab, und seine Nachwehen reichten bis in den Herbst 1953 hinein. Ein ganzes Ursachenbündel lag den Unruhen zugrunde: Die zweite Parteikonferenz der SED hatte am 12. Juli 1952 den »planmäßigen Aufbau des Sozialismus« beschlossen – das bedeutete Einführung des stalinistischen Systems, Forcierung der politischen Gleichschaltungsprozesse, Auflösung der alten Länder, Ausbau eines Überwachungs- und Unterdrückungsapparates, Zwangskollektivierung in der Landwirtschaft, politischer Druck und Kirchenkampf, eine politische Strafjustiz, genauer: Justizwillkür als Hebel der sozialen Umwälzungen. Auf Kosten der Konsumgüterindustrie stampfte die SED eine Stahlindustrie aus dem Boden, und der geheimen Militarisierung seit 1949 folgte eine Phase offener Aufrüstung. Die Versorgungslage der Bevölkerung verschlechterte sich von Tag zu Tag, die Steuerschraube wurde angezogen, wodurch sich Lebenslagen zusätzlich erschwerten. Bestehende Verbindungen zu Westdeutschland wurden, wo es nur ging, gekappt. Bereits im Sommer 1952 war die Zonengrenze zur DDR-Staatsgrenze erklärt worden, mehr als 8000 Grenzbewohner hatte man aus dem Sperrgebiet zwangsweise und unter entwürdigenden Bedingungen ins Landesinnere umgesiedelt. Der Deckname hierfür hatte gelautet: »Aktion Ungeziefer«.

Die SED drohte den Bogen zu überspannen. Bereits im Spätherbst 1952 kam es zu ersten Streiks in mehreren Betrieben. Ein untrügliches Indiz dafür, daß es gärte, waren die Flüchtlingszahlen: Im Winter 1952/53 flohen Monat für Monat über 20 000 Menschen aus der DDR, im März 1953 waren es bereits 58 000; insgesamt sollten während des Jahres 1953 fast 332 000 Menschen die DDR verlassen – 60 000 mehr, als Magdeburg Einwohner zählte – so viel wie nie zuvor und niemals mehr danach.

Zur Explosion kam es aber erst nach einem abrupten und inkonsequenten Kurswechsel. Nach dem Tod Stalins wurde von Moskau aus ein »Neuer Kurs« ausgerufen. Mit einem Mal waren die eifrigsten Stalinisten des Ostblocks, die SED-Genossen, allein, ohne Vaterfigur; auch im Politbüro erhob eine Opposition ihr Haupt. Die Führungsriege gestand im *Neuen Deutschland* eine Reihe von Fehlern ein, und diejenigen, die zuvor den »alten« Kurs durchgepeitscht hatten, verkündeten nun einen »neuen

Kurs«, machten der Bevölkerung einige Zugeständnisse, erwiesen sich aber gegenüber der Arbeiterschaft als hart: Die Erhöhung der Arbeitsnormen um 10 % blieb bestehen, das bedeutete nichts anderes als verordnete Lohnkürzungen.

Dies war der Anlaß für den Streik mehrerer hundert Bauarbeiter an der Stalin-Allee in Ostberlin am 16. Juni 1953, dem Prestige-Objekt der SED. Sie forderten eine Herabsetzung der Normen. 2000 Mann zogen vor das Haus des FDGB-Vorsitzenden. Es war verschlossen, und so strömten immer mehr Demonstranten in Richtung Haus der Ministerien in der Leipziger Straße weiter. Da waren es bereits 10 000. Schlagartig breitete sich der Protest aus. Ab 6 Uhr des 17. Juni war die Streikwelle erneut angewachsen; vor dem Haus der Ministerien versammelten sich nun 100 000 Menschen, darunter auch 6000 Stahlarbeiter zweier Großbetriebe aus Hennigsdorf, die durch den französischen Sektor der Stadt marschiert waren.

Streiks, Kundgebungen und Demonstrationen gab es auch andernorts: in Magdeburg, Halle, Bitterfeld, Leipzig, Görlitz vor allem, aber eigentlich in allen größeren Städten. Mindestens 450 Städte und Ortschaften waren betroffen, neuere Zahlen gehen sogar von über 560 aus, bis zu 1 Mio. Menschen haben sich an den Unruhen, die in ihrem Verlauf immer stärker politisch motiviert waren, beteiligt. Mindestens 51 Demonstranten und drei SED-Funktionäre kamen ums Leben; 400 Demonstranten und 368 Polizisten wurden verletzt. Im Anschluß an den Aufstand erfolgte der letzte massive Einsatz der sowjetischen Militärjustiz gegen DDR-Bürger: 18 Todesurteile – standrechtliche Erschießungen – wurden vollstreckt, auch mindestens 20 sowjetische Soldaten ließen Offiziere der Roten Armee wegen Befehlsverweigerung hinrichten. Im Juni und Juli füllten sich die DDR-Gefängnisse mit 13 000 Personen, zahlreiche Ermittlungsverfahren wurden eingeleitet, die zwei Todesurteile und über 1500 zum Teil langjährige Zuchthausstrafen nach sich zogen. Die Aufständischen denunzierte die SED als Brandstifter, Faschisten und »konterrevolutionäre Elemente«. Eine Million »konterrevolutionäre Elemente« – wußte die SED, was für eine Farce sie hier aufführte?

Mißhandlungen und Lynchjustiz seitens der Demonstrierenden, unter denen der Frauenanteil hoch war, blieben eine Randerscheinung. Eine zentrale Steuerung des Aufstandes hat es nicht gegeben, auch keine Führungspersönlichkeiten. Der Aufstand begann, soviel läßt sich zur sozialen Trägerschaft sagen, in der Arbeiterschaft, die das Zentrum des Protestes bildete, fand aber rasch Zulauf von allen sozialen Schichten, besonders von der Landbevölkerung: Die Erhebung wuchs sich zu einer Volkserhebung, zu einem Volksaufstand aus. Auffällig war die Abstinenz einer Schicht oder Berufsgruppe: Intellektuelle und die akademische Intelligenz fehlten, an den Universitäten blieb es ruhig – Folge einer Systemloyalität, weil die SED-Politik die Intelligenz vielfältig privilegierte.

Ungläubig rieben sich ausländische Journalisten am 17. Juni 1953 die Augen: Die obrigkeitshörigen Deutschen, der deutsche Michel mit der Schlafmütze im Aufruhr gegen ein unrechtmäßiges Regime, hier im Land, wo noch nie eine Revolution erfolgreich war, hier im Land, wo der Widerstand gegen den totalitären Nationalsozialismus sich auf kleine Gruppen beschränkt hatte? Viele konnten, manche wollten es nicht glauben. Der Chefredakteur von *Associated Press*, Augenzeuge in Berlin, hielt das Ganze lange Zeit für ein von den kommunistischen Machthabern inszeniertes Schauspiel, das dazu bestimmt sei, den westlichen Zuschauern zu zeigen, daß der Arbeiter in der DDR nicht nur ein Streikrecht besitze, sondern auch der Regierung die Meinung sagen dürfe. Einige hielten so energisch an ihren alten Vorurteilen fest, daß sie von einer dem Reichtagsbrand von 1933 vergleichbaren »Provokation« sprachen. Doch solcher Unsinn war rasch verflogen, und dann dominierten Respekt und Ehrfurcht. Der 17. Juni habe die durch den Nationalsozialismus beschädigte »nationale Würde« Deutschlands wiederhergestellt, hieß es; endlich habe ein Kampf gegen Willkür und Unmenschlichkeit stattgefunden, den andere Nationen schon lange vor den Deutschen geführt hatten. BBC London kommentierte: Mit diesem 17. Juni nehme Deutschland im Denken der anderen Völker wieder einen ehrenwerten Platz ein. »Deutschland ist in den Kreis der westlichen Völkerfamilie heimgekehrt. ... Deutschland und der Westen sind an diesem Tage zum ersten Mal seit 150 Jahren nicht Gegner gewesen, sondern Verbündete.«

Ob in England, der Schweiz, in den Benelux-Ländern oder den Vereinigten Staaten: Überall pries man den Ausdruck demokratischer Gesinnung der Deutschen, die in dieser revolutionären Erhebung zum Ausdruck kam. Besonders die Franzosen zeigten sich mit den Freiheitskämpfern des 17. Juni 1953 solidarisch, sammelten Geld für die Witwen der Erschossenen und zogen den Hut vor den Ostdeutschen: »Die Arbeiter von Ostberlin haben Deutschland seine Würde wiedergegeben« – das war der Tenor, abgesehen von den mächtigen französischen Kommunisten, versteht sich. Die philosophischen Weihen und die Überhöhung von einem nationalen zu einem internationalen, weltumspannenden Akt folgten auf dem Fuß: Dichter-Philosoph Albert Camus teilte auf einer Pariser Großkundgebung von Gewerkschaften und Sozialisten mit, er sehe viele Thesen seines bekannten Werkes *Der Mensch in der Revolte* durch die ostdeutschen Ereignisse aus der Theorie in die Praxis der Aktion übersetzt. Und als der schwedische Ministerpräsident Tage Erlander Anfang Juli in Stockholm den Kongreß der Sozialistischen Internationalen eröffnete, sprach er von einem »besseren Deutschland«, das sich in den aufständischen Menschen Ostberlins und der DDR gezeigt habe.[51]

»Die Flammenzeichen rauchen« überschrieb Marion Gräfin Dönhoff ihren Leitartikel in der Wochenzeitung *Die Zeit* vom 25. Juni 1953: »Als die Pariser am 14. Juli 1789 die Bastille stürmten, wobei sie 98 Tote zu beklagen hatten und 7 Gefangene befreiten, ahnten sie nicht, daß dieser Tag zum Symbol für die französische Revolution werden würde. Er wurde es, obgleich alle wesentlichen Ereignisse: die Erklärung der Menschenrechte, die Ausarbeitung der neuen Verfassung, die Abschaffung der Monarchie zum Teil erst Jahre später erfolgten. – Der 17. Juni 1953 wird einst und vielleicht nicht nur in die deutsche Geschichte eingehen als ein großer, ein symbolischer Tag. Er sollte bei uns jetzt schon zum Nationaltag des wiedervereinigten Deutschland proklamiert werden. Denn an diesem 17. Juni hat sich etwas vollzogen, was wir alle für unmöglich hielten. … Hatten wir nicht längst resigniert vor der Macht des totalitären Apparates, gegen den jede Auflehnung zwecklos sei? Hatten nicht viele jene Jugend für verloren angesehen, die im totalen Staat Hitlers geboren und im totalen Staat der SED herangewachsen war? Und nun? Nun kam der 17. Juni … Als Demonstration begann's und ist eine Revolution geworden! Die erste wirkliche deutsche Revolution, ausgetragen von Arbeitern, die sich gegen das kommunistische Arbeiterparadies empörten, die unbewaffnet, mit bloßen Händen, der Volkspolizei und der Roten Armee gegenüberstanden und die jetzt den sowjetischen Funktionären ausgeliefert sind. Straße für Straße und Haus für Haus wird jetzt durchsucht nach Provokateuren und Personen, die sich nicht dort aufhalten, wo sie gemeldet sind. … Es ist Blut geflossen – vielleicht sehr viel Blut. Der Ausnahmezustand wurde verhängt, und dort, wo bisher die kommunistischen Bürgermeister herrschten, regieren wieder wie 1945 die Rotarmisten. … Also eine Revolution, die zu nichts geführt hat?« Nein, so sei es nicht, schloß Dönhoff. Diese Revolution habe im Gegenteil ein sehr wichtiges Ergebnis gehabt. Der ganzen Welt sei offenbar geworden, auf wie schwachen Füßen die Macht des Kreml und seiner Werkzeuge in Ostdeutschland und vermutlich in allen Volksdemokratien stehe. Auf den Titelseiten fast aller bundesdeutschen Zeitungen gab es in den Tagen nach dem Aufstand schwarz umrandete und mit »In Tyrannos« überschriebene Todesanzeigen derer, die beim Aufstand in Berlin starben und die für alle diejenigen stehen sollten, die in diesen Tagen zwischen Elbe und Oder ihr Leben ließen und deren Namen nirgends verzeichnet waren.

Im Westen war man sich einig: Die Deutschen in der DDR hatten eine Revolution gemacht, wie sie unserer Geschichte bisher fremd war. Es war eine Revolution gegen den Terror und die Ausbeutung durch die kommunistischen Handlanger der sowjetischen Besatzungsmacht, es war aber auch eine Revolution für die Vereinigung Deutschlands. Drohende Panzer, Rotarmisten und Volkspolizeiabteilungen hatten das Volk nicht hindern können, zum ersten Mal, aber dafür um so machtvoller, seinen Willen zu demonstrieren, die kommunistischen Fesseln abzuschütteln. Der Marsch der Demonstranten durch das Brandenburger Tor, wo sie mit schwarzrotgoldenen Fahnen über die Sektorengrenze nach West-Berlin zogen, symbolisierte den Wunsch nach der Wiedervereinigung. Daran gab es 1953 nicht den leisesten Zweifel.

Der 17. Juni 1953 bedeutete nicht nur eines der wichtigsten Ereignisse der politischen und der Erfahrungsgeschichte der DDR bzw. der Ostdeutschen, sondern auch seine Aus- und Rückwirkungen auf die Bundesrepublik waren gewaltig. In Westdeutschland wurde eine emotionale Verbundenheit mit den aufständischen Ostdeutschen sichtbar, wie man sie seit Kriegsende nicht mehr gekannt hatte. Pausenlos berichteten alle Medien über die Entwicklungen in der DDR. Angesichts einer kollektiven nationalen Aufwallung war es nur folgerichtig, daß der Deutsche Bundestag sich wenige Tage nach der dramatischen Erhebung in Ost-Berlin und in zahlreichen anderen Städten der DDR auf die Schaffung eines »Tags der Deutschen Einheit« verständigte, als »Symbol der deutschen Einheit in Freiheit«, wie es in der Präambel des Gesetzes hieß; nur die kommunistische Gruppe im Bundestag lehnte das Gesetz ab.[52]

Die am 6. September 1953 stattfindenden Bundestagswahlen standen noch ganz unter dem Eindruck des Schocks über das russische Eingreifen in der DDR. Wahlplakate, die Rotarmisten vor dem Kölner Dom zeigten, führten auch dem letzten Zweifler vor Augen, worum es ging: westdeutsche Lehren aus dem 17. Juni zu ziehen. Niemandem gelang dies besser als Adenauer, der das Jahr 1953 zum Epochenjahr der neueren Geschichte, zu »Schicksalstagen der christlich-abendländischen Kultur« beförderte.[53] Drei Tage vor der Wahl kam außerdem eine handfeste Wahlkampfhilfe aus den Vereinigten Staaten: US-Außenminister John Foster Dulles sprach öffentlich davon, daß eine Niederlage Konrad Adenauers und seiner Union katastrophale Folgen für Deutschland und die Sache der Freiheit haben würde. Doch diesen direkten Zusammenhang hatte Adenauer ohnehin bereits deutlich gemacht, denn er konnte vor dem Hintergrund des 17. Juni eine klare Entscheidungssituation definieren: Bewahrung und Weiterentwicklung der freiheitlich-demokratischen Ordnung an der Seite der Europäer und vor allem der Amerikaner als Königsweg eines neuen, aus der Geschichte die richtigen Lehren ziehenden Deutschland oder ein Eingehen auf die Neutralitäts- und Sicherheitsofferten einer Sowjetunion, die gerade gezeigt hatte, was von ihren Beteuerungen zu halten war. Im Schutz des 17. Juni 1953 trieb Adenauer die Westintegration voran. Antikommunistisch unterfüttert erlangte die Politik der Stärke und der Westintegration Volkstümlichkeit, flankiert von kompensatorischen nationalen Beschwörungsformeln, die den anti-nationalen Westkurs abfederten. Für Adenauer waren es glückliche Umstände, daß er – anders als in der Weimarer Republik – es nicht mit einer antidemokratischen nationalen Opposition von rechts zu tun hatte. Vielmehr hatten nun die Sozialdemokraten den nationalen Part übernommen und profilierten sich als Partei der deutschen Einheit: dies war eine zugleich demokratische, antikommunistische und nationale Opposition von links. In einer anderen politischen Konstellation wäre die Westintegration vor dem Wähler wohl nicht durchsetzbar gewesen. »So gesehen war die nationale Rolle der Sozialdemokratie geradezu eine

Bedingung der Möglichkeit der übernationalen Politik Adenauers: eine Dialektik, derer sich die Akteure wohl kaum voll bewußt waren.«[54]

Das Jahr 1953 markierte einen wichtigen Einschnitt in der Geschichte der Bundesrepublik. Die Wahlen vom September, die unter dem Eindruck der Juni-Ereignisse standen und der CDU 45,2 % der Stimmen und über die Hälfte der Mandate brachten, konsolidierten die bürgerliche Republik. Die SPD mußte sogar noch leichte Einbußen hinnehmen und sah sich mit 28,8 % im 30-Prozent-Turm gefangen, die Liberalen verloren fast 2,5 % und kamen auf 9,5 %; der Gesamtdeutsche Block/BHE etablierte sich nicht als große Protestpartei, sondern erreichte lediglich 5,9 %; die DP konnte 3,3 % verbuchen; die KPD war mit 2,2 % zur Splitterpartei herabgesunken. Und Gustav Heinemanns Gesamtdeutsche Volkspartei erlebte ein wahres Desaster: Gerade einmal 1,2 % der westdeutschen Wähler votierten für die Partei, die der Regierung Adenauer am konsequentesten ein alternatives Deutschlandkonzept gegenübergestellt hatte, welches ein neutrales Deutschland aus dem Ost-West-Konflikt ausklammern wollte.

Dem Ausgang dieser zweiten Bundestagswahl kam noch größere Bedeutung zu als demjenigen der Wahl vom August 1949, denn jetzt war vom Volk auch über die Annahme des deutschlandpolitischen Rohbaus entschieden worden: Sollte die Bundesrepublik auf die DDR-Bevölkerung und auf Gesamtdeutschland Rücksicht nehmen oder der Einbindung des westdeutschen Teilstaates in das westliche Bündnis den Vorzug geben? War die Mehrheit der Bundesdeutschen bereit, eine supranationale Politik mitzutragen? Bestand die Bereitschaft, das Staatswesen der Bundesrepublik weiter auszubauen? Die Antwort auf diese Fragen war deutlich ausgefallen. Mit einem antikommunistischen Grundkonsens, der den nationalen ablöste, wurde die Bundesrepublik befestigt und so bereits 1953 ein Stück weit vom Provisoriumsvorbehalt weggeführt. Die Angst vor dem Osten beförderte eine Begeisterung für den Westen noch zusätzlich.

Vollendung der Westintegration

Nachdem die EVG im August 1954 am französischen Parlamentsveto zerschellt war, kam es innerhalb kürzester Zeit auf Drängen der Amerikaner und Briten zu einer neuen, viel weniger supranationalen Lösung, die sich für die Bundesrepublik als günstiger erweisen sollte als alles, was zuvor auf dem Verhandlungstisch gelegen hatte. Bedeutete das Drama der EVG einen herben Verlust für den europäischen Einigungsprozeß, so stärkte es umgekehrt die Bundesrepublik als eigenes Staatswesen. Auf der Londoner Neun-Mächte-Konferenz vom 28. September bis zum 3. Oktober – an ihr nahmen die drei Westmächte, die Benelux-Staaten, Kanada, Italien und die Bundesrepublik teil – wurde ein Komplex von Vereinbarungen ausgearbeitet, der in den unmittelbar darauffolgenden vier Pariser Konferenzen vom 19. bis zum 23. Oktober zu mehreren, miteinander verbundenen Vertragswerken führte: Im Deutschlandvertrag wurde das Besatzungsregime über die Bundesrepublik aufgehoben; abgesehen von einigen wichtigen Vorbehalten hinsichtlich der Notstandsrechte, Berlins und Deutschlands als Ganzem erhielt sie ihre Souveränität. Die militärische Integration der Bundesrepublik erfolgte auf zwei Ebenen. Einerseits luden die 14 Partnerstaaten des Nordatlantikpakts sie zum Beitritt in das atlantische Bündnissystem mit einem eigenen Verteidigungsbeitrag ein; andererseits wurde die Bundesrepublik zugleich in die neugegründete Westeuropäische Union (WEU) integriert, die aus dem Brüsseler Pakt vom März 1948 hervorgegangen war und nun eine neue Funktion erhielt: die Deutschen zu kontrollieren.[55] Ein spezielles Kontrollamt der WEU überwachte die westdeutschen Rüstungsbeschränkungen; auf die Produktion von atomaren, chemischen und biologischen Waffen mußte die Bundesrepublik verzichten. Schließlich, auch dies war ein Bestandteil der Pariser Verträge, unterzeichneten auf bilateraler Ebene Konrad Adenauer und der französische Ministerpräsident Pierre Mendès-France das Saarstatut, das ein politisch zwar autonomes und europäisiertes, jedoch mit Frankreich durch eine Währungs- und Zollunion wirtschaftlich verbundenes Saarland vorsah. Drei Monate nach dem Inkrafttreten, so war es vorgesehen, sollte die saarländische Bevölkerung über das Statut abstimmen – und sich zur allgemeinen Überraschung ganz anders entscheiden als man vermutet hatte (dazu unten). Insgesamt bedeuteten die Pariser Verträge, die am 5. Mai 1955 in Kraft traten, zwar nicht rechtlich, aber doch faktisch einen Friedensvertrag der Siegermächte des Westens mit dem westlichen Deutschland. Binnen Zehnjahresfrist war die Bundesrepublik zudem von einem Besiegten zu einem Bündnispartner geworden, ja mehr noch, sie sollte im Rahmen der NATO zum wichtigsten Verbündeten der USA in Europa aufsteigen. Und infolge der sich parallel vollziehenden Einbindung der DDR in den Warschauer Pakt verfestigte sich die Blockbildung, genauer: sie kam zu einem Abschluß.

Daß die deutsche Teilung mit den Pariser Verträgen ratifiziert werde, warf eine im wesentlichen von der SPD, den Gewerkschaften und einem Teil des protestantischen Bürgertums getragene außerparlamentarische Protestbewegung der Adenauer-Regierung mit aller ihr zur Verfügung stehenden Macht vor. Einen Monat, bevor der Bundestag dem Vertragswerk zustimmte, verabschiedete diese Bewegung am 29. Januar 1955 in der Frankfurter Paulskirche unter dem Motto »Rettet Einheit, Freiheit, Frieden. Gegen Kommunismus und Nationalismus« ein »Deutsches Manifest«, in dem Erich Ollenhauer, der DGB-Vorsitzende Walter Freitag und weitere prominente Persönlichkeiten wie der Göttinger Theologieprofessor Helmut Gollwitzer und der Heidelberger Soziologieprofessor Alfred Weber Viermächte-Verhandlungen über eine Wiedervereinigung gegenüber der Westbindung und einem Verteidigungsbeitrag als vorrangig erklärten. Die Paulskirchenbewegung forderte in einer Unterschriften-sammlung eine Volksabstimmung über die Pariser Verträge; Adenauer fürchtete einen Generalstreik der Gewerkschaften. Die Protestwelle stieg an, weil sie sich mit der »Ohne-mich«-Stimmung der Wehrbeitrags-Gegner verband, die nicht zuletzt von einem Teil des protestantischen Bürgertums mitgetragen wurde, deren wichtigster Sprecher Martin Niemöller war. Er, einer der führenden Vertreter der Bekennenden Kirche und zwischen 1937 und 1945 in verschiedenen Konzentrationslagern inhaf-tiert, amtierte nach dem Ende des Dritten Reiches als evangelischer Kirchenpräsident von Hessen und Nassau. Sein Pazifismus speiste sich – wie bei diesem Flügel des west-deutschen Protestantismus überhaupt – aus theologischen, historischen und deutsch-landpolitischen Motiven. Bereits wenige Monate nach der Gründung der Bundesrepu-blik hatte er der *New York Herald Tribune* im Dezember 1949 ein Interview gegeben, das aufgrund seiner antikatholischen und antiwestlichen Inhalte einen wahren Pro-teststurm in Westdeutschland ausgelöst hatte. Niemöllers Behauptungen hatten in den Sätzen gegipfelt: »Die derzeitige westdeutsche Regierung … ward empfangen im Vatikan und geboren in Washington. Die Fortdauer des westdeutschen Staates bedeu-tet den Tod des kontinentalen Protestantismus.«[56] Von katholischer Seite wurde dem renommierten Kirchenvertreter daraufhin ein »theologischer Nationalismus« vorge-worfen. Doch so anfechtbar seine Äußerungen auch waren, sie machen deutlich, daß sich Teile des Protestantismus als eigentliche Verlierer des Weltkriegs betrachteten: In Westdeutschland saß eine weithin katholisch dominierte Regierung im Amt, Ost-deutschland, das ehemalige protestantische Kerngebiet, befand sich im Griff der athe-istischen SED, und die verlorenen Ostgebiete waren nun polnisch und katholisch. Würde es zu einer militärischen Westintegration der Bundesrepublik kommen, so schien dieser Zustand in der Zukunft kaum mehr revidierbar und eine Wiedervereini-gung in weite Ferne gerückt.

Daß der Protest dennoch rasch abebbte, hatte mehrere Ursachen. In der SPD hatte es von Beginn an Zweifel an einer solchen außerparlamentarischen Aktion gegeben, die sich bis an den Rand der antiplebiszitären Bonner Verfassung vorwagte, und die Gewerkschaften wollten letztlich die Prosperität der Bundesrepublik nicht wegen au-ßenpolitischer Entscheidungen aufs Spiel setzen. Die kirchenfeindliche Haltung noch weiter Teile der Sozialdemokratie errichtete überdies Barrieren gegen eine gemein-same Front mit dem protestantischen Bürgertum, und der CDU gelang es, im Anti-Niemöller-Lager des westdeutschen Protestantismus Fuß zu fassen. Schließlich zeigte sich auch, wie schwach die organisatorische Basis der »Ohne-mich«-Bewegung blieb: Abgesehen von einigen großen Demonstrationen, etwa in München, wo 20 000 Men-schen auf die Straße gingen, reagierte die breite Masse der Bürgerinnen und Bürger eher gelangweilt auf die Aktionen der Partei- und Verbandsführer sowie der wortführenden Professoren und Pastoren. Einmal mehr zeigte sich hieran, daß die Westbindung dem Interesse der überwältigenden Mehrheit der bundesdeutschen Bevölkerung entsprach. Im Bundestag selbst fanden die Pariser Verträge eine hohe Mehrheit von 324 zu 151 Stimmen.

Die Gründung der Bundeswehr war eine in jeder Hinsicht gewaltige Aufgabe, galt es doch, nach innen zum ersten Mal in der deutschen Geschichte eine in der Demokratie festverankerte Armee zu schaffen. Nach außen entstand die Bundeswehr nicht als unabhängige nationale Streitmacht, sondern als eine Bündnisarmee, die zur Verteidigungsleistung der westlichen Allianz beitrug und beiträgt, ohne die wiederum weder Abschreckung noch Verteidigung gewährleistet waren und sind. Am Ende des Aufstellungsjahrgangs 1956 war die Bundeswehr 66 000 Mann stark, bis 1963 nahm sie danach Jahr für Jahr um rund 50 000 Mann zu.[57] Der erste Verteidigungsminister, Theodor Blank, nach den Jahren der Vorbereitung, in denen er sich einer Militärreform verschrieben hatte, zermürbt, gab bereits binnen 15 Monaten Amtszeit wieder auf. Er resignierte angesichts der »Aufbaukrise«[58] der Bundeswehr im Sommer und Herbst 1956. Sein Nachfolger wurde am 27. September der agile Franz Josef Strauß (CSU), dem der Bundeskanzler wenige Wochen zuvor noch entgegengehalten hatte: »Nehmen sie zur Kenntnis: Solange ich Kanzler bin, werden Sie nie Verteidigungsminister!«[59]

Der innere Aufbau der Bundeswehr fand trotz zahlreicher einzelner Konflikte in eigentümlichen überparteilichen Koalitionen statt. Deren wichtigste parlamentarische Vertreter, Richard Jaeger von der CDU und Fritz Erler von der SPD, verbanden die Wehrgesetzgebung der Jahre 1954 bis 1957 mit einer epochalen Militärreform. Oberstes Prinzip war die zivile Kontrolle sowohl in der Regelung der Befehls- und Kommandogewalt – im Frieden liegt sie beim Verteidigungsminister, im Verteidigungsfall beim Bundeskanzler – als auch in den Vollmachten des Bundestages, der hinsichtlich des Militärischen als Gesetzgeber, als Kontroll- und Bewilligungsorgan (Amt des Wehrbeauftragten, Verteidigungsausschuß) fungiert und als Entscheidungsorgan darüber, ob ein Verteidigungsfall vorliegt. In ihrem zweiten Schwerpunkt zielte die neue Wehrgesetzgebung auf die Integration des Militärs in die Gesellschaft: Das Ideal des »Staatsbürgers in Uniform«, von Wolf Graf von Baudissin im Amt Blank entworfen, verlangte, die grundrechtlichen Werte auch im militärischen Alltag zu verwirklichen.[60] Zwar lag vieles noch lange Zeit im argen, und Generale rühmten sich sogar, nur eine »Maske« der beschworenen Inneren Führung zu tragen, aber auf längere Sicht, d. h. bis zu Beginn der 70er Jahre, konnten sich die reformerischen Kräfte weitgehend durchsetzen. Hemmend wirkte in der Anfangsphase der Bundeswehr nicht zuletzt die Herkunft der Offiziere aus der alten Wehrmacht. Ihre Auswahl bedeutete ein Politikum ersten Ranges. Im Zeichen einer »Kontinuität des militärischen (Fach-)Wissens«[61] wurden bestimmte Gruppen des Ostfeldzuges bevorzugt, denn hier war der Gegner ganz offensichtlich derselbe geblieben. Doch auch dies hatte eine positive Kehrseite: Der Rekurs auf den gemeinsamen Gegner im Osten erleichterte eine freiwillige Amerikanisierung des deutschen Militärs und eine Anlehnung an die USA, die ohne diesen Umstand nicht vorstellbar gewesen wäre und einen tiefen Bruch in der deutschen Militärtradition einleitete.

Am 12. November 1955 nahmen in einer Kraftfahrzeughalle der Bonner Ermekeilkaserne die ersten 101 Soldaten ihre Ernennungsurkunde entgegen: die beiden Drei-Sterne-Generale Adolf Heusinger und Hans Speidel, der 1957 Oberbefehlshaber der NATO-Landstreitkräfte in Mitteleuropa werden sollte, außerdem 18 Oberstleutnante, 30 Majore, 40 Hauptleute, 5 Oberleutnante, 1 Stabsfeldwebel und 5 Oberfeldwebel, und am 2. Januar 1956 rückten in Andernach, Nörvenich und Wilhelmshaven die ersten Freiwilligen der Bundeswehr ein. Gleichzeitig kehrten die letzten deutschen Kriegsgefangenen – 9628 ausgemergelte Männer – aus der Sowjetunion heim, gefolgt von mehr als 20 000 Zivilinternierten, die jahrelang in sowjetischen Lagern zugebracht hatten. Diese Rückkehr war ein Erfolg der Moskaureise, die der Bundeskanzler am 7. September 1955 auf Einladung der Sowjetunion mit einer großen Delegation – darunter Carlo Schmid (SPD), Kurt Georg Kiesinger (CDU) und Karl Arnold (CDU) – angetreten hatte. Damit endete ein Drama und endeten individuelle Tragödien, denn die Kriegsgefangenenfrage beherrschte die Öffentlichkeit und die Gefühlswelt der Westdeutschen in den 50er Jahren wie kein zweites Thema.[62] Im Bewußtsein der Bundesdeutschen war »Moskau« eine Bewährungsprobe, ja eine der wichtigsten Taten des Bundeskanzlers überhaupt.

Außen- und deutschlandpolitisch betrachtet war die Moskaureise allerdings eine heikle Gratwanderung. Zum ersten Mal seit dem Ende des Zweiten Weltkriegs trafen sich Repräsentanten des nichtkommunistischen Deutschlands mit den Sowjetführern. Zwar gab es für die Bundesregierung selbst keinen Zweifel an der festen Verankerung im Westen, doch durfte man bei den Partnern nicht den leisesten Hauch einer Rapallo-Politik aufkommen lassen. Vor allem jedoch: Die Sowjetunion forderte für die Kriegsgefangenen einen hohen Preis, die Aufnahme diplomatischer Beziehungen. Damit wurde der Alleinvertretungsanspruch der Bundesrepublik ausgehöhlt, die DDR völkerrechtlich aufgewertet und indirekt die Zwei-Staaten-Theorie des Ostblocks bestätigt. So gab es erhebliche Bedenken auf deutscher Seite, und die Verhandlungen drohten mehrmals zu scheitern, bevor man sich am Ende doch noch einigen konnte. Wie zur Bestätigung der Zwei-Staaten-Theorie traf 48 Stunden nach der Abreise der Westdeutschen eine ostdeutsche Delegation unter der Leitung von Ministerpräsident Otto Grotewohl in Moskau ein, und am 20. September unterzeichnete die Sowjetunion mit der DDR einen Vertrag, der ihre Beziehungen auf gleichberechtigter Grundlage regelte. Das alles war vorauszusehen. Noch auf dem Rückflug von Moskau

Abb.19:   *Bulganin, Adenauer, Chruschtschow (von links): Sie freuen sich vor den versammelten Pressefotografen, daß die schwierige Konferenz, die Mitte September 1955 in Moskau stattfand, nicht geplatzt ist. Ergebnislose Verhandlungen drohten bis zum Schluß, um so größer war die Erleichterung. Die Aufnahme diplomatischer Beziehungen zwischen der Bundesrepublik und der UdSSR wurde mit der Freilassung der letzten deutschen Kriegsgefangenen »belohnt«.*

nach Bonn entwarf daher der Leiter der Rechtsabteilung des Auswärtigen Amtes, Wilhelm G. Grewe, eine Abwehrstrategie, die bald als »Hallstein-Doktrin«, benannt nach dem Staatssekretär im Außenministerium, Walter Hallstein, bekanntwerden sollte. Die Aufnahme diplomatischer Beziehungen mit der Sowjetunion wurde zur Ausnahme erklärt, die den Alleinvertretungsanspruch der Bundesrepublik nicht berührte. Die Aufnahme diplomatischer Beziehungen mit der DDR durch dritte Staaten werde die Bundesrepublik daher als »unfreundlichen Akt« und gegen die Lebensinteressen des deutschen Volkes gerichtet werten, die Konsequenz werde sein, daß sie ihrerseits die diplomatischen Beziehungen zu dem betreffenden Staat abbreche. Bereits im Oktober 1957 wurde die Doktrin, die bis zum Ende der 60er Jahre in Kraft blieb und die DDR einer weltweiten Ächtung unterwarf, gegenüber Jugoslawien angewandt.

Die mit der Hallstein-Doktrin ausgesprochene Drohung erwies sich als durchaus wirksam, gleichzeitig fesselte sich die Bundesrepublik mit Blick auf die osteuropäischen Länder damit aber auch selbst. Ob die Doktrin auch auf die Ostblockländer angewendet und somit die Aufnahme diplomatischer Beziehungen mit ihnen von vornherein ausgeschlossen werden sollte, war durchaus umstritten. Die Gegner der Abstinenz argumentierten zu Recht, daß die Ostblockstaaten, die unter der Kuratel Moskaus standen, in dieser Frage keine freie Entscheidung treffen konnten; ein Fernbleiben der Bundesrepublik aus ihren Hauptstädten würde nur den eigenen, westdeutschen Einfluß, nicht aber den der DDR beschränken. Doch der Wunsch, Moskau möge ein einmaliger Sonderfall bleiben, gab im Auswärtigen Amt den Ausschlag, und so blieb der potentielle Gewinn diplomatischer Bewegungsfreiheit, den der Kontakt mit der östlichen Führungsmacht brachte, in den folgenden Jahren ungenutzt.

Deutlich wird hier ein Doppelkonflikt, welcher der bundesdeutschen Außenpolitik ihre konstitutive Ausprägung gab; der in den 60er und 70er Jahren sehr bekannte Berliner Politikwissenschaftler Richard Löwenthal hat ihn eindringlich herausgearbeitet: Der Gegensatz der Systeme zwischen Ost und West stellte einen gemeinsamen Konflikt der Westmächte und der Bundesrepublik mit den Sowjets und dem Ostblock dar. Die Forderung nach Wiedervereinigung der Deutschen in den Grenzen von 1937, begleitet von Revisionsbestrebungen und Rechtsvorbehalten – strikte Nicht-Anerkennung der DDR und der polnischen Oder-Neiße-Grenze –, führte die Bundesrepublik jedoch zusätzlich in einen Sonderkonflikt mit ihren östlichen Nachbarn einschließlich der Sowjetunion hinein, in dem sie anfänglich nur bedingt und im Zeitverlauf kaum noch auf Unterstützung von seiten der Westmächte rechnen konnte.[63]

Bereits die Berliner Außenministerkonferenz vom 25. Januar bis zum 18. Februar 1954, auf der erstmals seit fünf Jahren wieder die Außenminister der vier Siegermächte zusammentrafen, beendete endgültig die Hoffnungen derer, die nach dem Tod Stalins eine Lösung der deutschen Frage nicht für gänzlich ausgeschlossen gehalten hatten. Ihr Scheitern kennzeichnet im Rückblick eine wichtige Wegmarke: Nun waren die Weichen für eine getrennte und sich immer weiter voneinander entfernende Entwicklung beider Teile Deutschlands gestellt.[64] Daß die Sowjetunion unter keinen Umständen bereit war, eine Lösung der deutschen Frage auf Kosten der DDR und ihrer »sozialistischen Errungenschaften« in Kauf zu nehmen, zeigte vollends die Genfer Gipfelkonferenz vom 27. Oktober bis zum 16. November 1955. Der damals vielbeschworene »Geist von Genf« – immerhin trafen nach Jahren des Kalten Krieges die führenden Staatsmänner aus West und Ost zusammen – signalisierte vor allem eines: Man hatte einen weltpolitischen Modus vivendi gefunden, und beide Seiten nahmen auch den Status quo in Europa hin. In der folgenden ersten weltpolitischen Tauwetterperiode, die bis 1958 dauerte und in der die Supermächte nach Entspannungsmöglichkeiten suchten, geriet die Bundesrepublik aufgrund des erwähnten Sonderkonflikts mehr und mehr in die Rolle eines Störenfrieds. Adenauer hielt die sich ausbreitende Entspannungseuphorie für gefährlich, weil sie das Ziel des sowjetischen Machtstrebens nur fördere; die von den Westmächten tatenlos hingenommene Niederschlagung der Aufstände in Polen und Ungarn 1956 schien seine Sichtweise zu bestätigen. Die Sowjetunion stellte sich auf die dauerhafte Existenz zweier deutscher Staaten ein; die DDR ihrerseits kappte noch bestehende Verbindungen mit Westdeutschland und präsentierte daneben in geschickter Propagandamanier unablässig Pläne einer deutsch-deutschen Konföderation. Die Bundesrepublik indessen gab sich Illusionen hin, brachte Entspannung und Wiedervereinigung in einen Gegensatz und riskierte so sogar wiederholt Konflikte mit den Verbündeten. Vor die Alternative gestellt, entweder die Entspannung oder die deutsche Einheit zurückzustellen, konnte man leicht erahnen, was dem Westen wichtiger war.[65]

Um so mehr konnte die Bundesregierung die »kleine Wiedervereinigung« im Westen, die Eingliederung des Saarlandes als zehntes Bundesland am 1. Januar 1957, als Erfolg verbuchen. Die Saarfrage bildete in der Nachkriegszeit das größte Hindernis für eine deutsch-französische Annäherung, und ihre Lösung wurde zum Gradmesser dafür, ob sich die Westbindung für die Deutschen auszahlte.[66] Adenauer nahm für sich in Anspruch, durch die Politik einer auf Vertrauensbildung basierenden Westorientierung überhaupt erst wieder Bewegung in die Saarfrage gebracht zu haben, die sich seit den Besatzungsjahren zugunsten Frankreichs zu verfestigen schien. Wie in den Pariser Verträgen festgehalten, wurde das Saarstatut am 23. Oktober 1955 der Saarbevölkerung zur Abstimmung vorgelegt, die es mit einer Mehrheit von 67,7 % ablehnte. Noch am selben Tag trat die frankreichfreundliche Saarregierung unter Ministerpräsident Johannes Hoffmann von der Christlichen Volkspartei zurück. Das eindrucksvolle Wählervotum konnte von den westlichen Demokratien schwerlich mißachtet werden und kehrte den bis dahin vorherrschenden Trend gegen die deutschen Interessen schlagartig um. Frankreich respektierte den Ausgang der Volksabstimmung. Neue deutsch-französische Verhandlungen führten am 27. Oktober zum Luxemburger Saarvertrag, der vorsah, die Saar mit Beginn des Jahres 1957 politisch und am 1. Januar 1960 auch wirtschaftlich in die Bundesrepublik einzugliedern. Der Zankapfel zwischen Paris und Bonn entfiel.

Davon ging eine positive Wirkung aus, die sich auch auf die Gründungsphase der Europäischen Wirtschaftsgemeinschaft (EWG) übertrug. Das Debakel um die EVG hatte in Westeuropa zwar ein Gefühl der Leere und Demoralisierung hinterlassen, gleichwohl blieb das Problem bestehen, die Deutschen – und das hieß seit einigen Jahren immer mehr: die deutsche Wirtschaftskraft – einzubinden. Die Wiedereingliederung Westdeutschlands in die Weltwirtschaft hatte mit der Aufnahme der Bundesrepublik in das General Agreement on Tariffs and Trade (GATT) am 1. Oktober 1951 einen wichtigen Schritt gemacht. Damit wurden unfaire Wettbewerbspraktiken durch günstige Zollabkommen sowie Meistbegünstigungen ersetzt. Von 1951 an erwirtschaftete die Bundesrepublik Jahr für Jahr beträchtliche Überschüsse im Handel mit den europäischen Nachbarländern. Die Liberalisierung des Handels und eine Konvertibilität der Währungen, institutionalisiert im GATT und im Internationalen Währungsfonds (IWF) – dessen Mitglied die Bundesrepublik am 14. August 1952 wurde –, kennzeichneten die freie, nichtdiskriminierende Ordnung, die vollends seit 1958 die (westliche) Weltwirtschaft prägte. Zwar lief die kleineuropäische Integration neben dem Prozeß des Zusammenwachsens des Westens zu einer Weltwirtschaft ab, und es bestanden grundsätzliche, niemals gelöste Konflikte zwischen GATT und EWG, doch entscheidend war etwas anderes: die Rolle der Bundesrepublik. Sie wurde einerseits wieder zum Lieferanten für Kapitalgüter für westeuropäische Staaten und ersetzte teilweise deren Importe aus den USA – für viele auf dem Weltmarkt dringend nachgefragte Güter waren die aus dem Zweiten Weltkrieg ungemein gestärkt hervorgegangenen Vereinigten Staaten einziger Anbieter gewesen –, und andererseits importierte die Bundesrepublik in großem Umfang europäische Produkte. Somit war die deutsche Rückkehr in die Weltwirtschaft eine wichtige Bedingung für den Wiederaufbau Westeuropas, insbesondere für die Überwindung der »Dollarlücke«, die durch die Aufzehrung von Devisenreserven entstanden war, weil erhebliche Kapitalgüter aus den USA hatten importiert werden müssen.[67]

Den weiteren Weg nach Europa hatte wieder einmal Jean Monnet gewiesen, der im August 1953 der erste Präsident der Hohen Behörde der Montanunion geworden war, unterstützt von seinem Vizepräsidenten, dem Deutschen Franz Etzel. Es ging um zwei Bereiche zugleich: um eine Integration in der Atomenergie (EURATOM) und um eine umfassende Zollunion (EWG). Das Atom galt weltweit als der entscheidende Energieträger der Zukunft, der allein in der Lage schien, den wachsenden Bedarf zu decken. Da infolge der Aufhebung des Besatzungsstatuts die zivile Nutzung der Atomenergie in der Bundesrepublik nicht mehr verboten war, wurde sofort wieder die Frage einer Kontrolle der Deutschen akut. Schließlich trat hinzu, daß Frankreich eine von den USA unabhängige Atomwaffe entwickeln wollte und somit auf eine europäische Zusammenarbeit angewiesen war.

Die Bundesregierung konnte sich zunächst weder für einen Gemeinsamen Markt noch für eine Atomgemeinschaft richtig begeistern. Wirtschaftsminister Ludwig Erhard erblickte in einer Zollunion nicht viel mehr als ein dirigistisches Hindernis auf dem Weg zu einem weltweiten Freihandelssystem, welches nach seiner Ansicht am besten den deutschen Exportinteressen entsprach. Und der Bundesminister für besondere Aufgaben und 1955/56 Minister für Atomfragen, Franz Josef Strauß, wandte sich gegen eine Fesselung der Bundesrepublik im Kernenergiebereich. Konrad Adenauer hingegen ließ der Entstehung von EWG und EURATOM bald seine entschlossene Unterstützung zukommen, nicht jedoch in erster Linie um der wirtschaftlichen Integration willen, vielmehr aus politischen Motiven heraus. Über eine wirtschaftliche Verflechtung sollte so zu einer konföderativen Form der politischen Einigung gelangt und damit Europa gegen die Gefahren des Kommunismus gestärkt werden.[68]

Die Bundesrepublik erwies sich bald als treibende Kraft. Sie unterstrich damit, daß sie seit den Pariser Verträgen vom Objekt zum Subjekt in den internationalen Beziehungen geworden war, zu einem mitbestimmenden und nicht mehr fremdbestimmten Faktor. Auf der entscheidenden Konferenz der Außenminister der EGKS-Staaten Anfang Juni 1955 in Messina, nur wenige Wochen nachdem die Bundesrepublik souverän geworden war, wurde dies bereits sichtbar. Hier einigte man sich darauf, eine Sachverständigenkonferenz einzusetzen, die einen Gesamtbericht vorzulegen hatte; ihr Vorsitzender wurde der pragmatische belgische Außenminister Paul-Henri Spaak – ein Glücksfall, wie sich rasch herausstellte. Der ein knappes Jahr später vorgelegte »Spaak-Bericht« war das Werk von fünf Fachleuten: neben Spaak selbst des Franzosen Pièrre Uri, des Deutschen Hans von der Groeben, des Belgiers Albert Hupperts und des Italieners Giulio Guazzugli-Marini. Der erste Teil des Berichts behandelte den Gemeinsamen Markt und sah vor, binnen zwölf Jahren eine vollständige Zollunion der Mitgliedstaaten zu schaffen sowie alle Beschränkungen im Warenverkehr bzw. Hemmungen in der freien Bewegung von Kapital und Dienstleistungen zu beseitigen. Im zweiten Teil stand der Vorschlag, eine unabhängige Kernindustrie zu vorwiegend friedlichen Zwecken zu errichten. In den kommenden Verhandlungswochen erwies sich der Bericht als tragfähige Basis, um aufkommende Krisen zu meistern. Nachdem die Briten das Projekt verlassen hatten und somit ihre Bremserrolle entfiel, ging es insbesondere darum, Frankreich im Boot zu behalten, ein Land, das innen- und außenpolitisch schwer angeschlagen war. Ständige Regierungswechsel erschwerten politische Entscheidungen von Dauer, doch die Dekolonisationskrisen in Indochina und vor allem das Suez-Abenteuer Ende 1956, in dem beide europäischen Siegermächte des Zweiten Weltkriegs, England wie Frankreich, ihr Gesicht verloren, nährten das französische Bedürfnis, sich an die europäischen Nachbarn anzulehnen.[69] Mit der Regierung des Sozialisten Guy Mollet kamen ohnehin wieder europafreundlichere Kräfte in Paris ans Ruder. Dem Bundeskanzler erschien die Zusammenarbeit der Supermächte USA und UdSSR nicht geheuer, und er wollte daher eine aktive europäische Integration auch auf politischem Gebiet, namentlich aber eine enge Kooperation zwischen Deutschland und Frankreich. Selbst die französische Forderung, Frankreichs Kolonialgebiete in den Gemeinsamen Markt einzubeziehen, stellte kein unüberwindbares Hindernis mehr dar, vielmehr gelang es der Bundesrepublik im Gegenzug, die Handelsgrenze gegenüber der DDR offenzuhalten. Als besonders harte Nuß erwiesen sich die Regelungen für die Landwirtschaft, die am Ende sehr protektionistisch ausfielen. Am 25. März 1957 wurden in Rom zwei Verträge unterschrieben, ein »Vertrag über die Gründung der Europäischen Atomgemeinschaft« und ein »Vertrag über die

Gründung der Europäischen Wirtschaftsgemeinschaft«. Die Ratifizierung der Verträge durch die nationalen Parlamente machte in ganz Europa keine Schwierigkeiten, selbst in der Bundesrepublik nicht, wo die SPD erstmals von ihrer früheren Fundamentalopposition gegen die Westverträge abrückte. Diese Wende hatte sich bereits im Sommer 1955 angedeutet, als Jean Monnet den SPD-Vorsitzenden Ollenhauer überreden konnte, in seinem Aktionskomitee für die Vereinigten Staaten von Europa mitzuarbeiten. Während EURATOM wenig greifbare Erfolge erzielen sollte, weil die Atombegeisterung sich als trügerisch erwies, entwickelte sich die EWG – deren erster Kommissionspräsident Walter Hallstein wurde, wodurch die deutsche Führungsrolle Anerkennung fand – zu einem Wirtschaftsblock von beträchtlicher Dynamik.

Mit den Römischen Verträgen des Jahres 1957 war für die Bundesrepublik Deutschland die Phase der Eingliederung in den Westen abgeschlossen. Diese bestand immer aus zwei Komponenten: Die Bindung an Washington war zentral, weil sie die Existenz Westdeutschlands garantierte; und die Bindung an die westeuropäischen Partner stärkte darüber hinaus den freien Teil des Kontinents gegenüber beiden Supermächten. Die Westintegration, das große Verdienst des Gründungskanzlers Konrad Adenauer, der sie mit aller Konsequenz betrieben hat, bedeutete eine tiefe Zäsur, sie beendete den alten »deutschen Sonderweg«. Und die westeuropäische Einigung erwies sich für die Bundesrepublik als Sprungbrett, um überhaupt wieder in der Außenpolitik Fuß zu fassen: Im Namen Europas konnte sie, dies haben seither alle Bundesregierungen beherzigt, am wirkungsvollsten eigene Interessen vertreten.

Die vor allem militärische Bindung der Bundesrepublik an Washington führte jedoch in den Jahren 1957 und 1958 zu einer Neuauflage der Paulskirchen-Konstellation von 1955, jetzt unter dem Signum »Kampf dem Atomtod«. Hintergrund war die im Radford-Plan formulierte Absicht der USA, in Europa taktische Atomwaffen zu stationieren, um so ihr konventionelles Truppenkontingent verringern zu können. Erst am 15. März 1957 bestätigte die Bundesregierung gegenüber der Öffentlichkeit, daß sie über die Stationierung von Nuklearwaffen informiert war. Drei Wochen später bezeichnete Bundeskanzler Adenauer die neuentwickelten taktischen Atomwaffen auf einer Pressekonferenz verharmlosend als eine »Weiterentwicklung der Artillerie«, an der auch die Bundeswehr teilhaben müsse.[70] Die Atombewaffnung der Bundeswehr geriet zum zentralen Streitfall, wobei insbesondere Verteidigungsminister Strauß eine Politik der Stärke verfocht. Wegen der sowjetischen Bedrohung könne die Bundeswehr nicht darauf verzichten, sich mit taktischen Atomwaffen auszurüsten.[71] Am 12. April 1957 warnten führende bundesdeutsche Atomwissenschaftler vor einer Verharmlosung taktischer Atomwaffen und lehnten die Mitwirkung an Herstellung, Erprobung und Einsatz entschieden ab. In ihrer Erklärung, die auf Adenauers Stellungnahme reagierte, forderten die »Göttinger Achtzehn« – darunter die Atomphysiker

Max Born, Otto Hahn, Werner Heisenberg und Carl Friedrich von Weizsäcker –, die Bundesregierung müsse grundsätzlich auf eine Atombewaffnung verzichten.[72] Der Protest fand ein großes öffentliches Echo und löste vor allem in akademischen und kirchlichen Kreisen eine Welle von Solidaritätserklärungen aus.

Man muß den Hintergrund weiter ausleuchten, um den gesamten Kontext zu verstehen: Trotz international zunehmender Proteste setzten die Großmächte während dieser Zeit ihre Atomwaffentests fort. Seit 1949 war auch die Sowjetunion Atommacht, Großbritannien folgte 1952, Frankreich 1960, China 1964. Mitte Mai 1957 zündete Großbritannien über den im Pazifik gelegenen Christmas Islands seine erste Wasserstoffbombe, und die USA, Atommacht seit 1945, testeten im August 1957 in der Wüste von Nevada weiterhin Atomwaffen, die Sowjetunion tat es seit Jahren auf ihrem Territorium. Eine breite, auch internationale Anti-Atom-Bewegung entstand. Friedensnobelpreisträger Albert Schweitzer richtete Appelle an die Weltöffentlichkeit, die Atomgefahr zu beseitigen, zu den Kritikern stieß auch Papst Pius XII., in einer kanadischen Kleinstadt fand die erste, von Naturwissenschaftlern privat initiierte »Pugwash-Konferenz« zur Rüstungskontrolle und über die Gefahren der Atombewaffnung statt, und in Japan bildete sich – als Konsequenz der Atombombenabwürfe im Zweiten Weltkrieg und der neuerlichen britischen Tests im Pazifik – der weltweit stärkste Anti-Atom-Protest aus. Andererseits wurde die westliche Welt im Oktober 1957 vom »Sputnik-Schock« getroffen: Nicht den USA, sondern der angeblich so rückständigen UdSSR war mit dem Erdsatelliten »Sputnik« der erste Vorstoß ins Weltall gelungen. Dies war nicht nur eine Prestigeangelegenheit, sondern hatte erhebliche militärische Auswirkungen, drohte doch der Westen in einem zentralen Bereich ins Hintertreffen zu geraten. Entsprechend erregt waren die Reaktionen in der westlichen Öffentlichkeit. Wie konnte man sich gegen diese technisch hochgerüstete Sowjetunion noch verteidigen? Anfang Oktober 1957 schließlich startete der polnische Außenminister Adam Rapacki eine Initiative zur Einschränkung der Atomkriegsgefahr. Der Rapacki-Plan zur Schaffung einer atomwaffenfreien Zone in Mitteleuropa – gedacht war an die Staaten Polen, Tschechoslowakei, DDR und Bundesrepublik[73] – vermochte aber keinen wesentlichen Beitrag zur Entspannung zu leisten. Zu stark war das westliche Mißtrauen gegenüber einer Bereitschaft des Ostblocks, wirklich neue Wege zur Abrüstung zu gehen und sich nicht nur in propagandistischen Effekten zu erschöpfen. Für die Bundesregierung kam hinzu, daß die völkerrechtliche Anerkennung der DDR, die der Plan implizierte, schlechterdings nicht annehmbar war.

In der Bundesrepublik war die Atmosphäre zusätzlich aufgeheizt. Man brauchte nur eine Landkarte in die Hand zu nehmen, um zu ermessen, was es bedeutete, im gespaltenen Deutschland Atomwaffen mit geringer Reichweite zu stationieren und gegebenenfalls auch einzusetzen. Im Deutschen Bundestag kam es zu einer scharfen Kon-

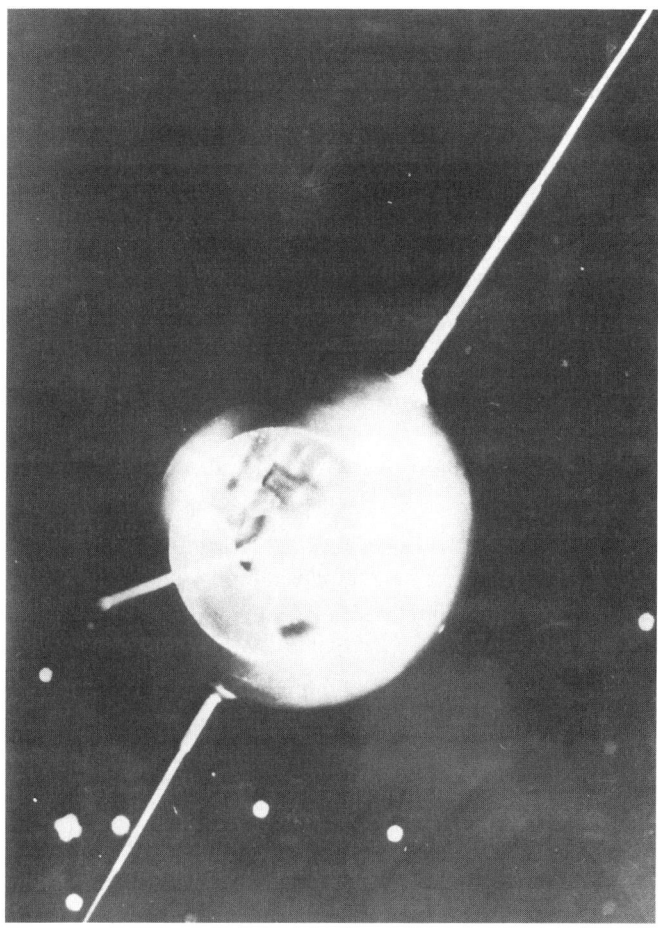

Abb. 20:   *Ein Bild, das Schrecken und Niedergeschlagenheit verbreitete. Der sowjetische Sputnik schockte 1957 die westliche Welt: Denn der vermeintlich technisch rückständigen Sowjetunion gelang es, den ersten künstlichen Erdsatelliten ins Weltall zu schießen, und nicht den Vereinigten Staaten von Amerika.*

frontation zwischen Bundesregierung und den beiden Oppositionsparteien SPD und FDP über die Atombewaffnung der Bundeswehr, die einer Umfrage zufolge von der Hälfte der erwachsenen Bevölkerung ganz oder teilweise am Rundfunk verfolgt wurde. Nach einer viertägigen Redeschlacht beschloß der Bundestag am 25. März 1958 mit der Mehrheit der Regierungsparteien CDU/CSU und DP eine Ausrüstung der Bundeswehr mit Atomwaffen, falls kein allgemeines weltweites Abrüstungsabkommen zustande komme. Es war jedoch undenkbar, daß die Bundesrepublik eine nationale Verfügung über Atomwaffen erhielt. So wurde die Bundeswehr in den fol-

genden Jahren mit modernen Trägerwaffen ausgerüstet, doch die nuklearen Spreng-
köpfe verblieben im Besitz und unter der Obhut der USA, und die Entscheidungs-
gewalt zum Einsatz der Waffen lag in den Händen des amerikanischen Präsidenten.
Zeitgleich mit dem Bundestagsbeschluß erreichte die Kundgebungswelle »Kampf
dem Atomtod« ihren Gipfel; Kampagnen und Großkundgebungen fanden im gesamten Bundesgebiet statt, an denen sich Politiker der Oppositionsparteien wie Bundestagsvizepräsident Carlo Schmid und der FDP-Bundestagsabgeordnete Thomas Dehler, Gewerkschafter und Kirchenvertreter, aber auch Intellektuelle wie Eugen Kogon
und Schriftsteller wie Heinrich Böll und Erich Kästner beteiligten. Auch in den einzelnen Bundesländern wurden verschiedene Komitees gegen Atomrüstung gegründet, so
etwa in Bayern, dessen Vorstand u. a. der Schriftsteller Hans Werner Richter, der bayerische SPD-Vorsitzende Waldemar von Knoeringen, der DGB-Landesvorsitzende Ludwig Linsert und die FDP-Landtagsabgeordnete Hildegard Brücher angehörten. Den
Höhepunkt zahlreicher Massenkundgebungen bildete der Demonstrationszug in
Hamburg Mitte April 1958, an dem 150 000 Menschen teilnahmen. Niemand, war er
nun für oder gegen eine Atombewaffnung, konnte sich der Diskussion entziehen.
Auch Karl Jaspers, der damals in der Öffentlichkeit bekannteste deutsche Philosoph,
der 1948 einem Ruf nach Basel gefolgt war und sich immer wieder mit Zeitdiagnosen
und politischen Standortbestimmungen als (selbsternanntes) Gewissen der Deutschen zu Wort meldete, mischte sich in die Debatte ein. Der politische Professor
wandte sich gegen die atomare Aufrüstung, weil damit die Menschheit als Ganzes
durch Menschen vernichtet werden könne, aber zugleich kritisierte er an der Anti-
Atomtod-Bewegung, daß sich ihre Leidenschaft nicht gegen den Krieg, sondern gegen
die Atombombe richte und sie somit gar nicht an die Wurzel des Unheils gelange.[74]
So gewaltig der Protest angehoben hatte, im Laufe des Jahres 1958 versandete er
zusehends. Er verlor an Schwung, weil die Mehrheitsentscheidung im Bundestag nicht
rückgängig zu machen war. Außerdem gelang es der Regierung, die antikommunistischen Ängste der Bevölkerungsmehrheit gegen die Atomgegner zu mobilisieren. Die
antimilitaristische Massenbewegung in der Bundesrepublik wurde von der DDR all-
seitig verbal und zum Teil auch durch Tarnorganisationen unterstützt und propagan-
distisch aufgewertet. Daß sich die Bewegung gegen die Rüstungspolitik in West und
Ost wandte, überging die SED geflissentlich, ebenso, daß in ihrem Bereich keine vergleichbaren Initiativen erlaubt waren, sondern jeglicher Protest mit Härte unterdrückt
wurde. Dagegen präsentierte sich der SED-Staat in zentral gelenkten Kampagnen als
kämpferischer Vorreiter einer weltweiten Friedensbewegung und pries die Ostblockstaaten als »Länder des Friedens« an. Allein in den Ruch einer irgendwie gearteten Unterstützung oder auch nur Billigung seitens der DDR zu geraten, mußte im Kalten
Krieg und seiner Kultur der Furcht den Protest im Westen nachhaltig desavouieren.

Abb. 21: *Der hessen-naussauische Kirchenpräsident Martin Niemöller (rechts) bei einer »Atom-Mahn-Wache« in Köln am 6. August 1958. Die Form der Friedensdemonstration erscheint noch etwas unbeholfen, doch der Protest gegen eine Ausrüstung der Bundeswehr mit Atomwaffen wuchs zur ersten Massenbewegung in der Bundesrepublik an.*

Ferner: Eine beabsichtigte Volksbefragung zur Atombewaffnung auf kommunaler und Landesebene wurde am 30. Juli 1958 vom Bundesverfassungsgericht als verfassungswidrig verboten, weil Verteidigungsangelegenheiten der alleinigen Gesetzgebungskompetenz des Bundes unterlagen. Vor allem aber: Die Sozialdemokraten standen nicht mehr hinter der Strategie der außerparlamentarischen Opposition, die schon 1955 nichts eingebracht hatte; hier schlugen Wandlungsprozesse durch, die seit dem Stuttgarter Parteitag im Mai 1958 begonnen hatten und die SPD in den folgenden zwei Jahren außenpolitisch voll und ganz auf den Boden der Westintegration führen sollten. Übrig vom Protest gegen die Atomrüstung blieb allein die »Ostermarschbewegung« der Pazifisten, die bis heute mit wechselndem Erfolg weiterexistiert.

5 Gesellschaft und Sozialkultur im Kalten Krieg

Sozialer Wandel und Modernisierung

Unter Sozialstruktur versteht man die demographische Grundgliederung der Bevölkerung, die Verteilung zentraler Ressourcen wie Bildung, Einkommen und Beruf, die Gliederung nach Klassen und Schichten, Sozialmilieus und Lebensstilen, aber auch die soziale Prägung des Lebenslaufs in Abhängigkeit von der Geschlechtszugehörigkeit und in der Abfolge der Generationen.[1] Jede Gesellschaft weist eine spezifische Struktur auf, d.h. ein relativ stabiles Gefüge und lange Trends von Beziehungen und Wirkungszusammenhängen zwischen ihren Elementen. Dieses stagniert nicht, sondern verändert sich allmählich, und es variiert auch räumlich, also zwischen den einzelnen Regionen der Gesamtgesellschaft. Ihre historischen Grundlagen hat die Sozialstruktur der Bundesrepublik im deutschen Kaiserreich, sie unterscheidet sich jedoch ganz erheblich von ihm; genauer, sie ist von traditionellen Konflikten des Deutschen Reiches entlastet worden und hatte deshalb bessere Entwicklungsbedingungen. Es handelt sich dabei vor allem um vier solcher entlastender Komponenten: 1. bewirkten die Bevölkerungsverdichtung und die großen Wanderungsbewegungen, daß die Bundesrepublik zu einer relativ homogenen, urbanisierten Industriegesellschaft werden konnte. 2. fehlte ihr infolge der deutschen Teilung und des Wegfalls der Ostgebiete der alte Konflikt in der Agrarstruktur zwischen der ostelbischen feudal-konservativen Gutsherrschaft und der west- und süddeutschen Familienwirtschaft. 3. war, wie bereits erwähnt, der Konfessionskonflikt entschärft worden, und 4. gab es in der Bundesrepublik eine viel größere regionale Ausgeglichenheit als im Kaiserreich, verursacht durch die Auflösung Preußens und die Teilung bzw. Sonderlage Berlins. So zeichnete sich die Bundesrepublik durch eine Reihe von Teilhauptstädten mit jeweils spezifischen wirtschaftlichen und kulturellen Funktionen aus, was wiederum eine strikte Scheidung zwischen Zentrum und Provinz verhinderte. »Da es kein Zentrum gibt, gibt es auch keine Provinz.«[2]

Die deutsche Bevölkerung unterlag in der ersten Hälfte des 20. Jahrhunderts drei Jahrzehnte lang großen Verwerfungen: durch die Niederlage 1918, die Weltwirtschaftskrise Anfang der 30er Jahre, durch den Zweiten Weltkrieg, die totale Niederlage 1945 und die dadurch ausgelösten großen Wanderungsbewegungen. Die Kriegsverluste veränderten die Alters- und Geschlechtsstruktur der Deutschen; die Verluste des Ersten Weltkriegs betrafen vor allem Männer der Jahrgänge 1880 bis 1900, die des

Abb. 22:   *Politische Gliederung der Bundesrepublik Deutschland.*

Zweiten die Jahrgänge 1907 bis 1927. Dadurch kam es nach 1945 zu einem sogenannten »Frauenüberschuß«. Das generative Verhalten ähnelte anderen westlichen Industriegesellschaften, die Geburtenziffer, die im Krieg und in der Nachkriegszeit abgesackt war, stieg besonders seit 1955 im Zeichen steigenden Wohlstands wieder an.[3] Mit 249 000 km² umfaßte die Bundesrepublik nur noch etwa die Hälfte der Fläche des Deutschen Reiches von 1937, aber trotz der Millionen von Kriegstoten lebten auf diesem Gebiet mehr Menschen als zur Zeit der letzten Volkszählung von 1939. Ohne West-Berlin und das Saarland (das erst 1957 zur Bundesrepublik kam) waren es bei der Gründung der westdeutschen Demokratie 47,7 Mio. Menschen, d. h. 8,3 Mio. mehr als 1939. Die Bundesrepublik war und ist ein sehr dicht besiedeltes Land, aber die Bevölkerung verteilte sich über das Staatsgebiet sehr ungleichmäßig: Die Großstädte formierten sich zu 15 Verdichtungsgebieten und neun besonders stark bevölkerten Ballungsgebieten.[4] Dieser Zuwachs an Einwohnern ging ausschließlich auf Zuwanderungen zurück. Wären die sich im Jahr 1950 auf 8 Mio. belaufenden Vertriebenen und Flüchtlinge und 1,5 Mio. »Zuwanderer« aus der SBZ/DDR – die Zahlen beider Gruppen stiegen in den folgenden Jahren auf insgesamt über 12 Mio. an – nicht gewesen, so hätten auf dem westdeutschen Gebiet 1,1 Mio. weniger Menschen gelebt als vor dem Weltkrieg. Hatte es bereits im Kaiserreich Ost-West-Wanderungen geben, so stellten nach 1945 drei Wanderungswellen alles bisher Dagewesene in den Schatten. Die erste Welle bis Mitte der 50er Jahre war bedingt durch die Massenflucht und Vertreibung der Deutschen aus den ehemaligen Ostgebieten und Oststaaten, wie etwa der Tschechoslowakei, Altpolen oder Jugoslawien sowie, wenn auch in viel geringerem Ausmaß, durch Ausweisung von Deutschen etwa aus Österreich, den Benelux-Staaten und Frankreich. Einige Bundesländer – v. a. agrarisch strukturierte – nahmen weit überdurchschnittlich viele Menschen auf: In Schleswig-Holstein machten 1950 die Flüchtlinge und Vertriebenen 33 % der Wohnbevölkerung aus, zählt man die SBZ/DDR-Flüchtlinge noch hinzu, so waren es 38,2 Prozent. Es folgten Niedersachsen mit 27,2 % (32,6 %) und Bayern mit 21,1 % (23,6 %). Die zweite Welle überschnitt sich mit der ersten, nämlich die Massenflucht aus der DDR, die zwischen 1950 und dem Bau der Berliner Mauer 1961 über 3 Mio. Menschen in die Bundesrepublik strömen ließ. Die dritte Einwanderungswelle setzte mit Beginn der 60er Jahre ein: die Ausländerzuwanderung der angeworbenen Gastarbeiter.[5]

Wie haben die Millionen von Flüchtlingen und Vertriebenen die Bundesrepublik sozioökonomisch, kulturell und mental mitgeprägt? Zunächst erstaunt die ausgebliebene Radikalisierung derer, die im Osten alles verloren hatten und im Westen neu anfangen mußten. Aber das vielbeschworene »Wunder« der schnellen Integration stellt sich bei näherem Hinsehen doch als ein Mythos heraus.[6] Lebensberichte von Flüchtlingen und Vertriebenen relativieren die Integrationsbereitschaft und -leistungen der

Aufnahmegesellschaft im Westen beträchtlich; vor Ort blieben Vorurteile, Abgrenzungen und Konflikte zwischen den Neubürgern und den Alteingesessenen noch lange bestehen, sie betrafen Sprache, Bräuche, Ein- und Vorstellungen. Am schnellsten flauten die wirtschaftlichen Konflikte ab: Je mehr sich die ökonomische Lage in der frühen Bundesrepublik besserte, der Konkurrenzkampf um knappe Ressourcen abnahm und die Flüchtlingsgesetzgebung griff, desto müheloser kam es zu einem wirtschaftlichen Eingliederungsprozeß, und von den Flüchtlingen und Vertriebenen selbst ging wiederum ein enormer Wachstumsimpuls aus. In Hessen gab es ein für die frühe Bundesrepublik einmaliges Spezifikum, den »Hessenplan«, ein mit landesplanerischen Konzepten gekoppeltes Eingliederungsprogramm; Ziel des Planes von 1950 war ein »organisches Aufgehen« der Flüchtlinge in der angestammten Bevölkerung und damit deren gleichberechtigte wirtschaftliche und soziale Teilhabe am Wiederaufbau.[7] Aber dies war eine Ausnahme. Gemeinhin wurde Eingliederung vielmehr als eine provisorische Option verstanden, die eine spätere Rückkehr in die Ostgebiete nicht ausschließen sollte. Der Wunsch, in die alte Heimat zurückzukehren, war anfangs noch überwältigend und wurde von der Politik genährt. Für Peter Paul Nahm, den Staatssekretär im Bundesministerium für Vertriebene, stellten die Flüchtlinge und Vertriebenen »ein lebendiges Stück Gesamtdeutschland« dar,[8] und in diesem Spannungsverhältnis zwischen einer – um der gesellschaftlichen Stabilität der Bundesrepublik willen – als notwendig erkannten Integration einerseits und dem »Recht auf Heimat« sowie einer baldigen Rückkehr in die ehemalige Heimat andererseits bewegte sich das Problem der Neubürger. Erst als die internationale Lage die Einsicht wachsen ließ, daß die Neuankömmlinge für eine nicht absehbare, jedenfalls aber sehr lange Zeit bleiben würden, kam es auf beiden Seiten der Bevölkerung zu stärkeren Integrationsanstrengungen.

Zugespitzt ist gesagt worden, daß die Bundesrepublik erst selber das Ergebnis des erfolgreichen Integrationsprozesses von 20 % Neubürgern darstellte.[9] Und so zynisch es klingen mag: Flucht und Vertreibung brachten Westdeutschland einen gesamtgesellschaftlichen Modernisierungsschub. Was anfangs wie eine kaum zu bewältigende Belastung für die junge Republik aussah, erwies sich später als großer Vorteil. Durch die Flüchtlinge und Vertriebenen kam es zu einer Aufmischung alter Strukturen in Städten und vor allem in ländlichen Regionen. Außerdem waren diese Menschen, die nahezu ihr gesamtes Hab und Gut verloren hatten, besonders aufstiegsorientiert und arbeitsam, mithin vielleicht sogar besonders typische Bürger der Bundesrepublik. Für die DDR-Flüchtlinge galt dies fast noch mehr. Aufgrund der »Freiwilligkeit« ihrer Flucht zeigten sie von Beginn an eine große Integrationsbereitschaft, die noch dadurch gesteigert wurde, daß der »typische« DDR-Flüchtling ein junger Mann mit guter, häufig akademischer Ausbildung am Anfang seines Berufslebens war.[10]

Unter rein ökonomischen Gesichtspunkten hätte die Bundesrepublik seit Mitte der 50er Jahre noch mehr Zuwanderer aufnehmen können. Bis zum Ende der »langen fünfziger Jahre« bildete sich die spezifische westdeutsche Industriegesellschaft aus, und sie stand im Vergleich mit anderen hochentwickelten Industrieländern einzigartig da. Der primäre Sektor, die Landwirtschaft, schrumpfte stark, die übriggebliebenen Betriebe entwickelten sich immer mehr in Richtung auf eine Agrarindustrie, sowohl was Ackerbau als auch was Formen der Tierhaltung anbelangte. Der sekundäre Sektor, die Industrie, wuchs überaus kräftig und prägte die bundesdeutsche sozioökonomische Identität, während der tertiäre Sektor, die Dienstleistungen, im internationalen Vergleich zum Teil noch beträchtlich nachhinkte. Für die soziale Lage, für Ideologien und Mentalitäten der bundesdeutschen Gesellschaft konnte diese Vorherrschaft der industriellen Entwicklung, verbunden mit einer hohen sozialen Mobilität, nicht ohne langfristige Folgen bleiben.

Die Frage, wie nachhaltig sich dadurch eine egalitäre Dynamik ausbildete, die traditionelle Ungleichheitsstrukturen abschliff, durchzog die soziologische Debatte während der gesamten 50er und 60er Jahre. Besonders Helmut Schelskys Auffassung von der »nivellierten Mittelstandsgesellschaft« fand bei seinen Zeitgenossen viel Zuspruch: Sie besagte, daß der kollektive Aufstieg der Industriearbeiter und der Angestelltenschaft – gefördert durch die ausgedehnte Sozial- und Steuerpolitik – sich mit Abstiegsprozessen besser gestellter bürgerlicher Gruppen im Gefolge von wirtschaftlichen Krisen, Kriegsniederlage, Zerstörung und Vertreibung kreuzte. Dadurch würden Klassengegensätze abgebaut, und es komme zu einer sozialen Nivellierung in einer verhältnismäßig einheitlichen Gesellschaftsschicht, die weder proletarisch noch bürgerlich sei. Diese Nivellierung setze sich in einer Vereinheitlichung der sozialen und kulturellen Verhaltensformen in der Konsum- und Freizeitgesellschaft, etwa durch den Besitz eines Autos und anderer langlebiger Konsumgüter oder durch die Urlaubsreise, fort.[11]

Einer der vehementesten Kritiker Schelskys war Ralf Dahrendorf, der in seinem 1965 erschienenen Buch *Gesellschaft und Demokratie in Deutschland* Schelskys These einer Vereinheitlichung der sozialen und kulturellen Verhaltensformen als »optische Täuschung« einschätzte. Denn, so argumentierte er, nicht jedes Auto gleiche dem anderen, nicht jeder Urlaubsort sei eben ein Urlaubsort und sonst nichts, und der Wunsch nach einem höheren Lebensstandard bedeute für den Umwälzer in der Industrie etwas anderes als für den Prokuristen einer Bank.[12] Tatsächlich war die Vermögensverteilung in der Bundesrepublik nach wie vor sehr ungleich, ebenso wiesen Einkommen, Prestige und Bildungschancen ganz erhebliche Unterschiede auf; all dies widersprach der These einer »nivellierten« Gesellschaft. Gegenüber dem Mittelstandsmodell bevorzugte Dahrendorf und bevorzugen auch viele heutige Soziologen das Modell der »Schichtungsgesellschaft«, welches hervorhebt, daß es Ungleichheit und ein Oben und

Unten gebe, daß jedoch die Ungleichheit in der modernen Gesellschaft, anders als in der alten Klassengesellschaft, durch den prinzipiell offenen Weg nach oben über Bildung, Beruf und Leistung individuell überwindbar sei. Eine solche Offenheit kann als ein wichtiger Indikator für eine gelungene Modernisierung verstanden werden.

Die neuere empirische Forschung erkennt allerdings nur einen allmählichen Abbau von Schichtungsbarrieren im Sinne eines langen, bis in die Gegenwart reichenden Trends, und sie beurteilt die Situation in der frühen Bundesrepublik sehr viel skeptischer als Schelsky. Sein Begriff der »nivellierten Mittelstandsgesellschaft« knüpfte ersichtlich an die Vorstellung von der sozialharmonischen »Volksgemeinschaft« an, die wenige Jahre zuvor noch als Leitbild des Nationalsozialismus fungiert und die Unterschiede und Konflikte einer modernen Gesellschaft geleugnet hatte.[13] Bürgertum und Arbeiterschaft trennte indessen nach wie vor vieles voneinander. Überhaupt gab es nach 1945 eine für viele Beobachter überraschende »bürgerliche Renaissance«, obwohl gleichzeitig der Untergang des Bürgertums immer wieder prognostiziert wurde, besonders angesichts seines Verhaltens beim Aufstieg und während der Zeit des Nationalsozialismus. Diese Renaissance betraf zum einen die *Bürgergesellschaft*, mithin das Ensemble von bürgerlichen Besitz-, Erwerbs- und Berufsklassen. Das Wirtschaftsbürgertum, das Bildungsbürgertum und die bürgerlichen Mittelschichten erwiesen sich nach einer kurzen Störung während der alliierten Besatzungszeit bis in die 70er Jahre hinein hinsichtlich ihrer Rekrutierungsmuster und ihrer sozialen Herkunft als äußerst stabil. Zum zweiten erlebte die Zielutopie einer *bürgerlichen Gesellschaft* in der Bundesrepublik durch die ungeahnte Chance einer zweiten Demokratiegründung nach 1949 eine neue Blüte. Ohne daß der Begriff ausdrücklich verwendet wurde, war in der Bundesrepublik die bürgerliche Gesellschaft mit ihren Strukturprinzipien Markt, Vertrag und Individualrecht umfassender als jemals zuvor auf deutschem Boden verwirklicht und zugleich sozialstaatlich eingebettet worden. Der Systemwettbewerb mit dem Realsozialismus der DDR und der Ostblockländer begünstigte die Renaissance in diesem Bereich erheblich und brachte gleichzeitig bürgerliche Prinzipien, Werte und Attitüden in ein Mischungsverhältnis mit Einstellungen anderer Schichten, das sie auch für jene akzeptabel machte, die in der westdeutschen Gesellschaft nicht oben standen. Ähnliches trifft – zum dritten – für die *Bürgerlichkeit* zu, also für typische Lebensführung, typischen Lebensstil und typische Wertorientierungen, Normen und Verhaltensweisen, die sich von denen anderer Klassen oder Schichten unterschieden. Dabei verschwammen zwar einige Grenzen, und es schwand die normative Verbindlichkeit, so daß Verhaltensweisen neue Kombinationen eingehen konnten, die ihr Gesicht und ihr Gewicht veränderten, doch gegenüber adligen, bäuerlichen oder proletarischen Lebenswelten erwies sich die bürgerliche Lebenswelt als weit überlegen; nur sie konnte im Westen eine Prägekraft entfalten.[14]

Abb. 23:   *Dieses Plakat zum 1. Mai 1956, mit dem der Deutsche Gewerkschaftsbund für Arbeits-zeitverkürzung warb, gibt die berühmteste DGB-Kampagne wieder. Das fröhliche Kind vermittelt auch, daß es den Westdeutschen zunehmend besser ging.*

So überzeichnet das Bild von der »nivellierten Mittelstandsgesellschaft« auch ist, zutreffend bleibt es jedenfalls für den allgemeinen Prozeß einer Entproletarisierung der Arbeiterschaft bereits in den 50er Jahren. Die Arbeiter verließen das seit dem 19. Jahrhundert bestehende, festverschlossene Gehäuse proletarischer Sonderexistenz mit eigenen Arbeiterkulturorganisationen am unteren Rand der Gesellschaft, was nicht heißt, daß alle Unterschiede plötzlich weggefallen wären. Die beiden typischen Elemente der Proletarität – die Körperlichkeit der Arbeit und die überdurchschnittliche Fremdbestimmung am Arbeitsplatz – blieben weiterhin erhalten. Wenn man dennoch von einem »Abschied von der Proletarität« gesprochen hat, dann in dem Sinne, daß es durch hohe Lohnzuwächse, durch Vollbeschäftigung, durch eine dauerhafte Reduzierung der Arbeitszeit, durch den Ausbau der sozialen Sicherungssysteme, die gegen die Risiken des Marktes schützten, und durch innerbetriebliche Technisierungsschübe, die Berufsinhalte umformten, zu einer nahezu spektakulären Verbesserung der Lebensqualität der Arbeiter kam. Solche Tendenzen verhinderten, daß sich Klassen- oder Schichtengrenzen verhärteten oder wieder abschlossen, vielmehr wurden Ungleichheitsstrukturen abgebaut: Die Arbeiterschaft wurde rasch und vollständig in die Bonner Republik integriert.[15] All dies beschreibt indessen längerfristige Entwicklungen, und Wohlhabenheit gehörte auch in den 60er Jahren nicht zu den Attributen von Arbeitern, deren Kinder noch lange über nur wenig Aufstiegschancen verfügten, was sich erst mit der Bildungsexpansion und dem Übergang von der Elitenzur Massenuniversität zu Beginn der 70er Jahre wandeln sollte.

Ähnlich Furore wie die »nivellierte Mittelstandsgesellschaft« machte der Begriff von der »skeptischen Generation«, den ebenfalls Helmut Schelsky erfand, um eine Soziologie der deutschen Jugend zu entwerfen.[16] Er wurde zum Synonym für das Selbst- und Fremdbild der auch als »die 45er« bezeichneten HJ-, Flakhelfer- und Kriegsgeneration, die etwa die Geburtsjahrgänge 1920 bis 1930 umfaßte und die Schelsky von der »Generation der Jugendbewegung« bis zum Ersten Weltkrieg und der »Generation der politischen Jugend« Weimars abgrenzte. Die spezifischen Erfahrungen von Begeisterung und Ausnutzung im NS-Staat bei nachfolgender Enttäuschung, die diese skeptische Generation in ihrem mentalen Gepäck hatte, bestimmten dem Soziologen zufolge ihr Verhalten in der Nachkriegszeit. Er beschrieb sie als kritischer, skeptischer und zugleich illusionsloser als alle Jugendgenerationen vorher; sie sei ohne Pathos und mißtraue allen politischen Parolen, sei sozial und privat angepaßter, doch ebensosehr lebenstüchtiger und wirklichkeitsnäher als alle anderen, kurz, es handele sich um eine Generation rationaler, erfolgsorientierter junger Menschen. Man hat demgegenüber eingewendet, daß sich Schelskys Bild in vielem wie eine jugendsoziologische Variante des CDU-Wahlslogans »Keine Experimente« las und daß es in seinem Buch mehr um die rasche Anpassung der Jugend an die gesellschaftlichen Realitäten als um ihre Skepsis gehe.

Gleichwohl erscheint zutreffend, daß sich diese Jugend aus der Notwendigkeit heraus formte, die in vielerlei Hinsicht brüchig gewordene Alltagswelt aus eigener Initiative heraus stabilisieren zu müssen. Mit dem Schock der Kriegsniederlage im Hintergrund war eine Generation herangewachsen, die früh selbständig handeln mußte. Dies hing nicht zuletzt mit dem Rollenverlust der Familie zusammen, die in der Nachkriegszeit durch die Wirren des Krieges, durch Flucht und Vertreibung, durch die Abwesenheit der Väter, Söhne und Brüder – sei es durch Tod oder Kriegsgefangenschaft – in vielfältiger Weise an altem Zusammenhalt verlor. Jedes fünfte Kind der Jahrgänge 1930 bis 1945 wuchs vaterlos auf; Westdeutschland war eine »vaterlose Gesellschaft«.[17]

Die zeitgenössischen politischen Diskurse zur Positionierung der intakten Familie als »Keimzelle des Staates« knüpften an solche Veränderungen an und betrafen in erster Linie die Frauen.[18] Im Bereich der Familien- und Geschlechterpolitik kommen die ambivalenten Züge der 50er Jahre besonders deutlich zum Ausdruck. Familienpolitiker wie Franz-Josef Wuermeling (CDU), seit 1953 Minister des neugeschaffenen Ministeriums für Familienfragen, sah in einer Berufstätigkeit von Frauen nur den Ausdruck einer sozialen Notlage, eine Art erzwungenes Unheil, das gefährliche Rückwirkungen auf Geist und Gesinnung der nächsten Generation haben würde. Die gesamte Adenauerzeit begleitete eine Debatte über die Frage, aus welchen Gründen, ob, wieviel und wann Frauen lohnabhängig erwerbstätig sein sollten, sowie über die verordnete Unterordnung der Nur-Hausfrau unter den Mann, der Alleinernährer zu sein habe, und über die sachliche Reichweite des im Grundgesetz verankerten Gleichberechtigungsprinzips. Immer wieder beschwor man eine »natürliche Funktionsteilung« der Geschlechter, die jeder Gesetzgebung als Norm zu dienen habe. Auch griffen konservative Politiker mit Verweis auf die Frauenarbeitspolitik der DDR zu einer aggressiven »Volkstod-Rhetorik«, um die Ideologie der Häuslichkeit zu untermauern. Lange noch blieb die Phrase, in der DDR herrsche ein Arbeitszwang für alle Frauen, eine beliebte Konstante westdeutscher Abgrenzung.[19]

Das vom Bundestag am 18. Juni 1957 verabschiedete Gesetz über die Gleichberechtigung von Mann und Frau auf dem Gebiet des Bürgerlichen Rechts stärkte dann zwar die Rechte von Frauen und beschnitt alte Vorrechte des Mannes, blieb aber weiterhin mit gravierenden Mängeln behaftet: Das alleinige Entscheidungsrecht des Ehemannes über alle wichtigen Fragen von Ehe und Erziehung entfiel, ebenso seine Befugnis, das gemeinsame eheliche Vermögen allein zu verwalten, und vor allem das bislang geltende Recht des Ehemannes, das Arbeitsverhältnis der Frau ohne deren Einvernehmen kündigen zu können. Partnerschaftlichkeit und Zugewinngemeinschaft lauteten nun die Grundsätze, doch wurde von der Ehefrau weiterhin verlangt, daß ihre Erwerbstätigkeit mit den anfallenden Aufgaben in Haushalt und Familie vereinbar sein müsse, womit das Leitbild der Hausfrauenehe erneut festgeschrieben wurde.[20] Allerdings überschnitt sich diese nur halbherzige Reform mit einem tiefgreifenden gesellschaftlichen Umdenken über die Frage der Erwerbsarbeit von Ehefrauen und Müttern in den gesamten 50er Jahren. Viele Frauen empfanden die Enge der Nur-Hausfrauentätigkeit als bedrückend; sie wollten nicht mehr allein deshalb einer Erwerbstätigkeit nachgehen, um, wie vordem, finanzielle Engpässe zu überbrücken, und diese wieder niederlegen, wenn die ärgste Not beseitigt war. Vielmehr zeigten veränderte Rollenauffassungen und neue weibliche Lebensentwürfe, zu denen auch der eigene Verdienst zählte, einen gesellschaftlichen Wandel an, der durch wirtschaftliche Prosperität und den Arbeitskräftemangel, die beide zu einem Umdenken in der Geschlechterpolitik zwangen, beschleunigt wurde. Als folgenreichste arbeitsmarkt- und geschlechterpolitische Innovation kann in dieser Hinsicht die Einführung der Teilzeitarbeit angesehen werden. Diese Form der lohnabhängigen Betätigung von Ehefrauen war seit dem Ende der 50er Jahre in Westdeutschland akzeptiert, erfüllte sie doch die Bedingung, daß Ehemänner ihren privilegierten Status und ihre Identität als Haupternährer behaupten konnten. Neueingeführte Leichtlohngruppen bedeuteten eine krasse Benachteiligung der Frauen, und das Prinzip des gleichen Lohns für gleiche Arbeit ist bis heute nicht überall voll verwirklicht. Die Durchsetzung der vollen rechtlichen Gleichstellung von Frauen hat in Deutschland den größten Teil des 20. Jahrhunderts in Anspruch genommen, doch die neueren Forschungen entdecken bereits in den 50er Jahren wichtige Ansätze und widersprechen damit dem gängigen Bild einer nur restriktiven Geschlechterpolitik in der Adenauerzeit.[21]

Die Technisierung und Rationalisierung der Hausarbeit, die damals einsetzte, kam dieser Entwicklung entgegen, weil sich dadurch die benötigte Arbeitszeit für Haushalt und Familie verringerte. Kochplatten, Handrührgeräte, Waschmaschinen, Staubsauger und Kühlschränke zogen nicht schlagartig in alle Haushalte ein und blieben zum Teil noch bis weit in die 60er Jahre hinein teure Luxuswaren, doch eine zunehmende Ausstattung mit elektrischen Geräten war ein Trend der aufkommenden Konsumgesellschaft und veränderte die Alltagswelt gründlich. Sie erleichterten auch den Gebrauch und Verzehr konservierter, teils schon fertig komponierter neuer Nahrungsmittel, womit wiederum zusätzliche Zeit gespart werden konnte. Das Fertiggericht »Ravioli« war ein typisches Produkt der 50er Jahre, und mit dem »Toast Hawaii« glaubten die Westdeutschen Anschluß an die Küchen der Welt gefunden zu haben. Die Zeiten, in denen man im Dorf bei der Bäuerin in die Milchkammer ging und in der Stadt zum Milchhändler, der die Frischmilch in mitgebrachte Kannen füllte, gingen mit den 50er Jahren zu Ende. Neue Konsummuster entstanden einerseits durch neue Nahrungsmittel wie Reis im Kochbeutel oder durch ein ganzjähriges Angebot von Gemüse, das ermöglicht wurde, weil sich Erdöl verbilligte und so der Einsatz von Treibhäusern wirtschaftlich wurde. Andererseits begann eine neue Form des Einkaufens in Selbstbedienungsläden und Supermärkten, die man bis dahin nur aus Berichten über die USA kannte. Ihr Umsatzanteil gegenüber den kleinen Bedienungsläden stieg von 4,4% 1956 auf bereits 62% im Jahr 1964. Tiefkühlkost, Fertigprodukte und schnellere Transportwege für Obst und Südfrüchte bewirkten, daß der regionale Markt nicht mehr alleiniger Maßstab war. Bereits die Zeitgenossen, die damit ihre Mangelerfahrungen abstießen, kokettierten mit dem Begriff der »Freßwelle«, die die Bundesrepublik für kurze Zeit erfaßte und welcher bei der Durchsetzung neuer Konsummuster im Sinne eines demonstrativen Konsums statt sparsamer Lebenshaltung eine Schlüsselfunktion zukam. Doch nicht allein die Eßgewohnheiten änderten sich, sondern es wandelten sich auch die Orte des Essens. Noch bis Mitte der 50er Jahre gingen die meisten Männer mittags zur warmen Mahlzeit nach Hause, dann kamen vermehrt Kantinen auf, nicht zuletzt infolge der länger werdenden Wege zwischen Arbeitsplatz und Wohnort. Keineswegs bloß ein Getränk, sondern eine Art Lebensform des »American Way of Life« war Coca-Cola, und wenn es einen Satz gibt, der die Umverteilung und sich verändernden Erfahrungen von Arbeit, Konsum und Freizeit auf den Punkt brachte, dann war es der Werbeslogan »Mach mal Pause. Trink Coca-Cola«.[22] Objektive Verbesserungen und subjektive Wahrnehmungen der Lebensqualität liefen somit insgesamt parallel, und der gewonnene »kleine Wohlstand«, der vor allem seit Ende der 50er Jahre die Lebenspraxis veränderte und die Erfahrungen der Menschen trotz aller bestehenden sozialstrukturellen Differenzierungen bestimmte, verwies bereits auf den großen Wohlstandsschub, der in den 60er Jahren bevorstehen sollte.

Kulturelle Trends und Lebensgefühl

Wenn von »Kultur« die Rede war, so erschöpften sich Forschungen lange Zeit darin, die »Hochkultur«, also Elemente eines bildungsbürgerlichen Kanons, zu betrachten: Theater, E-Musik, anspruchsvolle Literatur, bildende Kunst und künstlerisch ambitionierter Film. Alltagsgeschichtliche Ansätze, die seit den 80er Jahren vermehrt aufkamen, drehten den Spieß um, erkundeten die alltäglichen Lebensweisen »gewöhnlicher« Menschen und entdeckten dort die Kultur der »kleinen Leute«. Beide Ansätze nur für sich genommen greifen jeweils zu kurz. Die spezifische westdeutsche Sozialkultur der 50er Jahre – verstanden als ein lebensweltlich prägender Kommunikationszusammenhang[23] – setzt sich aus beiden, miteinander vielfach verwobenen Bereichen zusammen. Es mangelt jedoch bis heute an systematischen Untersuchungen über das Wechselverhältnis von Hoch- und Populärkultur. Die Innenseite des Wirtschaftswunders zeigt eine Fülle ambivalenter Phänomene, eine Gleichzeitigkeit des Ungleichzeitigen, ein Nebeneinander von Traditionalität und Modernisierung, was einfache Etikettierungen, die den 50er Jahren wiederholt angeheftet wurden, wie einerseits »kultureller Mief« und »bleierne Zeit« oder andererseits »aufregende Zeit« und »radikaler Neubeginn«, verbietet. Lebensgefühl und kulturelle Trends waren außerdem von Rahmenbedingungen abhängig: von materiellen, die es überhaupt erst erlaubten, Kultur zu konsumieren und Freizeit zu gestalten, aber auch von kulturindustriellen Techniken und Modernisierungen, die Klassen- oder Schichtenunterschiede oder Unterschiede zwischen urbanen und ländlichen Daseinsformen tendenziell einebneten, man denke nur an das Medium Fernsehen. Schließlich blieben auch Lebensgefühl und kulturelle Trends eingebettet in den Ost-West-Konflikt, der eine »Kultur der Angst« hervortreiben bzw. zugleich einer durchdringenden Amerikanisierung die Tür öffnen konnte. Diese darf ihrerseits allerdings auch nicht als schlichter Kulturtransfer verstanden werden, sondern konnte bereits durch Nachahmungen, mit deutschen und europäischen Elementen angereichert, wieder modifiziert werden.[24]

Das Leitmedium des Wiederaufbaus war zunächst ohne Zweifel das Radio. Der Rundfunk gehörte in besonderer Weise zum Lebensgefühl der 50er Jahre, die als das »westdeutsche Radiojahrzehnt« bezeichnet worden sind.[25] Hörergemeinschaften, die als Gruppe Musik, Unterhaltungssendungen, Hörspiele und Nachrichten hörten, gehörten zum Charakter der Zeit. Gesucht und gefunden wurden Entspannung nach einem arbeitsreichen Tag, Flucht in die Phantasie angesichts einer immer noch unwirtlichen Gegenwart, aber auch Orientierung in einer sich rasch verändernden Welt. Leichte Unterhaltung nahm den größten Platz der Programme ein, doch die Rundfunkanstalten pflegten auch das Hörspiel, und dieses literarische Genre fand etwa in Günter Eich, Ilse Aichinger oder Ingeborg Bachmann wichtige Autoren und Autorinnen. Erst gegen Ende der 50er Jahre wurde das Radio als Leitmedium vom Fernsehen ersetzt, das am Anfang des Jahrzehnts noch in den Kinderschuhen steckte. Mitte 1950 wurde die Arbeitsgemeinschaft der Rundfunkanstalten Deutschlands (ARD) gegründet, seit 1952 strahlte der Nordwestdeutsche Rundfunk, zunächst auf wenige Stunden beschränkt, ein tägliches Programm aus, und zwei Jahre später begann das gemeinsame Fernsehprogramm der ARD. Quiz- und Informationssendungen waren besonders beliebt, Peter Frankenfelds Improvisationsshow *1:0 für Sie*, Hans-Joachim Kulenkampffs *Wer gegen wen* oder Robert Lembkes »heiteres Beruferaten« *Was bin ich?* Seit 1953 bereits gab es sonntags den *Internationalen Frühschoppen* mit Werner Höfer, bei dem in weinseliger Runde nationale und internationale Journalisten politische Fragen diskutierten. Der Versorgungsgrad der Haushalte mit Hörfunk und Fernsehen schlug bis zu Beginn der 60er Jahre noch ganz eindeutig zugunsten des Radios aus: 1950 besaßen 46,5 % der Haushalte ein Radio, 1955 72,8 %, und 1960 waren es 82,9 %, das entsprach fast 16 Mio. angemeldeten Geräten. Die Zahlen für das Fernsehen lauteten: 1955 0,5 % und 1960 17,6 %, was knapp 3,4 Mio. Geräte ausmachte; dann erst, in den 60er Jahren, kamen hier die gewaltigen Sprünge, die den Versorgungsgrad rapide ansteigen ließen.[26] Noch viel stärker als das Radio strukturierte die audiovisuelle Form des Fernsehens den gesamten Freizeitsektor um, vermittelte neue, sichtbare Lebensstile und schuf neue Wahrnehmungsmuster, indem es eine räumlich-soziale Doppelexistenz ermöglichte. Ohne die beschleunigende Wirkung der Massenmedien, insbesondere des Fernsehens, wäre eine platzgreifende Verwestlichung der Bundesdeutschen kaum erklärbar. Dadurch, daß sich die Klassen- zur Massenkultur hin wandelte, veränderte sich die Nachkriegsgesellschaft soziokulturell wesentlich. Da schließlich das Weltgeschehen in das Wohnzimmer kam, wurde Häuslichkeit gegenüber anderen For-

Abb. 24:   *Werbung der Coca-Cola GmbH Essen aus dem Jahr 1954. Die Limonade stieg zum wichtigsten Modegetränk des »American way of life« auf. Die uns zuprostende elegante Dame steht vor ordentlich zubereiteten Schinkenröllchen. Wird sie aus der Flasche trinken?*

Abb. 25:   *Die 50er Jahre sind die Hochzeit der Heimatfilme. In ihnen sucht ein Millionenpublikum angesichts der zerstörten Städte eine (scheinbar) reine und intakte Welt der Wiesen und Wälder. Doch nur vordergründig wird eine heile Welt vorgegaukelt, in vielen Filmen tauchen als Subtext auch drängende gesellschaftliche Probleme der Nachkriegszeit auf.*

Abb. 26:   »Die Sünderin« mit Hildegard Knef in der Hauptrolle war der Skandalfilm der Saison 1950/51, weil die Darstellerin einige Sekunden hüllenlos zu sehen war.

Abb. 27:   Der Film »Rebel without a cause« (deutscher Titel »...denn sie wissen nicht, was sie tun«) begründet den Mythos von James Dean, der zu dem Jugendidol der 50er Jahre aufstieg. Offener Blouson, T-Shirt und Zigarette zwischen den Fingern – viele »Halbstarke« imitierten die Darstellung auf diesem berühmten Plakat. Im Jahr 1955 kam Dean bei einem Autounfall ums Leben.

men der Freizeitgestaltung attraktiv. Dies alles sind wichtige sozialgeschichtliche Entwicklungen, die sich bewußtseinsverändernd auswirkten.

Vor dem Fernsehzeitalter hatte die große Stunde des Kinos geschlagen. Von den Besucherzahlen her gesehen war der Höhepunkt im Jahr 1956 erreicht: Man zählte 817,5 Mio. Kinobesucher in den 6438 westdeutschen Lichtspielhäusern,[27] danach ging es parallel zum Durchbruch des Fernsehens bergab. Zwar gab es einen Nachholbedarf an ausländischen Erzeugnissen, und besonders die amerikanische Filmindustrie drängte auf den deutschen Markt, doch außer bei Jugendlichen – deren Idol James Dean mit dem traurig-schönen Blick war, der in seinen Filmen den Rebell und melancholischen Quertreiber spielte – dominierten deutsche Produktionen. Sonja Ziemann und Rudolf Prack waren der Deutschen bevorzugtes Leinwandliebespaar und noch nicht Grace Kelly und Cary Grant. Im deutschen Film gab es eine kaum gebrochene Kontinuität zur Zeit vor 1945, das galt sowohl für die Regisseure als auch für die Schauspieler, die, beispielsweise Heinz Rühmann, weiterhin ein treues Publikum vorfanden. Selbst der Regisseur Veit Harlan, der den berüchtigten NS-Film *Jud Süß* (1940) und den Durchhaltefilm der letzten Stunde, *Kolberg* (1945), gedreht hatte, konnte weiterwirken, wenngleich Teile der Bevölkerung zum Boykott seiner neuen Filme aufriefen.[28]

Von *dem* deutschen Film konnte angesichts des Kalten Krieges allerdings keine Rede mehr sein, Grenzgänger wie Wolfgang Staudte oder Falk Harnack, die in den Besatzungsjahren abwechselnd im Westen und im Osten arbeiteten, hatten es zunehmend schwerer und wurden mit offiziellem Argwohn betrachtet oder als Elemente der Propaganda benutzt. Staudtes meisterhafte Verfilmung von Heinrich Manns Roman *Der Untertan*, im August 1951 in der DDR aufgeführt, konnte erst sechs Jahre später in bundesdeutschen Kinos gezeigt werden, und dann auch nur in einer gekürzten Fassung. Es waren politische Bedenken, die dem Film den Weg in die westdeutschen Kinos so lange versperrten. So schrieb *Der Spiegel* am 12. Dezember 1951: »>Der Untertan< ist ein Paradebeispiel ostzonaler Filmpolitik: Man läßt einen politischen Kindskopf wie den verwirrten Pazifisten Staudte einen scheinbar unpolitischen Film drehen, der aber geeignet ist, in der westlichen Welt Stimmung gegen Deutschland und damit gegen die Aufrüstung der Bundesrepublik zu machen.«[29] Westdeutsche, »imperialistische« Filme konnten andererseits in der DDR nicht gezeigt werden. In der Bundesrepublik wurde 1949 die »Freiwillige Selbstkontrolle der Filmwirtschaft« (FSK) gegründet, die, zusammen mit einem »Interministeriellen Ausschuß für Ost/West-Filmfragen«, entschied, welche Filme eingeführt werden sollten. Außerdem erlaubte die Technik der Synchronisierung nun Eingriffe, die den Filmstorys zum Teil eine andere Richtung gaben; so wurden etwa in Michael Curtiz' Film *Casablanca* Hinweise auf die Machenschaften der Gestapo getilgt.[30] Der Kalte Krieg engte somit Spielräume ein, und in der Kulturpolitik bestimmte er über das Instrument der Zensur das gesellschaftliche Klima mit.

Die Zensur entschied dabei nicht nur, was als »staatsfeindlich« zu gelten habe, sondern auch, was jugendgefährdend, pervers oder gar pornographisch sei.[31] Der Film *Die Sünderin* aus dem Jahr 1950, in dem Hildegard Knef nur sekundenlang hüllenlos zu sehen war, wurde zum Skandal und Indiz für eine spießige Gesellschaft; selbsternannte Moralapostel verbarrikadierten Kinos, und Pfarrer predigten von den Kanzeln gegen den Film. »Sauber und rein« ging es dagegen offenbar bei den Kassenschlagern der 50er Jahre zu, den Heimatfilmen, die eine heile Welt der grünen Täler und frischen Wälder, bewohnt von anständigen Förstern und ehrlichen Bauern, präsentierten. *Schwarzwaldmädel*, *Grün ist die Heide* oder *Der Förster vom Silberwald* brachen alle Rekorde und zogen jeweils zwischen 14 und 22 Mio. Zuschauer an. Ganz so harmlos, wie die Filme vorderhand daherkamen, waren sie in Wirklichkeit jedoch nicht. Natürlich kam in ihnen eine Sehnsucht des Publikums nach Idylle, privatem Glück und häuslichem Frieden zum Ausdruck, die begreiflich ist und die es immer gegeben hat; die Leinwandprodukte waren Tagträume einer hektischen industriellen und posttotalitären Gesellschaft. Gleichzeitig hatten die Filme jedoch einen Subtext und griffen indirekt immer zentrale Punkte der Nachkriegszeit auf: den verlorenen Gutsbesitz im Osten, die heile Welt des Waldes als Kontrast zu den zerbombten Städten, die Heimat, auch die verlorene, mit Blick auf die Flüchtlinge und Vertriebenen, die »natürliche« Autorität. So gesehen transportierte der Heimatfilm einerseits zeitgenössische Ideologeme und kann andererseits auch als Ausdruck zeittypischer Kollektivmentalitäten gelten. Er war der Reflex einer kollektiven subjektiven Wirklichkeit. Der scheinbar so unpolitische Heimatfilm konservierte und spiegelte zugleich autoritätsbejahende Einstellungen.[32] In der Filmproduktion allein ästhetische Ödnis zu veranschlagen, wäre gleichwohl nur die halbe Wahrheit. Kurt Hoffmanns politisch-satirische Komödie *Wir Wunderkinder* von 1958, der die Karriere eines Nazis und dessen erstaunlichen Wiederaufstieg nach 1945 aufs Korn nahm, muß ebenso erwähnt werden wie etwa Rolf Thieles als Sensation empfundener gesellschaftskritischer Film *Das Mädchen Rosemarie* von 1958 mit Nadja Tiller in der Hauptrolle, der das Leben und die Ermordung der Frankfurter Edelprostituierten Rosemarie Nitribitt 1957 erzählte. Aber beides waren Filme am Ende des Jahrzehnts, als sich bereits vieles gewandelt hatte und im Übergang begriffen war.

Eine auffällige Spätblüte des Monarchismus gehört ebenfalls zum sozialkulturell faßbaren Lebensgefühl der 50er Jahre. Die Sehnsucht nach der (vermeintlich) »guten alten Zeit« deutet darauf hin, daß die Bürger noch nicht in der Bundesrepublik angekommen waren. Die »Sissi«-Filme mit der jungen Romy Schneider – Herz-Schmerz-Episoden um die bayerische Prinzessin, die in der alten k.u.k.-Monarchie zur Kaiserin von Österreich und Königin von Ungarn aufstieg – fanden ihre direkte Entsprechung in den Massenillustrierten, die als »Soraya-Presse« – Soraya war der Name der persischen Kaiserin – bezeichnet wurden und sich der Welt des Hochadels annahmen. Überhaupt bedeuteten die 50er Jahre einen Boom für die bilderreiche Regenbogenpresse, die die Wünsche der Wirtschaftswunderwelt verstärkte und den alten, anspruchsvollen Periodika der Besatzungszeit den Rang ablief. Besonders die *Bild*-Zeitung, deren Erstausgabe im Juni 1952 erschien, stillte das Bedürfnis nach Bildern und knappen Texten auf gekonnte Weise.[33]

Vorhandene oder vermutete Bedürfnisse wurden nicht nur befriedigt, sie wurden auch geweckt. »Komm' ein bißchen mit nach Italien, komm' ein bißchen mit ans blaue Meer«, sang Caterina Valente in einem der populärsten Schlager der 50er Jahre, und Peter Alexander schwärmte in einem anderen Lied von »Mandolinen und Mondschein«. Die »Capri-Fischer« von Rudi Schuricke waren schon seit 1946 ein Hit, den fast jeder Deutsche kannte. Capri, Gardasee, Rimini hießen die Sehnsuchtsorte der Westdeutschen, zu denen sie sich jetzt aufmachten und wo sie hofften, das im Schlager versprochene unproblematische Glück weit weg von den Alltagssorgen zu finden. Die Bundesbürger waren auf dem Weg, Reiseweltmeister zu werden; »die schönsten Wochen des Jahres« wurden im Ausland verbracht, besonders gern in Italien. Camping, Zelten mit Motor, lautete das Zauberwort. Mitte der 50er Jahre brach die Campingschau in Essen alle Besucherrekorde. Vom später üblichen Wohnwagen-Komfort mit Frisch- und Abwasser, Warmwasser und Standheizung ahnte man noch nichts, und auf Sicherheit im Straßenverkehr legte in diesen Jahren niemand großen Wert. Nicht viele konnten sich einen Wohnwagen leisten, aber ein Zelt war erschwinglich. Mit den mobilen Heimen ging es über die Alpen, bald schon gab es während der Urlaubszeit die ersten Staus auf den Autobahnen, Vorzeichen der beginnenden Massenmotorisierung. Als ideales Auto für Reise und Freizeit präsentierte der Konstrukteur Fritz Freund den dreirädrigen Messerschmitt-Roadster KR 201, eine Weiterentwicklung des als »Schneewittchensarg« bekannten Kabinenrollers. Wer etwas mehr Geld hatte, kaufte sich einen Volkswagen. Mit neuem Selbstbewußtsein zogen deutsche Touristen fremden Gestaden entgegen. Gerade der Italien-Tourismus entwickelte sich mit einem rasanten Tempo: Bereits 1956 reisten 4,5 Mio. Westdeutsche nach Italien. Der 1912 geborene Geschäftsmann Josef Neckermann, der 1938 ein jüdisches Versandhaus »erworben« hatte, wurde zum Synonym für wirtschaftlichen Erfolg. »Neckermann macht's möglich!« – der Slogan versprach, Luxusgüter in Gebrauchsgüter umzuwandeln, das galt auch für Neckermann-Reisen, die den bundesrepublikanischen Massentourismus entscheidend beförderten. Der »Urlauber« sah das Reisen nicht mehr wie der bürgerliche Reisende des 19. Jahrhunderts vorrangig als Erweiterung seines Bildungshorizontes. Nach Krieg sowie entbehrungsreichen Nachkriegsjahren suchte er vielmehr Erholung und Entspannung vom anstrengenden Alltag.

Zum auffälligen Gradmesser der Modernisierung der Lebensverhältnisse wurde die Motorisierung. Waren zu Beginn der 50er Jahre noch Bus, Bahn und Fahrrad die gebräuchlichsten Fortbewegungsmittel und lag im internationalen Vergleich die Bundesrepublik bei der PKW-Dichte weit zurück – 1953 besaß jeder vierte US-Bürger ein Auto, in Großbritannien waren es fünf, in Frankreich vier und in Westdeutschland zwei von 100 Personen –, so verdoppelte sich hier zwischen 1957 und 1961 die Zahl und stieg von 2,36 auf 4,84 Mio. Kraftfahrzeuge. 1957 übertraf die Zahl der neuzugelassenen PKWs erstmals diejenige der Neuzulassungen bei Krafträdern, mit denen die Motorisierung begonnen hatte. Zwischen 1950 und 1960 vervierfachte sich der PKW-Bestand, doch dies war erst der Beginn eines sprunghaften Anstiegs. Der erfolgreichste deutsche Kleinwagen war das »Goggomobil«, 1955–1967 von der Hans Glas GmbH im niederbayerischen Dingolfing hergestellt. Der »Käfer«, von der NS-Propaganda angekündigt, wurde erst in der Nachkriegszeit zu einem »Volks«-Wagen: Am 4. Dezember 1961 lief der fünfmillionste Volkswagen vom Montageband.[34]

Wer strebsam war, so die Botschaft der Werbung, konnte sich die neue Warenwelt und auch den damit assoziierten guten Geschmack leisten.[35] Diolen, Krepp, Nylon, Perlon, PVC, Resopal und Trevira hießen die Zauberworte, aus denen Textilien und Einrichtungsgegenstände entstanden. Die kuriose Formenwelt der Nierentische, Tütenlampen und des Gummibaums traf indessen nur den Geschmack einer Minderheit, er war niemals das bestimmende Element des Wohnstils, sondern immer nur ein Ausschnitt einer viel breiteren Palette, auf der vor allem der altdeutsche Plüsch überdauerte, und doch drückte sich in der modernen Formgestaltung im Gefolge des Bauhaus-Stils der 20er Jahre eine expressiv-eskapistische Ästhetik des Alltagsinventars aus, das wie ein Gegenbild wirkte zur gesellschaftlichen Wirklichkeit von harter Arbeit und immer noch sichtbarer Kriegszerstörung. Mochten Vorurteile gegenüber moderner Kunst als Folge der NS-Indoktrination fortleben – die grellen Farben und Formen von Mondrian, Klee, Nolde, Marc, Kandinsky oder Miró in Dekor von Gebrauchsgegenständen umgesetzt, erfreuten sich großer Beliebtheit.[36] Außerdem kam im Produktdesign ein Überschuß von Freiheit und ästhetischem Abenteuer zum Ausdruck, was auch bewußt einen Kontrast bildete zum alten Totalitarismus des Dritten Reiches wie zum neuen der kommunistischen Systeme.

Ambivalenzen traten überall zutage. »Benimmbücher« erlebten in den 50er Jahren eine Konjunktur wie niemals mehr danach.[37] Die Renaissance des »guten Tons« erscheint nach dem vorangegangenen Elend, das alles durcheinandergebracht hatte, verständlich; gleichzeitig wurden traditionelle Normen und Konventionen, besonders mit Blick auf die Geschlechterverhältnisse und die Rolle der Frau, neu zementiert, nachdem es zuvor gewisse Verflüssigungen gegeben hatte. Musikalisch war der deutsche Schlager marktbeherrschend: Von den 60 Mio. verkauften Schallplatten am Ende des Jahrzehnts entfielen 80 % auf seine Interpreten. Wie im Film, so lauteten auch hier die Schlüsselworte Heimat, Liebe, Treue. Freddy Quinns Lied »Heimweh« wurde 1956 über 2 Mio. Mal verkauft; und mit den Schlagerfilmen bildete sich ein eigenes filmisch-musikalisches Genre aus, das sich höchst erfolgreich vermarkten ließ. Jazz war eine ziemlich exklusive Musikrichtung, und der Rock 'n' Roll, der gemeinhin als musikalisches Signum der Zeit gilt, wurde in der Bundesrepublik erst richtig populär, nachdem deutsche Interpreten wie Peter Kraus oder Ted Herold ihn gleichsam gezähmt und den deutschen Verhältnissen angepaßt hatten. Deshalb läßt sich auch erst seit dem Ende der Dekade von einer stärkeren »Amerikanisierung von unten« der deutschen Populärkultur sprechen, die in den 60er Jahren an Fahrt gewann, dann allerdings weiter ging als in anderen europäischen Staaten. Überdies war diese Amerikanisierung stark generationenabhängig; ihr Einfallstor war insbesondere die Jugendkultur. Gegen die spießige Rührseligkeit und die Verlogenheit der Schlagerwelt regte sich der jugendliche Protest der »Halbstarken«, die zumeist aus dem Arbeitermilieu kamen. Erkennbar an den Schmalzlocken, den Röhrenhosen und den Mopeds, provozierten sie die großstädtische Öffentlichkeit mit Krawallen und Massenschlägereien, zwischen 1956 und 1958 wurden 96 große Krawalle in der Bundesrepublik gezählt.[38] Rock 'n' Roll drückte das neue Lebensgefühl eines offenen Aufruhrs gegen Althergebrachtes aus: Er war laut, hämmernd, trotzig, sinnlich. Bei Konzerten des Bürgerschrecks Bill Haley, der den schwarzen Beat und das weiße Gemüt meisterhaft miteinander verband *(Rock around the Clock)*, zertrümmerten enthemmte Fans regelmäßig das Mobiliar. Hinter dem eher ziellosen Jugendprotest der Halbstarken stand keine politische Oppositionshaltung, sondern eher das traditionelle Aufbegehren großstädtischer Cliquen gegen die Erwachsenenwelt und ihre Ordnungsregeln. Doch widerlegt allein schon dieser Protest das von manchen Historikern gezeichnete Bild der 50er Jahre, in dem nur Muff und Muckertum geherrscht habe. Deutlich getrennt von den Halbstarken etablierte sich, neben weiteren jugendlichen Stilrichtungen wie den schwarz gekleideten Existentialisten, die eine kritische Geisteshaltung im Stile des französischen Philosophen Jean-Paul Sartre vorgaben, eine parallele »Teenager«-Kultur als Mittelschichtsphänomen, die den erreichten Wohlstand zur Schau trug und auf Mode-Accessoires Wert legte.

Die neue Rockmusik wurde in der Bundesrepublik vor allem durch den US-Soldatensender AFN bekannt. 1956 präsentierte Elvis Presley einen Song, der keine vernünftige Geschichte erzählt: »Awopbopaloop-bopalopbamboom! Tutti frutti! All rottie! Tutti frutti!« Es war dies eine Gegenwelt zum einheimischen Musikmarkt und -geschmack und allgemein zum Lebensgefühl der mittleren und älteren Generation; es entstand so die erste Rock-Subkultur, doch das Goldene Zeitalter der Rockmusik begann erst mit den 60er Jahren. Diese Musik hat ihren Teil dazu beigetragen, daß bei deutschen Jugendlichen weltoffene, individualistische und tolerante Grundhaltungen entstanden. Die Westintegration wurde so musikalisch untermauert.

Eine »schwungvoll restaurative Konsolidierung«,[39] durchsetzt mit ganz neuen Elementen, kennzeichnete die ernste Musik. Akzeptiert wurden jetzt vor allem musikalische »Aufrührer« der 20er Jahre wie Paul Hindemith, Kurt Weill und Arthur Honegger, aber auch Herbert von Karajan, der im Dritten Reich ein junger Aufsteiger gewesen war. Daneben entstanden in der klassischen Musik kühne atonale Stücke: Karlheinz Stockhausen trieb die Mathematisierung der Ordnung von Klangmaterialien voran, und die streng gefügte serielle Musik erreichte bis zum Ende der 50er Jahre eine gewisse Blütezeit. Der »Donaueschinger Musiktag für zeitgenössische Tonkunst« wurde mit Hilfe des Südwestfunks reaktiviert. Dort gab es lebhafte Diskussionen, wie es in der Musik weitergehen sollte. Ein wichtiges Symptom für die Konsolidierung des Musiklebens und der Theaterkultur stellten die sich rasch wieder entwickelnden Festspiele dar, etwa die Münchner Opernfestspiele seit 1950 oder die Bayreuther Festspiele im Jahr darauf. Die Situation des Theaters war vielschichtig. Einerseits konnte man von einem Traditionsbruch lange Zeit nicht viel erkennen, Wiederaufbau und organisierte Bildungserlebnisse standen im Vordergrund, und bereits aus der NS-Zeit bekannte Schauspieler wie Gustav Gründgens wirkten weiter, zum Teil, wie dieser selbst, als Intendanten. Daneben gab es andererseits ein lebhaftes politisches Theater derer, die aus dem Exil zurückkamen, an vorderster Stelle Erwin Piscator und Fritz Kortner. Der in der DDR wirkende Bertolt Brecht wurde aufgeführt, obwohl Bundesaußenminister Heinrich von Brentano dessen späte Lyrik 1957 mit derjenigen Horst Wessels – des SA-Sturmführers und Texters von NS-Liedern – verglichen hatte, eine diffamierende Gleichsetzung im Zeichen des Kalten Krieges, die Empörung auslöste.[40] Neue Stars erschienen am Kulturhimmel, beispielsweise der Schweizer Friedrich Dürrenmatt, dessen tragische Komödie *Der Besuch der alten Dame* seit 1956 den Siegeslauf durch die Theater antrat und in den nächsten zwei Jahrzehnten 115mal inszeniert wurde.

Wer nur die muffige oder biedere Seite der Nachkriegskultur betont, wird ihr nicht gerecht, das gilt in besonderem Maße für die bildenden Künste.[41] Anerkannte Vertreter der künstlerischen Avantgarde hatten spätestens 1937 Deutschland verlassen, so Paul Klee, Wassily Kandinsky, Kurt Schwitters, Max Beckmann und Oskar Kokoschka. Im Jahr 1955 erfolgte die Gründung der Kasseler »documenta« mit dem erklärten Ziel, die abstrakte Kunst als Modellfall einer Weltkultur verständlich zu machen. Die erste documenta zeigte mit großem Erfolg vor allem den deutschen Expressionismus, der damit rehabilitiert wurde, man zählte über 130000 Besucher. Die zweite documenta im Jahr 1959 stand ganz im Zeichen des Gegenstandslosen, der Abstraktion, einer Richtung, die im Dritten Reich verfemt gewesen war. Zunehmend radikalisierte sich

Abb. 28: *Übergabe des Kanzlerporträts Konrad Adenauers von Oskar Kokoschka an den Deutschen Bundestag im September 1966. Es zeigt den Gründungskanzler als würdevollen Pater Patriae.*

die Idee der Abkehr von der Tradition und der Schaffung von etwas gänzlich Neuem, die Farbrhythmik und die lyrischen Abstraktionen eines Willi Baumeister oder eines Ernst Wilhelm Nay schlossen an die in Frankreich entstandene Kunstrichtung des Informell oder des Tachismus an. Abstraktion wurde zur künstlerischen Weltsprache; sie weigerte sich, eine Fiktion zu sein oder eine Geschichte zu erzählen. Statt dessen bezog sie sich auf sich selbst zurück, die Farbe wurde als Farbe, die Form als Form reflektiert. Die staatliche Kunstförderung in der Bundesrepublik, vor allem die der Länder und Kommunen, aber auch die Förderung durch Industrieverbände entwickelte sich intensiv. Dabei ist auch zu berücksichtigen, daß die abstrakten Bilder als Westkunst galten, die den traditionell-figürlichen Konzepten des sozialistischen Realismus, der weithin abgelehnt, als historisch überholt oder durch den Nationalsozialismus desavouiert betrachtet wurde, entgegengestellt werden konnte.

Ähnliche in die Kultur hinein verlängerte Fronten des Kalten Krieges zeigten sich nicht zuletzt in der modernen Architektur, wobei betont werden muß, daß sie zunächst nur ein kleines Segment darstellte, weil im Wiederaufbau von Massenwohnungen und Gebäuden Sachzwänge den Ton angaben. Dort, wo es solche nicht (mehr) gab, bildeten gläserne Pavillons, schwebende Vordächer und schwingende Treppenhäuser eine sinnliche Gegenwelt zur offiziellen Baukultur des Dritten Reiches. Gegen die unendliche Schwere des »Blut-und-Boden«-Stils stand jetzt eine spielerische Leichtigkeit, Ausdruck einer optimistischen Stimmung; der Bungalow mit seiner lichten Großzügigkeit wurde zur Vorzeigearchitektur des Wohlstands. Es ist schwer zu entscheiden, ob es sich hierbei eher um genuin deutsche Traditionen oder amerikanische Einflüsse oder um eine Mischung beider handelte. Aber wie überall, wo Remigranten auf die Kultur und Politik der frühen Bundesrepublik Einfluß nahmen, trugen sie zur Verwestlichung bei.[42] Architekten wie Walter Gropius, Mies van der Rohe und andere Pioniere der Bauhaus-Bewegung hatten bei ihrer Emigration in den 30er Jahren ihre deutschen, modernistischen Ideen nach Amerika mitgenommen, wurden Amerikaner, und ihre Ideen stiegen zum internationalen Gemeingut auf.[43] Nach dem Krieg ist besonders West-Berlin zum architektonischen Schaufenster des Westens ausgebaut worden. Mit Hilfe von ERP-Mitteln entstanden als integraler Bestandteil der Internationalen Bauausstellung in Berlin im Jahr 1957 die neuen Wohnblocks im Hansaviertel in der Nähe des Tiergartens, die darauf angelegt waren, dem Sowjetblock den modernen, westlichen Städtebau vorzuführen. Der bedeutendste und typisch »amerikanische« Beitrag zu dieser Bauausstellung war die Kongreßhalle; auch die Amerikahäuser zeichneten sich durch einen modernistischen Stil aus. Das deutsche Wirtschaftswunder entschied mit, wo diese Architektur über die traditionalistischen Planungen obsiegte: Dort wo es keine Zwänge mehr gab, dominierte sie, sichtbar z.B. beim Neubau des Versandhauses Neckermann in Frankfurt am Main, das in den Jahren 1958 bis 1960 errichtet wurde. Solche architektonischen Symbole – nicht zuletzt der 1956 vollendete Bau des von Fritz Leonhardt entworfenen Stuttgarter Fernsehturms, der nach dem Eiffelturm das zweithöchste Bauwerk Europas war – hoben das Selbstwertgefühl der Westdeutschen.

Und sie trugen zu einer Verwestlichung oder spezifischer, zu einer Amerikanisierung bei. Eine der wichtigsten Agenturen für die Verbreitung amerikanischer Ideen über die Ordnung von Wirtschaft, Staat und Gesellschaft war dabei der »Kongreß für kulturelle Freiheit«, dem eine große Bedeutung für die intellektuelle und ideelle Westorientierung der Bundesrepublik in den Bereichen Politik, Kultur und Gesellschaft zuzusprechen ist. Im Zeichen eines antitotalitären Konsensliberalismus führte er einen ideologischen Kampf gegen den Stalinismus und band durch Zusammenkünfte und Multiplikatoren besonders auch linksliberal orientierte Politiker und Intellektuelle in die kulturelle Front des Westens im Zeitalter des Kalten Krieges ein. Dabei wurde sowohl dem traditionellen Gegenentwurf, wie ihn das deutsche Sonderbewußtsein – die »Ideen von 1914« – repräsentierte, der Kampf angesagt als auch dem aktuellen rivalisierenden Fortschrittsmodell des Marxismus-Leninismus. Die Anstöße, die der Kongreß gab, entwickelten sich seit dem Ende der 50er Jahre eigenständig weiter und bestimmten die westliche politische Kultur der Bundesrepublik auf ihre Weise mit.[44]

Bis dahin war allerdings noch ein längerer Weg zurückzulegen, und in den 50er Jahren erschien vielen »kritischen« Intellektuellen die Republik der Adenauerzeit als abendländisch-hinterwäldlerisch, was aber so nicht zutraf, weil es vielfältige Öffnungen zur Welt gab. Die Literatur[45] wurde zwar bis Mitte der 50er Jahre noch stark von den (groß)bürgerlichen Autoren der Vergangenheit bestimmt, denn diese hatten Weltliteratur geschrieben. Von Thomas Manns *Die Buddenbrooks* wurden im Jahrzehnt zwischen 1950 und 1960 1,2 Mio. Bände verkauft, was natürlich nicht heißt, daß man das Buch auch las. Hermann Hesse, Gerhart Hauptmann und Rainer Maria Rilke standen in der Gunst der Westdeutschen ganz oben, daneben, für einen kleineren Teil, Gottfried Benn als Inbegriff der Moderne, der sich gegen die Borniertheit der Warenwunderwelt zu einem individuellen Nihilismus zu bekennen schien. Ernst Jünger verehrten diejenigen, die sich gegen eine amerikanische Demokratisierung, eine »Vermassung«, wandten und statt dessen eine elitär-aristokratische Haltung an den Tag legten. Zugleich jedoch bestand ein Bedürfnis, jene Literatur kennenzulernen, die der NS-Staat zwölf Jahre lang verboten hatte. Ausländische Autoren, Ernest Hemingway, Tennessee Williams und William Faulkner vor allem, aber auch der junge französische Existentialismus eines Jean-Paul Sartre und eines Albert Camus konnten Erfolge verbuchen, wenn auch eher in der jüngeren als in der älteren Generation. Eindeutige Präferenzen der Westdeutschen lassen sich schwerlich genau benennen, vieles existierte nebeneinander. Wenn man nach einer Zäsur sucht, dann findet man sie am ehesten im Jahr 1955/56. Damals starben die großen Schriftsteller Mann, Benn und Brecht, und mit ihnen schien eine Epoche zu gehen.

Jüngere Schriftsteller, denen das Menschheitspathos von Thomas Mann ebenso fremd war wie der Nihilismus von Benn und der Marxismus von Brecht, fanden sich in der »Gruppe 47« zusammen, benannt nach ihrem erstmaligen Treffen in dem Örtchen Bannwaldsee bei Füssen im August 1947. Hans Werner Richter war der Kopf der losen Gruppierung, die sich halbjährlich zu Lesungen traf und in der angesichts von Nationalsozialismus und Zweitem Weltkrieg nach neuen literarischen Formen und Maßstäben gesucht wurde. Aus ihr heraus wurde eine zum Teil ätzende Kritik am vermeintlich nur restaurativen Charakter der Adenauerzeit formuliert, so daß Politik und Geist ein tiefer Graben trennte. Aus der »Gruppe 47« heraus entstand junge Literatur von Rang. Ingeborg Bachmann mit ihrer teils esoterischen, teils von kämpferischem Sprachgeist beseelten Lyrik (*Die gestundete Zeit*, 1953) gehörte dazu, Ilse Aichinger, Heinrich Böll, Günter Grass, Martin Walser, Walter Jens und viele andere mehr. Sie alle wandten sich gegen das schlaffe Klima und die zweideutige Moral, gegen das »motorisierte Biedermeier« (Erich Kästner), wie sie es in Westdeutschland diagnostizierten. Böll etwa beschrieb in *Haus ohne Hüter* aus dem Jahr 1954 die heillose Welt vernachlässigter Kinder, die zum Opfer des Lebensstils der Erwachsenen wurden, und zeigte auch in seinen folgenden Werken die Schattenzonen der Gesellschaft, die bis in die glitzernden Zentren reichten. Auch Walser nahm in seinen Romanen die Wirtschaftswunder-Welt aufs Korn. Einer, der der Gruppe nicht angehörte, Wolfgang Koeppen, setzte sich mit dem Überdauern von Verhaltensweisen auseinander, die zum Nationalsozialismus geführt hatten und in der jungen Bundesrepublik weiterlebten. Seine Kritik an der mangelnden Einsicht und fehlenden Auseinandersetzung mit der NS-Diktatur stieß beim zeitgenössischen Publikum allerdings auf wenig Zustimmung. Erst viel später wurde Koeppen als Chronist der frühen Bonner Republik entdeckt; vor allem sein Roman *Das Treibhaus* beschreibt die zeitgenössische Szenerie und die agierenden Politiker im Bonner Parlament nur wenig verhüllt und wenig schmeichelhaft. Daß es solche unbeirrt gesellschaftskritischen Romane in der öffentlichen Meinung schwer hatten, lag nicht nur daran, daß sie Tabus brachen und das behagliche Schweigen über die Vergangenheit störten, sondern auch an der Zusammensetzung von Feuilleton-Redaktionen großer, meinungsbildender Zeitungen, wo großenteils noch (und wieder) die konservativen, nicht selten durch den Nationalsozialismus belasteten Literaturkritiker saßen und ihre Verdikte sprachen. Andererseits standen viele der kritischen Intellektuellen bewußt beiseite, witterten überall kleinbürgerliche Großmannssucht und prangerten mit einem Schuß Arroganz das Streben der Massen nach Wohlstand und Sicherheit an. Günter Grass' Roman *Die Blechtrommel* aus dem Jahr 1959, ein Panorama der deutschen Geschichte zwischen 1930 und 1950, verzichtete dann aber gerade auf ein Moralisieren, und im Spiegel von grotesken Episoden treten um so schärfer und genauer die Irrungen und Wirrungen »gemeiner« Deutscher hervor, die Schatten der Vergangenheit, die weit in die frühe Bundesrepublik hineinragten.

Das Erbe des Nationalsozialismus

Die zentrale Frage, wie Kriegsniederlagen als Erfahrung und Erinnerung verarbeitet werden und welche Konsequenzen Nachkriegsgesellschaften aus Niederlagen ziehen, stellte sich für Deutschland nach 1945 in besonderem Maße: Dem totalen Krieg war die bedingungslose Kapitulation gefolgt, es hatte kein »normaler« Nationalkrieg stattgefunden, sondern die Kriegs- und Verbrechenspolitik des Dritten Reiches mündete in Vernichtungskrieg und Völkermord, und nach dem Ende des Zweiten Weltkriegs überformten der Kalte Krieg, die deutsche Spaltung und die Blockintegration von Bundesrepublik und DDR eine Auseinandersetzung mit der Vergangenheit: Sie wurde zwischen West und Ost geteilt.[46] Wie die durch nationalsozialistische Mobilisierung, Bombenkrieg, Flucht und Vertreibung, allgemein: durch Gewalterfahrung traumatisierte deutsche Gesellschaft die Kriegsfolgen meisterte, ist eine nicht allein auf den ersten Blick erstaunliche, vor allem aber höchst irritierende Leistung. Dieser Bereich ist unter dem Signet »Vergangenheitsbewältigung« ausgiebig erforscht, dabei prallen jedoch unterschiedliche Wertungen hart aufeinander.

Lange Zeit standen sich zwei Deutungen konträr gegenüber: diejenige von der Verdrängung und diejenige von der Aufarbeitung der Vergangenheit. Seit das sozialpsychologische Forscherehepaar Alexander und Margarete Mitscherlich 1967 den Westdeutschen eine *Unfähigkeit zu trauern* bescheinigte, hielten viele Intellektuelle die bundesdeutsche Auseinandersetzung mit der NS-Vergangenheit in den 50er und frühen 60er Jahren für ein Skandalon aus Verdrängen, Verschweigen, Verleugnen und Schuldabwehr, womit, so die schrille Zuspitzung, die Deutschen sogar eine »zweite Schuld« auf sich geladen hätten.[47] Durch die zeitliche Nähe zur 68er-Studentenbewegung kam die Verdrängungsthese, obwohl sie in viele Gesamtdarstellungen einfloß, alsbald in den Ruch, eine geschichtspolitische Waffe im Generationenkonflikt zu sein. Andere Wissenschaftler zollten dem bundesdeutschen Umgang mit der nationalsozialistischen Vergangenheit dagegen höchstes Lob. Niemals sonst in der modernen Geschichte habe eine nachdiktatorische Gesellschaft so radikal mit der Vergangenheit gebrochen, die vorangegangenen Verbrechen anerkannt, Unrecht wiedergutzumachen versucht und die eigene Diktaturgeschichte erforscht. Die Verdrängung der Vergangenheit sei eine Legende,[48] seit Bestehen der Bundesrepublik habe es eine umfassende Aufarbeitung gegeben. Allerdings konnte man nicht darüber hinwegsehen, daß die Adenauer-Ära im Vergleich mit den nachfolgenden Jahrzehnten eine relativ »stille« Zeit bezüglich der NS-Vergangenheit darstellte, zumindest was die öffentlichen Debatten anbelangte. Nur eine gewisse Diskretion gegenüber der Vergangenheit, die aber nicht mit Verdrängung verwechselt werden dürfe, so argumentierte deshalb der Philosoph Hermann Lübbe, habe es ermöglicht, daß aus den ehemaligen NS-Volksgenossen passable demokratische Bürger der Bundesrepublik geworden seien. Dahinter stand die Vermutung, daß die traumatischen Verletzungen nur durch eine Art Heilschlaf gelindert werden konnten.[49] Diese Deutung hat viel Zuspruch gefunden, aber auch scharfen Widerspruch provoziert, und zwar nicht etwa deshalb, weil der Befund unzutreffend wäre, sondern weil dessen rein funktionale Bewertung die moralischen Kosten vernachlässigte: Die rasche und vielleicht sogar unabdingbare Integration der Mitläufer und der NS-Täter in die demokratische Gesellschaft war die eine Seite, aber wie stand es um die Opfer der NS-Verbrechenspolitik, die aus dem Fokus verschwanden, und welche geistig-politischen Defizite, womöglich mit Langzeitwirkung, entstanden aus dem »Beschweigen« der Vergangenheit?[50]

Der schlichte Gegensatz des Entweder-Oder, der Verdrängung oder Aufarbeitung, wird der historischen Wirklichkeit nicht gerecht. Die Forschung hat bis heute eine

ganze Bandbreite von Verhaltensmustern und politischen Handlungen zwischen den
Polen Aufarbeitung und Verdrängung herausgearbeitet; die 50er Jahre erscheinen
heute somit widersprüchlicher, ereignis- und ergebnisreicher als lange angenommen.
Sehr verschiedene Ebenen müssen dabei betrachtet und auseinandergehalten werden:
auf der politisch-justitiellen Ebene die Strafverfolgung von NS-Verbrechen, die Entschädigung von Opfern und die Personalpolitik von Institutionen; auf der Ebene der
Erinnerungspolitik das öffentliche Gedenken an den Nationalsozialismus, auf der wissenschaftlichen Ebene die Erforschung des Dritten Reiches und auf der Ebene kollektiver Einstellungen die Deutungs- und Verhaltensmuster der Bevölkerung sowie populäre Geschichtsbilder.

Alle postdiktatorischen Gesellschaften stehen vor demselben Grundproblem: Wie
weit sollen belastete Personengruppen in die neue demokratische Gesellschaft integriert werden? Die bundesdeutschen Entscheidungsträger sind in dieser brisanten
Frage der Vergangenheitspolitik, quer durch alle Parteien, sehr weit gegangen. Amne-
stien für NS-Straftäter, Reintegration der »Entnazifizierungsopfer«, Freilassung von
Kriegsgefangenen und die Entpolitisierung der Beamtenschaft durch ihre materielle
Korrumpierung mittels des Art. 131 GG dienten offensichtlich auch dazu, kollektive
psychische Bedürfnisse der westdeutschen Bevölkerung nach einem »Schlußstrich« zu
befriedigen.[51] Wäre die Kontrolle der Alliierten nicht gewesen und hätten diese die
deutschen Politiker nicht ständig ermahnt, engere Grenzen zu ziehen, wäre das Ergebnis vermutlich noch großzügiger und noch bedenklicher ausgefallen. Zwar war die
klare normative Abgrenzung gegenüber dem Nationalsozialismus grundsätzlich unumstritten, eine antidemokratische Rechte hatte deshalb in der Bundesrepublik, anders als in Weimar, keine Chance, doch wußten alle Parteipolitiker des Deutschen
Bundestages, daß die Zukunft nur mit jener übergroßen Mehrheit zu gewinnen war,
die bereits den NS-Staat getragen hatte. In fast allen gesellschaftlichen Gruppen und
Berufszweigen herrschte eine spürbare Diskretion vor, ein Schweigen nach innen und
eine Abwehr der Vergangenheit nach außen. An den Universitäten stand die Rückkehr
zur »Normalität« auf der Tagesordnung, es sollten nach einem als Ausnahmesituation
deklarierten Zwischenspiel wieder hehre Ideale und Traditionen zweckfreier Wissenschaft vorherrschen; nur wenige emigrierte oder vertriebene Hochschullehrer wurden
zur Rückkehr eingeladen. Führende Ingenieure und Techniker waren Sieger der Niederlage, sie profitierten nun vom Wiederaufbau ebenso wie vormals von der Kriegs-
produktion. Der gern gepflegte Mythos von der »Wertneutralität« und »Ideologiefrei-
heit« der Technik und der »Objektivität« der Naturwissenschaften ließ die Frage nach
Verstrickungen in das NS-Regime gar nicht erst aufkommen. Ähnliches galt für die
Ärzteschaft, die in großem Umfang durch die Schule von Eugenik und Rassenhygiene
gegangen war und von der immerhin 9 % ihre Ausbildung in SS-Krankenhäusern ge-

macht hatten. Auch die Wirtschaft bot ein weites Feld für Nachkriegskarrieren, wobei sich hier wie in fast allen Berufszweigen ein Schweigekartell ausbildete. In den Verwaltungseliten gab es unterhalb der Ebene der Staatssekretäre eine beinahe vollständige personelle Kontinuität. Bei der Wiederherstellung traditioneller Verhältnisse in den 50er Jahren zog man immer wieder dieselbe Begründung heran: Bedarf an Fachkräften infolge der ausgeweiteten Betätigungsfelder. Seilschaften und ein starker Korpsgeist wirkten durch die NS-Zeit hindurch bis in die 70er Jahre hinein, als es zu einem nachhaltigen Generationswechsel kam.[52] Das größte Kontingent nicht belangter NS-Täter zeigte sich allerdings bei den Juristen, die in der Bundesrepublik zu »Richter(n) in eigener Sache«[53] aufstiegen, ihren Berufsstand kollektiv freisprachen und zugleich Ermittlungen gegen nationalsozialistische Gewaltverbrechen verschleppten oder Verfahren einstellten.

Von den großen Nazis überlebte politisch keiner in der Bundesrepublik, aber die mittlere Garnitur fand schnell ihren Platz im neuen Staat. Die beinahe vollständige soziale Reintegration der ehemaligen führenden Nationalsozialisten war moralisch fragwürdig, zum Teil skandalös; funktional gesehen erwies sie sich jedoch als sehr effektiv. Vermutlich konnte die Etablierung einer bürgerlichen Republik nur auf der Basis dieser »zweiten Chance« für die NS-Eliten geschehen: Die Einpassung in den neuen demokratischen Staat sowie persönliche Erfolge und neue Karrieren boten die Garantie, daß die Demokratie nicht umgehend in Frage gestellt oder bekämpft wurde. Allerdings ist in der Forschung umstritten, ob nicht engere Grenzen der Integration hätten gezogen werden müssen.[54] Jedenfalls waren es die Funktionseliten des Dritten Reiches, welche die Bundesrepublik bis in die 70er Jahre hinein gestalteten und von deren Wandlungs- und Lernfähigkeit vieles abhing. »Daß hinter ihnen eine ›skeptische Generation‹ der entschlossenen Reformer in die Verantwortung drängte und vor ihnen die alten ›Weimarianer‹ die politischen Zügel hielten, dürfte ihre Umorientierung befördert haben.«[55] Dies war das politische »Kunststück« der bundesdeutschen Vergangenheitspolitik: die gesellschaftliche und politische Verfassung der Bundesrepublik als Negation des Nationalsozialismus zu etablieren und gleichzeitig die ehemaligen NS-Täter, Belasteten und Mitläufer zu integrieren. Gleichwohl konnten sich diejenigen, die sich in den Nationalsozialismus verstrickt hatten oder sogar Täter geworden waren, niemals sicher sein, und es ist noch nicht systematisch untersucht worden, wie sie mit ihrer Schuld umgingen bzw. welche innerlichen Verwüstungen die verdrängte Erinnerung hinterlassen hat.

Im Gefolge der Westintegration und Wiederbewaffnung wurden auch von den Alliierten verurteilte Kriegsverbrecher wieder freigelassen und wurde die Wehrmacht rehabilitiert. Gegenwartspolitischer Pragmatismus war für die Westalliierten nun wichtiger als vergangenheitspolitische Prinzipientreue. Den Soldaten der Wehrmacht

bescheinigten die Politiker in dem von ihnen angeblich geführten »normalen Krieg«
patriotisches Handeln, ja unter dem Eindruck des Kalten Krieges konnte der Zweite
Weltkrieg sogar als deutscher Beitrag zu einer antikommunistisch-westeuropäischen
Einigung interpretiert werden. In der Wehrmacht sah man zeitlose Soldatentugenden
verkörpert und stilisierte die einfachen Landser zu Opfern einer skrupellosen und unfähigen Führung, blendete indessen vollkommen aus, daß sie an einem Vernichtungskrieg im Osten beteiligt waren. In den gebräuchlichen Schulbüchern der 50er Jahre,[56]
die sich mit der NS-Zeit und dem Krieg im Osten beschäftigten, blieben die Täter un-
sichtbar; Abschnitte über den Holocaust fehlten. So entstand der Eindruck, als habe
Hitler nur ein einziges wirkliches Verbrechen begangen: die Kräfte Deutschlands zu
überspannen, den Krieg zu verlieren und dadurch sein Land ins Unglück zu stürzen.
Nachträglich, so hatte es darüber hinaus den Anschein, wurden dem Führer gute Rat-
schläge erteilt, wie er den Rußlandfeldzug hätte gewinnen können; dabei spielten
Memoiren von hochrangigen Militärs in den 50er Jahren, etwa Erich von Mansteins
Verlorene Siege, eine wichtige Rolle. Daß das Deutungsangebot von der »sauberen
Wehrmacht« auf breite Zustimmung stieß, ist kollektiv-psychologisch nachvollziehbar, allerdings wurde es durch viele Legenden unterstützt. So erschien 1950 die 1943
von Erwin Rommel verfaßte Abhandlung *Krieg ohne Haß,* in der der Krieg zu einem
wahrhaft afrikanischen Abenteuer wurde. Rommel stieg zu einer vertrauten Figur in
den Massenmedien auf; in den Kinopalästen der westlichen Welt feierte man den
Feldherrn als modernen Hannibal.

Der 1951 wiedereingeführte Volkstrauertag ragte aus der offiziellen Memorialkul-
tur der 50er Jahre weit heraus. Er kam aber nicht nur dem verständlichen Bedürfnis
nach, an die im Krieg gefallenen Brüder, Väter, Ehemänner und Söhne zu erinnern,
sondern trug deutliche Tendenzen, in den Soldaten beider Weltkriege Opfer des »Kampfes um Kultur und Freiheit unseres Volkes« zu sehen,[57] und er verwischte so die gravierenden Unterschiede zwischen den beiden Kriegen. Die Orte des NS-Terrors hingegen,
Konzentrationslager, Kriegsgefangenenlager und NS-Schaltzentralen, fielen dem Vergessen anheim oder wurden »umgenutzt«, jedenfalls war man nach Kräften um eine
Verwischung der sichtbaren Spuren bemüht. Dabei glich Deutschland 1945 einer Er-
innerungslandschaft par excellence. Das Konzentrationslager Dachau beispielsweise
diente mehr als ein Jahrzehnt zunächst den Amerikanern als Internierungslager für
Nationalsozialisten und dann als Flüchtlingslager. In keinem Jahrzehnt des Bestehens
der Bundesrepublik wurden weniger Mahnmale und Gedenkstätten für die Opfer des
Nationalsozialismus errichtet als im ersten. Dort, wo Gedenksteine aufgestellt wurden,
fanden sich typische Texte wie »Opfer des Krieges« oder des »Totalitarismus«, die jegliche Trennschärfe zwischen Opfern und Tätern verwischten und in denen Geschichte
nur als Schicksalsmacht auftrat. Erst seit Mitte der 60er Jahre sollten die Schreckens-

orte der NS-Herrschaft zu medienwirksamen Erinnerungsorten aufgewertet werden; es sollte eine Denkmals- und Gedenkstättenpolitik beginnen, die alte Versäumnisse korrigierte.[58] Bis dahin waren die NS-Verbrechen »entortet« gewesen – auch eine Erklärung dafür, daß sie im kollektiven Gedächtnis kaum vorkamen, während zu Flucht und Vertreibung der Deutschen aus den Ostgebieten unzählige Erinnerungszeichen bis hin zu Straßen- und Siedlungsnamen in fast jeder Stadt vorhanden waren.

Im Zeichen der Totalitarismustheorie war es gang und gäbe, die braune NS-Diktatur und die rote SED-Diktatur über den gleichen Leisten zu schlagen. Die DDR wurde als riesiges Konzentrationslager beschrieben und so auch in Karikaturen und Abbildungen gezeichnet. Noch 1963 brachte Franz Thedieck, Staatssekretär im Bundesministerium für Gesamtdeutsche Fragen, das gängige Geschichtsbild in einem Artikel im offiziellen Bulletin der Bundesregierung auf den Punkt. Unter der Überschrift »Immer noch Hitler-Diktatur. 30 Jahre Totalitarismus in Mitteldeutschland« formulierte er: »Majdanek, Auschwitz und Theresienstadt fanden ihre Fortsetzung in Bautzen, Waldheim und Torgau.«[59] Diese populäre Auffassung, die in Westdeutschland zu einer Strukturlehre geworden war, zeitigte ambivalente Folgen: Sie verwischte einerseits vollkommen die Unterschiede zwischen der nationalsozialistischen und der kommunistischen Diktatur, andererseits trug jedoch der antitotalitäre Konsens, der oftmals mehr ein antikommunistischer war, zur Stabilisierung der jungen bundesdeutschen Demokratie bei. Wenig Beachtung oder gar Zustimmung fand der Widerstand gegen die NS-Diktatur. Nur sehr mühsam gelang es in den 50er Jahren, den national-konservativen Widerstand des 20. Juli 1944 in das Bewußtsein der Westdeutschen zu heben – besonders Bundespräsident Theodor Heuss bemühte sich darum. Viele andere Widerstandsgruppen, zumal aus dem linken Lager, gerieten gar nicht erst in das öffentliche Sichtfeld, waren verpönt und diskreditiert. Doch selbst die Erinnerung an den 20. Juli fand lange Zeit überaus defensiv und nur in kleinem offiziellen Kreis statt.[60]

Das heißt allerdings nicht, daß es keine Forschung zur NS-Zeit und zum Widerstand gegen die Diktatur gegeben hätte. Politisch vorangetrieben wurde der Aufbau von historischen Forschungseinrichtungen, von denen das Münchner Institut für Zeitgeschichte herausragt, das sich vorrangig mit dem Nationalsozialismus beschäftigen sollte und zur »Geburt der westdeutschen Zeitgeschichte aus dem Geist der Vergangenheitsbewältigung« beitrug.[61] Bereits 1947 hatten sich die Ministerpräsidenten Bayerns, Hessens und Württemberg-Badens auf die Errichtung eines »Instituts zur Erforschung der nationalsozialistischen Politik« verständigt, 1949 wurde das Institut auf der Grundlage einer Vereinbarung zwischen der Bundesrepublik Deutschland und ihren Ländern definitiv gegründet und erhielt 1952 den bis heute bestehenden Namen. Es entwickelte sich zum wichtigsten außeruniversitären Forschungsinstitut der Bundesrepublik.[62] Die westdeutsche Zeitgeschichtsforschung leistete in den 50er Jahren Pionierarbeit, so etwa durch die bahnbrechende Studie zur Vorgeschichte des Dritten Reiches, Karl Dietrich Brachers *Die Auflösung der Weimarer Republik* aus dem Jahr 1955, oder durch die für ein breiteres Publikum gedachte Gesamtdarstellung *Deutsche Geschichte der jüngsten Vergangenheit 1933–1945*, die von Hermann Mau, dem ersten Leiter des Instituts für Zeitgeschichte, begonnen und von seinem Nachfolger Helmut Krausnick vollendet wurde.

Doch in der allgemeinen Historiographie bestand eine starke Tendenz, das Dritte Reich als Fremdkörper aus dem Kontinuum der deutschen Geschichte auszuklammern. Zwischen dem Kaiserreich und dem Dritten Reich wurden wasserdichte Schotten eingezogen, nichts verband das eine mit dem anderen, keine Kontinuitäten ragten herein. Die Mehrzahl der historischen Fachvertreter, allen voran die bekanntesten wie Gerhard Ritter, Theodor Schieder, Werner Conze oder der aus dem amerikanischen Exil zurückgekehrte Hans Rothfels betrachteten den Nationalstaat als das natürliche Ziel deutscher Politik seit dem 19. Jahrhundert. Aus Sorge über einen politischen und geistigen Nihilismus infolge des Werteverschleißes durch den Nationalsozialismus sahen sie ihre vornehmliche Aufgabe darin, der Nation verbindliche Geschichtsbilder zu liefern, die vor einer »Selbstverdunkelung« der deutschen Vergangenheit schützen und gleichzeitig die neuen Geschichtslegenden aus der DDR zurückweisen sollten. Das deutsche Kaiserreich verkörperte für sie alles in allem die gute, die bewahrenswerte Tradition der Deutschen. Daß die Alliierten mit den »Irrtümern« der Konferenzen von Teheran, Jalta und Potsdam dieses Bismarckreich gespalten hatten, galt ihnen als das große Unrecht; so erschien die deutsche Nation als Opfer der Siegermächte, namentlich der Sowjetunion, nachdem sie zuvor Opfer Hitlers gewesen war. Die Hypothese vom unterdrückten Volk durchzog leitmotivisch die Geschichtsschreibung.[63] In dieser Geschichtsdeutung wurde der Nationalsozialismus aus der Gesellschaft herausinterpretiert, das NS-Führungspersonal kriminalisiert, diabolisiert und pathologisiert, als hätte eine kleine Clique von Kriminellen und Wahnsinnigen ein ganzes Volk zwölf Jahre lang in Schach gehalten und terrorisiert. Hitler war, so stand es in der *Frankfurter Allgemeinen Zeitung* 1955 beispielhaft, »ein aus der Tiefe hervorgegurgelter Dämon«.[64] Auch in den vielen Heimatgeschichtsbüchern der 50er Jahre kamen bezüglich des Nationalsozialismus typische Formeln wie »dunkle Epoche«, »unselige Zeit« oder »wirre Jahre« vor, welche die Geschichte in einen Nebel der Abstraktion hüllten. Zwar wurde der Nationalsozialismus verurteilt, aber zu einem fernen, mit dem eigenen Lebensumfeld gar nicht verbundenen Gebilde gemacht. Die Kehrseite dieses Geschichtsbildes lief auf eine schuldverdrängende Verharmlosung hinaus: Das Individuum war machtlos, und obwohl die kleinen Leute zum Gehorsam gezwungen wurden, blieben sie durchweg anständig, ein ganzes Volk befand sich offenbar im kollektiven Befehlsnotstand.

Wohin der defizitäre Umgang führen konnte, wird an einer bezeichnenden Episode sichtbar. Als die deutsche Fußballnationalmannschaft 1954 in Bern gegen die favorisierten Ungarn den Weltmeistertitel errang, herrschte unbeschreiblicher Jubel in der Bundesrepublik. Die 30 000 deutschen Schlachtenbummler im Berner Wankdorfstadion standen auf und sangen wie selbstverständlich »Deutschland, Deutschland über alles ...« und nicht »Einigkeit und Recht und Freiheit«, wie der offizielle Text der Nationalhymne jetzt lautete. Das Ausland war entsetzt, die meisten deutschen Politiker waren es auch. Sicherlich ging die Begeisterung mit vielen durch, und man sollte solch ein Verhalten nicht überbewerten. Aber ein Symptom dafür, wie schnell und unbedacht man aus den langen Schatten der Vergangenheit heraustrat, war dieser Mißgriff schon.

Wenn vom deutschen Versagen in der Vergangenheit wenig die Rede war, so um so mehr vom deutschen Recht auf die verlorene Heimat im Osten. Das Auswärtige Amt wies 1958 alle bundesdeutschen Auslandsvertretungen an, nur solche Landkarten aufzuhängen, die, so Außenminister von Brentano, »Deutschland als Ganzes in seinen

Abb. 29: *Der Mannschaftskapitän der siegreichen Fußballnationalmannschaft, Fritz Walter, wird in seiner Heimatstadt Kaiserslautern im Juli 1954 begeistert empfangen. Das »Wunder von Bern« – die Stätte des unerwarteten Triumphes – war Balsam für die deutsche Volksseele: Man war wieder wer.*

Grenzen von 1937 wiedergeben«.[65] Die Vertreibung der Deutschen aus den Ostgebieten stellte ein Thema dar, das angesichts der Millionen von Flüchtlingen und Vertriebenen bis in die Alltagskultur hineinreichte. Die durch Finanzmittel des Bundes geförderte und unter der Leitung des Historikers Theodor Schieder stehende *Dokumentation der Vertreibung der Deutschen aus Ost-Mitteleuropa* war das bei weitem umfangreichste, im Spannungsfeld von Politik und Zeitgeschichte stehende Forschungsprojekt der 50er Jahre.[66]

Hatten die Nationalsozialisten Polen zum slawischen »Rassefeind« und zum Nationalfeind Deutschlands erklärt und hatte kein Volk Europas so fürchterlich unter dem Nationalsozialismus und der deutschen Besatzung zu leiden wie das polnische, so wirkte in der Bundesrepublik ein negatives Polenbild lange fort. Die polnische Westverschiebung, die Vertreibung der Deutschen und die Errichtung einer kommunistischen »Volksdemokratie« vergifteten das Klima. Das galt für alle Ostblockstaaten und zeigte sich nicht zuletzt in der Frage der Wiedergutmachung für die Opfer des Nationalsozialismus, in welche der Kalte Krieg mit Macht hereinragte. Im Londoner Schuldenabkommen vom Februar 1953 war ein Passus aufgenommen worden, der auf völkerrechtlich zu regelnde Reparationen verwies, die wiederum erst mit dem Abschluß eines Friedensvertrages verhandelbar sein sollten. Damit waren auch die Ansprüche ausländischer NS-Verfolgter im Prinzip bis zu einem Friedensvertrag vertagt. Allerdings wollte die Bundesrepublik im Zuge der Westintegration die Frage der »Westverfolgten« nicht ungeregelt lassen und entschloß sich zu freiwilligen Leistungen: Zwischen 1959 und 1964 wurden mit elf Staaten im Westen, Norden und Süden Europas Abkommen geschlossen und insgesamt 876 Mio. DM zur Wiedergutmachung bereitgestellt. Für den Osten und die »Ostverfolgten« gab es nichts auch nur annähernd Vergleichbares. Vielmehr war in das Bundesentschädigungsrecht – im Juli 1953 hatte der Bundestag mit großer Mehrheit das erste bundeseinheitliche Entschädigungsgesetz verabschiedet, 1956 und 1965 sollte es jeweils novelliert werden – die sogenannte »diplomatische Klausel« aufgenommen worden. Diese schloß aus, daß Entschädigungsgelder in Staaten flossen, mit denen die Bundesrepublik Deutschland keine diplomatischen Beziehungen unterhielt. Diese Sperre traf sämtliche im Ostblock lebende NS-Verfolgten.[67]

Ausnahmen galten neben Finnland für Israel, zu dem die Bundesrepublik erst 1965 diplomatische Beziehungen aufnehmen sollte. Das Bundesentschädigungsgesetz war das Kernstück der westdeutschen Wiedergutmachung. Von den 103,8 Mrd. DM, die die öffentliche Hand für die Wiedergutmachung bisher aufgewandt hat, entfallen 77 % auf die Bestimmungen dieses Gesetzes; rund 2 Mio. Anträge sind anerkannt, 1,2 Mio. abgelehnt worden; etwa 80 % der Entschädigungsgelder flossen ins Ausland, rund die Hälfte davon nach Israel. Die Zahlungen konzentrierten sich auf die ermordeten Juden und sparten andere Opfergruppen systematisch aus: Kommunisten galten als Verfassungsfeinde, störende Minoritäten wie Sinti und Roma, aber auch Homosexuelle oder Zwangssterilisierte wurden zu Nichtverfolgten erklärt, die im Nationalsozialismus lediglich kriminalpräventiven bzw. erbbiologischen Maßnahmen ausgesetzt gewesen seien.[68] »Verantwortlich für diesen schändlichen Sachverhalt war in erster Linie die Restauration der alten Richterschaft.«[69]

Während die bundeseinheitliche Regelung der Entschädigung bis 1953 auf sich warten ließ, weil die Kompetenz- und Kostenverteilung zwischen Bund und Ländern umstritten blieb, war mit dem Staat Israel bereits zwei Jahre zuvor ein neuer Faktor in der Auseinandersetzung um die Wiedergutmachung aufgetreten. Der neue Staat Israel beanspruchte, als legitimer Erbe der getöteten Juden anerkannt zu werden. Das Eigentum der Ermordeten und Beraubten sollte ihm erstattet und er sollte so in die Lage versetzt werden, heimatlose Holocaustopfer in den jüdischen Staat einzugliedern. Am 16. Januar und am 12. März 1951 wandte sich die israelische Regierung mit zwei Noten an die vier Besatzungsmächte in Deutschland, um Ansprüche auf Entschädigungszahlungen geltend zu machen. Die Westmächte empfahlen das direkte Gespräch mit Bonn, die Sowjetunion verwies darauf, daß erst ein Friedensvertrag mit Deutschland zu unterzeichnen sei, bevor über eine Wiedergutmachung verhandelt werden könne. Erste westdeutsch-israelische Kontakte gab es im April 1951 in Paris, entscheidend für den Fortgang der Verhandlungen war jedoch ein geheimes Treffen zwischen Konrad Adenauer und Nahum Goldmann, dem Präsidenten der 1951 in New York ins Leben gerufenen Conference on Jewish Material Claims against Germany, am 6. Dezember 1951 in London. In einem Brief an Goldmann schrieb der Bundeskanzler, »daß die Bundesregierung in dem Problem der Wiedergutmachung vor allem auch eine moralische Verpflichtung sieht und es für eine Ehrenpflicht des deutschen Volkes hält, das Möglichste zu tun, um das an dem jüdischen Volk begangene Unrecht wiedergutzumachen.«[70] Neben dem moralischen Motiv spielten außenpolitische und außenwirtschaftliche Aspekte für Adenauer eine Rolle, der, auch mit Blick auf das westliche Ausland, einen möglichst starken Akzent setzen wollte. Im März 1952 begannen die Verhandlungen – weil die Israelis deutschen Boden nicht betreten wollten – im niederländischen Schloß Wassenaar in Den Haag. Das am 10. September 1952 unterzeichnete Luxemburger Abkommen war ein Kompromiß, der für Westdeutschland finanziell gerade noch tragbar und für das in wirtschaftlichen Notlagen steckende Israel die Rettung beim Staatsaufbau war: Die Bundesrepublik stellte 3,45 Mrd. DM zur Verfügung, Israel sollte 3 Mrd. erhalten, zahlbar in 14 Jahresraten; der Rest ging an die jüdische Weltorganisation, die damit besonders die in die USA und nach Großbritannien eingewanderten jüdischen Flüchtlinge unterstützte.[71] Am 18. März 1953 ratifizierte der Deutsche Bundestag das Abkommen: Von

400 Abgeordneten sprachen sich 239 für das Abkommen aus, 35 dagegen, 86 enthielten sich, und 40 blieben fern. Adenauer, dem aus der eigenen Partei große Widerstände entgegenschlugen, war auf die Stimmen der SPD-Opposition, die als einzige Fraktion geschlossen dafür stimmte, angewiesen. Der Bundestag votierte damit gegen die Mehrheitsmeinung der westdeutschen Bevölkerung, in der das Abkommen mit Israel keinen Zuspruch fand.[72]

Im Land der Opfer stießen die Verhandlungen mit dem Land der Täter auf massive Kritik. »Was sollen unsere ermordeten Großeltern pro Stück kosten?« riefen aufgebrachte Demonstranten in Israel.[73] Der verharmlosende Begriff »Wiedergutmachung« wurde ohnehin abgelehnt, die Israelis verwendeten die Bezeichnung »Shilumim«, die in der Bibel »Zahlung« oder »Vergeltung« bedeutete.[74] Anders als die Bundesrepublik leistete Österreich, das sich nach 1945 als »erstes Opfer des Nationalsozialismus« verstand, keine Wiedergutmachung, sondern nur eine Entschädigung in Form eines eher gering ausgestatteten Hilfsfonds für NS-Opfer im Ausland. Die DDR, die israelische Entschädigungsforderungen vehement ablehnte, geißelte das Luxemburger Abkommen als ein »Geschäft zwischen westdeutschen und israelischen Großkapitalisten«. Auch die Arabische Liga protestierte, weil sie fürchtete, das Kräfteverhältnis im Nahen Osten werde sich durch die bundesdeutsche Unterstützung stark zugunsten Israels verändern. Tatsächlich kam es im Gefolge des Abkommens auch zu Waffenlieferungen Bonns an Israel.

Hatte mit der Gründung der Bundesrepublik 1949 eine »Flaute bei der strafrechtlichen Verfolgung nationalsozialistischer Gewaltverbrechen« eingesetzt,[75] so änderte sich gegen Ende der 50er Jahre das Bild. Bis dahin hatte der Eindruck entstehen können, daß sich die bundesdeutschen Strafverfolgungsbehörden am Rande einer »Justizverweigerung« bewegten. Um 1958 herum ereigneten sich jedoch eine Reihe spektakulärer Justizskandale, die ein grelles Licht auf die bisherigen Versäumnisse warfen. Sie zeigten, daß große NS-Verbrechenskomplexe noch unaufgeklärt waren. Der durch einen Zufall in Gang gekommene und im August 1958 abgeschlossene Ulmer Einsatzgruppenprozeß, in dem es um Massenerschießungen an Juden im Memelgebiet ging, machte die Dimension der deutschen Verbrechen hinter der Front im Osten deutlich. Die Erkenntnis, daß noch viele solcher NS-Täter unerkannt und unbehelligt in Freiheit lebten, bewirkte einen spürbaren Stimmungsumschwung in der öffentlichen Meinung. Ebenfalls 1958 gelang dem ehemaligen KZ-Arzt Dr. Eisele die Flucht nach Ägypten, und die Presse deckte auf, daß Strafanzeigen gegen ihn jahrelang »liegengeblieben« waren.[76] Zusätzlich in Bedrängnis geriet die Bundesrepublik, weil seit 1957 in der DDR Broschüren mit Namenslisten sogenannter ehemaliger »Blutrichter« erschienen.[77] Besonders die in steigender Zahl ans Licht gelangenden Justizskandale, aber auch der Druck aus dem Ausland veranlaßten die Justizminister der Bundesländer im

Dezember 1958, in Ludwigsburg die »Zentrale Stelle zur Aufklärung nationalsozialistischer Verbrechen« zu gründen. 13 Jahre nach Kriegsende erhielt die Behörde den Auftrag, sämtliche nationalsozialistischen Tötungsverbrechen in Vorermittlungsverfahren systematisch aufzuklären, ihre Erkenntnisse an die Staatsanwaltschaften weiterzuleiten und die NS-Verfahren zu koordinieren.[78] Diese Gründung bildete den »Wendepunkt«[79] in der bundesdeutschen Strafverfolgung. Durch die Arbeit der »Zentralen Stelle« erhöhte sich die Zahl der Ermittlungsverfahren von 238 im Jahr 1957 auf 1240 im Jahr 1965. Bis Ende 1998 wurden von der bundesdeutschen Justiz Ermittlungs- und Vorermittlungsverfahren gegen 106 496 Personen eingeleitet, von denen allerdings nur 6495 rechtskräftig verurteilt werden konnten.[80]

Aber auch antisemitische Skandale und Hakenkreuzschmierereien im gesamten Bundesgebiet, welche die politische Klasse schockierten und das deutsche Ansehen im Ausland schwer zu beschädigen drohten, führten am Ende des Jahrzehnts zu einer neuen Selbstthematisierung der westdeutschen Gesellschaft und veränderten das geistige Klima. Anläßlich solcher Vorkommnisse fragte Bundesinnenminister Gerhard Schröder Mitte 1958 »Ist die Bundesrepublik auf festem Grund gebaut?«[81] Und nach der Schändung der Kölner Synagoge zum Jahreswechsel 1959/60 gab Bundestagsvizepräsident Carlo Schmid im Parlament eine Erklärung ab, in der es hieß: »Daß dies in unserem Lande geschehen konnte, ist eine Schande … Daß es so ist, geht uns alle an. Hier liegt für uns alle eine Aufgabe, und wenn wir mit dieser Aufgabe nicht fertig werden, wird unser Volk nicht gesunden … Solange bei uns in der Absicht zu exkulpieren darüber diskutiert werden kann, ob sechs Millionen oder ›nur‹ drei Millionen Juden ermordet worden sind, solange nicht jedes Kind belehrt worden ist und begriffen hat, daß das Problem nicht ist, ob sechs oder drei Millionen, sondern ob null oder einer ermordet worden sind, solange haben wir – auch jene in unserem Volk, die in der verruchten Zeit saubere Hände behielten – versagt.«[82] Das politische System reagierte umgehend: Mitte 1960 verabschiedeten die westdeutschen Kultusminister neue Richtlinien für den Schulunterricht, in dem die Zeit des Nationalsozialismus ausführlicher behandelt werden sollte. Außerdem folgten rechtliche Schritte; so schuf beispielsweise der Gesetzgeber 1960 den neuen Straftatbestand der »Volksverhetzung«.

In diesem sich verändernden Umfeld fanden kritische Intellektuelle und Tabubrecher ein zunehmend aufnahmebereites Publikum vor. Kinofilme entstanden, die sich kritisch mit der NS-Zeit auseinandersetzten; in der Literatur entwickelte sich ein neuer Dramentyp, die Mitschuld-Parabeln; Theodor W. Adorno hielt 1959 seinen vielbeachteten Rundfunkvortrag »Was bedeutet: Aufklärung der Vergangenheit?«[83] Als Pionier der Aufklärung über NS-Verbrechen machte sich Gerhard Schoenberner einen Namen mit Büchern, Ausstellungen und Filmen, so etwa der Ausstellung »Die Vergangenheit mahnt uns« in der Berliner Kongreßhalle; das Deutsche Fernsehen

strahlte erste Dokumentationen über die NS-Vergangenheit aus, die eine große Sehbeteiligung erfuhren. Das *Tagebuch der Anne Frank*, das unmittelbar nach Kriegsende
in den Niederlanden erstmals erschien und fünf Jahre später, aber kaum beachtet, auf
den deutschen Markt kam, erreichte um 1958 herum Auflagen von über einer halben
Million Exemplaren; auch die Bücher von Golo Mann, den der Dramatiker Rolf
Hochhuth später den »maßgebenden Erzieher« der jüngeren Generation nannte,[84]
fanden viel Zuspruch. In seiner *Deutschen Geschichte des 19. und 20. Jahrhunderts*
wollte er dem Publikum moralische Lehren aus der Vergangenheit für die Gegenwart
vermitteln: »Geschichte soll uns nicht nur zeigen, was wir sind; sie soll uns auch zeigen, was wir *nicht* mehr sind.«[85] Insgesamt nahm die öffentliche Präsenz der NS-Zeit
und der NS-Verbrechen erheblich zu. Der Nationalsozialismus wurde von der westdeutschen Bevölkerung zunehmend als ein Skandalon betrachtet, und eine Distanzierung von ihm fing an zum Nachweis und Konstitutivum des Bundesbürgers zu werden. Am Ausgang der 50er Jahre setzten somit verstärkt kollektive Lernprozesse ein,
die bis zum Ende des folgenden Jahrzehnts – dann noch einmal vorangetrieben durch
die Verjährungsdebatten im Deutschen Bundestag und die Studentenunruhen – zu einem immer umfassenderen Einstellungswandel im Sinne einer strikten Abgrenzung
vom Dritten Reich führten.

Westdeutsche Mentalitäten am Ende des Gründungsjahrzehnts

Mit dem Siegeszug der Demoskopie sind die Bundesdeutschen seit der Adenauerzeit
zu einer befragten Halbnation geworden: Die *Jahrbücher der Öffentlichen Meinung* des
Allensbacher Instituts für Demoskopie und Meinungsumfragen weiterer, sich rasch
entwickelnder und an Einfluß gewinnender Umfrageinstitute bieten einen umfassenden Einblick in die sich einschneidend verändernden Normen, Lebensgefühle, Ein-
und Vorstellungen sowie Mentalitäten, also in die unreflektierten, das Alltagsverhalten
bestimmenden Sinnstrukturen. Einerseits werden Beharrungskräfte idealer und
mentaler Orientierungen aus der Zeit des Deutschen Reiches sichtbar, andererseits
Neuorientierungen. Alles in allem war ein Verschleiß alter Leitbilder aber die auffällig-
ste Entwicklung im Jahrzehnt nach der Staatsgründung. Dabei wird auch die oben ge-
nannte Distanzierung vom Dritten Reich deutlich. Im August 1958 sprach sich immerhin mehr als die Hälfte der Befragten dafür aus, NS-Täter zu bestrafen und keinen
Schlußstrich unter die Vergangenheit zu ziehen; einige Jahre zuvor sahen die Mehrheitsverhältnisse noch ganz anders aus.[86] Auch auf die Frage, wer die Schuld am Ausbruch des Krieges 1939 trug, antworteten im Mai 1959 50 % »Deutschland« und nur
noch 11 % »andere Staaten«; 1951 hatten hingegen 32 % dem »Dritten Reich« die
Schuld gegeben, aber 24 % den »anderen Staaten«.[87]

Historisch-politisches Bewußtsein und Mentalitäten konstituieren sich durch soziale Interaktionen und gesellschaftliche Vermittlungsprozesse, aber ebenso durch die psychische Verarbeitung eigener Erfahrungen und Vorstellungen darüber, wie die Gegenwart zu begreifen ist und was man von der Zukunft erhofft. Bis zur Mitte der 50er Jahre war ein Gefühl der Unsicherheit und der Angst die mentale Unterströmung des westdeutschen Wiederaufbaus. Die Bundesbürger glaubten, sich in einer nur kurzen weltgeschichtlichen Kampfpause zu befinden, und fürchteten einen dritten Weltkrieg. 1950 hielten es 35% der Befragten für wahrscheinlich und 48% für möglich, daß in den nächsten drei Jahren ein neuer Weltkrieg ausbreche.[88] Sicherheit zu erlangen, und zwar im persönlichen wie im kollektiven Bereich, beanspruchte oberste Priorität. Ruhe und Ordnung, Verläßlichkeit und Solidität waren Leitnormen. An der These von der »posttotalitären Ideenlandschaft« ist deshalb richtig, daß für ein Jahrzehnt lang eine gewisse Beruhigung eingetreten, daß politischer Extremismus nicht mehr gefragt war.[89] Utopien hatten ausgedient, gefährdeten sie doch die rationale Wohlstandssicherung; es obwaltete ein ausgeprägter Pragmatismus in politischen Fragen, auch die Bereitschaft zum Kompromiß. Der antitotalitäre Konsens – mag er lange Zeit hauptsächlich ein antikommunistischer gewesen sein – bestimmte das Ideenklima in der frühen Bundesrepublik und unterschied die neue Demokratie so grundsätzlich von der Weimarer Republik.

Wenn man nach zwei Polen sucht, zwischen denen der gesellschaftliche Diskurs und die Mentalitäten oszillierten, dann waren es »Abendland« und »Amerika«.[90] Die Berufung auf das Abendland, auf die abendländische Gedankenwelt und auf christliche, genauer: katholische Leitbilder vermochte nationalistische Ressentiments gegenüber dem Westen, vor allem gegenüber Frankreich, an den Rand zu drängen. Sie verlieh der westeuropäischen und auch der transatlantischen Verflechtung große Zustimmung, die dadurch noch gesteigert wurde, weil der Feind im Osten, der »antichristliche Bolschewismus«, der gleiche wie seit den 20er Jahren geblieben war. Nur vor diesem Hintergrund ist die so erfolgreiche Integration konservativen Denkens in die Ideenlandschaft der Bundesrepublik und die bereitwillige Bejahung der in ihrem Kern »antinationalen« Westintegration zu erklären. In einer Broschüre des BDI von 1954 hieß es beispielhaft: »Die gesamte westdeutsche Industrie fühlt sich der westlichen Welt engstens verbunden und verpflichtet. Aus der abendländischen Kultur und ihren überkommenen Gesetzen leitet sie die beschwingenden Kräfte allen Widerstands gegen eine asiatische Überflutung her«.[91] Ähnlich hätte es Konrad Adenauer formulieren können; nur wenig anders vernahm man es auch aus dem Munde von Gewerkschaftern und Sozialdemokraten. Kern der Abendland-Ideologie war das Gegensatzpaar »Freiheit gegen Bolschewismus«; es war in seiner Allgemeinheit in der Lage, ein breites Spektrum von demokratischen Sozialisten bis hin zu Konservativen zu umschließen. Die »Freiheit des Westens« war die wichtigste Legitimationsressource im Systemkonflikt mit dem kommunistischen Osten, und »Verteidigung der Freiheit« wurde zur gültigen Konsensformel. Berlin als »Vorposten der Freiheit« bzw. der freien Welt grub sich seit der Berlin-Blockade des Jahres 1948 in das Gedächtnis nicht nur der Bundesdeutschen ein. Während der 50er Jahre blieb »Freiheit« allerdings ein relativ statischer Wert, was angesichts des Kalten Krieges, der eine Pluralismustoleranz begrenzte, nicht verwundern kann. Im Vergleich zu den Lebensbedingungen in anderen Staaten kannte der westdeutsche Bürger ein Höchstmaß an Grundfreiheiten. Freiheit als Anrufung der Demokratie, als innenpolitischer Prozeß einer umfassenden gesellschaftlichen Demokratisierung und Liberalisierung war jener Zeit jedoch noch fremd und unterscheidet sie von der zweiten formativen Phase der Bundesrepublik, die in den 60er Jahren begann.

»Abendland« bedeutete mithin einerseits einen Kampfbegriff gegen den ungläubigen, die Freiheit der Menschen raubenden Bolschewismus; andererseits war »Abendland« gleichzeitig eine Unabhängigkeitsbekundung gegenüber dem bloß als materialistisch wahrgenommenen Amerika, und diese Breite des Leitbegriffs erleichterte die Integration fast sämtlicher gesellschaftlicher Gruppen. Amerika war Traum und Alptraum zugleich, Symbol für eine erhoffte oder befürchtete Zukunft, Ausdruck von Technisierung, Rationalisierung und Fortschritt oder Beispiel für Seelenlosigkeit im technischen Zeitalter. So sehr die politische, wirtschaftliche und militärische Suprematie Amerikas anerkannt und bewundert wurde, so schienen vermittels des Abendlandbegriffs doch auch Überlegenheitsgefühle gegenüber der zivilisatorisch zwar weit entwickelten, dafür allerdings geistig-kulturell anscheinend zurückgebliebenen »neuen Welt« durch: Ein traditioneller deutscher Dünkel der Gegenüberstellung von Zivilisation und Kultur setzte sich fort.[92] Zwischen Abendland und Amerika, so läßt sich zusammenfassen, verlief der ideelle und mentalitätsgeschichtliche Weg der Bundesrepublik in eine westlich geprägte Gesellschaft, ein Weg, der sich als Modernisierung unter konservativen Vorzeichen beschreiben läßt. Bis zum Ende der 50er Jahre wurde auf diesem Weg die abendländische Komponente immer schwächer, die Dimensionen der Amerikanisierung hingegen immer stärker. Die allmähliche Westorientierung kann man in Umfragen gut ablesen. Auf die Frage »Haben Sie den Eindruck, daß wir uns heute zu der Gemeinschaft der westlichen Völker zählen können, oder stehen wir Ihrer Meinung nach als Feinde von gestern noch außerhalb?« meinten im Jahr 1951 erst 8% der Befragen, daß die Bundesrepublik voll dazugehöre; am Ende des Jahrzehnts waren es bereits 33%.[93] Die durchgängigste Konstante bundesdeutscher Mentalität war die »Ostangst«, und sie verstärkte zugleich die Kehrseite, die »Westbegeisterung«.

Lange noch gab es in der westdeutschen Bevölkerung ausweislich demoskopischer

Befunde ein notorisch geringes Interesse an Politik und nur rudimentäre Kenntnisse über die Funktionsweise des parlamentarischen Systems; trotz allem war aber eine zumindest passive Akzeptanz des Bonner Staates vorhanden. Ein lebendiges Gemeinwesen konnte die Bundesrepublik nur dann werden, wenn die Bevölkerung die erforderliche Bereitschaft, Haltung und das Verständnis für dieses 1949 als Verwaltungsakt geschaffene und als provisorisch erklärte Gebilde aufbrachte. In dem Maße, wie die politische Ordnung sichtbar erfolgreich war, gewann sie Vertrauen. Die Umfragen zum Staatsbewußtsein in Westdeutschland signalisierten eine zunehmende Systemakzeptanz und Zufriedenheit mit der Demokratie. Von der ungelernten Demokratie zur lernenden Demokratie – auf diesen Begriff kann man die politische Kultur der 50er Jahre bringen. Daß politischer Wettbewerb das Lebenselixier einer Demokratie sei, meinten am Ende des Jahrzehnts 79%, an seinem Anfang waren es gerade einmal 53% gewesen; für die Wiederherstellung einer Monarchie plädierte kaum jemand mehr, und bei der Frage nach den größten deutschen Staatsmännern hatte Konrad Adenauer bereits Mitte 1952 Adolf Hitler überholt und Mitte 1956 schließlich auch Otto von Bismarck. Eine beliebte, fast alljährlich gestellte Frage der Demoskopen lautete: »Wann in diesem Jahrhundert ist es nach Ihrem Gefühl Deutschland am besten gegangen?« Ende der 50er Jahre wurde die Lage in der Bundesrepublik erstmals – und seither beständig – positiver eingeschätzt als die im deutschen Kaiserreich oder in der »Friedenszeit« des Dritten Reiches; die Westdeutschen empfanden die Situation der Menschen in Deutschland als besser als jemals zuvor in der Geschichte, das bezog sich insbesondere auf das Wirtschaftssystem, aber mehr und mehr auch auf die politische Verfaßtheit und die Institutionen des Gemeinwesens. Auffallend war zudem, daß »Deutschland« in allen Bereichen, bis hin zum Sport, als Begriff für den Westen vereinnahmt wurde.[94]

Der Erfahrungsraum der Westdeutschen war die Bundesrepublik geworden, doch ihr Erwartungshorizont erstreckte sich noch für eine lange Zeit auf die Wiedervereinigung Deutschlands in den Grenzen von 1937. Dies sagen jedenfalls die Umfragedaten aus. Aber stärker als sonstwo entdeckt man hier, je genauer man in die Gesellschaft hineinblickt, widersprüchliche Tendenzen. Einerseits: offizielle Empörung, wenn Tabus gebrochen wurden. 1958 hatte beispielsweise Carlo Schmid, der Vizepräsident des Deutschen Bundestages, nach Meinung Tübinger Honoratioren das Recht verwirkt, am Tag der Deutschen Einheit zu reden, weil er im März desselben Jahres an der Universität Warschau einen Vortrag gehalten hatte, in dem er offen die deutschen Verbrechen des Zweiten Weltkriegs benannte; auch war bekannt, was erschwerend hinzutrat, daß Schmid als einer der wenigen bundesdeutschen Politiker öffentlich die Anerkennung der Oder-Neiße-Grenze als Ostgrenze eines wiedervereinigten Deutschland verfocht. Selbst Fernseh-Prominenz kam nicht ungeschoren davon, wenn sie sich über ungeschriebene Verhaltensnormen hinwegsetzte. In die Schußlinie geriet z.B. der Quizmaster Hans-Joachim Kulenkampff, weil er seine neue Unterhaltungssendung *Quiz ohne Titel* am 10. Oktober 1959 mit den Worten eröffnete: »Guten Abend, meine Damen und Herren, guten Abend, liebe Fernsehfreunde in Österreich, in der Schweiz und in der Bundesrepublik, in der DDR und alle Kiebitze in den Zonen- und anderen Grenzgebieten.« In der Bezeichnung »DDR« sahen bundesdeutsche Politiker quer durch alle Parteien hindurch eine »gefährliche Entgleisung einer Körperschaft des öffentlichen Rechts«, Kulenkampff müsse von den bundesdeutschen Mikrofonen und Bildschirmen ferngehalten werden, hieß es; er bekam eine Rüge.[95]

Andererseits: ein relativ rasches Verblassen der Idee von der deutschen Gesamtnation bei vielen Bürgern. Ein Symptom dafür war der 17. Juni, der Tag der Deutschen Einheit, der ein Feiertag wie jeder andere, d.h. ein freier Tag wurde. Kilometerlange Staus auf den Autobahnen zeugten von der Fahrt ins Grüne. Die Vergnügungen der Westdeutschen an diesem Tag ließen es gerechtfertigt erscheinen, das politisch rituell proklamierte »Einheit in Freiheit« durch »Einheit in Freizeit« zu ersetzen. Die Westdeutschen dachten an diesem Tag offenbar an alles, nur nicht an die nationale Einheit. Den »Brüdern und Schwestern« in der »Zone« schickte man zwar noch das fast obligatorische »Päckchen nach drüben«, aber im täglichen Leben verschwanden sie doch zunehmend aus dem Bewußtsein. Das überparteiliche »Kuratorium Unteilbares Deutschland« bemühte sich zwar um vielfältige Aktivitäten, doch die Beteiligung ließ von Jahr zu Jahr rapide nach. »Unteilbare D-Mark« wurde zum witzig gemeinten Gegenbegriff. Gesamtdeutsche Politiker kritisierten die »müde gewordenen Bundesrepublikaner« und die »biederen Wirtschaftswunder-Philister«, ja sie klagten, wie Thomas Dehler, über den »deutschen Spießer«, den nichts in seiner »Bierruhe« störe, und entwarfen apokalyptische Bilder vom Verlust des Nationalbewußtseins, vom gesamtdeutschen Fatalismus sowie von hedonistischen, uninteressierten, »unqualifizierten« Staatsbürgern.[96] Es scheint, als seien die Bürger im Zeichen von Wirtschaftswunder und Konsumkapitalismus den politischen Eliten beim Abrücken von gesamtnationalen Vorstellungen vorausgeeilt und als habe im Bewußtsein der Mehrheit die Sicherheit des Teilstaates der nationalen Wiedervereinigung den Rang abgelaufen.

Zum zehnjährigen Bestehen der Bundesrepublik Deutschland am 23. Mai 1959 würdigten Politiker auf öffentlichen Foren das Grundgesetz als »große Tat«, und Publizisten fragten, ob die Bonner Demokratie sich nicht bereits als ein Provisorium von Dauer darstellte.[97] Bonn war nicht, wie lange befürchtet, Weimar geworden.[98] Die zweite Demokratie erwies sich vielmehr als sehr erfolgreich. Wie war es möglich, so formuliert Hans-Peter Schwarz eine der Kernfragen bundesdeutscher Geschichte, »daß ein ursprünglich zutiefst hysterisches Volk inmitten eines aufgewühlten Kontinents fast auf Anhieb zur zivilisierten Ruhe kam und im großen und ganzen dabei geblieben ist«?[99] Warum blieb die anfangs von nicht wenigen vorausgesagte Katastrophe aus? Die Antwort findet sich zuallererst in der internationalen Lage, im Kalten Krieg, der eindeutige Optionen notwendig machte. Adenauers Politik der Westbindung stabilisierte die Bundesrepublik und wies den Westdeutschen neue europäische und transatlantische Ziele. Das Ensemble von Neuansätzen umfaßte außen- und sicherheitspolitische, verfassungspolitische, wirtschaftliche und kulturelle Dimensionen; ihr Mischungsverhältnis von Modernisierung und Tradition ist in den vorangegangenen Abschnitten diskutiert worden. Die militärische Sicherheit wurde von den westlichen Partnern garantiert, die Institutionen im Inneren des Staates funktionierten, die Wirtschaft boomte seit Mitte der 50er Jahre, und am Ende des Jahrzehnts griff eine neue westdeutsche Mentalität um sich, die sich von dem Bewußtseinsprofil am Anfang abheben läßt. Zur Kunst der Politik kam die Gunst der Stunde, also Glück, hinzu. Alfred Grosser kritisierte 1959/60, daß der »Erfolgsdeutsche« eine »nicht gerade erfreuliche Erscheinung« sei. Das Wirtschaftswunder habe sich für die Kultur als schädlich erwiesen, Geld nehme einen wichtigen Platz in der westdeutschen Werteskala ein, Neureiche und Materialismus gäben den Ton an.[100] Doch solcher Kritik an der Prosperität, an steigenden Einkommen, an der Wohlfahrtsstaatlichkeit und an neuen Konsummöglichkeiten haftet ein Schuß intellektueller Arroganz an. Kann man nicht im Gegenteil zu Recht argumentieren, daß all diese Elemente eine Versöhnung der Westdeutschen mit der Demokratie ganz erheblich erleichterten? Sicherlich erschienen die Westdeutschen zunächst als »Konsum-Demokraten«; von hier aus eröffnete sich ihnen jedoch der Weg, und sie beschritten ihn, um auch zu gefestigten politischen Demokraten zu werden. Die Bundesrepublik präsentierte sich am Ende des Gründungsjahrzehnts als ein stabiler Staat, sie ähnelte in dieser Hinsicht mehr den angelsächsischen und skandinavischen Demokratien als den labilen, von innenpolitischen Krisen geschüttelten politischen Systemen Frankreichs oder Italiens, sie war vielleicht sogar hyperstabil und starr, jedenfalls bereits mehr Definitivum als Provisorium. An einem entscheidenden Punkt hatte sich allerdings nichts geändert: Deutschland war ein zerrissenes Land, und hinter der nationalen Frage stand ein großes Fragezeichen.

Dynamik und Liberalisierung:
Die zweite formative Phase 1959/60–1973

In der relativ kurzen Zeitspanne zwischen 1959/60 und 1974 wechselte in der Bundesrepublik insgesamt viermal die Kanzlerschaft. Schon allein dieser Umstand zeigt, daß etwas in Bewegung geraten war. Konrad Adenauer, dessen Stern allmählich verblaßte, wurde von dem eher glücklosen Ludwig Erhard abgelöst; auf ihn folgte der bisweilen unterschätzte Kurt Georg Kiesinger, und ab 1969 war Willy Brandt am Ruder, dessen Aufforderung »Mehr Demokratie wagen« zum Signum einer Epoche wurde. Die christdemokratische Staatspartei verlor in diesem Zeitraum schrittweise ihre Hegemonie, sozialdemokratische und liberale Reformer zeigten neue Wege in der Innen- und Außenpolitik auf. Doch auch in den großen Demokratien des Westens kam es in dieser Zeit zu tiefgreifenden Machtwechseln, der am meisten aufsehenerregende war sicherlich derjenige in den Vereinigten Staaten: die Präsidentschaft des jungen John F. Kennedy, der Idealismus ausstrahlte und Reformen versprach. General Charles de Gaulles Wiederaufstieg in Frankreich stellte gleichsam den Antipoden dar, von ihm ging kaum weniger Zauber aus. Nach der Auflösung der Dauerkonfrontation eines linken und eines rechten Parteienblocks kam es in Italien in der Mitte-Links-Regierung Aldo Moros zum ersten Mal zu einer Beteiligung der Sozialisten an der Regierungsmacht; auch in Großbritannien wurde nach 13 Jahren die konservative Tory-Regierung durch die Labour-Party abgelöst. Die politische Orientierung in der westlichen Welt und in (West-)Europa war in Bewegung geraten, und diese gesamtwestlichen Entwicklungen erreichten auch die Bundesrepublik.

Lange Jahre galt die hier in den Blick genommene Phase der Bundesrepublik als eine »Zeit vergessener Anfänge«.[1] Diese Sichtweise hat sich inzwischen grundlegend geändert: Die neue historische Forschung konstatiert für das Ende der 50er und für die gesamten 60er Jahre einen viele gesellschaftliche Bereiche durchgreifenden Wandel; sie modelliert eine Zeit, in der sich gleitende Übergänge und Gärungen abwechselten und in der sich Veränderungsimpulse wechselseitig verstärkten.[2] Dem Jahrzehnt des Wiederaufbaus, das zuerst noch von Entbehrungen gekennzeichnet war, bevor es in zunehmend rasanterem Tempo aufwärtsging, schloß sich eine Epoche an, die fast wie ein kleines Goldenes Zeitalter erscheint. Mit bisher nicht gekannter Dynamik ergänzten sich unterschiedliche Modernisierungstendenzen, deren Auswirkungen und

Folgen unsere Gegenwart nach wie vor zu einem großen Teil prägen. Diese Entwick-lung konnte, und das war ihre Voraussetzung, auf der Stabilität der 50er Jahre auf-bauen, darauf, daß die Institutionen sicher und funktionsfähig waren. Nun gewan-nen – häufig als Konsequenz innenpolitischer Konflikte, Affären, neuer Erfahrungen und deren Verarbeitung – politische und gesellschaftliche Liberalisierungstendenzen in der Bundesrepublik an Gewicht. Innere Demokratisierung, der Wandel überkom-mener Wertorientierungen, Lebensstile und Mentalitäten im Generationenwechsel und -konflikt, eine Gesellschaft, die lernte, aber auch neue Fehler beging: All diese Aspekte bündeln sich in dem vielzitierten Wort einer »Gesellschaft im Aufbruch«.[3] Der Veränderungswille ging mit einem nicht zu leugnenden Reformdruck einher. Woraus ergab sich letzterer? Welche Rolle spielte die Bildungsexpansion, welche die demographische Veränderung infolge des »Babybooms« der 60er Jahre, welche die Anwerbung und der Zustrom von Gastarbeitern? Wie wirkten sich die ersten ökono-mischen Wachstumsstörungen und Schwächephasen in den Jahren 1966/67 aus? Warum schlug die Notstandsgesetzgebung so hohe Wellen? Die Reihe der Fragen ließe sich leicht fortsetzen. Insgesamt geht es darum, die bundesdeutsche Spezifik in einer sich stark verändernden, von Auf- und Umbrüchen gekennzeichneten Welt zu eruie-ren. Nicht zuletzt gilt dies für den Studentenprotest 1968, der zwar ein transnationales Ereignis war, aber doch deutsche Besonderheiten aufwies.

Der zeittypische, fast ungebrochene und in dieser Ausprägung nie danach wieder in Erscheinung getretene Zukunftsoptimismus manifestierte sich nicht zuletzt in der von der westlichen Welt bejubelten ersten Landung auf dem Mond 1969. Als der Astronaut Neil Armstrong als erster Mensch den Erdtrabanten betrat, schien ein neues Zeitalter der Menschheitsgeschichte angebrochen zu sein. Der Glaube jedoch, Fort-schritt sei mittels Verwissenschaftlichung und Planung von Politik und Ökonomie machbar, Krisen gehörten der Vergangenheit an, und die Demokratie funktioniere wie eine Technokratie, fand mit dem Ölpreisschock, den »Grenzen des Wachstums« und dem Terrorismus seit Mitte der 70er Jahre ein jähes Ende. So wird die Kernphase der Liberalisierung und der Reformen von den Jahren zwischen 1959/60 und 1973 umgrenzt. Die Euphorie mündete in ein neues Krisenbewußtsein, das seitdem das Klima der Republik bestimmte und die Gesellschaft verunsicherte. Bis zu diesem Ein-schnitt jedoch hatte sich vieles verändert: in der Politik und den Strukturen von Par-teien, Kirchen und Verbänden, in Kultur und Öffentlichkeit, in der Gesellschaft, in den Werten, Einstellungen und Mentalitäten, schließlich im Umgang mit der natio-nalsozialistischen Vergangenheit. Allerdings zeigte sich schnell das Janusgesicht von Modernisierung und Fortschritt: Es gab nicht nur Gewinner, sondern auch Verlierer auf diesem Weg. Vieles wurde ruiniert, dessen Wert man erst erkannte, als es vielfach unwiederbringlich verloren war. Umweltzerstörungen sind das eklatanteste Beispiel

Abb. 30: *Astronaut Edwin E. Aldrin auf dem Mond. Der Mensch sprengte seine Grenzen, brach zu neuen Ufern auf – die Mondlandung war Symbol des technischen Triumphes und des Zukunftsoptimismus in der gesamten westlich-industriellen Welt der 60er und frühen 70er Jahre.*

dafür, zu denken ist aber auch an den Verlust ländlicher Lebensformen. Jenseits einer falschen Nostalgie müssen somit die vielfältigen Modernisierungsprozesse aus einer doppelten Perspektive betrachtet werden. Zu fragen ist, welche alten Krisen sie beendeten, aber ebenso, welche neuen Krisenherde sie vielleicht erst entfachten.

Auf dem Feld der Außen- und Deutschlandpolitik fallen die Veränderungen zwischen 1959/60 und 1973 besonders stark ins Auge. Die Neue Ostpolitik der sozialliberalen Koalition unter dem Bundeskanzler Willy Brandt seit 1969 war ebenso heftig umstritten wie Konrad Adenauers Westpolitik zu Beginn der 50er Jahre. Aussöhnung mit den östlichen Nachbarn und Anerkennung der deutschen Zweistaatlichkeit bei gleichzeitiger Wahrung der Einheit der Nation – dieses politische Ziel trieb nicht nur leidenschaftliche politische Kontroversen, dramatische Entscheidungen, sondern auch neue Identitätsdebatten hervor. Wo sind die Ursprünge der Neuen Ostpolitik zu suchen? Welche Folgen hatte der Bau der Berliner Mauer am 13. August 1961, der auf die Deutschen wie ein Schock wirkte? Wie veränderten Berlin-Krise, Mauerbau und Kuba-Krise den Kalten Krieg, warum flaute seine Hochphase ab und mündete in eine Entspannungsperiode zwischen den Supermächten? Und was bedeutete dieser Gezeitenwechsel für die ungelöste deutsche Frage? Damit sind wesentliche Eckpunkte und Fragen benannt, welche der zweiten formativen Phase der Bundesrepublik das Gepräge gaben.

Berlin-Krisen, Schock des Mauerbaus, Deutsch-Französischer Vertrag

Die Lage (West-)Berlins als Exklave der Bundesrepublik und als Enklave in der DDR war sowohl ein Symbol der Teilung als auch eine Hoffnung, die Einheit wiederzuerlangen, sie war beides zugleich: gesamtdeutsche Klammer und ständiger Konfliktherd. Militärisch war Berlin die schwächste Position des Westens, moralisch allerdings die stärkste. Für die USA symbolisierte die Stadt die Führungsrolle der Amerikaner im Kalten Krieg, für die Bundesrepublik ihren Alleinvertretungsanspruch in Gesamtdeutschland. Der Sonderstatus Berlins, der sich aus den Rechten der alliierten Siegermächte ergab, hat die Teilung Deutschlands – auch nach dem Bau der Berliner Mauer – niemals vollständig werden lassen. Durch diesen Status sind die mit Berlin verbundenen deutschen Probleme stets auf das Niveau der Ost-West-Beziehungen der Weltmächte gehoben worden. In der Zeitspanne zwischen der ersten Berlin-Krise, die mit der Aufhebung der Berliner Blockade 1949 endete, und der zweiten Berlin-Krise zwischen 1958 und dem Mauerbau sind die Westsektoren der Stadt faktisch in die Bundesrepublik integriert worden. Aber die verfassungsrechtliche Sonderstellung Berlins wurde aufgrund der Einwände seitens der westlichen Alliierten nicht beseitigt. Politiker aller Fraktionen des Deutschen Bundestages zählten zur Berlin-Lobby; sie forderten beständig eine Demonstration der latenten Hauptstadtfunktion ein, während sich die Bundesregierung faktisch in Bonn etablierte. Plenar-, Ausschuß- und Fraktionssitzungen von Parlament und Parteien indes gab es in Berlin immer wieder. Die Bundesrepublik mußte an Berlin gebunden werden, damit Deutschland nicht durch die Bindung an Bonn auseinanderfiel.

Für die DDR war die Enklave West-Berlin, das »Schaufenster des Westens«, nicht nur höchst lästig, sondern geradezu lebensbedrohlich. Sie war »Pfahl im Fleische« der DDR und Fluchttor für Hunderttausende Ostdeutsche. Im Oktober 1958 hatte Walter Ulbricht davon gesprochen, daß die DDR die Hoheitsgewalt für ganz Berlin beanspruche, einen Monat später, am 27. November 1958, ergingen sowjetische Noten an die drei Westmächte, die als »Berlin-Ultimatum« Berühmtheit erlangten und den Ost-West-Konflikt in den folgenden Jahren bis an die Schwelle des Krieges führten.[4] Zuletzt, im Oktober 1962, spitzte sich der Konflikt dramatisch zu. Es kam zu einer Machtprobe zwischen den USA und der Sowjetunion. Die noch schwelende Berlin-Krise überschnitt sich mit der Kuba-Krise, der Weltfrieden stand auf Messers

Schneide. Berlin und Kuba – bei beiden Konfliktherden handelte es sich um eine Offensive der Sowjetunion, eine frontale Herausforderung, darauf gerichtet, den deutschland- und weltpolitischen Status quo zu ihren Gunsten zu verändern.

Mit dem Berlin-Ultimatum verfolgte Nikita Chruschtschow, von der SED-Führung gedrängt, eine doppelte Strategie.[5] Innerhalb von sechs Monaten, so forderte er, müßten die Westmächte der Umwandlung West-Berlins in eine entmilitarisierte »Freie Stadt« zustimmen, d.h. ihre Truppen abziehen. Damit wäre die Teilstadt, wie es im Berliner Witz sogleich hieß, zur »vogelfreien Stadt« geworden,[6] denn ohne den Schutz der Westmächte wäre sie früher oder später der DDR zugefallen. Wenn sich der Westen nicht fügte, so drohte der Kremlchef, werde er mit der DDR einen Friedensvertrag schließen und ihr die Kontrolle über die Zufahrtswege nach Berlin übertragen. Die Integration der Teilstadt in den sozialistischen Machtbereich war mithin die expansive Maximalforderung der sowjetischen und der SED-Führung. Zumindest jedoch sollte – als zweite Hälfte der Doppelstrategie – der Westen in Verhandlungen mit der DDR hineinmanövriert und dadurch zur Anerkennung des zweiten deutschen Staates gezwungen werden. Im Kern ging es darum, den Zerfall der DDR aufzuhalten und sie zu stabilisieren. Unter dem Druck eines Ultimatums zu verhandeln, lehnten die Westmächte kategorisch ab. Am 10. Januar 1959 schlug Chruschtschow deshalb eine Gipfelkonferenz vor, die einen Friedensvertrag mit Deutschland ausarbeiten sollte, und fügte zugleich einen sowjetischen Entwurf bei, der als erste Stufe auf eine Konföderation beider deutscher Staaten und einen Sonderstatus West-Berlins als »Freie Stadt« hinauslief; sie sollten – unter Verzicht auf die ehemaligen Ostgebiete – das Recht auf Wiedervereinigung haben, dürften indes keinem Militärbündnis angehören.

Die Sowjetunion rechnete sich einen Erfolg ihres Erpressungsversuchs aus, weil sie von innerwestlichen Widersprüchen ausging. Ganz falsch war diese Ansicht nicht; vor allem der britische Premierminister Harold MacMillan ließ sich einschüchtern und wollte das lästige Berlin-Problem vom Hals haben.[7] Ganz und gar unerschütterlich erwies sich jedoch Frankreichs Präsident Charles de Gaulle, der zu Konrad Adenauers wichtigstem Verbündeten in der Berlin-Krise wurde, sich aber zu Hause mit dem Problem des Algerienkriegs herumschlagen mußte und darüber hinaus ein eigenes, auf die Großmachtrolle Frankreichs abzielendes Kalkül verfolgte. Die US-Administration konnte eine Positionsverbesserung der Sowjetunion zwar nicht zulassen, aber sie signalisierte dennoch eine gewisse Konzessionsbereitschaft. Selbst der amerikanische Außenminister John Foster Dulles, auf den die Westdeutschen bisher immer hatten zählen können, hatte sich bereits Ende 1958 nachgiebig gezeigt: Die von ihm entwickelte »Agententheorie« besagte, daß es die USA hinnehmen würden, wenn die Sowjetunion dazu übergehen sollte, die Papiere amerikanischer Konvois nach Berlin durch

DDR-Volkspolizisten kontrollieren zu lassen, diese seien dann als »Agenten« der Sowjetunion tätig. Weil damit unweigerlich eine Aufwertung der DDR verbunden war, schrillten im Bundeskanzleramt die Alarmglocken.

Anstelle einer Gipfelkonferenz einigten sich die Siegermächte des Zweiten Weltkriegs auf eine Außenministerkonferenz, nachdem Chruschtschow Mitte März 1959 das Berlin-Ultimatum für nicht existent erklärt hatte. Auf der Genfer Außenministerkonferenz vom 11. Mai bis zum 5. August 1959 sollte zum letzten Mal für die nächsten 30 Jahre die Zukunft Deutschlands zur Verhandlung stehen.[8] Die Konferenz endete ergebnislos, blieb aber keineswegs folgenlos. Daß beide deutsche Staaten an »Katzentischen« hatten teilnehmen dürfen, bedeutete für die DDR einen kleinen Triumph und für die Bundesrepublik eine herbe Niederlage; alle Welt sah, daß die DDR hoffähig wurde. Vor allem zeigte sich, wie isoliert die Bundesrepublik mit ihrer Wiedervereinigungspolitik selbst im Westen dastand. Der neue amerikanische Außenminister Christian A. Herter, der dem im Mai verstorbenen Dulles in das State Department nachgefolgt war, präsentierte mit dem nach ihm benannten »Herter-Plan« den bis zum Jahr 1990 letzten gemeinsamen Vorschlag des Westens für eine Wiedervereinigung. An einem entscheidenden Punkt wich er von der bisher üblichen Position ab: Er entkoppelte das Berlin- vom Deutschlandproblem. Das Signal des Westens an den ebenfalls neuen sowjetischen Außenminister Andrej Gromyko war nicht zu überhören: Die Lösung der Berlin-Frage mußte nicht unbedingt mit der Lösung der deutschen Frage einhergehen. Erstmals wurden, wie Heinrich Krone, der CDU-Fraktionsvorsitzende und überzeugte Vertreter der deutschlandpolitisch harten Linie Adenauers, in sein Tagebuch notierte, die Umrisse einer »neue(n) Ära der Koexistenz«[9] auf Kosten des Bonner Wiedervereinigungsmaximalismus sichtbar, was dem bundesdeutschen Kanzleramt und dem Außenministerium als Verrat erschien. Offenbar gewann in den Vereinigten Staaten das Konzept des Disengagements an Gewicht, um das Eis des Kalten Krieges zum Schmelzen zu bringen. Bei einer Zusammenkunft in Camp David im September 1959 verständigten sich Chruschtschow und Eisenhower darauf, die Lage in Berlin, die beiden »anomal« erschien, auf einer weiteren Gipfelkonferenz in Paris im folgenden Jahr zu verhandeln. Allerdings scheiterte dieses Treffen im Mai 1960, bevor es begonnen hatte, denn Chruschtschow ließ die Konferenz platzen, nachdem ein amerikanisches U2-Aufklärungsflugzeug über der Sowjetunion abgeschossen worden war. Der Coup hatte jedoch auch damit zu tun, daß Moskau die anstehenden amerikanischen Präsidentschaftswahlen, in denen Richard Nixon und John F. Kennedy gegeneinander antraten, abwarten wollte. Konrad Adenauer und die westdeutschen Diplomaten, die ein Arrangement der Supermächte über die Köpfe der Deutschen hinweg befürchtet hatten, atmeten erleichtert auf.[10] Doch verborgen bleiben konnte ihnen nicht, daß ein Wendepunkt in den Ost-West-Auseinandersetzungen um

Deutschland erreicht war, ging es doch offensichtlich nicht mehr um Lösungen großen Stils, um ein Alles-oder-Nichts vom jeweiligen Blockstandpunkt aus, sondern nur
noch um eine für alle Mächte akzeptable Berlin-Regelung.

Spätestens mit dem Beginn des Berlin-Ultimatums setzten auch in der Bundesrepublik deutschlandpolitische Neuorientierungen ein. Schon vor dem Schock des
Mauerbaus gab es eine Krise der Wiedervereinigungsidee und waren Hoffnungen auf
eine deutsche Einheit auf den »Nullpunkt« gesunken, jedenfalls nach dem Eindruck
des liberalen Deutschlandexperten Wolfgang Schollwer.[11] Selbst in Adenauers unmit-
telbarer Umgebung stellte man unorthodoxe Überlegungen an, wie aus der verfahre-
nen Situation herauszukommen sei; so entwarf Staatssekretär Hans Globke einen
Plan, der zunächst eine völkerrechtliche Anerkennung beider deutscher Staaten, dann
die Wiederzulassung aller Parteien und freie Wahlen, schließlich eine gesamtdeutsche
Volksabstimmung über die Wiedervereinigung vorsah. Deutschlandpläne verzeichneten damals eine Konjunktur, vor allem bei Sozialdemokraten und Liberalen. Mit ihrem 1959 veröffentlichten neuen und letzten »Deutschlandplan«[12] setzte sich die SPD
indessen zwischen alle Stühle. Er war in der klassischen realitätsfernen Art des SPD-
»Wiedervereinigungsperfektionismus«[13] abgefaßt, forderte die Schaffung einer ent-
militarisierten und atomwaffenfreien »Entspannungszone« in Mitteleuropa und kombinierte dies mit einer schrittweisen Verklammerung der beiden Teile Deutschlands
bis hin zu einer deutschen Einheit. Der »Deutschlandplan« verzichtete dabei auf die
bisherige westliche Forderung nach freien Wahlen zu Beginn des Wiedervereinigungs-
prozesses, um damit dem Prestigeinteresse der östlichen Seite entgegenzukommen,
was ihn im Westen aber suspekt machte. Der Plan stieß überall auf Ablehnung. Fritz
Erler und Carlo Schmid, die auf Erkundungsreise nach Moskau geflogen waren, kamen mit einem äußerst entmutigenden Urteil über die desolate Lage zurück.

Ein Jahr später vollzog die SPD eine radikale Kehrtwende, es kam zu einer außen-
und deutschlandpolitischen »Flurbereinigung«, wie Willy Brandt es ausdrückte.[14]
Ausgerechnet Herbert Wehner, der den Sozialdemokraten den »Deutschlandplan«
fast aufgezwungen hatte, dann aber in Raten von ihm abgerückt war, bevor er ihn
nach dem Scheitern der Genfer Konferenz vollständig makulierte, hielt am 30. Juni
1960 die berühmte Grundsatzrede vor dem Deutschen Bundestag, mit der eine parteipolitische Wende der SPD um 180 Grad vollzogen wurde. Das geteilte Deutschland, so
Wehner, »kann nicht unheilbar miteinander verfeindete christliche Demokraten und
Sozialdemokraten ertragen«.[15] Wehner nahm Bezug auf außenpolitische Gemeinsamkeiten aller Demokraten, die bereits der Regierende Bürgermeister von Berlin, Willy
Brandt, betont hatte: »Erstens: Berlin muß beim Bund bleiben. Aus der Zweiteilung
Deutschlands darf keine Dreiteilung werden. Zweitens: Das deutsche Volk und die
Bundesrepublik haben sich gegen jede Diktatur und für die westliche Gemeinschaft

entschieden, das heißt für eine enge Zusammenarbeit mit den westlichen Nachbarn und der freie Welt. Drittens: Die verantwortungsbewußten Kräfte Deutschlands haben sich gegen jede Form des Kommunismus und gegen die sowjetische Deutschlandpolitik entschieden. Viertens: Es muß alles getan werden, um das Leben und das Los der 17 Millionen Landsleute im sowjetisch besetzten Teil Deutschlands zu erleichtern. Wir dürfen den Willen zur Selbstbestimmung in unserem Volk nicht erlahmen lassen und müssen uns ständig um neue Ansätze zur Lösung der deutschen Frage bemühen. Fünftens: Nachdem Europa schon durch die Kommunisten gespalten ist, darf nicht dazu beigetragen werden, Europa noch einmal zu spalten. Vielmehr muß, soweit wir dazu etwas tun können, alles in die Wege geleitet werden, damit es in einer breiten Gemeinschaft zusammenarbeiten kann. Sechstens: Bei aller Notwendigkeit, den Fragen der militärischen Sicherheit gerecht zu werden, muß die Bundesrepublik jede Anstrengung machen, um zur Sicherung des Friedens in der Welt beizutragen.« Hinsichtlich der festgefahrenen außen- und deutschlandpolitischen Fronten war mit der Rede Wehners der Gordische Knoten nun mit einem Male durchschlagen: Die SPD erkannte die Westbindung als Staatsräson der Bundesrepublik an. Erstmals gab sie der West- und NATO-Politik den Vorrang vor Wiedervereinigung durch Bündnisfreiheit oder kollektiven Sicherheitskonzepten. Nicht mehr die ideelle Gesamtnation war das Sujet der SPD-Sicherheitspolitik, sondern der reale westdeutsche Teilstaat. Die Westbindung Bonns bedeutete nun auch für die Sozialdemokratie keinen möglichen Preis mehr für ein Arrangement mit dem Osten, sondern war die einzig mögliche Basis, um eine Ostpolitik zu betreiben. Es war dies eine Art »Bundesrepublikanisierung« der sozialdemokratischen Außenpolitik, ein außenpolitisches Bad Godesberg der SPD, wo sie 1959 ihren Reformparteitag abgehalten hatte, der sie weg von der marxistischen Klassen- und hin zur linken Volkspartei führte, und insofern lag Wehners Rede in der Logik der Gesamtentwicklung.

Zeitgleich trieb die Berlin-Krise ihrem Höhepunkt zu. Der Demokrat John F. Kennedy ging im November 1960 äußerst knapp als Sieger aus den amerikanischen Präsidentschaftswahlen hervor, hatte aber ein denkbar schlechtes Entree: Im April 1961 mußte er unter sowjetischen Drohungen eine von der CIA unterstützte Invasion von Exilkubanern in der Schweinebucht abbrechen, die das seit 1959 bestehende kommunistische Regime Fidel Castros zu Fall bringen sollte, aber in einem militärischen Fiasko endete. Im Juni traf sich Kennedy mit Chruschtschow in Wien, der sich gegenüber dem jungen Präsidenten hart, fast brutal gab und ihm ein neues, wiederum auf sechs Monate befristetes Berlin-Ultimatum unterbreitete. Die Kennedy-Administration entwickelte daraufhin eine defensive Berlin-Strategie; ihr ging es nicht mehr um Berlin insgesamt, sondern nur noch um den Westteil der Stadt. Kennedys »Three Essentials« vom 25. Juli 1961 sollten den Status quo bewahren: 1. Anwesenheit west-

licher Truppen in Berlin, 2. freier Zugang nach Berlin und 3. Freiheit und Lebens-
fähigkeit Berlins; alles bezog sich wohlgemerkt nur auf den Westteil.[16] Bundesdeutsche
Hoffnungen auf eine scharfe amerikanische Antwort entpuppten sich als blanke Illu-
sion, dies blieb auch Konrad Adenauer nicht verborgen, der Mitte April Kennedy be-
sucht hatte. Im abschließenden gemeinsamen Kommuniqué hatte sich, zum Miß-
fallen des deutschen Botschafters in den USA, des Völkerrechtsprofessors Wilhelm
G. Grewe, lediglich ein Bekenntnis zum Selbstbestimmungsrecht der Deutschen und
das Versprechen gefunden, »die Freiheit der Bevölkerung von West-Berlin zu erhalten«.[17] Erstmals sprach ein amerikanischer Präsident von West-Berlin statt von Berlin.

Unterdessen nahm der Flüchtlingsstrom in der geteilten Stadt panikartige Züge
an. Allein im April 1961 flüchteten über 30 000 Menschen aus der DDR. Die Sowjetunion und das SED-Regime zogen die Notbremse: Am Sonntag, dem 13. August 1961,
gegen 2 Uhr morgens begann unter Aufsicht schwerbewaffneter Volkspolizisten der
Bau der Berliner Mauer. 13 U-Bahnhöfe auf dem Ost-Berliner Gebiet wurden geschlossen, von den 81 Sektorenübergängen mauerte man 69 zu, die ersten Todesschüsse fielen am 24. August. Das ganze historisch gewachsene Zusammenspiel der
Millionenmetropole geriet endgültig aus den Fugen: Die Stadt war zwar seit 1948 geteilt, aber bis zu jenem Augusttag, als es plötzlich Eingeschlossene und Ausgeschlos-
sene gab, hatte sie immer noch eine Einheit gebildet, und die Sektorengrenzen waren
täglich von etwa einer halben Million Menschen in beiden Richtungen überquert worden. Daß nun das Brandenburger Tor geschlossen wurde, hatte Epochencharakter. In
der Mauer fand das kommunistische Zwangssystem ein drastisches Symbol.

Bis zum 13. August 1961 hatten Machthaber noch nie eine Mauer gebaut, um die
gesamte eigene Bevölkerung einzusperren und sie von einer Abwanderung abzuhal-
ten. Die Berliner Mauer ging mitten durch ein Land und rings um den Teil einer Stadt.
In ihrer über 28jährigen Existenz veränderte sie ständig ihr Gesicht. Zunächst wurden
Stacheldrahtverhaue angebracht, dann Hohlblocksteine hochgemauert und mit Sta-
cheldraht versehen. Im Laufe der Jahre folgten mehrere »Mauergenerationen«; die
nach Westen stehenden vorfabrizierten Mauersegmente aus Stahlbeton gab es erst seit
1975. Die Anlagen wurden immer perfekter. Bald bestand die Mauer aus zwei Mauern:
Die eine war die West-Mauer, sie bildete aus Ost-Berliner Sicht den Außenring, während der Innenring durch die Ost-Mauer markiert wurde. Dazwischen lag der bis zu
100 Meter breite Todesstreifen mit unterschiedlichen Hinderniszonen – Alarmgitter,
Stolperdrähte, die Leuchtkugeln auslösten, Hundelaufanlagen, Panzergräben, Spanische Reiter, Wachtürme, Bunker, Asphaltstraßen für Patrouillen-Fahrzeuge.

Das SED-Organ *Neues Deutschland* erschien am Tag nach dem Mauerbau mit der
Schlagzeile »Unser Staat ist auf Draht«. Einen Tag später sprang der Grenzsoldat Conrad Schumann an der Ecke Ruppiner/Bernauer Straße über Stacheldrahtrollen in die

Freiheit. Das spektakuläre Foto der Flucht ging um die Welt. Die Legende vom »antifaschistischen Schutzwall«, die die SED verbreitete, gab vor, daß am 13. August 1961 der Frieden in Europa gerettet worden sei. Ebenso wie die Schlacht von Stalingrad 1943 sei der Mauerbau für den deutschen Imperialismus nicht irgendeine Niederlage gewesen, sondern der entscheidende Wendepunkt im Ringen zwischen aggressivem Imperialismus und friedliebendem Sozialismus. Am fünften Jahrestag des Mauerbaus 1966 fühlte sich die SED stark genug, eine Provokation der Ost-Berliner Bevölkerung zu wagen: Mit großem Aufwand wurde Unter den Linden eine »Mauerparade« abgehalten und Volksfeststimmung verbreitet. Die Mauer taufte man in »Kordon des Friedens« um. Das geistige Klima sei durch sie in der DDR sauberer und optimistischer geworden. Mit der Mauer war das letzte Schlupfloch gestopft: Jeder Mensch in der DDR mußte sich darauf einstellen, sein ganzes Leben in diesem Staat zu verbringen.[18]

Den Deutschen erschien der Mauerbau als der schwärzeste Tag ihrer Nachkriegsgeschichte, und es war die tiefste Zäsur seit der doppelten Staatsgründung; jetzt erst setzte die massive Auseinanderentwicklung beider Staaten ein. Daß der Westen den Mauerbau tatenlos hinnahm, schockierte die Deutschen. Die *Bild*-Zeitung schrieb am 16. August 1961 in großen Lettern: »Der Osten handelt – was tut der Westen? Der Westen tut NICHTS. US-Präsident Kennedy schweigt … MacMillan geht auf die Jagd … und Adenauer schimpft auf Brandt«. Auf einer Massendemonstration von 300 000 West-Berlinern vor dem Schöneberger Rathaus herrschte ohnmächtige Wut. Willy Brandt, seit 1957 Regierender Bürgermeister von Berlin, forderte von den westlichen Alliierten energische Schritte; diese jedoch reagierten unverkennbar erleichtert, wollten die Situation nicht verschärfen und auf keinen Fall einen Krieg riskieren. Ihnen signalisierte der Mauerbau, daß Chruschtschow nach jahrelangem Powerplay nachgab. Denn würde man eine Mauer bauen, wenn man das Gebiet jenseits von ihr in Besitz nehmen möchte? Gegen keines der »Three Essentials« Kennedys wurde verstoßen; der Osten respektierte, was der Westen als seine elementaren Interessen betrachtete, und der Westen ließ deshalb den Osten gewähren. Die meisten Historiker sind sich mit den damaligen westlichen Politikern einig, daß sich die Krise ohne den Mauerbau weit gefährlicher hätte zuspitzen können.[19] Die deutsche Frage war nun festgemauert, die Teilung schien zementiert, der Westteil der Stadt war sicherer als zuvor, aber die Mauer bedeutete auch eine ständige Vergewaltigung des Vier-Mächte-Status Berlins.

Ganze 48 Stunden benötigten die drei westlichen Stadtkommandanten Berlins, um einen eher müden Protest gegen die Verletzung des Vier-Mächte-Status Berlins bei ihrem sowjetischen Kollegen abzugeben, 72 Stunden brauchte der Westen, um auf der Ebene der Hauptstädte zu protestieren. Der Mauerbau drohte das deutsch-amerikanische Verhältnis in eine Krise zu stürzen. In einem direkten Brief an den amerikani-

Abb. 31: *Bewohner der Bernauer Straße in Berlin flüchten mit nur wenigen Habseligkeiten aus den Fenstern, bevor diese von Volksarmisten zugesperrt werden. Der Bau der Berliner Mauer am 13. August 1961 traf die Deutschen in Ost und West wie ein Schock. Die deutsche Teilung schien im wahrsten Sinne des Wortes zementiert zu sein.*

Abb. 32: *Ein Pressefoto, das die Menschenverachtung der »DDR-Grenzorgane« offenbart: Bei einem Fluchtversuch über die Mauer in der Nähe der Friedrichstraße wird der 18jährige Bauarbeiter Peter Fechter angeschossen. In einem langen Todeskampf verblutet er zwischen den Fronten. DDR-Grenzpolizisten transportieren schließlich würdelos seine Leiche ab.*

schen Präsidenten forderte Willy Brandt Taten; Kennedy, zunächst ungehalten, sah sich zu einer dramatischen Geste des Kalten Krieges veranlaßt und entsandte Vizepräsident Lyndon B. Johnson sowie den »Helden« der Berliner Blockade von 1948, Lucius D. Clay, zusammen mit einer Kampftruppe von 1500 Mann nach Berlin, um der Bevölkerung die Entschlossenheit zum Schutz der Westsektoren zu versichern. Sie wurden von den Berlinern begrüßt, »als kehrten die eigenen Söhne siegreich zurück«.[20] Dies löste eine Runde neuer Provokationen aus, die ihren Höhepunkt in einem fast theatralischen Showdown am Checkpoint Charlie fand, wo sich sowjetische und amerikanische Panzer mit aufeinander gerichteten Geschützrohren gegenüberstanden. Der amerikanische Vizepräsident war schneller über den Ozean zur Spree gekommen als Bundeskanzler Adenauer über den Rhein; erst am 22. August reiste er nach West-Berlin, wo er von der Bevölkerung reserviert empfangen wurde. Auch zum Unverständnis seiner eigenen Parteifreunde setzte Adenauer den Wahlkampf zur bevorste-

Abb. 33: *Außenminister Gerhard Schröder (CDU) besichtigt am 18. November 1961 die noch sehr provisorischen Sperranlagen vor dem Brandenburger Tor, das zum Symbol der deutschen Teilung wurde. Solche Demonstrationen waren wichtig – auch wenn sie so schnellen Schrittes absolviert wurden wie hier. Sie konnten jedoch nicht verbergen, daß sich in der Regierung deutschlandpolitische Ratlosigkeit ausgebreitet hatte.*

henden Bundestagswahl im September fort und verunglimpfte Brandt, den Kanzler-kandidaten der SPD, der in der Berlin-Krise Punkte sammeln konnte, wegen seiner unehelichen Geburt.[21]

Nie zuvor hatte die Weltöffentlichkeit die Brutalität der DDR-Diktatur so haut-nah mitbekommen wie am 17. August 1962, als vor laufenden Fernsehkameras der 18jährige Peter Fechter im Todesstreifen angeschossen wurde und in einem 45minü-tigen Todeskampf qualvoll direkt hinter der Mauer an der Kreuzberger Zimmer-straße verblutete. Die westlichen Schutzmächte griffen nicht ein, und dies zeigte erneut, daß die Einflußsphären abgesteckt waren.»Beide – Chruschtschow und Ken-nedy – waren für ›ihre‹ Deutschen so weit wie möglich gegangen.«[22]

Chruschtschow jedoch hatte sich für eine Strategie der globalen Konfrontation entschieden, begann, sich in Südostasien und Nordafrika zu engagieren – und vor al-lem vor der Haustür der USA: auf Kuba. Amerikanische Aufklärungsflugzeuge ent-hüllten, daß Moskau Stützpunkte für sowjetische Mittelstreckenraketen auf Kuba er-richtete und die dazu benötigten Atomraketen auf die Karibikinsel verschiffte. Hätte dieser Vorstoß Erfolg gehabt, wäre das nuklearstrategische Gleichgewicht umgestoßen worden. Kennedy verhängte über Kuba eine Seeblockade und kündigte an, daß mit Kriegsmaterial beladene Schiffe bei Erreichen der Kontrollzone notfalls mit Waffenge-walt gestoppt würden. Zwischen dem 22. und dem 25. Oktober stand die Welt vor dem Abgrund eines Krieges: Die USA hätten es wahrscheinlich auf einen Nuklearkrieg ankommen lassen, um die Stationierung einer sowjetischen Atombasis auf Kuba zu verhindern. Als sich die beiden Supermächte in der Karibik auf Kollisionskurs befan-den, fürchtete man in Washington zudem, Chruschtschow werde die Seeblockade ge-gen Kuba mit einer neuerlichen Blockade Berlins beantworten.[23] Berlin und Kuba wa-ren jedoch nicht, wie viele sorgenvoll vermuteten, das Vorspiel zu einem Übergang vom kalten zum heißen Krieg. Chruschtschow gab – nachdem er von Washington ge-heime Zusicherungen bekommen hatte, daß die USA ihre Raketen aus der Türkei ab-zögen – im letzten Moment nach und ließ die Schiffe abdrehen.

Das atomare Patt der Supermächte blieb bestehen, beide Seiten richteten sich seit-her im Status quo ein, und es spricht vieles dafür, im Jahr 1962/63 eine Zäsur in der Geschichte des Kalten Krieges zu veranschlagen. Zwischen Washington und Moskau wurde ein »rotes Telefon« eingerichtet, damit sich die Regierungen in Krisensituatio-nen direkt verständigen konnten. Die Sowjetunion benötigte offensichtlich eine Atempause im Systemkonflikt: Sie mußte sich einerseits stärker ihren innenpoliti-schen Problemen zuwenden, andererseits nahm der »Bruderkonflikt« mit China immer schärfere Formen an. Wenige Monate vor dem Attentat in Dallas hielt John F. Kennedy am 10. Juni 1963 in der American University in Washington seine be-rühmte Rede zur »Strategie des Friedens«, in welcher er als erster Regierungschef der

Welt die Entspannung zum Programm erhob, die Vision eines beständigen Weltfriedens »als dem zwangsläufig vernünftigen Ziel vernünftiger Menschen« entwarf und erste konkrete Schritte dorthin aufzeigte.[24]

Auf die deutsche Politik hatte dieser Klimawandel in der Weltpolitik erhebliche Auswirkungen. Besonders für die späteren sozialdemokratischen und liberalen Architekten der Neuen Ostpolitik bedeuteten der Mauerbau und das Abstecken der Einflußsphären in Europa zwischen Moskau und Washington ein Schlüsselerlebnis, denn nun war klar, daß die Deutschen ihre Belange selbst in die Hand nehmen mußten. Die häßliche Wirklichkeit ließ sich nach dem Mauerbau nicht mehr leugnen; es führte offensichtlich nicht weiter, das Thema »Wiedervereinigung« immer nur im Munde zu führen, aber konkrete Schritte, die den Menschen halfen, zu verweigern. Man mußte Wege aufzeigen, wie mit der Teilung zu leben war und wie die Mauer durchlässig gemacht werden konnte. Egon Bahrs Rede in der Evangelischen Akademie Tutzing am 15. Juli 1963, die als Auftakt der Neuen Ostpolitik gilt, bezog sich ganz bewußt auf Kennedys »Strategie des Friedens«: »Die Änderung des Ost-West-Verhältnisses, die die USA versuchen wollen, dient der Überwindung des Status quo, indem der Status quo zunächst nicht verändert werden soll. Das klingt paradox, aber es eröffnet Aussichten, nachdem die bisherige Politik des Drucks und Gegendrucks nur zu einer Erstarrung des Status quo geführt hat.«[25] Faßbar wurde die neue Politik in den Begriffen »Wandel durch Annäherung« und »Politik der kleinen Schritte«. Die konkrete Umsetzung von letzterer begann nicht von ungefähr dort, wo die Spaltung der Nation am stärksten schmerzte, in Berlin, mit dem ersten Passierscheinabkommen vom Dezember 1963, dem bis 1966 drei weitere folgen sollten. Es war außerdem sehr auffällig, wie sich sozialdemokratische und freidemokratische Politikansätze zur deutschen Frage anzunähern begannen. Die zumeist geheimen Beziehungen der FDP zur ostdeutschen LDPD seit der zweiten Hälfte der 50er Jahre können als eine Art Inkubationsphase der Neuen Ostpolitik betrachtet werden, weil zahlreiche ihrer Protagonisten – Walter Scheel, Hans-Dietrich Genscher, Wolfgang Mischnick, Karl-Hermann Flach – auf diesem Weg entscheidende deutschlandpolitische Erfahrungen sammeln konnten; allerdings gerieten diese Jüngeren immer wieder in die Schußlinie der alten Garde der Nationalliberalen.[26] Gerade die jüngeren, verständigungsbereiten Personen in der FDP traf der Mauerbau wie ein Schock. So notierte Wolfgang Schollwer am 13. August in sein Tagebuch, die DDR sei nun ein »riesige(s) Konzentrationslager für 17 Millionen Deutsche«.[27] In seiner Denkschrift *Verklammerung und Wiedervereinigung* im Jahr darauf hielt es Schollwer für geboten, die Zweistaatlichkeit Deutschlands anzuerkennen und die Souveränität der DDR zu respektieren, um eine »Entstalinisierung Mitteldeutschlands« zu erreichen und dafür zu sorgen, daß es später »überhaupt noch etwas zu vereinigen gibt«.[28]

Der Wind des Wandels ergriff viele Bereiche und Institutionen, am wenigsten jedoch die christdemokratische Regierungspartei. Adenauers gegenüber sowjetischen Politikern geäußerte Ideen eines Burgfriedens oder eines Stillhalteabkommens, mit denen die Deutschlandfrage für einen gewissen Zeitraum eingefroren werden sollte, um Zugeständnisse menschlicher Erleichterungen für die Deutschen in der DDR zu erreichen, erschöpften sich im wesentlichen im Abwarten, eröffneten indes keine weiterführenden Perspektiven. Allerdings begann Außenminister Gerhard Schröder, der nach der Bundestagswahl 1961 Heinrich von Brentano nachgefolgt war, vorsichtig eine konstruktivere Politik gegenüber Osteuropa einzuschlagen. Das Wesentliche aber war: Mit dem Amtsantritt Kennedys hatte sich eine Konstellation ergeben, in der Washington nicht mehr bevorzugt auf die Meinung Adenauers hörte; die beiden fanden

Abb. 34: Staatsbesuch des amerikanischen Präsidenten John F. Kennedy in Berlin am 26. Juni 1963. Bundeskanzler Adenauer wirkt wie ein Fossil aus vergangenen Tagen – das Alter hat sichtbare Spuren hinterlassen –, während der SPD-Kanzlerkandidat Willy Brandt versucht, das jugendliche Image Kennedys auch in der Gestik nachzuahmen.

zudem keinen persönlichen Draht zueinander. Beim triumphalen Berlin-Besuch des amerikanischen Präsidenten Ende Juni 1963,[29] bei dem dieser den Freiheitswillen der Berliner rühmte, wirkte der deutsche Bundeskanzler gegenüber dem jungen, dynamischen Präsidenten wie ein Fossil aus versunkenen Zeiten, während der ebenfalls noch junge und sich betont modern gebende Willy Brandt fast wie ein deutscher Kennedy erschien. Wer sich nach dem Mauerbau noch immer Hoffnungen auf eine baldige deutschlandpolitische Veränderung machte, mußte sich von Eugen Gerstenmaier eines Besseren belehren lassen. Nach einem Besuch in den USA im Juni 1963 warnte er die Bundesdeutschen vor Illusionen. Bei der UNO beginne man nur »mit den Schultern zu zucken, wenn die Rede auf die Wiedervereinigung Deutschlands« komme; schlimmer noch: Jedes Gespräch ende abrupt, wenn man auf die Wiederherstellung der deutschen Grenzen von 1937 dringe.[30] Die deutsche Frage hatte aufgehört, das alles überragende weltpolitische Problem zu sein. Der Ost-West-Konflikt spielte sich nicht mehr allein in Europa ab, sondern auf globaler Ebene, und er wurde im Zuge der Entkolonialisierungen vom zunehmend an Bedeutung gewinnenden Nord-Süd-Konflikt begleitet. Die Folge war ein Polyzentrismus der Mächte, auch die blockfreien Staaten artikulierten sich mit unüberhörbarer Stimme. Bonn manövrierte sich mit alten Konzeptionen in eine außenpolitische Zwickmühle und hatte erhebliche Schwierigkeiten, sich der veränderten Lage anzupassen.

Die deutsch-amerikanische Vertrauenskrise, besonders Adenauers Enttäuschung über die USA, überschnitt sich mit dem politischen Wiederaufstieg Charles de Gaulles in Frankreich, und das Jahrzehnt seit 1958 ist zu Recht auch als das Jahrzehnt de Gaulles bezeichnet worden, der wie kein anderer zur beherrschenden Figur der europäischen Politik wurde. Er löste Frankreich aus den Verstrickungen der Kolonialkriege, stabilisierte das von permanenten Regierungswechseln gezeichnete Land mit der neuen, präsidial ausgerichteten V. Republik, und er hatte eigene Vorstellungen von einer Großmachtrolle der »Grande Nation«. Dazu gehörte, daß de Gaulle sich gegen die Vorherrschaft der USA als Protektor Westeuropas aufschwang, und zwar ausdrücklich eines Europas der Nationalstaaten, nicht eines integrativen Europas.[31] Großbritannien, das ihm wie ein verlängerter Arm der amerikanischen Politik erschien, wollte de Gaulle aus der EWG fernhalten. Damit stellte er sich gegen die Wünsche der anderen europäischen Partner.[32] Anfang 1963 bekräftigte de Gaulle schließlich seinen Entschluß, eine eigene französische Atomstreitmacht, die Force de frappe, aufzubauen. So standen sich gleichsam zwei Ideen gegenüber: die de Gaullesche Vision eines »europäischen Europas« eigenständiger Nationalstaaten (am besten ohne Großbritannien) und das Kennedysche Grand design einer atlantischen Partnerschaft zwischen den USA und einem geeinten Europa.

Stärker als in irgendeinem anderen westeuropäischen Land prallten in der Bundes-

Abb. 35: *Anfang September 1962 kam der französische Präsident Charles de Gaulle zu einem sechstägigen Staatsbesuch in die Bundesrepublik und wurde von der Bevölkerung begeistert begrüßt. Adenauer und de Gaulle – das war ein kongeniales Politikerpaar, das eine längst verloren geglaubte Würde in die neuen deutsch-französischen Beziehungen hineinbrachte; freilich hatte jeder eigene Ziele vor Augen.*

republik leidenschaftliche »Gaullisten« und ebenso kämpferische »Atlantiker« aufeinander.[33] Adenauer und de Gaulle hatten seit ihrem ersten Treffen auf dem lothringischen Landsitz des Generals in Colombey-les-deux-Églises Mitte September 1958 ein persönliches Vertrauensverhältnis zueinander entwickelt, eine Art Altersfreundschaft, die bei Adenauers Frankreichbesuch im Juli 1962 und bei de Gaulles vielumjubelter Deutschlandreise kurz darauf noch vertieft wurde. Beide hegten aufrichtigen gegenseitigen Respekt füreinander, und in einer kongenialen Art und Weise entwarfen sie den Gedanken einer deutsch-französischen Union, aus dem schließlich der am 22. Januar 1963 unterzeichnete Elysée-Vertrag hervorgehen sollte.[34] Dieser Vertrag über die deutsch-französische Zusammenarbeit ist zu einer tragenden Säule des Selbstverständnisses der beiden Nachbarn am Rhein geworden, und, gespeist von dem Topos der Verständigung, dem Ende der »Erbfeindschaft« sowie dem Beginn des Tandems Paris–Bonn, umrankt ihn ein regelrechter Mythos. Das Bild des Bruderkusses zwischen de Gaulle und Adenauer nach der Vertragsunterzeichnung im Elysée-Palast gehört zur Ikonographie des »rapprochement franco-allemand«. Der Deutsch-Fran-

zösische Vertrag gilt als das Fundament eines vereinten Europa. Diese Sicht ist, auf die
Länge gesehen, nicht falsch, aber man darf die Streitigkeiten, enttäuschten Erwartungen und den Richtungskampf in der Zeit seiner Entstehung nicht ausblenden. Fast
wider Erwarten wurde aus dem Vertragswerk eine Erfolgsgeschichte.

De Gaulles Motive für einen engen »Zweibund« entsprangen seiner bereits erwähnten europäischen Vision, und er stellte sich die wirtschaftlich mächtige Bundesrepublik als Juniorpartner Frankreichs vor. Beide, de Gaulle und Adenauer, verband
die völkerversöhnende Absicht, die deutsch-französische Aussöhnung bildete einen
wichtigen Eckpunkt ihres gesamten Wirkens. Zu diesem grundsätzlichen Motiv kamen bei Adenauer noch weitere: die dramatische Abkühlung des Verhältnisses zu
Washington, die Furcht vor der Sowjetunion und vor einem entspannungspolitischen
Arrangement der Supermächte, auch die Sorge vor einem Wiederaufleben der traditionellen französisch-russischen Allianz, schließlich seine innenpolitische Isolierung.
Adenauer, dessen Kanzlerschaft in den letzten Jahren von Affären und Krisen überschattet wurde und der allmählich auch in den eigenen Reihen an Rückhalt verlor,
wollte – bevor er die politische Bühne verlassen mußte – seine Politik mit diesem Vertrag krönen. Aber stellte er am Ende seiner Laufbahn mit einem solchen exklusiven
bilateralen Bündnis nicht alles in Frage, was sein Projekt der Westbindung bisher
ausgezeichnet hatte? Wenn de Gaulle von der großen Aufgabe der Nationalstaaten
sprach – wie sollte der westdeutsche Teilstaat da mithalten können? Kam es für die
exponierte Bundesrepublik nicht in erster Linie auf einen engen Schulterschluß mit
den USA an, in zweiter mit Großbritannien und erst in dritter mit Frankreich? So
sahen es jedenfalls die Kritiker aus den Reihen der »Atlantiker«, etwa seine Parteifreunde Außenminister Gerhard Schröder, der um das deutsch-amerikanische Verhältnis bangte und selbst Unterstützung vom deutschen Botschafter in Paris, Herbert
Blankenhorn, erhielt, oder Ludwig Erhard, der aus wirtschaftspolitischen Gründen
gegen eine »kleineuropäische Politik« auftrat. SPD und FDP wünschten eine Aussöhnung mit Frankreich, lehnten aber mehrheitlich ein enges, andere Verbündete dis-
kriminierendes Zusammengehen mit de Gaulle ab. Publizistisch geriet Adenauer vor
allem in der Wochenzeitung *Die Zeit* ins Kreuzfeuer, die sich als Sprecherin der transatlantischen Bindungen profilierte. Die »Gaullisten«, unter ihnen Bundestagspräsident Eugen Gerstenmaier und besonders Franz Josef Strauß, wie überhaupt eher
süddeutsche Politiker und Intellektuelle, blieben harte Antikommunisten, mißtrau-
ten der amerikanisch-sowjetischen Entspannungspolitik und erhofften sich, so vor
allem der erst kurz zuvor im Zuge der »*Spiegel*-Affäre« zurückgetretene Verteidigungsminister Strauß, im Zusammenwirken mit Frankreich eine aktive Mitsprache
im militärischen, sogar im atomaren Bereich. Sie wollten keinesfalls einen Bruch mit
den Vereinigten Staaten oder der NATO, hielten aber eine gewisse Distanzierung Eu-

ropas von den USA für angebracht; ihr »Sprachrohr« war besonders der *Rheinische Merkur.*

Der Bundesregierung mußte daran gelegen sein, ein möglichst einstimmiges Votum aller Parteien für den Deutsch-Französischen Vertrag im Deutschen Bundestag zu erhalten. Die Außenwirkung wäre verheerend gewesen, wenn ein Vertragswerk, das eine dauerhafte Freundschaft zwischen zwei so lange verfeindeten Nachbarn begründen wollte, »durchgefallen« wäre. Andererseits hatte de Gaulle in der ihm eigenen apodiktischen Art noch eine Woche vor der Unterzeichnung des Vertrags gegen Großbritannien, die USA und die NATO-Integration unter energischem Protest der Betroffenen gewettert, und das Abkommen erhielt damit gleichsam eine neue Qualität: Es konnte leicht als Zustimmung der Bundesrepublik zu den fragwürdigen Plänen des Generals gedeutet werden. Fieberhaft suchte man parteiübergreifend nach einem Ausweg. Der Bundestag ratifizierte den Vertrag im Mai 1963 schließlich erst, nachdem er mit einer Präambel versehen worden war. Sie war nichts anderes als eine subtile Form der Ablehnung, weil sie alle Themen aufführte, gegen die sich de Gaulle aussprach. Aussöhnung mit Frankreich – ja, aber der Vertrag stelle die Partnerschaft mit den USA nicht in Frage, auch nicht die NATO-Integration, ebensowenig die Einigung Europas durch die EWG und den Beitritt Großbritanniens. Es war dies tatsächlich eine politische Ohrfeige für de Gaulle, der ein politisch-militärisch unabhängiges Europa ohne die Briten anstrebte; der General tobte und bezeichnete den Vertrag als Totgeburt. Einer Brüskierung nur knapp entkommen war der deutsche Bundeskanzler. »Am Ende stellte der Vertrag nur noch eine Art Abschiedsgeschenk an Adenauer dar«,[35] der ihn seinerseits jedoch das Hauptwerk seiner gesamten Kanzlerschaft nannte.

Daß der Elysée-Vertrag überhaupt zustande kam, grenzte also fast an ein Wunder, daß er sich mit Höhen und Tiefen, aber insgesamt sehr erfolgreich entwickelte, nicht minder. Er schrieb zweimal jährlich stattfindende Konsultationen der Staats- und Regierungschefs beider Länder fest, daneben regelmäßige Konsultationen auf Ministerebene, und regelte die Zusammenarbeit in der Bildungs , Kultur und Jugendpolitik. Das wenige Monate später gegründete Deutsch-Französische Jugendwerk hat seither über 200 000 Austauschprogramme aufgelegt, an denen sich insgesamt über 6 Mio. Jugendliche beteiligten. Im Laufe der Jahre stieg die Zahl der kooperierenden Institutionen kontinuierlich an. An die Seite der zuerst rein kulturellen Beziehungen traten nun auch Fragen aus den Feldern Wirtschaft, Verteidigung und Sicherheit. Die Beziehungen zwischen Frankreich und der Bundesrepublik zeichnen sich somit durch eine im internationalen Vergleich ganz beispiellose Intensität und Diversität aus. »Le couple« Paris–Bonn entwickelte sich zur Lokomotive der europäischen Integration, die bald auch Impulse aus der Gesellschaft heraus erhielt, welche die sozialen Beziehungen weiter festigten. Schließlich entfaltete der Freundschaftsvertrag, als seine umstrittene

Entstehungsgeschichte zu verblassen begann, eine im Politischen nicht zu unterschätzende symbolische Wirkung.

Innenpolitische Turbulenzen und Ende der Ära Adenauer

Während der weltpolitisch spannungsgeladenen Jahre zwischen der zweiten Berlin-Krise, dem Mauerbau und dem Deutsch-Französischen Vertrag geriet die Bundesrepublik auch innenpolitisch in zum Teil schwere Turbulenzen: Sie begannen 1959 mit der Bundespräsidentschaftskrise, setzten sich über den bis 1961 dauernden Fernsehstreit fort, mündeten in eine schwierige Regierungsbildung nach der Bundestagswahl von 1961 und kulminierten schließlich in der »*Spiegel*-Affäre« des Jahres 1962. Der lange angekündigte Rücktritt Adenauers im Herbst 1963 und die Wahl Ludwigs Erhards zum neuen Bundeskanzler markierten einen Einschnitt in der deutschen Nachkriegsgeschichte.

1959 lief die zweite Amtszeit von Bundespräsident Theodor Heuss ab, dessen Amtsführung die prägende Kraft eines Präzedenzfalls hatte und der über die Parteigrenzen hinweg hohes Ansehen genoß. Kurzzeitige Überlegungen, ihm durch eine »Lex Heuss« eine dritte Amtsperiode zu ermöglichen, wurden fallengelassen; abgesehen von gravierenden verfassungsrechtlichen Einwänden sprach Heuss' angeschlagene Gesundheit dagegen, auch zeigte sich eine zunehmende Entfremdung zwischen Heuss und der FDP, im besonderen zum Fraktionsvorsitzenden Erich Mende. Innerhalb der Union verknüpfte sich die Suche nach einem geeigneten Kandidaten immer intensiver mit der Frage der Kanzlernachfolge. Adenauer hatte im Januar seinen 83. Geburtstag gefeiert, und so rüstig er war, auf ewig konnte er nicht Bundeskanzler bleiben. Die Sozialdemokraten nominierten im Februar 1959 Carlo Schmid für das Präsidentenamt – ein geschickter Schachzug, der die unvorbereitete CDU/CSU in beträchtliche Verwirrung stürzte und eine »Panikstimmung« im Regierungslager auslöste.[36] Schmid war das kräftigste Zugpferd im Stall der SPD, ein humanistisch gebildeter Professor, großbürgerlich in der Attitüde, wie geschaffen zum Repräsentieren. Heuss und Schmid wurden oft in einem Atemzug genannt, und persönlich konnte sich Heuss seinen schwäbischen Landsmann sehr wohl als Nachfolger vorstellen. Anstößig erschien allerdings Schmids Privatleben, er lebte von seiner Frau getrennt, was in einer ziemlich bigotten Bonner Flüsterpropaganda breitgetreten wurde. Für die Union war klar: Wenn Schmid Bundespräsident würde, wäre die SPD binnen kurzem hoffähig; eine Unterstützung kam überhaupt nicht in Frage. Für Adenauer war Schmid »kein bürgerliches Schaf im sozialdemokratischen Wolfspelz, sondern ein sozialdemokratischer Wolf in bürgerlicher Verkleidung«.[37]

Die Union befand sich im Zugzwang. Ihr Fraktionsvorsitzender Heinrich Krone, der als Kandidat gehandelt wurde, galt als zu spröde; Kai-Uwe von Hassel, der 46jährige Ministerpräsident von Schleswig-Holstein, gehörte in die Riege der Hoffnungsträger der CDU und war vielleicht doch noch etwas zu jung. Innenminister Gerhard Schröder brachte Ludwig Erhard ins Spiel; er sei geeignet, sich gegen Schmid durchzusetzen. Als Erhard Ende Februar einer Kandidatur zustimmte, schlug dies in der Öffentlichkeit ein wie eine Bombe. Allen war sofort klar, wer die Fäden im Hintergrund gezogen hatte: Konrad Adenauer. Erhard schien vielen in der CDU wie der geborene Nachfolger Adenauers; dieser jedoch hatte sich zum Ziel gesetzt, Erhard – den er für einen Lebemenschen hielt und dem er vor allem im Bereich der Außenpolitik ein denkbar schlechtes Zeugnis ausstellte – zu verhindern. Warum, so das Kalkül Adenauers, sollte man ihn nicht in den »goldenen Käfig« der Villa Hammerschmidt stecken? Die Wochenzeitung *Die Welt* sprach treffend von einem »Kronprinzenmord«.[38] Bereits 1959 hatte somit der »Kampf ums Kanzleramt« begonnen. Am 3. März schlug Erhard auf Anraten seiner Freunde die Kandidatur wieder aus, und völlig überraschend ließ sich am 7. April Adenauer selbst vom Wahlgremium seiner CDU/CSU-Fraktion nominieren. Tags darauf erklärte er in einer Rundfunkansprache, er wolle damit in einer Zeit der Gefahr und Unsicherheit die Kontinuität der deutschen Politik sichern: »Die Stellung, die Aufgabe und die Arbeit des Bundespräsidenten wird in der deutschen Öffentlichkeit zu gering eingeschätzt. Sie ist viel größer als man schlechthin glaubt.«[39] Adenauer wollte das Grundgesetz »gaullistisch« auslegen, extensiv, er glaubte, als Bundespräsident die Richtlinien der Politik weiterbestimmen zu können, was natürlich absurd war, anders als das Frankreich de Gaulles hatte die Bundesrepublik keine Präsidialverfassung. Adenauer merkte bald, daß er einen Fehler begangen hatte, am 4. Juni zog er seine Kandidatur zurück. Seine Kehrtwendung »löste ein politisches Erdbeben aus, schockierte die zu Statisten degradierten Unionspolitiker und führte zu einem eklatanten Prestigeverlust des Bundeskanzlers«.[40] Die Krise war weit mehr als eine lapidare »Präsidentschaftsposse«,[41] denn sie markiert den Beginn von Adenauers Verlust der Macht, der sich allerdings noch vier Jahre hinzog.

Am 1. Juli 1959 wählte die in West-Berlin zusammengekommene Bundesversammlung den bisherigen Landwirtschaftsminister Heinrich Lübke zum zweiten Bundespräsidenten der Republik. Im zweiten Wahlgang erhielt er gegen Carlo Schmid und Max Becker (FDP) die absolute Mehrheit. Lübke war damals noch weitgehend unbekannt, *Der Spiegel* ironisierte seine Kandidatur als »Lübkenbüßer«.[42] Doch aus dem Verlegenheitskandidaten, auf den die Union nach dem Erhard-Adenauer-Debakel gestoßen war, entwickelte sich ein durchaus politischer Präsident, ein Streiter für die Entwicklungshilfe, Vorreiter der Umweltbewegung und bald Verfechter einer großen Koalition.[43] Allerdings wirkte der etwas steife Sauerländer in den dynamischen 60er Jahren rasch wie ein Solitär, der mit dem gesellschaftlichen Wandel nicht zurechtkam;

außerdem war er ständigen Diffamierungen aus der DDR als »Schlüsselfigur der faschistischen Rüstung« und »KZ-Baumeister« ausgesetzt, und er entkräftete die Vorwürfe über seine Rolle im Dritten Reich nicht entschieden genug.

Hatte Konrad Adenauer bereits in dieser Krise sein politischer Instinkt im Stich gelassen, so erlitt er im anschließenden Fernsehstreit sogar eine Niederlage vor dem Bundesverfassungsgericht. Der Zorn des Bundeskanzlers richtete sich seit geraumer Zeit gegen den »roten« Nordwestdeutschen Rundfunk. Das Bundespresseamt reagierte auf unbotmäßige Kritik der Massenmedien mit verstärkten Kontrollversuchen, und Adenauer – der kritische Medien eher als lästige Beigabe denn als notwendigen Bestandteil einer Demokratie betrachtete – glaubte, daß der Rundfunk auch ein politisches Führungsmittel seiner Regierung sein müsse. Am 30. September 1959 legte die Bundesregierung einen Gesetzesentwurf zur umstrittenen Neuordnung des Rundfunk- und Fernsehwesens vor. Neben zwei weiteren Rundfunkanstalten – der Deutschen Welle und dem Deutschlandfunk – sollte das sich über Werbeeinnahmen finanzierende Deutschland-Fernsehen geschaffen werden. Die Opposition prangerte das Vorhaben als »Staatsfunk«, das die Meinungsfreiheit verletze, an. Die Bundesländer fürchteten eine Aushöhlung ihrer Rundfunkkompetenzen und lehnten den Gesetzentwurf Mitte November 1959 im Bundesrat einstimmig ab. Am 25. Juli 1960 jedoch stellte der Bundeskanzler die Gegner des Projekts vor vollendete Tatsachen: Er unterzeichnete den privatrechtlichen Gesellschaftsvertrag der Deutschland-Fernsehen-GmbH, Bundesjustizminister Fritz Schäffer sollte Treuhänder für die Länder sein. Daraufhin riefen die SPD-regierten Länder Hamburg, Bremen, Hessen und Niedersachsen das Bundesverfassungsgericht an, das zunächst eine einstweilige Verfügung gegen den zum 1. Januar 1961 geplanten Start des Fernsehprogramms erließ – Adenauer wollte, daß »sein« Sender vor der Bundestagswahl die Tätigkeit aufnahm – und am 28. Februar 1961 das Vorhaben für verfassungswidrig erklärte.[44] Nach der Niederlage des Bundes wurden die Länder selbst aktiv und gründeten am 6. Juni 1960 ein ländereigenes Zweites Deutsches Fernsehen (ZDF) als gemeinnützige Anstalt öffentlichen Rechts, das im April 1963 auf Sendung ging. Das Karlsruher Urteil stärkte den Föderalismus in der Bundesrepublik verfassungsrechtlich, und Adenauers obrigkeitlicher Mediensteuerung war ein Riegel vorgeschoben.

Insgesamt büßten die Regierungsbehörden ihre Lenkungsmacht gegenüber den Massenmedien im Verlauf der 60er Jahre mehr und mehr ein, während diese selbst eine Kontrollfunktion gegenüber den Regierungsinstitutionen erobern konnten und zur »Vierten Gewalt« in der Demokratie aufstiegen.[45] Weit stärker noch als der Fernsehstreit erschütterte allerdings die »*Spiegel*-Affäre«[46] von 1962 das Prestige des Bundeskanzlers. Worum ging es? Am 8. Oktober 1962 erschien im *Spiegel* eine Titelgeschichte »Bedingt abwehrbereit«, in der der Autor und stellvertretender Chefredakteur,

Conrad Ahlers, aus Anlaß des NATO-Herbstmanövers FALLEX 62 brisantes Material über Mängel in der Verteidigungsbereitschaft der Bundeswehr und über die Folgen veröffentlichte, die ein atomarer Überfall der Sowjetunion nach Einschätzung von Militärstrategen für die Bundesrepublik hätte. Verteidigungsminister Franz Josef Strauß und ein Teil seiner Generäle bevorzugten offenbar, so der Artikel, die Doktrin von der massiven Vergeltung, also vom sofortigen Einsatz atomarer Waffen, während die neuen Strategen Kennedys im Pentagon im Ernstfall flexibel reagieren wollten. Der Artikel schien militärische Geheimnisse preiszugeben, und die Bundesanwaltschaft warf dem Magazin Landesverrat sowie Bestechung von Offizieren der Bundeswehr oder Beihilfe hierzu vor. 18 Tage später stürmten in einer nächtlichen Aktion 50 Polizisten die Redaktionsräume des *Spiegel* in Hamburg – gleiches geschah in Bonn – und durchsuchten sie nach eventuellem Beweismaterial für den vermuteten Geheimnisverrat. Die Polizei verhaftete mehrere Redakteure, darunter den *Spiegel*-Herausgeber Rudolf Augstein, der erst im Februar 1963 wieder auf freien Fuß gesetzt wurde. Die zuständigen Bundes- und Landesminister, die der SPD oder der FDP angehörten, wurden nicht oder nur verspätet informiert. Am gleichen Tag nahm die spanische Polizei Conrad Ahlers und seine Frau, die Urlaub in Malaga machten, fest. Wie sich später herausstellte, hatte Verteidigungsminister Franz Josef Strauß ohne jegliche gesetzliche Grundlage, ohne Einschaltung des Auswärtigen Amtes und vor allem ohne Wissen des Justizministers Wolfgang Stammberger (FDP) mit dem Militärattaché in der deutschen Botschaft in Madrid telefoniert und die Festnahme veranlaßt. Wochenlang blieben die Redaktionsräume des *Spiegel* blockiert, die Bundesanwaltschaft ließ sich Druckfahnen des Magazins vorlegen, eine Zensurmaßnahme, für die es keine Rechtsgrundlage gab. Erst Ende November, nachdem insgesamt 20 Mio. Dokumente und Papiere gesichtet und große Mengen Material beschlagnahmt worden waren, gab man die Räume wieder frei. Keiner der von der Bundesanwaltschaft Beschuldigten wurde in den nachfolgenden juristischen Verfahren, die sich bis 1966 hinzogen, strafrechtlich belangt. Während Adenauer in der Bundestagsdebatte vom 7. November 1962, ohne die genaue Prüfung der Justiz abzuwarten, von einem »Abgrund von Landesverrat« sprach und damit eine bedenkliche Vorverurteilung vornahm,[47] belog Strauß zunächst den Deutschen Bundestag und die Öffentlichkeit, bevor in parlamentarischen Fragestunden SPD- und FDP-Abgeordnete stückchenweise die Wahrheit ans Licht brachten und Bundesinnenminister Hermann Höcherl (CSU) Details über die außerhalb der Legalität liegenden Maßnahmen mitteilte.

Nach parlamentarischen Gepflogenheiten hätte Strauß zurücktreten müssen. Er tat es nicht. Am 19. November 1962 demissionierten daraufhin die fünf FDP-Minister geschlossen, um so den Rücktritt von Strauß zu erzwingen. Einen Tag später erfolgte – um dem Verteidigungsminister, der mit einem großen Zapfenstreich der Bundeswehr verabschiedet wurde, einen Einzelrücktritt zu ersparen – der Rücktritt aller CDU/CSU-Minister von ihren Ämtern; vier von ihnen erklärten dabei, sie würden nur dann wieder in ein neues Kabinett eintreten, wenn Strauß nicht beteiligt sei. Am 14. Dezember nahm das fünfte Kabinett Adenauer seine Arbeit auf, Strauß gehörte ihm nicht mehr an, sieben Ministerposten wurden neu besetzt, als neuer Verteidigungsminister amtierte Kai-Uwe von Hassel. Im Grunde genommen war die »*Spiegel*-Affäre« eine Strauß-Affäre, auch wenn Strauß einen unterstellten »Racheakt« immer als Unfug bezeichnete.[48] Seit Jahren hatte das Hamburger Magazin eine erbitterte Kampagne gegen den bayerischen Politiker geführt, Strauß antidemokratische Ambitionen unterstellt und Mitte 1961 über die Finanzbau-Aktiengesellschaft-Affäre (FIBAG-Affäre) berichtet: Beim Bau von Kasernen für amerikanische Truppen sollen Bekannte des Ministers begünstigt worden sein. Strauß hatte dies mit einer Anzeige wegen Verleumdung beantwortet. Die gegenseitige Feindschaft steigerte sich bis zur »*Spiegel*-Affäre«. Diese schlug auch unverkennbar auf die zeitnahen Landtagswahlen durch. In Hessen erzielte die SPD am 11. November 1962 einen unerwartet hohen Erfolg, Georg August Zinn blieb Ministerpräsident. In Bayern hingegen, wo dem – so suggerierte es der CSU-Wahlkampf – »verleumdeten« und von Moskau, Linksradikalen und Erich Mende gleichermaßen »verfolgten« Strauß[49] eine breite Welle der Solidarisierung entgegenflog, erhielt die CSU zwei Wochen später erstmals die absolute Mehrheit, wenn auch zunächst nur an Mandaten. Es begann die Ära Alfons Goppel, der Aufstieg der CSU zur unangefochtenen bayerischen Hegemonialpartei und die seitdem andauernde Alleinherrschaft, die sich nicht zuletzt aus der Abgrenzung gegenüber Bonn speiste.

Nicht wegen tatsächlicher oder vermeintlicher Ranküne ist die »*Spiegel*-Affäre« so bedeutsam für die Geschichte der Bundesrepublik geworden, sondern weil sie eine ungeheuerliche öffentliche Resonanz erhielt. Die ebenso spektakuläre wie rechtsstaatlich zweifelhafte Aktion rief landesweit sofort heftige Proteste und Empörung hervor, nahezu die gesamte bundesdeutsche Medienlandschaft verurteilte das Vorgehen der Behörden als Eingriff in die Pressefreiheit, in zahlreichen Städten gab es große Demonstrationen. Prominente, auch solche, die dem Magazin durchaus kritisch gegenüberstanden, solidarisierten sich mit dem *Spiegel*. Waren die staatlichen Machtmittel in unangemessener Weise eingesetzt worden? Handelte es sich um eine Fortsetzung der verhängnisvollen deutschen Tradition seit dem vergangenen Jahrhundert, Staatsinteressen über rechtsstaatliche Prinzipien zu stellen? Sollte unbeirrten Journalisten ein Maulkorb verpaßt werden? Solche Fragen trieben den Protest hervor, der über die üblichen linken Zirkel weit hinausging. Die meisten Historiker sind sich einig: »Die Formierung dieser inneren Opposition war ein wichtiger Schritt auf dem Weg zum Machtwechsel des Jahres 1969.«[50] Sie wurde zum Ferment für die Veränderung der Republik, und die aufkeimende Protestwelle zeigte einen Grad an Demokratieverständnis in der Bevölkerung, an dem es in Weimar noch gemangelt hatte.[51] Die »*Spiegel*-Affäre*«* war ein untrügliches Indiz, daß Ansprüche gesellschaftlicher Partizipation künftig angemeldet würden, die sich letztlich – doch erstmals in Deutschland – erfolgreich gegen autoritäre und arkanpolitische Tendenzen in der Regierung durchsetzen konnten. So gesehen signalisierte sie einen Wandel im öffentlichen Selbstverständnis der Bundesrepublik; sie erwies sich als »Katalysator bei der Ablösung einer eher konservativen durch eine liberale Staatsauffassung«.[52]

Neben diesen tiefgreifenden gesellschaftlichen Folgen der Affäre gab es weitere wichtige Ergebnisse auf der Ebene der Politik. Das Verhältnis zwischen der FDP und der CSU war auf Jahrzehnte hinaus zerrüttet. Und Adenauer nannte bei der neuen Regierungsbildung kurz vor Weihnachten 1962 einen festen Termin für seinen Rücktritt vom Amt des Bundeskanzlers: Herbst 1963. Damit konnten die Liberalen eine Scharte auswetzen, an der sie schwer zu leiden gehabt hatten, galten sie doch seit der Regierungsbildung nach der Bundestagswahl im September 1961 als »Umfallerpartei«. Sie hatten ihren Wahlkampf unter dem Motto »Für die CDU ohne Adenauer« betrieben, waren dann aber doch, unter Spott und Häme der politischen Beobachter, in eine Koalitionsregierung mit dem Bundeskanzler Adenauer eingetreten. Die Regierungsbildung von 1961 war eine der schwierigsten und zermürbendsten in der Geschichte der Republik überhaupt, und sie kündigte bereits einen politischen Klimawechsel an. Die Union hatte bei der Wahl vom 17. September 1961 ihre absolute Mehrheit verloren und mußte Stimmeneinbußen von fast 5% auf nun 45,3% hinnehmen; die Sozialdemokraten hatten kurz nach dem Mauerbau von Brandts Berlin-Bonus profitiert und steigerten ihren Stimmenanteil auf 36,2%, was einem Zuwachs von 4,5% entsprach; Sieger jedoch waren die Liberalen, die sich um 5,1% auf 12,8% verbessert hatten. Dementsprechend selbstbewußt hatten sie die Koalitionsverhandlungen angetreten, waren indes vom immer noch machtbewußten Adenauer geschickt ausgespielt worden: Gegenüber seinen eigenen Leuten hatte Adenauer zunächst deutlich gemacht, er gedenke, nicht die gesamte Legislaturperiode im Amt zu bleiben; so war seinem Konkurrenten Ludwig Erhard, den auch die Liberalen gern als Regierungschef gesehen hätten, der Wind aus den Segeln genommen worden. Darüber hinaus hatte der Bundeskanzler über Hans Katzer, den Bundesgeschäftsführer der CDU-Sozialausschüsse, Kontakte zur SPD knüpfen lassen, was bislang undenkbar gewesen war. Die Furcht der FDP vor einer großen Koalition – die, so vermutete man nicht zu Unrecht, sofort zu einer Wahlrechtsreform geschritten wäre, um die Liberalen auf immer und ewig auszuschalten – hatte fast täglich neue Nahrung erhalten, und so waren die Liberalen regelrecht »weichgeklopft« worden. Immerhin war der Parteivorsitzende Erich Mende bei seinem Versprechen geblieben, unter Bundeskanzler Adenauer kein Ministeramt zu übernehmen.[53]

Wie 1961, so gab es auch nach der »*Spiegel*-Affäre«, die sich zur Regierungskrise auswuchs, Sondierungen zwischen der Union und der SPD; Wohnungsbauminister Paul Lücke und Herbert Wehner, der stellvertretende SPD-Vorsitzende, trafen sich einige Male. Ende 1962 lag erneut eine große Koalition in der Luft, und wiederum sprach man über eine Wahlrechtsänderung hin zum Mehrheitswahlrecht, was den Tod der vor allem in Unionskreisen so mißliebigen kleinen FDP, von der stets das Wohl und das Wehe von Koalitionen abhing, bedeutet hätte. Daß die SPD, von der Adenauer im Wahlkampf 1957 noch gesagt hatte, ein Sieg von ihr sei gleichbedeutend mit dem Untergang Deutschlands, nun regierungsfähig erschien, war auf ihre Reform an Haupt und Gliedern zurückzuführen, die auf dem Godesberger Parteitag von 1959 nach jahrelanger Debatte vollendet wurde.

Von allen Programmen, die sich die großen Parteien in der Bundesrepublik gegeben haben, hat sich, zumindest vom Namen her, allein das Godesberger Grundsatzprogramm im Bewußtsein der Menschen eingeprägt. Tatsächlich ist dieses Programm

Abb.36:   *Fast fröhliche Aufbruchstimmung bei den Sozialdemokraten: Am 13. November 1959 eröffnet die SPD ihren epochalen Godesberger Parteitag, der mit einem neuen Programm den Weg zur Volkspartei ebnete. Von links: Parteichef Erich Ollenhauer, dann Herbert Wehner, Alfred Nau, Fritz Erler, Carlo Schmid, Erwin Schoettle und Willy Eichler. Die vier Letztgenannten zählten zu den entschiedensten Reformern in den Reihen der SPD.*

nicht nur ein Dokument der SPD – die damit das Heidelberger Programm von 1925 ablöste –, sondern auch eine Wegmarke in der Geschichte der zweiten deutschen Demokratie: Die SPD bewegte sich in Richtung auf eine »liberaldemokratisch-sozialreformerische Staatspartei«,[54] was die Grundvoraussetzung für einen Machtwechsel darstellte, und dieser wiederum ist das Lebenselixier einer lebendigen Demokratie. Die Aufgaben waren gewaltig: eine Organisationsreform der alten Sozialdemokratie erschien notwendig, vor allem aber inhaltliche Revisionen mit Blick auf das Wirtschaftskonzept, auf die Rolle des Marxismus und auf das Verhältnis zu den Kirchen. Godesberg bedeutete dabei keine abrupte Kurskorrektur nach einer Serie verlorener Wahlen, vielmehr war bei den Sozialdemokraten eine ideelle Transformation von alten, starren, überkommenen Wertvorstellungen bereits seit einem Jahrzehnt im Fluß,[55] und auf dem Parteitag von 1954 war eine Kommission eingesetzt worden, die ein Grundsatzprogramm erarbeiten sollte. Bis 1958 jedoch blieben die Reformer gegenüber den Traditionalisten wie Erich Ollenhauer oder Fritz Heine in der Minderheit, und erst der Stuttgarter Parteitag 1958 läutete die Wende zur Erneuerung ein. Dort legte die Programmkommission einen Entwurf vor, der in den folgenden Monaten an der SPD-Basis diskutiert wurde. »Wir mußten«, so formulierte es Willy Brandt in seinen Erinnerungen, »ideologischen Ballast abwerfen, eine moderne Wirtschaftspolitik formen und zugleich deutlich machen, daß die Sicherheit des Staates und das Verhältnis zu den Verbündeten bei uns in guten Händen sein würde«.[56]

Der Kern der Godesberger Entscheidung war, daß sich die SPD in aller Eindeutigkeit von ihrer marxistischen Vergangenheit verabschiedete – aus einer Partei der Arbeiterklasse sollte eine Partei des Volkes werden. Die Prinzipien lauteten: nicht Klassenkampf, sondern Wettstreit der Ideen in der Demokratie; nicht starre Planung der Wirtschaft, sondern dynamischer Wettbewerb so weit wie möglich; nicht Verdammung des Kapitalismus als eine Art »Haifischbecken«, sondern Reformierung des Kapitalismus und generelle Befürwortung von Markt und Privateigentum; nicht bornierte Kirchenfeindschaft, sondern weitestmögliche Zusammenarbeit mit den Kirchen, und zwar nicht nur mit der protestantischen Kirche, was seit Jahren funktionierte, sondern auch mit der katholischen;[57] nicht dogmatischer Pazifismus, sondern Bejahung der Landesverteidigung. Die Öffentlichkeit nahm den Wandel zur Reformpartei positiv auf. Traditionelle Angstkomplexe, die in Teilen der Gesellschaft gegenüber der Sozialdemokratie bestanden, lösten sich weitgehend auf. Zudem wollte die SPD die »Genossenpartei« mit dem Hang zur Abschottung hinter sich lassen, auch im Führungspersonal setzte sich ein anderer Habitus durch, wofür die jungen, pragmatischen Politiker wie Willy Brandt, Fritz Erler oder Karl Schiller standen. Die Christdemokraten begriffen anfangs kaum, welche Gefahr für sie von dieser programmatischen Wende und der sozialen Öffnung ausging; sie sahen darin nur einen Ausdruck von Selbstverleugnung der SPD – ein Verdikt, das linke Kritiker noch lange Zeit vorbrachten.[58] In Wahlkämpfen präsentierte sich die SPD nicht mehr als die große Alternative, sondern als die »bessere«, moderne Partei, sie richtete ihre Wahlkampfstrategie konsequent an amerikanischen Mustern aus, konzentrierte sich ganz auf den Kanzlerkandidaten – seit 1961 Willy Brandt und nicht mehr Ollenhauer –, orientierte sich an modernen Werbetechniken in den Massenmedien und setzte zusätzlich auf professionelle Berater und Wählerinitiativen von Intellektuellen.[59] Bei den Wahlergebnissen bis Anfang der 70er Jahre konnte sich die SPD auf den »Genossen Trend« verlassen, brach aus dem Gefängnis des 30-Prozent-Turms aus und wurde 1972 stärkste Partei im Deutschen Bundestag.

Während die SPD das bisher ungewohnte Gefühl des Aufwindes genoß, befand sich die CDU erstmals seit der Übernahme der Regierungsverantwortung im Jahr 1949 im Abwind. Seit 1960 rief die nunmehr schon sehr lange dauernde Ära Adenauer sogar unter Christdemokraten ernsthafte Besorgnis hervor. Rüdiger Altmann schrieb damals über *Das Erbe Adenauers*: »Man spricht von Übergangskanzlern, Kronprinzen, Diadochenkämpfen – alles Vokabeln, die nicht zum eigentlichen Wortschatz einer parlamentarischen Demokratie gehören. Das zeigt, wie sehr die Bundesrepublik das Werk Adenauers ist, nicht als Verfassungsstaat, aber als politischer Zustand. Er hat sie auf seine Person und seine Politik zugeschnitten. Er ist Herr seiner Partei und der parlamentarischen Mehrheit, primus sine paribus in seinem Kabinett, Symbol der deutschen Außenpolitik, Meister der Opposition.«[60] Man brauchte nicht derart provokant zuzuspitzen, wie Altmann dies tat, um sich einzugestehen, daß man sich die Bundesrepublik ohne Adenauer gar nicht mehr vorstellen konnte. Der »Alte« merkte natürlich selbst, daß er auch in den eigenen Reihen an Rückhalt verlor. Ein letzter Triumph blieb ihm versagt: die Kanzlerschaft eines Partei-»Freundes« Ludwig Erhard zu vereiteln. Am 11. Oktober 1963 überreichte Adenauer Bundespräsident Heinrich Lübke seine auf den 15. Oktober datierte Rücktrittserklärung. Auch wenn es viele erwartet hatten: Als Adenauer aus dem Amt schied, bebte weder die Erde noch verdunkelte sich der Himmel. Von vielen Seiten wurde ihm bescheinigt, daß er eine glänzende Bilanz hinterlasse. »Wenn er am kommenden Mittwoch endgültig das Bonner Palais Schaumburg verläßt, dann wird das Volk, das den Wohlstand der Ära Adenauer und Regierungserfolge wie nie zuvor am eigenen Leib spürte, nicht frei von Wehmut sein«, kommentierte die *Deutsche Zeitung*.[61] Selbst seinen politischen Gegnern war es nicht danach zumute, ihm bei seinem Abschied Steine nachzuwerfen. Adenauer wurde auch von ihnen als deutscher Staatsmann von europäischem Rang gewürdigt, als eine politische Persönlichkeit von geschichtlicher Größe, die das westdeutsche Volk – um die Ostdeutschen kümmerte er sich wenig – vor der kommunistischen Gefahr geschützt, es zur Freundschaft mit dem mächtigen Amerika und mit Frankreich sowie zur Einigung Europas und die Bundesrepublik zum Wohlstand und zur sozialen Sicherheit geführt habe. Kein Mensch konnte allerdings eine solche Aufgabe allein vollbringen, auch Adenauer war auf Hilfe angewiesen. Einer, der half, war Theodor Heuss, der am 12. Dezember 1963 starb; zwei Tage später verstarb auch Erich Ollenhauer. Die Großen der Zeit waren zurückgetreten oder tot; mit dem Jahr 1963 ging damit eine ganze Ära zu Ende.

Anspruch und Scheitern des »Volkskanzlers« Erhard

Am Mittwoch, dem 16. Oktober 1963, einen Tag nach Adenauers Verabschiedung, versammelte sich der Deutsche Bundestag erneut. Einziger Tagesordnungspunkt war die Wahl des neuen Bundeskanzlers: Ludwig Erhard. Obwohl das Ergebnis nicht sonderlich glanzvoll ausfiel – Erhard war am Ziel seiner Ambitionen angelangt, er hatte den jahrelangen Kampf ums Bundeskanzleramt für sich entschieden. Aber es sollte ein

Abb. 37: Bundeskanzler Ludwig Erhard im März 1964. Das Bild drückt nicht nur Nachdenklichkeit aus, sondern fängt die Einsamkeit des Kanzlers und Menschen Erhard ein. Tatsächlich mangelte es Erhard an Unterstützung aus der eigenen Partei, die ihn auf seine Funktion als »Wahlkampflokomotive« reduzierte.

Pyrrhussieg werden. Seine Kanzlerschaft hat in den Augen der Historiker wenig Gnade gefunden. Die meisten sehen in ihm einen schwachen, ungeeigneten Regierungschef, der die Zeichen der Zeit nicht erkannte, der vielleicht menschlich nobel, aber in der politischen Praxis weltfremd war, der allein von seinem früheren Ruhm als Verkörperung des Wirtschaftswunders lebte, den die Macht nicht stimulierte, sondern anödete, der bereits verbraucht im Amt ankam, bei dem sich Entscheidungsschwäche und geringer Arbeitseifer aufs unglücklichste verbanden, der innenpolitisch einen Reformstau hinterließ und außenpolitisch die Bundesrepublik zwischen nahezu allen Stühlen sitzend zurückließ. Erhards nur dreijährige Kanzlerschaft erscheint im nachhinein glanzlos und episodenhaft, eine Periode des Übergangs, ohne eigenes, unverwechselbares Gepräge. Eine der positivsten Würdigungen lautet: »Niemand, der um historische Gerechtigkeit bemüht ist, wird Ludwig Erhard in erster Linie an seiner Kanzlerschaft messen.«[62]

Erhard war aber auch ein Opfer Konrad Adenauers.[63] Das mehrjährige dramatische, manchmal unwürdige Ringen zwischen den beiden, die von Adenauer ständig vor aller Welt ausgestreuten Zweifel an der außenpolitischen Zuverlässigkeit Erhards, seine bisweilen hinterhältigen Attacken gegenüber dessen politischem Stil, dessen mangelndem Organisationstalent und letztlich auch gegenüber dem Lebenswandel des weltoffenen, liberalen Protestanten hatten Erhard ausgelaugt und zerschlissen. So lastete, als er endlich Bundeskanzler wurde, einerseits ein Erwartungsdruck auf Erhard, Adenauers ständig erneuerten Argwohn zu widerlegen, und andererseits warteten Teile der Öffentlichkeit nur darauf, daß das vom Altkanzler vorhergesagte Debakel eintrat. Im Volk genoß Erhard allerdings eine enorme Popularität, und dieser Faktor war letztlich auch ausschlaggebend dafür gewesen, daß die CDU/CSU-Fraktion ihn mit einer Zweidrittelmehrheit am 22. April 1963 zum Nachfolger Adenauers nominiert hatte: Die nächsten Wahlen zu gewinnen, darauf konzentrierte sich die Erwartung an den Franken. Gerhard Schröder, der eine Zeitlang ebenfalls als Aspirant genannt worden war, hatte von sich aus zurückgesteckt, ebenso Heinrich von Brentano und Heinrich Krone; keiner der Genannten konnte sich auch nur annähernd mit Erhards Popularität messen.

Die Regierungsbildung Mitte Oktober brachte weitere Belastungen mit sich, die sich auf Dauer verhängnisvoll für Erhard auswirken sollten. Nicht nur, daß sich der neue Bundeskanzler auf Gedeih und Verderb an die FDP band und daß ihm ein Bündnis mit den Sozialdemokraten immer ganz außerhalb der Vorstellungskraft blieb, womit er sich der Wahlmöglichkeiten beraubte, er verscherzte es sich auch mit mächtigen Parteifreunden, die zu Nebenkanzlern aufstiegen. Der junge, die kommende Generation repräsentierende, ehrgeizige Rainer Barzel mußte seinen Ministersessel im Gesamtdeutschen Ministerium bereits nach einem Dreivierteljahr wieder räumen und für den neuen Vizekanzler Erich Mende Platz machen. Nach dem Tod Heinrich von Brentanos Ende 1964 wurde er allerdings mit dem Fraktionsvorsitz »entschädigt«. Für den liberalen Koalitionspartner völlig undenkbar war ein Wiedereintritt von Franz Josef Strauß ins Kabinett, und Erhard rührte keinen Finger für den Bayern, der damit sein Intimfeind wurde und ohne Unterlaß gegen den Bundeskanzler wütete.[64] Erhard sah, wie zerstritten sich die Union, in der es verschiedene Machtzentren gab, präsentierte, und dies bestätigte ihn in seiner ohnehin bestehenden Geringschätzung der Parteien, aber auch der Verbände. Er wollte gewissermaßen die Partei- und die Gruppeninteressen überspielen: Sein neuer Stil beruhte auf der Idee eines populistischen »Volkskanzlertums«, einer direkten Verbindung zwischen Bundeskanzler und Bevölkerung – ein mehr als waghalsiges Unterfangen in einer Parteiendemokratie. Die Adenauersche autoritäre Kanzlerdemokratie sollte der Vergangenheit angehören, Erhard setzte auf einen »liberalen« Stil, auf Kommunikation und Diskussion im Kabinett – in dem er jedoch alles laufen ließ und keinen Zug hineinbrachte –, vor allem aber auf seine direkten Appelle per Medien an das ganze deutsche Volk, dessen Sachverwalter er sein wollte.[65] Die Vorstellung von der Interessenübereinstimmung im Volk und von der Interessenidentität zwischen Regierenden und Regierten entspricht dabei einer alten politischen Denktradition in Deutschland, die im Gegensatz zum angelsächsischen Politikmodell steht, wonach es auf das Aushandeln verschiedener, aber gleichberechtigter Interessen ankommt. Erhard wärmte diese Tradition wieder auf; nach den Kabalen der vergangenen Jahre, unter denen er gelitten hatte, suchte er dort Zuflucht, wo er verehrt und geliebt wurde: beim »guten« Volk.

Die Klage des Bundeskanzlers, daß die Gesellschaft in organisierte, egoistische Gruppen zerfalle, und seine feste Überzeugung, daß der Einfluß der Verbände zugunsten eines gleichsam a priori feststehenden Gemeinwohls zurückgedrängt werden müsse, mündete schließlich in dem schillernden, vagen Konzept der »formierten Gesellschaft«.[66] Erhards Beratergruppe im Bundeskanzleramt fand diesen Leitbegriff, als sie nach einem visionaren Wahlkampfmotto für die Bundestagswahl 1965 suchte, das von der Unentbehrlichkeit Erhards zeugen sollte, so wie seinerzeit der famose Slogan »Wohlstand für alle«. »Formierte Gesellschaft« war der Gegenbegriff zur fragmentierten Gesellschaft; diese sollte konservativ gebändigt werden. Der Begriff erwies sich allerdings als eklatanter Fehlschlag und provozierte massive Polemik. Auf die formierte Gesellschaft werde wohl die »chloroformierte« folgen, hieß es in der *Westdeutschen Allgemeinen Zeitung* (WAZ) bissig, und der *Stern* beschuldigte den Bundeskanzler, »faule Zauberformeln« zu verwenden, um den Wähler zu täuschen.[67] Manche Kritik schoß auch über das Ziel hinaus, als verberge sich hinter den beiden Worten ein strategisches, restauratives Gesamtkonzept der CDU: »Der Formierungsplan liegt auf dem Tisch, er bedroht die Gewerkschaften und die gesamte demokratische Öffentlichkeit, die Verbände und alle Parteien, die sich der pluralistischen Demokratie verbunden wissen, gleichermaßen.«[68] Solches Alarmgeschrei war weit übertrieben, doch die distanzierte bis ablehnende Aufnahme der »formierten Gesellschaft« in der Öffentlichkeit, noch forciert durch Erhards Attacken gegenüber kritischen Intellektuellen, die er als »kleine Pinscher« beschimpfte, zeigt mit aller Deutlichkeit: Dem Geist der Zeit, der unruhiger wurde, stand ein solcher Antipluralismus diametral entgegen.

Ausweislich seiner ersten Regierungserklärung gedachte Ludwig Erhard, seine Kanzlerschaft unter den Primat der Innenpolitik zu stellen. Aber war dies in den bestehenden konfliktträchtigen welt- und europapolitischen Konstellationen überhaupt möglich? Die Bundesrepublik war keine Insel der Seligen. Der Streit zwischen »Gaullisten« und »Atlantikern« flammte seit 1964 erst richtig auf; die USA reagierten ihrerseits auf die gaullistische Herausforderung und waren zugleich zunehmend in Asien, in Vietnam, kriegerisch verwickelt. Die europäische Integration trat durch Frankreichs Obstruktion auf der Stelle; deutschland- und ostpolitisch kam man kaum voran, und zudem brachte der Sturz Chruschtschows im Oktober 1964 neue Unruhe. In der arabischen Welt schließlich war die DDR immer öfter präsent, und die Bundesrepublik sollte dort ein Debakel erleben. All diese Vorgänge überlappten sich.

Die drei Jahre der Kanzlerschaft Ludwig Erhards begleitete eine ernsthafte NATO-Krise.[69] Angesichts des »Gleichgewichts des Schreckens« forderte Washington, daß das Bündnis die unglaubwürdig gewordene Doktrin der »massiven Vergeltung« – bei der ein Aggressor durch die Drohung mit dem Einsatz der nuklearen Streitkräfte der USA abgeschreckt werden sollte – durch ein flexibleres Konzept ersetze, das der konventionellen Verteidigung größere Bedeutung zumaß. Ein Vertrag über die Nichtweiterverbreitung nuklearer Waffen sollte das atomare Monopol der Weltmächte sichern und die Entstehung neuer Atommächte blockieren. Gleichzeitig baute jedoch Frankreich eine eigene Nuklearstreitmacht auf, um sich von den USA zu emanzipieren, und de Gaulle kündigte im Februar 1966 den Rückzug aus der integrierten militärischen Struktur der NATO an.

Für die Bundesrepublik bedeutete diese Situation zweierlei: Es wuchsen 1. die Zweifel an der amerikanischen Nukleargarantie. Konnte man sicher sein, daß sie, um die Verbündeten zu verteidigen, die eigene Vernichtung riskieren würden? Aus diesen Zweifeln heraus war es 2. Ziel der deutschen Politiker, jedenfalls derer, die den »Atlantikern« zuzurechnen waren, einen größeren Einfluß auf die nuklearen Planungen und Entscheidungen des Bündnisses zu erlangen – Bonn wollte bei der Stationierung und dem Einsatz von Atomwaffen mitreden. Die Alternative der »Gaullisten« lautete: dem europäischen Sonderweg Frankreichs nachzufolgen und bei ihm Schutz und Mitsprache zu suchen. Ein unterstellter deutscher »Griff nach der Atommacht« löste natürlich überall Befürchtungen aus, und seit 1962 hatten die Amerikaner nach Lösungen gesucht, wie die nationale Atomstreitkraft Großbritanniens und die entstehende französische in eine Organisation eingebunden werden konnten, die zugleich dem deutschen Verlangen nach Mitsprache Rechnung trug. Aus einer zwischen Kennedy und dem britischen Premierminister MacMillan Ende 1962 auf den Bahamas getroffenen Vereinbarung, die atomare Verteidigung Großbritanniens an die USA zu binden, entwickelte sich das Projekt einer multilateralen Atomstreitmacht (MLF). Diesen Vorschlägen erteilte de Gaulle jedoch, wie kaum anders zu erwarten, eine Abfuhr, während sie in der Bundesrepublik zum zentralen Gegenstand der Debatten zwischen »Atlantikern« und »Gaullisten« wurden. Bei seinem Staatsbesuch in Frankreich Mitte Februar 1964 gelang es Bundeskanzler Erhard nicht, de Gaulle von seiner Ablehnung der MLF abzubringen, der seinerseits dem Bundeskanzler anbot, im Verteidigungsfall der Bundesrepublik mit französischen Atomraketen beizustehen. Bereits dieses Aufeinandertreffen der beiden Politiker offenbarte, daß ein tiefer Graben zwischen ihnen klaffte. Er sollte auch in den folgenden Jahren nicht überbrückt werden können. Kaum begonnen, befand sich die deutsch-französische Freundschaft schon wieder am Scheideweg, schlimmer noch: Erhard verdarb es sich nicht nur mit de Gaulle, sondern brachte bald auch Lyndon B. Johnson, den Nachfolger Kennedys, gegen sich auf.

Obwohl die MLF-Verhandlungen bis Mitte 1965 dauerten, kam nichts Greifbares dabei heraus. Für Kritiker wie Strauß bedeutete die MLF nur mehr ein Feigenblatt, um die amerikanische Atomhegemonie im westlichen Bündnis zu kaschieren. Bundesaußenminister Gerhard Schröder, einer der stärksten Befürworter des Projekts, erlitt auf der NATO-Ministerratstagung Mitte Dezember 1964 Schiffbruch: Er geriet mit dem französischen Außenminister Maurice Couve de Murville aneinander, der das MLF-Konzept »zerpflückte«, und mußte darüber hinaus erkennen, daß innerhalb der NATO kaum mehr Interesse an der MLF bestand, ja, daß die USA und Großbritannien das Vorhaben dilatorisch behandeln wollten.[70] Die MLF scheiterte an mehreren Faktoren: an der mangelnden Unterstützung der Europäer, außer der Bundesrepublik, und an wachsenden inneramerikanischen Widerständen. In den USA hatten die Bedenken gegen eine europäische Beteiligung an der operativen Kontrolle über Kernwaffen Oberhand gewonnen, und man erkannte in der MLF ein Hindernis für neue, erwünschte Rüstungskontrollvereinbarungen mit der Sowjetunion. »Nicht nukleare Mitbestimmung im Bündnis, sondern Nichtweiterverbreitung von Atomwaffen wurde zum zentralen Ziel der USA. Dieser neue Trend in den Supermachtbeziehungen brachte das Projekt zum Scheitern.«[71] Schließlich sahen die Amerikaner das offene Zerwürfnis zwischen der Bundesrepublik und Frankreich. Die neue Regierung Erhard hatte Adenauers »Flirt« mit de Gaulle offen und kalt beendet. »Eine Rücksichtnahme auf ihre Befindlichkeiten war daher nicht mehr erforderlich.«[72] Als Trostpflaster wurde die Bundesrepublik, ebenso wie sechs weitere ständige und drei rotierende Mitgliedstaaten, in die Nukleare Planungsgruppe der NATO aufgenommen.

Erhard hatte sich bis zu seinem letzten USA-Besuch vom 26. bis 28. September 1966 Illusionen über eine weitergehende Mitsprache gemacht. Blauäugig glaubte er, die Freundschaft zu den USA sei zum Nulltarif zu erhalten. Diese USA-Reise entpuppte sich als ein Debakel sondergleichen und war das letzte fehlende Mosaiksteinchen zum nachfolgenden Kanzlersturz. Präsident Johnson hatte seit Jahren Bonn gemahnt, seinen finanziellen Verpflichtungen nachzukommen, d.h. die Devisenverluste auszugleichen, die den USA durch die Stationierung ihrer Soldaten in der Bundesrepublik entstanden. Der Schutz Westeuropas war nicht gratis zu haben. Mit dem Beginn der amerikanischen Phase des Vietnamkrieges 1965 – sie unterstützten den autoritär regierten Süden gegen Ho Chi Minhs kommunistischen Norden[73] – waren die USA auf diese Mittel mehr denn je angewiesen. Erhard dagegen wollte für den ausstehenden Milliardenbetrag einen Zahlungsaufschub erreichen, weil die Bundesrepublik in unerwartete wirtschaftliche Probleme geraten war, mußte sich aber einen Tadel von Johnson ebenso gefallen lassen wie die Drohung des Verteidigungsministers Robert McNamara, die amerikanischen Truppen in der Bundesrepublik zu reduzieren. Erhard kam als geschlagener Mann nach Bonn zurück.[74] Ende Dezember 1966 sollte dann der neue Bundeskanzler Kurt Georg Kiesinger die Zahlung von 1,8 Mrd. DM an die USA bewilligen.

Nicht nur innerhalb der NATO und in den deutsch-amerikanischen Beziehungen hatten die Spannungen zugenommen, vielmehr kam auch eine Einigung in Europa nicht voran, statt dessen: Stagnation, ja Rückschritt. Verantwortlich dafür war in erster Linie der nationale Egoismus de Gaulles. Die Bundesrepublik, der an einer weiteren Integration besonders gelegen sein mußte, versuchte immerhin, den Gesprächsfaden nicht ganz abreißen zu lassen, und nahm mehrere Male Lösungen in Kauf, die deutsche Interessen wenig berücksichtigten, so vor allem bei der Harmonisierung der Getreidepreise in der EWG oder bei der Frage der EWG-Außenzölle. Der Streit um eine gemeinsame europäische Agrarpolitik war im Sommer 1965 eskaliert: Frankreich wollte seine Landwirte vor Einbußen bewahren und war darüber hinaus prinzipiell nicht bereit, Abstriche an seiner nationalen Souveränität hinzunehmen. Es stellte das vorgesehene Mehrheitsprinzip für die Entscheidungen des Ministerrats in Frage, und als niemand einzulenken bereit war, praktizierte Paris eine »Politik des leeren Stuhls«, boykottierte die Sitzungen und machte die europäischen Institutionen handlungsunfähig. Anschaulicher hätte de Gaulle seine Ablehnung eines integrierten Europa nicht demonstrieren können. Erst Ende Januar 1966 konnte die Krise auf einer Außenministertagung in Luxemburg beigelegt werden – und die Erpressung zeigte einen Erfolg: Frankreich kehrte auf seinen Sitz im Rat zurück, und im Gegenzug sollte in der europäischen Praxis das Vetorecht der Mitgliedstaaten gelten. Dieser »Luxemburger Kompromiß« – recht besehen: ein Euphemismus, weil Frankreich seine Position durchsetzte – verhinderte den vorgesehenen Übergang zu Mehrheitsentscheidungen, und die Entscheidungsprozesse blieben in der Zukunft oft quälend langsam und wenig effizient.[75]

Überall bereitete General de Gaulle mit seiner »Schockdiplomatie«[76] der Regierung Erhard Mißvergnügen, auch im Osten. Auf seiner Tour durch Osteuropa im Sommer 1966 sprach er vom Europa der Nationalstaaten »vom Atlantik bis an den Ural«. Was heute als visionär erscheinen mag, war damals eine kaum versteckte »Abstrafung« Westdeutschlands, das ihm die kalte Schulter gezeigt hatte, denn de Gaulle forderte die Anerkennung des Status quo in Europa und akzeptierte die Oder-Neiße-Linie als polnische Westgrenze. De Gaulle redete viel über die deutsch-französische Freundschaft und darüber, wie enttäuscht er von Adenauers Nachfolger sei, weil dieser sie nicht vollziehe. Aber, so mußte man sich in Bonn jetzt fragen, fußte sie für den General auf der deutschen Teilung? Zuvor schon hatte er sich bei Erhard weiter unbeliebt gemacht, als er meinte, die deutsche Frage sei »par excellence, le problème européen«.[77] Während sich bundesdeutsche Vordenker der Neuen Ostpolitik ebenfalls in Richtung einer »Europäisierung« der deutschen Frage bewegten, war dies für die Bundesregierung Verrat an den Grundsätzen. Überall witterten die »Hardliner« die Gefahr einer Aufwertung der DDR, selbst in Schröders vorsichtiger Politik, welche die erstarrten Fronten aufweichen sollte. Der Außenminister suchte mehr Einfluß und Präsenz für die Bundesrepublik in Osteuropa: In Polen, Rumänien und Ungarn wurden Handelsmissionen eingerichtet, um Bewegung in die Ostpolitik zu bringen. Schröder stieß, in den Worten Waldemar Bessons, die »Dogmen eines exklusiven Westkurses« um, und so entstand »Raum für die Staatsräson der Bundesrepublik«, die einer Entspannungspolitik verpflichtet sein mußte.[78] Doch die weiterhin demonstrative Ächtung der DDR, das Ignorieren der Sowjetunion und das unbedingte Festhalten an den Grenzen von 1937 brachten Schröders »Politik der Bewegung« zum Stillstand: Sie wurde von Leonid Breschnew, nach dem Sturz Chruschtschows der neue starke Mann im Kreml, vereitelt. Eine Isolation der DDR im Warschauer Pakt und im COMECON konnte die Sowjetunion nicht hinnehmen.

Im Oktober 1965 veröffentlichte die Evangelische Kirche in Deutschland eine aufsehenerregende Denkschrift mit dem Titel »Die Lage der Vertriebenen und das Verhältnis des deutschen Volkes zu seinen östlichen Nachbarn«. Diese EKD-Denkschrift plädierte für einen Wandel des deutschen Standpunktes in der Grenzfrage, setzte sich vorsichtig für eine Anerkennung der Oder-Neiße-Grenze ein und hielt das von Flüchtlingen und Vertriebenen lautstark reklamierte »Recht auf Heimat« zumindest für problematisch. Die öffentliche Meinung war zutiefst gespalten, der Geist der Versöhnung stand dem Protest gegen die »Verzichtabsicht« gegenüber.[79] Aber so sehr der Vorstoß polarisierte, so war es doch von nicht zu überschätzender Bedeutung, daß eine angesehene Institution wie die EKD zum Blockadebrecher in zentralen deutschlandpolitischen Fragen wurde, auch wenn manche beanstandeten, daß in der Denkschrift die Politik die Theologie überflügele. Vizekanzler Erich Mende sprach polemisch von »theologischen Anerkennungsangeboten an Warschau«.[80] Aber auch er wußte natürlich, daß Bonn nicht gegen den Rest der Welt Politik betreiben konnte. Um der Gefahr einer völligen außenpolitischen Isolation zu entgehen, bereitete das Auswärtige Amt unter Beteiligung der SPD-Opposition, besonders Herbert Wehners, eine »Note der Bundesregierung zur Abrüstung und Sicherung des Friedens« vor. Diese »Friedensnote« vom 25. März 1966[81] wurde nicht nur an Staaten übergeben, mit denen die Bundesrepublik diplomatische Beziehungen unterhielt, sondern auch an die Ostblockstaaten, mit Ausnahme der DDR. Die Wiedervereinigung galt darin weiterhin als vorrangige Aufgabe, aber eine Entspannungspolitik wurde nicht mehr ganz dogmatisch an Fortschritte der deutschen Frage geknüpft; zukunftsweisend war jedoch vor allem das Angebot, Gewaltverzichtserklärungen auszutauschen, auch dieser Zusatz galt wiederum nicht für die DDR.[82]

Die »Friedensnote« ist als »Beginn einer neuen deutschen Ostpolitik« bezeichnet worden.[83] Zweifellos war sie Ausdruck der Übergangszeit, doch insgesamt blieb die Deutschland- und Ostpolitik der Regierung Erhard halbherzig, zwar von gutem Willen beseelt, aber ohne die Entspannung wirklich einzuleiten. Und in der Westpolitik plagte man sich mit einem außenpolitischen Optionsproblem, agierte insgesamt ohne Fortüne, zaghaft, bisweilen orientierungslos. Weder Erhard noch Schröder gelang es, »die außenpolitischen Maximen der Ära Adenauer den veränderten internationalen Beziehungen anzupassen und innerhalb dieses Wandels die nationalen Interessen der Bundesrepublik neu zu definieren«.[84] Hinzu trat zu allem Unglück aber auch eine eklatante Führungsschwäche in entscheidenden Situationen, so im »Dilemma zwischen Nasser und Israel«,[85] in das die Bundesrepublik hineingeriet.

Der Nahost-Konflikt befand sich in den 60er Jahren immer stärker im Sog des Ost-West-Konflikts. Die von der Bundesrepublik gewünschte und unter historischen wie moralischen Gründen so wichtige Aufnahme diplomatischer Beziehungen mit Israel wurde in der arabischen Welt überaus skeptisch gesehen. Im November 1964 protestierte der ägyptische Staatspräsident Gamal Abd el Nasser, der unbestrittene Führer im arabischen Raum, gegen Bonns Waffenlieferungen an Israel. Bundestagspräsident Eugen Gerstenmaier reiste zur Vermittlung nach Ägypten; das Ergebnis konnte sich sehen lassen: Die Bundesrepublik solle, so wurde vereinbart, alle Waffenlieferungen in die Region einstellen, der Normalisierung der Beziehungen mit Israel stehe nichts im Wege, und die Beziehungen mit Ägypten sollten ebenfalls auf eine gute Grundlage gestellt werden. Dies waren äußerst günstige Konstellationen – doch der Bundeskanzler handelte nicht. Als kurz darauf der sowjetische Ministerpräsident Alexander Schelepin Nasser besuchte und ihm wirtschaftliche und militärische Hilfe anbot, zeigte sich dieser erkenntlich und lud Walter Ulbricht zu einem Staatsbesuch ein. Bonn war bestürzt und versuchte nun Kairo zu drohen, doch Nasser drehte den Spieß einfach um: Westdeutschland müsse die Militärhilfe an Israel einstellen, sonst würden die arabischen Staaten die DDR anerkennen. Geradezu paradigmatisch offenbarte sich mit der ganzen Schärfe die Selbstblockade der Bundesrepublik durch die Hallstein-Doktrin: Bonn war erpreßbar; das Vertrauen Israels und der USA wurde erschüttert. Sieben Tage lang war Ulbricht im Frühjahr 1965 in Ägypten, er war über See mit dem Urlaubsschiff »Völkerfreundschaft« gekommen und mit protokollarischen Ehren empfangen worden – ein Triumph für die SED. Am 12. Mai nahm die Bundesrepublik diplomatische Beziehungen mit Israel auf, was jetzt jedoch den Eindruck vermittelte, dies sei die »Strafe« für Nassers internationale Aufwertung der DDR. Die arabischen Staaten – ausgenommen Libyen, Marokko und Tunesien – brachen daraufhin die Beziehungen mit der Bundesrepublik ab; zu einer diplomatischen Anerkennung der DDR kam es allerdings, ein Glück für Bonn, nicht.[86]

Bei den Bundestagswahlen am 19. September 1965 scheint das Nahostdebakel keine Rolle gespielt zu haben, Erhard erbrachte, was die Union von ihm seit 1963 erwartet hatte: einen eindrucksvollen Wahlsieg. 47,6% bedeuteten eine Steigerung um 2,3 Punkte, die absolute Mehrheit im Bundestag wurde nur knapp verfehlt. Starke Verluste mußten indessen die Liberalen hinnehmen, ihr Stimmenanteil reduzierte sich um 3,3% auf jetzt nur noch 9,5 Prozent. Für Erhard kam ausschließlich eine Fortführung der bisherigen Koalition in Betracht, und die Liberalen wußten dies; dementsprechend rücksichtslos wurde um Posten geschachert; Inhalte traten dagegen zurück. Franz Josef Strauß, der neuerlich in die Regierung drängte, blockten die Liberalen wie schon 1963 ab, sie wollten nicht wieder als »Umfallerpartei« gelten; Erhard stand erneut zwischen der CSU und der FDP, was ihm schadete. Adenauer hatte sich seit geraumer Zeit wieder mit bissigen Kommentaren über den »unfähigen« Bundeskanzler zu Wort gemeldet, demontierte ihn unentwegt und erhielt jetzt sogar noch Schützenhilfe von Bundespräsident Heinrich Lübke, der, wenn er Erhards zweite Kanzlerschaft schon nicht hatte verhindern können, zumindest Außenminister Gerhard Schröder ausbooten wollte. Lübke, der die distanzierende Politik gegenüber Frankreich für falsch hielt und der sich mit Schrecken an die außenpolitische Havarie im Nahen Osten erinnerte, weigerte sich eine Zeitlang, ihm die Ernennungsurkunde auszuhändigen.[87] So großartig der Wahlsieg, so trostlos die Regierungsbildung und so schwach die neue Regierung.

Eher niedergeschlagen präsentierten sich die Sozialdemokraten. Sie hatten zwar 3,1% hinzugewonnen und 39,3% erreicht, aber nicht den erhofften Durchbruch geschafft, stärkste Partei zu werden. »Gemeinsamkeitspolitik« lautete seit einigen Jahren ihr Schlagwort, das sie wie eine Zauberformel benutzten, um Regierungsbereitschaft zu demonstrieren: Zentrale Probleme sollten gemeinschaftlich von den Parteien bewältigt werden, etwa die Erneuerung der Städte und die Modernisierung des Verkehrswesens, die Ausweitung der Bildungspolitik, die Familienförderung, der Umweltschutz.[88] »Sicher ist Sicher – SPD« hatte ihr Wahlkampfmotto geheißen, das der Union »Unsere Sicherheit – CDU«, so als würde sich bereits eine große Koalition abzeichnen. Mit Erhard war sie nicht möglich, doch wer wußte, was nach ihm kam? Bereits die mit den Stimmen der SPD erfolgte Wiederwahl des Bundespräsidenten Heinrich Lübke am 1. Juli 1964 war ein Erfolg für die Sozialdemokraten gewesen: Sie hatten die Bonner Koalition gespalten, weil die FDP, für welche Lübke untragbar erschien, trotzig einen eigenen Kandidaten, Ewald Bucher, den früheren Justizminister, ins Rennen geschickt hatte,[89] während die Sozialdemokraten auf einen eigenen Bewerber verzichteten und sich als verläßlicher Partner empfahlen. Damit hatten die Liberalen endgültig ihren Kredit verspielt, viele in der Union empfanden sie als »kapriziöse Querulanten«, die ihre Bedeutung maßlos überschätzten.[90] Die Bundespräsidentenwahl 1964 gilt aus diesen genannten Gründen als eine wichtige Etappe auf dem Weg zur Großen Koalition, auf die besonders Herbert Wehner hinarbeitete, der Lübke »immer wieder seine ehrerbietige Aufwartung« machte, ihn umgarnte, ihm schmeichelte[91] und ihn von den Vorzügen der großen gegenüber der kleinen, von den launischen Liberalen abhängigen Koalition überzeugte. Beim Zerfall der Regierung Erhard und der Bildung der Großen Koalition 1966 sollte Lübke denn auch tatkräftig nachhelfen. 1965 jedoch herrschte Enttäuschung bei den Genossen. Willy Brandt drohte nach der Wahl zu resignieren, er habe nicht die Absicht, »permanenter Kanzlerkandidat der SPD zu sein«;[92] seine Herkunft betreffende Diffamierungskampagnen im Wahlkampf bestärkten ihn damals, sich für 1969 nicht mehr als Kandidat zur Verfügung zu stellen. Es kam bekanntlich anders.

Waren vor den Wahlen großzügige Steuersenkungen beschlossen, zahlreiche Wahlgeschenke verteilt und war damit der Weg zur Gefälligkeitsdemokratie beschritten worden, so mußte Bundeskanzler Erhard angesichts unverkennbarer wirtschaftlicher Eintrübungen bereits kurz nach dem Urnengang mit Maßhalteappellen an die Bevölkerung aufwarten. Die seit einigen Jahren sich verschärfende Ruhrbergbaukrise signalisierte für die gesamte Bundesrepublik das Ende des Wirtschaftswunders.[93] Das importierte Heizöl verdrängte immer mehr die heimische Kohle; zwischen 1958 und 1964 waren bereits 37 Groß- und 131 Kleinzechen stillgelegt worden.[94] Nun ging das Zechensterben weiter, und man befürchtete eine politische Radikalisierung an Rhein und Ruhr, die Gefahren für die innere Stabilität der gesamten Bundesrepublik mit sich gebracht hätte. »Wenn es an der Ruhr brennt, gibt es im Rhein bei Bonn nicht genug

Wasser, das Feuer zu löschen.« Mit diesen Worten beschrieb der CDU/CSU-Fraktions-vorsitzende Rainer Barzel im Frühjahr 1966 die dramatische Lage.[95] Schwarze Fahnen demonstrierender Bergbauarbeiter wurden zum Menetekel für den »Vater des Wirt-schaftswunders« Ludwig Erhard; daß er auf seinem ureigensten Gebiet versagte, brach ihm politisch das Genick. Bei der Landtagswahl in Nordrhein-Westfalen vom Juli 1966 verfehlte die SPD um ein Haar die absolute Mehrheit (49,5 %); mit zwei Stim-men Mehrheit wurde Franz Meyers, CDU, zwar erneut zum Ministerpräsidenten ge-wählt, doch schob dies die Absetzbewegung der FDP weg von der CDU und hin zur SPD nur um wenige Monate hinaus: Am 1. Dezember kam es zur sozialliberalen Koalition unter Heinz Kühn.[96]

Die Bundesrepublik glitt in eine Rezession ab, die sich zwar im nachhinein nur als Wachstumsdelle entpuppte,[97] aber die Zeitgenossen reagierten fast panisch und zogen sogar Parallelen zur ersten Weltwirtschaftskrise 1929/30. Erhard schätzte den kon-junkturellen Abschwung falsch ein und lehnte eine aktive Finanz- und Wirtschafts-politik des Staates, weil sie dem freien Spiel der Kräfte widerspreche, ab. Geldwertsta-bilität hatte für ihn Vorrang vor Wachstum und Vollbeschäftigung; Appelle, zu sparen und auf Konsum zu verzichten, verschlimmerten die Lage zusätzlich. Nun rächten sich überdies die Steuergeschenke des Jahres 1965: Im Bundeshaushalt für 1967 klaffte eine Deckungslücke von rund 7 Mrd. DM. Nur durch eine Erhöhung der Steuern war ein Haushaltsausgleich möglich, wogegen sich indessen die Liberalen seit langem ge-wandt hatten, nun ihr Gesicht nicht verlieren wollten und nach ergebnislosen Ver-handlungen am 27. Oktober 1966 mit ihren vier Ministern, Erich Mende, Rolf Dahl-grün, Ewald Bucher und Walter Scheel, aus dem Kabinett auszogen. Erhard bildete daraufhin ein Minderheitskabinett; im Bundestag unterstützte die FDP einen Antrag der SPD, Erhard solle die Vertrauensfrage stellen, aber der Bundeskanzler ohne Mehr-heit trat nicht zurück, kämpfte aber auch nicht. Der Autoritätsverlust beschleunigte sich rasant, Erhard verlor jedwede Basis in der Union, genoß zudem kein Vertrauen mehr in der Öffentlichkeit, wo er wegen der Rezession, daneben auch wegen der Star-fighter-Affäre – bis November 1965 stürzten 65 Maschinen der Bundeswehr ab – als führungsschwach abgestempelt war. Der Kanzlersturz war brutal, Erhard mußte von seinen Parteifreunden zum Rücktritt fast gezwungen werden.[98] Am 10. November 1966 wurde in einer fraktionsinternen Abstimmung der Ministerpräsident von Ba-den-Württemberg, Kurt Georg Kiesinger, als neuer Kanzlerkandidat der CDU/CSU nominiert; er hatte sich in internen Debatten gegen Barzel, Gerstenmaier und Schrö-der durchgesetzt.

Die Große Koalition 1966–1969 als Wendezeit

Die Nominierung Kiesingers änderte nichts daran, daß die Union über keine Mehrheit verfügte, nachdem die FDP von der Regierungskoalition abgesprungen war. Im Prinzip war alles denkbar: Neuwahlen, CDU/CSU/FDP-Koalition, SPD/FDP-Koalition, Große Koalition, sogar eine Allparteienregierung. Aber eben nur im Prinzip. Vorgezogene Neuwahlen stießen bei der Union auf Ablehnung, denn nach dem innerparteilichen Gezänk und der öffentlichen Krisenwahrnehmung war ein auch nur annähernd

Abb.38: *Bundeskanzler in spe Kurt Georg Kiesinger und Vizekanzler sowie Außenminister in spe Willy Brandt am 30. November 1966. Die Verhandlungen über eine Große Koalition sind soeben beendet worden, Genugtuung huscht über die Gesichter. Die beiden verstanden sich jedoch längst nicht so gut, wie es auf dem Foto scheint.*

so gutes Ergebnis wie 1965 kaum vorstellbar; man hätte die Macht wohl verspielt. An eine Neuauflage der Koalition mit den Liberalen jedoch dachten die meisten Christdemokraten nur mit Schrecken. Sollte man sich wirklich schon wieder auf die FDP einlassen, die, zumindest aus christdemokratischer Sicht, die Regierungen der vergangenen Jahre von der einen in die nächste Krise gestürzt und sich dabei eine maßlose Selbstüberschätzung angewöhnt hatte?[99] Wie immer glaubten die Liberalen auch im November 1966, die Union könne gar nicht anders, sei auf sie angewiesen, und zwei Drittel der Fraktion plädierten nach Auskunft von Erich Mende für ein weiteres Zusammengehen mit der CDU/CSU.[100] War es nicht an der Zeit, so die Stimmung in der CDU, von der CSU ganz zu schweigen, die FDP endlich auf die Oppositionsbank zu schicken? Gar nicht viel anders dachte man in der SPD, abgesehen von Brandt und den nordrhein-westfälischen Sozialdemokraten, die auf ein Bündnis mit den Liberalen zusteuerten. Doch an Rhein und Ruhr gaben ganz andere Liberale vom Schlage Willi Weyers den Ton an – »Jungtürken« wurden sie genannt, weil sie sich gegen die »Alten« in der Partei auflehnten, sie waren reformerisch, fast sozialliberal ausgerichtet. Und was Brandt betraf, so war er als Regierender Bürgermeister von Berlin oft außer Reichweite, mußte sich jedenfalls nicht mit den »Nationalliberalen« im Bundestag herumplagen. Blieben noch die Möglichkeiten einer Großen Koalition oder einer Allparteienregierung; letztere schied jedoch aus, weil eben weder Union noch SPD mit den Liberalen gehen wollten. Eine »Elefantenhochzeit« also? Befand sich die Bundesrepublik wirklich in so großer Gefahr, die eine solche Notlösung, eine Ausnahmekoalition rechtfertigte? Die Rezession löste Angst in der Bevölkerung aus, gesellschaftliche Unruhe war entstanden, der Bundeshaushalt mußte saniert werden, und innenpolitische Reformen harrten dringend der Erledigung. Außenpolitisch galt es, den Schlingerkurs zu beenden. Aber von einem wirklichen Notstand war man weit entfernt. Bei den Landtagswahlen in Hessen am 6. November erreichte dann jedoch die NPD plötzlich fast 8 % an Wählerstimmen. Erhob also, kaum daß ökonomisch schwierige Zeiten hereinbrachen, der Neonazismus sein Haupt? Zwei Wochen später zog die NPD mit einem ähnlich guten Ergebnis auch in den bayerischen Landtag ein, während die FDP nicht mehr im Maximilianeum vertreten war. Diese Entwicklungen spielten eine Rolle bei der Formierung der Großen Koalition, ausschlaggebend aber war, daß die Union und vor allem die führenden Politiker der SPD, die ins Zentrum der Entscheidung rückte, das Bündnis anstrebten.

Seit Jahren hatte besonders Herbert Wehner auf eine Große Koalition hingearbeitet, als deren maßgeblicher Architekt er bezeichnet werden kann. Seine Umarmungsstrategie gegenüber der Union zielte darauf, die SPD aus der Daueropposition herauszuführen; eine zeitlich eng begrenzte Koalition mit der Staatspartei CDU/CSU, in der die SPD als »Juniorpartner« endlich auch auf Bundesebene Regierungsfähigkeit beweisen konnte, bedeutete für ihn eine notwendige Etappe auf dem Weg zum Machtwechsel. Helmut Schmidt, Karl Schiller, der schwererkrankte Fritz Erler und, mit Abstrichen, Alex Möller sahen dies ähnlich. Als die Verhandlungen mit den Christdemokraten erfolgreich verliefen und sich eine gemeinsame Regierungsplattform abzeichnete, ließ sich schließlich auch Willy Brandt davon überzeugen, daß ein Regierungsbündnis mit der FDP ein »koalitionspolitisches Vabanque-Spiel«[101] gewesen wäre, weil die Liberalen des Jahres 1966 wohl nicht genügend Durchhaltevermögen für eine solche Liaison aufgebracht und sich übernommen hätten.

So geschickt Wehner die Fäden auch gezogen hatte, bei zahlreichen Sozialdemokraten blieb erhebliche Skepsis gegenüber einer großen Koalition bestehen. Mit 340 Stimmen wurde Kurt Georg Kiesinger am 1. Dezember 1966 im Bundestag zum Bundeskanzler gewählt, doch das Regierungsbündnis verfügte über weit mehr, nämlich über 447 Mandate. Der damals 62jährige Kiesinger, Jurist von Beruf, hatte seit 1949 dem Deutschen Bundestag angehört, war zudem ab 1950 Vertreter im Straßburger Europaparlament, Mitglied des Geschäftsführenden Vorstandes der CDU und seit 1958 schließlich Ministerpräsident in Baden-Württemberg, wo er zuletzt 1964 einen großen Wahlsieg errungen hatte. Aus den Bonner Unionsquerelen hatte er sich weitgehend herausgehalten, stand über dem kleinlichen Hader und war somit für die Partei nun eine Art »Retter aus der Provinz«.[102] Geprägt von urbaner Bürgerlichkeit erschien der elegante, leutselige, gebildete Kiesinger – er hatte auch Geschichte und Philosophie studiert – manchen in Bonn wie ein »Paradiesvogel«. Kiesinger trage, so eine begeisterte Journalistin, sein Amt »wie einen Hermelin«.[103]

Einen Makel wurde der neue Bundeskanzler allerdings nie ganz los: Er war Mitglied der NSDAP gewesen, ein sogenannter »Märzgefallener« des Jahres 1933, und hatte in der Propagandaabteilung des Auswärtigen Amtes gearbeitet. Gegenüber öffentlichen Vorwürfen verschaffte Conrad Ahlers im *Spiegel* Kiesinger Entlastung, indem er dort ein NS-Protokoll veröffentlichte, in dem Kiesinger angeschwärzt wurde: Er würde, so hieß es in der Denunziation, die »antijüdische Aktion« hemmen.[104] Ein Fleck auf Kiesingers Weste blieb allerdings zurück, und infolge des öffentlichen Eklats vom November 1968 ließ er sich auch nicht mehr beseitigen: Die junge Sekretärin beim Deutsch-Französischen Jugendwerk, Beate Klarsfeld, die mit einem Franzosen jüdischen Glaubens verheiratet war, ohrfeigte Kiesinger auf dem CDU-Parteitag und beschimpfte ihn als »Nazi«.

Die Große Koalition war auch eine Allianz deutscher Aus- und Versöhnungen: Conrad Ahlers wurde Pressesprecher der Regierung, der Mann, der ihn 1962 während der »*Spiegel*-Affäre« hatte verhaften lassen, Finanzminister, nämlich Franz Josef Strauß. Gustav Heinemann, der nach dem Krieg bei der CDU angefangen hatte, dessen politischer Weg als einer der schärfsten Adenauerkritiker dann über die GVP zur

SPD führte, übernahm das Justizministerium. Vor allem aber trug die Große Koalition den Charakter einer praktizierten Vergangenheitsbewältigung: Sie umfaßte ehemalige Mitglieder der NSDAP, neben Kiesinger die beiden Sozialdemokraten Schiller und Lauritzen, außerdem Schröder von der CDU, der der SA angehört hatte, daneben den ehemaligen KPD-Funktionär Wehner sowie den Emigranten und Aktivisten in der Sozialistischen Arbeiterpartei (SAP), Brandt. Daß Vertreter ehedem feindlich gesinnter Lager jetzt zusammen am Kabinettstisch saßen, kam dem »Versuch eines historischen Kompromisses gleich«.[105] Politisch basierte das Bündnis auf den engen, freundschaftlichen Kontakten zwischen Kiesinger und Wehner, auf der effektiven Kooperation der beiden Fraktionsvorsitzenden, Rainer Barzel und Helmut Schmidt,[106] sowie auf dem nahezu kongenialen Wirken von Wirtschaftsminister Karl Schiller und Finanzminister Franz Josef Strauß, die frei nach Wilhelm Busch bald »Plisch und Plum« genannt wurden. Kiesingers Regierungskunst bestand in einer Politik der Diagonalen, er wirkte ausgleichend zwischen den Polen, verhielt sich wie ein »wandelnder Vermittlungsausschuß«,[107] und im »Kressbronner Kreis«, benannt nach dem Feriendomizil des Bundeskanzlers, trafen sich wichtige Regierungsvertreter, um Probleme zu besprechen – eine Art Clearing-Stelle.

Die Forschung hat jüngst herausgearbeitet, daß die zweite formative Phase der Bundesrepublik Deutschland von einer nachgerade euphorisch zu nennenden Planungsbegeisterung gekennzeichnet war und daß einer der Höhepunkte dieser Entwicklung in der Zeit der Großen Koalition lag.[108] »Planung ist der große Zug unserer Zeit. Planung ist ein gegenwärtig ins allgemeine Bewußtsein aufsteigender Schlüsselbegriff unserer Zukunft ... Planung ist der systematische Entwurf einer rationalen Ordnung auf der Grundlage alles verfügbaren Wissens«, so die zeitgenössische Fanfare von Joseph H. Kaiser.[109] Mit »Planung« als Synonym »verwissenschaftlichter« Politik ließen sich offenbar Krisen meistern oder sogar vorbeugend bereits umgehen. In der wissenschaftlichen Sphäre entstand die »policy-Analyse« als angewandte und praxisrelevante Wissenschaft. Sozialwissenschaftler zielten auf Politikberatung, und Politiker wünschten wissenschaftliche Begleitung; so kam es stärker als jemals zuvor zu einer engen Kooperation zwischen beiden Sphären. »Planung«, »Programmierung« und »Steuerung« galten in sämtlichen westlichen Industriegesellschaften der 60er Jahre als postideologische Praxis,[110] befreit von allen negativen älteren Deutungen, wonach sie dem Repressionsarsenal totalitärer Diktaturen entsprangen.[111] Planung betrachtete man als ein Prädikat moderner Regierungstechnik, die danach strebte, den technischen, wirtschaftlichen und sozialen Wandel gestaltend unter Kontrolle zu bringen. Zugleich äußerten sich darin gesellschaftliche Wandlungen und veränderte politische Leitvorstellungen bis hin zum Staatsverständnis. Technokratische Konzeptionen von Machbarkeit und Planung erstreckten sich dabei auf nahezu alle Politikfelder – dies vor allem unterschied die neue Planung von älteren, nur sektoralen Plänen, die es zuvor schon gegeben hatte, etwa den »Grünen Plan« zur Stärkung bäuerlicher Familienbetriebe von 1955 oder den »Lücke-Plan« zum Abbau der Wohnungszwangsbewirtschaftung von 1960.

Besondere Konjunktur hatten regionale Raumordnungspläne: Der Raum als nur endlich verfügbares Gut sollte politisch gestaltet werden. Die Forschung steckt auf diesem Gebiet noch in den Anfängen, doch für Bayern – wo in der Ära Goppel (1962–1978) der bayerische Staat energisch steuernd eingriff und die Veränderungen ein rasantes Tempo erlangten – liegen erste Ergebnisse einer Gesellschaftsgeschichte des Strukturwandels vor. In Bayern jagte ein großer Plan den nächsten. Die »Erschließung des Landes«[112] war ein tiefgreifender Prozeß, der Bayern und die föderale Bundesrepublik insgesamt umgestaltete sowie Lebensverhältnisse und Lebenschancen breiter Bevölkerungsschichten nachhaltig beeinflußte. Es ist nicht zu hoch gegriffen, dies einen Durchbruch zur Modernität zu nennen. Allerdings war diese Modernität janusgesichtig, und die Urteile müssen deshalb heute eher zwiespältig ausfallen: Der Gestaltung gleichwertiger Lebensverhältnisse und dem gezielten Abbau von Armutsregionen stand ein zum Teil hoher Preis gegenüber, der dafür bezahlt werden mußte, z.B. in Form von immenser Umweltzerstörung oder eines unbedachten Niedertrampelns älterer dörflicher Strukturen. Bayerische Landesplaner erblickten in ländlichen Regionen lediglich dysfunktionale Räume, die es infrastrukturell – durch neue Verkehrsverbindungen beispielsweise –, industriell und energiepolitisch aufzurüsten und eben auch einzuebnen galt. So stieg beispielsweise der Landschaftsverbrauch gewaltig an: Zwischen 1960 und 1972 nahm der Anteil der Gebäude- und Hofflächen um mehr als 33% zu, der Anteil der Flächen für Straßen, Wege und Eisenbahn um fast 27 Prozent.[113]

Zweifellos half die rationale, wissenschaftsgestützte Planung, die bundesdeutsche Rezession zu überwinden. Mit viel Elan wurden neue Begriffe präsentiert und inhaltlich gefüllt: Vorausschauende Arbeitsmarktpolitik, aktive Konjunkturpolitik, gesamtwirtschaftliche Rahmenplanung, Globalsteuerung – alles lief auf eine antizyklische Konjunkturpolitik im Sinne von Keynes und den »New Economics« hinaus, womit eine neue, eine zweite Phase der bundesdeutschen sozialen Marktwirtschaft eingeläutet wurde. Wirtschaftsminister Karl Schiller, Professor der Nationalökonomie, erwies sich als Meister einer »verwissenschaftlichten Politik«; er verband präzise Analysen mit originellen Wortschöpfungen. Durch seine verbale Brillanz wie durch sein progressiv-modisches »Outfit« umgab die staatliche »Planung« ein »Flair des Fortschrittlichen«.[114] Wenn Schiller davon sprach, man befinde sich »auf der Talsohle der Konjunktur«, begriffen alle, daß es bald wieder aufwärtsgehen werde. Herzstück des »Gesetzes zur Förderung der Stabilität und des Wachstums der Wirtschaft«, das am

8. Juni 1967 verabschiedet wurde, war die sogenannte »Konzertierte Aktion«. Sie sollte ein Instrument zur Interessenbestimmung zwischen Sozialpartnern, Wissenschaft und Staat sein, um die Bundesrepublik ökonomisch zu restabilisieren, sie möglichst rasch wieder auf den Wachstumspfad zurückzubringen und dabei die »soziale Symmetrie«, ein weiteres Lieblingswort von Schiller, zu gewährleisten. Unumstritten war die »Konzertierte Aktion« nie; Unternehmer befürchteten staatlichen Dirigismus, Gewerkschaften eine Aushöhlung der Tarifautonomie. Schillers Ziel war es, die Unterstützung der Bundesbank, der Länder, Kommunen, Unternehmer und Gewerkschaften für ein kreditfinanziertes Konjunkturprogramm zu erhalten. Als Grundlage dieses »Stabilitätsgesetzes«, wie es kurz genannt wurde, fungierte das »Magische Viereck«, bestehend aus Wirtschaftswachstum, Preisstabilität, Vollbeschäftigung und außenwirtschaftlichem Gleichgewicht.[115] Jährliche Vorlagen von Sachverständigenberichten zur »Begutachtung der gesamtwirtschaftlichen Entwicklung« verstetigten die Planung als Reformprinzip.

Im Dezember 1966 waren in der Bundesrepublik 35000 Menschen arbeitslos, im März 1967, als die Krise voll durchschlug, waren es 636000, womit die Quote bei 2,5 % lag. Bis 1968 ging sie auf 1,5 % und bis 1969 auf 0,8 % zurück, ein neuer Konjunkturaufschwung löste die Rezession ab, und der Bedarf an ausländischen Arbeitskräften in der deutschen Industrie stieg erheblich an.[116] Auch die Krise im Ruhrbergbau wurde gelöst, wenngleich das Zechensterben nicht zu Ende war. Selbst die sozialpolitische Bilanz der Großen Koalition war, bedenkt man die ungleichen Regierungspartner, durchaus bemerkenswert: Sie bestand aus einem moderneren Arbeitsförderungsgesetz sowie aus zeitgemäßen Berufsbildungs- und Ausbildungsgesetzen, sie schloß eine Reform der Rentenversicherung ebenso ein wie insbesondere das Gesetz über die Lohnfortzahlung im Krankheitsfall, das Arbeiter und Angestellte gleich behandelte. All diese Erfolge trugen wesentlich zum Nimbus des neuen wirtschaftspolitischen Instrumentariums bei. Später sind Zweifel angemeldet worden, ob der Aufschwung allein darauf gründete.[117] Mit Sicherheit hatte der Erfolg nicht nur eine Ursache. Vieles kam zusammen: In erster Linie fußte er auf dem Kurswechsel der Geldpolitik – die Bundesbank hatte den Diskontsatz von 5 % auf 3 % reduziert –, in zweiter auf der anziehenden Auslandsnachfrage – der Bundesrepublik kam mithin zugute, daß die Krise hausgemacht und eben keine Weltwirtschaftskrise war – und in dritter auf der massenwirksamen Psychologie der von Schiller vermittelten Aufbruchstimmung.

Die antizyklische Konjunkturpolitik war ein Gemeinschaftswerk von Schiller und Strauß. Letzterer sorgte außerdem dafür, daß es zu einer Konsolidierung der Bundesfinanzen kam und daß allgemein die Auffassungen im Bereich der Finanzpolitik moderner wurden. Strauß ging vom Sparsamkeitseifer früherer Finanzminister ab und hielt eine dosierte Staatsverschuldung für vertretbar, wenn damit die Konjunktur angekurbelt werden konnte. Die »Mittelfristige Finanzplanung« für die Jahre 1967 bis 1971 (im Volksmund »MiFriFi« genannt) sollte eine mehrjährige Ressourcenplanung für die Aktivitäten einzelner Ressorts festlegen. Und eine Finanzreform regelte 1969 die Rechte und Pflichten des Bundes und der Länder neu. Sie mutete dem bisherigen föderalen Prinzip einiges zu, indem sie durch einen neugefaßten Finanzausgleich zwischen Bund und Ländern sowie zwischen »armen« und »reichen« Ländern auf einen »kooperativen Föderalismus« setzte.[118] Im neuen Steuerverbund mit den Ländern erhielt der Bund mit den ergänzenden Grundgesetzartikeln 91a und 104a größere Kompetenzen bei drei der verfassungsrechtlich festgelegten Gemeinschaftsaufgaben: Hochschulbau, Regionalförderung und Agrarstrukturpolitik. Mit diesen Reformen der Großen Koalition »erreichte die Unitarisierung und Politikverflechtung im Bundesstaat im wesentlichen ihre bis in die Gegenwart bestehende Ausformung«.[119] Was die Koalitionäre damals als Planungsverbund der Zukunft priesen, ist seit den 70er Jahren kritisch gesehen worden, denn die vielgerühmte »Politikverflechtung« wirkte auch entscheidungshemmend, und das politische »Mehrebenensystem« war kaum noch zu durchschauen. Auch bei der MiFriFi wurden einige Probleme unterschätzt, etwa widersprüchliche Prioritätenzuweisungen oder schlicht der Eigensinn teilautonomer Akteure in Ländern und Kommunen. Damit sind Kernprobleme vorausschauender Planung benannt, die man damals noch nicht erkannte und die erst nach der Hausse der Planungskonjunktur in der sozialliberalen Ära zu Beginn der 70er Jahre in eine Ernüchterung einmündeten, hier aber bereits erwähnt werden sollen: Die Komplexität der Wirklichkeit ließ sich kaum erfassen; so bestand einerseits ein Mangel an relevanten Informationen, andererseits wiederum ein Überangebot an bewältigbaren Informationen; die größte Unbekannte in der Gleichung war jedoch der Eigensinn individueller und kollektiver Akteure, seien es Planer, Verwalter oder »Beplante«: Sie taten nicht immer, was man von ihnen erwartete.

Die im Rahmen der Großen Koalition verabschiedeten Investitionsvorhaben erstreckten sich insbesondere auf die Bereiche Bahn, Post, Verkehr, Bildung und Forschung. So wurde, was den letzten Bereich anbelangt, in einem weitgehenden Elitenkonsens das Atomprogramm der Bundesregierung mit seinem ambitionierten Herzstück – dem »Schnellen Brüter« – forciert. Die Atombegeisterung war allgegenwärtig, nur wenige Zweifler artikulierten Gefahrenpotentiale, die meisten faszinierte das Zukunftsszenario einer nahezu unbegrenzten Entfaltung der Produktivkräfte zum Wohle aller Bevölkerungsschichten.[120] Nicht allein im Bereich der Kernenergie kam es zum Organisationstyp moderner institutioneller Großforschung, sondern auch in der Luft- und Raumfahrtforschung, später in der Datenverarbeitung, im Umweltschutz und in der medizinischen Forschung.[121] »Modernität« und ungebrochener Fortschrittsoptimismus manifestierten sich namentlich im Bereich der Verkehrspolitik.

Verkehrsminister Georg Leber (SPD) verband in seinem Projekt (»Leber-Plan«) den Ausbau des Straßennetzes mit einleuchtenden Ideen, Transporte von der Straße auf die Schiene zu verlagern, scheiterte damit aber an der mächtigen Transportlobby. Zustimmung erntete er dagegen mit dem zweiten Teil des Vorhabens, dem gigantischen Ausbau von Autobahnen: Bis 1985 sollte niemand in der Bundesrepublik weiter als 25 km von der nächsten Autobahn entfernt wohnen, und in Ballungsräumen waren Straßen mit bis zu 18 Spuren vorgesehen. Diese Projekte blieben größtenteils im Planungsstadium, weil die Ölkrise 1973 schockartig vor Augen führte, auf welch wackligen Beinen die Grundannahme unbegrenzt verfügbarer Energieressourcen und damit megalomanischer Motorisierungsideen in Wirklichkeit stand.[122]

Der gesellschaftliche »Fortschritt« im Sinne eines Fortschreitens schlug bei einem anderen wichtigen Reformwerk durch: bei den rechtspolitischen Reformen, die Justizminister Gustav Heinemann auf den Weg brachte und die sich in der sozialliberalen Ära fortsetzen sollten. Hier verbanden sich allgemeine Liberalisierungstendenzen mit einem »Abschneiden alter Zöpfe«, womit Heinemann teils mehr bei der oppositionellen FDP als bei der CDU/CSU auf ungeteilte Zustimmung stieß. Später trat der Gedanke hinzu, das Recht als ein Instrument des gesellschaftlichen Wandels zu nutzen, was aus konservativer Sicht ohnehin umstritten war. Eine Reform des 1871 geschaffenen Strafgesetzes war seit längerer Zeit diskutiert worden. Die Strafrechtsreform vom Mai 1969[123] stellte dem gebräuchlichen Sühnegedanken neue Gesichtspunkte zur Seite: Die verhängte Strafe soll, wie immer schon, Schuld des Täters ausgleichen und ihn vor ähnlichen Straftaten künftig abschrecken. Hinzu trat der Aspekt einer Resozialisierung des Täters, um ihm zu helfen, etwaige soziale Anpassungsschwierigkeiten, mit denen seine Tat zusammenhängt, zu überwinden; dies kommt wiederum der Prävention von Straftaten zugute. So wurde das Zuchthaus abgeschafft – da sein Makel die Wiedereingliederung des Straftäters behindere – und statt dessen eine Einheitsstrafe eingeführt. Die Gerichte erhielten überdies einen größeren Ermessensspielraum, um kleinere Vergehen mit Geldstrafen statt mit Freiheitsstrafen zu belegen und Strafen zur Bewährung auszusetzen. Auf dem Gebiet des Sittlichkeitsstrafrechts wurden Homosexualität bei Erwachsenen sowie Ehebruch straffrei gestellt. Darüber hinaus umschloß die Reform des politischen Strafrechts auch eine deutschlandpolitische Komponente: Politische Kontakte zur DDR wurden entkriminalisiert. Groteske Praktiken etwa im innerdeutschen Reiseverkehr, so die Beschlagnahmung von DDR-Zeitungen oder Verhaftung von DDR-Delegationen, gehörten seither der Vergangenheit an. Kritik entzündete sich daran, daß die Änderungen auch den Weg freimachten, auf legalem Wege wieder eine kommunistische Partei zu gründen. Insgesamt jedoch war die Strafrechtsreform nicht nur ein Ausweis dafür, wie offen und liberal, sondern auch wie politisch gefestigt und selbstbewußt sich die Bundesrepublik am Ende der 60er Jahre präsentierte.

Und dies in einer Zeit, in der von Ruhe und Beschaulichkeit keine Rede sein konnte. Die Außerparlamentarische Opposition (APO) erhielt Zulauf, und die Studentenrevolte radikalisierte sich; die nationalsozialistische Vergangenheit holte die Bundesrepublik ein, und der Deutsche Bundestag mußte über eine Verjährung von NS-Verbrechen entscheiden. Gleichzeitig regte sich der Neonazismus in Gestalt der 1964 als Sammlung Dutzender rechtsradikaler Organisationen gegründeten NPD. Nach den Erfolgen in Hessen, Bayern, Rheinland-Pfalz, Schleswig-Holstein, Niedersachsen und Bremen erreichte die NPD bei den Landtagswahlen in Baden-Württemberg am 28. April 1968 mit 9,8 % ihr bisher bestes Stimmenergebnis. Das »Erfolgsrezept« der NPD bestand in einer seither immer wieder zusammengerührten Mischung aus neofaschistischem Radikalismus und bürgerlich-deutschnationaler Biederkeit.[124] Feindbilder gegenüber Minderheiten, das Gespenst der Überfremdung und die Relativierung des Nationalsozialismus gehörten zur Programmatik; den revoltierenden Studenten brachte man nichts als Haß entgegen, und die Rezession, die Abstiegsängste schürte, ließ erst recht nach neuen Sündenböcken suchen.

Bei der Frage, wie man dem Rechtsradikalismus begegnen könne, trat erneut das Thema Wahlrechtsreform in das Zentrum der Diskussion. Ob ein relatives Mehrheitswahlrecht nach englischem Vorbild die Demokratie nicht am besten stabilisiere, war seit den Tagen des Parlamentarischen Rates immer wieder debattiert worden, und Adenauer hatte mit der Drohgebärde »Wahlrecht« das eine um das andere Mal den langjährigen Koalitionspartner FDP gefügig gemacht. Die Vereinbarungen der Großen Koalition sahen ebenfalls eine Wahlrechtsreform vor, allerdings regten sich rasch Widerstände in der SPD, die befürchtete, die Macht der Union nie brechen zu können. Wehner taktierte eine Zeitlang, versuchte die Frage auf die kommende Legislaturperiode hinauszuschieben, aber es war nicht zu übersehen, daß die SPD eine Änderung nicht mehr wirklich anstrebte. Hätte eine Wahlrechtsänderung – entgegen der Ansicht von Innenminister Paul Lücke, der das Menetekel »Weimar« an die Wand malte[125] – nicht nach Manipulation gerochen und dem Rechtsradikalismus noch mehr Zulauf beschert? Das war die eine berechtigte Überlegung; entscheidend war jedoch das Schielen auf die FDP.

Die Liberalen nutzten ihre Oppositionszeit zu einer Erneuerung, die ihnen nur wenige zugetraut hatten; es handelte sich dabei um eine wahre Roßkur. Auf dem Freiburger Parteitag vom April 1968 wurde Walter Scheel zum neuen Parteivorsitzenden gewählt. Die damals bereits vollzogene Neuausrichtung floß drei Jahre später, 1971, in das Grundsatzprogramm der FDP zur Gesellschaftspolitik ein: Die »Freiburger Thesen«,[126] die auch der 1968 zur FDP gestoßene intellektuelle »Star« der Partei, der Soziologieprofessor Ralf Dahrendorf, mit viel Verve vortrug, versinnbildlichten den programmatischen und personellen Wandel von einem nationalkonservativen zu einem sozialen Liberalismus, der seine Traditionslinien von Rousseau bis Naumann, von Kant bis Keynes herleitete und eine »Demokratisierung der Gesellschaft« sowie eine »Reform des Kapitalismus« anstrebte. Die erneuerte FDP – optisch sollten Pünktchen zwischen den Buchstaben den Wandel zeigen (F.D.P.), doch ob sich damit auch Wahlen gewinnen ließen, stand 1968 noch in den Sternen – wurde für die Sozialdemokraten attraktiv, zumal die beiden Parteien sich auf dem Feld der Deutschlandpolitik längere Zeit bereits angenähert hatten und dieser Bereich tatsächlich zum Scharnier des künftigen Bündnisses werden sollte.

Das umstrittenste Kapitel der Großen Koalition stellte die Verabschiedung der Notstandsgesetze dar, die allerdings wegen ihrer Bedeutungsschwere überhaupt nur in einer solchen Konstellation möglich war. In drei zuvor unternommenen Anläufen, 1960, 1963 und 1965, konnte die notwendige Zweidrittelmehrheit für eine Grundgesetzergänzung jeweils nicht erzielt werden.[127] Mit dem Inkrafttreten der Gesetze am 28. Juni 1968 erloschen die alliierten Sicherheitsvorbehalte aus dem Deutschlandvertrag von 1955 (nicht aber deren Mitverantwortung für Deutschland als Ganzes und für Berlin). Der Ausnahmezustand ist die Stunde der Exekutive, und Verfassungsbestimmungen zu einem Notstand sind etwas »Normales« für Demokratien, aber sie konnten es in Deutschland aufgrund seiner Geschichte nicht sein. Sahen die Kritiker die Demokratie dadurch in Gefahr, daß für einen eventuellen Notstand geplant wurde, so hielten es die Befürworter für demokratiegefährdend, wenn keine Vorsorge für den Krisenfall getroffen wurde. Die verabschiedete Notstandsverfassung unterscheidet zwischen Spannungszeit, innerem Notstand und Verteidigungsfall und sieht dafür abgestufte Vorsorge- und Sicherstellungsmaßnahmen vor, die zu einer Einschränkung von Grundrechten führen. Teile der APO diffamierten die Gesetze als »NS-Gesetze«, doch einer »Machtergreifung« leistet die Notstandsgesetzgebung keinen Vorschub. Im Falle eines Mißbrauchs gilt das Widerstandsrecht. Insofern muteten manche Einwände tatsächlich so an, als sollte die Schlacht um 1933 nachträglich noch einmal geschlagen werden. Allerdings wäre es ebenso unangebracht, sämtliche Kritiker der Notstandsgesetze als weltfremde Warner vor einem blinden Alarm zu verunglimpfen; den meisten ging es vor dem Hintergrund der verhängnisvollen deutschen Geschichte mit allem Ernst darum, die Demokratie nicht »entliberalisieren« zu lassen. Der autoritäre Zungenschlag mancher Befürworter der Notstandsgesetzgebung und auch das Beispiel der »Spiegel-Affäre« von 1962 verschärften nicht völlig zu Unrecht die Gegenstimmen. Ohne den öffentlichen Protest, z. B. im »Kuratorium Notstand der Demokratie«, das bis zu 30 000 Menschen auf die Straße brachte – und dem beispielsweise Heinrich Böll und Sebastian Haffner angehörten –, und ohne den Druck von Gewerkschaften, die eine Hauptlast der Opposition trugen, wäre die Notstandsverfassung anders ausgefallen. So aber genügte sie den wichtigsten Grundbedingungen:

Sicherung der parlamentarischen Demokratie, Garantie des föderativen Aufbaus der Bundesrepublik, Gewährleistung der Grundrechte, im besonderen des Koalitions- und Arbeitskampfrechts.[128] Mit 384 zu 100 Stimmen verabschiedete der Deutsche Bundestag die Notstandsgesetze. Das Ergebnis zeigt, wie umstritten sie blieben. 53 SPD- und 1 CDU-Abgeordneter verweigerten die Zustimmung, ebenso die 46 liberalen Mandatsträger, die allerdings ihre geschlossen zum Ausdruck gebrachten grundsätzlichen Bedenken gegen die Notstandsgesetzgebung erst entdeckten, als sie in der Opposition saßen.

Weder die Große Koalition an sich noch die Notstandsgesetze führten zum Untergang Deutschlands. Die Horrorszenarien vieler im Dezember 1966 entsetzter Intellektueller wie Karl Jaspers[129] oder Günter Grass bewahrheiteten sich nicht. Die als Ehe auf Zeit eingegangene Verbindung zwischen CDU/CSU und SPD war nicht der Beginn eines Weges, der in den Einparteienstaat führte, und die Große Koalition bedeutete nicht das Ende der Demokratie.[130] Zwar in weit verminderter Schärfe als bei den betroffenen Zeitgenossen, doch immer noch scheiden sich bis heute die Geister an der Großen Koalition. Im Zusammengehen der beiden großen Parteien und einer dementsprechenden Mini-Opposition sehen Kritiker eine gefährliche Anomalie des parlamentarischen Systems. In erster Linie werfen sie der Sozialdemokratie den unverzeihlichen politischen Sündenfall vor. Gemessen am Ergebnis jedoch hatte die Große Koalition »in einem Maße Erfolg, wie es nur wenigen so kurz amtierenden Regierungen beschieden war«.[131] Daß es sich in der öffentlichen Wahrnehmung bei der Großen Koalition um eine weitgehend »vergessene Regierung«[132] handelt, hat mehrere Ursachen: Sie war in der Tat eine Notlösung, ein Experiment auf kurze Zeit; kein Demokrat konnte eine baldige Wiederholung wollen. Sie zeigte zwar, daß alle Parteien in der Bundesrepublik miteinander koalitionsfähig waren, doch die Union mochte ungern an sie erinnert werden, weil am Ende ihr Machtverlust stand und sie erstmals auf den harten Oppositionsbänken Platz nehmen mußte. So erschien die Große Koalition als Geburtshelfer der sozialliberalen Koalition. Und die SPD verband mit dem »Machtwechsel« von 1969 den eigentlichen Aufbruch zum modernen Deutschland, der nicht durch einen Blick zurück auf die Große Koalition verwässert werden sollte. Dabei wurden gerade im Bereich der inneren Reformen viele Weichen in den Jahren der Großen Koalition gestellt, die insgesamt als eine Art Inkubationszeit für eine demokratische Umgründung der Bundesrepublik betrachtet werden kann.

In gewisser Hinsicht gilt dies sogar für die Außen- und Deutschlandpolitik. Doch auch hier stehen sich in der Forschung verschiedene Deutungen gegenüber: Sehen die einen in der Großen Koalition eine »Einleitungsphase« der Ostpolitik,[133] so betonen die anderen, dies gelte allenfalls für die SPD, hingegen hätten sich die vertretenen Richtungen von SPD und CDU/CSU gegenseitig ausgeschlossen.[134] Bundeskanzler

Kiesinger sei die schwere Aufgabe zugefallen, so Christian Hacke, »die schnellen Pferde der SPD sowie die lahmen Gäule der Unionsfraktion in Trab und im Geschirr« zu halten.[135] Eine gestaltende Rolle zu spielen, war für die Union auch deshalb schwierig, weil sich sowohl das Außenministerium (Brandt) als auch das Gesamtdeutsche Ministerium (Wehner) in den Händen der SPD befand. Darüber hinaus hatte der jahrelange Streit zwischen »Atlantikern« und »Gaullisten« die CDU/CSU bis an den Rand der Selbstzerfleischung getrieben, und in den Koalitionsverhandlungen von 1966 war die Außen- und Deutschlandpolitik nur oberflächlich behandelt worden. Deutschlandpolitisch erwies sich die Unionsfraktion als Bremserin, sie wachte über die alten Grundsätze und war mißtrauisch gegenüber jeglichen neuen Ansätzen: »Es gelang der Unionsfraktion in der Zeit der Großen Koalition nicht, eine eigene Initiative in der Deutschlandpolitik zu entwickeln.«[136]

Der Bundeskanzler selbst war weitaus flexibler als seine Partei und wollte vor allem ein besseres Verhältnis zur Sowjetunion.[137] Beim Staatsakt zum Tag der Deutschen Einheit, am 17. Juni 1967, sagte der Bundeskanzler, ein wiedervereinigtes Deutschland habe eine »kritische Größenordnung« für Europa, weshalb man andere, den europäischen Kontext berücksichtigende Lösungen finden müsse. Deutschland als Ganzes sei zu groß, »um in der Balance der Kräfte keine Rolle zu spielen, und zu klein, um die Kräfte um sich herum selbst im Gleichgewicht zu halten«. Es sei daher nur schwer vorstellbar, daß sich Deutschland bei einer Fortdauer der gegenwärtigen Struktur Europas der einen oder der anderen Seite ohne weiteres zugesellen könne. Darum dürfe man das Zusammenwachsen der getrennten Teile Deutschlands nur eingebettet sehen in den Prozeß der Überwindung des Ost-West-Konflikts.[138] Viele ähnliche Erklärungen Kiesingers setzten neue Akzente, wurden jedoch von Union und SPD je anders interpretiert und gewichtet. Teile der Christdemokraten warnten vor einer »gesamtdeutschen Leisetreterei«, weite Teile der Sozialdemokraten forderten die Anerkennung der DDR. Das Problem wuchs deshalb zusätzlich, weil es einen Bundeskanzler gab, der auch gern Außenminister gewesen wäre, und einen Außenminister, der ins Kanzleramt strebte. So versuchten beide, einander den Rang abzulaufen.

Immerhin bestand die Leistung der Großen Koalition auf dem Feld der Außenpolitik darin, die Deutschlandfrage zu europäisieren, womit das nationale Problem auf eine Ebene gehoben wurde, über die sich alle Parteien bis 1989/90 einig blieben. Damit befand sich die Bundesrepublik endlich auch wieder im Einklang mit den westlichen Verbündeten. Am 14. Dezember 1967 verabschiedeten die NATO-Außenminister ein nach dem belgischen Außenminister Pierre Harmel benanntes Kommuniqué, das dem Bündnis zwei Funktionen zuwies. Wie bisher: militärische Stärke, Solidarität der Mitglieder und Abschreckung gegenüber dem potentiellen Gegner. Zusätzlich zu dieser bekannten Funktion trat nun aber als zweiter Bestandteil das Bemühen um

Entspannung.[139] Ein halbes Jahr später folgte das »Signal von Reykjavik«, in dem der NATO-Rat sich für einen schrittweisen Aufbau einer dauerhaften Friedensordnung in Europa aussprach. Die Niederschlagung des »Prager Frühlings« durch sowjetische Truppen im August 1968 brachte lediglich eine kurze Rückkehr des Kalten Krieges. Wie beim 17. Juni 1953 und wie beim Ungarnaufstand 1956 griff der Westen nicht ein, protestierte zwar, aber provozierte nicht, agierte vielmehr vorsichtig und nachgiebig.[140] Er »respektierte« die Einflußsphäre der Sowjetunion und die »Breschnew-Doktrin«, wonach die Mitgliedschaft im Warschauer Pakt den Verzicht auf vollständige nationale Souveränität bedeutete.

Verbesserte sich während der Großen Koalition vor allem das Verhältnis zu den USA und wurde altes Vertrauen nach dem Tiefpunkt während der Kanzlerschaft Erhards wiedergewonnen, so blieb allerdings die CSU ein schwieriger Partner, weil in ihr nach wie vor »Gaullisten« den Ton angaben. Das geplante Abkommen über die Nichtweiterverbreitung von Atomwaffen setzte die Union einer erneuten Zerreißprobe aus: Strauß hatte das Vorhaben im Juni 1968 als ein »Versailles von kosmischen Ausmaßen« gebrandmarkt.[141] Nicht allein er, sondern auch der Bundeskanzler fürchtete eine Art »Komplizenschaft« der Supermächte auf Kosten der kleineren Mächte, also auch der Deutschen. Nur mit viel Überredungskunst konnten die Amerikaner diese Befürchtungen der selbstbewußt auftretenden Bundesregierung, die sich vom Musterschüler zum mündigen Freund entwickelt hatte, abbauen, und erst als festgehalten wurde, daß aus der Unterschrift der DDR unter den Vertrag keine völkerrechtliche Anerkennung abgeleitet werde, trat Bonn dem Abkommen bei – allerdings verzögerte sich diese Ratifizierung noch bis zum 28. November 1969, also über die Zeit der Großen Koalition hinaus. Bloß sehr begrenzt kam Europa weiter voran, und solange de Gaulle die Zügel in Frankreich in Händen hielt – was bis Ende April 1969, also fast über die gesamte Dauer der Großen Koalition, der Fall war –, durfte man nicht viel erhoffen. Keine weitere Eintrübung, sondern Warten auf bessere Zeiten, lautete die Devise. Auch der Regierung Kiesinger gelang es nicht, Großbritannien den Weg nach Europa freizumachen. Immerhin kam es im Juli 1967 zur Fusion der bisherigen drei europäischen Gemeinschaften (EGKS, EWG und EURATOM) zur *einen* Europäischen Gemeinschaft sowie, im Jahr darauf, zu einer vorzeitigen Realisierung der Zollunion. Aber de Gaulle blieb unbequem und liebte es, Sonderrollen zu spielen. So stellte er sich beispielsweise im Sechstagekrieg zwischen Israel und Ägypten vom 5. bis 10. Juni 1967 an die Seite der Ägypter und der sie unterstützenden Sowjetunion.

Mit Beginn des Jahres 1969 waren die Gemeinsamkeiten innerhalb der Großen Koalition aufgebraucht. Die Koalitionäre ließen keine Gelegenheit aus, ihre prinzipiellen Unterschiede zu betonen, und sie präsentierten sich in der Öffentlichkeit immer mehr als politische Gegner. Der Streit um den Fortbestand der Hallstein-Doktrin beispielsweise eskalierte, als das neutrale Kambodscha als erstes nichtkommunistisches Land die DDR anerkannte. Die Union plädierte dafür, nach altem Muster mit einem Abbruch der Beziehungen zu reagieren, aber die SPD war dagegen. Im Kabinett einigte man sich auf den Formelkompromiß eines »Einfrierens« der Beziehungen statt eines Abbruchs. Dies bedeutete einen Aufschub des Problems bis nach der Bundestagswahl. Ähnlich dilatorisch verfuhr man beim Streit um die Aufwertung der D-Mark; die Union lehnte die an die Bundesrepublik herangetragene Forderung der anderen westlichen Industrieländer aus wirtschaftspolitischen Gründen ab, die SPD befürwortete sie aus allgemeinpolitischen Gründen, eine Lösung, sprich: Aufwertung blieb der neuen sozialliberalen Koalition überlassen. Die Wahl des Bundespräsidenten im März 1969 hatte seit Anfang des Jahres ihre Schatten vorausgeworfen, und nach dem knappen Sieg des Sozialdemokraten Gustav Heinemann blickten die beiden großen Parteien schon gebannt auf die Bundestagswahl im September und brachten ihre politischen Geschütze in Stellung.

7 Zuwachs an Pluralismus und deutsche Lernprozesse

Bildungsexpansion und »Babyboom«, Wohlstandsexplosion und Gastarbeiter

Kaum eine andere Entwicklung hat die Sozialstruktur der Bundesrepublik Deutschland so stark verändert und gleichzeitig neue Probleme aufgeworfen wie die Bildungsexpansion seit den 60er Jahren, die deshalb mit gutem Recht auch als eine »Bildungsrevolution« bezeichnet werden kann.[1] Niemand vermag den Beitrag der Bildungsexpansion zu den Veränderungen in Gesellschaft und Wirtschaft ganz exakt zu bestimmen, aber daß er enorm ist, steht außer Zweifel. Ebenso unstreitig dürfte sein, daß diese gewaltige Expansion – die teilweise noch althergebrachte Positionen der einzelnen in der sozialen und materiellen Hierarchie durcheinanderwirbelte, neue Aufstiegs- und Lebenschancen, kurz eine soziale Mobilität eröffnete – ihrerseits wiederum auf Lebensweisen, Mentalitäten und Einstellungen zurückwirkte. Und schließlich ist dieser Prozeß geeignet, mit einem Mißverständnis aufzuräumen, indem er augenfällig macht: Gesellschaften wandeln sich nicht von allein, und Veränderungen sind nicht einfach eingetreten, sondern werden »gemacht«. Sie sind Resultate gesellschaftlicher und politischer Debatten und Entscheidungen, Produkte neuer Erfahrungen und ihrer jeweiligen Verarbeitung.

Dies zeigt sich bereits in den Ursprüngen und Ursachen der Bildungsexpansion, die weit über Westdeutschland hinausreichen. Der in den Vereinigten Staaten durch den »Sputnikschock« des Jahres 1957 ausgelöste Ruf nach besserer und verstärkter höherer Bildung drang auch nach Europa. Ein zunehmender Bedarf an Bildung war gleichermaßen Produkt und Triebkraft der sich immer schneller entfaltenden wissenschaftlich-technischen Zivilisation und einer gesellschaftlichen Modernisierung, die der amerikanische Soziologe Daniel Bell auf den Begriff »nachindustrielle Wissensgesellschaft« gebracht hat.[2] Bildung war wichtiges »Humankapital«. Aus dem spezifischen Blickwinkel der 60er Jahre kommt noch ein weiterer Aspekt hinzu: die alles überwölbende Systemauseinandersetzung. Hier sollte der Sieg im Kalten Krieg auch auf dem Feld der Bildung errungen werden. Doch gegenüber anderen Industrienationen in West und Ost war gerade die Bundesrepublik offensichtlich in einen dramatischen Rückstand geraten, jedenfalls herrschte blankes Entsetzen, als die OECD Anfang der 60er Jahre Westdeutschland ein überaus bescheidenes höheres geistiges Potential, ja eine Bildungsmisere bescheinigte: Nach den zugrundegelegten Parametern von Vorschulerziehung, Schulklassengröße, Qualität des Systems der Berufsausbildung,

Abiturienten- und Studentenzahlen rangierte das Land nicht nur im europäischen Vergleich weit abgeschlagen, sondern auch im weltweiten, wo die Bundesrepublik auf der gleichen Stufe wie das erst kürzlich souverän gewordene Uganda verortet wurde. Die Bundesrepublik – ein bildungspolitisches Entwicklungsland. Würde sich nicht schnell etwas ändern, verlöre das Land seine Konkurrenzfähigkeit, wären wirtschaftliches Wachstum und Wohlstand in Gefahr.

Dieser somit schon länger von außen attestierte Bildungsnotstand erreichte mit seiner ganzen Wucht das öffentliche Bewußtsein, als der Heidelberger Religionsphilosoph und Bildungsexperte Georg Picht seine im Februar 1964 als Artikelserie in der Wochenzeitung *Christ und Welt* erschienene pessimistische Bestandsaufnahme unter dem allgemeine Aufmerksamkeit erheischenden Titel *Die deutsche Bildungskatastrophe* als Buch veröffentlichte.[3] Der Kassandraruf beruhte auf Daten, welche die westdeutschen Kultusminister 1963 vorgelegt hatten. Um den ökonomischen Niedergang der Bundesrepublik in letzter Minute noch abzuwenden, forderte Picht eine Verdoppelung der Abiturientenzahlen und der Lehrer sowie eine Expansion der Universitäten. Für die meisten Westdeutschen, die ihre Identität in erster Linie aus der prosperierenden Wirtschaft zogen, hatte Picht den Nerv der Zeit getroffen. Aus einem anderen Blickwinkel – einem nicht rein ökonomischen, vielmehr emanzipatorischen und demokratietheoretischen – stieß einer der seinerzeit bedeutendsten jüngeren Intellektuellen und bildungspolitischen Ideengeber, Ralf Dahrendorf, in das gleiche Horn: Bildung bedeutete für ihn Bürgerrecht im Sinne eines sozialen Grundrechts.[4] »Wenn Bildungspolitik«, so schrieb er, »in erster Linie weder dem Bedarf der Wirtschaft noch den zusätzlichen Wünschen der Menschen, sondern dem Fundament der Freiheit für den einzelnen und seine Gesellschaft gilt, dann kommt es zunächst darauf an, die Schulen für alle zu gestalten.«[5] In seinem bahnbrechenden Buch *Gesellschaft und Demokratie in Deutschland* aus dem Jahr 1965,[6] das zum »Grundbuch des westdeutschen Identitätswandels« avancierte,[7] analysierte und erklärte Dahrendorf, worum es im Kern seiner Argumentation ging. Vier Grundbedingungen der liberalen Demokratie habe die deutsche Gesellschaft vor 1945 nicht erfüllt: die wirksame Durchsetzung bürgerlicher Gleichheitsrechte, die Anerkennung und rationale Regelung sozialer Konflikte, die Vielfalt sozialer Interessen und Eliten sowie die Ausbildung öffentlicher Tugenden. In allen diesen vier Dimensionen stellte der Soziologe eine Modernisierung der Bundesrepublik fest, doch schienen ihm die bürgerlichen Gleichheitsrechte noch immer nicht genügend untermauert und vor allem durch vielfältige Mobilitätshemmnisse im Bildungsbereich sowie durch verkrustete, autoritäre Strukturen gebremst. Damit die Bundesrepublik weiter auf dem Weg des Westens vorankomme, genüge es nicht, nur auf die Institutionen und die Außenpolitik zu blicken; auch kulturell und gesellschaftlich müsse man den westlichen Wegmarken folgen, womit die Demokratie erst ihre eigentliche Lebenskraft erhalte. Und dazu sei es erforderlich, daß die Politik diese Defizite beseitigte, daß sie auf Reform und Demokratisierung setzte und autoritäre Überhänge abschnitte. Mochte auch das hier gezeichnete Bild vom Westen idealistisch sein und der »deutsche Sonderweg« überscharfe Konturen erhalten haben, so stieß Dahrendorf doch auf große Resonanz und war intellektueller Vordenker und praktischer Wegbereiter der sozialliberalen Reformpolitik.

Bald mündeten die ausgiebigen Reformdebatten[8] in intensive staatliche Reformanstrengungen. Seit den Analysen von Picht und Dahrendorf ist Bildungspolitik zu einer zentralen, wenn auch nicht immer mit gleichbleibender Intensität verfolgten politischen und gesellschaftlichen Anstrengung in der Bundesrepublik geworden. Zum Deutschen Bildungsrat und zum Wissenschaftsrat, die beide schon 1957 gegründet worden waren, kamen weitere beratende, planende und zwischen Bund und Ländern koordinierende Institutionen hinzu, u.a. die Bund-Länder-Kommission für Bildungsplanung und die Ständige Konferenz der Kultusminister der Länder.[9] Nicht nur Bildungsplanung gedieh, sondern ebenso Bildungsforschung, Bildungsökonomie und Bildungssoziologie, wobei der Scheitelpunkt Anfang der 70er Jahre erreicht wurde. Aber was konnte Demokratisierung der Bildung heißen? Daß die geringe Durchlässigkeit des dreigliedrigen Schulsystems behoben werden müsse? Daß Begabung entfaltbar sei? Daß man fördern statt auslesen müsse? Daß eine bedarfsorientierte Bildungspolitik der Vergangenheit angehören müsse und sich die Bildungsexpansion aus eigenem Recht, unabhängig von den Entwicklungen des Beschäftigungssystems zu legitimieren habe? Die Fragen zeigen: Streitpunkte waren vorprogrammiert; aber sie wurden zunächst überlagert von der Notwendigkeit zu handeln. Der partei- und gruppenübergreifende reformerische Optimismus gelangte erst in den 70er Jahren an sein Ende, als eine Repolitisierung einsetzte und die Bildungspolitik in den Sog eines ideologisch aufgeladenen Deutungsstreits – besonders hinsichtlich der Gesamtschule – geriet. Seither prallen die Leidenschaften in regelmäßigen Abständen aufeinander: War die Bildungsexpansion zum Nutzen der bundesdeutschen Demokratie geglückt und erfolgreich oder, ganz im Gegenteil, zu ihrem Schaden mißglückt und gescheitert?

Der Blick auf einige Zahlen verdeutlicht die atemberaubenden Entwicklungen. Von 1963 bis 1975 stiegen die finanziellen Aufwendungen für Bildung um rund 46,5 Mrd. DM an. Die Zahl der Gymnasiasten nahm zwischen 1960 und 1970 um 526100 zu, die der Realschüler um 432800. »Begabtenreserven« sah man vor allem in der Gruppe der bisher benachteiligten Arbeiterkinder, weil hier, wie in allen Schichten, der Bildungsweg der Eltern die wichtigste Determinante für den Bildungsweg der Kinder darstellte. Um schichtenspezifische Benachteiligungen zu kompensieren, sollten Vorschulen und Kindergärten ausgebaut werden, ein Bereich, in dem die Bundesrepublik im internationalen Vergleich besonders schlecht abschnitt. Neben der sozialen Schicht beeinflußten Geschlecht und Konfession die Qualifizierung mehr, als bis dahin viele angenommen hatten. Extrem schlechte Chancen auf Bildung hatten katholische Mädchen in ländlichen Regionen Bayerns, wo Mitte der 60er Jahre noch häufig sehr kleine Bekenntnisschulen vorherrschten.[10]

Die Studierendenzahlen verdoppelten sich im Zeitraum vom Ende der 50er Jahre bis 1970 auf 511000, im Jahr 1980 überschritten sie die Millionengrenze, womit noch immer kein Ende der Expansion eingetreten war.[11] Am meisten profitierten Kinder mittlerer Angestelltenschichten von den Reformen und vor allem Frauen. Der Frauenanteil unter den Studierenden an Universitäten lag 1960 bei 28%, 1975 bei 36% und 1989 bei 41 Prozent.[12] Ähnlich expansive Entwicklungen zeigen sich im Bereich des Lehrpersonals. Verfügte die Bundesrepublik 1960 über insgesamt 210000 Lehrer, so waren es 1970 bereits 313400, und 1975, binnen 15 Jahren also, hatte sich die Lehrerschaft auf 425900 verdoppelt. Einen nie wieder dagewesenen Stellenschub gab es bei den Professuren. In der ganzen Republik wurden neue Hochschulen gebaut und eröffnet, eine besonders hohe Zahl davon in Nordrhein-Westfalen. Zu den Traditionsuniversitäten Bonn, Köln und Münster trat eine Vielzahl neuer hinzu: 1965 eröffnete unter dem CDU-Ministerpräsidenten Meyers in Bochum die Ruhr-Universität; Düsseldorf wurde im selben Jahr zur Volluniversität aufgewertet. 1968/69 folgten unter der sozialliberalen Regierung Dortmund und Bielefeld, ab 1972 die Gesamthochschulen Duisburg, Essen, Paderborn, Wuppertal und Siegen, 1974/75 die Fernuniversität Hagen. Damit verfügte dieses Bundesland über die dichteste und vielfältigste Hochschullandschaft in ganz Europa. In Baden-Württemberg wurde 1966 die Reformuniversität Konstanz eröffnet, Bayern machte 1967 mit Regensburg den Anfang zahlreicher Neugründungen in den kommenden Jahren, andere Bundesländer zogen ebenfalls mit über einem Dutzend neuer Campus-Universitäten nach, und hinzu traten im Jahr 1973 die Bundeswehrhochschulen in Hamburg und München.

Seit Humboldt, so ist gesagt worden, hätten sämtliche Bildungsreformen in Deutschland einen ähnlichen Rhythmus, einen Dreischritt, gehabt: 1. große Konzeptionen, 2. massive Umsetzungen in die Praxis und 3. kräftige, vernichtende Kritik. Anschließend seien die Reformen zum Erliegen gekommen, teils habe ein Abbau stattgefunden, dennoch seien in einem merkwürdigen, länger dauernden Sickereffekt wesentliche Teile doch in das System eingegangen,[13] allerdings in einem, dem deutschen Föderalismus geschuldeten, jeweils unterschiedlichen Maße. So war es auch bei der bundesdeutschen Bildungsexpansion, deren Probleme weniger in der nur schwer zu beantwortenden Frage liegen, ob sie durch den Abbau von alten Autoritäten und Eliten einer leistungsfeindlichen Gesellschaft Vorschub geleistet habe und ob sie an einem wie auch immer gearteten permissiven Utopismus zerschellt sei. Nicht zu bestreiten ist indessen eine »Bildungsinflation« mit der paradoxen Konsequenz, daß höhere

Abschlüsse auf dem Papier aufgewertet und diese Aufwertung in gleichem Atemzug mit ihrer teilweisen Entwertung in der Alltagspraxis verbunden war (und ist). Auch führt die Eigendynamik der Bildungsexpansion zu gesellschaftlichen Problemlagen in Zeiten ökonomischer Rezession oder gar Krisen, wovon die steigende Arbeitslosigkeit von Akademikern ebenso zeugt wie eine allgemeine Verdrängung Niedriger- durch Höherqualifizierte. Demgegenüber schlagen jedoch die positiven gesellschaftlichen und sozialstrukturellen Folgen der Bildungsexpansion zu Buche, die auf die Begriffe Demokratisierung – mit Blick auf die Chancenverteilung –, Pluralisierung – mit Blick auf den Wertebereich – und »Emanzipation« – mit Blick auf eine Verringerung der sozialen Unterschiede zwischen den Geschlechtern – zu bringen sind.[14] Außerdem wirkte sich der Qualifikationsschub, der ja bis in das Gebiet der Weiterbildung hineinreichte, längerfristig auf Produktivität und Kreativität aus.[15] Diese Entwicklung teilt die Bundesrepublik mit anderen Industrienationen, zu denen sie seit den Bildungsreformen aufgeschlossen hat. Wenn man alles zusammennimmt und zudem bedenkt, daß im Zuge der Bildungsexpansion wissenschaftliche Theorien wie der Behaviorismus erstmals in größerem Umfang in der Bundesrepublik rezipiert wurden, kann man mit guten Gründen von einer »bildungspolitischen Westintegration« sprechen.[16]

Unter demographischen Gesichtspunkten bilden die 60er Jahre, genauer: die Zeit bis zur Mitte des Jahrzehnts, eine zentrale, aber eher untypische Zwischenphase in der Geschichte der Bundesrepublik: Die Geburtenziffer stieg wie nie zuvor und nie danach. Dieser »Babyboom« beruhte in der Hauptsache auf Gründen, die vorübergehender Natur waren, etwa daß viele Eheschließungen in der unmittelbaren Nachkriegszeit verschoben worden waren und jetzt nachgeholt wurden oder daß unter den Flüchtlingen aus der DDR jüngere Jahrgänge überwogen, die nun heirateten und Familien gründeten. Den Statistiken jener Zeit ist eine »überwältigende Ehefreudigkeit«[17] zu entnehmen. Danach hatten 95 % der Menschen wenigstens einmal im Leben geheiratet, und 94 % aller Kinder wurden ehelich geboren.[18] Man kann von einem Goldenen Zeitalter der Ehe sprechen. Die Familie war das millionenfach selbstverständlich gelebte Grundmuster und wurde als einzig »richtige«, gesellschaftlich und rechtlich legitimierte private Lebensform betrachtet, und spätere Entwicklungen wie die große Zahl nichtehelicher Lebensgemeinschaften waren eine absolute Randerscheinung. Hatte 1950 die Geburtenzahl 813 000 betragen, so stieg sie im Jahr 1960 auf 987 000, blieb allerdings nur wenige Jahre auf einem solch hohen Niveau und erreichte 1970 wieder den Wert von 1950, um im folgenden Jahrzehnt stark abzufallen. Von 1960 bis 1970 stieg die Bevölkerungszahl der Bundesrepublik von 55,43 Millionen auf 60,85 Millionen.[19] Bei diesen Zahlen ist natürlich auch zu berücksichtigen, daß die Anwerbung und der Zuzug ausländischer Arbeitnehmer begonnen hatte (dazu unten). Die geburtenstarken Jahrgänge der 60er Jahre sind – trotz Bildungsexpansion –

mit Recht als benachteiligte Generation bezeichnet worden. Aus dem »Geburtenberg« wurde zuerst ein Schülerberg, dann ein Lehrlings- und Studentenberg, schließlich ein Berg von Arbeit- und Wohnungsuchenden, und später wird aus ihnen ein »Rentnerberg« erwachsen; wo diese Generation auftaucht, wird es eng und knapp.

Der anschließende Geburtenrückgang setzte, wenn auch rapider als in anderen Gesellschaften, einen säkularen Trend fort, und seine Ursachen sind weniger in dem von manchen Kulturkritikern angeprangerten Sittenverfall zu suchen und auch nicht in der eher vorwissenschaftlichen Erklärung des »Pillenknicks«. 1961 wurde auch in der Bundesrepublik die Anti-Baby-Pille zugelassen, und Vertreter der traditionellen Sexualmoral malten sogleich das Schreckensbild einer wertelosen Gesellschaft an die Wand, die hemmungslos der sexuellen Ausschweifung fröne, ohne sich um Nachwuchs zu sorgen. Für die Abgabe des hormonellen Kontrazeptivums wurden zum Teil hohe Hürden errichtet, manche Ärzte verschrieben die Pille nur verheirateten Frauen, die bereits mindestens zwei Kinder hatten.

Ein anderes Medikament war zu dieser Zeit rezeptfrei erhältlich und führte zur größten Arzneimittel-Katastrophe der jüngeren deutschen Geschichte. Die Rede ist

Abb.39:   Einer der größten Medizinskandale der deutschen Geschichte: Das unter dem Namen Contergan Anfang der 60er Jahre zugelassene Schlaf- und Beruhigungsmittel konnte – während der Schwangerschaft eingenommen – zu angeborenen Mißbildungen führen. Wie kann dennoch ein menschenwürdiges Leben gewahrt werden? Solche Bilder machten Hoffnung. Hier ein sechsjähriges Mädchen mit seiner Schwimmlehrerin.

von den »Contergan-Kindern«, die mit fehlenden oder verkrüppelten Gliedmaßen und zum Teil auch mit inneren Schädigungen zur Welt kamen. Bereits 1957 hatte die Tragödie ihren Lauf genommen, als das rheinische Pharmaunternehmen Grünenthal ein neues Schlaf- und Beruhigungsmittel namens »Contergan« auf den Markt brachte, welches die chemische Substanz Thalidomid enthielt. Der Verdacht auf fruchtschädigende Wirkung wurde 1961 zur bitteren Gewißheit: Bei Einnahme während bestimmter Zeiten der Schwangerschaft kam es zu gravierenden Entwicklungsstörungen des Embryos. Zunächst beschwichtigten alle Seiten, das Unternehmen, die Gesundheitsämter und selbst das Bundesgesundheitsministerium unter Elisabeth Schwarzhaupt (CDU). Erst als in der Öffentlichkeit über den Skandal berichtet wurde, nahm das Unternehmen das nicht ausreichend getestete Mittel aus dem Handel. 4000–5000 mißgebildete Kinder wurden allein in der Bundesrepublik geboren, in ganz Westeuropa waren es über 10000. In Therapieeinrichtungen lernten sie weitgehend ohne fremde Hilfe auszukommen, doch erst 1970, nach einem jahrelangen Prozeß um Schadensersatz, kam es zum Vergleich zwischen Eltern und Unternehmen: Die Firma bezahlte 110 Mio. DM in eine Stiftung, der Staat fügte noch einmal eine ähnlich hohe Summe hinzu. Doch damit hatte das Leiden der Kinder kein Ende.[20]

Der Geburtenrückgang, der Ende der 60er Jahre einsetzte, ist kaum nachweislich unmittelbar auf das Kontrazeptivum »Pille« zurückzuführen. Denn als er begann, nahmen nur vergleichsweise wenige Frauen dieses Verhütungsmittel, 1970 waren es rund 20 Prozent.[21] So muß ein komplizierteres Bedingungsgefüge zur Erklärung herangezogen werden, das den Strukturwandel der Familie, die Emanzipation und »Enthäuslichung« der Frau, ihr begründetes ökonomisches Erfolgsstreben – und der in Westdeutschland im europäischen Vergleich gesellschaftlich bedingten Kollision von Erwerbsarbeit und Kindererziehung – ebenso in Rechnung zu stellen hat wie die neuen Formen der Paarbeziehungen, die weniger funktional und mehr emotional ausgerichtet waren als in früheren Zeiten.[22] Im Ergebnis jedenfalls ist die Bundesrepublik eine alternde Gesellschaft geworden, und aus dem bekannten demographischen Schaubild der Bevölkerungspyramide mit dem Übergewicht junger Menschen im unteren Drittel wurde bis heute – nachdem die enormen Opfer zweier Weltkriege bereits das Bild einer »zerzausten Wettertanne« hatten entstehen lassen – zusehends ein Bevölkerungspilz, wo sich die stärksten Jahrgänge im oberen Drittel versammeln, also ältere Menschen sind.

In den 60er Jahren war diese Entwicklung noch nicht absehbar, vielmehr gab es eine vergleichsweise junge Bevölkerung. Im Wechsel unterschiedlicher Generationen fiel eine Tendenz deutlich auf: Im Jahr 1968 war bereits fast ein Drittel der Gesamtbevölkerung nach 1950 sozialisiert worden, eine Entwicklung, die sich künftig noch beschleunigen würde. Damit, so argumentierten Soziologen wie M. Rainer Lepsius, gewann die Bundesrepublik ihre Eigenständigkeit gegenüber dem Deutschen Reich nicht allein aus dem Wandel der Sozialstruktur und aus ihrer neuen politischen Ordnung, »sondern auch dadurch, daß für einen wachsenden Teil ihrer Bevölkerung sie selbst der soziale und politische Erfahrungsraum ist, der Orientierungen und Wertvorstellungen bestimmt«.[23]

Von geradezu fundamentaler Bedeutung, nicht zuletzt unter demokratiegeschichtlichen Gesichtspunkten, war in dieser Hinsicht die außergewöhnliche Steigerung des westdeutschen Wirtschaftswachstums und Lebensstandards, die in den 60er Jahren einer Explosion glich und erst Mitte der 70er Jahre abflachte. In historischer Perspektive war der Wohlstandssprung einzigartig, nie zuvor hat es auf der Welt eine Periode solch rasch steigender Prosperität gegeben. Die Wohlstandsexplosion war deshalb der »Basisprozeß des sozialen Wandels«,[24] keineswegs allein in der Bundesrepublik, sondern in allen westlichen Industriestaaten, aber seine Wirkungen waren vor dem Hintergrund der Ausgangslage in Deutschland wohl am stärksten. Die industrielle Nettoproduktion verdreifachte sich in der Bundesrepublik zwischen 1955 und Anfang der 70er Jahre, die jährlichen wirtschaftlichen Wachstumsraten bewegten sich zwischen 5% und 7%, und diese Epoche zeigte, abgesehen vom kurzen Einbruch der Jahre 1966/67, einen auch in historisch langer Perspektive extrem niedrigen Stand der Arbeitslosigkeit, so daß man von Vollbeschäftigung, ja von einem Arbeitskräftemangel sprechen kann.[25] Meinungsumfragen in den Jahren 1969 und 1972 wiesen aus, daß rund 60–70% der Befragten ihre eigene wirtschaftliche Lage als gut beurteilten und nur 10% sie für schlecht hielten.[26] Seit dem zweiten Drittel der 50er Jahre machte das Pro-Kopf-Volkseinkommen der Bevölkerung einen gewaltigen Sprung, der bis zum Ende der 70er Jahre anhielt. Nimmt man den gesamten Bestehenszeitraum der »alten« Bundesrepublik, so stieg es vom Anfang bis zum Ende um das Vierfache. Es explodierte in diesem Zeitraum in Preisen von 1989 von 8600 DM auf fast 36000 DM.[27] Dieser kollektive Einkommensanstieg verband sich überdies mit einer Abnahme des Arbeitsvolumens: Ende 1974 war für mehr als 90% der mit Tarifverträgen erfaßten Beschäftigten die 40-Stunden- und Fünf-Tage-Woche bei vollem Lohnausgleich erreicht, wobei infolge von Überstunden die tatsächliche Arbeitszeit allerdings oft höher lag. Bereits 1963 war das Bundesurlaubsgesetz in Kraft getreten, das den Beschäftigten drei Wochen Mindesturlaub sicherte. So kam es nicht nur zu einem rapiden Zuwachs des Einkommens, sondern auch der Freizeit. Eine der markantesten Begleiterscheinungen der Wohlstandsentwicklung stellte der Reiseboom dar, der 1972/73 gleich zwei Schallmauern durchbrach: Mehr als die Hälfte aller Bundesbürger unternahm zumindest eine einwöchige Ferienreise, und mehr als die Hälfte der Urlauber reiste ins Ausland.[28]

Überall schlug die Verbesserung der materiellen Lage durch, so daß zur Charakterisierung der Bundesrepublik seit den 60er Jahren Begriffe wie Massenwohlstand und

Massenkonsum herangezogen werden. Wohlstand gilt als zentrales Strukturmerkmal der modernen Gesellschaft, wobei zu beachten ist, daß zwar Ungleichheitsrelationen zwischen verschiedenen Bevölkerungsgruppen bestehen blieben, sich jedoch zugleich die Lebensbedingungen für alle verbesserten; der Soziologe Ulrich Beck nannte dies den »Fahrstuhl-Effekt«.[29] Wohlstand verallgemeinerte sich somit, und neue kostspielige Güter und Dienstleistungen verbreiteten sich im Laufe der Zeit sozial von oben nach unten. Wo es nur noch wenige »grobe« Unterschiede gab, traten die »feinen Unterschiede« (P. Bourdieu) der Lebensstile stärker hervor. Wie bereits 30 Jahre zuvor in den Vereinigten Staaten, so breitete sich in Europa und der Bundesrepublik die Konsumgesellschaft rasant aus, die einige Wissenschaftler sogar als »epochalen Wandel der Menschheitsgeschichte« bezeichnen.[30] Sie kennzeichnet die Entwicklung vom Mangel zum Überfluß, von der Armut zum Wohlstand, von der Arbeit zur Freizeit, von der Produktion zum Konsum; darüber hinaus umfaßt sie jedoch auch massive Tendenzen zur »Wegwerfgesellschaft« und zu gravierender Umweltzerstörung, die in den 60er Jahren überall vehement auftrat: vor allem sichtbar an durch Abwässer vergifteten, schäumenden Flüssen und einer teils immensen Schadstoffbelastung der Luft.

Produktivitätssteigerungen – von denen Arbeitgeber und Arbeitnehmer in ihrer Doppelfunktion als Produzenten und Konsumenten profitierten – beruhten auf technischen Neuerungen, wodurch Konsum- und Alltagsgeschichte immer auch Technikgeschichte ist. Am Beispiel der Mobilität, dem Durchbruch des Autos zum erschwinglichen Massenverkehrsmittel wird dies deutlich: Über die Hälfte der bundesdeutschen Haushalte besaß 1973 einen PKW, 1955 waren es gerade einmal 6 % gewesen. Ähnlich steil verliefen die Steigerungsraten bei der zunehmenden Technisierung der Haushalte: Im Jahr 1955 verfügten 39 % der Haushalte über einen Staubsauger, 1962 waren es bereits 65 % und 91 % im Jahr 1971; 1955 stand nur in 10 % der Haushalte ein Kühlschrank, 1962 in 52 % und 1973 in 93 %; und mit einem Fernseher waren 1973 bereits 87 % der westdeutschen Haushalte ausgestattet.[31]

Das Bild darf freilich nicht positiv überzeichnet werden, denn weiterhin gab es soziale Ungleichheiten und Benachteiligungen sowie Verlierer des sozioökonomischen Strukturwandels, auch Armut und armutsgefährdete Risikogruppen. Armut bedrohte zwar nicht mehr das physische Überleben, dafür sorgten die Leistungen der Sozialhilfe, doch Mangel und Kärglichkeit bestand für eine halbe bis eine Million Menschen fort, und dabei handelte es sich um eine relative, sozialkulturell zu definierende Armut. Im Vergleich zu anderen Bevölkerungsgruppen fühlten sich namentlich die Bauern benachteiligt, in der modernen Welt ungünstig plaziert und von der Gesellschaft ungerecht behandelt. »Natürlich wird es Landwirtschaft auch im Jahre 2000 geben«, hieß es in einem Beitrag von 1974, der mit »Sorgenkind Landwirtschaft« überschrieben war und fortfuhr: »Aber wer wird sie betreiben? Ein Oligopol von großen Lohnarbeiterbetrieben, wie einige Futurologen meinen, oder – wie andere prognostizieren – eine amorphe Gesellschaft von Nebenerwerbslandwirten, die sich mit ihrem außerlandwirtschaftlichen Hauptberuf nicht ausgelastet fühlen und mit Hilfe von genossenschaftlichen Maschinenringen oder gewerblichen Lohnunternehmern ihrem Haupteinkommen noch etwas Grundrente und frische Luft hinzufügen?«[32] Die Epoche zwischen 1959 und 1974 war auch eine Phase des beschleunigten agrarstrukturellen Wandels, den viele Zeitgenossen kaum wahrnahmen, weshalb man von einer »stillen Revolution auf dem Lande« sprechen kann.[33] Allein zwischen 1960 und 1971 verringerte sich in der Agrarregion Westfalen-Lippe die Zahl der in der Landwirtschaft Beschäftigten um die Hälfte: von 367736 auf 184063 Personen. Die fortschreitende »Entagrarisierung« führte dazu, daß in der Epoche der »alten« Bundesrepublik fast zwei Drittel aller landwirtschaftlichen Betriebe aufgegeben wurden und sich die Zahl der Erwerbstätigen in der Landwirtschaft von 5 Mio. auf ca. 1,4 Mio. verringerte, wobei Nebenerwerbsbauern mitgerechnet sind. Beschränkt man sich auf die Haupterwerbsbetriebe und die Vollbeschäftigten, so reduziert sich die Zahl auf etwa 323000 – nur in Großbritannien ist der prozentuale Anteil der Erwerbstätigen im primären Sektor noch geringer. »Eine ehemals strukturprägende Schicht ist auf einen kleinen Rest von gut 2 % zusammengeschmolzen, die selbst in ländlichen Regionen nur noch eine kleine Minderheit darstellen.«[34] Der Abbau des nationalen Agrarschutzes innerhalb der EWG, dann vor allem die steigenden Überschüsse auf den Agrarmärkten und der freie Wettbewerb innerhalb Europas erschwerten es den Bauern in der Bundesrepublik, eine rentable Landwirtschaft am Leben zu erhalten. »Wachsen oder Weichen« – auf diesen Nenner läßt sich die landwirtschaftliche Entwicklung bringen, denn es waren insbesondere kleinere bäuerliche Familienbetriebe, die eingingen bzw. aufgegeben wurden, weil die Jüngeren ihr Auskommen in der Industrie suchten. So vollzog sich der Schrumpfungsvorgang vor allem im Generationenwechsel.

Neben schichtenspezifischen Differenzierungen gehören die nach wie vor bestehenden sozialen Ungleichheiten zwischen den Geschlechtern zu den wesentlichen Charakteristika der Sozialstruktur moderner Gesellschaften. In der Arbeitswelt blieben Männerprivilegien im Zeitraum bis zur Mitte der 70er Jahre viel resistenter als im Bildungssystem. Die Erwerbsquote bei Frauen stieg zwar an – sie lag in der Bundesrepublik 1970 bei immerhin 40,9 % aller verheirateten Frauen[35] –, aber gleichzeitig gab es geschlechterspezifische Arbeitsmärkte, schlechtere Karrierechancen für Frauen und ein viel höheres Arbeitsplatzrisiko. Die Einkommensdifferenz zwischen vollbeschäftigten Männern und Frauen konnte seit den 60er Jahren nur geringfügig abgebaut werden, und bis heute ist ein Gleichstand nicht erreicht worden. Der durchschnittliche Bruttoverdienst von Arbeiterinnen in der Industrie lag 1960 bei 60 % der Verdienste ihrer männlichen Kollegen, 1970 waren es 62 % und 1988 70 %; ähnliche Werte liegen für die Angestellten in Industrie und Handel vor.[36] Die Ungleichheit beruht weniger auf einer direkten Lohndiskriminierung als vielmehr darauf, daß Frauen oft in schlechter bezahlten Berufspositionen, Lohngruppen und -branchen arbeiten. Dabei hatten sich die Wertpräferenzen ganz auffällig verschoben, wie es Umfragedaten ausweisen: 1953 äußerten 61 % der jungen Männer, aber nur 28 % der jungen Frauen den Wunsch, beruflich voranzukommen; 1979 waren es 43 % der jungen Frauen gegenüber nur noch 41 % der jungen Männer.[37] Die 60er Jahre brachten, so läßt sich resümieren, keinen völligen Umbruch in den Geschlechterverhältnissen, sie haben jedoch offensichtlich zumindest eine neue Dynamik freigesetzt.[38]

Diese hing stark mit der allgemeinen Wertschätzung von Erwerbstätigkeit zusammen, die prägend war für die Jahre des großen Booms, aber natürlich auch damit, daß die Wirtschaft zusätzliche Arbeitskräfte dringend benötigte. In einigen Bereichen hatte sich vor allem nach dem Bau der Berliner Mauer und dem Ende des Flüchtlingszustroms aus der DDR das Arbeitskräftereservoir zunehmend erschöpft, so daß die Bundesrepublik vermehrt auf Ausländerbeschäftigung angewiesen war. Bereits Ende Dezember 1955 war in Rom, ohne daß die Öffentlichkeit davon stark Notiz genommen hätte, ein deutsch-italienisches Anwerbeabkommen unterzeichnet worden. Weitere solcher Verträge folgten im Verlauf der 60er Jahre mit Spanien, Griechenland, der Türkei, Portugal und schließlich mit Jugoslawien. Im September 1964 wurde der einmillionste Gastarbeiter, der Portugiese Armando Rodrigues de Sá, mit großem Pomp von Politikern und Arbeitgebern begrüßt. Die Zahl ausländischer Arbeitnehmer wuchs zwischen 1964 und 1973 von 1 auf 4 Mio., blieb dann im Wechsel positiver und negativer Wanderungssalden im großen und ganzen konstant, bis 1988 eine neue Wanderungswelle – diesmal bestehend aus Asylsuchenden und Aussiedlern – einsetzte.[39] Solche Zuwanderungen bildeten keine deutsche Besonderheit, doch während die alten europäischen Kolonialmächte im Zuge der beschleunigten Dekolonisation nach dem Zweiten Weltkrieg mit Millionen von kolonialen Rück- und Zuwanderern konfrontiert waren, gab es in der Bundesrepublik eine von Regierung und Arbeitgebern gewünschte, ausgesprochen starke Arbeitsmigration in Form von Gastarbeitern, die das Wirtschaftswunder am Laufen halten sollten. Ausländische Arbeitswanderer nahmen vor allem Ersatz-, Erweiterungs- und Pufferfunktionen wahr. Was ist damit gemeint? Es bedeutete, daß sie in Beschäftigungsbereichen arbeiteten und Deutsche »ersetzten«, in denen Lohn- und Arbeitsbedingungen für einheimische Arbeitnehmer nicht mehr attraktiv waren, etwa in der Bau- und der chemischen Industrie. Erweiterungsfunktionen erfüllte die ausländische »Reservearmee« billiger Arbeitskräfte besonders in der boomenden Schwerindustrie, aber auch im Bergbau. Die Funktion als Konjunkturpuffer schließlich zeigte sich in der ersten Rezession der Jahre 1966/67 und dann während der wirtschaftlichen Krisen seit 1973, als Anwerbe- und Zuwande-

Abb. 40: *Armando Rodrigues de Sá aus Portugal war der einmillionste Gastarbeiter in der Bundesrepublik. Nach seiner Ankunft in Köln am 10. September 1964 erhielt der erstaunte Mann, der gar nicht wußte, wie ihm geschah, ein Moped geschenkt und war sofort von Journalisten belagert. Die Industrie benötigte die ausländischen Arbeitskräfte, um den »Boom« am Laufen zu halten.*

rungsstopps den Zuzug beschränkten bzw. Rückwanderungen auslösten. Allerdings setzten seither, trotz mancher nationaler Versuche zur Einschränkung, Familiennachzüge ein, die durch europäische Bestimmungen zum Schutz der Familie (Art. 9, Abs. 6 der Europäischen Sozialcharta) rechtlich gesichert waren. So nahm die ausländische Wohnbevölkerung zu, weil sich nicht mehr nur Männer in der Bundesrepublik aufhielten, sondern der Anteil von Frauen und Kindern stetig zunahm. Immer mehr Ausländer wollten länger oder auf Dauer in der Bundesrepublik bleiben, die Verbindungen zur Heimat wurden lockerer, vor allem bei ihren Kindern, der sogenannten »zweiten Generation«.

Am Anfang hatten die Gastarbeiter nur auf Zeit oder mit einer offenen Zeitperspektive in der Bundesrepublik arbeiten wollen und waren hauptsächlich aus Regionen ihrer Heimatländer gekommen, in denen hohe strukturelle Arbeitslosigkeit herrschte. Durch ihren massiven Wegzug veröedeten im Gegenzug teilweise ganze Wirtschaftszweige, etwa die kleinbetriebliche Landwirtschaft in Kalabrien und Apulien. Die berufliche und wirtschaftliche Mobilität der Gastarbeiter in Deutschland war äußerst gering, sie arbeiteten an den gefährlichsten und schmutzigsten Arbeitsplätzen, so daß es zu einer »Unterschichtung«, zu einem »Schichtwechsel im sozialen Unterbau« kam, d.h. deutsche Arbeiter stiegen auf der sozialen Leiter nach oben. Unter den Deutschen entstand bald eine Legitimationslegende, wonach ausländische Beschäftigte harten Arbeitsbelastungen besser gewachsen seien als Deutsche; ein grober Unfug: »Ausländische Arbeitskräfte litten unter solchen Arbeitsbedingungen nicht weniger als einheimische und schieden nach längerer Beschäftigungszeit häufig mit den gleichen arbeitsbedingten Erkrankungen aus. Das fiel deswegen kaum auf, weil viele Opfer des Verschleißes mit ihren Gesundheitsschäden in die Heimatländer zurückkehrten.«[40] Vielleicht waren solche absurden Charakterisierungen nichts anderes als Nachwirkungen der nicht verarbeiteten, in der Öffentlichkeit gar nicht thematisierten Beschäftigung von Zwangsarbeitern im Dritten Reich. Die formalrechtliche Situation der Gastarbeiter ergab sich aus dem Ausländerrecht, der Aufenthalts- und der Arbeitserlaubnis; politische Beteiligung war nicht möglich. Und sozial standen sie auf niedrigster Stufe, fanden in den Städten oft nur in solchen Gebieten mit schlechter Bausubstanz Wohnraum, wo sich auch die deutsche Bevölkerung in einer relativ depravierten wirtschaftlichen und sozialen Lage befand. Diese oftmals unfreiwillige ethnische Konzentration warf neue Probleme auf und ließ fremdenfeindliche kulturalistische Diskurse entstehen.

Wertewandel und kulturelle Entwicklungen

»Die Deutschen sind heute weder fleißig noch besonders militärfreundlich, weder sehr subaltern noch romantisch. Wohl der entscheidende Wandel in den sozialen Werten, an denen Menschen ihr Verhalten orientieren, ist die Entdeckung des individuellen Lebenserfolgs und Lebensgenusses als Richtschnur des Handelns.«[41] Dieser Kontrast zur heroisch-kriegerischen, gemeinschaftsbetonten, kulturpessimistischen sowie arbeits- und diensteifrigen Vergangenheit der Deutschen fiel Ralf Dahrendorf bereits 1962 ins Auge, weit vor dem oftmals retrospektiv zu stark pointierten und zu punktuell fixierten »Epochenjahr« 1968. Natürlich hat die 68er-Protestbewegung mit dem Wertewandel zu tun, doch sie hat ihn nicht initiiert, sondern war »treibender und übertreibender Teil einer dynamischen Modernisierung der westdeutschen Gesellschaft und ihrer politischen Kultur«;[42] diese begann in breitem Ausmaß um das Jahr 1960 herum. Die meisten Wandlungen waren bereits vor 1968 in Gang gekommen, wenngleich man von einem »akuten Wandel«,[43] einer Beschleunigung, erst in den späten 60er und frühen 70er Jahren sprechen kann. Zu den grundlegenden Erklärungsansätzen für den Übergang von der ersten zur zweiten formativen Phase der Bundesrepublik gehört somit, daß es in den 60er Jahren zu einer »Bewußtseinsrevolution«[44] kam und sich ein »weithin generationsbedingter Meinungswandel«[45] vollzog, der sich 1968 zu einem »ersten Höhepunkt in dem transnationalen Prozeß des ›Wertewandels‹ der westlichen Industriegesellschaft«[46] auswuchs.

Zum »Klassiker« der Wertewandel-Forschung wurde Ronald Ingleharts Aufsatz von 1971 über die »stille Revolution«: Nach der dauerhaften wirtschaftlichen Prosperität, den Veränderungen in den sozialen Strukturen und der Befriedigung des lange dominanten Sicherheitsbedürfnisses, so die generelle Beobachtung, sei in den westlichen Demokratien eine Entwicklung in Gang gekommen, in der sich große Teile der Bevölkerung neue gesellschaftliche und politische Prioritäten setzten.[47] Was die Bundesrepublik anbelangt, so ist man sich heute weitgehend darüber einig, daß sich hierbei viele verschiedene Stränge verknüpften: Eine moderne Massenkultur breitete sich aus, neue, amerikanisch geprägte Kulturmuster, Lebens- und Denkstile überlagerten die traditionell-nationalen, ein gesamtgesellschaftlicher Egalisierungstrend zeitigte weitreichende Folgen, Wohlstandserfahrungen bestimmten das Leben der meisten, das Konsum- und Freizeitverhalten orientierte sich am Wirtschaftswunder, die Medienlandschaft, besonders die flächendeckende Verbreitung des Fernsehens erweiterte den individuellen Erfahrungsraum, die gesellschaftlichen Reformdebatten bewirkten auf längere Sicht eine Umorientierung und einen Einstellungswandel, und begleitet von einem Generationenwechsel schritt so im öffentlichen und privaten Leben eine Säkularisierung weiter voran.

Anhand von demoskopischen Zeitreihen kann die Forschung belegen, daß es gravierende Wandlungen in Bewußtseinslagen, Normen und Leitbildern gab: »Pflicht- und Akzeptanzwerte«, welche die Industriegesellschaft tragen, wie Disziplin, Zuverlässigkeit, Gehorsam sowie Ein- und Unterordnung wurden zunehmend überlagert von postmateriellen »Selbstentfaltungswerten« wie Emanzipation, Ungebundenheit, Partizipation und Lebensqualität. Das betraf vorwiegend jene Bevölkerungsgruppen, deren Kindheit und Jugend in die Prosperität der Nachkriegszeit gefallen war. Im Zusammenhang mit der sozialliberalen Reformpolitik seit 1969 stiegen »Lebensqualität« und »Humanisierung der Arbeitswelt« zu massenwirksamen Losungen auf. Auf die

Frage »Was ist Ihnen wichtiger in Ihrem Leben: Arbeit und Betrieb oder Familie und Freizeit?« entschieden sich 1973 67% der befragten Berufstätigen für Familie und Freizeit, nur 17% für Arbeit und Betrieb.[48] Außerdem kam es zu einer Transformation von traditionaler zu rationaler Autorität in Familie, Schule und Beruf. Jugendstudien verdeutlichen den erheblichen Umbruch in den Erziehungswerten und Erziehungsstilen seit den späten 60er Jahren. Man kann dieses Umdenken als eine Abwendung von Konformität und Konventionalität, von Gehorsam und Unterordnung beschreiben und als eine Hinwendung zu Selbständigkeit, »Prosozialität« und Permissivität.[49] Weiterhin signifikant – dies betraf, wie bisher auch, sämtliche westlichen Demokratien – war ein allgemeiner Anstieg des politischen Interesses, was vermutlich auch auf symbolkräftige politische Ereignisse wie den Vietnamkrieg zurückzuführen ist. Diese Hinwendung zur Politik verband sich mit dem Wunsch vieler Menschen nach mehr Aktivität und Engagement, wofür der Begriff der »partizipatorischen Revolution« verwendet wird.[50] Auch schwierig zu fassende Größen wie Lebensstile, Geschmack, Gebräuche und Mentalitäten waren einem Wandel unterworfen, dies belegt für den deutschen Bereich reichhaltiges Material der Allensbacher *Jahrbücher der öffentlichen Meinung.*

Es wäre ganz verfehlt, solche Veränderungen mit einer neuen Konformität gleichzusetzen. In verschiedenen sozialen, generationellen, konfessionellen oder regionalen Bevölkerungsgruppen blieben traditionelle Werte weiterhin wirkungsmächtig. Es liegt daher auf der Hand, daß der Wertewandel für die entsprechenden Bevölkerungssegmente erhebliche Irritationen mit sich brachte, er erwies sich als konfliktreicher Prozeß für das gesellschaftliche Gefüge wie für den einzelnen Menschen und ließ gewachsene Wertprioritäten instabil werden. Selbst in der katholischen Kirche begann Mitte der 60er Jahre der Wind des Wandels zu wehen. Der Abschluß des zweiten Vatikanischen Konzils in Rom 1965 bedeutete ein großes geistliches und geistiges Ereignis, nämlich das Ende einer Abschottung und den Beginn einer gewissen Liberalisierung der katholischen Kirche.

Was die Alltagsnormen und Lebensgefühle in der Bundesrepublik anbelangt, so ist bereits früh darauf aufmerksam gemacht worden, daß es offenbar Besonderheiten gab, die den deutschen Wandel von demjenigen anderer Industriegesellschaften unterschieden. In die spürbare Zufriedenheit mischten sich merkwürdige Widersprüche, so etwa ein eigentümlicher Neid: »Es ist eine spezifische Form des Neides, ganz losgelöst von Klassen, und viel elementarer als der Neid zwischen diesen. Hier scheint die Welt so eingerichtet zu sein, daß der Erfolg des einen den Mißerfolg des anderen nach sich zieht, als ob das Glück eine feste Größe sei, die durch den Erfolg anderer stetig aufgezehrt wird.«[51] Vieles war doppelbödig geworden, es herrschte Desorientierung, fehlte an Halt. Der deutsche Wertewandel trug neurotischere Züge als anderswo, er verlief hektischer und schuf eine besonders große Distanz zwischen den Generationen, was nur durch die Verstrickungen weiter Bevölkerungsteile mit dem Dritten Reich, dem Katastrophenschock des Nationalsozialismus und einer dadurch historisch entwurzelten Gesellschaft erklärbar ist.[52]

In kulturgeschichtlich besonders reizvoller Weise läßt sich der gesellschaftliche Wertewandel an der Produktkommunikation über Waren und Marken in der Konsumgesellschaft ablesen. In den 60er Jahren wurde auch in der Bundesrepublik die Werbung professionalisiert und verwissenschaftlicht, es entstand eine Marktforschung. Werbung ist eine intentional auf Wirkung bedachte Form der Marktkommunikation und versucht, die Menschen über ihre Wünsche, Erwartungen und Interessen zu erreichen, und es ist aufschlußreich zu sehen, welche Strategien glückten und welche mißlangen. Die überaus erfolgreiche Zigarettenmarke »Peter Stuyvesant« wurde 1959 vom Tabakkonzern Reemtsma kreiert und versprach den »Duft der großen weiten Welt«. Bereits der Name transportierte die Botschaft: Peter Stuyvesant war im 17. Jahrhundert Generaldirektor der niederländischen Westindischen Kompanie, die ihren Sitz im damaligen Neu-Amsterdam, der späteren Stadt New York, hatte. Demgegenüber erlebte die Hamburger Brinkmann AG mit der 1968 eingeführten Marke »Condor«, die für den nationalen Geschmack stehen sollte, ein Desaster. »Wer ein Herz für das typisch Deutsche hat, dem wird sie schmecken«, verkündete die Werbung ausgerechnet zu dem Zeitpunkt, als die NPD größere Erfolge erzielen konnte; die Erinnerung an die berüchtigte deutsche »Legion Condor« im spanischen Bürgerkrieg tat ein übriges: Die Zigarette kam in den Geruch einer »braunen Marke«, erwies sich als nahezu unverkäuflich und mußte wieder vom Markt genommen werden.[53]

Trendsetterqualität für die Fernsehwerbung erlangte Ende der 60er Jahre die Seife »Fa«, denn erstmals präsentierte die Fernsehwerbung eine nackte Frau, und zum ersten Mal hielt das Lifestyle-Prinzip Einzug. Ohne die »sexuelle Revolution« der vorangegangenen Jahre wäre dies unvorstellbar gewesen. Der Schriftsteller und »Familienberater« Oswalt Kolle hatte sich damals zum Aufklärer der Nation ernannt und kämpfte mit Filmen wie *Das Wunder der Liebe, Deine Frau, das unbekannte Wesen* und *Dein Mann, das unbekannte Wesen* sowie spektakulären Aktionen gegen die seiner Meinung nach spießige und verlogene Sexualmoral. Wie immer man diese sexuelle Revolution bewertet, jedenfalls entstand ein neues Verhältnis zum Körper, und die sexuelle Permissivität, vielmehr die akzeptierte als die praktizierte, nahm entsprechend zu.[54] Während die »Fa«-Seife wilde Frische, Ozean und Abenteuer versprach, entwarf der Deutsche Charles Wilp 1968 die heutzutage in den Kult-Status gehobenen Werbespots für »Afri-Cola«, die u.a. aufreizend geschminkte junge Nonnen im ekstatischen Afri-Cola-Rausch zeigten. Wilp fing mit der »Sexy-Mini-Super-Flower-Pop-Op-Cola (›Alles ist in Afri-Cola‹)«-Werbung die Zeitstimmung ein und wurde zum ersten Star

der Branche. Die Ära der putzigen Zeichentrickfilme und des »Kaufen Sie«-Befehls-
tons war vorbei, dem potentiellen Käufer wurde – Ausdruck veränderter Lebensformen – ein Erlebnis versprochen, die Werbung war zur Bühne der Populärkultur geworden, und Flower-Power, Sinnlichkeit und Sexualität, aber auch Psychedelic und
Drogen wurden instrumentell eingesetzt, weil man sich davon Verkaufserfolg versprach.[55] Hatten sich die Hippies, die seit etwa 1964 zum alltäglichen Bild nicht nur
amerikanischer, sondern auch europäischer Metropolen gehörten, als Repräsentanten
von Freiheit, Euphorie und Ekstase verstanden und beansprucht, eine Gegenwelt zur
materiellen Konsumwelt zu schaffen, so drangen sie mittels Werbung nun doch wieder in die Warenwelt ein. Ähnliches gilt für die Mode, nicht zuletzt für die nordafrika-
nisch und asiatisch inspirierte Hippie-Mode selbst. Die zum Programm erhobene
»Unnormalität« wurde, jedenfalls in der Jugendkultur, normal. Galten Äußerlichkei-
ten als sekundär und wollte man nonkonformistisch sein, sich nicht dem herrschenden Prinzip des Geschmacks unterwerfen und die Fremdbestimmung aufheben, so
setzte das erklärte Ziel, nicht modisch auszusehen, sei es durch lange Haare oder Kleidung, bereits wieder eine überaus folgenreiche modische Entwicklung in die Welt, die
seither nicht mehr wegzudenken ist: die Anti-Mode.

Die »stille Revolution« des Wertewandels und schrille Aufbrüche in der Kunst gehörten zusammen und beeinflußten sich gegenseitig. Für sämtliche Bereiche der
Kunst und Kultur bedeuteten die 60er Jahre eine Art »Sattelzeit«: Es war die Zeit der
bedeutenden Manifeste, mit denen sich junge Künstler von den Altvorderen lossagten,
die Zeit der Provokationen, des Trotzes, der Umbrüche hin zu einem neuen, erweiterten Kunstbegriff, der Zuwendung zur Massenkultur, mithin eine Epoche, die auch auf
diesem Feld einen Zuwachs an Pluralismus und einen Abschied vom Elitären, von der
abgezirkelten Exklusivität, brachte. Mit seinem 1963 entstandenen Ölbild *Die große
Nacht im Eimer* – einem onanierenden Jungen mit überdimensionalem Penis – setzte
beispielsweise Georg Baselitz bewußt auf Provokation, und die Rechnung ging auf.
Das Bild war ein ungeheurer Skandal: Baselitz und seine Galeristen wurden wegen
pornographischer Darstellung zu Geldstrafen verurteilt. Baselitz, Markus Lüpertz,
Jörg Immendorf, Sigmar Polke und andere aufstrebende Stars am deutschen Kunst-
himmel – der sich über den nun auch international anerkannten Zentren Düsseldorf
und Köln auftat – führten wieder expressive Tendenzen in die Bildende Kunst ein und
wandten sich damit gegen die informellen und tachistischen Strömungen, die in den
50er Jahren so präsent waren.

Vor allem aber entstanden in einem übergreifenden transatlantischen Kulturtransfer neue Beziehungen zwischen der »hohen« Kunst und den Formen der Massenkultur, und genau dies war eines der zentralen Unterscheidungsmerkmale zu den künstlerischen Strategien der 50er Jahre und denen der ausgehenden 70er Jahre, als die

Konzeptkunst Oberwasser gewann, der das Konzeptionelle wichtiger war als die jeweilige Materialisierung. Die Konzeptkunst, die sich gegen den Fetisch-Charakter des Kunstobjekts wandte, kann auch als eine Gegenbewegung zu den populistischen Darstellungs- und Distributionsformen der 60er Jahre interpretiert werden. Namentlich Andy Warhol formte mit seiner »All-is-pretty«-Devise die alle Bereiche erobernde Pop-Art, die banale Bildwelten der »Bewußtseinsindustrie«, sei es Werbung, Design oder Film, nobilitierte, die naiv und doch zugleich ironisch und gesellschaftskritisch daherkam. Marcel Duchamp, der 1968 verstorbene Amerikaner französischer Herkunft, der schon vor und unmittelbar nach dem Ersten Weltkrieg die vom Dadaismus angehauchte Anti-Kunst der »Ready-mades« erfunden hatte, war das große Vorbild eines neuen Kunstbegriffs und jener Pop-Art-Künstler der 60er Jahre, die nicht von ungefähr als Gebrauchsgraphiker, Designer oder Plakatmaler begonnen hatten.[56] Comicbilder von Roy Lichtenstein oder Warhols Suppendosen verwiesen auf die Verbrauchskultur; Niki de Saint Phalle erfand die riesigen bunt-poppigen Frauenfiguren, die Nanas; in der Bundesrepublik malte Gerhard Richter von Fotos ab, Siebdruck dominierte. Kunst als Ware: Die vorherrschenden seriellen Objekte und Graphiken bedeuteten eine Art Demokratisierung, indem zugleich der Bekanntheitsgrad der Bilder gesteigert und der Preis für Kunst verringert wurde.

Neben die Pop-Art trat ein weiterer bedeutsamer Zweig der Kunst in den 60er Jahren, die ihren herausragenden Repräsentanten in Joseph Beuys fand, einem der international wichtigsten Künstler des 20. Jahrhunderts überhaupt. Er und seine Schüler kritisierten die Oberflächlichkeit der Pop-Art, sahen in ihr eine Anpassung an die Konsum- und Plakatwelt, und für sie waren die ebenfalls aus den USA kommenden Formen des Happenings, die aktionistische Malerei Jackson Pollocks sowie die daraus hervorgehende Fluxus-Bewegung maßgebend. »Fluxus« zielte auf Aktionen, bei denen Künstler verschiedener Sparten – Grenzüberschreitungen waren ein Signum der Bewegung – versuchten, aktive Veränderungs- und Wandlungsprozesse als Prinzipien der Realität sichtbar zu machen. Dabei gab es auch Übereinstimmungen im grundsätzlichen mit der vorherrschenden Pop-Art: Beuys, nicht zuletzt den großen Anthroposophen verpflichtet, widersetzte sich dem überkommenen exklusiven Kunstbegriff des deutschen Idealismus und generierte eine auf die Menschen ausgerichtete Kunst; sie war ihm nicht mehr und nicht weniger als die potentielle Fähigkeit aller Menschen, sich frei zu entfalten, und insofern eine Form von »Freiheitswissenschaft«.[57] Partizipative Strategien wurden eingeschlagen, die Betrachter sollten direkt ins Geschehen eingreifen, womit Werke entstanden, die kurzlebig, äußerst flüchtig, in der Regel nicht wiederholbar und somit museal nicht dauerhaft präsentabel waren.

Wie sehr die unterschiedlichen künstlerischen Bereiche miteinander verwoben waren, zeigt sich beim Blick auf die Musik. Hier hatte, was die Avantgardemusik anbelangt, John Cage, ein Schönberg-Schüler, Ende der 50er Jahre die ersten Happenings geschaffen, Klangstücke, die bewußt auch Stille miteinbezogen; alles sei Musik, und Musik müsse in das Leben integriert werden.[58] Und was die collagenhaften Merkmale der Pop-Art betrifft, so war nicht nur das Cover der Beatles-LP *Sergeant Pepper's Lonely Hearts Club Band* von 1967 Anschauung dieser Kunstrichtung für ein Millionenpublikum; vielmehr gab es in den 60er Jahren keine Pop-Platte, in der auch in Ton und Text so beispielhaft ein »Pop-Art-Kontinuum« verwirklicht wurde, das anschließend im Beatles-Film *Yellow Submarine* zudem noch auf Zelluloid gebannt wurde. Die vier jungen Männer aus Liverpool, die in der Silvesternacht 1962 im Hamburger »Star Club« – dem Zentrum des Live-Beat in der Bundesrepublik – aufgetreten waren, brachen in den folgenden Jahren mit ihren Schallplatten und Filmen weltweit alle Verkaufsrekorde.[59] Rebellischer als die eine Zeitlang noch adretten Beatles gaben sich von Anfang an The Rolling Stones. Die jugendkulturellen Ausdrucksformen der Band vereinigten Rebellion und Provokation. 1967 wurde der Synthesizer entwickelt, und damit war das Symbolinstrument für Elektroexperimente in der Rockmusik erfunden.

Abb. 41:   *Vier damals noch adrette Jungs aus Liverpool, ordentlich in Anzüge gekleidet. Die Beatles – Paul McCartney, George Harrison, Ringo Starr und John Lennon hier im Jahr 1964 – überboten alle musikalischen Rekorde. In ganz Europa brach eine »Beatlesmania« aus.*

Obwohl sie das Goldene Zeitalter der Rockmusik waren – auf einen einzigen Nenner lassen sich die 60er Jahre musikalisch nicht bringen, dafür waren Rock, Beat, Pop, Jazz, Folk, Psychedelic doch zu unterschiedliche Stilrichtungen. Die politischen Songs von Bob Dylan und Joan Baez wurden zum Symbol des Widerstands der internationalen Jugend, die sich erstmals als globale Generation verstand, gegen den Krieg in Vietnam, ebenso das eine ganze Generation sozialisierende Erfolgsmusical *Hair* von 1969. Mitte August desselben Jahres wurde in der Nähe der Stadt Woodstock im Bundesstaat New York ein Freiluft-Rock-Festival veranstaltet, das alle Dimensionen sprengte: Bis zu einer halben Million Menschen trafen sich drei Tage lang, um 32 Bands und Interpreten zu hören. Wegen des friedlichen Verlaufs wurde »Woodstock« zum Synonym für eine ganze Generation, die auf kulturelle und politische Erneuerung hoffte. Die tödliche Kehrseite der Bewegung war ihr exzessiver Drogenkonsum, an dem auch zahlreiche ihrer Idole in den kommenden Jahren starben.

The Beatles, The Rolling Stones, The Who, Grateful Dead, The Doors, Janis Joplin oder Frank Zappa waren auch die musikalischen Ikonen in der Bundesrepublik, daneben behauptete sich spezifisch deutsche Rockmusik, wie etwa von Tangerine Dream. Auf der Beliebtheitsskala der Bevölkerungsmehrheit ganz oben standen – eine völlig andere Geschmacksrichtung vertretend – Roy Black und Udo Jürgens; mit dem Lied *Mama* traf der holländische Kinderstar Heintje das Gefühl der im Getöse der Rockmusik schweigenden Mehrheit. Seit 1974 gelang es Udo Lindenberg, die Kluft zwischen dem deutschen Underground-Rock und der Schlagermusik durch deutsche Songtexte zu überwinden.[60]

Der Anspruch, Neues zu schaffen, zu neuen Ufern und mehr Freiheiten aufzubrechen, war ein Signum der 60er Jahre. Im Oberhausener Manifest vom 28. Februar 1962 verkündeten deutsche Jungfilmer wie Herbert Vesely, Alexander Kluge oder Edgar Reitz: »Der alte Film ist tot. Wir glauben an den neuen.«[61] Ähnliches war von Vertretern der »Nouvelle Vague« in Frankreich zu hören. Die Jungen erklärten das Ende der Nachkriegszeit; auch in der Literatur und im Theater waren die Nachholkurse des Gründungsjahrzehnts abgeschlossen. Peter Handke beschimpfte das Publikum, um bürgerliche Vorstellungen von Bühne und Welt in Frage zu stellen. Mit Heinar Kipphardt und Rolf Hochhuth etablierte sich ein Dokumentartheater, das die Haltungen zum Dritten Reich entschieden anprangerte. Auf der einen Seite politisierten Fritz Kortner und Peter Zadek das Theater, auf der anderen lehnte Rudolf Noelte alle Formen der Öffnung des Theaters zur Politik ab. Literatur sollte sich einerseits auf die soziale Äußerlichkeit, nicht auf die subjektive Innerlichkeit richten, so Hans Magnus Enzensberger, sollte kein zweites Stockwerk über der Wirklichkeit sein; die Zeit der schönen Selbsttäuschung sei zu Ende. Andererseits: In Anknüpfung an den Dadaismus wollte Ernst Jandl mit seiner »konkreten Poesie« die Sprache selbst aus der Funktionalität befreien, sie sollte Aussagen verweigern und nur nach ihrem Klangcharakter kombiniert werden.[62] Einerseits glaubte man, das Erzählen sei in die Krise geraten, und zog traditionelle literarische Formen in Zweifel; Literatur müsse aus der Gesellschaft kommen und in die Gesellschaft hineinwirken. Andererseits erzählten die historisch-politischen Romane und Dokumentationen oder die sozialkritischen Reportagen dann doch wieder und knüpften an den Realismus an, wie er vor 100 Jahren entstanden war, und sei es nur in einer eher politisch »richtigen« bzw. gesinnungsstarken denn literarisch anspruchsvollen Form wie in Günter Wallraffs investigativen »Industriereportagen«.

Mit der Studentenbewegung verstärkte und verschärfte sich die Diskussion darüber, was unter einem demokratischen Kunst- und Kulturbegriff überhaupt zu verstehen sei: »Alternative Kultur wollte die Opernhäuser verbrennen; zumindest sollte der Muff, der affirmative Kultur durchzog, ausgelüftet werden. An die Stelle eines Kulturbegriffes, der Kunstausübung als Weihestunde verstand, als Andacht in Seelenbadeanstalten, trat die Vorstellung von ›Soziokultur‹, die nicht mehr dem Ritual, sondern der Kreativität vertraute. Eine Reihe von Modellen machte deutlich, wohin die neue Denkungsart zielte: Gemeinschaftshäuser, Kommunikationszentren, kommunale Kinos, Kulturläden, Kulturwerkstätten, Kulturtreffs wurden geplant und entstanden (langsam). Mit Stadt- und Stadtteilfesten erhielt Urbanität ein heiteres Gesicht.«[63]

Die 68er-Bewegung zwischen Protest und Gewalt

Der studentische Protest in West-Berlin hatte schon einige Jahre angedauert. Die Freie Universität war mittlerweile bekannt dafür, daß dort immer wieder verschiedene, meist hochschulinterne Auseinandersetzungen aufflackerten. Auch waren politische Demonstrationen gegen den amerikanischen Krieg in Vietnam an der Tagesordnung, ebenso etwa, im Jahr 1965, Demonstrationen gegen eine Werbewoche der Republik Südafrika, des Apartheidregimes. Im großen und ganzen waren alle Proteste gewaltfrei verlaufen – bis zum 2. Juni 1967. An diesem Tag besuchte der persische Schah Reza Pahlevi, der sich seit einigen Tagen auf Staatsbesuch in der Bundesrepublik aufhielt, Berlin. Der Kaiser und seine Frau waren Lieblinge der Regenbogenpresse, die jedoch nie etwas über die persische Diktatur und die grausamen Folterungen im Land zu berichten wußte. Studenten und Exil-Iraner liefen dagegen Sturm, daß dem berüchtigten Diktator, den die USA stützte, in der Bundesrepublik der rote Teppich ausgerollt wurde; dieser wiederum hatte zum persönlichen Schutz vorsorglich eine vielköpfige Leibwächtertruppe mitgebracht, die sich aus Angehörigen seiner gefürchteten Geheimpolizei Savak rekrutierte. Bereits während des offiziellen Empfangs im Schöneberger Rathaus hatten sie draußen auf »Schah, Mörder« rufende Demonstranten eingeknüppelt – daß zu den Grundrechten auch das Recht zu demonstrieren gehört, war ihnen vollkommen fremd. Am Abend besuchte das Herrscherpaar eine Galaaufführung der *Zauberflöte* in der Deutschen Oper. Wieder waren zahlreiche Demonstranten auf der Straße, erneut schlugen die Leibwächter mit Knüppeln und Holzlatten auf sie ein, diesmal unterstützt von der Berliner Polizei. Auf beiden Seiten brach Panik aus, Menschen stürzten, so auch der 26jährige Student Benno Ohnesorg, der zum ersten Mal demonstrierte. Während er auf dem Boden lag, traf ihn aus 1,5 m Entfernung eine Polizeikugel in den Kopf. Der tödliche Schuß habe sich versehentlich gelöst, gab der Kriminalobermeister später zu Protokoll, Zeugen meinten hingegen, er habe vorsätzlich geschossen. Am nächsten Tag unterstellte die *BZ*, eine Zeitung, die zum Axel-Springer-Verlag gehörte, Ohnesorg sei von einem Mitdemonstranten getötet worden; der Schriftsteller Günter Grass hingegen sprach vom »ersten politischen Mord in der Bundesrepublik«. Der Tod Ohnesorgs wurde zum Fanal für die Studentenrevolte, die jetzt massenhaften Zulauf erhielt und sich radikalisierte.[64]

Die Polarisierung innerhalb der Gesellschaft erreichte ein gefährliches Niveau. Viele Studenten zweifelten nicht mehr daran, daß das »System« nicht reformierbar sei und beseitigt gehöre; polizeiliche Überreaktionen beförderten zusätzlich eine wachsende Militanz; bei vielen Bürgern stauten sich die Aggressionen gegen die »Ruhestörer«, besonders in Berlin. Die Atmosphäre in der »Frontstadt« des Kalten Krieges war hochexplosiv, denn die Studenten protestierten nicht nur gegen »Amerikas Lakaien« wie den Schah und den eskalierenden Krieg in Vietnam, sondern verteufelten bald alles offiziell »Amerikanische«, zogen voller Wut vor amerikanische Einrichtungen, um sie zu beschädigen, und dies empfand die Mehrzahl der Berliner als eine Art »Dolchstoß« in den Rücken der Schutzmacht, die ihre Freiheit garantierte. Im Anschluß an den »Internationalen Vietnam-Kongreß« vom 17./18. Februar 1968, zu dem der Sozialistische Deutsche Studentenbund (SDS) an die Technische Universität eingeladen hatte, zogen rund 15000 Teilnehmer mit antiamerikanischen Transparenten, roten Fahnen und »Ho-Ho-Ho-Chi-Minh«-Rufen durch die Stadt. Drei Tage später veranstaltete der Berliner Senat unter dem Regierenden Bürgermeister Heinrich Albertz (SPD) eine Gegenkundgebung, deren antikommunistisches Motto lautete: »Berlin darf nicht Saigon werden.«[65]

Vor allem gegen den Studentenführer Rudi Dutschke, 28 Jahre alt, der Symbol, Verdichtung, ja Personifizierung der Revolte war, richtete sich der Haß von Teilen der Bevölkerung, geschürt durch eine wahre Medienhetze.[66] Die *Bild*-Zeitung verteufelte ihn als eine Art Staatsfeind, dessen man sich entledigen müsse. Am Gründonnerstag 1968 verübte ein 23jähriger, rechtsradikalen Kreisen nahestehender Gelegenheitsarbeiter ein Attentat auf Dutschke und verletzte ihn dabei so erheblich, daß dieser 1979 an den Spätfolgen starb. Der Mordanschlag löste die schwersten Straßenschlach-

*Abb.42:   Rudi Dutschke, der Studentenführer, und Gaston Salvatore (rechts) auf einer der zahl-
reichen Vietnam-Demonstrationen in West-Berlin 1968. Durch seine rhetorische Radikalität
wurde Dutschke zum Bürgerschreck, manche sahen in ihm sogar einen Staatsfeind. Im privaten
Umgang war Dutschke alles andere als radikal, vielmehr zurückhaltend und liebenswürdig.*

ten in Deutschland seit dem Ende der Weimarer Republik aus: Hochburgen der
»Osterunruhen«, die bürgerkriegsähnliche Ausmaße annahmen, waren West-Berlin,
Frankfurt am Main, München, Hamburg und Heidelberg; in insgesamt 27 Großstädten gingen mehrere 100 000 Menschen auf die Straße. Es kam zu massivsten Ausschreitungen mit insgesamt über 400 Verletzten, in München wurden ein Fotograf
und ein Student getötet. Die Studenten gaben der aggressiven Springer-Presse eine
Mitschuld am Attentat auf Dutschke, sie sei der eigentliche Anstifter gewesen. Aus-
lieferungsfahrzeuge der *Bild*-Zeitung wurden in Brand gesteckt und eine Kampagne
»Enteignet Springer« gestartet. Einige Politiker gossen noch Öl ins Feuer, der Ruf nach

hartem staatlichen Durchgreifen und neuen Gesetzen wurde laut. Doch Justizminister Gustav Heinemann behielt einen kühlen Kopf, appellierte über Funk und Fernsehen an die Vernunft beider Seiten und mahnte – dies unterschied ihn von manch anderem Politiker – Selbstkritik der Älteren an, deren Kinder es ja waren, um die es hier ging: »Wer mit dem Zeigefinger allgemeiner Vorwürfe auf den oder die vermeintlichen Anstifter oder Drahtzieher zeigt, sollte daran denken, daß in der Hand mit dem ausgestreckten Zeigefinger zugleich drei andere Finger auf ihn selbst zurückweisen. Damit will ich sagen, daß wir alle uns zu fragen haben, was wir selber in der Vergangenheit dazu beigetragen haben könnten, daß der Antikommunismus sich bis zum Mordanschlag steigerte und daß Demonstranten sich in Gewalttaten der Verwüstung bis zur Brandstiftung verloren haben.«[67] Wie ist die explosive Dynamik zu erklären? Wo liegen die Wurzeln der 68er-Bewegung? Welche Ziele verfolgte und welche Wirkungen entfaltete sie?

Einer der besten Kenner der 68er-Geschichte, Wolfgang Kraushaar, schreibt, sie sei »ebenso kurz wie komplex (gewesen), ebenso dicht wie spannungsgeladen. Es gab zwar eine längere Inkubationszeit, jedoch keine Entwicklung im eigentlichen Sinne, eher einen eruptionsartigen Ausbruch mit einem rasch erreichten Kulminationspunkt und einer schubartigen Abwärtsbewegung des Zersplitterns und Auseinanderfallens«.[68] Was als »die 68er« erscheinen mag, war in Wahrheit eine recht heterogene Bewegung, und »die« Ideen von 1968 hat es nicht gegeben, bestenfalls ein Konglomerat verschiedenster Gedanken(splitter) aus Marxismus, Kapitalismuskritik, Klassen- und Imperialismustheorie, vor allem undogmatischer und damals vergessener Autoren, auch aus den Gebieten Psychoanalyse und analytischer Sozialpsychologie. Daneben zeichnete die »Kinder von Karl Marx und Coca-Cola« (Jean-Luc Godard) zwar viel Idealismus aus, aber auch ein weltfremder Dogmatismus; neue Einsichten und gesellschaftliche Gegenentwürfe verbanden sich mit Absurditäten und erstaunlichen Blindstellen.

Zwei Dinge sind unbezweifelt: Es handelte sich um eine transnationale, sogar globale Protestkultur, und ihre Wurzeln reichen bis zur Entstehung der »Neuen Linken« zurück. Seit dem Anfang der 60er Jahre hatte es in London, Paris, Rom, an amerikanischen Universitäten, besonders in Berkeley (Kalifornien), aber auch in der Bundesrepublik verschiedene dissidente intellektuelle Zirkel gegeben, die sich als »Neue Linke« zu formieren begannen. Neu war diese Linke, weil sie sich sowohl vom Reformismus des demokratischen Sozialismus in den Wohlfahrtsstaaten absetzte als auch von der Perversion des Kommunismus in den stalinistischen Diktaturen. Auch ihre theoretischen Grundlagen unterschieden sich von denen der »alten« Linken: Der Marxismus wurde primär unter dem Aspekt der Entfremdung, nicht der Ausbeutung interpretiert; man wollte außerdem keine Organisation oder Partei gründen, sondern setzte auf Bewegung und Aktion; als Träger eines sozialen Wandels, als »revolutionäres Subjekt«, identifizierte man schließlich nicht mehr die Arbeiterklasse, sondern die junge akademische Intelligenz und gesellschaftliche Randgruppen. In den Vereinigten Staaten fochten die »Students for a Democratic Society« (SDS) mit Mitteln des »zivilen Ungehorsams« vor allem für Basisdemokratie und gegen eine Rassensegregation; bald rückte der Protest gegen den Vietnamkrieg in den Mittelpunkt: Der »March on Washington for Peace in Vietnam« im April 1965 war die erste große Manifestation gegen den Krieg und mobilisierte breite studentische Kreise. Die Kerngruppierung in der Bundesrepublik war der Sozialistische Deutsche Studentenbund (SDS), der bereits 1946 gegründet worden und lange Jahre Durchlauferhitzer für eine Karriere in der SPD gewesen war. Die vehemente Kritik am Godesberger Programm führte 1961 zum Unvereinbarkeitsbeschluß: Die SPD verstieß den sich radikalisierenden akademischen Nachwuchs des SDS; dieser schloß seinerseits kurz darauf kommunistische Gruppierungen aus seinen Reihen aus.[69]

Gab es auch große nationale Unterschiede – transnational war die Protestkultur schon deswegen, weil die Aktionen gegen den Vietnamkrieg die Bewegung einten, Personen und Ideen vernetzten.[70] Der immer brutaler werdende Krieg, besonders der amerikanische Einsatz von Napalmbomben, war Katalysator der Proteste, synchronisierte sie über die Ländergrenzen hinweg und konnte zudem an die Tradition der Ostermärsche der Friedensbewegung anknüpfen. Kolonialismus galt vielen 68ern als grausamste Form der Ausbeutung, eine Identifizierung mit der Dritten Welt, ihren Befreiungsbewegungen und Guerillakämpfern bzw. den neuen Staatsführern nahm fast religiöse Züge an: Ernesto Ché Guevara, Fidel Castro, Ho Chi Minh und Mao Tsetung – dessen jugendliche »Rote Garden« in der »Großen Proletarischen Kulturrevolution« seit 1965/66 politischen Terror ausübten – avancierten zu »Vorbildern« in Theorie und Praxis, mit deren Hilfe man den Widerstand in der Dritten Welt idealisierte und ihn in die entwickelten Industriegesellschaften transferieren wollte.

Die Verbindung zwischen der amerikanischen und der deutschen Neuen Linken stellte namentlich der an der Universität von San Diego lehrende Herbert Marcuse her, seit 1932 mit dem von Max Horkheimer geleiteten »Institut für Sozialforschung« in Frankfurt verbunden. Nicht von ungefähr wurde er eingeladen, auf dem West-Berliner Vietnam-Kongreß des Jahres 1968 das Hauptreferat zu halten; den Widerstand gegen den Vietnamkrieg bezeichnete er als eine moralische Pflicht. Marcuse, wie auch andere Vertreter der »Kritischen Theorie«, besonders Max Horkheimer und Theodor W. Adorno, waren sehr bedeutsam für die Studentenbewegung, sie wurden von ihr allerdings nur verkürzt rezipiert, und oft begnügte man sich mit Stichworten. So homogen wie oft unterstellt war die Kritische Theorie überdies nicht. Theorien über den autoritären Staat und die autoritäre Persönlichkeit waren im US-Exil während oder noch unter dem Eindruck der NS-Diktatur entwickelt worden, und sie einfach auf die bestehende Bundesrepublik zu übertragen und damit zu enthistorisieren, konnte nur in die Irre führen und dazu, wie es Vertreter des SDS taten, die bundesdeutsche Demokratie mit einem Wortschwall halbdurchdachter Zusammenhänge als »faschistisch« zu diffamieren. Aus Buch- und Aufsatztiteln entlehnte Schlagworte wie »Repressive Toleranz« oder »Der eindimensionale Mensch« – beides von Marcuse – wurden in die Debatte geschleudert, und das Amalgam aus Marxismus und Psychoanalyse betörte auch dann, wenn man inhaltlich wenig verstand. Adornos politische Wirkung war erheblich, doch auch dieser entschiedene Kritiker der spätbürgerlichen Gesellschaft blieb nicht dagegen gefeit, bei Teilen der Bewegung in Ungnade zu fallen: Radikale Vertreter der APO verlangten von ihm schonungslos den konkreten revolutionären, zerstörenden antibürgerlichen Aufstand. Solcher Aktionismus lag Adorno fern. Was an den Universitäten mit »Sit-ins« und »Teach-ins« begonnen hatte, wuchs sich immer mehr zu Randalen aus, bis hin zu einem regelrechten Psychoterror gegen unliebsame Dozenten.[71]

Überall war 1968 das Jahr der Radikalisierung: In Frankreich, wo Daniel Cohn-Bendit zum Star der Studentenrevolte avancierte, erreichten die Proteste ein Ausmaß, das andere Länder nicht kannten. Hier kam es im Mai zu einer Allianz von Studenten und Arbeiterschaft, die ihrerseits mehr Mitbestimmung forderte, und zu einem Generalstreik, an dem sich bis zu 9 Mio. Menschen beteiligten und von dem die deutsche Studentenbewegung nur träumen konnte. Frankreich glitt in eine Staatskrise ab, Präsident de Gaulle verließ Paris und zog sich in das Hauptquartier der französischen Truppen in Deutschland, nach Baden-Baden, zurück. Am Ende hatte er, auch infolge des internen Machtkampfes mit Premierminister Georges Pompidou, seine Macht verloren. In den Vereinigten Staaten erlag die Symbolfigur der gewaltlosen Bürgerrechtsbewegung, Martin Luther King, im April einem Attentat, und in 76 Ghettos der schwarzen Bevölkerung brachen gewaltsame Aufstände aus; vier Monate später fiel auch Senator Robert Kennedy, auf dem die Hoffnungen der Demokraten ruhten, er werde nach gewonnener Präsidentschaftswahl den Krieg im Fernen Osten beenden, einem Mordanschlag zum Opfer. Im Osten Europas stürzte der Prager Frühling das kommunistische System in eine tiefe Krise; hier waren die Risiken des Aufbegehrens ungleich größer und folgenschwerer als im Westen, wie der Einmarsch der Roten Armee Ende August bewies, der innerhalb der westlichen 68er-Bewegung erstaunlich wenig Protest auslöste.

Die 68er-Revolte in der Bundesrepublik speiste sich neben den internationalen antikapitalistischen und antiimperialistischen Kapillaren aus drei zusätzlichen, nationalen Wurzeln: der Kritik an der Ordinarienuniversität, dem Protest gegen die Große Koalition und ihre Notstandsgesetzgebung sowie dem Vorwurf einer unzulänglichen

Auseinandersetzung der gesamten deutschen Bevölkerung mit der NS-Vergangenheit. »Unter den Talaren der Muff von tausend Jahren«, lautete einer der bekanntesten Sprüche der Studentenrevolte. Die aus ihrer Mitte heraus entstandenen Hochschuldenkschriften forderten mehr demokratische Teilhabe, transparentere Entscheidungsstrukturen, aber auch inhaltlich-didaktische Veränderungen, also neue Studienordnungen. Im Mittelpunkt stand die drittelparitätische Besetzung aller Kollegialorgane der Universität mit Professoren, Assistenten und Studenten.[72] Vieles, was hier vorgedacht wurde, wirkte sich seit den 70er Jahren aus. Protest gegen das »spießige Establishment«, Politik als Happening und Verbalradikalismus – solche Formen drangen nach der Bildung der Großen Koalition aus der Universität in die politische Sphäre vor. Die Große Koalition hinterließ links wie rechts erhebliche Manövrierräume, und die Außerparlamentarische Opposition (APO), die nicht nur, aber doch zu wesentlichen Teilen aus der Neuen Linken bestand, entwickelte sich zu einer politischen Kraft. Schien sich nicht die linke Parlamentarismuskritik zu bestätigen, wonach sich die demokratischen Parteien, die Verfassung und der Staat in autoritär orientierte vor- und antiparlamentarische Formen zurückentwickeln würden?[73] Die radikale Kritik an der Großen Koalition floß in rätedemokratische Modelle ein, welche der SDS als geeignete Alternative propagierte. Der Kampf gegen die Notstandsgesetze bildete den Höhepunkt der 68er-Bewegung; er hat trotz mancher Übertreibungen den Sinn für demokratische Grundrechte geschärft, ähnlich wie die »*Spiegel*-Affäre« von 1962. Ein Schulterschluß der Bewegung mit Intellektuellen gelang, einer mit den Gewerkschaften jedoch nicht;[74] der verquere, häufig obszöne, dazu noch herablassende und arrogante Jargon stieß die Arbeiterschaft und ihre Organisationen ab. Hinzu trat die sie noch suspekter machende besondere Radikalität der deutschen Studentenbewegung, die nur aus der Vergangenheitslast zu erklären ist. Der Generationenkonflikt war zwar ein Motor der Auseinandersetzung mit der NS-Vergangenheit, indem die Lebensgeschichten der Elterngeneration zum Gegenstand erregter Diskussionen und Anklagen wurden, aber der wild wuchernde Terminus »Faschismus« verfremdete in seiner marxistischen Spielart nicht allein die bundesdeutsche Realität bis zur Unkenntlichkeit, er verleugnete darüber hinaus das grundlegende Verbrechen des Dritten Reiches, den Mord an den Juden, und so setzte mit Blick auf den Holocaust sogar die Phase einer zweiten Verdrängung ein.[75]

Nachdem der Bundestag die Notstandsgesetze verabschiedet hatte, zerfielen die APO und die Studentenbewegung relativ rasch. Aus dem SDS, dessen Reste sich Ende März 1970 auflösten, und aus der gesamten Bewegung entwickelten sich in der Folgezeit vier Grundströmungen: 1. eine reformistische, deren Vertreter ihre Hoffnungen auf die neue sozialliberale Regierung setzten und welche den Weg zu den Jungsozialisten und der SPD, teils auch in die moderne FDP fanden; 2. kristallisierte sich ein viel kleinerer, traditionell kommunistischer Seitenarm heraus, dessen Anhänger in die Deutsche Kommunistische Partei (DKP) wanderten; 3. in einer – noch kleineren – Strömung übernahmen neoleninistische, maoistische oder sonstige kommunistische Kadergruppen, die sich wiederum spinnefeind gegenüberstanden, das Wort. Schließlich entstand 4. ein ganz kleiner radikaler, gewalttätiger und terroristischer Zweig: Im April 1968, wenige Tage nachdem von US-Soldaten in Vietnam an den Bewohnern des Dorfes My Lai ein Massaker verübt worden war, hatten Andreas Baader und Gudrun Ensslin in zwei Frankfurter Kaufhäusern Sprengsätze gezündet; die Journalistin Ulrike Meinhof hatte die Anschläge publizistisch verteidigt. Baader konnte verhaftet werden, wurde aber 1970 von »Mitkämpfern«, die dabei einen Menschen erschossen, »befreit«. Im Mai 1970 erfolgte die Gründung der »Rote Armee Fraktion« (RAF), einer bewaffneten Kaderorganisation, deren mörderische Anschläge in den 70er Jahren wie nichts anderes davor oder danach das Klima in der Bundesrepublik vergifteten.[76] Die Blutspur der RAF hat »1968« nachhaltig diskreditiert; aber es wäre völlig unhistorisch, die gesamte Bewegung nur von dieser Schlagseite her zu interpretieren, die ihr eine winzige Minderheit verliehen hat.

Die 68er waren nicht die Vorkämpfer von Emanzipation und Partizipation, denn die Dekade des Wandels und der Liberalisierung hatte bereits vor ihnen eingesetzt. Forschungen zur Intellectual history der Bundesrepublik betonen mittlerweile den enormen Beitrag, den die »45er« beim Aufbau der Republik zu einem westlichen liberalen Gemeinwesen geleistet haben. Es war die Alterskohorte derer, die zwischen den frühen 20er und den frühen 30er Jahren geboren, als Kinder und Jugendliche vom Nationalsozialismus geprägt wurden und das Kriegsende als Zusammenbruch ihrer eigenen Ideale erlebt hatten. In den 60er und 70er Jahren lag der Höhepunkt des Wirkens dieser Generation. Sie engagierten sich für Demokratisierung und Westernisierung, stritten für Reform, Kritik und eine staatsbürgerliche Gesellschaft und trieben die Vergangenheitsbewältigung voran. Die intellektuelle Wendezeit wurde zu einem großen Anteil von ihnen verkörpert.[77] Wo aber liegt vor diesem Hintergrund die Bedeutung der 68er? Welche Zuschreibungen erscheinen berechtigt, welche weniger?

Stärker als in anderen Feldern der Zeitgeschichte stehen sich hier fast diametrale Deutungen gegenüber, und die Kontroversen schreiben nicht selten entweder die Überhöhungen von 68 oder die Obsessionen gegen die Bewegung fort, die bereits zeitgenössisch entstanden waren. Die Jahreszahl 1968 als Chiffre für die Bewegung hat sich erst gegen Ende der 80er Jahre durchgesetzt, zuvor existierten andere Benennungen. Mit dem später rasch Karriere machenden Begriff der 68er ist nicht zuletzt eine Analogie zu den demokratischen Revolutionären von 1848, den 48ern, hergestellt worden. Der Mythos 1968 erlaubte es, die Geschichte der »alten« Bundesrepublik plausibel in zwei fast exakt gleichlange Phasen einzuteilen: Zwischen 1949 und 1989 lag 1968. Das Datum fungierte als eine Art Scharnier oder als eine Art Klimascheide zwischen zwei Epochen, die sich über weite Phasen auch parteipolitisch trennen lie-ßen. Die Erzählung über 1968 lautete: Hier ist es zu einer zweiten Gründung, zu einer zivilen Nachgründung der bundesdeutschen Demokratie gekommen. War die Bun-desrepublik zuvor lediglich eine formale Demokratie – manche meinten, ein angepaß-tes, ja sogar restauratives Land –, so war jetzt ein spürbarer Zugewinn an Partizipa-tion dazugetreten. In den Unruhen bestand die Demokratie ihre Feuertaufe, und es gab einen Schub hin zu einer langfristigen Verwestlichung. Eine schwächere Version von 1968 hebt auf die Lebensstile und kulturellen Umgangsformen ab und bezeichnet die Folgen von 68 als »Kulturrevolution«.[78] Diese Version hat den Vorteil, daß nahezu alle – Befürworter wie auch Kritiker – sich in dieser Sichtweise auf die eine oder an-dere Weise wiederfinden konnten. So oder so: Der Eindruck einer zweiten »Stunde Null« umrankt die Jahreszahl 1968.

Für die einen bedeutete 1968 trotz vieler Friktionen eine Emanzipation,[79] andere erkannten nur surreale Verhaltensweisen[80] oder einen im deutschen Kontext geradezu gefährlichen »romantische(n) Rückfall« und eine fatale Form der Re-Ideologisie-rung.[81] Die Bedeutung der 68er-Bewegung liege deshalb allein in ihren Schadensfol-gen, sie habe die Demokratie und ihre Institutionen geschwächt.[82] Im Lichte der neue-ren Forschung, die intensiv Mitte der 90er Jahre eingesetzt hat, waren 1968 und die Folgen unendlich vieles zugleich: politische Protestbewegung, Generationenkonflikt, Kulturrevolution, Renaissance marxistischen Denkens, Auseinandersetzung mit dem Nationalsozialismus, Durchbruch einer liberalen Sexualmoral, Entstehung einer neuen Frauenbewegung, Verharmlosung und Legitimation von Gewalt bis hin zum Terrorismus. Betont werden zudem Trends, die diese Entwicklungen überwölbten, etwa der Kontingenzcharakter einzelner Ereignisse sowie deren erwähnte Transnatio-nalität und Globalität. Nirgends traten die 68er als dauerhafte Organisation in Er-scheinung, »sondern legten vielmehr Wert darauf, für eine Vielzahl von Protestbewe-gungen offen und anschlußfähig zu sein, je nach den Gelegenheiten, die sich boten«.[83] Bei einem bedeutenden Teil der Forschung hat es sich eingebürgert, die Ereignisse, für welche die Abbreviatur »68« steht, als Ausdruck einer sozialen Bewegung zu analysie-ren, womit einzelne Akteure gegenüber strukturellen gesellschaftlichen Entwicklun-gen nachrangig behandelt werden.[84]

Dem Phänomen »68« wird heute gemeinhin ein Doppelcharakter bescheinigt: Poli-tisch sei die Bewegung glücklicherweise gescheitert, aber soziokulturell habe sie erheb-liche Folgewirkungen gehabt, denn die Ideen verschwanden nach dem Zerfall der Be-wegung nicht einfach, sondern sickerten in viele gesellschaftliche Bereiche ein – es bleibt allerdings schwierig, das tatsächliche Ausmaß genau zu bestimmen. Einerseits rücken die Kritiker die Erblasten von 1968 in den Vordergrund, etwa die Autoritätsschwäche innerhalb der Gesellschaft und den Werteverfall. Als Folge von 68, so vermerken sie, ziehe die Gesellschaft keine klaren Grenzen und setze keine Maßstäbe mehr – so ließen sich Randale und Gewaltexzesse von Jugendlichen bis hin zu rechtsradikalen Ausschreitungen der 90er Jahre erklären. Andererseits hat es sich eingebürgert, von den unintendierten heilsamen Effekten für die Stabilität der Bundesrepublik zu sprechen. »Die Wirkungen der Studentenbewegung waren zwiespältig und großenteils ungewollt.«[85] So war eine Verwestlichung der Bundesrepublik nicht intendiert, trat aber ein.[86] Auf längere Sicht stiegen die Zustimmungsbereitschaft und die Demokratiezufriedenheit der Bundesbürger, und ihre aktive Beteiligung an der Gesellschaft nahm zu. Was jedoch im Rückblick als Verdienst der 68er erscheinen mochte, war nicht selten vor allem das Ergebnis der Kritik an ihnen oder wäre nicht möglich gewesen, wenn nicht, wie erwähnt, bereits lange vor 1968 eine fundamentale Liberalisierung von Politik, Kultur und Gesellschaft eingesetzt hätte. Pointiert läßt sich von einer »glücklich gescheiterten Umgründung« der Republik mit paradoxen Folgen sprechen: »Die Thematisierung der Legitimationskrise verschaffte der Zweiten Republik ein höheres Maß an Legitimität.«[87] Was bedeutet dies für 68 an sich? Kritiker saldieren mehr Negatives als Positives: Geistig-ideologisch sei das Denken in marxistischen Kategorien ein Rückschritt gewesen; in ihrer politischen Praxis hätten die 68er ziemlich undemokratisch agiert, hätten mithin zur Demokratisierung nichts beigetragen; hingegen hätten sie die Gewaltspirale hin zum Terrorismus in Gang gesetzt; einzig im Abbau von Autoritäten seien die 68er erfolgreich gewesen, aber in der notwendigen Schaffung neuer Werte hätten sie abermals versagt.[88]

Idealtypisch betrachtet dominieren, um mit Friedrich Nietzsche zu sprechen, zwei Zugriffe auf 1968: der antiquarische und der monumentalistische. Der antiquarische blickt auf die Bundesrepublik *vor* 1968. Bisweilen erscheint hierbei der Protest als kein notwendiger Bestandteil einer lebendigen Demokratie. Vielmehr orientiert man sich an einem, von keinerlei Interessengegensätzen geprägten allgemeinen Wohl, an dem alle Politiker gemeinschaftlich arbeiten sollen. Vor diesem Hintergrund wird der häufige Verweis auf den Staat, der durch die Revolte von 1968 bedroht war, verständlich. Ohne die linken Randalierer wäre der Bundesrepublik ein dauerhaftes Glück beschieden gewesen. Deutlich wird, daß es in der gesamten Debatte um 1968 immer auch um die Wertung der vorangegangenen Adenauer-Zeit geht. Wer beispielsweise die Auseinandersetzung mit der nationalsozialistischen Vergangenheit in der Adenauer-Zeit hoch veranschlagt und die Kontinuität alter Eliten gering bzw. ihnen einen Lernprozeß zubilligt, kann den 68ern nur bescheinigen, daß sie sich zu heuchlerischen Scharfrichtern über ihre Väter aufspielten, moralisch eingefärbte Urteile fällten, ohne selbst Moral und Sittlichkeit zu besitzen. 1968 wird in diesem Sinne nicht als Nachgeschichte der angeblich bis dahin unterbliebenen Auseinandersetzung mit dem Nationalsozialismus interpretiert, sondern als Vorgeschichte des Terrorismus.

Im monumentalistischen Zugriff auf die 68er-Bewegung hingegen war 1968 ein großes Jahr, nur vergleichbar mit 1848, ein Jahr des Aufbruchs, der Emanzipation, der Freiheit und der Ekstase; es brachte der Bundesrepublik einen Modernisierungsschub. Die 68er fühlten sich als die »Vollstrecker des Weltgeistes«, als eine Art Freiheitskämpfer, solidarisch mit den Unterdrückten in der Dritten Welt, Freiheitskämpfer aber auch im eigenen Land, die im Auftrag der historischen Notwendigkeit für die nachfolgende Geschichte der Bundesrepublik eine heilsame Mission zu erfüllen hatten: diesen Staat zu einer brauchbaren Demokratie und zu einer wirklich modernen Gesellschaft umzubilden. So, als habe die Demokratie in Deutschland nicht 1949 begonnen, wurde 1968 zu einem zweiten Gründungsmythos der Republik erhoben. Diese Deutung als der zweiten, der nachholenden Gründung der Nachkriegsdemokratie erscheint weitaus angenehmer als die Wahrheit: daß die Demokratie von den westlichen Siegermächten des Zweiten Weltkriegs nach Deutschland gebracht werden mußte. 1968 bedeutet in dieser Interpretation eine Nachgeschichte des Dritten Reiches, insofern die Verstrickungen in den Nationalsozialismus in den 50er und frühen 60er Jahren großenteils verschwiegen worden waren und die deutsche Gesellschaft noch stark unter der Prägung des Nationalsozialismus und dessen Auswirkungen litt. Die monumentalistische Interpretation von 68 besitzt allerdings eine entscheidende Achillesferse: Daß ein fernöstlicher Gewaltherrscher wie Mao zu einer Lichtgestalt erkoren wurde, ist gewiß eine schwere Verirrung. Was indessen all die erwähnten Interpretationen – wie auch die schwache von einer kulturellen, vor allem den Alltag prägenden, durch 1968 ausgelösten Evolution – mit voller Wucht stört, ist der Terrorismus, der mörderische »Deutsche Herbst« von 1977. Nicht als Konsequenz, sondern als Inversion von 1968 erscheint deshalb der Terrorismus in dieser Deutung.

Wie immer man im einzelnen die Rechnung aufmachen mag, aus dieser Zeit floß viel Reformdynamik in Institutionen, Verbände und Parteien aus dem gesamten Spektrum, auch dem konservativen,[89] ein. Seit den 70er Jahren organisierten sich neue Bewegungen, die Frauenbewegung – die 68 noch links liegengelassen worden war –, eine Öko-Bewegung, eine neue Friedensbewegung, schließlich die Anti-Partei der GRÜNEN. Alles in allem: Durch die Politisierung der Jugend gewann die Demokratie in der Bundesrepublik an Vitalität, vor allem aber gelang eine Integration in das demokratische Staatswesen, das damit seine Reformfähigkeit bewies.

NS-Prozesse und neues westdeutsches Geschichtsbild

Seit dem Beginn der 60er Jahre wurden die Bundesbürger von der Geschichte des Dritten Reiches mit Vehemenz eingeholt. Die Verjährungsdebatten des Deutschen Bundestages, begleitet von spektakulären NS-Prozessen – vor allem dem Eichmann-Prozeß in Jerusalem 1961, dem Frankfurter Auschwitz-Prozeß von 1963 bis 1965, dem Krumey-Hunsche-Prozeß 1964, dann den Prozessen zu Belzec 1965, Treblinka 1964/65 und Sobibor 1965/66 –, konfrontierten die bundesdeutsche Öffentlichkeit erstmals in großem Ausmaß mit den Verbrechen des Dritten Reiches. Die Zeit des kollektiven Beschweigens der Schuld war unweigerlich vorbei; die Diskussion über die NS-Zeit und die Verantwortung der deutschen Gesellschaft an den Verbrechen erreichte eine neue Qualität.[90]

1961 stand der administrative Organisator der Judendeportationen in die Vernichtungslager, Adolf Eichmann, in Jerusalem vor Gericht, nachdem er zuvor vom israelischen Geheimdienst in Argentinien aufgespürt worden war. Bei 95% der Bundesdeut-

Abb. 43: *Adolf Eichmann in einer kugelsicheren Kabine im Jerusalemer Gerichtssaal, wo ihm von April bis Dezember 1961 der Prozeß gemacht wurde. Eichmann, Sinnbild des »Schreibtischtäters«, organisierte die Judentransporte in die Vernichtungslager. Seine biedere Erscheinung wie auf diesem Foto ließ Hannah Arendt mißverständlich von der »Banalität des Bösen« sprechen. Der aufsehenerregende Prozeß endete mit dem Todesurteil.*

schen fand der Prozeß gegen den »Schreibtischtäter« Eichmann Aufmerksamkeit, was kaum überraschen konnte angesichts der Vielzahl von Artikeln und Berichten. Alle großen deutschen Zeitungen hatten eigens Korrespondenten nach Jerusalem geschickt, die minuziös über den Ablauf, aber auch über moralische Aspekte des Prozesses berichteten.[91] Zum ersten Mal strahlte das Fernsehen Bilder eines solchen Prozesses aus, ein Vorgang, der die ohnehin vorhandene Wirkung noch verstärkt haben dürfte. Fast überall wurde besonders die mediokre »Normalität« Eichmanns in den Mittelpunkt gerückt, der als gehorsamer Bürokrat am Schreibtisch den Massenmord an den europäischen Juden organisiert, aber im Grunde keine eigenen Interessen verfolgt habe. Hier saß offenbar keine grausame Bestie, kein NS-Dämon oder ein pathologischer Mörder auf der Anklagebank, sondern ein mechanisches Glied einer perfekt funktionierenden Vernichtungsmaschinerie. Hannah Arendt sprach mit Blick auf Eichmann von der »Banalität des Bösen«[92] und prägte damit für lange Zeit das Bild der Holocaust-Täter in Öffentlichkeit und Wissenschaft. Allerdings schlug ihr auch heftige Kritik entgegen, denn viele meinten, sie habe mit dieser Zuschreibung Eichmann verharmlost oder sogar die Opfer verhöhnt, und tatsächlich scheint sie den gealterten, seiner Machtpositionen verlustig gegangenen Eichmann unterschätzt zu haben; sie ließ sich ein Stück weit von seiner Selbstinszenierung täuschen. Arendts Täterbild implizierte, daß in der modernen Welt potentiell alle Menschen zu »Eichmännern«, zu Massenmördern in einem anonymen Getriebe werden konnten, ohne sich der Folgen ihres Tuns bewußt zu sein. Problematisch an diesem an sich zutreffenden Gedanken war jedoch, daß damit der Holocaust zu einem Automatismus ohne Menschen geriet, daß Einblicke in die Praxis der Gewalt verhindert und Fragen nach Motiven, Interessen, politischen Sozialisationen und sozialer Herkunft der NS-Täter, die nur als Marionetten des Systems erschienen, nahezu völlig ausgeblendet wurden. Deutete man indessen den Holocaust als eine Reihe aufeinanderfolgender Schritte, die wiederum auf Initiative unzähliger Entscheidungsträger ergriffen wurden, und bezog man auch das Leid und die Ängste der Opfer mit ein, dann hatte, so Arendts Kritiker Raul Hilberg, dieses »Böse« nichts »Banales«.[93]

Der Frankfurter Auschwitz-Prozeß, der 1963 begann und in dem ursprünglich 22, bei der Urteilsverkündung zwei Jahre später nur noch 20 Angehörige des Konzentrationslager-Personals vor Gericht standen, machte das ganze Ausmaß von Gewalt, Sadismus, physischen und psychischen Qualen, Mord und Vernichtung deutlich.[94] Er zeigte auch, daß hier nicht einfach nur – einem Befehlsnotstand unterliegende – »Befehlsempfänger« am Werk waren, die sich gar nicht anders hatten verhalten können, sondern Täter, die eigenmächtig handelten, sich zu Richtern über Leben und Tod aufschwangen, auch befehlslose Exzesse verübten. Man muß sich die erneuten seelischen Qualen der überlebenden Zeugen vor Augen halten und die Schwierigkeiten, nach so langer Zeit Verbrechen der einzelnen Angeklagten nachzuweisen. Außerdem begünstigte der Modus der Gerichtsverhandlung eine Personalisierung des Nationalsozialismus, das kollektive Geschehen wurde parzelliert. Schließlich bildeten sich sogar bestimmte normsetzende Rechtsfiguren heraus.

Für drei Angeklagte endete der Prozeß mit einem Freispruch, 17 wurden verurteilt, davon sechs als Mörder zu lebenslänglichen Haftstrafen. In der Urteilsbegründung tauchte eine juristische Konstruktion auf, die auf alle nachfolgenden Strafverfahren ausstrahlen sollte: Haupttäter der Vernichtungsaktion, so argumentierte das Gericht, waren Hitler, Himmler, Göring und Heydrich, also die NS-Führungsspitze, welche die Tötung unschuldiger Menschen aus dem niedrigen Beweggrund »Rassenhaß« angeordnet hatten. Zentral wurde nun die juristische Abgrenzung zwischen Täterschaft und Beihilfe. Der Wille des Beteiligten, des Angeklagten, ist demnach entscheidend: Die Gerichte mußten ermessen, ob er die Tat als eigene Tat wollte, ob er also einen Täterwillen zeigte und Interesse am Taterfolg hatte. Konnte, was sehr selten war, ein großer einverständlicher Eifer nachgewiesen werden – eine Ausführung der Tat über das Anbefohlene hinaus, sichtbar vor allem an eigenmächtigen Exzeßtaten, an Morden, die über den Vernichtungsbefehl hinausgingen –, dann war eine Verurteilung als Täter bzw. Mörder möglich. Als Mittäter konnte somit nur derjenige verurteilt werden, dem individuell eine aktive Rolle nachzuweisen war. Konnte diese nicht nachgewiesen werden, sondern ordnete sich der Angeklagte offenbar nur einem fremden Willen unter, dann hatte er lediglich aus Gehilfenwillen gehandelt.[95] Bei den KZ-Prozessen sind die Angeklagten von den Gerichten vornehmlich unter Beihilfe zum Mord, also als Gehilfen, eingeordnet worden, was erhebliche Auswirkungen auf das – viel mildere – Strafmaß hatte. Immer stärker öffnete sich die Schere zwischen der Rechtsprechung und dem Rechtsempfinden besonders der jüngeren, nicht in das NS-System verstrickten Generation. Diese »Gehilfen-Rechtsprechung« ist auch in der heutigen Forschung Stein des Anstoßes, weil sie ein Täterbild geschaffen hat, das den historischen Geschehnissen nicht gerecht werden konnte: Allein mit einem Heer willenloser Gehilfen, die innerlich der Ausführung verbrecherischer Befehle widerstrebten, hätte sich die NS-Vernichtungspolitik sicher nicht realisieren lassen.[96]

Der Frankfurter Auschwitz-Prozeß hatte erst mühsam in Gang gebracht werden müssen. Wie die meisten NS-Prozesse ging er auf ein Engagement von Überlebenden und ehemaligen Verfolgten zurück. Der hessische Generalstaatsanwalt Fritz Bauer, als Jude und Sozialdemokrat selbst NS-Verfolgter, der nach Skandinavien hatte fliehen können und 1949 nach Deutschland zurückgekehrt war, gehörte im Nachkriegsdeutschland zu den entschlossensten Anklägern von NS-Verbrechern. Er holte den Auschwitz-Prozeß nach Frankfurt, wollte durch sein Wirken aufklären und damit die Demokratie stärken.[97] Tatsächlich war die öffentliche Resonanz groß, man schätzt, daß im Laufe des Prozesses insgesamt etwa 20 000 Zuschauer, auch zahlreiche Schulklassen anwesend waren, und die Medien berichteten ausführlich über ihn. Wesentliche Bedeutung hatte der Prozeß darüber hinaus für die deutsche Zeitgeschichtsforschung, weil am Institut für Zeitgeschichte in München historische Gutachten entstanden: Helmut Krausnicks Untersuchung über die Judenverfolgung, Hans-Adolf Jacobsens Analyse zum sogenannten »Kommissarbefehl«, Martin Broszats Beitrag über die Konzentrationslager und Hans Buchheims Darlegungen über die SS – alles bahnbrechende Arbeiten, die »den Kenntnisstand über die NS-Vernichtungspolitik über Jahrzehnte markiert und bestimmt« haben.[98] Die Gutachten und das in ihnen dargelegte Bild vom »arbeitsteiligen« Massenmord an den Juden wirkten auf die Prozeßführung ein und begünstigten Urteilsfindungen, die auf Beihilfe hinausliefen.

Die Strafverfahren wegen nationalsozialistischer Tötungsverbrechen hatten seit den 60er Jahren ein anderes Gesicht als zuvor. Während sich bis dahin 43 % der Verfahren mit Verbrechen aus der Endphase des Krieges 1945 und nur rund 15 % mit Massenvernichtungsverbrechen befaßt hatten, waren nun fast 60 % der Verfahren mit dem zuletzt genannten Verbrechenskomplex beschäftigt. Damit stieg auch der Anteil von Verfahren wegen Verbrechen mit jüdischen Opfern von vormals 29 auf 76 Prozent. Ebenso verschoben sich die Nationalität der Opfer von vorwiegend deutsch auf überwiegend nicht-deutsch sowie die Tatorte, die in den Verfahren seit 1966 zu 83 % im Ausland, besonders in Polen (41 %) und in der Sowjetunion (31 %) lagen. Schließlich gab es auch auf der Täterseite Veränderungen: So stieg die Zahl der Verfahren gegen Angehörige von Einsatzgruppen und vor allem gegen das Personal von Konzentrations-, Vernichtungs- und Zwangsarbeiterlagern sowie gegen Mitglieder der Polizei. Für fast die Hälfte aller Angeklagten endeten die Verfahren – meist wegen der Beweisschwierigkeiten – ohne Strafe; bis 1966 wurden 5,5 % der Angeklagten zu einer lebenslangen Freiheitsstrafe verurteilt, im darauffolgenden Zeitraum bis 1987 waren es 13 Prozent.[99]

Äußerst gering blieben die eingeleiteten Verfahren gegen »Schreibtischtäter«. Um dies zu erklären, muß etwas weiter ausgeholt werden. Seit dem Beginn der 60er Jahre wurden fast nur noch Mord und Beihilfe zum Mord geahndet; Totschlag war seit 1960 verjährt. Die Verjährung von Mord wurde vom Gesetzgeber zunächst zweimal, 1965 und 1969, aufgeschoben und 1979 schließlich aufgehoben. Eine auf den ersten Blick völlig unscheinbare und gar nicht auf NS-Täter gemünzte Novellierung des Strafgesetzbuches, § 50 Abs. 2, im Mai 1968 hatte jedoch weitreichende Auswirkungen: Sie schränkte eine Strafverfolgung wegen Beihilfe zu NS-Mordtaten drastisch ein. Was war geschehen? Die in den laufenden Verfahren üblich gewordene Rechtskonstruktion der Beihilfe führte dazu, daß selbst Führungskräfte von Sicherheitspolizei, SD und Einsatzgruppen lediglich als Gehilfen der Haupttäter Hitler, Himmler usw. betrachtet wurden. Die Verjährungszeit für Beihilfe lag ebenso hoch wie die für Mord, weil ein gleiches Strafmaß möglich, wenn auch in der Urteilspraxis höchst unwahrscheinlich war. Wäre jedoch der Straftatbestand der Beihilfe von vornherein mit einer geringeren Strafe bedroht gewesen als Mord, dann wäre eine Verjährung nicht erst nach 20, sondern schon nach 15 Jahren eingetreten. Die erwähnte Novellierung, die augenscheinlich nur eine strafprozessuale Formalie darstellte, war nun keineswegs eine unbeabsichtigte »Panne« im Gesetzgebungsprozeß, vielmehr initiierten und lancierten einige Beamte des Bundesjustizministeriums in nahezu konspirativer Weise diese Änderungen. Die Neufassung sah Milderungen in der Strafzumessung vor, wenn bei der Beihilfe die persönlichen Merkmale des Täters fehlten. Waren mithin dem Mordgehilfen keine »niedrigen Beweggründe« – ein wesentliches mordqualifizierendes Merkmal – nachzuweisen, dann war es zwingend geboten, daß er nicht nach der Strafvorschrift für Mord, sondern nach der milderen für Mordversuch, maximal 15 Jahre, bestraft wurde. Der Effekt liegt auf der Hand: Dadurch veränderte sich automatisch die Verjährungsfrist auf ebenfalls 15 Jahre. Mit Blick auf die Vergangenheit traten weitreichende Folgen ein: Alle Taten während der NS-Zeit, die in diesem Sinne als Beihilfe galten, waren verjährt, wenn nicht vor dem 1. Januar 1965 ein Verfahren begonnen hatte. Im Mai 1969 traf der Bundesgerichtshof die juristisch stark umstrittene Entscheidung, wonach der Mordgehilfe nur noch dann bestraft werden konnte, wenn ihm entweder nachzuweisen war, daß sein Tatbeitrag auf eigenen »niedrigen Beweggründen« beruhte oder aber, daß er zum Zeitpunkt seines Handelns die grausamen oder heimtückischen Umstände der Tatausführung kannte. Adalbert Rückerl, der Leiter der Ludwigsburger Zentralstelle zur Aufklärung nationalsozialistischer Verbrechen, beschrieb die gravierenden Konsequenzen: »Die Großen, die die Morde ja nicht eigenhändig begangen haben, sind nur zu belangen wegen Beihilfe zum Mord aus niedrigen Beweggründen. Da man ihnen diese Beweggründe selbst aber heute kaum nachweisen kann, sind sie es, die jetzt am besten dran sind.«[100] Die Neuregelung und das BGH-Urteil bedeuteten nichts weniger als eine Amnestie für »Schreibtischtäter«. Ein Prozeß gegen das Personal des ehemaligen Reichssicherheitshauptamts wurde nicht mehr eröffnet, andere Verfahren wurden umgehend eingestellt. Die Männer aus der Entscheidungszentrale der Vernichtungspolitik kamen, im Gegensatz zu den Tätern vor Ort, die beim Frankfurter Auschwitz-Prozeß vor Gericht standen, ungeschoren davon. Kein »anderes Gesetz oder Amnestiegebot in der Nachkriegszeit«, so urteilt Ulrich Herbert, hat »so weitreichende Folgen für die Straffreiheit von hochrangigen NS-Tätern gehabt wie dieses«.[101]

Diese Entwicklung war 1965 noch nicht absehbar, als der Deutsche Bundestag darüber entscheiden mußte, ob die Täter des Dritten Reiches bei ihrer Entdeckung künftig in den Genuß der Verjährung kommen sollten oder nicht. Nach damals geltendem

Recht betrug die Verjährungsfrist für Mord und Beihilfe zum Mord 20 Jahre. Konnte die Bundesrepublik es zulassen, daß NS-Verbrecher für die Justiz nicht mehr erreichbar waren? Durfte sie es zulassen? Politische, juristische und moralische Fragen überkreuzten sich.[102] Die Stimmung war zudem aufgeheizt durch Propagandakampagnen der DDR gegen bundesdeutsche Politiker. Der Bundesminister für Vertriebene, Flüchtlinge und Kriegsgeschädigte, Theodor Oberländer, einst überzeugter Nationalsozialist, war dort 1960 in Abwesenheit zu lebenslanger Zuchthausstrafe verurteilt worden; dem Staatssekretär im Bundeskanzleramt, Hans Globke, widerfuhr gleiches 1963. Anschließend verstärkte sich auch die ostdeutsche Rufmordkampagne gegen Bundespräsident Heinrich Lübke. Im September 1964 beschloß die Volkskammer die »Nichtverjährung von Kriegsverbrechen«, und Anfang Juni 1965 erschien in der DDR ein neues »Braun-Buch« über angeblich politisch belastete Persönlichkeiten in der Bundesrepublik.[103] Einer Bitte der Bundesregierung, vorhandene Unterlagen über die Verbrechen zur Zeit des Dritten Reiches zugänglich zu machen, verschlossen sich die Ostblockstaaten. So konnte die DDR immer dann, wenn es ihr politisch opportun schien, Kampagnen gegen Bonn lostreten und häppchenweise mit »neuen Dokumenten« aufwarten. Angesichts eines solchen Klimas waren die Bundestagsdebatten, die 1965 mit einer Verschiebung der Verjährungsfrist für Mord um vier Jahre endeten – da die Strafverfolgung von 1945 bis 1949 behindert gewesen sei – parlamentarische Sternstunden. Insbesondere Ernst Benda von der CDU und Adolf Arndt von der SPD stachen mit brillanten Beiträgen hervor und bewirkten einen Stimmungsumschwung im Plenum. Der Rechtsstaat von heute müsse auch die Gerechtigkeit anstreben, so Benda, und das Rechtsgefühl eines Volkes würde in unerträglicher Weise korrumpiert werden, »wenn Morde ungesühnt bleiben müßten, obwohl sie gesühnt werden könnten«. Gegenüber Einwänden, die »Ehre der Nation« erfordere es, endlich einen Schlußstrich unter die Vergangenheit zu ziehen, konterte Benda: »Es gehört für mich zum Begriff der Ehre der Nation, zu sagen, daß dieses deutsche Volk doch kein Volk von Mördern ist und … von diesen Mördern befreit wird.«[104]

Die glaubwürdig und ernsthaft geführten Debatten strahlten weit in die Öffentlichkeit aus, sie verstärkten eine Bewußtwerdung der NS-Verbrechen. Wichtig war vor allem, daß der landläufige Opferdiskurs – Deutsche als Opfer Hitlers und des »alliierten Unrechts« nach 1945 – sich in einen Täterdiskurs verwandelte: Deutsche waren Täter und nicht bloß Opfer. Mit den großen Prozessen und den Verjährungsdebatten wurde der Diskurs über den Nationalsozialismus und seine Verbrechen vorangetrieben. Dies hat, wie Werner Bergmann in seiner Untersuchung zeigen konnte, zu Lernprozessen und einem Einstellungswandel in der Bevölkerung beigetragen.[105] Diese über die gesamten 60er Jahre währenden Debatten verzahnten sich mit zwei weiteren Schlüsseldebatten, in denen es, zumindest mittelbar, ebenfalls um die NS-Vergangenheit ging und die den eintretenden Wendepunkt in der Erinnerung erst ganz verständlich machen. Es handelt sich um die »Jaspers-« und die »Fischer-Kontroverse«.

Anlaß, Verlauf und vorläufiger Ausgang der Jaspers-Kontroverse, die genau ein Jahr vor dem Bau der Berliner Mauer, im Sommer 1960 ausgetragen wurde, waren sehr bezeichnend für das zeitgenössische politische Klima. Karl Jaspers brach das stärkste Tabu in der Bundesrepublik, indem er in einem langen Interview im Deutschen Fernsehen den Primat der Freiheit vor der Wiedervereinigung postulierte und die Forderung nach einer Wiedervereinigung Deutschlands als »politisch und philosophisch irreal bezeichnete«.[106] Es habe »keinen Sinn mehr, deutsche Einheit zu propagieren, sondern es hat nur einen Sinn, daß man für unsere Landsleute wünscht, sie sollen frei sein«. Der Bismarck-Staat sei unwiederbringlich vorüber. »Nur die Freiheit – darauf kommt es an. Wiedervereinigung ist demgegenüber gleichgültig.« Was im 19. Jahrhundert sinnvoll gewesen sei, die nationale Einheit, habe das Dritte Reich für immer und ewig verspielt. Die Deutschen müßten sich dieser Einsicht, daß ihr Anspruch auf nationale Einheit durch Hitler verwirkt worden sei, endlich stellen. Die Bundesrepublik sei längst kein Provisorium mehr, aber sie halte an einem illusionären Deutschlandgedanken fest.

Das Interview schlug in der Bundesrepublik ein wie eine Bombe: Überall, vom politisch rechten bis zum linken Lager, in der Öffentlichkeit, Publizistik wie in der Wissenschaft, stieß Jaspers mit seinen Aussagen auf vehemente Ablehnung. Der Philosoph wurde sogar des nationalen Verrats bezichtigt. Doch der Vorwurf, seine Absage an die Wiedervereinigung bedeute, den 17 Mio. Ostdeutschen die Rechnung für Hitler zu präsentieren und sie ihrem Schicksal zu überlassen, entbehrte jeder Grundlage. Natürlich war es für Jaspers ein schuldloses Geschick, daß die Ostdeutschen unterdrückt wurden; und ebensowenig war es ein eigenes Verdienst der Westdeutschen, sondern eine Gnade der Sieger, daß sie glücklicherweise in Freiheit leben konnten. Jaspers' Hypothese eines freien deutschen Staates im Osten lief auf eine Art Österreich-Lösung hinaus. Es war jedoch der provokante moralisch-ethische Zug, den Jaspers in die Debatte einführte, mit dem er so großen Anstoß erregte. Indem er die Deutschen selbst für die Teilung ihres Landes verantwortlich machte, diese sogar als gerechte Strafe für die Herbeiführung der Weltkatastrophe bezeichnete und somit letztlich nichts anderes formulierte, als daß der deutsche Nationalstaat nicht durch irgendeine Unbill der Umwelt, sondern einzig und allein an der Hybris der Deutschen gescheitert war, zog er allgemeine Entrüstung auf sich. Wer jedes Recht vernichtet hatte, dem stand es Jaspers zufolge überhaupt nicht zu, aus der Vergangenheit noch irgendwelche Rechtsansprüche abzuleiten. Diese apodiktische Argumentation war zweifellos eine Neuauflage von Geschichtsmetaphysik. Wenn durch den Nationalsozialismus die deutsche Einheit nicht nur politisch, sondern auch moralisch verspielt worden war, durfte dann nicht einmal mehr einer neuen, einer jungen Generation die Wiedervereinigung ein Anliegen sein? Wie niemals zuvor seit der Entstehung der Bundesrepublik stand der Nationalstaat der Deutschen von 1871 bis 1945 in der Schußlinie der Kritik. Doch erst die historiographische Fischer-Kontroverse, die 1961 begann und sich bis zum XIII. Internationalen Historikerkongreß 1965 in Wien zuspitzte, gab den philosophischen Höhenflügen die wissenschaftliche, die empirische Substanz.

Die Fischer-Kontroverse um die Ursachen des Ausbruchs des Ersten Weltkriegs ist zweifellos *die* zentrale historiographische Kontroverse in der Bundesrepublik gewesen.[107] Fritz Fischers These einer aktiven, von einer Interessenkontinuität konservativer Gesellschaftsschichten getragenen Hegemonialpolitik vor und nach dem Ersten Weltkrieg brach in radikaler Weise mit dem bisher bestehenden Geschichtskonsens, der den deutschen Selbstbehauptungscharakter der Politik 1914/18 betont hatte und damit einen dicken Trennungsstrich zwischen dem »guten« Kaiserreich und dem »schlechten« Dritten Reich ziehen konnte. In der Fischer-Kontroverse kündigten jüngere Historiker, die den Deutungen des Hamburger Ordinarius folgten, den bis dahin verbindlichen nationalen Konsens auf; die enge Verbindung von Geschichtswissenschaft und deutschem Nationalstaat als unverbrüchlicher Bezugsgröße in der Bundesrepublik begann zu zerbrechen. Die Kontroverse barg zugleich ganz erhebliche politische Implikationen: Sie war der Türöffner für ein Überdenken der deutschen Frage, für eine »Bundesrepublikanisierung« des Geschichtsbildes von linksliberaler Seite.

Nach 1945 kam der Unschulds-These bzw. der »Schlitter-These«, wonach alle Mächte durch eine verhängnisvolle Verkettung in den Ersten Weltkrieg hineingeschlittert seien, eine ganz besondere Bedeutung zu, war sie doch geeignet, den in der alliierten Öffentlichkeit weit verbreiteten Vorwurf zu entkräften, die preußisch-deutsche Geschichte habe sich von Beginn an durch einen extremen Nationalismus und einen übersteigerten Militarismus ausgezeichnet. Die Unschulds-These war deshalb der Dreh- und Angelpunkt der nationalapologetischen Diskontinuitätskonstruktion vom Kaiserreich zum Dritten Reich. Das Bewußtsein von der relativen oder gar absoluten Unschuld Deutschlands am Ersten Weltkrieg spielte im westdeutschen Nationalbewußtsein eine zentrale Rolle, die dadurch noch verstärkt wurde, daß es an der Kriegsursache des Zweiten Weltkriegs nichts zu deuten gab. Daß beide Katastrophen des 20. Jahrhunderts Glieder ein und derselben Kette von Fehlentwicklungen der deutschen Geschichte darstellen könnten, schien im Westen Deutschlands aus geschichtspolitischen Motiven heraus undenkbar: Eine solche Interpretation würde, so das Argument, in die Hände der DDR-Geschichtswissenschaft arbeiten.

Die Fischer-Kontroverse zeigte eines mit aller Deutlichkeit: Obwohl sich die meisten deutschen Historiker seit Ranke auf das Objektivitätsideal berufen hatten, stellte sich jetzt heraus, wie einseitig ihre Interpretationen waren und daß unangenehme

Quellen – wie das September-Memorandum am Vorabend des Weltkriegs – von Fischers Widersachern jahrelang »übersehen« worden waren, ja, daß sie ihre Interpretationen in den Dienst einer politisch als notwendig erscheinenden Konstruktion der Vergangenheit stellten und somit hinsichtlich der Ursachen des Ersten Weltkriegs einen veritablen Unschuldskomplex kultivierten, der die westdeutsche Gesellschaft in den 50er Jahren und, nur gelinde abgeschwächt, noch weit in die 60er Jahre hinein prägte. Nun aber stand mit einem Male das gesamte Kaiserreich auf dem Prüfstand, ferner der Versailler Vertrag und die deutsche Revisionismus-Kampagne nach 1919, der Aufstieg Hitlers und die Kriegspolitik des Dritten Reiches, insbesondere gegen die Sowjetunion, weiterhin die Frage nach dem Stellenwert von 1945 und die Frage nach den Folgen der Fortexistenz eines national-konservativen Geschichtsbildes für die intellektuelle Atmosphäre sowie die politische Kultur und die Mentalitäten in der Bundesrepublik.

Überall tauchten im Verlauf der 60er Jahre neue Einschätzungen zum Geschichtsbild und zur deutschen Frage auf, Ralf Dahrendorfs fulminantes Buch *Gesellschaft und Demokratie in Deutschland* ist in einem anderen Zusammenhang bereits erwähnt worden. Dies waren Indikatoren für Wandlungsprozesse des historisch-politischen Denkens; im Generationswechsel brachen neue Denkstile durch. Auch der eher konservative Politologe und Zeithistoriker Waldemar Besson zog 1963, zehn Jahre nach dem Volksaufstand vom 17. Juni in der DDR, eine vielbeachtete politische Bilanz, die sich wie eine Neuauflage der Jaspers-Thesen von 1960 las, nun aber, zwei Jahre nach der veränderten Situation durch den Mauerbau, keine Entrüstungsstürme mehr auslöste, sondern einer immer weiter verbreiteten Stimmungslage entsprach. Der 17. Juni führe, so Besson, den Deutschen die schmerzlichen Brüche und Geschichtskatastrophen vor Augen, und man könne der bohrenden Frage nicht mehr ausweichen, warum das Reich Bismarcks zugrunde ging: »Der 17. Juni wäre der gegebene Anlaß zu bedenken, wie die Führung der eigenen Nation das nationale Erbe verschleuderte und die deutsche Einheit fahrlässig, wenn nicht verbrecherisch aufs Spiel setzte ... Nur ein Narr kann glauben, daß wir nach den ungeheuerlichen Geschehnissen des Zweiten Weltkrieges je wieder dorthin zurück könnten, von wo wir ausgegangen sind.« Besson zweifelte nicht daran, daß die Deutschen aufgrund der gemeinsamen Vergangenheit eine Nation waren – »aber kein Naturgesetz proklamiert, daß Nationen in einem Staate leben müssen«.[108]

Im Zuge der Fischer-Kontroverse kam es, so läßt sich bilanzieren, zu einer Formverwandlung des historisch-politischen Denkens in Westdeutschland, die bald in breite Öffentlichkeitsschichten vordrang und auch das politische Klima ganz nachhaltig veränderte. Aus der Vergangenheitsdeutung entstand ein neues Gegenwartsverständnis, ein spezifisches bundesrepublikanisches Geschichtsbild. Eine jüngere Generation von Sonderwegshistorikern, die sozial- und strukturgeschichtliche Trends aufnahmen und ihnen in Deutschland zum Durchbruch verhalfen, verband Modernisierungstheorien und dezidierte Westorientierung mit einer Kritik an den bisherigen restaurativen Zügen der bundesdeutschen Gesellschaft, die es abzubauen gelte, und ließ dennoch Raum für eine positive Identifikation mit dem neuen Gemeinwesen. Der Blick auf die eigene nationale Geschichte schwächte sich nicht ab, im Gegenteil, sie wurde jetzt als die nationale Fallgeschichte eines verhängnisvollen Sonderwegs seit spätestens der Mitte des 19. Jahrhunderts beschrieben – auf dem atavistische Eliten dominierten, Deutschland von einer exzeptionellen Aggressivität gekennzeichnet war und die Ungleichzeitigkeit von wirtschaftlicher und politischer Modernisierung eines der Grundübel darstellte.[109] Die Pointe bestand darin, daß dieser nationale Sonderweg 1945 an sein Ende gelangt sei – in der Bundesrepublik jedenfalls, wobei es von heute aus betrachtet verblüfft, wie unbefangen bundesdeutsche Geschichte mit deutscher Geschichte gleichgesetzt wurde. Die Sonderwegsthese war so gesehen auch die Erzählung einer großen Läuterung der (West-)Deutschen: Die Geschichte sollte zeigen, was die gegenwärtigen Deutschen nicht mehr sind. Die Spaltung der Nation galt vielen »hegelianisch Denkenden« als die unaufhebbare Logik der Geschichte. Im Interpretament vom deutschen Sonderweg dokumentierte sich der Wandel gesellschaftlicher und politischer Orientierungsmuster seit der Mitte der 60er Jahre – eine Abkehr von nationalkulturellen Traditionen und eine Hinwendung zu verfassungspolitischen Konzepten, die in den 70er Jahren noch deutlicher hervortreten sollten. Diese Transformation der bundesdeutschen Geschichtswissenschaft, die niemals unumstritten und immer umkämpft war, stand in direktem Zusammenhang mit dem Westernisierungsprozeß, dessen Bestandteil sie ist.[110] Die Verwestlichung der historischen Wissenschaft wurde durch zahlreiche Austauschprogramme, vor allem des Deutschen Akademischen Austauschdienstes (DAAD), aber auch durch Initiativen von Stiftungen institutionell untermauert; die Konsequenz war eine erfolgreiche Einbindung der bundesdeutschen Geschichtsforschung in die westliche Welt, und eine bewußte Distanzierung und nationale Selbstisolierung, wie sie die deutsche Historikerzunft in den 20er Jahren gekennzeichnet hatte, war endgültig vorüber.[111]

Diese Entwicklung korrespondierte mit einer weiteren. Das historische Bezugssystem und das politische Bewußtsein der Bundesbürger wurden seit Mitte der 60er Jahre doppelbödig, und es formte sich ein Hintergrund aus, den Karl Dietrich Bracher so treffend als »doppelte Zeitgeschichte« bezeichnet hat:[112] Nicht mehr nur der Nationalsozialismus lastete auf den Westdeutschen, sondern die Erfolgsgeschichte der Bundesrepublik gewann zunehmend an Eigengewicht und bestimmte – das macht das gesamte verfügbare demoskopische Material deutlich – immer mehr den Wahrnehmungs- und Bewußtseinshorizont der Bürger. Die deutsche Zweistaatlichkeit, die

»Wunde der Teilung«, war kein wesentlicher Störfaktor mehr für die Lebenszufrieden-heit im Westen. Wandlungen in der Sozialkultur und Geschichtsbild-Revisionen wirk-ten, sich wechselseitig verstärkend, aufeinander ein. Beides überschnitt sich schließlich mit politischen Veränderungen. Es waren namentlich die »Wiedervereinigungspoliti-ker« der 50er Jahre, die seit dem ersten Drittel, mehr noch seit der Mitte der 60er Jahre eine Hinnahme der Zweistaatlichkeit politisch für notwendig erachteten und eine zu-mindest faktische Anerkennung der DDR forderten, um, angesichts des Scheiterns der bisherigen Deutschlandpolitik, endlich zu menschlichen Erleichterungen für die Ost-deutschen zu gelangen. Vor allem die politische Generation, die unter Hitler und im Exil prägende Erfahrungen hatte sammeln müssen, trat mit neuen Positionen an die Öffentlichkeit. Sie hatte die in die Katastrophe führende Geschichte des Deutschen Reiches verinnerlicht, welches sie nur in der pervertierten Entgrenzung Hitlerscher Weltmachtpläne kannte. Bei ihr setzte sich jetzt die Erkenntnis durch, daß bisher zu-viel vom deutschen Recht und zu wenig vom deutschen Versagen gesprochen worden war; anders gesagt: daß das Deutsche Reich an deutscher Schuld zerbrochen und nur noch ein juristischer Begriff desselben übriggeblieben war. Die Überwindung der deutschen Teilung konnte nicht mehr allein aus dem Rückblick auf die erfolgte Spal-tung und mit einem historischen Anspruch, der dem 19. Jahrhundert entlehnt war, begründet werden. Man mußte jetzt ein Bild von der Zukunft der deutschen Frage im Blick haben, das auf anderen historischen Bezugspunkten basierte und das auch die Wurzeln des Unheils freilegte, das 1933 und vielleicht sogar noch früher, jedenfalls nicht erst – wie man lange meinte – 1945 begonnen hatte.

Ursprünge und Grundlagen des Ausgleichs mit dem Osten

Auf Konrad Adenauers gelungene Versöhnung mit dem Westen folgte in der Ära von Willy Brandt und Walter Scheel der Ausgleich mit dem Osten. Er war kein Ersatz, vielmehr notwendige Ergänzung der Westbindung; mit beidem gewann Bonn an Gewicht und Einfluß und erst mit Westintegration und Neuer Ostpolitik zusammen war die Staatsräson der Bundesrepublik komplett. Die deutsche Frage war damit in Entspannungsfragen allgemeiner Art eingebunden, sie wurde europäisiert. Das Etikett deutsche »Ostpolitik« war allerdings vorbelastet, und vor allem im westlichen Ausland ist der Begriff dementsprechend mißtrauisch betrachtet worden: Wer nicht gerade an Hitlers Sprachgebrauch dachte, fühlte sich beim Stichwort »Ostpolitik« an »Rapallo«, an den Vertrag zwischen Deutschland und Sowjetrußland des Jahres 1922, erinnert, an Revisionsbestrebungen während der Weimarer Republik, an antiwestliche Ausrichtung und »Schaukelpolitik«. Damit hatte die sozialliberale Politik, den Argwöhnern zum Trotz, nichts gemein, weshalb man gut daran tut, von »Neuer Ostpolitik« zu sprechen.[1]

Die Geburt der Gedanken der »Neuen Ostpolitik« liegt in der Zeit nach dem Bau der Berliner Mauer. Sie fügte sich, besonders auf sozialdemokratischer Seite, in den internationalen Trend zur Détente ein, namentlich in die Entspannungsüberlegungen des amerikanischen Präsidenten, die als Kennedy-Impuls bezeichnet werden. Sie basierte darauf, daß sich zwischen Sozialdemokraten und Liberalen ein Konsens in der Außen- und Deutschlandpolitik herausbildete. Daß sie schließlich mehrheitsfähig wurde und von den Gedanken in die Tat umgesetzt werden konnte, lag an den »Umschichtungen der politischen Mitte«.[2] In einem Artikel des liberalen Vordenkers Wolfgang Schollwer kam 25 Jahre nach dem deutschen Überfall auf die Sowjetunion der Klimawandel in der Bundesrepublik zum Ausdruck: »Der Angriff am Morgen des 21. Juni 1941 hat nicht nur die deutsch-sowjetischen Beziehungen auf Jahrzehnte hinaus aufs schwerste belastet. Hitler provozierte mit seinem Krieg gegen die Sowjetunion zugleich unbewußt den Vormarsch der sowjetischen Armeen bis an die Elbe. Er wurde zum eigentlichen Verantwortlichen für die Sowjetisierung ganz Ost- und auch Südosteuropas. Das nationalsozialistische Deutschland schuf damit auch die Grundlagen für die Teilung, die Zerstückelung des ehemaligen Deutschen Reiches. Hitler war also nicht nur der Todfeind der Völker der Sowjetunion, sondern auch der Zerstörer der europäischen Ordnung und der Totengräber der deutschen Einheit.«[3] Mußte man nicht, so legte es Schollwer nahe, alte Feindbilder aufbrechen, auch ein gewisses Verständnis dafür aufbringen, wie sehr die Geschichte auf der Sowjetunion lastete? Und weitergehend: Warum sollte der Kreml in Europa nicht entspannungsbereit sein? Mußte er es nicht sogar sein, weil es für die sowjetische Ökonomie lebenswichtig war und weil der an Schärfe gewinnende Konflikt mit China es erforderte?

Über den Zwangscharakter der Ulbricht-Diktatur in der DDR konnte es auf bundesdeutscher Seite keinerlei Zweifel geben. Aber durften die Deutschen in der DDR dafür bestraft werden, daß sie in einem verhaßten Regime leben mußten? »Die Mauer durchlässig machen«, lautete eines der zentralen Schlagworte der Neuen Ostpolitik. Nötig und praktikabel schien den Sozialdemokraten eine »Politik der kleinen Schritte«: Nur durch direkte Gespräche und zähe Verhandlungen mit dem DDR-Regime, nicht aber durch seine rituelle Verdammung, die kostenlos zu haben war, aber den Menschen nichts brachte, konnten menschliche Erleichterungen für Ostdeutsche erreicht werden. Ein Zusammenhalt der deutschen Nation – und das hieß: der Menschen – war nicht durch große Worte, sondern nur durch kleine Schritte möglich. Diese Politik der kleinen Schritte begann dort, wo die Wunde der Spaltung der Nation besonders schmerzte: in Berlin. Unter dem Regierenden Bürgermeister Willy Brandt war die geteilte Stadt eine Art Versuchsfeld für die spätere Neue Ostpolitik, hier gab es die ersten operativen Umsetzungen. Mit den Passierscheinabkommen zwischen 1963 und 1966 konnte vom Westen aus die Mauer erstmals überwunden werden, Besuchsmöglichkeiten wurden verbessert, zu Weihnachten 1963 konnten 1,2 Mio. West-Berliner Verwandte im Ostteil der Stadt besuchen; ab November 1964 durften Rentner aus der DDR in den Westen reisen. Später schränkte die DDR den Besucherverkehr immer wieder durch eine Erhöhung der Mindestumtauschpflicht von D-Mark in DDR-Mark ein, und auf die Mauer aus Stein folgte so die Mauer des Zwangsumtauschs.

Im Jahr 1964 reisten drei Redakteure der Wochenzeitung *Die Zeit*, Marion Gräfin Dönhoff, Rudolf Walter Leonhardt und Theo Sommer, 14 Tage lang durch den kommunistisch regierten Teil Deutschlands. Sie führten zahlreiche Gespräche mit Parteifunktionären und Arbeitern, mit Studenten, Ingenieuren, Künstlern und Wissenschaftlern, besuchten Wohnungen, Werkstätten, Hörsäle und Theater, blickten, soweit es ihnen möglich war, hinter die Kulissen des zweiten deutschen Staates. Diese *Reise in ein fernes Land*, wie die *Zeit*-Serie und das anschließend erschienene Buch hießen, erregte im Westen viel Aufsehen. »Fern« war die DDR im Bewußtsein der Bundesbürger tatsächlich, man wußte nicht viel über die Lebensbedingungen der Ostdeutschen. Viele Bundesbürger kannten London oder Paris, die Adria oder die Costa Brava, hatten aber Dresden oder Rostock, die mecklenburgischen Seen oder den Thüringer Wald nie gesehen, denn der Eiserne Vorhang bildete eine dichte Grenze. Und was die Fragen anbelangte, in welchem Maße sich die Menschen mit dem SED-System identifizierten und welche Einstellungen sie zur DDR als Staat hatten, wie sie den Westen sahen, so blieb man auf Mutmaßungen angewiesen. In seinem Teil der *Reise in ein fernes Land* hatte Theo Sommer die DDR-Wirklichkeit in folgenden Worten eingefangen: »Die Mauer als Beruhigungsfaktor – es ist eine paradoxe Vorstellung, aber sie erklärt manches: den ökonomischen Aufschwung, eine gewisse Nonchalance, die das Regime heute an den Tag legt, weil sein Sicherheitsgefühl gewachsen ist, und jene Erscheinung, die im Parteijargon ›Festigung des Staatsbewußtseins‹ heißt. In der Tat ist in der DDR ein solches Staatsbewußtsein im Entstehen. Viele meiner Gesprächspartner, auch Kritiker des Regimes, sprachen wie selbstverständlich von ihrer ›Republik‹ … Psychologisch ist das durchaus erklärlich. Die Mehrzahl der Menschen verharrt nun einmal nicht auf unbestimmte Zeit in Trotzpose und Widerstandshaltung; sie arrangiert sich mit der Umwelt, wenn diese Umwelt unabänderlich zu sein scheint. Die Menschen in der DDR mögen auch nicht die Leistungen, die sie trotz aller äußeren und inneren Schwierigkeiten im Laufe der Zeit vollbracht haben, verlachen oder verspotten; schließlich sind es ihre eigenen Leistungen. Aus dem Schöpferstolz wird so eine gewisse Identifizierung, aus der Identifizierung am Ende das Sich-Abfinden. Nicht, daß dies Sich-Abfinden sie zu Kommunisten machte – das sind sie nicht und werden sie nicht. Aber ihre gesonderte Existenz hat über die Jahre hinweg doch dazu geführt, daß viele auch dem westlichen System distanziert gegenüberstehen. Sie beneiden den Westen in vielem, aber sie wünschen ihn nicht in allem nachzuahmen.«[4]

Dies war eine für die damalige Zeit sehr subtile Einschätzung. Sie ist mittlerweile durch demoskopisches Datenmaterial zu den Trends in den Einstellungen, Meinungen und Verhaltensweisen der DDR-Bevölkerung im wesentlichen bestätigt worden. Die Mehrheit der DDR-Bürger blieb demnach auf die Bundesrepublik hin fixiert, hielt über die Jahrzehnte hinweg am Wunsch einer Wiedervereinigung fest, aber der Glaube an eine Realisierung der Einheit war, wie im Westen, im Laufe der Jahre stark geschwunden. Die denkbaren Alternativen und Wunschvorstellungen bildeten die eine Seite, die Realitäten die andere, und sie prägten den Alltag der DDR-Bürger. Mit fortdauernder Existenz der DDR, und verstärkt durch die hermetische Abriegelung infolge der Mauer, wuchs das Gefühl, daß es sich bei der DDR und der Bundesrepublik um zwei getrennte Staaten eines Volkes handelte. Man akzeptierte das System nicht unbedingt, aber paßte sich an die als unveränderlich empfundenen Realitäten an. Für den späteren Erfolg der Neuen Ostpolitik wurde es wichtig, daß die Westdeutschen die DDR »entdeckten«, daß man sie nicht mehr nur als »Zone« wahrnahm,[5] sondern als Industriegesellschaft, in der Landsleute lebten, Menschen mit all ihren Stärken und Schwächen.

Seit Mitte der 60er Jahre gab es eine rege politische und publizistische Debatte über neue Ansätze der Deutschlandpolitik. Besonders bezeichnend war, daß auch das »Kuratorium Unteilbares Deutschland« dem Zug der Zeit folgte. Auf der Jahrestagung, die Mitte Dezember 1965 wie immer in Berlin stattfand, pochte Geschäftsführer Wilhelm Wolfgang Schütz auf eine »Wende« in der Arbeit des Kuratoriums. »Heraus aus den Schützengräben der Erstarrung« rief er den 2000 Delegierten zu. Er verlangte von ihnen eine »geistige Revolution«.[6] In seinen zahlreichen Veröffentlichungen und Denkschriften – vor allem in dem Buch *Reform der Deutschlandpolitik* aus dem Jahr 1963 – hatte Schütz in periodischen, stets kürzer werdenden Abständen dargelegt, was er mit seinen Aufforderungen meinte, und damit bei vielen alten »Kuratorianern« Anstoß erregt. Er machte sich dabei immer stärker zum Anwalt einer Neuen Ostpolitik und bestand 1967 auf einer grundsätzlichen Schwerpunktverlagerung der KUD-Aktivitäten: Massenmobilisierungen und nationale Symbolik müßten der Vergangenheit angehören, statt dessen sollte das KUD verstärkt im nichtöffentlichen Bereich wirken und sich zu einer Art ostpolitischem »brain-trust« entwickeln. Zugespitzt gesagt: Aus einem gesamtdeutschen Veteranenverein sollte jetzt ein avantgardistischer Debattierclub werden. Der interne Streit eskalierte mit dem Regierungsantritt der sozialliberalen Koalition 1969, und die Organisation wäre an inneren Differenzen fast zerbrochen. Schütz blieb zwar formal noch bis 1972 Geschäftsführer, war aber »entmachtet« und das KUD intern einem »Rechtsruck« unterworfen worden. Nach seinem Ausscheiden mußte sich Schütz nicht allein vom *Bayernkurier* unterstellen lassen, daß er seit langem das Kuratorium »als Propaganda-Podium für neutralistische Konvergenzpolitik« mißbraucht habe – ein deutliches Zeichen, wie dramatisch sich die Kontroverse um die Neue Ostpolitik zugespitzt hatte.[7]

Begünstigt hat den Kurswechsel in der Deutschlandpolitik auch die gleichzeitige Veränderung in der öffentlichen Meinung: Die Neue Ostpolitik mußte nicht gegen den Strom der Zeit durchgefochten werden. Es hatte viel mit der Lebenswirklichkeit und den Alltagserfahrungen der Bundesbürger in den 60er Jahren zu tun, daß der verlorene Nationalstaat aus dem Zentrum des gesellschaftlichen Bewußtseins verschwand und sich die öffentliche Meinung wandelte. Das Institut für angewandte Sozialwissenschaft (infas) hat zwischen 1964 und 1967 mehrmals jährlich Befragungen über Verhaltensweisen zur deutschen Frage vorgenommen. Diese »Gesamtdeutschen Barometer« beschäftigten sich damit, ob die deutsche Teilung noch ein aktuelles Problem für die Bevölkerung der Bundesrepublik war. Die Frage lautete, ob man sich an die Teilung »gewöhnt« habe oder ob sie weiterhin »unerträglich« sei. Die Veränderungen im Untersuchungszeitraum waren markant: Im Herbst 1964 hatten 42 % der Befragten geantwortet, man habe sich an die Teilung Deutschlands »gewöhnt«; dieser Anteil stieg über die sechs folgenden Umfragen hinweg ständig an und betrug im Dezember

1967 61 Prozent. Die faktische Teilung Deutschlands wurde also auch innerlich von immer mehr Menschen als solche vollzogen. Die Wiedervereinigung befand sich außerhalb des persönlichen Erwartungshorizonts. Dabei gab es auffallende Generationsunterschiede. Die mittleren Jahrgänge (35–49 Jahre) wiesen mit Blick auf eine »Gewöhnung« an die deutsche Teilung durchweg durchschnittliche Ergebnisse auf. Während das Barometer, das die »Unerträglichkeit« der Teilung anzeigte, bei den Älteren (50–64 Jahre) in die Höhe schnellte, hatten sich fast drei Viertel der jüngsten Befragten (18–34 Jahre) an die Teilung gewöhnt; nur 17% empfanden sie noch als unerträglich. Die junge Generation, so ließ sich überdies aus den Werten zur »Anerkennung« der DDR schließen, orientierte sich an der Idee einer gleichberechtigten Koexistenz zwischen beiden deutschen Staaten. Sämtliche Umfragen zum Staats- und Nationalbewußtsein der Bundesdeutschen signalisierten darüber hinaus eine zunehmende Systemakzeptanz und Demokratiezufriedenheit; das Legitimitätseinverständnis stieg kontinuierlich an. Von Beginn der 60er Jahre an waren die Westdeutschen der Meinung, es gehe Deutschland heute besser als jemals zuvor in der Geschichte. Auffallend war, daß »Deutschland« als Begriff für den Westteil vereinnahmt wurde.[8] Einerseits kann dies als populärer Ausfluß des bis 1968 regierungsamtlich verfolgten Alleinvertretungsanspruchs gedeutet werden; andererseits kam darin aber auch eine zunehmende gefühlsmäßige Distanz zur DDR zum Ausdruck. Unverkennbar befand sich die Bundesrepublik auf dem Weg zur Selbstanerkennung als Staatsnation und verlor im Bewußtsein der Bürger den Provisoriumscharakter.

Der Machtwechsel nach den Bundestagswahlen vom 28. September 1969 gründete sich auf den außen- und deutschlandpolitischen Übereinstimmungen zwischen der SPD und der FDP; die Koalition ist hauptsächlich um der Deutschland- und Ostpolitik willen geschlossen worden. Der ein halbes Jahr zuvor stattfindenden Wahl zum Bundespräsidenten kam dabei »seismographischer Charakter«[9] zu, sie offenbarte nämlich das politische Gefüge und die Machtverteilung zwischen den Parteien, insbesondere aber die sich verbreitende Aufbruchstimmung. Ursprünglich wären die Präsidenten- und die Bundestagswahl zeitlich fast zusammengefallen, wenn nicht Bundespräsident Heinrich Lübke sein Amt vorzeitig aufgegeben hätte. Genauer gesagt: Diese zeitliche Koinzidenz diente seinen Parteifreunden dazu, ihn zum Rücktritt zu bewegen. Über Lübkes letzten Amtsjahren lag ein »Hauch von Tragik«,[10] er litt unter altersbedingten Ausfallerscheinungen, und infolge seiner Gedächtnisschwächen kam es immer häufiger zu peinlichen Versprechern und zu völlig mißglückten öffentlichen Auftritten. Weite Teile der Presse verloren bald jegliche Hemmungen und gaben den Präsidenten der Lächerlichkeit preis. Seine Autorität war untergraben, und als alle sahen, daß es so nicht mehr weiterging und auch Lübke als Mensch geschützt werden mußte, rang Bundeskanzler Kiesinger dem Staatsoberhaupt im August endlich das

Versprechen ab, daß die neue Wahl bereits im Frühjahr 1969 stattfinden solle und daß Lübke vier Wochen später zurücktreten werde.

Mitte Juni 1967 bereits hatte Willy Brandt in einem *Spiegel*-Interview gesagt, er halte es für »staatspolitisch richtig, wenn nach einem Freidemokraten und einem Christdemokraten ein Sozialdemokrat der nächste Bundespräsident würde«.[11] Doch konnte die SPD dabei auf die Unterstützung der Union rechnen? In der Bundesversammlung verfügte die Union zu diesem Zeitpunkt über 479 Stimmen, die SPD über 453, die FPD kam auf 97 und die NPD auf 17. Daß die Neonazis nicht »Königsmacher« sein durften, galt fraglos für alle Demokraten. Mehrere Kandidatennamen kursierten bei den Sozialdemokraten, darunter, neben dem hessischen Ministerpräsidenten Georg August Zinn und, wiederum, Carlo Schmid, auch Georg Leber.[12] Vieles sprach für ihn, auch in christdemokratischen Augen: Er stand als Gewerkschafter für die Integration der Arbeiter in die Bundesrepublik, er war ein von Wehner protegierter Mann der Großen Koalition, war umgänglich, praktizierender Christ und Mitglied im Zentralkomitee der Katholiken. So aufgeschlossen sich die Union zunächst gab, so unzugänglich war sie dann nach einigen Landtagswahlen in den Jahren 1967/68, in denen die SPD gewaltige Stimmeneinbußen hinnehmen mußte und viel stärker als die CDU von ihrer Wählerklientel für die Große Koalition »abgestraft« wurde; nur die Sozialdemokraten, nicht die Konservativen, fielen offenbar der gesellschaftlichen Gärung zum Opfer. Aus den für sie noch günstigeren Kräfteverhältnissen in der Bundesversammlung zog die Union neues Selbstbewußtsein. Alleine konnte sie die Wahl natürlich nicht bewältigen, man benötigte nach wie vor Stimmen aus dem liberalen Lager. Zerstritten wie dieses sei, so das Kalkül vieler Politiker der Union, sei es ein leichtes, die Partei zu spalten und die nötigen Stimmen auf den Unionskandidaten zu vereinen. Walter Hallstein wurde in diesem Zusammenhang genannt, auch Ludwig Erhard, der Liebling der FDP, dann wieder Eugen Gerstenmaier, um den sich allerdings ein politischer Skandal zu ranken begann,[13] schließlich Richard von Weizsäcker und der amtierende Verteidigungsminister Gerhard Schröder. Aussichten auf Erfolg hatten nur die letzten beiden. Weizsäcker verfügte über Sympathien auch bei den Liberalen, Kiesinger favorisierte ihn ebenfalls, aber es gelang ihm nicht, die Mehrheit im eigens dafür gebildeten Parteigremium hinter sich zu bringen. In einer parteiinternen Kampfabstimmung siegte Schröder weit überlegen vor Weizsäcker.[14] Für den Teil der FDP, der die politische und gesellschaftliche Erneuerung auf seine Fahnen geschrieben hatte, war Schröder der falsche Mann. Was hatte er der rebellierenden Jugend zu sagen? Vor allem aber gehörte er zu jenen Politikern in der CDU, die ein Mehrheitswahlrecht befürworteten und aktiv planten. »Nur die allerdümmsten Kälber wählen ihre Schlächter selber«, bemerkte Hans-Dietrich Genscher gegenüber dem Verteidigungsminister. Im Endeffekt, so Genscher Jahre später, wurden die Befürworter des Mehrheitswahlrechts in der Union zu »Geburtshelfern der neuen (sozialliberalen) Mehrheit«.[15]

Ein Pakt der SPD mit der CDU/CSU bei der Bundespräsidentenwahl schied aus und damit auch der Kandidat Leber. »Die Konstellation«, so Willy Brandt, »sprach für Heinemann«.[16] Der 1899 geborene Justizminister der Großen Koalition war in der SPD mittlerweile ebenso beliebt, wie er in der Union seit jeher verhaßt war. Für Adenauers Partei war Heinemann, der wegen der Deutschlandpolitik mit der CDU und dem Gründungskanzler gebrochen hatte, nicht zumutbar. Ob ein Mann, der schon drei Parteien passiert hatte – CDU, GVP und SPD –, für das höchste Staatsamt qualifiziert erschien, bezweifelten die Christdemokraten in einer öffentlichen Anti-Heinemann-Kampagne; doch hinter den Parteiwechseln konnte sich ebenso Prinzipientreue verbergen. Weil Heinemann aus der Friedensbewegung kam, unterstellten ihm einige ein gebrochenes Verhältnis zur Bundeswehr; weil er während des Dritten Reiches Mitglied der widerständigen »Bekennenden Kirche« war, hieß es, er habe in der »Notzeit« nicht zu Deutschland gestanden – ein sich selbst entlarvender Vorwurf; weil er in seiner Strafrechtsreform auch das Sexualstrafrecht reformiert hatte, hielten ihm manche vor, »alle Schweinereien von Strafe freizuhalten«.[17] Nicht zuletzt wegen der Liberalisierung des Strafrechts und allgemein wegen des Ausbaus des Rechtsstaates war Heinemann im Januar 1968 jedoch der Theodor Heuss-Preis verliehen worden. Heinemann traf den Nerv vieler Liberaler, außerhalb des Kreises der Nationalliberalen um Mende. Ihm eilte der Ruf voraus, Verständnis für die rebellierende Jugend zu haben, und seine Nominierung konnte versöhnend wirken;[18] er war geradlinig, unbeirrt, hielt den Staat nicht für ein höheres Wesen mit Anspruch auf unterwürfigen Gehorsam, lehnte Untertanengesinnung ab, schätzte freiheitliche Traditionen und staatsbürgerliches Selbstbewußtsein, wollte »Bürgerpräsident« sein, nicht »Staatsoberhaupt«.[19] Schließlich: Heinemann stand für die Öffnung der SPD zum Bürgertum; er lehnte die »Genossen«-Anrede der Sozialdemokraten ab, auch dieses Verhalten gab einen Pluspunkt bei der FDP.[20]

Doch nicht alle dachten so wie die Reformer um Scheel, Genscher, Mischnick und Weyer. Am Abend vor der Bundespräsidentenwahl am 5. März 1969 in der Ostpreußenhalle in Berlin ging es unter den 82 »Wahlmännern« der FDP bei Probeabstimmungen arg durcheinander; anfangs kamen für Schröder immer noch so viele Stimmen zusammen, daß er Heinemann geschlagen hätte. Erst als Willy Weyer mit der Nachricht aufwartete, Wehner habe ihn soeben ausdrücklich autorisiert bekanntzugeben, daß bei einer geschlossenen Haltung der FDP für Heinemann die Wahlrechtsreform endgültig vom Tisch sei – was Mende zufolge wie eine Bombe einschlug[21] –, reichte es für Heinemann, zumindest in der dritten Probeabstimmung. Tags darauf wurde es dennoch spannend. Zum ersten Mal in der Geschichte der Bundesrepublik waren drei Wahlgänge vonnöten, um einen neuen Bundespräsidenten zu wählen; am Ende hieß es 512 zu 506 Stimmen für Gustav Heinemann. SPD und FDP waren zusammengerückt: eine Art Präjudiz. Auf die Liberalen war – weitgehend, so muß man einschränkend hinzufügen – Verlaß.

Heinemanns Antrittsrede am 1. Juli 1969 ließ aufhorchen; sie war die politischste Rede, die je ein Bundespräsident zu Amtsbeginn gehalten hatte: »Einige hängen noch immer am Obrigkeitsstaat. Er war lange genug unser Unglück und hat uns zuletzt in des Verhängnis des Dritten Reiches geführt ... Wir stehen erst am Anfang der ersten wirklich freiheitlichen Periode unserer Geschichte. Freiheitliche Demokratie muß endlich das Lebenselement unserer Gesellschaft werden ... Überall müssen Autorität und Tradition sich die Frage nach ihrer Rechtfertigung gefallen lassen ... Nicht weniger, sondern mehr Demokratie – das ist die Forderung, das ist das große Ziel, dem wir uns alle und zumal die Jugend verschrieben haben. Es gibt schwierige Vaterländer. Eines davon ist Deutschland. Aber es ist unser Vaterland.«[22] Mit Blick auf die Außenpolitik verleugnete der neue Bundespräsident nicht seine Herkunft: Nicht der Krieg sei der Ernstfall, in dem sich die Menschen zu bewähren hätten, sondern der Frieden. Die Bundesrepublik müsse Friedensmacht sein. Bereits wenige Tage nach seiner Wahl hatte Heinemann in einem aufsehenerregenden Interview mit der *Stuttgarter Zeitung* davon gesprochen, es habe sich jetzt »ein Stück Machtwechsel« vollzogen.[23] Durfte sich ein neuer Bundespräsident, der über den Parteien zu stehen hatte, so politisch äußern? Auch seinen Anhängern kam das bald Berühmtheit erlangende Wort nicht gelegen: War es nicht verfrüht ausgesprochen? Konnten solche Aussagen nicht gerade gegenteilige Effekte zur Folge haben? Die Bundestagswahlen standen noch bevor, und mit Müh und Not sollte die FDP, auf die alles ankam, die Fünf-Prozent-Hürde überwinden.

Für jede normale, festgefügte Demokratie ist ein politischer Machtwechsel eine Routineangelegenheit. Die Bundesrepublik jedoch war keine »normale« Demokratie, ihr stand die entscheidende Bewährungsprobe eines friedlichen Wechsels zwischen Regierung und Opposition noch bevor. Die CDU/CSU fühlte sich nach 20 Jahren Regierungsverantwortung als die natürliche Regierungs- und Staatspartei, daran hatte auch die Große Koalition mit den Sozialdemokraten wenig geändert. Als die Abstimmungslokale am Abend des 28. September 1969 schlossen, zeichnete sich fast ein Patt ab: Die Union hatte sich alles in allem glänzend geschlagen und erreichte 46,1 % der Stimmen (minus 1,5 %), die SPD konnte einen Zuwachs um weitere 3,4 % verbuchen und kam auf 42,7 Prozent. Die FDP aber fuhr ihr schlechtestes Ergebnis seit Bestehen der Bundesrepublik ein, verlor ein Drittel ihrer Wähler und vermochte nur 5,8 % der Wählerstimmen auf sich zu vereinen; die NPD scheiterte recht knapp an der Fünf-Prozent-Hürde (4,3 %). In Mandaten ausgedrückt bedeutete dies: SPD 224, CDU 193,

CSU 49, FDP 30 Sitze; hinzu kamen 13 nicht stimmberechtigte Berliner Vertreter für die SPD, acht für die CDU und einer für die FDP.[24] Daß die Union im Wahlkampf mit dem Slogan »Auf den Kanzler kommt es an« ganz auf die Popularität Kiesingers gesetzt hatte, zahlte sich nun aus; die SPD war mit dem Motto »Wir schaffen das moderne Deutschland« als Reformkraft ins Rennen gegangen, und die Liberalen hatten noch selbstbewußter und radikaler verkündet »Wir schaffen die alten Zöpfe ab«, was viele ihrer alten Anhänger indes offenbar nicht goutierten.

Während Kiesinger bereits Glückwunschtelegramme aus aller Welt, auch ein Telegramm des amerikanischen Präsidenten, entgegennahm und von einer Fortführung der Großen Koalition oder einer Koalitionsbildung mit der FDP ausging, jedenfalls glaubte, daß an der Union, die ja stärkste Partei geblieben war, niemand vorbeikomme und generös verkündete, die Union werde wiederum ein fairer Gewinner sein, wurde hinter den Kulissen bereits ein ganz neues Bündnis geschmiedet, das die CDU/CSU trotz aller Fingerzeige unvorbereitet traf.[25] Kurz vor halb zwölf Uhr nachts verkündete der SPD-Vorsitzende und Kanzlerkandidat Willy Brandt vor laufenden Fernsehkameras, er habe »die FDP wissen lassen, daß wir zu Gesprächen mit ihr bereit sind«. Man müsse »jetzt nüchtern davon ausgehen: SPD und FDP haben mehr als CDU und CSU«.[26] Von Brandts Vorpreschen, seiner entschlossenen und kaltblütigen Führung waren alle überrascht, am meisten seine eigenen Parteifreunde, denen er bisher als zögerlich galt; die zur Schau gestellte Tatkraft war eher untypisch für ihn. Wehner und Schmidt hielten die Kanzlermehrheit von lediglich zwölf Mandaten für nicht ausreichend, 20 galt als magische Grenze, weil man mit unsicheren Kantonisten innerhalb der FDP rechnen mußte. Aus der Union hieß es, eine »Mini-Links-Regierung« widerspreche den »demokratischen Gepflogenheiten«. Brandt und Scheel jedoch wollten, insbesondere aus Gründen der Ost- und Deutschlandpolitik, das Wagnis der Koalition eingehen, ihr Bund war geschmiedet, ehe seine Möglichkeit überhaupt in Zweifel gezogen werden konnte. Es war kein klarer Regierungsauftrag, dafür war die Mehrheit zu knapp, aber was wäre die Alternative gewesen? Brandt hatte unter der Großen Koalition am Ende gelitten, weil es kaum Fortschritte in der Deutschlandpolitik gab, und die sozialdemokratischen Anhänger drängten darauf, das ungeliebte Notbündnis zu beenden. Nach anfänglichem Zögern erkannte Herbert Wehner, daß die Sozialdemokraten nun doch viel schneller als von ihm erwartet im Zentrum der Macht angekommen waren und die Rolle des Juniorpartners der Union hinter sich lassen konnten; er unterstützte Brandt. Und die Liberalen hatten praktisch keine andere Wahl als ein sozialliberales Bündnis, denn die früheren liberalen Wähler, die Scheels Reformkurs und eine Koalition mit der SPD nicht wollten, hatten offenbar direkt CDU gewählt. Horst Ehmke hatte mit Blick auf die FDP recht: »Wenn sie Selbstmord begehen will, muß sie sich jetzt der CDU an den Hals werfen.«[27] Für Walter Scheel ging es um alles oder nichts: Wollte er im innerparteilichen Richtungskampf siegen, mußte er das Regierungsbündnis mit der SPD anstreben. Weder war das erste ohne das zweite noch das zweite ohne das erste zu haben.

Nie zuvor in der Geschichte der Bundesrepublik wurde ein Regierungsbündnis in so atemberaubender Geschwindigkeit unter Dach und Fach gebracht. Kiesinger gelang es nicht mehr, die Liberalen mit zumeist vagen, aber umfassenden Bündnisangeboten aus der Deckung zu locken. Zwischen SPD und FDP gab es kein vorsichtiges Abtasten, sondern sofort konkrete Vereinbarungen. Scheel, so berichtet Egon Bahr, habe das von ihm vorbereitete und von Brandt übergebene vierseitige Papier zur Außen- und Deutschlandpolitik der künftigen Regierung zehn Minuten lang studiert und anschließend gebilligt.[28] Dies verdeutlicht den alles entscheidenden Gleichklang im Herzstück des sozialliberalen Bündnisses. Am Abend des 3. Oktober 1969 unterrichteten Brandt und Scheel den Bundespräsidenten über ihre Einigung; Heinemann beauftragte daraufhin nicht den Chef der stärksten Fraktion im Deutschen Bundestag mit der Regierungsbildung, sondern Brandt, was die Union wütend kommentierte.[29] Konnte das Bündnis, konnten die ambitiösen Vorhaben gelingen? Man versuchte durch eine geschickte Personalpolitik die Koalition gegen innere Gefahren abzusichern, Ungewißheiten über den Erfolg dieses Vorhabens blieben aber bestehen. Es bedeutete sicherlich einen gelungenen Schachzug, Josef Ertl, einen Kritiker von Scheels Kurs, als Landwirtschaftsminister und damit als einen von drei FDP-Ministern in die Koalition aufzunehmen und ihm so einen Lebenstraum zu erfüllen, der ihn an einen Erfolg der Koalition band. Herbert Wehner wurde SPD-Fraktionsvorsitzender, Wolfgang Mischnick sein Kollege bei den Liberalen; die beiden Dresdner verstanden sich bald blendend. Helmut Schmidt amtierte als Verteidigungsminister, sein Engagement für die NATO und die Bundeswehr sollte Gewähr dafür bieten, daß die Neue Ostpolitik die Westbindung nicht beeinträchtige. Hans-Dietrich Genscher, enger Vertrauter von Scheel, bekleidete das Innenministerium, ein Schlüsselressort. An der Spitze standen Willy Brandt als Bundeskanzler und Walter Scheel als dessen Stellvertreter und Außenminister, die unterschiedlichste Lebenswege nun zusammenführten; in der Neuen Ostpolitik harmonierten sie wie kein anderes Gespann vor ihnen. Scheel war 1919 geboren; nach einer Banklehre hatte er am Zweiten Weltkrieg, zuletzt als Fliegeroffizier, teilgenommen. Nach 1945 war er in der Industrie und in Wirtschaftsverbänden tätig gewesen, hatte seit 1950 für die Liberalen dem Landtag von Nordrhein-Westfalen und seit 1953 dem Deutschen Bundestag angehört. Willy Brandt hatte als 19jähriger Antifaschist und Widerstandskämpfer 1933, wenige Monate nach Hitlers Machtantritt, aus Deutschland fliehen müssen und war nach Norwegen gegangen. Zuvor hatte er sich aus Protest gegen die sozialdemokratische Apathie im Reichstag der Sozialistischen Arbeiterpartei (SAP), einer Absplitterung der SPD, angeschlossen. In Dresden hatte er an einer illegalen Parteikonferenz teilgenommen. Deckname: Willy Brandt. Sein eigentlicher Name war Herbert Frahm. In bald fließendem Norwegisch arbeitete Brandt im Norden gegen Hitlers Unterdrückungsregime, reiste durch halb Europa und hoffte, eine Einheitsfront gegen die Diktatur zustande zu bringen – vergebens. 1938 erfuhr er, daß die Nationalsozialisten Herbert Frahm die deutsche Staatsangehörigkeit entzogen hatten. Der staatenlose Brandt nahm nun seinen alten Decknamen als neuen Namen an, norwegische Freunde standen in der Not weiter zu ihm, und als deutsche Truppen Norwegen besetzten, halfen sie Brandt, daß er nicht in die Hände der Gestapo fiel. Brandt bewegte sich in den Kreisen anderer Flüchtlinge, fand Kontakt zur norwegischen Exilregierung in London und erhielt die norwegische Staatsangehörigkeit. 1946 ging er zur norwegischen Militärmission am Alliierten Kontrollrat in Berlin. Er tat viel für die deutsch-norwegische Wiederannäherung; bald quittierte er seinen Dienst bei der Militärkommission, wurde wieder deutscher Bürger und wirkte fortan in der SPD, wo er zur »sozialdemokratischen Jahrhundertgestalt«[30] aufstieg.

Es hat sich eingebürgert, den Beginn der Regierung Brandt-Scheel als Wegscheide der Bundesrepublik zu interpretieren. »Republik im Wandel«[31] bezeichnet dabei noch das Mindeste, etwas mehr bedeutet die Kennzeichnung, daß sich die Republik neu formiert habe und in ihre zweite Lebensphase übergegangen sei,[32] und noch stärker werden die Veränderungen konturiert, wenn von einer Art »zweiter Gründung« oder von einer »Umgründung der Republik«[33] die Rede ist. So oder so: Über den genauen Charakter dieser historischen Zäsur wird weiterhin gestritten, zwischen Innen- und Außenpolitik unterschiedlich gewichtet. Die Stilisierung als Anbruch einer neuen Epoche ging nicht zuletzt auf die damals Handelnden zurück: Brandt verkörperte das »andere Deutschland«, das aus Emigration und Widerstand gegen den Nationalsozialismus kam, er verstand sich »als Kanzler nicht mehr eines besiegten, sondern eines befreiten Deutschland«; Hitler habe nun endgültig den Krieg verloren.[34] Viele Reformer sahen im sozialliberalen Bündnis aus diesem Grund nicht lediglich eine politische Zweckehe, sondern eine Aussöhnung von historischem Rang zwischen Arbeiterschaft und Liberalismus, die sich seit der Revolution von 1848/49 entfremdet hatten. Ein Aufbruch zu neuen Ufern wurde angekündigt, und die Erwartungen waren auf der einen Seite genauso hoch wie auf der anderen die Befürchtungen. Jenseits der mythischen Überhöhungen war Ende 1969 jedoch nicht absehbar, wie lange die sozialliberale Regierung über eine tragfähige Basis verfügen würde. Bei der Bundeskanzlerwahl am 21. Oktober 1969 stimmten lediglich 251 Abgeordnete für Brandt, zwei über der absoluten Mehrheit – ein äußerst polarisiertes Votum. Adenauer hatte 1949 mit nur einer Stimme Mehrheit seine Koalition begonnen. Sollte sich erneut bewahrheiten, daß große Weichenstellungen mit knappen Mehrheiten vollzogen werden?

Die Ostverträge und die KSZE

Wenn man den Vertrag mit der Tschechoslowakei, den Prager Vertrag, einmal beiseite läßt, dessen Unterzeichnung sich bis Ende 1973 hinzog, weil besonders komplizierte und strittige Fragen zu klären waren, die sich aus dem Münchner Abkommen von 1938 ergaben, dann waren die Ostverträge nach drei Jahren intensiver Verhandlungen in Kraft getreten. Dies war, angesichts der schwierigen Materie, eine atemberaubend kurze Zeit: Alle Verträge hingen auf sehr diffizile Weise miteinander zusammen. Verschiedene Akteure mit unterschiedlichsten Interessen – Deutsche aus West und Ost, die vier Siegermächte des Zweiten Weltkriegs und mehrere osteuropäische Staaten – saßen einander an den Verhandlungstischen gegenüber; die einen Deutschen wollten den Status quo langfristig verändern, die anderen wollten ihn festschreiben und zielten auf eine völkerrechtliche Anerkennung ihres Staates, der DDR. Die westlichen Siegermächte verbanden Entspannung und Stabilität mit einer Eindämmung der Sowjetunion; dieser wiederum lag an Entspannung und Status-quo-Bewahrung in Europa auch deshalb, um ihre Aktivitäten auf die Dritte Welt zu richten. Außerdem konnten Zielkonflikte mit jenen Akteuren entstehen, die bei einzelnen Verhandlungen nur mittelbar beteiligt waren und nur über Verbindungskanäle, etwa ins Weiße Haus, informiert wurden. So blieben Verdächtigungen und Argwohn seitens der westlichen Partner gegenüber den unruhigen Deutschen nicht aus.[35] Schließlich entfachte die Neue Ostpolitik in der Bundesrepublik selbst einen dramatischen innenpolitischen Konflikt, vergleichbar allein mit der politischen Polarisierung, die Adenauers Westbindung fast 20 Jahre zuvor hervorgerufen hatte. Den Kern der Ostverträge mit Moskau, Warschau und Prag bildeten jeweils Gewaltverzichts- und Grenzanerkennungsverträge von wenigen Artikeln; die äußerst belasteten Beziehungen sollten normalisiert werden. Das Viermächte-Abkommen über Berlin band West-Berlin an die Bundesrepublik, und der Grundlagenvertrag mit der DDR, der notwendigerweise am Ende des Verhandlungsmarathons stand, stellte das Verhältnis zwischen der Bundesrepublik und der DDR auf eine neue Basis. Die Konstellationen und Verläufe der Verhandlungen sind Exempla für jedes Diplomatielehrbuch.[36]

Wollte die Ostpolitik erfolgreich sein, mußte sie von den territorialen Gegebenheiten in Europa ausgehen. Illusorisch wäre es gewesen, zu erwarten, daß irgendein Verhandlungspartner der Bundesrepublik Interesse daran hätte, die Ergebnisse des Zweiten Weltkriegs zu revidieren: »Das Neue an der Ostpolitik der Sozialliberalen Koalition war der Versuch, einen Modus vivendi für die Erblasten des Zweiten Weltkrieges zu vereinbaren und auf diese Weise die Ost-West-Konfrontation zu entschärfen.«[37] Welches waren die Motive und Erwartungen der Bundesregierung? Ganz oben auf der Prioritätenliste stand die Wahrung des internationalen Friedens; gemessen am

Frieden war die Nation nicht mehr das höchste aller Güter. Dieses Motiv verband sich mit der ganz allgemeinen Absicht, außenpolitische Handlungsfähigkeit wiederzugewinnen, sich in die multilaterale Détente-Politik des Westens einzufügen. Sodann ging es darum, ein weiteres Auseinanderleben der deutschen Nation zu verhindern und die Einheit der Nation zu stärken. Das Verhältnis zwischen den beiden Teilen Deutschlands sollte entkrampft werden, und wenn möglich, wollte man von einem geregelten Nebeneinander zu einem Miteinander gelangen.

Mit Blick auf den Zusammenhalt der Nation drängte die Zeit besonders, wie es Egon Bahr, in konzeptioneller und operativer Hinsicht die Schlüsselfigur, der »Architekt« der Neuen Ostpolitik, ausdrückte: »Von Deutschland zu retten, was zu retten ist, verlangt mehr Mut, mehr Phantasie, mehr Arbeit, eingeschlossen die Bereitschaft, sich verleumden zu lassen, als das Beharren auf einigen großartigen Prinzipien, die nicht verhindert haben, daß Ulbricht immer stärker geworden ist, bis zu dem Punkt, an dem er, vielleicht ohne jede Gegenleistung, international bekommt, was er will.«[38] Noch gab es etwas zu verhandeln, noch konnte die Bundesrepublik etwas bieten: Grünes Licht für den Einzug der DDR in die internationale Staatengemeinschaft, allerdings keine völkerrechtliche Anerkennung, dies verbot das Grundgesetz, und dieser Punkt definierte zugleich die rote Linie, die nicht überschritten werden durfte. Im Gegenzug wollte die Bundesregierung menschliche Erleichterungen für die Deutschen in der DDR erreichen. In einer zukünftigen gesamteuropäischen Friedensordnung sollten alle Deutschen ihre Selbstbestimmung erlangen. Gegenüber den Ostblockstaaten schließlich war es, so die Bundesregierung, wichtig, eine Atmosphäre des Vertrauens zu schaffen: Die Erinnerungen an die NS-Diktatur und die Ängste vor Deutschland sollten überwunden werden, indem sich ein neues Deutschland präsentierte. Diese moralische Dimension einer Aussöhnung mit dem Osten darf angesichts der schweren Hypotheken der Vergangenheit und der deutschen Verbrechen nicht geringgeachtet oder gar ausgeblendet werden. Eine solche Aussöhnung diente letztlich instrumentell ebenfalls einer künftigen Vereinigung, denn gegen den Willen der anderen Mächte und ohne ihr Vertrauen war eine solche überhaupt nicht denkbar. Diese Einsicht war seit Konrad Adenauer, damals allerdings nur mit Blick auf den Westen, ein Kernelement bundesdeutscher Außenpolitik.

Ohne oder gar gegen die Sowjetunion war kein Verhandlungsergebnis zu erzielen. Begonnen werden mußte in Moskau, hier lag der »Dreh- und Angelpunkt der Neuen Ostpolitik«.[39] Bereits im Dezember 1969 fanden in Moskau erste deutsch-sowjetische Gesprächsrunden statt: Der deutsche Botschafter Helmut Allardt traf sich mit dem sowjetischen Außenminister Andrej Gromyko, der indessen Maximalforderungen auf den Tisch legte, die für die Bundesrepublik um keinen Preis akzeptabel waren. Gegenseitiges Mißtrauen dominierte; es wurde erst aufgelockert, als Willy Brandt im Januar

1970 seinen Vertrauten Egon Bahr nach Moskau schickte, der 14 Unterredungen mit Gromyko und ein Gespräch mit dem Ministerpräsidenten Kossygin hatte. In der Direktive für die sowjetische Verhandlungskommission hieß es, die Verhandlungen seien so zu führen, daß sich »bei der Regierung Brandt der Eindruck festige, daß sie ohne Vereinbarung mit der UdSSR keine Grundlage habe, auf eine Vereinbarung … mit anderen sozialistischen Ländern zu zählen«.[40] Bahrs Kalkül lautete hingegen: Wenn es zu einem für beide Seiten befriedigenden Moskauer Vertrag komme, habe die Sowjetunion ein Interesse, auf Polen und insbesondere auf die DDR einzuwirken und sie zu veranlassen, von ihren Maximalforderungen abzurücken. Nach mehreren Verhandlungsrunden konnten sich Bahr und Gromyko auf Leitsätze verständigen: Das sogenannte »Bahr-Papier« vom 20. Mai 1970 enthielt die Substanz der künftigen Verträge mit Moskau und Warschau. Die territoriale Frage, die Grenzfrage, war für die Sowjetunion die Hauptsache, doch mußten für den Moskauer Vertrag, der am 12. August 1970 unterzeichnet werden konnte, nachdem Außenminister Walter Scheel und sein sowjetischer Kollege den endgültigen Text ausgehandelt hatten, Sprachregelungen gefunden werden, mit denen beide Seiten – vor allem auch mit Blick auf die komplizierte Situation Berlins – leben konnten. So einigte man sich darauf, daß die angestrebten Normalisierungen »von der in diesem Raum bestehenden wirklichen Lage« ausgehen müßten. Die bestehenden Grenzen wurden im Vertrag als »unverletzlich«, nicht als »unveränderlich« bezeichnet, was die Oder-Neiße-Linie ebenso einschloß wie die Grenze zwischen der Bundesrepublik und der DDR.[41] Da die Sowjetunion es strikt ablehnte, das Wort »Wiedervereinigung« im Vertragstext zu erwähnen, hatte Bahr bereits Mitte Februar den Gedanken lanciert, dem Vertrag einen Brief der Bundesregierung beizufügen. Daraus wurde nun der »Brief zur deutschen Einheit«, den die Bundesrepublik der Sowjetunion bei Vertragsunterzeichnung übergab und der somit Bestandteil des Vertrags wurde. Das Moskauer Abkommen, so der Inhalt des Briefes, stehe nicht zum Ziel der Bundesrepublik im Widerspruch, »auf einen Zustand des Friedens in Europa hinzuwirken, in dem das deutsche Volk in freier Selbstbestimmung seine Einheit wiedererlangt«.[42] Darüber hinaus betonte die Bundesregierung, daß der Vertrag erst dann dem Deutschen Bundestag zur Ratifizierung vorgelegt werde, wenn die parallel laufenden Viermächte-Verhandlungen über Berlin zu einem befriedigenden Ergebnis geführt hätten. Der Moskauer Vertrag und speziell der »Brief zur deutschen Einheit« bedeuteten, Werner Link zufolge, dem besten Kenner der betreffenden Akten, einen Knotenpunkt der bundesrepublikanischen Geschichte. Der »Brief« war in doppelter Hinsicht hilfreich: nicht nur gegenüber dem Osten, sondern auch gegenüber dem Westen, denn 1989/90 wurde die betreffende Textpassage des »Briefes« zur Grundlage der westlichen Politik gegenüber Deutschland.[43] Die Tatsache, daß Bonn und Moskau miteinander verhandelten, mußte in Ost-Berlin Besorgnis erregen; die Neue Ostpolitik galt hier als »Aggression auf Filzlatschen«.[44] Und wenn sich Deutsche und Russen über polnische Grenzen verständigten, irritierte dies vor dem Hintergrund über 200jähriger leidvoller Teilungserfahrungen natürlich die Polen. Vier Monate nach dem Moskauer Vertrag wurde am 7. Dezember 1970 der Warschauer Vertrag unterzeichnet. Die Bundesrepublik erkannte die Oder-Neiße-Grenze an, obwohl die beiden Staaten ohne gemeinsamen Grenzverlauf waren. Diese Anerkennung sollte den Polen die Urangst vor den Deutschen nehmen. Wegen der vehementen Kritik legte die Bundesregierung dem Bundestag die Verträge von Moskau und Warschau allerdings mit einer Einschränkung zur polnischen Westgrenze vor: Nach einer Wiedervereinigung Deutschlands sollte eine Überarbeitung möglich sein, weil die Bundesrepublik keine Entscheidungen treffen dürfe, die einem vereinigten Deutschland vorbehalten seien.[45] Die Anerkennung entriß außerdem den Staaten Osteuropas, besonders aber der DDR, das Argument, Bonn sei auf Revision und Revanche aus. Solange eine Anerkennung nicht stattfand, konnte Ulbricht die DDR als notwendigen Pufferstaat zwischen der »revanchistischen« Bundesrepublik und Polen legitimieren. Die Präambel des Warschauer Vertrages brachte eine geschichtspolitische und -moralische Komponente zum Ausdruck: Sie wies darauf hin, daß Polen das erste Opfer der nationalsozialistischen Eroberungspolitik geworden war. Kein Volk Europas hatte so furchtbar unter der Hitler-Diktatur und der deutschen Besatzung leiden müssen wie das polnische; mehrere Millionen Menschen waren getötet worden, insgesamt fast jeder sechste polnische Bürger. Der Kniefall des Bundeskanzlers Willy Brandt vor dem Denkmal für die Opfer des Warschauer Ghettos verdichtete den moralischen Aspekt der Aussöhnung mit dem Osten; das Bild ging um die Welt und gehört seitdem zur Ikonographie der Bundesrepublik: Ein deutscher Bundeskanzler bat um Vergebung für die Verbrechen seines Volkes; der Kniefall war das spektakuläre Symbol der Neuen Ostpolitik. »Ich habe mich«, so notierte Brandt später in seinem Tagebuch, »trotz hämischer Kommentare in der Bundesrepublik, dieser Haltung nicht geschämt … Unter der Last der jüngsten Geschichte tat ich, was Menschen tun, wenn die Worte versagen; so gedachte ich der Millionen Ermordeter. Aber ich dachte auch daran, daß Fanatismus und Unterdrückung der Menschenrechte – trotz Auschwitz – kein Ende gefunden haben. Wer mich verstehen wollte, konnte mich verstehen; und viele in Deutschland haben mich verstanden.«[46] Die sozialliberale Regierungskoalition sah in dem Warschauer Vertrag einen historischen Wendepunkt der europäischen Geschichte, vergleichbar nur mit der Aussöhnung zwischen Deutschen und Franzosen. In der *freien demokratischen korrespondenz* schrieb der Bundesgeschäftsführer der FDP, J. F. Volrad Deneke, polemisch: »Es ist aber eine besondere Problematik der CDU/CSU, wenn sie nun in der Opposition Osteuropa gegenüber den nationalistischen Weg beschreitet, während ihr verstorbener großer Kanzler Adenauer im Westen bereit war, nicht erforderliche territoriale Opfer für den Frieden in Europa zu bringen. Willentlich und wissentlich macht sich die CDU/CSU heute zu einer rechtsnationalistischen Sammlungsbewegung und tritt offen das Erbe der Deutschnationalen an. Seltsame Wandlung zweier Parteien, deren eine mit weiß-blau karierter und deren andere mit separatistischer Außenpolitik begann.«[47]

Am Abend nach der Unterzeichnung des Warschauer Vertrages wandte sich der Bundeskanzler über das Fernsehen an die Deutschen. Er sprach von einer schweren Reise und davon, daß das Unrecht der Vertreibung der Deutschen nach 1945 nicht nachträglich legitimiert worden sei. Aber vor allem ermahnte er seine Landsleute: Sie dürften nicht einer verklärenden, nostalgischen Rückbesinnung verfallen, sondern müßten ein »klares Geschichtsbewußtsein« haben. Nicht die jetzige Koalition – so parierte er die Angriffe der Vertriebenenverbände und der Opposition in der Bundesrepublik –, sondern die Reichsregierung Hitlers habe den deutschen Osten auf dem Gewissen. Mit dem Moskauer Vertrag gehe nichts verloren, und mit dem Warschauer Vertrag werde nichts preisgegeben, was nicht schon längst verspielt worden sei, »verspielt nicht von uns, die wir in der Bundesrepublik Deutschland politische Verantwortung tragen und getragen haben, sondern verspielt von einem verbrecherischen Regime, vom Nationalsozialismus«.[48]

Obwohl die polnische Regierung sich unwillig zeigte, der Bundesrepublik hinsichtlich der deutschen Minderheit in Polen entgegenzukommen – sie argumentierte, es gebe überhaupt keine, sondern nur polnische Staatsbürger –, und deshalb 1975/76 Nachbesserungen notwendig werden sollten, willigte die Bundesregierung in den Vertrag ein: Auch an dieser im »Normalfall« kaum akzeptablen »Unausgewogenheit«[49] wird der originär moralische Impetus des Warschauer Vertrags deutlich.

Nach diesen beiden Verträgen war der Weg frei, um endlich auch mit der DDR konkrete Verhandlungen aufzunehmen, was sich als besonders schwierig erweisen sollte, weil die Interessensgegensätze hier ganz hart aufeinanderprallten. Bereits am 19. März 1970 war Willy Brandt mit einem Sonderzug nach Erfurt gefahren, wo er sich mit dem DDR-Ministerpräsidenten Willi Stoph traf.[50] Seit der gescheiterten Münchner Ministerpräsidentenkonferenz des Jahres 1947 war dies der erste Versuch, auf höchster Ebene einen deutsch-deutschen Dialog zu führen. Die Erwartungen vieler Menschen waren im Vorfeld so hoch, daß sie nur enttäuscht werden konnten. In seinen Memoiren berichtet Brandt: »Wir erreichten das vom Bahnhof gut 50 m entfernte Hotel ›Erfurter Hof‹, ehe die Ordnung für geraume Zeit völlig zusammenbrach. Conrad Ahlers kam nach ein paar Minuten in mein Zimmer …, um mir zu berichten, die Menge rufe in immer drängenderen Sprechchören: ›Willy Brandt ans Fenster‹. Ich zögerte; dann ging ich doch ans Fenster und blickte auf die erregten und hoffenden Menschen: Sie hatten sich das Recht zu einer spontanen Kundgebung genommen. Für

Abb. 44: *Erste innerdeutsche Gespräche zwischen Bundeskanzler Willy Brandt und DDR-Mini-sterpräsident Willi Stoph fanden in Erfurt am 19./20. März 1970 statt. Hier ein DDR-Pressefoto: Sprechchöre auf dem Bahnhofsvorplatz rufen »Es lebe die DDR! Es lebe Walter Ulbricht! Es lebe Willi Stoph ...« Tatsächlich jedoch setzten die meisten Menschen ihre Hoffnungen auf die Bun-desrepublik, und die bestellten Claqueure bildeten eine Minderheit.*

einen Moment fühlten sie sich frei genug, ihre Gefühle zu zeigen ... Ich war bewegt. Doch ich hatte das Geschick dieser Menschen zu bedenken: Ich würde anderntags wieder in Bonn sein, sie nicht ... So mahnte ich durch eine Bewegung meiner Hände zur Zurückhaltung. Man hat mich verstanden. Die Menge wurde stumm. Ich wandte mich schweren Herzens ab. Mancher meiner Mitarbeiter hatte Tränen in den Augen. Ich fürchtete, hier könnten Hoffnungen geweckt werden, die sich nicht würden erfül-len lassen.«[51] Niemals wieder vor 1989 sollte der SED die »Steuerung« der DDR-Bürger in diesem Maße aus den Händen gleiten. Die eigentlichen Verhandlungen brachten nicht viel mehr als das Verlesen der beiderseitigen unvereinbaren Standpunkte; doch das Wesentliche war, *daß* ein Treffen stattgefunden hatte. Zwei Monate später, beim Gegenbesuch Stophs in Kassel, bekam die SED, was sie für ihre Propaganda benötigte: Die NPD und andere rechtsradikale Gruppen demonstrierten und skandierten »Volksverräter Hand in Hand – Willi Stoph und Willy Brandt«; am Tagungsort wurde die Fahne der DDR zerschnitten. Inhaltlich kamen die Regierungschefs nicht voran, man einigte sich auf eine »Denkpause«.

Erst als der Moskauer und der Warschauer Vertrag sowie vor allem das Vier-mächte-Abkommen über Berlin (dazu unten) Anfang Juni 1972 in Kraft treten konnten, begannen – geführt von Egon Bahr und dem Leiter der Abteilung Grundsatzfragen im DDR-Außenministerium Michael Kohl – intensive Verhandlungen zwischen der Bundesrepublik und der DDR. Die bundesdeutsche Kompaßmarke für eine Politik des langen Atems war, die Einheit der Nation zu wahren. Bereits in seiner Regierungserklärung vom Dezember 1969 hatte der Bundeskanzler betont: »Auch wenn zwei Staaten in Deutschland existieren, sind sie doch füreinander nicht Ausland; ihre Beziehungen zueinander können nur besonderer Art sein.«[52] Bonn wußte, daß sich die bisher praktizierte Blockade der internationalen Anerkennung der DDR nicht mehr lange durchhalten ließ; immer mehr Staaten nahmen diplomatische Beziehungen mit dem zweiten deutschen Staat auf. Der einzige Trumpf war die Aufnahme der DDR in die Vereinten Nationen, denn hier konnten die drei Westmächte mit ihrem Veto einen Aufnahmeantrag der DDR zu Fall bringen – dies galt freilich umgekehrt auch für die Sowjetunion mit Blick auf die Bundesrepublik.

Nach einem Verhandlungsmarathon einigte man sich auf den »Vertrag über die Grundlagen der Beziehungen zwischen der Bundesrepublik Deutschland und der Deutschen Demokratischen Republik«, kurz Grundlagenvertrag, der drei Tage vor Weihnachten, am 21. Dezember 1972 in Ost-Berlin paraphiert wurde.[53] Für die Bundesrepublik bedeutete er einen ähnlich tiefen Einschnitt wie Adenauers Westpolitik in den 50er Jahren. Mit ihm ging eine Epoche der deutschen Nachkriegsgeschichte zu Ende. Das Vertragswerk blieb ein Torso, doch wie hätte es aufgrund der unüberbrückbaren Interessensgegensätze auch anders sein können? Weder konnte die DDR ihr Konzept der völkerrechtlichen Anerkennung durch die Bundesrepublik durchsetzen, noch gelang es dieser, ein enges Sonderverhältnis auf einer gemeinsamen nationalen Basis festzuschreiben. Die beiden deutschen Staaten erkannten sich zwar gegenseitig an, jedoch nicht im völkerrechtlichen Sinne. Die Bundesrepublik gab den Alleinvertretungsanspruch auf, keiner der beiden Staaten konnte den anderen international vertreten. Es sollten aber nur Ständige Vertretungen, nicht Botschaften, in Bonn und Ost-Berlin eingerichtet werden. Ferner fand das Problem der Staatsangehörigkeit nicht die von der DDR gewünschte Regelung, denn beibehalten wurde die im Grundgesetz verankerte Bestimmung, wonach jeder Deutsche Bürgerrecht in der Bundesrepublik beanspruchen konnte. Die Uneinigkeit in der Frage der Nation wurde in der Präambel des Vertrages festgehalten; wiederum übergab die Bundesregierung bei Vertragsunterzeichnung einen »Brief zur deutschen Einheit«.

Die Gegenleistungen der DDR für die Anerkennung der Zweistaatlichkeit bestanden in der Zusage, praktische und humanitäre Fragen in einem Katalog von Abkommen zu regeln – angefangen beim gegenseitigen Handel über die Zusammenarbeit in

Wissenschaft, Verkehr und Fernmeldewesen bis hin zu Erleichterungen bei Familien-
zusammenführungen, also des konkreten Zusammenhalts der Nation, was der Bundesregierung besonders wichtig war. Ein großer Teil davon konnte in den folgenden
Jahren erreicht werden, bevor erste Rückschläge eintraten. Man darf nicht übersehen,
daß die DDR weiterhin und sogar noch verstärkt einen rigorosen Abgrenzungskurs
gegenüber der Bundesrepublik einschlug. So wurde die »Zwei-Nationen-Theorie«
entworfen, die auch in die neue DDR-Verfassung von 1974 Einzug hielt. In Deutschland hätten sich nicht nur zwei Staaten, sondern zwei Nationen, Klassennationen, herausgebildet, eine sozialistische im Osten und eine kapitalistische im Westen; ethnische
Qualitäten von Nationen wurden den sozioökonomischen und politischen Faktoren
untergeordnet.[54] Während die Bundesregierung von zwei deutschen Staaten, aber nur
einer deutschen Nation ausging, brach die SED nationale Brücken ab. Der Grundlagenvertrag, dem am 18. September 1973 die Aufnahme beider deutscher Staaten in
die UNO folgte, bescherte der DDR zwar die lang ersehnte weltweite Anerkennungs-
welle. Doch das nationale Verdienst des Grundlagenvertrags lag darin, die nationale
Frage im letzten Augenblick – kurz vor der Eliminierung der »deutschen Nation« in
der DDR-Verfassung – offiziell festgeschrieben zu haben, und zwar in einem Vertrag,
aus dem die DDR nicht herauskam und der nicht, wie die Verfassung, geändert werden konnte.[55]

Eine Folge des Abgrenzungsrigorismus war, daß das SED-Regime die Grenzan-
lagen immer mehr perfektionierte. Die Mauer, ausgerüstet mit Selbstschußanlagen,
wurde nahezu unüberwindbar. Entspannungspolitiker taten in den folgenden Jahren
Bilder von Mauertoten als Stimmungsmache ab, die an Zahl geringeren Entspan-
nungsgegner prangerten die ihrer Ansicht nach kurzatmige Politik als Anbiederung an
den Kommunismus an. Wo lag der »Fortschritt« des Grundlagenvertrags? Früher, so
Egon Bahr treffend, habe man gar keine Beziehungen zur DDR gehabt, nach dem Vertrag gebe es immerhin schlechte Beziehungen.[56]

Der greifbarste und unmittelbarste Gewinn der Neuen Ostpolitik für die Bundesrepublik war das Viermächte-Abkommen über Berlin.[57] Es wurde von den Siegermächten bereits am 3. September 1971 unterzeichnet, konnte jedoch erst in Kraft treten, wenn deutsch-deutsche Zusatzvereinbarungen ausgehandelt und die Ostverträge
insgesamt ratifiziert waren. Im Geflecht der Ostverträge, das zeigt sich hier erneut,
waren alle Stränge eng miteinander verwoben. Über das Berlin-Abkommen wurde die
Ost- und Deutschlandpolitik vertraglich mit der internationalen Entspannungspolitik, deren neuralgischen Punkt Berlin darstellte, verbunden. Wenn man zu einer Normalisierung in Europa auf der Basis der bestehenden politischen und territorialen
Lage kommen wollte, war natürlich auch Berlin betroffen. Bereits am 26. März 1970
begannen die Gespräche im ehemaligen Gebäude des Alliierten Kontrollrats in Berlin.

Abb. 45:   *Prag brennt – Pressefotos wie dieses gibt es zu Tausenden. Mit dem Einmarsch von Truppen des Warschauer Pakts in die ČSSR am 20./21. August 1968 endeten die Hoffnungen auf einen »Sozialismus mit menschlichem Antlitz«. Ein Prager Bürger, der auf einem sowjetischen Panzer steht, schwenkt die tschechische Fahne. Doch die Lage ist aussichtslos.*

Die Sowjetunion war bemüht, die internationale Isolation, in die sie nach der gewaltsamen Niederschlagung des Prager Frühlings geraten war, zu überwinden. Während die vier Mächte in Berlin verhandelten, bereitete US-Außenminister Henry Kissinger auf der anderen Seite des Globus den amerikanischen Ausgleich mit China vor; im Februar 1972 sollte der amerikanische Präsident Richard Nixon die Volksrepublik besuchen. Im Oktober reiste auch Außenminister Walter Scheel nach Peking, um ebenfalls diplomatische Beziehungen zu China aufzunehmen. Die Ankündigung des China-Besuchs des amerikanischen Präsidenten übte Druck auf die Sowjetunion aus. So bedeuteten die Verhandlungen über Berlin »ein Lehrstück über die Machtmechanik, die zwischen den beiden großen Mächten wirkte«,[58] und sie waren zugleich ein Instrument, mit dem die Alliierten die Richtung und die Geschwindigkeit der Bonner Ostpolitik kontrollieren konnten.

Formal war die Bundesrepublik an den Berlin-Verhandlungen gar nicht beteiligt; sie oblagen den Siegermächten. Allerdings stimmte sie in den Zielen mit den Westalliierten überein, es ging ihr um die sogenannten »drei Z«: 1. um den »Zustand« von Berlin, d.h. um die Rechte der Vier Mächte und um die weitestgehende Einbeziehung West-Berlins in das Rechts- und Wirtschaftssystem der Bundesrepublik; 2. um den »Zugang«, also darum, auf den Verkehrswegen zwischen der Bundesrepublik und der

Stadt ungehindert reisen zu können; 3. um »Zutritt«, d.h. um die Besuchsmöglichkeiten für West-Berliner in Ost-Berlin und in der DDR. Wiederum war keine Seite bereit, Rechtspositionen aufzugeben, weshalb auch formal nicht über Groß-Berlin, West-Berlin oder Berlin als »Hauptstadt der DDR« verhandelt wurde, sondern, so die salomonische Sprachregelung, über »das betreffende Gebiet«. Faktisch schrieb das Abkommen den derzeitigen Zustand Berlins mit einigen Verbesserungen für West-Berlin fest: Die Teilstadt war weiterhin nicht konstitutiver Bestandteil der Bundesrepublik, sie wurde von ihr nicht regiert. Dennoch sollten »Bindungen« aufrechterhalten und weiterentwickelt werden, wobei dieses Wort (englisch »ties«) den strittigsten Teil des Abkommens ausmachte. Denn was war unter »Bindungen« zu verstehen? Nur Verkehrs- und Postverbindungen, wie Moskau meinte, oder die Gesamtheit der politischen und rechtlichen Bindungen, wie der Westen argumentierte? Immerhin durften die West-Berliner jetzt konsularisch von der Bundesrepublik vertreten werden, und die Sowjetunion garantierte den ungehinderten Landzugang in die Stadt. Ausgefüllt wurde das Viermächte-Abkommen anschließend im Gefolge des Grundlagenvertrags durch mehrere bilaterale Vereinbarungen zwischen der Bundesrepublik und der DDR. Wenngleich das Abkommen somit keine definitiven Lösungen bot, sondern »nur« einen Modus vivendi formalisierte, so brachte es doch wesentliche Verbesserungen der Lebensqualität West-Berlins mit sich. Der alte Spannungsherd von Berlin-Krisen wurde gelöscht; diese gehörten der Vergangenheit an. Doch daß die deutsche Frage nach wie vor offen war, zeigte sich nirgends deutlicher als am Zustand dieser geteilten Stadt. Schließlich wirkte das Berlin-Abkommen auch auf die bundesdeutsche Innenpolitik zurück, denn die Opposition geriet in Zugzwang: Da die CDU/CSU eine befriedigende Berlin-Regelung zum Prüfstein der Ostverträge gemacht hatte, konnte sie nun zwar Einzelheiten der getroffenen Vereinbarungen kritisieren, »diese aber nicht rundweg ablehnen, wenn sie nicht die Leistungen der westlichen Verbündeten diskreditieren und in Widerspruch zu der überwiegenden Meinung der Bevölkerung in Berlin und in der Bundesrepublik geraten wollte«[59].

Auch der letzte Ostvertrag, der Prager Vertrag, der am 11. Dezember 1973 durch Brandt und Lubomir Strougal sowie Scheel und Bohuslav Chnoupek unterzeichnet werden konnte,[60] war formal ein Gewaltverzichts- und Grenzanerkennungsvertrag. Ihn überschattete jedoch einerseits das Münchner Abkommen von 1938, mit dem die »alte« Tschechoslowakei zerschlagen worden war; andererseits erschwerte die Vertreibung der Sudetendeutschen aus der wiedererstandenen Tschechoslowakei nach 1945 das zwischenstaatliche Verhältnis. Aus der Frage, ob das Münchner Abkommen völkerrechtlich überhaupt jemals Gültigkeit erlangt oder ob es erst nach 1945 seine Gültigkeit verloren hat, erwuchsen jeweils erhebliche, in den Konsequenzen aber unterschiedliche Rechtsansprüche der Beteiligten. Mit eher vagen Kompromißformeln gelang zwar ein Vertragsabschluß, doch das eigentliche Problem wurde letzten Endes nur in die Zukunft verschoben.

Die bilateralen Gewaltverzichtsabkommen der Bundesrepublik verknüpften sich mit dem größeren Projekt einer europäischen Sicherheitskonferenz, an der auch die USA und Kanada teilnehmen sollten; bei ihr ging es darum, die Zusammenarbeit zwischen Ost und West zu intensivieren. Anfang Juli 1973 endeten die multilateralen und komplexen Vorgespräche zu den Themen und Verfahrensfragen einer solchen Konferenz, die jetzt »Konferenz über Sicherheit und Zusammenarbeit in Europa« (KSZE) genannt wurde; die beiden deutschen Staaten waren von Beginn an gleichberechtigt daran beteiligt. Am 1. August 1975 unterzeichneten 35 Staats- und Regierungschefs aus Europa, den USA und Kanada in Helsinki die Schlußakte der KSZE. In Form einer Absichtserklärung einigte man sich auf sogenannte »drei Körbe«: Korb I umfaßte politische Richtlinien und Grundsätze für die Erhaltung des internationalen Friedens; Korb II befaßte sich mit der Kooperation in den Bereichen Wirtschaft, Wissenschaft, Technik und Umwelt; Korb III, auf den die Bundesrepublik besonderen Wert legte, widmete sich humanitären Fragen und sah vor, zwischenmenschliche Kontakte in Europa sowie den Informations- und Kulturaustausch zu erleichtern.[61]

Abb.46:   *Zufriedene Gesichter in Helsinki: Der KSZE-Gipfel vom 30. Juli bis zum 1. August 1975, auf dem 35 Staaten Europas und Nordamerikas einer gemeinsamen Charta zustimmten, sollte die Entspannungspolitik verstetigen. Von links: Helmut Schmidt (Bundesrepublik Deutschland), Erich Honecker (DDR), Gerald Ford (USA) und Bruno Kreisky (Österreich).*

In der Entspannungspolitik verfolgten Ost und West zum großen Teil überein-
stimmende Ziele: Der Frieden sollte gesichert, die Rüstungslast vermindert und die
Zusammenarbeit zum wechselseitigen Vorteil intensiviert werden. Im November 1972
nahmen die USA und die UdSSR in Genf wieder Abrüstungsgespräche über die Begrenzung nuklearstrategischer Waffensysteme (SALT II) auf, nachdem die ersten, seit
1969 laufenden Verhandlungen am 26. Mai 1972 in Moskau zum SALT I-Abkommen
geführt hatten. Ende Dezember 1973 begannen MBFR-Verhandlungen über beider-
seitige Truppenreduzierungen in Mitteleuropa in Wien, an denen sich zwölf NATO-
Staaten und sieben Staaten des Warschauer Pakts beteiligten. Die Konferenz sollte sich
bis zum Frühjahr 1989 in 46 Gesprächsrunden hinziehen, aber zu keinem Ergebnis
führen. Trotz Übereinstimmungen – in einem Bereich schlossen sich die Erwartungen
gegenseitig aus: »Während man in Moskau und den anderen Hauptstädten des Ostblocks darauf bedacht war, durch die Vereinbarungen mit dem Westen die eigene
Herrschaft abzusichern, zielte die westliche Entspannungspolitik auch darauf, die
Freiheitsbeschränkungen im Osten zu überwinden.«[62] Insofern war die östliche Entspannungspolitik eher defensiv, die westliche in unterschiedlicher Intensität eher offensiv. Es bedeutete einen großen Fortschritt, daß in Helsinki humanitäre und Men-
schenrechtsfragen überhaupt vereinbart werden konnten. »Kaum ein Politiker«, so
bilanziert Helga Haftendorn, »konnte jedoch in seinen kühnsten Träumen vorherse-
hen, daß die KSZE-Schlußakte in den mittel- und osteuropäischen Staaten zum Refe-
renzdokument für eine im Verlauf der Jahre an Bedeutung zunehmende Bürgerrechtsbewegung würde.«[63] Diese Einschätzung verweist bereits auf die zeitgenössische
Kontroverse um die Neue Ostpolitik sowie auf deren Bilanz, die in der gegenwärtigen
Forschung unterschiedlich gezogen wird.

Mißtrauensvotum und Bilanz der Neuen Ostpolitik

Die Ostverträge und ganz besonders der Grundlagenvertrag mit der DDR führten in
der Bundesrepublik über Jahre hinweg zu einer politischen Polarisierung, wie man sie
seit Adenauers Westpolitik nicht mehr gekannt hatte. Es konnte sogar der Anschein
entstehen, daß die Innenpolitik der Bundesrepublik unaufhaltsam auf Entwicklungen
zusteuerte, die schon einmal den Boden für die Zerstörung der Demokratie bereitet
hatten. Längst war der Titel von Fritz René Allemanns Buch aus dem Jahr 1956: *Bonn
ist nicht Weimar* zu einem geflügelten Wort geworden. Aber lag nun, 15 Jahre später,
über Bonn nicht doch ein Hauch von Weimar?[64] Mußten gezielte Diffamierungen wie
»Erfüllungspolitiker«, »nationale Verräter« oder »Verzichtpolitiker« nicht ungute Erinnerungen aufkommen lassen? Andererseits war das Vokabular bei genauerer Betrachtung das gleiche geblieben wie in den 50er Jahren. Der Unterschied war nur, daß

es damals Adenauers deutschlandpolitische Gegner von der politisch linken Seite benutzt hatten, während es jetzt zu einem Tausch gekommen war und die nationale Parole von dort erschallte, wo sie traditionell eher beheimatet war: von der politisch rechten Seite. SPD und FDP, jene Parteien, die ein Jahrzehnt lang gegen jegliche Abstriche an der Forderung einer Wiedervereinigung mit eruptiver Leidenschaft gekämpft und in denkwürdigen Debatten als Verrat an Deutschland gebrandmarkt hatten, verfochten nun konsequent eine Anerkennung der deutschen Zweistaatlichkeit, während aus den Reihen von CDU und CSU, die lange Zeit den Nationalstaat als überholt bezeichnet und das Nationale insgesamt kleingeschrieben hatten, nun jene kamen, die mit den gleichlautenden Anwürfen ihrer Gegner von gestern gegen die Preisgabe des Gedankens nationaler Selbstbestimmung stritten.

Wie beim Streit um die Westintegration, so standen sich auch jetzt wieder grundsätzlich verschiedene politische Optionen gegenüber: Vertreter der sozialliberalen Koalition argumentierten, man müsse die Realitäten als Ergebnis des verlorenen Krieges anerkennen, um den Frieden sicher zu machen. Anders sei eine notwendige außenpolitische Handlungsfähigkeit nicht zu gewinnen. Nur in einer Atmosphäre der Entspannung und des Vertrauens könne eine Politik der Aussöhnung mit Osteuropa gedeihen, die das westeuropäische Friedenswerk Adenauers ergänze und fortsetze. Ohne eine Aussöhnung mit dem Osten schien eine deutsche Vereinigung – die gegen den Willen der Sowjetunion undenkbar war – nicht möglich. Bis unter dem Dach einer künftigen gesamteuropäischen Friedensordnung die Deutschen ihre Einheit wiederfinden würden, mußte die Einheit der Nation gestärkt, sollten menschliche Erleichterungen für die Deutschen in der DDR erreicht und zuverlässige Berlin-Regelungen gefunden werden.[65]

Die CDU/CSU-Opposition verwahrte sich gegen eine »Preisgabe« nationaler Besitzstände.[66] Sie glaubte, daß mit der Neuen Ostpolitik das Wiedervereinigungsziel abgeschrieben und die Teilung unwiderruflich anerkannt würde; Rechtstitel nationaler Art dürften nicht gegen ein Entgegenkommen in humanitären Fragen eingetauscht, die ehemaligen deutschen Ostgebiete nicht ohne Not aufgegeben werden. Die Rede von einem »zweiten Versailles« oder von »Deutschlands Kapitulation« verweist nicht nur auf das Übermaß an Polemik, sondern auch darauf, wie tief der Riß war, der durch die Bundesrepublik ging. Ein weiterer schwerwiegender Einwand betraf den ethisch-moralischen Aspekt: Durfte eine demokratische Regierung mit den kommunistischen Zwangsregimes im Osten, besonders mit der SED-Führung, gleichberechtigt verhandeln? In den Augen der Kritiker wurde auf diesem Weg die Grenze zwischen dem demokratischen Rechtsstaat und dem diktatorischen Unrechtsstaat verwischt. Der Einwand war ernstzunehmen; jedoch konnte man sich seine Gegenüber nicht aussuchen: Wenn man etwas für die Menschen erreichen wollte, mußte man notgedrungen mit den Staatsführungen sprechen und verhandeln. Außerdem warfen die Kritiker der Regierung eine Geheimdiplomatie und mangelnde Konsultation der Opposition vor. Zu guter Letzt wurden innen- und außenpolitische Aspekte miteinander vermengt: Wer dem linken Totalitarismus im Osten eine Art Gleichberechtigung zugestehe, laufe Gefahr, daß Linksextreme die Bundesrepublik unterwanderten und eroberten; letztlich, so vor allem der *Bayernkurier*, würde sich die Bundesrepublik im sowjetischen Hegemonialbereich wiederfinden.[67]

Solche schrillen Töne aus der Union verdeckten, daß die Partei in sich selbst gespalten war. Zwar wollte das Gros der CDU/CSU in der prinzipiellen Opposition verharren – so wie seinerzeit Kurt Schumacher die Sozialdemokraten auf eine intransigente Opposition gegen Adenauers Kurs festgelegt hatte. Aber damals, wie jetzt auch Anfang der 70er Jahre, folgten einige Politiker nur widerwillig. Vor allem über den Warschauer Vertrag waren sich die Christdemokraten uneins; einige Abgeordnete wie Richard von Weizsäcker oder Philipp von Bismarck hatten sich bereits seit längerem für eine Aussöhnung mit Polen eingesetzt, während der rechte Flügel um Heinrich Windelen – durch die Agitation der Vertriebenenverbände regelrecht radikalisiert – Stimmung gegen die Neue Ostpolitik zu machen versuchte. Eine Minderheit um Walther Leisler Kiep und Norbert Blüm sprach sich für eine konstruktive Mitgestaltung der Verträge aus; die große Mehrheit, zu der auch Rainer Barzel, Gerhard Schröder und Helmut Kohl zählten, lehnte die Verträge in der ausgehandelten Form ab, mahnte »Verbesserungen« an. Allerdings war die Union nach dem Abschluß des Viermächte-Abkommens über Berlin gezwungen, ihre Vorbehalte gegen die Ostverträge zu modifizieren. Da die Westmächte den Kurs der Bundesregierung unterstützten, konnte schwerlich weiterhin behauptet werden, diese befinde sich auf einem Irrweg, der sie vom westlichen Bündnis fortführe. Am 17. Mai 1972 passierte der Moskauer Vertrag mit 248 Ja-Stimmen der Koalition gegen 10 Nein-Stimmen und 238 Enthaltungen den Deutschen Bundestag; für den Warschauer Vertrag votierten am gleichen Tag ebenfalls 248 Abgeordnete mit Ja, 17 mit Nein, und 231 enthielten sich. Zwei Tage später ließ der Bundesrat bei Stimmengleichheit zwischen den von der SPD und der FDP und den von der CDU und der CSU regierten Ländern die Verträge passieren, die am 24. Mai 1972 in Kraft traten. Diese Strategie einer »Annahme trotz Ablehnung«[68] bot freilich angesichts der von der CDU/CSU beschworenen Überlebensfrage der Nation kein überzeugendes Bild.

Die Kontroversen um die Neue Ostpolitik nahmen nicht zuletzt deshalb ein so gewaltiges Ausmaß an, weil diese sich mit einer neuen Sicht auf die deutsche Geschichte verknüpfte. Die Ostpolitik verschob die Fluchtpunkte und erinnerte beharrlich daran, wo die Wurzel des Unheils lag – es begann nicht erst im Jahr 1945, sondern 1933 mit Hitler. Am 8. Mai 1970 nahm erstmals eine Bundesregierung im Deutschen Bundestag offiziell zum Ende des Zweiten Weltkriegs Stellung, und der Bundeskanzler warb um eine Aussöhnung mit den Opfern, besonders im Osten. Die CDU/CSU-Opposition hatte bereits einige Wochen zuvor »nationale« Bedenken gegen eine »Kapitulations-Würdigung« angemeldet; Niederlagen könne man nicht feiern, Schande und Schuld verdienten keine Würdigung. Es widerstrebe der Union, daß ein deutscher Bundeskanzler den Tag der deutschen Waffenniederlegung als einen Tag der Befreiung interpretieren könnte.[69]

Das Katastrophendatum 1933 stand aus sozialliberaler Perspektive in der direkten Kontinuität der deutschen Geschichte seit der Reichsgründung von 1871. Das Reich habe für die Deutschen und die Europäer in einer Sackgasse, ja Katastrophe geendet, weil der deutsche Einheitsstaat nicht aus einer demokratischen Volksbewegung hervorgegangen, vielmehr »von oben« durch »Eisen und Blut« geschmiedet worden und seither die Freiheit der Staatsbürger immer wieder auf der Strecke geblieben sei. Ausgerechnet in die Zeit des Moskauer und des Warschauer Vertrags fiel der 100. Jahrestag der Proklamation des deutschen Kaiserreiches. Am 17. Januar 1971, dem Vorabend des Jahrestags der Reichsgründung im Spiegelsaal von Versailles, hielt Bundespräsident Gustav Heinemann zur Hauptsendezeit nach der Tagesschau eine Fernsehansprache, die einer Abrechnung mit dem »Reich« gleichkam und in dem Satz gipfelte: »Hundert Jahre Deutsches Reich – das heißt eben nicht einmal Versailles, sondern zweimal Versailles, 1871 und 1919, und das heißt auch Auschwitz, Stalingrad und bedingungslose Kapitulation.«[70]

Es war vorherzusehen, daß diese Ansprache die Bevölkerung spalten würde. Emotionen kochten hoch, Heinemann, Brandt, Bahr und Scheel – die gesamte Riege der Ostpolitiker – wurden in konservativen Medien zu »Reichsfeinden« und »vaterlandslosen Gesellen« abgestempelt. Am Grabe Bismarcks in Friedrichsruh rühmte unterdessen der Bundeskanzler der Großen Koalition, Kurt Georg Kiesinger, die Reichsgründung.[71] Noch als Brandt eineinhalb Jahre später betonte, die deutsche Nation habe lange vor 1871 bestanden, sie lebe auch heute noch, obwohl auf dem Boden des Bismarckreiches nun zwei deutsche Staaten existierten, scholl ihm Ungeheuerliches entgegen. *Die Welt* gab Stellungnahmen von Unionspolitikern wieder, wonach die »Liquidation« des Reiches gerade im 100. Jahr seines Bestehens eine späte und perfide Rache der Sozialdemokraten an Bismarck sei.[72]

Für seine »Kaiserreich-Rede« erntete Heinemann auch Zustimmung, vor allem im westeuropäischen Ausland – wo kein Zweifel daran herrschte, daß die Bundesrepublik nach einer Einheit der Nation strebe, doch in anderen Formen als im 19. Jahrhundert, nämlich in friedlichen. Karl-Eduard von Schnitzler kommentierte Heinemanns Ansprache im *Neuen Deutschland*, dem Zentralorgan der SED, mit den Worten, daß sich im Westen lediglich die Mittel geändert hätten: Die Bundesrepublik strebe nach wie

vor eine Absorbierung der DDR und eine Neuauflage des Reiches an, weil sie dies jedoch mit »Eisen und Blut« nicht mehr könne, versuche man es jetzt mit »List und
Tücke«.[73] In der Bundesrepublik selbst war das Echo gespalten. Der Politikwissenschaftler und Zeithistoriker Karl Dietrich Bracher etwa bezeichnete die Zerschlagung
des Staatswesens von 1871 als notwendige Voraussetzung für eine neue deutsche
Staatlichkeit überhaupt: »Die zweite, endlich erfolgreiche Demokratie in Deutschland
ist nicht denkbar, nicht möglich, ohne das endgültige Scheitern der Reichskonzeption
mit all ihren imperialen Konsequenzen.«[74] Demgegenüber hielt es Theodor Schieder,
der um eine Generation ältere Historiker, für die alles entscheidende Frage, ob die historische Wirkungskraft des Reiches so groß sei, daß sie sein Ende als Anknüpfungs-
punkt für neue Formen überdauern könne. Nach seiner Ansicht kam es auch im Jahr
1971 darauf an, »das Tor nicht vorzeitig zu verschließen und die Möglichkeit nationaler Verbindung der Teile des Rest-Reiches, so wie sie sich seit 1945 gebildet haben, offenzuhalten.«[75] Im Frühjahr 1972, auf dem Höhepunkt der Ratifizierungsdebatte der
Ostverträge, veröffentlichten über 200 Historiker, Politologen und Soziologen eine
»Erklärung zur Ostpolitik«, in der sie die Mitglieder des Deutschen Bundestages aufforderten, den Verträgen zuzustimmen. Die Gruppe derer, die sich einer Gegenerklä-
rung anschlossen, blieb kleiner.[76]

Die erbitterte Kontroverse entzündete sich, wie so oft in der deutschen Geschichte,
am unterschiedlichen Nationsverständnis. Die Positionslichter bildeten die Jahreszah-
len 1848 und 1871. Während die Union ein Festhalten an der deutschen Staatsnation
forderte, wie sie sich nach 1871 entwickelt hatte, argumentierte die sozialliberale Koalition mit dem Begriff Kultur- oder auch Bewußtseinsnation.[77] Die historischen und
vor allem freiheitlich-demokratischen Wurzeln des deutschen Nationsverständnisses
wurden mit dem Revolutionsjahr 1848, kaum jedoch mit dem Datum der Reichsgründung, verbunden. 1848 war deshalb so bedeutsam, weil hier die deutsche Nation erstmals als politische Willensgemeinschaft in Erscheinung trat. Lange vor der Reichsgründung von 1871, so die Koalitionäre, habe es in Gestalt der Kulturnation bereits
ein die Kleinstaaterei überwölbendes gemeinsames Dach gegeben, ohne dessen Existenz 1871 gar nicht vorstellbar gewesen wäre. Die Rechtskontinuität vom Deutschen
Reich zur Bundesrepublik wurde von der Regierung nicht geleugnet, aber in ihrer
praktischen Relevanz erheblich relativiert. »Der Fortbestand der Nation«, so Herbert
Wehner, »hängt nicht in erster Linie von juristischen Vorbehalten, sondern davon ab,
daß auch in der nachwachsenden Generation Wille und Bewußtsein der Zusammen-
gehörigkeit lebendig bleiben«.[78] Nicht an der rechtlichen und territorialen Form des
deutschen Kaiserreichs entzündete sich die Kritik, sondern am politisch-sozialen Inhalt des obrigkeitsstaatlich überformten Reiches. Darüber hinaus schlug eine starke
ethisch-moralische Komponente durch, die sich aus der historischen Verantwortung

der Deutschen für den Nationalsozialismus ergab: Trotz der Spaltung Deutschlands den nationalen Zusammenhalt zu bewahren, dies deklarierten Sozialdemokraten und Liberale als eine Art historische Reifeprüfung.

Diesem entstaatlichten Nationskonzept setzte die CDU/CSU-Opposition ihrerseits ein staatszentriertes gegenüber. Das Bismarckreich, oder stellvertretend dafür das Jahr 1871, sei für den Nationsbegriff der Deutschen unverzichtbar. Staat und Gebiet, nicht allein Bewußtsein und Wille machten eine Nation aus. Letztlich wurden diese tradierten Rechtspositionen der Bundesrepublik Deutschland im Urteil des Bundesverfassungsgerichts (BVerfG) vom 31. Juli 1973, das von der Bayerischen Staatsregierung angerufen worden war, eindeutiger und restriktiver festgeschrieben, als es der Regierung zweckdienlich erschien. Zwar erklärte das BVerfG den Grundlagenvertrag mit der DDR für vereinbar mit dem Grundgesetz, er war also nicht das, was die Opposition in ihm erkennen wollte: ein »Teilungsvertrag«. Der Grundlagenvertrag ließ sich mit den Verpflichtungen des Grundgesetzes – bezogen auf die Wiederherstellung der staatlichen Einheit Deutschlands – in Einklang bringen. Das BVerfG-Urteil verpflichtete jedoch alle Verfassungsorgane, ihre Politik auf eine nationalstaatliche Lösung der deutschen Frage auszurichten, und diese Auslegung bedeutete einen Sieg für die Opposition und das von ihr vertretene staatszentrierte Nationsverständnis.[79]

Ganz grundsätzlich betrachtet warf die Neue Ostpolitik und besonders der Grundlagenvertrag mit der DDR die Frage nach dem historisch-politischen Standort der Bundesrepublik, nach ihrer Identität auf. Richard Löwenthal faßte den Zusammenhang zeitgenössisch in bange Worte: »Mit dem Schwinden der Wiedervereinigungshoffnungen, mit der Hinnahme einer auf den Status quo der Teilung Deutschlands und Europas gegründeten Ordnung für unbestimmte Zeit erhebt sich drängender noch als bisher die Frage: Wenn die Bundesrepublik nicht Kern eines wiederherzustellenden Nationalstaats ist – was ist sie dann?«[80] Das Problem spitze sich noch zu, weil sich die DDR als einzig rechtmäßiger deutscher Staat modelliere und sie sich mit vielfältigen Geschichtslegenden als allein legitime Erbin aller fortschrittlichen, revolutionären und freiheitlichen Bewegungen in der deutschen Geschichte präsentiere.

Vielen, besonders aber Bundespräsident Gustav Heinemann, waren solche Verdrehungen ein Dorn im Auge. Eine sozialliberale Geschichtsoffensive richtete sich deshalb seit 1969/70 gegen die flache historische Verwurzelung der Bundesrepublik. Das »Modell Deutschland« in Gestalt der Bundesrepublik erschien als »Friedensmacht« und setzte sich von der Hegemonial- und Kriegspolitik des Deutschen Reiches ab. Die bewußte Traditionsschöpfung aus dem Geist der Demokratie bezog sich dabei auf die Freiheitsbewegungen in der deutschen Geschichte seit dem Mittelalter, die im Westen so lange vernachlässigt und nahezu fahrlässig allein der DDR-Geschichtspolitik überlassen worden waren. Es handelte sich um einen Versuch der »Neugründung« der

Bundesrepublik mittels Geschichte und positiven Traditionen. »Mir liegt daran«, so Heinemann, »bewußtzumachen, daß unsere heutige Verfassung durchaus eigenständige Wurzeln hat und nicht nur eine Auflage der Sieger von 1945 ist«.[81] Traditionen waren für Heinemann kein Privileg konservativer Kräfte, obwohl diese am lautesten davon redeten; er wollte die Geschichte bis in die Schulbücher hinein anders geschrieben sehen: Nicht als Haupt- und Staatsaktionen, nicht als eine Geschichte der Sieger, die in Deutschland häufig die Obrigkeit darstellten, sondern als eine Geschichte der demokratischen, emanzipatorischen und revolutionären Kämpfe aus dem Volk heraus. Nur so konnte man diese Traditionen, im besonderen die Revolution von 1848/49, aus dem verfälschenden Klammergriff der SED herauslösen. »Wir stehen mit dem anderen deutschen Staat im Wettbewerb um die bessere Ordnung der öffentlichen Dinge, der Freiheit und Gerechtigkeit. Dazu gehört auch die Frage, wer sich mit mehr Recht auf die Freiheitsbewegungen berufen kann, und wer ihre Ziele besser verwirklicht hat oder verwirklichen wird«, so der Bundespräsident anläßlich der Eröffnung der Rastatter Erinnerungsstätte für die Freiheitsbewegungen in der deutschen Geschichte, deren Gründung 1974, zum 125. Jubiläum der Revolution von 1848/49, auf seine Initiative zurückging.[82] Heinemann ließ keinen Zweifel daran, für wie verwerflich er die Geschichtsklitterungen aus der DDR hielt. Aus der Anerkennung der DDR folgte für ihn eine ungeteilte Anerkennung der Bundesrepublik: »Wir sind, wenn auch lange widerwillig, ein Staat im vollen Sinne geworden. Das aber gibt uns auch unseren Platz in der Geschichte zurück.«[83] Wenngleich Deutschland teilbar war, die deutsche Geschichte war es nicht; es mußte daher der bisher sträflich vernachlässigte Deutungskampf um das nationale Erbe mit der DDR aufgenommen werden.

Heinemanns Anstöße rüttelten die westdeutsche Historiographie auf. Nicht wenige kritisierten seinen »Oberlehrerton«, der im Widerspruch zu einer freien Wissenschaft stand. Auch gegen die emanzipatorische Praxisbezogenheit von Geschichte und Geschichtswissenschaft wandten sich vor allem ältere Historiker. Doch Heinemanns Plädoyer, positive Traditionen der Bundesrepublik freizulegen, verfehlte seine Wirkung in der Öffentlichkeit und in der jüngeren Generation von Historikern, die Geschichte auch als Demokratiewissenschaft verstand, nicht.[84] Niemals zuvor war aus der politischen Sphäre heraus eine solche Geschichtslektion erteilt, war so unverhohlen ein neues Geschichtsbild und ein neues Geschichtsbewußtsein angemahnt worden. Eine der Folgen dieser Debatte war die linksliberale Theorie von der »postnationalen Demokratie«;[85] außerdem verstärkte sich der Diskurs über einen Verfassungspatriotismus unterschiedlicher Spielarten.[86] Die Berufung auf eigenständige freiheitlich-demokratische Traditionen der Bundesrepublik hatte allerdings die Schattenseite, daß nationszentrierte Ereignisse an den Rand gedrängt wurden. Im dreifachen Verfassungsjahr 1974 – als das Grundgesetz 25 Jahre alt wurde, die Weimarer

Verfassung 55 und die Paulskirchenverfassung 125 – belebten sozialliberale Politiker und Publizisten den Gedanken, an die Stelle des »Tags der Deutschen Einheit« am 17. Juni einen »fröhlichen« Verfassungstag am 23. Mai als Erinnerung an die Verabschiedung des Grundgesetzes einzuführen, um so eine Identifizierung mit der Bundesrepublik hervorzurufen, was indessen am Widerstand der CDU/CSU scheiterte.[87]

Seit 1969 waren die Mehrheitsverhältnisse für die sozialliberale Koalition äußerst prekär geworden, und die Situation spitzte sich weiter zu. Im Oktober 1970 wechselten drei FDP-Abgeordnete vom rechten Parteiflügel aus Protest gegen die Ostpolitik zur Union: Erich Mende, Heinz Starke und Siegfried Zoglmann. Ein Jahr darauf folgte Klaus-Peter Schulz von der SPD, allerdings verfügte er als Berliner Abgeordneter nicht über das volle Stimmrecht im Bundestag. Ende Januar 1972 wechselte auch der Sozialdemokrat Herbert Hupka, Vorsitzender der Landsmannschaft Schlesien und stellvertretender Vorsitzender des Bundes der Vertriebenen, in das Lager der Union. Somit verfügte das Regierungslager noch über 250, die Opposition über 246 voll stimmberechtigte Abgeordnete im Deutschen Bundestag. Zwei weitere FDP-Mandatsträger, Gerhard Kienbaum und Knut von Kühlmann-Stumm, galten bei bevorstehenden entscheidenden Abstimmungen als potentielle »Überläufer«, dazu mindestens ein weiterer SPD-Abgeordneter. Die Opposition fühlte sich im Aufwind, vor allem beflügelte sie das Ergebnis der Landtagswahl in Baden-Württemberg vom 23. April 1972, in der die CDU triumphierte, sich um 8,7 % steigern konnte und die absolute Mehrheit von 52,9 % der Stimmen errang. Als ein weiterer FDP-Abgeordneter seiner Partei den Rükken kehrte, hatte die sozialliberale Koalition die absolute Mehrheit im Bundestag eingebüßt.

Oppositionsführer Rainer Barzel vermutete mit einigem Recht, daß sich in den Reihen von SPD und FDP noch weitere unsichere Kantonisten befanden, und wagte den Schritt zum Kanzlersturz mit Hilfe des konstruktiven Mißtrauensvotums – ein in der Geschichte der Bundesrepublik bis dahin einmaliger Vorgang.[88] Zwei Tage nachdem der Antrag auf Abwahl des amtierenden Bundeskanzlers gestellt worden war, fand am 27. April die Abstimmung darüber statt. Niemand durfte fehlen, selbst schwerkranke Abgeordnete wurden aus dem Krankenhaus im Rollstuhl in den Plenarsaal gefahren. Alle Kräfte wurden aufgeboten, auch illegale: Es steht heute fest, daß Bestechungsgelder an mindestens einen CDU-Abgeordneten flossen, und zwar von seiten der Sozialdemokraten und von seiten der DDR.[89] Stimmen wurden gekauft. Statt der erforderlichen 249 Stimmen erhielt Barzel so nur 247, das konstruktive Mißtrauensvotum war gescheitert, Brandt blieb Bundeskanzler, Barzel war am Boden zerstört. Doch dies änderte nichts daran, daß das Stimmenverhältnis für die Regierung weiterhin kritisch war, bei einer späteren Sachabstimmung kam es zum Patt; die Regierung mußte den Weg für vorgezogene Neuwahlen freimachen.

Einen Wahlkampf wie den zu den Bundestagswahlen vom 19. November 1972 hatte die Bundesrepublik bis dahin noch nicht erlebt. Die Politisierung der Bürgerinnen und Bürger nahm ungeahnte Ausmaße an. Zahlreiche »Wählerinitiativen« bildeten sich, Prominente ergriffen öffentlich Partei, erstmals bekundete man mit Buttons und Aufklebern seine politischen Sympathien. Willy Brandt ritt auf einer Welle der Sympathie: Ihm war im Oktober 1971 in Oslo der Friedensnobelpreis verliehen worden, weil er, so die Begründung des Komitees, mit der Neuen Ostpolitik die Hand zur Versöhnung zwischen alten Feindesländern ausgestreckt habe. Er stand weltweit in hohem Ansehen, seine Ostpolitik gewann den Nimbus einer Friedenstat, und die Mehrheit der Deutschen war stolz auf diese Auszeichnung. Sein Konkurrent Rainer Barzel hatte keine Chance gegen einen Bundeskanzler, der Politik und Moral zur Deckung zu bringen schien, denn viele sahen in ihm nur einen kläglich gescheiterten »Königsmörder«. Bei einer Rekordwahlbeteiligung von 91,1 % wurde die SPD erstmals in der Geschichte der Bundesrepublik stärkste Partei im Deutschen Bundestag. Sie erreichte 45,8 % (1969: 42,7 %), die CDU/CSU 44,9 % (1969: 46,1 %) und die FDP 8,4 % (1969: 5,8 %). Im Mai 1973 trat Barzel von seinem Amt als Vorsitzender der CDU/CSU-Bundestagsfraktion zurück, wenig später legte er auch den CDU-Parteivorsitz nieder. Karl Carstens wurde neuer Fraktionsvorsitzender, und im Juni 1973 wählte ein Sonderparteitag Helmut Kohl, den Ministerpräsidenten von Rheinland-Pfalz, zum neuen Vorsitzenden der CDU.

Einer Umfrage zufolge, die vor den Neuwahlen 1972 stattfand, befürworteten 82 % der Bevölkerung die sozialliberale Ostpolitik.[90] Man wird solch hohe Werte auch als den Ausdruck eines emotionalen Bedürfnisses interpretieren können, »nach den Jahrzehnten des Schreckens, dessen man sich nach der Verdrängung in den fünfziger Jahren nun erinnerte, ein positives Verhältnis zu den Nachbarvölkern zu finden«.[91] Tatsächlich war die Bundestagswahl vom 19. November 1972, ebenso wie diejenige vom 6. September 1953, eine Abstimmung über den außen- und deutschlandpolitischen Kurs. Beide Male handelte es sich um eine Art Plebiszit über die Außen- und Deutschlandpolitik. Während 1953, nach den Stalin-Noten und dem Aufstand des 17. Juni in der DDR, die Bundesrepublik unter einem antikommunistischen und antinationalistischen, westlichen Grundkonsens befestigt worden war, der der CDU/CSU die absolute Mehrheit an Mandaten eingebracht hatte, begründete 1972 die Aussöhnungspolitik gegenüber dem Osten und die Formel von den zwei Staaten in Deutschland, die füreinander nicht Ausland sein könnten, eine Art neue Legitimität der Bundesrepublik, die von den Bürgern mehrheitlich gutgeheißen wurde.[92]

Insofern bedeutete die Neue Ostpolitik auch eine Art von Selbstanerkennung der Bundesrepublik Deutschland. Man arrangierte sich mit der Nachkriegsordnung, mußte sich mit ihr arrangieren, sollten Handlungsspielräume in einer neuen weltpolitischen Lage, die auf Sicherheit und Entspannung ausgerichtet war, gewonnen werden. Die heutige Forschung streicht dabei den aktiven politischen Willen der sozialliberalen Bundesregierung heraus: An die Stelle bis dahin eher unverbindlicher Gewaltverzichtserklärungen, aber auch östlicher Maximalforderungen traten Abmachungen, in denen beide Seiten sich bereit erklärten, ihre Beziehungen zueinander im Interesse des Friedens zu normalisieren. Nur so konnte Vertrauen wachsen, eine Isolation vermieden und letztlich die deutsche Frage offengehalten werden. Auch spätere Bundesregierungen setzten diese Politik fort; Westintegration und Neue Ostpolitik gehörten im Verständnis aller maßgeblichen politischen Akteure zusammen, wie zwei Seiten einer Medaille. Ebenso wie sich eine »posthume Adenauersche Linke« entwickelt hatte, die die Westbindung tief verinnerlichte,[93] so entstand auch eine »post-Brandtsche Rechte«, die die Neue Ostpolitik als historische Zäsur und zweite Hälfte der westdeutschen Außenpolitik anerkannte und sich selbst in deren Kontinuität stellte.[94]

Schwierig ist es, den Anteil zu ermessen, den die Neue Ostpolitik an der überraschenden deutschen Vereinigung des Jahres 1989/90 hatte. Hinter dieser Frage verbirgt sich der Streit darüber, wem der Lorbeer der deutschen Einheit zusteht, und dementsprechend kontrovers sind die Meinungen. War das Konzept eines »Wandels durch Annäherung« eine subversive Tat gegen die kommunistische Diktatur in der DDR? In dieser Deutung hing das Regime – nachdem die Neue Ostpolitik die Bundesrepublik aus der Sackgasse christdemokratischer Deutschlandpolitik herausgeführt hatte – am »goldenen Angelhaken«, den die bundesdeutsche Politik ausgelegt hatte und der die DDR in einen ruinösen Wandel trieb, an dem sie schließlich zugrunde ging.[95] Dieser »Angelhaken-Theorie« steht die »Konsolidierungs-Theorie« gegenüber, wonach die Neue Ostpolitik die östlichen Machtstrukturen und Repressionssysteme im Zeichen einer Status-quo-Anerkennung verlängert und stabilisiert, somit eine Vereinigung Deutschlands verzögert hat.[96]

Eine Bilanz der Neuen Ostpolitik wird, wie meistens, »gemischt« ausfallen müssen.[97] Es war das historische Verdienst der sozialliberalen Koalition, im Osten die Angst vor einem revanchistischen Deutschland zerstreut zu haben. Erst nachdem dieses Schreckgespenst gewichen war, eröffnete sich eine Art magische Anziehungskraft des westlichen, namentlich westdeutschen Modells auf viele Menschen in Osteuropa. Allerdings zeigten die folgenden Jahre, daß eine erhoffte Liberalisierung in den östlichen Diktaturen ausblieb. »Der Westen«, so Timothy Garton Ash, »konnte nie so viel Besänftigung anbieten, daß die kommunistischen Machthaber sich entspannten, denn die inneren Spannungen dieser Staaten waren durch das Wesen ihrer Systeme und nicht nur durch die äußeren Spannungen des Kalten Krieges bestimmt.«[98] Seit der Neuen Ostpolitik ließen sich alle Bundesregierungen von der DDR humanitär erpressen, indem sie für Menschen und menschliche Erleichterungen in barer Münze zahlten. Aber soll man dies anprangern? Ist nicht vielmehr Bonn zu loben, weil es Geld gab und den Stolz zurückstellte, um den Landsleuten im Osten zu helfen? Seit Ende der 70er und in den 80er Jahren vergaßen im Westen allerdings viele, mit wem man sich im Osten hatte einlassen müssen, nämlich mit Diktatoren. Namentlich die »zweite Ostpolitik« der SPD, die während ihrer Oppositionszeit nach 1982 verfolgt wurde,[99] aber auch das Regierungshandeln, wie der Staatsbesuch Erich Honeckers in der Bundesrepublik im Herbst 1987, ließen den Eindruck entstehen, Frieden solle mit der Freiheit der osteuropäischen Menschen erkauft werden.

Reformeuphorie und »Modell Deutschland«

Willy Brandts Regierungserklärung vom 28. Oktober 1969 erinnerte nicht wenige Beobachter an John F. Kennedys Aufbruch zu den neuen Grenzen, und tatsächlich hatte Brandt den jungen amerikanischen Präsidenten bewundert und übernahm vieles von seinem Politikstil. Als »Manifest des Neubeginns« und als die »hochfliegendste Regierungserklärung« in der bisherigen Geschichte der Bundesrepublik sind die Worte des ersten sozialdemokratischen Bundeskanzlers im Deutschen Bundestag bezeichnet worden, nicht zuletzt weil sie eine umfassende »Politik der inneren Reformen« versprachen.[100] Brandt präsentierte ein ganzes Füllhorn an Versprechungen der sozialliberalen Koalition, die er in griffige Schlüsselbegriffe kleidete. Er betonte zwar die Kontinuität zur bisherigen Politik, doch seine Regierungserklärung war, für jedermann offensichtlich, ein Gegenentwurf zum christdemokratischen Politikverständnis: An die Stelle von Adenauers Erfolgsslogan »Keine Experimente« setzte er »Keine Angst vor Experimenten«, gegen Ludwig Erhards »Formierte Gesellschaft« wartete er mit »Mehr Demokratie wagen« auf. Brandt rückte Reformen in Bildung, Wissenschaft und Technologie an die erste Stelle seiner Vorhaben, ebenso Reformen des Strafrechts. Die Leitbegriffe lauteten »Mitverantwortung«, »Mitbestimmung«, »soziale Demokratie«, »Partizipation«, »Überwindung überkommener Hierarchien«, mehr »Humanität« und »Gleichheit der Lebenschancen«, mehr »Freiheit« und generell eine sämtliche Dimensionen übergreifende Modernisierung. Das Konzept gipfelte in einem zuweilen pathetischen Bekenntnis zur Demokratisierung von Staat und Gesellschaft. Es war ganz und gar Brandts Handschrift, die hier zum Tragen kam; bereits im Mai 1969 hatte er auf den grundsätzlichen Unterschied im Demokratieverständnis von Union und SPD hingewiesen: »Für die CDU/CSU bedeutet Demokratie eine Organisationsform des Staates. Für die SPD bedeutet Demokratie ein Prinzip, das alles gesellschaftliche Sein des Menschen beeinflussen und durchdringen muß.«[101]

Die innenpolitische Agenda für die Legislaturperiode las sich so: Der im Grundgesetz der Bundesrepublik vorgezeichnete Demokratisierungsprozeß müsse in Schwung gebracht werden, und dieses Vorhaben sei mit einer »Untertanengesinnung« in der Bevölkerung nicht vereinbar. Freiheitlich-demokratische Traditionen, Bürgertugenden, soziale und emanzipatorische Bewegungen – daran habe es seit der Adenauerzeit gemangelt. Nicht nur die Rechts-, sondern auch die Sozialstaatlichkeit sollte nun ernst genommen werden; nicht allein um das Bewahren, sondern um das Erstreiten von Freiheiten müsse es gehen. Die zweite deutsche Demokratie stand, so legte es das Programm der sozialliberalen Koalition nahe, erst am Anfang einer wirklich freiheitlichen Periode deutscher Geschichte. Dieser Anspruch war teils überspannt – natürlich hatte es zuvor bereits mehr als nur eine »formale« Demokratie in der Bundesrepublik gegeben –, teils war die dahinter aufschimmernde legitimatorische Überhöhung den äußerst knappen Mehrheitsverhältnissen geschuldet; die Koalition mußte schließlich zusammengeschweißt werden. Darüber hinaus zielte die Reformpolitik nicht allein darauf ab, Verkrustungen nach langer Unionsherrschaft zu überwinden, zugleich sollte sie auch gegen die neomarxistische Re-Ideologisierung infolge der Studentenbewegung immunisieren, deren politisches Feindbild die parlamentarische Demokratie westlicher Provenienz darstellte. Sie war, was angesichts der unruhigen Zeiten nicht geringgeachtet werden darf, ein Signal von Problembewußtsein und Veränderungswilligkeit, ein Angebot an die junge, kritische Generation, die liberale Demokratie der Bundesrepublik anzunehmen und auf evolutionärem Wege ständig zu verbessern, statt ihr Reformunfähigkeit zu unterstellen und Zuflucht bei revolutionären »Systemveränderern« zu suchen.

Soziostrukturell hatte die Reformpolitik insbesondere vier Zielgruppen im Visier – allesamt aktive oder potentielle Wähler der Regierungskoalition: das gewerkschaftlich-städtische Milieu, die Schicht der mittleren Angestellten und Beamten, einschließlich der »Schiller-Wähler« – Wirtschaftsminister Karl Schiller wirkte in diesen Kreisen als Zugpferd im Wahlkampf –, Frauen und Jungwähler. Die programmatischen Unterschiede zur Großen Koalition lagen nicht in einer ganz grundsätzlichen Änderung der Reformpolitik, sondern in der Häufigkeit der Reformen, in der größeren Intensität, auch in den Inhalten – vor allem Partizipationsausweitung und Eindämmung sozialer Ungleichheit –, schließlich in der Ergänzung des wirtschaftlichen Zielkatalogs um die Ziele der »gerechten Einkommensverteilung«, »Humanisierung der Arbeitswelt« und Steigerung der »Lebensqualität«.[102]

Eine umfassende, dem Zeitverständnis nach »moderne« Reformpolitik setzte staatliches Eingreifen voraus, durfte sich aber nicht mit Einzelmaßnahmen begnügen, sondern mußte das große Ganze im Blick haben, mußte rational und sozialwissenschaftlich begleitet werden und unterschiedlichste gesellschaftliche Gruppen beteiligen. So wurde eine Vielzahl an Organisationen, Räten, Gremien und Gesprächskreisen gebildet. Alle Fäden liefen im Bundeskanzleramt zusammen, wo der junge Horst Ehmke,

Freiburger Juraprofessor und nach Heinemanns Wahl zum Bundespräsidenten kurz-
zeitig Justizminister der Großen Koalition, im Ministerrang als neuer Chef agierte.
Ehmke durchforstete das Amt in seiner ihm eigenen willensstarken, ebenso brillanten
wie naßforschen Art und organisierte es völlig neu als Schaltzentrale der Macht. Er
stockte es personell erheblich auf und gerierte sich zum Unmut einiger Kabinettskollegen – allen voran Karl Schiller und Verteidigungsminister Helmut Schmidt, die sich
wiederum beide als »Stars« der Regierung betrachteten und sich nicht grün waren – als
eine Art »Oberminister«.[103] Die von Ehmke ausgebaute Planungsabteilung, die mit
modernsten EDV-Methoden den Reformschwung ressortübergreifend orchestrieren
sollte, bezeichnete Schmidt einmal boshaft als »Kinderdampfmaschine«.[104] »Wir gingen guten Mutes, teilweise aber auch ziemlich naiv ans Werk«, so Ehmke im Rückblick.
Er setzt hinzu: »Bald wurde uns klar, daß das, was wir uns vorgenommen hatten, sehr
viel schwieriger zu verwirklichen sein würde, als wir gedacht hatten.«[105] Wie verlief die
Politik der inneren Reformen, welches waren ihre Ergebnisse?

Fast alle politischen Kräfte hatten sich bereits im Bundestagswahlkampf 1969 für
die Herabsetzung des Wahlalters ausgesprochen, und am 18. Juni 1970 billigte der
Deutsche Bundestag mit großer Mehrheit, daß das aktive Wahlrecht von bisher 21 auf
18 Jahre und das passive von bisher 25 auf 21 Jahre herabgesetzt wurde; dies dehnte
die Wahlberechtigung auf 2,5 Mio. weitere Bürger aus. Ein überparteilicher Konsens
herrschte zunächst auch hinsichtlich einer qualitativen Erneuerung des Bildungswesens, doch bald ging von diesem Thema eine verbissene Politisierung aus, die fast
ein Jahrzehnt lang zu einer »Art von bildungspolitischem Dauerkrieg«,[106] zu einem
»fanatisch geführte(n) Kulturkampf« führte.[107] Am 13. Februar 1970 hatte die Bildungskommission des Deutschen Bundestages einen »Strukturplan für das Bildungs-
wesen« vorgelegt, der eine verstärkte Durchlässigkeit zwischen Haupt-, Realschulen
und Gymnasium vorsah. Der Bundesregierung ging dieser Plan nicht weit genug, sie
forderte mehr Chancengleichheit, mehr Emanzipation, um Selbstverantwortung und
Mündigkeit zu stärken, und sah den Königsweg dazu in der Errichtung von Gesamt-
schulen und Gesamthochschulen. Das Dorado emanzipatorischer Lern- und Bil-
dungsziele erblickten die einen in den besonders weitgehenden Hessischen Rahmen-
richtlinien für Deutsch und Gesellschaftslehre; die anderen sahen darin mit Karl
Carstens, dem seit 1973 amtierenden neuen Fraktionsvorsitzenden der Union, die
Ausgeburt einer »kommunistisch-soziologische(n) Ideologie«.[108] Der Streit schwelte
noch viele Jahre, die Bildungsdiskussion lief sich fest, einen eindeutigen Ausgang gab
es nicht, vielmehr brachte der bundesdeutsche Föderalismus bildungspolitische Vielfalt hervor.

An den Hochschulen schlugen die Wellen ebenfalls hoch, weil – orientiert am
Prinzip der Demokratisierung – die Ordinarienuniversität durch die auf dem Ge-

danken der Mitbestimmung beruhende »Gruppen-Universität« abgelöst wurde. Eine nicht bedachte Kehrseite dieser Maßnahme war, daß Demokratisierung auch in Gruppen-Egoismus umschlagen konnte und tatsächlich umschlug.[109] Ob eine Expansion der Bildungseinrichtungen stets und unweigerlich zu Qualitätseinbußen führt, mag man bekräftigen oder bestreiten, immerhin erhöhte das am 1. September 1971 in Kraft getretene Bundesausbildungsförderungsgesetz (BAföG) die Chancen für jene, die bisher unterprivilegiert, aber deshalb nicht weniger begabt als andere waren.

Die sozialpolitische Aktivität insgesamt wurde ruckartig gesteigert. Die Jahre von 1969 bis 1974 stechen »als die Phase der größten Beschleunigung wohlfahrtsstaatlicher Expansion ins Auge«.[110] Die Eindämmung sozialer Ungleichheit und der Ausbau des Wohlfahrtsstaates waren von überragender Bedeutung für die Reformpolitik, vom Arbeitsschutz und der Arbeitssicherheit über den Anspruch auf Vorsorgeuntersuchungen, der Dynamisierung der Kriegsopferversorgung, der Erweiterung der Krankenversicherung auf Landwirte und Studenten, der Steuerreform – die allerdings nicht, wie angekündigt, ein »Jahrhundertwerk« wurde, sondern nur zu gewissen Umverteilungen im Rahmen des bestehenden Systems führte[111] – bis hin zum spektakulärsten Projekt, der Rentenreform von 1972. Insgesamt stieg das Sozialbudget zwischen 1970 und 1975 um mehr als ein Drittel.[112]

Das Gesetz zur Rentenreform wurde 1972 mitten im heftigen Wahlkampf nach der vorzeitigen Parlamentsauflösung verabschiedet – und ist ein Lehrstück über den »Nutzen und Nachteil parlamentarischer Parteienkonkurrenz«, weil sich beide Volksparteien sozialpolitisch übertrumpfen wollten. So wurde die Reform mit unterschiedlichsten Konzeptionselementen völlig überfrachtet: Das allgemeine Rentenniveau erhöhte sich kräftig, eine Mindestrente wurde eingeführt, ebenso die flexible Altersgrenze ab 63 Jahren, wenn man 35 anrechnungsfähige Versicherungsjahre vorweisen konnte – nach 25 Jahren war es möglich, eine Mindestrente von 75 % des durchschnittlichen Rentenanspruchs zu erhalten –, und die Rentenversicherung öffnete sich auch für Selbständige und Hausfrauen.[113] Diese sich gegenseitig überbietende Konsenspolitik stieß bei der Bevölkerung auf große Zustimmung, hinterließ jedoch immense Folgeprobleme in späteren Jahren, als die viel zu optimistische Prämisse der Reformpolitik – stetiges Wirtschaftswachstum bei andauernder Vollbeschäftigung – in die Brüche ging. Damals ist der Grundstein für die schädliche Abkoppelung der sozialen Leistungsansprüche von der finanziellen Leistungskraft gelegt worden.

Während die Reformen im Ehe- und Familienrecht u.a. zu einer rechtlichen Gleichstellung der Ehepartner führten sowie nichteheliche Kinder den ehelichen gleichstellten – etwa mit Blick auf Erbansprüche gegenüber dem Vater –, wurde die ethisch, politisch und rechtsphilosophisch schwierigste Debatte mit einem Paukenschlag eröffnet: Auf dem Titelblatt der Illustrierten *Stern* vom 3. Juni 1971 waren pro-

Abb.47: *Es kommt nicht oft vor, daß Titelseiten von Illustrierten ein großes Thema in all seiner Brisanz einfangen. Der Skandal-Titelseite des »Stern« vom 6. Juni 1971 mit dem Abtreibungs-geständnis von 374 Frauen gelang dies. Ausgelöst hatte die Kampagne Alice Schwarzer nach französischem Vorbild. Der Streit um den § 218 trug erheblich zur Bildung der neuen Frauen-bewegung bei.*

minente Frauen abgebildet, die sich selbst bezichtigten: »Wir haben abgetrieben! 374 deutsche Frauen halten den § 218 für überholt und erklären öffentlich: ›Wir haben gegen ihn verstoßen‹«. Damit machten sie sich nach geltendem Recht strafbar. In vielen westlichen Demokratien wurde in den 70er Jahren der Streit um die Strafbarkeit von Abtreibungen ausgefochten, fast überall mit liberalisierendem Ausgang. Gegenüber standen sich die sogenannte Fristenregelung, die der Frau, jedenfalls für die erste Phase der Schwangerschaft, faktisch freies Verfügungsrecht über das ungeborene Kind einräumt, und die sogenannte Indikationslösung, die einen Schwangerschaftsabbruch

nur in bestimmten Notlagen – unter bestimmten Indikationen – zuläßt. Tötungsver-
bot und Menschenwürde des ungeborenen Lebens auf der einen Seite, Selbstbestimmungsrecht von Frauen, deren Lebenschancen durch die Geburt ungewollter Kinder
massiv beeinträchtigt werden, auf der anderen Seite: Es gab und gibt keine einfachen
Lösungen in dieser Diskussion. Der Bundeskanzler, selbst ein uneheliches Kind, argumentierte öffentlich sehr zurückhaltend und äußerte sich privat »gegen eine Auf-
lockerung des § 218 – aus sehr persönlichen Gründen«.[114] Die Liberalen entschieden
sich für eine Fristenlösung, durch die Sozialdemokraten ging ein Riß, der Union
schien eine eng gefaßte Indikationslösung hinnehmbar. Die Kirchen, vor allem die katholische Kirche, lehnten die gesamte Debatte ab. Eine Meinungsumfrage von 1973
förderte indessen zutage, daß 83% der befragten Frauen die Freigabe der Abtreibung
befürworteten, viele mit der trotzigen Parole »Mein Bauch gehört mir«.[115] Im April
1974 votierte der Deutsche Bundestag mit knapper Mehrheit für eine Fristenlösung,
die vom Bundesverfassungsgericht im Februar des darauffolgenden Jahres als verfassungswidrig verworfen wurde; schließlich kam es zu einer relativ weitgefaßten Indikationslösung.

Völliges Neuland betrat die sozialliberale Bundesregierung mit ersten Schritten
einer Umweltschutzpolitik. Zwar wurde noch kein eigenes Ministerium gegründet –
man beließ es bei der Einrichtung des Umweltbundesamts in Berlin –, doch das Bundesministerium des Innern entwickelte in kürzester Zeit und angeregt von der fortge-
schritteneren Umweltpolitik in den Vereinigten Staaten eine institutionelle Kooperation zwischen Bund und Ländern und schloß damit zu den USA auf. 1971 wurden
Gesetze zum Schutz gegen Fluglärm und zur Verminderung der Luftverunreinigung –
u.a. Senkung des Bleigehalts im Benzin – verabschiedet. Zukunftsweisend waren die
gültigen Grundsätze des Vorsorge- und Verursacherprinzips. Politische Maßnahmen
wurden auf Umweltverträglichkeit überprüft, die Umweltforschung erfuhr einen Ausbau, und man zielte insgesamt darauf, das noch schwach entwickelte Umweltbewußt-
sein der Menschen zu stärken.[116] In diesem Zusammenhang ist auch das Städtebau-
förderungsgesetz von 1971 zu sehen, das Eingriffsmöglichkeiten der öffentlichen
Verwaltung gegen Bodenspekulationen bot sowie Sanierungs- und Entwicklungsvor-
haben der Kommunen erleichterte.

Die Reformpolitik erschöpfte sich somit nicht im Ausbau des Wohlfahrtsstaates,
der geradezu »klassischen« Variante einer Reform durch Zugeständnisse von oben. Sie
umfaßte darüber hinaus bereits postmaterielle, ökologische Dimensionen. Und schließlich bezog sich »mehr Demokratie« nicht allein auf den öffentlich-rechtlichen Bereich,
sondern auch auf den wirtschaftlichen: Ein neues Betriebsverfassungsgesetz, das die
Mitbestimmung ausbaute, sollte »Prunkstück der Koalition« sein.[117] Allerdings stieß
dieses Reformvorhaben, wie nicht anders zu erwarten, auf heftigen Widerstand. Auf

seiten der Industrie wurde der Verdacht geäußert, es handele sich um Vorstufen einer Zurückdrängung der privaten Verfügungsgewalt über die Produktionsmittel, um ein Aushebeln der sozialen Markwirtschaft.[118] Der DGB hatte bereits seit einigen Jahren gefordert, die Unternehmensmitbestimmung nach dem Muster der Montanindustrie mit ihren paritätisch besetzten Aufsichtsräten auf alle größeren Unternehmen zu übertragen. Konkret ging es nun um etwa 650 Großunternehmen mit annähernd 5 Mio. Beschäftigten. Doch die Vorstellungen der Gewerkschaften trafen auf viele Hindernisse; auch die neue FDP hatte erhebliche Schwierigkeiten mit einer weitgehenden Mitbestimmung, so fehlte bereits in der Koalition die Eintracht.

Das Betriebsverfassungsgesetz von 1972 erleichterte den Gewerkschaften den Zugang zu den Betriebsräten. Ihre Rechte wurden in personellen und sozialen Angelegenheiten ausgeweitet. Ausgeklammert blieb jedoch zunächst das Herzstück: die Arbeitnehmermitbestimmung. Eine unendlich zähe Diskussion folgte; sie schleppte sich in die Jahre der weltweiten Wirtschaftskrise hinein, die nach dem »Ölschock« Ende 1973 begann und am wirtschaftlichen Tiefpunkt 1975 zu über einer Million Arbeitslosen in der Bundesrepublik führte – ein Sockel, der auch bei einem neuerlichen Aufschwung kaum mehr abgebaut werden konnte. Die Gewerkschaften gerieten in die Defensive. Erst im März 1976 verabschiedete der Deutsche Bundestag in einem weitausgreifenden Kompromiß, der auch wesentliche Teile der Opposition einschloß, ein Gesetz zur Mitbestimmung. Bereits vorab wurde dabei die erwartete Verfassungsklage der Unternehmer mitreflektiert: Es sollte zwar in den betreffenden Unternehmen eine Parität zwischen Belegschaftsvertretern und Anteilseignern geben, doch auf seiten der Arbeitnehmervertreter befand sich mindestens ein leitender Angestellter – diese Gruppe war in den gewerkschaftlichen Vorstellungen von Parität nicht vorgesehen gewesen –, und in Pattsituationen besaß der Aufsichtsratsvorsitzende eine zweite Stimme. Die Gewerkschaften erhielten lediglich das Recht, Vertreter vorzuschlagen, nicht aber, sie zu delegieren.

Spätestens mit dem Beginn der Ölkrise Ende 1973 überschnitt sich die größte Wirtschaftskrise, von der die Bundesrepublik bis dahin erfaßt wurde, mit der Reformpolitik, der somit im wahrsten Sinne des Wortes das Geld ausging. Folge war eine Politik der »Reformökonomisierung«:[119] Auf den Weg gebracht wurden zunehmend nur noch Reformen, die nichts kosteten. Die Kluft zwischen den vormaligen Versprechen und der Realität vergrößerte sich; Enttäuschungen blieben nicht aus. Doch bereits von Anfang an war die wirtschaftliche Lage die Achillesferse der »Politik der inneren Reformen«. Die Auswirkungen des Vietnamkrieges beeinträchtigten die europäische Währungsstabilität seit 1970 massiv. Ein spekulativer Währungszufluß nach Europa ergab sich aus dem dauerhaften Zahlungs- und Handelsbilanzdefizit der USA. Im August 1971 kündigten die Amerikaner praktisch das seit 1944 bestehende

Weltwährungssystem von Bretton Woods, indem sie von der Golddeckung des Dollars abrückten. Den wachsenden Währungsschwierigkeiten versuchten die Europäer im März 1972 dadurch beizukommen, daß sie die Wechselkurse gegenüber dem Dollar freigaben, diese innerhalb der EG jedoch mit einem gewissen Spielraum – der »Währungsschlange« – beibehielten. Inflationsgefahr, steigende Preise, wachsendes Haushaltsdefizit: Die Spielräume für eine nationale Reformpolitik wurden eng.

Diese Situation führte zu frühen Aderlässen der Koalition in Form von Ministerrücktritten: Im Mai 1971 trat Finanzminister Alex Möller angesichts der überzogenen Ausgabe-Wunschlisten seiner Kabinettskollegen entnervt zurück. Er fürchtete um die Stabilität und Seriosität des Bundeshaushalts und wollte nicht als »Inflationsminister« in die Geschichte der Bundesrepublik eingehen.[120] Im April 1972 folgte Karl Schiller. Nach Möllers Rücktritt war dieser »Superminister« für Wirtschaft und Finanzen geworden, fühlte sich als starker Mann im Kabinett, eckte indes überall an, vertrat andere Auffassungen im Währungsbereich – es ging um geeignete Maßnahmen zur Bekämpfung des Devisenzuflusses – als Bundesbankchef Karl Klasen und der Leiter der Wirtschaftsabteilung im Kanzleramt, Karl Otto Pöhl. Als sich Schiller mit seiner Idee eines »Floatings« der europäischen Währungen, welches zu einer weiteren Aufwertung der D-Mark geführt hätte, nicht durchsetzen konnte, warf er das Handtuch, trat sogar aus der SPD aus (kehrte aber Jahre später wieder zurück). Helmut Schmidt rückte auf und wurde sein Nachfolger.

Während die Außenpolitik der sozialliberalen Koalition als allgemein überlegt, konsequent und mutig eingeschätzt wurde, verfestigte sich in der Innenpolitik der Eindruck von Kopf- und Konzeptionslosigkeit. Nicht zuletzt ging dies auf das ständige Störfeuer des linken Flügels der SPD zurück, der einen »antikapitalistischen Frühling« ausbrechen sah, die Grenzen der Belastbarkeit der Wirtschaft testen wollte, rätedemokratische Modelle entwarf und auf Parteitagen mit Vorschlägen aufwartete, den Spitzensteuersatz auf 60 % anzuheben. Auch die FDP war heillos zerstritten, Nationalliberale und »Systemkritiker« aus den Reihen der Jungdemokraten boten sich gegenseitig die Stirn. Demgegenüber bot die Union ein erstaunlich geschlossenes Erscheinungsbild, sie war freilich auch noch wie gelähmt vom erst kurz zurückliegenden Machtverlust. Ihr neuer Parteivorsitzender Helmut Kohl und der neue Generalsekretär Kurt Biedenkopf nutzten die Oppositionszeit, um aus der CDU eine moderne Mitgliederpartei zu formen.

Die Re-Ideologisierung eines Teils der SPD, allen voran der Jungsozialisten (Jusos), folgte aus dem Zustrom vieler neuer Parteimitglieder aus dem Umfeld der studentischen und akademischen 68er-Bewegung.[121] Der Parteivorsitzende Willy Brandt ließ indes zu vieles einfach treiben und brachte nicht die Kraft auf, innerparteiliche, weit über das Ziel hinausschießende Debatten machtvoll zu beenden.

Andererseits wollte sich der Bundeskanzler angesichts der Kampagne der CDU/CSU, die Republik werde von links unterwandert, auch keine Blöße geben. Ende Januar 1972 verfaßten der Kanzler und die Ministerpräsidenten der Länder eine gemeinsame Erklärung, nach der die aktive Verfassungstreue die Voraussetzung für eine Einstellung in den Öffentlichen Dienst sei; die Mitgliedschaft in einer verfassungsfeindlichen Organisation würde Zweifel an der Verfassungstreue des Bewerbers begründen. Aus diesem Vorgehen sind in Teilen der Öffentlichkeit und im Ausland, besonders in Frankreich, Benennungen wie »Radikalenerlaß« und die »Berufsverbote« entstanden. Klischees vom antidemokratischen Charakter deutscher Regierungen wurden aufgewärmt. Nach den Erfahrungen der Weimarer Republik konnte es keinen Zweifel daran geben, daß Extremisten nicht in den Öffentlichen Dienst gehörten. Das Bedenkliche am staatlichen Vorgehen war nicht die eingeforderte Verfassungstreue, dazu hatte eine verantwortungsbewußte Demokratie jedes Recht, ja es war ihre Pflicht. Bedenklich war vielmehr die »Regel-Anfrage« vor der Einstellung eines jeglichen Bewerbers. Denn damit demonstrierte der Staat, daß er seinen jungen Bürgern a priori mißtraute. Gleichviel, daß die Einstellungspraxis nicht sonderlich illiberal war, die Ablehnungsquote lag, je nach Bundesland, zwischen 0,05 % und 2,4 %. Angesichts 1,4 Mio. Anfragen im Zeitraum zwischen 1972 und 1982[122] konnte bei jungen Menschen der Eindruck entstehen, wer einen Fehltritt begehe, habe ausgespielt, wohingegen sich Konformismus auszahle. Die Bundesrepublik war kein »Überwachungsstaat«, doch der bürokratische Perfektionismus ließ in Teilen der jungen Generation ein ängstliches Gefühl aufkommen. 1976 kündigte die Koalition den Beschluß von 1972 einseitig auf, SPD- und CDU-geführte Regierungen auf Länderebene gingen seither unterschiedliche Wege.

Vieles an der »Politik der inneren Reformen« blieb Stückwerk. Verschiedene Filter verlangsamten die Reformpolitik oder blockierten sie sogar: Ganz besonders negativ wirkte die beginnende Finanzkrise des Staates. Aber auch die Filter des konkurrenzdemokratisch organisierten politischen Systems der Bundesrepublik mit ihren – politikwissenschaftlich gesprochen – zahlreichen »Vetospielern« begrenzten die Reformpolitik: Die Opposition war stark, im Bundesrat verfügte die sozialliberale Koalition während ihrer Regierungszeit nie über eine Mehrheit; das Bundesverfassungsgericht wurde immer wieder angerufen und regierte sozusagen mit, und letztlich erschwerte auch der Koalitionscharakter der Regierung eine Geradlinigkeit. Trotz allem bedeuteten die Reformen insgesamt für die Bundesrepublik doch einen beachtlichen Demokratisierungs- und Modernisierungsschub.

Während der ersten, durch vorzeitige Wahlen auf drei Jahre verkürzten Legislaturperiode der sozialliberalen Koalition festigte sich das, was seit den dynamischen 60er Jahren in Formen gegossen worden war: Die Bundesrepublik wurde auf ein neues

Fundament gestellt, sie durchlief bis dahin tatsächlich eine Art zweite formative Phase. Dem innenpolitischen Modernisierungsimpuls durch die Große Koalition folgte in der sozialliberalen Koalition die politische Umsetzung des bereits seit einem Jahrzehnt anhaltenden Wertewandels. Ein Resümee läßt sich deshalb vor dem Rücktritt des Bundeskanzlers im Mai 1974 ziehen. Ende 1973 war außen-, deutschland- und innenpolitisch das Wesentliche erreicht. Brandt »war der bedeutendste Kanzler seit Adenauer«.[123] Die Ära Brandt entließ die Bundesrepublik in eine demokratische »Normalität«. Die Identifizierung der Bürger mit diesem Staat – der den Ansprüchen der Menschen nach Freiheit in Verbindung mit sozialer Sicherheit und Stabilität in für die deutsche Geschichte bemerkenswerter Weise gerecht wurde – war ausgesprochen hoch. Die Grundrechte, der bürgerliche Verfassungsstaat und der Parlamentarismus, auch das politische Leben allgemein erfreuten sich großen Zuspruchs. Waren die Deutschen endlich »westlich« geworden, gab es gar schon so etwas wie einen Verfassungspatriotismus? Jedenfalls läßt sich sagen: Staatsbürgerliches Bewußtsein, zivilgesellschaftliche Prägungen und sozialpartnerschaftliche Verhaltensweisen bündelten sich im damals populär gewordenen Begriff vom »Modell Deutschland«. Die meisten Bundesbürger – ob sie ansonsten der Regierung nahe- oder fernstanden – fühlten sich vom SPD-Slogan im Wahlkampf 1972 angesprochen: »DEUTSCHE, wir können stolz sein auf unser Land«.

Nirgends wurde dies sichtbarer als anläßlich der XX. Olympischen Sommerspiele 1972 in München. Die Welt sollte das moderne Deutschland kennenlernen: demokratisch, heiter, optimistisch und friedlich – so ganz anders als 36 Jahre zuvor bei den Spielen im nationalsozialistischen Berlin. Zum Münchner Maskottchen wurde »Waldi« erkoren, der blau-orange gestreifte, sympathische Olympiadackel. Als überzeugender Ausdruck von Fortschrittsglauben und Optimismus galt weltweit die schöne neue Olympiaanlage, besonders das futuristische, lebhaft geschwungene gläserne Zeltdach des Stadions. An einem strahlend schönen Spätsommertag fand am 26. August die farbenprächtige Eröffnungsfeier statt, zu der 7000 Sportler mit 122 Mannschaften ins Stadion einzogen – nicht unter den Klängen von Marschmusik, sondern unter solchen von Volksliedern, Beat-Songs und Gospels. Die Münchner Spiele standen freilich auch im Bann der Politik: Wenige Wochen vor der Paraphierung des Grundlagenvertrags traten erstmals zwei deutsche Mannschaften, die der Bundesrepublik und die der DDR, getrennt mit jeweils eigener Fahne und Hymne an.

Kein Militär, keine Uniformen, keine sichtbar getragenen Waffen: Die Bundesdeutschen wollten sich mit dieser Olympiade vor aller Augen von alten Klischees lösen, unverkrampft, freundlich und zivil sollte es zugehen; vielleicht wurden deshalb die Kontrollen im olympischen Dorf etwas zu weich, locker, ja herzlich gehandhabt.

Olympische Spiele München 1972

Abb.48: *Plakat der XX. Olympischen Sommerspiele in München 1972. Sie sollten auch ein Kontrastbild zu den rassistischen »Hitler-Spielen« in Berlin 1936 sein – sind deshalb schwarze Sportlerbeine abgebildet? Die Bundesrepublik wollte sich als neuer, ziviler und weltoffener Staat präsentieren.*

Auf die Heiterkeit folgte am elften Tag der Spiele die Tragik: München wurde zum Nebenkriegsschauplatz des israelisch-palästinensischen Konflikts, als acht arabische Terroristen, die sich »Schwarzer September« nannten, in das Quartier der israelischen Mannschaft eindrangen, zwei Sportler sofort töteten, neun als Geiseln nahmen und die Freilassung von 200 in Israel inhaftierten Arabern forderten. Der Befreiungsversuch, den die überforderte deutsche Polizei auf dem Flughafen von Fürstenfeldbruck unternahm, endete in einem Blutbad. Die neun Geiseln, ein Polizist und fünf Terroristen starben. Ende Oktober 1972 kaperte ein Al-Fatah-Kommando eine Lufthansa-Maschine und erzwang die Freilassung der drei in Bayern einsitzenden Attentäter. Eine der dunklen Seiten der Globalisierung, der internationale Terrorismus, hatte auch die Bundesrepublik erreicht.

Bewährung und Bewahrung: Langfristige Probleme und Globalisierung 1974–1989

Der Ölpreisschock Ende des Jahres 1973 veränderte überall im Westen das politische, ökonomische und allgemeine gesellschaftliche Klima. In sämtlichen Industriestaaten ging angesichts der bis dahin größten Wirtschaftskrise nach dem Zweiten Weltkrieg dem zum Teil sehr ehrgeizigen Reformvorhaben das Geld aus. Das »Goldene Zeitalter« war zu Ende; es begann die »Ära der langfristigen Schwierigkeiten«;[1] neue, bisher ungeahnte Probleme tauchten auf. Da die Reformpolitik in der Bundesrepublik im wesentlichen über die Steigerung des Preises der Ware Arbeitskraft finanziert wurde, trug sie zur Verschärfung der aufkommenden strukturellen Massenarbeitslosigkeit bei. Insofern hat sie ihre Prämisse – die Vollbeschäftigung als Vorbedingung für die wohlfahrtsstaatliche Politik zu wahren – selbst zerstört. Daß daraus gravierende Folgeprobleme resultierten, liegt auf der Hand.

Die Zäsur war einschneidend: Es entwickelte sich ein Bewußtsein für die Grenzen des Wachstums, ein banges Gefühl, daß die optimistischen Zukunftserwartungen zerbröseln könnten. »Ende der Fahnenstange« und »Erschöpfung der Ressourcen« stiegen zu Schlagworten des Jahrzehnts auf. Die bereits angeschlagene Weltwirtschaft geriet in die tiefste Rezession der Nachkriegszeit. Am 15. November 1975 trafen sich die Staats- und Regierungschefs der sechs wichtigsten Industrieländer zum Krisenstab im französischen Rambouillet: Der Weltwirtschaftsgipfel war geboren. Nach welchen Mechanismen funktionierte die internationale Wirtschaftskooperation? Bereits bestehende Interdependenzen und die insgesamt kritische Lage der Weltökonomie förderten Verflechtungen – der globale Markt erfuhr eine neue Dynamik. Europa schien zunächst ins Hintertreffen zu geraten, das Wort von der »Eurosklerose«, einer europäischen Lähmung, machte die Runde, während die »Tigerstaaten« in Asien, etwa Singapur, offenbar zum Sprung ansetzten. Doch seit Mitte der 80er Jahre wendete sich das Blatt. Ein neuer europäischer Schwung – den nicht zuletzt die Bundesregierung antrieb – basierte auf dem Projekt des europäischen Binnenmarkts. Das letzte Drittel des 20. Jahrhunderts ist somit durch einen internationalen Strukturwandel gekennzeichnet, dem unsere verstärkte Aufmerksamkeit gelten muß.

Angesichts der ersten und der zweiten Ölpreiskrise, die nach der islamischen Revolution im Iran 1979 ausgelöst wurde, angesichts von Rezession und Arbeitslosigkeit sowie der Bedrohung durch den mörderischen Links-Terrorismus der »Roten Armee Fraktion« (RAF) standen seit dem Rücktritt Willy Brandts als Bundeskanzler im Frühjahr 1974 nicht mehr Utopien und langfristige Zielvorgaben im Zentrum bundesdeutscher Politik, sondern Pragmatismus und Krisenmanagement. Statt Ausbau des Sozialstaats gab es nun Einschränkungen und Kürzungen, eine Austeritätsepoche brach an: »Thatcherismus« – benannt nach der konservativen englischen Premierministerin Margaret Thatcher – und »Reagonomics« – benannt nach dem republikanischen Präsidenten der USA, Ronald Reagan – lauteten die neuen, neoliberalen Zauberformeln. Sie fanden jedoch in der Bundesrepublik nur gemäßigte Nachahmung. Warum war das so?

Die moderne Industriegesellschaft hatte ihre Grenzen überschritten und damit vielfältige neue Risiken geschaffen. Umweltkatastrophen konnten jeden treffen, wie der Dioxin-Unfall im italienischen Seveso 1976 oder die Giftgaskatastrophe im indischen Bhopal, die 1984 über 2000 Menschen tötete und 150 000 schädigte. Die vielen Öltanker-Unglücke, die Meere und Küsten verseuchten, lassen sich kaum mehr überblicken. Nationale Grenzen, so die schaudernde Wahrnehmung, boten gegenüber dem Ozonloch oder gegenüber Atomunfällen keinen Schutz. 1986 zerbarst ein Reaktor im ukrainischen Kernkraftwerk bei Tschernobyl und setzte massiv Radioaktivität frei, die auch Westeuropa erreichte. Konnten die Industriestaaten vor diesem Gesamthintergrund noch ein Modell für die Entwicklungsländer sein? Drei Viertel der Menschheit lebten in sogenannten »unterentwickelten« Ländern, deren Probleme seit den 70er Jahren immer stärker hervorstachen. Auch in dieser Hinsicht hat man es mit einer Internationalisierung zu tun: Erkennbar ist eine Horizonterweiterung, die jedoch vor allem medial vermittelt war; es kam zu einer Art Revolution der Wahrnehmung, die indes nicht mit der Verbreiterung von Handlungsmöglichkeiten einherging. Die Formen der Politik veränderten sich, nicht aber die Spielräume.

Zur Nord-Süd-Problematik trat wieder die alte Ost-West-Friedensfrage hinzu und überlagerte sie. Die Sowjets marschierten Ende 1979 in Afghanistan ein, und über Polen, wo sich ausgehend von der unabhängigen Gewerkschaft »Solidarność« eine mächtige Bürgerrechtsbewegung gegen das kommunistische Regime regte, wurde 1981 das Kriegsrecht verhängt. Zudem wurde bekannt, daß die UdSSR seit 1977 SS 20-Raketen stationierte. In Europa sprach man von einem »zweiten Kalten Krieg«. Der Westen ergriff im NATO-Doppelbeschluß Gegenmaßnahmen. Über diesem Abkommen sowie über ökonomischen Problemen zerbrach die sozialliberale Koalition, und es formierte sich 1982/83 die neue Regierung unter Helmut Kohl und Hans-Dietrich Genscher. Was veränderte sich in der Bundesrepublik durch diese »Wende«?

Seit der Mitte der 70er Jahre machte sich eine gesellschaftliche, auch kulturelle »Tendenzwende« deutlich bemerkbar. Aufgrund der allgemeinen Verunsicherung setzten neue gesellschaftliche Suchbewegungen ein; sie betrafen Fragen nach der Zukunft des Sozialstaats ebenso wie Fragen nach Sinn, Identität und Lebensqualität in einer sich rasch verändernden, risikoreichen Zeit. Neue soziale Bewegungen erhielten Zulauf. Besonders die Ökologiebewegung wuchs angesichts internationaler Umweltkatastrophen mächtig an, aber auch die Frauenbewegung und Anfang der 80er Jahre dann die Friedensbewegung. Ganz allgemein entfalteten unzählige Bürgerinitiativen ihre Aktivitäten. Die bestehenden politischen Institutionen der Bundesrepublik erwiesen sich nach wie vor als stabil – sie waren viel gefestigter als in den anderen westlichen Industriestaaten –, doch verloren sie an exklusiver Bindungskraft. Stürmische Veränderungen im Weltmaßstab erfaßten die Gesellschaft und die Sozialkultur. Mikroelektronik, Massenkommunikationsmittel, Medialisierung vieler Lebensbereiche, dann die Gentechnik und die Biotechnologie führten zu neuen Stufen der industriellen Revolution. Hinzu trat ein weiterer »Megatrend«: Anhaltende soziale Differenzierungen und demographische Entwicklungen – berufliche Mobilität, Einwanderung, Verlängerung des Lebensalters, Rückgang der Geburtenraten – brachten gewachsene Sozialstrukturen in Bewegung. Der sozialstrukturelle Wandel verband sich überdies mit einem sozialkulturellen. Die gesamtgesellschaftliche Pluralisierung mündete in der sogenannten Postmoderne. Was verbirgt sich hinter dieser Chiffre?

Außenpolitisch wird die hier behandelte Ära einerseits umgrenzt vom Abflauen der Entspannungspolitik, der Anfang der 80er Jahre eine neue Eiszeit folgte; und andererseits vom Untergang des Kommunismus, von der Revolution des Staatensystems und der deutschen Wiedervereinigung seit 1989. Damit gelangte ein ganzes Zeitalter zum Abschluß: die seit 1917 bestehende Epoche der Zweiteilung der Welt. Wenige Jahre zuvor lag der sang- und klanglose Einsturz kommunistischer Diktaturen noch außerhalb jedes Vorstellungshorizonts. Am Vorabend der »unverhofften Einheit«[2] schien es vielen, als habe sich die Bundesrepublik Deutschland nach 40 Jahren selbst anerkannt. Dann stand plötzlich die Chance nationaler Einheit vor der Tür. Wie ein erratischer Block ragt die Rückkehr der Nation in die allgemeine Entwicklungstendenz dieser Zeit hinein. Denn seit den 70er Jahren hatte sich die Bedeutung von Territorialität und Nationalstaat zugunsten von regionalen, europäischen und globalen Tendenzen reduziert.

Ende der Reformära und der Rücktritt Willy Brandts

Am 6. Mai 1974 reichte der vierte Kanzler der Bundesrepublik Deutschland beim Bundespräsidenten Gustav Heinemann sein Rücktrittsgesuch ein, tags darauf verließ er das Palais Schaumburg. Die Frage nach den Gründen für Willy Brandts Rücktritt hat die deutsche Zeitgeschichtsschreibung bis in die jüngste Zeit hinein stark beschäftigt, kam hier doch offenbar alles zusammen, was ein aufregendes Drama auszeichnet: ein edler Held mit menschlichen Schwächen, Liebesaffären, Verrat, Komplott, Intrigen, politische Nebenbuhler und »Schufte«, und das alles gewürzt mit der größten Spionagegeschichte der Bundesrepublik Deutschland. Noch immer werden Legenden weitergestrickt. Was läßt sich auf dem Hintergrund des heutigen Forschungsstandes festhalten?

Wegen des Verdachts der Spionage für die DDR wurde Günter Guillaume, der seit 1970 im Bundeskanzleramt arbeitete und sich seit 1972 als Brandts persönlicher Referent stets in dessen Nähe aufhielt, am 24. April 1974 festgenommen. Als hauptamtlicher Mitarbeiter des Ost-Berliner Ministeriums für Staatssicherheit im Rang eines »Offiziers im besonderen Einsatz« war er 1956 mit seiner Frau als Flüchtling getarnt von der DDR in die Bundesrepublik gekommen. 1957 war er in die Frankfurter SPD eingetreten und bald mit mehreren Aufgaben und Ämtern betraut worden. Es bleibt erstaunlich, wie leicht ihm der kontinuierliche Aufstieg in höhere Etagen gelang. Bei der Einstellung ins Bundeskanzleramt hatte es zunächst Bedenken gegeben, denen aber seitens der Sicherheitsbehörden nicht sorgfältig genug nachgegangen wurde. Horst Ehmke, Chef des Amtes, reduzierte die nur leise formulierten Einwände irrigerweise auf Qualitätsvorbehalte des Personalrats, der auf dem Akademikerprivileg für den in Aussicht stehenden Posten beharrt – Guillaume war kein Akademiker. Mochte sich Ehmke fragen, ob das nicht typisch für eine konservativ geprägte Behörde war? Konnte man hier nicht die neue Offenheit der Bildungs- und Berufswege demonstrieren?[3]

Der fahrlässige Umgang mit dem Fall gründete jedoch vor allem in einer noch heute irritierenden Inkompetenz der deutschen Abwehrdienste. Durch Innenminister Hans-Dietrich Genscher – der wiederum vom Präsidenten des Bundesamts für Verfassungsschutz Günther Nollau unterrichtet worden war – erfuhr der Bundeskanzler erstmals Ende Mai 1973 vom Verdacht gegen seinen Mitarbeiter. Beide rieten Brandt, zunächst nichts zu unternehmen, damit Guillaume keinen Verdacht schöpfe – das allein schon war ein geradezu ungeheuerlicher Vorschlag. So setzte Brandt lediglich seinen neuen Chef des Bundeskanzleramts Horst Grabert – Ehmke war nach der Bundestagswahl 1972 Bundesminister für Forschung und Technologie und für Post- und Fernmeldewesen geworden – in Kenntnis. Grabert hätte sofort etwas unternehmen müssen, blieb jedoch untätig. Der Brandt-Biograph Peter Merseburger faßt treffend zusammen: »Daß es dem Präsidenten des Verfassungsschutzes vor allem darum geht, den Spionen der anderen Seite das Handwerk zu legen und er deshalb der Agentenjagd den Vorrang vor Staatsinteressen und dem Schutz des Kanzlers einräumt …, mag – mit Mühe – nachvollziehbar sein. Aber daß Brandt und sein Chef des Kanzleramts in dieses Verfahren einwilligen und der Kanzler der Bundesrepublik Deutschland damit als Köder oder Fliegenfänger, Lockvogel, Spielmaterial oder ›Agent provocateur des Geheimdienstes seines eigenen Landes‹ mißbraucht wird, wie es ein französischer Beobachter einmal genannt hat, bleibt schlechterdings unbegreiflich.«[4]

Fast ein Jahr lang hielt dieser Zustand an; Panne folgte auf Panne. So war Guillaume auch auf Urlaubsreisen des Bundeskanzlers zugegen, ohne daß er überwacht worden wäre. Währenddessen verlief der gesamte Schriftwechsel über den Spion, der sogar Zugang zu Papieren mit der höchsten Geheimhaltungsstufe hatte. Die Sicherheit der Bundesrepublik Deutschland war zwar nie gefährdet, und es ist umstritten, ob Guillaumes Berichte auch alle in Ost-Berlin eintrafen, aber die verblüffende Sorglosigkeit der ermittelnden Behörden und des Innenministers, aber auch Brandts eigene »Naivität«, von seinem Beraterumfeld ganz zu schweigen, verschlägt einem noch heute den Atem. Als die Affäre aufgedeckt wurde, standen zu Recht weniger der Bundeskanzler selbst, der wie ein Spielball wirkte, als vielmehr Nollau, Genscher, Grabert und zunächst auch Ehmke im Brennpunkt der Kritik. In dem erwähnten Demissionsschreiben Brandts vom 6. Mai übernahm dennoch der Kanzler »die politische Verantwortung für die Fahrlässigkeiten im Zusammenhang mit der Agentenaffäre Guillaume«.[5] An einen Rücktritt Genschers durfte gar nicht erst gedacht werden: Nachdem Walter Scheel sicherer Kandidat für die Nachfolge Heinemanns in der Villa Hammerschmidt war, wurde Genscher für den Zusammenhalt und Fortbestand der sozialliberalen Koalition benötigt.[6] Theodor Eschenburg schrieb seinerzeit: »Die Demission eines integren, erfolgreichen und angesehenen Kanzlers wegen dieses Vorfalls, der auf Pannen und auf Betriebsstörungen mittleren Ranges beruhte, lag weit außerhalb des Erwartungshorizonts der öffentlichen Meinung und der Bevölkerung. Die Reaktion Brandts stand in keinem Verhältnis zum Verantwortungsgrad. Die Guillaume-Affäre mag der Anlaß, kann aber nicht die Ursache eines Rücktritts gewesen sein.«[7] Wo also sind die »wahren« Ursachen zu suchen?

Brandt selbst, und hier beginnen die Legenden, gab dem Verdacht Nahrung, daß bei seinem Rücktritt nicht alles mit rechten Dingen zugegangen sei. In seinen *Notizen zum Fall G*, gemeint ist Guillaume, die er in den Monaten nach seinem Rücktritt niederschrieb, verdächtigte er den langjährigen Vorsitzenden der SPD-Bundestagsfraktion Herbert Wehner, zusammen mit der »anderen Seite«, sprich: Ost-Berlin, seinen Sturz als Bundeskanzler betrieben zu haben. Diese Notizen sind allerdings erst einundhalb Jahre nach Brandts Tod, in der erweiterten Auflage seiner *Erinnerungen* 1994 erschienen, zuvor waren sie der Öffentlichkeit verborgen geblieben.[8] Wehner war bereits 1990 gestorben. In ihrer Biographie über Willy Brandt, wärmt seine damalige Ehefrau, die Historikerin Brigitte Seebacher, diese These wieder auf.[9] In Verbindung mit drei Ereignissen verdächtigte Brandt Herbert Wehner eines Zusammenspiels mit der DDR: Das waren Wehners Treffen mit Erich Honecker im Mai 1973, Wehners Moskau-Reise im September 1973 und Wehners Kontakte zur DDR-Führung im Mai 1974.

Auf der Grundlage neuen Archivmaterials ist dieser Verdacht jedoch mit – nach dem heutigen Stand der Dinge – plausiblen Gründen ausgeräumt worden.[10] Tatsächlich kritisierte Wehner seit einiger Zeit den Bundeskanzler heftiger als sonst üblicherweise schon. Er warf ihm nach dem Abschluß der Ostverträge Untätigkeit vor, for-

Abb. 49: *Dieses Bild spricht tatsächlich Bände. Das Verhältnis zwischen dem SPD-Fraktionsvorsitzenden Herbert Wehner und Bundeskanzler Willy Brandt, der auch den SPD-Parteivorsitz innehatte, war zunehmend zerrüttet. Hier die beiden auf dem SPD-Parteitag in Hannover vom 10. bis 14. April 1973.*

derte, die Verträge, besonders der Grundlagenvertrag, müßten mit Leben gefüllt werden. Deshalb traf er sich auch mit Honecker; worauf Wehner letztlich mit seiner »Nebenaußenpolitik« abzielte, bleibt allerdings unklar. Jedenfalls: Zu seiner Enttäuschung reagierte weder der Bundeskanzler, noch nahm die Öffentlichkeit seine Klagen zur Kenntnis. Als Wehner am 24. September 1973 mit einer Bundestagsdelegation in Moskau eintraf, verschärfte er angesichts des bisher ungehörten Verhallens seine Kritik ganz bewußt; dabei schoß er, wie schon oft zuvor, weit übers Ziel hinaus. Die Kanzlerschelte nahm unverschämte Töne an: »Der Herr badet gern lau – so in einem Schaumbad«, hieß es da verächtlich über Brandt; die »Nummer eins« sei »entrückt« und »abgeschlafft«, ja: »Was der Regierung fehlt, ist ein Kopf«, der die Ost- und Deutschlandpolitik weiter nach vorn bringe.[11] Das war nicht nur grobschlächtig, es verstieß auch gegen die guten Sitten und die ungeschriebene Regel, innenpolitischen Streit nicht auf ausländischem Boden auszutragen. Brandt bebte vor Wut, wie Egon Bahr, sein Vertrauter, zu berichten weiß.[12] Doch kann man aus Wehners unflätigem Verhalten in Moskau seinen Willen zum »Königsmord« ableiten?

Nein, denn »ein Sturz Brandts lief den Interessen Wehners diametral entgegen«.[13] Sein Image als international geschätzter Bundeskanzler, als Vorkämpfer der Neuen Ostpolitik und als Friedensnobelpreisträger war für Wehner, der ja die Sozialdemokraten weiterhin in der Regierungsverantwortung sehen wollte, unersetzlich, darauf weist auch sein privater Briefwechsel mit seiner Frau hin. Deshalb war, um zum Anlaß des Kanzler-Rücktritts zurückzukommen, die Guillaume-Affäre zunächst in Wehners Augen nichts, was zur größeren Besorgnis für den Bestand der Regierung Anlaß gegeben hätte. Alles änderte sich jedoch ab dem Zeitpunkt, als Wehner von Nollau erfuhr, was im Zuge der Ermittlungen in der Guillaume-Affäre über den angeblich ausschweifenden Lebenswandel von Brandt – gemeint sind seine »Frauengeschichten« – herausgekommen sei. Konnte dies nicht das Image Brandts zerstören? Und wurde er damit nicht erpreßbar? Wenn der Bundeskanzler in der Spionageaffäre standhaft bliebe, war es nur eine Frage der Zeit, bis die pikantesten Details von vielleicht auch nur erfundenen »Sex-Geschichten« an die Öffentlichkeit gelangten und Brandt und mit ihm die ganze Regierung irreparabel beschädigten. Würde er, Brandt, so fragte Wehner ihn in einem Vier-Augen-Gespräch in Bad Münstereifel, diese zu erwartende »Schmutzkampagne« durchstehen? Er solle sich die Antwort binnen 24 Stunden überlegen. »Brandt«, so schreibt August H. Leugers-Scherzberg, »war zu der (wohl realistischen) Einsicht gekommen, daß er diese durch den ›Fall Guillaume‹ ausgelöste Krise politisch nicht überstehen werde. Diese Einsicht hat er allerdings nie verarbeitet«,[14] vielmehr gab er sich offenbar lieber Verschwörungstheorien hin.

Die Guillaume-Affäre war somit der Anlaß des Rücktritts. Aber es geht zu weit zu sagen: »Brandts Rücktritt war das Werk der DDR.«[15] Denn die Ursachen lagen woanders, und sie lagen tiefer: Nach den zahlreichen Verleumdungen, die er in den 60er Jahren hatte erdulden müssen, stand Brandt sicherlich nicht der Sinn danach, sein Privatleben öffentlich einmal mehr durch den Schmutz ziehen zu lassen. Doch auch dieser starke und nachvollziehbare Grund reicht zur Erklärung allein nicht aus. Ein Bündel von weiteren Ursachen muß bedacht werden: Die strukturelle Krise, in die die Bundesrepublik hineingeraten war, der politische Machtverfall und der innerparteiliche Autoritätsverlust des Bundeskanzlers, auch seine angegriffene Gesundheit und seine Persönlichkeitsstruktur.

Der grandiose Wahlsieg von Ende 1972 zerrann rasch. Brandt hatte sich im Wahlkampf physisch und psychisch völlig verausgabt, mußte danach wegen einer komplizierten Stimmbändererkrankung mehrere Wochen das Krankenbett hüten; die Koalitionsverhandlungen liefen fast vollkommen an ihm vorbei, und die vor allem von Wehner und Schmidt ausgehandelten Ergebnisse konnten ihm in zahlreichen Punkten nicht gefallen.[16] Er war erschöpft und ermattet, während sich innerparteiliche Kritiker profilierten. Das Gefühl der Leere breitete sich aus. Hatte er nicht schon alles erreicht, innerhalb kürzester Zeit Großes geleistet und viele Entbehrungen in Kauf genommen? »Mißstimmung und Depression also – alle ärgern ihn, und er, der doch das Leben so sehr liebt, hat das Gefühl vergeudeter Zeit.«[17] 1973 war für Willy Brandt ein Jahr des Mißvergnügens. Die Steiner-Wiegand-Affäre, die Hinweise darauf lieferte, daß beim Mißtrauensvotum von 1972 Bestechungsgelder geflossen waren, ließ Zweifel an der von ihm so hochgehaltenen Moral in der Politik aufkommen. Ökonomisch bereitete die galoppierende Inflation mit Preissteigerungsraten von 7 % Anlaß zur tiefen Sorge. Dann brachen im August 1973 wilde Streiks in der Metallindustrie aus, zuerst im Kölner Ford-Werk, um überbordenden Lohnforderungen Nachdruck zu verleihen. Der gleichzeitige Druckerstreik führte zu gesamtwirtschaftlich bedenklichen Lohnerhöhungen zwischen 10,8 % für Facharbeiter und 17,1 % für die unterste Hilfsarbeitergruppe. Gewerkschaften und Unternehmer ließen sich auf schädliche Konfrontationen ein, die am Ende die Regierung in Mitleidenschaft zogen. Weiter: Der Streik der 1200 Fluglotsen, der bis September 1973 zum Ausfall von 47 000 Flügen und einem geschätzten Gesamtschaden von über 500 Mio. DM führte, war schlicht eine materielle Erpressung einer beruflichen Spezialistengruppe, für die es keinen Ersatz gab. Die Menschen, die in den Urlaub fliegen wollten, aber auf ihren Koffern sitzenblieben, warfen der Regierung, die einen Präzedenzfall vermeiden wollte, Untätigkeit vor. Als dann auch noch die Gewerkschaft »Öffentliche Dienste, Transport und Verkehr« (ÖTV) mit einer Lohnforderung von 15 % den staatlichen Arbeitgebern entgegentrat, herrschte dort blankes Entsetzen. Woher sollte dieses Geld genommen werden? Der Bundeskanzler versuchte, seine Autorität in die Waagschale zu werfen, scheiterte aber am ÖTV-Vorsitzenden Heinz Klunker, der den Machtkampf nach mehrtägigen Massenstreiks in so sensiblen Bereichen wie Verkehrsbetrieben und Müllabfuhr gewann. Unter dem Druck der kommunalen Spitzenverbände, die am meisten litten, gaben die öffentlichen Arbeitgeber nach und stimmten einer unverantwortlichen Lohnerhöhung von 11 % zu. Brandt dachte damals schon – und zwar nicht zum ersten Mal – an Rücktritt.

Es kamen noch die erwähnten Schmähungen Wehners hinzu, die dem Kanzler das Leben schwer machten. Brandt war kein Machiavellist, wollte versöhnen, aber diese Zeit, falls sie je da war, neigte sich dem Ende zu. Dann zeigte zu allem Überfluß die Wahl zur Hamburger Bürgerschaft im März 1974 die SPD in ihrer einstigen Hochburg im Sturzflug. Mithin: Erosionsprozesse überall. Schließlich und vor allem jedoch leitete der »Ölschock« von Ende 1973, der nicht nur den Bundeskanzler aus heiterem Himmel traf, eine Wende ein, im Politischen wie im Bewußtsein der Menschen. Brandt war seine Kanzlerschaft zur Last geworden. Er hatte, wie die Londoner *Times* am 8. Mai 1974 kommentierte, »die beiden historischen Ziele erreicht, die ihn wirklich interessierten – die SPD erstmals nach 40 Jahren wieder an die Macht zu bringen und das unvollendete Erbe des Zweiten Weltkrieges abzuschließen, indem er die Beziehungen zu Deutschlands östlichen Nachbarn wiederherstellte. Diese beiden Errungenschaften verschaffen ihm einen soliden Platz in der Geschichte … Sein Job ist getan, und er hat ihn gut gemacht.«

Ölpreisschock und Terrorismus

Normalerweise verlas die Radiosprecherin eine lange Liste von Staumeldungen. Sonntags war es häufig besonders schlimm hier auf den Autobahnen im Rhein-Ruhr-Gebiet, denn die Blechkarossen der Tagesausflügler drängten sich dicht an dicht. Aber am 25. November 1973 war alles anders. Es gab nichts zu verlesen. Still ruhten die Autobahnen. Keine Menschenseele und kein Auto war zu sehen, die leeren Straßen wirkten unheimlich. Nur vereinzelt, auf einigen Autobahnbrücken, standen Polizisten und kontrollierten das Sonntagsfahrverbot. Aber sie hatten nicht viel zu tun. Mit 500 DM Strafe mußte rechnen, wer das Verbot übertrat. Bereits seit einigen Tagen klagten Tankstellen im gesamten Bundesgebiet über Kraftstoffmangel. Es stand zu befürchten, daß bald überall die Lichter ausgingen. Das Rohöl war der Lebenssaft der Industrienation Bundesrepublik, und 75 % des Bedarfs kamen aus den arabischen Ländern, die soeben den Ölhahn zugedreht hatten. Was war geschehen?

Am 6. Oktober 1973, am jüdischen »Versöhnungstag« Jom Kippur, hatten ägyptische Truppen die israelische Verteidigungslinie am Suez-Kanal überrannt und syrische Einheiten gleichzeitig die Golanhöhen gestürmt. Zum vierten Mal in nur 25 Jahren stand Israel mit seinen Nachbarn im Krieg. Um die politischen Freunde Israels in

Abb.50:   *Die Ölpreiskrise 1973 läutete eine Epochenwende ein: Die westlichen Industriegesell-*
schaften glitten in die schwerste Weltwirtschaftskrise der Nachkriegszeit ab. Die Grenzen des
Wachstums schienen erreicht. Da Sonntagsfahrverbot herrscht, werden die Gäste eines Hotels
bei Weilheim mit einem von Pferden gezogenen Auto vom Bahnhof abgeholt. Was heute amü-
sant erscheint, war für Zeitgenossen bitterer Ernst.

Schach zu halten, entdeckten die Ölscheichs am Golf das Schwarze Gold als Waffe, drosselten zunächst die Förderung drastisch, wodurch sich das Öl verteuerte, und erließen dann am 19. Oktober ein Embargo gegen Staaten mit israelfreundlicher Haltung. Zunächst waren nur die USA betroffen, die Israel militärisch direkt unterstützten, bald aber alle Staaten des Westens, auch die Bundesrepublik. Die Bundesregierung hatte ursprünglich Neutralität wahren wollen und war deshalb empört, als bekannt wurde, daß die USA ohne vorherige Abstimmung mit Bonn in Bremerhaven israelische Frachtschiffe mit militärischem Material beladen ließ.[18]

Der Ölboykott traf die westlichen Industrieländer aus heiterem Himmel, und er traf sie überaus hart. Wie die Regierungen aller anderen westlichen Staaten ergriff auch die sozialliberale Bundesregierung Sofortmaßnahmen. In nur wenigen Tagen brachte sie ein »Energiesicherungsgesetz« auf den Weg, das am 9. November einstimmig den Bundestag passierte und dessen Ziel es war, den Energieverbrauch drastisch einzuschränken, um Vorräte an Öl zu halten: Am 26. November wurden Geschwindigkeitsbegrenzungen eingeführt, »Tempo 100« auf Autobahnen, 80 km/h auf Landstraßen. Besonders einschneidend aber war das verordnete Fahrverbot an vier Sonntagen im November und Dezember 1973. Von 3 Uhr morgens an ruhte jeweils für 24 Stunden der Verkehr, nur mit einer Ausnahmeerlaubnis durften wenige Bürger – gedacht war an Notfälle – ihren PKW benutzen.

Hamster- und Panikkäufe von Heizöl und Benzin blieben nicht aus. Wie unsinnig diese Reaktion war, wollte der SPD-Pressedienst verdeutlichen: »Als ob fünf oder zehn Kanister das ungehemmte Funktionieren des Privat-PKWs so lange garantieren könnten, bis die Tankstellen wieder voll auslieferungsfähig sind! Als ob die gehamsterten Tonnen voller Heizöl im Garten oder auch wieder im Keller mehr mit sich brächten, als den weiteren Anstieg der schon jetzt rundum unverantwortlichen Preise! Als ob zwei Säcke Kartoffeln mehr oder Schränke voller Konserven uns vor einer eingebildeten Hungerkatastrophe bewahren sollten.«[19] Bundeswirtschaftsminister Hans Friderichs (FDP) versuchte zu beruhigen, indem er erklärte, bei einem Totalausfall von Rohöl sei eine sichere Versorgung für die Dauer von 68 Tagen durch die Vorratshaltung der Bundesrepublik gewährleistet.[20] Skeptisch reagierte die Öffentlichkeit auf diese Zahlen deshalb, weil andere Regierungsmitglieder pessimistischere Prognosen abgaben. Überhaupt war ja sichtbar, wie ernst die Lage wirklich war: Mitten in der Vorweihnachtszeit verordneten die Stadtverwaltungen Sparbeleuchtungen anstelle eines sonst üblichen Lichtermeeres. Der Deutsche Fußballbund verfügte, daß bis Ende Januar 1974 keine Flutlichtspiele mehr ausgetragen werden durften. Alle Fußballbegegnungen mußten bei Tage stattfinden und begannen deshalb bereits um 14.30 Uhr.[21]

Dieser »Ölschock«, das Gefühl, fremden Mächten im Nahen Osten hilflos ausgeliefert zu sein – westdeutsche Tageszeitungen sprachen sogar von einer »orientalischen Herausforderung des Abendlandes«[22] –, und die zum Teil panische Furcht vor dem Versiegen der Ölquellen führten in der Bundesrepublik nicht nur zu solchen Einschränkungen und zu den Sonntagsfahrverboten, die einen nachhaltigen Eindruck vom »Ende der Überflußgesellschaft«[23] hinterließen. Eine wichtige Folgeerscheinung war, daß die Energiesituation insgesamt überdacht wurde. Um die Abhängigkeit vom Öl und den OPEC-Staaten zu reduzieren, kam es erst jetzt zu einem Ausbau der Kernenergie in großem Stil.

Der »Ölschock« veränderte das allgemeine gesellschaftliche und politische Klima. Es entwickelte sich ein Bewußtsein für die »Grenzen des Wachstums«. Der »Club of Rome« – ein 1968 gegründeter Zusammenschluß von Wissenschaftlern, Ökonomen und Politikern aus 53 Ländern, der sich dem Ziel verschrieb, die inneren Zusammenhänge von Menschheitsproblemen zu erforschen – hatte 1973 seinen ersten Bericht unter eben diesem Titel *Die Grenzen des Wachstums* vorgelegt[24] und dafür im September den Friedenspreis des Deutschen Buchhandels erhalten. Dieser Bericht wurde nun, nachdem die »Grenzen« mit dem für eine hochmobile und überaus autofreundliche Gesellschaft wie die bundesdeutsche so einschneidenden Erlebnis eines Fahrverbotes vor aller Augen gestellt worden waren, zu einem Verkaufsschlager. Der Bericht markiert gleichsam die Entstehung eines ökologischen Bewußtseins. Die konsumorientierte Industriegesellschaft, die sich nicht regenerierende und leichtzugängliche mineralische Rohstoffe ausbeutete, saß auf der Anklagebank. Die spektakulären Trendanalysen über die Zukunftsentwicklung, häufig in Gestalt von Kassandra-Rufen, setzten sich in den folgenden Jahren fort: *Menschheit am Wendepunkt* hieß der zweite Bericht,[25] und *Das Ende der Verschwendung* der dritte aus dem Jahr 1976. Dieser enthielt die bis dahin umfassendste Bestandsaufnahme zur Energie- und Rohstoffsituation sowie zum absehbaren Versiegen der fossilen Brennstoffe, aber auch zur Welternährungslage. Die Wissenschaftler untersuchten auch technische Entwicklungstrends, beschrieben Alternativen zur Rohstoffverschwendung und zeigten Lösungsvorschläge für ein »Überleben der Menschheit« auf.[26] »Die Ölkrise«, so las man in der Einführung, »und Rohstoff-Mangelerscheinungen haben eine schmerzliche Unterbrechung des Wachstumsprozesses verursacht … Aber auch wenn es uns gelingen sollte, durch intensive Bemühungen auf dem Gebiet der Forschung und der Entwicklung diese Krise zu überwinden, dürfen wir auf keinen Fall in den alten Entwicklungstrend zurückfallen, der uns erneut in die Katastrophe führen würde. Wir müssen statt dessen unsere Kreativität bemühen, um die sozialen Bedingungen für eine reife Gesellschaftsordnung zu schaffen, die nicht mehr die charakteristische Abhängigkeit vom Anwachsen des Rohstoffverbrauchs kennt.«[27]

So machte sich seit der Ölkrise ein banges Gefühl breit. Die optimistischen Zukunftserwartungen drohten zu Illusionen zu zerbröseln. Waren früher in übertriebener Weise die Optimisten tonangebend, so steigerten sich nun die Pessimisten in Untergangsszenarien hinein. Nicht zu leugnen war indessen: Infolge der Ölkrise geriet die bereits angeschlagene Weltwirtschaft in die tiefste Rezession der Nachkriegszeit. Die Preise für Rohöl waren bereits seit der Dollarabwertung im Februar 1973 gestiegen, und innerhalb eines einzigen Jahres, bis Anfang 1974, vervierfachte sich der Preis. 1974 führte die Bundesrepublik 6% weniger Öl ein als ein Jahr zuvor, mußte dafür indessen 17 Mrd. DM mehr bezahlen.[28] So ist es angemessener, von »Ölpreisschock« zu sprechen als von »Ölschock«. Die explodierenden Preise trafen nicht nur den Individualverkehr, sie trafen die Autohersteller, die nach Jahren der Hochkonjunktur jetzt dramatische Umsatzverluste hinnehmen mußten, und sie verschlechterten die Lage für viele weitere Industriezweige. Waren in den Jahren zuvor von der Bundesregierung Konjunkturdämpfungsprogramme – Mehrabgaben auf Lohn-, Einkommen- und Körperschaftssteuern in Höhe von 10% beispielsweise – erlassen worden, um die Kaufkraft abzuschöpfen und die überhitzte Konjunktur zu dämpfen, so mußte nun eine Kehrtwende vollzogen werden: Maßnahmen zur Belebung der Konjunktur hatten fast von einem Tag auf den anderen Priorität.

Die Auswirkungen des Ölschocks spiegeln sich in Zahlen wider: Zwischen 1969 und 1973 lag die Anzahl der Arbeitslosen immer weit unter 300 000 Menschen, oft unter 200 000, die Arbeitslosenquote schwankte zwischen 0,8 % und 1,2 Prozent. Das Jahr 1974 bedeutete den Umschlagpunkt, die Arbeitslosenquote verdoppelte sich auf 2,5 Prozent. 1975, im Jahr des (vorläufigen) Tiefpunkts, waren 1,074 Mio. Menschen ohne Arbeit (4,6 %), und die Wachstumsrate des Bruttosozialprodukts sackte in den Minusbereich ab (− 1,1 %); vor der Ölkrise hatte der Wert noch bei 4,7 % gelegen. In den folgenden Jahren hellte sich die Situation wieder zusehends auf, wobei jedoch die Arbeitslosigkeit nie mehr markant reduziert werden konnte; statt dessen explodierte sie am Anfang der 80er Jahre nach der zweiten Ölpreiskrise, die durch den islamischen Umsturz im Iran ausgelöst wurde, geradezu und verdoppelte sich noch einmal auf 2,258 Mio. im Jahr 1982/83.[29]

Durch die wirtschaftliche Krise breitete sich eine reformfeindliche Stimmung aus. Nicht mehr »verändern«, wie noch in der frühen Ära Brandt, lautete das Motto, sondern »bewahren« und »sichern« waren die neuen Devisen. Die Regierungserklärung des neuen Bundeskanzlers Helmut Schmidt vom 17. Mai 1974 stand unter dem Motto »Kontinuität und Konzentration« und schlug diesen neuen Ton bereits unüberhörbar an: »In einer Zeit weltweit wachsender Probleme konzentrieren wir uns in Realismus und Nüchternheit auf das Wesentliche, auf das, was jetzt notwendig ist, und lassen anderes beiseite«, begann Schmidt. Und er beendete seine Regierungserklärung, indem er diesen Tenor noch einmal aufgriff: »Keine Regierung beginnt bei Null. Jede Regierung baut auf der Arbeit der vorhergehenden Regierungen auf, und keine Regierung kann Wunder vollbringen. Das Mögliche aber muß sie mit aller Kraft verwirklichen. Dazu machen wir heute einen neuen Ansatz, indem wir unsere Kräfte auf das heute Wesentliche, auf das Mögliche konzentrieren.« Der Staat müsse, Schmidt erinnerte beständig daran, einen strengen Sparkurs einschlagen. Mit Visionen komme man nicht weiter, sondern man müsse sich dem politischen Tagesgeschäft widmen.[30] An allen Ecken und Enden fehlte nun das Geld, und dem ehemaligen sozialliberalen Reformprojekt, das sehr kostenintensiv war, wurde die Grundlage entzogen. Die Regierung von Helmut Schmidt und Hans-Dietrich Genscher, der Außenminister und Vizekanzler wurde, sah sich zu unpopulären Maßnahmen gezwungen und zeigte den Bundesbürgern die Grenzen der Verteilungsgerechtigkeit auf. So fand in der Sozialpolitik ein behutsamer Umbau statt. Die Rentenformel wurde erstmals 1977 geändert, und für die jährlichen Erhöhungen legte man statt der Bruttoeinkommen jetzt die Nettoeinkommen zugrunde. Reduziert wurden die Leistungen der Arbeitslosenversicherung und der Krankenversicherung, so kosteten Medikamente von nun an erstmals zusätzliche Gebühren. Dennoch stiegen die Lohnnebenkosten und gehörten im internationalen Vergleich zu den höchsten. Auch der weitere, teure Ausbau von Universitäten geriet ins Stocken, die Studentenzahlen dagegen wuchsen rasant an. Allein zwischen 1970 und 1980 verdoppelten sie sich von einer halben auf über eine Million.

Den meisten Menschen war damals bereits klar, daß sie mit der Ölkrise eine Zäsur in der Entwicklung moderner Industriegesellschaften miterlebt hatten. Wenn einer der bekanntesten Politikwissenschaftler der Bundesrepublik, Kurt Sontheimer, 1979 eine Bilanz der Bundesrepublik mit dem Titel *Die verunsicherte Republik* versah,[31] dann waren damit jedoch noch weitere Dimensionen der Verunsicherung angesprochen, in erster Linie der Terrorismus der »Roten Armee Fraktion« (RAF), der Westdeutschland einige Jahre in Atem hielt und in ähnlich gravierender Weise wie die Ölkrise das gesellschaftliche Klima in der Republik negativ beeinträchtigte.

Die RAF führte gegen die parlamentarische Demokratie der Bundesrepublik Krieg, einen »Krieg von 6 gegen 60 Millionen«, wie es Heinrich Böll einmal ausgedrückt hat.[32] Allein schon die seit 1971 gewählte Selbstbezeichnung der Gruppe griff tief in das Arsenal deutscher Schreckensbilder und verwies auf deren radikal-aberwitzige Vergangenheitsfixierung: Der Name RAF/Rote Armee Fraktion ließ die britischen Bombenflüge der Royal Air Force/RAF gegen deutsche Städte im Zweiten Weltkrieg wie auch die sowjetischen Rotarmisten grell im Gedächtnis aufblitzen. Die Gruppe bestand aus nicht mehr als etwa 25 festen Mitgliedern, meist Kindern des gehobenen Bürgertums. Franz Josef Strauß polemisierte, sie kämen aus der »Kaviarschicht der Gesellschaft«.[33] Andreas Baader, ein eher unintellektueller Bohemien, Gudrun Ensslin, die aus einem lutherischen Pfarrhaus stammte, und Ulrike Meinhof, eine renommierte Journalistin – sie galt als »Stimme der RAF« –, bildeten den harten Kern der ersten Generation des bundesdeutschen Terrorismus.

Diese Generation verstand sich als eine Art deutsche Formation im internationalen Befreiungskampf. Nach einer militärischen Ausbildung in Trainingscamps im Nahen Osten hatte die Gruppe 1970/71 damit begonnen, einen Untergrundapparat aufzubauen. Aus der Dritten Welt entnahm sie das Modell der »Stadtguerilla«: Mit Attentaten und Überfällen nicht zuletzt auf Soldaten und Einrichtungen der US-Armee – »Vietnam ist überall, wir sind der Vietcong« lautete die Parole[34] – sollte der Staat aus den Angeln gehoben werden. Bereits nach wenigen Jahren zog die erste Generation der RAF eine Blutspur von acht Morden hinter sich her. Bis Mitte 1972 gelang es der Polizei, die Führungsriege der RAF hinter Schloß und Riegel zu bringen. Nur kurze Zeit darauf erhob die zweite Generation der RAF ihr Haupt, ihr Ziel hieß: die Befreiung der inhaftierten Gesinnungsgenossen. Die Serie an Entführungen und Morden setzte sich fort. Im November 1974 ermordete ein RAF-Kommando in Berlin den Kammergerichtspräsidenten Günter von Drenkmann; im Februar 1975 entführte

Abb. 51: *Fahndungsplakat des Bundeskriminalamtes zur Baader-Meinhof-Gruppe, aus der die RAF entstand, aus dem Jahr 1972. Viele glaubten, die Bundesrepublik würde die Bedrohung durch den Linksterrorismus nicht schadlos überstehen.*

eine Gruppe den Berliner CDU-Vorsitzenden und Spitzenkandidaten für das Amt des Regierenden Bürgermeisters Peter Lorenz. Der ehemalige Bürgermeister Pfarrer Heinrich Albertz, vermittelte, einige der inhaftierten Terroristen – nicht jedoch solche, die wegen Mord angeklagt oder verurteilt worden waren – wurden im Austausch für Lorenz freigelassen. Ende April stürmten sechs Terroristen die Botschaft der Bundesrepublik Deutschland in Stockholm und forderten die Freilassung sämtlicher inhaftierter RAF-Terroristen. Hatten die Bundesregierung und der eingerichtete Krisenstab bereits im Falle der Entführung von Lorenz nur widerwillig einem Austausch zugestimmt, so lehnte man jetzt ab und wies alle gestellten Forderungen kompromißlos zurück. Die Terroristen ermordeten daraufhin einen Botschaftsangehörigen und zündeten versehentlich ihren Sprengstoff. Die schwedische Polizei griff zu und konnte die Geiseln befreien.

Auf das Jahr 1977 fiel der Höhepunkt der terroristischen Gewalttätigkeiten: Zusammen mit Mitgliedern seiner Sicherheitsbegleitung wurde am 7. April der Generalbundesanwalt Siegfried Buback auf einer Straße in Karlsruhe erschossen. Am 30. Juli ermordeten Terroristen Jürgen Ponto, den Sprecher der Dresdner Bank, an seinem Wohnort in Oberursel. Am 5. September entführte ein Terrorkommando Hanns-Martin Schleyer, den Präsidenten der deutschen Arbeitgeberverbände BDA und BDI, in Köln; seine Begleiter wurden kaltblütig getötet.[35] Schleyer war für die Terroristen kein Mensch, sondern eine Projektionsfläche ihres Hasses, sie sahen in ihm nur den Repräsentanten des »herrschenden Systems«. Weil er wie viele Deutsche in den Nationalsozialismus verstrickt gewesen war und nach 1945 dennoch, wie wenige, eine steile Karriere gemacht hatte und nun »Boß der Bosse« war, stellte er ein »ideales« Feindbild dar.

Die Entführer forderten erneut die Freilassung der inhaftierten RAF-Gründer. Am 13. Oktober kaperten palästinensische Terroristen die Lufthansa-Maschine »Landshut« auf ihrem Flug von Palma de Mallorca nach Frankfurt. Sie wollten damit die Schleyer-Entführer unterstützen. Fünf Tage lang hielten die Terroristen die Geiseln, 86 Fluggäste und fünf Besatzungsmitglieder, in ihrer Gewalt und drohten, die Maschine in die Luft zu sprengen. Sie hatten die Passagiere, die unbeschreibliche Höllenängste ausstehen mußten, mit Alkohol übergossen. So würden sie bei einer Explosion von Handgranaten sofort in Flammen aufgehen und qualvoll sterben. Den Piloten der Maschine hatten die Terroristen bereits ermordet. Um mit den Entführern zu verhandeln, schickte die Bundesregierung den Staatsminister im Bundeskanzleramt, Hans-Jürgen Wischnewski, der über nützliche persönliche Kontakte zur Dritten Welt und besonders zu arabischen Staaten verfügte – deshalb nannte man ihn »Ben Wisch« –, nach Mogadischu in Somalia. Am 18. Oktober gelang es der deutschen Antiterroreinheit GSG 9 – die im Auftrag des Bundesinnenministeriums nach dem Blutbad an der israelischen Olympiamannschaft 1972 aufgebaut worden war –, in einer Blitzaktion auf dem Flughafen von Mogadischu die Passagiere zu befreien. Im Hochsicherheitstrakt von Stuttgart-Stammheim, wo die RAF-Gründer einsaßen, verübten daraufhin Andreas Baader, Gudrun Ensslin und Jan-Carl Raspe Selbstmord in ihren Zellen; Ulrike Meinhof hatte sich bereits im Mai 1976 in ihrer Zelle erhängt.

Diese Selbsttötungen sollten nach Mord aussehen. Die Baader-Meinhof-Gruppe legte zeitlebens ein ausgeprägtes Bewußtsein für die Macht der Bilder und der Medien an den Tag. Bis zum Schluß arbeitete sie an ihrem eigenen Mythos, noch der Selbstmord von Stammheim bedeutete eine Selbststilisierung als Märtyrer. Vom Scheitern sollte abgelenkt werden, doch tatsächlich waren die Selbstmorde nichts anderes als Eingeständnisse des Scheiterns. Warum jedoch schlug bei den Terroristen die ursprünglich noch verbal geäußerte Kritik an der Gesellschaft in rücksichtslose Gewalt und brutalen Mord um? Warum ließen diese Menschen ihr bürgerliches Leben hinter sich, brachen alle Brücken, auch die zu ihren eigenen kleinen Kindern, schonungs-, ja erbarmungslos ab, kappten somit jede Verbindung zu ihrem vorherigen Leben, gingen in den Untergrund und wurden zu »Staatsfeinden Nr. 1«? Woher kam die bis zur Implosion getriebene Radikalität?

Die neuere Forschung versucht mittels psychohistorischen Deutungen auf die Spur von Erklärungen zu gelangen.[36] Die Gruppenmitglieder spannen sich demnach in ihre eigene, zunehmend wahnhafte Welt wie in einen Kokon ein und führten nur noch eine selbstbezügliche Kommunikation, die für Außenstehende in keiner Weise mehr nachvollziehbar war. Es ist nahezu ein pathologisches Phänomen, das sich in diesem Zusammenhang abzeichnet. »Pathologie und Verbrechen« – die Erklärung liegt nahe, wäre aber dennoch zu einfach. Sie erklärt nämlich nicht, warum gerade in der Bundesrepublik und nicht in anderen Ländern aus der 68er-Bewegung dieser kleine, äußerst rabiate mörderische Zweig des Linksterrorismus entstand. Auffällig ist das Gewicht, das die Vergangenheit im Denken der ersten Generation der RAF spielte. Außerdem ist frappierend, daß Italien – ebenfalls ein postfaschistisches Land – in Gestalt der »Roten Brigaden« auch einen äußerst gewalttätigen Linksterrorismus zu verzeichnen hatte. Man wird deshalb sozialpsychologische Voraussetzungen, die mit dem Nationalsozialismus (bzw. dem italienischen Faschismus) und seiner gesellschaftlichen Verarbeitung zu tun haben, in Rechnung stellen müssen, um die zerstörerische Radikalität dieses Teils des bundesdeutschen Generationenkonflikts zu ergründen. Ein Schlüsseldokument zu dieser Denkwelt ist Bernward Vespers autobiographisches Romanfragment *Die Reise*, posthum 1977 erschienen. Vesper war Sohn eines NS-Schriftstellers und hatte mit Gudrun Ensslin zusammen ein Kind; 1971 beging er in einer Hamburger psychiatrischen Klinik Selbstmord. Wie kein zweites Buch löste *Die Reise* damals ein bestürztes Interesse aus und ist allein bis 1981 in 21 Auflagen über 100000mal verkauft worden.

Im »deutschen Herbst« des Jahres 1977 sahen viele Beobachter die Bundesrepublik nur noch einen Schritt vom Abgrund entfernt. Doch mit ihrer harten, riskanten Linie brachte die Regierung Schmidt der RAF in diesem Herbst die entscheidende, die fundamentale Niederlage bei. Einige RAF-Aussteiger konnten anschließend mit Hilfe der Stasi in der DDR untertauchen und dort ein kleinbürgerliches Leben führen. Die Niederlage von 1977 bedeutete jedoch nicht, daß es künftig keinen Terrorismus mehr gegeben hätte. Im Gegenteil, es wuchs eine dritte Generation der RAF heran, die sich völlig von den ideologischen Prämissen der Gründergeneration löste, sich aber strukturell und waffentechnisch professionalisierte und noch in den 80er Jahren mordete.[37] 1989 fielen ihr der Vorstandsvorsitzende der Deutschen Bank, Alfred Herrhausen, zum Opfer, 1991 der Chef der Treuhandgesellschaft, Detlev Carsten Rohwedder.

Auch darf nicht vergessen werden, daß auf der anderen Seite ein ebenfalls menschenverachtender Rechtsradikalismus sein Haupt erhob. Für antisemitische und ausländerfeindliche Parolen und Aktionen war eine ganze Reihe von rechtsextremen Zirkeln verantwortlich. Besonders militant gerierte sich die 1973 gegründete »Wehrsportgruppe Hoffmann«, welche die Demokratie zerschlagen und einen »Führerstaat« aufbauen wollte. Sie wurde Ende Januar 1980 vom Bundesinnenministerium verboten. Ende September 1980 verübte ein rechtsextremer Student auf dem Münchner Oktoberfest ein Bombenattentat, das 13 Tote und 219 zum Teil Schwerverletzte forderte.

Während der Schleyer-Entführung im Herbst 1977 trat täglich ein »kleiner« Krisenstab im Bundeskanzleramt zusammen: der Bundeskanzler, die Minister des Äußeren, des Inneren und der Justiz, der Staatsminister und der Staatssekretär des Bundeskanzlers, der Pressesprecher der Bundesregierung, der Generalbundesanwalt und der Präsident des Bundeskriminalamts. Der »große« Krisenstab, der sich ein- bis zweimal pro Woche traf, schloß zudem noch die Vorsitzenden der im Bundestag vertretenen Parteien und Fraktionen sowie die Ministerpräsidenten derjenigen Bundesländer ein, in denen Terroristen inhaftiert waren. Allen Beteiligten war klar: Der Staat darf sich nicht erpressen lassen. Aber darf er ein Menschenleben, das Leben Hanns-Martin Schleyers, für die Staatsräson opfern? Auf drei Maximen einigte man sich: Die Geisel Hanns-Martin Schleyer sollte lebend befreit werden; die Entführer sollten ergriffen und verurteilt werden; die Handlungsfähigkeit des Staates durfte nicht gefährdet werden, die Gefangenen durften also auf keinen Fall freigelassen werden. Daß wenig Aussicht bestand, alle drei Ziele zu erreichen, stand außer Frage. Im Zweifelsfalle mußte einem der Ziele Vorrang eingeräumt werden. Das war nicht nur diffizil, es war fatal.

Verhandlungsbereitschaft wurde vorgetäuscht und zugleich wurde fieberhaft versucht, den Ort zu finden, an dem Schleyer versteckt und gefangengehalten wurde. Horst Herold, Chef des Bundeskriminalamts, war mit der ausgeklügelten Rasterfahndung und einem klaren Fahndungskonzept den Schleyer-Entführern auf der Spur, eine kleine, jedoch entscheidende Panne verhinderte letztlich den Erfolg.[38] Bis zur physischen und psychischen Erschöpfung suchten der Bundeskanzler und der Krisenstab nach Wegen aus der Tragödie. Aber Schmidt wußte: So oder so, trotz allen Bemühens, würde er mit Versäumnis und Schuld belastet sein, wie immer er auch handeln würde. Hanns-Martin Schleyer konnte nicht gerettet werden. Am Tag nach den

Selbstmorden in Stammheim fand man seine Leiche im Kofferraum eines Autos im elsässischen Mülhausen.

Zu keiner Zeit hatten die Terroristen irgendeinen nennenswerten Rückhalt in der Bevölkerung. Doch mit ihren mörderischen Aktionen gelang es ihnen, das Klima in der Bundesrepublik zu vergiften. Um der führenden Köpfe der deutschen RAF-Terroristen habhaft zu werden, hatte der Staat die Rasterfahndung eingeführt. Zum Alltag von Autofahrern gehörten über mehrere Monate Straßenkontrollen von schwerbewaffneten Polizisten. Neue Anti-Terror-Gesetze griffen tief in das Privatleben vieler Bürger ein. Das »Kontaktsperregesetz«, das 1977 innerhalb weniger Tage alle notwendigen politischen Instanzen durchlief und in Kraft trat, legalisierte es in akuten Gefahrensituationen »jedwede Verbindung von Gefangenen untereinander und mit der Außenwelt einschließlich des schriftlichen und mündlichen Verkehrs mit dem Verteidiger zu unterbrechen«.[39] Polemisch sprachen einige von »Isolationsfolter«. Für liberale Rechtsauffassungen und differenzierte Analysen blieb in einer Atmosphäre allgemeiner Verdächtigungen kaum noch Raum. Wer vor Überreaktionen des Staates warnte, was einige prominente Intellektuelle wie der Schriftsteller Heinrich Böll taten, wurde als »Sympathisant« der Terroristen bezichtigt. In dem Klima der Angst und der Polarisierung kochte die »Volksseele« hoch, viele riefen nach härteren Maßnahmen, wollten sogar die Todesstrafe wiedereinführen, und manche waren zudem bereit, leichtfertig wesentliche Prinzipien der Rechtsstaatlichkeit über Bord zu werfen.

Andererseits ließ es die tatsächlich existierende linke Sympathisantenszene mitunter vollkommen an demokratischem Rechtsbewußtsein fehlen. Nicht nur im Ausland tauchten angesichts der Debatte über die innere Sicherheit alte Klischees vom »häßlichen Deutschen« wieder auf; Bilder des historischen Vergleichs, auch mit dem Dritten Reich, wurden bemüht, »spezifische deutsche Züge« glaubte man im Ruf nach einem starken Staat zu erkennen. Die Bundesrepublik wurde in völliger Verkennung teilweise als eine von totalitärem Gedankengut unterwanderte und terrorisierte Demokratie beschrieben.[40] In Wahrheit aber sind die politisch Verantwortlichen damals angesichts der akuten Bedrohung zwar bis an die Grenzen des Rechtsstaates gegangen; aber sie haben diese Grenzen niemals übertreten.

Die Anti-Terror-Gesetze, die 1977 dem Deutschen Bundestag vorgelegt wurden, sind im Februar 1978 mit der kleinsten möglichen Mehrheit – mit einer Stimme – verabschiedet worden. Den einen zu viel, den anderen zu wenig, schränkte diese Gesetzgebung mehrere rechtsstaatliche Garantien im Zweifelsfall ein. Die Diskussion über das Gesetzespaket war nahezu vergiftet. CDU-Generalsekretär Heiner Geißler warf der Bundesregierung, vor allem Innenminister Werner Maihofer (FDP), beständig eine Verharmlosung der Ursachen des Linksterrorismus vor, während die Sozialliberalen der Union einen beabsichtigten Marsch in den Polizeistaat unterstellten.

Die Bundesrepublik hat die Herausforderungen der bis dahin schwersten Bedrohung ihrer Demokratie gemeistert, der Rechtsstaat ging nicht in die Knie. Es hat sich erwiesen, daß die Bundesrepublik keineswegs nur eine »Schönwetter-Demokratie« war, sondern auch schwierigen Situationen standhielt. Die Terroristen haben den Staat nicht aus den Angeln heben können. Vielleicht hat der Terror die Menschen dem Staat sogar näher gebracht. Umfragen von 1978 ergaben jedenfalls, daß die Deutschen der demokratischen Ordnung in ihrem Land so stark vertrauten wie die Bürger keines anderen Landes in Westeuropa. So hinterließ die Krise von 1977 »eine bundesdeutsche Demokratie, der aus dem Triumph über den Terrorismus neues Selbstbewußtsein erwuchs«.[41]

Krisenmanagement und Weltökonomie

Helmut Schmidt, der seit Mai 1974 amtierende Nachfolger Willy Brandts im Bundeskanzleramt, rechnete sich selbst als großes Verdienst an – so formulierte es sein Regierungssprecher Klaus Bölling –, »die Republik durch die beinahe lebensgefährlichen Strudel der Weltwirtschaftskrise hindurchbugsiert zu haben«.[42] Tatsächlich war die Bundesrepublik Deutschland im rauhen Meer der Weltwirtschaftskrise eine Insel der

Abb. 52: *Nach dem Rücktritt von Willy Brandt wird Helmut Schmidt am 16. Mai 1974 vom Deutschen Bundestag zum Bundeskanzler gewählt. Hier gratuliert ihm Bundespräsident Gustav Heinemann.*

Stabilität, wenn auch weit entfernt von paradiesischen Zuständen. Im internationalen Vergleich stand die Bundesrepublik zwar relativ gut da; selbst was die Arbeitslosenquote betraf, konnten nur Japan, die Schweiz, Österreich und Schweden günstigere Werte aufweisen. Doch das Gefährliche der Krise war, daß man ihr mit nationalen Mitteln und Alleingängen kaum beikommen konnte. Die Wirtschafts- und Finanzpolitik hatte sich immer stärker international verflochten. Die Globalisierung war längst im Gange und veränderte die wirtschaftlichen Rahmenbedingungen grundlegend. Verschärft wurde die Situation im gesamten Zeitraum der Regierung Schmidt/Genscher zwischen 1974 und 1982, weil die stärkste Industrienation der Welt, die USA, nicht nur angeschlagen war, sondern auch unter einer eklatanten Führungsschwäche litt. US-Präsident Richard Nixon mußte 1974 wegen der »Watergate-Affäre« zurücktreten, sein Nachfolger, der bisherige Vizepräsident Gerald Ford, war nur ein Regierungschef des Übergangs, der nach den Wahlen von 1976 vom demokratischen Kandidaten Jimmy Carter abgelöst wurde.

Zwischen dem »Macher« Helmut Schmidt und dem »Moralisten« Jimmy Carter, bis 1981 Präsident der USA, tat sich eine tiefe persönliche Kluft auf. Die Wochenzeitung *Der Spiegel* übertrieb nicht, wenn sie die Einschätzung des amerikanischen Präsidenten durch den deutschen Bundeskanzler mit den Worten beschrieb: »Er hält ihn für einen unberechenbaren Dilettanten, der versucht, seine private Moral in Weltpolitik umzumünzen, in Wirklichkeit aber unfähig ist, die westliche Führungsrolle auszufüllen.«[43] Im Weißen Haus hingegen stieß man sich an der Arroganz des deutschen Bundeskanzlers. Aber Schmidt genoß bald internationales Ansehen. Im Zusammenspiel mit dem französischen Präsidenten Valéry Giscard d'Estaing füllte der deutsche Bundeskanzler das durch die amerikanische Schwäche entstandene politische Vakuum aus, und dieses Tandem trieb die Integration Europas voran. Überhaupt läßt sich sagen, daß die amerikanische Erschöpfungsphase zu neuer europäischer Kraft führte. Nach langen Bemühungen konnte 1979 ein europäisches Währungssystem geschaffen werden, das die EG währungspolitisch harmonisierte und stabilisierte. Daß die Europäer somit eine Gegenposition zum Dollar aufbauten – dessen Wert sich innerhalb von zehn Jahren von 3,65 DM auf 1,82 DM halbierte –, war wichtig und bedeutete eine neue Etappe in der inneren Organisation Europas, die später in die gemeinsame Währung Euro münden sollte.

Man kann die Jahre der zweiten Phase der sozialliberalen Koalition unter den dominierenden ökonomischen Aspekten dreiteilen: Bis 1977 ging es vor allem darum, den Bundeshaushalt zu konsolidieren; zwischen 1978 und 1980 sollte das »Modell Deutschland« Konjunkturlokomotive für die Weltwirtschaft sein; die schädlichen ökonomischen Folgen der zweiten Ölkrise rissen schließlich ab 1980 die Weltwirtschaft in einen neuen Abwärtsstrudel, der auch die Bundesrepublik mit Wucht erfaßte, den Streit innerhalb der Regierungskoalition um die effektivste Gestaltung der Wirtschafts- und Sozialpolitik verschärfte und am Ende zum Bruch des Bündnisses führte.

Die deutschen Reaktionen auf die Wirtschaftskrise fielen bis 1977 unterschiedlich aus. Während die Bundesbank auf eine Stabilisierung der Währung setzte, den Preisauftrieb dämpfen wollte und deshalb eine restriktive Geldpolitik favorisierte, verfuhr die Bundesregierung – insbesondere in Gestalt des Wirtschaftsministers Hans Friderichs (FDP) und des Finanzministers Hans Apel (SPD) – mehrgleisig. Sie versuchte vier Dinge zugleich: den Haushalt zu konsolidieren, die Beschäftigung anzukurbeln, Investitionen steuerlich zu fördern und angeschlagene Wirtschaftszweige (wie die Kohleförderung oder die Werftenindustrie) zu subventionieren.[44] Die Ausgaben der Bundesanstalt für Arbeit (BA) wuchsen angesichts der hohen Arbeitslosigkeit 1975 gegenüber dem Vorjahr um 87,3 %, wohingegen die Einnahmen nur um 15,6 % stiegen. Die BA war tief in die roten Zahlen geraten. Um das Defizit von fast 10 Mrd. DM zu decken, wurde ein Nachtragshaushalt des Bundes notwendig. Außerdem beschloß der Bundestag Ende November 1975 das Haushaltsstrukturgesetz, das im Januar 1976 in Kraft treten konnte: Es sah eine Erhöhung der Beiträge zur Arbeitslosenversicherung von 2 % auf 3 % und z. B. Kürzungen von Sozialleistungen im öffentlichen Dienst vor. Im Haushaltsentwurf für 1976 mußte dennoch die Nettoneuverschuldung stark gesteigert werden; 70 % des Defizits, so Finanzminister Apel, seien konjunkturbedingt, allein 19 Mrd. DM Steuermindereinnahmen führte er auf weltwirtschaftliche Faktoren zurück.

Infolge von Leistungskürzungen im sozialen Bereich war die Haushaltskonsolidierung durchaus erfolgreich. Doch mußte eine derartige Sparpolitik nicht zwangsläufig das Vollbeschäftigungsziel verfehlen? So jedenfalls sahen es die Gewerkschaften, die unter dem Druck der Massenarbeitslosigkeit nur gemäßigte Lohnsteigerungen forderten und somit einen Beitrag dazu leisteten, daß die Preisstabilität wiedergewonnen werden konnte. Die wachstumsfördernden Effekte, auch durch Zinssenkungen – die Zinsen für diskontfähige Kredite sanken von ihrem Höchststand von 13 % Anfang 1974 auf knapp 5 % Ende 1975 –, fielen zu gering aus, um die Arbeitslosigkeit merklich zu senken. Obwohl das Bruttosozialprodukt seit 1976 wieder wuchs und bis 1980 Werte zwischen 2,6 % und 5,5 % aufwies, stagnierte die Arbeitslosenziffer nahezu und betrug selbst im wirtschaftlich besonders erfolgreichen Jahr 1979 immer noch 876 000.

1978 war das Glanzjahr der Regierung Schmidt. Der Weltwirtschaftsgipfel wurde erstmals in Bonn abgehalten und damit weltweit die Bonität der deutschen Wirtschaft und die Stabilisierungspolitik der Bundesregierung dokumentiert. Der Gipfel wurde als »Schmidt-Gipfel« gefeiert.[45] Die Bundesrepublik befand sich in einer neuen weltpolitischen Rolle, sie war Lokomotive der Weltwirtschaft, gelenkt von Helmut

Schmidt, dem Krisenmanager, bei dem offenbar alle Welt Rat einholte. Schmidt befand sich auf dem Höhepunkt seiner Karriere. »Krisenmanager« diese Beschreibung haftete dem 1918 geborenen Hamburger Helmut Schmidt spätestens seit der großen Flutkatastrophe von 1962 an. Damals, als bei der großen Sturmflut Hamburgs Deiche brachen, 80 000 Menschen evakuiert werden mußten und über 300 Bewohner den Tod fanden, war er Innensenator von Hamburg gewesen und hatte tatkräftig die Rettungsaktionen geleitet. Später war Schmidt SPD-Fraktionsvorsitzender im Bundestag, anschließend Verteidigungsminister, dann Wirtschafts- und Finanzminister in einem, schließlich Bundeskanzler. Er war ein vom politischen Freund wie Gegner anerkannter Meister des Regierens, ein fähiger Steuermann des Staatsschiffs. Er besaß herausragende Eigenschaften: analytische Schärfe und Schnelligkeit, Überzeugungskraft und Verantwortungsbewußtsein, schließlich Selbstdisziplin. Da er seine Stärken nicht verbarg, sondern nach außen kehrte, konnte er auch herablassend sein, hochfahrend, ja selbstgefällig wirken.

Die neuen Weltwirtschaftsgipfel waren ein untrügliches Zeichen für die »Ökonomisierung der internationalen Politik«.[46] Seit den Turbulenzen der Ölkrise war augenfällig geworden, daß es keinerlei wirksame und regelmäßige Abstimmung über die Wirtschafts- und Währungspolitik unter den westlichen Industriestaaten gab. Mit welchen Mitteln konnte einer weltweiten Depression begegnet werden? War es denkbar, zu einer weltwirtschaftlichen Globalsteuerung zu finden? Wären nicht Spitzenbegegnungen geeignet, Kompromißbereitschaft unter den Staaten hervorzurufen, wechselseitiges Vertrauen zu schaffen und gegenseitige Kalkulierbarkeit zu fördern? In nahezu kongenialer Art und Weise lancierten der deutsche und der französische Regierungschef diesen Gedanken erfolgreich unter ihren westlichen Kollegen. Am 15. November 1975 war es dann soweit: In der Abgeschlossenheit des kleinen Schlosses Rambouillet bei Paris kamen die sechs Regierungschefs der mächtigsten westlichen Länder für drei Tage zusammen, um über weltwirtschaftliche Probleme zu beraten:[47] Gerald Ford (USA), Valéry Giscard d'Estaing (Frankreich), Harold Wilson (England), Helmut Schmidt (Bundesrepublik Deutschland), Takeo Miki (Japan), Aldo Moro (Italien). Dies war der Beginn der »Gipfeldiplomatie«.

Beim zweiten Treffen in San Juan (Puerto Rico) 1976 wurde auf Wunsch des amerikanischen Präsidenten Kanada als siebtes Teilnehmerland hinzugezogen. Seit dem dritten Gipfel 1977 nahm zudem noch der Präsident der EG-Kommission teil. Die sieben Gipfelstaaten stellten die Hälfte des Welthandels, erwirtschafteten mehr als 50 % der Weltindustrieproduktion sowie 83 % des Bruttosozialprodukts der 24 Industrieländer der OECD und verbrauchten 86 % der Primärenergie.[48]

Am 16. und 17. Juli 1978 trafen sich, wie erwähnt, die Regierungschefs der G7-Staaten im Palais Schaumburg neben dem neuen Bonner Bundeskanzleramt und beschlossen eine gemeinsame Strategie für besseres Wachstum: Die USA sollten zu Einsparungen bei den Ölimporten gelangen, Japan sollte seine Entwicklungshilfe binnen dreier Jahre verdoppeln. Die Augen waren jedoch insbesondere auf die Bundesrepublik gerichtet, denn ihr, die bisher vergleichsweise gut durch die Krise gekommen war, wurde die Aufgabe zugedacht, Konjunkturlokomotive für die Weltwirtschaft zu sein. Bundeskanzler Schmidt verpflichtete sich zu zusätzlichen nachfragesteigernden Maßnahmen in der Größenordnung von 1 % des deutschen Bruttosozialprodukts. Damit war die bisherige Sparpolitik der Bundesregierung zu Ende; statt dessen wurde wieder der Weg einer keynesianisch inspirierten Nachfrageorientierung eingeschlagen. Das geplante Konjunkturprogramm sah Ausgaben des Staates in Höhe von 12,5 Mrd. DM vor, finanziert durch eine von der Bundesbank abgesegnete Anhebung des Kreditrahmens der öffentlichen Hand.

Die Auswirkungen dieses Vorgehens sind in der Forschung umstritten, weil sie sich nicht exakt bestimmen lassen. Die Maßnahmen gerieten nämlich in den Strudel des zweiten Ölpreisschocks seit 1979 – die Ölpreise schnellten bis Herbst 1980 von 13 auf 33 Dollar je Barrel hoch. Unter fiskalpolitischen Gesichtspunkten bedeutete der Bonner Gipfel einen Sündenfall, Harold James spricht sogar von einem »Debakel«.[49] Aber positiv schlägt zu Buche: Das Konjunkturprogramm hat die negativen Auswirkungen der zweiten Ölpreiskrise abgemildert und Schlimmeres verhindert. Die Bundesrepublik gehörte anders als nach 1973 nicht zu den Anführern der Deflationspolitik, sondern verwirklichte ihre auf dem Bonner Gipfel übernommenen zusätzlichen Verpflichtungen, d.h. ihre fiskalpolitischen Expansionspläne, auch nach dem Beginn der Krise. Was für Bonn die neue Krise so gefährlich machte, war, daß die Bundesrepublik diesmal mit einer deutlich überbewerteten Währung in sie hineingeriet. Die 1973/74 so erfolgreiche »Flucht in den Export« hatte nun nicht mehr den gleichen Erfolg, zumal Japan fast panikartig den Yen abwertete und damit seine Exporte auf den Weltmärkten wesentlich verbilligte.

Gleichwohl entwickelte sich die deutsche Außenwirtschaft insgesamt relativ günstig. Das Exportvolumen stieg in der Zeit von 1975 bis 1980 von 222 auf 350 Mrd. DM, die Importe von 184 auf 341 Mrd. DM. Schwerpunkt des Handels war wie bisher Europa, und als Folge der Ostverträge konnte vor allem der Osthandel überdurchschnittliche Zuwachsraten vorweisen. Den Ernst der Lage offenbarte indessen die Staatsverschuldung, die innerhalb von zehn Jahren bis 1980 von 126 auf beachtliche 469 Mrd. DM anstieg.

Wäre bei der Wahl zum Deutschen Bundestag 1980 als Unionskandidat wiederum Helmut Kohl angetreten, so hätte die sozialliberale Koalition das Jahr vielleicht nicht überstanden. Kohl hatte bereits 1976 das zweitbeste Bundestagswahlergebnis für die CDU/CSU seit 1949 errungen, die mit 48,6 % nur ganz knapp unter der Marke der absoluten Mehrheit zum Stehen gekommen war. Fast hätte sich der offensive »Richtungswahlkampf« ausgezahlt. Mit der Parole »Aus Liebe zu Deutschland: Freiheit statt Sozialismus« war die Union dem sozialdemokratischen »Modell Deutschland« entgegengetreten.

Überhaupt waren die gesamten 70er Jahre von einer überaus harten innenpolitischen Konfrontation gekennzeichnet. Exponent dieser Dauerkonfrontation war der Landesvorsitzende der bayerischen CSU, Franz Josef Strauß. Auf einer Tagung der CSU-Landesgruppe in Sonthofen, einem kleinen Ort im Allgäu, hatte Strauß am 18./19. November 1974 grundsätzliche Regeln für die Opposition entwickelt, die als »Sonthofen-Strategie« ebenso berühmt wie berüchtigt geworden sind. Staat, Wirtschaft und Gesellschaft, so hatte er ausgeführt, müßten noch »wesentlich tiefer sinken«, bis die Union wieder gehört werde; die Union könne gar nicht genug an allgemeiner Konfrontation schaffen, müsse Angst und Furcht in der Bevölkerung schüren. Taktik sei jetzt: »Nur anklagen und warnen, aber keine konkreten Rezepte nennen … Wir müssen sie so weit treiben, daß sie ein Haushaltssicherungsgesetz vorlegen oder den Staatsbankrott erklären.«[50] Natürlich war (und ist) es nicht Aufgabe der Opposition, der Regierung zu helfen, Demokratie ist auch Konflikt, ist Kampf um Parteiprogramme. Doch erinnerte die Wortwahl dieser Polarisierung und die sich darin ausdrückende Mißachtung des Staatsinteresses nicht fatal an die Weimarer Republik?

Während sich Helmut Kohl meistens auf der Suche nach Konsens befand, war Franz Josef Strauß immer auf der Suche nach Konflikten. Die beiden waren in jeder Hinsicht Antipoden. Der Bayer hielt sich selbst für hervorragend und brillant und Kohl für unzulänglich und kümmerlich. Nur um des Friedens zwischen den beiden Schwesterparteien willen hatte er Kohl 1976 als Kanzlerkandidaten unterstützt, glaubte aber, daß Kohl nicht das Zeug dazu habe, Bundeskanzler zu werden. Der Freistaat Bayern mit seinem Ministerpräsidenten Alfons Goppel und dem CSU-Vorsitzenden Strauß verstand sich noch viel stärker als andere unionsgeführte Bundesländer als Antithese zur sozialliberalen Bundesregierung in Bonn, als Hort des Konservativismus. Außerdem regierten die Länder über den Bundesrat, in dem die Union die Mehrheit besaß, im Bund permanent mit. So war das politische Alltagsgeschäft während der gesamten 70er Jahre von einer »Regierbarkeitsdebatte« begleitet. Der bundesdeutsche Föderalismus führte zu einer »Politikverflechtung«,[51] die sicherlich vorteilhafte Elemente in sich barg, aber auch gravierende Nachteile offenbarte: Gewinner waren die Länderregierungen, genauer, die Ministerpräsidenten, die zu Symbolfiguren des Verbundföderalismus aufstiegen. Hatte man ursprünglich damit gerechnet, daß gerade einmal rund 10% der Bundesgesetze der Zustimmung des Bundesrates bedurften, so erhöhte sich der Anteil durch die zunehmende Politikverflechtung auf mehr als 50 Prozent. Das bedeutete umgekehrt auch einen Verlust an legislativen

Kompetenzen der Landtage. Vor allem aber: Im Bundesrat spielten oftmals nicht mehr die Landesinteressen die erste Geige, sondern – man hatte ja die Bundesregierung im Visier – die parteipolitischen.

Im Jahr 1980 hieß der Kanzlerkandidat der Union nicht Helmut Kohl. Durchgesetzt hatte sich vielmehr sein Intimfeind Franz Josef Strauß, der 1978 nach dem Tod Goppels Ministerpräsident von Bayern geworden war. Kohl, seit 1976 Fraktionsvorsitzender der Union im Bundestag, mußte aus verschiedenen Gründen einen Verfall seiner Autorität hinnehmen. Mächtige Landesfürsten brachten sich in der ersten Reihe in Position, besonders Ernst Albrecht aus Niedersachsen, und eben Strauß aus Bayern, der seit geraumer Zeit die Union immer wieder einmal mit einem Gespenst aufschreckte: der Drohung, eine vierte Partei in der Bundesrepublik zu gründen, nämlich eine bundesweite CSU. Eine vierte Partei entstand tatsächlich, jedoch nicht aus der Spaltung der Union – mit diesem Makel behaftet wollte Strauß dann doch nicht in die Geschichte eingehen[52] –, sondern in Gestalt der GRÜNEN, die aus dem Umfeld der neuen sozialen Bewegungen hervorgingen.

»Das Duell der Giganten« nannte Wolfgang Jäger das Aufeinandertreffen von Schmidt und Strauß im Bundestagswahlkampf 1980.[53] In einem verbissenen Ringen hatte sich Strauß innerparteilich gegen Albrecht durchgesetzt. Die Union befand sich im Aufwind. Im Mai 1979 hatte die mehrheitlich aus ihren Vertretern zusammengesetzte Bundesversammlung Karl Carstens (CDU) zum neuen Bundespräsidenten und Nachfolger Walter Scheels gewählt. Die weltpolitische Lage war allerorten durch Turbulenzen geprägt: Die islamische Revolution im Iran, der Einmarsch der Sowjetunion in Afghanistan, der Arbeiteraufstand in Polen. In der Frage der NATO-Nachrüstung drohte dem Bundeskanzler zudem von den eigenen Genossen Unbill. Die Chancen der Union, die Regierung abzulösen, konnten deshalb durchaus als gut eingeschätzt werden. Aber Strauß war der falsche Kandidat. Seine Ambitionen führten zu einer Polarisierung wie seit dem Wahlkampf Adenauer-Schumacher 1949 nicht mehr. Strauß' Sympathiewerte außerhalb Bayerns waren niedrig, die von Schmidt hoch. Die Liberalen waren für den Kanzler, aber gegen die SPD; nicht wenige in der Bevölkerung dachten ebenso. Die Union fuhr ihr bis dahin schlechtestes Ergebnis seit 1949 ein (44,5%), die SPD steigerte sich nur ganz geringfügig (42,9%), die Liberalen verbuchten ein Plus von 2,7% und kamen auf 10,6 Prozent. Die erstmals bei einer Bundestagswahl angetretenen GRÜNEN verfehlten den Einzug ins Parlament (1,5%).

Strauß' Kandidatur verlängerte das Leben der Koalition um einige Zeit. Daß aus der Bundestagswahl sowohl der linke Flügel der SPD als auch die FDP gestärkt hervorgingen, ließ für die Zukunft der Koalition nichts Gutes erahnen. Außerdem zog sich Franz Josef Strauß nach seinem Wahldebakel rasch wieder nach Bayern zurück, so daß für die Liberalen die Option eines Koalitionswechsels attraktiv wurde. War mit den

Sozialdemokraten noch eine gemeinsame Politik möglich? Wollte man sie überhaupt? Im Verlauf der Weltwirtschaftskrise hatte sich die FDP mehr und mehr zur Interessenvertretung der Wirtschaft innerhalb der Koalition entwickelt. Für die FDP-Klientel war eine Wachstumspolitik weniger wichtig geworden als eine Verteilungs- und Steuerpolitik, von der es schließlich abhing, wieviel man von den Kapitaleinkünften behalten konnte. Ihren ideologischen Ausdruck fand diese Konstellation in der Auseinandersetzung zwischen der keynesianischen Nachfragetheorie – auf die viele Sozialdemokraten und Gewerkschafter schworen – und der Angebotstheorie, die sich in den 70er Jahren in der akademischen Ökonomie, im Sachverständigenrat und nun auch in der FPD immer stärker durchsetzte. Ihr zufolge mußten Gewinnerwartungen der Unternehmen durch eine Senkung der Lohnkosten und der Abgabelasten verbessert werden – und eben gerade nicht durch eine Erhöhung der allgemeinen Kaufkraft, also der gesamtwirtschaftlichen Nachfrage.

Obwohl die Sparpolitik der Regierung manche Ökonomen in der SPD zur Verzweiflung und Arbeitsminister Herbert Ehrenberg (SPD) sogar zum Rücktritt trieb, blieben die Liberalen unerbittlich. Im Bundeshaushalt 1981 wurden Ausgabenkürzungen in Bereichen beschlossen, die der SPD besonders am Herzen lagen, etwa die Kürzung des Bundeszuschusses zur Rentenversicherung und die Erhöhung von Mineralöl- und Verbrauchssteuern. Anfang des Jahres 1982 war die Arbeitslosenzahl bis knapp unter die Grenze von 2 Mio. gestiegen. Deshalb beschloß die Bundesregierung im Februar eine »Gemeinschaftsinitiative für Arbeitsplätze, Wachstum und Stabilität«, deren Hauptelement eine zeitlich befristete Investitionszulage war. Als Preis für dieses Zugeständnis der Liberalen akzeptierten die Sozialdemokraten widerstrebend eine Lockerung des gesetzlichen Mieterschutzes, womit private Investitionen im Wohnungsbau angeregt werden sollten. Weitere Ausgabenkürzungen, beschlossen in der »Operation '82«, waren bereits auf den Weg gebracht worden, nämlich die Erhöhung der Beiträge zur Arbeitslosenversicherung von 3,5 % auf 4 %, die Kürzung der von der Bundesanstalt für Arbeit bezahlten Beiträge zur Rentenversicherung, die Einführung eines Krankenversicherungsbeitrages für Rentner sowie die Selbstbeteiligung der Versicherten an den Krankheitskosten. Schließlich wurden auch die Branntwein-, die Sekt- und die Tabaksteuer erhöht.

Otto Graf Lambsdorff (FDP), der seit Oktober 1977 das Wirtschaftsressort leitete, heizte mit noch viel weiterreichenden Vorschlägen die Mißstimmung in der Koalition zusätzlich an. So »mußten auch koalitionstreue Sozialdemokraten einsehen, daß gegenüber der Restriktionspolitik der Bundesbank, der Umverteilungspolitik der FDP und der Blockadepolitik der CDU/CSU im Bundesrat das wirtschaftspolitische Spiel nicht mehr zu gewinnen war. Bis es soweit war, hatte freilich die SPD den einschneidenden Kürzungen im ›sozialen Netz‹ bereits zugestimmt und die politische Verantwortung für den Anstieg der Arbeitslosigkeit bis zur Zwei-Millionen-Grenze auf sich geladen.«[54] Auf Bitte des Bundeskanzlers legte Graf Lambsdorff am 9. September 1982 eine Zusammenfassung seiner verschiedenen Äußerungen und Vorstellungen vor. Das Memorandum trug den harmlosen Titel »Konzept für eine Überwindung der Wachstumsschwäche und zur Bekämpfung der Arbeitslosigkeit«,[55] barg in Wahrheit jedoch hochexplosiven Sprengstoff in sich. Es war, weil der darin beschriebene Kurs in die entgegengesetzte Richtung wie derjenige der SPD ging, die Scheidungsurkunde der Koalition. Wolfgang Jäger nennt es die »wirtschaftspolitische Bankrotterklärung der sozialliberalen Ära«.[56] Ein harsches Urteil. Verwundern mußte allerdings, daß die maßlose Kritik gerade von einem führenden Vertreter derjenigen Partei formuliert wurde, die seit 1972 die Verantwortung für das Wirtschaftsministerium getragen hatte.

Helmut Schmidt, der gesundheitlich schwer angeschlagen war und mit seiner eigenen Partei im Streit lag, brachte am 17. September 1982 die vier FDP-Minister – Hans-Dietrich Genscher, Otto Graf Lambsdorff, Gerhart Baum und Josef Ertl – dazu, ihrer Entlassung durch einen Rücktritt zuvorzukommen. Damit, so Schmidts Kalkül, war es die FDP, die die Koalition verließ. Zwei Wochen lang regierte die SPD mit einer Minderheitsregierung alleine; dann einigten sich die FDP-Führung um Genscher und die CDU-Führung um Helmut Kohl darauf, den Bundeskanzler mit einem konstruktiven Mißtrauensvotum zu Fall zu bringen. Dies geschah am 1. Oktober 1982.

Politische Wende und die Regierung unter Helmut Kohl

Bereits zwölf Tage vor dem Mißtrauensvotum hatten CDU/CSU und FDP ihre Koalitionsvereinbarungen unter Dach und Fach gebracht. Überraschen kann das Tempo nicht, denn Sondierungen für einen Koalitionswechsel hatte es bereits seit einem Jahr gegeben. Doch die liberale Partei war tief gespalten: Konnte man sich auf diese Weise von dem alten Koalitionspartner verabschieden? Hatte Helmut Schmidt solch einen Sturz verdient? Andererseits: Waren die Gemeinsamkeiten nicht aufgebraucht, und wäre eine Fortsetzung der Koalition mit der SPD nicht eine Art von Dahinschleppen auf einem Weg, der sowieso in den Untergang führen würde? Über dem Koalitionspapier mit der Union spaltete sich die FDP-Bundestagsfraktion, 32 Parlamentarier stimmten ihm zu, 20 lehnten es ab. Kurz darauf wechselten einige Liberale wie Ingrid Matthäus-Maier und Günter Verheugen, der FDP-Generalsekretär, zu den Sozialdemokraten. Das konstruktive Mißtrauensvotum ging zwar sicher, aber doch relativ knapp zugunsten von Helmut Kohl aus. In der neuen Regierung Kohl waren die CDU mit acht, die CSU und die FDP jeweils mit vier Ministern vertreten, drei der liberalen Minister hatten bereits der alten Regierung angehört, nur Gerhart Baum, der frühere

Innenminister und dezidierte »Sozialliberale«, gehörte ihr nicht mehr an. Kaum war die Regierung gebildet, stellte Bundeskanzler Helmut Kohl im Parlament die Vertrauensfrage. Verabredungsgemäß enthielten sich die Abgeordneten von CDU/CSU und FDP; damit konnte der Bundestag vom Bundespräsidenten Karl Carstens aufgelöst und eine Neuwahl für Anfang März 1983 angesetzt werden.

Es war allerdings klar, daß es bei dieser Sache nicht mit rechten Dingen zuging; der Art. 68 GG wurde ausgehöhlt, denn Kohl hatte ja eine komfortable Mehrheit im Deutschen Bundestag. Das Vorgehen des Kanzlers genügte den Bedingungen des Grundgesetzes nicht. Nur mit schlechtem Gewissen löste der Bundespräsident auf Vorschlag des Bundeskanzlers das Parlament auf, und das angerufene Bundesverfassungsgericht sanktionierte in einem nicht unumstrittenen Urteil die Neuwahlen. Das höchste Gericht befand sich in einer Zwickmühle: Es mußte entscheiden, ob die Bundesrepublik eine Kanzlerdemokratie oder eine Parlamentsdemokratie darstellte. Was zählte mehr: das Grundgesetz, das eine manipulierte Abstimmung allein zu dem Zweck, Neuwahlen herbeizuführen, nicht vorsieht, – oder die Staatspraxis, die durch die Abstimmung geschaffene normative Kraft des Faktischen? Aus den schlechten Erfahrungen mit dem parlamentarischen Selbstauflösungsrecht der Weimarer Republik hatte man, um künftig stabile Verhältnisse zu schaffen, im Parlamentarischen Rat 1948 hohe Hürden für die Auflösung des Deutschen Bundestages errichtet. Daraus folgte nun aber eine höchst zweifelhafte Praxis in der Bundesrepublik Deutschland.

Warum wurde dieser »Umweg« eingeschlagen? Warum schritt man nicht gleich zu Neuwahlen? Warum bildeten Union und FDP zuerst eine nur wenige Monate bestehende Regierung? Die Antwort auf diese Fragen findet sich auf seiten der FDP.[57] Franz Josef Strauß, ein vehementer Gegner dieses Weges und überhaupt der FDP, schreibt in seinen Erinnerungen: »Genscher war also gesprungen und schwebte in der Luft. Es stellte sich für ihn nun die Frage, ob er auf festem Boden landen oder ins Wasser fallen würde, und hier hatte Genscher das Wort von Helmut Kohl, daß die FDP sicher aufgefangen werde.«[58] Durch den Koalitionsbruch stand die FDP einmal mehr in ihrer Geschichte vor einer Existenzkrise. Helmut Schmidt hatte mit seinem klugen Schachzug, die FDP-Minister zum Rücktritt zu bewegen, diesen die Schuld für das Auseinanderbrechen der Koalition zugeschoben. Die von ihm beabsichtigte Wirkung trat auch rasch ein: In der Öffentlichkeit hieß es, die Liberalen hätten die Koalition und den beliebten Kanzler »verraten«. Als Folge dieser »Verratskampagne« lagen die Liberalen in Meinungsumfragen am Boden, nur noch etwa 2% der wahlberechtigten Bevölkerung hätten bei Bundestagswahlen für sie gestimmt. Bei den hessischen Landtagswahlen am 26. September, bei den bayerischen am 10. Oktober und bei der Wahl zur Hamburger Bürgerschaft am 19. Dezember 1982 scheiterte die FDP jeweils klar an der Fünf-Prozent-Hürde. Die neue Regierung hoffte, daß bis zum März 1983 der Unmut der Menschen einigermaßen verflogen war, wenn sie bis dahin beweisen konnte, daß sie handlungsfähig war.

Die vorgezogene Bundestagswahl am 6. März 1983 brachte die erwartete Bestätigung der christlich-liberalen Koalition. Die Unionsparteien fuhren einen überwältigenden Sieg ein und erreichten 48,8 % der abgegebenen Stimmen. Die Verluste der FDP hielten sich mit den gewonnenen 7 % in Grenzen. Erstmals seit 1965 landete die SPD wieder unterhalb der 40 %-Marke (38,2 %) – eine herbe Niederlage für ihren Spitzenkandidaten Hans-Jochen Vogel. Für die intern hoffnungslos zerstrittene SPD begann ein langer Marsch durch die Wüste der Opposition. Es sollte 16 Jahre dauern, bis die Partei, die während dieser Zeit etliche Kanzlerkandidaten und »Hoffnungsträger« verschliß – nach Vogel Johannes Rau, Oskar Lafontaine, Björn Engholm, Rudolf Scharping –, im Bund wieder in der Regierungsverantwortung stehen sollte. Einen überraschenden Erfolg verbuchten die GRÜNEN, die nach Gewinnen bei Landtagswahlen seit 1979 – zuerst waren sie in das Parlament von Bremen, dann im März 1980 in den Baden-Württembergischen Landtag eingezogen – nun mit 5,6 % erstmals im Deutschen Bundestag vertreten waren. Erfolge bei Landtags- und Kommunalwahlen

Abb. 53: *Helmut Kohl leistet am 1. Oktober 1982 vor Bundestagspräsident Richard Stücklen seinen Amtseid, nachdem Helmut Schmidt zuvor gestürzt worden war. Kurz darauf verlor er absichtlich eine Vertrauensfrage im Bundestag, um vorgezogene Neuwahlen zu ermöglichen.*

schlossen sich an. Die GRÜNEN, die sich als »Anti-Parteien-Partei« verstanden, nahmen insbesondere den Sozialdemokraten einen beträchtlichen Teil der Jungwähler ab.[59]

Gegenüber dem ersten Kabinett Kohl von Oktober 1982 bis Ende März 1983 änderte sich in der personellen Zusammensetzung fast nichts. Genscher war Außenminister, der streitbare Friedrich Zimmermann (CSU) Innenminister, Gerhard Stoltenberg (CDU) Finanzminister, Manfred Wörner (CDU) Verteidigungsminister; wichtige Rollen spielten gleichermaßen Norbert Blüm (CDU), zuständig für Arbeit und Sozialordnung, sowie Wolfgang Schäuble, Minister für besondere Aufgaben und Chef des Bundeskanzleramts.

Die Regierung Kohl kündigte an, die Arbeitslosigkeit zu beseitigen. Sie gab sich unternehmerfreundlich, agierte so, wie es der alte und neue Wirtschaftsminister Otto Graf Lambsdorff empfohlen hatte. Er verkündete, er sei Minister für und nicht gegen Wirtschaft. Erfolge der eingeschlagenen angebotsorientierten Wirtschaftspolitik blieben nicht aus, so stieg beispielsweise die Zahl der Existenzneugründungen erheblich an. Aber man mußte auch die Erfahrung machen, daß sich trotz eines konjunkturellen Aufschwungs mit Wachstumsraten um 4 % das Problem des Überangebots an Arbeitskräften nicht verringerte. Die Arbeitslosigkeit blieb über all die Jahre hinweg auf einem anhaltend hohen Niveau von über 2 Mio; 1985 erreichte die jahresdurchschnittliche Arbeitslosenzahl mit über 2,3 Mio. – das entsprach einer offiziellen Arbeitslosenquote von 8,9 % – den höchsten Stand seit der Währungsreform 1948. Auch ebenso ungewöhnliche wie umstrittene Maßnahmen brachten keine spürbare Entlastung des Arbeitsmarkts: Im Oktober 1983 trat ein auf ein Jahr begrenztes »Rückkehrhilfegesetz« in Kraft, das ausländischen Arbeitnehmern, die arbeitslos geworden oder von Kurzarbeit betroffen waren, die Rückkehr in ihre Heimat erleichtern sollte. Dafür zahlte die Bundesregierung eine einmalige »Rückkehrhilfe« in Höhe von 10 500 DM und weitere Prämien für unterhaltspflichtige Kinder. Warnungen vor den Folgen eines solchen Gesetzes kamen von der Ausländerbeauftragten der Bundesregierung. Sie sah die »Gefahr, daß die ausländische Bevölkerung zum Spielball unterschiedlicher Emotionen, Schuldzuweisungen, politischen Profilierungen und persönlicher Reaktionen« werde.[60] Die Kritik stieß bei der Koalition auf taube Ohren, doch blieb der gewünschte Effekt des Gesetzes aus.

Kritiker der tendenziell neoliberalen Politik der Bundesregierung sprachen von einer »Zwei-Drittel-Gesellschaft«. Damit meinten sie die Tendenz zur Spaltung der Gesellschaft in eine große, gut verdienende und sozial gesicherte Mehrheit und eine von Arbeitslosigkeit und Armut bedrohte Minderheit. Die Opposition prangerte die »Umverteilung von unten nach oben« an.[61] Zwar wurden Sozialleistungen gekürzt: So betrug das Arbeitslosengeld nur mehr 63 % statt 68 % des früheren Nettogehalts, die

Arbeitslosenhilfe wurde um 2% auf 56% gesenkt, und auch das Mutterschaftsgeld für berufstätige Frauen wurde nicht verschont. Tatsächlich jedoch fand in der Bundesrepublik keineswegs ein derart rigoroser Abbau sozialer Leistungen statt wie zur gleichen Zeit etwa in England unter der konservativen Premierministerin Margaret Thatcher (»Thatcherismus«) oder in den USA unter dem republikanischen Präsidenten Ronald Reagan (»Reagonomics«). Vielmehr wurde die Beibehaltung des allgemeinen Wohlstands in der Bundesrepublik durch eine Kostenexplosion im Bereich der sozialen Sicherungssysteme und durch eine immer größere Neuverschuldung des Bundes – die seit 1987 wieder einsetzte – erkauft.[62] Eine Umkehr dieser Politik gab es in der Bundesrepublik Deutschland bis 1989 nicht. Die Staatsquote erhöhte sich wiederum, die Überforderung des Staates blieb bestehen, und die strukturelle Krise wurde nicht gelöst, vielmehr verschleppt. Das auf Wohlstandsverteilung basierende soziale Sicherungssystem erzeugte Probleme, die sich erst seit den 90er Jahren – nach der deutschen Wiedervereinigung – so erheblich vergrößerten, daß das gesamte System zusammenzubrechen drohte. Verantwortlich dafür war eine dreifache Last: die gigantischen, überwiegend konsumtiven Transfers in die neuen Bundesländer, die Massen- und Dauerarbeitslosigkeit und der sich stark verändernde Altersaufbau der deutschen Gesellschaft. All dies zusammen führte zu einer Kostenlawine im Bereich der Sozialpolitik.

Wie sollte man der Massen- und Langzeitarbeitslosigkeit Herr werden? Die Regierung setzte vor allem auf das Konzept der Frühverrentung. Das Vorruhestandsgesetz aus dem Jahr 1984 ermöglichte es Arbeitnehmern vom 58. Lebensjahr an, vorzeitig in den Ruhestand zu treten. Das Vorruhestandsgeld betrug mindestens 65% des monatlichen Bruttogehaltes; 35% davon konnte der Arbeitgeber als Zuschuß von der Bundesanstalt für Arbeit erhalten, wenn er auf dem freien Arbeitsplatz einen Arbeitslosen einstellte. Die Gewerkschaften hingegen hielten eine Verringerung der Wochenarbeitszeit auf 35 Stunden für die bessere Idee, fanden für ihr Konzept jedoch bei den Arbeitgebern keinerlei Verständnis. 1984 kam es zum härtesten Arbeitskampf in der Geschichte der Bundesrepublik Deutschland. Um die 35-Stunden-Woche durchzusetzen, bestreikte die IG-Metall gezielt die Zulieferbetriebe der Automobilindustrie; so wollte sie mit möglichst geringen Mitteln den größten Erfolg erzielen. Doch die Arbeitgeber reagierten unnachgiebig, wie noch nie zuvor, nämlich mit »kalter Aussperrung«: Sie schickten die Belegschaften ganzer Betriebe nach Hause; schnell waren mehr als 260 000 Mitglieder der IG-Metall vom Arbeitskampf betroffen. War diese Arbeitgeber-Reaktion rechtens? Machte sie nicht das einzige Druckmittel der Arbeitnehmer, den Streik, zunichte? War damit diese Waffe stumpf geworden? Die Gewerkschaften unterstützten streikende Gewerkschaftsmitglieder finanziell, doch wenn sie auch für die Ausgesperrten hätten aufkommen müssen, wären ihre Kassen schnell leer gewesen.

Vor Gericht erkämpften die Gewerkschaften einen Sieg; die Bundesanstalt für Arbeit mußte den »kalt Ausgesperrten« Kurzarbeitergeld zahlen. Erst nach sieben Wochen endete der Arbeitskampf. Die Arbeitnehmer konnten ihr Ziel »35-Stunden-Woche bei vollem Lohnausgleich« nur zum Teil erreichen: Es wurde die 38,5-Stunden-Woche eingeführt. »Leber-Tran« nannten die Metaller diesen Kompromiß, der auch Vorbild für andere Industriezweige werden sollte. Er war, daher der Name, durch die Vermittlung des als Schlichter eingesetzten SPD-Politikers Georg Leber zustande gekommen. Auf Arbeitgeberseite hatten viele gehofft, die Gewerkschaften nachhaltig schwächen zu können. Dies gelang nicht, auch nicht durch die Änderung des § 116 des Arbeitsförderungsgesetzes: Gegen die Stimmen von SPD und GRÜNEN und trotz einer gewaltigen Protestwelle des DGB modifizierte der Deutsche Bundestag im März 1985 diesen Paragraphen erheblich. Leistungen der Bundesanstalt für Arbeit an durch einen Streik mittelbar von Kurzarbeit oder Arbeitslosigkeit betroffene Arbeitnehmer wurden damit stark eingeschränkt – eine empfindliche Niederlage für die Gewerkschaften.[63] Aber im Gegensatz zu Großbritannien, Frankreich, Italien und den USA, wo die Gewerkschaften in den 80er Jahren politisch entkräftet wurden, an Bedeutung und Mitgliedern verloren und sich die Arbeitsbedingungen für Arbeitnehmer spürbar verschlechterten, stellten die deutschen Gewerkschaften weiterhin einen stabilen Faktor dar. Die Tarifbeziehungen blieben, allen Unkenrufen zum Trotz, effektiv.

Wie fällt die Bilanz der christlich-liberalen Wirtschaftspolitik in den 80er Jahren aus? Zunächst muß man betonen, daß die Wirtschaftspolitik von Beginn an unter einem günstigen Stern stand, denn der weltweite konjunkturelle Tiefpunkt war 1982 erreicht, die folgenden Jahre brachten einen Aufschwung mit Steigerungsraten wie in den besten Zeiten. Die deutschen Exporte nahmen stark zu, weil sich deutsche Waren infolge der amerikanischen Hochzinspolitik verbilligten. In der Bundesrepublik gab es erstmals seit den 50er Jahren wieder Preisstabilität. 1988/89 erreichte die internationale Konjunktur ihren Höhepunkt, und die deutschen Exportüberschüsse waren so hoch wie nie zuvor.

Infolge des Regierungswechsels von 1982, so lautet der erste Teil der wirtschaftspolitischen Bilanz, kam es tatsächlich zu einem Politikwechsel. Die Haushaltssanierung wurde unter nun wieder viel günstigeren Voraussetzungen konsequenter betrieben als von der Vorgängerregierung. In der Steuerpolitik setzte die Regierung einen neuen Einkommensteuertarif durch. Zwar enttäuschte die angekündigte große Steuerreform von 1988, die am 1. Januar 1990 in Kraft treten sollte, viele, weil die erwarteten großen Entlastungen infolge der »Gegenfinanzierung« – Erhöhung von Verbrauchssteuern und Abgaben – dann doch eher gering ausfielen; aber mittlere und höhere Einkommen profitierten von der Reform. Weiterhin: Dadurch, daß sie befristete Arbeitsverträge erleichterte, flexibilisierte die Bundesregierung den Arbeitsmarkt. Die

Macht der Gewerkschaften wurde durch die Änderung von § 116 des Arbeitsförderungsgesetzes tendenziell eingeschränkt. Außerdem begann die christlich-liberale Koalition damit, das Wirtschaftsleben zu deregulieren, etwa mit der Postreform oder der Einführung des Dienstleistungsabends, was eine Aufweichung der im internationalen Vergleich äußerst restriktiven Ladenschlußzeiten nach sich zog. Als zweiter Teil der Bilanz bleibt indessen festzuhalten: Der Politikwechsel war »ausgesprochen moderat«.[64] Die Gründe dafür liegen nicht etwa in knappen Mehrheitsverhältnissen – selbst im Bundesrat hatte die Koalition bis 1990 eine Mehrheit –, sondern vor allem in der starken Stellung der CDU-Sozialausschüsse, der Christlich Demokratischen Arbeitnehmerschaft (CDA). Norbert Blüm, Bundesminister für Arbeit und Sozialordnung, war seit 1977 auch Bundesvorsitzender der CDA und stellte sich tiefergreifenden strukturellen Veränderungen in den Weg. »Während die FDP und der Wirtschaftsrat der CDU für weitreichende marktorientierte Reformen eintraten, verteidigten die Sozialausschüsse den Status quo oder stimmten allenfalls moderaten Reformen zu.«[65]

Seit Mitte der 80er Jahre ist das »Modell Deutschland« oder auch der »rheinische Kapitalismus«[66] zunächst verhalten, dann immer stärker in die Kritik geraten. Lange Zeit galt das deutsche Wirtschaftssystem als Vorbild, als Garant für eine florierende Ökonomie. Den »rheinischen Kapitalismus« zeichneten im Vergleich zu anderen Wirtschaftssystemen einige Besonderheiten aus, die seine vielbewunderte Stärke ausmachten: Die Unternehmensfinanzierungen sind bankorientiert, Vertreter von Banken sitzen in den Aufsichtsräten der Firmen, nehmen somit eine Mitverantwortung wahr. Die Beziehungen zwischen Arbeitgebern und Arbeitnehmern sind kooperativ, geprägt von der »Sozialpartnerschaft«, die auch – mittels einer Verrechtlichung der Arbeitsbeziehungen – einen hohen Beschäftigungsschutz garantiert. Das Ausbildungssystem ist hochspezialisiert, nicht nur durch das dreigliedrige Schulsystem, die Fachhochschulen und Universitäten, sondern auch dadurch, daß die Unternehmen in die Ausbildung eingebunden sind. Die Firmenbeziehungen untereinander sind verflochten, auch in dieser Hinsicht bestehen vielfältige kooperative Beziehungen, etwa durch gegenseitige Sitze in den Aufsichtsräten. Schließlich sticht die große Bedeutung mittelständischer Betriebe in der Bundesrepublik hervor. Insgesamt kann man von einer hohen Koordination und von Netzwerken sprechen, die viel weniger als anderswo nach den Regeln des Marktes funktionieren. Diese »Deutschland AG« arbeitete noch in den 80er Jahren ziemlich reibungslos, stotterte nur gelegentlich. Es gelang ihr indessen nicht mehr, eines ihrer Hauptziele in den Griff zu bekommen: die Vollbeschäftigung. Am Ende des Jahrzehnts und am Ende der »alten« Bundesrepublik bezeichneten zahlreiche neoliberale Ökonomen sie als wettbewerbsunfähig. Nationale Wirtschaftsmodelle hätten keine Zukunft mehr, seien angesichts von externen Entwicklungen wie der Globalisierung im Niedergang begriffen.[67]

Die Frage nach der Überlebensfähigkeit nationaler Wirtschaftsmodelle wird weiterhin kontrovers diskutiert und läßt sich nicht abschließend klären.[68] Seit 1974 gab es jedoch strukturelle Umbrüche, die die Wirtschafts- und Sozialpolitik der Bundesrepublik vor neue Probleme stellten und vor allem zur Massenarbeitslosigkeit führten, die mit den üblichen Instrumentarien kaum merklich abgebaut werden konnte. Verschiedene Faktoren sind dafür verantwortlich: Die Verteuerung der Energiekosten durch die beiden Ölkrisen erschwerte den deutschen Export. Die Lohnerhöhungen und Sozialabgaben verteuerten den Faktor Arbeit erheblich. Neue Technologien hatten zum Teil negative beschäftigungspolitische Effekte. Durch die Erhöhung des Staatsverbrauchs und durch die steigende Staatsverschuldung verringerte sich die Investitionsquote. Auch fällt stark ins Gewicht, daß die geburtenstarken Jahrgänge, die »Baby-Boomer« aus den 60er Jahren, ins Arbeitsleben drängten und die Erwerbstätigkeit der Frauen zum Normalfall geworden ist.[69]

Helmut Kohl hatte in seiner ersten Regierungserklärung am 13. Oktober 1982 den Bürgern eine »geistig-moralische Wende« versprochen. »Die Ideologien der Macher und Heilsbringer«, so führte er aus, »haben den Wirklichkeitssinn im Lande nicht geschärft, die Selbstverantwortung nicht gestärkt und die geistigen Herausforderungen der Zeit verkannt. Wir brauchen wieder die Tugenden der Klugheit, des Mutes und des Maßes für die Zukunft unseres Landes. Die Frage der Zukunft lautet nicht, wieviel mehr der Staat für seine Bürger tun kann. Die Frage der Zukunft lautet, wie sich Freiheit, Dynamik und Selbstverantwortung neu entfalten können. Auf diese Idee gründet die Koalition der Mitte. Zu viele haben zu lange auf Kosten anderer gelebt: der Staat auf Kosten der Bürger, Bürger auf Kosten von Mitbürgern und – wir sollten es ehrlich sagen – wir alle auf Kosten der nachwachsenden Generationen.«[70] Die neue Regierung erhob fortan die »Wende« zum Markenzeichen ihres Neuanfangs. Natürlich wurde hier das Bild in Schwarz und Weiß gemalt; so düster waren die 70er Jahre keineswegs, »Klugheit«, »Mut« und »Maß« hatten ja gerade auch Kohls Vorgänger ausgezeichnet; und ob die Zukunft mit dem ständigen Verweis auf die Vergangenheit, nämlich auf die Politik Adenauers und Erhards gewonnen werden konnte, durfte angesichts der neuen Schwierigkeiten bezweifelt werden. Worauf zielten die großen Worte der neuen Regierung? »In ihrer Rhetorik versöhnte sie die wertkonservativen Schichten zumindest vorübergehend mit der unaufhaltsamen Pluralisierung und Individualisierung der Gesellschaft und bereitete sie damit auf den nächsten Modernisierungsschub vor. ... Den technokratischen, aufstiegsorientierten Eliten flößte sie neuen Optimismus ein und gab ihnen neue Ziele vor. Und den verbreiteten Zukunftsängsten begegnete sie mit der Rede von Subsidiarität und Solidarität, kleinen Räumen und einer Gesellschaft mit ›menschlichem Gesicht‹.«[71]

Aber ungeachtet aller wirtschaftspolitischen Erfolge glänzte die Kanzlerschaft

Kohls in den ersten fünf Jahren weniger im Lichte eines akkuraten und tadellosen Neuanfangs, sondern war von anrüchigen Affären und peinlichen Pannen überschattet, die das Ansehen der neuen Regierung beschädigten. Freilich muß man auch sagen, daß die Presse auf Fehltritte des neuen Bundeskanzlers regelrecht lauerte.[72] In vielen Medien galt der 1930 in Ludwigshafen geborene Kohl als linkischer Provinzpolitiker, der gerade im Vergleich zu seinem weltgewandten Vorgänger hausbacken und plump erschien. Von der Öffentlichkeit wurde Kohl jahrelang unterschätzt. Zielstrebig hatte er seine politische Karriere verfolgt. Er war kaum Mitte 30, da bekleidete er bereits den Posten des stellvertretenden Fraktionsvorsitzenden im Mainzer Landtag. 1969 wurde er Ministerpräsident von Rheinland-Pfalz und 1973 Vorsitzender der CDU. Unter seiner Regie begann die programmatische und personelle Erneuerung der Union. Er scharte Reformer um sich wie etwa Kurt Biedenkopf, der Generalsekretär wurde, oder Heiner Geißler. Später kam es zwischen ihnen zum Zerwürfnis. Heftige Konflikte focht Helmut Kohl weiterhin mit Strauß aus, bis dieser im Herbst 1988 ganz überraschend starb. Kohls Stärke lag in einem Zentralismus: Er bildete das Zentrum der CDU und förderte seine politischen Freunde, die »Kohlianer«. Sein Führungsstil war hochgradig personalisiert, lief über persönliche Kontakte von der obersten Bundes- bis zur untersten kommunalen Ebene. Gegner und Rivalen wie Lothar Späth, den erfolgreichen Ministerpräsidenten von Baden-Württemberg, oder Kurt Biedenkopf und später Rita Süssmuth, Vorsitzende der Frauen-Union der CDU, Familienministerin, dann Bundestagspräsidentin, stellte er kalt. Kohl war ein selbstbewußter Machtpolitiker, der die Union wie kein anderer dominierte und sich die Bundestagsfraktion gefügig hielt. Regieren bedeutete für ihn die Kunst des Machterhalts, hierin erwies sich Helmut Kohl als Meister. Andererseits: Politische Alternativen wurden dadurch unterdrückt, und in der CDU fehlte es oft an lebendiger Diskussion.[73]

Die Serie der Affären begann mit der Wörner-Kießling-Affäre 1983/84. Verteidigungsminister Manfred Wörner hatte nach obskuren Gerüchten über eine mögliche Homosexualität, die sich später als völlig haltlos erwiesen, den stellvertretenden NATO-Oberbefehlshaber Günter Kießling in den vorzeitigen Ruhestand geschickt. Trotz der überfälligen Entschuldigung Wörners und der Rehabilitierung des Generals war sein Ansehen geschwunden, und Kießlings guter Ruf blieb ruiniert.[74] Im Januar 1984 ereignete sich dann während eines Staatsbesuches die »Israel-Panne«. Im israelischen Parlament, der Knesset, sprach Kohl das mißverständliche Wort von der »Gnade der späten Geburt«. In Deutschland und in Israel schlug man die Hände über dem Kopf zusammen. Wollte ausgerechnet in Israel ein deutscher Bundeskanzler mit dem Verweis auf das Nachwachsen einer unbelasteten Generation in Deutschland die Last der NS-Vergangenheit von sich und den Deutschen abladen?

Im gleichen Jahr wurde auch die Flick-Affäre publik, eine schmierige Parteispenden-Angelegenheit, die in der Öffentlichkeit das unsägliche Bild einer korrupten Verflechtung von Politik und Wirtschaft hinterließ und zur »Parteienverdrossenheit« beitrug. Der ehemalige persönlich haftende Gesellschafter des Flick-Konzerns, Eberhard von Brauchitsch, berichtete, wie er seit den 70er Jahren die Parteikassen gefüllt hatte. Die Spendengelder, in deren Genuß vor allem die CDU/CSU und die FDP kamen, geringer wurde die SPD bedacht – zwischen 1969 und 1980 erhielt die Union 15 Mio. DM, die FDP 6,5 und die SPD 4,3 –, stammten zum Teil aus Steuerhinterziehungen. Die Liste der in die Spendenaffäre Verstrickten war lang und prominent. Sie reichte von Rainer Barzel bis Helmut Kohl, von Franz Josef Strauß bis Otto Graf Lambsdorff, der sich als besonders »erfinderisch« beim Verbuchen von Schwarzgeldern erwies, deshalb zurücktreten mußte und schließlich sogar rechtskräftig verurteilt wurde. Auch Helmut Kohl hatte große Geldbeträge persönlich entgegengenommen. Erst die Parteispendenaffäre der 90er Jahre, in deren Mittelpunkt dann ausschließlich Kohl stand, sollte in ihrer ganzen Ungeheuerlichkeit die Flick-Affäre noch in den Schatten stellen.[75] Aber bereits damals, Mitte der 80er Jahre, bedeuteten die dubiosen Spenden ein Desaster für den moralischen Anspruch der Regierung Kohl.

1985 folgte die Bitburg-Affäre, die mißlungene Versöhnungsgeste zwischen dem amerikanischen Präsidenten Ronald Reagan und dem Bundeskanzler anläßlich des Kriegsendes 40 Jahre zuvor. Gegen eine Geste der Versöhnung beider Weltkriegsgegner wäre nichts einzuwenden gewesen. Aber warum mußte die Inszenierung ausgerechnet auf einem Friedhof bei Bitburg stattfinden, auf dem auch Angehörige der Waffen-SS bestattet lagen? Die Bundesregierung stürzte damit den amerikanischen Präsidenten in seine schwerste innenpolitische Krise. In diesem Zusammenhang gehört auch der »Historikerstreit« von 1986 über den Ort, den der Nationalsozialismus und Auschwitz im deutschen Bewußtsein beanspruchen sollten. Im Ergebnis war hier allerdings wichtig, daß linksliberale Kritiker alle Versuche abschmetterten, die deutsche Verantwortung für den Holocaust zu relativieren.

In ähnlicher Weise tat dies der am 23. Mai 1984 als sechster Bundespräsident gewählte vormalige Regierende Bürgermeister von Berlin, Richard von Weizsäcker. 40 Jahre nach Kriegsende, im Jahr 1985, wurde in der Bundesrepublik Deutschland darüber gestritten, welche Rolle dem 8. Mai 1945 in der deutschen Geschichte zukam. Der Bundespräsident hielt eine Rede, die weltweit große Beachtung fand, weil sie das Verständnis dafür weckte, daß Besiegtsein und Befreiung unlöslich miteinander verbunden waren. Von Weizsäcker erinnerte an die Leiden der Deutschen, fuhr dann aber fort: »Und dennoch wurde von Tag zu Tag klarer, was es heute für uns alle gemeinsam zu sagen gilt: Der 8. Mai war ein Tag der Befreiung. Er hat uns alle befreit von dem menschenverachtenden System der nationalsozialistischen Gewaltherrschaft.« Die Deutschen müßten die Kapitulation des Dritten Reiches als »das Ende eines Irrwegs deutscher Geschichte erkennen, das den Keim der Hoffnung auf eine bessere Zukunft barg«.[76] Richard von Weizsäcker – umgänglich, aber auch unbequem, vor allem intellektuell stets anspruchsvoll – erfreute sich großer Beliebtheit; im April 1989 wählte ihn die Bundesversammlung mit 86,2% für eine zweite Amtszeit.

Die schmutzigste Affäre der deutschen Nachkriegspolitik wurde schließlich 1987 in Schleswig-Holstein ans Tageslicht befördert: Ministerpräsident Uwe Barschel von der CDU hatte den politischen Gegner überwachen und bespitzeln lassen sowie anstößige und pikante, aber allesamt falsche Informationen der Öffentlichkeit zugespielt. Barschel gab vor der Öffentlichkeit sein Ehrenwort, daß er mit der Sache nichts zu tun habe, aber er log. Der schwer medikamentenabhängige Ministerpräsident verübte im Oktober 1987 in einem Genfer Hotel Selbstmord; die Hintergründe blieben ungeklärt.[77]

Daß die Koalition die Wahlen zum 11. Deutschen Bundestag Ende Januar 1987 dennoch gewann, hing nicht zuletzt mit außenpolitischen Erfolgen zusammen, die an anderer Stelle betrachtet werden. Verantwortlich dafür war indessen auch der Mangel an Alternativen: Die SPD bot ein konfuses Bild und sackte noch einmal auf nun 37% der Stimmen ab; die CDU/CSU erzielte ihr schlechtestes Ergebnis seit 1953, nämlich 44,3%, ihr Koalitionspartner FDP konnte um 2,1% auf nun 9,1% zulegen. Den größten Stimmenzuwachs verzeichneten allerdings die GRÜNEN, die auf 8,3% kamen. Im Oktober 1985 war die erste rot-grüne Regierung in Hessen gebildet und Joschka Fischer als erster grüner Minister für Umwelt und Energie vereidigt worden – er trug bei der Zeremonie Turnschuhe, was viele etablierte Politiker entsetzte. Allerdings hielt diese Regierung nur 14 Monate, sie zerbrach im Februar 1987 am Streit um die Hanauer nukleare Brennelementefabrik ALKEM, und bei der vorgezogenen Landtagswahl mußte die SPD nach 40jähriger Herrschaft im Land die Macht an die CDU abtreten. Von 1982 bis 1990 regierte die CDU/CSU in der Mehrheit der Bundesländer, erst mit dem Sieg von Gerhard Schröder (SPD) in Niedersachsen änderte sich das Verhältnis zugunsten der SPD. Machtbewußte Ministerpräsidenten wie der baden-württembergische Lothar Späth, aber auch Minister wie der aus Schleswig-Holstein stammende Gerhard Stoltenberg – der freilich durch die Barschel-Affäre politisch ruiniert wurde – rebellierten gegen Helmut Kohl, und mehrmals schien sein Sturz unmittelbar bevorzustehen. In entscheidenden Momenten jedoch fiel er den Frondeuren in den Arm. Um dem Erosionsprozeß Einhalt zu gebieten, bildete Kohl im April 1989 sein Kabinett um: Er band den neuen CSU-Vorsitzenden Theo Waigel als Finanzminister in die Regierung ein und machte Wolfgang Schäuble, dem er vertraute und der Rückhalt in der Fraktion besaß, zum Innenminister. Eine Wette auf die politische Zukunft des Kanzlers wollte dennoch niemand eingehen. Als sich dann 1989/90 der Wind in der Weltpolitik zu ändern begann, die DDR kollabierte und die deutsche Wiedervereinigung möglich war, sollte die große Stunde des Bundeskanzlers Helmut Kohl schlagen.

Das deutsch-französische Tandem

»Die Machtwechsel, die 1969 in Frankreich und in der Bundesrepublik in einem sich rasch verändernden internationalen Kontext stattfanden, markierten einen Einschnitt in der Geschichte der deutsch-französischen Beziehungen«, so einer der besten Kenner der beiden Nachbarn am Rhein, Gilbert Ziebura.[1] Nach einer langen und tiefen Krise kam nun neuer Schwung in diese Beziehung und damit auch in die Europapolitik. Georges Pompidou, Nachfolger des zurückgetretenen Charles de Gaulle im Elysée-Palast, beendete die französische Blockadepolitik in der Europäischen Gemeinschaft und machte den Weg für eine Erweiterungsrunde frei, gegen die sich der General immer mit aller Macht gesträubt hatte: Am 1. Januar 1973 traten mit Großbritannien – das bereits 1961, 1962 und 1967 Beitrittsanträge gestellt hatte, die jedoch am Widerstand de Gaulles gescheitert waren –, Irland und Dänemark drei neue Mitglieder der EG bei. Die Brüsseler Beitrittsgespräche vom Jahr zuvor hatte zwar auch die norwegische Regierung unterzeichnet, doch votierte die Bevölkerung Norwegens am 25. September 1972 in einer Volksabstimmung mehrheitlich gegen eine Mitgliedschaft.

Daß Norwegen einen Beitritt zur EG ablehnte, war für den deutschen Bundeskanzler Willy Brandt, der sich dem skandinavischen Land seit seiner Exilzeit eng verbunden fühlte und dem diese »Norderweiterung« ein Herzensanliegen war, eine herbe Enttäuschung und schmerzte ihn auch persönlich. Brandts Politik zielte auf einen demokratisch geeinten und sozialen Kontinent Europa; dafür brauchte man die skandinavischen Länder. Die westeuropäische Einigung bedeutete für ihn nicht einen Endzustand, sondern die Grundlage für weitergehende Ziele, nämlich die Ostpolitik und eine neue globale Rolle Europas. Erst eine erfolgreiche Westpolitik ermögliche es, so Brandt 1972, die Neue Ostpolitik zu führen; umgekehrt gehöre zu einer erfolgreichen Ostpolitik die beständige Weiterverfolgung der Westpolitik. Brandts Zielvorstellung einer »gesamteuropäischen Friedensordnung« setzte also die Verständigung mit den Ländern des Warschauer Pakts voraus, ohne die sichere Grundlage, nämlich die Solidarität mit den EG-Partnern, zu vernachlässigen.[2]

Unter Brandt und Pompidou wurde die deutsch-französische Zusammenarbeit zur sogenannten »Entente Elémentaire« ausgebaut.[3] Im politischen Alltag herrschte indessen nicht immer nur eitel Sonnenschein. Das Verhältnis des deutschen Bundeskanzlers und des französischen Präsidenten war vergleichsweise schlecht und von persönlichen Differenzen gekennzeichnet; ein Dolmetscher behauptete einmal, er habe noch nie zuvor so viel Schweigen übersetzen müssen.[4] Auch war die deutsche Ostpolitik nicht allen Politikern in Frankreich geheuer; der »Rapallo-Komplex« der Franzosen – also der Verdacht, Deutschland würde sich wie 1922 mit der Sowjetunion auf Kosten des Westens zusammentun – zeigte erneut Wirkung.[5] Andererseits war Frankreich seit 1960 das wichtigste Exportland der Bundesrepublik und seit 1968 auch das mit Abstand bedeutendste Importland. Infolge dieser Handelsverflechtungen wuchs die gegenseitige Abhängigkeit erheblich. Sie wurde zusätzlich durch ein immer größeres Gewicht der deutsch-französischen Gipfeltreffen, die ja im Deutsch-Französischen Vertrag von 1963 festgelegt worden waren, unterstrichen – jenseits aller persönlicher Mißhelligkeiten und Meinungsverschiedenheiten der beteiligten Regierungschefs. Ihre Funktion beschränkte sich seit den frühen 70er Jahren nicht mehr allein darauf, eine schwierige Partnerschaft zusammenzuhalten oder durch institutionelle Netzwerke gegenseitige Ängste abzubauen. Vielmehr bestand ihre Aufgabe jetzt darin, die konkrete Zusammenarbeit beider Länder auf unterschiedlichsten Feldern voranzutreiben.

Mit Blick auf Europa standen wichtige Erfordernisse auf der Agenda: Die Gemeinschaftsinstitutionen mußten reformiert, das Europäische Parlament gestärkt werden; die Schaffung einer stabilen Währungszone in Europa blieb das beherrschende Thema in den 70er Jahren; komplex, äußerst schwierig, teils sogar heikel gestaltete sich die nicht enden wollende Debatte um die Agrarpolitik. Die Regierung Brandt/Scheel plädierte dafür, das Europäische Parlament zu stärken, endlich eine parlamentarische Kontrolle in die Gemeinschaft einzuführen und so ein Europa der Bürgerinnen und Bürger voranzubringen. Als erster Regierungschef eines europäischen Staates sprach Brandt 1973 vor dem Straßburger Parlament. Die öffentliche Meinung in der Bundesrepublik unterstützte die europapolitische Linie der sozialliberalen Koalition. 63 % der Bundesbürger hielten damals Europa für eine »gute Sache«, nur 4 % beurteilten es als »schlechte Sache«. Damit lagen die Deutschen deutlich über dem europäischen Durchschnitt. Es waren gerade die alten Nationalstaaten wie Großbritannien und auch Frankreich, die sich mit der Abgabe von Souveränitätsrechten an ein Europäisches Parlament schwer taten. Auch die von den Deutschen gewünschte Europäische Politische Zusammenarbeit (EPZ) kam wenig voran; Europa sprach nicht mit einer Stimme nach außen, sondern als vielstimmiger Chor.

Auf der anderen Seite hatten auch die Deutschen ihre »heiligen Kühe«. Die Verhandlungen über eine Währungszone innerhalb der EG traten auf der Stelle und förderten gravierende Meinungsunterschiede zwischen den sogenannten »Ökonomisten« und »Monetaristen« zutage, die sich wiederum an die nationale Scheidelinie hielten. Aus der Bundesrepublik kamen die Ökonomen. Sie waren an möglichst hoher Geldwertstabilität interessiert, welche die Deutsche Mark seit jeher auszeichnete. Erst wenn die Wirtschaftspolitik der EG-Länder harmonisiert und die zum Teil noch sehr hohen Inflationsraten einheitlich niedrig wären, konnten sie sich eine einheitliche europäische Währung als »Krönung« der ökonomischen Anstrengungen denken. Man nannte dieses Konzept die »Krönungstheorie«. Ganz anders die Monetaristen, die besonders in Frankreich zu finden waren. Sie gingen davon aus, daß eine Währungsunion eine Sogwirkung entfalten und damit die Angleichung der Wirtschaftspolitik und die europäische Integration selbst beschleunigen würde. Die einseitige Fixierung auf die Geldwertstabilität galt ihnen als deutsche Marotte. Die Bezeichnung »Lokomotivtheorie« brachte die Grundidee der Monetaristen gut zum Ausdruck.

Auf den europäischen Gipfeltreffen erwies sich eine Einigung als illusionär. Noch schlechter war es um die Agrarpolitik bestellt. Viele Mitgliedstaaten, besonders Frankreich, sorgten sich um ihre Bauern und wollten Schaden von ihnen abwenden. Die garantierten hohen Preise und der gut geschützte Markt innerhalb der EG ließen die Landwirte Überschüsse produzieren. Weil die Gemeinschaft jedoch eine Absatzgarantie gab, mußte sie die Überschüsse kaufen und lagern – »Butterberge« und »Milchseen« wurden zu stehenden Begriffen – oder gar vernichten, was angesichts des Hungers in der Welt Empörung auslöste, oder schließlich zu Spottpreisen auf dem Weltmarkt verschleudern.

Als die Rezession und die Weltwirtschaftskrise hereinbrachen, erlahmten zunächst allerorten die europäischen Aktivitäten, die Regierungen zogen sich auf nationale Rezepte zurück. Wie bereits 1969, so war auch 1974 ein Jahr des europäischen Regierungswechsels: Der französische Präsident Pompidou starb, sein Nachfolger wurde Valéry Giscard d'Estaing; in London lösten Harold Wilson und seine Labour Party den konservativen Premierminister Heath ab; und in der Bundesrepublik Deutschland folgte nach dem Rücktritt Brandts Helmut Schmidt. Dessen Regierungserklärung vom 17. Mai 1974 setzte zwar auf Kontinuität in der Europapolitik, veränderte jedoch die Akzente: Zwar behielten die ehrgeizigen Integrationsziele Gültigkeit, wurden aber in die Zukunft verschoben, während gegenwärtig die wirtschaftspolitischen Krisen gelöst werden mußten. Schmidt plädierte deshalb für ein »Europa der pragmatischen Lösungen«. Dies schloß für ihn auch ein, daß die Bundesrepublik nicht weiter der »Zahlmeister« Europas sein dürfe. Der Bundeskanzler war nicht gewillt, zusätzliche Leistungen für die westeuropäischen Partner aufzubringen, wenn diese nicht zu eigenen wirtschaftlichen und sozialen Anstrengungen bereit waren.[6]

Ob man deshalb sagen kann, Schmidt habe Europapolitik im Dienste konkreter Wirtschaftspolitik, aber »ohne gemeinschafts- oder integrationspolitische Orientierung« betrieben, darf zumindest als umstritten gelten.[7] Immerhin wurde zwischen

1974 und 1982 die Rolle des deutsch-französischen Verhältnisses als Motor für den multinationalen europäischen Integrationsprozeß erheblich ausgebaut. Als »Glücksfall«[8] erwies sich dabei das kongeniale und auf einer persönlichen Freundschaft beruhende Wirken von Helmut Schmidt und Valéry Giscard d'Estaing. Beide bauten die deutsch-französische Zusammenarbeit zu einer Sonderbeziehung ohne historisches Beispiel aus. Neben inhaltlichen Erweiterungen erfuhren die Gipfeltreffen nun auch eine Ausweitung um die symbolische Ebene. Gezielt wurden sie von Schmidt und Giscard d'Estaing als Rahmen genutzt, um den ausgezeichneten Zustand, die Vitalität der bilateralen Beziehungen zu illustrieren. So spazierten sie etwa vor den Augen der Fotografen nach der Beendigung der Gipfeltreffen durch den Garten des Palais Schaumburg oder des Elysée-Palastes. Den beiden Staatschefs wurden überdies jeweils Ehrendoktorwürden verliehen. Auch das Ritual, die Treffen nur in Bonn und Paris stattfinden zu lassen, durchbrach man und verlegte sie z.B. nach Nizza, Hamburg oder Aachen. Die Gipfeltreffen wurden an symbolträchtigen Orten abgehalten und durch besondere Freundschaftsgesten atmosphärisch angereichert. Ihre Öffentlichkeitswirksamkeit stieg enorm, das »couple franco-allemand«, das »deutsch-französische Tandem«, die »Achse Paris-Bonn« war für jedermann sichtbar aus der Taufe gehoben worden.

Ohne die Koordinationsschwierigkeiten mit den USA, die besonders die Regierung Schmidt hatte, wäre diese Entwicklung nicht denkbar gewesen. Es scheint, so schreibt Gilbert Ziebura, eine Art »Gesetz« der deutsch-französischen Beziehungen zu sein, »daß die Dinge besser laufen, sobald beide Regierungen eine kritische Position gegenüber der Führungsmacht einnahmen (aus welchen Gründen auch immer) und damit das ›Dreiecks-Dilemma‹ wenigstens abgeschwächt wird«.[9] Tatsächlich gerieten das europäisch-amerikanische und besonders das deutsch-amerikanische Verhältnis seit Mitte der 70er Jahre in eine tiefe Krise. Zwischen der bundesdeutschen Regierung und dem republikanischen Präsidenten Gerald Ford, der im August 1974 Richard Nixon – welcher wegen der Watergate-Affäre zum Rücktritt gezwungen worden war – folgte, gab es noch viel Übereinstimmung. Sie beruhte im wesentlichen auf der außenpolitischen Linie von Henry Kissinger. Die Einigkeit zwischen Schmidt/Genscher und Ford/Kissinger ergab sich aus dem weltpolitischen Gleichgewichtsdenken, dem sich beide Seiten verpflichtet fühlten. Nach der Tragödie in Vietnam und dem schmachvollen Abzug der Amerikaner aus Saigon 1975 setzte im amerikanischen Kongreß indessen eine neoisolationistische Politik ein. Die prokommunistische Machtverschiebung in Angola 1976 beispielsweise war nur möglich, weil dem US-Präsidenten keine wirtschaftlichen und militärischen Mittel bewilligt wurden. Bei den Präsidentschaftswahlen 1976 unterlag Ford knapp dem Demokraten Jimmy Carter. Die transatlantischen Beziehungen trübten sich danach aus mehreren Gründen ein: Schmidt vermißte eine nüchterne Interessenpolitik der neuen US-Führung, die lieber auf die richtige Moral, auf Gesinnung statt Verantwortung setzte. Wer Schmidt und Carter nebeneinander sah, bemerkte sogleich, wie wenig sie füreinander übrig hatten. Es ist nicht übertrieben, von Abneigung zu sprechen, die sowohl auf sachlichen als auch auf emotionalen Differenzen beruhte. Auch die China-Politik der USA hielt die Bundesregierung für falsch. Bisher hatte die Sowjetunion im Denken der amerikanischen Außenpolitik den Vorrang gehabt, nun wollte die US-Administration das innerkommunistische Zerwürfnis ausnutzen und machte der Volksrepublik China Avancen, nahm 1978 diplomatische Kontakte zu Maos Erben auf und brach die Beziehungen zu Taiwan ab, das den chinesischen Sitz im UN-Sicherheitsrat an Peking verlor. Hinter dieser antisowjetischen Politik stand nicht zuletzt Carters Sicherheitsbeauftragter Zbigniew Brzezinski. Die Westeuropäer waren sich weitgehend einig: Der neuen US-Regierung fehlte es an einem Gefühl für Gleichgewichtsdiplomatie. Weil alles so schlecht lief und die USA unter Carter zudem wenig gegen die Turbulenzen in der Weltwirtschaft taten, sahen Schmidt und Giscard d'Estaing die Stunde gekommen, um Europas Gewicht in der Welt zu stärken. Daß sich die Bundesrepublik dabei an der Seite Frankreichs nicht mehr nur als eine Wirtschaftsmacht präsentierte, sondern als eine politische Macht, kam Schmidt sehr gelegen.

In seinem Buch *Die Deutschen und ihre Nachbarn* beschrieb Schmidt später, warum Deutschland Frankreich braucht: »Frankreich besitzt völkerrechtliche, vertragliche und nukleare Trumpfkarten, die wir Deutschen nicht haben und nicht haben werden. Viel wichtiger aber ist dies: Frankreich hat in der Völkergemeinschaft der Welt ein enormes, auf seine Geschichte und seine Kultur gegründetes Prestige als Nation, während auf uns Deutschen noch generationenlang die Erinnerung an Auschwitz und alle anderen Naziverbrechen lasten wird. Deshalb bedürfen wir Deutschen der Franzosen, ihres Verständnisses, ihrer politischen Initiativen und ihrer Führung in Europa. Frankreich aber muß sich für seine weltpolitische Position entscheiden zwischen der Möglichkeit einer autonomen nationalen Sonderrolle und der Möglichkeit zur initiativen Führung in Europa.«[10] Auf der anderen Seite benötigte Frankreich die Bundesrepublik genauso, auch wenn Schmidt dies nicht herausstrich: Ohne ihre wirtschaftliche Kraft wäre das Gewicht Europas in der Welt viel kleiner gewesen. Und der internationale Stellenwert Westeuropas wurde in den 70er Jahren im wesentlichen über die Wirtschaftspolitik gestärkt.

Einen Meilenstein bedeutete deshalb die Schaffung eines Europäischen Währungssystems (EWS) 1978/79.[11] Erste Ansätze, die wirtschafts- und währungspolitischen Entwicklungen zu harmonisieren, hatte es bereits 1972 gegeben; damals war die »Währungsschlange« initiiert worden, die jedoch bis 1976 zur »Minischlange« mutierte, nachdem zuerst Großbritannien, dann Italien und Frankreich ausgetreten waren.

Schmidt und Giscard d'Estaing wagten nun einen neuen Anlauf zum gemeinsamen Ziel: die währungs- und preispolitische Stabilität Europas, die Förderung der wirtschaftlichen Kooperation in Europa und damit – angesichts der Weltwirtschaftskrisen – eine Rückkehr zur weitgehenden Vollbeschäftigung. Gerade für die Deutschen war eine europäische Konvergenz in der Ökonomie entscheidend, denn die Verflechtung ihrer Volkswirtschaft mit den anderen EG-Partnern war hoch. Das Exportland Bundesrepublik war auf seinen größten Absatzmarkt, die EG, angewiesen, und deshalb lief eine aktive Europapolitik immer auch auf eine Zukunftssicherung Deutschlands hinaus.

Das EWS wurde am 5. Dezember 1978 vom Europäischen Rat – der seit 1974 institutionalisierten regelmäßigen Zusammenkunft der europäischen Staats- und Regierungschefs – in Bremen beschlossen und trat zum März 1979 in Kraft. Zur Überraschung vieler zogen Deutschland und Frankreich an einem Strang – und zwar am gleichen Ende, an dem der Monetaristen. Denn das EWS schuf gemäß der »Lokomotivtheorie« eine Art von gemeinsamer Währung *vor* einer gemeinsamen Wirtschaftspolitik. Alle Mitgliedstaaten mit Ausnahme Großbritanniens bildeten einen Währungsverbund mit festen Wechselkursen, der auf die neue Verrechnungseinheit ECU (European Currency Unit) bezogen war. Um die Inflation zu zügeln, legte man dabei Eckwerte, genauer gesagt: Toleranzgrenzen fest, die einerseits von der Bundesrepublik als dem Land mit der niedrigsten Inflationsrate und andererseits von Italien als dem mit der höchsten Inflationsrate gesetzt waren. Die Staaten waren durch einen Beistandsmechanismus gegen Schwankungen ober- bzw. unterhalb der Toleranzgrenzen abgesichert. So ließen sich etwa Stützungskäufe für einzelne Währungen vornehmen, um das EWS wieder ins Lot bringen und die Ökonomien stabilisieren zu können. Somit wies das EWS weit in die Zukunft, in Richtung auf die spätere gemeinsame europäische Währung, den Euro.

Nachdem mit der »Norderweiterung« der EG die Probleme innerhalb der Gemeinschaft nicht ab-, sondern zunahmen, stellte sich am Ende der 70er Jahre die Frage der »Süderweiterung«. In Griechenland, Spanien und Portugal gelang es, autoritäre Regime zu überwinden und den Weg zum Aufbau demokratischer Gesellschaften freizumachen. Konnte, mußte man diese Länder durch eine rasche Aufnahme in die EG auf ihrem Weg in die Demokratie nicht unterstützen? Für die sozialliberale Koalition jedenfalls zeigte die Erinnerung an die Entstehung der Bundesrepublik, daß Demokratisierung im Innern durch Integration und Kooperation mit befreundeten Demokratien abgestützt werden konnte. Außerdem waren die neuen Demokratien ja für die militärische Sicherheit Europas wichtig; auch hier lag eine Parallele zur Situation in den 50er Jahren. Demgegenüber fürchtete die bundesdeutsche Opposition, daß durch eine Erweiterung der EG ihre Handlungsfähigkeit noch weiter eingeengt würde und zudem hohe finanzielle Belastungen – vor allem wegen des Wohlstandsgefälles und der immer noch im argen liegenden Agrarpolitik – auf die alten Mitgliedsländer, besonders die Bundesrepublik, zukommen würden. »Eine paradoxe Frontstellung wurde deutlich: Während die CDU/CSU als klassische Europa-Partei die Integrationspolitik Konrad Adenauers auch mit dem Argument begründet hatte, daß die Demokratisierung im Innern der Bundesrepublik durch den Schutz und Rückhalt der westlichen Demokratien begünstigt und gesichert wurde, schien nun im Falle Portugals, Spaniens und Griechenlands dieselbe Partei wenig bereit, diese Argumente gelten zu lassen. Die SPD hingegen, die sich in den fünfziger Jahren gegen die Westintegrationspolitik von Adenauer gestellt hatte, begründete nun – wenn auch nur implizit – mit den Argumenten der CDU früherer Jahre ihre positive Haltung zum Beitritt der drei Mittelmeerländer.«[12] Während die Grundsatzentscheidung zur Süderweiterung am Ende positiv ausfiel – sie wurde in den 80er Jahren vollzogen, beginnend mit Griechenland 1981, Spanien und Portugal folgten 1985 –, kamen die Verhandlungen mit der Türkei nicht voran. Sie war seit 1963 mit der EG assoziiert, doch im Verlauf der 70er Jahre verschlechterte sich das Verhältnis, nicht zuletzt wegen der ökonomischen Krise und der Arbeitsmigration aus der Türkei nach Westeuropa und besonders in die Bundesrepublik Deutschland.[13]

Die erste Direktwahl zum Europäischen Parlament vom 7. bis 10. Juni 1979 war ein großes Ereignis. Die Parteien bildeten sieben übernationale Fraktionen im neugewählten Europaparlament, das am 17. Juli 1979 zum ersten Mal tagte. Die stärkste Fraktion stellten die Sozialisten mit 113 Abgeordneten, gefolgt von der Europäischen Volkspartei (Christdemokraten) mit 107. Die Konservativen kamen auf 64 Sitze, die Eurokommunisten auf 44, die Liberalen errangen 40, die Progressiven Demokraten (Gaullisten) 22 und die Unabhängigen 11; 9 Mitglieder des Parlaments blieben fraktionslos.[14] Dennoch, das Ereignis konnte nicht darüber hinwegtäuschen: Europa befand sich an einem toten Punkt, es kam institutionell nicht voran (die Wahlen waren ja bereits vor Jahren – beim Pariser Gipfeltreffen 1974 – beschlossen worden), stagnierte, und der Weg zu einer umfassenden Union schien in weite Ferne zu rücken. Der Zustand der Gemeinschaft, so der deutsche Außenminister Hans-Dietrich Genscher, war »besorgniserregend«. Sie verzettelte sich in kleinliche Streitereien, das große Konzept geriet aus dem Blick. Ein neuer Anstoß war nötig. Genscher und sein italienischer Kollege Emilio Colombo lancierten deshalb im November 1981 eine Initiative für eine »Einheitliche Europäische Akte« (EEA), die auf die Europäische Union weisen sollte. Diese Genscher-Colombo-Initiative brachte wieder Bewegung in die Europapolitik. »Mitten in diesen Diskussionsprozeß«, so Genscher in seinen Erinnerungen, »fiel der Regierungswechsel in Deutschland. Die Genscher-Colombo-Initiative profitierte davon, denn die CDU/CSU hatte schon als Opposition unseren Vorschlag unterstützt. Namentlich Helmut Kohl als Oppositionsführer hatte sich dazu eindeutig geäußert. Mir schien das ein gutes Zeichen zu sein. Während es in einigen außenpolitischen Feldern – etwa hinsichtlich der deutsch-polnischen Grenze und in der Afrikapolitik, insbesondere in der Haltung zu Namibia und Südafrika – durchaus Meinungsverschiedenheiten gab, wurde die Europapolitik zu einem Bindeglied der Koalition. Mehr noch: Für die Entwicklung der Europäischen Gemeinschaft wurde das Engagement Helmut Kohls zu einer wichtigen Konstante.«[15]

Von der »Eurosklerose« zu neuem Europaoptimismus

Die neue Bundesregierung unter Helmut Kohl war gleich gefordert: Sie hatte bereits im ersten Halbjahr 1983 die EG-Ratspräsidentschaft zu übernehmen und konnte somit beweisen, ob und wie sie das europäische Projekt voranbringen wollte. Die Bundesrepublik Deutschland war immer Anwalt einer politischen Vertiefung der Gemeinschaft gewesen, zielte immer in Richtung auf eine Europäische Union. Dies wurde geradezu zu einer Art Staatsräson und änderte sich auch jetzt nicht. Vom 17. bis zum 19. Juni 1983 traf sich der Europäische Rat unter dem Vorsitz der Bundesregierung in Stuttgart und verabschiedete die »Feierliche Deklaration zur Europäischen Union«.[16] Dennoch geschah, was auf dem Weg nach Europa regelmäßig geschah: Schon die nächste Ratssitzung in Athen ein halbes Jahr später endete nicht nur völlig ergebnislos, schlimmer noch, man reiste erstmals ohne irgendein Kommuniqué oder eine Schlußerklärung ab. Der Hauptstreitpunkt, der die Partner ohne Resultat auseinandertrieb, war einmal mehr die leidige Frage der Höhe und der Verteilung von Agrarsubventionen.

Im Februar 1984 stand es um die Zukunft wieder günstiger. Das Europäische Parlament billigte mit großer Mehrheit den »Entwurf eines Vertrages zur Gründung der Europäischen Union«. Ein Ausschuß unter Altiero Spinelli hatte die Reformvorschläge, welche die Grundlage für eine Europäische Verfassung bilden sollten, ausgearbeitet. Obwohl es politisch wieder vorwärtsging, mußte Europa auch jetzt Rückschläge einstecken. Das Hin und Her der letzten Zeit hatte bei den Bürgerinnen und Bürgern zu einer Europamüdigkeit geführt; die Wahlbeteiligung bei der zweiten Direktwahl zum Europäischen Parlament Mitte Juni 1984 sank um fast 9%, von 65,7% im Jahr 1981 auf nun nur noch 56,8 Prozent. Als ob dieser Warnschuß verstanden worden wäre, einigte sich der Europäische Rat eine Woche später in Fontainebleau auf Kompromisse, welche die Stagnation überwinden halfen. Man fand Lösungen für die umstrittenen britischen Beitragszahlungen, der Umweltschutz wurde einvernehmlich geregelt, und selbst die Frage der landwirtschaftlichen Überproduktion konnte zumindest entschärft werden.

Am 1. Juli 1987 – anläßlich des 30. Jahrestages der Römischen Verträge – trat die Einheitliche Europäische Akte in Kraft, auf die sich der Europäische Rat am 2. und

3. Dezember 1985 in Luxemburg hatte verständigen können. Sie beendete die Dauerkrise der Europäischen Gemeinschaft. Die wichtigsten Bestandteile der EEA waren: Mit dem Zieldatum 31. Dezember 1992 sollte der EG-Binnenmarkt schrittweise vollendet und damit Handelshemmnisse und Beschränkungen überwunden werden; in den meisten Bereichen wurden nun qualifizierte Mehrheitsentscheidungen eingeführt. Und endlich löste Schwung und Leidenschaft die Lähmung und Trägheit ab: Als Endzweck wurde eine Europäische Union angestrebt. Außerdem erhielt das Europäische Parlament neue Befugnisse, die einen Meilenstein auf dem Weg zur Stärkung der Legislative darstellten. Die seit Herbst 1970 praktizierte Europäische Politische Zusammenarbeit wurde erstmals völkerrechtlich verankert und sollte zur europäischen Außenpolitik erweitert werden. Schließlich nahm man erstmals Forschung, Technologie und Umweltschutz in das Vertragswerk auf, womit diese zu einem weiteren Bestandteil des Gemeinschaftsrechts wurden.

Auch traditionell eher zögerliche Mitgliedstaaten wie Großbritannien konnten sich künftig diesem Fortschritt und Optimismus nicht mehr (ganz) verschließen. »Es war«, so Helga Haftendorn, »in der Tat bemerkenswert, daß es den EG-Staaten nach jahrelangem Stillstand gelang, der europäischen Integration neue Impulse zu geben.«[17] Sucht man nach Erklärungen für diesen Erfolg, so sind vor allem zwei Gründe zu nennen. Zum einen ökonomische Gründe: Die EG hatte gegenüber den USA und Japan international an Marktanteilen verloren, und die gemeinsame Anstrengung in Richtung EG-Binnenmarkt sollte diesen Trend umkehren – die Ökonomie war immer einer der stärksten Antriebsmotoren für Europa. Doch zum Pragmatismus mußte sich auch das Ideelle gesellen, und so war zum andern der Beitrag der beteiligten Politiker entscheidend, besonders derjenige des seit 1985 amtierenden Präsidenten der Europäischen Kommission, Jacques Delors. Diese neue europäische Dynamik basierte also auf dem Projekt des Europäischen Binnenmarkts, den wiederum Delors mit einer großen Zielperspektive verknüpfte und energiegeladen, voller Überzeugungskraft vorantrieb. Die EEA müsse ein Erfolg werden, hämmerte er den Regierungschefs immer wieder ein. Delors war es, der dafür sorgte, daß jedes Land an bestimmten Teilen des Gesamtpakets ein großes Interesse haben mußte und deshalb alle Länder zu Kompromissen bereit waren. Doch Stockungen gab es auch jetzt wieder. Noch unter dem Eindruck des Börsencrashs vom Oktober scheiterte im Dezember 1987 der Gipfel von Kopenhagen. »Frustriert über den Fehlschlag, warf Delors den Regierungschefs vor, sie wollten ein ›Europa der Mittelmäßigkeit‹ und bewerteten die EG mit ›buchhalterischen Maßstäben‹. Damit hätten sie die ›Philosophie‹ der Gemeinschaft aus dem Blick verloren.«[18]

Es war nicht zuletzt die Bundesregierung, die half, die »Philosophie« der Gemeinschaft wieder fester in den Blick zu bekommen. Während ihrer Präsidentschaft Anfang 1988 konnten vorbereitende Schritte in Richtung auf eine europäische Wirtschafts- und Währungsunion beschlossen werden. Bedenken waren dabei nicht allein von Großbritannien geäußert worden – die britische Premierministerin Margaret Thatcher wollte sich wie immer nicht binden, sie warb vielmehr beständig für ein lockeres »Gentlemen's Agreement« –, sondern auch von der Deutschen Bundesbank. Deren Präsident Karl Otto Pöhl trieb die Sorge um, ob die Stabilität der deutschen Währung durch die Übertragung von Souveränitätsrechten auf europäische Institutionen noch gewährleistet sei. Es zeichnete Bundeskanzler Helmut Kohl aus, daß er trotz solchen Widerspruchs die europäische Integration auf Touren bringen wollte. Für ihn war Europa nicht allein eine Sache der Vernunft, sondern auch eine des Herzens, eine Einstellung, die sich nicht zuletzt in einem emphatischen europapolitischen Ton niederschlug. »Pragmatismus und die Orientierung am Konsensfähigen waren für die Europapolitik der Regierung Kohl/Genscher … ebenso kennzeichnend, wie das durchgängige und glaubhafte Bekenntnis zur Vertiefung und Integration. Die Fokussierung auf das Ziel der politischen Einigung diente dabei auch der Entschärfung eines wirtschaftspolitischen Dominanzverdachtes.«[19]

Kohl und Delors zogen oft gemeinsam an einem Strang. Ebenso wichtig war indessen, daß der seit 1981 als französischer Präsident amtierende François Mitterrand sich verstärkt Europa zuwandte. Die bilaterale Arbeit zwischen Frankreich und der Bundesrepublik stand im Dienste der europäischen Integration; Deutschland und Frankreich gaben die Geschwindigkeit vor. Die Kooperation mit dem sozialistischen französischen Präsidenten begann Kohl ohne Scheuklappen. Es ist in der sozialwissenschaftlichen Forschung bemängelt worden, daß die deutsch-französischen Gipfeltreffen in der Ära Kohl–Mitterrand weniger ein Führungsinstrument darstellten als ein Medienspektakel abgaben.[20] Aber ist dieser Vorwurf gerechtfertigt? Tatsächlich wurde eine Symbolpolitik betrieben wie noch niemals zuvor, Höhepunkt war hierbei sicherlich die Versöhnungsgeste von Verdun: Am 22. September 1984 besuchten der französische Staatspräsident und der deutsche Bundeskanzler gemeinsam zwei Soldatenfriedhöfe auf dem Schlachtfeld von Verdun, wo im Ersten Weltkrieg mehr als eine halbe Million Soldaten den Tod fanden. Die beiden Staatsmänner reichten sich über den Gräbern die Hände – ein stärkeres Symbol hatte es seit dem »Bruderkuß« zwischen Adenauer und de Gaulle in der Kathedrale von Reims nicht mehr gegeben. In der Erinnerung der Franzosen bedeutet der auf französischem Territorium ausgetragene Erste Weltkrieg – »La Grande Guerre« – die Urkatastrophe; er ist jedenfalls viel präsenter als im deutschen Gedächtnis, in dem der Nationalsozialismus und die Verbrechen des Zweiten Weltkriegs den Ersten Weltkrieg überlagert haben. Deshalb war diese Geste der Versöhnung so bedeutsam, fand in der internationalen Öffentlichkeit große Beachtung und war auch politisch von Gewicht.

Die Achse Paris–Bonn bildete das Kernstück der europäischen Integration. Freilich blieben Irritationen auch unter Freunden nicht aus. So erschien etwa die mächtige deutsche Friedensbewegung der 80er Jahre vielen Franzosen, nicht zuletzt der politischen Klasse Frankreichs, als etwas Unheimliches, als weltfremder Ausdruck eines typisch deutschen Romantizismus. Nicht wenige befürchteten ein Abdriften Deutschlands aus der westlichen Allianz. Mitterrand unterstützte ohne Wenn und Aber die christlich-liberale Bundesregierung auf ihrem Weg zur Verabschiedung des NATO-Doppelbeschlusses und entfremdete sich dabei von der deutschen Sozialdemokratie. Frankreich intensivierte die verteidigungspolitische Kooperation mit der Bundesrepublik Deutschland und der NATO. Es verzichtete somit auf die traditionelle Strategie, transatlantischen Zwist zu nutzen, um Europa oder die Bundesrepublik gegen die USA auszuspielen. Im Gegenteil: »Nun suchte Frankreich die Verankerung des deutschen Nachbarn im Westen durch ein ›Bündnis im Bündnis‹.«[21] Auf dem 50. deutsch-französischen Jubiläumsgipfel, der am 12./13. November 1987 im Karlsruher Schloß stattfand, vereinbarten beide Staaten, ihre Sicherheitsgemeinschaft zu intensivieren, und kündigten eine gemeinsame deutsch-französische Heeresbrigade an. In noch nie dagewesener Größenordnung kam es zu vereinten Manövern französischer und deutscher Streitkräfte. Ein Teil der Offiziersausbildung fand seither zusammen statt, gemeinsame Waffenprojekte wurden entwickelt sowie ein Sicherheits- und Verteidigungsrat inthronisiert.

Die Europapolitik wurde zu einem Aktivposten der Regierung Kohl/Genscher. »Sie nahm … eine Hierarchisierung zugunsten von Integrationsfortschritten mit der Zielvorstellung einer supranationalen Gemeinschaft gegenüber sachlichen Einzelinteressen vor.«[22] Das galt selbst für die Süderweiterung der EG, für die auf dem Brüsseler Gipfel im März 1985 die letzten Hindernisse aus dem Weg geräumt wurden. Hatte die nun regierende CDU/CSU vor Jahren, als sie noch auf den Oppositionsbänken gesessen hatte, diese Erweiterung nach Süden abgelehnt und bekämpft, so wurde sie nun aus eigenem Willen fortgesetzt, ja forciert betrieben. Dieser Vorgang war symptomatisch und durchaus vergleichbar mit der Fortsetzung der Deutschland- und Ostpolitik, welche die Union in den 70er Jahren noch so vehement abgelehnt hatte. Eine außenpolitische Kontinuität, nicht abrupte Kurswechsel, kennzeichnete die gesamte Zeit der Bundesrepublik. – Seit den 80er Jahren machte keineswegs allein das »vereinbarte« Europa Fortschritte, also das Europa der Verträge, der Politik und der Wirtschaft, sondern auch das »gelebte« Europa. Kultureller und wirtschaftlicher Austausch zwischen den Bürgerinnen und Bürgern Europas gehörte von da an zum europäischen Alltag. Bemühungen begannen, Grenzkontrollen in Europa abzuschaffen. Die Europäische Gemeinschaft ist somit immer mehr zu einer Normalität für die Menschen geworden, sie strahlt auf alle Lebensbereiche aus.

Nord-Süd-Konflikt und »Dritte-Welt«-Politik

Nach der Entkolonialisierung seit den 60er Jahren gelang den meisten unabhängig gewordenen Ländern nicht der Anschluß an die Industriegesellschaften in Nordamerika, Europa und Japan. Sie blieben »Entwicklungsländer«, wobei der Begriff sehr problematisch ist, legt er doch nahe, es gebe gleichsam einen vorgezeichneten Weg. Nach dem Zerfall der »Zweiten Welt« – damit war die von der Sowjetunion dominierte sozialistische Staatenwelt gemeint – ist auch der Begriff »Dritte Welt« unpassend geworden, zuvor war er im allgemeinen Sprachgebrauch jedoch üblich. Etwa drei Viertel der Menschheit lebten nach wie vor in sogenannten »unterentwickelten« Ländern.

In der Dritten Welt sind zwischen 1945 und 1992 die meisten Kriege ausgetragen worden, nicht selten handelte es sich dabei um Stellvertreterkriege der Supermächte. Infolge der antikolonialistischen Befreiungskämpfe nahm die Zahl von Kriegen zwischen 1960 und 1966 stark zu, danach gab es ein Auf und Ab. Seit 1975 stieg die Kurve geführter Kriege unaufhaltsam an und erreichte 1992 mit 52 geführten Kriegen den bisherigen Gipfelpunkt der Kriegsbelastung auf der Welt seit 1945. Während Nordamerika in der zweiten Hälfte des 20. Jahrhunderts völlig kriegsfrei war, fanden an den Rändern Europas zwölf Kriege statt, in Lateinamerika 29, gefolgt vom Vorderen und Mittleren Orient mit 41 Kriegen, Afrika mit 48 und Asien mit 54 Kriegen. Der vorherrschende Kriegstyp war dabei der Bürgerkrieg; dieser betraf vor allem afrikanische Länder mit ihren noch von den Kolonialmächten gezogenen willkürlichen Grenzen. Nur eine relativ geringe Rolle spielte der klassische Staatenkrieg mit Grenzüberschreitungen, militärischen Frontlinien, Fahnen und dem gesamten Ensemble staatlicher Insignien.[23] Der Nahe Osten galt seit den 50er Jahren als die gefährlichste Spannungszone der Erde, und lange herrschte die Furcht vor, daß ein neuer Weltkrieg am ehesten über eine Nahostkrise ausbrechen könnte. Da die Beziehungen der Bundesrepublik zu Israel aufgrund der Geschichte von besonderer Art waren, agierte sie – anders als ihre europäischen Partner, vor allem Frankreich – immer proisraelisch.[24]

Der »Ölpreisschock« zu Beginn der 70er Jahre verdeutlichte, daß sich die Gruppe der Entwicklungsländer erheblich ausdifferenzierte: Ökonomisch und finanziell weitaus besser gestellt als die anderen sind die ölexportierenden Staaten. Im asiatischen Raum setzten gleichzeitig die »Tigerstaaten« zum ökonomischen Sprung an. Ihr Modell – rasantes wirtschaftliches Wachstum, eine disziplinierte Gesellschaft mit allenfalls semidemokratischen Freiheiten – löste in den 70er und 80er Jahren in Europa eine gewisse Faszination aus, in die sich Bedrohungsängste einer neuen »gelben Gefahr« mischten. Weit hinter solchen Schwellenländern blieben die weiterhin wirtschaftlich und infrastrukturell wenig entwickelten Staaten, vornehmlich in Afrika, zurück. Ihre Situation war immer noch durch eine einseitige Abhängigkeit vom

Weltmarkt geprägt: Angewiesen auf teure Importe und Fertigprodukte, blieb ihnen nur ein Export von Rohstoffen, für die sie bei einem Überangebot und schwankender Nachfrage oft nur schlechte Preise erzielen konnten. Sie galten und gelten als Modernisierungsopfer.

»Entwicklungspolitik« wird häufig als eine freiwillig geleistete »Hilfe«, die nur moralisch begründbar ist, beschrieben. Sie ist jedoch zugleich auch Interessenpolitik ganz unterschiedlicher Gruppen bis hin zu privaten Unternehmern und einer »Entwicklungslobby«. Die Entwicklungspolitik der Bundesrepublik Deutschland läßt sich in drei grundverschiedene Phasen einteilen. Die erste Phase reichte von der Staatsgründung bis zum »Machtwechsel« von 1969, die sich anschließende zweite wiederum bis zur »Wende« von 1982/83, welche die dritte Phase einläutete. Will man diesen Phasen bestimmte Kennzeichen bzw. Paradigmen zuordnen, so stand die erste Phase unter einem deutschlandpolitischen Paradigma, die zweite unter einem friedenspolitischen und die dritte unter einem, das die bundesdeutschen ökonomischen Interessen stärker ins Zentrum rückte.

In der ersten Phase bundesdeutscher Entwicklungspolitik wurde die Systemkonkurrenz mit der DDR auch in den Ländern der Dritten Welt ausgetragen. Diplomatische und wirtschaftliche Beziehungen gab es nur mit den Staaten, die den Alleinvertretungsanspruch der Bundesrepublik anerkannten; die Dritte Welt wurde Schauplatz der deutsch-deutschen Systemkonkurrenz, und bundesdeutsche Politiker forderten in Anlehnung an die Befreiungsbewegungen in der Dritten Welt auch das Selbstbestimmungsrecht für alle Deutschen. Wenn sich das Auswärtige Amt und das Bundeswirtschaftsministerium mit entwicklungspolitischen Fragen befaßten – ein eigenes Ministerium existierte noch nicht –, dann kam allerdings rasch die Exportorientierung der deutschen Wirtschaft ins Spiel. So hieß es in einem gemeinsamen Papier aus dem Jahr 1954: »Für die langfristige Entwicklung des deutschen Außenhandels ist es bedeutsam, daß die Bundesrepublik … die in der technischen Hilfe liegenden Möglichkeiten nutzt und sich dadurch den bei ihrer Exportabhängigkeit wichtigen Platz auf den weniger entwickelten Märkten sichert.«[25]

Früher als eine genuin deutsche Entwicklungspolitik setzte eine europäische ein. Bildlich gesprochen: Ihr Vater war die alte Kolonialpolitik, ihre Mutter der Wiederaufbau Europas nach dem Zweiten Weltkrieg. In den EWG-Gründungsverhandlungen bestand Frankreich darauf, daß seine Gebiete in Nord- und Zentralafrika, die bereits durch Zoll- und Währungsunion eng mit dem »Mutterland« verbunden waren, auch in den gemeinsamen europäischen Markt einbezogen werden sollten. Dahinter stand die Hoffnung, in der EWG ließen sich die Lasten der entwicklungspolitischen Kosten teilen. In den Römischen Verträgen von 1957 fanden sich daher auch Bestimmungen zu einem Europäischen Entwicklungsfonds. Um die Bundesrepublik auf ihre Seite zu ziehen, machte die französische Regierung ihrerseits das nicht unbedeutende Zugeständnis, daß der innerdeutsche Handel zwischen der Bundesrepublik und der DDR nicht den EWG-Außenzöllen unterlag. »Aufgrund dieses kolonial gefärbten Ursprungs blieb Entwicklungspolitik ... im wesentlichen auf Afrika konzentriert, wenn auch mit der Zeit das originär entwicklungspolitisch-humanitäre Movens zunahm.«[26]

Doch erst Anfang der 60er Jahre wurde die Entwicklungshilfe zu einem bedeutenderen Politikfeld. US-Präsident John F. Kennedy rief 1961 eine »Dekade der Entwicklung« aus und erhöhte den Druck auf die westlichen Länder, seinem Beispiel zu folgen. Im selben Jahr wurde in der Bundesrepublik das Bundesministerium für Wirtschaftliche Zusammenarbeit gegründet. Über Sinn und Zweck des Ministeriums herrschte damals freilich noch große Ratlosigkeit, es war vor allem ein Kind der schwierigen Koalitionsarithmetik nach der Bundestagswahl und wurde im fünften Kabinett Adenauer mit Walter Scheel (FDP) besetzt, der auch in der Regierung Erhard (1963–1965) das Ministerium leitete. Mit nur sehr geringen Kompetenzen ausgestattet – so vergab weiterhin das Wirtschaftsministerium die Finanzhilfen –, fristete das Amt bis zur sozialliberalen Koalition 1969 ein Schattendasein.

Infolge der Entkolonialisierung vereinbarte die EWG im Jahr 1963 im Abkommen von Yaoundé (Kamerun) mit 18 afrikanischen Staaten deren Assoziierung. Zollsenkungen ermöglichten den Import afrikanischer Agrarprodukte nach EWG-Europa; Yaoundé II bekräftigte und weitete diese Handelsbeziehungen 1969 aus. Während Frankreich ein künftiges »Eurafrika« im Blick hatte, favorisierte die Bundesrepublik ein entwicklungspolitisches Engagement im Rahmen des Welthandels.

Die zweite Phase bundesdeutscher Entwicklungspolitik brachte einschneidende Veränderungen. Schon am Ende der Großen Koalition hatte der Sozialdemokrat Erhard Eppler das Ministerium von Hans-Jürgen Wischnewski (SPD) übernommen und führte es bis 1974. Wie auf vielen anderen Politikfeldern, so lautete die Devise auch hier: Aufbruch zu neuen Ufern, Innovation. Für Eppler bedeutete Entwicklungspolitik internationale Sozial und Friedenspolitik; sie sollte Hilfe zur Selbsthilfe sein. Die Bundesrepublik sollte sich – ebenso wie im Rahmen der Aussöhnungspolitik gegenüber dem Osten – als Friedens- und Zivilmacht präsentieren und mit entwicklungspolitischen Instrumenten Friedenspolitik betreiben. Die west-östliche Entspannungspolitik und das Abflauen des Kalten Krieges ließen erstmals in stärkerem Maße die Nord-Süd-Problematik in das Bewußtsein der Menschen vordringen; außerdem war die Dritte Welt auch von der Studentenbewegung »entdeckt« worden. Auf internationaler Ebene begannen die Entwicklungsländer schließlich, ihre Mehrheit in den Gremien der UNO für eine eigenständige Politik zu nutzen. In diesem Umfeld gelang es Eppler, die Entwicklungspolitik als dritte tragende Säule der Außenpolitik – neben der West- und der Ostpolitik – zu etablieren. Ihren Schwerpunkt hatte die Entwicklungspolitik weiterhin in Afrika. Bundesdeutsche Afrikapolitik war »Zivilmachtpolitik«. Das hieß: Sie zielte auf partiellen Souveränitätstransfer auf arbeitsteilige Organisationen der internationalen Politik, auf Beteiligung an der Demokratieentwicklung sowie auf Verrechtlichung und Erweiterung institutionalisierter Kooperation.[27]

Allerdings waren nationale Konzepte meist überfordert, um den »Krieg gegen die Armut« zu gewinnen, zu dem Weltbank-Präsident Robert McNamara, welcher der Entwicklungspolitik neue Anstöße gab, 1973 in Nairobi aufgerufen hatte. »Wir haben gesehen«, so schrieb Eppler 1972, »daß die Entwicklungsländer nicht die Chance haben, in aller Ruhe den Weg vom feudalen Agrarstaat zur modernen Industrienation so zu durchlaufen, wie es die europäischen Staaten in den letzten Jahrhunderten getan haben. Die Entwicklungsländer begehren Einlaß als Handelnde in die Weltwirtschaft zu einer Zeit, in der die Rollen längst zu ihren Ungunsten verteilt sind. Seit langem spielen sie Objekt der internationalen Wirtschaftsentscheidungen, sind meist passiv (im eigentlichen Sinne des Wortes: ›leidend‹) an Weltpolitik und -handel beteiligt. Eine Chance haben vor allem die ärmeren unter den Entwicklungsländern nur dann, wenn die Gesamtheit der Beziehungen zwischen Industrie- und Entwicklungsländern eine neue Qualität erhält.« Dazu gehörte eine Handelspolitik, die es ihnen erlaubte, sich nicht nur zu industrialisieren, sondern ihre Waren auch in den reichen Ländern abzusetzen, also Zollpräferenzen. Und dazu war ein »Strukturwandel in der eigenen Industrie« der reichen Länder vonnöten, weil eine Vielfalt von Produkten aus den Entwicklungsländern eingeführt werden sollte.[28]

Um die Entwicklungsländer aus dem Teufelskreis der Armut herauszuführen, setzte Eppler auf die Europäische Gemeinschaft und auf höhere finanzielle Transferleistungen – und scheiterte damit auf der ganzen Linie, was ihn zum Rücktritt veranlaßte. Nach der Weltwirtschaftskrise trat seit der Mitte der 70er Jahre an die Stelle der moralisch begründeten Sozial- und Friedenspolitik Epplers die stärker pragmatisch ausgerichtete Entwicklungspolitik seines Nachfolgers Egon Bahr, der, wie auch die ihm nachfolgende Marie Schlei (SPD), für eine begründete Differenzierung der Entwicklungsländer plädierte. Außerdem wurde eine europäische Entwicklungspolitik durch den EG-Beitritt Großbritanniens 1973 in mehrfacher Hinsicht komplizierter: Einerseits war »eine neue Phase der Europäischen Entwicklungspolitik eingeleitet, die gerade unter dem Aspekt der Ausweitung des multilateralen Welthandels durch den Einbezug der England verbundenen afrikanischen Commonwealth-Staaten neue Chancen bot. Andererseits schien sich ein heimlicher Machtkampf zwischen London und Paris anzubahnen.«[29] Den ehemaligen britischen Kolonien war nämlich zugesichert worden, daß sie dem Yaoundé-Abkommen beitreten durften, womit die entwicklungspolitische Prädominanz Frankreichs in der EG in Frage gestellt wurde. Das Entwicklungshilfe-Abkommen, das die EG-Mitgliedstaaten und 46 Staaten Afrikas, der Karibik und des Pazifiks (AKP-Staaten) am 28. Februar 1975 in Lomé, Togo, unterzeichneten bedeutete einen Schritt nach vorn. Diese Konvention, der im Oktober 1979 Lomé II, im Mai 1986 Lomé III und drei Jahre später Lomé IV folgten – mittlerweile haben 86 AKP-Staaten unterschrieben –, regelte den zollfreien Zugang vieler Produkte zum EG-Markt; Agrarerzeugnisse waren ausgenommen. Die EG verzichtete auf Gegenpräferenzen. Geregelt wurde auch die finanzielle und technische Zusammenarbeit: Eine Europäische Investitionsbank vergab zinsgünstige Kredite, und der Europäische Entwicklungsfonds sicherte Zuschüsse und Sonderdarlehen. Die sich verschärfenden Probleme der Dritten Welt konnten allerdings kaum gelindert, geschweige denn gelöst werden.

Am Ende der 70er Jahre hatten sich die wirtschaftlichen Transaktionen zwischen der Bundesrepublik und den Entwicklungsländern im Vergleich zum vorangegangenen Jahrzehnt erheblich verstärkt. Die Handelsbeziehungen wurden differenzierter und wandelten sich von dem früher einseitigen Tausch von Rohstoffen gegen Fertigwaren. Nun wurden von der Dritten Welt auch verstärkt Halb- und Fertigwaren geliefert. Im Jahr 1979 importierte die Bundesrepublik aus der Dritten Welt Waren im Wert von fast 65 Mrd. DM und exportierte in diese Ländergruppe ein Volumen von über 62 Mrd. DM; das entsprach rund 22 bzw. 20 % der gesamten deutschen Ein- bzw. Ausfuhren.[30] Die Bundesrepublik exportierte ein breites Sortiment von Investitionsgütern und chemischen Erzeugnissen. 1975 war außerdem die bundeseigene Deutsche Gesellschaft für Technische Zusammenarbeit (GTZ) gegründet worden, die für die – größtenteils unentgeltliche – technische Hilfe zuständig ist, Experten entsendet sowie Sachausrüstungen für Entwicklungshilfeprojekte bereitstellt.

Am 9. Juni 1975 verabschiedete die Bundesregierung auf einer Klausurtagung auf Schloß Gymnich 25 Thesen zur Politik der Zusammenarbeit mit den Entwicklungsländern. Dabei wollte man sich auf die ärmsten Entwicklungsländer konzentrieren, den ländlichen Sektor bevorzugt fördern sowie eine Dreieckskooperation zwischen Industrie-, Ölexport- und Entwicklungsländern in Gang bringen.[31] Diese Gymnicher Thesen fanden in den folgenden Jahren eine stetige Fortschreibung. Das Hauptkennzeichen bundesdeutscher Entwicklungspolitik – den ärmsten Ländern vor allem in Afrika zu helfen, aber ein Bekenntnis zu Demokratie und Menschenrechten einzufordern – war unter allen im Deutschen Bundestag vertretenen Parteien unumstritten. Rainer Offergeld, der seit 1978 amtierende letzte SPD-Entwicklungshilfeminister, bekräftigte dies: »Kaum ein Feld der Politik bedarf allerdings so sehr eines Grundkonsenses wie die Entwicklungspolitik. Grundkonsens sehe ich im zentralen Anliegen der Entwicklungspolitik, den Menschen in der Dritten Welt zu helfen, besser zu leben, nach ihren eigenen Interessen und ihren Wertentscheidungen. Nur dieser Ansatz rechtfertigt eine eigenständige Entwicklungspolitik. Ginge es nicht darum, wäre Entwicklungspolitik nichts weiter als weltweite Außenpolitik, internationale Wirtschaftspolitik, globale Sicherheitspolitik. Das ist sie aus meiner Sicht alles auch, aber eben nicht nur.«[32]

Allerdings erreichte die Bundesrepublik wie die meisten entwickelten Länder der Erde nie den 1970 von den Vereinten Nationen geforderten Entwicklungshilfesatz von 0,7 % des Bruttosozialproduktes; im relativ guten Jahr 1979 betrug ihr Entwicklungshilfevolumen lediglich 0,44 Prozent. Dennoch kam etwa zur gleichen Zeit eine harsche, teils provozierende Kritik an der Praxis der Entwicklungshilfe auf, die eine Vergeudung von Geld unterstellte und in ihrer zynischen Variante in dem Satz »Schnee für Afrika« gipfelte.[33] Kritik dieser Art riß nicht mehr ab, sie wurde vielmehr auch von Entwicklungshilfepolitikern vorgetragen. Die Referentin im Bundesministerium für Wirtschaftliche Zusammenarbeit, Brigitte Erler (SPD), beispielsweise räumte Mitte der 80er Jahre ihren Posten im Ministerium, um anschließend die in ihren Augen verfehlte Politik anzuprangern: »Entwicklungshilfe schadet allen, denen sie angeblich nützen soll, ganzen Ländern wie einzelnen Betroffenen. Sie muß deshalb sofort beendet werden. Ohne Entwicklungshilfe ginge es den Menschen in den Ländern der Dritten Welt besser ... Entwicklungshilfe trägt dazu bei, in den meisten Entwicklungsländern ausbeuterische Eliten an der Macht zu halten und im Namen von Modernisierung und Fortschritt Verelendung und Hungertod zu bringen.«[34] Erhard Eppler seinerseits kritisierte auf verschiedenen Foren wie dem Evangelischen Kirchentag von 1985 eine Entwicklungshilfepolitik, die den nördlichen Ländern als moralisches Feigenblatt diene, während ihre Wirtschaftskonzerne in undemokratischen Entwicklungsländern wie in dem Apartheid-Regime Südafrikas glänzende Geschäfte machten und die Rüstungsexporte in die Krisenregionen der Dritten Welt blühten.[35]

Während der christlich-liberalen Regierung Helmut Kohls seit 1982/83 gab es eine gewisse neue Akzentsetzung in der bundesdeutschen Entwicklungspolitik. Damit ist nicht das Bonmot gemeint, daß Minister Jürgen Warnke (CSU) das Bundesministerium für Wirtschaftliche Zusammenarbeit zum »bayerischen Außenministerium« ausgebaut habe. Es wurde vielmehr stärker als in den Jahren zuvor auf die spezifischen Interessen der Bundesrepublik Wert gelegt, etwa auf die Sicherung von Arbeitsplätzen und die Rohstoffversorgung. Seit dem Ende der 70er Jahre schoben sich zudem neue Themen – Umweltschutz und Frauenrechte vor allem – vom Rand in den Mittelpunkt der Gesellschaftspolitik. Verstärkt agieren seither auch große Nicht-Regierungsorganisationen (NGOs) wie Greenpeace oder Terre des Hommes, die Welthungerhilfe und kirchliche Organisationen (Brot für die Welt sowie Misereor). Auch auf nationaler Ebene entstanden solche NGOs, die wiederum durch Mittel des Bundesministeriums für Wirtschaftliche Zusammenarbeit gefördert wurden. Schließlich spielten die parteinahen Stiftungen, besonders die Konrad-Adenauer-Stiftung und die Friedrich-

Ebert-Stiftung, eine erhebliche Rolle bei der entwicklungspolitischen Hilfe zur Selbsthilfe. Trotz vieler weltweiter Initiativen nahm insgesamt gesehen jedoch die Verschuldungs- und Nahrungsmittelkrise in der Dritten Welt weiter zu. Der »Schwarze Montag« am 19. Oktober 1987 an der New Yorker Börse löste eine weltweite Baisse aus, die die Entwicklungsländer in eine Abwärtsspirale riß. Die 80er Jahre galten vor allem für Afrika als »verlorenes Jahrzehnt«.

Die entwicklungspolitischen Tendenzen seit den 90er Jahren werden mit Blick auf das neue interventionistische Paradigma unter dem Begriff Globalisierung diskutiert. Sie führten zu gravierenden Verlagerungen, die als »Ende der Dritten Welt« bezeichnet werden.[36] Einige der Entwicklungsländer, besonders in Asien, konnten sich zu Schwellenländern fortentwickeln; andere Regionen – insbesondere Afrika – wurden nahezu vollständig aus der Weltwirtschaft abgekoppelt. Auch ein weiterer Aspekt muß erwähnt werden: Seit den 70er Jahren wurde Europa zum Einwanderungskontinent, was vielfältige Ängste in der Bevölkerung der einzelnen Staaten schürte. Ein Angstgegner der Migration entstand: der afrikanische Marsch auf Europa. Europa, so der Migrationshistoriker Klaus J. Bade, schottete sich zur »Festung Europa« ab. Bade gibt zu bedenken: »Solange das Pendant der Abwehr von Flüchtlingen aus der ›Dritten Welt‹, die Bekämpfung der Fluchtursachen in den Ausgangsländern, fehlt, bleibt diese Abwehr ein historischer Skandal, an dem künftige Generationen das Humanitätsverständnis Europas im späten 20. und frühen 21. Jahrhundert bemessen werden.«[37]

Der zweite Kalte Krieg

Die 70er Jahre gelten als das Jahrzehnt der amerikanischen Führungsschwäche in der westlichen Welt. Gleichzeitig häuften sich die Aktivitäten der Sowjetunion: So drang sie etwa in dekolonisierte afrikanische Staaten wie Angola, Moçambique und Äthiopien vor. Als die Sowjetunion dann am 24. Dezember 1979 in Afghanistan einmarschierte, hatte sie erstmals seit dem Kriegsende 1945 reguläre Truppen eingesetzt, um ein Land außerhalb ihres europäischen Hegemonialbereichs zu besetzen und zu unterwerfen. »Anfang der achtziger Jahre«, so Henry Kissinger, »sah es so aus, als seien die kommunistischen Bewegungen überall auf dem Vormarsch.«[38] Nach dem Sturz der Monarchie waren seit 1973 in Afghanistan ethnische Rivalitäten ausgebrochen, ein Teil der Rebellen hatte kommunistische Ideen verfochten und fand den Moskauer Beistand. Die gesamte Region war im Aufruhr. Im Westen schrillten die Alarmglocken, weil sich die Besetzung Afghanistans mit dem Verlust Persiens überschnitt. Die bislang vom Westen unterstützte Diktatur von Schah Reza Pahlevi im Iran ging in der Iranischen Revolution von 1979 unter und wurde durch die anti-westliche »Islamische Republik« Ayatollah Khomeinis ersetzt. Hinter dem Einmarsch der Sowjets in Afghanistan vermutete der Westen eine Expansion des kommunistischen Herrschaftsbereichs bis zum Indischen Ozean und zu den Ölquellen des Nahen Ostens. Die USA rüsteten deshalb die Taliban-Kämpfer, die sich gegen den kommunistischen Aggressor wandten, mit Militärmaterial aus. Moskaus Einmarsch folgte so ein lang anhaltender Guerillakrieg, der von der Supermacht nicht zu gewinnen war, sondern sie auf Dauer zermürbte. Afghanistan entwickelte sich somit zum Vietnam der Sowjetunion.

In den Vereinten Nationen verurteilten 140 Staaten die sowjetische Invasion. Die USA forderten energische Sanktionen und einen Boykott der bevorstehenden Olympischen Sommerspiele in Moskau. Zwischen den Supermächten brach eine neue Eiszeit aus; ihre gegenseitigen Beziehungen waren so schlecht wie seit der Kuba-Krise von 1962 nicht mehr. Während die Amerikaner bei einem Ende der Entspannungspolitik nicht viel zu verlieren hatten, sah die Situation für die Europäer und besonders für die Deutschen allerdings völlig anders aus. In Europa verurteilte man die sowjetische Aggression ebenfalls, fragte sich aber zugleich, ob die Situation nicht der von 1914, am Vorabend des Ersten Weltkriegs, ähnelte. Drohte bei unüberlegter Politik nicht wieder ein verhängnisvoller Automatismus? Riskierte man einen Konflikt, in den am Ende alle hineinschlitterten und der auf diese Weise eskalieren konnte?

Da die Regierung Schmidt/Genscher von der Entspannungspolitik retten wollte, was zu retten war, schloß sie sich den amerikanischen Sanktionen nur sehr zögerlich an. In den vergangenen Jahren hatte die Bundesrepublik den Handel mit den osteuropäischen Staaten stark ausgebaut – ein sichtbares Zeichen der Entspannung. 1978 wurde ein deutsch-sowjetisches Handelsabkommen mit 25jähriger Laufzeit geschlossen. Die Bundesrepublik stieg zum wichtigsten westlichen Handelspartner Moskaus auf, real wuchs das Volumen des Handels zwischen beiden Staaten von 1969 bis 1979 auf das Sechsfache. Die Krönung war eine enge Kooperation mit der Sowjetunion auf dem Energiesektor: Um die Abhängigkeit vom Erdöl zu verringern, hatten die beiden Länder ein Erdgas-Röhren-Geschäft unterzeichnet; die Bundesrepublik lieferte hochwertige Stahlröhren für den Ausbau des Erdgasnetzes, die Sowjetunion versorgte im Gegenzug Westdeutschland mit Erdgas, das als Energie der Zukunft galt. Bereits zwischen 1970 und 1974 hatte es drei Erdgas-Röhren-Verträge gegeben. Doch der vierte Vertrag vom November 1981, der nach zweijährigen Vorbereitungen zustande kam, war viel bedeutsamer als alle vorherigen zusammengenommen. Er sah vor, daß die UdSSR von 1984 an während einer Laufzeit von 25 Jahren jährlich 10,5 Mrd. m³ Erdgas in die Bundesrepublik liefern wird, womit sich die Bezüge aus den drei vorangegangenen Verträgen verdoppelten. Außerdem erklärte sich die Sojus-Gaz-Export bereit, West-Berlin mit jährlich 700 Mio. m³ Erdgas zu beliefern, was dem gesamten Gasverbrauch der Teilstadt entsprach.[39]

Doch nicht nur wirtschaftlich, sondern im Grunde auf jedem Feld hätten die

Deutschen verloren, wenn die Konfrontation der Supermächte den europäischen Kontinent voll erfaßt hätte. Die Bundesregierung suchte nicht zuletzt aus deutschlandpolitischen Motiven die wirtschaftliche Verklammerung. Peter Bender bringt die bundesdeutsche Situation auf den Punkt: »Bonn *mußte* Entspannungspolitik treiben, seine Verbündeten konnten es.«[40] Fast trotzig merkte Willy Brandt an, daß der Moskauer Vertrag zwischen der Bundesrepublik und der Sowjetunion im Jahr 1970 trotz Vietnam geschaffen worden sei und nun auch trotz Afghanistan halten werde.[41]

Resümierend läßt sich festhalten: »Amerika fühlte sich geschlagen, gedemütigt und ohnmächtig, während die Sowjetunion erstmals seit dem Zweiten Weltkrieg geopolitische Landgewinne verbuchen konnte. Der Krisenbogen von Vietnam bis Zentralamerika hatte die Machtbalance zuungunsten der USA verschoben. Ganz anders war die außenpolitische Bewertung aus der Sicht der Bundesrepublik und der Westeuropäer. Für sie waren die Krisen mit der Sowjetunion begrenzt geblieben. Auch hatte bei der Bekämpfung des Terrorismus das Krisenmanagement von Mogadischu Helmut Schmidts Selbstbewußtsein gestärkt.«[42]

Den deutschen Bundeskanzler verband überdies ein enges Verhältnis zum polnischen Staatschef Edward Gierek. Er wollte, daß sich die deutsch-polnischen Beziehungen auf allen Gebieten weiterentwickelten und die Hypotheken der Vergangenheit allmählich abgetragen würden. Doch gerade in Polen schien sich das Schicksal der europäischen Entspannungspolitik zu entscheiden; sie stand auf Messers Schneide: Seit Ende der 70er Jahre hatte es im Land gegärt, die mächtige freiheitliche Gewerkschaftsbewegung »Solidarność« breitete sich aus – 1980 umfaßte sie fast 10 Mio. Menschen. Lech Wałesa, der Gewerkschaftsführer, war der eine Held der Polen; der andere Held hieß Kardinal Wojtyła, der 1978 als erster Pole zum Papst Johannes Paul II. und somit zum Oberhaupt aller katholischen Christen auf der Welt gewählt wurde. Dem polnischen Nationalbewußtsein, genauer: dem unabhängigen Nationalbewußtsein Polens, in dem der Katholizismus immer eine große Rolle spielte, gab dies einen erheblichen Auftrieb. Es war klar, daß die Sowjetunion Freiheitsbewegungen in ihrem Einflußbereich nicht dulden konnte. Würde sich in Polen ein zweites »Prag 1968« ereignen? Ende 1980 fanden Vorbereitungen für ein Eingreifen des Warschauer Pakts statt. Die Krise erreichte 1981 ihren Höhepunkt: Der neue polnische Ministerpräsident General Wojciech Jaruzelski verhängte im Dezember dieses Jahres das Kriegsrecht über Polen, die Gewerkschaftsbewegung wurde unterdrückt. Das war die eine Seite der Medaille, die andere war, daß damit immerhin eine drohende Militärintervention von außen verhindert werden konnte. Doch der zweite Kalte Krieg hatte nun auch Europa erreicht.

Wie prekär die Lage wirklich war, wußten die europäischen Regierungschefs allerdings schon länger. Seit 1977 war bekannt, und gerade Helmut Schmidt hatte mehrmals darauf hingewiesen,[43] daß die UdSSR Monat für Monat Raketen mit jeweils drei Sprengköpfen in Dienst stellte, die im Westen als SS 20 bezeichnet wurden. Diese Waffen konnten Westeuropa vom Boden der Sowjetunion aus erreichen, nicht aber die USA, weshalb sie nicht den SALT-Bestimmungen unterlagen. Militärische Aufrüstung der Sowjetunion trotz nach außen praktizierter Entspannungspolitik, wie sollte der Westen darauf reagieren? Helga Haftendorn beschreibt das zugrundeliegende Problem: »Auch wenn die NATO der sowjetischen Rüstung im gleichen Reichweitenbereich wenig Adäquates entgegensetzen konnte, stellte diese weniger eine militärische (hier konnten die USA immer auf ihre strategischen Systeme zurückgreifen) als eine politische Bedrohung Westeuropas dar, weil sie der Sowjetunion ein Drohpotential in die Hand gab, mit dem sie die Westeuropäer politisch unter Druck setzen konnte, während die Vereinigten Staaten unter den Bedingungen strategischer Parität zum ohnmächtigen Zusehen verurteilt sein würden. Für die USA und die westeuropäischen Staaten war eine ungleiche Sicherheitslage entstanden, die der Furcht vor einem ›Abkoppeln‹ der USA von Westeuropa Auftrieb gab.«[44]

Im Januar 1979 trafen sich die Staats- und Regierungschefs der USA, Großbritanniens, Frankreichs und der Bundesrepublik Deutschland zu einem »Vierergipfel« auf der Karibikinsel Guadeloupe. Hier wurden die Weichen für den NATO-Doppelbeschluß gestellt. Für den deutschen Bundeskanzler bedeutete die Teilnahme sehr viel: Es konnte der Weltöffentlichkeit nicht entgehen, daß hier die Bundesrepublik als gleichberechtigter Staat in das westliche »Direktorium« aufgenommen worden war. Jimmy Carter, der amerikanische Präsident, schlug vor, neue Waffen als Gegengewicht zur sowjetischen Vorrüstung in Europa zu stationieren. Die Europäer zögerten und meinten, man solle zunächst mit der Sowjetunion verhandeln, bevor neue Waffen aufgestellt würden. Damit war im Prinzip die Idee des NATO-Doppelbeschlusses geboren.[45] Erstmals sollten Rüstungskontrollverhandlungen *vor* dem Vollzug eines Rüstungsbeschlusses stattfinden. Am 12. Dezember 1979 wurde der Doppelbeschluß im NATO-Rat in Brüssel offiziell gefaßt. Dieser doppelte Beschluß sah vor, daß im Falle eines Nichtabbaus der SS 20-Raketen binnen vier Jahren – so lange gab man der UdSSR für Abrüstungsverhandlungen Zeit – 108 amerikanische »Pershing II«-Raketen und 464 Marschflugkörper vom Typ »Cruise Missile« vor allem in der Bundesrepublik stationiert werden sollten, um das Kräftegleichgewicht in Europa wiederherzustellen.

Die Rüstungsspirale drehte sich weiter. Gegen den Rüstungswettlauf der Supermächte und gegen die Stationierung von atomaren US-Mittelstreckenraketen in Europa formierte sich eine breite Friedensbewegung; nicht nur in der Bundesrepublik, sondern in vielen westeuropäischen Staaten – doch in der Bundesrepublik sprengte sie alles auf diesem Gebiet bisher Dagewesene. Bereits der 19. Evangelische Kirchentag in Hamburg vom Juni 1981 zeigte, daß das pazifistische Anliegen auf große Resonanz stieß: Mit 150000 Teilnehmern war dies der teilnehmerstärkste Kirchentag seit 1949. Besonders auffallend war die Anwesenheit überraschend vieler Jugendlicher, die sich zum Pazifismus bekannten. Empörung und emotional-moralische Debatten hatten nicht zuletzt Pläne ausgelöst, eine Neutronenbombe zu entwickeln, die alles Leben tötete, aber Material schonte. Egon Bahr bezeichnete die Neutronenbombe als »Symbol der Perversion des Denkens«.[46] Am 10. Oktober 1981 demonstrierten in Bonn rund 300000 Menschen gegen die atomare Rüstung, und im Juni 1982, als in der Bundeshauptstadt der NATO-Gipfel stattfand, wuchs die Zahl der Demonstrierenden auf über eine halbe Million Menschen an. Monatelang blockierten Demonstranten das US-Raketenlager im südwestdeutschen Mutlangen. Ihren Höhepunkt erreichte die Friedensbewegung im Oktober 1983. In einer »Aktionswoche« gegen die NATO-Nachrüstung bildeten Demonstranten eine 108 km lange Menschenkette von Ulm bis Stuttgart, und in Bonn demonstrierten 1 Mio. Menschen. Kein anderes Ereignis hat jemals in der Bundesrepublik so viele Menschen auf die Straße gebracht wie die Nachrüstung. Dabei ist mit Recht betont worden, daß die Bedingungen für die Mobilisierungskraft dieser neuen sozialen Bewegung schon in den 70er Jahren zu suchen sind. »Die Friedensbewegung hätte nie so rasch heranwachsen können, wäre ihr von der Umweltbewegung der siebziger Jahre nicht der Boden bereitet worden, hätte sie nicht ein ›Bewegungsmilieu‹ bereits vorgefunden.«[47]

Aber die Nachrüstung konnte durch die Friedensbewegung nicht verhindert werden. So aufrichtig pazifistisch der Protest von Menschen aus allen gesellschaftlichen Schichten gegen den Rüstungswahn auch war, so muß man doch der Friedensbewegung eine gewisse Blauäugigkeit und Einseitigkeit bescheinigen. Ohne den NATO-Doppelbeschluß, den Bundeskanzler Schmidt vehement verteidigte, während seine eigene Partei, die SPD, ihn ablehnte und damit ihrem Kanzler das Vertrauen entzog, wäre die Sowjetunion nicht in ihre Schranken verwiesen worden. Vermutlich wäre sie nicht so schnell zerfallen, wie es tatsächlich geschehen ist, weil sie sich finanziell und wirtschaftlich zu Tode rüstete.

Die neue Bundesregierung unter Helmut Kohl, die nach der Bundestagswahl von 1983 ja auch ein Mandat für ihre Sicherheitspolitik erhalten hatte, setzte die Nachrüstung durch, während weite Teile der Sozialdemokratie dem Parteivorsitzenden Willy Brandt folgten, einen Stellungswechsel bezogen und somit den bisherigen parteiübergreifenden Konsens über die Strategie der nuklearen Abschreckung aufgaben, bisweilen sogar einem schleichenden Antiamerikanismus das Wort redeten. Hans-Dietrich Genscher, der alte und neue Außenminister, begründete den Bruch der sozialliberalen Koalition immer auch damit, er habe die traditionelle Sicherheitspolitik der Bundesrepublik retten wollen, was mit der SPD nicht mehr möglich gewesen sei. Die christlich-liberale Regierung kündigte deshalb sogleich an, das deutsch-amerika-

Abb. 54 *Entwicklungspolitik im Spannungsfeld von Außen- und Interessenpolitik: Außenminister Hans-Dietrich Genscher im Gespräch mit Ägyptens Präsident Hosni Mubarak in Kairo im Juli 1982.*

nische Verhältnis, das nach dem Amtsantritt von Ronald Reagan zusätzlich belastet worden war (er galt in Teilen der deutschen Öffentlichkeit als »kalter Krieger«), vom entstandenen Zwielicht zu befreien und die alte Verbundenheit und Freundschaft zu bekräftigen. Das Bündnis wurde stabilisiert. »Die Regierung Kohl/Genscher«, so Christian Hacke, »leistete bei der Nachrüstung einen herausragenden Beitrag zur Bündnistreue und zur Absage an Bestrebungen, nationale und neutrale Alleingänge und den Austritt aus der NATO zu propagieren.«[48]

Den Beschluß der NATO, neue Raketen aufzustellen, beantwortete die Sowjetunion ihrerseits allerdings mit einem Abbruch sämtlicher Rüstungskontrollgespräche. Sie verkündete statt dessen, daß sie zusätzlich neue Mittelstreckenraketen in Stellung bringen werde. Die Konfrontation nahm zu, die Kriegsgefahr schien zu wachsen, Nervosität und unbedachtes Handeln bestimmten die Zeit. Im September 1983 schossen sowjetische Jagdflugzeuge eine koreanische Verkehrsmaschine über Sibirien ab, was auf weltweites Entsetzen stieß. Die Amerikaner intervenierten militärisch in Mittelamerika. Daraufhin boykottierten die Sowjetunion und ihre Verbündeten die Olympischen Spiele in Los Angeles 1984, so wie es vier Jahre zuvor der Westen mit Blick auf Moskau getan hatte. Von 1981 bis 1986 herrschte eine immense Spannung zwischen den Supermächten, zusätzlich angefacht durch Reagans SDI-Pläne (Strategic Defense Initiative): Ein nichtnuklearer Verteidigungsschirm sollte über den nordamerikanischen Kontinent gespannt werden. Dies wurde nach einer Wendung des amerikanischen Präsidenten in Anlehnung an eine sehr erfolgreiche Science-fiction-Filmreihe von George Lucas als *Star Wars* bezeichnet. SDI verletzte grundlegende Vereinbarungen zwischen den USA und der Sowjetunion, wonach die wechselseitige Verwundbarkeit den Frieden garantieren sollte. Dementsprechend zwiespältig fielen die Reaktionen der Europäer aus. Die beiden Pole des Meinungsspektrums bildeten Großbritannien und die Bundesrepublik: Margaret Thatcher legte sich sofort auf SDI fest, Helmut Kohl blieb eher vage, ganz im Gegensatz zu seinen Unionsfreunden Franz Josef Strauß und Verteidigungsminister Manfred Wörner, die beide für eine enge Kooperation mit den USA auf diesem Feld eintraten. Die ideologische und militärische Konfrontation milderte sich, als sich zwei Entwicklungsstränge überkreuzten: Zum einen zeigte sich der 1985 an die Macht gekommene Michail Gorbatschow so geschmeidig, geschickt und weitblickend in der Außen- und Sicherheitspolitik, wie es der Westen seit dem Ende des Zweiten Weltkriegs nicht mehr erlebt hatte. Zum andern mußte Ronald Reagan innenpolitische Rückschläge hinnehmen. 1986 wurde die Iran-Contra-Affäre, kurz »Irangate« aufgedeckt: Das Geld aus geheimen Waffenlieferungen an den Iran sollte für den Freikauf amerikanischer Geiseln im Libanon benutzt werden, wurde aber an die rechtsgerichteten Contras zur Unterstützung ihres Kampfes gegen die sandinistische Regierung Nicaraguas weitergeleitet. Dies war ein Verstoß gegen einen Kongreßbeschluß. Um sich politisch wieder zu fangen, machte sich Reagan zum Anführer der Abrüstung. Besonders der zweite Gipfel zwischen Reagan und Gorbatschow in Reykjavik vom Oktober 1986 bekräftigte antinukleare Visionen der beiden Staatsmänner, und beim dritten Treffen, das im Jahr darauf folgte, wurde ein Meilenstein in der Abrüstungsfrage gesetzt: In einem Abkommen vereinbarte man die weltweite Beseitigung aller amerikanischen und sowjetischen Mittelstreckenraketen zwischen 1000 und 5500 km sowie kleineren Raketen zwischen 100 und 500 km Reichweite. Ein Meilenstein war diese Übereinkunft deshalb, weil bisher immer nur Obergrenzen bereits bestehender Waffensysteme festgelegt worden waren; nun aber hatte man wirkliche Abrüstungsschritte beschlossen.

Während der weltpolitischen Krisenzeit des zweiten Kalten Krieges bis 1986 hatte sich etwas Verblüffendes ereignet: Es war zu einer Art von deutsch-deutschen Sonderbeziehungen gekommen, zu einer »Koalition der Vernunft«, die darauf hinauslief, die Konfrontation im kleinen zu konterkarieren. In einem Schreiben vom 5. Oktober 1983 appellierte SED-Generalsekretär Erich Honecker an den Bundeskanzler, »daß sich alle, die das Abgleiten der Menschheit in eine nukleare Katastrophe verhindern wollen, zu einer Koalition zusammenschließen sollten«, um beruhigend und ausglei-

Abb.55: *Erich Honecker, der Staatsratsvorsitzende der DDR, empfand seinen Staatsbesuch in der Bundesrepublik vom 7. bis zum 11. September 1987 als Krönung seines politischen Lebens – zwei Jahre später kollabierte die DDR. Hier wird Honecker mit militärischen Ehren vor dem Bundeskanzleramt in Bonn begrüßt, die Schar der internationalen Journalisten war immens; rechts im Bild: Bundeskanzler Helmut Kohl.*

chend zu wirken. In seiner Antwort nahm Helmut Kohl den »gewählten Begriff der notwendigen Koalition der Vernunft gerne auf«.[49] Die Bundesrepublik und auch die DDR hatten sich zum Teil von ihrer jeweiligen Supermacht emanzipiert. In der praktischen Deutschlandpolitik herrschte eine große Kontinuität von der sozialliberalen zur christlich-liberalen Koalition: Die Christlich-Liberalen unternahmen nun ihrerseits Schritte, für die sie die Sozialdemokraten wenige Jahre zuvor noch als »vaterlandslose Gesellen« bezeichnet hätten.

Ende Juni 1983 bürgte die Bundesrepublik Deutschland für einen Milliardenkredit, den die DDR bei westdeutschen Banken aufnahm. Ausgerechnet der bayerische Ministerpräsident Franz Josef Strauß, welcher der Deutschlandpolitik der SPD/FDP-Koalition immer kämpferisch ablehnend begegnet war, hatte ihn nach einer Privatreise zu Honecker eingefädelt und sich für alle sichtbar vom Saulus zum Paulus gewandelt. Innerhalb der CSU löste dieser »Kurswechsel« von Strauß schwere Konflikte aus, und aus der CSU ausgetretene Politiker, die Strauß des Verrats bezichtigten, gründeten die neue rechtsradikale Partei »Die Republikaner«.

Die DDR begegnete dem Entgegenkommen, das ihr Leben als Staat künstlich verlängerte, mit einigen Zugeständnissen. So hob sie etwa den Zwangsumtausch bei Reisen von Jugendlichen bis zum Alter von 14 Jahren auf und begann mit dem Abbau von Selbstschußanlagen an der innerdeutschen Grenze. 1986 wurde die erste deutschdeutsche Städtepartnerschaft zwischen Eisenhüttenstadt und Saarlouis gegründet, und im selben Jahr konnte endlich ein Kulturabkommen zwischen der Bundesrepublik und der DDR unter Dach und Fach gebracht werden, über das zuvor schon zwölf Jahre lang ergebnislos beraten worden war. Der Höhepunkt war erreicht, als Erich Honecker am 7. September 1987 in Bonn mit allen Ehren eines Staatsgastes empfangen wurde; für ihn ging damit ein lang gehegter Traum in Erfüllung. Deutschlandpolitisch arrangierte sich die Regierung Kohl mit den Ergebnissen der einst so angefeindeten Neuen Ostpolitik und trieb sie nahtlos weiter, während viele Sozialdemokraten den Weg zu ganz neuen Ufern beschritten, zu einer »zweiten Ostpolitik« in der Opposition. Die SPD baute intensive Parteibeziehungen zur SED auf und veröffentlichte am 27. August 1987 ein Diskussionspapier, das den Titel trug »Der Streit der Ideologien und die gemeinsame Sicherheit«. Die Grundwertekommission beim Parteivorstand der SPD und die Akademie für Gesellschaftswissenschaften beim Zentralkomitee der SED hatten es neben zwei weiteren Vertragsentwürfen gemeinsam erarbeitet. Es sollte »Wegmarke einer neuen Etappe im Verhältnis der beiden deutschen Staaten und Meilenstein auf dem Weg zu neuen Beziehungen zwischen den kommunistischen Parteien des Ostens und den Parteien des Demokratischen Sozialismus des Westens« sein.[50] Natürlich mußten beide Seiten Zugeständnisse machen – aus freiheitlich-demokratischer Sicht war jedoch die wertrelativistische Argumentation des gemeinsamen Papiers, die Relativierung von demokratischen Grundpositionen, äußerst problematisch. Innerparteiliche Kritiker der SPD-SED-Kooperation wie der Fraktionsvorsitzende Hans-Jochen Vogel sprachen dies deutlich aus. Andere Sozialdemokraten jedoch, vor allem aus der »Enkelgeneration« der SPD, pilgerten regelrecht nach Ost-Berlin. Allerdings gaben sich auch viele führende Christdemokraten die Türklinke zu Honecker in die Hand.

Mit dieser »Nebenaußenpolitik« bewegte sich die SPD nach dem Abschied von der Macht in den 80er Jahren innerhalb des westlichen Bündnisses in eine Isolation. Wie weit ein Dialog mit der SED-Diktatur getrieben werden konnte, bis zu welchem Punkt er gehen durfte, ohne in den Ruch zu kommen, Dissidenten in der DDR im Stich zu lassen und über das Sehnen und Denken der Menschen in der DDR einfach hinwegzugehen, blieb umstritten.[51] Deutschlandpolitik bedeutete das Bohren dicker Bretter, niemand sah die Wiedervereinigung, so wie sie 1989/90 kommen sollte, voraus. Was eine deutsche Einheit anbelangte, so hatten sich sämtliche Politiker auf ganz lange Zeiträume und auf europäische Modelle eingestellt. Daß sie plötzlich auf der Tagesordnung der Weltgeschichte stehen sollte, ahnte niemand.

11 Technokratie, Risikogesellschaft und Erlebniskultur

Deutsche Identitätskrise und die NS-Vergangenheit

In der Mitte der 70er Jahre setzte eine Themenwende ein. Geltende Werte und Normen wurden hinterfragt, und vor dem Hintergrund einer sich zuspitzenden geistigen und politischen Polarisierung bildeten sich neue gesellschaftliche Wahrnehmungsmuster und Leitbilder aus. Die weltweite Diskussion über die Grenzen des Wachstums und die Zukunft der Industriegesellschaften brachte neue Protest- und Bürgerbewegungen hervor. Die von der Bevölkerung wahrgenommene Fortschrittskrise verschärfte sich noch dadurch, daß die Zeit der Reformen abgelaufen schien. Der jähe Bruch in den bisher positiven Zukunftserwartungen durchzog sämtliche Regierungserklärungen, Parteiprogramme und bestimmte zunehmend den öffentlichen Diskurs. In linksintellektuellen Situationsbeschreibungen zur politischen und geistigen Situation der Zeit vermischte sich zum Beispiel ein grassierender Kulturpessimismus mit einer nostalgischen Erinnerung an die »gute«, aber unwiederbringlich verlorene Zeit, die mit der Devise »Mehr Demokratie wagen« verbunden war.[1] Darüber hinaus verursachte der Terrorismus ein kollektives Angstgefühl. Und die zwischenstaatliche Entspannungspolitik in Deutschland West und Deutschland Ost stagnierte.

All diese real vorhandenen oder auch nur empfundenen Krisen kulminierten bis zum Ende des Jahrzehnts in einem sich rasch selbstverstärkenden, bald übermächtigen publizistischen, wissenschaftlichen und politischen Diskurs über die »deutsche Identität«. »Identität«, ein Begriff, der Anfang der 70er Jahre im alltäglichen Sprachgebrauch noch weitgehend unbekannt war, avancierte innerhalb kürzester Zeit zum Schlüsselbegriff, verlagerte sich aus der Peripherie in das Zentrum des öffentlichen Bewußtseins und wurde schließlich zum Modewort, zum Sammeletikett einer Kompensation verschiedener perzipierter Defizite. Dabei ist Identität kein genuin historischer oder politischer Begriff, sondern er entstammt der Sozialpsychologie und zum Teil der Psychoanalyse. Identität, verstanden als zielsuchendes Verhalten im Sinne der Selbstfindung und als Gegenbegriff zu »Entfremdung« wurde jetzt aber zunehmend von der individuellen Ebene auf soziale Systeme wie Gesellschaft, Staat oder Volk übertragen und politisch-philosophisch auf den Kontext der deutschen Frage angewandt.[2]

Dem emanzipatorischen und demokratisch-kritischen Leitbild aus dem Geist der Studentenbewegung und des sozialliberalen Umgründungsprozesses der Bundesrepublik setzten konservative Intellektuelle entsprechende Gegenideale entgegen. Die Signalwörter: Emanzipation, Fortschritt, kritisches Bewußtsein, Demokratisierung, innere Reformen und Entspannung wurden umfassender Kritik unterzogen. Die linke Theorie und Praxis galt angesichts ausbleibender Erfolge und neuer gesellschaftlicher Bedrohungen als abgenutzt. Die neue Stimmung im Westen förderte konservatives Denken. »Bewahren«, nicht mehr »Verändern« sollte nun die erste Bürgertugend sein.

Seither brachen die bundesdeutschen Konservativen auf der Woge des gewandelten »Zeitgeistes« zu neuen Ufern auf. Linke Intelligenz, umgeben mit der Aura einer Theoriegesättigtheit, und rechte Denkart, die diese nicht nötig zu haben schien, trennte ein tiefer ideologischer Graben. Im Zentrum des neuen konservativ geprägten Diskurses standen vor allem normative Funktionszuweisungen an die Geschichte. Der neokonservative, vormals der SPD nahestehende Philosoph Hermann Lübbe etwa sprach von der »Identitätspräsentationsfunktion von Historie«. Er wies der Geschichtsschreibung die Aufgabe zu, insbesondere nationale Identitäten zur Anschauung zu bringen.[3] Wenn nun von konservativer Seite in der Öffentlichkeit immer nachdrücklicher »Mut« zu Geschichtsbewußtsein gefordert wurde, so war damit ein nationales anstelle eines angeblich »abstrakten« freiheitlich-demokratischen, verfassungspatriotischen gemeint. Schon früh wurde dabei die politische Verbindung zur deutschen Frage hergestellt.

In einer Bundestagsdebatte zur Lage der Nation im Jahr 1975 zeichnete Johann Baptist Gradl, prominenter Deutschlandpolitiker der CDU, ein überaus düsteres Bild vom bundesdeutschen Geschichtsbewußtsein. Er befürchtete eine gesamtnationale Sogwirkung der SED-Geschichtspolitik. Man dürfe sich nicht täuschen lassen: Nur vordergründig sei die SED aus der Nation »ausgestiegen«, in Wahrheit aber sei die Situation viel herausfordernder, denn die DDR beanspruche, das Deutschland der Zukunft zu sein, und sie gebe vor, im Einklang mit der Geschichte die Klassenspaltung zu überwinden und die Einheit der Nation wiederzuschaffen – unter kommunistischen Vorzeichen: »Man kann dies vielfältig deuten. Man kann dies deuten als Überzeugung, als unhistorische Simplifizierung, als ideologische Verranntheit, als nationalkommunistischen Verführungsversuch, als taktische Reaktion darauf, daß die Deutschen in der DDR nach wie vor an Deutschland festhalten, als pseudonationale Tarnung der Angst vor dem freiheitlich-demokratischen Wettbewerb. Wie auch immer, unverkennbar – täuschen wir uns darüber nicht – beanspruchen die DDR-Kommunisten operativ die deutsche Nation der Zukunft. Sie tun so, als ob ihr Anspruch historisch selbstverständlich und seine Erfüllung bereits im Gange ist. Jeder im Lande sollte wissen, wie unser innerdeutscher Gegenspieler, wie die DDR-Führung ihre Politik um Deutschland sieht und anlegt. Es ist ein harter Satz, den ich jetzt spreche, aber ich glaube nicht zu übertreiben, wenn ich sage, daß wir Bundesdeutschen einem dramatischen Wettbewerb um die deutsche Nation überhaupt entgegengehen. Nur haben wir ihn, so fürchte ich, noch gar nicht recht ins Bewußtsein genommen.«[4]

Was Gradl hier als eine Gefahr »von außen« schilderte, verschärfte sich durch spezifische bundesdeutsche Gegebenheiten sogar noch beträchtlich. Eine ganze Reihe linksliberaler Wissenschaftler glaubte unwiderlegbare Hinweise für eine zunehmende »Bi-Nationalisierung« Deutschlands gefunden zu haben, in der sie jedoch keine bedrückende, vielmehr eine wünschenswerte und daher noch zu fördernde Entwicklung erblickten. Die zusammengetragenen Fakten bestätigten offensichtlich die These, wonach gerade die junge Generation in der Bundesrepublik einen voll ausgebildeten Nationalstaat sah. Die Bundesrepublik sei somit eine Staatsgesellschaft, die sich als Nation konsolidiere. Aus einem ehemaligen deutschen Nationalstaat seien zwei getrennte Nationalstaaten geworden. »Diese Entwicklung zur Nationalstaatlichkeit der Bundesrepublik«, so Gebhard Schweigler, »kann man heute als die westdeutsche Antwort auf die Frage der Nation bezeichnen.«[5] Das Bedenkliche an solchen Thesen war nicht die Situationsbeschreibung für die Bundesrepublik – sie traf durchaus zu –, sondern das Postulat, wonach in der DDR vergleichbare Abläufe im Gange seien. Die Befürworter einer Bi-Nationalisierung ließen sich vom SED-Regime blenden: Dieses hatte die »deutsche Nation« aus der Verfassung herausgestrichen und postulierte nun, es gebe zwei Nationen in Deutschland, eine »sozialistische Nation« in Gestalt der DDR und eine »kapitalistische Nation« in Gestalt der Bundesrepublik. Doch durfte man diesen vermessenen Anspruch, den die Staatspartei erhob, nicht mit der Wirklichkeit in Deutschland verwechseln, die ganz anders aussah.

Bald weitete sich der Diskussionsrahmen aus. Zwischen 1977 und 1981 veranstaltete der Bundestagsausschuß für innerdeutsche Beziehungen zahlreiche prominent besetzte und öffentlichkeitswirksame Anhörungen zur deutschen Frage in der Geschichte, die im Tenor »Suche nach der verlorenen Identität« gehalten waren.[6] Erstmals seit dem Beginn der 60er Jahre verabschiedeten schließlich die bundesdeutschen Kultusminister – auf Druck der unionsregierten Länder – 1978 historisch-politische Empfehlungen für den Schulunterricht, diesmal zur Behandlung der deutschen Frage, des nationalen Zusammenhalts und der Wiedervereinigung.[7]

Der Beschluß konnte und wollte seine Motivation nicht verbergen: Er reagierte ganz direkt auf die Nations- und Geschichtspolitik der DDR. Dies war erst der vierte Beschluß in einer Reihe von Stellungnahmen zu Einzelfragen des historisch-politischen Unterrichts in der Bundesrepublik Deutschland. Ihm gingen die »Empfehlungen zur Ostkunde« von 1956, der »Beschluß über die Behandlung der jüngsten Vergangenheit im Geschichtsunterricht« von 1960 und die »Richtlinien für die Behandlung des Totalitarismus« des Jahres 1962 voraus. Diese älteren »ex cathedra«-Verlautbarungen, die zwar kaum Argumente, dafür um so mehr bündige Anweisungen enthielten und verbindliche Sichtweisen festschrieben, waren vor allem bei den Unterrichtspraktikern vor Ort höchst umstritten, umgab sie doch eine sakrosankte Aura obrigkeitsstaatlicher Weisheit. Der Beschluß der Kultusministerkonferenz (KMK) von 1978 war ein Kind der Identitätsdebatte. Alfred Dregger, Landesvorsitzender der hessischen Union und Vertreter des rechten Parteiflügels, hatte den Tenor vorgegeben: »Der Kampf um guten Geschichtsunterricht an unseren Schulen ist zugleich ein Kampf für die deutsche Einheit.«[8]

Bundespräsident Walter Scheel ließ ebenfalls keine Gelegenheit aus, den Bundesbürgern das Gefühl für die Notwendigkeit von Geschichte nahezubringen, weil er die Bundesrepublik »zwischen den altgeprägten Nationen als eine Technokratie ohne Gedächtnis verschwimmen« sah.[9] Scheel jedoch verlangte von den Historikern, ein aufgeklärtes Geschichtsbewußtsein zu wecken, und forderte von ihnen die Auflösung kollektiver Mythen, denn »auch die Millionen, die in den Ersten und den Zweiten Weltkrieg zogen, hatten ein Geschichtsbewußtsein: Man hatte dafür gesorgt, daß sie es hatten. Eine Wiederbelebung des Geschichtsbewußtseins in der falschen Richtung könnte katastrophale Folgen für unser Land haben.«[10] Im Zentrum stand für ihn eindeutig die bundesrepublikanische Geschichte, die er an eine amerikanische, westliche Tradition anband. Walter Scheel, der nicht von ungefähr »Mister Bundesrepublik« genannt wurde,[11] sah sich als selbstbewußter und stolzer Repräsentant einer beispiellosen politischen, wirtschaftlichen und sozialen Erfolgsgeschichte (West-)Deutschlands.

Im KMK-Beschluß wurde zwar festgestellt, daß »die Behandlung der Deutschen Frage im Unterricht … nach Lage der Dinge keine Wiedervereinigungslehre« sein könne.[12] Solange die konkreten Erfolge einer auf die Wiedervereinigung ausgerichteten Politik nicht sichtbar seien, komme es jedoch darauf an, »den politischen, rechtlichen und humanitären Anspruch auf die deutsche Einheit und auf die freie Selbstbestimmung aller Deutschen langfristig wachzuhalten«.[13] Die Behandlung der Deutschlandfrage sollte durch das Grundgesetz, den Deutschlandvertrag, die Ostverträge, den Grundlagenvertrag, die Briefe zur deutschen Einheit und die Rechtsprechung des Bundesverfassungsgerichts maßgeblich bestimmt sein. Der Beschluß bettete außerdem die deutsche Frage in den europäischen Kontext ein, und er betonte die verschiedenen Ursachen der fortbestehenden Teilung ebenso wie die Rechtmäßigkeit des Strebens nach nationaler Einheit. Zwar konzedierte der Beschluß ein wachsendes Selbstbewußtsein der Deutschen in der DDR aufgrund ihrer eigenen Aufbauleistung, dennoch setzte er ihren weiteren Willen zur deutschen Einheit voraus. »Solange nur ein wesentlicher Teil der Bevölkerung der DDR politische und humanitäre Erwartungen an uns richtet, können wir uns diesem Anspruch nicht entziehen.«[14] Im letzten Paragraphen hieß es noch einmal zur Bekräftigung: »Deutschland ist mehr als die Bundesrepublik.«[15] Kritiker geißelten die Empfehlungen als »Chauvinismus in der

Schule«; ihre Befürworter hingegen warfen in den folgenden Jahren den sozialdemo-kratischen Kultusministern der Länder vor, die Ausführungen zu torpedieren.[16]

In sonderbaren und wechselnden Konstellationen konnte sich der konservative Identitätsdiskurs mit einer sentimentalen nationalistischen Vergangenheitsschwärme-rei im ganz linken politischen Spektrum der Bundesrepublik verbinden. Das »Leiden an Deutschland« und die Distanzierung vom politischen System der Bundesrepublik flossen dort in einer Sehnsucht nach Heimat, kollektiver Verwurzelung und einer »na-türlichen« gesamtdeutschen Identifikation zusammen und vereinigten sich zusätzlich mit einer Spielart des Befreiungsnationalismus, der Deutschland Ost und Deutsch-land West als besetzte Landesteile rubrizierte und in schwärmerischen Hoffnungen auf eine sozialistisch-nationale Konvergenz der beiden deutschen Staaten mündete. Antiamerikanismus und Antisowjetismus paarten sich bei der bundesdeutschen na-tional-neutralistischen Linken – welche die »Geschichte als Identifikationsmittel« entdeckte, um einer »kaputten Nation« ihre »Identität« wiederzugeben – mit einer Be-schwörung des gesamtdeutschen Kulturgutes. Die DDR wurde gleichsam als Heimat-museum wahrgenommen, in der sich, im Kontrast zum amerikanisierten Westen mit seiner Coca-Cola-Kultur, Nischen typisch deutscher Wesensart, nostalgische Idyllen und deutsche Tugenden bewahrt hätten. Martin Walser, der in diesem Umfeld mit-wirkte, gab seinem unbändigen Bedürfnis »nach geschichtlicher Überwindung des Zustandes Bundesrepublik« beredten Ausdruck.[17] Die Folge war ein romantisierendes, tendenziell anti-aufklärerisches, jedenfalls antiwestliches Geschichtsbild, das in den 80er Jahren in der Folge des NATO-Doppelbeschlusses in der Friedensbewegung wei-teren Widerhall fand.

In vielen Industriegesellschaften breitete sich damals ein neuer Hang zur Ge-schichtlichkeit aus: Ein Heimweh nach Geschichte, eine Flucht in die Geschichte, eine Erinnerungsmanie, eine regelrechte Erbe-Obsession waren ihr Kennzeichen. Geschichte faszinierte.[18] Geschichtswerkstätten sprossen aus dem Boden, nostalgische Floh-märkte waren »in«. Dieses massenhafte Interesse an den vergangenen Lebenswelten einer scheinbar konfliktfreien Vormoderne entstand auch aus der Zukunftsangst der Bürger angesichts rascher Veränderungen in der Gegenwart. Die Fortschrittskrise pro-vozierte Syndrome rückwärtsgewandter Modernität, ließ nach »besseren« Vergangen-heiten Ausschau halten, um der als unwirtlich empfundenen Gegenwart zu entfliehen. Oft nicht mehr analytisch, sondern nostalgisch wandte man sich der Vergangenheit zu. Geschichte drohte zur Kompensationsinstanz für enttäuschte gegenwärtige Hoff-nungen reduziert zu werden. Zuweilen diente diese nostalgische Rückbesinnung auch schlicht als Formenarsenal für eine buntere Welt – etwa im modischen Retro-Chic oder in einer neuen Welle historisierender Kinofilme. Aber auch Architektur und Städtebau befanden sich im Wandel: Die »seelenlose« Klötzchenstadt hatte ausgedient, Altstadtsanierungen kamen auf. Daß mittelalterliche Stadtkerne wieder liebe-voll hergerichtet wurden, war gewiß ein Segen. Doch drückte sich darin eben auch die grassierende Zivilisationsskepsis aus.

Mit Büchern zu historischen Themen ließ sich seit dem Ende der 70er Jahre viel Geld verdienen. Ein regelrechter Geschichtsboom war in der Bundesrepublik ausge-brochen. Die Popularhistorie wurde mit einem Male bestsellerfähig, einen besonders guten Absatz fanden historische Biographien. Auch die großen, seriösen Verlagshäu-ser reagierten auf diese Konjunktur. Das Mittelalter und die großen europäischen Herrscherdynastien waren en vogue: Die Staufer-Ausstellung in Baden-Württemberg 1977, die Wittelsbacher-Ausstellung in Bayern 1980 und die Preußen-Ausstellung in West-Berlin 1981 waren nur die Spitze eines Eisberges und brachen alle bisherigen Be-sucherrekorde. In anderen westlichen Staaten war dies nicht viel anders, und doch trat in Deutschland eine entscheidende Dimension hinzu: Die Politisierung der Erinne-rung. Denn jeder Blick in die Geschichte, jede Frage nach dem geschichtlichen und kulturellen Herkommen war zugleich eine Frage nicht nur nach dem Gegenwarts-zustand, sondern ebenso nach der Zukunft der Deutschen – und zwar aller Deutschen im geteilten Land.

Zahlreiche Gedenkanlässe öffneten die Schleusen der Erinnerung. Es begann mit dem Preußenjahr 1981, die 150. Wiederkehr des Hambacher Festes folgte 1982, dann kam der 50. Jahrestag von Hitlers Machtübernahme am 30. Januar 1933. Trotzdem stand das Jahr 1983 ganz im Zeichen des 500. Geburtstages von Martin Luther. Grün-dungsjubiläen der Bundesrepublik und der DDR ergänzten den Reigen im folgenden Jahr, dann, 1987 stand die Feier des 750. Jahrestages der Gründung Berlins auf dem Programm. Eine Welle von historischen Ausstellungen begleitete diese Ära der Ge-denkfeiern, ferner wuchs die Zahl historischer Museen beträchtlich. Die Preußen-Re-naissance, die Ost und West gleichermaßen erfaßte, war dabei besonders bemerkens-wert. Zwischen der DDR und der Bundesrepublik entwickelte sich ein regelrechter Wettstreit über die Frage, wer besser in Preußens Kleider passe. In der Bundesrepublik wurde dieser deutsch-deutsche Streit noch begleitet von einer innerbundesrepublika-nischen Auseinandersetzung. Konservativen galt der Rekurs auf Preußen als eine längst überfällige gesamtdeutsche Demonstration, sie hoben deshalb die national-staatliche Mission, Preußens »Aufgabe für Deutschland«, hervor und forderten für die Bundesrepublik verstärkt preußische Tugenden ein. Zudem entdeckten sie Preußen als Kronzeugen für eine autoritärere Ordnung und brachten es gegen die vorherr-schende »westlich-libertäre« Gesellschaftsverfassung in Stellung. Linksliberalen be-deutete der preußische Obrigkeitsstaat, den die Konservativen in ihren Augen in ein »Goldrähmchen« einfaßten, ein Negativbild, vor dem ein weiterer Ausbau der frei-heitlichen Grundordnung eingefordert wurde. Aber als deutscher Teilstaat unter einem kulturnationalen Dach konnte Preußen auf dieser Seite des politischen Spektrums durchaus einen eigenen Charme entfalten.[19]

Von zentraler Bedeutung hierbei war: Die Geschichte umfaßte plötzlich das gesamte Deutschland, ließ sich nicht nach Ost und West sortieren, und die Deutschen stießen diesseits und jenseits des Eisernen Vorhangs auf gemeinsame Werte und Erfahrungen. Ungefähr gleichzeitig hatte in beiden deutschen Staaten eine stärkere Besinnung auf die deutsche Geschichte als *eigene* Geschichte eingesetzt. Nachträglich nimmt sich diese List der Geschichte aus wie eine Vorbereitung auf die Einheit der Nation. Dabei erlebte auch die Bundesrepublik Überraschungen. Hier waren die Emotionen angesichts der Museumspläne der von Helmut Kohl geführten Bundesregierung hochgekocht. In Bonn sollte ein »Haus der Geschichte der Bundesrepublik Deutschland« und in Berlin das »Deutsche Historische Museum« errichtet werden. Kritiker wie der Historiker Hans Mommsen witterten hinter beiden Projekten einen neokonservativen Geschichtsrevisionismus und mutmaßten, es solle ein staatszentriertes Geschichtsbewußtsein wiederbelebt werden, wie es dem Borussianismus des 19. Jahrhunderts zu eigen gewesen war. Bemerkungen wie diese stachelten die Gegenseite zu ebenso harten Verdikten auf: Die Kampagne gegen die Museen sei ein diffamierender Schauprozeß, hieß es von dort. Rückblickend, so urteilt der amerikanische Historiker Charles S. Maier, erscheine die Museumskontroverse als eine Ersatzdebatte der Intellektuellen der Bonner Republik. »Vor der Wiedervereinigung war das Museum Allegorie einer nicht mehr vorhandenen Nation. Mit den wohl für alle unerwartet schnell eingetretenen Entwicklungen seit 1989 indes ist das ›Vaterland‹ wieder zurück in die deutsche Gegenwart gekommen.«[20]

Der seit Mitte der 70er Jahre aufkommende geschichtspolitische Konflikt ist deshalb so bedeutsam, weil es sich um ein Vorbeben der nachfolgenden großen Debatten in den 80er Jahren bis hin zum »Historikerstreit« 1986/87 handelte.[21] Kritiker der Identitätsdebatte warnten von Beginn an eindringlich vor einer Relativierung der Epoche des Nationalsozialismus, welche immer unterschwellig mitschwang. Denn alle diesbezüglichen Konzeptionen fußten ja auf der Grundannahme, daß eine neue Identitätsbildung nur dann gelingen konnte, wenn die »Verkrampfung« gegenüber der deutschen (nationalsozialistischen) Geschichte gelöst würde. Insofern steckte in dem konservativen Gebrauch des Begriffes »Identität« auch eine Anklage: In dieser Sicht war die »linke« Vergangenheitsbewältigung das Grundübel, denn diese sei von ihrer ganzen Art her subversiv, weil sie eine »endgültige« Aufarbeitung der Vergangenheit verhindere und eine Identität, die auf einem positiven Geschichtsbild basieren müsse, unmöglich mache. Linksliberalen Intellektuellen, Politikern und »Sonderwegs«-Historikern wurde eine Art Fremdsteuerung unterstellt. Sie huldigten in blauäugiger Art und Weise der DDR-»Antifa-Mythologie«. Mit der Vergangenheitsbewältigung als bundesrepublikanischer »Dauerbüßeraufgabe« zielten sie darauf ab, das deutsche Selbstwertgefühl für ewig zu traumatisieren. Deutsche Geschichte müsse »entkriminalisiert« werden, um Raum für einen neuen Patriotismus zu schaffen.

Aber beim tatsächlich vorhandenen Wissen um die zwölf Jahre Nationalsozialismus lag in breiten Bevölkerungsschichten noch vieles im argen. Ein Medienereignis erschütterte die Westdeutschen wie nie zuvor: Im Januar 1979 strahlte die ARD die amerikanische TV-Serie *Holocaust* aus. Viele professionelle Historiker konnten darin nur eine rührselige, verfälschende, wenn nicht gar fatale Dramatisierung der Verfolgung und Ermordung der Juden sehen. Sie werteten die Serie als typische Seifenoper, die alle Finessen von Hollywoods Illusionsindustrie beinhalte. Aber die Sehbeteiligung war sensationell. Für Millionen von Zuschauern war die TV-Serie *Holocaust*, die das Schicksal einer jüdischen Familie und die NS-Karriere eines Obersturmbannführers in den Mittelpunkt rückte, die fesselnde, anrührende und wohl auch wahrhaftige Darstellung der nationalsozialistischen Greueltaten, die sie gründlicher aufwühlte als alles, was sie zuvor gesehen oder gelesen hatten. Daher ging von ihr eine aufklärerische Wirkung aus. Die Demoskopie ermittelte als direkte Wirkung bei den Zuschauern, daß 65 % von ihnen erschüttert gewesen seien, 45 % Scham empfunden und 81 % nach der Sendung diskutiert hätten.[22] Die professionelle Geschichtswissenschaft mußte sich fragen lassen, ob sie angesichts einer solchen Publikumswirkung nicht jahrelang an den Bedürfnissen der Öffentlichkeit vorbeigearbeitet hatte, jedenfalls schien sie zur Popularisierung von Geschichtsbildern wenig beigetragen zu haben.

Die NS-Vergangenheit brach von unterschiedlichen Seiten herein: Im August 1978 mußte der baden-württembergische Ministerpräsident Hans Filbinger (CDU) zurücktreten; es war bekanntgeworden, daß er noch am Ende des Krieges als Marinerichter Todesurteile gefällt hatte, was er lange Zeit leugnete. Im April 1979 wurden nach vier Jahren Verhandlung im Düsseldorfer Majdanek-Prozeß die Urteile gesprochen. Im Juli 1979 hob der Deutsche Bundestag die Verjährungsfrist für Mord auf, damit die Justiz nationalsozialistische Gewaltverbrechen auch weiterhin verfolgen konnte. Die NS-Vergangenheit wurde seit dieser Zeit mehr und mehr zu einer Sache der wissenschaftlichen Experten und hat sich unter ihrem hochspezialisierten Zugriff immer stärker in eine Reihe von Detail- und Spezialfragen aufgelöst. Zugleich beherrschten seit der Wende von 1982/83 zahlreiche geschichtspolitische Kontroversen und Konflikte um Gedenktage, Gedenkreden und Museen die Öffentlichkeit.

Helmut Kohls Regierungsjahre begleitete ein ständiger Streit über die Rolle und die Funktion der Vergangenheitsbewältigung. Die Konflikte wurden stärker als je zuvor zu einem Kampf um die kulturelle Hegemonie in der Bundesrepublik. Angesichts der generationsbedingten Veränderungen barg das Thema NS-Vergangenheit eine hohe Brisanz in sich. Die Angehörigen der »zweiten Generation« hatten ihre Mütter und Väter um 1968 herum mit ihrer Vergangenheit konfrontiert. Mit der »dritten Generation« verschob sich das Problem, denn für sie stellt sich ein besonderer bzw. persönlicher Bezug zur NS-Vergangenheit nur als gleichsam nationale Verstrickung her: Sie haben mit dem Nationalsozialismus nur deswegen in besonderer Weise zu tun, weil sie Deutsche sind. Die Fragen lagen also in der Luft: Sollte die gesamte deutsche Geschichte allein von den Jahren 1933 bis 1945 her in den Blick genommen werden? Wie sollte das historisch-politische Selbstverständnis der Bundesrepublik Deutschland nach immerhin 40 Jahren erfolgreicher Demokratie aussehen?

Obwohl sich am »Historikerstreit« von 1986/87,[23] der alle Kontroversen der vergangenen Jahre bündelte und ihnen zu einem explosionsartigen Ausbruch verhalf, zahlreiche Historiker beteiligten, handelt es sich zum geringsten Teil um eine fachwissenschaftliche Auseinandersetzung und zum größten Teil um Geschichtspolitik. Die spekulative These des Historikers Ernst Nolte, der den Holocaust der Nationalsozialisten – den »Rassenmord« – als eine aus der Angst geborene Reaktion auf eine vorangegangene »asiatische Tat« der Bolschewisten – den »Klassenmord« – relativierte, bildete nur den Anlaß des Streits. Denn alles drehte sich im Kern darum, dem jeweiligen Geschichtsbild verbindliche Geltung zu verschaffen. Seit den ausgehenden 60er Jahren gab es einen negativen Kern des bundesdeutschen Selbstverständnisses: die Schuldanerkennung an der Ermordung der europäischen Juden im Nationalsozialismus. Gäbe es Auschwitz nicht bzw. könnte man es im Hinblick auf vergleichbare Perioden anderer Nationen relativieren, dann wäre das nationalsozialistische Regime nur noch eines unter vielen anderen verbrecherischen Regimes in der jüngsten Vergangenheit.

Die konservative Seite fuhr im »Historikerstreit« schweres Geschütz gegen die ihrer Ansicht nach vorherrschende »Vergangenheitsbewältigungs-Identität« der linksliberalen Seite auf. In dieser erkannten Konservative eine nur schwer zu übersteigende Barriere für ein positives Nationalbewußtsein. Der ständige Verweis auf das Dritte Reich und auf die weltgeschichtliche Singularität des Holocaust führe zu einer mangelnden Zukunftsfähigkeit der Deutschen. Dem konnte in ihren Augen nur durch eine »Normale-Nation-Identität« begegnet werden. Das bedeutete nach innen, daß die »selbstquälerische Schuldbesessenheit«, die zu einer »verletzten Nation« geführt habe,[24] endlich überwunden werden mußte. An ihre Stelle hatte ein zustimmungsfähiges Geschichtsbild zu treten, das die guten Seiten der deutschen Geschichte herausstellte und die eigene Nationalgeschichte nicht beständig als Unheilsgeschichte überlieferte. Nach außen bedeutete dies, daß die Bundesrepublik im Rahmen der westlichen Staatengemeinschaft größeres Gewicht erlangen müsse. Nach 40jähriger Erfolgsgeschichte sollte sie gleichsam retrospektiv zu einem Mitglied der Westalliierten gemacht werden.

Den Linksliberalen erschien dieses Ansinnen, so stellvertretend Jürgen Habermas, als »deutsch-national eingefärbte Natophilosophie«. Wollten die Konservativen den Bundesbürgern die »Schamröte« über Auschwitz austreiben und somit »die einzig verläßliche Basis unserer Bindung an den Westen« zerstören?[25] Konstitutiv für den bundesdeutschen Rechtsstaat und dessen geistige Westbindung war bisher der Erinnerungsimperativ an den Nationalsozialismus gewesen, und, an ihm zu rütteln, schien der gemäßigten bundesdeutschen Linken ein verhängnisvolles Ansinnen zu sein. Die kritische Auseinandersetzung mit dem Dritten Reich und seinen Verbrechen gehörte zum Fundament der Bundesrepublik – vor und nach dem »Historikerstreit«. Aus der Aufarbeitung der NS-Verbrechen und der deutschen Schmach entstanden Ansehen und Lauterkeit der Bundesbürger. Die Last der deutschen Geschichte wurde nicht aus der Erinnerungskultur entfernt: Der Erinnerungsimperativ bildete auch nach dem »Historikerstreit« weiterhin, ja stärker als jemals zuvor, das Zentrum westdeutschen Selbstverständnisses.

Neue soziale Bewegungen

»Ausgerechnet die Bundesrepublik Deutschland, deren politische Kultur noch vor gut zwei Jahrzehnten als konfliktscheu und partizipationsfeindlich beschrieben werden konnte, hat sich zu einem Nährboden für bürgerschaftliche Beteiligungsformen und massenwirksame Protestbewegungen entwickelt. In dichter Folge überlagerten sich diverse Mobilisierungswellen und oppositionelle Strömungen« – mit diesen Worten des Erstaunens beginnt ein wichtiges Buch über die »neuen sozialen Bewegungen«.[26] Was ist »neu«, was ist »sozial« und was ist »Bewegung«?

Soziale Bewegungen, so lautet eine knappe Definition, beruhen auf kollektiven Akteuren, die in den Prozeß des sozialen Wandels eingreifen; Mobilisierung ist ein Kennzeichen von »Bewegung«; eine gewisse Kontinuität gehört dazu, doch insgesamt bleiben die Organisations- und Aktionsformen eher variabel. Im Vergleich zur »alten« sozialen Bewegung, vor allem der Arbeiterbewegung des 19. Jahrhunderts, sind die »neuen« sozialen Bewegungen Erscheinungen der »nachindustriellen Gesellschaft« oder der »Informationsgesellschaft«. Im Brennpunkt steht also nicht mehr die alte »soziale Frage«, stehen nicht mehr Kämpfe um Produktion, Eigentum und Verteilung. Neue soziale Bewegungen befassen sich mit den negativen Folgen des industriellen Wachstums; nicht vorrangig materielle Interessen stehen im Zentrum, sondern das Engagement für eine umwelt- und sozialverträgliche Lebensweise. »Lebensqualität« lautete (und lautet) daher der Schlüsselbegriff.

Die Ursprünge der neuen sozialen Bewegungen liegen im Wandel des Lebensgefühls und der Lebensorientierung, der viele westliche Gesellschaften in den frühen

70er Jahren erfaßt hatte.[27] Ihr Aufkommen zeigte, daß die Sozialkultur in Bewegung geraten und daß die Gesellschaft hochgradig politisiert war. Als Träger der neuen sozialen Bewegungen traten besonders die jüngeren, in den 60er und 70er Jahren politisch sozialisierten, höher gebildeten Teile der neuen Mittelschichten hervor. Bürgerinnen und Bürger mischten sich aktiv in die Belange des Gemeinwesens ein – bürgergesellschaftliches Engagement wird diese Form der Partizipation heute genannt. Die Stichworte lauten: durchgreifende Pluralisierung, Emanzipation, Selbstentfaltung. Mit »Entnormativierung« allerdings sind die neuen sozialen Bewegungen seit den 70er Jahren nicht treffend beschrieben, jedenfalls nicht in ihrer Gesamtheit. Denn daß andere Wertigkeiten entdeckt wurden, die damals noch wenig, heute indessen stark im Bewußtsein verankert sind, hat mit einer Abkehr von Normen nichts zu tun.

Das bedeutendste Thema dieser Zeit war: Umwelt. Das Verhältnis von Mensch und Natur war im ureigensten Sinne ein Überlebensthema. Hiervon, dem Gefühl im Schatten einer drohenden Katastrophe zu leben und sie in letzter Minute abwenden zu können, wenn nur viele mitmachten, gingen die wichtigsten Mobilisierungsimpulse aus. Der dramatische Wandel, den die Industriegesellschaften durchlaufen hatten, konnte auch modernisierungsskeptische und bisweilen auch -feindliche Auswirkungen zeitigen. Zugespitzt ausgedrückt: Es war oftmals ein »Protest der Industriegesellschaft gegen sich selbst«.[28] Allerdings überstiegen die wirklichen Schäden auch Befürchtungen der Pessimisten. Im März 1978 etwa havarierte der Tanker »Amoco Cadiz« vor der Küste Frankreichs – es war die bis dahin schlimmste Umweltkatastrophe. Man müsse endlich handeln, anders leben, das Steuer herumwerfen. »Ein Planet wird geplündert. Die Schreckensbilanz unserer Politik«, so prangerte Herbert Gruhl, bis 1978 Abgeordneter der CDU im Deutschen Bundestag, dann konservativer Öko-Streiter, im Jahr 1975 an.[29] »Ende oder Wende« – auf diese Alternative brachte es Erhard Eppler (SPD), der ehemalige Bundesminister für wirtschaftliche Zusammenarbeit und innerparteiliche Widersacher Helmut Schmidts;[30] nach seinem Rücktritt 1974 engagierte sich Eppler energisch in der Ökologie- und Antikernkraftbewegung. Ein politisches Bonmot, gemünzt auf die damalige Regierungspartei, lautete: »Mit Schmidt und Eppler für und gegen Kernenergie«.[31] Tatsächlich waren die Sozialdemokraten in dieser Frage gespalten.

Für oder gegen Kernenergie – diese Alternative ließ die politischen Wogen hochschlagen. Tausende badische und elsässische Bürgerinnen und Bürger aus allen Schichten der Bevölkerung gingen 1975 auf die Straße. Die Buttons und Aufkleber mit der »Atomkraft? Nein Danke«-Sonne waren überall zu sehen. Die Demonstranten wollten verhindern, daß in der kleinen Gemeinde Wyhl am idyllischen Kaiserstuhl in der Südwestecke der Bundesrepublik ein Kernkraftwerk gebaut wurde. Winzer sahen das Weinklima am Kaiserstuhl durch die Nebelschwaden aus den Kühltürmen in Gefahr. Binnen vier Wochen meldeten acht Gemeinden, 50 Vereinigungen und 90 000 Bürger Einspruch beim Verwaltungsgericht an. Im Februar 1975 setzten sich 30 000 Menschen in Richtung Bauplatz in Marsch. Für eineinhalb Jahre besetzten die Atomkraftgegner das Gelände. Der Reaktor wurde nie errichtet.

In Wyhl war es noch friedlich zugegangen – aber im kleinen Dorf Brokdorf an der Unterelbe südwestlich von Itzehoe eskalierte Anfang 1981 die Lage. Mehr als 100 000 Menschen protestierten auf dem Bauplatz gegen den Bau eines Atomkraftwerkes. Militante Atomkraftgegner lieferten sich Schlachten mit der Polizei, die Zustände erinnerten an einen Bürgerkrieg. Die Polizei setzte Gummiknüppel, Schlagstöcke, chemische Keulen und Wasserwerfer ein. Von tief fliegenden Hubschraubern aus wurden sogar Tränengasgranaten abgeworfen. Gewalttätige Demonstranten gingen mit Knüppeln und Spaten auf die Polizisten los. Das Gebiet konnte schließlich geräumt werden, und das Gelände, auf dem das Kernkraftwerk entstand und 1986 seinen Betrieb aufnahm, glich seither einer Festung.[32]

Die Baustellen des *Atomstaates*, so der Titel eines damaligen Bestsellers aus der Feder des Zukunftsforschers Robert Jungk,[33] bildeten die Brennpunkte des immer häufiger auch gewalttätigen Protests. Das war in Wackersdorf und Kalkar so, und das war

Abb. 56: *Nirgendwo sonst auf der Welt war die Anti-Atomkraftbewegung so stark und gleichzeitig so gewalttätig wie in der Bundesrepublik. Besonders in Brokdorf eskalierte im Juni 1986 der Protest. Effektvoll vom Fotografen eingefangen, werfen hier vermummte Demonstranten Steine auf Wasserwerfer der Polizei hinter dem Sicherheitszaun des Kraftwerkes.*

und blieb so in Gorleben. Ende März 1979 hatten sich in der Innenstadt von Hannover rund 100000 Menschen versammelt, um gegen die geplante Atommülldeponie und die Wiederaufbereitungsanlage in Gorleben zu demonstrieren. Tausende Bauern und Bürger des Landkreises Lüchow-Dannenberg protestierten gegen die Planungsabsichten, dennoch wurden die Arbeiten für die »Endlagerstätte« fortgeführt. Der Kampf für und wider die Kernkraft wurde (und wird) wie eine Art Glaubenskrieg geführt, so stark wie in Deutschland im übrigen nirgendwo sonst auf der Welt. Der Zwischenfall im amerikanischen Kernkraftwerk Harrisburg 1979 wurde als Menetekel wahrgenommen. Auf keinem anderen Gebiet stechen die Chancen und die Gefahren der menschlichen Naturunterwerfung so ins Auge wie bei der Kernkraft: Eine praktisch unversiegbare Energiequelle – solange man Naturgewalt und Technik im Griff hat; ein unermeßliches Zerstörungspotential – wenn die Kontrolle verlorengeht; schließlich auch ein gefahrvolles Erbe für viele hundert künftige Generationen aufgrund der äußerst langen Halbwertszeit des radioaktiven Atommülls.

Die Reaktorkatastrophe im ukrainischen Tschernobyl in der Nacht zum 26. April 1986,[34] deren Folgen lange verharmlost wurden – heute sprechen einige Untersuchungen von bis zu 70000 Opfern –, heizte die Debatte um die Atomenergie wieder kräftig an. Erschreckend, wie unbeholfen die Behörden überall, auch in der Bundesrepublik, auf die radioaktive Wolke, die der Wind nach Westen trieb, und die drohende Strahlenbelastung reagierten. Landwirte wurden angehalten, ihr Milchvieh von der Weide zu nehmen, Kindern sollte keine Frischmilch zum Trinken gegeben und Salat sollte nicht gegessen werden, die Menschen wurden aufgefordert, die Fenster und Türen ihrer Wohnungen zu schließen. Im Rahmen einer Kabinettsumbildung Anfang Juni 1986 schuf die Bundesregierung als 17. Ministerium das Bundesministerium für Umwelt, Naturschutz und Reaktorsicherheit; der Deutsche Bundestag setzte zudem einen Umweltausschuß ein und verabschiedete schließlich am Ende des Jahres ein Strahlenschutzgesetz, durch das die Bevölkerung bei Reaktorunfällen besser geschützt werden sollte.

Manche Politiker, die bisher den Widerspruch zwischen Ökonomie und Ökologie betonten, gerieten ins Zweifeln, bezeichneten die Kernenergie nur noch als »Übergangsenergie«. SPD-Fraktionschef Hans-Jochen Vogel kündigte ein Konzept seiner Partei zum Ausstieg aus der Atomenergie an, und der SPD-Parteitag, der im Sommer in Nürnberg stattfand, sprach sich für einen Ausstieg in mehreren Schritten aus. Das bedeutete nichts weniger als das Ende des »Energiekonsenses« der beiden großen Volksparteien, womit einem weiteren Ausbau der Kernenergie in der Bundesrepublik der Boden entzogen wurde. Der »Einstieg in den Ausstieg« der Kernenergie begann. 1974 waren in der Bundesrepublik elf Kernkraftwerke in Betrieb, genauso viele im Bau und sechs weitere in Auftrag gegeben. Im Jahr 1988 waren 23 in Betrieb und nur noch zwei im Bau, kein weiteres befand sich in Planung. Etwa ein Drittel des gesamten Energieverbrauchs lieferten diese Kernkraftwerke, vorgesehen war einmal mindestens die Hälfte. Immense Kostensteigerungen und regelmäßige Betriebsprobleme mit der Folge einer oft geringen Arbeitsauslastung verhinderten, daß diese Quote erreicht wurde.

Der Protest der Bürgerinitiativen richtete sich nicht nur gegen die Atomenergie, sondern ganz allgemein gegen großtechnische Projekte, die als Bedrohung und Zerstörung der Natur empfunden wurden, gegen den Ausbau von Straßen, Wasserwegen und Flughäfen. Der Streit gegen die »Startbahn West« des Frankfurter Flughafens beschäftigte die Republik über Jahre hinweg. Seit den 50er Jahren stieg Frankfurt zum internationalen Luftdrehkreuz auf, die Kapazitäten waren bald erschöpft. Bereits 1965 stellte die Flughafengesellschaft an den hessischen Minister für Wissenschaft und Verkehr einen Antrag, den Flughafen auszubauen. 400 Hektar Wald sollten abgeholzt werden, hiervon waren auch Naherholungsgebiete betroffen. Protest regte sich, nicht zuletzt gegen den drohenden gesundheitsschädlichen Lärm. Gerichte wurden eingeschaltet. Anfang Oktober 1980 begannen die Bauarbeiten für die Startbahn. Eine hohe Betonmauer, Gräben und Polizeieinsätze hielten die bis zu 10 000 Demonstranten ab. Dennoch errichteten einige von ihnen im Flörsheimer Wald ein Hüttendorf, in dem sie lebten und in das nach Feierabend oder am Wochenende Menschen aus allen Teilen der Bevölkerung kamen. Als das Hüttendorf im November 1981 von der Polizei geräumt wurde, bestand es aus etwa 60 Hütten. Annähernd 45 000 Menschen gingen gegen die Räumung auf die Straße, 220 000 Unterschriften gegen die Startbahn wurden bis November 1981 gesammelt, aber ein Volksbegehren lehnte die Landesregierung ab. Bei der Flughafenblockade im selben Monat kam es erneut zu schweren Ausschreitungen, über 100 Polizisten und 200 Demonstranten wurden verletzt. Erst im April 1984 konnte die Startbahn West ohne offizielle Feierlichkeiten in Betrieb genommen werden.[35]

Nur kleine Gruppen innerhalb der Bewegungen waren gewaltbereit; diese aber um fast jeden Preis. Die weit überwiegende Mehrheit der beteiligten Menschen lehnte Gewalt ab. Schätzungen aus dem Jahr 1979 zufolge waren damals 1,8 Mio. Bürger in den neuen sozialen Bewegungen tätig, so viele, wie sämtliche Parteien der Bundesrepublik an Mitgliedern zählten. Auffallend war die Beständigkeit: Nicht allein die sozialliberale Aufbruchstimmung, sondern auch die konservativ-liberale »Wende« seit 1982 haben die Protestbewegungen eher gestärkt als geschwächt. Die Bewegungen traten an die Seite der klassischen Repräsentationsdemokratie, sie ersetzten sie nicht, ergänzten sie vielmehr. Seither gilt: »Institutionelle Politik und Bewegungssektor bestehen nebeneinander; die Protestbewegungen sind zu einem festen Bestandteil des politischen und soziokulturellen Kräftefeldes in der Bundesrepublik Deutschland geworden.«[36] Bürgerinitiativen wirkten lebenspraktisch und bürgernah vor Ort; sie sind heute nicht mehr aus der Gesellschaft wegzudenken. Sie widmeten sich konkreten Fragen wie Ortsumgehungen oder Mülldeponien, konnten aber auch umfassendere Ziele – technische Risiken und soziale Deformationen in der Gesellschaft – ins Visier nehmen. Sie wandten sich allgemeinen Umweltthemen zu, dem Waldsterben, das die Deutschen mehr beunruhigte als irgendeine andere Nation,[37] dem »sauren Regen« und dem Ozonloch etwa. Großen Zulauf und hohe allgemeine Sympathiewerte verzeichneten internationale Organisationen wie Greenpeace, dessen deutscher Ableger 1981 gegründet wurde, oder Robin Wood, in Deutschland 1982 ins Leben gerufen, die mit spektakulären Aktionen auf die fortschreitende Umweltzerstörung aufmerksam machten und das Bewußtsein der Bevölkerung für ökologische Probleme schärften.

Die neuen sozialen Bewegungen – die weit über die Anti-Atomkraft- und Ökologiebewegung hinausreichten – waren überaus vielgestaltig und ihre Ansprüche auf Mitgestaltung dementsprechend groß: Bürgerrechtsgruppen, Dritte-Welt-Gruppen, Alten- und Selbsthilfegruppen – etwa die »Grauen Panther« –, Wissenschafts- und Gesundheitsläden, Aktionsnetze gegen Chemie in der Landwirtschaft sowie Selbsthilfegruppen im Sozialbereich gehörten ebenso dazu wie die Schwulen- und Lesbenbewegung, die Hausbesetzerbewegung (überhaupt die alternative Szene, Kleinstgrüppchen und Desperados eingeschlossen), vor allem jedoch die neue Frauenbewegung und die Friedensbewegung; letztere ist bereits an anderer Stelle betrachtet worden. Aus der Formenvielfalt ergab sich eine innere Dynamik, die freilich auch an den Widersprüchen der so unterschiedlichen Bestandteile der neuen sozialen Bewegungen zerbrechen konnte. Nicht alles an den neuen Protestformen war demokratisch, manche ergötzten sich an anarchischem Verhalten oder der Lust an Randalen und traten den Rechtsstaat mit Füßen. Doch insgesamt genommen: Die Aktivitäten der neuen sozialen Bewegungen haben in der Bundesrepublik zu einem bemerkenswerten Wandel der politischen Kultur geführt, sie haben die »Toleranzräume gegenüber ›unkonventionellem politischen Verhalten‹« erweitert.[38] Insbesondere die vielen Bürgerinitiativen und ihre breite Anerkennung bei der Gesamtbevölkerung liefern auch Hinweise darauf, daß die Deutschen zu erwachsenen Demokraten geworden sind; sie sind ein Ausweis der »lernenden Demokratie« in der Bundesrepublik.

Die 70er Jahre waren darüber hinaus die entscheidende Dekade der weiblichen Emanzipation in der Bundesrepublik. Die neue Frauenbewegung entwickelte sich unmittelbar aus der Studentenbewegung heraus, deren männliche Aktivisten sich mit Blick auf eine feministische Emanzipation geradezu robust-gleichgültig zeigten. Erste Gruppierungen wie der Frankfurter »Weiberrat« oder der Berliner »Aktionsrat zur Befreiung der Frau« entstanden aus dieser Ignoranz heraus. Die »alte« Frauenbewegung war in der zweiten Hälfte des 19. Jahrhunderts entstanden, ihr Ziel hieß: Gleichberechtigung in der bürgerlichen Gesellschaft. Die »neue« Frauenbewegung konnte bis 1990 von einer Grundlage des Erreichten ausgehen: Die Erwerbstätigkeit von Frauen hatte stark zugenommen, und Frauen waren niemals zuvor so gut ausgebildet wie jetzt – aber die berufliche Gleichstellung war noch längst nicht erreicht. Außerdem gab es jetzt zwar nicht mehr – wie noch im 19. Jahrhundert – die Großfamilie, sondern die Kleinfamilie, aber wie Familie und Beruf zu vereinbaren sind, stellte noch immer ein gesellschaftliches Problem dar, das auf dem Rücken von Frauen ausgetragen wird. Mehr als jemals zuvor lebten in den 80er Jahren jüngere Menschen als »Singles«. Es liegt auf der Hand, daß sich durch solche Veränderungen auch traditionelle Geschlechterrollen abschliffen. So war die neue Frauenbewegung Teil einer gesamtgesellschaftlichen Entwicklung hin zu mehr Individualisierung.[39]

Die gesellschaftliche Öffnung erfolgte in der Kampagne gegen den § 218, doch wurde das Themenspektrum rasch erweitert: Gewalt gegen Frauen, auch in der Ehe, ein Tabubereich sondergleichen; weiterhin gravierende Benachteiligungen in der Arbeitswelt; Kritik an der sexistischen Sprache in der Gesellschaft. Ein informelles organisatorisches Netzwerk in Form von Frauenzentren, Frauentreffen und Frauensommeruniversitäten (ab 1976 in Berlin) wurde aufgebaut. Hinzu kamen Frauenverlage und Frauenbuchläden; im Januar 1976 öffnete das erste Frauenhaus in Berlin. Seit dem letzten Drittel der 70er Jahre festigte sich eine feministische (Gegen-)Kultur mit den Zeitschriften *Courage*, vor allem aber *Emma*, die bis heute von Alice Schwarzer, der Ikone der deutschen Frauenbewegung, herausgegeben wird; bewundert und verehrt von den einen, angefeindet und gehaßt von den (meist männlichen) anderen.[40] Eng verwoben ist die neue Frauenbewegung mit der Sozial- und Kulturwissenschaft, sichtbar an der Rezeption amerikanischer feministischer Wissenschaftsansätze sowie deren Weiterentwicklung zu den »Gender studies«.

Seit den frühen 80er Jahren ließ sich eine stetige Erhöhung des Frauenanteils in wichtigen politischen Positionen erkennen. Am stärksten sollten die Veränderungen in jenen politischen Parteien werden, die seit den 80er Jahren spezielle Frauenquoten einführten. Die Rate der weiblichen Mitglieder des Bundestages stieg von nur 6,8 % im Gründungsjahr der Bundesrepublik 1949 auf 30,9 % 50 Jahre später. Allerdings wurde die Zehn-Prozent-Marke erst bei der Bundestagswahl von 1987 überschritten.[41] So verwundert es nicht, daß die GRÜNEN-Abgeordnete Waltraud Schoppe mit ihrer ersten Rede im Bundestag am 5. Mai 1983 einen Skandal auslöste, weil sie mit den Gedanken aus der Frauenbewegung – der Forderung nach Selbstbestimmung, vorgetragen mit der feministischen Strategie, die normgebenden Instanzen herauszufordern – in die Männerwelt des Parlaments einbrach. Sie verlangte die Abschaffung des § 218, die Bestrafung bei Vergewaltigung in der Ehe und erklärte. »Wir fordern Sie alle auf, den täglichen Sexismus hier im Parlament einzustellen.«[42] Solche Begrifflichkeiten gehörten damals noch nicht zum gängigen Wortschatz.

Eine Ahnung davon, daß alle Strömungen der neuen sozialen Bewegungen Teile eines größeren Ganzen sein könnten, kam erst gegen Ende der 70er Jahre auf. Auch daraus entstand ein Impuls zur Gründung der neuen Partei, die zunächst keine sein wollte: die GRÜNEN. Sie gründeten sich am 13. Januar 1980 in Karlsruhe und bekannten sich zu vier Prinzipien: ökologisch, sozial, gewaltfrei und basisdemokratisch. Eine langfristig erfolgreiche Partei-Neugründung bedeutete ein Novum in der Geschichte der Bundesrepublik, und so kann es nicht überraschen, daß die GRÜNEN mittlerweile die von der Forschung am besten untersuchte Partei sind.[43] Kein anderes Land kennt vergleichbare Erfolge einer grünen Partei wie Deutschland, obwohl die Umweltprobleme vergleichbar waren. Worin liegen die Gründe für diese Entwicklung? Sind die Deutschen sensibler? Oder hysterischer? Warum entstanden die GRÜNEN überhaupt? Verschiedene Erklärungen werden herangezogen: Daß sie aus der Enttäuschung gegenüber den etablierten Parteien hervorgegangen sind, liegt nahe, manche sehen in den GRÜNEN sogar eine Art Abspaltung von reformwilligen Teilen der SPD. Soziokulturelle Deutungen betonen eher den Wandel hin zu postmateriellen Werten, der sich in der neuen Partei artikulierte. Und soziostrukturelle Ansätze erklären die Entstehung der GRÜNEN mit den neuen Konfliktlinien, die sich durch die Gesellschaft zogen. Vermutlich läßt sich das Phänomen nur hinreichend erklären, wenn man alle Fäden zusammenführt. Es fanden sich bei den Ursprüngen der GRÜNEN neben lokalen Repräsentanten der Bürgerinitiativen, von denen häufig die Initialzündungen ausgingen, Alternative Listen, viele Anhängerinnen der neuen Frauenbewegung und zeitweilig auch kommunistische Grüppchen sowie Wert-Konservative wie der ehemalige CDU-Politiker Herbert Gruhl.

Die neue Partei zeichnete sich durch überdurchschnittlich junge und überdurchschnittlich gebildete Wähler aus: 70% der Gesamtwähler waren jünger als 34 Jahre, und 50% aller Wähler hatten das Abitur. Bis heute gibt es erkennbare Charakteristika der GRÜNEN, die sie von den anderen Parteien unterscheiden: So fällt der mit fast 40% vergleichsweise hohe Anteil von Frauen an der Mitgliedschaft auf, und die meisten Mitglieder kommen aus dem gut verdienenden Mittelstand. Die hohe Affinität zu postmaterialistischen Werten entspringt mithin auch aus dem Umstand, daß man sich diese nicht nur »leisten« will, sondern auch kann.

In den Parlamenten wirbelten die GRÜNEN vieles auf: mit ungewöhnlichen, aber nicht immer erfolgreichen Ideen, wie dem Rotationsprinzip, wonach jeder Abgeordnete nach zwei Jahren wieder an die Basis der Partei zurückkehren sollte; mit neuen Impulsen wie einer Fraktionsspitze, die zeitweise nur aus Frauen bestand; mit Gags und Attraktionen, etwa einem Blumentöpfchen auf den Fraktionstischen oder dem Fahrrad statt dem Dienstwagen. Schon äußerlich fielen sie anfangs aus dem Rahmen; sie trugen Turnschuhe und selbstgestrickte Pullover im Parlament. Doch hinter der

Abb. 57: *Nur mühsam konnte sich der Landeschef beherrschen. In sichtlich ablehnender Haltung vereidigt der hessische Ministerpräsident Holger Börner (SPD) Joschka Fischer im legeren Sakko und offenen Karohemd am 13. Dezember 1983 als ersten Umweltminister der Grünen in einem Bundesland der Bundesrepublik. Was das Bild nicht verrät: Fischer trug Turnschuhe.*

vergnüglichen Fassade tobten Machtkämpfe zwischen den Fundamentalisten (»Fundis«), die eine radikale Oppositionshaltung bevorzugten, und den Realpolitikern (»Realos«), die einer pragmatischen, auf Kompromiß beruhenden Politik den Vorzug gaben. Allmählich vollzogen sie eine Abkehr vom Ideal der Basisdemokratie und eine Entradikalisierung der politischen Programmatik. Personelle Veränderungen trugen dazu bei. »An die Stelle der prinzipienstarken, aber erratischen Figuren wie Petra Kelly 1983 und Jutta von Ditfurth 1986 traten Politiker, die sich über die Jahre pragmatisches Geschick aneigneten.«[44] Zuvorderst: Joschka Fischer, der zur unumstrittenen Galionsfigur jener Partei aufstieg, die den Weg von der Fundamentalopposition zur staatstragenden Säule der Berliner Republik zurücklegte und zwischen 1998 und 2005 Regierungsmacht im Bund ausübte.

Technikrevolution, Postmoderne und »Neue deutsche Welle«

Das letzte Viertel des 20. Jahrhunderts brachte stürmische Veränderungen im technologischen und kommunikationstechnischen Bereich mit sich. Die Erfindung des Mikrochips im Jahr 1958 – integrierte Schaltungen en miniature auf Reinst-Silizium-Kristallen –, die Grundlage der Mikroelektronik schlechthin, dürfte längerfristig allein mit der Erfindung der Dampfmaschine vergleichbar sein, die im 18. Jahrhundert am Beginn der Industriellen Revolution stand. Chip und Mikroprozessor, der 1971 erfunden wurde, ermöglichten seit den 70er Jahren die Entwicklung neuer, immer preiswerterer Generationen von Rechnern, die auf ständig kleinerem Raumbedarf sich durch fortlaufend höhere Arbeitsgeschwindigkeit und -kapazitäten sowie eine zunehmende Präzision auszeichneten. Weil die Industrielle Revolution umwälzende, überaus komplexe soziale und politische Konsequenzen für die gesamte Menschheit hatte – und hat –, ist der Begriff »Revolution« mehr als gerechtfertigt. Kein Teil der Welt konnte sich diesem Prozeß auf Dauer entziehen, und mittlerweile wird die Industrielle Revolution als eine nie endende Fortsetzungsgeschichte verstanden, man spricht daher von der ersten (Schwerindustrie), zweiten (Chemie- und Elektroindustrie), dritten (Computer- und Biotechnikindustrie) usw. Industriellen Revolution. Jedesmal veränderte sich die Arbeits- und Lebenswelt der Menschen grundlegend.

Eingesetzt wurde die Mikroelektronik zunächst dort, wo es sich um standardisierte Arbeitsvorgänge handelte; mittlerweile können Roboter nahezu sämtliche Arbeitsbereiche übernehmen. An menschenleere Produktionshallen der Automobilindustrie haben wir uns gewöhnt, aber auch im Büro läßt sich durch eine computergestützte Sachbearbeitung Personal einsparen. Die beschäftigungspolitischen Effekte, die aus dem Einsatz neuer Technologien resultieren, sind indessen strittig. Einigkeit herrscht allein darüber, daß Innovationen, welche die Optimierung der Produktionsverfahren betreffen, im Normalfall Arbeitsplätze vernichten, wohingegen Produktinnovationen Arbeitsplätze schaffen. Bei einer Umfrage im Jahr 1982 verbanden 91 % der Westdeutschen mit dem Begriff »Technik« den Gedanken an Fortschritt, doch gleichzeitig nannten in diesem Zusammenhang 67 % das Stichwort »Zerstörung der Umwelt« und 56 % »Angst«. 51 % der Befragten verknüpften mit Technik den Gedanken an Arbeitslosigkeit, und nur 18 % wiesen dies zurück.[45] In der westlich geprägten Moderne ist die Erwerbsarbeit über einen langen Zeitraum hinweg zum Normalfall geworden: »Als Norm und Realität ist Erwerbsarbeit zentral für die Kultur und den Zusammenhang unserer Gesellschaft. Umgekehrt wird der lebenslängliche Verzicht auf die bzw. der Ausschluß von der Erwerbsarbeit (etwa der ›Nur-Hausfrau‹) heute als eine ebenso rückständige wie riskante Lebensform betrachtet. Entsprechend positiv wird ›Erwerbsarbeit‹ in der Regel bewertet: als Mittel der Daseinsvorsorge, als Inhalt sinnvoller Lebensgestaltung, als Wert und als Sinn, obwohl in der Einschätzung von Arbeit auch weiterhin – wie seit Menschengedenken – die Momente von Mühe, Unlust und Last nicht fehlen und Nicht-Arbeit (Freizeit) ein begehrtes Gut ist.«[46] Mit welchen Konzepten die Beschäftigungskrise, die auch aus dem technologischen Wandel resultiert, gelöst werden kann, ist nicht klar. Geht den Deutschen, und nicht nur ihnen, infolge des Gestaltwandels der Arbeit die Arbeit aus? Muß »Arbeit« neu bestimmt werden? Was hat dies für Auswirkungen für sämtliche gesellschaftlichen Strukturen, an die wir uns gewöhnt haben, die aber dramatisch in Fluß geraten sind? Solche Fragen werden seit dem Übergang ins 21. Jahrhundert in den Sozialwissenschaften z. B. unter dem Begriff der »Zweiten Moderne« diskutiert.[47]

Mit dem Siegeslauf der Mikroelektronik begann die Medialisierung des Alltags und der gesamten Lebenswelt. In den neuen Medien – vor allem elektronische Nachrichtenübermittlung und die Einführung des Internet – verschmelzen Informations- und Kommunikationstechniken. Die Medienlandschaft in der Bundesrepublik ist seit den 80er Jahren einem dramatischen Wandel unterworfen. Wie in den 50er Jahren Kühlschrank und Waschmaschine, so eroberten nun Kabel- und Satellitenfernsehen, Videogeräte, akustische und visuelle Speichermedien, Bildschirmtext (Btx) und das Internet die Haushalte und prägten zunehmend das alltägliche Leben. Diese virtuellen Welten eröffnen ganz neue Dimensionen und lassen Grenzen verschwinden; ein globaler Austausch findet statt. Im Jahr 1976 begann das erste Kabelprojekt in der Bundesrepublik, und 1980 fing die Bundespost mit Feldversuchen zum Bildschirmtext an. Nach dem Regierungswechsel 1982 verkündete Bundespostminister Christian Schwarz-Schilling (CDU) eine flächendeckende Verkabelung der Bundesrepublik. 1985 nahm *SAT 1*, als erster deutscher privater Fernsehsender sein Programm auf, viele weitere folgten bald.[48] Privatisierung und Kommerzialisierung des Fernsehens führten in der Bundesrepublik Deutschland, die bis dahin nur das traditionelle öffentlich-rechtliche Rundfunkmonopol kannte, zu Kontroversen darüber, wie es mit der Medienkompetenz der Bürger bestellt sei, ob sie womöglich der »Droge Fernsehen« erliegen und sich, wie der seinerzeit bekannte amerikanische Kulturkritiker Neil Postman es prophezeite, zu Tode amüsieren würden.[49]

Wir befinden uns in der Epoche einer globalen »Media-Morphose« mit der Folge, daß sich die Industrieländer, aber auch die »Schwellenländer« zu Wissens- und Unterhaltungsgesellschaften hin entwickeln. Die elektronischen Medien transformieren zudem das Weltbild, sie bewirken eine »Popularisierung und gesteigerte Reflexivität des Globalen«.[50] Das bedeutet: Kulturelle Muster und Güter aus anderen Ländern und Kontinenten sind überall auf der Welt verfügbar, sei es für eine kreative Aneignung oder auch nur zum gedankenlosen Konsum. Die weltweite Vernetzung hat auch ihre Schattenseiten: Sie ermöglicht nicht nur legale, sondern auch illegale Transfers – Drogenhandel, Geldwäsche, Menschenhandel. Chancen und Gefahren liegen dicht beieinander, denn die globalisierten Medien spielen eine Doppelrolle. Sie können einerseits für Aufklärung sorgen, Wissen verbreiten, kulturelle Unterschiede verständlich machen; sie können jedoch andererseits auch den religiösen oder rassistischen Haß schüren und so Identifikationen bereitstellen, denen von einzelnen eine weitaus höhere Bedeutung zugemessen wird als der jeweiligen Staatszugehörigkeit.

Die Technikrevolution erstreckte sich nicht zuletzt auf die Medizintechnik. So wurden der Herzschrittmacher und hochwirksame neue Medikamente erfunden sowie der Weg zur Gentechnik eingeschlagen. Allerdings entstanden neue Krankheiten, gegenüber denen die Medizin nach wie vor relativ machtlos ist, insbesondere AIDS, eine erworbene Immunschwächekrankheit; sie stellt neben dem Hunger die weltweit größte Bedrohung der Menschheit dar. Im Jahr 1983 wurden die ersten AIDS-Fälle in der Bundesrepublik Deutschland registriert, bis 1986 waren offiziell 406 AIDS-Erkrankungen gemeldet. Auf einer AIDS-Sonderkonferenz 1987 beschlossen die zuständigen Länderministerien unter Vorsitz der Bundesgesundheitsministerin Rita Süssmuth Maßnahmen zur Eindämmung der Krankheit: Beratungsstellen, Einrichtung eines zentralen AIDS-Registers beim Bundesgesundheitsamt, anonyme Berichtspflicht und weiteres mehr. Schließlich kam es zur Einrichtung einer nationalen AIDS-Stiftung. Nur das Land Bayern scherte aus und beschloß alleine drakonischere Regelungen.

Im kulturellen Bereich erschien pünktlich zum Jahrestag des ersten autofreien Sonntags infolge der Ölkrise im November 1974 die Schallplatte *Autobahn* der deutschen Popband Kraftwerk. Sie wurde der erste große internationale Erfolg des deutschen elektronischen Rock. Emil Schult, der ehemalige Meisterschüler von Joseph Beuys, und Gerhard Richter hatten das Plattencover entworfen: Ein silbrig-weißer VW-Käfer fährt auf einer leichtgeschwungenen vierspurigen Autobahn auf eine grüne Gebirgslandschaft zu, hinter der Sonnenstrahlen hervorschießen. Ein schwarzer Mercedes auf der Gegenfahrbahn, fast schon aus dem Bild herausfahrend, ist das einzige andere Auto; eine fast surreale Szenerie. Der Text des 22minütigen Titelstücks gleitet mit der monoton wiederholten Zeile »Wir fahr'n fahr'n fahr'n auf der Autobahn« dahin. Das war als Hommage und Ironie zugleich gemeint und eine Antwort auf das »Fun, fun, fun« der kalifornischen Sonnenschein-Band The Beach Boys. Diese war jedoch, ganz anders als Kraftwerk sie wahrnahm, eine der wegweisenden Bands für die moderne Popmusik, besonders wegen der Komplexität ihrer Melodien. Kraftwerk hingegen, das krasse Gegenteil einer Hippie-Band, war ein Agglomerat von Sound-Ingenieuren, und während die Anti-Atomkraftbewegung in Wollpullovern protestierte, besangen sie in Robotermontur den Fortschritt durch Radioaktivität. Das Echo in der Bundesrepublik war dementsprechend gespalten, doch im Ausland ergötzte man sich an den »verrückten« Deutschen, die erstmals Computer zum Tanzen brachten, die Schöpfungsgeschichte umkehrten und die Technik zum Ursprung von allem machten. Sie wiesen mit diesem Duktus weit in die Zukunft – auf die »Techno-Musik« der 90er Jahre.

Die internationale Rockmusik in den 70er und Anfang der 80er Jahre kennzeichnete häufig ein bombastischer Sound, verbunden mit kritischen Botschaften – Frieden, Befreiung, Selbstverwirklichung. Vor allem die auch in Deutschland gefeierte Gruppe Pink Floyd entwickelte mit Hilfe einer perfekt gesteuerten Raum-Klang-Elektronik einen differenzierten Rocksound mit orchestralem Klangcharakter; ihre musikalischen Höhepunkte bildeten die Alben *Dark Side of the Moon* (1973), *Wish you were here* (1975) und die Rockoper *The Wall* (1979). Neben vielen anderen britischen und amerikanischen Mammutbands – z.B. Genesis, Supertramp, The Eagles oder Emerson, Lake & Palmer – gewann Musik aus der Dritten Welt in der Bundesrepublik viele junge Fans, vor allem der Reggae von Bob Marley oder der Latin Rock von Carlos Santana. Unter kommerziellen Gesichtspunkten unschlagbar war allerdings die 1972 gegründete schwedische Popgruppe ABBA, die mit vordergründig eingängigen, in Wahrheit jedoch hochkomplexen Melodien Generationen miteinander versöhnte. Nach einem Erfolg bei dem europäischen Songwettbewerb Grand Prix d'Eurovision 1974 trat ABBA mit Liedern wie *Waterloo* oder *Dancing Queen* ihren lang anhaltenden internationalen Siegeszug an. Sie bestimmten Musikrichtungen und adaptierten neue Tendenzen wie die Disco-Welle. Ihren Höhepunkt erreichte die Disco-Welle mit dem Musikfilm *Saturday Night Fever* (1978), in dem John Travolta in der Hauptrolle zu sehen war und The Bee Gees die Musik beisteuerten. Er wurde ein Kassenfüller auch der deutschen Disco-Generation.

Kommerzialisierung, mediale Vernetzung und Elektronik lösten Grenzen auf und ließen traditionelle musikalische Stilrichtungen verfließen. Seit 1983 begann das große Geschäft mit Musikvideoclips. Schneller als je zuvor fielen auch die Grenzen zwischen »hoher« und »niedriger« Musik und Kultur überhaupt. Wie niemals zuvor war die Sprache der Musik international. Avantgardistische Minimalmusik wurde auch von jenen Menschen gehört, deren Interesse für gewöhnlich nur Madonna oder Sting galt. Zum erfolgreichsten Star der 80er Jahre wurde Michael Jackson – eine halbe Million Zuschauer besuchten seine Deutschland-Tournee mit spektakulärer Bühnenshow 1988. Wie kein anderer erfüllte Michael Jackson die Erwartungen, bis hin zu chirurgischen Anpassungen des einst dunkelhäutigen Sängers an weiße Schönheitsideale.

Seit dem Beginn der 80er Jahre zeigte sich in der Bundesrepublik erstmals eine eigenständige moderne Musikszene, ausgehend vom britischen Punkrock. 1980 gab es allein in West-Berlin über 500 »Garagenbands«.[51] Einige schafften den – wenn auch nur kurze Zeit dauernden – Durchbruch. Die Bands hießen Ideal, Abwärts, Einstürzende Neubauten oder, wie die Münchner Alpenrock-Band, Spider Murphy Gang. Mit dieser »Neuen Deutschen Welle« setzte sich in der populären Musik ein ungewöhnlicher Trend durch. Sie drängte die bis dahin absolute Dominanz englischsprachiger Produktionen im Bereich der jugendlichen Populärmusik zurück, überraschte durch Emotionalität und Subjektivität, aber auch durch politische Statements wie *Kristallnaach* der Kölner Gruppe BAP. Auffällig war überdies die teilweise postmoderne Beliebigkeit: Nonsens-Bands wie Trio, die völlig skurrile, dadaistische Texte von sich gaben, gehörten dazu, »Öko-Songs« wie *Karl der Käfer* der Gruppe Gänsehaut, aber auch der New Wave-Sound von Nena, die mit freundlichen Melodien und optimistischen Texten der bundesdeutschen Popszene einen Vitalitätsschub verpaßte. Nenas friedensbewegter Song *Neunundneunzig Luftballons* war der Ohrwurm des Jahres 1984 und stieß auch in den USA, in England und in Japan an die Spitze der Charts vor. Überhaupt färbte die mächtige deutsche Friedensbewegung dieser Zeit auf die Musik ab. Beim »Grand Prix d'Eurovision« 1982 gewann die 17jährige deutsche Sängerin Nicole mit dem Lied *Ein bißchen Frieden*.

Der aus Großbritannien nach Deutschland herübergeschwappte Punk veränderte hier auf dem Kontinent seine Gestalt. Dort, auf der Insel, entstammte er dem Arbeitermilieu, in Deutschland jedoch begeisterten Bands wie Die toten Hosen vor allem die Mittelschichtjugend. Neben diesem kommerziellen Mainstream gab es hochpolitische Bands wie Slime oder Male. Die von vielen als bärbeißig und wild empfundene Nina Hagen, die der deutschen Punk-Musik entscheidende Impulse gab, war im Vergleich zu den britischen Bands geradezu harmlos. Punk wurde zudem als Modeströmung vereinnahmt, pinkfarbene Haare galten als Modegag, und die Accessoires der Urpunks – Schrift, Nadeln, Risse in der Kleidung, jedes Detail bedeutete ein verbindlich kodiertes Zeichen – waren (und sind) als Designerware käuflich. Die Modeindustrie lieferte die Bedeutung, nähte die Botschaft ein und versah sie mit ihrem Logo. Das betraf auch alle anderen Stilarten der Jugendkultur: die Neu-Mods und verträumten Neoromantiker, die adrett-lieben Popper, die Teds mit gestärkter Elvis-Tolle, die »linken« Spontis und Freaks und die Skinheads mit rasiertem Schädel, von denen ein Teil ins rechtsradikale Fahrwasser driftete.

Als Erbe der Protestbewegung etablierte sich in bestimmten Stadtteilen der Metropolen eine Alternativkultur, so in Berlin-Kreuzberg oder in München-Schwabing. Alles war anders, eben »alternativ«: die Stadtteilzeitungen, die Kneipen, die Kleinkunst, die Lebens- und Wohnformen in den WGs, den Wohngemeinschaften, wo sich die progressive Innerlichkeit lokalisierte. Das Gegenbild der Protestgeneration gaben einige Jahre später die Yuppies (»Young urban professional people«) ab. Man fand sie vor allem in den High-Tech-Berufen der Dienstleistungsgesellschaft. Geld und Erfolg, Individualität und Eleganz wurden großgeschrieben, und den Konsumverzicht der Alternativen ersetzten sie durch Edelkonsum.[52] Wer in den 80er Jahren vom Westteil der Stadt aus auf die Berliner Mauer blickte, sah ein postmodernes Kunstwerk, so knallbunt wie die Pariser Metro oder die New Yorker U-Bahn. Man nannte die Mauer

Abb.58: *Die Jugendkultur der 80er Jahre war so vielgestaltig wie noch niemals zuvor. Die Massenarbeitslosigkeit betraf auch viele junge Menschen. Sie glaubten, die Gesellschaft habe sie verstoßen – deshalb rebellierten sie gegen sie oder igelten sich in ihrer eigenen Welt ein. Hier ein Punker auf dem Breitscheidplatz in Berlin-Charlottenburg 1985.*

deswegen auch die größte Leinwand der westlichen Popkultur. Sie war graffiti-bunt, wahre Farborgien riesiger Bilder breiteten sich vor dem Auge des Betrachters aus, flotte Sprüche waren zu lesen, Witziges und Skurriles. Selbst der berühmte amerikanische Pop-Künstler Keith Haring malte seine lustigen Strichmännchen auf die Mauer. Viele Künstler aus aller Welt taten es ihm gleich.[53] Vom Westen aus erschien die Berliner Mauer somit ziemlich harmlos, knallig und originell, ja freundlich und heiter, sie war eine Touristenattraktion. Ihre eigentliche menschenverachtende Funktion verschwamm, der Todesstreifen und die martialischen Sperranlagen auf der Ostseite gerieten fast in Vergessenheit. Man hatte sich im Westen an die Mauer und die deutsche Teilung gewöhnt.

Wie viele der westlichen Gesellschaften, so war auch die bundesdeutsche Gesellschaft »postmodern« geworden. Hinter diesem häufig benutzten Etikett der Postmoderne oder der »neuen Unübersichtlichkeit« verbarg sich eine Erosion von allgemeingültigen Maßstäben, die zugleich befreiende wie desorientierende Folgen hatte. »Anything goes« lautete der postmoderne Schlachtruf. Das Positive: ein größeres Maß an persönlicher Freiheit. Das Negative: fehlende Wertorientierung. Schon an diesem Gegensatzpaar zeigt sich, wie umstritten das Label »Postmoderne« ist. Hat die Gesellschaft den Glauben an die Sinnhaftigkeit und Vernünftigkeit der Welt verloren? Hat Hermann Glaser, der bedeutende Kulturhistoriker der Bundesrepublik recht, wenn er voller Zynismus schreibt: »Postmoderne Beliebigkeit durchwirbelt die Misere und ›stylt‹ sie auf das Glücksgefühl des Nach-uns-die-Sintflut.« Und: »Nach einiger Zeit enerviert jedoch das Nichts-Sagende; die Banalität des Schönen reduziert ästhetischen Genuß auf Plaisir. Die Verpackung ist die Botschaft«?[54]

Der französische Philosoph Jean-François Lyotard schrieb 1979 ein Auftragswerk für die Regierung des kanadischen Quebec. Thema: Die Lage des Wissens in den am weitesten entwickelten Gesellschaften; Titel: *Das postmoderne Wissen.* Es wurde zu einer Programmschrift und war die Initialzündung für die seither allgegenwärtige Diskussion um die Postmoderne.[55] In einem Interview sagte Lyotard: »Dieser Begriff, den ich von den Amerikanern übernehme, bezeichnet einen Zustand der Kultur: Man kann diejenigen Gesellschaften modern nennen, die die Diskurse der Wahrheit und der Gerechtigkeit in großen historischen und wissenschaftlichen Diskursen verankern … In der Postmoderne, in dem, was wir erleben, beginnt gerade die Legitimation des Wahren und des Guten auszubleiben.«[56] Man schenkte, so die These, den großen Erzählungen und Erklärungen keinen Glauben mehr, vertraute nicht mehr auf die Vernünftigkeit der Vernunft, bezweifelte einen Plan in der Geschichte, leugnete den großen Sinn des Lebens. Einerseits folgte daraus: Toleranz wurde an die erste Stelle gerückt, Vielfalt gepriesen, man befreite sich von ganzheitlichen Modellen. Andererseits folgte daraus aber auch: Die Nachsicht und Duldsamkeit gegenüber allem, ein Gewährenlassen, das ohne eigene Normen auskam. Etwas andere, doch im grundsätzlichen durchaus vergleichbare Denkansätze fanden sich bei den strukturalistischen französischen Philosophen Michel Foucault und Jacques Derrida. Eine entgegengesetzte Richtung vertrat der deutsche Philosoph Jürgen Habermas, der darin eine Art Verrat am Projekt der Moderne, am aufgeklärten, emanzipierten Denken sah. Habermas wollte die kommunikative Vernunft rehabilitieren und konnte der radikalen

Vernunftkritik aus Frankreich nichts abgewinnen.[57] In den USA entstanden Gegenbewegungen zur postmodernen hedonistischen Toleranz, die auf gesellschaftliche Gleichgültigkeit hinauszulaufen droht. Der amerikanische »Kommunitarismus« ist eine philosophische Schule, die gegen den liberalen Wert »Freiheit« die »Solidarität« mit dem Nächsten stellt und so den gemeinschaftlichen Zusammenhalt in der Gesellschaft fördern möchte.

Война die Postmoderne nur ein Zwischenspiel? Die Frage läßt sich noch nicht entscheiden. Jedenfalls war sie in weiten Teilen das Signum der 80er Jahre. Dies gilt auch für die bildenden Künste und die Architektur. Die documenta 6 von 1977 hatte mit 360000 Besuchern einen neuen Rekord verzeichnen können; erstmals waren auch Künstler aus der DDR vertreten gewesen: Werner Tübke, Bernhard Heisig und Willi Sitte. Insgesamt hatten moderne Ausdrucksformen dominiert: Photo-, Film- und Vi-

Abb. 59: *Jörg Immendorffs Bild »Café Deutschland I« 1977/78 entstanden, stellt ein großartiges Panoptikum der jüngsten deutschen Geschichte dar und enthält auch visionäre Aspekte: So die durch die Berliner Mauer gestreckte Hand in der Bildmitte.*

deokunst, Experimente mit Laserstrahlen. Diese Richtungen brachen in den folgenden Jahren in den traditionellen Kunstbetrieb ein. In der Medienkunst, den Video-
installationen und den virtuellen Räumen vereinte sich die Technikrevolution mit der
Postmoderne. Medienmuseen entstanden; besonders zukunftsweisend sollte das »Zentrum für Kunst und Medientechnologie« in Karlsruhe werden.[58]

Analog zur neuen deutschen Musikwelle erhob sich Anfang der 80er Jahre eine
neue deutsche Welle in den bildenden Künsten, eine Rückkehr zur Malerei.[59] Der
Durchbruch zu unbedingter Subjektivität, fern jeder allgemeinen Botschaft, kennzeichnete diesen Trend. Die »Neuen Wilden« provozierten durch eine heftige Malerei
mit dicken, expressiven Pinselstrichen. Emotionsgeladene Bilder beispielsweise von
Georg Baselitz, der seine Bilder einfach auf den Kopf stellte, Jörg Immendorff und
Markus Lüpertz, aber auch Elvira Bach und Martin Kippenberger wurden in den

Abb. 60: *Martin Kippenberger, der zu den »Neuen Wilden« zählte, war ein Star der Kunstszene
in den 80er Jahren. Er fiel mit stets neuen Provokationen auf. Hier sein Bild »Ich heize durch
pupen!« aus dem Jahr 1983.*

wichtigsten Galerien der Welt, vor allem in New York, wo man sich um die Deutschen riß, zu Höchstpreisen gehandelt. Bald existierte keine beherrschende Tendenz mehr, ob gegenständlich oder abstrakt; eine Glaubensfrage machte man daraus nicht mehr. Subjektives, Politisches, Ironisches, Modisches zwischen Kunst und Design, alles war möglich. Auch mythisch aufgeladene, vorgeblich »urdeutsche« Bilder von Anselm Kiefer verzückten die Kritiker und Sammler und daneben immer stärker Gerhard Richter und Sigmar Polke. Als großer Gegenpol zur Postmoderne gilt der alle überragende Joseph Beuys; er starb 1986. Seit dem Ende der 60er Jahre hatte er seine künstlerische Tätigkeit aus dem Atelier in den Bereich der praktischen Politik verlagert. Beuys vermischte das gesellschaftliche Ideenpotential von 1968 mit anthroposophischen Vorstellungen und Anleihen aus der deutschen Klassik und Romantik. Sein Kunstverständnis gipfelte in der Gleichung »Kunst = Leben, Leben = Kunst«. Die Kreativität wurde auf alle Lebensbereiche ausgedehnt. In den 80er Jahren übertrug Beuys seine Ideen von der »sozialen Plastik« in den ökologischen Bereich. Ein schönes Beispiel dafür war sein Projekt *Stadtverwaldung statt Stadtverwaltung* anläßlich der Kasseler documenta 7 im Jahr 1982: 1000 Eichen wurden gepflanzt.

Am sichtbarsten sind die Hinterlassenschaften der Postmoderne gewiß in der Architektur. In den 80er Jahren war hier ein radikaler Eklektizismus vorherrschend, bei dem willkürlich Versatzstücke aus verschiedenen Stilen ausgewählt und spielerisch miteinander kombiniert wurden. Verspielte Vielfalt – auf diesen Ausdruck könnte man es bringen. Diese Form der Architektur opponierte in typisch postmoderner Manier gegen den Ganzheits- und Wahrheitsanspruch der Moderne und setzte ihr das Unvollendete, Fragmentarische, das Verspielte und letztlich Entscheidungslose entgegen. Sie handelte sich somit den Vorwurf ein, reine Gefälligkeitsarchitektur zu sein, ohne eigenständige Ideen, immer nah am Kitsch und manchmal mittendrin. Ende der 70er Jahre bereits provozierte James Stirling mit dem Bau der Neuen Staatsgalerie in Stuttgart – eine Art von Architektur-Collage mit Zitaten sowohl aus klassischen als auch aus modernen Vorbildern. Gegenbewegungen entstanden in den 90er Jahren: Schlichtheit und strenge Geometrie, Putz und Stein wurden an die Stelle flirrender Glasfassaden gesetzt. Diese »Neue Einfachheit«, wie es Vittorio Magnago Lampugnani nennt, präferiert gleichmäßige Fassaden, eine überschaubare und klare Geometrie und sieht sich dem Vorwurf der postmodern angehauchten Kritiker ausgesetzt, hier schimmere ein latenter Autoritarismus, eine Unterdrückung des demokratischen Pluralismus durch.[60] In Berlin, vor allem am Potsdamer Platz, wo nach der deutschen Wiedervereinigung in wenigen Jahren unzählige Gebäudekomplexe hochgezogen wurden und der wie eine Stadt in der Stadt erscheint, kann man beides nebeneinander bewundern: Postmoderne und neue Einfachheit.

Ein gewisses Nebeneinander findet sich ebenfalls in der Literatur der 70er und

80er Jahre. Wenn bis dahin eher unbekannte, junge postmoderne Autoren das Ende der großen Erzählung ausriefen, dann stießen sie bei den »Klassikern« der bundesdeutschen Schriftsteller auf wenig Gehör. Heinrich Böll hatte 1972 den Nobelpreis für Literatur erhalten; ihn, den politischen Schriftsteller, berührten solche Aufrufe nicht. Ähnliches gilt für Martin Walser, der 1984 *Die Brandung* veröffentlichte, und Günter Grass, der mit *Die Rättin* von 1986 seine Erfolge fortsetzte. In der Lyrik reüssierte Ulla Hahn seit Beginn der 80er Jahre mit Bänden wie *Herz über Kopf* (1981) oder *Freudenfeuer* (1985). Auch die ausländischen Autoren, die in der Bundesrepublik mit ihren Romanen Kassenschlager erzielten, gehörten gerade zu jenen, die eine »große Narration« vertraten. Im Laufe der 70er Jahre wurde der Kolumbianer Gabriel García Márquez in Deutschland entdeckt; im spanischen Kulturkreis hatte er sich längst einen Namen gemacht; sein magischer Realismus – eine Mischung aus Phantasie, Traum und Wirklichkeit –, meisterhaft ausgeführt in *Hundert Jahre Einsamkeit*, faszinierte viele. Anfang der 80er Jahre schlug dann der Italiener Umberto Eco mit *Der Name der Rose* alle Rekorde. Es handelt sich hierbei vordergründig um einen mittelalterlichen Kriminalroman, eigentlich aber um eine hochspannende und vertrackte »Aufklärung über die Aufklärung«. Auch Schriftstellerinnen und Schriftsteller aus der DDR, die in der Phase der Entspannungspolitik in der Bundesrepublik viel gelesen wurden – und insofern eine gesamtdeutsche Klammer bildeten –, etwa Christa Wolf, gehörten noch zum »alten Schlag«. Dies gilt schließlich auch für den erfolgreichsten deutschen Autor überhaupt, legt man die Verkaufszahlen von über 70 Mio. Büchern zugrunde: Johannes Mario Simmel. Sein Leserkreis ging quer durch die Gesellschaft, und der Vorwurf, er befriedige in »billiger« Weise Leserbedürfnisse, tut ihm, dem Aufklärer, der sperrige Stoffe in atemberaubende Verläufe verwandelt, unrecht.

Die postmoderne Gesellschaft porträtierte insbesondere Botho Strauß in seinen Stücken und rutschte dabei nicht selten selbst in die Beliebigkeit ab, so etwa in *Kalldewey Farce* (1981).[61] In *Paare, Passanten* zeichnete Strauß ein Gesellschaftsbild der 80er Jahre: Die Menschen geben sich dem Konsumrausch hin, Partner werden gesucht, um Eitelkeiten auszuleben. Franz Xaver Kroetz ritt eine Zeitlang erfolgreich auf der Welle des neuen sozialen Dramas. Das bundesdeutsche Theater blieb eine Institution zwischen Hoffen und Bangen. Zu internationalem Ruhm kam das Ensemble der Berliner Schaubühne, als es im Dezember 1974 mit dem Stück *Sommergäste* von Maxim Gorki am Halleschen Ufer Premiere hatte. Peter Stein machte mit seiner legendären Inszenierung Theatergeschichte und trug dazu bei, daß die Schaubühne in den folgenden Jahren zum renommiertesten deutschen Schauspielhaus aufstieg. Gleichermaßen Hochschätzung erarbeiteten sich Jürgen Flimm, zunächst am Kölner Schauspielhaus, dann am Thalia-Theater in Hamburg, Dieter Dorn bei den Münchner Kammerspielen und Claus Peymann, der als Schauspieldirektor in Stuttgart während der 70er

Jahre sich freilich auch in die Terror-Debatte einmischte und diverse Skandale auslöste. Viel größerer Beliebtheit als die »Hochkultur« von Theater und Oper erfreute sich indessen das Musical. Den Anfang machte das Broadway-Musical *Cabaret*, 1978 im Berliner Theater des Westens aufgeführt. Eine wahre Musical-Welle folgte, das Musical *Cats* (1986) des britischen Komponisten Andrew Lloyd Webber stellte alles in den Schatten und war über Jahre hinweg ausverkauft. Musical-Arenen wurden gebaut, doch im Verlauf der 90er Jahre ebbte der Boom ab. Bis dahin war auch in der klassischen Musik eine Steigerung des »Festival-Rummels« zu verzeichnen gewesen, mit Herbert von Karajan als Meister. Eine sinnfällige Unterscheidung in der Musik differenziert nach »Moderne« – dem Zeitraum zwischen 1880 und dem Ersten Weltkrieg – und darauffolgenden drei »Kulturen der Musik« als grundsätzliche musikalische Paradigmen im 20. Jahrhundert: die Tradition, die Avantgarde als Teil der Moderne und schließlich die »mittlere Musik«, zu der man in den 80ern zurückkehrte. Nicht mehr anarchische Atonalität und strukturelle Revolution schätzte man seitdem, sondern spielerische Unbefangenheit und leidenschaftliche Innigkeit.[62]

Wirklich »neu« war der »Neue deutsche Film«. Seine Anfänge lagen in den 70er Jahren. Anstatt harmlose Storys umzusetzen, drehte eine neue Generation jetzt anspruchsvolle, manchmal auch überfrachtete und dem allgemeinen Publikum nur schwerzugängliche Filme. Der Star der jüngeren Filmemacher hieß Rainer Werner Fassbinder, der sich an »urdeutsche« Themen, nicht zuletzt an die NS-Vergangenheit – *Die Ehe der Maria Braun* (1978), *Lili Marleen* (1981) – und große Vorlagen wie Alfred Döblins *Berlin Alexanderplatz* heranmachte. Seine Filme waren durch äußerste Intensität und bisweilen durch eine brutale Direktheit gekennzeichnet. Fassbinder, der schon 1982 starb, brach in Tabuzonen ein. Hanna Schygulla wurde zur großen Darstellerin in vielen seiner Filme. Zu den jungen Filmemachern zählte damals ferner Volker Schlöndorff, der 1979 in großartiger Weise *Die Blechtrommel* von Günter Grass verfilmte. Schlöndorff gewann mit diesem Film die Goldene Palme der Festspiele in Cannes, und im April 1980 wurde *Die Blechtrommel* in Hollywood in der Kategorie »Bester ausländischer Film« mit einem Oscar ausgezeichnet. Wenige Jahre zuvor hatte Schlöndorff zusammen mit Margarethe von Trotta Heinrich Bölls Erzählung *Die verlorene Ehre der Katharina Blum* verfilmt und damit heftige Diskussionen ausgelöst. Der Stoff war angesichts der »Terrorjahre« hochbrisant: Die Boulevardpresse ruiniert eine unschuldige Frau, Katharina Blum, die durch Zufall ins Visier der Polizei und in die Mühlen der Staatsanwaltschaft gerät.

Werner Herzog erzielte 1981 weltweites Aufsehen, als er mit *Fitzcarraldo* ein aufwendiges Urwalddrama inszenierte, in dem der Exzentriker Klaus Kinski an der Seite von Claudia Cardinale seine Paraderolle fand. Darüber hinaus begann die Karriere von Wim Wenders, dessen Filme wie *Im Lauf der Zeit* (1976), *Der Stand der Dinge*

Abb.61:   *»Fitzcarraldo« – ein herausragendes Beispiel des neuen deutschen Films der 80er Jahre. Werner Herzog schrieb das Buch, führte Regie und engagierte für die Hauptrolle den Exzentriker des deutschen Films, Klaus Kinski, links, dem die Geschichte wie auf den Leib geschrieben war.*

(1982), *Paris, Texas* (1985) oder *Der Himmel über Berlin* (1987) sich durch eine ungewöhnlich poetische Filmsprache auszeichneten. Wenders erzählte moderne Märchen, die oft in Gestalt von Road Movies daherkamen. Er ist ein Poet der Entfremdung und Entwurzelung mit letztlich versöhnlicher, erhebender Botschaft. Eine Mischung aus Archaik und High-Tech bilden die Fantasy-Filme, aus denen auf deutscher Seite *Die unendliche Geschichte*, die 1983 von Wolfgang Petersen vorgenommene Verfilmung von Michael Endes Erfolgsroman, herausragt. Buch und Film handeln vom Schicksal des Jungen Bastian, der ein seltsames Buch entdeckt und beim Lesen plötzlich in das Geschehen hineingezogen wird, mit einem hilfsbereiten Drachen etliche Abenteuer besteht und am Ende sogar das Reich der »Kindlichen Kaiserin« rettet. Wolfgang Petersen (der später eine bedeutende Hollywood-Karriere machte) hatte 1981 *Das Boot* nach einem Bestseller von Lothar Günther-Buchheim mit Jürgen Prochnow und Herbert Grönemeyer in den Hauptrollen verfilmt; der Film wurde für sechs Oscars nominiert. Die Kritiker hatten sich mit Lob für das Drama um das deutsche Unterseeboot U-96 überschlagen, das im Zweiten Weltkrieg vom französischen Hafen La Rochelle

Abb. 62: *Nur wenigen deutschen Filmen wurde internationale Anerkennung zuteil – und wenn, befaßten sie sich mit der deutschen Vergangenheit. »Das Boot«, Regie und Buch Wolfgang Petersen, nach einem Roman von Lothar-Günther Buchheim, hier das Filmplakat aus dem Jahr 1981, gehörte zu diesem Genre.*

aus durch die Meerenge von Gibraltar geschickt wird, eine tödliche Mission. Die grausame Realität des Krieges steht im Zentrum des Films.

Während solche Filme in die Ferne schweiften – in das Reich der Phantasie oder in die Vergangenheit unter dem Meer –, knüpfte Edgar Reitz mit seinem Fernsehfilm *Heimat. Eine Chronik in elf Teilen* (1984) an die Nahwelt der Menschen an, an das neue Heimatbewußtsein, das Ende der 70er Jahre entstanden war. Langsame, epische, nicht hektische Kameraführung, Bilder von Landschaften im Hunsrück, von den Wurzeln der Menschen.

In gewisser Weise entsprach dieses Epos der vielfältigen Suche nach Sinn und Geborgenheit, der sich damals nicht wenige Deutsche verschrieben. Manche fanden Sinn bei Sekten und Gurus, bei esoterischen Exerzitien, die sich zu postmodernen Kultformen ausweiteten. Fernöstliche Heilslehren hatten Konjunktur. 1975 wurden die ersten beiden Niederlassungen der »Rajneesh Foundation International« in der Bundesrepublik gegründet, die bald zur deutschen Zentrale der Bhagwan-Bewegung wurden. Erkundungen nach dem, was die Welt zusammenhält, Bedürfnis nach Religiosität, aber auch Fragen nach dem Zustand der Welt, vor allem mit dem Blick auf »Frieden«, sorgten bei den großen Kirchen, die sich in die Politik einmischten, wieder für Zulauf, die Kirchentage bewiesen es. Andere Deutsche fanden Erfüllung in der Body-Building und Fitneß-Welle; »Trimm-Dich-Pfade« entstanden, erste Fitneß-Studios eröffneten seit 1980 in bundesdeutschen Großstädten. Bald beschrieben Soziologen das Tableau gesellschaftlicher Entwicklungen mit dem Begriff »Erlebnisgesellschaft«.[63] Er bezog sich auf die immer extravagantere Freizeitgestaltung, aber auch auf die Auswirkungen der neuen Medien. Welches Bild gab die bundesdeutsche Gesellschaft 1989 ab?

Die bundesdeutsche Gesellschaft vor der Wiedervereinigung

Im Jahr 1990 lebten auf dem Gebiet der »alten« Bundesrepublik 63,7 Mio. Menschen. Dabei ist auffallend, daß bis Anfang der 70er Jahre die Einwohnerzahl erheblich anstieg, nämlich von 50 Mio. im Jahr 1950 auf 61 Mio. im Jahr 1970.[64] Dann setzte eine Stagnation ein, und in zahlreichen Jahren gab es keinen Geburten-, sondern einen Sterbeüberschuß, eine Entwicklung, von der die meisten anderen westlichen Länder Europas ebenfalls betroffen waren. »Sterben die Deutschen aus?« – diese Frage ist seither immer wieder einmal aufgeworfen worden.[65] Die Geburtenziffer blieb sehr niedrig, und sie stieg erst seit Mitte der 80er Jahre wieder deutlicher an, als die »Babyboomer«-Generation aus den 60er Jahren selbst Familien gründete. Im Jahr der deutschen Wiedervereinigung 1990 hatten die westlichen Bundesländer erstmals wieder einen leichten Geburtenüberschuß. Ein weiterer demographischer Trend war die zunehmende Alterung der Gesellschaft: Lag der Anteil der Einwohner unter 15 Jahren bei der Gründung der Bundesrepublik noch bei über 23 % und blieb er jahrelang auf annähernd gleicher Höhe konstant, so sank er seit Mitte der 70er Jahre ab und erreichte 1985 mit 15 % seinen tiefsten Stand. Der Anteil der über 65jährigen an der Gesamtbevölkerungszahl wuchs stetig, von 9,4 % 1950 auf 15,3 % am Ende der »alten« Bundesrepublik.

Ohne die Einwanderungswelle der »Gastarbeiter« wäre die negative Bevölkerungsentwicklung noch höher ausgefallen. Seit Mitte der 60er Jahre verließen durchschnittlich jährlich immer etwa eine halbe Million Menschen die Bundesrepublik. Doch seit

Abb. 63: *Ein Schnappschuß, der mehr aussagt als tausend Worte. Ost Berlin, 7. Oktober 1989, Ehrenparade zum 40. Jahrestag der DDR. Ein Soldat der NVA umarmt seine Frau, die ganz offen eine Tüte des ›Klassenfeindes‹ trägt. Rund 3500 Personen wurden während der Festlichkeiten festgenommen, der innere Zerfall der DDR steuerte auf seinen Höhepunkt zu.*

1965 überstieg die Zahl der Zuzüge diejenige der Fortzüge; der Höhepunkt der Zuzüge war im Jahr 1970 mit über 1 Mio. Menschen erreicht. Erst nach der Wiedervereinigung stiegen die Zuzüge noch einmal stark an, besonders wegen der »Spätaussiedler«, also der deutschstämmigen Migranten aus Ost- und Südosteuropa: Zwischen 1988 und 1994 wurden 1,9 Mio. Spätaussiedler aufgenommen. Im Zeitraum von 1961 bis 1974 wuchs die Zahl der in der Bundesrepublik lebenden Ausländer auf über

3,5 Mio. Menschen und von 1974 bis 1989 auf 4,85 Mio., wobei die Türken mit fast einem Drittel den größten Anteil bildeten, gefolgt von Jugoslawen und Italienern. Ein relativ geringer Teil der Ausländer waren Menschen, die in der Bundesrepublik Asyl suchten und zum Teil auch erhielten. Die Zahl der Asylsuchenden unterlag dabei erheblichen Schwankungen – je nach Kriegen, Unterdrückung, wirtschaftlicher Not und sonstigen Krisenherden auf der Welt, so lag sie z.B. 1980 bei 108000 Menschen, 1983 bei 20000 und 1989 bei 121000. Infolge des Bürgerkrieges im ehemaligen Jugoslawien erhöhte sich die Zahl der Zuflucht suchenden Menschen in den 90er Jahren außergewöhnlich stark. Wie viele Asylsuchende langfristig in Deutschland bleiben, ist nicht bekannt. Die Anerkennungsquote lag in Deutschland 1988 bei 8,6% aller Anträge, in Großbritannien waren es 23% in Frankreich sogar 35 Prozent.[66]

Im letzten Viertel des 20. Jahrhunderts setzten sich Trends beschleunigt fort, die bereits früher begonnen hatten. Besonders durchschlagend waren die Erosion herkömmlicher sozialer Milieus und eine Pluralisierung von Lebenslagen sowie eine Individualisierung von Lebensführungen.[67] Philosophen und Soziologen stellten in den 80er Jahren immer häufiger die Frage, wohin diese fragmentierte Gesellschaft zukünftig treiben würde. Mehrere Gesellschaftsmodelle wurden und werden in diesem Kontext diskutiert: Bis in die 80er Jahre hinein erfreute sich das Modell von der Industriegesellschaft im Übergang zur postindustriellen Gesellschaft des größten Zuspruchs. Die postindustrielle Gesellschaft, so lautete der Kern dieses Erklärungsmodells, werde hauptsächlich durch das Anwachsen des Dienstleistungssektors, der die Vorherrschaft der Industrieproduktion ablöse, gekennzeichnet. Getragen werde dieser Umbruch in Richtung auf eine »tertiäre Zivilisation« durch die Bildungsexpansion und einen postmateriellen Wertewandel. Im konkurrierenden Modell der »Informationsgesellschaft« hingegen waren nicht Dienstleistung und Wissenschaft die Motoren der Entwicklung, sondern die Informations- und Kommunikationstechnologien, die zum neuen Leitsektor erklärt wurden. Weitere Modelle lauteten »Selbstbedienungsgesellschaft« oder »Duale Gesellschaft«, letzteres hob neue Spaltungen und Ungleichheiten hervor.

Das Auseinanderfallen bürgerlicher Lebensformen, das schwindende Vertrauen in die Politik, aber auch in die Wissenschaft deutete auf eine sehr prekäre Verfaßtheit aller westlichen Industriegesellschaften hin. Der Soziologe Ulrich Beck fand dafür den bald populären Begriff der »Risikogesellschaft«:[68] Auf die klassische Moderne der Industriegesellschaft sei der Gesellschaftstypus der Risikogesellschaft gefolgt. In ihm beträfen immer mehr Lebensrisiken alle Gesellschaftsmitglieder, weil die klassischen Grenzen von Stand, Klasse, ethnischer Zugehörigkeit und Nation gegenüber den vielen Risiken, welche die technische Zivilisation am Ende des 20. Jahrhunderts geschaffen habe, keinen Schutz mehr böten. Als Beispiele führte Beck die Atomenergie und das Ozonloch an.

In erster Linie jedoch war (und ist) die Bundesrepublik eine Wohlstandsgesellschaft, beruhend auf Massenkonsum und Wohlfahrtsstaat. Probleme traten dabei von zwei Seiten auf: zum einen von der andauernden Massenarbeitslosigkeit und zum andern, damit durchaus zusammenhängend, von der »Krise des Sozialstaats«. Der deutsche Sozialstaat ist seit Gründung der Bundesrepublik zu einer Art »Wohlstandsgemeinschaft« ausgebaut worden. Er war somit weit mehr als nur eine »Notgemeinschaft« zur Verhinderung elementaren Elends, drohte jedoch immer stärker unter einer Kostenlawine zusammenzubrechen. Außerdem ließen sich nicht für alle Problemlagen zufriedenstellende Lösungen finden. Besonders die ökonomischen und sozialpolitischen Rahmenbedingungen für junge Familien haben sich in den vergangenen Jahrzehnten im Vergleich zu den übrigen Bevölkerungsgruppen laufend verschlechtert.[69]

Zu den zentralen Werten der bundesdeutschen Gesellschaft gehörte die persönliche Wohlfahrt. Sie beruht auf objektiven Lebensbedingungen genauso wie auf subjektiven Bewertungen der Bürger. Wie zufrieden waren die Bundesbürger mit ihren Lebensumständen? Wie bewerteten sie ihr Einkommen, ihre Wohnverhältnisse, ihre Berufstätigkeit? Welche Gruppen waren privilegiert, welche benachteiligt? Solche Fragen lassen sich beantworten, wenn man einige Koordinaten miteinander in Beziehung setzt: 1. sozialstrukturelle Variablen wie Alter, Geschlecht, Berufsstatus und andere mehr, 2. die objektiven Lebensbedingungen wie Wohnung, Familie, Gesundheit, und 3. das subjektiv wahrgenommene Wohlbefinden.

Mit Hilfe von repräsentativen Erhebungen aus den Jahren 1978 und 1980 sind Sozialwissenschaftler zu folgenden Ergebnissen über zufriedene und unzufriedene gesellschaftliche Gruppen in der Bundesrepublik gelangt: »Die vertikale Ungleichheit der Gesellschaftsstruktur kommt auch in den klaren Zufriedenheitsunterschieden zwischen den sozialen Schichten zum Ausdruck: Die Arbeiterschicht ist in keinem einzigen Lebensbereich zufriedener als die Mittelschicht, und diese ist in keinem einzigen Lebensbereich zufriedener als die obere Mittelschicht und die Oberschicht. Ähnlich eindeutig sind nur die Zufriedenheitsunterschiede zwischen den Geschlechtern. Die Frauen sind, mit Ausnahme der Kirche, in keinem einzigen Lebensbereich zufriedener als die Männer, aber in vielen Bereichen unzufriedener.«[70] Letzteres beruhte auf den geschlechtsspezifischen Lebenschancen in Haushalt und Beruf. Auch die ganztags erwerbstätigen Frauen unterschieden sich in ihrer Zufriedenheit nur wenig von den Frauen, die teilweise oder nicht erwerbstätig waren. Ein höherer Bildungsstatus war nur in wenigen Lebensbereichen mit überdurchschnittlicher Unzufriedenheit verbunden, vor allem deshalb, weil mit höherer Bildung bessere berufliche Positionen und bessere Lebensbedingungen erreicht werden konnten. Und schließlich: »Im Vergleich der Generationen sind die Jüngeren in den meisten Bereichen unzufriedener als die

Älteren. Aber wir fanden drei Bereiche, die auch gesellschaftspolitisch von Bedeutung sind, in denen ältere Menschen unzufriedener sind als die jüngeren: Gesundheit, öffentliche Sicherheit und die Möglichkeit, sich in Vereinen zu betätigen.«[71]

Hat sich daran bis zum Ende der »alten« Bundesrepublik etwas Gravierendes geändert? Kaum. Weitere Erhebungen in den Folgejahren bestätigten und vervollständigten dieses Bild. Die höchste subjektive Wohlfahrt, also Lebenszufriedenheit, fanden die Wissenschaftler bei Männer und Frauen in gehobenen beruflichen Positionen. Bei den Männern führten die pensionierten Beamten und die über 60jährigen Noch-Erwerbstätigen die Skala an. Bei den Frauen waren diejenigen am meisten zufrieden, die in guten Berufen mit hohem Sozialprestige standen. Und die Teilgruppen, die sich die größten Sorgen um ihre Zukunft machten, waren jene, die auch Defizite im Einkommen und in der Lebenszufriedenheit aufwiesen.[72]

Die Bundesrepublik Deutschland war ein reiches und weltoffenes Land. Seit den 70er Jahren sind die Westdeutschen zu »Reiseweltmeistern« geworden; fast überall im Ausland traf man deutsche Touristen. Die in der Bundesrepublik lebenden Ausländer haben zum Reichtum ebenso beigetragen wie zur kulturellen Öffnung des Landes. Aber eine mögliche Einbürgerung von Ausländern wurde kaum befürwortet. Vielmehr waren xenophobe Tendenzen in den 80er Jahren nicht zu übersehen.[73] Womit hing dies zusammen? Wissenschaftliche Erklärungen für Fremdenfeindlichkeit gibt es viele. So kann man sie auf eine mangelnde oder fehlerhafte staatliche Intervention zurückführen, man kann sie als Äußerungen des »autoritären Charakters« betrachten, kann auf gesellschaftliche Desintegrationsprozesse hinweisen oder kann sie – so die Frustrations-Aggressions-Hypothese – als Resultat sozialer Benachteiligung deuten. Nicht von der Hand zu weisen war allerdings, daß die politischen Parteien in Wahlkämpfen das Thema »Ausländer« instrumentalisierten – in ganz Westeuropa übrigens.[74] In Deutschland warf die CDU/CSU der sozialliberalen Regierung seit 1980 Versagen bei der Begrenzung des Zuzugs von Ausländern vor. Im Sommer 1986 gab es eine regelrechte Kampagne gegen Flüchtlinge: Als Gegenbild zum edlen, heroischen, aber fiktiven politischen Flüchtling entstand das Klischee des mißtrauisch beargwöhnten »Scheinasylanten« und »Asylbetrügers«.[75] Im Zentrum stand dabei die stetig ansteigende Einreise von Flüchtlingen über Ost-Berlin. In einem Übereinkommen mit der DDR-Regierung wurde erreicht, daß dieser Zugang geschlossen werden konnte. Ganz unverhofft entschärfte sich die hitzige Asyl-Debatte in der Bundesrepublik 1989 für eine Zeitlang. Mit einem Mal sahen im Sommer und Herbst 1989 die Westdeutschen an ihren Fernsehschirmen Bilder von Flüchtlingen, die nicht wie gewohnt aus Afrika oder Asien, sondern aus der DDR stammten und die deutschen Botschaften in Budapest und in Prag besetzten. Plötzlich waren es Deutsche, die ihre Heimat verließen und um Aufnahme baten.

Zu dieser Zeit hatte die Bundesrepublik die höchste Stufe der Selbstanerkennung erklommen. Paradoxerweise geschah dies in ihrer letzten Stunde 1989 – ein halbes Jahr vor dem Fall der Berliner Mauer und der dramatisch beschleunigten Transformation der internationalen Lage infolge der Revolution von oben, die Michail Gorbatschow im kommunistischen Lager einleitete. Kurz vor ihrem Ende schien die Bundesrepublik an ihrem Ziel. Die unzähligen Bilanzen und öffentlichen Inszenierungen zum 40. Geburtstag der Republik im Mai 1989 bestätigten, daß die Bundesrepublik gleichsam als »Nation« akzeptiert war. Seinen 40. Geburtstag feierte dieser Staat in einem Ausmaß, als handele es sich um ein gründungsmythisches Jahrhundertereignis. Politische Beobachter verglichen die Feierlichkeiten mit denen zum 200. Jahrestag der amerikanischen Unabhängigkeitserklärung in den USA 1976 und mit dem Bicentenaire der Französischen Revolution in Frankreich 1989.[76]

Hierin dokumentierten sich eine über die Zeit gewonnene historische Reife und ein gewachsenes Selbstbewußtsein, schließlich nicht zuletzt die stolze Bejahung der rechts- und sozialstaatlichen Ordnung sowie der liberalen politischen Kultur.[77] Ein Staat schien endlich im sicheren Hafen angekommen zu sein, während gleichzeitig ungarische Grenzsoldaten damit begannen, den Eisernen Vorhang niederzureißen, und sich in der DDR unübersehbar ein rapider Autoritätsverlust des SED-Regimes vollzog. Schon bald sollte der Massenexodus aus der DDR einsetzen und sich – für die meisten unfaßbar – die Wiedervereinigung Deutschlands anbahnen.

Die Bundesrepublik, so wie sie sich 1989 präsentierte, wurde gleichermaßen als das Werk ihrer beiden bedeutendsten Kanzler, Konrad Adenauer und Willy Brandt, und weithin als Definitivum, nicht als Provisorium angesehen. Das ganze Jahr über wurde gefeiert mit Festveranstaltungen, Kongressen, Tagungen, Symposien, Wettbewerben, Sportveranstaltungen, mit Publikationen und Filmen, mit der Wanderausstellung des Bundesarchivs »Vierzig Jahre Bundesrepublik«, mit der Herausgabe einer Gedenkmünze und einer Sonderbriefmarke. Die Feiern waren keine exklusive Sache des Staates; natürlich gab es am 23. Mai einen Staatsakt; und im September folgte ein Bundesfest in den Bonner Rheinauen; aber auch private und öffentliche Institutionen, Parteien, Verbände, Wirtschaftszweige, soziale und kulturelle Einrichtungen beteiligten sich – kurz: Das ganze Panorama einer pluralistischen Gesellschaft war vertreten.[78] Noch hieß es nirgends, daß der Verzicht auf die Wiedervereinigung zur Lebenslüge der Bundesrepublik geworden sei. Ganz im Gegenteil: Die »Wiedervereinigung ist längst zur Lebenslüge der Bundesrepublik geworden. Niemand glaubt mehr daran, aber keiner wagt es laut zu sagen. Wollen wir sie überhaupt noch? Wäre sie gut für Europa und die Welt? Nützte sie dem Frieden?« – so faßte die Illustrierte *Stern* bereits 1987 die Einschätzung des bundesdeutschen Publikums zusammen.[79]

Umfangreiches demoskopisches Datenmaterial zum historisch-politischen Selbstverständnis belegt, daß die Bundesbürger – trotz eines abstrakten Festhaltens am Wiedervereinigungsgebot des Grundgesetzes – an die Realität Gesamtdeutschlands im Grunde nicht mehr glaubten und daß die DDR sogar aus dem, was man in der Bundesrepublik für »deutsch« hielt, zunehmend ausgeklammert wurde. Die Eigenstaatlichkeit der DDR zog man nicht in Zweifel. Eine Revision der politischen Ordnung wurde weithin abgelehnt, das Wunschmodell stellte die in die westliche Welt eingebundene, pluralistische Bundesrepublik dar. Als deren herausragende Leistungen galten: die persönliche Freiheit der Menschen, die Westbindung, die Friedens- und Entspannungspolitik sowie die politische und betriebliche Mitbestimmung und der erreichte Wohlstand. Die Verfassungsprinzipien galten viel, man schätzte die Wirtschafts- und Sozialordnung. Dem Parteienstaat und dem Parlamentarismus standen nur ressentimentbeladene Minderheiten gegenüber. Der Stolz der Bundesbürger bezog sich auf die »Nation« Bundesrepublik, gesamtdeutsche oder kulturnationale Aspekte spielten eine untergeordnete Rolle.[80] Gegenüber einem Streben nach Wiedervereinigung hatten Frieden und Freiheit Vorrang gewonnen. Nationale Identitäten bedurften nicht mehr des Nationalstaats als Kristallisationspunkt und mußten auch nicht mehr auf ihn abzielen.[81] Allerdings: Die deutsche Geschichte war natürlich genauso offen wie die Geschichte aller anderen Völker, und angesichts eines sich abzeichnenden weltpolitischen Gezeitenwechsels war es absurd, einer Grabesruhe der deutschen Frage das Wort zu reden.

Konrad Adenauers Grundsatzentscheidung der Westbindung war die geschichtlich legitime und vor der deutschen und europäischen Geschichte verantwortbare Entscheidung. Im Grunde verhielt es sich mit Willy Brandts Ostpolitik ganz ähnlich. Sie war nicht der Vollzug eines Sachzwangs, über den sich nicht streiten ließ, aber sie war eine legitime Form deutscher Friedenspolitik und zog auf ihre Weise im deutschen Interesse notwendige Konsequenzen aus der Geschichte – und zwar nicht nur aus der Geschichte von 1933 bis 1945, sondern auch aus den Grundentscheidungen des Gründungsjahrzehnts der Bundesrepublik. Westintegration und Ostpolitik, wachsende posttraditionale Identität und eigenständige demokratische Traditionsbestände der zweiten deutschen Republik waren zum tragenden Fundament der Bundesrepublik und ihrer Gesellschaft geworden.

Herausforderungen und Chancen:
Von der Bonner zur Berliner Republik 1990 bis heute

Im November 1990 trafen sich Vertreter aus 35 KSZE-Staaten in Paris, um mit der Pariser »Charta für ein neues Europa« den Kalten Krieg formell zu beenden. »Das Zeitalter der Konfrontation und der Teilung Europas ist zu Ende gegangen … Ein neues Zeitalter der Demokratie, des Friedens und der Einheit bricht an«, hieß es in der Erklärung.[1] Hat sich dieser Optimismus bestätigt? Sind wir auf dem Weg zur »einen Welt«? Das vergangene Jahrzehnt mahnt uns zur Vorsicht. Manche Wissenschaftler hatten vorschnell das Ende der Geschichte prophezeit: Nach dem Sieg des Westens im Systemkonflikt und dem Untergang des Kommunismus sahen sie ein neues goldenes Zeitalter anbrechen, eine Art spannungsfreien Endzustand fortwährender Glückseligkeit, ohne Krisen und Kriege. Aber die Geschichte ist natürlich auch diesmal nicht an ihr Ende gekommen: Neue Konstellationen, Verwicklungen und Probleme entstanden – wie immer, seit es Menschen gibt.

Der zweifellos wichtigste Prozeß der internationalen Politik war die Erosion und der Zusammenbruch der Sowjetunion und des gesamten Ostblocks. Die Zäsur von 1989 erwies sich als so tief wie die von 1789. Innerhalb weniger Monate verschwanden kommunistische Diktaturen vom Erdboden, scheinbar unerschütterliche Machtstrukturen fielen in sich zusammen wie morsches Gebälk. Das Symbol für die Teilung der Welt in zwei Blöcke war das geschlossene Brandenburger Tor in Berlin gewesen, seine Öffnung und der Mauerfall symbolisierten die Zeitenwende des Jahres 1989. Mit dem Untergang des Kommunismus versank auch die globale Machtstruktur des Kalten Krieges: das bipolare internationale System. Für Deutschland brachte der Kollaps des kommunistischen Blocks nach 40 Jahren Teilung die Wiedervereinigung. Die Formen des Umbruchs im Osten waren vielfältig: In Polen hatte es seit den 70er Jahren gegärt, in den 80ern war die Opposition zu einer Massenbewegung herangewachsen. Ungarn wurde 1989 zum Wegbereiter der Demokratie in Osteuropa. Ebenfalls friedlich verlief der Umsturz in der Tschechoslowakei. Der beharrliche Massenprotest trieb die reformunwillige kommunistische Führung aus dem Amt, und der noch Anfang des Jahres 1989 inhaftierte Bürgerrechtler und Dramatiker Václav Havel wurde zum Staatspräsidenten gewählt. Das Wort von der »samtenen Revolution« geht auf ihn zurück. In keinem anderen Land des sich auflösenden Ostblocks gelangten wie in der Tschechoslowakei ehemalige Oppositionelle rasch in Schlüsselpositionen, aber sie konnten nicht verhindern, daß sich das Land nach wenigen Jahren spaltete. In Bulgarien dauerte alles länger und war die Situation lange kritisch. Blutig, ja begleitet von Gewaltexzessen vollzog sich der Umsturz in Rumänien, denn die gefürchtete Geheimpolizei »Securitate« verübte zahlreiche Greueltaten, während der grausame Diktator Ceauşescu auf der Flucht verhaftet und zusammen mit seiner Frau nach einem kurzen Prozeß hingerichtet wurde. Wie reagierte Europa, das bis dahin Westeuropa war, auf die neuen Entwicklungen? Welche Folgen ergeben sich heute aus der Osterweiterung der EU, die bis 2004 innerhalb weniger Jahre zehn neue Mitgliedstaaten aufgenommen hat, womit der Erweiterungsprozeß allerdings noch nicht abgeschlossen ist?

Im blockfreien Jugoslawien, in dem es bereits seit dem Tode Titos 1980 unruhig geworden war, verschärften sich die Autonomiebestrebungen der reicheren Teilrepubliken und wurden alte ethnische und religiöse Konflikte geschürt, die den Balkan für Jahre in einen erschreckenden, schonungslosen Bürgerkrieg mit Vertreibungen und Massenmord stürzten – mitten in Europa. Mit der Auflösung des Ostblocks und der Sowjetunion kehrten somit die Faktoren Nation und Nationalismus sowie daraus entstehende kriegerische Konflikte in die Geschichte zurück.

Allein im Jahr 1992 zählte man in der Welt 52 Kriege. Der vorherrschende Kriegstyp war dabei nicht mehr der klassische Staatenkrieg, sondern der innere Krieg, besonders in Afrika, wo uns die Bilder von den »Kindersoldaten« immer wieder erschüttern. Die Kriege haben ihr Gesicht erheblich verändert, man spricht von »neuen Kriegen«. Diese sind häufig »entstaatlicht«, d.h. das staatliche Gewaltmonopol gilt nicht mehr, verschiedene »Warlords« kämpfen um die Herrschaft. Während der Kabinettskriege des Absolutismus waren nahezu alle Gefallenen und Verwundeten Soldaten, nur ganz wenige Opfer waren Zivilisten. Am Ende des 20. Jahrhunderts hatte sich die Relation dramatisch verschoben: Nur noch etwa 10% der in den Kriegen Getöteten und Verwundeten waren erklärte Kombattanten, die restlichen 90% Nonkombattanten. Neben Japan war Deutschland das einzige große westliche Industrieland, das 50 Jahre in ununterbrochenem Frieden gelebt hat; man nahm kaum noch wahr, daß es existentielle Bedrohungen gab, daß Kriege ausbrechen könnten, die auch Deutschland betrafen.

Seit dem Terroranschlag auf das World Trade Center in New York am 11. September 2001 ist nichts mehr so, wie es zuvor war. Der Feind heißt: internationaler Terrorismus. Doch die Gestalt des Feindes bleibt schemenhaft; auch territorial kann er nicht genau definiert werden. Der Terrorist, der im asymmetrischen Kampf alle Regeln der Zivilisation verletzt, ist der personifizierte Ausdruck neuer Erscheinungsformen von Gewalt. Die neuen Kriege scheinen keinen richtigen Anfang und vor allem kein Ende mehr zu haben, kein Recht und keine Grenzen, die Verteidigung zielt oft ins Leere, und wie der Frieden zu gewinnen ist, verschwimmt.

Wird der Islam die ideologische Bewegung des 21. Jahrhunderts werden? Kommt es zu einem »Kampf der Kulturen«? Jedenfalls wird der Islam in wenigen Jahren die größte Kulturströmung der Welt sein und die christliche Welt prozentual überflügelt haben. Der Nord-Süd-Konflikt birgt weiterhin einen fast unkalkulierbaren Sprengsatz: Ein Fünftel der Menschheit besitzt vier Fünftel des Reichtums, der Wohlstand ist extrem ungleich verteilt. Die Auslandsschulden der Entwicklungsländer haben sich seit den 70er Jahren verdreißigfacht. Die ökologischen Risiken erhöhen sich dramatisch durch die Verbindung von Bevölkerungs- und Wirtschaftswachstum. Ein Beispiel: In den USA kommen gegenwärtig auf 1000 Personen fast 800 Autos, in China nur zwölf. Sollten die Chinesen den westlichen Stand der individuellen Motorisierung erreichen, wäre – die heutige Technik zugrunde gelegt – eine ökologische Katastrophe nicht abzuwenden. Andererseits: Haben die reichen Industrieländer das Recht, den bisher zu kurz Gekommenen mit einer ökologischen Moral den ökonomischen Verzicht zu predigen, den sie selbst nie leisteten? Man sieht, auch der Kapitalismus steckt in einer Legitimationskrise. Schließlich: Viele natürliche Ressourcen neigen sich dem Ende zu, Erdöl wird es nur noch wenige Jahrzehnte geben; Süßwasser ist heute schon ein knappes Gut.

Ein großes Problem stellt die demographische Entwicklung dar. Im Verlauf der Weltgeschichte verdoppelte sich die Weltbevölkerung in immer kürzeren Abständen. Im langen Zeitraum zwischen Christi Geburt und 1700 hat sich die Weltbevölkerung auf 600 Mio. verdoppelt. Dann schrumpften die Fristen. Von 3 auf 6 Mrd. verdoppelt hat sich die Menschheit allein in den 15 Jahren von 1985 bis 2000. Aber die Industriestaaten sind daran nicht beteiligt, ihre Geburtenraten bleiben rückläufig, ihre Gesellschaften überaltern, was eine Krise des Sozialstaates nach sich zieht.

Welche Folgen hat dies für Deutschland? Ist das »Modell Deutschland« an sein Ende gelangt? Erfordern die Folgen der Wiedervereinigung und der globale Turbokapitalismus ganz neue Rezepte? 1998 endete die Regierungszeit Helmut Kohls, des »Kanzlers der Einheit«; er hat Deutschland länger regiert als irgendein Kanzler seit Bismarck. Der Regierungswechsel zu Rot-Grün verbreitete zunächst eine Aufbruchstimmung, Deutschland sollte moderner, sozialer und liberaler werden. Wie sieht die Bilanz nach den vorgezogenen Neuwahlen im September 2005 aus? Welche Trends in Politik, Gesellschaft und Kultur zeichnen sich ab? Durch die Kommunikationsrevolution, durch Computer und Internet, und durch die neuen Verkehrsmittel, ist die Welt zusammengerückt, doch von der *einen* Welt sind wir noch weit entfernt. Wie soll Demokratie im Zeitalter der Globalisierung gestaltet, organisiert werden? Wie kann sie die Herausforderungen annehmen, wie einem globalen Handlungsbedarf gerecht werden? Die Welt von heute ist komplizierter geworden, als wir sie uns noch vor wenigen Jahren vorstellen konnten.

12 Der Weg zur Einheit der deutschen Nation

Der Kollaps der DDR

»Herr Bundeskanzler, im Augenblick fällt die Mauer!«, so hörte es Helmut Kohl aus dem Munde von Eduard Ackermann, seinem engen Mitarbeiter im Bundeskanzleramt, am frühen Abend des 9. November 1989. Der Bundeskanzler befand sich auf einem Staatsbesuch in Polen, er und seine gesamte Delegation in Warschau waren von der neuen Situation vollkommen überrascht. Wie sollten die Deutschen jetzt reagieren? Europa, ja die Welt schaute mit Argusaugen auf die Bundesregierung. Angesichts der sich überschlagenden Ereignisse in Ost-Berlin fühlte sich Kohl in Warschau am falschen Ort. Hatte es nicht Konrad Adenauer, als dessen Enkel er sich selbst oft bezeichnete, in erheblichem Ausmaß und mit Recht Sympathien gekostet, daß er am 13. August 1961 – am Tag des Mauerbaus – nicht sofort nach Berlin gereist war? Wenn das menschenverachtende Monstrum des SED-Staates nun, 28 Jahre später, einstürzte, so mußte der deutsche Bundeskanzler unbedingt am Ort des welthistorischen Geschehens sein; ein Fehler wie Adenauer konnte dem mit politischem Instinkt gesegneten Kohl nicht passieren.

Andererseits: Aus dem Kreml in Moskau kam die Nachricht, Michail Gorbatschow befürchte eine Eskalation der Ereignisse in der DDR, Kohl müsse alles in seiner Macht Stehende tun, um die Lage nicht zusätzlich zu destabilisieren. Tatsächlich drohte, wie nach Öffnung der Archive heute feststeht, von zwei Seiten die Anwendung von Gewalt, einerseits durch die Nationale Volksarmee und andererseits durch die verunsicherten sowjetischen Truppen. Oberstes politisches Ziel mußte es sein, daß sich alles, was sich ereignete, friedlich und kontrollierbar vollzog. Auf der Großveranstaltung vor dem Schöneberger Rathaus in Berlin hielt sich der Bundeskanzler deshalb mit seinen Worten zurück. Der neben dem Außenminister Hans-Dietrich Genscher und dem Regierenden Bürgermeister von Berlin, Walter Momper, ebenfalls anwesende Willy Brandt aber sagte: »Jetzt wächst zusammen, was zusammengehört. Jetzt erleben wir, und ich bin dem Herrgott dankbar dafür, daß ich dies miterleben darf: die Teile Europas wachsen zusammen.«[2]

Diese Sätze erscheinen uns heute visionär, aber waren sie damals nicht verfrüht? Heute wissen wir: Mit dem Mauerfall setzte eine »Revolution der Staatenwelt« ein, wie sie bis dahin unvorstellbar schien;[3] der Fall der Berliner Mauer kam einem gesamteuropäischen Erdbeben gleich. Die Rahmenbedingungen europäischer Politik veränderten sich schlagartig, doch 1989 konnte noch niemand sagen, wohin die neuen Möglichkeiten den europäischen Kontinent und Deutschland führen würden. Das Ende des Ost-West-Konflikts und des Kalten Krieges vollzog sich in Etappen. Die beschleunigte Erosion im sozialistischen Lager hatte mit der polnischen Gewerkschaftsbewegung in den 80er Jahren begonnen; sowohl die Entspannungspolitik ab 1969 als auch die neue Konfrontation seit den 80er Jahren hatten den Ostblock unterminiert. Michail Gorbatschow, der am 11. März 1985 das Ruder im Kreml übernahm, war zwar überzeugter Reformsozialist, aber die Gründe für seine Politik der Perestroika und des Glasnost sind auch in den strukturellen und aktuellen Krisen des sowjetischen Systems zu suchen. Die Auflösung des sowjetischen Imperiums war von ihm nicht beabsichtigt. Mit seiner Politik wollte er vielmehr den Verfall verhindern, der jedoch, gerade im Gegenteil, dadurch noch an Fahrt gewann.[4] Es macht einen Teil der historischen Größe Gorbatschows aus, daß er sich, als dies sichtbar wurde, diesem Prozeß nicht mit Gewalt entgegenstemmte – wie seine Vorgänger es wohl getan hätten.

1989 war die DDR ein todkrankes System, seit Mitte der 70er Jahre hatte der Erosionsprozeß eingesetzt. »Die DDR starb an sich selbst, doch die Bundesrepublik wirkte dabei mit«[5] – dieser Satz trifft in doppelter Weise zu. Zum einen: An sich selbst starb die DDR infolge systemimmanenter Faktoren wie ihrer Wirtschaftskrise und Schuldenmisere, den Problemen des zentralen Herrschaftssystems und nicht zuletzt der abnehmenden Systemloyalität.[6] Zum andern erhielt das »Modell Bundesrepublik« erst durch die Entspannungspolitik der Regierung Brandt/Scheel richtig Leuchtkraft, und zudem betrieb die Regierung Kohl/Genscher 1989 eine Politik, die zu keinem Zeitpunkt irgendeinen Zweifel daran aufkommen ließ, daß es ihr um die Abschaffung der DDR und die Wiedervereinigung Deutschlands ging. Ein freies Polen konnte sich jeder vorstellen, aber eine freie DDR war undenkbar, denn im deutschen Fall war die Frage der Freizügigkeit immer mit der nationalen Frage verknüpft; dies unterschied die Situation der DDR so gravierend von allen anderen Ostblockstaaten und machte für sie den Wandel lebensbedrohlich. Der Kollaps der DDR war Teil des gesamten Untergangs des Kommunismus. Die Krise erfaßte nicht – wie früher – nur ein einziges Land, sondern den gesamten Ostblock. Ohne den Schutz der Sowjetunion war die DDR dem Untergang geweiht. Bereits im Juli 1989 brach jedoch der Warschauer Pakt in Bukarest erstmals in einem offiziellen Dokument mit der Breschnew-Doktrin, die eine nur begrenzte Souveränität der ostmitteleuropäischen Staaten und das Interventionsrecht der Sowjetunion vorsah. Dies war ein Signal: Der Kreml ließ zu, daß sich friedliche Machtwechsel vollziehen konnten. Dies war die notwendige externe Voraussetzung für den Wandel und im Grunde schon das Todesurteil für den SED-Staat.

Dessen morsches Herrschaftssystem konnte aber erst zusammenbrechen, wenn die Unzufriedenheit der Menschen revolutionäre Ausmaße annahm. Überall Wandel,

Abb. 64: *Vor allem junge Ostdeutsche laufen in die Freiheit. DDR-Flüchtlinge an der österreichisch-ungarischen Grenze am 19. August 1989. Wenige Wochen zuvor hatte Ungarn die Grenzen geöffnet, die Massenflucht begann. Es war der Anfang vom Ende des Eisernen Vorhangs, der Europa für Jahrzehnte geteilt hatte.*

Umgestaltung, Erneuerung – außer in der DDR, deren Führungsriege sich ungerührt zum 40. Geburtstag des Staates am 7. Oktober 1989 rüstete. Er sollte pompös gefeiert werden. Aus Enttäuschung über ausbleibende Reformen in der DDR wuchs indessen der Ausreisedruck.[7] Die am 1. Januar 1989 in Kraft getretene neue Reiseverordnung veranlaßte bis Ende September fast 161 000 DDR-Bürger, die ständige Ausreise aus dem zweiten deutschen Staat zu beantragen. Wie gewaltig diese Zahl war, zeigt ein Vergleich: Im gesamten Zeitraum der 16 Jahre zwischen 1972 und 1988 waren es nur rund 32 000 Anträge weniger gewesen als nun innerhalb von lediglich neun Monaten. Ausreiseanträge überschnitten sich rasch mit Fluchtwellen. Bis zum Herbst flohen zunächst einige hundert, dann Tausende DDR-Bürger über die Botschaften der Bundesrepublik in Prag, Budapest und Warschau sowie über die im September geöffnete ungarisch-österreichische Grenze. Die erste Massenflucht fand am 19. August statt. 661 DDR-Bürger nutzten das »Paneuropäische Picknick« bei Sopron zur Flucht in den Westen; auf eigene Faust passierten im August rund 3000 Menschen die »grüne Grenze« zwischen Ungarn und Österreich. Ab dem 11. September erlaubte Ungarn den Deutschen aus der DDR die Ausreise in den Westen; bis Ende des Monats flohen weitere 30 000 Ostdeutsche. Damit suspendierte die ungarische Regierung einseitig alle Verträge mit der DDR, in denen entgegengesetzte Bestimmungen aufgeführt waren. Der »Eiserne Vorhang« hatte ein Loch; es war der Anfang von seinem Ende. Völlig hilflos wirkten die Propagandareaktionen der SED: Das Politbüro machte den »Imperialismus in der BRD« für die Fluchtwelle verantwortlich und beschuldigte den einstigen »Bruderstaat« Ungarn, sich vom Westen »kaufen« zu lassen; es sei ein »organisierter Menschenhandel«, der hier ablief. Solche Lügen ließen den Unmut in der DDR-Bevölkerung noch zusätzlich ansteigen.

Die Lösung des Problems sah die SED in »Ausschleusungsaktionen«. Mit einer kontrollierten Massenausreise versuchte die Führung, der Ausreisewelle Herr zu werden. Die Flüchtlinge in der völlig überfüllten bundesdeutschen Botschaft in Prag durften ausreisen. Allerdings sollte dieser Ausreise offiziell der Anschein einer Ausweisung aus der DDR gegeben werden. Durch ihr Verhalten hätten jene DDR-Bürger in Prag die moralischen Werte mit Füßen getreten und sich selbst aus der Gesellschaft ausgegrenzt. Deshalb verlangte die SED-Führung, daß erstens die »Reise« in Zügen der Deutschen Reichsbahn zu erfolgen habe und diese zweitens über das Gebiet der DDR erfolgen müsse. Am Dresdner Hauptbahnhof versuchten am 4. Oktober mehrere Tausend Menschen auf die durchfahrenden Züge aufzuspringen. Weitere »Ausschleusungsaktionen« folgten in Warschau, wo die Menschen mit Sondermaschinen der polnischen Fluggesellschaft LOT in den Westen geflogen wurden.

Die Fluchtwelle war nur die eine Dimension, die den SED-Staat existentiell bedrohte. Gleichzeitig wuchsen innerhalb der DDR die Demonstrationen für Meinungs-, Presse- und Versammlungsfreiheit an, zuerst vor allem in Leipzig und Ost-Berlin, bald in vielen weiteren Städten. Am 4. September, einem Montag, demonstrierten in Leipzig am Ende eines Friedensgebetes in der Nikolaikirche etwa 1200 Menschen für ihre Ausreise; zwei weitere Ausreise-Demonstrationen folgten an den beiden kommenden Montagen. Doch ab dem 25. September zeigte sich ein anderes Bild: Die bis zu 8000 Teilnehmer riefen auf den »Montagsdemonstrationen« Losungen wie »Wir bleiben hier« und traten damit offen für Reformen in der DDR ein; rasch stieg die Zahl der Demonstranten in Leipzig auf 25000 an. Daß die Mauer noch in 50 oder 100 Jahren bestehe und der Sozialismus siegen werde, war zur gleichen Zeit aus dem Munde Erich Honeckers zu hören. Anfang Juni hatte die DDR-Spitze die brutale und blutige Niederschlagung der chinesischen Demokratiebewegung auf dem »Platz des Himmlischen Friedens« in Peking begrüßt. Der Freiheitsprotest von einer Million junger Chinesen war dort von der kommunistischen Führung am 18. Mai 1989 in einem Blutbad erstickt worden.

Während der Feierlichkeiten zum Staatsgeburtstag am 7. Oktober wurden rund 3500 Personen festgenommen; die SED sprach, wie immer in solchen Situationen seit dem 17. Juni 1953, von »Randalierern« und »kriminellen Elementen«, die im Zusammenspiel mit den westlichen Medien die DDR unterhöhlen wollten. Die Furcht, die SED könne zu einer »chinesischen Lösung« greifen, um die schnell wachsende Demokratiebewegung zu Boden zu werfen und ihr ein gewaltsames Ende zu bereiten, war nicht irreal. Die Demonstrierenden schwankten zwischen Entschlossenheit und angstvoller Unruhe. Doch am 9. Oktober trat die Wende ein. Volkspolizei, Staatssicherheit und NVA hatten sich bereits auf eine gewaltsame Auflösung der Montagsdemonstration vorbereitet. Der »Appell der Leipziger Bürger« – die Versicherung, alles für einen friedlichen Ablauf unternehmen zu wollen – sowie die Nachricht, daß die Moskauer Führung sich entschlossen habe, in der DDR nicht einzugreifen, verhinderte ein drohendes Blutvergießen in der Stadt. Dieser Gewaltverzicht machte die Wende unumkehrbar. 75 000 Menschen demonstrierten unter der Losung »Wir sind das Volk«, am 16. Oktober gingen in der »Heldenstadt Leipzig« bis zu 120 000 Menschen auf die Straße.[8] Die politische Emanzipationsbewegung machte auch vor anderen Städten nicht halt: Ab Ende Oktober demonstrierten Zehntausende Bürgerinnen und Bürger in Ost-Berlin, Dresden, Plauen, Potsdam, Karl-Marx-Stadt (Chemnitz), Erfurt, Rostock, Magdeburg, Stralsund, Schwerin, Zwickau und Halle sowie an zahlreichen kleineren Orten.

Neugründungen von Oppositionsgruppen und Parteien gab es allerorten. Das »Neue Forum« erlangte von Beginn an große Aufmerksamkeit, weil es in der Wohnung von Katja Havemann – der Witwe des 1982 gestorbenen Dissidenten Robert Havemann – gegründet wurde. Havemann hatte mit seinen systemkritischen Ideen eines »demokratischen Sozialismus« seit den 70er Jahren den größten Einfluß darauf, daß sich in der DDR eine unabhängige Bürgerrechtsbewegung entwickelte. Er war unter Hausarrest gestellt worden und stand bis zu seinem Tode unter der Bewachung der Staatssicherheit. Bärbel Bohley und Jens Reich waren nun die Mitinitiatoren des »Neuen Forums«, das bald großen Zulauf verzeichnen konnte, ehe viele seiner Mitglieder in die seit Oktober wieder entstehenden traditionellen politischen Parteien abwanderten. In der Partei »Demokratischer Aufbruch« (DA) sammelte sich ebenfalls ein breites Spektrum, darunter Rainer Eppelmann, Wolfgang Schnur und Friedrich Schorlemmer. Forderungen nach einem demokratischen Sozialismus fanden sich in der Bewegung »Demokratie Jetzt« von Wolfgang Ullmann, Konrad Weiß und vielen anderen. Darüber hinaus wandelten sich Bewegungen in politische Parteien um: Es gründete sich die Sozialdemokratische Partei in der DDR (SDP) unter Markus Meckel, Angelika Barbe und Ibrahim Böhme, der später als Stasi-Spitzel enttarnt wurde. Die GRÜNEN sammelten sich um die Bürgerrechtlerin Vera Lengsfeld (vor ihrer Scheidung: Wollenberger); und die ehemaligen Blockparteien, vor allem die CDU und die LDPD, setzten sich von der SED, der sie bisher nahegestanden hatten, ab. Der Schriftstellerverband und das Präsidium der Akademie der Künste in der DDR forderten einen öffentlichen demokratischen Dialog. Besonders die Evangelische Kirche in der

DDR schuf Voraussetzungen für die »Wende«: Durch ihre strukturelle Selbständigkeit wurde sie zum Schutzraum für oppositionelle Aktivitäten; für die politisch entmündigten Bürger übernahm sie eine Stellvertreterrolle, und nicht zuletzt prägte sie eine politische Kultur des Widerstands. Die aktiven Protestformen der Oktober-Revolution: Friedensgebete, Gesänge, Mahnwachen und Gewaltlosigkeitsappelle konnten ihre kirchliche Herkunft nicht verleugnen. Durch die Synodalarbeit in demokratischen Verfahrensfragen geschult, moderierten Kirchenvertreter die Verhandlungen an den neueingerichteten »Runden Tischen«. Die evangelische Kirche hat somit bei der demokratischen Umwandlung geholfen.[9]

Mitte Oktober wurde der altersstarre Erich Honecker gestürzt und von Egon Krenz als Generalsekretär der SED abgelöst. Honecker war nicht bereit, sich auch nur einen Millimeter zu bewegen, hielt krampfhaft an seinem Lebenswerk fest, sperrte sich gegen jede Form der Veränderung und stand am Ende fast im gesamten Ostblock allein. »Aus gesundheitlichen Gründen«, wie es offiziell hieß, trat er von seinen Partei- und Staatsämtern zurück. Egon Krenz zeigte sich geschmeidiger; bisher war er für die Sicherheit, für Jugend und Kaderfragen im Zentralkomitee der SED verantwortlich gewesen, und seit längerem bereits hatte er als Honeckers Nachfolger gegolten. Krenz versuchte, die schwindende Macht zu konsolidieren und das Vertrauen der Bevölkerung zu gewinnen. Er räumte gewisse Fehler der Staatsspitze ein und kündigte eine Amnestie für Bürger an, die in den Westen geflohen waren. Doch alle Überlegungen aus dem »Aktionsprogramm für die Erneuerung« vom 3. November blieben wirkungslos. Am 4. November fand die größte Demonstration in der Geschichte der DDR in Ost-Berlin statt, Schätzungen reichen bis zu einer Million Menschen; auf vielen Plakaten prangten ironische Sprüche: »Visafrei bis Hawaii«, »Wende statt Wände« oder »Rechtssicherheit ist die beste Staatssicherheit«. Die Wahl eines reformierten Politbüros am 8. November konnte die Regierung nicht stabilisieren, vielmehr herrschte allseits Konfusion, untrügliche Anzeichen des inneren Machtzerfalls.

Am Tag darauf brach die DDR wie ein Kartenhaus zusammen. »Der Fall der Mauer war weder vorgesehen noch vorhersehbar.«[10] Der Vorgang war ebenso sensationell wie skurril. Auf einer Pressekonferenz, die direkt vom Fernsehen übertragen wurde und zunächst wie üblich langweilig war, verlas SED-Politbüro-Mitglied Günter Schabowski um 18.57 Uhr auf eine Frage zur neuen Ausreiseregelung hin beiläufig einen Beschluß des amtierenden Ministerrates: »Privatreisen nach dem Ausland können ohne Vorliegen von Voraussetzungen (Reiseanlässe und Verwandtschaftsverhältnisse) beantragt werden. Die Genehmigungen werden kurzfristig erteilt.« Auf die Nachfrage eines Journalisten: »Ab wann tritt das in Kraft?« erklärte Schabowski, sichtlich verwirrt und konfus, das trete seiner Kenntnis nach »sofort, unverzüglich« in Kraft. Fassungslosigkeit im Auditorium. Bedeutete das nicht die Maueröffnung? War man Zeuge einer

Abb. 65: *Die Mauer, das Symbol eines menschenverachtenden Systems, nach ihrer Öffnung am 9. November 1989. Begeisterte Berliner aus beiden Teilen der Stadt feiern auf dem häßlichsten Bauwerk der Welt. Die Stimmung war ausgelassen, aber friedlich. Die Welt staunte über die neuen Deutschen*

Weltsensation? Diese sensationelle Meldung löste eine Kettenreaktion aus. In Windeseile verbreiteten sich Gerüchte, die Grenzübergänge seien nicht mehr geschlossen. Westliche Medien berichteten, die DDR habe die Grenze geöffnet; eine Meldung jagte die nächste, die Medienspirale drehte sich immer schneller, bald waren Journalisten live an den Grenzübergängen. Der Deutsche Bundestag in Bonn unterbrach eine laufende Beratung über das Vereinsförderungsgesetz und stimmte die bundesdeutsche Nationalhymne an. Tausende von Ost-Berlinern machten sich zu den Grenzübergängen auf. Es folgte die Nacht der Nächte. Die Grenzwachen waren überrascht, ratlos, überfordert. Sie ließen zuerst nur DDR-Bürger mit Ausweisen passieren, die sie abstempelten und entwerteten, damit diese nicht wieder zurückkehren konnten – so lautete die Weisung. Doch der Ansturm der Menschen wurde so massiv, daß sie auf alle Formalitäten, schließlich auf jegliche Kontrolle verzichteten. »Wir fluten jetzt!«, so kündigte der leitende Offizier der Paßkontrolle an der Bornholmer Straße am Prenzlauer Berg die Grenzöffnung an. Die Schlagbäume gingen hoch, bis 24 Uhr wurden alle innerstädtischen Kontrollpunkte geöffnet. Damit war die Mauer faktisch gefallen. Über das Wochenende besuchten etwa 3 Mio. DDR-Bürger die Bundesrepublik und West-Berlin: überschwengliche Freudensbekundungen, kilometerlange Staus, fassungslose und glückliche Menschen. Bis zur offiziellen, symbolträchtigen Öffnung des Brandenburger Tors am 22. Dezember verging noch einige Zeit. Doch der Mauerdurchbruch vom 9. November bedeutete weit mehr als nur die Öffnung einer Grenze; es war das Ende des SED-Regimes. »Mit dem Verlust der Kontrolle über die Grenze … verlor das SED-Regime die Machtressource, mit der es ihm 1961 gelungen war, seine Anerkennung im Innern zu erzwingen.«[11] Es war die »Wende in der Wende«.[12] Nach der Maueröffnung wurde die Bürgerbewegung an den Rand gedrängt. An die Stelle einer Reform der DDR trat nun die deutsche Wiedervereinigung. Das Motto »Wir sind das Volk« wandelte sich zu »Wir sind *ein* Volk«.

Das, was 1989 in der DDR stattgefunden hat, war ein dramatischer Prozeß der Selbstbefreiung. Jürgen Habermas hat ihm das Etikett von der »nachholenden Revolution« verliehen: »Nachholen will man, was den westlichen Teil Deutschlands vom östlichen vier Jahrzehnte getrennt hat – die politisch glücklichere und ökonomisch erfolgreichere Entwicklung.«[13] Dieser Prozeß ging einher mit der Wiederherstellung der Zivilgesellschaft, die von der SED 40 Jahre lange verhindert worden war. Wenn sie zuvor eingefordert wurde – wie am 17. Juni 1953 –, hatte die Führung sie erbarmungslos niederschlagen lassen. Zwangsmethoden des Regimes hatten seither eine tägliche Anpassung der Menschen an die Diktatur nötig gemacht. Nun wurde diese Passivität eruptiv abgeschüttelt. »Nach vierzig Jahren weitgehender Sprachlosigkeit«, so urteilt Konrad Jarausch, »meldeten sich im Herbst 1989 die ostdeutschen Bürger plötzlich wieder zu Wort. Explosionsartig entluden sich Frustrationen über die Schäbigkeit der DDR, verlor sich die Angst vor der allgegenwärtigen Stasi und äußerte sich die Enttäuschung über den realen Sozialismus.«[14] Diese Wiederherstellung der Zivilgesellschaft in Ostdeutschland vollzog sich in drei Akten: Der erste Akt war die Durchsetzung des Rechts auf öffentliche Meinungsäußerung, nicht zuletzt in den Montagsdemonstrationen. Der zweite Akt war die Überführung der informellen Gruppen in feste, öffentlich agierende Organisationen und schließlich in Parteien. Außerdem wurde der ostdeutsche Parlamentarismus in Form des »Runden Tisches« seit Anfang Dezember 1989 – an dem sich Vertreter von 14 politischen Parteien und Bewegungen (alte und neue Kräfte) unter der Moderation von Kirchenvertretern zusammenfanden – wiederbelebt. Der dritte Akt weist bereits auf die Zeit nach 1990 hin: In der folgenden Konsolidierungsphase wurde »die entstehende ostdeutsche jedoch von der etablierten westdeutschen Zivilgesellschaft – aufgrund ihrer überlegenen Wirtschaftspotenz und ihres erprobten Grundgesetzes – überlagert, so daß die soziale Mobilisierung zunächst wieder drastisch zurückging«.[15]

Die Wiedervereinigung

Wie agierte die Bundesregierung während dieser an Dramatik kaum zu überbietenden Abläufe, wie konnte sie agieren? Grundsätzlich muß festgehalten werden, daß die Lösung der deutschen Frage nicht in deutscher Hand lag, sondern wesentlich an die internationalen Bedingungen gebunden war. Entscheidend für den Verlauf des gesamten Prozesses blieb die Rolle der USA und der Sowjetunion. Freilich konnten beide ihre Politik auf Dauer nicht gegen die massenhafte Volksbewegung in Ostdeutschland ausrichten, in der bald die Rufe »Deutschland – einig Vaterland«, ein Zitat aus der ersten Strophe der DDR-Hymne, dominierten, was im November 1989 der Fall war. Von herausragender Bedeutung sollte es deshalb werden, daß die amerikanische Regierung unter George Bush sen. von Beginn an das Selbstbestimmungsrecht der Deutschen als Richtschnur akzeptierte, eine deutsche Einheit auf der Grundlage der westlichen Werte anstrebte und der Bundesregierung bei ihrem Vereinigungsstreben Rückendeckung gab. Diese wiederum vollzog im November 1989 einen deutschlandpolitischen Kurswechsel: Nicht mehr Kooperation mit der DDR und ihre Stabilisierung, wie noch vor kurzem, standen auf der Agenda, sondern eine Politik der Stärke und die Forderung nach einem Systemwechsel. Beides wurde »gegenüber der Sowjetunion in der Form konziliant, aber in der Position fest« vertreten;[16] die DDR-Regierung kam als politisch bedeutsamer Faktor eigentlich schon nicht mehr vor.

Es ist viel über die Rolle einzelner Persönlichkeiten im politischen und historischen Prozeß der Jahre 1989/90 diskutiert worden. Mit Blick auf die deutsche Wiedervereinigung ist eine Flut an autobiographischer Literatur erschienen, und jeder der beteiligten Politiker reklamiert für sich die Rolle des eigentlichen Vaters des Erfolgs.[17] Tatsächlich kam es auf kluge, schnelle und auch improvisierte politische Entscheidungen der Beteiligten an, und Bundeskanzler Helmut Kohl erwies sich als Meister darin. Dennoch konnte er die Wiedervereinigung nicht im Alleingang bewerkstelligen. Der Politikwissenschaftler Werner Weidenfeld, Herausgeber des Standardwerks zur Geschichte der deutschen Einheit, formuliert zu Recht: »Erst die strukturellen Rahmenbedingungen ermöglichten die Wiedervereinigung. Zielrichtung und Geschwindigkeit des Prozesses wurden allerdings ungewöhnlich stark vom Zusammenspiel der beteiligten Spitzenpolitiker beeinflußt.«[18]

Am 28. November 1989 versuchte Helmut Kohl, seinen Führungsanspruch zu demonstrieren, und veröffentlichte sein »Zehn-Punkte-Programm zur Überwindung der Teilung Deutschlands und Europas«.[19] Darin schlug er eine deutsch-deutsche Vertragsgemeinschaft, basierend auf föderativen Strukturen zwischen den beiden deutschen Staaten, vor. Mit dieser Initiative stieß Kohl zunächst auf erhebliche Widerstände sowohl bei seinen europäischen Amtskollegen, denen alles viel zu schnell ging, als auch beim noch zögernden Gorbatschow. Ein Ziel wurde indessen umgehend erreicht: Der Prozeß der Auflösung der DDR beschleunigte sich noch weiter; die Bürgerbewegungen und Parteien nahmen an Gewicht zu. Auf dem internationalen Parkett reagierten die Vereinigten Staaten mit »Vier Prinzipien« auf Kohls Programm: Verwirklichung des Selbstbestimmungsrechts; ein nicht überstürzter, sondern schrittweiser Prozeß; Unverletzlichkeit der Grenzen in Europa; weitere Zugehörigkeit Deutschlands zur EG und zur NATO. Im Februar 1990 wurde in Camp David der deutsch-amerikanische Schulterschluß vollzogen, d.h. die jeweiligen Positionen wurden aufeinander abgestimmt. In der Folge übernahmen die USA die Führung auf der internationalen und der sicherheitspolitischen Ebene und die Bundesrepublik auf der nationalen sowie ökonomischen. Am 6. Februar 1990 schlug Bundeskanzler Kohl der neuen DDR-Regierung unter Ministerpräsident Hans Modrow – der Erste Sekretär der SED-Bezirksleitung Dresden galt als antistalinistischer, reformbereiter Hoffnungsträger jener, die die DDR retten wollten, und war am 13. November 1989 Nachfolger von Willi Stoph geworden – Verhandlungen über eine »Währungsunion mit Wirtschaftsreform« vor. Innenminister Wolfgang Schäuble übernahm die Federführung bei den deutsch-deutschen Gesprächen, Finanzminister Theo Waigel bei allen finanzpolitischen Aspekten. US-Außenminister James Baker brachte seinerseits in Moskau die sowjetische Führung dazu, den »Zwei-plus-Vier«-Konferenzmechanismus zur Beratung der äußeren Aspekte einer Wiedervereinigung Deutschlands zu akzeptieren – die beiden deutschen Staaten und die vier Siegermächte des Zweiten Weltkriegs sollten am gemeinsamen Verhandlungstisch sitzen. Gorbatschow gab Bundeskanzler Kohl und Außenminister Genscher am 10. Februar 1990 in Moskau sein grundsätzliches Einverständnis zur Schaffung einer deutschen Einheit.

Das größte Problem lag in der Frage der Bündniszugehörigkeit eines wiedervereinigten Deutschland. Für den Westen bedeutete dieser Aspekt die Schlüsselfrage; seit den Stalin-Noten von 1952 war klar, daß von ihm nur eine »westliche Variante« akzeptiert werden würde. Und für die Sowjetunion war es eine Frage des Prestiges und des Ansehens, denn wenn sie der Forderung nach einer NATO-Mitgliedschaft Deutschlands zustimmte, würde sie definitiv die Niederlage im Kalten Krieg eingestehen müssen. Dementsprechend schwer tat man sich auf sowjetischer Seite. Doch am 31. Mai 1990 gab Gorbatschow im Kabinettssaal des Weißen Hauses, für die übrigen

Anwesenden völlig überraschend, »grünes Licht für den schwierigsten Engpaß auf dem Weg zur deutschen Einheit«.[20] Er sprach sich dafür aus, einem vereinigten Deutschland selbst die Entscheidung zu überlassen, zu welchem Bündnis es gehören wolle. Das war ein gewaltiger, ein erklärungsbedürftiger Schritt. Jost Dülffer schreibt dazu: »Im Bewußtsein der eigenen Schwäche und der Dynamik der deutschen Entwicklung, aber auch im persönlichen Vertrauen auf Bush und Kohl gab Gorbacev eine Position nach der anderen preis.«[21] Michail Gorbatschow selbst nennt in seinen Memoiren drei Gründe dafür, daß er Deutschlands Wiedervereinigung auch zu seiner eigenen Sache machte: 1. moralische Gründe – keine Nation durfte auf ewig gespalten bleiben, Schuld konnte man nicht verewigen; 2. politische Gründe – die sowjetischen Truppen durften in der DDR nicht zu ihrer Rettung eingreifen, weil dadurch die Perestroika unmöglich geworden wäre; 3. strategische Gründe – ein allgemeines Sicherheitssystem mußte an die Stelle der Blockkonfrontation treten.[22] Hinzu kam, daß Kohl im richtigen Augenblick der Sowjetunion eine großzügige Wirtschaftshilfe für ihr Wiedervereinigungsplazet anbot. Ferner zahlte sich das gegenseitige Vertrauen zwischen Kohl und Gorbatschow sowie zwischen den beiden Außenministern Genscher und Eduard Schewardnadse aus.

Die Kühnheit und Weitsicht des sowjetischen Staatspräsidenten stießen nicht überall im Westen auf begeisterte und ungeteilte Zustimmung. In Großbritannien und Frankreich, aber auch in Italien, gab es zum Teil erhebliche politische Vorbehalte gegenüber einer deutschen Einheit. Es gab zwar kein anderes Ereignis in der ganzen deutschen Geschichte, an dem so viele Menschen der Welt mit solcher Freude Anteil genommen haben, wie beim Fall der Berliner Mauer, der ausgerechnet noch im Jahr des 200. Jubiläums der Französischen Revolution erfolgte, aber kein Staat in Europa wünschte sich vor dem Hintergrund der Geschichte des 20. Jahrhunderts eine Machtkonzentration von 80 Mio. Deutschen. Manche fürchteten sie regelrecht und malten das Schreckgespenst eines »Vierten Reiches« an die Wand.[23] Besonders die britische Premierministerin Margaret Thatcher lehnte ganz unverblümt eine geballte deutsche Macht in der Mitte Europas ab. Deutschland schwankte in ihren Augen seit jeher zwischen Aggression und Selbstzweifeln hin und her, es sei eine Kraft der Destabilisierung, und nun drohe das europäische Gleichgewicht durch eine »teutonische Hegemonie« ersetzt zu werden.[24] Giulio Andreotti, der italienische Regierungschef, sah es ähnlich, wenngleich er maßvollere Worte fand. Auch Deutschlands engster Verbündeter in Europa, Frankreich, geriet ins Zweifeln. Zwar hielten wenige Monate vor dem Fall der Mauer, Anfang Juli 1989, 53% der befragten Franzosen eine Wiedervereinigung »für keine schwere politische Gefahr mehr für Europa« (gegenüber immerhin 29%),[25] doch Präsident François Mitterrand, der gute Freund Helmut Kohls, gestand Gorbatschow, daß er kein begeisterter Anhänger der deutschen Einheit sei. Sein

Staatsbesuch in Ost-Berlin im Dezember 1989 irritierte, ja brüskierte viele Westdeutsche; immerhin war es der erste Besuch eines Staatsoberhaupts der drei Westalliierten in der DDR, und das ausgerechnet in ihrer Todesstunde. Wollte er die DDR konservieren, retten? Wohl kaum. Doch Mitterrand wollte den Prozeß abbremsen, ihn verzögern. Als er indessen erkannte, daß sich die Wiedervereinigung mit diplomatischen Mitteln nicht aufhalten ließ, setzte er auf eine noch engere Einbindung Deutschlands in Europa.[26] Die deutsch-französische Initiative zu einer Europäischen Union im Frühjahr 1990 war ein Signal an die Partner der Deutschen im Westen: Das vereinigte Deutschland würde nicht nur grundsätzlich fest im Westen verankert bleiben, sondern die Westbindung mit seinem Beitrag zur Vertiefung und Integration auch dauerhaft stärken und weiter ausbauen. Der am 28. April 1990 in Dublin tagende Europäische Rat begrüßte die deutsche Einigung als »positiven Faktor« für den europäischen Einigungsprozeß.

Die ausländischen Befürchtungen waren nicht zuletzt deshalb geschürt worden, weil Helmut Kohl aus innenpolitischem Kalkül heraus in der Frage der völkerrechtlichen Anerkennung der Grenze zu Polen, der Oder-Neiße-Grenze, taktierte; der rechte Rand im politischen Spektrum der Bundesrepublik sollte für die Union nicht verlorengehen – Ende 1990 standen Bundestagswahlen ins Haus. Bereits am 8. März 1990 hatte der Deutsche Bundestag eine Garantieerklärung für die polnische Westgrenze abgegeben, doch der Bundeskanzler sorgte durch mißverständliche Äußerungen weiterhin für Verunsicherung. Erst am 21. Juni akzeptierte er endgültig und ausdrücklich die deutsch-polnische Grenze, die völkerrechtlich am 14. November 1990 voll anerkannt wurde. Zwischenzeitlich war im deutsch-polnischen Verhältnis aber viel Porzellan zerschlagen worden.[27]

Während auf der internationalen Bühne die Überwindung der deutschen Teilung Fortschritte machte, gab es in der Bundesrepublik vielstimmige Debatten darüber, ob eine deutsche Wiedervereinigung überhaupt erstrebenswert sei und wie sie gestaltet werden sollte. Nicht wenige führende Vertreter aus Politik und Gesellschaft begrüßten die Möglichkeiten einer so unverhofft kommenden deutschen Einheit allenfalls mit »gestopften Trompeten«.[28] Der für die anstehende Bundestagswahl 1990 nominierte SPD-Kanzlerkandidat Oskar Lafontaine war einer der Wortführer, die mit der emotionalen wie symbolischen Dimension des Nationalen nicht viel anfangen konnten, ja einen antinationalen Affekt an den Tag legten. Hatte die SPD unter Kurt Schumacher am Anfang der 50er Jahre einen unbedingten Primat des Nationalen und der Wiedervereinigung vertreten, so war bei Lafontaine nun alles ganz anders. Er hielt den Nationalstaat für ein überholtes Modell und hegte ihm gegenüber fundamentale Vorbehalte. Dem Nationalen setzte Lafontaine den unbedingten Primat des Sozialen entgegen. Nicht die staatliche Einheit sei entscheidend, sondern die Einheitlichkeit der

Lebensverhältnisse für alle Deutschen; das Nationale sei also dem Sozialen unterzuordnen. Wie dies politisch bewerkstelligt werden sollte, blieb hingegen vollkommen unklar. Auch Teile der GRÜNEN und der Bürgerrechtler in der DDR wollten eine Alternative zur Bundesrepublik am Leben erhalten, suchten im »Aufruf für unser Land« nach einem »Dritten Weg«, aber auch dies waren reichlich weltfremde Ideen.

Warnungen vor übereilten Wiedervereinigungsdebatten reichten bis in das Lager der CSU, wobei etwa der bayerische Ministerpräsident Max Streibl nicht allein einen bundesrepublikanischen Patriotismus, sondern auch antipreußische Affekte bemühte. Doch vor allem durch die Sozialdemokratie ging ein deutlicher Riß: Angehörige der jüngeren Generation wie Lafontaine verstanden sich als Verfassungspatrioten der alten Bundesrepublik und als westliche Europäer, die in multikulturellen, nicht in nationalen Dimensionen dachten und lebten. Die Älteren, besonders Willy Brandt, hielten demgegenüber mit einem erfahrungsgesättigten patriotischen Pathos an der deutschen Nation fest; für sie war eine sich anbahnende Wiedervereinigung die Erfüllung ihres Lebenstraumes, und sie hielten die Debatten, ob auf eine Einheit verzichtet werden sollte, für völlig abstrus. Dies galt auch für das moralisch-geschichtsphilosophische Argument, das der Schriftsteller Günter Grass vorbrachte: Das historische Stigma »Auschwitz«, das den Deutschen eingebrannt sei, verbiete eine deutsche Einheit. »Der Ort des Schreckens«, so Grass, »als Beispiel genannt für das bleibende Trauma, schließt einen künftigen deutschen Einheitsstaat aus.«[29] Doch handelte es sich hierbei nicht um eine leichtfertige Instrumentalisierung von Auschwitz? Konnte eine zeitlos verordnete Spaltung der Deutschen ernsthaft die Schuld einer Nation tilgen? Vor allem aber: Würde dieser »Verzicht« nicht einmal mehr, wie bei diesen hochfahrenden Debatten seit der Gründung der Bundesrepublik 1949 immer wieder, auf dem Rücken der Ostdeutschen ausgetragen? Hätten sie nicht wieder die Hauptlast zu tragen, obwohl sie nicht »schuldiger« an Hitler waren als die Wohlstandsbundesbürger im Westen? Schließlich: Könnte nicht gerade ein neuer deutscher Nationalstaat, der in Europa und westliche Bündnissysteme eingebettet, also supranational »gezähmt« wäre, zeigen, daß die Deutschen aus ihrer Geschichte gelernt hatten? Der Althistoriker Christian Meier, der an prominenter Stelle in die Debatte eingriff, meinte, eine Vereinigung tue der Bundesrepublik gut, weil sie zu »eng«, »abstrakt« und »verkrampft« geworden sei.[30] Doch konnte man gleich das durch eine Wiedervereinigung bewirkte »Ende einer Identitätsneurose« ausrufen? War ein vereintes Deutschland endlich eine »normale« Nation?[31]

Am 5. Mai 1990 fand das erste Treffen der Außenminister im Rahmen der »Zwei-plus-Vier«-Verhandlungen in Bonn statt. Es folgten Gipfeltreffen zwischen Bush und Gorbatschow. Am 7. Juni 1990 erklärten die Warschauer-Pakt-Staaten das Ende der ideologischen Konfrontation zwischen Ost und West; einen Tag später, anläßlich einer

NATO-Außenministertagung im britischen Turnburry, reichte die NATO den Warschauer-Pakt-Staaten »die Hand zur Freundschaft«, und im Juli zogen die Staats- und
Regierungschefs des Nordatlantischen Bündnisses einen symbolischen Schlußstrich
unter den Kalten Krieg. Seit dem ersten Juli 1990 war die Deutsche Mark allein gültige
Währung in der DDR; der Umtauschkurs gegenüber der DDR-Mark betrug 2:1. Die
Volkskammer beschloß am 23. Juli den Beitritt zur Bundesrepublik Deutschland zum
3. Oktober 1990. Fünf Wochen später kam es zur Unterzeichnung des zweiten innerdeutschen Staatsvertrags, des »Einigungsvertrags« in Berlin durch Bundesinnenminister Wolfgang Schäuble und Staatssekretär Günther Krause. Er regelte in 45 Artikeln
und auf rund 1000 Seiten Anlagen umfassend die Modalitäten der deutschen Vereinigung. Die parallel laufenden »Zwei-plus-Vier«-Verhandlungen konnten am 12. September 1990 beendet werden: In Moskau wurde der »Vertrag über die abschließende
Regelung in bezug auf Deutschland« unterzeichnet. Er beendete die Rechte und Ver-
antwortlichkeiten der alliierten Siegermächte des Zweiten Weltkriegs in bezug auf
Deutschland als Ganzes und Berlin. Die Bundesrepublik erhielt die volle Souveränität
über ihre inneren und äußeren Angelegenheiten. Ihre Grenzen waren nun »endgültig«. Deutschland verzichtete auf die Herstellung und den Besitz atomarer, biologi-
scher und chemischer Waffen; die Höchstgrenze der deutschen Streitkräfte sollte
370 000 Soldaten betragen. Festgelegt wurde auch die Verpflichtung zu einem Vertrag
über die Modalitäten des Abzugs der sowjetischen Streitkräfte aus Deutschland bis
Ende 1994. Deutschland hatte freie Bündniswahl, das hieß ohne jeden Zweifel, es gehörte der NATO an. »Außenpolitisch und international wurde die deutsche Wiedervereinigung somit zu westlichen Maximalbedingungen abgeschlossen, wie es die Bundesregierung Anfang 1990 nicht für möglich gehalten hätte.«[32]

Am 3. Oktober 1990 trat die DDR der Bundesrepublik bei, die inzwischen wieder-
hergestellten fünf Länder der DDR, Brandenburg, Mecklenburg-Vorpommern, Sachsen, Sachsen-Anhalt und Thüringen, wurden dadurch zu Ländern der Bundesrepublik. Dasselbe galt für das wiedervereinigte Berlin. Dazu war Art. 23 des Grundgesetzes
(»Beitrittsartikel«) angewendet worden; danach wurde dieser Artikel durch einen
neuen ersetzt, der die Mitwirkung der Bundesrepublik an der Schaffung einer europäischen Union festschreibt (»Europaartikel«). Auf der großen Einheitsfeier vor dem Berliner Reichstag am gleichen Tag präsentierte sich die Bundesrepublik Deutschland
freudig, aber maßvoll, friedlich und weltoffen. Ende Juli hatte die Volkskammer die
Wiederherstellung der 1952 in der DDR aufgelösten Länder beschlossen. Sie fügten
sich damit in die bewährte föderative Ordnung der Bundesrepublik ein, in der die
Länder Staatsqualität besitzen. Der Politikwissenschaftler Manfred G. Schmidt hat den
deutschen Föderalismus treffend mit einem Eisenbahnnetz verglichen: Auf ihm bewegen sich Züge – also die Länderregierungen –, die durch Anzahl der Waggons, Farbe

und Personal unterschieden und auch in der Lage sind, Bestimmungsort und Geschwindigkeit selbst zu wählen, wobei sie freilich stets an das Streckennetz gebunden bleiben.[33] Die Länder waren und blieben eine Art reinigende Filter für alle Politikbereiche; sie hatten und haben eine große Bedeutung bei der horizontalen und vertikalen Politikverflechtung; sie waren und sind ein Laboratorium für die Erprobung neuer Koalitionen; sie waren und sind das Reservoir der Parteien zur Nachwuchsrekrutierung; und sie konnten mittlerweile ihr Gewicht auch insofern stärken, als sie sich auf der Ebene der Europäischen Union – die 1992/93 durch den Maastrichter Vertrag geschaffen wurde – als wichtige Mitspieler etabliert haben.

Seit 1990 ist der 3. Oktober der »Tag der Deutschen Einheit«, er löste den alten Nationalfeiertag der Bundesrepublik, den 17. Juni, ab. Diese »Auswechslung« war ebensowenig unumstritten wie die Frage, ob Bonn oder Berlin die Hauptstadt der »neuen« Bundesrepublik sein sollte: Bonn als Symbol der Westbindung und der »Erfolgsgeschichte« der Bundesrepublik stand für die Tradition, an die – so die Sicht vieler – anzuknüpfen mehr geboten schien als an die andere, die Berlin als die ehemalige Hauptstadt der DDR und des Dritten Reiches symbolisierte. Andererseits hatte man in der Bundesrepublik 40 Jahre lang Berlin als die »natürliche« Hauptstadt eines dereinst wiedervereinigten Deutschland beschworen. Durfte man von diesem Schwur nun einfach abrücken? Außerdem – auch dies gab letztlich den knappen Ausschlag für Berlin[34] – kam in Berlin symbolisch die Zukunft einer Integration Ostdeutschlands mit der Vergangenheit der 74jährigen Geschichte des deutschen Nationalstaats überein. Das Reichstagsgebäude – in einer grandiosen Aktion 1995 von dem Künstlerehepaar Christo und Jeanne-Claude für einige Wochen verhüllt – wurde nach den Entwürfen des britischen Architekten Sir Norman Foster umgebaut: Versehen mit einer einzigartigen Glaskuppel, entstand ein Parlamentssaal mit vielen Glasflächen und Durchblicken – eine Zierde für die Demokratie. Im Sommer 1999 sollten Bundestag und Bundesregierung nach Berlin umziehen. Diskussionen über einen neuen Staatsnamen und eine neue Nationalhymne flackerten nur kurz auf. Relativ schnell beendet wurde außerdem die Debatte über die Zukunft des Grundgesetzes. Es hatte sich ganz offensichtlich bewährt, so daß es keine Notwendigkeit gab, eine neue Verfassung auszuarbeiten.

»Das Erfolgsrezept der Vereinigung«, so Werner Weidenfeld, »lag letztlich in einer Verbindung einzelner Faktoren: günstige Rahmenbedingungen, staatsmännisches und diplomatisches Geschick und schließlich eine beachtliche Prise ›glücklichen Zufalls‹«.[35] Die Regelung der internationalen Aspekte, der »äußeren« Einheit war ein erstaunlicher Erfolg. Die Geschwindigkeit, aber auch die Richtung, in die die Dinge liefen, wurde seit dem 9. November 1989 von einer Mehrheit der Ostdeutschen, von der »friedlichen Revolution« bestimmt. Nach 1990 ging es um nichts Geringeres als um

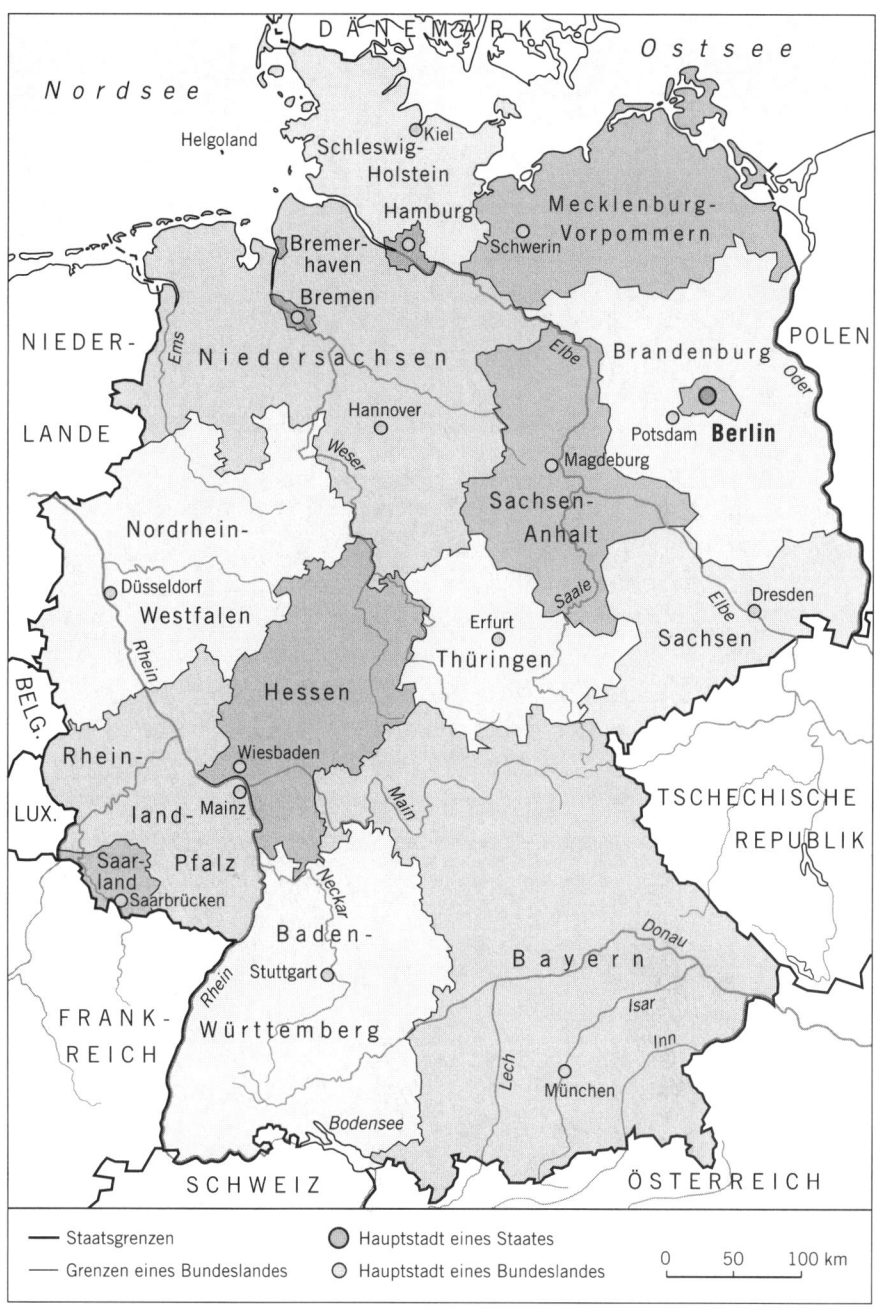

Abb. 66: *Politische Gliederung der Bundesrepublik seit 1990*

die Neubildung der deutschen Nation. Viel schwerer wog deshalb, aber das war 1990 für viele noch nicht abzusehen oder wurde im (berechtigten) Hochgefühl ausgeblendet, die Last der »inneren« Einheit einer Nation, die sich im Verlauf von 40 Jahren politisch, wirtschaftlich, kulturell und mental auseinandergelebt hatte.

13 Deutschland, Europa und die »neuen Kriege«

Vertiefung und Erweiterung der EU

Nach den politischen und gesellschaftlichen Umwälzungen in Ostmittel- und Osteuropa, nach der deutschen Wiedervereinigung und dem Ende des Ost-West-Konflikts standen die Europäer vor der unverhofften Chance, die Einheit des Kontinents neu zu gestalten. Daß es neben all der Freude im europäischen Ausland auch einen psychologischen Abwehrreflex gegenüber der deutschen Wiedervereinigung gab, ist verständlich und folgte der klassischen Kräftedynamik Europas. Im Zentrum stand dabei immer das gefühlte Sicherheitsdilemma. Bis 1989 existierte eine delikate Machtbalance: Das halbe Deutschland hatte nur etwa so viele Einwohner wie Frankreich, England und Italien. Plötzlich kamen 16 Mio. Deutsche aus der ehemaligen DDR hinzu. Die Machtbalance geriet aus den Fugen. Frankreich wurde durch das Zugeständnis der Währungsunion beruhigt. Die Deutschen opferten ihre D-Mark auf dem Altar der Einheit.

Die Ratifizierung des Vertragswerks von Maastricht, das von den Regierungschefs der EG-Staaten 1992 unterzeichnet worden war, kann mit Fug und Recht als ein Meilenstein in der europäischen Integrationsgeschichte bezeichnet werden. Aus der Europäischen Gemeinschaft wurde die Europäische Union. Als – wie es im Vertrag hieß – »neue Stufe der Verwirklichung einer immer engeren Union der Völker Europas«[1] zielte Maastricht auf eine nicht nur wirtschaftliche, sondern vor allem politische Verdichtung der Beziehungen zwischen den Mitgliedstaaten. Politisch auch im Sinne einer gemeinsamen europäischen Innenpolitik zusammenzuarbeiten, nach außen eine gemeinsame Außen- und Sicherheitspolitik (GASP) aufzubauen und eine Währungsunion zu schaffen – das waren die Aufgaben für die kommenden Jahre. Am 12. Oktober 1993 unterzeichnete Bundespräsident Richard von Weizsäcker die Ratifikationsurkunde, die anschließend bei der italienischen Regierung hinterlegt wurde – als Verwalterin der Römischen Verträge von 1957 und deren Nachfolgeabkommen. Der Vertrag von Maastricht legte nicht fest, wie rasch und auf welche Weise der neue Währungsraum entstehen sollte. Man hatte Vorsicht walten lassen. Denn immerhin war es der dritte Anlauf zu einer Währungsunion: Der erste war Ende der 60er Jahre kläglich gescheitert und ist heute vergessen; der zweite war das »Europäische Währungssystem« mit der »Währungsschlange« aus den 70er Jahren. Zunächst durchaus erfolgreich, war es mit der deutschen Wiedervereinigung zusammengebrochen. Die

Abb. 67: *Der »Untergang der D-Mark«, das Nationalsymbol der Deutschen nach 1949, beschäftigte auch die Künstler. Hier ein Ölgemälde von Matthias Koeppel aus dem Jahr 2001.*

Kreditfinanzierung der deutschen Einheit hatte die Bundesbank gezwungen, die Leitzinsen heraufzusetzen; dies wiederum konterkarierte die Wachstumspolitik aller westeuropäischen Länder, die italienische Lira, der französische Franc und das britische Pfund Sterling gerieten unter massiven Abwertungsdruck. Die Stimmung war dementsprechend gereizt. Der französische Ministerpräsident Pierre Bérégovoy beschuldigte die Bundesbank, Deutschland treibe seine Nachbarländer in den ökonomischen Ruin. Verschärft hatte sich die Währungskrise, weil internationale Devisenhändler gegen die Währungen Italiens, Frankreichs und Großbritanniens zu spekulieren begonnen und die Bundesbank am Ende nur noch dem Franc beistand.

Mit Maastricht wurde also zum drittenmal ein Anlauf genommen, eine Währungsunion, diesmal mit einem einheitlichen »Euro«, herzustellen. Obwohl von deutscher Seite her gesehen gute Gründe für diese Union sprachen – der Handel und die finanziellen Transaktionen wurden zum Vorteil der größten europäischen Industrienation erheblich erleichtert –, empfanden doch nicht wenige in Deutschland ein Mißbehagen oder zumindest Wehmut bei dem Gedanken: Mußte man den soeben erst wiedergewonnenen Nationalstaat sofort schwächen, indem auf das einzige große Identitätssymbol, auf das die Deutschen seit 1948 stolz sein durften, die Deutsche Mark, verzichtet wurde? Würde dies, so fragten kritische Stimmen, im Endresultat nicht sogar neue Feindseligkeiten auslösen und die Völker Europas, statt sie einander näherzubringen, um so heftiger entzweien?[2] Andere meinten – und diese optimistische Sicht hat sich in der Rückschau bewahrheitet –, die historische Dimension des Vorhabens »Euro« würde die Landkarte Europas so gewaltig verändern wie die Konferenz von Jalta 1945 oder der Mauerfall von 1989. Die Gegner von gestern würden sich zur Gemeinschaft von morgen zusammenschließen, und ein neues »Wir-Gefühl«, das nicht zuletzt durch eine gemeinsame Währung vermittelt würde, bestimme die Zukunftschancen Europas.[3] Nachdem sich der Euro zwei Jahre lang als bankinterne Ver-

Abb. 68:   *Der Euro einigt Europa. Doch viele Deutsche empfanden Wehmut beim Gedanken, die D-Mark aufgeben zu müssen. Als eine Art Kompensation erhielt die Europäische Zentralbank ihren Sitz im Bürohochhaus der ehemaligen Bank für Gemeinwirtschaft in Frankfurt am Main.*

rechnungseinheit bewährt hatte, wurde er im Jahr 2002 mit einer kurzen Übergangs-
periode allein gültiges Zahlungsmittel. Zum Trost der Deutschen ist nach dem Vorbild
der Deutschen Bundesbank die Europäische Zentralbank gegründet worden – wie ihre
Vorläuferin eine politisch unabhängige Institution mit der Aufgabe, die Preisstabilität
zu gewährleisten.

Während 1995 mit Finnland, Österreich und Schweden drei neue EU-Mitglieder
hinzukamen, wirkte Deutschland europapolitisch plötzlich schwächlich. Nicht die Intention, der Wille, Europa zu bauen, schwächte sich ab; im Gegenteil, dieser Wille
stieg zu einer Art Staatsräson der Bundesrepublik auf und blieb nach wie vor erhalten.
Aber der »Musterknabe« der letzten Jahrzehnte entwickelte sich nach der Wiedervereinigung zu einem »Sorgenkind«. Es bestand eine zunehmende Ungewißheit – nicht
darüber, ob die Deutschen beitrittswillig, sondern ob sie überhaupt beitrittsfähig
seien. Würden sie die festgeschriebenen Maastricht-Referenzwerte – ein maximales
Defizit von 3 % des Bruttoinlandsprodukts (BIP) und einen öffentlichen Schulden-
stand von nicht mehr als 60 % des BIP – erfüllen können? Die berechtigten Sorgen gerieten zur Befürchtung: Was geschähe mit all den schönen Plänen für ein neues Europa, wenn Deutschland nicht von Beginn an dabei wäre? Die Rettung lag im Reich
der finanzpolitischen Phantasie. Finanzminister Theo Waigel schuf ein System zahlreicher Nebenhaushalte, und die Goldreserven der Deutschen Bundesbank, die bisher
dem Niedrigstwertprinzip folgten, wurden nun höher bewertet. In späteren Jahren
sind die Maastricht-Kriterien von Deutschland nicht mehr eingehalten worden. Aber
1995 war das europäische Ziel gerettet, das Bundeskanzler Helmut Kohl immer zur
»moralischen Verpflichtung« erhob. Denen, die nachlassen wollten, hat der Kanzler
das Stigma eines »Verrats an der eigenen Geschichte« angeheftet. Gegen innerparteiliche Kritiker gewandt betonte Kohl immer, seine Politik sei »von dem Willen getragen,
deutsche Interessen … wahrzunehmen«; aber dies »selbstverständlich im Rahmen unserer europäischen Verantwortung«.[4] Europa bauen und darauf achten, daß die Ge-
samtarchitektur stimmte – dies war durchgängig das Credo Helmut Kohls, aber auch
Hans-Dietrich Genschers, der 1992 nach 18 Jahren Ministertätigkeit im Auswärtigen
Amt am Jahrestag seiner Ernennung zurücktrat. Auf ihn folgte sein Parteifreund Klaus
Kinkel.

Die Frage, ob die neue, seit 1998 amtierende rot-grüne Bundesregierung die europäische Integrationspolitik des »Europäers« Helmut Kohl fortsetzen würde, war vor
dem Hintergrund der bundesdeutschen Geschichte eher rhetorisch. Deutsche Europapolitik war – bis zum Problem von Beitrittsverhandlungen mit der Türkei, das weiter unten behandelt wird – nie ein Feld für parteipolitische Profilierungen gewesen.
Deutschland blieb auch jetzt seiner integrationsfreundlichen Tradition treu. In seiner
ersten Regierungserklärung sagte Bundeskanzler Gerhard Schröder, das Ziel seiner

Regierung sei die Schaffung einer bürgernahen Europäischen Union sowie einer Sozial- und Umweltunion. Die Bundesregierung werde sich für mehr Transparenz einsetzen und auf eine Stärkung des europäischen Parlaments hinarbeiten.[5] Das waren neue Akzente, aber keine Abkehr von der Politik der Vorgänger.

Insgesamt änderte sich Grundlegendes in der Außenpolitik weder durch den Umzug der Regierung nach Berlin noch durch den Regierungsantritt der rot-grünen Koalition. Der neue Außenminister Joschka Fischer (GRÜNE) hatte sich bereits seit einigen Jahren in das Feld der Außenpolitik eingearbeitet und seine Prinzipien an mehreren Stellen publiziert. »Die Grundbedingungen deutscher Außenpolitik«, so Fischer, »sind durch die 40 Jahre Bundesrepublik (West-)Deutschland vorgegeben. Sie haben sich mit dem Ende des Kalten Krieges zwar verändert, dennoch liegen keine zwingenden Gründe zu einer Generalrevision vor, im Gegenteil. Die Außenpolitik der alten Bundesrepublik gründete seit 1969 auf vier Säulen: einer starken inneren Demokratie und einer Wirtschaft, die marktwirtschaftlich und sozialstaatlich verfaßt war; auf der atlantischen Partnerschaft mit den USA; auf der europäischen Integration in der EU mit ihrer zentralen deutsch-französischen Achse. Alle drei Faktoren zusammen machten die Westintegration der Bundesrepublik Deutschland aus. Als vierte Säule kam dann die Öffnung nach Osteuropa und der Sowjetunion durch die Ostpolitik, um nicht zuletzt aus innerdeutschen Gründen sich zusätzliche Optionen Richtung Osten zu ermöglichen, fest eingebunden allerdings in den Westen.«[6]

Alle Westeuropäer mußten begreifen lernen, daß die Einigung Westeuropas nach 1945 nur ein Jugendstreich gewesen war, den der westliche Teil des Kontinents auf seine alten Tage hin begangen hatte und besser unterlassen hätte, sollte sie nicht Ausgangspunkt einer gesamteuropäischen Politik sein. Aber lief nicht alles viel zu schnell? Ging 1989/90 im Osten die Sonne der Freiheit auf – und das Europa der Nachkriegszeit unter? Wie bei der Süderweiterung am Beginn der 1980er Jahre spielte auch bei der Osterweiterung das Motiv Europa als demokratisierender Faktor die prominenteste Rolle. Die Überwindung von Diktaturen ab 1989 war geprägt von einem gemeinsamen Modell der westlichen Demokratie und des marktwirtschaftlichen Wohlstands. Der Westen hatte eine Verantwortung für Ostmitteleuropa, gerade deshalb, weil diese Länder bisher vom Einigungsprozeß ausgeschlossen waren. Es war besonders für die deutsche Bundesregierung die moralische Pflicht, die Rechte der Osteuropäer – und nicht nur die der Ost-Deutschen – wahrzunehmen, sie nicht aus dem Club auszuschließen. Ein vor den Toren zurückgelassenes Ostmitteleuropa wäre zu einer instabilen Zone zwischen Rußland und Westeuropa geworden, ein Spielball nationalistischer Interessen, eine permanente Einladung zu Minderheitenkonflikten. Mit zwölf beitrittswilligen Ländern nahm die EU Verhandlungen auf: Polen, Ungarn, der Tschechischen Republik, Estland, Slowenien, der Slowakei, Rumänien, Bulgarien, Lettland und

Litauen; dazu kamen Zypern und Malta. Die Türkei erhielt als 13. Land einen Kandidatenstatus.

Die vorgesehene Erweiterung um 100 Mio. Menschen würde einen Wirtschaftsraum von 500 Mio. Einwohnern schaffen. Die Staatschefs der EU hatten schon 1993 in Kopenhagen die Bedingungen – die »Kopenhagener Kriterien« – festgelegt, die jedes Land zum Zeitpunkt seines Beitritts erfüllen mußte: Erstens eine institutionelle Stabilität, eine demokratische und rechtsstaatliche Ordnung; zweitens eine funktionsfähige Marktwirtschaft und drittens die Fähigkeit, die Verpflichtungen und die Ziele der Europäischen Union auch erfüllen zu können. Dennoch war in der Alltagspraxis nichts mehr wie zuvor: Die beabsichtigte Osterweiterung wirbelte die bisherigen europäischen Konzepte durcheinander, sie wurden vielfältiger, unübersichtlicher. Wohin steuerte Europa? Welches sollte die Finalität Europas sein? Fünf Modelle standen in den 90er Jahren zur Diskussion: 1. Kerneuropa: Diejenigen, die in ihrer Kooperation und in der Integration weiterzugehen willens sind, sollen nicht durch ein Veto anderer blockiert werden. Kerneuropa zielte besonders auf die sechs Gründerstaaten der westeuropäischen Integration seit den 50er Jahren; in der Bundesregierung fand dieses Konzept eine Zeitlang besondere Zustimmung. 2. Europa der zwei Geschwindigkeiten: Europa soll sich zwar auf gemeinsame Ziele einigen, aber sie müssen nicht von allen sofort oder zum gleichen Zeitpunkt realisiert werden. 3. »Variable Geometrie«: Einige Länder, gleichgültig wo sie liegen, können bestimmte Politikbereiche weitertreiben, die indes nicht für alle verbindlich sind. 4. Europa der Nationen: In diesem vornehmlich britischen Modell beruht europäische Politik auf Vereinbarungen zwischen nationalen Regierungen, die ihre Souveränität beibehalten; Gemeinschaftspolitik bleibt auf Ausnahmen beschränkt. 5. Europa à la carte: Jeder kann machen, was er will; jedes Land hat das Recht, frei zu entscheiden, an welchen Bereichen der Gemeinschaftspolitik es sich beteiligen will.

Angesichts der Herausforderungen einer bevorstehenden Erweiterung um ein Dutzend neuer Mitglieder beschloß der Europäische Rat in Nizza im Dezember 2000 neue Regeln, um eine effiziente Arbeit zu gewährleisten. Vor allem: Bei Ratsentscheidungen wurde das Mehrheitsprinzip ausgeweitet. Zudem mußten die Anzahl der Parlamentssitze sowie die Zusammensetzung des Europäischen Parlaments neu bestimmt werden. Der feierliche Beitritt der neuen Mitglieder im Jahr 2004 bedeutete – allen ungelösten Fragen wie der Agrarpolitik oder der Arbeitsfreizügigkeit zum Trotz – einen großen Tag für Europa. Nach dem Zerfall der Sowjetunion, der Auflösung des Ostblocks, dem Verschwinden des Eisernen Vorhangs war Stabilisierung für Ostmitteleuropa das oberste Gebot. Dieses Motiv hatte bereits Jahre zuvor bei der Osterweiterung der NATO die bedeutendste Rolle gespielt. Als einer der ersten westlichen Politiker hatte Verteidigungsminister Volker Rühe (CDU) auf einer Tagung des NATO-

Rates im Dezember 1993 die Idee einer Erweiterung aufgegriffen.[7] Das amerikanische Konzept sah zunächst unterhalb der Schwelle einer formalen Mitgliedschaft »Partnership for Peace« vor. Es war kein Zufall, daß ein deutscher Minister voranging: Würden die ostmitteleuropäischen Länder in die euro-atlantischen Strukturen und Institutionen einbezogen, so würden nicht nur diese selbst stabilisiert, sondern zudem Deutschland aus seiner Randlage befreit werden, in die es durch den alten Ost-West-Konflikt geraten war. Gleichzeitig jedoch durfte der Westen die Schwäche Rußlands nicht über Gebühr ausnutzen. Stärker als die Vorgängerregierung setzten Bundeskanzler Schröder und Außenminister Fischer auf Rußland als strategischen Partner Deutschlands – ganz zum Verdruß der kleinen Länder, vor allem der baltischen Staaten, die sich übergangen und vernachlässigt fühlten. Zwischen Schröder und dem russischen Präsidenten Vladimir Putin entwickelte sich eine Freundschaft. Putin betrachtet die EU als wichtigsten Wirtschaftspartner und Deutschland als den Machtkern in Europa.

Seit dem Ende der Zweiteilung der Welt ist Außenpolitik komplizierter und komplexer geworden. Die Staatenwelt ist nicht mehr bi-, sondern multipolar strukturiert. Auf konkurrierende Steuerungsverfahren und »Spielregeln« trifft man überall, wohin man auch sieht. Klimawandel, Seuchenausbreitung, neue Konfliktformen, Fundamentalisierung, Digitalisierung und Übertragung von nationalen Souveränitätsrechten auf internationale Organisationen wie die EU, aber etwa auch die Welthandelsorganisation WTO – die alten politikwissenschaftlichen Analysebegriffe: Staat, Territorialität, Souveränität sind prekär geworden. Im Falle der Bundesrepublik Deutschland tritt noch ein besonderer Faktor hinzu: Die deutschen Bundesländer sind wesentliche Mitgestalter auf zahlreichen Feldern der EU-Politik. Viele Aufgaben werden hier nach dem Prinzip der Subsidiarität erledigt, die den Umweg über die Bundespolitik gar nicht erfordern, etwa eine regionale Wirtschaftsförderung.[8]

Seit den 80er Jahren hat sich die Bundesrepublik vorwiegend europäisch definiert. Verlor sie dabei den Kompaß der eigenen Staatsräson aus dem Blick, wie einige Kritiker meinen?[9] Oder ist es nicht vielmehr die Politik einer klugen Macht, die sonst auf vielfältige Vorbehalte ihrer Nachbarn stoßen würde? Es war das Erfolgsrezept sämtlicher Bundesregierungen, in Europa nicht aufzutrumpfen – Gullivers Bindung durch supranationale Kooperationen und Souveränitätsabgaben wirkte zivilisierend auf alle europäischen Staaten. Und das Interesse des »Handelsstaates Deutschland« ist es, daß ein ordnungspolitisch kongeniales Umfeld existiert, in dem die demokratischen Nachbarn miteinander verflochten sind, in dem Bürgergesellschaften und eine soziale Marktwirtschaft den Ton angeben.

Nichts hat die europäische Öffentlichkeit bisher so stark entzweit wie die Frage, ob mit der Türkei Beitrittsgespräche begonnen werden sollen. Was die einen als Chance und Einlösung eines lange gegebenen Versprechens aussehen, bedeutet für die anderen »das riskanteste Unternehmen in der Geschichte der europäischen Einigung«,[10] das die gesamte EU in einen Abwärtsstrudel reißen könnte. Die Debatte verläuft in vielen Teilen quer zu den üblichen politischen Fronten. Die Argumente der Kritiker lauten: Mit der Türkei würde ein Land Mitglied in der EU werden, das geographisch überwiegend nicht zu Europa gehört, sondern durch eine muslimische Kulturgrenze von ihm getrennt ist. Wirtschaftlich und sozial gesehen wäre die EU überfordert, weil die rückständige Türkei ein kostspieliger Versorgungsfall sei. Das ohnehin schon bestehende Demokratiedefizit der EU würde noch verschärft, und die Türkei mißachte bis heute die Menschenrechte, etwa in der Kurdenfrage. Wegen ihres hohen Geburtenüberschusses würde die Türkei bald das bevölkerungsreichste Land in der EU sein. An die Stelle einer Mitgliedschaft setzen die Kritiker den Vorschlag einer »privilegierte(n) Partnerschaft«, eine »Assoziation plus«, eine vertraglich vereinbarte enge Zusammenarbeit auf allen Gebieten.[11] Befürworter hingegen verweisen vor allem auf den geostrategischen Zugewinn – »Brücke Europas zum Islam« – und auf den demokratisierenden Faktor, der ehedem bei der Süd- und Osterweiterung Europas in den betroffenen Ländern aufgetreten war. »Während der ganzen Zeit des Kalten Krieges«, so Außenminister Joschka Fischer, »brauchte der Westen die Türkei. Es ist nachgerade widersinnig, daß wir das Land aus Europa ausschließen, wenn wir gleichzeitig davon ausgehen, daß die Hauptbedrohung in der ersten Hälfte des 21. Jahrhunderts nicht mehr aus dem Osten, sondern aus dem Südosten kommt und daß unsere wichtigste Aufgabe die Transformation dieser Region ist. Wir haben jedes Interesse daran, daß die Modernisierung der Türkei ein Erfolg wird. Und diese Modernisierung bedeutet Europäisierung.«[12] Anfang Oktober 2005 hat die Europäische Union den Beitrittsverhandlungen mit der Türkei zugestimmt. Mindestens 15 Jahre werden veranschlagt, und der Ausgang erscheint offen wie eh und je. Vielleicht wird die Türkei in vielen Jahren tatsächlich Mitglied der EU, doch ebenso wahrscheinlich sind zwei weitere Modelle: Die Türkei könnte aus innenpolitischen Gründen selbst aus dem Beitrittsprozeß ausscheiden oder der Beitritt der Türkei wird am Ende von denjenigen Nationen verhindert, deren Bürger in Volksabstimmungen über die Mitgliedschaft entscheiden.

Welches Europa soll es sein? Europa als kollektives Sicherheitssystem? So hat es nach 1945 im Westen begonnen. Europa zur Kontrolle der »unruhigen« Deutschen durch ihre Integration? Dieses Problem scheint heute gelöst. Europa als »dritte Kraft« zwischen den USA und Rußland? Auch dies ist eher ein Gedanke aus der Zeit der Zweiteilung der Welt. Europa als christliches Abendland? Beim Problem von Beitrittsverhandlungen mit der Türkei ist diese Idee wieder in den Vordergrund gerückt worden. Das gelebte Europa? Dies würde geographische Begrenzungen obsolet machen.

Die Festung Europa? Mit Blick auf die Abschottung gegenüber Migranten vor allem aus Afrika ist dies bereits tägliche Realität.

Zur Zeit sehen wir ein Westeuropa in der Revolte. Der über Jahre hinweg erarbeitete und im Parlament diskutierte Entwurf für eine Verfassung Europas ist nicht nur vielfach kritisiert, sondern 2005 auch von zwei alten Mitgliedstaaten in einer Volksabstimmung abgelehnt worden. Das plebiszitäre Nein der Franzosen und Holländer, der anti-liberale Affekt der Verfassungsgegner, hat Europa wieder einmal in eine Krise gestürzt. Das Pathos hat ausgedient. Während die europäischen Regierungen auf eine ungebremste EU-Erweiterung setzen, herrscht bei den Regierten die Angst vor Lohndumping, Sozialabbau und Kriminalität. Früher, so erzählen Franzosen, habe man Angst vor einer Wiederkehr des deutschen Soldaten gehabt, auch deshalb begann vor einem halben Jahrhundert das europäische Einigungswerk. Heute hingegen verbreitet der »plombier polonais« Schrecken – der polnische Klempner, der als Billiglöhner französischen Handwerkern den Job zu rauben droht. Der Einbruch direkter Demokratie sprengte den diplomatisch-technokratischen Komplex in Brüssel. Dabei ist ausgerechnet eine Neuordnung der Union zertrümmert worden, die ihr Wege aus den inneren Widersprüchen weisen sollte. Warnende Vorzeichen hatte es schon seit geraumer Zeit gegeben, etwa in Form von niedrigen Wahlbeteiligungen bei Europawahlen, die allenfalls noch als Protestwahlen genutzt wurden, oder demoskopischen Erhebungen, die zeigten, daß sich Skepsis breit machte und die positive Haltung zur europäischen Integration auch in Europa-freundlichen Ländern auf nur noch knapp 40 % absackte. Zugleich, das darf nicht vergessen werden, ist das »gelebte Europa« heute großartiger als je zuvor und weist über die EU-Grenzen hinaus: Popmusik, Demokratie und Europabegeisterung sahen wir beim Eurovision Song Contest 2005 in der Ukraine. Für die Schweiz startete eine Gruppe Estinnen, und gewonnen hat eine schwedische Griechin.

Welches ist die Eigenart der Geschichte Europas? Historisch betrachtet stifteten im Zeitverlauf drei Dimensionen die Einheit. Zunächst war es der christliche Glaube, sodann war es die Aufklärung, schließlich war es das europäische Einigungsprojekt. Europa heute ist eine Norm: Sie wurzelt in gemeinsamen westlichen Werten wie individuelle und politische Freiheit, Rechtsstaatlichkeit und soziale Gerechtigkeit. Die Zeit der europäischen Meistererzählungen ist nicht vorbei. Wenn man genau hinhört, vernimmt man derzeit zwei große Deutungen: Die erste Deutung beschreibt die Geschichte eines Niedergangs. Europa sei das Produkt einer vergangenen Epoche, der Epoche des Kalten Krieges. Die goldenen Jahre der Integration seien unwiderruflich vorbei. Die zweite Meistererzählung behauptet genau das Gegenteil: Sie führt die Erfolgsgeschichte fort. Die bisherige Geschichte könne als die Vorgeschichte eines europäischen Staates begriffen werden – mit Parlament, Gerichtshof und Symbolen.[13] Vermutlich sollten wir uns von beiden Deutungen lösen und eine dritte entwerfen: eine, die zeigt, daß die Europäische Union ein völlig neuartiges Machtzentrum ist, das es in dieser Form noch nie gegeben hat. Man kann es nicht mit den Kategorien des klassischen Nationalstaats erfassen und auch nicht mit den Kategorien der klassischen internationalen Beziehungen. Die EU ist ein ganz eigenes originelles Gebilde und hat dem geschundenen Kontinent nach dem Ende des Zweiten Weltkrieges endlich Versöhnung und Wohlstand und schließlich, nach dem Fall der Mauer, auch die Einigung gebracht. Heute benötigt die EU einen demokratischen, einen bürgergesellschaftlichen Vitalitätsschub; alle Bürgerinnen und Bürger Europas sind gefordert, dem famosen Projekt aufs neue Enthusiasmus einzuhauchen.[14]

Die Rückkehr des Krieges

Ein erhofftes »goldenes Zeitalter« des Friedens ist nach der Epochenwende von 1989/ 90 nicht angebrochen. Aus der tiefsten Ächtung ist der Krieg vielmehr wieder zu neuer Bedeutung gelangt. Seit 1990 sind die USA die einzig verbliebene Supermacht. Gescheitert ist »Le grand design«, aus den Vereinten Nationen eine zentrale Weltordnungsinstitution mit Interventionspotential – und, falls nötig, auch mit der Entschlossenheit, zu intervenieren – zu machen. UN-Generalsekretär Boutros Boutros-Ghali hatte eine solche Weltinnenpolitik jenseits nationalstaatlicher Eigeninteressen ebenso angestrebt wie sein Nachfolger Kofi Annan. Die bundesdeutsche Außenpolitik, die einem Multilateralismus verpflichtet ist, unterstützte dies, doch fast alle Vorschläge zu einer Reform der UNO erlitten Schiffbruch; im Jahr 2005 ging auch der von der rot-grünen Bundesregierung lancierte Plan unter, den Sicherheitsrat um neue ständige Mitglieder, darunter die Bundesrepublik Deutschland, zu erweitern.

Am 2. August 1990 drangen irakische Truppen in Kuwait ein, eroberten rasch strategische Positionen des Landes, einschließlich des Emir-Palastes. Innerhalb weniger Stunden verabschiedete der UNO-Sicherheitsrat die Resolution 660, welche die Invasion verurteilte, und verlangte einen sofortigen Rückzug der irakischen Truppen; weitere Resolutionen, teils verbunden mit Ultimaten, folgten. Mitte August unterbreitete der irakische Diktator Saddam Hussein ein Rückzugsangebot: Der Irak werde seine Truppen aus Kuwait zurückziehen, wenn Israel die arabisch besetzten Gebiete räume. Mittlerweile war ein Rüstungsauflauf gegen den Irak im Gange. Das letzte UNO-Ultimatum gegenüber dem Irak endete am 15. Januar 1991. Zuvor war UNO-Generalsekretär Javier Pérez de Cuéllar nach Bagdad gereist, um dort persönlich mit Saddam Hussein die Krise zu lösen; die Reise erwies sich als kompletter Fehlschlag, ja als Demütigung des Generalsekretärs. Am 16. Januar löste das Militärbündnis unter der Führung der USA einen massiven Luftkrieg gegen den Irak aus, die Operation »Desert

Storm« begann. Irak antwortete mit Luftangriffen gegen Israel, rief den »Heiligen Krieg« aus und hoffte so, andere arabische Staaten auf seine Seite ziehen zu können. Eine Woche später begannen die USA den Bodenkrieg gegen den Irak. Hundert Stunden danach verkündete Präsident Bush eine Waffenruhe. Im irakischen Norden beherzigten zur gleichen Zeit Kurdenführer amerikanische Zusicherungen, daß diese einen Volksaufstand unterstützen würden; doch die Hilfe blieb aus, der Aufstand wurde in Blut erstickt. Der Irak wurde in verschiedene Flugverbotszonen eingeteilt; aus Furcht vor einem »zweiten Vietnam« zogen sich die US-Bodentruppen zurück, Saddam Hussein – den die Weltpresse mit Hitler und Stalin verglich – wurde nicht gestürzt. Auf 61,1 Mrd. US-Dollar bezifferte der amerikanische Kongreß die Kosten des Krieges. Zwei Drittel der Kosten bezahlten Kuwait, Deutschland, Japan und Saudi-Arabien. Zum letzten Mal beteiligte sich die Bundesrepublik so, wie sie es in den vergangenen Jahrzehnten immer getan hatte: mit dem Scheckbuch. Und in Bonn versammelten sich am 26. Januar 1991 über 200 000 Menschen, um gegen den Krieg zu protestieren. Nur wenigen war klar, daß sie sich in einer Zeitenkehre befanden.

Denn der Krieg kam nach Europa zurück: Im sich auflösenden Vielvölkerstaat Jugoslawien brachen blutige Konflikte zwischen Serben, Slowenen, Kroaten und bosnischen Muslimen aus. Während der Herrschaft Titos waren die Rivalitäten unter der Decke gehalten worden. Am 2. April 1993 beschloß das Bundeskabinett, daß sich die Bundeswehr an Auslandseinsätzen beteiligen solle – dies war der Beginn einer tiefen Zäsur. In einem NATO-AWACS-Verband überwachten auch deutsche Soldaten das von den UN beschlossene Flugverbot über Bosnien-Herzegowina. Seitens der Vereinten Nationen mehrten sich zudem die Ersuchen an die Bundesrepublik, Soldaten im Rahmen von UN-Missionen zur Verfügung zu stellen, so beispielsweise in Somalia (UNOSOM II). Ob solche Einsätze mit dem Grundgesetz vereinbar waren, mußte das Bundesverfassungsgericht entscheiden. Es erklärte 1994 Bundeswehreinsätze außerhalb des NATO-Gebietes – »out-of-area«-Kampfeinsätze – als verfassungskonform, wenn sie dazu dienen, eine »friedliche und dauerhafte Ordnung in Europa und zwischen den Völkern der Welt herbeizuführen und zu sichern«.[15] Vorab jedoch müsse die Bundesregierung die Zustimmung des Bundestages einholen, nur in Ausnahmefällen dürfe sie auch ohne Parlament entscheiden, sei dann aber verpflichtet, die Zustimmung später einzuholen.[16] Am 30. Juni 1995 stimmte der Bundestag mit 386 zu 258 Stimmen bei 11 Enthaltungen dem Regierungsantrag zu, Bundeswehreinheiten zum Schutz der Schnellen Eingreiftruppe ins ehemalige Jugoslawien zu entsenden. Erstmals in der deutschen Nachkriegsgeschichte beteiligten sich deutsche Soldaten an einem Kampfeinsatz in einem Gebiet, das außerhalb der NATO lag. Diese Entwicklung ging unvermindert weiter: Nachdem Anfang November 1995 zwischen den Kriegsparteien das Friedensabkommen von Dayton unterzeichnet worden war, billigte der Bundestag am 6. Dezember in namentlicher Abstimmung mit 543 gegen 107 Stimmen, daß in Kroatien 4000 deutsche Soldaten stationiert wurden. In den drei folgenden Jahren verlängerte der Bundestag die SFOR-Mission der Bundeswehr in Bosnien-Herzegowina mit einem bis zu 3000 Mann umfassenden Kontingent; auch im Kosovo standen deutsche Soldaten, sie beteiligten sich an der NATO-Sondertruppe, welche die OSZE-Beobachter schützte.

Ob diese neuen Aufgaben die Bundeswehr überforderten, weil sie dafür nicht geschaffen und ausgerüstet war, ist umstritten. Man hat sich vor Augen zu halten, daß sie nur wenige Jahre zuvor Außergewöhnliches leisten mußte: die Integration der Nationalen Volksarmee (NVA) der ehemaligen DDR. Von den 90 000 Soldaten, die am Tag der deutschen Vereinigung von einer Sollstärke in Höhe von 175 000 Mann noch vorhanden waren, übernahm die Bundeswehr 18 000 Offiziere und Mannschaften sowie 48 000 Zivilbeschäftigte. Zu groß, falsch zusammengesetzt und zunehmend unmodern – so lautete das Urteil einer unabhängigen Kommission unter dem Vorsitz des Altbundespräsidenten Richard von Weizsäcker über die Bundeswehr. Der Bericht vom 23. Mai 2000 ging allerdings noch davon aus, daß Deutschland erstmals in seiner Geschichte ringsum von Freunden umgeben und keiner äußeren Gefährdung ausgesetzt sei. Der Terrorismus sollte dieser optimistischen Beurteilung bald den Boden entziehen.

Eine neue Qualität erreichten die Einsätze unter der rot-grünen Bundesregierung. Kaum im Amt, sah sie sich vor ihre schwierigste außenpolitische Entscheidung gestellt. Serbiens Präsident Slobodan Milošević richtete seine Ambitionen seit geraumer Zeit wieder auf den Kosovo, wo er von Beginn seines Aufstiegs an den serbischen Nationalismus und den Haß auf die albanische Mehrheitsbevölkerung geschürt hatte. Der unter Tito eingeführte Autonomiestatus war bereits 1990 beseitigt, die Bevölkerung schikaniert und unterdrückt worden. Menschenrechte wurden mit Füßen getreten, Vertreibungen gipfelten in »ethnischen Säuberungen«, die in einen Völkermord zu münden drohten. Berichte über Massenerschießungen und -vergewaltigungen sowie Bilder von ausgemergelten Menschen, die in Lager eingepfercht waren, schockierten die gesamte zivilisierte Welt. Nachdem alle Schlichtungsbemühungen gescheitert waren, begann die NATO im März 1999 einen Luftkrieg gegen Serbien. Die Bundeswehr beteiligte sich mit Jagdbombern vom Typ Tornado von den italienischen Luftwaffenstützpunkten Piacenza und Aviano aus mit Aufklärungseinsätzen; in der Adria wurde die Fregatte »Rheinland-Pfalz« stationiert. Knapp 54 Jahre nach dem Ende des Zweiten Weltkriegs nahmen somit deutsche Soldaten unter dem Oberbefehl der NATO am Militäreinsatz im Kosovo teil. Der Entschluß zur Entsendung von Truppen und Militärjets wurde von einer Regierungskoalition getragen, deren Wurzeln tief in der Friedensbewegung lagen. Außenminister Joschka Fischer (GRÜNE) und Verteidigungsminister Rudolf Scharping (SPD) begründeten Deutschlands Teilnahme mit der Existenz Menschenrechte verletzender serbischer Pläne. Fischer führte vor dem Deutschen Bundestag am 26. März 1999 aus: »Ich darf Sie an die furchtbaren Grausamkeiten im Bosnien-Krieg erinnern. Ich darf Sie immer wieder an dieselben Erfahrungen erinnern: Es wurde immer wieder versucht, den Krieg zu verhindern. Es wurde immer wieder versucht, einen Friedensvertrag auszuhandeln. Die einzige Konsequenz war, daß der Vertrag gebrochen wurde und daß die Politik der Gewalt weitergegangen ist. Deswegen möchte ich mit allem Nachdruck den Vorwurf zurückweisen, daß wir hier von deutschem Boden aus eine Politik des Krieges betreiben. Wir konnten nicht zulassen, daß sich in Europa eine Politik der Gewalt durchsetzt, eine Politik, die keine Skrupel hat, Gewalt einzusetzen, und die bereit ist, über Leichen zu gehen, auch wenn es Tausende, Zehntausende oder Hunderttausende Tote bedeutet. Das ist keine Theorie, sondern Praxis auf dem Balkan; sie ist als Ergebnis der Politik von Milošević zu sehen. Wenn das geschieht, würde das nicht nur unsägliches Leid für die Menschen in der betroffenen Region, sondern auch eine Gefährdung für Frieden und Sicherheit in dieser Region mit fatalen Konsequenzen bedeuten. Deswegen muß diesem jetzt Einhalt geboten werden.«[17]

Da es offenbar um die Verhinderung eines Völkermordes bzw. eines »zweiten Auschwitz« ging, gab es verhältnismäßig wenig Widerstand in Deutschland. Prekär war allerdings, daß der Bundeswehreinsatz auf dem Balkan stattfand, wo sich viele noch an die Greuel der Wehrmacht und die wilhelminische Parole »Serbien muß sterbien« erinnern konnten. Bedeutsam ist: Die Funktion des Holocaust hat sich während des jugoslawischen Konflikts von der Delegitimierung zur Legitimierung deutscher Militäreinsätze umgedreht. Während des Kosovo-Konflikts sind von deutschen Politikern die Erfahrungen mit dem Nationalsozialismus moralisch aufgeladen und aktualisiert worden. Gerade die heute lebenden Deutschen als Nachkommen der Nazi-Generation und der Täter des Holocaust dürften, so wurde argumentiert, ethnischen Säuberungen nicht tatenlos zusehen, sondern müßten eingreifen, wenn sie nicht schuldig an den Opfern werden wollten. Endlich, so schien es, ging ein deutscher Traum in Erfüllung: daß die Deutschen in einem Krieg auf der richtigen Seite stehen und den Krieg auch gewinnen. Die Geschichtsbilder über den Nationalsozialismus und dessen Menschheitsverbrechen wurden angesichts der aktuellen Aufgabe ins Formelhafte und Abstrakte getrieben mit der Konsequenz, daß das historisch einmalige Ereignis Holocaust relativiert wurde. War dies die letzte Logik der jahrzehntelangen Auseinandersetzung mit dem Nationalsozialismus?

Die Außenpolitik von Rot-Grün machte es vor: Deutschland beteiligt sich heute ganz selbstverständlich im Konzert der Staaten und Mächte, nach Maßgabe seiner eigenen Interessen und seiner Geschichte. Ob dabei zum Beispiel Auschwitz für oder

Abb. 69: *Der Bürgerkrieg in Bosnien. Bosnische Serben kämpften gegen Moslems und Kroaten. Menschenrechtsverletzungen kehrten in großem Stil nach Europa zurück. Hier ein Bild von einem Internierungslager bei Banjaluka vom August 1992, in dem abgemagerte moslemische Gefangene zusammengepfercht waren. Solche Bilder erinnerten viele an KZ-Häftlinge während der nationalsozialistischen Diktatur.*

gegen einen Krieg spricht, ist – wie im Falle Kosovos – jeweils zu diskutieren. Kurzum: »Die Vergangenheit spielt eine Rolle, ist aber keine Festlegung« mehr.[18] Das ist ein Teil der erneuerten deutschen Identität, wie sie sich unter Rot-Grün entwickelt hat. Auch in Mazedonien eskalierten 2001 die Auseinandersetzungen zwischen der slawischen Bevölkerungsmehrheit und der albanischen Minderheit in bewaffneten Konflikten. Es gelang ein Friedensabkommen, ein Entwaffnungs- und Demobilisierungsplan wurde ausgearbeitet, und an der Aktion »Essential Harvest«, die am 3. September begann – es handelte sich um das Einsammeln von Waffen –, beteiligten sich auch 438 Bundeswehrsoldaten. Die Entscheidung dafür fiel, quer durch alle Parteien, außer der PDS, mit klarer Mehrheit. Teile der SPD-Fraktion stimmten allerdings mit »Nein«, wodurch die Bundesregierung zum ersten Mal ohne eigene Mehrheit blieb.

Der Terroranschlag auf das World Trade Center in New York vom 11. September 2001 ist als das »Pearl Harbor der industriellen Zivilisation« bezeichnet worden.[19] Die Terroristen lenkten zwei entführte Passagierflugzeuge in die fast 420 Meter hohen Zwillingstürme, eine weitere Maschine stürzte auf das Pentagon, das amerikanische Verteidigungsministerium, eine vierte auf ein Feld in Pennsylvania, sie sollte vermutlich das Weiße Haus oder Camp David, den Landsitz des amerikanischen Präsidenten, treffen. Bis zu 5000 Menschen aus 115 Nationen wurden getötet. Die Twin Towers waren nicht allein das Symbol der Stadt New York, sondern des »American way of life« und des westlichen Kapitalismus. Amerika wurde schwer verwundet, es verlor den Glauben, der sich fast zur Gewißheit gesteigert hatte, daß es unverwundbar sei. Mit dem 11. September ist es so geworden, wie es mit Pearl Harbor gewesen war: 1941, nach dem japanischen Angriff auf die amerikanische Flotte, schloß sich Amerika zusammen und steigerte seinen Kampfeswillen. »Verwundungen, die nicht töten«, so bringt Peter Bender die Parallele auf den Punkt, »stärken bei Weltmächten den Willen zur Macht.«[20]

Wie tief die terroristischen Angriffe in den Bewußtseinshaushalt der westlichen Gesellschaften eingriffen und sie von Grund auf verunsicherten, ist schnell deutlich geworden. Nichts scheint mehr so, wie es vor »nine eleven« gewesen ist. Das Unfaßbare war nicht nur die Zahl der Opfer, sondern auch die logistische Perfektion, mit welcher der menschenverachtende Schlag ins Werk gesetzt wurde. Die Terroristen

Abb. 70: *1962 war der Baubeginn des World Trade Centers in New York erfolgt. In die beiden fast 420 Meter hohen Zwillingstürme rasten am 11. September 2001 zwei von Terroristen entführte Passagiermaschinen. Danach war in der Welt nichts mehr so wie zuvor.*

konnten sicher sein, daß der amerikanische Fernsehsender CNN nur wenige Minuten benötigen würde, um mit seinen Kameras vor Ort zu sein und das grausige Schauspiel zu filmen und über die Medien in alle Welt zu senden. Zwischen den Anschlägen auf die beiden Türme des World Trade Center lagen 18 Minuten – die Perversion war perfekt inszeniert. »Gotteskrieger«, die keine Angst vor dem eigenen Tod haben und das Leben nicht schätzen, sind unkalkulierbar. Das, worauf Politik gründet, setzen sie außer Kraft: das realistische Paradigma. Im Westen ein Schock – in Armenvierteln Westafrikas, in Koranschulen Ostasiens und in palästinensischen Intifada-Zirkeln auch spontane Freudentänze: Die kulturell-zivilisatorische Hegemonie des Westens scheint das Selbstwertgefühl vor allem islamischer Kulturen so tief verletzt und gedemütigt zu haben, daß die Attentäter als Märtyrer und der zentrale Ideologe und Geldgeber, Osama Bin Laden, der 1988 die Organisation al-Qa'ida gegründet hatte, als Ikone verehrt werden.[21]

Für den amerikanischen Präsidenten George W. Bush jun. war der Anschlag der erste Krieg des 21. Jahrhunderts. Aber wer ist der Feind in diesem Krieg? Wenn der Feind der international organisierte Terrorismus ist, so stellt sich die Frage, wo er beheimatet ist. Um wen handelt es sich konkret? Die Gestalt des Feindes bleibt schemenhaft. Auf welchem Territorium befindet er sich? Der Staat in seiner Funktion als Monopolist des Krieges, wie er sich seit dem 16. und 17. Jahrhundert herausgebildet hat, scheint der Vergangenheit anzugehören. Schlachtfelder haben keine klaren Fronten mehr, Hochhäuser, U-Bahnen und Dörfer werden zu Schauplätzen von Massakern. Auch die Zivilisierung der Krieger, die für die alten Kriege noch charakteristisch war, ist hinfällig, eine Rebarbarisierung der Kampfweise die Konsequenz. »Man hat den Terrorismus … als eine Kommunikationsstrategie bezeichnet, die Gewalt eher als eine Nachricht denn als direktes Mittel zur Brechung des gegnerischen Willens einsetzt: Bei den Angegriffenen soll Furcht und Schrecken verbreitet werden, in den eigenen Reihen dagegen Zuversicht und Zutrauen in die Fähigkeit, auch einen deutlich überlegenen Gegner in einem lange dauernden Konflikt besiegen zu können.«[22] So scheint der klassische Staatenkrieg zu einem historischen Auslaufmodell geworden zu sein, und die neuen Kriege sind besonders durch drei Entwicklungen gekennzeichnet: 1. durch eine Entstaatlichung bzw. Privatisierung der kriegerischen Gewalt, 2. durch eine Asymmetrisierung, d.h. es kämpfen nicht gleichrangige Gegner miteinander, 3. durch eine Autonomisierung. Damit ist der Prozeß beschrieben, daß vordem militärisch eingebundene Gewaltformen sich verselbständigen. Aufgrund seiner Netzwerkstruktur entzieht sich der Terrorismus zunächst einem unmittelbaren Gegenschlag. Aber ohne ihre sozialen Wurzelstellen können diese terroristischen Netzwerke nicht gedeihen. »Das sind nicht nur die komplexen Finanzierungssysteme, denen mit verschärften Kontrollen von Kapitalströmen zu Leibe gerückt wird, sondern auch die staatenlosen

Gebiete, in denen Ausbildungs- und Rekrutierungscamps terroristischer Gruppierungen liegen. Die Herstellung eines Mindestmaßes an Staatlichkeit im globalen Rahmen könnte langfristig darum ein wirksamerer Schlag gegen den Terrorismus sein als Luftangriffe auf Gebiete, in denen es kaum noch Ziele gibt.«[23] Auch die alte Kunst des Friedensschlusses und sonstige »einhegende« Regeln wirken nicht mehr im Zeitalter religiösen Fanatismus und des Terrorismus und einer offenen Lust an der Gewalt.

Erstmals in ihrer 52jährigen Geschichte stellte die NATO nach den New Yorker Anschlägen den Bündnisfall fest, d. h., der Angriff, der die USA ins Mark getroffen hatte, wurde als Angriff auf das gesamte NATO-Bündnis eingestuft. Am 16. November beschloß der Deutsche Bundestag mit knapper Mehrheit der Regierungsfraktionen, jedoch in der Sache von Union und FDP unterstützt, die Bereitstellung von 3900 Bundeswehrsoldaten für den Kampf gegen den Terrorismus. Die zweite Seite der Medaille stellte die innere Sicherheit dar: Bereits im September schnürte Innenminister Otto Schily (SPD) das erste Anti-Terror-Paket, mit dem u. a. das Religionsprivileg aus dem Vereinsrecht gestrichen wurde. Bisher hatte dies verhindert, daß fundamentalistisch-islamistische Umtriebe verfolgt werden konnten; so ist Deutschland zum Ruhe- und Rückzugsraum von Terroristen geworden. Eine Kompetenzerweiterung der Geheimdienste, Aufnahme von biometrischen Daten in den Personalausweis und weiteres mehr finden sich in weiteren Gesetzen wie dem »Anti-Terror-Paket II«.

Bereits knapp einen Monat nach dem 11. September hatten amerikanische und britische Militäreinheiten mit Luftangriffen auf Afghanistan, wo Bin Laden im Schutz des von ihm unterstützten islamistischen Taliban-Regimes lebte, begonnen, zwei Wochen später waren Bodentruppen angekommen. Der Krieg war schnell zu Ende, Osama Bin Laden wurde jedoch nicht gefaßt. Seit Ende 2001 engagiert sich die Bundeswehr in Afghanistan. Im Jahr 2005 waren dort 2250 deutsche Soldaten in der internationalen Sicherheitstruppe (ISAF) in der Hauptstadt Kabul stationiert sowie in Wiederaufbauteams im nördlichen Kundus und Faisabad. Einer der außenpolitischen Höhepunkte der Regierung Schröder/Fischer bedeutete die erfolgreiche internationale Afghanistan-Konferenz auf dem Petersberg bei Bonn im November und Dezember 2001, wo dem Land der Weg in eine gedeihliche Zukunft geebnet wurde. Bundesverteidigungsminister Peter Struck, der Rudolf Scharping nachgefolgt war – dieser hatte wegen privater Affären den Hut nehmen müssen –, formulierte den mittlerweile berühmten Satz »Unsere Sicherheit wird nicht nur, aber auch am Hindukusch verteidigt.«[24] Deutschland hat inzwischen auch das taktische Kommando von multinationalen Brigaden übernommen, und der Afghanistan-Einsatz ist über die Fraktionen hinweg fast unumstritten.

Äußerst umstritten hingegen war der zweite Irak-Krieg, den die USA Ende März 2003 mit einer »Koalition der Willigen« – zu der Deutschland nicht zählte – begannen.[25] Die amerikanische Bevölkerung war seit geraumer Zeit auf diesen Krieg eingestimmt worden. Im Oktober 2002 glaubten 79 % der US-Bürger, Saddam Hussein besitze Massenvernichtungswaffen und habe bei den Attentaten vom 11. September seine Hand im Spiel gehabt. Den Höhepunkt der Kampagne bildete der Auftritt des US-Außenministers Colin Powell vor dem Weltsicherheitsrat am 5. Februar 2003. Zu diesem Zeitpunkt waren die USA schon entschlossen, einen Krieg zu führen. Powell präsentierte Bilder von beweglichen Raketenstationen und angeblichen Produktionsstätten von Massenvernichtungswaffen. Später, 2005 – er war nicht mehr Außenminister –, bezeichnete er diese angeblichen Beweise als einen Schandfleck seiner Laufbahn. Massenvernichtungswaffen sind nicht gefunden worden, Saddam Hussein wurde am 14. Dezember 2003 festgenommen, der Irak kam allerdings bis heute trotz amerikanischer Militärpräsenz nicht zur Ruhe. Fast täglich geschehen Anschläge, die Menschenleben fordern; der Krieg hat sich als Bürgerkrieg fortgesetzt.

Für viele wirkten die neue präventive Militärstrategie der Bush-Administration, der schroffe Unilateralismus und das dahinterstehende manichäische Weltbild befremdlich. Aber nur wenige Regierungen äußerten ein so kategorisches Nein zum Irakkrieg wie die Bundesregierung. Dieses Nein und die Darstellung Deutschlands als Friedensmacht rettete im Jahr 2002 die rot-grüne Bundesregierung knapp über die Bundestagswahlen hinweg. Deutschland und die USA wurden zu fremden Freunden; das Zerwürfnis war deshalb so nachhaltig, weil die USA vom vereinigten Deutschland eine »Partnerschaft in der Führung« erwartet hatten[26] und sich Deutschland statt dessen nun selbstbewußt von der amerikanischen Regierung abwandte. Da auch der französische Präsident Jacques Chirac und der russische Präsident Vladimir Putin aus unterschiedlichen Gründen die antiamerikanische Karte spielten, wuchs in den neuen Demokratien Ostmitteleuropas die Furcht vor einem neuen Dreierbündnis der Großen über ihre Köpfe hinweg: Für die Balten, Tschechen und Polen bedeutete dies einen Alptraum – um so »williger« folgten sie den USA und wurden dafür vom amerikanischen Verteidigungsminister Donald Rumsfeld als das »neue«, will heißen kraftvolle Europa geadelt. Wie sollten die USA reagieren? Von der damaligen Beraterin des amerikanischen Präsidenten und heutigen US-Außenministerin Condoleezza Rice ist der Ausspruch im UN-Sicherheitsrat überliefert: »Frankreich bestrafen, Deutschland ignorieren, Rußland verzeihen.«[27]

Die wichtigste völkerrechtliche Entwicklung, an der die Bundesrepublik Deutschland entscheidenden Anteil hatte, war nicht geeignet, das einst so enge Bündnis zu kitten, im Gegenteil. 1998 wurde beschlossen, einen ständigen Internationalen Strafgerichtshof (IStGH) einzurichten, der Völkermord, Verbrechen gegen die Menschlichkeit, Kriegsverbrechen und Verbrechen eines Angriffskrieges ahnden sollte. Das deutsche Engagement erklärte sich aus der moralischen Verpflichtung angesichts der eigenen NS-Vergangenheit. Trotz erheblicher amerikanischer Vorbehalte unterzeichnete Bill Clinton das Statut am 31. Dezember 2000, dem letzten Tag seiner Amtszeit. Hätte er dies nicht getan, wären die USA von allen weiteren Beratungen ausgeschlossen gewesen. Unter dem neuen Präsidenten George W. Bush nahmen die Vorbehalte noch zu, die USA befürchteten besonders politisch motivierte Anklagen gegenüber ihren Soldaten bzw. Staatsbürgern, und da sie sich nicht durchsetzen konnten, griff Bush zu einer sehr ungewöhnlichen Maßnahme: Er zog die von Clinton geleistete Unterschrift in einem Schreiben an den UN-Generalsekretär Ende April 2002 wieder zurück, und die Gegner des IStGH im amerikanischen Kongreß brachten Gesetze auf den Weg, die amerikanische Staatsbürger vor Zugriffen schützen.

In einem weiteren Bereich befanden sich die Bundesrepublik und die USA ebenfalls auf Kollisionskurs: beim Klimaschutz. Deutschland gehört zu den Staaten, die den Umweltschutz auf internationaler Ebene entscheidend vorangetrieben haben. Daß eine nachhaltige Friedenspolitik auch eine wirksame Umweltpolitik voraussetze, ist keine Erfindung der rot-grünen Bundesregierung, sondern wurde bereits in der Ära Kohl vertreten – insbesondere von Umweltminister Klaus Töpfer (CDU). Erheblich forciert worden ist die Umweltpolitik von Jürgen Trittin (GRÜNE). Entgegen der deutschen Idee wurde lange Zeit nichts dafür getan, die CO_2-Emissionen – die »Treibhausgase« – zu reduzieren. Erst auf der dritten Klimakonferenz 1997 im japanischen Kyoto vereinbarte man Reduzierungsquoten. Das Kyoto-Protokoll ist die erste verbindliche völkerrechtliche Vereinbarung zum Klimaschutz. Die Industriestaaten verpflichteten sich, ihren Schadstoffausstoß zwischen 2008 und 2012 um insgesamt 5,2 % im Vergleich zum Jahr 1990 zu senken. Äußerst komplizierte Verfahrensregeln – von der Mindestzahl von 55 teilnehmenden Staaten bis zum Emissionshandel – beschränkten den Erfolg. Einige Staaten wie die USA, Australien und Kroatien haben das Protokoll zwar unterzeichnet, aber angekündigt, es nicht zu ratifizieren. Mit den USA fehlt bisher der weltweit größte Emittent, der für rund ein Viertel des globalen Treibhausgases verantwortlich ist.[28]

Die Außenpolitik der Bundesrepublik Deutschland ist seit 1949 günstig und glücklich verlaufen, doch heute ist die Herausforderung größer denn je. Für die freiheitliche und demokratische Entwicklung des neuen Staates bildete Konrad Adenauers Westintegration das unabdingbare Schutzdach. Die soziale Marktwirtschaft Ludwig Erhards ermöglichte die schnelle Wiedereingliederung in die Weltwirtschaft. Kurt Georg Kiesinger personifizierte ein kosmopolitisches Auftreten. Erst durch die Neue Ostpolitik Willy Brandts – die die Aussöhnung mit den Staaten Osteuropas anstrebte und eine deutschlandpolitische Entspannung brachte – war die Staatsräson der Bundesrepublik komplett und versöhnte sich die Politik mit der Moral. Helmut Schmidt stärkte Deutschland als Weltwirtschaftsmacht. Dank der Leistungen seiner

Abb. 71:   *Bundeskanzler Gerhard Schröder (SPD) unterhält sich am 17. Oktober 2003 während einer Bundestagssitzung im Plenarsaal des Reichstagsgebäudes in Berlin mit Bundesaußenminister Joschka Fischer (GRÜNE). In zentralen Fragen zogen beide am selben Strang, oft gegen Widerstände aus den eigenen Parteien.*

Vorgänger und dank eigenen Geschicks konnte Helmut Kohl die äußere Einheit in Freiheit samt der Westbindung verwirklichen. Nur 60 Jahre nach dem Ende des Zweiten Weltkriegs trägt Deutschland heute internationale Verantwortung für den Frieden, was nur eine Dekade zuvor unvorstellbar schien: Deutsche Soldaten stehen in Afghanistan, Kuwait, im Kosovo, in Bosnien und Mazedonien, in Usbekistan und am Horn von Afrika – insgesamt fast 10000 Soldaten in wechselndem Einsatz. Dies den Deutschen vermittelt zu haben und gleichzeitig die treibende Kraft bei der Verrechtlichung der internationalen Beziehungen (»global governance«) zu sein, waren die beiden wichtigsten außenpolitischen Leistungen des Tandems Gerhard Schröder und Joschka Fischer.

Ende der Ära Kohl

Glanzvoll fiel der Sieg aus. Die amtierende christlich-liberale Regierungskoalition erhielt bei der ersten gesamtdeutschen Bundestagswahl am 2. Dezember 1990 zusammen 54,8 % der Stimmen, davon CDU/CSU 43,8 % und die FDP 11 Prozent. Die Sozialdemokraten rangierten weit abgeschlagen bei 33,5 %, dem schlechtesten Wahlergebnis seit 1957, wobei – das überraschte viele – sie im Osten Deutschlands sogar lediglich bei 24,3 % landeten. Historisch lagen im Osten die Wahlhochburgen der SPD, doch ihr Kanzlerkandidat Oskar Lafontaine war mit seinen Vorbehalten gegenüber der deutschen Wiedervereinigung kein Zugpferd. Was zog, war die »Allianz für Deutschland«, die bereits im Februar 1990 aus dem Zusammenschluß von Ost-CDU, Demokratischem Aufbruch und der Deutschen Sozialen Union entstanden war, unter Lothar de Maizière (CDU) nach der ersten freien Volkskammerwahl im März die Übergangsregierung beherrschte, um dann größtenteils in der CDU aufzugehen. Die GRÜNEN erhielten für sie sehr enttäuschende 3,8 % auf Bundesebene, scheiterten im Westen mit 4,8 % an der Fünf-Prozent-Hürde, zogen jedoch dank der 6 % für Bündnis 90/GRÜNE im Osten – und der geltenden Ausnahmeregelung bezüglich der Fünf-Prozent-Hürde – mit einigen Abgeordneten in den Bundestag ein. Ebenfalls im Bundestag vertreten war die PDS – Nachfolgeorganisation der SED, die nicht zuletzt gegründet wurde, um das Vermögen der Partei zu retten –, die in den neuen Bundesländern auf 11,1 % der Stimmen kam, bundesweit allerdings lediglich auf 2,4 Prozent. Im neuen Kabinett saßen nur drei Ministerinnen und Minister aus dem Osten: Angela Merkel, zuständig für »Frauen und Jugend«, Günther Krause als Verkehrsminister und Rainer Ortleb (FDP), der das Ministerium für Bildung und Wissenschaft leitete. Helmut Kohl, der »Kanzler der Einheit« und Schlüsselfigur des Übergangs von der Bonner zur Berliner Republik, befand sich im Zenit seiner Macht.

Im Jahr 1989 steuerte die alte Bundesrepublik Deutschland auf ein Jahrzehnt neoliberaler Reformen zu; fast alle großen westlichen Industriestaaten hatten diese Richtung bereits eingeschlagen. Weniger Staatsausgaben, Stärkung der Kaufkraft und Investitionen durch die Kürzung von Einkommen- und Unternehmenssteuern sowie von Sozialausgaben – so lauteten die Grundgedanken. Was anderswo gelang, konnte in Deutschland nicht verwirklicht werden, weil mit der unverhofften deutschen Wiedervereinigung nun mit einem Schlag immense Sonderaufgaben auf die Republik zukamen. Bis Ende der 80er Jahre war das Haushaltsdefizit zwar weiter gewachsen, aber erst mit der Wiedervereinigung schoß die Staatsverschuldung vollends in die Höhe und verdoppelte sich innerhalb von zehn Jahren. Besonders radikal war der Wandel auf den Finanzmärkten: Bis 1989 war Westdeutschland zu einem der größten internationalen Nettoexporteure von Kapital aufgestiegen; doch ein Jahr später hatte sich alles umgekehrt, die Bundesrepublik wandelte sich zu einer der größten Kapitalimportnationen. Die »Vereinigungskrise« war ökonomisch deutlich meßbar: 1990 betrug das Bruttoinlandsprodukt pro Einwohner in Westdeutschland 40 200 DM; das Land zählte damit zu den reichsten Mitgliedern der Europäischen Gemeinschaft. Ein Jahr später war die Leistungsfähigkeit der gesamtdeutschen Volkswirtschaft pro Einwohner auf 34 990 DM abgesunken, womit Deutschland auf den sechsten Platz der europäischen Reichtumsskala und auf den zwölften unter den OECD-Mitgliedern fiel.[1] Ebenfalls stark angewachsen sind die öffentlichen Sozialausgaben nach der Wiedervereinigung, weil die sozialen Sicherungssysteme ohne Abstriche auf Ostdeutschland ausgedehnt wurden; mit dem Einigungsvertrag galten in den neuen Bundesländern die Regeln der westdeutschen Sozialversicherung. So trugen Renten-, Kranken- und Arbeitslosenversicherung einen großen Teil der sozialen Anpassungskosten.

Die Kosten der Einheit, die sich aus den Erblasten der SED-Diktatur ergaben, sind enorm, und sie sind, zum Teil wider besseres Wissen, falsch eingeschätzt worden. Aber wiegt das Glück der Einheit nach 40jähriger Spaltung nicht weit mehr? Es erschien bisweilen schnöde, wie schnell das deutsche Jammern die anfängliche Euphorie ablöste. Hätten andere Nationen auch so unduldsam reagiert und sofort auf die pekuniären Entbehrungen verwiesen? Konnten die Deutschen in diesem Falle nicht einmal vom Primat der Geldbörse absehen? Muß man nicht immer wieder daran erinnern, welch großen Vorteil es mit sich brachte, daß sich die DDR-Transformation unter den weltweit einzigartig vorteilhaften Bedingungen einer Inkorporation in einen fertigen und leistungsfähigen demokratischen Staat vollzog? War es nicht blauäugig anzunehmen, daß sich im Osten alles, aber im Westen nichts ändern sollte oder durfte? Bund und Länder verständigten sich bereits Mitte 1990 auf einen besonderen »Fonds Deutsche Einheit«, aus dem die neuen Länder Fördermittel erhielten. Sie reichten allerdings bei weitem nicht aus, um die Strukturkrise und die Leistungsschwäche der ostdeutschen Wirtschaft zu überwinden. Wirtschaft, Wohnungsbestand, Verkehrswege, Wasserstraßen, Sanierung öffentlicher Einrichtungen im Gesundheits- und Sozialwesen, Beseitigung der riesigen Umweltschäden – die Aufgaben waren gewaltig. Zur Teildeckung des gigantisch angewachsenen Finanzbedarfs wurde am 1. Juli 1991 ein zunächst auf ein Jahr befristeter Solidaritätszuschlag in Form einer Zusatzsteuer in Höhe von 7,5 % auf die Einkommen- und Körperschaftssteuern eingeführt, der seit 1995 erneut, nun aber unbefristet erhoben wird. Die Transferzahlungen von West nach Ost zwischen 1990 und 2000 beliefen sich auf rund 1,8 Billionen DM, und im Rahmen des 2001 verabschiedeten Solidarpakts II sollen zwischen 2005 und 2020 weitere 150 Mrd. Euro überwiesen werden.

Eines der größten Probleme stellte die Privatisierung der DDR-Wirtschaft dar. Wie konnte eine zentral gelenkte Planwirtschaft in eine liberale Marktwirtschaft umgewandelt werden? Die eigens zu diesem Zweck geschaffene Treuhandanstalt – die größte Staatsholding der Welt, eine Zwischeneigentümerin von etwa 8000 Kombinaten und »Volkseigenen Betrieben« mit mehr als 40000 Betriebsstätten und 4 Mio. Beschäftigten – mußte ohne Vorbilder und ohne vorgefertigte Rezepte ihre Arbeit aufnehmen. Innerhalb von vier Jahren, bis Ende 1994, als sie wieder aufgelöst wurde, sollte sie zügig privatisieren, entschlossen sanieren sowie, was nicht mehr sanierungsfähig war, »abwickeln«. Der Vermögensbesitz der Treuhandanstalt reichte von Werften an der Ostsee bis zu Befehlsbunkern der Stasi. Was hat die Treuhandanstalt, insbesondere unter ihrer dritten Präsidentin Birgit Breuel, erreicht? 85000 Verträge wurden abgeschlossen, 14500 Unternehmen und Betriebsteile sind verkauft worden, 850 Wirtschaftsbetriebe gingen in ausländischen Besitz über, 3700 Betriebe wurden aufgegeben und stillgelegt; insgesamt konnten Privatisierungserlöse von 73 Mrd. DM erzielt werden, außerdem Investitionszusagen in Höhe von 207 Mrd. DM. 1,5 Mio. Arbeitnehmer erhielten Arbeitsplatzzusagen. Kritische und positive Einschätzungen der Treuhandanstalt wechseln sich bis heute ab. Während die einen meinen, es sei das Mögliche erreicht worden, und dabei auf die maroden Strukturen sowie die verdeckte Arbeitslosigkeit zu DDR-Zeiten verweisen, halten viele andere ihre Aufgabe im wesentlichen für gescheitert. Statt Aufbauleistung sei es zu einer Deindustrialisierung der neuen Bundesländer mit hoher Arbeitslosigkeit gekommen.[2]

Auch im Westen Deutschlands lief die Wirtschaft nicht mehr rund. Die deutsche Automobilindustrie erlitt 1993 große Umsatzeinbrüche; Rezession und internationaler Wettbewerbsdruck machten ihr zu schaffen. Bei der Volkswagen AG konnten zwar geplante Entlassungen von 30000 Mitarbeitern abgewendet werden, weil man sich darauf einigte, die Vier-Tage-Woche bei einem Verlust von 10% des Jahreseinkommens für die Beschäftigten einzuführen, doch schnell entbrannte die »Standortdebatte«. Liberale Ökonomen meinten, die Qualität des Standortes Deutschland habe seit den 70er Jahren gelitten, die Wettbewerbsfähigkeit sei gefährdet. Verantwortlich dafür machten sie zu hohe Arbeitskosten, vor allem infolge der Personalzusatzkosten, zu kurze Arbeitszeiten, die hohe Unternehmensbesteuerung und eine übermäßige Regulierung der Wirtschaft, nicht zuletzt aber auch die strengen Umweltvorschriften. Ökonomen, die eher den Gewerkschaften nahestanden, malten ein anderes Bild: Deutschland sei nach wie vor ein günstiger Wirtschaftsstandort, sei »Exportweltmeister«, verfüge über eine leistungsfähige öffentliche Infrastruktur und einen guten Ausbildungsstand der Arbeitskräfte sowie über wertvolle sozialpartnerschaftliche Beziehungen.

Nach der Bundestagswahl von 1994, in der sich die christlich-liberale Koalition nur noch mit Müh und Not knapp behaupten konnte und der neue SPD-Herausforderer Rudolf Scharping Bundeskanzler Kohl unterlag,[3] schlug die Regierung mit dem »Aktionsprogramm für Investitionen und Arbeitsplätze« einen Kurs ein, der bei Opposition, Gewerkschaften, aber auch den Kirchen auf heftigen Protest stieß. Einschnitte in das Sozialsystem wie Senkung der Lohnfortzahlung im Krankheitsfall, die Aufhebung des Kündigungsschutzes für Betriebe mit höchstens zehn Beschäftigten, die Anhebung des Rentenalters oder die Kürzung der Arbeitslosenhilfe galten dem DGB als Frontalangriff auf den Sozialstaat und trieben im Juni 1996 über 350000 Menschen zur Protestkundgebung in Bonn auf die Straße, nachdem in den Jahren zuvor bereits in Ostdeutschland massenhaft gegen Sozialabbau und Wirtschaftsmisere demonstriert worden war. Über den Bundesrat, wo sie die Mehrheit hatte, versuchte die Opposition entsprechende Gesetze zu verhindern und den Konflikt zu verschärfen. In der Legislaturperiode 1994 bis 1998 sind 22 von 421 Gesetzesbeschlüssen des Bundestages an der Zustimmung des Bundesrates gescheitert – so viele wie noch nie zuvor. Tatsächlich war dies eine Blockadepolitik der SPD, was die Union im Wahlkampf 1998 auch herausstrich. Allerdings sollte sie damit keinen Erfolg haben, denn in den Augen der Mehrheit der Deutschen hatte die SPD nur blockiert, was man nicht haben wollte. Ihrerseits sprach die Opposition genüßlich vom »Reformstau« – dieser Begriff avancierte 1997 zum »Wort des Jahres«. Tatsächlich war die Republik blockiert, und die Blockaden in Gesellschaft und Wirtschaft verzögerten einen notwendigen Strukturwandel. Ausnahmen bestätigen diesen generellen Befund: Neu eingeführt wurde 1995 die Pflegeversicherung, dabei ist erstmals das bis dahin geltende Prinzip durchbrochen worden, wonach die Finanzierung je zur Hälfte durch Arbeitnehmer- und Arbeitgeberbeiträge zu sichern sei. Denn der Arbeitgeberbeitrag ist kompensiert worden, indem man kurzerhand einen evangelischen Feiertag, den Buß- und Bettag, aus dem Kalender arbeitsfreier Tage strich.

Die häßlichste Erscheinung nach der Wiedervereinigung, die auch im Ausland große Besorgnis hervorrief, war die Zunahme von Ausländerfeindlichkeit und Rechtsradikalismus. Erhob der alte deutsche Wahn wieder sein Haupt? Brutale Gewalttaten und regelrechte Jagden auf Ausländer schockierten: Tagelang schlugen im September 1991 rechtsradikale Jugendliche in Hoyerswerda vor Ausländerunterkünften Krawall und wurden von erwachsenen Zuschauern freudig und verständnisvoll angefeuert. Im August 1992 ereignete sich ähnliches in Rostock-Lichtenhagen. Das Versagen der Polizei verschlägt einem noch heute den Atem. Trauriger Höhepunkt waren zwei Brandanschläge in Nordrhein-Westfalen, im November 1992 in Mölln und im Mai 1993 in

Solingen, bei denen insgesamt zehn türkische Bürgerinnen und Bürger, darunter fünf Kinder ums Leben kamen. Die Gegenreaktionen und Lichterketten Zehntausender vor allem junger Menschen in zahlreichen Großstädten signalisierten, daß die zivilisierten Deutschen solche Schandtaten nicht hinzunehmen bereit waren. Bundespräsident Richard von Weizsäcker seinerseits forderte zur längst fälligen Reform des Staatsbürgerrechts auf, zu dem es jedoch erst während der rot-grünen Regierung im Jahr 2000 kommen sollte, weil konservative Politiker noch immer mit der Fiktion lebten, Deutschland sei kein Einwanderungsland. Da immer mehr Menschen in Deutschland Asyl suchten, hob zwischen 1991 und 1996 eine erregte öffentliche Debatte an, wodurch auch Öl ins Feuer der Unverbesserlichen gegossen wurde. Mit den Balkankriegen im ehemaligen Jugoslawien schnellte die Zahl der Asylsuchenden 1992 auf 439 200 Menschen hoch, und 1994 zählte man in der Bundesrepublik 1,7 Mio. Asylsuchende, von denen nur 267 000 amtlich als asylberechtigt anerkannt wurden.[4] Um den Zustrom zu begrenzen, wurde der Art. 16 des Grundgesetzes, einer seiner vornehmsten Artikel, »Politisch Verfolgte genießen Asylrecht«, am 26. Mai 1993 im Deutschen Bundestag mit 521 gegen 132 Stimmen erweitert. Neu nahm man den Art. 16a auf; danach ist das Asylrecht für politisch Verfolgte nach wie vor verbürgt. Hinzu kam indes, daß Personen, die über einen EG-Mitgliedstaat oder aus »sicheren Drittstaaten« einreisen, sich nicht mehr auf ihr Asylrecht in Deutschland berufen können; gleiches gilt für ein »sicheres Herkunftsland«, weil in diesem Falle unterstellt wird, daß keine Verfolgung zu befürchten ist. Bereits ein Jahr nachdem das Gesetz in Kraft getreten war, sank die Zahl der Asylsuchenden um 66 Prozent.

Erbschaften der untergegangenen DDR ragten in die beiden letzten Legislaturperioden der Regierung Kohl hinein. So ist im November 1991 das Stasi-Unterlagen-Gesetz verabschiedet und eine Behörde geschaffen worden, die für die 6 Mio. Personalakten zuständig ist – Joachim Gauck stand dieser Behörde mit 2500 Planstellen vor, später Marianne Birthler. Die seit 1969 gespaltenen deutschen evangelischen Kirchen vereinigten sich im Juni 1991 wieder – ein wichtiges Datum für den deutschen Protestantismus. Doch auch im kirchlichen Bereich bedeutete nach langjähriger Trennung die äußere Einheit noch keineswegs die innere Einheit. Die innerkirchliche Vereinigung und die gesamtkirchliche Selbstverständigung sind dadurch belastet worden, daß eine – im Kern notwendige – heftige Debatte um Stasiverstrickungen von Kirchenvertretern und um eine »Kumpanei« zwischen Kirche und Staat die Gemüter erhitzte.[5] Im Zusammenhang mit den Todesschüssen an der Berliner Mauer erließ die Berliner Justiz seit Beginn des Jahres 1991 Haftbefehle gegen den früheren DDR-Ministerpräsidenten Willi Stoph, Ex-Verteidigungsminister Heinz Keßler und weitere Personen. Am 15. Mai 1992 erhob sie wegen der Todesschüsse Anklage gegen Erich Honecker. Dieser war im März 1991 in die chilenische Botschaft nach Moskau geflohen.

Auf Druck Chiles und Rußlands verließ er die Botschaft, kehrte nach Berlin zurück, wurde verhaftet und in die Untersuchungshaftanstalt Moabit eingeliefert. Honecker bekannte sich zu seiner Verantwortung für den Mauerbau, lehnte aber jede persönliche Schuld für die Todesopfer ab. Das Gericht trennte sein Verfahren von den anderen ab, und infolge seines schlechten Gesundheitszustands setzte es die Untersuchungshaft aus. Erich Honecker verließ Deutschland und starb am 29. Mai 1992 im Alter von 81 Jahren in der chilenischen Hauptstadt Santiago. Einige DDR-Regierungsmitglieder wurden zu Haftstrafen zwischen viereinhalb und siebeneinhalb Jahren verurteilt. Erich Mielke, der ehemalige Minister für Staatssicherheit, konnte ein Jahr später wegen Mordes an zwei Polizisten in Berlin im Jahr 1931 zu sechs Jahren Haft verurteilt werden.

Nur sehr wenig, was in der DDR Bestand hatte, wurde in die neue Bundesrepublik überführt. Hinsichtlich des § 218 verlangte der Einheitsvertrag eine einheitliche Regelung bis 1992, bis dahin gab es zweierlei Recht im Westen und im Osten. In der DDR hatte seit 1972 eine weitgefaßte Fristenregelung gegolten, was im Westen nicht der Fall war. Die fraktionenübergreifende Neuregelung des Schwangerschafts- und Familiengesetzes von 1992 – initiiert durch einen Gruppenantrag von SPD und FDP – lief auf eine Fristenregelung mit obligatorischer Beratung hinaus, wurde aber auf Antrag Bayerns und der Mehrheit der Unionsfraktion im Bundestag durch das Bundesverfassungsgericht teilweise für nichtig erklärt. Abtreibung, so das Gericht in seiner Urteilsbegründung, sei grundsätzlich rechtswidrig, aber bei einer medizinischen Indikation erlaubt, sie bleibe auch sonst straffrei, wenn sie binnen zwölf Wochen vorgenommen werde und sich Schwangere vorher beraten ließen. 1995 faßte der Deutsche Bundestag den § 218 in diesem Sinne neu.

Rot-grüne Regierungsjahre

Ist Deutschland nach einer Zwischenepoche der Teilung seit 1990 wieder auf seinen »normalen« historischen Pfad zurückgekehrt? So wird man das nicht sagen können. Zweifellos zog die alte Bundesrepublik Nutzen aus der Teilung; ihren Erfolg verdankte sie auch den Sonderbedingungen des Kalten Krieges, und sie profitierte von einer in der deutschen Geschichte nie dagewesenen sozialen Homogenität, politischen Verständigung und kulturellen Balance. Das galt etwa für die Struktur des Parteiensystems, in dem eine radikale Linke fehlte; das galt für den marktwirtschaftlichen Aufbau, der ohne das Gegenmodell der DDR kaum denkbar gewesen wäre; das trifft allgemein für die Regierungspolitik, aber auch für ökonomische Bedingungen zu. Ohne die Teilung wären Unternehmen wie Siemens oder Auto-Union und viele andere nie aus Berlin oder Zwickau nach Süddeutschland ausgewandert, und Bayern hätte mehr Mühe gehabt, sich vom Agrarland zum Hochtechnologieland zu entwickeln.

Nach der Wende ist die Bundesrepublik in vielerlei Hinsicht heterogener geworden. Dies betrifft die größere soziale Heterogenität, aber auch die politische in Form des erweiterten Parteiensystems mit neuen Koalitionsmöglichkeiten, die besonders in den neuen Bundesländern zu einer Vielfalt führten, schließlich die nachlassende Bindung an bestimmte Parteien. Dennoch zeigte sich auf diesem Feld lange Zeit mehr Kontinuität als Wandel, denn gravierende Veränderungen im Parteiensystem und in der relativen Größenordnung der Parteien hat es bis zum Jahr 2005 nicht gegeben. Erst die vorgezogene Bundestagswahl vom 18. September 2005 offenbarte große Veränderungen: Die Bundesrepublik ist zu einem Fünfparteiensystem und »linkslastiger« geworden; die Linkspartei hat bundesweit 8,7 % der Stimmen erhalten, und in den neuen Ländern ist sie mit rund 25 % zweitstärkste politische Kraft hinter der SPD. Die gesellschaftliche Zerklüftung hat zugenommen, und daher fächert sich auch das Parteiensystem neu auf – das Lager jenseits der beiden großen Volksparteien Union und SPD ist so groß wie seit 1953 nicht mehr.

Aber dies bedeutet nicht den Untergang Deutschlands. Denn bis heute gilt: Die Staatstätigkeit der Bundesrepublik und ihre Politikresultate, insbesondere in der Wirtschafts- und Sozialpolitik, unterscheiden sich nach wie vor von denjenigen anderer Industriestaaten, und zwar dadurch, daß sie sich zwischen zwei Polen bewegen – zwischen dem nordeuropäischen Wohlfahrtskapitalismus und dem nordamerikanischen marktorientierten Kapitalismus. So befindet sich die Bundesrepublik trotz einiger Veränderungen immer noch auf dem »mittleren Weg«.[6] Sie gewinnt insgesamt keineswegs mehr Ähnlichkeiten mit den Gesellschaften des deutschen Kaiserreichs oder der Weimarer Republik, die von scharfen Bruchlinien und unversöhnlichen Konflikten durchzogen waren – dafür ist die Prägekraft des Bonner Modells insgesamt zu stark –, aber die neue Bundesrepublik hat sich den anderen großen westeuropäischen Demokratien angeglichen, die im Inneren weniger gleichförmig und ausbalanciert strukturiert sind. Im Vergleich mit diesen hat die heutige Bundesrepublik jene Anomalie verloren, welche die Bonner Republik noch besaß. Diese Annäherung an die »Normalität« anderer demokratisch gefestigter Länder ist keineswegs bedenklich, sie ist nur neu.

Vielleicht war es ein Glück für Deutschland, daß die Regierung Kohl 1998 durch den Souverän abgelöst wurde. Denn ein Jahr später kam die CDU-Spendenaffäre ans Licht und hätte, falls die Union noch an der Macht gewesen wäre, das Land womöglich in eine der schwersten Krisen seiner Geschichte gestürzt. Auslöser des größten Spendenskandals war, daß am 5. November 1999 sich der ehemalige CDU-Schatzmeister Walther Leisler Kiep der Staatsanwaltschaft stellte, die ihm im Zusammenhang mit einer Großspende des Waffenhändlers und Lobbyisten Karlheinz Schreiber

Steuerhinterziehung vorwarf. Wie sich später herausstellte, handelte es sich dabei um eine Provisionszahlung der Firma Thyssen in Höhe von 1,3 Mio. DM, die 1991 auf einem Parkplatz in der Schweiz bar übergeben worden war. Als Konsequenz aus dieser Affäre wurde ein Untersuchungsausschuß des Bundestages gebildet, der von Dezember 1999 bis Juni 2002 tagte, das Gesetz über Spenden an politische Parteien verschärfte, mehr als 100 Untersuchungen durchführte und rund 150 Zeugen befragte. Die Angelegenheit war überaus verworren, doch sechs Komplexe ließen sich freilegen: 1. Die erwähnte Schreiber-Million; 2. Helmut Kohls »schwarze Kassen«: Der ehemalige Bundeskanzler bekannte am 16. Dezember 1999 in einem Fernsehinterview, zwischen 1993 und 1998 Spenden von ca. 2 Mio. DM persönlich entgegengenommen und an die CDU-Schatzmeisterei weitergeleitet zu haben. In deren Rechenschaftsberichten tauchte das Geld aber nie auf. Namen der Spender nannte Kohl nicht, sondern berief sich auf sein gegebenes »Ehrenwort«; 3. der Leuna-Komplex: Beim Verkauf der Raffinerie in Leuna an den französischen Ölkonzern Elf-Aquitaine ist nach Ermittlungen französischer und schweizerischer Staatsanwälte Schmiergeld in Millionenhöhe geflossen. Doch die Akten des Bundeskanzleramts zum Verkauf der Leuna-Raffinerie sind verschwunden; 4. die Rolle der CDU-Schatzmeisterei; die frühere Schatzmeisterin Brigitte Baumeister und der ehemalige Fraktionsvorsitzende der Union, Wolfgang Schäuble, beschworen widersprüchliche Versionen über die Weiterleitung einer 100 000 DM Spende des Waffenhändlers Schreiber; 5. die Schweizer Geheimkonten der CDU-Bundespartei und Geldwäscheanlagen in Vaduz. Beides tauchte nur unvollständig im Rechnungswesen der Union auf; 6. der Hessen-Komplex: Auf Veranlassung u. a. des damaligen Generalsekretärs und späteren Landesvorsitzenden der CDU-Hessen, Manfred Kanther, flossen ca. 20 Mio. DM auf Schweizer Bankkonten, unverständlich zynisch getarnt als »jüdische Vermächtnisse«, danach wurden sie wieder nach Hessen zurückverschoben, um den Landtagswahlkampf 1999 zu finanzieren.[7]

Die Bundesrepublik war nicht käuflich, doch die Affäre warf kein günstiges Licht auf die Parteien, insonderheit die CDU. Ungünstiger noch wirkte, daß Helmut Kohl nichts zur Aufklärung der illegalen Finanzpraktiken beitrug, sondern viermal die Aussage vor Gericht verweigerte. Im März 2000 wurde das Ermittlungsverfahren gegen ihn nach Zahlung von 300 000 DM eingestellt. Die CDU mußte 21 Mio. Euro an den Bund – der den Parteien Staatsmittel zuweist – zurückzahlen. Im November 2000 stellte die Staatsanwaltschaft das Ermittlungsverfahren gegen Brigitte Baumeister und Wolfgang Schäuble wegen uneidlicher Falschaussage ein, beide blieben bei ihren jeweiligen Versionen. Manfred Kanther ist im April 2005 vom Landgericht Wiesbaden erstinstanzlich zu einer Bewährungsstrafe und einer Geldbuße verurteilt worden. Die Affäre war im Rückblick Unheil und Wende zugleich: Unheil, weil sie die deutsche Demokratie in Verruf brachte und die Politikverachtung anheizte; Wende, weil der

Vorwurf der Korruption einen moralischen Tiefpunkt deutschen Partei- und Politik-
verständnisses markierte, durch den transparentere Verfahrensregeln der Parteienfinanzierung geschaffen wurden.

Bei der Bundestagswahl 1998 erlitt die CDU ein Desaster. Daß sie in Ostdeutschland noch plakatiert hatte: »Blühende Landschaften wählen«, empfanden viele als
Hohn. Die Massenarbeitslosigkeit war das wichtigste Wahlkampfthema, und eine
Mehrheit der Deutschen traute der Union nicht mehr zu, daß sich unter ihr Grundlegendes ändern könnte. Zum ersten Mal in der bundesdeutschen Geschichte überhaupt gelang es einer Opposition, über Wahlen einen Regierungswechsel herbeizuführen. Vermutlich waren auch viele Deutsche nach 16 Jahren »Kohl-müde«, nach so
langer Zeit konnte Verschleiß nicht ausbleiben, und die Zeit für einen demokratischen
Wechsel erschien reif. Der SPD-Kanzlerkandidat und Ministerpräsident von Niedersachsen, Gerhard Schröder, verstärkte dieses Gefühl noch: Er zollte Helmut Kohl
Respekt für seine historischen Leistungen, zweifelte jedoch unablässig an dessen Zukunftsfähigkeit. Rund 2 Mio. ehemalige CDU-Wähler wechselten 1998 zu den Sozialdemokraten, die mit ihrem Slogan von der »Neuen Mitte« deutschlandweit Aufbruchstimmung erzeugen konnten.[8] Die SPD wurde zum ersten Mal seit 1972 mit 40,9 % der
Stimmen wieder stärkste Partei im Deutschen Bundestag, CDU/CSU fuhren mit
35,1 % das zweitschlechteste Ergebnis in der Geschichte der Bundesrepublik ein, nur
1949 hatten sie weniger Zustimmung erhalten. Die GRÜNEN konnten wieder, wie bereits 1994, den dritten Platz erobern und lagen mit 6,7 % vor der FDP (6,2 %), die PDS
zog mit 5,1 % erneut in den Bundestag ein.

Der Regierungswechsel war auch ein Generationswechsel im Leben der deutschen
Demokratie: Die etwa 50jährigen, häufig geprägt durch die 68er-Bewegung, gelangten
an die Macht. Sie traten als politische Erneuerer auf, die Innovation und Modernisierung vereinen wollten. Besonders Joschka Fischer verkörperte die Integrationsleistung
der geglückten bundesdeutschen Demokratie: Sein Weg begann mit dem Rebellentum
eines Straßenkämpfers und führte ihn über verschiedene Stationen an die Spitze des
Auswärtigen Amtes, wo er über Parteigrenzen hinweg Anerkennung fand. Fischer
marschierte so lange durch die Institutionen, bis er selbst zur Institution wurde. Gerhard Schröder, der 1944 im Kreis Lippe geboren worden war, kam aus kleinen Verhältnissen und kämpfte sich gegen alle Widrigkeiten nach oben. Über den zweiten Bildungsweg holte er das Abitur nach, studierte Jura, wurde Rechtsanwalt in Hannover
und verfolgte parallel dazu seine Parteikarriere. Er war eine Zeitlang Vorsitzender der
Jusos und konnte 1990 mit Hilfe der GRÜNEN den CDU-Ministerpräsidenten in Niedersachsen ablösen; seit 1994 regierte die SPD allein in diesem Bundesland. Mit Helmut Kohl verband ihn der Machtinstinkt, auch die Lust am Regieren; vom früheren
Bundeskanzler unterschied ihn sein jovialer Umgang mit den Medien – »Medienkanz-

ler« war ein Attribut, das Schröder schnell anhaftete. Am Ende seiner siebenjährigen Amtszeit erging es Schröder wie ehedem Helmut Schmidt: Die Hochachtung, die der zum Staatsmann gereifte Kanzler in der Bevölkerung genoß, entsprach nicht der Wertschätzung, die er innerhalb seiner Partei erreichen konnte. Außerdem: Wie nach der ersten sozialdemokratischen Regierungszeit, so gab es auch nun wieder eine Abspaltung zu Lasten der Sozialdemokratie – Ende der 70er Jahre waren die GRÜNEN entstanden, und 2005 entstand »Die Linke«, welche die Gestrigen aus der PDS und unzufriedene linke Gewerkschafter und ehemalige Sozialdemokraten, allen voran Oskar Lafontaine, zusammenführte.

Mit Lafontaine hatte sich Schröder schon wenige Monate nach dem Regierungsantritt überworfen. Zwischen beiden herrschte eine Rivalität, die nie verborgen blieb. Der eitle Saarländer hielt sich immer für den Besten und Intelligentesten aus der SPD-Enkel-Generation; er setzte alle Mittel, auch die Intrige und den Populismus, für seine Ziele ein. Auf dem Mannheimer SPD-Parteitag im November 1995 stürzte er den vollkommen überrumpelten Parteivorsitzenden Rudolf Scharping und »putschte« sich selbst an die Macht. Es war sein Verdienst, daß die Sozialdemokratie 1998 geschlossen in den Wahlkampf zog, doch daß Schröder und nicht er selbst Spitzenkandidat war, verwand er nie. Als Finanzminister der neuen rot-grünen Regierung setzte er in keynesianischer Manier auf eine staatliche Ausgabenpolitik, während Schröder den Sozialstaat reformieren und staatliche Ausgaben kürzen wollte. So hatte es auch sein politischer Freund in England, Tony Blair, mit Erfolg vorgemacht. Damit sollten zusätzlich zu den traditionellen Wählerschichten modernisierungsorientierte Bevölkerungsteile, Freiberufler sowie Beschäftige in den modernen Informations- und Dienstleistungsbranchen für die Sozialdemokratie gewonnen werden. Schröder zielte auf eine Kombination von staatlicher Steuerung und gesellschaftlicher Regulierung. Das hieß: Akteure und Verhandlungssysteme neben der offiziellen staatlichen Ebene – die Zivilgesellschaft, das bürgerschaftliche Engagement – mußten stärker in den Blick geraten. Nicht Deregulierung um jeden Preis lautete das Motto, sondern mehr Subsidiarität, die zu mehr Selbstbestimmung und besserer Entfaltung der Kreativität führe. Ein »aktivierender Staat« müsse beides tun: »Fördern und Fordern«.[9] Lafontaine war dies alles fremd, es klang ihm nach »Neoliberalismus«, eines seiner Lieblingsschimpfworte. Im März 1999 warf er das Handtuch, trat als Minister und auch als SPD-Vorsitzender zurück und legte sein Bundestagsmandat nieder. Einen solchen Abgang hatte es in der traditionsreichsten deutschen Partei noch nie gegeben; seither war das Tischtuch zwischen ihm und der SPD zerschnitten, selbst Wohlgesonnene wandten sich ab und hielten diesen Rückzug, dieses »Hinschmeißen« für unwürdig.

Schröder übernahm den SPD-Parteivorsitz, Hans Eichel, der kurz zuvor in Hessen abgewählte Ministerpräsident, kam als Finanzminister nach Berlin. Lafontaine hatte die Bundesregierung in eine Krise gestürzt, handwerkliche Mängel traten hinzu, »Nachbessern« bei Gesetzesvorlagen geriet zum Dauerproblem – und so konnte die Union trotz Spendenaffäre von der Unzufriedenheit mit der rot-grünen Bundesregierung profitieren und eine Landtagswahl nach der anderen gewinnen. Im Jahr 2000 festigte sich die Regierung wieder. Die Steuerreform vom Juli, die gegen die Absicht der Unionsspitze auch im Bundesrat beschlossen wurde, war daran beteiligt. Sie brachte Entlastung von Familien, aber auch der Unternehmen mit sich, und bis 2005 wurden der Eingangssteuersatz von 22,9% auf 15% sowie der Spitzensteuersatz von 52% auf 42% gesenkt. Die eingeführte Ökosteuer verteuerte die Energie und diente zur Gegenfinanzierung, um die gesetzlichen Lohnnebenkosten zu senken. Bei der Sanierung der Staatsfinanzen halfen dem Finanzminister die Einnahmen aus der Versteigerung der UMTS-Lizenzen für den Mobilfunk – 98,8 Mrd. DM spülte sie in die Staatskasse.

Bei der Aushandlung des Atomausstiegs, einem Kernpunkt grüner Regierungspolitik, war der politische Seiteneinsteiger, der parteilose Wirtschaftsminister Werner Müller, für Schröder inhaltlich und machtpolitisch unentbehrlich. Da er beruflich selbst aus der Energiewirtschaft kam, sorgte er für eine Vermittlung zwischen der Elektrizitätswirtschaft und dem drängenden grünen Umweltminister Jürgen Trittin. Am 14. Juni 2000 konnten geordnete Bedingungen geschaffen werden: Die Laufzeiten der deutschen Atomkraftwerke wurden auf längstens 32 Jahre festgelegt; die Wiederaufbereitung als Entsorgungsweg befristete man bis Mitte 2005, an den Standorten der Kernkraftwerke sollten Zwischenlager eingerichtet werden, um Atomtransporte zu verhindern. Die 19 deutschen Kernkraftwerke sollen durchschnittlich noch 13 Jahre laufen, wobei es ein gegenseitiges Verrechnungsverfahren gibt – ältere Kraftwerke werden früher stillgelegt, jüngere länger in Betrieb gehalten. Auch die BSE-Krise – massenhafte Fälle von stets tödlich verlaufendem Rinderwahnsinn, verursacht durch Verfütterung von Tierkörpermehl, die ganz Europa erfaßten und Menschenleben bedrohten – wirkte sich zugunsten der Regierung aus. Nach dem Rücktritt von Karl-Heinz Funke (SPD) übernahm die zupackende und rasch an Popularität gewinnende grüne Politikerin Renate Künast das Landwirtschaftsministerium, in dem nun endlich der Verbraucherschutz und das Interesse der Konsumenten Vorrang erhalten sollte vor dem Lobbyismus der Bauernverbände. »Bio« wurde zu einem Qualitätszeichen für gesündere Nahrungsmittel.

Eines der zentralen Reformvorhaben war die von Innenminister Otto Schily (SPD) vorangetriebene Erneuerung des seit 1913 geltenden deutschen Staatsangehörigkeitsrechts; es wurde mit Hilfe der FDP reformiert, erleichterte die Einbürgerung und machte den Weg frei für eine doppelte Staatsangehörigkeit für Kinder von Ausländern, die schon lange in Deutschland lebten. Eine Kommission unter der Leitung der ehemaligen Bundestagspräsidentin Rita Süssmuth (CDU) – die dafür heftige Kritik aus ihrer Partei einstecken mußte – erarbeitete parallel dazu Leitlinien für eine künftige Einwanderungspolitik. Auch der seit 1999 amtierende Bundespräsident Johannes Rau trat mit seinem politischen Motto »Versöhnen statt spalten« für mehr Verständnis gegenüber ausländischen Mitbürgern ein und verwies darauf, daß Art. 1 des Grundgesetzes lautete »Die Würde des Menschen ist unantastbar« und nicht nur die Würde des Deutschen. Nach langem Ringen gelang es schließlich im Juni 2004, ein Einwanderungsgesetz auszuhandeln, das die Steuerung der Einwanderung angesichts der schrumpfenden deutschen Gesellschaft mit der Integration verband. Jenseits eines multikulturellen Romantizismus, der in den letzten Jahren zu Recht in die Kritik geriet, weil oftmals abgeschottete Sphären zwischen Deutschen und vor allem muslimischen Ausländern entstanden waren, verpflichtet das Gesetz Neuankömmlinge, sich den Werten und Normen der deutschen Demokratie anzupassen. Am schwierigsten erwiesen sich Sozialreformen, und die Regierung zögerte lange, sich diesem Feld zuzuwenden. In der ersten rot-grünen Legislaturperiode wurde lediglich die »Riester-Rente« eingeführt, benannt nach dem damaligen Arbeits- und Sozialminister Walter Riester: Eine kapitalgedeckte, vom Staat geförderte Privatvorsorge sollte die gesetzliche Rentenversicherung entlasten und den Rentenbeitragssatz trotz zunehmender Alterung der Gesellschaft unter 20 % halten.

Besonders wegen des Neins zum Irakkrieg, das die Bundesrepublik als Friedensmacht wirken ließ, letztlich aber auch wegen des Krisenmanagements angesichts der Flutkatastrophe in Ostdeutschland im Sommer 2002, konnte sich die rot-grüne Regierung bei den Bundestagswahlen im gleichen Jahr äußerst knapp behaupten und den Kanzlerkandidaten der Union, den bayerischen Ministerpräsidenten Edmund Stoiber, schlagen. Jetzt erst, angesichts von über 5 Mio. Arbeitslosen in Deutschland, holte Bundeskanzler Schröder zu einer umfassenden Reformpolitik und einem eigenen Reformweg mit unpopulären Maßnahmen aus. Die Bundesanstalt für Arbeit hatte sich in den zurückliegenden Jahrzehnten zu einer Mammutbehörde entwickelt, welche die Arbeitslosigkeit nur noch verwaltete. Nun sollte sie mit einer Organisationsreform grundlegend neu auf die Vermittlung von Arbeit ausgerichtet und in »Bundesagentur für Arbeit« umbenannt werden. Eine nach dem Personalvorstand des Volkswagenwerks, Peter Hartz, benannte »Hartz-Kommission« legte zahlreiche Module für die größte Sozialreform in der Geschichte der Bundesrepublik vor. Sie betrafen u.a. die Zusammenlegung von Arbeitslosen- und Sozialhilfe, verbesserten Beratungsservice durch Jobcenter, beschleunigte Vermittlung von Arbeitsuchenden, eine Verschärfung der Zumutbarkeitsregeln sowie die Förderung von Ich-AGs und Mini-Jobs. Auch wurde das Arbeitslosengeld gekürzt und der Kündigungsschutz gelockert. Hartz versprach, daß diese Maßnahmen die Arbeitslosigkeit binnen kurzem halbieren würden – ein törichtes Versprechen. Gerhard Schröder kleidete dieses Programm und weitere

Teilprogramme in unterschiedlichen Politikfeldern wie Haushalt, Gesundheit, Rente, Bildung und Forschung in das Gesamtprojekt »Agenda 2010«, die er am 14. März 2003 im Deutschen Bundestag verkündete. Er verlor dabei jedoch zusehends die Gefolgschaft seiner eigenen Partei, die ihm soziale Kälte vorwarf. In den Zwischenwahlen – den Landtags- und Kommunalwahlen – erlitt die SPD, anders als die GRÜNEN, dramatische Verluste, gerade in der Arbeiterschaft. Im Frühjahr 2005 verloren die Sozialdemokraten schließlich ihr »Stammland« Nordrhein-Westfalen. Schröder, der schon 2004 vom Parteivorsitz der SPD zurückgetreten war – Nachfolger wurde Franz Müntefering – und damit eingestand, daß ihm die Integration der SPD-Flügel nicht gelang, setzte zur Flucht nach vorn an. Am 1. Juli 2005 verlor Bundeskanzler Gerhard Schröder, wie von ihm gewünscht, die Vertrauensfrage im Parlament mit 151 Ja-Stimmen, 296 Nein-Stimmen und 148 Enthaltungen. Damit hatte der Kanzler sein Ziel, Neuwahlen anzusetzen, erreicht. »Vordergründig betrachtet«, so erklärte er im Deutschen Bundestag, »handelt es sich um einen Vorgang, mit dem der Bundeskanzler sein eigenes Schicksal der Entscheidung des Volkes anvertraut. Tatsächlich geht es um die Möglichkeit des demokratischen Souveräns, die Grundrichtung der künftigen Politik selbst zu bestimmen«.[10] Im Jahr 1972 hatte Willy Brandt angesichts des parlamentarischen Patts eine echte Vertrauensfrage gestellt, 1982 hatte Helmut Kohl die Verfassung manipuliert, um zu Neuwahlen zu gelangen, und 2005 hat Gerhard Schröder eine eher absurde Vertrauensfrage gestellt. Tatsächlich verfügte die rot-grüne Regierung über eine Mehrheit im Bundestag, und der oppositionelle Bundesrat – in dem die Union keineswegs alle, aber viele Vorhaben tatkräftig blokkierte[11] – konnte mit keiner Neuwahl auf Linie gebracht werden; Schröder zielte mit seinem Vorgehen auf die teils schwankenden eigenen SPD-Reihen, denen er mit seiner Agenda 2010 zuviel zugemutet hatte. Dennoch: Der Bundespräsident Horst Köhler und letztlich auch das Bundesverfassungsgericht zogen mit.

Die erfolgreichen GRÜNEN wurden Opfer von Schröders kampfesmutigem Kalkül und der Zerrissenheit der SPD. Rot-Grün wurde abgewählt – die SPD erhielt 34,2 % und die GRÜNEN 8,1 % –, und Schwarz-Gelb verfehlte überraschend die Mehrheit – CDU/CSU kamen mit Kanzlerkandidatin Angela Merkel auf 35,2 % und die FDP unter Guido Westerwelle auf 9,8 % der Stimmen, so viele wie sie nur ganz selten im Verlauf der bundesdeutschen Geschichte erhalten hatte. Gewinner war »Die Linke« Oskar Lafontaines und Gregor Gysis; sie erreichte 8,7 %, strebte aber unbedingt in die Opposition. Nach dem Rücktritt Joschka Fischers von seinen Parteiämtern kurz nach der Wahl stellten sich die GRÜNEN rasch auf ein Leben nach dem »Titan« ein: Wie keine andere Persönlichkeit hatte er die GRÜNEN nach innen zusammengehalten und nach außen – er war lange Zeit der beliebteste Politiker der Bundesrepublik – weit über die eigenen Reihen hinaus sympathisch gemacht.

Für die Kanzlerkandidatin der Union, Angela Merkel, die erste Frau in der Bundesrepublik, die nach dem Bundeskanzleramt griff, nachdem sie sich zuvor geschickt gegen die Männerriege in der Union durchgesetzt hatte, bedeutete der Wahlausgang einen »Desastersieg«. Da Meinungsumfragen der CDU/CSU noch kurz zuvor die absolute Mehrheit voraussagten, saß der Schock am Wahlabend tief. Gerhard Schröder hatte mit einem fulminanten Wahlkampf verhindert, daß die SPD ins Bodenlose abstürzte. Dennoch: Die Sozialdemokraten kamen hinter der Union zum Stehen; im Jahr 2002 hatte die SPD mit rund 6000 Stimmen vor der Union gelegen, nun waren es etwa 400000 Stimmen, mit denen die Union vor der SPD lag und die sie zur stärksten Fraktion im Bundestag machten. Ernsthaft konnte niemand Angela Merkels Anspruch auf das Kanzleramt bestreiten. Angetrieben von persönlichen Kränkungen, von Machtspielen und vom Koalitionspoker, wurde dennoch mit allen Finessen um den Einzug ins Kanzleramt gekämpft. Die Wähler hatten der politischen Klasse eine komplizierte Aufgabe gestellt. Letztlich führte jedoch kein guter Weg vorbei an einer Großen Koalition unter der Führung von Angela Merkel, aber auch der Rückzug Gerhard Schröders war unvermeidlich. Die erste Große Koalition in der Bundesrepublik zwischen 1966 und 1969 war, wie wir heute wissen, weitaus besser als ihr Ruf und hat zahlreiche Blockaden lösen können. Wenn sich Union und SPD in den kommenden Jahren auf eine vernünftige Neuverteilung der Macht von Bund und Ländern einigen, auf eine Föderalismusreform – die »Mutter aller Reformen« – und darüber hinaus den Umbau der Sozialsysteme weiterführen sowie den Haushalt sanieren, hätte sich Koalition ausgezahlt.

War Schröders Flucht nach vorn, die Idee, sein Glück in Neuwahlen zu suchen, voreilig? War sie gar Selbstmord aus Angst vor dem Tod? Es scheint so, jedenfalls aus der Sicht der vormaligen rot-grünen Regierungskoalition. Demokratie braucht Zeit. Und Reformen wirken nicht von heute auf morgen. Nach der jüngsten Analyse der Bertelsmann-Stiftung hat Deutschland infolge der rot-grünen Reformen – anders als es die Stimmungslage suggerierte – enorm aufgeholt:[12] Deutschland ist Exportweltmeister; der Export bleibt der Motor der deutschen Wirtschaft. Die Wettbewerbsposition gegenüber der Konkurrenz hat sich erheblich gebessert. Die deutschen Lohnstückkosten sind zwar hoch, aber nicht höher als 1998, während sie in den EU-Partnerländern seither durchschnittlich um 15% gestiegen sind. Die Gewerkschaften haben den Verteilungsspielraum in Tarifverhandlungen nicht ausgeschöpft und sind Aufrufen des Kanzlers zur Lohnmäßigung gefolgt. Die Einkommen- und Körperschaftssteuersätze sind auf dem niedrigsten Niveau der Nachkriegszeit; trotz Ökosteuer hat Rot-Grün die Bürger und Unternehmer entlastet. Mit Blick auf die Rente sind zwei entscheidende Stellschrauben justiert worden, die das System langfristig stabiler machen. Die eine Schraube ist die Notwendigkeit der privaten Vorsorge; die andere ist die Wiedereinführung des »Demographiefaktors«. Dieser war von der Regierung Kohl »erfunden« worden, wurde dann von Rot-Grün abgeschafft, doch bald wieder aufgenommen: Statt ein bestimmtes Rentenniveau zu garantieren, an das die Beiträge angepaßt werden müßten, sichert er die Stabilität der Beitragssätze bei langfristig 20–22 Prozent. Weiterhin: Durch die Gesundheitsreform fließt inzwischen häufiger Geld für Qualität statt für Quantität. In der Bildung, wo vieles, wie internationale Studien zeigten, im argen lag, hat sich eine Menge verbessert: Es existieren verbindliche Bildungsstandards, die Universitäten sind im Umbruch, erhalten Milliarden für die Spitzenforschung, und in Zukunftstechnologien wie der Nano-, der Umwelt- und der Biotechnologie zählen die Deutschen zur Weltspitze. Deregulierungen haben stattgefunden, sie betreffen v.a. Ladenschlußzeiten, die Reduzierung des Meisterzwangs in Handwerksberufen sowie Liberalisierungen des Kündigungsschutzes. Der »Aufbau Ost« kommt, wenn auch nicht für alle neuen Länder gleichmäßig, voran. Die OECD veröffentlichte im Juli 2005 einen Bericht über die Arbeitsmarktreformen in ihren 30 Mitgliedstaaten. Der Befund lautete, daß fast nirgendwo zuletzt so starke Fortschritte zu verzeichnen waren wie in Deutschland. Auch die Weltbank lobte die Bundesrepublik in ihrem jüngsten Ranking als besonders eifriges Reformland.[13] Wie die sieben Jahre rot-grüner Regierung in die Geschichtsbücher eingehen werden, ist noch ungewiß. Gut möglich jedoch, daß spätere Urteile sehr viel vorteilhafter ausfallen, als viele es heute vermuten, und daß man in der Ära Schröder eine Scharnierzeit für einen notwendigen sozial verträglichen Umbau des Sozialstaates erkennen wird.

Gesellschaft, Kultur und Deutschland-Trends

Die Revolution in der DDR 1989/90 ist von vergangenheitspolitischen Kämpfen begleitet worden, in deren Zentrum ganz substantielle Fragen standen: Wie weit soll die Aufklärung über das zugrundegegangene alte System reichen? Welche belasteten Personen sollen strafrechtlich verfolgt, welche sollen disqualifiziert, d.h. von Leistungen oder beruflichen Chancen (zumindest temporär) ausgeschlossen werden? In welchem Umfang sollen Unrecht wiedergutgemacht und Opfer rehabilitiert werden? Es gab vielfältige, wendungsreiche Machtkämpfe sowohl zwischen den alten Eliten und den neuen Akteuren als auch zwischen westlichen und östlichen Politikern. Insgesamt läßt sich sagen: Realpolitische Interessen oder pragmatische Überlegungen spielten häufig eine größere Rolle als die Moral. Die Frage nach »Rückgabe oder Entschädigung« von enteigneten Vermögenswerten und Gütern beispielsweise zeigte, wie stark die Vergangenheitspolitik interessenpolitisch verankert blieb. Mit Blick auf den Elitenwechsel obwaltete Pragmatismus: Wer gebraucht wurde, konnte bleiben, jedenfalls solange nicht das Menetekel IM (inoffizieller Mitarbeiter der Staatssicherheit) auf die Stirn gebrannt war; wer nicht gebraucht wurde, mußte unter allgemeinen Verweisen auf die Vergangenheit gehen.[14]

Eine Besonderheit der zweiten deutschen Vergangenheitsbewältigung bestand darin, daß der geschichtspolitische Kampf um die Deutung der DDR-Diktatur auf parlamentarischer Ebene institutionalisiert wurde. Die vom Deutschen Bundestag nach einer emotionsgeladenen Debatte im Frühjahr 1992 eingesetzte Enquete-Kommission »Aufarbeitung von Geschichte und Folgen der SED-Diktatur in Deutschland« hat viel zur Erforschung der DDR-Diktatur beigetragen; aber in diesem Gremium vermischten sich politische Willensbildungs- und wissenschaftliche Wahrheitsfindungsprozesse auf eigentümliche Weise. So wurden Wissenschaft und Politik nicht immer sauber voneinander getrennt, sondern gingen eine manchmal enge Bindung ein. Daß die Vergangenheitsaufarbeitung einen hohen Stellenwert für die Stabilität der Demokratie hatte, wurde nicht bezweifelt, und es herrschte ganz offensichtlich die Bereitschaft, nach 1989/90 hinsichtlich der SED-Diktatur mit großer Energie das nachzuholen, was hinsichtlich der NS-Diktatur nach 1945/49 versäumt worden war. Aber durfte man nun andere Maßstäbe anlegen? Verstieß dies – auch wenn dahinter eine gute Absicht stand – nicht gegen das Gebot der Gleichbehandlung? Das Problem vergrößerte sich zusätzlich, weil die Erblasten asymmetrisch verteilt waren, denn die Deutschen in Ost und West teilten nur die erste der beiden diktatorischen Vergangenheiten. Die zweite hatte es nur im Osten gegeben. Westdeutsche Medien waren so stark auf die skandalösen Praktiken des Überwachungs- und Spitzelsystems der Stasi fixiert, daß der Eindruck entstehen konnte, der Einfluß der Stasi auf die DDR sei nie größer gewesen als zum Zeitpunkt, da man sie los war. Das oft zu hörende Verdikt »alles Stasi« führte zu einer flächendeckenden Entwertung der ostdeutschen Erinnerung auf der einen Seite der ehemaligen Mauer und zu einem »Sieger-Besiegten-Syndrom« auf der anderen.

Hinter dem Verlauf der DDR-Debatte tauchte als »Subtext« manchmal auch eine Tendenz zur Nivellierung des Nationalsozialismus auf. Deutlich wurde dies am Konflikt um die KZ-Gedenkstätte Buchenwald, nachdem dort 1990 eine zweite, bis dahin von offizieller Seite verleugnete Geschichte als sowjetisches Internierungslager nach 1945 bekannt wurde.[15] Zusätzliche Nahrung erhielt diese Tendenz, als 1997 in Frankreich das »Schwarzbuch des Kommunismus« die Blutspur der roten Diktaturen durch das 20. Jahrhundert verfolgte. Im Verlauf dieser Debatte kam es in Deutschland zu einer Neuauflage des zehn Jahre zurückliegenden Historikerstreits über eine Vergleichbarkeit von Nationalsozialismus und Kommunismus. Politisch motivierte Versuche, nicht nur einem zweifellos nützlichen Diktaturenvergleich das Wort zu reden, sondern DDR und Drittes Reich gleichzusetzen, wurden indes rasch zurückgewiesen. Die Gründe hierfür lagen auf der Hand: Die DDR hatte zwar Menschenrechtsverletzungen, aber keinen Vernichtungskrieg und Genozid zu verantworten. Während der Nationalsozialismus von innen gewachsen war, wurde das SED-Regime der Bevölkerung von außen aufgezwungen. Die Überwindung des Dritten Reiches wiederum geschah von außen, die SED-Herrschaft dagegen brach auch durch den inneren Massenprotest der Ostdeutschen zusammen.

Im vereinten Deutschland herrschen bis heute zwei Geschichtskulturen vor, die jeweils unterschiedliche Wertstrukturen generieren, so daß manche Wissenschaftler sogar von einer »gespaltenen Nation« sprechen.[16] In diametral entgegengesetzter Weise wird zum Beispiel die Weimarer Republik interpretiert. Während man damit in der alten Bundesrepublik vor allem die Lehren assoziiert, die der Parlamentarische Rat 1948/49 aus dem Scheitern der ersten deutschen Republik für den Aufbau der zweiten erfolgreichen gezogen hat, wirkt in den neuen Bundesländern bis heute die von der SED-Geschichtspolitik gepflegte Legende vom »Verrat der Sozialdemokratie« in der Revolution von 1918 fort, und sie wird namentlich von der PDS weiterhin als mobilisierende politische Waffe benutzt. Auch im Jahr 1998, als sich die Revolution von 1848 zum 150. Mal jährte, konnte nicht verborgen bleiben, daß im Westen der Durchbruch zur Freiheit und das Parlament der Paulskirche im Zentrum standen, während im Osten stärker an die soziale Revolution und an die Barrikadenkämpfe erinnert wurde.

In einer 1995 durchgeführten Befragung urteilten 97 % der Menschen im Osten Deutschlands, daß nur derjenige das Leben in der DDR verstehen könne, der selbst dort gelebt habe. »Die Westdeutschen können sich anstrengen wie sie wollen«, so spitzt der in Frankfurt an der Oder lehrende Soziologe Detlef Pollack das Problem zu, »– das ist die Botschaft – es wird ihnen nicht gelingen, dem Geheimnis des Ostdeutschen auf die Spur zu kommen. Der Ostdeutsche – das ist das verkannte, unterprivilegierte, unbekannte Wesen.«[17] Viele Westdeutsche scheinen ihrerseits am Ende ihrer Geduld zu sein; ihnen widerstrebt es, auf die Sondermentalität der allen Milliardentransfers zum Trotz »undankbaren« Ostdeutschen weiterhin Rücksicht zu nehmen. Worauf ist dieses geteilte Bewußtsein zurückzuführen? Die vorherrschende These spricht hinsichtlich des Ostens von einer »zögernden Ankunft im Westen«. Der unerwartet schwierige Wandlungsprozeß in den neuen Bundesländern sei im wesentlichen auf eine historisch gewachsene mentale Disposition der Menschen zurückzuführen, die man auf den Begriff der »eigensinnigen Modernisierungsresistenz« bringen könne. In der DDR habe ein eigentümliches, abgehangenes, ja verzopftes »deutsches Erbe« überdauert, man habe es – im Vergleich zum Westen – mit einer »verspäteten Gesellschaft« zu tun, die von Modernisierungs- und Aufklärungsprozessen abgeschottet worden war.[18]

Die Sozialisation in der DDR, die so anders war als diejenige in der Bundesrepublik, wird damit für die heutigen Einstellungen der Menschen verantwortlich gemacht:

dort Versorgungsmentalität, hier marktorientiertes Verhalten; dort Harmoniesucht und Gemeinschaftsbezug, hier Eigeninitiative und Leistungsdenken. Die Ostdeutschen orientierten sich am Kollektiv, die Westdeutschen am Ich; die Ostdeutschen neigten zu einer versorgungsbezogenen Gerechtigkeitsvorstellung – »jedem nach seinen Bedürfnissen« – die Westdeutschen bevorzugten eine leistungsbezogene Verteilungsgerechtigkeit – »jeder nach seinen Fähigkeiten«. Im Osten seien die Menschen staatsfixiert, im Westen hingegen obrigkeitskritisch.[19] Geht man davon aus, daß die beschriebenen Haltungen auf die erwähnten sozialisatorischen Einflüsse zurückzuführen sind, hat dies gravierende Konsequenzen: Es würde sich dann um eine tiefe Verinnerlichung an Werten und Verhaltensmustern handeln, und daß sich in naher Zukunft etwas ändern könnte, wäre nahezu ausgeschlossen. Andere Soziologen, wie Detlef Pollack, führen die Kritik der Ostdeutschen am Westen nicht auf sozialisatorische Prägungen zurück, sondern auf situative Einflüsse, nämlich auf die enttäuschenden Erfahrungen, die viele im wiedervereinigten Deutschland machen mußten. Der »Vorteil« dieser Interpretation liegt auf der Hand: Sie unterstellt, daß sich mit dem Wandel der Bedingungen auch die Haltungen der Menschen rasch ändern können.

Tatsächlich wurde der Anschluß an das westliche System 1989/90 von den meisten Ostdeutschen euphorisch gefeiert. Doch auf die großen Erwartungen und Versprechungen folgten bald Ernüchterung und Enttäuschungen: Der Wirtschaftsaufschwung wie in den bundesdeutschen »Wunderjahren« des 50er-Jahrzehnts blieb weitgehend aus; statt »blühender Landschaften« sah man Industrieruinen und verödete Landstriche. Die Arbeitslosigkeit stieg auf das Doppelte des westdeutschen Niveaus an, was den Eindruck der Unterprivilegierung zusätzlich nährte. »Die so Unterlegenen schrieben sich freilich Qualitäten zu, die sie den arroganten Besserwissern aus dem Westen absprechen und sie ihnen wieder überlegen machen: Qualitäten der Menschlichkeit, der Wärme und der Solidarität.«[20] Folge davon waren auch nostalgische Verklärungen der SED-Diktatur in »Ostalgie«- und DDR-Shows, die es zuerst auf vielen Bühnen in den neuen Bundesländern, dann eine Zeitlang auch in den Programmen der Fernsehanstalten gab. Als trotzige Gegenreaktion auf die Enteignung der Vergangenheit einerseits verständlich, blieb andererseits bedenklich, wie hierbei eine Diktatur im Weichzeichner abgebildet wurde: Repression und Verfolgung kamen kaum vor, dafür jedoch kuschelige Idyllen und witzige Geschichtchen. Daß DDR-Produkte, Nahrungsmittel im besonderen, sich mit einem Male wieder in den Regalen von Einkaufsläden fanden und stark nachgefragt wurden, war ebenfalls eine Reaktion auf die empfundene Herabwürdigung der Ost-Biographien. »Wetten daß« mit Thomas Gottschalk stieg zur gesamtdeutschen Show auf, und ihr gelang zudem das Kunststück, samstagabends um 20.15 Uhr einen Querschnitt aller Generationen und sozialer Schichten vor dem Fernseher zu vereinen. Entertainer Harald Schmidt spricht wochentags zu später Stunde ein intellektuelles Fernsehpublikum an, das sich an seiner satirischen Überspanntheit delektierte. Schmidt brachte auch das Wort »Unterschichtenfernsehen« in die Debatte zurück – nachdem die Wortschöpfung bereits ein Jahrzehnt alt war.[21] Inzwischen ruft es zahlreiche Soziologen auf den Plan. Reality-Shows wie *Big Brother*, Casting Shows, Daily Soaps – das kommerzielle Fernsehen verpaßte der Massenkultur einen neuen Schub. Nicht die Armut sei das Hauptproblem der arbeitslosen Unterschicht, sondern ihr massenhafter Konsum dieses Trash-Fernsehens, so hieß es von wissenschaftlicher Seite.[22]

Während die westdeutsche Sozialstruktur von der Wiedervereinigung kaum berührt wurde, sondern kontinuierlich verlief, hat die deutsche Einheit in der ostdeutschen Sozialstruktur einen »radikalen sozialen Umbruch« ausgelöst.[23] Mit dem alles in allem eingetretenen Wohlstandsschub vergrößerten sich hier die sozialen Abstände – mit Blick auf Einkommen, Besitz, Arbeitsqualität und die damit verbundenen Lebenschancen – zwischen oben und unten. Die Sozialstruktur der DDR war sozio-ökonomisch und sozio-kulturell viel homogener als diejenige der Bundesrepublik. Nun vollzog und vollzieht sich bei den ostdeutschen Lebensformen und Lebensstilen ein Wandel: Sie wurden und werden pluraler und individueller. Wie stellt sich die Sozialstruktur in West- und Ostdeutschland seit der Wiedervereinigung dar? Die wichtigsten Tendenzen seien berichtet: Zum Zeitpunkt der Wende kamen in Ostdeutschland noch etwas mehr Kinder zur Welt als im Westen, danach gab es einen dramatischen Einbruch, in den neuen Ländern halbierten sich die Geburtenziffern. Am Ende des Jahrtausends betrug die Geburtenrate in Gesamtdeutschland 1,2 Kinder pro Frau; zusammen mit Italien und Spanien ist dies die niedrigste Geburtenrate der Welt. Die Zukunftsperspektiven einer »schrumpfende(n) Gesellschaft« erscheinen vielen Soziologen düster.[24] Besonders bei hochqualifizierten Frauen stechen Unterschiede ins Auge: In Deutschland haben 42 % der Frauen mit Hochschulausbildung keine Kinder, in Schweden sind es nur 8 Prozent. Unter den »Verlierern der Einheit« befanden sich viele ostdeutsche Frauen: Sie sind auf dem krisengeschüttelten Arbeitsmarkt weitaus stärker als Männer in Bedrängnis geraten. Aus solchen Krisensymptomen entsprang der drastische Rückgang der ostdeutschen Geburtenziffern; und im Westen sind es vor allem geschlechtsspezifische Hierarchisierungen und mangelnde karrierefördernde Strukturen, die Frauen mit Kindern in der Arbeitswelt benachteiligen. Die Folge aus geringeren Geburtenzahlen und höherer Lebenserwartung der Menschen ist, daß der Anteil der Älteren an der Gesamtbevölkerung zunimmt. 1998 waren 23 % der Deutschen über 60 Jahre. Ihren Höhepunkt wird die Alterung in den zwei Dekaden nach 2015 erreichen, wenn die geburtenstarken Jahrgänge des »Babybooms« im Rentenalter und die geburtenschwachen Jahrgänge im Erwerbstätigenalter sein werden; um 2030 wird sich mehr als ein Drittel der Deutschen im Rentenalter befinden, im Jahr 2035 werden wir laut Ifo das älteste Volk der Welt sein.

Durch den Zustrom ausländischer Arbeitskräfte seit den 60er Jahren ist West-deutschland immer stärker zu einer ethnisch gemischten Gesellschaft geworden – ein Trend, den es in der DDR nicht gab. Dort waren weniger als 1% der Menschen Aus-länder, eine verschwindend kleine Minderheit, in der Regel Arbeitskräfte aus »sozia-listischen Bruderländern« wie Vietnam oder Angola. In der heutigen Bundesrepu-blik leben rund 7,5 Mio. Ausländer, die allermeisten davon im Westen, das sind rund 9% der Gesamtbevölkerung. Fortgesetzt hat sich seit den 90er Jahren eine Pluralisie-rung der Lebensformen in Deutschland. Einige Zahlen dazu: Etwa 5 Mio. Erwach-sene und Kinder leben in nichtehelichen Lebensgemeinschaften; rund 7 Mio. Men-schen, zumeist Frauen, sind Alleinerziehende; mehr als 13 Mio. Menschen leben allein, davon sind etwa 6 Mio. »Singles« zwischen 25 und 55 Jahren; hinzu kommen Millionen kinderlose Ehepaare, Paare mit getrennten Wohnungen oder berufsbe-dingte »Wochenend-Ehen«. Dennoch bilden die »konventionellen Familien« eine re-lative Mehrheit. Nur für Westdeutschland gilt, daß sich diese Entwicklungen über Jahrzehnte vorbereiteten und fortsetzten; in Ostdeutschland hat sich seit 1990 alles geändert. So verringerte sich die Zahl der Eheschließungen während der ersten drei Jahre nach der Wende um 63 Prozent. Dafür verantwortlich dürften wiederum Un-sicherheiten, vor allem aber die neuen Freiheiten und Möglichkeiten der Lebens-gestaltung sein. Auch auf dem Gebiet der Bildungschancen haben sich im Westen sämtliche Trends der vergangenen Jahrzehnte kontinuierlich fortgesetzt – Bildungs-expansion bei nach wie vor bestehenden Chancenungleichheiten –, während im Osten sich vieles veränderte. Teilweise wurde der Westen überholt: Nur jeder sechste Schulabgänger im Osten kommt nicht über die Hauptschule hinaus, im Westen ist es jeder vierte; und während in Westdeutschland in weiterführenden Schulen und Uni-versitäten junge Frauen den jungen Männern dicht auf dem Fersen sind, liegen in Ostdeutschland die jungen Frauen bereits deutlich vor den Männern. Mit Blick auf die Erwerbstätigkeit hat sich die »Tertiarisierung« – also die Tendenz zu Dienstlei-stungstätigkeiten – seit den 70er Jahren rapide vollzogen und in den 90er Jahren fortgesetzt; in den neuen Bundesländern ist diese Entwicklung im Zeitraffer nachge-holt worden, so daß es mittlerweile fast einen Gleichstand in Deutschland gibt. Gra-vierend sind die Ost-West-Unterschiede im Bereich der Arbeitslosigkeit: In West-deutschland baute sich seit Mitte der 70er Jahre eine Massenarbeitslosigkeit auf; allerdings nahm dabei gleichzeitig die Zahl der Arbeitsplätze nicht ab, sondern zu, weil die geburtenstarken Jahrgänge, Frauen und Zuwanderer auf den Arbeitsmarkt drängten. Bis zum Ende der 90er Jahre ging die Arbeitslosigkeit im Westen sogar leicht zurück, während sie im Osten auf fast 20% dramatisch anstieg. Unterschiede sind auch hinsichtlich sozialer Ungleichheiten zu berichten: Die Reallöhne westdeut-scher Arbeitnehmer sind zwischen 1950 und 1990 um rund das Vierfache gestiegen;

in den 90er Jahren verlief die Steigerung nur noch sehr zögerlich. Für die Deutschen im Osten ergaben sich im Laufe der 90er Jahre dramatische Einkommensverbesserungen – sofern man einen Arbeitsplatz hatte. Das Wohlstandsniveau ist keineswegs ausgeglichen, doch die größten Gräben zwischen West und Ost wurden überbrückt. Dies bedeutet freilich nicht, daß der Wohlstand gleichmäßig verteilt wäre, im Gegenteil, Einkommen und Vermögen sind seit den 90er Jahren ungleicher verteilt als zuvor, und auch die Armut – besonders unter Familien mit mehreren Kindern – nimmt zu.

Sind die Deutschen ein zufriedenes Volk? Sozialwissenschaftler haben dies seit den 70er Jahren immer wieder herauszufinden versucht. Das Ergebnis für die 90er Jahre lautet: Die Zufriedenheit der Westdeutschen mit dem Leben allgemein war hoch (7,9 von 10 möglichen Punkten); demgegenüber waren die Menschen in Ostdeutschland weniger zufrieden, die Werte lagen bei 6 Punkten, sie machten sich häufiger Sorgen und litten unter dem Gefühl, sich nicht zurechtzufinden. Hinsichtlich existierender sozialer Milieus und Lebensstile geben die nachfolgenden Abbildungen Aufschlüsse. Unter sozialen Milieus verstehen die Soziologen nicht allein das materielle Umfeld eines Menschen, sondern auch dessen typische Wahrnehmung und die damit verbundenen Werthaltungen.

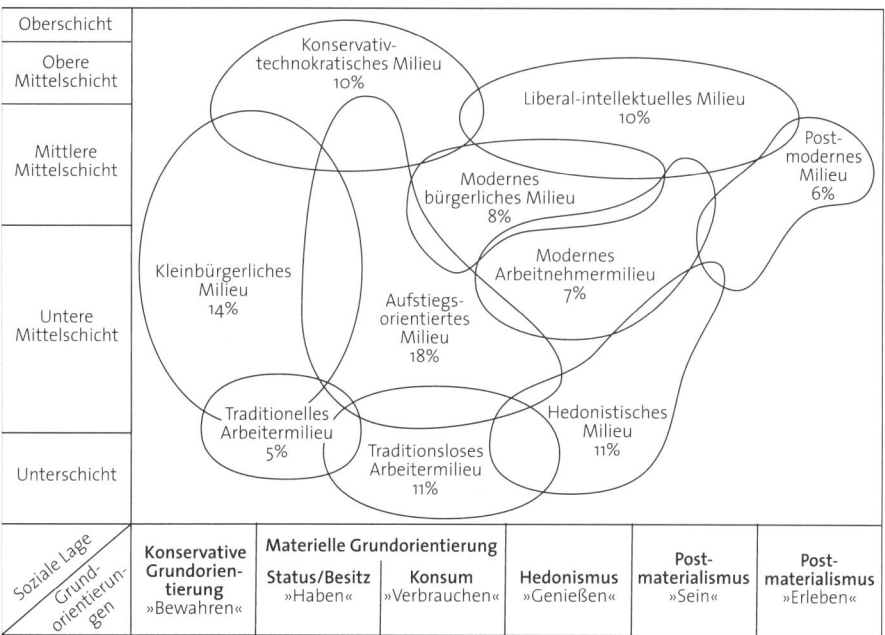

Abb. 72   Soziale Milieus in Westdeutschland 1997

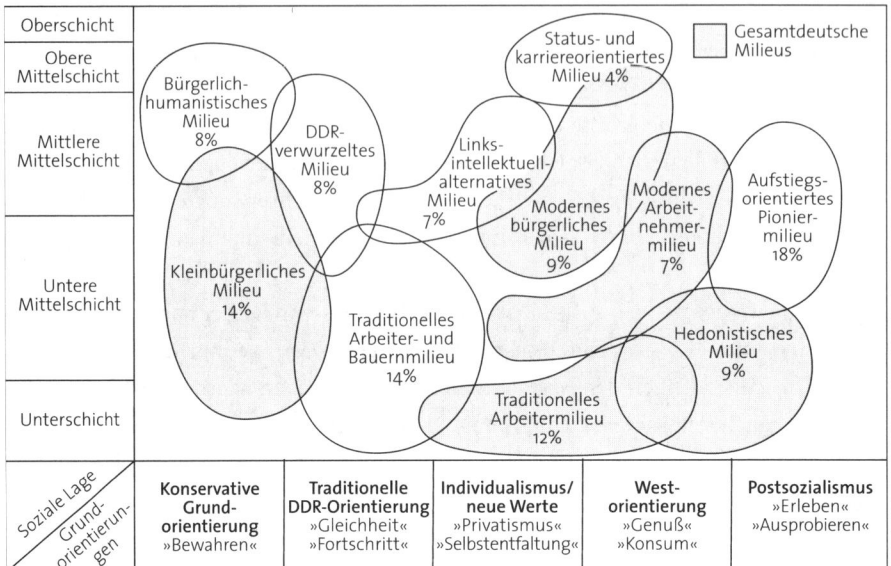

Abb. 73   *Soziale Milieus in Ostdeutschland 1997*

Und mit »Lebensstil« meinen Soziologen eine bestimmte routinierte Form, das Alltagsleben zu organisieren. Untrennbar damit verbunden sind jeweils bestimmte Lebensziele, ethische und ästhetische Standards, Einstellungen, Meinungen und vorhandenes Wissen. Vergleicht man die typischen Lebensstile im Westen und im Osten, so zeigt sich trotz aller Veränderungen: In den neuen Bundesländern finden sich konventions- und traditionsgebundenere Lebensstile als in den alten Ländern; hier leben die Menschen noch stärker häuslich, familien- und arbeitsorientiert und weniger freizeit-, konsum- und öffentlichkeitsorientiert als in der alten Bundesrepublik.

Faßt man alle Tendenzen zusammen, ergibt sich ein Bild mit beträchtlichen Unterschieden zwischen West- und Ostdeutschland, allerdings verringern sie sich zusehends. Im Westen vollzogen sich zahlreiche Trends, die bereits in den späten 60er Jahren begannen, in den 90er Jahren nur noch im Zeitlupentempo, während im Osten Deutschlands an diese Trends in einer Art Zeitraffer äußerst rasch aufgeschlossen wurde.[25]

Die Kirchen in Deutschland verstehen sich noch immer als Volkskirchen, obwohl die Entkirchlichungsprozesse voranschreiten. Religionssoziologen streiten über verschiedene Aspekte dieses generellen Befundes. Erstens: Ist diese Entkirchlichung gleichbedeutend mit Säkularisierung? Oder betreffen die Positionsverluste der Religion vor allem die traditionellen Formen des Religiösen? Kann man also von einem Formenwandel des Religiösen sprechen, nicht aber von einem allgemeinen Bedeutungsverlust? Und zweitens: Ist die Entkirchlichung auf allgemeine Modernisierungs-

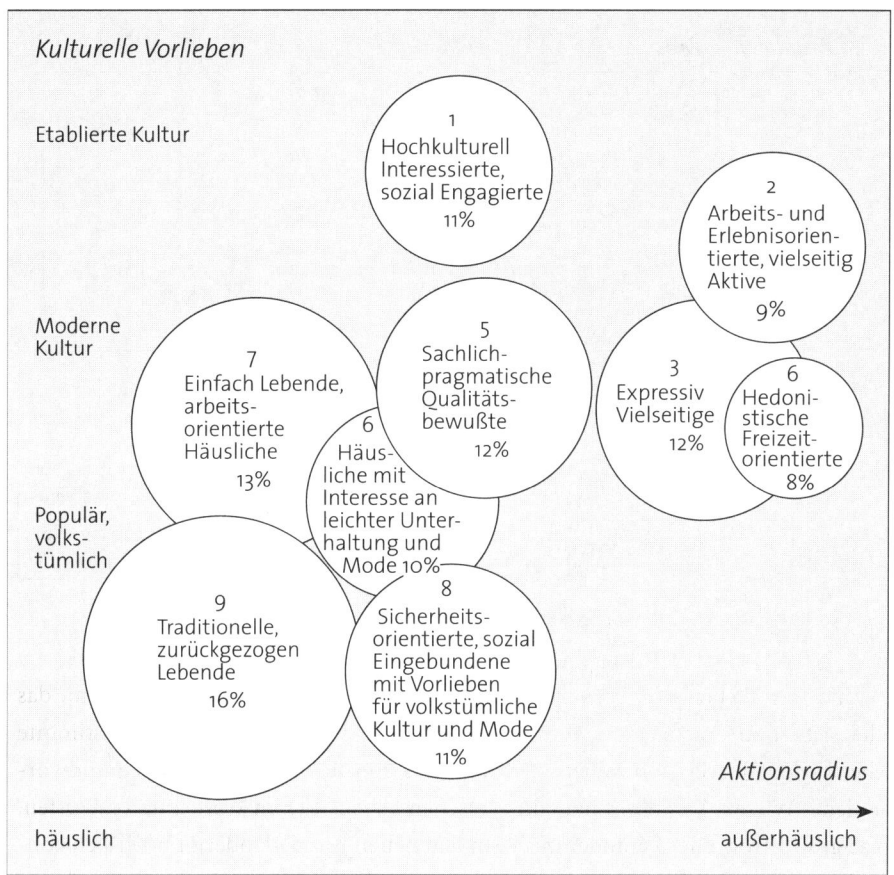

Abb. 74   *Lebensstile in Westdeutschland 1997*

prozesse zurückzuführen oder sind dafür stärker kircheninterne Ursachen verantwortlich? Gerade in den USA scheint ja die ausgeprägt gute soziale Lage der Religion
und der Kirchen darauf zu beruhen, daß diese fähig sind zur Selbstorganisation und
sie sich überhaupt nicht, wie in Deutschland, auf staatliche Privilegien berufen. Eines
ist sicher: Die Entkirchlichung im Osten Deutschlands ist dramatisch höher als im
Westen. Über die Gründe wird eine breite, kontroverse Debatte geführt. Während die
einen hier insbesondere wieder auf die allgemeinen Modernisierungsprozesse verweisen, halten andere diesen Verweis für nicht aussagekräftig genug. Hinzu komme die
»Religionsbekämpfungsstrategie« der SED; eine planmäßige Repression habe die so
durchgreifende Entchristianisierung der Gesellschaft bewirkt. Und dadurch, daß auf
die kirchenfeindliche NS-Diktatur die kirchenfeindliche SED-Diktatur folgte, habe
sich das Problem potenziert.[26] In der alten Bundesrepublik, so kann man zusammen-

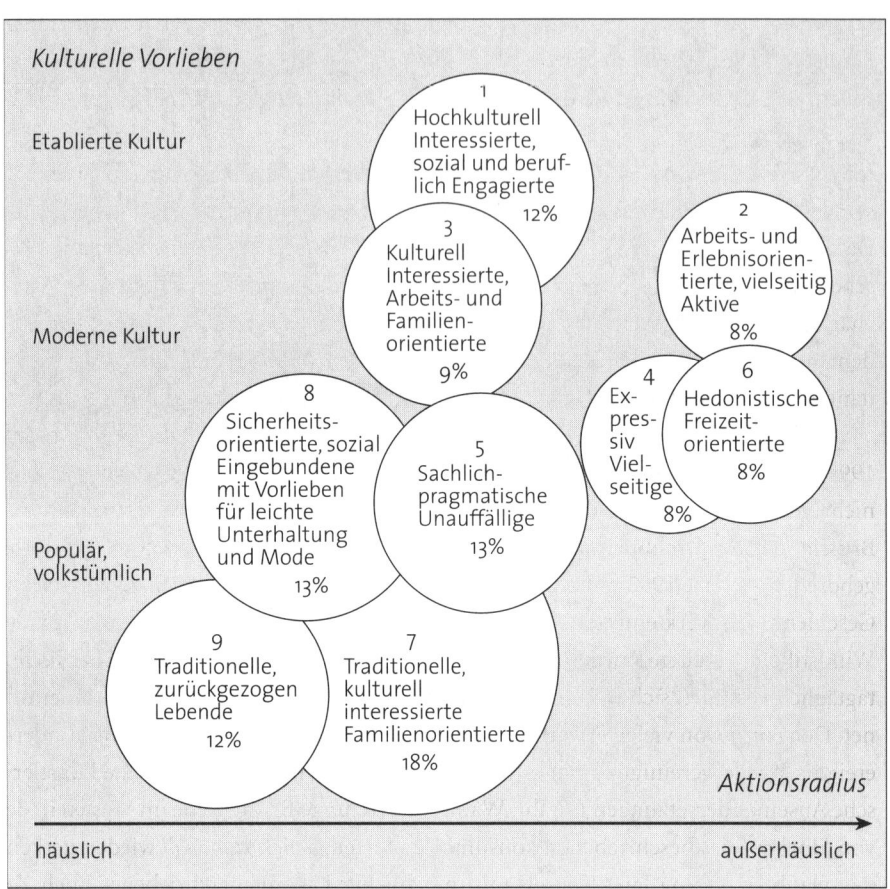

Abb. 75   Lebensstile in Ostdeutschland 1997

fassen, lief ein genereller Säkularisierungsprozeß moderner Gesellschaften ab, während in der DDR eine dreifache Säkularisierung zu verzeichnen war: durch die doppelte Diktaturerfahrung, durch die religionspolitische Repression der SED und durch den generellen Säkularisierungsprozeß.

Was den oben erwähnten wissenschaftlichen Streit darüber anbelangt, wo die Bewußtseinsunterschiede zwischen Ost und West herrühren, empfiehlt es sich, Mischungsverhältnisse zwischen früherer Sozialisation und aktueller Situation zu betonen und auch generationelle Unterschiede stärker zu beachten. Im künstlerischen Bereich ist dies geschehen, vor allem in dem grandiosen Film *Good Bye, Lenin*, der seit dem Jahr 2003 für Furore sorgt: Für den 21jährigen Alex geht – obwohl die DDR Geschichte machen wollte – überhaupt nichts voran. Kurz vor der Maueröffnung fällt seine Mutter, eine überzeugte DDR-Bürgerin, ins Koma – und verschläft den Siegeszug des Kapitalismus. Als sie nach acht Monaten wieder aufwacht, befindet sie sich in einem neuen Land. Sie hat nicht miterlebt, wie West-Autos und Fast-Food-Ketten den Osten überrollen, wie Coca-Cola Jahrzehnte des Sozialismus einfach wegspült. Erfahren darf sie von allem nichts, ihr schwaches Herz würde dies nicht überstehen. Um seine Mutter zu retten, muß Alex nun auf 79 Quadratmetern Plattenbau die DDR konservieren, besser: wiederauferstehen lassen. Der Film voller Herz und Witz von Wolfgang Becker mit Daniel Brühl und Katrin Sass in den Hauptrollen schrieb Filmgeschichte: neun deutsche Filmpreise, 6 Mio. begeisterte Kinozuschauer, fünf Wochen auf Platz 1 der Kinocharts, in die ganze Welt, in 65 Länder, verkauft – in Frankreich als bester Film aus dem europäischen Ausland 2003 ausgezeichnet, in Großbritannien und Israel fulminant eingeschlagen – kurz: einer der erfolgreichsten deutschen Filme aller Zeiten.

Auch *Sonnenallee*, ein nach einer Straße in Berlin benannter Film aus dem Jahr 1999, in dem Leander Haußmann Regie führte, erzählt auf humoristische, wenn auch nicht geschichtstreue Art und Weise das Leben Jugendlicher in der DDR. Thomas Brussig, der die Drehbuchvorlage für diesen Film lieferte, wurde 1965 in Ost-Berlin geboren, reüssierte 1995 mit dem satirischen Roman *Helden wie wir*, in dem es um die Geschichte des verklemmten Klaus Uhlzscht geht, der 1968 zur Welt kam, in der Windstille des Kalten Krieges aufwuchs, die Leere des real existierenden Sozialismus tagtäglich verspürt, sich in Phantasien flüchtet und angeblich die Berliner Mauer öffnet. Den *einen*, von vielen erwarteten, ja erhofften »großen« Roman zum Jahrhundertereignis Wiedervereinigung hat es bisher nicht gegeben, jedoch zahlreiche künstlerische Auseinandersetzungen mit ihr. Während sich junge Erwachsene im Westen in der von Florian Illies beschriebenen konsumorientierten *Generation Golf* wiederzuerkennen glaubten, schlug Jana Hensels mit sprachlicher Lakonie geschriebenes Buch *Zonenkinder* zunächst im Osten, rasch in ganz Deutschland hohe Wellen. Es handelt sich um einen autobiographischen Bericht über eine Zwischen- und Zwittergeneration: Ostdeutsche Jugendliche, die im Alter von 12–15 Jahren die deutsche Wiedervereinigung erlebten. Mit einer Ost-Identität ausgestattet, die von antifaschistischen Helden, kommunistischen Ritualen und SED-Insignien geprägt war, wurden sie plötzlich mit dem Westen konfrontiert. Wie verarbeitet man solche einschneidenden Veränderungen? »Wir sind die ersten Wessis aus Ostdeutschland«, schreibt Jana Hensel: Diese Generation stand zwischen den Älteren, die sich mühten, sich dem Neuen anzupassen oder in Trotzpose verharrten, und den ganz Jungen, die die DDR nur noch aus Erzählungen kannten.

In den 90er Jahren wurde die musikalische Jugendkultur vielfältiger, als sie zuvor war. Subkulturelle Stilrichtungen konnten in die Domäne des Mainstreampop eindringen: Der DJ fand in diesem Jahrzehnt seine Anerkennung als Klangkünstler, im Grunde entstand eine zeitgemäße Form der Rockmusik; HipHop, die folgenreichste

Popkultur, welche die globale Kulturindustrie hervorgebracht hat,[27] setzte sich vollends durch, immer mehr Rapper verließen den subkulturellen ›Underground‹ und konnten sich im musikalischen Mainstream etablieren. Seit der Mitte des Jahrzehnts konnte man vermehrt deutsche Musiker in den Charts finden, zuerst mit deutschen Cover-Versionen von älteren Hits, dann mit neuen Formen wie Techno oder HipHop. Die aus Stuttgart kommenden »Fantastischen Vier« eroberten mit Spaßrap die Charts, und das Debütalbum des Rappers Sido wurde 2003 von vielen Kritikern als beachtliches deutsches HipHop-Album bezeichnet, weil es wieder vorrangig um Themen der sozialen Unterschicht ging, die schonungslos – aber auch Grenzen zu Sexismus und Gewaltverherrlichung überschreitend – behandelt werden. Manche hielten diese Musik jedoch für eher dürftig.

In den Bildenden Künsten lockte das Neue, Unbekannte, oft Fremde aus dem Osten: Junge Maler aus der Leipziger Schule, die das Gegenständliche wiederentdeckten oder nie abgelegt hatten, verpaßten der deutschen Kunst einen vitalen, frischen Innovationsschub, so besonders der international zu Höchstpreisen gehandelte Neo Rauch, dessen mysteriöse Bilder, bestehend aus flächigen Kompositionen mit Anklängen an den sozialistischen Realismus, großen Beifall fanden. Oder Künstler wie der Hallenser Moritz Götze, der in witzig-naiven Bildern – eine Mischung aus Salonmalerei und Comic – Sehgewohnheiten aufs Korn nahm. Altmeister wie der 1925 geborene Bernhard Heisig, zeitlebens schwankend zwischen Billigung und Verschmähung des SED-Regimes, viele Jahre Rektor an der Leipziger Kunsthochschule, deren internationales Ansehen er begründete, wurde in der neuen Bundesrepublik eher gemischt aufgenommen. Heisig war es übrigens, der 1986 den ehemaligen Bundeskanzler Helmut Schmidt porträtieren durfte – so wie alle Bundeskanzler sich von berühmten Künstlern verewigen ließen. Seine (zeit-)geschichtsträchtigen expressiven Bilder befaßten sich immer wieder mit den deutschen Abgründen: dem Nationalsozialismus und dem Krieg. Es entstanden überladene Bilder, deren figurales Getümmel von politischen Parolen durchmischt ist. Günter Grass, der die Irrungen und Wirrungen der deutschen Geschichte im 20. Jahrhundert zu seinem erzählerischen Lebenswerk gemacht hat, erhielt am 30. September 1999 den Nobelpreis für Literatur – zweifellos der kulturelle Höhepunkt der 90er Jahre.

Seit der Wiedervereinigung befinden sich die Deutschen in einem Prozeß der Wieder- oder gar Neubildung der Nation, in dem die Geschichte und die Erinnerung eine tragende Rolle einnehmen. Einmal mehr, oder noch immer, sind die Deutschen »unterwegs«. Napoleons Einschätzung, daß der Naturzustand der Deutschen das Werden sei, nicht das Sein, habe offenbar 200 Jahre überdauert, wunderte sich 1994 Daniel Vernet, der Deutschlandexperte und internationale Direktor der französischen Zeitung *Le Monde*.[28]

Abb. 76:   *Günter Grass, der 1927 in Danzig geboren wurde und die Irrungen und Wirrungen der deutschen Geschichte wie kein zweiter Schriftsteller verarbeitete, erhielt 1999 den Nobelpreis für Literatur. Hier ein Bild von der Frankfurter Buchmesse im Jahr 1995.*

Deutschland hat keine Aussicht darauf, eine »normale Nation« zu werden. Aber benötigt die Welt noch eine weitere »normale Nation«? Vor allem während des Kosovo-Krieges fiel auf, wie die rot-grüne Bundesregierung die Erfahrungen mit dem Nationalsozialismus moralisch auflud, aktualisierte und ihrerseits mit dem Holocaust-Argument arbeitete – weiter oben ist dies beschrieben worden. Doch an diesem Beispiel zeigt sich auch eine unübersehbare globale Tendenz: Die Geschichtsbilder über das nationalsozialistische Menschheitsverbrechen werden zunehmend in die

Richtung universeller Formelhaftigkeit und Abstraktion getrieben. Die Globalisierung des Holocaust-Gedächtnisses als abstrakte Formel kann somit umstandslos von einer internationalen Tagespolitik vereinnahmt werden, was aber oftmals auch zu einer Banalisierung des realen Ereignisses Holocaust führt. Deutsches Gedächtnis an den Nationalsozialismus wird internationalisiert, der Holocaust ist kein exklusiv deutscher Erinnerungsort mehr, und er wird des spezifisch Deutschen entkleidet.[29]

Das Gedächtnis wird zudem immer stärker durchformt von den Instrumenten und Möglichkeiten der Medien. Erinnert wird, was medial präsentabel ist, es vollzieht sich eine Massenmedialisierung von Erinnerung, Erinnerung findet als »Event« statt, als ein »Erlebnis Geschichte«. Selten war die Gegenwart in Deutschland so vergangenheitsbezogen wie in dem Jahrzehnt seit dem Kollaps des Kommunismus. Die Mutmaßung von Johannes Gross aus dem Jahre 1995, daß die Verbrechen unter den Nazis allenfalls noch museal, aber nicht mehr bewußtseinsfüllend sein würden, hat sich nicht bestätigt.[30] Im Gegenteil. Zwischen dem Kinoereignis des Jahres 1993, Steven Spielbergs *Schindlers Liste*, in dem der Holocaust in einem bis dahin unbekannten Ausmaß fiktionalisiert und einer Gefühlsdramaturgie unterworfen wurde und die Menschen ansprach, und dem Kinoereignis des Jahres 2005, Bernd Eichingers Film *Der Untergang*, in dem Millionen von Zuschauern sich die letzten Tage des Diktators Hitler in der beklemmenden Enge des Bunkers vergegenwärtigten, lagen eine ganze Reihe von geschichtspolitischen Ereignissen.

So 1996 das Medienereignis Goldhagen-Kontroverse: Kein historisches Buch hatte in den Jahren zuvor für soviel Furore gesorgt wie das Werk des jungen Harvard-Dozenten Daniel Jonah Goldhagen *Hitlers willige Vollstrecker*, das den Anteil von »ganz gewöhnlichen Deutschen« am Holocaust in den Mittelpunkt seiner Argumentation rückt. Seine Kernthese lautet: Nirgendwo außer in Deutschland hatte sich seit dem Ende des 19. Jahrhunderts der rassisch motivierte Antisemitismus so tief in die politische Kultur und nahezu alle Poren der Gesellschaft eingefressen; nirgendwo außer in Deutschland hatte er sich in der Folge zu einer Ausgrenzungs- und Ausmerzungsmentalität verfestigt. Der Boden für das Vernichtungsprogramm war demnach längst bereitet, als Hitler an die Macht kam, ja, zwischen der Nazi-Führung und einer großen Mehrheit des deutschen Volkes herrschte ein stillschweigendes Einverständnis darüber, daß Deutschland und Europa »judenrein« gemacht werden müßten. Bei der Vernichtung der europäischen Juden handelte es sich somit um eine Art langangelegtes und langersehntes gemeinsames »nationales Projekt«. Etablierte NS-Forscher waren über diese simplifizierende Neuauflage der Kollektivschuldthese entsetzt, aber die Deutschland-Tournee des Autors gestaltete sich zu einem wahren Triumphzug. Er füllte die größten Vortragssäle; ihm schlug eine Welle der Sympathie entgegen, und das jüngere Publikum der Nachgeborenen empfand das Buch als »befreiend«, denn es erhielt von dem amerikanischen Autor, der die bundesdeutsche Nachkriegsdemokratie pries, kollektive Absolution. Goldhagen wurde zur Identifikationsfigur der »Selbstbezichtiger« und »Vergangenheitsbewältiger« stilisiert. Jeder, der das Buch kaufte, bewies damit offenbar, daß er ein »guter Deutscher« war, der mit den Verfehlungen seiner Eltern oder Großeltern gebrochen hatte. Anders lag der Fall bei der Ausstellung des Hamburger Instituts für Sozialforschung »Vernichtungskrieg. Verbrechen der Wehrmacht 1941 bis 1944«. Es handelte sich um die spektakulärste zeitgeschichtliche Ausstellung der 90er Jahre, die seit 1995 über eine Million Menschen in Dutzenden Städten sahen und die hohe Wellen schlug. In der Forschung Wohlbekanntes, in der Gesellschaft aber lange Verdrängtes – daß die Wehrmacht ein aktiver Teil der Massenmordpolitik gewesen war – brach sich mit voller Wucht seine Bahn. Die gezeigten Fotos suggerierten Authentizität, erzeugten beim Betrachter Emotionen und lösten Assoziationsketten aus. Als den Ausstellungsmachern ein teilweise unwissenschaftlicher Umgang mit ihren Bildquellen nachgewiesen werden konnte, einige Fehldeutungen zutage traten und bewiesen wurde, daß auf mehreren Fotos Tote abgebildet waren, die den Massakern der sowjetischen Geheimpolizei NKWD, nicht aber der deutschen Wehrmacht zum Opfer gefallen waren, konnte der Skandal nicht mehr abgewendet werden. Die Ausstellung wurde zur Überarbeitung zurückgezogen, bevor sie, allerdings weniger erfolgreich, wieder auf »Tournee« ging.

Weil für das kollektive Gedächtnis der Deutschen das Dritte Reich, der Vernichtungskrieg und der Völkermord einen ungeheuren Stellenwert haben, sind solche geschichtspolitischen Kontroversen – wie die über Goldhagens Buch oder die Wehrmachtsausstellung oder auch die unrühmliche Walser-Bubis-Debatte von 1998 – und Skandale – wie jener um den CDU-Politiker Martin Hohmann, der am Tag der Deutschen Einheit, am 3. Oktober 2003, eine antisemitische Rede hielt, daraufhin von der CDU/CSU-Bundestagsfraktion und später auch aus seiner Partei ausgeschlossen wurde – nichts weniger als der geschichtskulturelle Aspekt des erwähnten Wieder- oder Neubildungsprozesses der Nation. Der Umbruch im Osten setzte darüber hinaus mit einiger zeitlicher Verspätung auch im Westen eine größere Fähigkeit zur Selbstkritik frei, als sie zuvor durch die Konstellation des Ost-West-Konflikts bestanden hatte. Dies gilt nicht zuletzt für die Debatte um die Entschädigung von NS-Zwangsarbeitern.

Bis weit in die 90er Jahre hinein hatte die deutsche Industrie Forderungen ehemaliger Zwangsarbeiter fast routinemäßig mit der Begründung abgelehnt, sie habe nur »im Auftrag des Reiches« gehandelt, obwohl die historische Forschung längst gezeigt hatte, daß der Handlungsspielraum in vielen konkreten Fällen größer gewesen war. 1996 hatte das Bundesverfassungsgericht erklärt, entgegen der völkerrechtlichen Tradition könnten nicht allein Staaten, sondern auch einzelne ihren Entschädigungsanspruch verfechten. Aber es bedurfte erst mehrerer Sammelklagen zahlreicher US-

Anwälte von Holocaust-Opfern gegen deutsche Unternehmen, um konkrete Verhandlungen über die Entschädigung ehemaliger NS-Zwangsarbeiter anzustoßen. Die Boykottdrohungen, welche die Geschäftsinteressen deutscher Firmen auf dem amerikanischen Markt gefährdeten, zeigten Wirkung und brachten den Stein schließlich ins Rollen. Im Dezember 1999 bat Bundespräsident Johannes Rau die Zwangsarbeiter im Namen des deutschen Volkes um Vergebung. Ein Vierteljahr später verabschiedete das Bundeskabinett den Gesetzentwurf für die Entschädigung, der gleichzeitig Grundlage für die Errichtung einer Stiftung »Erinnerung, Verantwortung und Zukunft« war. Von Deutschland sei im Zweiten Weltkrieg insbesondere den jüdischen Bürgern des Landes und der Nachbarstaaten »in vielfältiger Weise großes Unrecht« zugefügt worden, heißt es im Gesetzestext. Die Bundesrepublik und die deutsche Wirtschaft wollten darum mit der Stiftung die bisherigen Wiedergutmachungsregelungen ergänzen und ein »in finanzieller Hinsicht abschließendes Zeichen ihrer moralischen Verantwortung für die damaligen Geschehnisse« setzen. Jeweils zur Hälfte wollten Bundesregierung und Privatwirtschaft die Summe von 10 Mrd. DM aufbringen. Am 6. Juli 2000 machten die Abgeordneten des Bundestages den Weg für die Entschädigungszahlungen frei: 556 Parlamentarier aller Fraktionen stimmten für das Entschädigungsgesetz, 42 dagegen, 22 enthielten sich. Die Kritiker befürchteten, daß die finanziellen Forderungen noch weiter »ausufern« könnten; einige, wie die ehemalige DDR-Bürgerrechtlerin Vera Lengsfeld von der CDU, störte die »Ungleichbehandlung gegenüber den Opfern der kommunistischen Diktatur, wo es ja auch Zwangsarbeit gegeben hat«.[31] Aus dem linken Spektrum geißelte man das ganze Vorgehen, Geschichte könne man nicht ein für allemal »abbezahlen«, hier werde eine Schlußstrichmentalität verbreitet.

Dieser Vorwurf traf regelmäßig die seit 1998 amtierende Bundesregierung aus Sozialdemokraten und GRÜNEN, besonders aber Bundeskanzler Gerhard Schröder. *Einen* Unterschied zu seinem Amtsvorgänger Helmut Kohl kultivierte Schröder sehr auffallend: seine relative Unbefangenheit gegenüber der deutschen Geschichte. Er empfand sich als Vertreter einer neuen Generation der Nachgeborenen, der »Kinder der Bundesrepublik«, die nicht geschichtsblind seien, aber persönlich unbelastet und deshalb einen aufrechten Gang, freien Willen und neues Selbstbewußtsein an den Tag legten. Nicht als Konsequenz aus der Geschichte, also gezwungenermaßen wie noch bei der Generation Helmut Kohls, würden Schröder und seine Generation ihre Stimme für Europa erheben, sondern aus freien Stücken und weil dies den deutschen politischen und ökonomischen Interessen entspreche. Was Kohl im Westen wie im Osten verwehrt geblieben war, wurde Schröder zuteil: 2004 wurde er vom französischen Präsidenten Chirac zu den Gedenkveranstaltungen anläßlich des »D-Day« von 1944 in der Normandie eingeladen. Und 60 Jahre nach Kriegsende im Mai 2005 ist Bundeskanzler Schröder Gast des russischen Präsidenten Putin bei den großen Feierlichkeiten zur deutschen Kapitulation in Moskau gewesen. Dies war der sinnfällige Ausdruck dafür, daß sich Entscheidendes geändert hatte: Die neue Bundesrepublik Deutschland ist nicht mehr unmittelbar zum NS-Regime, sondern dazwischen liegt wie ein »Puffer« die demokratische Erfolgsgeschichte der Bonner Republik.

Die Deutschen befinden sich auch aus einem ganz einfachen Grund in einem Gezeitenwechsel der Erinnerung: Mehr als zwei Drittel der Deutschen sind nach 1945 geboren, und weniger als 15 % der heute Lebenden gehören Jahrgängen an, die noch als verantwortliche Täter, Mitläufer oder Opfer des NS-Regimes in Betracht kommen. Wie kann, wie soll Vergangenheitsdeutung vor allem mit Blick auf das Dritte Reich tradiert werden ohne einen unmittelbaren Erfahrungsbezug der jetzt Lebenden zu dieser Vergangenheit? Parallel zum »Aussterben der Zeitzeugen« löst sich das Gedächtnis gleichsam von innen auf: infolge des Aufkommens ganz neuer Gedächtnisgeschichten, weil Deutschland keine national homogene Gesellschaft darstellt; Zuwanderer etwa haben ganz andere Erinnerungen. Die kontroversen Denkmalsdebatten der jüngsten Zeit sind solchen Problemen geschuldet. Im Denkmal manifestiert sich das kulturelle Gedächtnis und damit die kulturelle Hegemonie in der sichtbarsten Form. Denkmäler tragen offiziellen Charakter, sie sind auf Langlebigkeit hin konzipiert und sollen nicht ohne Pathos die Erinnerung gemäß nationaler Interessen über Generationen hinweg weitergeben.

Das im Mai 2005 eröffnete »Denkmal für die ermordeten Juden Europas«, kurz: Holocaust-Mahnmal, steht einem geforderten, aber bisher nicht errichteten »Zentrum gegen Flucht und Vertreibung« gegenüber. Am 27. Januar 2000, dem vom damaligen Bundespräsidenten Roman Herzog 1995 eingeführten Holocaust-Gedenktag, fanden sich Politiker und Vertreter des öffentlichen Lebens in Deutschland zum symbolischen Baubeginn des Holocaust-Mahnmals in Berlin nahe dem Brandenburger Tor ein. Ende Juni 1999 war die Entscheidung des Bundestages für den Mahnmalsentwurf des Amerikaners Peter Eisenman gefallen: Ein Feld mit 2711 wellenförmig angeordneten Betonstelen. Über zehn Jahre lang hatte sich die Debatte hingezogen, die erbittert geführt wurde: »Mahnung wider das Vergessen«, »Kranzabwurfstelle«, »betonierter Schlußstrich«, »peinliches Zeugnis moralischer Selbstüberhöhung«, »Entsorgung des Grauens durch Ästhetisierung«, »Ausblendung anderer Opfergruppen«, ja »Sonderbehandlung der Juden unter positiven Vorzeichen« lauteten einige der Verdikte.[32] Nach der Eröffnung sind die meisten Kritiker verstummt. Denn das Denkmal stellt den Holocaust nicht dar oder verbrämt ihn gar künstlerisch; vielmehr evoziert es beim Besucher Fragen: Was ist das hier? Was bedeutet das? Wo bin ich? Verlorenheit und Orientierungslosigkeit machen sich als affektive Erfahrung breit. Die kognitive Aufklärung findet dann in der Dokumentationsstelle statt, die sich unter dem Denkmal befindet.

Abb. 77:　*In Stein gegossene Erinnerung und Dokumentation nationalsozialistischer Verbrechen. Am 10. Mai 2005 wurde das Denkmal für die ermordeten Juden Europas im Herzen Berlins eingeweiht. Es besteht aus einem Feld mit 2711 Betonstelen und einem Informationszentrum unter der Anlage.*

Kritiker des Denkmals stimmten freilich auch die immerwährende Melodie vom Gleichgewicht der Schuld an. In den letzten Jahren kam eine neue Sichtweise auf, die die Deutschen stark als Opfer hervorhob, insbesondere als Opfer des Bombenkrieges oder – doch diese Debatte ist älter – als Opfer von Vertreibung. Die Vertriebenenverbände als nach wie vor bedeutsame pressure group forderten, gleichsam als Gegenstück zum Holocaust-Mahnmal, ein »Zentrum gegen Flucht und Vertreibung« Würden, so die Kritiker, nicht letztlich wieder Opfer gegen Opfer aufgerechnet und damit der Gefahr zugearbeitet, Ursache und Wirkung zu vertauschen? Sollte ein solches Zentrum in Deutschland errichtet werden, wäre nicht Polen der geeignetere Ort oder gar – wenn man die weltweiten Flüchtlingsströme betrachtet – irgendein ganz anderer Platz auf der Erde?

In welche Richtung wird sich die Bundesrepublik Deutschland entwickeln? Wie verschränken sich globale und deutsche Trends? Fünf Megatrends zeichnen sich in allen industriell hochentwickelten Ländern ab: 1. die globale Vernetzung, 2. der Übergang zur Wissensgesellschaft mit neuen Arbeitsformen, 3. ein Überangebot an Informationen, 4. die Alterung der Bevölkerung und 5. die sogenannte »Glokalisierung«, das Nebeneinander von Globalisierung und Lokalisierung. Was dies für die Bundesrepublik Deutschland ganz konkret bedeutet, ist zur Zeit höchst umstritten und Teil des aktuellen politischen Wettstreits unter den Parteien, Verbänden und Interessengruppen.[33]

Wer verstehen will, wohin sich die Gesellschaft aufmacht, muß in die Jugendkulturen hineinschauen; das Leben von Jugendlichen ist ein wesentlicher Teil dessen, woraus Gesellschaften ihre Dynamik schöpfen. Einige Soziologen sprechen von einer beunruhigenden »Normalisierung«, denn die Jugend erscheint ihnen nicht rebellisch genug, sondern zu angepaßt, und sie könne daher der deutschen Gesellschaft nicht die nötige Innovationskraft verleihen. Aber ist diese Annahme zutreffend? Basiert sie nicht zu stark darauf, daß es nicht mehr die *eine* große Jugendbewegung, *das* große Generationenlabel wie etwa die 68er gibt und daß es die hergebrachten Organisationen und Institutionen – wie Parteien, Gewerkschaften, Kirche, Sportvereine – sind, die Schwierigkeiten haben, Jugendliche für ihre Ziele zu mobilisieren? Ist die fortschreitende Ausdifferenzierung der Lebensstile nur zu beklagen? Die negativen Folgen einer Entstrukturierung der Jugendphase und der Pluralisierung von Lebensstilen so-

Abb. 78: *Berlin als Treffpunkt von Ravern aus ganz Europa. Zur Love-Parade am 12. Juli 1997 kamen etwa eine Million junger Menschen, die auf der Straße des 17. Juni in der Nähe der Siegessäule feierten. Mochte die Love-Parade noch so umstritten sein, solche Bilder nahmen die Furcht vor den wiedervereinigten Deutschen.*

wie »Werteverlust« sind oft herausgestrichen worden. Gerade mit Blick auf die ostdeutsche Jugend wird hierin eine Erklärung gesehen für Fremdenfeindlichkeit, Ge-
waltaffinität und rechtsextreme Orientierungen.[34] Allerdings werden Jugendkulturen
mittlerweile auch auf ihre emanzipatorischen Potentiale hin untersucht, besonders
hinsichtlich der beiden großen Musik- und Fanstile Techno und HipHop oder hinsichtlich der Computerkids, Skateboarder und Streetballer. Sie alle gelten oft als
Synonym für Transnationalismus und Aufgeschlossenheit gegenüber Fremden, für
Zivilität. Die »Love-Parade« in Berlin zog jeden Sommer ein internationales Millionenpublikum an; neue, »non-verbale«, auch politische Protestformen zeigen sich in
den Jugendkulturen. In ihnen drückt sich steigende Mobilität aus. Junge Menschen
tragen und formen die neuen Kommunikationstechnologien. Will man es auf gewisse
Nenner bringen, dann ist ein Großteil der heutigen Jugend leistungsorientiert und
selbstbewußt, lebensbejahend und gegenüber Neuem aufgeschlossen; Visionen sind
zurückgetreten, nach vorn kam ein pragmatischer Idealismus; die Stelle von Utopien
haben Realitätssinn und Sicherheitsstreben eingenommen.[35]

Die Befunde von Soziologen und Politologen sind indessen überall widersprüch-
lich: Kommt es zu einer Re-Dramatisierung der gesellschaftlichen Gegensätze? Alt gegen Jung, Armut gegen Reichtum, Arbeitsplatzbesitzer gegen Arbeitslose, Eltern gegen
Kinderlose, Ost gegen West? Haben sich die bundesdeutschen Institutionen abgenutzt, unterliegen die verschiedenen politischen und gesellschaftlichen Arrangements
einem Verschleiß, erodieren gar die Fundamentalstrukturen? Es scheint doch vielmehr so, daß eine notwendige Evolution abläuft, die letztlich zu neuer Stabilität führen kann. Sind wir Zeugen von schleichenden, aber tiefgreifenden Zäsuren – oder
nicht doch vielmehr von kontinuierlichen Anpassungsprozessen? Steigt die gesellschaftliche Nervosität tatsächlich so dramatisch, wie uns manchmal eingeredet wird?
Ein Blick auf die großen Nachbarn in Europa, auf Frankreich, England oder Italien,
verdeutlicht doch: Die heutigen Deutschen sind nicht hysterischer als die Menschen in
den europäischen Nachbarstaaten. Aber es existiert in Deutschland ein Hang zur
Schwermut und zum Pessimismus, der von einigen Intellektuellen gern bedient wird.
In Deutschland scheint es keine »normalen« Krisen zu geben, sondern nur Dauerkri-
sen oder gleich Katastrophen. Ob Deutschland wirklich vor dem Scheitern steht und
Land und Leute überfordert sind mit dem Wandel von einer homogenen Industriegesellschaft zu einer deutlich heterogeneren Dienstleistungsgesellschaft, darf jedoch
glücklicherweise bezweifelt werden. Womöglich ist die Trendwende bereits geschafft
und zeigen die Mühen der Demokratie ihre ersten Wirkungen – die zahlreichen Reformen und Deregulierungen sprechen dafür. Bei internationalen Kapitalanlegern ist
die Bundesrepublik im Jahr 2005 wieder stark in Mode gekommen, weil sie auf vielen
ökonomischen Gebieten ihre Führungsfähigkeit unter Beweis gestellt hat, die Kon-

zerne Rekordgewinne schreiben und die politische Stabilität, die Berechenbarkeit nach wie vor groß ist.

Es ist offenkundig, daß sich die politischen Herausforderungen seit den 90er Jahren – die deutsche Wiedervereinigung, die Begründung der europäischen Wirtschafts- und Währungsunion und die Osterweiterung, die Neuordnung der internationalen Staatenwelt, die ökonomische Entgrenzung der Wirtschaft, die Rückkehr des Krieges und die Bedrohung durch den internationalen Terrorismus – von denen vorangegangener Jahrzehnte gravierend unterscheiden. Die Auswirkungen auf die deutsche Politik und Gesellschaft sind erheblich. Wir können nicht mehr allein aus der Erinnerung an das erfolgreiche Bonner Modell leben, das durch spezifische Rahmenbedingungen wie die Teilung der Welt und den Kalten Krieg begünstigt wurde. Die Bezeichnung »Berliner Republik« kann in diesem Sinne als ein symbolhafter Ausdruck verstanden werden: Dafür, daß sich die Bundesrepublik in Reaktion auf die Umwälzungen nach 1989 selbst verändert, weil sich ihre langfristigen Entwicklungsbedingungen gewandelt haben.

Wer bestehen will, darf sich einem Wandel nicht verschließen, Tradition ohne Reform verkommt schnell zu einem verwalteten Irrtum. Die deutsche Demokratie hat sich seit 1949 immer gewandelt, mal allmählich und still, mal rasch und ungestüm. Bei ihrer Gründung 1949 war nicht klar, wie sich dieses Provisorium Bundesrepublik entwickeln würde, ob es überhaupt eine Lebenschance hatte. In den 60er Jahren hielten manche die Bundesrepublik bereits für hyperstabil und starr; die provokative Frage von Karl Jaspers »Wohin treibt die Bundesrepublik?« zwang zur öffentlichen Auseinandersetzung. In den 70er Jahren waren es die breite Debatte um den deutschen »Identitätsverlust« und die Bedrohungen durch Terrorismus und Weltwirtschaftskrisen, welche die Republik verunsicherten. In den 80er Jahren tauchte das Menetekel der atomaren Vernichtung und der globalen Umweltkatastrophen auf und führte den Deutschen die »Risikogesellschaft« grell vor Augen. Kulturpessimistische Untergangsvisionen hatten in Deutschland seit Oswald Spenglers Buch *Der Untergang des Abendlandes*, das in den 20er Jahren Furore machte, immer Konjunktur. Hängt dies damit zusammen, daß in Deutschland die jüngeren Staatsgebilde nur von kurzer Dauer waren, daß die »Untergangshäufigkeit«[36] beispiellos ist und diese Ängste zur deutschen Psyche gehören? Innerhalb eines Jahrhunderts sind vier deutsche Staaten untergegangen: das Kaiserreich, die Weimarer Republik, das Dritte Reich und die DDR. Nur die Bundesrepublik hat, wenn auch verändert, bis heute überdauert. Historiker tun gut daran, mit Prognosen vorsichtig zu sein. Wer glaubt, zu wissen, wie sich der Lauf der Dinge entwickeln wird, bereitet schon den nächsten Irrtum vor. Aber wenn man sich Deutschland im Jahr 1945 vor Augen führt – ein Paria in der Weltgemeinschaft aufgrund der nationalsozialistischen Verbrechenspolitik – und wenn man

Abb.79:   *Die Skulptur »Berlin« des spanischen Bildhauers Eduardo Chillida vor dem neuen Bundeskanzleramt in Berlin. Stählerne Fangarme scheinen sich zu verschlingen – Sinnbild der Teilung, aber auch für den Versuch, Nähe und Berührung zu erreichen. So eröffnet die Skulptur an ihrem Standort einen vieldeutigen Raum: Vergangenheit und Neubeginn gehen ineinander über.*

bedenkt, daß das Land eine 40jährige Teilung überstanden hat, dann nehmen sich die heutigen Probleme nicht mehr ganz so gewaltig aus. Und dann darf man optimistisch sein. Entgegen der periodisch aufblühenden Krisen- und Verdrossenheitsdebatte, welche die Republik in jedem Jahrzehnt ihres Bestehens in unterschiedlicher Ausprägung immer begleitete und die auch heute wieder vorherrscht und wichtig ist, weil sie neue Ideen hervortreibt, ist am Ende doch Zuversicht angebracht: daß die geglückte Demokratie nicht der Vergangenheit angehört.

Anhang

Verzeichnis der Abkürzungen

AdG	Archiv der Gegenwart (früher: Keesing's Archiv)
AFN	American Forces Network, amerik. Soldatensender
AfS	Archiv für Sozialgeschichte
AIDS	Acquired Immunodeficiency Syndrome; dt. Erworbenes Immundefekt-Syndrom
AL	Alternative Liste
APO	Außerparlamentarische Opposition
APuZ	Aus Politik und Zeitgeschichte
ARD	Arbeitsgemeinschaft der Rundfunkanstalten Deutschlands
AWACS	Airborne Warning and Control System
BA	Bundesanstalt für Arbeit
BAföG	Bundesausbildungsförderungsgesetz
BDA	Bundesverband der Deutschen Arbeitgeberverbände
BDI	Bundesverband der Deutschen Industrie
BGA	Beiträge zur Geschichte der Deutschen Arbeiterbewegung
BHE	Bund der Heimatvertriebenen und Entrechteten
BIP	Bruttoinlandsprodukt
BP	Bayernpartei
BRD	Bundesrepublik Deutschland
BSE	Bovine Spongiforme Enzephalopathie; schwammartige Gehirnkrankheit bei Rindern
BStU	Bundesbeauftragte/r für die Unterlagen des Staatssicherheitsdienstes der ehemaligen Deutschen Demokratischen Republik
BVerfG	Bundesverfassungsgericht
BZ	Berliner Zeitung
CDA	Christlich Demokratische Arbeitnehmerschaft
CDU	Christlich Demokratische Union
CIA	Central Intelligence Agency
CNN	Cable News Network; amerik. Fernsehinformationssender
COMECON	Council for Mutual Economic Assistance; dt. Rat für Gegenseitige Wirtschaftshilfe (RGW)
ČSSR	Tschechoslowakische Sozialistische Republik
CSU	Christlich-Soziale Union

CVP	Christliche Volkspartei
DA	Deutschland-Archiv / Demokratischer Aufbruch
DAAD	Deutscher Akademischer Austauschdienst
DDR	Deutsche Demokratische Republik
DGB	Deutscher Gewerkschaftsbund
DIHT	Deutscher Industrie- und Handelstag
DJ	Disc-Jockey
DKP	Deutsche Kommunistische Partei
DM	Deutsche Mark
DP	Deutsche Partei
DPs	Displaced Persons
DVP	Demokratische Volkspartei
ECU	European Currency Unit
EEA	Einheitliche Europäische Akte
EG	Europäische Gemeinschaft
EGKS	Europäische Gemeinschaft für Kohle und Stahl
EKD	Evangelische Kirche Deutschlands
epd	Evangelischer Pressedienst
EPZ	Europäische Politische Zusammenarbeit
ERP	European Recovery Program (»Marshallplan«)
EU	Europäische Union
EURATOM	Europäische Atomgemeinschaft
EVG	Europäische Verteidigungsgemeinschaft
EWS	Europäisches Währungssystem
EZB	Europäische Zentralbank
EZU	Europäische Zahlungsunion
FAZ	Frankfurter Allgemeine Zeitung
fdk	Freie Demokratische Korrespondenz
FDP	Freie Demokratische Partei
FIBAG	Finanzbau-Aktiengesellschaft
G7	Gruppe der Sieben (wichtigste Industrienationen)
GATT	General Agreement on Tariffs and Trade; dt. Allgemeines Zoll- und Handelsabkommen
GB	Gesamtdeutscher Block
GG	Geschichte und Gesellschaft / Grundgesetz
GI	General bzw. Ground Infantrist / Government Issue; Bezeichnung für US-Soldat
GRÜNE	Partei »Die Grünen«

GSG 9	Grenzschutzgruppe 9
GVP	Gesamtdeutsche Volkspartei
GWU	Geschichte in Wissenschaft und Unterricht
HIV	Human Immunodeficiency Virus
HPM	Historisch-politische Mitteilungen
IfD	Institut für Demoskopie, Allensbach
Ifo	Institut für Wirtschaftsforschung e. V., München
Ifr	Infratest dimap, Gesellschaft für Trend- und Marktforschung mbH, München
IG	Industriegewerkschaft
infas	Institut für angewandte Sozialwissenschaft GmbH, Bonn
ISAF	International Security Assistance Force; dt. internationale Sicherheitstruppe
IStGH	Internationaler Strafgerichtshof
IWF	Internationaler Währungsfonds
KMK	Ständige Konferenz der Kultusminister der Länder
KPD	Kommunistische Partei Deutschlands
KSZE	Konferenz über Sicherheit und Zusammenarbeit in Europa, Nachf. OSZE
KZ	Konzentrationslager
KUD	Kuratorium Unteilbares Deutschland
KVP	Kasernierte Volkspolizei
LDPD	Liberal-Demokratische Partei Deutschlands (DDR)
LP	Langspielplatte
MBFR	Mutual Balanced Forces Reductions; dt. Gegenseitige und ausgewogene Truppenverminderung
MiFriFi	Mittelfristige Finanzplanung
MLF	Multilateral Force
NATO	North Atlantic Treaty Organization; dt. Nordatlantisches Verteidigungsbündnis
NGO	Non-Government Organization; dt. Nicht-Regierungsorganisation
NPD	Nationaldemokratische Partei Deutschland
NPL	Neue Politische Literatur
NS	Nationalsozialismus
NSDAP	Nationalsozialistische Deutsche Arbeiterpartei
NVA	Nationale Volksarmee
OECD	Organization for European Economic Cooperation and Development; dt. Organisation für wirtschaftliche Zusammenarbeit und Entwicklung

OEEC	Organization for European Economic Cooperation; dt. Europäischer Wirtschaftsrat
OPEC	Oil Producing and Exporting Countries; dt. Ölfördernde und -exportierende Länder
OSZE	Organisation für Sicherheit und Zusammenarbeit in Europa, Nachf. der KSZE
ÖTV	Gewerkschaft Öffentliche Dienste, Transport und Verkehr
PKW	Personenkraftwagen
PVS	Politische Vierteljahresschrift
RAF	Rote Armee Fraktion / Royal Air Force
RGW	Rat für Gegenseitige Wirtschaftshilfe
RPF	Rassemblement pour la France (franz. national-konservative Partei)
SALT I/II	Strategic Arms Limitation Talks; dt. Gespräche zur Begrenzung strategischer Waffen (I: 1969–1972, II: 1979)
SBZ	Sowjetische Besatzungszone
SD	Sicherheitsdienst
SDI	Strategic Defense Initiative; dt. Strategische Verteidigungsinitiative
SDP	Sozialdemokratische Partei (DDR)
SDS	Sozialistischer Deutscher Studentenbund / Students for a Democratic Society
SED	Sozialistische Einheitspartei Deutschlands (DDR)
SFOR	Stabilisation Force; internat. Friedenstruppe der UNO unter NATO-Oberbefehl
SPD	Sozialdemokratische Partei Deutschlands
SRP	Sozialistische Reichspartei
SS	Schutzstaffel
StaSi, Stasi	Staatssicherheitsdienst (der DDR), für: Ministerium für Staatssicherheit (MfS)
UdSSR	Union der Sozialistischen Sowjetrepubliken
UMTS	Universal Mobile Telephone System
UNEP	United Nations Environment Programme; dt. Umweltprogramm der Vereinten Nationen
UNO	United Nations Organization; dt. Vereinte Nationen
UNRRA	United Nations Relief and Rehabilitation Administration; Hilfswerk der Vereinten Nationen für Flüchtlinge etc.
VfZ	Vierteljahrshefte für Zeitgeschichte
WAV	Wirtschaftliche Aufbau-Vereinigung
WAZ	Westdeutsche Allgemeine Zeitung

WP	Wahlperiode
WTO	World Trade Organization; dt. Welthandelsorganisation
Yuppies	Young urban professional people
ZDF	Zweites Deutsches Fernsehen
ZHF	Zeitschrift für Historische Forschung

Anmerkungen

1 Fragen an die Bundesrepublik

[1] H.-P. Schwarz, Segmentäre Zäsuren 1949–1989: eine Außenpolitik der gleitenden Übergänge, in: Zäsuren nach 1945 (siehe Lit.verzeichnis), 11–19, hier 11.

[2] Jarausch, Die Umkehr (siehe Lit.verzeichnis), v.a. 347ff.

[3] A. Schildt, Überlegungen zur Historisierung der Bundesrepublik, in: Verletztes Gedächtnis, Hg. Jarausch u.a. (siehe Lit.verzeichnis), 253–272, hier 259.

[4] Schwarz, Mit gestopften Trompeten (siehe Lit.verzeichnis).

[5] Zusammenfassend Jarausch, Normalisierung; Naumann, »Neuanfang ohne Tabus« (beide siehe Lit.verzeichnis).

[6] Bender, Deutsche Parallelen (siehe Lit.verzeichnis).

[7] C. Kleßmann, Einleitung, in: Deutsche Vergangenheiten, Hg. Ders. u.a. (siehe Lit.verzeichnis), 9–13, hier 12.

[8] H. Jarausch, »Die Teile als Ganzes erkennen«. Zur Integration der beiden deutschen Nachkriegsgeschichten, in: ZHF 1, 2004, 10–30.

[9] Jarausch, Die Umkehr (siehe Lit.verzeichnis).

[10] Winkler, Der lange Weg (siehe Lit.verzeichnis), Bd. 2, 655.

[11] Schwarz, Die neueste Zeitgeschichte (siehe Lit.verzeichnis), 26.

[12] Allemann, Bonn ist nicht Weimar (siehe Lit.verzeichnis).

[13] Siehe v.a. Schwarz, Ära Adenauer, Bd. 2; Morsey, Bundesrepublik (beide siehe Lit.verzeichnis).

[14] Kleßmann, Ein stolzes Schiff (siehe Lit.verzeichnis), 485.

[15] Dahrendorf, Gesellschaft und Demokratie (siehe Lit.verzeichnis), 39; siehe aber auch den entsprechenden Abschnitt unten.

[16] Wandlungsprozesse in Westdeutschland, Hg. Herbert (siehe Lit.verzeichnis).

[17] Hobsbawm, Zeitalter der Extreme (siehe Lit.verzeichnis).

[18] Löwenthal, Vom kalten Krieg (siehe Lit.verzeichnis).

[19] v. Weizsäcker, Drei Mal Stunde Null? (siehe Lit.verzeichnis).

[20] Die Argumente gegen die Restaurationsthese bei Kocka, 1945 (siehe Lit.verzeichnis).

[21] Frei, Vergangenheitspolitik (siehe Lit.verzeichnis).

[22] Vorbemerkung der Herausgeber K. D. Bracher, T. Eschenburg, J. C. Fest, E. Jäckel in Bd. 1 der Geschichte der Bundesrepublik Deutschland (siehe Lit.verzeichnis), 7–17, hier 7.

[23] Winkler, Der lange Weg (siehe Lit.verzeichnis), Bd. 2, X.

[24] Graf Poidevin, Die unruhige Großmacht (siehe Lit.verzeichnis).

[25] Baring, Scheitert Deutschland? (siehe Lit.verzeichnis).

[26] Graf v. Krockow, Der deutsche Niedergang (siehe Lit.verzeichnis).

[27] Steingart, Deutschland (siehe Lit.verzeichnis).

28   Nolte, Generation Reform (siehe Lit.verzeichnis).

29   H. G. Hockerts, Einführung, in: Koordinaten deutscher Geschichte, Hg. Ders. (siehe Lit.verzeichnis), VIII.

30   Zit. nach ebd., XI.

31   Eine lernende Demokratie (siehe Lit.verzeichnis).

2   Deutschland unter der Kontrolle der Siegermächte 1945–1949

1   Abgedruckt in: Erlebnis Geschichte (siehe Lit.verzeichnis), 23.

2   Henke, Die amerikanische Besetzung Deutschlands (siehe Lit.verzeichnis), 962.

3   Ebd.

4   Wolfrum u. a., Krisenjahre und Aufbruchszeit (siehe Lit.verzeichnis), 17–28.

5   Naimark, Die Russen in Deutschland (siehe Lit.verzeichnis), 97.

6   Zu den unterschiedlichen Konzepten: Deutschland unter alliierter Besatzung, Hg. Benz (siehe Lit.verzeichnis).

7   Documents on Germany under Occupation, Hg. Ruhm v. Oppen (siehe Lit.verzeichnis), 13–28.

8   Reichel, Vergangenheitsbewältigung in Deutschland, 66 f.; N. Frei, Der Nürnberger Prozeß und die Deutschen, in: Wette u. a., Kriegsverbrechen im 20. Jahrhundert (beide siehe Lit.verzeichnis), 477–492.

9   G. Hankel u. a., Die Aufarbeitung von Verbrechen durch internationale Strafgerichtshöfe, in: Umkämpfte Vergangenheit, Hg. Bock u. a. (siehe Lit.verzeichnis), 247–268, bes. 255.

10   H. A. Welsh, »Antifaschistisch-demokratische Umwälzung« und politische Säuberung in der sowjetischen Besatzungszone Deutschlands, in: Politische Säuberung in Europa, Hg. Henke u. a. (siehe Lit.verzeichnis), 84–107.

11   Niethammer, Die Mitläuferfabrik (siehe Lit.verzeichnis).

12   Vgl. Jarausch, Die Umkehr (siehe Lit.verzeichnis), 31–132.

13   Das Potsdamer Abkommen in: Rechtsstellung Deutschlands, Hg. Rauschning (siehe Lit.verzeichnis), 34.

14   Jacoby, Vom Zwangsarbeiter zum heimatlosen Ausländer (siehe Lit.verzeichnis).

15   Gries, Die Rationen-Gesellschaft (siehe Lit.verzeichnis), 250.

16   Ebd.

17   Ebd., 113.

18   Steininger, Deutsche Geschichte seit 1945 (siehe Lit.verzeichnis), Bd. 1, 58 f.

19   Ebd., 156.

20   Vgl. »Junkerland in Bauernhand«?, Hg. Bauerkämper (siehe Lit.verzeichnis).

21   W. Abelshauser im Nachwort zur Neuauflage des Buches: Manz, Stagnation und Aufschwung in der französischen Besatzungszone (siehe Lit.verzeichnis), 106.

22   Wolfrum u. a., Krisenjahre und Aufbruchszeit (siehe Lit.verzeichnis), 203.

23   R. Steininger, Zur Geschichte der Münchener Ministerpräsidenten-Konferenz 1947, in: VfZ 23, 1975, 375–453.

[24] Barclay, Schaut auf diese Stadt (siehe Lit.verzeichnis), 195.

[25] Schmid, Erinnerungen (siehe Lit.verzeichnis), 398.

[26] Feldkamp, Der Parlamentarische Rat (siehe Lit.verzeichnis).

[27] Loth, Stalins ungeliebtes Kind (siehe Lit.verzeichnis).

[28] Kleßmann, Die doppelte Staatsgründung (siehe Lit.verzeichnis).

Wiederaufbau und Verwestlichung: Das Gründungsjahrzehnt 1949–1959

[1] G. Mann, Der verlorene Krieg und die Folgen, in: Bestandsaufnahme, Hg. Richter (siehe Lit.verzeichnis), 29–54, hier 45.

[2] Lepsius, Das Erbe des Nationalsozialismus (siehe Lit.verzeichnis), 233.

3 Demokratische Weichenstellungen im Inneren

[3] Adenauer, Reden 1917–1967 (siehe Lit.verzeichnis), 146 f.

[4] Doering-Manteuffel, Bundesrep. in der Ära Adenauer (siehe Lit.verzeichnis), 34.

[5] Vgl. Klotzbach, Weg zur Staatspartei (siehe Lit.verzeichnis), 598.

[6] SPD-Pressedienst, 20.6.1949.

[7] SPD-Pressedienst, 25.7.1949.

[8] Vgl. François-Poncet, Les rapports (siehe Lit.verzeichnis), Bd. 1, 187, 285.

[9] Vgl. Falter, Bundestagswahl 1949 (siehe Lit.verzeichnis).

[10] Graf Kielmansegg, Nach der Katastrophe (siehe Lit.verzeichnis), 259.

[11] Vgl. Morsey, Die Rhöndorfer Weichenstellung (siehe Lit.verzeichnis).

[12] Vgl. Auftakt zur Ära Adenauer (siehe Lit.verzeichnis), 33.

[13] Ebd.

[14] Ebd., 38.

[15] Vgl. Klotzbach, Weg zur Staatspartei (siehe Lit.verzeichnis), 190 f.

[16] Verhandlungen d. Dt. Bundestages (siehe Lit.verzeichnis), 1. WP, 13. Sitzung, 21.10.1949, 308.

[17] Ebd., 1. WP, 5. Sitzung. 20.9.1949, 29.

[18] Vgl. Schwarz, Gründerjahre (siehe Lit.verzeichnis), 46 f.

[19] Grosser, Bonner Demokratie (siehe Lit.verzeichnis), 421.

[20] Vgl. mit in Nuancen unterschiedlichen Wertungen Bracher, Kanzlerdemokratie; Schwarz, Adenauers Kanzlerdemokratie; Adenauers Regierungsstil, Hg. Ders.; Doering-Manteuffel, Strukturmerkmale der Kanzlerdemokratie (alle siehe Lit.verzeichnis).

[21] Vgl. Jäger, Koordinationsdemokratie (siehe Lit.verzeichnis).

[22] Haffner, Im Schatten der Geschichte (siehe Lit.verzeichnis), 291.

[23] Zu Adenauer v.a. die Biographie von Schwarz, Adenauer (siehe Lit.verzeichnis), Bd. 1–2.

24 Zu Schumacher v. a. die Biographie von Merseburger, Der schwierige Deutsche. Kurt Schumacher (siehe Lit.verzeichnis).

25 Brandt, Begegnungen und Einsichten (siehe Lit.verzeichnis), 69.

26 Zit. nach: Der Tagesspiegel, 16.10.1963.

27 Hesse u. a., Regierungssystem der Bundesrepublik (siehe Lit.verzeichnis), Bd. 1, 295 ff., mit weiterführender Literatur.

28 Siehe ebd., 283 ff.

29 Vgl. Schiffers, Bundesverfassungsgericht (siehe Lit.verzeichnis).

30 Allerdings entsprach der Kern des Gesetzes einem Entwurf aus dem Jahr 1927. 1946 ist der Gesetzestext durch die Streichung von NS-Zusätzen »bereinigt« worden.

31 Vgl. Datenhandbuch zur Geschichte des Deutschen Bundestages (siehe Lit.verzeichnis).

32 Vgl. D. P. Conradt, West Germany: A Remade Political Culture?, in: Comparative Political Studies 7, Bd. 2, 1974, 222–238, hier 227.

33 Eine Übersicht bietet das voluminöse, zweibändige Parteien-Handbuch (siehe Lit.verzeichnis).

34 D. Sternberger, Das deutsche Wahlwunder, in: Die Gegenwart 8, 1953, 584–587.

35 Vgl. Neumann, Der Block der Heimatvertriebenen (siehe Lit.verzeichnis).

36 Dittberner, Zur Entwicklung des Parteiensystems (siehe Lit.verzeichnis), 139.

37 Vgl. Buchhaas, Die Volkspartei; Bösch, Die Adenauer-CDU (beide siehe Lit.verzeichnis).

38 Jansen, Im Adenauer-Sog (siehe Lit.verzeichnis).

39 So Strauß, Erinnerungen (siehe Lit.verzeichnis), 585.

40 Vgl. Mintzel, CSU; Schlemmer, Aufbruch (beide siehe Lit.verzeichnis).

41 Vgl. dazu Wengst, Thomas Dehler, 266 ff.; Frei, Vergangenheitspolitik (beide siehe Lit.verzeichnis), 361 ff.

42 Heuss, Tagebuchbriefe, 1955–1963 (siehe Lit.verzeichnis), 143.

43 Vgl. Lange, Vom Wahlrechtsstreit zur Regierungskrise (siehe Lit.verzeichnis).

44 Vgl. Woller, Die Loritz-Partei (siehe Lit.verzeichnis).

45 Vgl. R. Wassermann, Zur juristischen Bewertung des 20. Juli 1944. Der Remer-Prozeß in Braunschweig als Markstein der Justizgeschichte, in: Recht und Politik 2, 1984, 68–80.

46 Zit. nach Grosser, Bonner Demokratie (siehe Lit.verzeichnis), 123.

47 FAZ, 9.6.1953, »Die Klage zurückziehen«.

48 Schiffers, Bürgerfreiheit; Posser, Anwalt im Kalten Krieg; v. Brünneck, Politische Justiz (alle siehe Lit.verzeichnis).

49 Abb. bei Schwarz, Ära Adenauer (siehe Lit.verzeichnis), 195.

50 Vgl. Grebing, Parteien (siehe Lit.verzeichnis), 98.

51 Klotzbach, Weg zur Staatspartei (siehe Lit.verzeichnis), 598.

52 Vgl. Buschfort, Parteien im Kalten Krieg (siehe Lit.verzeichnis).

53 Vgl. Fricke u. a., »Konzentrierte Schläge« (siehe Lit.verzeichnis), 83 ff.

54 Vgl. Mahrenholz, Die Kirchen (siehe Lit.verzeichnis), 100 ff.

55 So Carl Amery, zit. nach Maier, Die Kirchen, in: Die zweite Republik (siehe Lit.verzeichnis), 494–515, hier 500.

[56] Vgl. Gerstenmaiers Interview, in: Baseler Nachrichten, 12.9.1959.

[57] Vgl. Lepp, Tabu der Einheit? (siehe Lit.verzeichnis).

[58] Vgl. Sauer, Westorientierung (siehe Lit.verzeichnis).

[59] Vgl. Schmidtchen, Protestanten und Katholiken (siehe Lit.verzeichnis), 244.

[60] Zentralkomitee der Deutschen Katholiken, Arbeitstagung Saarbrücken 16.–19. April 1958, 234, zit. nach K. Gotto, Die deutschen Katholiken und die Wahlen in der Ära Adenauer, in: Katholizismus im politischen System (siehe Lit.verzeichnis), 9–27, hier 18.

[61] Vgl. Noelle-Neumann u.a., Die verletzte Nation (siehe Lit.verzeichnis), 221.

[62] Vgl. Abelshauser, Wirtschaftsgeschichte (siehe Lit.verzeichnis), 8.

[63] Vgl. dazu U. Herbert, Liberalisierung als Lernprozeß, in: Wandlungsprozesse in Westdeutschland, Hg. Ders. (siehe Lit.verzeichnis), 7–49.

[64] Erhard, Wohlstand für alle (siehe Lit.verzeichnis), 14.

[65] Vgl. A. Müller-Armack, Die Anfänge der Sozialen Marktwirtschaft, in: Die zweite Republik (siehe Lit.verzeichnis), 123–148.

[66] Vgl. Lampert, Soziale Marktwirtschaft (siehe Lit.verzeichnis), 4.

[67] Borchardt, Zäsuren (siehe Lit.verzeichnis).

[68] Vgl. Hüttenberger, Wirtschaftsordnung (siehe Lit.verzeichnis).

[69] Helmstädter, Die Wirtschaftsordnung (siehe Lit.verzeichnis), 249.

[70] Verhandlungen d. Dt. Bundestages (siehe Lit.verzeichnis), 1. WP, 126. Sitzung, 14.3.1951, 4809.

[71] Erhard, Wohlstand für alle (siehe Lit.verzeichnis), 44.

[72] Siehe die zeitgenössische Kritik bei Eschenburg, Herrschaft der Verbände (siehe Lit.verzeichnis).

[73] Vgl. Abelshauser, Wirtschaft in Westdeutschland; ein Überblick über die Debatte bei Buchheim, Von der aufgeklärten Hegemonie (beide siehe Lit.verzeichnis), 407 ff.

[74] Vgl. T. Schanetzky, Unternehmer: Profiteure des Unrechts, in: Karrieren im Zwielicht, Hg. Frei, 73–126; Gall, Der Bankier (beide siehe Lit.verzeichnis), 164–206.

[75] Vgl. Ritter, Über Deutschland (siehe Lit.verzeichnis), 57.

[76] Vgl. Berghahn, Unternehmer und Politik; Ders., Otto A. Friedrich; Edelmann, Heinz Nordhoff und Volkswagen (alle siehe Lit.verzeichnis); H. G. Schröter, Die Amerikanisierung der Werbung in der Bundesrepublik Deutschland, in: Jahrbuch für Wirtschaftsgeschichte 1997, 93–115.

[77] Vgl. Winkler, Stabilisierung durch Schrumpfung; Scheybani, Handwerk (beide siehe Lit.verzeichnis).

[78] Vgl. Angster, Konsenskapitalismus (siehe Lit.verzeichnis).

[79] Vgl. Bührer, Unternehmerverbände (siehe Lit.verzeichnis), 150.

[80] Pirker, Blinde Macht (siehe Lit.verzeichnis), Tl. 1, 21.

[81] Vgl. ebd.

[82] Vgl. Thum, Mitbestimmung in der Montanindustrie (siehe Lit.verzeichnis).

[83] Vgl. die Tabelle bei Mielke u.a., Gewerkschaften in der Bundesrepublik Deutschland (siehe Lit.verzeichnis), 354.

84 Vgl. Schönhoven, Gewerkschaften (siehe Lit.verzeichnis), 226.

85 Vgl. Der Boom, Hg. Kaelble (siehe Lit.verzeichnis), 7–32.

86 Abelshauser, Die langen Fünfziger Jahre (siehe Lit.verzeichnis).

87 Für die junge Bundesrepublik hat H. G. Hockerts im Detail die Entscheidungsprozesse aufgezeigt, die zur Wiederherstellung der Sozialversicherungsstruktur geführt haben; vgl. Ders., Sozialpolitische Entscheidungen (siehe Lit.verzeichnis).

88 C. Conrad, Alterssicherung, in: Drei Wege, Hg. Hockerts (siehe Lit.verzeichnis), 101–116, hier 112.

89 Zöllner, Sozialpolitik (siehe Lit.verzeichnis), 366.

90 Vgl. Hudemann, Sozialpolitik (siehe Lit.verzeichnis), 538.

91 Vgl. Wiegand, Lastenausgleich (siehe Lit.verzeichnis).

92 Vgl. ebd.

93 Vgl. A. Schildt, Wohnungspolitik, in: Drei Wege, Hg. Hockerts (siehe Lit.verzeichnis), 151–189, 188.

94 Vgl. den deutsch-deutschen Vergleich der Städtebaupolitik bei v. Beyme, Der Wiederaufbau (siehe Lit.verzeichnis).

95 Hockerts, Sozialpolitische Entscheidungen (siehe Lit.verzeichnis), 431.

96 Schreiber, Existenzsicherheit in der industriellen Gesellschaft (siehe Lit.verzeichnis).

97 Erhard, Wohlstand für alle (siehe Lit.verzeichnis), 260 u. 262.

98 Vgl. Schwarz, Ära Adenauer (siehe Lit.verzeichnis), 325.

99 Hockerts, Sozialpolitische Entscheidungen (siehe Lit.verzeichnis), 435.

4 Bindungen an den Westen und Deutschlandpolitik

1 Baring, Außenpolitik (siehe Lit.verzeichnis), 1.

2 Haftendorn, Deutsche Außenpolitik (siehe Lit.verzeichnis), 17.

3 Siehe mit weiterführenden Literaturangaben W. Loth, Der Krieg, der nicht stattfand: Ursprünge und Überwindung des Kalten Krieges, in: Wie Kriege entstehen, Hg. Wegner, 285–298; Stöver, Der Kalte Krieg (beide siehe Lit.verzeichnis).

4 Vgl. dazu auch W. Link, Die Außenpolitik und internationale Einordnung der Bundesrepublik Deutschland, in: Deutschland-Handbuch, 571–588; Hildebrand, Die Außenpolitik der Bunderepublik; Hanrieder, Deutschland, Europa, Amerika (alle siehe Lit.verzeichnis).

5 Grundgesetz (siehe Lit.verzeichnis), 29.

6 Vgl. Schwarz, Ära Adenauer, 459. Überblicke in: Die deutsche Frage in der Nachkriegszeit, Hg. Loth (beide siehe Lit.verzeichnis).

7 Graf Kielmansegg, Nach der Katastrophe (siehe Lit.verzeichnis), 134.

8 Verhandlungen d. Dt. Bundestages (siehe Lit.verzeichnis), 1. WP, 5. Sitzung, 20.9.1949, 29.

9 Adenauer, Erinnerungen (siehe Lit.verzeichnis), Bd. 1, 246.

10 Besson, Außenpolitik der Bundesrepublik (siehe Lit.verzeichnis), 445ff.

11 Verhandlungen d. Dt. Bundestages (siehe Lit.verzeichnis), 1. WP, 18. Sitzung, 24./25.11.1949, 472, 477, 525.

[12] Fontaine, Eine Ordnung für Europa (siehe Lit.verzeichnis), 17.

[13] Vgl. Monnet, Erinnerungen, 367 ff.; Graf Poidevin, Robert Schuman, 244 ff.; Die Anfänge des Schuman-Plans; Lappenküper, Der Schuman-Plan (alle siehe Lit.verzeichnis).

[14] Vgl. Monnet, Erinnerungen (siehe Lit.verzeichnis), 429 f.

[15] Zit. nach Loth, Weg nach Europa (siehe Lit.verzeichnis), 94.

[16] Schwarz, Ära Adenauer (siehe Lit.verzeichnis), 135.

[17] Vgl. etwa F. Gauzy, Gescheiterte Versuche der deutschen Wiederbewaffnung 1950–1954, in: Adenauer und die Wiederbewaffnung (siehe Lit.verzeichnis), 11–23.

[18] Zit. nach Weisenfeld, Welches Deutschland soll es sein? (siehe Lit.verzeichnis), 63.

[19] Besson, Außenpolitik der Bundesrepublik (siehe Lit.verzeichnis), 151.

[20] Vgl. Adenauer, Erinnerungen (siehe Lit.verzeichnis), Bd. 1, 563.

[21] Vgl. K. Schwabe, Adenauer und das Militärische, in: Adenauer und die Wiederbewaffnung (siehe Lit.verzeichnis), 55–76.

[22] Abdruck des Memorandums in: Sicherheitspolitik der Bundesrepublik Deutschland, Hg. Schubert (siehe Lit.verzeichnis), Tl. 1, 79 ff.

[23] Zit. nach Adenauer, Erinnerungen (siehe Lit.verzeichnis), Bd. 1, 359.

[24] Abdruck der Denkschrift in: Sicherheitspolitik, Hg. Schubert, Tl. 2, 1979, 91 ff.; siehe auch Rautenberg u. a., Die »Himmeroder Denkschrift« (beide siehe Lit.verzeichnis).

[25] Vgl. Gosewinkel, Adolf Arndt (siehe Lit.verzeichnis), 296 ff.

[26] Die Dokumente zum Notenwechsel in: Die deutsche Frage, Hg. Jäckel (siehe Lit.verzeichnis), 23–37.

[27] Vgl. Graml, Legende (siehe Lit.verzeichnis), 309.

[28] Faure, Si tel doit être mon destin ce soir, 317; siehe auch Lohse, Östliche Lockungen; Meyer-Landrut, Frankreich und die deutsche Einheit (alle siehe Lit.verzeichnis).

[29] Schwarz, Adenauer und Europa (siehe Lit.verzeichnis), 505.

[30] Vgl. Graml, Legende (siehe Lit.verzeichnis), 321.

[31] Die politische Diskussion des Jahres 1952 wird nachgezeichnet von Dittmann, Adenauer (siehe Lit.verzeichnis).

[32] Zit. nach Zitelmann, Adenauers Gegner (siehe Lit.verzeichnis), 158.

[33] Vgl. Albrecht, Schumacher (siehe Lit.verzeichnis), 87.

[34] So hieß es im Dortmunder Aktionsprogramm von 1952; vgl. »Vaterlandslose Gesellen« (siehe Lit.verzeichnis), 267.

[35] Zit. nach Soell, Fritz Erler (siehe Lit.verzeichnis), Bd. 2, 177.

[36] Zit. nach »Vaterlandslose Gesellen« (siehe Lit.verzeichnis), 267.

[37] Vgl. Müller, Die Gesamtdeutsche Volkspartei (siehe Lit.verzeichnis).

[38] Vgl. Gallus, Die Neutralisten (siehe Lit.verzeichnis), 94 ff., 153 ff.

[39] Vgl. Schollwer, Liberale Opposition (siehe Lit.verzeichnis), 12 f.

[40] Kreuz, Das Kuratorium (siehe Lit.verzeichnis), 27.

[41] Zit. nach: Der Spiegel, 12.11.1958, 13.

[42] Verhandlungen d. Dt. Bundestages (siehe Lit.verzeichnis), 3. WP, 9. Sitzung, 23.1.1958, 392, 394, 399, 401, 404, 406.

[43] Siehe v.a. Graml, Legende; Legende, Hg. Schwarz; Wettig, Die sowjetische Deutschland-Note; Adomeit, Imperial Overstretch (alle siehe Lit.verzeichnis), 87–92.

[44] Steininger, Eine vertane Chance; Loth, Stalins ungeliebtes Kind, 175 ff.; Herbst, Option für den Westen (alle siehe Lit.verzeichnis), 117 ff.

[45] Vgl. J. Foschepoth, Westintegration statt Wiedervereinigung. Adenauers Deutschlandpolitik 1949–1955, in: Adenauer und die deutsche Frage (siehe Lit.verzeichnis), 29–60.

[46] Vgl. Die Stalin-Note, Hg. Zarusky (siehe Lit.verzeichnis); dort auch ein umfassendes Literaturverzeichnis zur internationalen Forschungskontroverse.

[47] Graf Kielmansegg, Nach der Katastrophe (siehe Lit.verzeichnis), 154.

[48] Die Forschungskontroverse ist unter der Bezeichnung »Berija-Option« bekannt geworden; siehe v.a. G. Wettig, Zum Stand der Forschung über Berijas Deutschland-Politik im Frühjahr 1953, in: DA 26, 1993, 674–682; siehe auch Löwenthal, Vom kalten Krieg (siehe Lit.verzeichnis), 619.

[49] Der Spiegel, 24.6.1953, »Ein Fetzen Fahnentuch«.

[50] Auf dem neuesten Stand mit vielen Literaturangaben: Kowalczuk, 17. Juni 1953 (siehe Lit.verzeichnis).

[51] Alle Zitate bei Wolfrum, Geschichtspolitik in der Bundesrep. Der Weg (siehe Lit.verzeichnis), 69 ff.

[52] Vgl. ebd., 65 ff.

[53] Zit. nach Köhler, Adenauer (siehe Lit.verzeichnis), 780.

[54] Winkler, Der lange Weg, Bd. 2, 142; zeitgenössisch Allemann, Bonn ist nicht Weimar (beide siehe Lit.verzeichnis).

[55] Vgl. W. Schwengler, Sicherheit vor Deutschland. Völkerrechtliche Bindungen der Bundesrepublik Deutschland nach den Pariser Verträgen, in: Vom Kalten Krieg zur deutschen Einheit, Hg. Thoß (siehe Lit.verzeichnis), 101–113.

[56] Abdruck in: Kirchliches Jahrbuch 76, 1949, 241.

[57] Vgl. T. Sommer, Wiederbewaffnung und Verteidigungspolitik, in: Die zweite Republik (siehe Lit.verzeichnis), 580–603, hier 585; allgemein Wettig, Entmilitarisierung und Wiederbewaffnung in Deutschland (siehe Lit.verzeichnis).

[58] Schwarz, Adenauer und die Kernwaffen (siehe Lit.verzeichnis), 571.

[59] Strauß, Erinnerungen (siehe Lit.verzeichnis), 272.

[60] Vgl. D. Bald, Reform des Militärs in der Ära Adenauer, in: GG 28/2, 2002, 204–232, hier 218 ff.

[61] Ebd., 211.

[62] Vgl. P. Steinbach, Die sozialgeschichtliche Dimension der Kriegsheimkehr, in: Heimkehr 1948, Hg. Kaminsky (siehe Lit.verzeichnis), 325–340.

[63] Vgl. Löwenthal, Vom kalten Krieg, 604 f.; zu den Auswirkungen Frohn, Adenauer und die deutschen Ostgebiete; Bingen, Die Polenpolitik (alle siehe Lit.verzeichnis), 26 ff.

[64] Vgl. Grewe, Rückblenden, 186; Rupieper, Die Berliner Außenministerkonferenz (beide siehe Lit.verzeichnis).

[65] Vgl. Bender, »Neue Ostpolitik« (siehe Lit.verzeichnis), 31 ff.

[66] Vgl. B. Thoß, Die Lösung der Saarfrage 1954/55, in: VfZ 38, 1990, 225–288.

[67] Vgl. Buchheim, Die Wiedereingliederung; Vom Marshallplan zur EWG; Dickhaus, Die Bundesbank (alle siehe Lit.verzeichnis).

[68] Vgl. Küsters, Adenauers Europapolitik (siehe Lit.verzeichnis).

[69] Der ägyptische Präsident Nasser hatte den Suez-Kanal verstaatlicht. Mit Hilfe Israels versuchten Briten und Franzosen, ihre alten Ansprüche auf den Kanal zu wahren und unterstützten Israels Krieg gegen Ägypten. Daraufhin intervenierten die beiden Supermächte gemeinsam: Chruschtschow drohte mit Raketen, Eisenhower mit Worten. Dieser vereinte Druck zwang die französische und die britische Regierung, in der Nacht vom 6. zum 7. November 1956 das Suez-Unternehmen zu beenden.

[70] Vgl. Dokumente zur Deutschlandpolitik (siehe Lit.verzeichnis), Reihe 3, Bd. 3/1: 1.1.–31.12.1957, 1967, 576 ff.

[71] Siehe dazu Pommerin, »Bonn ohne Bombe« (siehe Lit.verzeichnis).

[72] Vollständiger Text der Erklärung in: Kraushaar, Protest-Chronik (siehe Lit.verzeichnis), Bd. 2, 1613.

[73] Vgl. Haftendorn, Deutsche Außenpolitik (siehe Lit.verzeichnis), 52, 105, 146.

[74] Jaspers, Atombombe (siehe Lit.verzeichnis).

5 Gesellschaft und Sozialkultur im Kalten Krieg

[1] Vgl. Zapf, Sozialstruktur (siehe Lit.verzeichnis), 101.

[2] Zum Vorstehenden M. R. Lepsius, Sozialstruktur und soziale Schichtung in der Bundesrepublik Deutschland (bis 1970), in: Ders., Demokratie in Deutschland (siehe Lit.verzeichnis), 145–174, hier 150.

[3] Vgl. für Europa: Demographic Yearbook 17, 1965 (ersch. 1966), 613 f.

[4] In der Reihenfolge des Anteils an der Gesamtbevölkerung der Bundesrepublik: Rhein-Ruhr, Rhein-Main, Hamburg, München, Stuttgart, Rhein-Neckar, Nürnberg, Hannover, Bremen; vgl. Dloczik u.a., Fischer-Informationsatlas Bundesrepublik Deutschland (siehe Lit.verzeichnis), 44 ff.

[5] Vgl. mit weiteren Daten und Tabellen Köllmann, Bevölkerungsentwicklung (siehe Lit.verzeichnis).

[6] Vgl. P. Lüttinger, Der Mythos der schnellen Integration, in: Zeitschrift für Soziologie 15, 1986, 20–36.

[7] Vgl. Messerschmidt, Aufnahme und Integration der Vertriebenen und Flüchtlinge in Hessen (siehe Lit.verzeichnis), 300.

[8] Zit. nach V. Ackermann, Integration – Begriff, Leitbilder, Probleme, in: Zur Integration der Flüchtlinge und Vertriebenen im deutschen Südwesten, Hg. Beer (siehe Lit.verzeichnis), 13–26, hier 14.

[9] Vgl. F. Wiesemann, Flüchtlingspolitik und Flüchtlingsintegration in Westdeutschland, in: APuZ B 35, 1985, 35–44, hier 44.

[10] Vgl. Heidemeyer, Flucht (siehe Lit.verzeichnis), 52.

[11] H. Schelsky, Die Bedeutung des Schichtungsbegriffs für die Analyse der gegenwärtigen deutschen Gesellschaft (1953), in: Ders., Auf der Suche nach Wirklichkeit (siehe Lit.verzeichnis), 331–336.

[12] Vgl. Dahrendorf, Gesellschaft und Demokratie (siehe Lit.verzeichnis), 146 ff.

[13] Vgl. Braun, Schelskys Konzept; einordnend Nolte, Die Ordnung der deutschen Gesellschaft (beide siehe Lit.verzeichnis).

[14] Vgl. Siegrist, Ende der Bürgerlichkeit?; Wehler, Deutsches Bürgertum (beide siehe Lit.verzeichnis).

[15] Vgl. Mooser, Abschied von der »Proletarität«; Ders., Arbeiterleben (beide siehe Lit.verzeichnis).

[16] Schelsky, Skeptische Generation; zur Einordnung Kersting, Schelskys »Skeptische Generation« (beide siehe Lit.verzeichnis).

[17] Mitscherlich, Vaterlose Gesellschaft (siehe Lit.verzeichnis).

[18] Vgl. Niehuß, Familie (siehe Lit.verzeichnis), 312–323.

[19] Vgl. v. Oertzen, Teilzeitarbeit (siehe Lit.verzeichnis), 365.

[20] Vgl. Frevert, Frauen (siehe Lit.verzeichnis), 120 f.

[21] v. Oertzen, Teilzeitarbeit; allgemein Schudlich, Abkehr (beide siehe Lit.verzeichnis).

[22] Vgl. Wildt, Vom kleinen Wohlstand, 101; Andersen, Der Traum (beide siehe Lit.verzeichnis), 34 ff.

[23] Vgl. Kleßmann, »Das Haus …«; zur Sozialkultur der 50er Jahre v.a. Schildt, Moderne Zeiten (beide siehe Lit.verzeichnis).

[24] Vgl. K. Maase, »Amerikanisierung der Gesellschaft«. Nationalisierende Deutung von Globalisierungsprozessen?, in: Amerikanisierung und Sowjetisierung, Hg. Jarausch, 219–241; A. Schildt, Vom politischen Programm zur Populärkultur. Amerikanisierung in Westdeutschland, in: Die USA und Deutschland (beide siehe Lit.verzeichnis), Bd. 1, 954–965.

[25] Schildt, Moderne Zeiten (siehe Lit.verzeichnis), 206.

[26] Vgl. H. Schatz, Massenmedien in der Bundesrepublik Deutschland, in: Deutschland-Handbuch (siehe Lit.verzeichnis), 389–401, hier 396.

[27] Vgl. F. P. Kahlenberg, Film, in: Geschichte der Bundesrepublik, Hg. Benz (siehe Lit.verzeichnis), Bd. 4, 367.

[28] Vgl. Bergmann, Antisemitismus (siehe Lit.verzeichnis), 86 ff.

[29] Der Spiegel, 12.12.1951, »Zoomorde: Des Müllers Lust«.

[30] Vgl. R. Rother, Feindliche Brüder. Der Kalte Krieg und der deutsche Film, in: Deutschland im Kalten Krieg, Hg. Vorsteher, 102–112, hier 103; Kalter Krieg, Hg. Stiftung Deutsche Kinemathek (beide siehe Lit.verzeichnis).

[31] Vgl. Buchloh, »Pervers …« (siehe Lit.verzeichnis).

[32] Vgl. Szöllösi-Janze, »Aussuchen und abschießen«; G. Koch, Die fünfziger Jahre. Heide und Silberwald, in: Der deutsche Heimatfilm, Hg. Ludwig-Uhland-Institut (beide siehe Lit.verzeichnis), 69–95.

[33] Bereits 1954 erschienen nicht weniger als 140 Unterhaltungsblätter mit einer Auflage von zusammen mehreren Millionen Exemplaren; vgl. N. Frei, Die Presse, in: Geschichte der Bundesrepublik, Hg. Benz (siehe Lit.verzeichnis), Bd. 4, 370–416, hier 393.

[34] Vgl. Kubisch, Motor-Roller mobil (siehe Lit.verzeichnis).

[35] Vgl. Schindelbeck u.a., »Haste was, biste was« (siehe Lit.verzeichnis).

[36] Vgl. G. Selle, Das Produktdesign der 50er Jahre. Rückgriff in die Entwurfsgeschichte, vollendete Modernisierung des Alltagsinventars oder Vorbote der Postmoderne?, in: Modernisierung im Wiederaufbau (siehe Lit.verzeichnis), 612–624.

[37] Vgl. Kleßmann, Zwei Staaten, eine Nation (siehe Lit.verzeichnis), 55 f.

[38] Vgl. Grotum, Die Halbstarken (siehe Lit.verzeichnis), 77 ff.

[39] Kaiser, Phasenverschiebungen (siehe Lit.verzeichnis), 69.

[40] Vgl. Kraushaar, Protest-Chronik (siehe Lit.verzeichnis), Bd. 2, 1632.

[41] Vgl. Klotz, Kunst im 20. Jahrhundert (siehe Lit.verzeichnis).

[42] Vgl. Zwischen den Stühlen, Hg. Kohn u.a. (siehe Lit.verzeichnis).

[43] Vgl. J. M. Diefendorf, Der amerikanische Einfluß auf den Städtebau in Westdeutschland, in: Die USA und Deutschland (siehe Lit.verzeichnis), Bd. 1, 889–898.

[44] Vgl. Hochgeschwender, Freiheit in der Offensive? (siehe Lit.verzeichnis).

[45] Vgl. Glaser, Deutsche Kultur, 251 ff.; Endres, Die Literatur (beide siehe Lit.verzeichnis).

[46] Lepsius, Das Erbe des Nationalsozialismus (siehe Lit.verzeichnis), hat die drei Strategien beschrieben, mit denen ein Umgang mit dem Nationalsozialismus versucht wurde: In Österreich sei der Nationalsozialismus externalisiert worden, hier habe sich ein Opfermythos als Staatsdoktrin etabliert; in der DDR sei er über die Kategorie »Faschismus« universalisiert und als Fremdgeschichte aus dem eigenen Bezugssystem ausgeklammert worden; in der Bundesrepublik hingegen sei es zu einer normativen und kontrastiven Internalisierung gekommen, im Sinne einer Haftung für die Folgen des Dritten Reiches. Siehe auch Herf, Zweierlei Erinnerung (siehe Lit.verzeichnis).

[47] Mitscherlich, Unfähigkeit zu trauern; Giordano, Die zweite Schuld; auch Schwan, Politik und Schuld (alle siehe Lit.verzeichnis).

[48] So Sontheimer, So war Deutschland nie, 44; auch Grosser, Ermordung der Menschheit (beide siehe Lit.verzeichnis), 87.

[49] Vgl. Lübbe, Nationalsozialismus im deutschen Nachkriegsbewußtsein (siehe Lit.verzeichnis).

[50] Vgl. mit weiterer Literatur Frei, Vergangenheitspolitik (siehe Lit.verzeichnis). Nach Gründung der Bundesrepublik wurde, als eines ihrer ersten Gesetze überhaupt, vom Bundestag im Dezember 1949 das »Gesetz über die Gewährung von Straffreiheit« verabschiedet, von dem auch Zehntausende nationalsozialistischer Täter, möglicherweise sogar solche, die Körperverletzung mit Todesfolge oder Totschlag begangen hatten, profitierten.

[51] Vgl. ebd. sowie Verwandlungspolitik, Hg. Loth; Herbert, Best (beide siehe Lit.verzeichnis), 434 ff.

[52] Vgl. Ruck, Korpsgeist (siehe Lit.verzeichnis).

[53] M. v. Miquel, Juristen: Richter in eigener Sache, in: Karrieren im Zwielicht, Hg. Frei (siehe Lit.verzeichnis), 181–240.

[54] Vgl. dazu z.B. die Beiträge von N. Frei und U. Herbert, in: Verwandlungspolitik, Hg. Loth (siehe Lit.verzeichnis).

55 N. Frei, Hitlers Eliten nach 1945 – eine Bilanz, in: Karrieren im Zwielicht, Hg. Frei (siehe Lit.verzeichnis), 303–335, hier 335.

56 Vgl. B. v. Borries, Vernichtungskrieg und Judenmord in den Schulbüchern beider deutscher Staaten seit 1949, in: Der Krieg (siehe Lit.verzeichnis), 215–236.

57 Vgl. Lurz, Kriegerdenkmäler in Deutschland (siehe Lit.verzeichnis), Bd. 6, 512.

58 Vgl. Reichel, Politik mit der Erinnerung, 135 ff.; Endlich u.a., Gedenkstätten für die Opfer des Nationalsozialismus (beide siehe Lit.verzeichnis).

59 Bulletin (siehe Lit.verzeichnis), 1.2.1963, 175.

60 Vgl. Der 20. Juli, Hg. Ueberschär; Baumgärtner, Reden nach Hitler (beide siehe Lit.verzeichnis).

61 Hockerts, Zeitgeschichte in Deutschland (siehe Lit.verzeichnis).

62 Vgl. 50 Jahre Institut für Zeitgeschichte (siehe Lit.verzeichnis).

63 Vgl. Conrad, Auf der Suche nach der verlorenen Nation, 133 ff.; Faulenbach, NS-Interpretationen; Schulze, Deutsche Geschichtswissenschaft nach 1945; Cornelißen, Gerhard Ritter, 371 ff.; Atze, »Unser Hitler«; Berg, Der Holocaust (alle siehe Lit.verzeichnis).

64 E. Dombrowski, 8. Mai 1945, in: FAZ, 7.5.1955, 1.

65 v. Brentano am 23.4.1958 im Bundestag, siehe Verhandlungen d. Dt. Bundestages (siehe Lit.verzeichnis), 3. WP, 24. Sitzung, 23.4.1958, 1290.

66 Aus dem Forschungsprojekt resultierte die: Dokumentation der Vertreibung der Deutschen aus Ost-Mitteleuropa (siehe Lit.verzeichnis).

67 Vgl. Hockerts, Wiedergutmachung, 194; Wiedergutmachung, Hg. Herbst (beide siehe Lit.verzeichnis).

68 Vgl. G. Margalit, Die deutsche Zigeunerpolitik nach 1945, in: VfZ 45, 1997, 557–588; Nationalsozialistischer Terror gegen Homosexuelle, Hg. Jellonnek u.a. (siehe Lit.verzeichnis).

69 Simon, Zäsuren im Rechtsdenken (siehe Lit.verzeichnis), 156.

70 Brief vom 6.12.1951, zit. nach: Zwischen Moral und Realpolitik, Hg. Jelinek (siehe Lit.verzeichnis), 177 f.

71 Zum Ablauf der Luxemburger Verhandlungen vgl. Hansen, Aus dem Schatten (siehe Lit.verzeichnis), 155–366.

72 Vgl. Bergmann, Antisemitismus (siehe Lit.verzeichnis), 181: 11 % der Befragen waren für das Abkommen, 24 % grundsätzlich dafür, hielten aber die Summe für zu hoch, 44 % meinten, es sei überflüssig, und 21 % waren unentschieden.

73 Vgl. Hockerts, Wiedergutmachung (siehe Lit.verzeichnis), 178.

74 Vgl. Holocaust und Shilumim, Hg. Frohn (siehe Lit.verzeichnis).

75 H. Graml, Die verdrängte Auseinandersetzung mit dem Nationalsozialismus, in: Zäsuren nach 1945 (siehe Lit.verzeichnis), 169–183, hier 176.

76 Vgl. Bergmann, Antisemitismus (siehe Lit.verzeichnis), 200 ff.

77 Vgl. Brochhagen, Nach Nürnberg (siehe Lit.verzeichnis), 228 ff.

78 Vgl. R. Fleiter, Die Ludwigsburger Zentrale Stelle und ihr politisches und gesellschaftliches Umfeld, in: GWU 53, 2002, 32–50.

79 Steinbach, Nationalsozialistische Gewaltverbrechen (siehe Lit.verzeichnis), 48.

80 Greve, NS-Gewaltverbrechen (siehe Lit.verzeichnis), 11.

[81] Vgl. Bulletin (siehe Lit.verzeichnis), 12.6.1958, 1046.

[82] Zit. nach: Das Parlament, 19.1.1980, »Vor zwanzig Jahren«.

[83] Adorno, Aufarbeitung der Vergangenheit (siehe Lit.verzeichnis).

[84] R. Hochhuth, Ein Klassiker wird achtzig, in: Hochschul-Welt 5, 1989, 4.

[85] Mann, Deutsche Geschichte des 19. und 20. Jahrhunderts (siehe Lit.verzeichnis), 13 f.

[86] Jahrbuch der öffentlichen Meinung 1958–1964 (siehe Lit.verzeichnis), passim.

[87] Ebd., 233.

[88] Vgl. die EMNID-Umfragen von 1950 bis 1984 bei Schwarz, Die Westdeutschen (siehe Lit.verzeichnis), 130. Am Ausgang der 50er Jahre waren die Werte auf 4 % (wahrscheinlich) und 35 % (möglich) zusammengeschrumpft. Der Kalte Krieg wurde nicht mehr als Vorstufe eines heißen Kriegs betrachtet, sondern als Auseinandersetzung auf politischem, wirtschaftlichem, wissenschaftlichem und technischem Gebiet.

[89] Vgl. Schwarz, Ära Adenauer (siehe Lit.verzeichnis), 430; H. Braun, Das Streben nach »Sicherheit« in den 50er Jahren. Soziale und politische Ursachen und Erscheinungsweisen, in: AfS 18, 1978, 279–306.

[90] Vgl. Schildt, Zwischen Abendland und Amerika (siehe Lit.verzeichnis).

[91] Zit. nach ebd., 35.

[92] Vgl. dazu Bollenbeck, Bildung und Kultur, bes. 301 ff.; Doering-Manteuffel, Wie westlich sind die Deutschen? (beide siehe Lit.verzeichnis).

[93] EMNID-Umfrage zit. nach F. P. Lutz, Empirisches Datenmaterial zum historisch-politischen Bewußtsein, in: Bundesrepublik Deutschland. Geschichte – Bewußtsein, Hg. Bundeszentrale für politische Bildung, 1989, 150–169, hier 165.

[94] Vgl. Jahrbuch der öffentlichen Meinung 1958–1964 (siehe Lit.verzeichnis), 230 (Wann ging es Deutschland am besten?), 259 (politischer Wettbewerb), 297 (Staatsmänner).

[95] Siehe zu beidem Wolfrum, Geschichtspolitik in der Bundesrep. Der Weg (siehe Lit.verzeichnis), 202 ff.

[96] Nachweise und weitere zeitgenössische Zitate ebd., 205 ff., siehe auch Weidenfeld u. a., Die deutsche Frage (siehe Lit.verzeichnis).

[97] Vgl. z. B. D. Sternberger, Das Grundgesetz in der Probe des Lebens, in: FAZ, 20.5.1959.

[98] Allemann, Bonn ist nicht Weimar (siehe Lit.verzeichnis).

[99] Schwarz, Segmentäre Zäsuren (siehe Kap. 1, Anm. 1), 19.

[100] Grosser, Bonner Demokratie (siehe Lit.verzeichnis), 394.

Dynamik und Liberalisierung: Die zweite formative Phase 1959/60–1973

[1] H. Rudolph, Eine Zeit vergessener Anfänge. Die sechziger Jahre, in: Politische Kultur, Hg. Weidenfeld (siehe Lit.verzeichnis), 59–72.

[2] Siehe die beiden wichtigsten Bilanzen: Dynamische Zeiten, Hg. Schildt; Demokratisierung und gesellschaftlicher Aufbruch, Hg. Frese u. a. (beide siehe Lit.verzeichnis).

[3] Korte, Gesellschaft im Aufbruch (siehe Lit.verzeichnis).

6 Wendemarken, Abtritte und Antritte

[4] Vgl. Dokumente zur Berlin-Frage, 301 ff.; siehe auch Large, Berlin (beide siehe Lit.verzeichnis), 422 ff.

[5] Vgl. Lemke, Berlinkrise (siehe Lit.verzeichnis).

[6] Vgl. Bender, »Neue Ostpolitik« (siehe Lit.verzeichnis), 57.

[7] Vgl. Steininger, Mauerbau, 59 ff.; Mauerbau und Mauerfall, Hg. Hertle u. a. (beide siehe Lit.verzeichnis).

[8] Vgl. Küsters, Integrationsfriede (siehe Lit.verzeichnis), 760 ff.

[9] H. Krone, Aufzeichnungen zur Deutschland- und Ostpolitik 1954–1969, in: Adenauer-Studien, Hg. Morsey u. a. (siehe Lit.verzeichnis), Bd. 3, 134–201, hier 154.

[10] Gegenüber Staatssekretär von Eckart bemerkte Adenauer: »Entschuldigen Sie, Herr von Eckart, wenn ich jetzt kölnischen Dialekt spreche. Wir haben nochmals fies Jlück gehabt!« v. Eckart, Ein unordentliches Leben (siehe Lit.verzeichnis), 614.

[11] So W. Schollwer, Sieben Jahre danach. Zum Tag der Deutschen Einheit, in: fdk, 14.6.1960; Ders., Liberale Opposition (siehe Lit.verzeichnis).

[12] Abdruck in: Der Spiegel, 15.4.1959, 38; dort auch ein Interview mit seinem Hauptverfasser, Herbert Wehner: Mit Wehner in den Abgrund?, in: ebd., 36–49.

[13] Weber, Carlo Schmid (siehe Lit.verzeichnis), 622.

[14] Brandt, Begegnungen und Einsichten (siehe Lit.verzeichnis), 44.

[15] Dieses und die folgenden Zitate in: Verhandlungen d. Dt. Bundestages (siehe Lit.verzeichnis), 3. WP, 122. Sitzung, 30.6.1960, 7055, 7061.

[16] Vgl. Stützle, Kennedy, 105 ff.; Beschloss, Powergame (beide siehe Lit.verzeichnis).

[17] Vgl. Grewe, Rückblenden (siehe Lit.verzeichnis), 462.

[18] Vgl. Mauerbau und Mauerfall, Hg. Hertle; E. Wolfrum, Die Mauer, in: Deutsche Erinnerungsorte, Hg. François u. a. (beide siehe Lit.verzeichnis), Bd. 1, 552–568.

[19] Vgl. dazu Wenger, Der lange Weg; Arenth, Der Westen (beide siehe Lit.verzeichnis).

[20] E. Bahr, Der Schock des Mauerbaus aus der Sicht des Berliner Senats, in: Vom Kalten Krieg zur deutschen Einheit, Hg. Thoß (siehe Lit.verzeichnis), 147.

[21] Zum Verhältnis zwischen Adenauer und Brandt in der Phase ihres gleichzeitigen politischen Handelns vgl. Küsters, Konrad Adenauer und Willy Brandt (siehe Lit.verzeichnis).

[22] Steininger, Mauerbau (siehe Lit.verzeichnis), 364.

[23] Vgl. The Kennedy Tapes, Hg. May u. a.; Ausland, Kennedy, Krushev and the Berlin-Cuba Crisis (beide siehe Lit.verzeichnis).

[24] Abdruck der Rede in: Dokumente zur Deutschlandpolitik (siehe Lit.verzeichnis), Reihe 4, Bd. 9/1: 1.1.–30.6.1963, 1978, 382–388, hier 383.

[25] Zit. nach: Die deutsche Ostpolitik, Hg. Meissner, 45; eine Analyse von Bahrs Tutzinger Rede bei Vogtmeier, Egon Bahr (beide siehe Lit.verzeichnis), 59 ff.

[26] Vgl. Siekmeier, Restauration oder Reform? (siehe Lit.verzeichnis).

[27] Schollwer, Liberale Opposition (siehe Lit.verzeichnis), 158.

[28] Zit. nach Bender, »Neue Ostpolitik« (siehe Lit.verzeichnis), 136.

[29] Vgl. Daum, Kennedy in Berlin (siehe Lit.verzeichnis).

[30] Vgl. General-Anzeiger, 21.6.1963, »Gerstenmaier warnt vor Illusionen«.

[31] Vgl. Conze, Die gaullistische Herausforderung; zu de Gaulle siehe Weisenfeld, Charles de Gaulle (beide siehe Lit.verzeichnis).

[32] Siehe R. Steininger, Großbritannien und de Gaulle. Das Scheitern des britischen EWG-Beitritts im Januar 1963, in: VfZ 44, 1996, 87–118.

[33] Vgl. Marcowitz, Option für Paris? (siehe Lit.verzeichnis). Die Begriffe »Atlantiker« und »Gaullisten« stammen vom seinerzeit besten Kenner der bundesdeutschen Außenpolitik: Waldemar Besson; vgl. Ders., Außenpolitik der Bundesrepublik (siehe Lit.verzeichnis), 322.

[34] Vgl. Fischer, Der diplomatische Prozeß; zu Adenauer und Frankreich siehe Schwarz, Erbfreundschaft; Hildebrand, Der provisorische Staat; Lappenküper, Die deutsch-französischen Beziehungen 1949–1963; sehr kritisch Ziebura, Die deutsch-französischen Beziehungen; der Vertragstext in: Die Bundesrepublik Deutschland und Frankreich (alle siehe Lit.verzeichnis), Bd. 1, 951 ff.

[35] Besson, Außenpolitik der Bundesrepublik (siehe Lit.verzeichnis), 313.

[36] Weber, Carlo Schmid (siehe Lit.verzeichnis), 633.

[37] Koerfer, Kampf ums Kanzleramt (siehe Lit.verzeichnis), 239.

[38] G. Schröder, Bonn spricht vom »Kronprinzenmord«. Herbe Kritik an der Nominierung des Ministers Erhard, in: Die Welt, 27.2.1959.

[39] Zit. nach Koerfer, Kampf ums Kanzleramt (siehe Lit.verzeichnis), 287.

[40] Morsey, Lübke (siehe Lit.verzeichnis), 254.

[41] So Schwarz, Adenauer (siehe Lit.verzeichnis), Bd. 2 (1952–1967), 502 ff.

[42] Der Spiegel, 8.7.1959, »Präsidentenwahl: Der Lübkenbüßer«.

[43] Morsey, Lübke (siehe Lit.verzeichnis).

[44] Vgl. Steinmetz, Freies Fernsehen (siehe Lit.verzeichnis).

[45] Vgl. dazu C. v. Hodenberg, Die Journalisten und der Aufbruch zur kritischen Öffentlichkeit, in: Wandlungsprozesse in Westdeutschland, Hg. Herbert (siehe Lit.verzeichnis), 278–311.

[46] Vgl. dazu vor allem die beiden Bände: Die Spiegel-Affäre, Hg. Seifert (siehe Lit.verzeichnis).

[47] Verhandlungen d. Dt. Bundestages (siehe Lit.verzeichnis), 4. WP, 45. Sitzung, 7.11.1962, 1984.

[48] Doch die Passagen über die Affäre in seinen »Erinnerungen« lassen diesen Schluß durchaus zu, vgl. Strauß, Erinnerungen, 468; ein anderer Beteiligter war Horst Ehmke, der zum Team der Strafverteidiger der Spiegel-Redakteure gehörte; vgl. Ehmke, Mittendrin (beide siehe Lit.verzeichnis), 34 ff.

[49] Der CSU-Slogan lautete: »Chruschtschow, Ulbricht, Wehner und Mende reichen sich im Geist die Hände«; vgl. Koerfer, Kampf ums Kanzleramt (siehe Lit.verzeichnis), 719.

[50] Sontheimer, Adenauer-Ära (siehe Lit.verzeichnis), 64.

[51] Vgl. Doering-Manteuffel, Bundesrep. in der Ära Adenauer (siehe Lit.verzeichnis), 245.

[52] Winkler, Der lange Weg (siehe Lit.verzeichnis), Bd. 2, 209.

[53] Vgl. Koerfer, Schwierige Geburten (siehe Lit.verzeichnis).

[54] Klotzbach, Weg zur Staatspartei (siehe Lit.verzeichnis), 600.

55 Vgl. Angster, Konsenskapitalismus (siehe Lit.verzeichnis), 415–430.

56 Brandt, Begegnungen und Einsichten (siehe Lit.verzeichnis), 46.

57 Am 5. März 1964 erhielt eine SPD-Delegation eine Privataudienz bei Papst Paul VI. Fritz Erler, der sie leitete, meinte anschließend, er habe den Eindruck gewonnen, daß dem Papst das Godesberger Programm gut bekannt sei; vgl. AdG (siehe Lit.verzeichnis), Bd. 5: Mai 1962–Oktober 1966, 2000, 3484.

58 Vgl. z.B. Narr, CDU – SPD (siehe Lit.verzeichnis).

59 Siehe z.B. den von Martin Walser 1961 herausgegebenen Band: Die Alternative – oder: Brauchen wir eine neue Regierung?, in dem Schriftsteller zur Wahl der SPD aufforderten.

60 Altmann, Das Erbe Adenauers (siehe Lit.verzeichnis), 21.

61 W. Fredericia, Adenauer geht, in: Deutsche Zeitung, 12.10.1963.

62 Hildebrand, Von Erhard zur Großen Koalition, 240; kritisch z.B. Thränhardt, Geschichte der Bundesrepublik, 156 ff.; Ellwein, Krisen und Reformen, 40 ff.; äußerst kritisch, teils polemisch Hentschel, Erhard, 435 ff.; kritisch, aber ausgewogen dagegen Görtemaker, Geschichte der Bundesrepublik, 391 ff., und Morsey, Bundesrepublik (alle siehe Lit.verzeichnis), 97.

63 So die um Verständnis für Erhard bemühte Sicht bei Koerfer, Kampf ums Kanzleramt (siehe Lit.verzeichnis).

64 Vgl. Strauß, Erinnerungen (siehe Lit.verzeichnis), 240.

65 Vgl. Verhandlungen d. Dt. Bundestages (siehe Lit.verzeichnis), 4. WP, 90. Sitzung, 18.10.1963, 4192–4208.

66 Die Formierte Gesellschaft (siehe Lit.verzeichnis).

67 WAZ, 1.4.1965; Stern, 22.8.1965, »So groß ist der Unterschied nicht mehr«.

68 Opitz, Der große Plan der CDU (siehe Lit.verzeichnis), 751.

69 Vgl. Haftendorn, Kernwaffen und die Glaubwürdigkeit der Allianz; Hoppe, Zwischen Teilhabe und Mitsprache (beide siehe Lit.verzeichnis).

70 Vgl. die Reden in AdG (siehe Lit.verzeichnis), Bd. 5: Mai 1962–Oktober 1966, 2000, 3651 ff.

71 Hacke, Außenpolitik (siehe Lit.verzeichnis), 105.

72 Haftendorn, Deutsche Außenpolitik, 111, auch zum Vorstehenden; zudem Hildebrand, Der provisorische Staat, 292 ff.; Hanrieder, Deutschland, Europa, Amerika (alle siehe Lit.verzeichnis).

73 Vgl. dazu Frey, Geschichte des Vietnamkrieges (siehe Lit.verzeichnis), 126 ff.

74 Vgl. Hildebrand, Von Erhard zur Großen Koalition; Rosenbach, Preis der Freiheit (beide siehe Lit.verzeichnis).

75 Vgl. Herz, Europäische Union (siehe Lit.verzeichnis), 45 ff.

76 Grosser, Das Bündnis (siehe Lit.verzeichnis), 316.

77 Zit. nach Lappenküper, »Ich bin wirklich…« (siehe Lit.verzeichnis), 114.

78 Besson, Außenpolitik der Bundesrepublik, 336; zu Schröder siehe auch die Biographie von Oppelland, Gerhard Schröder (beide siehe Lit.verzeichnis).

79 Vgl. Heck, EKD und Entspannung, 160 ff.; Lepp, Tabu der Einheit? (beide siehe Lit.verzeichnis), 520–532.

80 Zit. nach: epd 35, 1.9.1966.

81 Vgl. Dokumente zur Deutschlandpolitik (siehe Lit.verzeichnis), Reihe 4, Bd. 12/1: 1.1.–30.11.1966, 1981, 381–385.

82 Vgl. Bender, »Neue Ostpolitik« (siehe Lit.verzeichnis), 116f.

83 Hacke, Außenpolitik (siehe Lit.verzeichnis), 115.

84 Görtemaker, Geschichte der Bundesrepublik, 408; sehr Erhard-kritisch der Bericht des Leiters des Außenpolitischen Büros im Bundeskanzleramt von 1960 bis 1969: Osterheld, Außenpolitik unter Erhard (beide siehe Lit.verzeichnis).

85 Hildebrand, Von Erhard zur Großen Koalition (siehe Lit.verzeichnis), 111.

86 Vgl. W. Wagner, Der Rückschlag der Bonner Politik in den arabischen Staaten, in: Europa-Archiv 20, 1965, 359ff.; Weingardt, Israel- und Nahostpolitik, 150ff. Siehe auch die aufschlußreiche Erklärung der Bundesrepublik zur Aufnahme diplomatischer Beziehungen mit Israel, in: Bulletin (beide siehe Lit.verzeichnis), 14.5.1965, 665f.

87 Vgl. Morsey, Lübke (siehe Lit.verzeichnis), 462ff.

88 Vgl. Klotzbach, Weg zur Staatspartei (siehe Lit.verzeichnis), 495ff.

89 Vgl. ebd., 403ff.

90 Baring, Machtwechsel (siehe Lit.verzeichnis), 33.

91 Ebd., 36.

92 So in der Sitzung des SPD-Parteivorstandes, 22.9.1965; Brandt, Berliner Ausgabe (siehe Lit.verzeichnis), Bd. 4, 346.

93 Vgl. Nonn, Ruhrbergbaukrise (siehe Lit.verzeichnis).

94 Zahlen bei Kleßmann, Zwei Staaten, eine Nation (siehe Lit.verzeichnis), 195.

95 Zit. nach Nonn, Ruhrbergbaukrise (siehe Lit.verzeichnis), 374.

96 Vgl. dazu die Biographien von Meyers und Kühn: Marx, Franz Meyers, 274ff.; Düding, Kühn (beide siehe Lit.verzeichnis), 206ff.

97 Vgl. Abelshauser, Wirtschaftsgeschichte (siehe Lit.verzeichnis).

98 Vgl. Hentschel, Erhard (siehe Lit.verzeichnis), 647f.

99 Vgl. dazu Morsey, Vorgeschichte (siehe Lit.verzeichnis).

100 Vgl. Mende, Von Wende zu Wende (siehe Lit.verzeichnis), 40.

101 Schönhoven, Entscheidung, 397; Ders., Wendejahre (beide siehe Lit.verzeichnis).

102 Hildebrand, Von Erhard zur Großen Koalition, 264; zur Person Kiesingers: Begegnungen, Hg. Oberndörfer; Gassert, Kiesinger (alle siehe Lit.verzeichnis).

103 Zit. nach Kempski, Um die Macht (siehe Lit.verzeichnis), 128.

104 Zit. nach Kleßmann, Zwei Staaten, eine Nation (siehe Lit.verzeichnis), 201.

105 Winkler, Der lange Weg (siehe Lit.verzeichnis), Bd. 2, 241.

106 Vgl. Schneider, Kunst des Kompromisses (siehe Lit.verzeichnis).

107 So C. Ahlers, zit. nach Knorr, Der parlamentarische Entscheidungsprozeß (siehe Lit.verzeichnis), 90.

108 Vgl. M. Ruck, Ein kurzer Sommer der konkreten Utopie – Zur westdeutschen Planungsgeschichte der langen 60er Jahre, in: Dynamische Zeiten, 362–401; Metzler, Am Ende aller Krisen?; Dies., Konzeptionen politischen Handelns von Adenauer bis Brandt; siehe auch die Beiträge zum »Prinzip Planung« in: Demokratisierung und gesellschaftlicher Aufbruch, Hg.

Frese u. a, 249–491; zeitnah R. Joachimsen u. a., Staatliche Planung in der Bundesrepublik Deutschland, in: Die Zweite Republik (alle siehe Lit.verzeichnis), 843–864.

[109] Recht und Politik der Planung, Hg. Kaiser (siehe Lit.verzeichnis), Vorwort, 7.

[110] Anstöße in Europa kamen etwa aus der französischen »planification«; vgl. Bauchet, La planification française, 1967.

[111] Dies hatte auch mit dem Siegeslauf konvergenztheoretischer Relativierungen des Ost-West-Konflikts zu tun. Siehe z. B. Jungk u. a., Wege ins neue Jahrtausend (siehe Lit.verzeichnis).

[112] Bayern im Bund (siehe Lit.verzeichnis), Bd. 1: Die Erschließung des Landes.

[113] Vgl. ebd., 20. Vgl. dazu auch J. Balcar, Die Kosten der Erschließung. Kommunale Infrastrukturpolitik auf dem Land und ihre Folgen für die Gemeinden (1948–1972), in: Der lange Abschied vom Agrarland. Agrarpolitik, Landwirtschaft und ländliche Gesellschaft zwischen Weimar und Bonn, Hg. D. Münkel, 2000, 249–277.

[114] Ellwein, Politik und Planung (siehe Lit.verzeichnis), 7.

[115] Vgl. dazu Schiller, Preisstabilität durch globale Steuerung der Marktwirtschaft; Konzertierte Aktion, Hg. Hoppmann, 1971; Welsch, Globalsteuerung (alle siehe Lit.verzeichnis).

[116] Zahlen nach Kleßmann, Zwei Staaten, eine Nation (siehe Lit.verzeichnis), 198 f.

[117] Siehe mit weiterer Literatur Ruck, Sommer der konkreten Utopie (siehe Anm. 108), 387 ff.

[118] Vgl. Scharpf, Politikverflechtung (siehe Lit.verzeichnis).

[119] A. Benz, Der deutsche Föderalismus, in: 50 Jahre Bundesrepublik, Hg. Ellwein u. a. (siehe Lit.verzeichnis), 134–153, hier 140.

[120] Siehe Oetzel, Die geplante Zukunft (siehe Lit.verzeichnis).

[121] Vgl. Szöllösi-Janze, Geschichte der Arbeitsgemeinschaft; Antworten auf die amerikanische Herausforderung, Hg. Ritter u. a. (beide siehe Lit.verzeichnis).

[122] Vgl. dazu Klenke, Verkehrspolitik (siehe Lit.verzeichnis).

[123] Vgl. dazu H. Hege, Recht und Justiz, in: Geschichte der Bundesrepublik, Hg. Benz (siehe Lit.verzeichnis), Bd. 1, 194–198.

[124] Vgl. Niethammer, Angepaßter Faschismus (siehe Lit.verzeichnis).

[125] Vgl. Lücke, Ist Bonn doch Weimar? (siehe Lit.verzeichnis). Nach dem Scheitern der Reform demissionierte Lücke im April 1968.

[126] Vgl. dazu Flach u. a., Freiburger Thesen; Vorländer, Der Soziale Liberalismus (beide siehe Lit.verzeichnis).

[127] Zu den verschiedenen Entwürfen vgl. Schneider, Demokratie in Gefahr (siehe Lit.verzeichnis), 39 ff.

[128] Vgl. ebd., 274.

[129] Vgl. den politischen Bestseller des Jahres 1966 von Jaspers, Wohin treibt die Bundesrepublik? (siehe Lit.verzeichnis).

[130] Vgl. Schneider, Große Koalition (siehe Lit.verzeichnis).

[131] Schönhoven, Wendejahre; Hildebrand, Von Erhard zur Großen Koalition (beide siehe Lit.verzeichnis), 241.

[132] Schmoeckel u. a., Die vergessene Regierung (siehe Lit.verzeichnis).

[133] Heydemann, Deutschlandpolitische Neuansätze (siehe Lit.verzeichnis), 31.

[134]   Bender, »Neue Ostpolitik« (siehe Lit.verzeichnis), 138.

[135]   Hacke, Außenpolitik (siehe Lit.verzeichnis), 133; er betont, daß die sozialliberale Koalition 1969 nicht aus dem Stand ihre Ost- und Deutschlandpolitik hätte beginnen können ohne die Einleitungsphase der Großen Koalition.

[136]   Taschler, Vor neuen Herausforderungen (siehe Lit.verzeichnis), 400.

[137]   Vgl. dazu Kroegel, Einen Anfang finden! (siehe Lit.verzeichnis).

[138]   Abdruck der Rede in: Bulletin (siehe Lit.verzeichnis), 20.6.1967, Zitat 542.

[139]   Vgl. Von Truman bis Harmel (siehe Lit.verzeichnis).

[140]   Vgl. Schwarz, Die Regierung Kiesinger (siehe Lit.verzeichnis).

[141]   Vgl. Hildebrand, Von Erhard zur Großen Koalition (siehe Lit.verzeichnis), 310.

7   Zuwachs an Pluralismus und deutsche Lernprozesse

[1]   Die wichtigste der umfangreichen Literatur: Handbuch der deutschen Bildungsgeschichte, Bd. 6: 1945 bis zur Gegenwart. Erster Teilbd.: Bundesrepublik Deutschland, Hg. Führ u.a.; Hüfner u.a., Konjunkturen der Bildungspolitik, Bd. 1; A. Kenkmann, Von der bundesdeutschen »Bildungsmisere« zur Bildungsreform in den 60er Jahren, in: Dynamische Zeiten, 402–423; T. Berchem, Bildung und Wissenschaft in der Bundesrepublik Deutschland, in: Deutschland-Handbuch, 345–369; Geißler, Sozialstruktur (alle siehe Lit.verzeichnis), 249–274.

[2]   Bell, Die nachindustrielle Gesellschaft (siehe Lit.verzeichnis), 3; das amerikanische Original des Buches erschien bereits 1973.

[3]   Picht, Bildungskatastrophe (siehe Lit.verzeichnis).

[4]   Dahrendorf, Bildung ist Bürgerrecht (siehe Lit.verzeichnis).

[5]   Ebd., 35.

[6]   Dahrendorf, Gesellschaft und Demokratie; siehe dazu die deutende Einordnung bei M. Scheibe, Auf der Suche nach der demokratischen Gesellschaft, in: Wandlungsprozesse in Westdeutschland, Hg. Herbert (beide siehe Lit.verzeichnis), 245–277.

[7]   Herbert, Liberalisierung als Lernprozeß (siehe Kap. 3, Anm. 53), 30.

[8]   In diese Bestrebungen mischte sich v.a. auch die liberale bayerische Politikerin Hildegard Hamm-Brücher ein, vgl. Dies., Aufbruch ins Jahr 2000 (siehe Lit.verzeichnis).

[9]   Vgl. Röhl, Der Wissenschaftsrat; siehe auch die jährlich erscheinenden Empfehlungen des Wissenschaftsrats; Müller, Konferenz der Kultusminister; Deutscher Bildungsrat, Empfehlungen der Bildungskommission (alle siehe Lit.verzeichnis).

[10]   Vgl. dazu Erlinghagen, Katholisches Bildungsdefizit (siehe Lit.verzeichnis).

[11]   Vgl. die Zahlenreihen bei Zapf, Sozialstruktur (siehe Lit.verzeichnis), 103.

[12]   Vgl. Geißler, Sozialstruktur (siehe Lit.verzeichnis), 278.

[13]   Vgl. Becker, Bildung (siehe Lit.verzeichnis), 66.

[14]   Vgl. Geißler, Sozialstruktur (siehe Lit.verzeichnis), 256f.

[15]   Vgl. Ellwein, Krisen und Reformen (siehe Lit.verzeichnis), 112f. Manche bezweifeln diese Folgen, doch die Entwicklung des Sozialprodukts und die Veränderungen in der Steuerstatistik sprechen dafür.

16 Kenkmann, »Bildungsmisere« (siehe Anm. 1), 421.

17 H. Pross, Die Ehe ist stabiler als ihr Ruf, in: Evangelische Kommentare, 1971, 501–504, hier 502.

18 Vgl. F.-X. Kaufmann, Familiäre Konflikte und gesellschaftliche Spannungsfelder, in: Der Mensch in den Konfliktfeldern der Gegenwart, Hg. Landeszentrale für politische Bildung des Landes Nordrhein-Westfalen, 1975, 165–188.

19 Vgl. die Zahlen bei Zapf, Sozialstruktur, 103; Köllmann, Bevölkerungsentwicklung (beide siehe Lit.verzeichnis), 100, und im einzelnen die Daten in den Statistischen Jahrbüchern des Statistischen Bundesamts.

20 Vgl. Kirk, Der Contergan-Fall; W. Steinmetz, Ungewollte Politisierung durch die Medien? Die Contergan-Affäre, in: Die Politik der Öffentlichkeit, Hg. Weisbrod (beide siehe Lit.verzeichnis), 195–228.

21 Vgl. H. Korte, Bevölkerungsstruktur und -entwicklung, in: Geschichte der Bundesrepublik, Hg. Benz, Bd. 3, 27; Staupe u.a., Die Pille (beide siehe Lit.verzeichnis).

22 Eine Übersicht der empirisch und theoretisch nur schwer zu erhellenden Ursachenkomplexe und ihre Gewichtung bei Geißler, Sozialstruktur (siehe Lit.verzeichnis), 340 ff.

23 M. R. Lepsius, Sozialstruktur und soziale Schichtung, in: Die zweite Republik (siehe Lit.verzeichnis), 263–288, hier 269.

24 Graf Kielmansegg, Nach der Katastrophe (siehe Lit.verzeichnis), 423.

25 Vgl. die Abbildungen verschiedener Indizes bei Borchardt, Zäsuren (siehe Lit.verzeichnis).

26 Lepsius, Sozialstruktur (siehe Anm. 23), 272.

27 Vgl. Geißler, Sozialstruktur (siehe Lit.verzeichnis), 45.

28 Vgl. dazu K. Maase, Freizeit, in: Geschichte der Bundesrepublik, Hg. Benz (siehe Lit.verzeichnis), Bd. 3, 345–383; Kohl, Freizeitpolitik; K. E. Scheuch, Soziologie der Freizeit, in: Handbuch der empirischen Sozialforschung (alle siehe Lit.verzeichnis), 1–192.

29 Beck, Risikogesellschaft (siehe Lit.verzeichnis), 122.

30 König, Geschichte der Konsumgesellschaft (siehe Lit.verzeichnis), 451.

31 Vgl. Glatzer, Lebensbedingungen (siehe Lit.verzeichnis), bes. 285, 291.

32 H. Niehaus, Sorgenkind Landwirtschaft: Verwandlung oder Ende der Bauern?, in: Die zweite Republik (siehe Lit.verzeichnis), 728–761, hier 729.

33 Vgl. Albers, Die stille Revolution auf dem Lande; Kluge, Vierzig Jahre Agrarpolitik (beide siehe Lit.verzeichnis).

34 Geißler, Sozialstruktur (siehe Lit.verzeichnis), 123.

35 Vgl. Frevert, Frauen-Geschichte, 290; Frauen arbeiten, Hg. Budde (beide siehe Lit.verzeichnis).

36 Vgl. Geißler, Sozialstruktur (siehe Lit.verzeichnis), 283.

37 Vgl. E. Noelle-Neumann, Die Verwandlung der Frauen, in: Eine Generation später (siehe Lit.verzeichnis), 16–19, hier 17.

38 Vgl. U. Frevert, Umbruch der Geschlechterverhältnisse? Die 60er Jahre als geschlechterpolitischer Experimentierraum, in: Dynamische Zeiten (siehe Lit.verzeichnis), 642–660.

39 Vgl. Herbert, Geschichte der Ausländerpolitik, 202 ff.; Bade, Europa in Bewegung, 306 ff.;

H. Eser, Gastarbeiter, in: Geschichte der Bundesrepublik, Hg. Benz (alle siehe Lit.verzeichnis), Bd. 2, 326–361.

[40] Bade, Europa in Bewegung (siehe Lit.verzeichnis), 318.

[41] R. Dahrendorf, Die neue Gesellschaft. Soziale Strukturwandlungen in der Nachkriegszeit, in: Bestandsaufnahme, Hg. Richter (siehe Lit.verzeichnis), 212–217, hier 215.

[42] Schildt, Vor der Revolte (siehe Lit.verzeichnis), 13.

[43] Meulemann, Wertewandel (siehe Lit.verzeichnis), 400.

[44] Baring, Machtwechsel (siehe Lit.verzeichnis), 197.

[45] H. A. Winkler, Nationalismus, Nationalstaat und nationale Frage in Deutschland seit 1945, in: APuZ B 40, 1991, 12–24, hier 18.

[46] Doering-Manteuffel, Deutsche Zeitgeschichte (siehe Lit.verzeichnis), 1.

[47] R. Inglehart, The Silent Revolution in Europe. Intergenerational Change in Post-Industrial Societies, in: American Political Science Review 65, 1971, 991–1017.

[48] Vgl. Bunz u.a., Qualität des Arbeitslebens (siehe Lit.verzeichnis), 254.

[49] Vgl. basierend auf Zeitreihen von den 50er zu den 80er Jahren: Jugendliche und Erwachsene '85 (»Shell-Studie«) (siehe Lit.verzeichnis).

[50] Vgl. Barnes u.a., Political Action; Vom Obrigkeitsstaat zur entgrenzten Politik, Hg. Zoll (beide siehe Lit.verzeichnis).

[51] F. H. Tenbruck, Alltagsnormen und Lebensgefühle in der Bundesrepublik, in: Die zweite Republik (siehe Lit.verzeichnis), 289–310, hier 307.

[52] Vgl. Graf Kielmansegg, Nach der Katastrophe (siehe Lit.verzeichnis), 429 ff.

[53] Vgl. Gries, Produkte als Medien (siehe Lit.verzeichnis), 180 ff.

[54] Vgl. dazu Firestone, Frauenbefreiung und sexuelle Revolution (siehe Lit.verzeichnis).

[55] Vgl. Gries, Produkte als Medien (siehe Lit.verzeichnis), 200.

[56] Vgl. Osterwold, Pop-Art; H.-J. Manske, »Das Lachen der Beatles gilt mehr als die Anerkennung von Marcel Duchamp« – Zur Bildenden Kunst der 60er Jahre, in: Dynamische Zeiten (beide siehe Lit.verzeichnis), 768–807.

[57] Vgl. dazu Crow, Die Kunst der sechziger Jahre; Adriani u.a., Joseph Beuys (beide siehe Lit.verzeichnis).

[58] Vgl. Cage, Für die Vögel (siehe Lit.verzeichnis).

[59] Vgl. Articus, Die Beatles in Harburg (siehe Lit.verzeichnis).

[60] Vgl. H. Brunhöber, Unterhaltungsmusik, in: Geschichte der Bundesrepublik, Hg. Benz (siehe Lit.verzeichnis), Bd. 4, 168–199, hier 189.

[61] Zit. nach Glaser, Deutsche Kultur (siehe Lit.verzeichnis), 285.

[62] Vgl. dazu Breuer, Das 20. Jahrhundert-Projekt, 121; Briegleb, 1968 (beide siehe Lit.verzeichnis).

[63] H. Glaser, Kultur und Kulturpolitik in der Bundesrepublik Deutschland, in: Deutschland-Handbuch (siehe Lit.verzeichnis), 413–430, hier 423.

[64] Vgl. zum Ablauf: Die Studentenproteste, Hg. Becker; Kimmel, Studentenbewegungen der 60er Jahre; 1968, Hg. Gilcher-Holtey; Kraushaar, 1968; das Grass-Zitat bei Large, Berlin (alle siehe Lit.verzeichnis), 457.

[65] Zum Vietnam-Kongreß Gilcher-Holtey, Die 68er Bewegung, 7 ff.; Schuster, Albertz (beide siehe Lit.verzeichnis), 255 ff.

[66] Vgl. Chaussy, Die drei Leben des Rudi Dutschke; Dutschke, Jeder hat sein Leben ganz zu leben (beide siehe Lit.verzeichnis).

[67] Zit. nach Baring, Machtwechsel (siehe Lit.verzeichnis), 70.

[68] Kraushaar, Denkmodelle (siehe Lit.verzeichnis), 14.

[69] Vgl. Albrecht, Der Sozialistische Deutsche Studentenbund (siehe Lit.verzeichnis).

[70] Vgl. Juchler, Studentenbewegungen (siehe Lit.verzeichnis).

[71] Vgl. dazu Albrecht u.a., Die intellektuelle Gründung der Bundesrepublik; Frankfurter Schule, Hg. Kraushaar, Bd. 3; Claussen, Theodor W. Adorno (alle siehe Lit.verzeichnis).

[72] Vgl. Habermas, Protestbewegung und Hochschulreform (siehe Lit.verzeichnis).

[73] So v.a. Agnoli u.a., Transformation der Demokratie (siehe Lit.verzeichnis).

[74] Vgl. Tolomelli, »Repressiv getrennt« oder »organisch verbündet« (siehe Lit.verzeichnis).

[75] Vgl. U. Herbert, Der Holocaust in der Geschichtsschreibung der Bundesrepublik Deutschland, in: Ders. u.a., Zweierlei Bewältigung (siehe Lit.verzeichnis), 67–86, hier 77.

[76] Vgl. dazu Aust, Baader-Meinhof-Komplex (siehe Lit.verzeichnis).

[77] Vgl. dazu den Literaturbericht von C. v. Hodenberg, Intellektuelle Aufbrüche und Generationen im Konflikt. Neue Literatur zum kulturellen Wandel der sechziger Jahre in Westdeutschland, in: AfS 41, 2001, 677–692.

[78] C. Kleßmann, 1968 – Studentenrevolte oder Kulturrevolution?, in: Revolution in Deutschland, Hg. Hettling, 90–105; kritisch gegenüber dieser Deutung W. Weber, Die »Kulturrevolution« 1968, in: Kontroversen der Zeitgeschichte, Hg. Dotterweich (beide siehe Lit.verzeichnis), 207–228.

[79] Vgl. Habermas, Protestbewegung und Hochschulreform; Wesel, Die verspielte Revolution; Negt, Achtundsechzig (alle siehe Lit.verzeichnis).

[80] Vgl. Bohrer, Die gefährdete Phantasie (siehe Lit.verzeichnis).

[81] Löwenthal, Der romantische Rückfall (siehe Lit.verzeichnis).

[82] Vgl. H. Lübbe, 1968. Zur Wirkungsgeschichte eines politromantischen Rückfalls, in: Ders., Politik nach der Aufklärung (siehe Lit.verzeichnis), 129–149.

[83] H. G. Hockerts, »1968« als weltweite Bewegung, in: 1968, Hg. Schubert (siehe Lit.verzeichnis), 13–34, hier 14 f.

[84] Siehe v.a. 1968, Hg. Gilcher-Holtey; Dies., Die 68er Bewegung (beide siehe Lit.verzeichnis).

[85] Winkler, Der lange Weg (siehe Lit.verzeichnis), Bd. 2, 252.

[86] Vgl. Doering-Manteuffel, Wie westlich sind die Deutschen?; Diner, Verkehrte Welten (beide siehe Lit.verzeichnis).

[87] Leggewie, Mythos des Neuanfangs (siehe Lit.verzeichnis), 296.

[88] Vgl. Sontheimer, So war Deutschland nie (siehe Lit.verzeichnis), 94 ff.

[89] Vgl. U. Fink, 1968. Die Antwort der CDU: Programmpartei, in: APuZ B 20, 1988, 27–35.

[90] Vgl. dazu Steinbach, Nationalsozialistische Gewaltverbrechen; Rückerl, NS-Verbrechen; Geschichte vor Gericht, Hg. Frei u.a.; »Bestien« und »Befehlsempfänger«, Hg. Weckel u.a. (alle siehe Lit.verzeichnis).

[91] Zur Medienresonanz und zu Umfragen vgl. Bergmann, Antisemitismus (siehe Lit.verzeichnis), 250 ff.

[92] Arendt, Eichmann in Jerusalem. Ein Bericht von der Banalität des Bösen (siehe Lit.verzeichnis).

[93] Hilberg, Unerbetene Erinnerung (siehe Lit.verzeichnis), 130.

[94] Vgl. dazu Werle u. a., Auschwitz vor Gericht; Langbein, Der Auschwitz-Prozeß;»Gerichtstag halten über uns selbst …«, Hg. Fritz Bauer Institut (alle siehe Lit.verzeichnis).

[95] Zu den juristischen Denkfiguren Freudiger, Die juristische Aufarbeitung von NS-Verbrechen (siehe Lit.verzeichnis); zum Auschwitz-Urteil ebd., 42 ff.

[96] Vgl. dazu Greve, NS-Gewaltverbrechen (siehe Lit.verzeichnis), bes. 145 ff.

[97] Vgl. C. Fröhlich, Fritz Bauer – Ungehorsam und Widerstand sind ein »wichtiger Teil unserer Neubesinnung auf die demokratischen Grundwerte«, in: Engagierte Demokraten, Hg. Dies. u. a. (siehe Lit.verzeichnis), 106–120.

[98] Nationalsozialistische Vernichtungspolitik, Hg. Herbert, 14; N. Frei, Der Frankfurter Auschwitz-Prozeß und die deutsche Zeitgeschichtsschreibung, in: Auschwitz, Hg. Fritz Bauer Institut (alle siehe Lit.verzeichnis), 123–138.

[99] Vgl. Rüter u. a., Die westdeutschen Strafverfahren wegen nationalsozialistischer Tötungsverbrechen (siehe Lit.verzeichnis), XII.

[100] Vgl. Herbert, Best, 507 ff., Zitat 509; Freudiger, Die juristische Aufarbeitung von NS-Verbrechen (beide siehe Lit.verzeichnis), 144 ff.

[101] Herbert, Best (siehe Lit.verzeichnis), 510.

[102] Vgl. dazu Hirsch, Anlaß, Verlauf und Ergebnis der Verjährungsdebatten; Zur Verjährung nationalsozialistischer Verbrechen, Hg. Deutscher Bundestag (beide siehe Lit.verzeichnis).

[103] Vgl. dazu Weinke, Die Verfolgung von NS-Tätern im geteilten Deutschland (siehe Lit.verzeichnis).

[104] Verhandlungen d. Dt. Bundestages (siehe Lit.verzeichnis), 4. WP, 170. Sitzung, 10.3.1965, 8526.

[105] Bergmann, Antisemitismus (siehe Lit.verzeichnis), 277.

[106] Das Jaspers-Interview im Wortlaut in: FAZ, 17.8.1960, »Nur die Freiheit – allein darauf kommt es an«; siehe auch Ders., Freiheit und Wiedervereinigung; Wolfrum, Geschichtspolitik in der Bundesrep. Der Weg (beide siehe Lit.verzeichnis), 222 ff.

[107] Vgl. Fischer, Griff nach der Weltmacht; Ders., Krieg der Illusionen; dazu vor allem Jäger, Historische Forschung und politische Kultur in Deutschland; Cornelißen, Gerhard Ritter, 597 ff.; Wolfrum, Geschichtspolitik in der Bundesrep. Der Weg (alle siehe Lit.verzeichnis), 231 ff.; V. Berghahn, Fritz Fischer und seine Schüler, in: NPL 19, 1974, 145–154.

[108] W. Besson, Die Ansprüche der Deutschen. Eine politische Bilanz zehn Jahre nach dem 17. Juni, in: Süddeutsche Zeitung, 15./16.6.1963.

[109] Siehe Wehler, Modernisierungstheorie und Geschichte; Sozialgeschichte in Deutschland, Hg. Schieder u. a.; Kocka, Sozialgeschichte; T. Welskopp, Identität ex negativo. Der »deutsche Sonderweg« als Metaerzählung in der bundesdeutschen Geschichtswissenschaft der siebziger und achtziger Jahre, in: Die historische Meistererzählung, Hg. Jarausch u. a. (alle siehe Lit.verzeichnis), 109–139.

[110] Vgl. Doering-Manteuffel, Wie westlich sind die Deutschen? (siehe Lit.verzeichnis), 73.

[111] Vgl. H. Lehmann, Die »Verwestlichung« der historischen Wissenschaft, in: Westbindungen (siehe Lit.verzeichnis), 119–137.

[112] K. D. Bracher, Die Bewährung der Zweiten Republik, einleitender Essay zu Hildebrand, Von Erhard zur Großen Koalition (siehe Lit.verzeichnis), 7–16, hier 10.

8 Die Neue Ostpolitik und »Mehr Demokratie wagen«

[1] Anläßlich der Verleihung des Friedensnobelpreises 1971 meinte Willy Brandt, daß das Etikett »Ostpolitik« ihm nicht zusage, und er fuhr dann fort: »Aber wie will man etwas einfangen, was sich als Begriff selbständig gemacht hat und – wie ›Gemütlichkeit‹ unübersetzbar erscheinend – Eingang in die internationale Terminologie gefunden hat? Das Wort ist vorbelastet.« Brandt, Wille zum Frieden, 323. Der US-Sicherheitsberater und anschließende Außenminister Henry A. Kissinger schrieb in seinen Memoiren über Egon Bahr, den Architekten der Neuen Ostpolitik: »Bahr gehörte zwar zur Linken, aber ich hielt ihn doch vor allem für einen deutschen Nationalisten, der Deutschlands zentrale Lage ausnutzen wollte, um mit beiden Seiten zu feilschen.« Kissinger, Memoiren, 1968–1973, 443. Grundlegend Bender, »Neue Ostpolitik«; Garton Ash, Im Namen Europas; Löwenthal, Vom kalten Krieg (alle siehe Lit.verzeichnis).

[2] Hanrieder, Deutschland, Europa, Amerika (siehe Lit.verzeichnis), 410; W. Schmidt, Die Wurzeln der Entspannung: der konzeptionelle Ursprung der Ost- und Deutschlandpolitik Willy Brandts in den fünfziger Jahren, in: VfZ 51, 2003, 521–563.

[3] fdk, 21.6.1966, »Der Schlag gegen Europa«; siehe auch G. Niedhart, Friedens- und Interessenwahrung: Zur Ostpolitik der F.D.P. in Opposition und sozial-liberaler Regierung 1968–1970, in: Jahrbuch zur Liberalismus-Forschung 7, 1995, 105–126.

[4] Gräfin Dönhoff u.a., Reise in ein fernes Land (siehe Lit.verzeichnis), 104f.

[5] Schwarze, Die DDR ist keine Zone mehr; Bender, Zehn Gründe zur Anerkennung der DDR (beide siehe Lit.verzeichnis).

[6] Protokolle der Jahrestagung vom 9.–11.12.1965, Bundesarchiv Koblenz, KUD, B. 254; siehe Kreuz, Das Kuratorium (siehe Lit.verzeichnis).

[7] Bayernkurier, 27.7.1974, »Honoratioren-Posse«.

[8] Die zahlreichen »Gesamtdeutschen Barometer« sind im Bundesarchiv, Koblenz, in den Akten des Bundesministeriums für Gesamtdeutsche Fragen, B 137, 3677, gesammelt; umfangreiches Material ist auch ausgewertet bei Weidenfeld u.a., Die deutsche Frage (siehe Lit.verzeichnis), 2844ff., und bei S. Jansen, Zwei deutsche Staaten, zwei deutsche Nationen? Meinungsbilder zur deutschen Frage im Zeitablauf, in: DA 22, 1989, 1132–1143.

[9] Baring, Machtwechsel (siehe Lit.verzeichnis), 27.

[10] Morsey, Lübke (siehe Lit.verzeichnis), 587.

[11] Der Spiegel, 19.6.1968.

[12] Vgl. Leber, Vom Frieden (siehe Lit.verzeichnis), 181.

[13] Gerstenmaier wurde in der Öffentlichkeit vorgeworfen, daß er durch ein Gesetz zur Wieder-

gutmachung von NS-Unrecht, an dessen Formulierung er selbst mitgewirkt hatte (»Lex Gerstenmaier«), in den Genuß hoher Geldbeträge und einer lebenslangen Rente kam. Am 31.1.1969 trat Gerstenmaier als Präsident des Deutschen Bundestages zurück.

14   Vgl. v. Weizsäcker, Vier Zeiten (siehe Lit.verzeichnis), 200.

15   Genscher, Erinnerungen (siehe Lit.verzeichnis), 105, 107.

16   Brandt, Begegnungen und Einsichten (siehe Lit.verzeichnis), 299.

17   Alles gesammelt in: Schreiber u.a., Gustav W. Heinemann (siehe Lit.verzeichnis).

18   Tatsächlich hatten im Monat seines Amtsantritts vor allem Befragte der Altersgruppen von 16–29 und von 30–44 Jahren eine hohe Meinung von Heinemann, nämlich 72% bzw. 73%; vgl. Jahrbuch der Öffentlichen Meinung 1968–1973 (siehe Lit.verzeichnis), Bd. 5, 257.

19   Zum Abschied aus dem Amt bezeichnete Heinrich Böll Heinemann als »einen Radikalen im öffentlichen Dienst« (Süddeutsche Zeitung, 29.6.1974); dies war auf seine immerwährende Offenheit gemünzt und bewundernd gemeint; Heinemanns Kritiker, die in ihm einen Systemveränderer sehen wollten, fühlten sich bestätigt.

20   Vgl. die Beiträge in: Gustav Heinemann und seine Politik (siehe Lit.verzeichnis).

21   Vgl. Mende, Von Wende zu Wende, 296f.; siehe auch Wischnewski, Mit Leidenschaft (beide siehe Lit.verzeichnis), 68.

22   Heinemann, Allen Bürgern verpflichtet (siehe Lit.verzeichnis), 16f.

23   Stuttgarter Zeitung, 8.3.1969; siehe auch: Dr. Dr. Gustav Heinemann antwortet, Hg. Vorstand der SPD (siehe Lit.verzeichnis).

24   Statistisches Jahrbuch 1971 (siehe Lit.verzeichnis), 115, 117.

25   Vgl. Barzel, Im Streit und umstritten (siehe Lit.verzeichnis), 136.

26   Zit. nach Hofmann, »Verdächtige Eile« (siehe Lit.verzeichnis), 521.

27   Zit. nach ebd., 522.

28   Vgl. Bahr, Zu meiner Zeit (siehe Lit.verzeichnis), 270.

29   Vgl. Die Zeit, 17.10.1969, »Amoklauf der Enttäuschten«.

30   Schwarz, Gesicht des Jahrhunderts, 672–683; Merseburger, Willy Brandt; Schöllgen, Willy Brandt (alle siehe Lit.verzeichnis).

31   Bracher u.a., Republik im Wandel. Die Ära Brandt (siehe Lit.verzeichnis).

32   Sontheimer, So war Deutschland nie (siehe Lit.verzeichnis), 87, 90, 92f.

33   Görtemaker, Geschichte der Bundesrepublik (siehe Lit.verzeichnis), 475ff.

34   Brandt, Erinnerungen (siehe Lit.verzeichnis), 186.

35   Zu den USA siehe Clemens, Amerikanische Entspannungs- und deutsche Ostpolitik; Fuchs, »Dreiecksverhältnisse…« (beide siehe Lit.verzeichnis). Besonders Frankreich blickte mit gewissem Mißtrauen auf die deutsche Ostpolitik, dies zum einen aus historischen Motiven, und zum andern fürchtete man ein Wiederaufleben der deutschen Frage; siehe dazu Wilkens, Frankreich und die deutsche Ostpolitik (siehe Lit.verzeichnis).

36   Die Verträge werden im einzelnen analysiert bei Hacke, Außenpolitik, 148ff.; Haftendorn, Deutsche Außenpolitik, 173ff.; Link, Außen- und Deutschlandpolitik, 214ff.; dokumentiert sind sie in: Außenpolitik der Bundesrepublik Deutschland, Hg. Auswärtiges Amt, 1990; Link, Entstehung des Moskauer Vertrages (alle siehe Lit.verzeichnis), 295.

[37] Haftendorn, Deutsche Außenpolitik (siehe Lit.verzeichnis), 179.

[38] Bahr, Zu meiner Zeit (siehe Lit.verzeichnis), 281.

[39] Link, Entstehung des Moskauer Vertrages (siehe Lit.verzeichnis), 295.

[40] Zit. nach ebd., 304.

[41] Außenpolitik der Bundesrepublik Deutschland, Hg. Auswärtiges Amt, 331 ff.; siehe auch Niedhart u. a., Neue Ostpolitik (beide siehe Lit.verzeichnis).

[42] Außenpolitik der Bundesrepublik Deutschland, Hg. Auswärtiges Amt (siehe Lit.verzeichnis), 332.

[43] Vgl. Link, Entstehung des Moskauer Vertrages (siehe Lit.verzeichnis), 314 f.

[44] So der Außenminister der DDR, Otto Winzer; zit. nach Bahr, Zu meiner Zeit, 157. Tatsächlich beinhaltete die Neue Ostpolitik auch »revisionistische« Elemente, im Sinne einer längerfristigen Überwindung des Status quo; vgl. dazu Niedhart, Revisionistische Elemente (beide siehe Lit.verzeichnis).

[45] Zum deutsch-polnischen Verhältnis vgl. Bingen, Die Polenpolitik, hier 113 ff.; Bonn – Warschau 1945–1991, Hg. Jacoby; der Vertrag in: Außenpolitik der Bundesrepublik Deutschland, Hg. Auswärtiges Amt (alle siehe Lit.verzeichnis), 334 ff.

[46] Vgl. A. Krzeminski, Der Kniefall, in: Deutsche Erinnerungsorte, Hg. François u. a., 638–653; Brandt, Begegnungen und Einsichten (beide siehe Lit.verzeichnis), 525. 41 % der Westdeutschen hielten Brandts Geste für »angemessen«, 48 % aber für übertrieben.

[47] Vgl. fdk, 16.11.1970, »Der Vertrag mit Polen – An einem Wendepunkt europäischer Geschichte«.

[48] Bundeskanzler Brandt (siehe Lit.verzeichnis), 380.

[49] Link, Außen- und Deutschlandpolitik (siehe Lit.verzeichnis), 197.

[50] Vgl. Sarotte, A small town in (East) Germany (siehe Lit.verzeichnis).

[51] Brandt, Begegnungen und Einsichten (siehe Lit.verzeichnis), 491.

[52] Verhandlungen d. Dt. Bundestages (siehe Lit.verzeichnis), 6. WP, 5. Sitzung, 28.10.1969, 21.

[53] Vgl. Außenpolitik der Bundesrepublik Deutschland, Hg. Auswärtiges Amt (siehe Lit.verzeichnis), 371 ff.

[54] Vgl. Erdmann, Der gescheiterte Nationalstaat (siehe Lit.verzeichnis).

[55] Vgl. Link, Außen- und Deutschlandpolitik (siehe Lit.verzeichnis), 224.

[56] Zit. nach Löwenthal, Vom kalten Krieg (siehe Lit.verzeichnis), 690.

[57] Vgl. Außenpolitik der Bundesrepublik Deutschland, Hg. Auswärtiges Amt (siehe Lit.verzeichnis), 351 ff.

[58] Graf Kielmansegg, Nach der Katastrophe (siehe Lit.verzeichnis), 209.

[59] Haftendorn, Deutsche Außenpolitik (siehe Lit.verzeichnis), 200.

[60] Vgl. Außenpolitik der Bundesrepublik Deutschland, Hg. Auswärtiges Amt (siehe Lit.verzeichnis), 402 ff.

[61] Vgl. Bredow, Der KSZE-Prozeß; Maresca, To Helsinki (beide siehe Lit.verzeichnis).

[62] Vgl. Loth, Helsinki (siehe Lit.verzeichnis), 19.

[63] Haftendorn, Deutsche Außenpolitik (siehe Lit.verzeichnis), 215.

[64] Vgl. fdk, 2.6.1970, »Ist Bonn doch Weimar?«.

[65]   Vgl. »Vaterlandslose Gesellen«, 301 ff.; Merseburger, Willy Brandt (beide siehe Lit.verzeichnis), 583 ff.

[66]   Vgl. Tiggemann, CDU/CSU und die Ost- und Deutschlandpolitik (siehe Lit.verzeichnis).

[67]   Die Debatten sind gut nachgezeichnet bei Roth, Die Idee der Nation (siehe Lit.verzeichnis), 55 ff.

[68]   Haftendorn, Deutsche Außenpolitik (siehe Lit.verzeichnis), 194.

[69]   Vgl. Der Spiegel, 27.4.1970, »Gedenktag: Nur drücken«.

[70]   Heinemann, Zur Reichsgründung 1871 (siehe Lit.verzeichnis), 4.

[71]   Vgl. Die Zeit, 22.1.1971, »Pilgern zum Reichsahn. Bismarck-Feier mit Glanz und Gloria«.

[72]   Die Welt, 10.11.1972, »Freude oder Trauer«.

[73]   Vgl. die »Analyse der Auslandskommentare zum Reichsgründungstag«, erstellt vom Presse- und Informationsamt der Bundesregierung, 26.1.1971, in: Archiv der sozialen Demokratie, Nachlaß Heinemann, 0223; K. E. v. Schnitzler, Heinemann zur »Reichsgründung«, in: Neues Deutschland, 19.1.1971.

[74]   K. D. Bracher, Ein zerstörter Mythos, in: Die Zeit, 15.1.1971.

[75]   T. Schieder, Hoffnung für die Zukunft?, in: Die Zeit, 15.1.1971.

[76]   Vgl. K. D. Erdmann, Die falsche Alternative, in: GWU 23, 1972, 357–360; Schwarz, Mit gestopften Trompeten, 690 f.; Winkler, Der lange Weg (beide siehe Lit.verzeichnis), Bd. 2, 309.

[77]   Die Debatten werden nachgezeichnet bei Niclauß, Kontroverse Deutschlandpolitik, 97 ff.; Bach, Geschichte als politisches Argument (beide siehe Lit.verzeichnis), 120 ff.

[78]   Zit. nach »Vaterlandslose Gesellen« (siehe Lit.verzeichnis), 303.

[79]   Vgl. Entscheidungen des Bundesverfassungsgerichts, Bd. 36, 1974, 1–36; Der Grundvertrag vor dem Bundesverfassungsgericht (siehe Lit.verzeichnis).

[80]   Löwenthal, Vom kalten Krieg (siehe Lit.verzeichnis), 693.

[81]   Heinemann, Freiheitsbewegungen, 603. Einordnend Wolfrum, Geschichte als Waffe (beide siehe Lit.verzeichnis), 86 ff.

[82]   Heinemann, Freiheitsbewegungen, 603; vgl. auch Rensing, Geschichte und Politik (beide siehe Lit.verzeichnis), 116 ff.; zur Kritik H. Boockmann, Die »Erinnerungsstätte für die Freiheitsbewegungen in der deutschen Geschichte« in Rastatt, in: GWU 28, 1977, 285–291.

[83]   Heinemann, Freiheitsbewegungen (siehe Lit.verzeichnis), 603.

[84]   Vgl. I. Geiss, Geschichte bis in die Schulbücher, in: Anstoß und Ermutigung, Hg. Böll u.a. (siehe Lit.verzeichnis), 37–56.

[85]   Die zentrale Herausforderung für die Bundesrepublik bestehe darin, so zuerst K. D. Bracher, »als post-nationale Demokratie unter Nationalstaaten zu leben«; Bracher, Die deutsche Diktatur (siehe Lit.verzeichnis), 544.

[86]   Es gab einen »Verfassungspatriotismus« avant la lettre. Den Ausdruck prägte Dolf Sternberger 1979 in einem Artikel der FAZ; erneuter Abdruck in: Sternberger, Verfassungspatriotismus (siehe Lit.verzeichnis).

[87]   Vgl. dazu Wolfrum, Geschichtspolitik in der Bundesrep. Der Weg (siehe Lit.verzeichnis), 286 ff.

[88]   Aus der Sicht des Hauptakteurs Barzel, Die Tür blieb offen (siehe Lit.verzeichnis), 97 ff.

89 Vgl. Knabe, Die unterwanderte Republik (siehe Lit.verzeichnis), 15 f.

90 Vgl. Jäger, Innenpolitik der sozial-liberalen Koalition (siehe Lit.verzeichnis), 70.

91 Thränhardt, Geschichte der Bundesrepublik (siehe Lit.verzeichnis), 195.

92 Die Position der Union verhärtete sich nach der verlorenen Wahl indessen, so daß nicht nur der Grundlagenvertrag abgelehnt wurde, sondern auch die KSZE-Schlußakte – dies taten nur zwei Parteien in Europa: die CDU/CSU und die albanischen Kommunisten.

93 H. A. Winkler, Abschied von den Sonderwegen. Die Deutschen vor und nach der Wiedervereinigung, in: Ders., Streitfragen der deutschen Geschichte (siehe Lit.verzeichnis), 122– 147, hier 131.

94 Siehe dazu auch v. Weizsäcker, Drei Mal Stunde Null? (siehe Lit.verzeichnis), 80 ff.

95 Vgl. Bender, Der goldene Angelhaken; Ders., Episode oder Epoche (beide siehe Lit.verzeichnis), 205.

96 Vgl. zu den Positionen G. W. Smith, Ostpolitik since Reunification, in: German Life and Letters 49, 1990, 88–100; den Streit dokumentieren auch die Vorträge in: Materialien der Enquete-Kommission, Hg. Deutscher Bundestag (siehe Lit.verzeichnis), Bd. V/1, 1995, 434 ff.

97 Garton Ash, Im Namen Europas, 550; Schöllgen, Geschichte der Weltpolitik, v.a. 288 ff.; Hacke, Außenpolitik, v.a. 187; Haftendorn, Deutsche Außenpolitik (alle siehe Lit.verzeichnis), 215 ff.

98 Garton Ash, Im Namen Europas (siehe Lit.verzeichnis), 549.

99 Siehe Fischer, »Im deutschen Interesse« (siehe Lit.verzeichnis), 117 ff.

100 Jäger, Innenpolitik der sozial-liberalen Koalition, 24; Regierungserklärung 28.10.1969, siehe Verhandlungen d. Dt. Bundestages (beide siehe Lit.verzeichnis), 6. WP, 5. Sitzung, 28.10.1969, 21 ff.

101 Zitat bei Ellwein, Krisen und Reformen (siehe Lit.verzeichnis), 86.

102 Vgl. Schmidt, Politik der inneren Reformen (siehe Lit.verzeichnis).

103 Vgl. dazu Knoll, Bonner Bundeskanzleramt (siehe Lit.verzeichnis), 173 ff.

104 Jäger, Innenpolitik der sozial-liberalen Koalition, 33; zusammenfassend W. Süss, »Wer aber denkt für das Ganze?« Aufstieg und Fall der ressortübergreifenden Planung im Bundeskanzleramt, in: Demokratisierung und gesellschaftlicher Aufbruch, Hg. Frese u.a. (beide siehe Lit.verzeichnis), 349–377.

105 Ehmke, Mittendrin (siehe Lit.verzeichnis), 163 f.

106 Graf Kielmansegg, Nach der Katastrophe (siehe Lit.verzeichnis), 380.

107 Jäger, Innenpolitik der sozial-liberalen Koalition (siehe Lit.verzeichnis), 137.

108 Verhandlungen d. Dt. Bundestages (siehe Lit.verzeichnis), 7. WP, 44. Sitzung, 18.6.1973, 246 f.

109 V. Sellin, Auftakt zur permanenten Reform: Die Grundordnung der Universität Heidelberg vom 31. März 1969, in: Zwischen Wissenschaft und Politik, Hg. Kohnle (siehe Lit.verzeichnis), 563–583.

110 Hockerts, Metamorphosen (siehe Lit.verzeichnis), 40.

111 Vgl. dazu Heilmann, Die Umverteilungswirkungen der Einkommensteuerreform von 1975 (siehe Lit.verzeichnis).

[112] Zahlreiche Übersichten der wichtigsten Maßnahmen bei Schmidt, Politik der inneren Reformen (siehe Lit.verzeichnis).

[113] Vgl. Hockerts, Vom Nutzen und Nachteil parlamentarischer Parteienkonkurrenz (siehe Lit.verzeichnis).

[114] Zit. nach Baring, Machtwechsel (siehe Lit.verzeichnis), 744.

[115] So Frevert, Frauen, 126; zum Gesamtzusammenhang Gantet, § 218 in der Diskussion (beide siehe Lit.verzeichnis).

[116] Vgl. K. Ditt, Die Anfänge der Umweltpolitik in der Bundesrepublik Deutschland während der 1960er und frühen 70er Jahre, in: Demokratisierung und gesellschaftlicher Aufbruch, Hg. Frese u.a. (siehe Lit.verzeichnis), 305–347.

[117] Ehmke, Mittendrin (siehe Lit.verzeichnis), 166.

[118] Die Zeit, 17.12.1971, »Brandt und die Bosse«; FAZ, 3.3.1972, »SPD und soziale Marktwirtschaft«.

[119] Schmidt, Politik der inneren Reformen (siehe Lit.verzeichnis), 215.

[120] Möller, Genosse Generaldirektor (siehe Lit.verzeichnis), 482 ff.

[121] Vgl. Arend, Innerparteiliche Entwicklung (siehe Lit.verzeichnis).

[122] Zahlen nach U. Chaussy, Jugend, in: Geschichte der Bundesrepublik, Hg. Benz (siehe Lit.verzeichnis), Bd. 3, 229.

[123] Winkler, Der lange Weg (siehe Lit.verzeichnis), Bd. 2, 324.

Bewährung und Bewahrung: Langfristige Probleme und Globalisierung 1974–1989

[1] So die Periodisierung und Bezeichnung der Nachkriegsepoche zwischen 1945 und 1973 bei Hobsbawm, Zeitalter der Extreme (siehe Lit.verzeichnis), 20, 24.

9 Von der sozialliberalen zur christlich-liberalen Koalition

[2] Jarausch, Unverhoffte Einheit (siehe Lit.verzeichnis).

[3] Vgl. Ehmke, Mittendrin (siehe Lit.verzeichnis), 232 ff.

[4] Merseburger, Willy Brandt (siehe Lit.verzeichnis), 723.

[5] Abdruck des Schreibens bei Baring, Machtwechsel (siehe Lit.verzeichnis), 754.

[6] Siehe auch Genscher, Erinnerungen (siehe Lit.verzeichnis), 201 ff. Genscher sah weder für sich noch für Brandt einen Grund zum Rücktritt.

[7] Zit. nach Baring, Machtwechsel (siehe Lit.verzeichnis), 739.

[8] Brandt, Erinnerungen (siehe Lit.verzeichnis).

[9] Seebacher, Willy Brandt (siehe Lit.verzeichnis), 265 ff.

[10] Vgl. Leugers-Scherzberg, Wehner und der Rücktritt Brandts (siehe Lit.verzeichnis).

[11] Zit. nach Görtemaker, Geschichte der Bundesrepublik (siehe Lit.verzeichnis), 574.

[12] Bahr, Zu meiner Zeit (siehe Lit.verzeichnis), 440.

[13] Leugers-Scherzberg, Wehner und der Rücktritt Brandts (siehe Lit.verzeichnis), 314.

[14] Ebd., 320.

[15] So Winkler, Der lange Weg (siehe Lit.verzeichnis), Bd. 2, 324.

[16] Vgl. dazu im einzelnen Baring, Machtwechsel (siehe Lit.verzeichnis), 503 ff.

[17] Merseburger, Willy Brandt, 667; siehe auch Harpprecht, Im Kanzleramt (beide siehe Lit.verzeichnis).

[18] Baring, Machtwechsel (siehe Lit.verzeichnis), 688.

[19] SPD-Pressedienst, 19. 11. 1973.

[20] Vgl. Hohensee, Ölpreisschock (siehe Lit.verzeichnis), 115.

[21] Vgl. ebd., 150.

[22] Ebd., 12.

[23] So der Titel von Der Spiegel, 19. 11. 1973.

[24] Meadows, Grenzen des Wachstums (siehe Lit.verzeichnis).

[25] Mesarovice u. a., Menschheit am Wendepunkt (siehe Lit.verzeichnis).

[26] Gabor u. a. Das Ende der Verschwendung (siehe Lit.verzeichnis).

[27] Ebd., 20 f.

[28] Baring, Machtwechsel (siehe Lit.verzeichnis), 689.

[29] Zahlen nach: Deutsche Geschichte, Hg. Grosser u. a. (siehe Lit.verzeichnis), Bd. 11, 84 f., 137.

[30] Verhandlungen d. Dt. Bundestages (siehe Lit.verzeichnis), 7. WP, 100. Sitzung, 17. 5. 1974, 6593 ff.

[31] Sontheimer, Die verunsicherte Republik (siehe Lit.verzeichnis).

[32] Der Spiegel, 10. 1. 1972, 54−57, hier 55.

[33] Zit. nach Ehmke, Mittendrin (siehe Lit.verzeichnis), 181.

[34] Zit. nach Graf Kielmansegg, Nach der Katastrophe, 339; siehe v. a. Aust, Baader-Meinhof-Komplex (beide siehe Lit.verzeichnis).

[35] Vgl. v. a. Dokumentation der Bundesregierung zur Entführung von Hanns-Martin Schleyer; Hachmeister, Schleyer (beide siehe Lit.verzeichnis).

[36] Vgl. Koenen, Vesper, Ensslin, Baader; Prinz, Lieber wütend als traurig: die Lebensgeschichte der Ulrike Marie Meinhof (beide siehe Lit.verzeichnis).

[37] Vgl. Straßner, Die dritte Generation (siehe Lit.verzeichnis).

[38] Vgl. Hauser, Baader (siehe Lit.verzeichnis).

[39] Bundesgesetzblatt I. 1977, Nr. 66, 1. Oktober 1977, 1877.

[40] Vgl. Korte, Standort, 63; zeitgenössisch Fetscher, Terrorismus (beide siehe Lit.verzeichnis).

[41] Winkler, Der lange Weg (siehe Lit.verzeichnis), Bd. 2, 348.

[42] Bölling, Die letzten 30 Tage (siehe Lit.verzeichnis), 115.

[43] Der Spiegel, 10. 4. 1978, 24 f.

[44] Zum Folgenden v. a. Scharpf, Sozialdemokratische Krisenpolitik; Ellwein, Krisen und Reformen (beide siehe Lit.verzeichnis), 122 ff.

[45] Görtemaker, Geschichte der Bundesrepublik (siehe Lit.verzeichnis), 783.

[46] Hanrieder, Fragmente der Macht (siehe Lit.verzeichnis), 175.

[47] Vgl. James, Rambouillet (siehe Lit.verzeichnis).

[48] Vgl. D. Rebentisch, Gipfeldiplomatie und Weltökonomie. Weltwirtschaftliches Krisenmanagement während der Kanzlerschaft Helmut Schmidts 1974–1982, in: AfS 28, 1988, 307–332, hier 318.

[49] James, Rambouillet (siehe Lit.verzeichnis), 173.

[50] Nachzulesen ist die Rede in: Der Spiegel, 10. 3. 1975, 34–41.

[51] Vgl. Hesse u. a., Regierungssystem der Bundesrepublik (siehe Lit.verzeichnis), Bd. 1, 78 ff.

[52] Vgl. Strauß, Erinnerungen, 561 f.; Kohl, Erinnerungen (beide siehe Lit.verzeichnis), Bd. 1, 530–540.

[53] Jäger, Innenpolitik der sozial-liberalen Koalition (siehe Lit.verzeichnis), 166.

[54] Scharpf, Sozialdemokratische Krisenpolitik (siehe Lit.verzeichnis), 198.

[55] Abdruck in: Bölling, Die letzten 30 Tage (siehe Lit.verzeichnis), 121–141.

[56] Jäger, Innenpolitik der sozial-liberalen Koalition (siehe Lit.verzeichnis), 198.

[57] Siehe Genscher, Erinnerungen (siehe Lit.verzeichnis), 453 ff.

[58] Strauß, Erinnerungen (siehe Lit.verzeichnis), 559; siehe auch L. Helms, »Machtwechsel« in der Bundesrepublik Deutschland. Eine vergleichende empirische Analyse der Regierungswechsel von 1966, 1969 und 1982, in: Jahrbuch für Politik 4, 1994, 225–248, hier 237 ff.

[59] Die Wahlergebnisse der GRÜNEN seit 1978/79 in: Klein u. a., Der lange Weg der Grünen (siehe Lit.verzeichnis), 110 ff.

[60] Zit. nach Herbert, Geschichte der Ausländerpolitik (siehe Lit.verzeichnis), 245.

[61] Vgl. Ellwein, Krisen und Reformen (siehe Lit.verzeichnis), 135.

[62] Vgl. Rödder, Bundesrepublik (siehe Lit.verzeichnis), 84 ff.

[63] Vgl. Zohlnhöfer, Wirtschaftspolitik der Ära Kohl (siehe Lit.verzeichnis), 120 ff.

[64] Ebd., 170.

[65] Ebd., 171.

[66] So die eingängige Bezeichnung von Albert, Kapitalismus contra Kapitalismus (siehe Lit.verzeichnis), 25.

[67] Vgl. Giersch u. a., Fading Miracle (siehe Lit.verzeichnis).

[68] Überblick bei Rödder, Bundesrepublik (siehe Lit.verzeichnis), 185 ff.

[69] Vgl. Lampert, Soziale Marktwirtschaft (siehe Lit.verzeichnis), 10.

[70] Regierungserklärung von Helmut Kohl, in: Programm der Erneuerung (siehe Lit.verzeichnis).

[71] A. Wirsching, Die mediale »Konstruktion« der Politik und die »Wende« von 1982/83, in: HPM 9, 2002, 127–139, hier 131.

[72] Vgl. Dreher, Kohl (siehe Lit.verzeichnis).

[73] Vgl. L. Helms, Is there a Life after Kohl? The CDU Crisis and the Future of Party Democracy in Germany, in: Government and Opposition 35, 2000, 419–438; Bösch, Kontinuität im Umbruch (siehe Lit.verzeichnis).

[74] Vgl. Ramge, Die großen Polit-Skandale (siehe Lit.verzeichnis), 180–198.

[75] Vgl. ebd., 243–270.

[76] v. Weizsäcker, Zum 40. Jahrestag (siehe Lit.verzeichnis), 2.

[77] Vgl. Ramge; Polit-Skandale (siehe Lit.verzeichnis), 225 f.

10 Die Bundesrepublik in Europa und der Welt

[1] Ziebura, Die deutsch-französischen Beziehungen (siehe Lit.verzeichnis), 225.

[2] Siehe N. Leuchtweis, Deutsche Europapolitik zwischen Aufbruchstimmung und Weltwirtschaftskrise: Willy Brandt und Helmut Schmidt, in: Deutsche Europapolitik, Hg. Müller-Brandeck-Bocquet u. a. (siehe Lit.verzeichnis), 64–113, hier 67.

[3] Schwarz, Eine Entente Elémentaire (siehe Lit.verzeichnis).

[4] Vgl. Leblond, Le couple franco-allemand depuis (siehe Lit.verzeichnis), 137.

[5] Vgl. Fritsch-Bournazel, Rapallo (siehe Lit.verzeichnis).

[6] Vgl. Hacke, Außenpolitik (siehe Lit.verzeichnis), 221 ff.

[7] So Rödder, Bundesrepublik (siehe Lit.verzeichnis), 145; K. O. Nass, Der »Zahlmeister« als Schrittmacher? Die Bundesrepublik Deutschland in der Europäischen Gemeinschaft, in: Europa-Archiv 10, 1976, 325–336.

[8] K. Becker, Zum Verhältnis Valéry Giscard d'Estaing – Helmut Schmidt, in: Paris – Bonn, Hg. Manfrass (siehe Lit.verzeichnis), 242; H. Ménudier, Valéry Giscard d'Estaing und die deutsch-französischen Beziehungen (1974–1981), in: Deutsche Studien 83, 1983, 259–283; Giscard d'Estaing, Le pouvoir et la vie (siehe Lit.verzeichnis).

[9] Ziebura, Die deutsch-französischen Beziehungen, 261; Das Bündnis im Bündnis, Hg. Picht (beide siehe Lit.verzeichnis).

[10] Schmidt, Die Deutschen und ihre Nachbarn (siehe Lit.verzeichnis), 297.

[11] Vgl. Außenpolitik der Bundesrepublik Deutschland, Hg. Auswärtiges Amt (siehe Lit.verzeichnis), 486: Regierungserklärung zum EWS von H. Schmidt, 6.12.1978.

[12] Hacke, Außenpolitik (siehe Lit.verzeichnis), 224.

[13] Vgl. Kramer, Europäische Gemeinschaft und die Türkei (siehe Lit.verzeichnis).

[14] Die deutschen Ergebnisse: SPD 40,8 %, CDU 39,1 %, CSU 10,1 %, FDP 6 %, GRÜNE 3,2 %.

[15] Genscher, Erinnerungen (siehe Lit.verzeichnis), 360, 365.

[16] Deklaration zur Europäischen Union, Rede von Bundeskanzler Kohl am 30. Juni 1983, in: Außenpolitik der Bundesrepublik Deutschland, Hg. Auswärtiges Amt (siehe Lit.verzeichnis), 551 ff.

[17] Haftendorn, Deutsche Außenpolitik (siehe Lit.verzeichnis), 311.

[18] Ebd., 312.

[19] U. Kessler, Deutsche Europapolitik unter Helmut Kohl: Europäische Integration als »kategorischer Imperativ«?, in: Deutsche Europapolitik, Hg. Müller-Brandeck-Bocquet u. a. (siehe Lit.verzeichnis), 115–128, hier 127.

[20] Vgl. Lind, Die deutsch-französischen Gipfeltreffen in der Ära Kohl-Mitterrand; Bender, Mitterrand und die Deutschen (beide siehe Lit.verzeichnis).

[21] Haftendorn, Deutsche Außenpolitik (siehe Lit.verzeichnis), 299.

[22] Rödder, Bundesrepublik (siehe Lit.verzeichnis), 145; siehe auch P. Noack, Frankreich und Deutschland. Partner für Europa, in: Revue d'Allemagne 3, 1989, 445–449.

[23] Vgl. K. J. Gantzel, Über die Kriege nach dem Zweiten Weltkrieg: Tendenzen, ursächliche Hintergründe, Perspektiven, in: Wie Kriege entstehen, Hg. Wegner (siehe Lit.verzeichnis), 299–318.

[24] Vgl. Gardner Feldman, The Special Relationship between West Germany and Israel; Hünseler, Die außenpolitischen Beziehungen (beide siehe Lit.verzeichnis).

[25] Zit. nach R. Korff, Der Stellenwert der Entwicklungspolitik in der Bundesrepublik Deutschland, in: Entwicklungspolitische Zusammenarbeit, Hg. Bücking (siehe Lit.verzeichnis), 37–48, 40.

[26] Alberts, Entwicklungspolitik der Europäischen Gemeinschaft (siehe Lit.verzeichnis), 6.

[27] Vgl. Engel, Afrikapolitik (siehe Lit.verzeichnis), 272f.

[28] E. Eppler, Der Teufelskreis der Armut, in: Neues Hochland 64, 1972, H. 1, 38–42, hier 41.

[29] Alberts, Entwicklungspolitik der Europäischen Gemeinschaft (siehe Lit.verzeichnis), 67.

[30] Vgl. Schultz u.a., Wirtschaftliche Verflechtung (siehe Lit.verzeichnis), 61, 81.

[31] Vgl. 25 Thesen zur Zusammenarbeit mit den Entwicklungsländern. Ergebnisse der Klausurtagung des Bundeskabinetts auf Schloß Gymnich am 9. Juni 1975, in: Außenpolitik der Bundesrepublik Deutschland, Hg. Auswärtiges Amt (siehe Lit.verzeichnis), 419ff.

[32] Notwendiger Grundkonsens in der Entwicklungspolitik. Ansprache von Bundesminister Rainer Offergeld vor dem Entwicklungspolitischen Kongreß der Kirchen, in: Bulletin (siehe Lit.verzeichnis), 12.2.1979.

[33] Bandulet, Schnee für Afrika (siehe Lit.verzeichnis).

[34] Erler, Tödliche Hilfe (siehe Lit.verzeichnis), 8.

[35] Vgl. E. Eppler, Rüsten auf Kosten der Ärmsten. Rede auf dem 21. Deutschen Evangelischen Kirchentag, in: epd-Entwicklungspolitik, Materialien IV, 1985.

[36] Menzel, Das Ende der Dritten Welt (siehe Lit.verzeichnis).

[37] Bade, Europa in Bewegung (siehe Lit.verzeichnis), 452.

[38] Kissinger, Vernunft der Nationen (siehe Lit.verzeichnis), 847.

[39] Vgl. AdG (siehe Lit.verzeichnis), Bd. 8: Juni 1979–Dezember 1985, 7547f.

[40] Bender, »Neue Ostpolitik« (siehe Lit.verzeichnis), 209.

[41] Vgl. Hacke, Außenpolitik (siehe Lit.verzeichnis), 247.

[42] Ebd., 249.

[43] Erstmals in seiner Rede in London vom 28. Oktober 1977; siehe auch Dillgen, Sicherheitsbeziehungen (siehe Lit.verzeichnis).

[44] Haftendorn, Das doppelte Mißverständnis (siehe Lit.verzeichnis), 245.

[45] Vgl. Layritz, NATO-Doppelbeschluß (siehe Lit.verzeichnis).

[46] Zit. nach W. Link, Außen- und Deutschlandpolitik in der Ära Schmidt 1974–1982, in: Jäger u.a., Republik im Wandel, Die Ära Schmidt (siehe Lit.verzeichnis), 275–432, hier 314.

[47] Kielmansegg, Nach der Katastrophe, 351; siehe v.a. Schmitt, Friedensbewegung (beide siehe Lit.verzeichnis).

[48] Hacke, Außenpolitik (siehe Lit.verzeichnis), 285.

[49] Zit. nach Potthoff, Im Schatten der Mauer, 223; siehe auch Ders., »Koalition der Vernunft« (beide siehe Lit.verzeichnis).

[50] Zit. nach »Vaterlandslose Gesellen« (siehe Lit.verzeichnis), 326.

[51] Siehe Garton Ash, Im Namen Europas (siehe Lit.verzeichnis), 301–318.

11 Technokratie, Risikogesellschaft und Erlebniskultur

[1] Vgl. Stichworte zur »Geistigen Situation der Zeit«, Hg. Habermas, Bd. 1–2; zu den Tendenzen des Zeitgeistes in den 70er Jahren siehe auch K. D. Bracher, Politik und Zeitgeist, in: Ders. u. a., Republik im Wandel. Die Ära Brandt, 285–406. Zum Begriff »Tendenzwende«: Tendenzwende, Hg. Graf Podewils; allgemein Korte, Standort der Deutschen (alle siehe Lit.verzeichnis).

[2] Vgl. K. Teppe, Das deutsche Identitätsproblem. Eine historisch-politische Provokation, in: APuZ B 20/21, 1976, 29–39.

[3] H. Lübbe, Zur Identitätspräsentationsfunktion von Historie, in: Identität, Hg. Marquard u. a. (siehe Lit.verzeichnis), 277–292.

[4] Gradl, Für deutsche Einheit (Bundestagsdebatte vom 30. 1. 1975) (siehe Lit.verzeichnis).

[5] Schweigler, Nationalbewußtsein, 300; Hess, Die Bundesrepublik auf dem Wege zur Nation? (beide siehe Lit.verzeichnis).

[6] Vgl. z. B. Zur Sache 1981, Nr. 2.

[7] Die Deutsche Frage im Unterricht. Beschluß der Kultusministerkonferenz vom 23. November 1978, in: GWU 30, 1978, 343–356.

[8] Zit. nach R. Zimmermann, Alfred Dregger und die Geschichte. Mythen statt Realitäten, in: Die Neue Gesellschaft 25(8), 1978, 654–657, hier 654.

[9] Zit. nach: Die Zeit, 17. 6. 1977, »Eine Technokratie ohne Gedächtnis«.

[10] Ansprache zum 25. Jahrestag des »Tags der deutschen Einheit«, in: Bulletin (siehe Lit.verzeichnis), 20. 6. 1978, 628.

[11] A. Baring, Politik und Zeitgeschichte. Mr. Bundesrepublik. Walter Scheel, in: Heiterkeit und Härte, Hg. Genscher (siehe Lit.verzeichnis), 19–46.

[12] Die Deutsche Frage im Unterricht (siehe Anm. 7), 353.

[13] Ebd., 343.

[14] Ebd., 352.

[15] Ebd., 354.

[16] K.-H. Janssen, Chauvinismus in der Schule. Die deutsche Frage im Unterricht. Schablonen aus Bonn, in: Die Zeit, 8. 12. 1978, 5.

[17] M. Walser, Händedruck mit Gespenstern, in: Stichworte zur »Geistigen Situation der Zeit«, Hg. Habermas (siehe Lit.verzeichnis), Bd. 1, 39–50, hier 50.

[18] Siehe Wolfrum, Geschichtspolitik in der Bundesrep. Der Weg (siehe Lit.verzeichnis), 316 ff.

[19] Vgl. Greiffenhagen, Die Aktualität Preußens; Wehler, Preußen ist wieder chic (beide siehe Lit.verzeichnis).

[20] Maier, Gegenwart der Vergangenheit (siehe Lit.verzeichnis), 171.

[21] Siehe Wolfrum, Geschichtspolitik in der Bundesrep. Der Weg (siehe Lit.verzeichnis), 325–345; dort auch die folgenden Zitatnachweise.

[22] Vgl. van Kampen, Holocaust (siehe Lit.verzeichnis).

[23] Siehe die Textsammlung »Historikerstreit« (siehe Lit.verzeichnis).

[24] Noelle-Neumann u. a., Die verletzte Nation (siehe Lit.verzeichnis).

[25] Habermas, Eine Art Schadensabwicklung (siehe Lit.verzeichnis), 75.

[26] Neue soziale Bewegungen, Hg. Roth u. a. (siehe Lit.verzeichnis), 9.

[27] Vgl. Neue soziale Bewegungen, Hg. Brand (siehe Lit.verzeichnis).

[28] Graf Kielmansegg, Nach der Katastrophe (siehe Lit.verzeichnis), 345.

[29] Gruhl, Ein Planet wird geplündert (siehe Lit.verzeichnis).

[30] Eppler, Ende oder Wende (siehe Lit.verzeichnis).

[31] Zit. nach Görtemaker, Geschichte der Bundesrepublik (siehe Lit.verzeichnis), 631.

[32] Vgl. Rucht, Von Wyhl nach Gorleben (siehe Lit.verzeichnis).

[33] Jungk, Atomstaat (siehe Lit.verzeichnis).

[34] Vgl. Brüggemeier, Tschernobyl (siehe Lit.verzeichnis).

[35] Vgl. Johnsen, Startbahn-West-Konflikt (siehe Lit.verzeichnis).

[36] Neue soziale Bewegungen, Hg. Roth u. a. (siehe Lit.verzeichnis), 10.

[37] Ein von Bundeslandwirtschaftsminister Ignaz Kiechle (CSU) im November 1987 vorgelegte Waldschadensbilanz bezifferte den Anteil an geschädigten Bäumen auf 52,3 %.

[38] D. Rucht, Protestbewegungen, in: Geschichte der Bundesrepublik, Hg. Benz (siehe Lit.verzeichnis), Bd. 3, 311–344, hier 334.

[39] Vgl. Linnhoff, Die Neue Frauenbewegung; Schulz, Der lange Atem der Provokation; Gerhard, Atempause (alle siehe Lit.verzeichnis).

[40] Vgl. Schwarzer, So fing es an! (siehe Lit.verzeichnis).

[41] Vgl. B. Hoecker, Zwischen Macht und Ohnmacht. Politische Partizipation von Frauen in Deutschland, in: Handbuch politische Partizipation von Frauen (siehe Lit.verzeichnis), Bd. 1, 65–90, hier 66 ff.

[42] Verhandlungen d. Dt. Bundestages (siehe Lit.verzeichnis), 10. WP, 5. Sitzung, 5.5.1983, 248 ff.

[43] Vgl. Bürklin, Grüne Politik; Klein u. a., Der lange Weg der Grünen; Kleinert, Vom Protest zur Regierungspartei; Raschke, Die Grünen (alle siehe Lit.verzeichnis).

[44] Thränhardt, Geschichte der Bundesrepublik (siehe Lit.verzeichnis), 289.

[45] Zit. nach Glaser, Deutsche Kultur (siehe Lit.verzeichnis), 373.

[46] Geschichte und Zukunft der Arbeit, Hg. Kocka u. a. (siehe Lit.verzeichnis), 10.

[47] Vgl. Die Modernisierung der Moderne, Hg. Beck (siehe Lit.verzeichnis), darin die Einleitung: Zwischen Erster und Zweiter Moderne, 11–59.

[48] Vgl. R. Steinmetz, Initiativen und Durchsetzung privat-kommerziellen Rundfunks, in: Mediengeschichte, Hg. Wilke (siehe Lit.verzeichnis), 182 ff.

[49] Vgl. Postman, Wir amüsieren uns zu Tode (siehe Lit.verzeichnis).

[50] Osterhammel u. a., Geschichte der Globalisierung (siehe Lit.verzeichnis), 107.

[51] H. Brunhöber, Unterhaltungsmusik, in: Geschichte der Bundesrepublik, Hg. Benz (siehe Lit.verzeichnis), Bd. 4, 169–199, hier 198.

[52] Vgl. M.-L. Weinberger, Von der Müsli-Kultur zur Yuppie-Kultur. Über den sozialen Wandel in innerstädtischen Revieren von Ballungsgebieten, in: Die Neue Gesellschaft/Frankfurter Hefte 4, 1987, 452–458, hier 453 ff.

[53] Vgl. Gareis, Berliner Mauer (siehe Lit.verzeichnis).

54 H. Glaser, Kultur und Kulturpolitik in der Bundesrepublik Deutschland, in: Deutschland-Handbuch, 413–430, hier 428 f.; siehe demgegenüber aber auch Hermand, Kultur; Pluralismus und Postmodernismus, Hg. Kreuzer (alle siehe Lit.verzeichnis).

55 Lyotard, Das postmoderne Wissen (siehe Lit.verzeichnis).

56 C. Descamps, Interview mit J.-F. Lyotard, in: Philosophien, Hg. P. Engelmann, 1985, 115–127, hier 116.

57 Vgl. Habermas, Die Moderne – ein unvollendetes Projekt; Wege aus der Moderne, Hg. Welsch (beide siehe Lit.verzeichnis).

58 Vgl. Medien – Kunst – Geschichte, Hg. ZKM (siehe Lit.verzeichnis).

59 Vgl. Klotz, Kunst im 20. Jahrhundert (siehe Lit.verzeichnis), 94–103.

60 Vgl. Lampugnani, Die Modernität des Dauerhaften; Jenck, Die Sprache der postmodernen Architektur (beide siehe Lit.verzeichnis).

61 Vgl. Glaser, Deutsche Kultur (siehe Lit.verzeichnis), 400 f.

62 Vgl. ebd., 418.

63 Schulze, Erlebnisgesellschaft (siehe Lit.verzeichnis).

64 Vgl. Geißler, Sozialstruktur, passim; außerdem die Statistischen Jahrbücher der Bundesrepublik Deutschland (beide siehe Lit.verzeichnis).

65 Vgl. z. B. Sterben wir aus?, Hg. Heck (siehe Lit.verzeichnis).

66 Vgl. Bade, Europa in Bewegung (siehe Lit.verzeichnis), 369.

67 Vgl. Lebenslagen, Lebensläufe, Lebensstile, Hg. Berger u. a.; für die 70er Jahre Dahrendorf, Lebenschancen (beide siehe Lit.verzeichnis).

68 Beck, Risikogesellschaft (siehe Lit.verzeichnis).

69 Vgl. F.-X. Kaufmann, Die soziale Sicherheit in der Bundesrepublik Deutschland, in: Deutschland-Handbuch (siehe Lit.verzeichnis), 308–325, hier 322.

70 Lebensqualität in der Bundesrepublik, Hg. Glatzer, u. a. (siehe Lit.verzeichnis), 394 f.

71 Ebd., 395.

72 Vgl. Zapf, Sozialstruktur (siehe Lit.verzeichnis), 111.

73 Vgl. Institut für Demoskopie Allensbach, Zwischen Toleranz und Besorgnis (siehe Lit.verzeichnis).

74 Vgl. Thränhardt, Ursprünge von Rassismus (siehe Lit.verzeichnis); W. Heitmeyer, Gesellschaftliche Desintegrationsprozesse als Ursachen von fremdenfeindlicher Gewalt und politischer Paralysierung, in: APuZ B 2/3, 1993, 3–13.

75 Vgl. Bade, Europa in Bewegung (siehe Lit.verzeichnis), 379 ff.

76 Vgl. T. Graf Fink v. Finkenstein, »Feiern – aber was? Die Suche nach Identität: Die Bundesrepublik und ihr Geburtstag«, in: Die Zeit, 12.5.1989, 88. Siehe auch die Analyse der 344 Fernsehsendungen zum Gründungsjubiläum der Bundesrepublik bei S. Quandt, 40 Jahre Bundesrepublik Deutschland im Fernsehen – dokumentarische Rückblicke. Eine Programmanalyse, in: Becker/Ders., Fernsehen als Vermittler von Geschichtsbewußtsein (siehe Lit.verzeichnis), 15–33. Diese beispiellose Fülle von Fernsehbeiträgen dürfte das Bild der Menschen nachhaltig geformt haben. Sämtliche Sendungen porträtierten den einmaligen historischen Erfolg der Bundesrepublik Deutschland.

[77] Auf diesen Prozeß hat die Politische-Kultur-Forschung schon früher hingewiesen, vgl. den »Klassiker«: Greiffenhagen u.a., Ein schwieriges Vaterland; Politische Kultur in Deutschland, Hg. Berg-Schlosser u.a. (beide siehe Lit.verzeichnis).

[78] Nur einige Hinweise: Die Zeit, 19.5.1989, »Die erste Republik von Dauer«; Süddeutsche Zeitung, 20./21.5.1989, »Ein Staat ist angekommen«; FAZ, 20.5.1989, »Die alte und die neue deutsche Freiheit. Der lange Weg zur selbstbewußten Demokratie«.

[79] Stern, 16.6.1987, »Schafft den 17. Juni ab!«.

[80] Vgl. Jansen, Zwei deutsche Staaten (siehe Kap. 8, Anm. 8); Weidenfeld u.a., Die deutsche Frage, bes. 2958ff.; Noelle-Neumann, Demoskopische Geschichtsstunde (beide siehe Lit.verzeichnis).

[81] Vgl. Roth, Die Idee der Nation (siehe Lit.verzeichnis), 293ff.

Herausforderungen und Chancen: Von der Bonner zur Berliner Republik 1990 bis heute

[1] Bulletin (siehe Lit.verzeichnis), 24.11.1999, 1409–1415.

12 Der Weg zur Einheit der deutschen Nation

[2] Zit. nach Weidenfeld, Außenpolitik (siehe Lit.verzeichnis), 14. Dort auch der Ablauf in Warschau.

[3] Hildebrand, Die Außenpolitik der Bunderepublik, 625; Tenfelde, Einheit der Epoche (beide siehe Lit.verzeichnis).

[4] Vgl. Huber, 11. März 1985; Adomeit, Imperial Overstretch (beide siehe Lit.verzeichnis).

[5] Bender, »Neue Ostpolitik« (siehe Lit.verzeichnis), 267.

[6] Vgl. Ihme-Tuchel, DDR (siehe Lit.verzeichnis), 79ff.

[7] Zum Ablauf: Jarausch, Unverhoffte Einheit (siehe Lit.verzeichnis).

[8] Zwahr, Ende einer Selbstzerstörung (siehe Lit.verzeichnis).

[9] Vgl. Evangelische Kirche im geteilten Deutschland, Hg. Lepp u.a. (siehe Lit.verzeichnis).

[10] H.-H. Hertle, Der Mauerfall, in: Mauerbau und Mauerfall, Hg. Ders., 269–284, 280; Ders., Chronik des Mauerfalls; Ders., Fall der Mauer (alle siehe Lit.verzeichnis).

[11] Hertle, Der Mauerfall (siehe Anm. 10), 280.

[12] Heydemann, Innenpolitik der DDR (siehe Lit.verzeichnis), 40.

[13] Habermas, Die nachholende Revolution (siehe Lit.verzeichnis), 181.

[14] Jarausch, Die Umkehr (siehe Lit.verzeichnis), 268.

[15] Ebd., 278.

[16] Dülffer, Europa im Ost-West-Konflikt, 106; die gründlichste Darstellung des internationalen Kontextes, v.a. der US-Politik: Zelikow u.a., Sternstunde; aus der Sicht deutscher Akteure v.a. Jarausch, Unverhoffte Einheit; Maier, Das Verschwinden der DDR und der Untergang des Kommunismus; Winkler, Der lange Weg (alle siehe Lit.verzeichnis), Bd. 2, 489–639.

[17] Vgl. Kohl, »Ich wollte Deutschlands Einheit«; Genscher, Erinnerungen; Bahr, Zu meiner Zeit; Schäuble, Der Vertrag (alle siehe Lit.verzeichnis).

[18] Weidenfeld, Außenpolitik (siehe Lit.verzeichnis), 638; v. a. auch A. Rödder, »Durchbruch im Kaukasus«? Die deutsche Wiedervereinigung und die Zeitgeschichtsschreibung, in: Jahrbuch des Historischen Kollegs 2002, 2003, 113–140; Ders., Bundesrepublik (siehe Lit.verzeichnis), 148 ff.

[19] Vgl. dazu auch Teltschik, 329 Tage, 42 ff.; sämtliche wichtigen Dokumente in: Dokumente der Wiedervereinigung, Hg. Münch (beide siehe Lit.verzeichnis).

[20] Rödder, Staatskunst (siehe Lit.verzeichnis), 225.

[21] Dülffer, Europa im Ost-West-Konflikt (siehe Lit.verzeichnis), 107.

[22] Vgl. Gorbatschow, Erinnerungen (siehe Lit.verzeichnis), 700–727.

[23] Vgl. Lehmann, Die deutsche Vereinigung (siehe Lit.verzeichnis).

[24] Vgl. Birke, Großbritannien und die deutsche Einheit; siehe auch Thatcher, Downing Street (beide siehe Lit.verzeichnis).

[25] Vgl. J. Amalric, Un sondage IFOP pour »le Monde« et »TF 1«, in: Le Monde, 4.7.1989, 4.

[26] Vgl. W. Asholdt u. a., Frankreich und das vereinigte Deutschland – Ein Rückblick nach vorn, in: Europa-Archiv 47, 1992, 179–186; Vernet, Renaissance; später war der französische Präsident versöhnlicher, vgl. Mitterrand, Über Deutschland (beide siehe Lit.verzeichnis).

[27] Vgl. Schulze, Polen und die deutsche Einheit (siehe Lit.verzeichnis).

[28] Schwarz, Mit gestopften Trompeten (siehe Lit.verzeichnis).

[29] G. Grass, Kurze Rede eines vaterlandslosen Gesellen, in: Die Zeit, 9.2.1990.

[30] C. Meier, Die deutsche Einheit als Herausforderung, in: FAZ, 24.4.1990.

[31] H.-P. Schwarz, Ende der Identitätsneurose, in: Rheinischer Merkur, 7.9.1990.

[32] Rödder, Bundesrepublik (siehe Lit.verzeichnis), 102.

[33] Schmidt, CDU und SPD an der Regierung (siehe Lit.verzeichnis); zum Aspekt der föderativen Nation Bundesrepublik siehe die eigenständig angeführten Literaturhinweise zu den einzelnen Bundesländern in der Bibliographie.

[34] Der »Hauptstadtbeschluß« des Deutschen Bundestages vom 20.6.1991 erfolgte mit 338 zu 320 Stimmen für Berlin.

[35] Weidenfeld, Außenpolitik (siehe Lit.verzeichnis), 641.

13 Deutschland, Europa und die »neuen Kriege«

[1] Zit. nach Haftendorn, Deutsche Außenpolitik (siehe Lit.verzeichnis), 321.

[2] So etwa der Brite E. Mortimer, Maastricht-Europa – hoffnungslos ungeeignet, in: Der Tagesspiegel, 18.9.1997, 5.

[3] W. Weidenfeld, Der Euro wird wie Jalta oder der Mauerfall sein, in: Der Tagesspiegel, 14.9.1997, 4.

[4] Zit. nach B. Kohler-Koch, Bundeskanzler Kohl – Baumeister Europas? Randbemerkungen zu einem zentralen Thema, in: Bilanz der Ära Kohl, Hg. Wewer (siehe Lit.verzeichnis), 283–311, hier 284.

[5] Vgl. Die großen Regierungserklärungen der deutschen Bundeskanzler von Adenauer bis Schröder, Hg. Stüwe (siehe Lit.verzeichnis), 402 ff.

[6] Fischer, Les Certitudes Allemandes; Auszug aus: Ders., Risiko Deutschland (beide siehe Lit.verzeichnis).

[7] Vgl. Haftendorn, Deutsche Außenpolitik (siehe Lit.verzeichnis), 401.

[8] Vgl. M. Knodt, Auswärtiges Handeln der deutschen Länder, in: Deutschlands neue Außenpolitik (siehe Lit.verzeichnis), 153–166.

[9] Vgl. Schwarz, Republik ohne Kompaß (siehe Lit.verzeichnis).

[10] H.-U. Wehler, Das Türkenproblem, in: Die Zeit, 19.9.2002.

[11] H. A. Winkler, Grenzen der Erweiterung. Die Türkei ist kein Teil des »Projekts Europa«, in: Internationale Politik 2, 2003, 59–66, hier 65.

[12] Fischer im Interview, in: Der Spiegel 18, 2005, »Nationalismus ist die Pest«, 38.

[13] Vgl. Kaelble, Wege zur Demokratie (siehe Lit.verzeichnis), 94–108.

[14] Vgl. U. Beck u.a., Ein blau-gelbes Wunder. Die Zukunft der EU und ihrer Nationen – ein Aufruf zur europaweiten Diskussion, in: Süddeutsche Zeitung, 1./2./3.10.2005, 13.

[15] Entscheidungen des Bundesverfassungsgerichts, Bd. 90, 1994, 286–394.

[16] Siehe Schröder, Das parlamentarische Zustimmungsverfahren zum Auslandseinsatz der Bundeswehr (siehe Lit.verzeichnis).

[17] Verhandlungen d. Dt. Bundestages (siehe Lit.verzeichnis), 14. WP, 31. Sitzung, 26.3.1999, 2584 f.

[18] Geyer u.a., Operation Rot-Grün (siehe Lit.verzeichnis), 334.

[19] M. Stürmer, Zeitenwende, in: Die Welt, 12.9.2001.

[20] P. Bender, Pearl Harbor und der 11. September, in: Zeitschrift für Geschichtswissenschaft 49, 2001, 1097–1103.

[21] Vgl. C. Leggewie, 11. September 2001 – welche Niederlage? Notizen zum Entstehen eines globalen Erinnerungsortes, in: Kriegsniederlagen, Hg. Carl u.a., 447–464; Vorländer, Die Wiederkehr der Politik und der Kampf der Kulturen; Hacke, Die weltpolitische Rolle der USA nach dem 11. September (alle siehe Lit.verzeichnis).

[22] H. Münkler, Sind wir im Krieg? Über Terrorismus, Partisanen und die neuen Formen des Krieges, in: PVS 42, 2001, 581–589, hier 588.

[23] Ebd., 589; siehe auch Ders., Die neuen Kriege (siehe Lit.verzeichnis).

[24] Regierungserklärung vom 11. März 2004, in: Verhandlungen d. Dt. Bundestages (siehe Lit.verzeichnis), 15. WP, 97. Sitzung, 11.3.2004, 8601.

[25] Dazu Paul, Bilderkrieg (siehe Lit.verzeichnis).

[26] Siehe Schmiese, Fremder Freund (siehe Lit.verzeichnis).

[27] Zit. nach Schwarz, Republik ohne Kompaß, 49. Siehe auch Hacke, Deutschland, Europa und der Irakkonflikt (beide siehe Lit.verzeichnis).

[28] FAZ, 16.2.2005, »Abkommen ohne Durchschlagskraft«.

14 Euphorie, Ernüchterung und Reformpolitik

[1] Vgl. R. Czada, Zwischen Stagnation und Umbruch. Die politisch-ökonomische Entwicklung nach 1989, in: Deutschland in den neunziger Jahren, Hg. Süß (siehe Lit.verzeichnis), 203–226, hier 210.

[2] Vgl. Seibel, Verwaltete Illusionen (siehe Lit.verzeichnis).

[3] Vgl. D. Roth u.a., Kohls knappster Sieg. Eine Analyse der Bundestagswahl 1994, in: APuZ B 51/52, 1994, 3–15.

[4] Vgl. Jarausch u.a., Zerbrochener Spiegel (siehe Lit.verzeichnis), 246.

[5] Vgl. H. Schultze, Stasi-Belastungen in den Kirchen? Die Debatten in den evangelischen Kirchen zu Befunden und Unterstellungen (1990–1996), in: Kirchliches Jahrbuch 123, 1996, 285–407.

[6] M. G. Schmidt, Immer noch auf dem »mittleren Weg«? Deutschlands Politische Ökonomie am Ende des 20. Jahrhunderts, in: Von der Bonner zur Berliner Republik, Hg. Czada u.a. (siehe Lit.verzeichnis), 491–513.

[7] Vgl. M. Morlock, Durchsichtige Taschen oder schwarze Koffer? Die rechtliche Regelung der Parteifinanzen und der Fall der CDU, in: APuZ B 16, 2000, 6–14.

[8] Vgl. H. Rattinger u.a., Der Einfluß der Wirtschaftslage auf die Wahlentscheidung bei den Bundestagswahlen 1994 und 1998, in: APuZ B 52, 1998, 45–54.

[9] Vgl. G. Schröder, Die zivile Bürgergesellschaft, in: Neue Gesellschaft/Frankfurter Hefte 4, 2000, 200–207.

[10] Zit. nach Geyer u.a., Operation Rot-Grün (siehe Lit.verzeichnis), 20.

[11] Von der CDU im Bundesrat blockierte Gesetze: 1994–1998 19 von 446, 1998–2002 26 von 353.

[12] Vgl. Bertelsmann-Stiftung-Analyse, in: Capital 15, 2005, 14–22.

[13] Vgl. Die Zeit, 15.9.2005, »Deutschland, weitermachen«.

[14] Vgl. P. Bock, Vergangenheitspolitik in der Revolution von 1989, in: Umkämpfte Vergangenheit, Hg. Ders. u.a. (siehe Lit.verzeichnis), 82–100.

[15] Vgl. Zimmer, Buchenwald-Konflikt (siehe Lit.verzeichnis).

[16] W. Weidenfeld u.a., Die gespaltene Nation. Geschichtsbewußtsein der Deutschen nach der Einheit, in: APuZ B 31/32, 1992, 3–22.

[17] D. Pollack, Das geteilte Bewußtsein. Einstellungen zur sozialen Ungleichheit und zur Demokratie in Ost- und Westdeutschland 1990–1998, in: Von der Bonner zur Berliner Republik, Hg. Czada u.a. (siehe Lit.verzeichnis), 281–307.

[18] Alheit u.a., Die zögernde Ankunft im Westen (siehe Lit.verzeichnis).

[19] Vgl. Schluchter, Neubeginn durch Anpassung? (siehe Lit.verzeichnis), 35, 48.

[20] Pollack, Das geteilte Bewußtsein (siehe Anm. 17), 302.

[21] Vgl. C. Amend, Was guckst du?, in: Die Zeit, 10.3.2005.

[22] Vgl. P. Nolte, Das große Fressen, in: Die Zeit, 17.12.2003.

[23] Geißler, Sozialstruktur (siehe Lit.verzeichnis), 367.

[24] Kaufmann, Schrumpfende Gesellschaft (siehe Lit.verzeichnis).

25 Vgl. S. Hradil, Zur Sozialstrukturentwicklung in den neunziger Jahren, in: Deutschland in
    den neunziger Jahren, Hg. Süß (siehe Lit.verzeichnis), 228–250.
26 Allgemein P. L. Berger, Der Zwang zur Häresie. Religion in der pluralistischen Gesellschaft,
    1980; im besonderen D. Pollack, Die Rolle der evangelischen Kirche im geteilten Deutsch-
    land in religions- und kirchensoziologischer Perspektive, in: Zwei Staaten – zwei Kirchen?,
    Hg. J. Mehlhausen u.a., 2000, 85–106.
27 Vgl. Klein u.a., Is this real? (siehe Lit.verzeichnis).
28 Zit. nach: Der Spiegel, 23, 1994, 43.
29 Vgl. Jeismann, Auf Wiedersehen gestern (siehe Lit.verzeichnis).
30 Vgl. Gross, Begründung der Berliner Republik (siehe Lit.verzeichnis), 175.
31 Interview in der Frankfurter Rundschau, 18.7.2000.
32 Vgl. Kirsch, Nationaler Mythos oder historische Trauer (siehe Lit.verzeichnis).
33 Deutschland-Trendbuch, Hg. Korte u.a. (siehe Lit.verzeichnis).
34 Vgl. K. Bock u.a., Jugendkulturen in der »neuen Bundesrepublik«, in: Vereintes Deutschland
    geteilte Jugend, Hg. Andresen u.a. (siehe Lit.verzeichnis), 97–116.
35 Jugend 2002, Hg. Deutsche Shell (siehe Lit.verzeichnis).
36 Diesen wichtigen Hinweis und den Begriff verdanke ich Dietmar Töpfer.

Zeittafel

1945

30. April	Selbstmord Adolf Hitlers in Berlin; Nachfolger als Reichspräsident und Oberbefehlshaber der Wehrmacht wird Großadmiral Karl Dönitz.
7./8./9. Mai	Unterzeichnung der bedingungslosen Kapitulation der deutschen Wehrmacht in Reims (US-Hauptquartier) und Berlin-Karlshorst (sowjetisches Hauptquartier).
14. Mai	Die US-Direktive JCS 1067 tritt in Kraft.
5. Juni	Deutschland wird in vier Besatzungszonen eingeteilt; Alliierte übernehmen oberste Regierungsgewalt; Bildung eines gemeinsamen Kontrollrates.
9. Juni	Errichtung der Sowjetischen Militäradministration Deutschland in Berlin (SMAD).
17. Juli–2. August	Potsdamer Konferenz; Truman (USA), Stalin (SU) und Churchill (ab 27. Juli: Clement R. Attlee) (GB) vereinbaren Ziele der alliierten Besatzungspolitik auf Schloß Cecilienhof.
19. Oktober	Stuttgarter Schuldbekenntnis der Evangelischen Kirche in Deutschland.
20. November	Beginn der Nürnberger Kriegsverbrecherprozesse; 22 Hauptkriegsverbrecher müssen sich vor dem Internationalen Militärgerichtshof verantworten.

1946

21./22. April	Zwangsvereinigung von KPD und SPD zur Sozialistischen Einheitspartei Deutschlands (SED) in der sowjetischen Besatzungszone.
1. Oktober	Ende der Nürnberger Prozesse; Verkündung von zwölf Todesurteilen, sieben Freiheitsstrafen und drei Freisprüchen.
15. Oktober	Der Film *Die Mörder sind unter uns* von Wolfgang Staudte wird in Berlin uraufgeführt.

1947

1. Januar	Vereinigung der britischen und amerikanischen Zone zum »Vereinigten Wirtschaftsgebiet« (Bizone).

4. Januar	Erstausgabe des Nachrichtenmagazins *Der Spiegel*.
25. Februar	Auflösung des Staates Preußen durch den Alliierten Kontrollrat.
12. März	Verkündung der »Truman-Doktrin« durch US-Präsident Truman vor dem amerikanischen Kongreß.
5. Juni	Verkündung eines wirtschaftlichen Wiederaufbauprogramms für die Länder Europas durch den US-Außenminister George Marshall (»Marshall-Plan«).
6.–8. Juni	Treffen aller deutscher Ministerpräsidenten in München.
25. Juni	Konstituierung des Wirtschaftsrates in Frankfurt am Main.
16. September	Gründung der literarischen »Gruppe 47«.

1948

1. März	Gründung der Bank deutscher Länder (Bundesbank) in Frankfurt am Main.
20. März	Ende des gemeinsamen Alliierten Kontrollrates der vier Siegermächte; die Sowjetunion verläßt diese Institution.
20. Juni	Währungsreform in den drei West-Zonen (ohne West-Berlin).
23. Juni	Einführung der »Ostmark« für die SBZ und Berlin.
24. Juni	Beginn der Berlin-Blockade durch sowjetische Truppen.
26. Juni	Bildung einer westalliierten »Luftbrücke« zur Versorgung West-Berlins.
1. Juli	Überreichung der »Frankfurter Dokumente« an die Ministerpräsidenten der westdeutschen Länder durch die Militärgouverneure der West-Zonen.
1. August	Erstausgabe der Illustrierten *Stern*.
1. September	Parlamentarischer Rat nimmt in Bonn seine Beratung auf.

1949

4. April	Gründung der NATO.
5. Mai	Unterzeichnung des Statuts des Europarats.
8. Mai	Grundgesetz der Bundesrepublik Deutschland wird vom Parlamentarischen Rat gebilligt.
10. Mai	Bonn wird Sitz der Bundesregierung und Hauptstadt der Bundesrepublik Deutschland.
23. Mai	Gründung der Bundesrepublik Deutschland; Grundgesetz tritt in Kraft.
20. Juni	Statut der Alliierten Hohen Kommission unterzeichnet.
14. August	Wahlen zum 1. Deutschen Bundestag.

7. September	Konstituierende Sitzung von deutschem Bundestag und Bundesrat.
12. September	Bundesversammlung wählt Theodor Heuss (FDP) zum ersten Bundespräsidenten.
15. September	Bundestag wählt Konrad Adenauer zum ersten Bundeskanzler (CDU).
20. September	Erstes Kabinett Adenauer aus CDU, CSU, FDP und DP.
21. September	Besatzungsstatut tritt in Kraft, Selbstverwaltung nach innen und außen.
7. Oktober	Sowjetisch besetzte Zone wird zur DDR erklärt.
31. Oktober	Bundesrepublik Deutschland wird Mitglied der Organisation für Europäische Wirtschaftliche Zusammenarbeit (OEEC).
22. November	Petersberger Abkommen zwischen der Alliierten Hohen Kommission und der Bundesregierung.
30. November	Bundesregierung tritt der Internationalen Ruhrbehörde bei.

1950

28. März	Bundestag verabschiedet erstes Wohnungsbaugesetz.
31. März	Ende der Lebensmittelrationierung.
9. Mai	Vorschlag des französischen Außenministers Schuman zur Montanunion.
7. Juni	Errichtung einer Dienststelle für Auswärtige Angelegenheiten.
15. Juni	Beitritt der Bundesrepublik Deutschland zum Europarat.
25. Juni	Beginn des Koreakrieges.
5. August	Verkündung der »Charta der Heimatvertriebenen«.
19. September	Unterzeichnung des Abkommens über die Europäische Zahlungsunion (EZU).
8. Oktober	Errichtung des Bundesgerichtshofs (BGH) in Karlsruhe.
26. Oktober	Gründung der »Dienststelle Blank« als Vorläufer des späteren Verteidigungsministeriums.
26. Oktober	Pleven-Plan, Vorschlag einer Europa-Armee.

1951

9. Januar	Verhandlungen zwischen Bundesregierung und den Alliierten Hohen Kommissaren über einen westdeutschen Verteidigungsbeitrag.
1. Februar	Gesetz zur Errichtung eines Bundesverfassungsgerichtes (BVerfG).
6. März	Revision des Besatzungsstatuts.
13. März	Errichtung des Auswärtigen Amtes unter Konrad Adenauer.

18. April	Vertrag über Montanunion durch Bundesrepublik Deutschland, Frankreich, Italien und Benelux- Staaten; Ruhrstatut hinfällig.
2. Mai	Die Bundesrepublik Deutschland wird vollberechtigter Mitgliedstaat des Europarates.
28. September	Konstituierung des BVerfG in Karlsruhe.
1. Oktober	Beitritt der Bundesrepublik Deutschland zum Allgemeinen Zoll- und Handelsabkommen (GATT).
22. November	Westmächte billigen Entwurf eines Deutschlandvertrags, der das Besatzungsstatut ersetzen soll.
21. Dezember	Aufhebung des Ruhrstatuts.

1952

11. Januar	Bundestag ratifiziert Vertrag über die Gründung der »Europäischen Gemeinschaft für Kohle und Stahl« (EGKS, Montanunion).
26.–28. Januar	Abschluß der Ausarbeitung des Vertragsentwurfs über die Europäische Verteidigungsgemeinschaft (EVG) in Paris.
10. März	Erste Stalin-Note an die Westmächte.
25. April	Gründung des Landes Baden-Württemberg.
13. Mai	Westmächte lehnen zweite Stalin-Note ab.
27. Mai	Unterzeichnung des Vertrages über die EVG in Paris.
24. Juni	Erstausgabe der Boulevardzeitung *Bild*.
10. Juli	Lastenausgleichsgesetz verabschiedet.
23. Juli	Montanunion tritt in Kraft.
14. August	Die Bundesrepublik Deutschland wird Mitglied des Internationalen Währungsfonds (IWF) und der Weltbank.
20. August	Tod des SPD-Vorsitzenden Kurt Schumacher; Nachfolger Erich Ollenhauer.
1. September	Lastenausgleichsgesetz tritt in Kraft.
10. September	Unterzeichnung des Wiedergutmachungsabkommens mit Israel.
11. Oktober	Verkündung des Betriebsverfassungsgesetzes.
23. Oktober	BVerfG verbietet Sozialistische Reichspartei.

1953

27. Februar	Die Bundesrepublik Deutschland unterzeichnet das Londoner Schuldenabkommen.
19. März	Bundestag ratifiziert Vertrag über die EVG.
27. März	Wiedergutmachungsabkommen mit Israel tritt in Kraft.
17. Juni	Volksaufstand in Ost-Berlin und der DDR.

25. Juni	Bundestag beschließt Wahlgesetz zum 2. Bundestag: Fünf-Prozent-Sperrklausel, Zweitstimmenregelung.
6. September	Wahlen zum 2. Deutschen Bundestag.
20. Oktober	Zweites Kabinett Adenauer aus CDU/CSU, FDP, GB/BHE und DP.

1954

25. Januar–18. Februar	Viermächte-Außenministerkonferenz in West-Berlin.
4. Juli	Deutsche Fußballnationalmannschaft wird in Bern Weltmeister.
17. Juli	Erneute Wahl von Theodor Heuss zum Bundespräsidenten.
30. August	Ablehnung des EVG-Vertrages durch die französische Nationalversammlung.
19.–23. Oktober	Pariser Verträge.

1955

5. Mai	Proklamation der vollen Souveränität der Bundesrepublik Deutschland: Pariser Verträge treten in Kraft.
9. Mai	Eintritt der Bundesrepublik Deutschland in die NATO und Beitritt zur Westeuropäischen Union (WEU).
14. Mai	Beitritt der DDR zum Warschauer Pakt.
1.–3. Juni	Konferenz der Außenminister der Montanunion in Messina.
6. Juni	»Dienststelle Blank« wird zum Bundesministerium für Verteidigung.
16. Juli	Eröffnung der ersten »documenta«, Ausstellung für zeitgenössische Kunst, in Kassel.
17.–23. Juli	Genfer Viermächte-Gipfelkonferenz.
12. August	Tod Thomas Manns.
7.–13. September	Staatsbesuch Adenauers in der UdSSR; Vereinbarung über die Rückkehr deutscher Kriegsgefangener.
20. September	UdSSR erklärt DDR für souverän; »Zwei-Staaten-Theorie«.
23. Oktober	Bevölkerung des Saarlandes lehnt das Saarstatut ab.
8./9. Dezember	Hallstein-Doktrin.
22. Dezember	Deutsche und italienische Regierung unterzeichnen Anwerbeabkommen in Rom; weitere Anwerbeabkommen folgen.
23. Dezember	Finanzverfassungsgesetz.

1956

1. April	»Organisation Gehlen« wird zum Bundesnachrichtendienst (BND).
4. Juni	Luxemburger Abkommen zwischen Israel und der Bundesrepublik Deutschland.
7. Juli	Einführung der allgemeinen Wehrpflicht.
14. August	Tod Bertolt Brechts.
17. August	KPD-Verbot durch das BVerfG.
23. Oktober	Volksaufstand in Ungarn; 4. November: Niederschlagung durch sowjetische Truppen.
29. Oktober	Angriff Israels auf Ägypten: Suez-Krise.

1957

1. Januar	Saarland wird offiziell in die Bundesrepublik Deutschland eingegliedert.
19./20. Februar	Abschluß der Regierungsverhandlungen über den Gemeinsamen Markt und die Europäische Atomgemeinschaft (EURATOM).
23. Februar	Rentenreform: Bruttolohnbezogene dynamische Rente.
25. März	Römische Verträge; Montanunion schließt sich zusammen zur Europäischen Wirtschaftsgemeinschaft (EWG) und zur EURATOM.
5. Juli	Ratifizierung der Römischen Verträge durch den Bundestag.
25. Juli	Errichtung der Stiftung »Preußischer Kulturbesitz«.
26. Juli	Gesetz über die Bundesbank wird verabschiedet.
5. September	Gründung des Wissenschaftsrates.
15. September	Wahlen zum 3. Deutschen Bundestag; absolute Mehrheit der CDU/CSU.
1. Oktober	Das Pharmaunternehmen Grünenthal bringt »Contergan« auf den Markt.
2. Oktober	Rapacki-Plan.
3. Oktober	Willy Brandt wird Regierender Bürgermeister von Berlin.
4. Oktober	Flug des ersten unbemannten Erdsatelliten »Sputnik«.
19. Oktober	Erstmalige Anwendung der Hallstein-Doktrin auf Jugoslawien.
29. Oktober	Drittes Kabinett Adenauer.

1958

1. Januar	Römische Verträge treten in Kraft.
19. März	Vorschlag Adenauers an Moskau, der DDR den Status Österreichs zu geben; ohne Reaktion von sowjetischer Seite.

19. April	Massenkundgebungen: »Kampf dem Atomtod« in mehreren deutschen Städten.
25. April	Unterzeichnung des deutsch-sowjetischen Handelsabkommens.
12. September	Präsentation des ersten Mikrochips in den Labors von Texas Instruments durch Jack Kilby.
14. September	Einweihung der »Nationalen Mahn- und Gedenkstätte Buchenwald«.
14./15. September	Treffen Adenauers und de Gaulles in Frankreich.
10. November	Berlin-Krise.
27. November	Forderung der Sowjetunion, Berlin in eine freie Stadt umzuwandeln: Berlin-Ultimatum.
1. Dezember	Einrichtung einer »Zentralen Stelle zur Verfolgung nationalsozialistischer Gewaltverbrechen« in Ludwigsburg.

1959

Januar	Erste Fassung des Globke-Plans.
10. Januar	Sowjetischer Entwurf für einen Friedensvertrag mit zwei deutschen Staaten oder einer deutschen Konföderation.
18. u. 20. März	Deutschlandplan der SPD mit dem Ziel eines vereinten, blockfreien Deutschland in einem gesamteuropäischen Sicherheitssystem.
25. März	De Gaulle plädiert für die Wiedervereinigung und Anerkennung der Oder-Neiße-Grenze.
11. Mai–5. August	Deutschlandkonferenz der Außenminister der vier Mächte in Genf.
1. Juli	Wahl Heinrich Lübkes (CDU) in West-Berlin zum Bundespräsidenten.
13.–15. November	Verabschiedung des sog. Godesberger Programms der SPD.
24. Dezember	Hakenkreuzschmierereien in Köln: weltweites Entsetzen.

1960

4. Januar	Unterzeichnung des Abkommens über die europäische Freihandelszone.
16./17. Mai	Scheitern der Viermächte-Konferenz in Paris bereits vor Beginn.
Ostern	Beginn der Ostermärsche.
30. Juni	Rede Herbert Wehners im Bundestag zur Westbindung der Bundesrepublik Deutschland: Kurswechsel der SPD, Anerkennung der Westbindung.

25. Juli	Umstrittene Gründung einer Deutschland-Fernsehen-GmbH.
10. August	Fernsehinterview mit Karl Jaspers: Freiheit der Deutschen in der DDR wichtiger als die Wiedervereinigung.
15. Dezember	General Heusinger wird Vorsitzender des Militärausschusses der NATO.
19.–20. Dezember	Beschluß des EWG-Rates, die Landwirtschaft in den Gemeinsamen Markt mit einzubeziehen.

1961

11. März	Beginn des Eichmann-Prozesses in Jerusalem.
4. Mai	Bundessozialhilfegesetz wird verabschiedet.
1. Juni	Einführung der Anti-Baby-Pille in der Bundesrepublik Deutschland.
6. Juni	Staatsvertrag über die Errichtung eines bundeseinheitlichen zweiten Fernsehprogramms.
25. Juli	Proklamation des amerikanischen Präsidenten John F. Kennedy, West-Berlin zu verteidigen: »Three Essentials«.
13. August	Mauerbau.
17. September	Wahlen zum 4. Deutschen Bundestag.
27. Oktober	Sowjetische Panzer am Checkpoint Charly.
2. November	Viertes Kabinett unter Adenauer aus CDU/CSU und FDP.
31. Dezember	Die Beatles treten im Hamburger »Star Club« auf.

1962

16. Februar	Flutkatastrophe in Hamburg.
18. März	Frankreich beendet den Algerienkrieg.
21. März	»Maßhalte-Appelle«, Wirtschaftsminister Ludwig Erhard warnt vor Überhitzung der Konjunktur.
6. Juni	Adenauer schlägt der UdSSR einen zehnjährigen Burgfrieden vor.
22. Oktober	Seeblockade der USA gegen Kuba (Kuba-Krise).
26. Oktober	Rudolf Augstein wird verhaftet: »*Spiegel*-Affäre«.
26. November	Erster Versuch der Bildung einer Großen Koalition.
13. Dezember	Fünftes Kabinett Adenauer nach Ausscheiden der FDP-Kabinettsmitglieder.

1963

14. Januar	Anwendung der Hallstein-Doktrin auf Kuba.
22. Januar	Deutsch-Französischer Vertrag.
20. Februar	Uraufführung von Rolf Hochhuths *Der Stellvertreter*; Tumulte.

23. Juni	Gesetz über Bildung eines »Sachverständigen Rates zur Begutachtung der gesamtwirtschaftlichen Entwicklung«.
26. Juni	Besuch John F. Kennedys in West-Berlin.
15. Juli	Rede Egon Bahrs in Tutzing (»Wandel durch Annäherung«).
19. August	Beitritt der Bundesrepublik Deutschland zum Abkommen über den Atomteststopp.
15. Oktober	Rücktritt Adenauers, Wahl Ludwig Erhards zum Bundeskanzler.
22. November	Ermordung John F. Kennedys in Dallas, Nachfolger Lyndon B. Johnson.
12. Dezember	Altbundespräsident Theodor Heuss stirbt.
14. Dezember	Tod des langjährigen SPD-Vorsitzenden Erich Ollenhauer.
17. Dezember	Erstes Passierscheinabkommen für Verwandtenbesuche zwischen West- und Ost-Berlin.
20. Dezember	Beginn der Auschwitz-Prozesse in Frankfurt am Main.

1964

19. März	Beschluß der Ministerpräsidenten, neue Hochschulen zu gründen (z.B. Konstanz, Regensburg, Bochum, Bremen).
1. Juli	Wiederwahl Heinrich Lübkes (CDU) zum Bundespräsidenten.
30. Juli	Zwischenfall im Golf von Tongking als Anlaß für massive Vergeltungsangriffe der USA: Beginn der amerikanischen Phase des Vietnamkrieges bis 1969.
19. September	Zahl der Gastarbeiter in der Bundesrepublik Deutschland übersteigt die Grenze von 1 Mio.
24. September	Zweites Passierscheinabkommen zwischen West- und Ost-Berlin.
1. November	Rainer Barzel wird zum neuen Fraktionsvorsitzenden der CDU/CSU-Fraktion gewählt.
28. November	Gründung der NPD.

1965

26. Februar	Europäische Sozialcharta (ESC) tritt in Kraft.
7. März	Ludwig Erhard kündigt Aufnahme diplomatischer Beziehungen zu Israel an.
25. März	Bundestag verlängert die Verjährungsfrist von nationalsozialistischen Verbrechen.
7. April	Letzte Plenarsitzung des Bundestages in West-Berlin.
8. April	Vertrag über die Fusion von Montanunion, EURATOM und EWG zur EG.

5. Mai	Bundestag verabschiedet zweites Vermögensbildungsgesetz.
13. Mai	Offizielle Verkündung der Aufnahme diplomatischer Beziehungen zu Israel (die meisten arabischen Staaten brechen daraufhin ihre diplomatischen Beziehungen zur Bundesrepublik Deutschland ab).
15. Juli	Errichtung des deutschen Bildungsrates.
19. August	Ende des Auschwitz-Prozesses.
19. September	Wahlen zum 5. Deutschen Bundestag.
1. Oktober	Vertriebenen-Denkschrift der Evangelischen Kirche in Deutschland (EKD): Forderung zum Umdenken in der Ostpolitik.
20. Oktober	CDU/CSU-FDP-Regierung unter Erhard.
8. Dezember	Papst Paul VI. beendet das Zweite Vatikanische Konzil.

1966

25. März	»Friedensnote« der Bundesrepublik Deutschland an alle Staaten auch in Osteuropa.
6. April	Ausscheiden Frankreichs aus der militärischen NATO-Integration.
6. Oktober	Ende der Berliner Passierscheinregelung.
27. Oktober	Koalitionsbruch, Rücktritt von vier FDP-Ministern.
30. Oktober	Kongreß in Frankfurt am Main: »Notstand der Demokratie«; Verurteilung der Pläne zur Notstandsgesetzgebung.
6. November	NPD zieht erstmals in ein Landesparlament ein (Hessen).
8. November	Vertrauensfrage im Bundestag wird mit Hilfe von FDP- und SPD-Stimmen angenommen.
20. November	Landtagswahlen in Bayern; 48,1 % für die CSU, Einzug der NPD.
30. November	Ludwig Erhard tritt als Bundeskanzler zurück.
1. Dezember	Bildung der Großen Koalition unter Kurt Georg Kiesinger; Formierung der Außerparlamentarischen Opposition (APO).

1967

1. Januar	Gründung der Kommune I in Berlin.
14. Februar	»Konzertierte Aktion« von Wirtschaftsminister Karl Schiller (SPD): Gesprächsrunde aus Arbeitgeberverbänden, Gewerkschaften, Wissenschaft und Politik.
23. Februar	Bundestag verabschiedet erstes Konjunkturprogramm.
19. April	Tod Konrad Adenauers.
26. April	Bundestag verabschiedet Mehrwertsteuergesetz.
9. Mai	Änderung des Verteidigungskonzeptes der NATO: statt »Massiver Vergeltung« nun »flexible response«.

10. Mai	Bundestag verabschiedet Stabilitätsgesetz.
2. Juni	Besuch des Schahs von Persien in West-Berlin; Demonstrationen und Protest, Tod des Studenten Benno Ohnesorg.
28. Juni	Bundestag verabschiedet Parteiengesetz.
1. Juli	Fusion von Montanunion, EURATOM und EWG zur EG.
25. August	Erstmalige Ausstrahlung von Farbfernsehsendungen.
14. Dezember	Harmel-Bericht.

1968

1. Januar	Mehrwertsteuer löst das Umsatzsteuersystem ab.
31. Januar	Diplomatische Beziehungen zu Jugoslawien werden wiederaufgenommen.
6.–18. Februar	Erstmaliges Auftreten von zwei deutschen Olympiamannschaften bei den Winterspielen in Grenoble.
17./18. Februar	Internationaler Vietnam-Kongreß in West-Berlin; anschließend Demonstrationen und Proteste.
3. April	Brandanschlag auf zwei Frankfurter Kaufhäuser durch Gudrun Ensslin und Andreas Baader.
11. April	Attentat auf Rudi Dutschke; in mehreren deutschen Städten gehen Hunderttausende Menschen aus Protest auf die Straße (Osterunruhen).
11.–17. April	Demonstrationen der APO.
27. Mai	»Contergan«-Prozeß.
29. Mai	Verabschiedung der politischen Form des Strafrechts im Bundestag.
30. Mai	Verabschiedung der Notstandsgesetze durch den Bundestag.
1. Juli	Vertrag über Nicht-Verbreitung von Kernwaffen.
21. August	»Prager Frühling«. Regierung Dubček.
26. September	Eröffnung von Mies van der Rohes Nationalgalerie in West-Berlin.

1969

5. März	Gustav Heinemann (SPD) wird zum Bundespräsidenten gewählt.
13. Mai	Verabschiedung des Arbeitsförderungsgesetzes im Bundestag.
14. Mai	Bundesgesetz zur Gleichstellung von ehelich und unehelich geborenen Kindern.
12. Juni	Verabschiedung des Lohnfortzahlungsgesetzes im Bundestag.
26. Juni	Bundestag verlängert die Verjährungsfrist für Völkermord.
20. Juli	Erste Mondlandung.

14. August	Verkündung des Berufsbildungsgesetzes nach Zustimmung des Bundesrates.
28. September	Wahlen zum 6. deutschen Bundestag.
21. Oktober	Wahl Willy Brandts (SPD) zum Bundeskanzler: »Mehr Demokratie wagen!«
22. Oktober	Bildung der ersten sozialliberalen Koalition.
24. Oktober	Aufwertung der DM um 8,5 %.
28. November	Beitritt der Bundesrepublik Deutschland zum Atomwaffensperrvertrag.

1970

30. Januar– 18. Februar	Staatssekretär Bahr und Außenminister Gromyko (UdSSR) nehmen Verhandlungen auf.
1. Februar	Unterzeichnung des ersten Erdgas-Röhren-Geschäfts zwischen deutschen und sowjetischen Firmen.
19.–21. März	Treffen von Willy Brandt und Willi Stoph (SED) in Erfurt.
26. März	Beginn der Viermächte-Verhandlungen über Berlin.
Mai	Gründung der Roten Armee Fraktion (RAF).
21. Mai	Zweites Treffen zwischen Brandt und Stoph in Kassel.
7. Juli	Konjunkturzuschlag.
12. August	Moskauer Vertrag zwischen der Bundesrepublik Deutschland und der UdSSR.
7. Dezember	Warschauer Vertrag zwischen der Bundesrepublik Deutschland und Polen; Kniefall Willy Brandts vor dem Mahnmal des Warschauer Ghettos.

1971

12. März	Erster Bundesfrauenkongreß in Frankfurt am Main.
9. Mai	Bundesregierung beschließt konjunkturpolitisches Stabilitätsprogramm.
6. Juni	Selbsterklärung von 374 Frauen im *Stern* unter dem Titel »Wir haben abgetrieben«.
19. Juli	Verabschiedung des Städtebauförderungsgesetzes.
1. September	Bundesausbildungsförderungsgesetz (BAföG) tritt in Kraft.
3. September	Viermächte-Abkommen über Berlin; kann erst in Kraft treten, wenn die deutsch-deutschen Zusatzvereinbarungen ausgehandelt und die Ostverträge ratifiziert sind.
20. Oktober	Willy Brandt erhält den Friedensnobelpreis.

25. Oktober	Beginn des Freiburger Parteitages der FDP (sozialer Liberalismus wird beschlossen).
10. November	Reform des Betriebsverfassungsgesetzes wird verabschiedet.
15. November	Präsentation des ersten Mikroprozessors durch die Fa. Intel.
17. Dezember	Transitabkommen zwischen Bundesrepublik Deutschland und DDR als Ergänzung des Viermächte-Abkommens.

1972

28. Januar	Radikalenerlaß.
21.–28. Februar	Besuch Nixons in China.
23.–25. Februar	Beginn der Bundestagsdebatte über die Ostverträge.
21. März	Einführung der sog. Währungsschlange durch den EG-Rat.
23. April	Sozialliberale Koalition verliert die absolute Mehrheit im Bundestag.
27. April	Scheitern des konstruktiven Mißtrauensvotums der CDU/CSU-Fraktion gegen Willy Brandt.
17. Mai	Ratifizierung des Moskauer und des Warschauer Vertrags, CDU/CSU-Fraktion enthält sich.
26. Mai	Unterzeichnung des SALT-I-Abkommens in Moskau.
1. Juni–7. Juli	Verhaftung der führenden Vertreter der RAF.
24. Juni	Gründung des Bundesverbandes Bürgerinitiativen Umweltschutz.
26. August– 11. September	XX. Olympische Sommerspiele in München und Kiel.
5. September	Attentat arabischer Terroristen auf die israelische Olympia-Mannschaft.
10. September	Heinrich Böll erhält den Nobelpreis für Literatur.
21. September	Verabschiedung des Rentenreformgesetzes.
8. November u. 21. Dezember	Grundlagenvertrag zwischen der Bundesrepublik Deutschland und der DDR.
19. November	Wahlen zum 7. Deutschen Bundestag; zweites Kabinett Brandt aus SPD und FDP.
22. November	Vorgespräche für eine »Konferenz über Sicherheit und Zusammenarbeit in Europa« (KSZE).

1973

1. Januar	EG-Erweiterung tritt in Kraft (Großbritannien, Dänemark, Irland).
12. März	Zusammenbruch des Weltwährungssystems; sechs europäische Länder beschließen gemeinsam, den Dollar-Kurs freizugeben (block-floating).

Mai–November	Fluglotsenstreik.
28. Mai	Bayerische Staatsregierung ruft BVerfG gegen den Grundlagenvertrag an.
7.–11. Juni	Bundeskanzler Willy Brandt besucht als erster deutscher Regierungschef offiziell Israel.
12. Juni	Sonderparteitag der CDU wählt Helmut Kohl zum Parteivorsitzenden.
21. Juni	Grundlagenvertrag tritt in Kraft.
1. Juli	Per Gesetz tritt der zivile Ersatzdienst gleichberechtigt neben die Wehrpflicht.
3.–7. Juli	Eröffnung der KSZE in Helsinki.
31. Juli	BVerfG erklärt Grundlagenvertrag für verfassungskonform.
18. September	Aufnahme der Bundesrepublik Deutschland und der DDR in die Vereinten Nationen (UNO).
6. Oktober	Beginn des Jom-Kippur-Krieges im Nahen Osten.
17. Oktober	Erhöhung des Ölpreises durch die OPEC; erste Ölkrise.
30. Oktober	Beginn der Verhandlungen zwischen NATO und Warschauer-Pakt-Staaten über »beiderseitige ausgewogene Truppenverminderungen« (MBFR).
23. November	Die Bundesregierung verfügt einen Anwerbestopp von Ausländern aus Nicht-EG-Staaten.
24. November	Energieeinsparungsverordnungen des Bundeswirtschaftsministeriums.
11. Dezember	Prager Vertrag; Aufnahme diplomatischer Beziehungen zur Tschechoslowakei.

1974

20. Februar	Ratifizierung des Atomwaffensperrvertrags durch den Bundestag.
22. März	Alter der Volljährigkeit wird von 21 auf 18 Jahre herabgesetzt (Inkrafttreten am 1. Januar1975).
25. April	Günter Guillaume wird unter Spionageverdacht verhaftet.
26. April	Bundestag verabschiedet Änderung des § 218 des Strafgesetzbuches (StGB): Fristenlösung bei Schwangerschaftsabbruch.
2. Mai	Einrichtung einer Ständigen Vertretung der Bundesrepublik Deutschland in Ost-Berlin.
6. Mai	Bundeskanzler Brandt tritt wegen Guillaume-Affäre zurück.
15. Mai	Walter Scheel (FDP) wird zum Bundespräsidenten gewählt.
16. Mai	Helmut Schmidt (SPD) wird zum neuen Bundeskanzler gewählt.

20. Juni	Ratifizierung des Prager Vertrags durch den Bundestag.
7. Juli	Bundesrepublik Deutschland wird Fußballweltmeister in München.
10. November	Günter von Drenkmann (Berliner Kammergerichtspräsident) wird von Terroristen ermordet.
29. November	Verurteilung von Horst Mahler und Ulrike Meinhof zu 14 und 8 Jahren Gefängnis.
9./10. Dezember	Gründung des »Europäischen Rates« der Staats- und Regierungschefs.

1975

1. Januar	Steuerreform tritt in Kraft (Neuer Tarif).
25. Februar	BVerfG erklärt Fristenlösung im § 218 StGB für verfassungswidrig.
31. März	Proteste gegen das geplante Kernkraftwerk Wyhl.
15. April	Bildung einer europäischen Weltraumbehörde.
24. April	Besetzung der Botschaft der Bundesrepublik Deutschland in Stockholm durch Terroristen; Forderung: Freilassung der Baader-Meinhof-Gruppe.
21. Mai	Prozeßbeginn gegen die Baader-Meinhof-Gruppe in Stuttgart-Stammheim.
1. August	Unterzeichnung der KSZE-Schlußakte von Helsinki.
12. Dezember	Verabschiedung des Hochschulrahmengesetzes.
19. Dezember	Abkommen über die Verbesserung des Verkehrs in West-Berlin mit der DDR.

1976

1. Januar	Höchste Arbeitslosenquote in der Geschichte der Bundesrepublik Deutschland: mehr als 5%.
19. Februar	Bundestag ratifiziert die Abkommen mit Polen.
18. März	Mitbestimmungsgesetz wird verabschiedet.
9. Mai	Selbstmord Ulrike Meinhofs.
24. Juni	Beschluß des Antiterrorgesetzes.
3. Oktober	Wahlen zum 8. Deutschen Bundestag; Fortsetzung der sozialliberalen Koalition.
16. November	DDR bürgert den Liedermacher Wolf Biermann aus.
19. November	CSU kündigt Fraktionsgemeinschaft mit der CDU auf Bundestagsebene.
12. Dezember	Rücknahme dieses Beschlusses.

15. Dezember	Helmut Schmidt wird erneut zum Bundeskanzler gewählt.
22. Dezember	Ausweisung des DDR-Korrespondenten der ARD, Lothar Loewe, durch die DDR.

1977

1. Februar	Die Zeitschrift *Emma. Eine Zeitschrift für Frauen von Frauen*, herausgegeben von Alice Schwarzer, erscheint erstmals in der Bundesrepublik Deutschland.
25. März	Ausstellung »Die Zeit der Staufer« in Stuttgart eröffnet; damit Beginn einer Welle von historischen Großausstellungen.
7. April	Ermordung des Generalbundesanwaltes Siegfried Buback durch die RAF.
30. Juli	Ermordung des Vorstandssprechers der Dresdner Bank, Jürgen Ponto, durch die RAF.
5. September	Entführung des Arbeitgeberpräsidenten Hanns-Martin Schleyer und Ermordung von vier Begleitern durch die RAF.
29. September	Bundestag verabschiedet Kontaktsperregesetz.
9. Oktober	Günter Wallraff stellt in Bonn sein Buch *Der Aufmacher* vor; das Buch soll die journalistische Praxis der *Bild*-Zeitung offenlegen.
13. Oktober	Die Lufthansa-Maschine »Landshut« wird von arabischen Terroristen entführt.
18. Oktober	Befreiung der »Landshut« in Mogadischu durch die GSG 9; Selbstmord der Terroristen Baader, Ensslin und Raspe.
19. Oktober	Hanns-Martin Schleyer wird ermordet aufgefunden.
21.–25. November	Bundeskanzler Schmidt auf Polen-Besuch: Rede in Auschwitz.
9. Dezember	Konstituierende Sitzung der Internationalen Nord-Süd-Kommission.

1978

10. Januar	Schließung des Ost-Berliner Büros des Nachrichtenmagazins *Der Spiegel* durch die DDR.
16. März	Tankerunglück (»Amoco Cadiz«) vor der französischen Küste.
7. August	Ministerpräsident Hans Filbinger tritt wegen seiner Tätigkeit als Marinerichter im Dritten Reich zurück.
16. Oktober	Karol Wojtyła, Erzbischof von Krakau, wird zum Papst Johannes Paul II. gewählt.
23.–25. Oktober	Bundesparteitag der CDU in Ludwigshafen: Grundsatzprogramm.
6. November	Franz Josef Strauß wird bayerischer Ministerpräsident.

5. Dezember	Europäischer Rat beschließt Europäisches Währungssystem (EWS).
5. Dezember	Arbeitslosenzahl liegt erstmals seit 1974 unter 1 Mio.
17. Dezember	Zweite Ölkrise.

1979

5./6. Januar	Treffen von Jimmy Carter, Valéry Giscard d'Estaing, James Callaghan und Helmut Schmidt auf Guadeloupe: Vorgespräche des NATO-Doppelbeschlusses.
17. Januar	Smogalarm im Ruhrgebiet.
22. Januar	Sendebeginn der amerikanischen Serie *Holocaust* im bundesdeutschen Fernsehen.
16./17. März	Gründung der Partei DIE GRÜNEN.
31. März	Demonstration gegen geplante Atommülldeponie in Gorleben.
19. April	Urteile im Majdanek-Prozeß.
23. Mai	Karl Carstens wird zum Bundespräsidenten gewählt.
10. Juni	Wahlen zum 1. Europäischen Parlament.
2. Juli	Franz Josef Strauß wird Kanzlerkandidat der CDU/CSU.
3. Juli	Aufhebung der Verjährbarkeit von Mord.
10. Juli	GRÜNE kommen erstmals in ein Landesparlament: Bremen.
16. Juli	Benzinpreise erstmals über 1 DM.
12. Dezember	NATO-Doppelbeschluß.
27. Dezember	Einmarsch der UdSSR in Afghanistan.

1980

4. Januar	Ratifizierungsprozeß bei SALT II wird von Carter unterbrochen; Wirtschaftssanktionen gegen UdSSR.
12./13. Januar	Gründungskongreß der GRÜNEN als Bundespartei in Karlsruhe.
16. März	DIE GRÜNEN ziehen in den baden-württembergischen Landtag ein.
6. April	Einführung der Sommerzeit in der Bundesrepublik Deutschland.
26. September	Sprengstoffanschlag eines Neonazis auf dem Münchner Oktoberfest.
5. Oktober	Wahlen zum 9. Deutschen Bundestag; Fortsetzung der sozialliberalen Koalition.
5. November	Wiederwahl Helmut Schmidts zum Bundeskanzler.
10. November	Polnische Gewerkschaft »Solidarność« wird legalisiert.

1981

1. Januar	EG-Beitritt Griechenlands.
20. Januar	Ronald Reagan wird Präsident der USA.
15. August	Eröffnung der Ausstellung »Preußen – Eine Bilanz« in West-Berlin.
4. Oktober	Friedensmanifest der GRÜNEN.
10. Oktober	Massendemonstration (ca. 300 000 Menschen) gegen atomare Aufrüstung und gegen Stationierung amerikanischer Raketen.
4. November	Entwurf einer »Einheitlichen Europäischen Akte« (EEA, Genscher-Colombo-Initiative).
20. November	Zweites Erdgas-Röhren-Abkommen zwischen der Bundesrepublik Deutschland und der UdSSR.
11.–13. Dezember	Treffen von Schmidt und Erich Honecker am Werbellinsee nördlich von Berlin; Ausbau der deutsch-deutschen Beziehungen.

1982

30. Januar	Auseinandersetzungen an der künftigen Startbahn West in Frankfurt am Main.
24. April	Nicole gewinnt den Grand Prix d'Eurovision de la Chanson mit »Ein bißchen Frieden«.
31. Mai	Die Türkin Semra Ertan Bilir verbrennt sich in Hamburg aus Protest gegen die Ausländerfeindlichkeit in der Bundesrepublik Deutschland.
10. Juni	NATO-Gipfel in Bonn; dort Massendemonstration der Friedensbewegung (ca. 500 000 Teilnehmer).
14. Juli	Finanzielle Anreize sollen ausländischen Gastarbeitern die Rückkehr in ihre Heimat erleichtern.
9. September	Bundeswirtschaftsminister stellt neues Konzept zur Neuorientierung der Wirtschafts- und Sozialpolitik vor.
17. September	Entlassung der FDP-Minister, Bruch der sozialliberalen Koalition. Kinostart von Wolfgang Petersens Film *Das Boot*.
1. Oktober	Konstruktives Mißtrauensvotum gegen Helmut Schmidt (SPD), Wahl Helmut Kohls (CDU) zum neuen Bundeskanzler.
17. Dezember	Vertrauensfrage Kohls im Bundestag, um Neuwahlen zu ermöglichen.

1983

	Erste AIDS-Fälle treten in der Bundesrepublik Deutschland auf.
6. März	Wahlen zum 10. Deutschen Bundestag; erstes CDU/CSU-FDP-Kabinett unter Kohl; Einzug der GRÜNEN in den Bundestag.
23. März	Reagan kündigt SDI-Verteidigungsprogramm an.
25. April	Das Wochenmagazin *Stern* kündigt auf einer Pressekonferenz die Entdeckung und Veröffentlichung der Hitler-Tagebücher an; am 6. Juli als Fälschung entlarvt.
4. Mai	Regierungserklärung Kohls: u.a. Abbau der Arbeitslosigkeit und Sanierung der Bundesfinanzen.
17.–19. Juni	Verabschiedung der »Feierlichen Deklaration zur Europäischen Union« durch den Europäischen Rat in Stuttgart.
29. Juni	Erster »Milliardenkredit« (initiiert von Franz Josef Strauß) für die DDR.
4. Juli	Bundeskanzler Kohl besucht die DDR.
1. September	Großdemonstration in Mutlangen gegen die Stationierung von Pershing-II-Raketen.
22. Oktober	Großdemonstration der Friedensbewegung in Bonn. Höhepunkt der »Aktionswoche« der Friedensbewegung gegen die NATO-Nachrüstung: 108 km lange Menschenkette zwischen Neu-Ulm und Stuttgart sowie eine Großkundgebung in Bonn.
22. November	Bundestag stimmt der Stationierung von amerikanischen Mittelstreckenraketen in der Bundesrepublik Deutschland zu, SPD und GRÜNE stimmen dagegen.

1984

1. Januar	Einführung des dualen Rundfunksystems; Start des ersten privaten Fernsehsenders *PKS* (ab 1985: *SAT 1*) in der Bundesrepublik Deutschland.
23. Mai	Richard von Weizsäcker (CDU) wird zum Bundespräsidenten gewählt.
17. Juni	Wahlen zum 2. Europäischen Parlament.
16. September	Elfteilige Fernsehserie *Heimat* von Edgar Reitz in der ARD.
22. September	Versöhnungsgeste zwischen Kohl und dem französischen Staatspräsidenten François Mitterrand vor den Soldatengräbern Verduns.
16. Oktober	Waldschadensbericht: Mehr als 50 % des Waldes in der Bundesrepublik Deutschland sind geschädigt.

25. Oktober	Rainer Barzel tritt wegen der Flick-Affäre als Bundestagspräsident zurück.
30. November	Die DDR baut die letzten Selbstschußanlagen an der innerdeutschen Grenze ab.

1985

10. März	Michail Gorbatschow wird neuer Staats- und Parteichef der UdSSR.
16. April	Wiedereröffnung eines Büros des Nachrichtenmagazins *Der Spiegel* in der DDR.
25. April	Bundestag billigt Gesetz gegen die sog. Auschwitz-Lüge, wonach die Leugnung von NS-Gewalttaten künftig von Amts wegen als Beleidigung verfolgt wird.
5. Mai	Symbolträchtige Kranzniederlegung von Reagan und Kohl im Konzentrationslager Bergen-Belsen und auf dem Soldatenfriedhof Bitburg.
8. Mai	Bundespräsident Richard von Weizsäcker spricht zum 40. Jahrestag der Befreiung Deutschlands.
14. Juni	Schengener Abkommen.
19. Juni	Bombenanschlag am Frankfurter Flughafen.
28. Juni	Bundestag beschließt sog. Vermummungsverbot bei Demonstrationen.
7. Juli	Boris Becker gewinnt als jüngster Tennisspieler und als erster Deutscher das Tennisturnier von Wimbledon.
23. August	Spionage-Skandal: Übertritt von Hans Joachim Tiedge, Gruppenleiter im Bundesamt für Verfassungsschutz, in die DDR.
16. Oktober	Bundesweit erste rot-grüne Koalition in Hessen.
11. November	Das Theaterstück *Der Müll, die Stadt und der Tod* von Rainer Werner Fassbinder wird abgesetzt; dem Stück werden antisemitische Tendenzen vorgeworfen.
11. Dezember	Beginn der Proteste um die Wiederaufbereitungsanlage für radioaktive Brennelemente in Wackersdorf.

1986

1. Januar	EG-Beitritt Portugals und Spaniens.
17.–28. Februar	Unterzeichnung der EEA: EG-Binnenmarkt bis 1993.
20. März	Verabschiedung des neuen § 116 des Arbeitsförderungsgesetzes durch den Bundestag.

5. April	Bombenanschlag in West-Berlin auf die Discothek »La Belle«; Beteiligung des libyschen Geheimdienstes.
26. April	Reaktorunglück in Tschernobyl.
29. April	Erste radioaktive Wolken des Reaktorunfalls in Tschernobyl erreichen die Bundesrepublik Deutschland.
6. Mai	Kulturabkommen zwischen Bundesrepublik Deutschland und DDR.
18. Mai	Protestaktionen in Wackersdorf gegen die dortige Wiederaufbereitungsanlage führen zu Ausschreitungen.
6. Juni	Einrichtung eines Bundesumweltministeriums in Bonn, erster Minister Walter Wallmann.
Juli	Beginn des sog. Historikerstreits.
9. Juli/10. Oktober	Ermordung des Siemens-Vorstandsmitgliedes Karl-Heinz Beckurts und des Diplomaten Gerold von Braunmühl durch die RAF.
14. Juli	BVerfG begrenzt steuerliche Absetzbarkeit von Parteispenden auf 100 000 DM.
27. Juli	Anti-Wackersdorf-Rockfestival in Burglengenfeld.
25. August	Nürnberger Bundesparteitag der SPD: Ausstieg aus der Kernenergie.
6. Oktober	Saarlouis und Eisenhüttenstadt vereinbaren erste deutsch-deutsche Städtepartnerschaft.
10.–12. Dezember	Treffen Reagan-Gorbatschow in Reykjavik.

1987

25. Januar	Wahlen zum 11. Deutschen Bundestag; zweites CDU/CSU-FDP-Kabinett Kohl.
16. Februar	Urteile im Flick-Parteispendenprozeß: Verurteilung der Angeklagten wegen Steuerhinterziehung.
23. März	Willy Brandt tritt als Vorsitzender der SPD zurück.
12. Juni	Reagan-Besuch in West-Berlin, Aufforderung an Gorbatschow, die Mauer einzureißen.
27. Juli	Eröffnung zweier AIDS-Forschungsinstitute in der Bundesrepublik Deutschland.
7. August	Papier von SPD und SED: »Der Streit der Ideologien und die gemeinsame Sicherheit«.
7.–11. September	Besuch Honeckers in Bonn.
12. September	Beginn der Barschel-Pfeiffer-Affäre (25. September Rücktritt, 11. Oktober Tod Barschels).
19. Oktober	Internationaler Börsenkrach (»Schwarzer Montag«).

28. Oktober	Vereinbarung über die Gründung des Deutschen Historischen Museums zwischen Kohl und dem Regierenden Bürgermeister von Berlin, Eberhard Diepgen.

1988

12. Januar	Treffen von Bundesaußenminister Hans-Dietrich Genscher mit dem Vorsitzenden der verbotenen Gewerkschaft »Solidarność«
10. März	Ungarische Regierung läßt Kulturinstitute der Bundesrepublik Deutschland zu.
19. Juni	Michael Jackson gibt vor dem Reichstagsgebäude in West-Berlin ein Konzert, Jugendliche aus Ost-Berlin versammeln sich in der Nähe der Mauer, um akustisch teilzunehmen: Auseinandersetzungen mit der Volkspolizei.
1. Juli	Einführung des Deutschen Aktienindex (DAX).
28. August	Unglück bei einer Flugschau auf dem amerikanischen Luftwaffenstützpunkt Ramstein in der Pfalz; 70 Menschen kommen ums Leben, mehr als 300 Verletzte.
30. August– 2. September	SPD-Parteitag in Münster: Beschluß zur Einführung der Frauenquote.
1. September	Abrüstungsvereinbarung der USA mit der UdSSR; Abzug der ersten in der Bundesrepublik Deutschland stationierten Pershing-II-Raketen.
1. Oktober	Gorbatschow übernimmt auch das Amt des Staatspräsidenten der UdSSR.
24.–27. Oktober	Moskau-Besuch Kohls.
9. November	Rede von Bundestagspräsident Philipp Jenninger zum 50. Jahrestag der Reichspogromnacht; endet mit Rücktritt Jenningers.

1989

20. Januar	George Bush sen. wird Präsident der USA.
15. Februar	Abzug der letzten sowjetischen Truppen aus Afghanistan.
2. Mai	Ungarn kündigt den Abbau der Grenzanlagen zu Österreich an: Der Eiserne Vorhang wird durchlässig.
23. Mai	Richard von Weizsäcker im Amt des Bundespräsidenten bestätigt.
15./18. Juni	Wahlen zum 3. Europäischen Parlament.
Juli	Beginn der großen Fluchtbewegung aus der DDR; Tausende ausreisewillige DDR-Bürger sammeln sich vor den Botschaften der Bundesrepublik Deutschland in Budapest und Prag.

7. Juli	Warschauer Pakt widerruft Breschnew-Doktrin in Budapest.
10. September	Ungarn öffnet seine Westgrenze.
1.–5. Oktober	Botschaftsbesetzer in Warschau und Prag dürfen in die Bundesrepublik Deutschland ausreisen.
9. Oktober	Montagsdemonstrationen in Leipzig: »Wir sind das Volk!«
9. November	Bundestag verabschiedet Rentenreformgesetz. Öffnung der Mauer.
28. November	Verkündung eines Zehn-Punkte-Programms für die DDR durch Bundeskanzler Kohl.
30. November	Ermordung des Vorstandssprechers der Deutschen Bank, Alfred Herrhausen, durch die RAF.
7. Dezember	Erstes Zusammentreffen des »Runden Tisches« in Ost-Berlin als Institution der öffentlichen Kontrolle, bestehend aus Vertretern der Parteien und Bürgerbewegungen der DDR.
19. Dezember	Besuch Bundeskanzler Kohls in Dresden.
20.–21. Dezember	Der französische Staatspräsident Mitterrand besucht die DDR; letzter Staatsbesuch eines westlichen Staatsoberhaupts.

1990

5. Februar	Politiker der bisherigen Opposition (»Runder Tisch«) treten in die Regierung Modrow ein.
6. Februar	Bundeskanzler Kohl schlägt Verhandlungen über eine Währungsunion mit der DDR vor.
10./11. Februar	Kohl und Hans-Dietrich Genscher besuchen Moskau; sowjetischer Staatschef Gorbatschow stimmt der deutschen Einheit zu.
20. Februar	Volkskammer der DDR verabschiedet Gesetz über freie, allgemeine, gleiche und direkte Wahlen.
24./25. Februar	Besprechungen Kohls mit Bush sen. und James Baker in Camp David.
18. März	Erste freie Wahlen der Volkskammer in der DDR; CDU: 40,9%, DSU: 6,3%, SPD: 21,3%, PDS:16,3%, Liberale: 5,3%, Bündnis 90: 2,9%, DIE GRÜNEN: 2,0%.
12. April	Lothar de Maizière wird zum Ministerpräsidenten der DDR gewählt.
18. April	Initiative des französischen Staatspräsidenten Mitterrand und Kohls zur Einberufung einer Regierungskonferenz über die »Europäische Politische Union«.
25. April	Attentat auf den saarländischen Ministerpräsidenten Oskar Lafontaine (SPD).

5. Mai	»Zwei-plus-Vier-Konferenz« der Außenminister der vier Sieger- mächte und der beiden deutschen Staaten zu den außenpoliti- schen Aspekten der deutschen Einheit in Bonn.
18. Mai	Erster Staatsvertrag zwischen der Bundesrepublik Deutschland und der DDR zur Einrichtung der Wirtschafts-, Währungs- und Sozialunion zum 1. Juli.
28. Mai	Unterzeichnung des Staatsvertrages über die Währungs-, Wirt- schafts- und Sozialunion zwischen der DDR und der Bundesrepu- blik.
7. Juni	Verhaftung von zehn ehemaligen RAF-Aktivisten in der DDR.
13. Juni	Beginn des Abrisses der Berliner Mauer.
21. Juni	Ratifizierung des Staatsvertrages über die Währungs-, Wirtschafts- und Sozialunion durch den deutschen Bundestag und die Volks- kammer der DDR.
1. Juli	Wirtschafts-, Währungs- und Sozialunion zwischen der Bundesre- publik Deutschland und der DDR; erste Stufe der Europäischen Wirtschafts- und Währungsunion tritt in Kraft: Einführung der DM und der sozialen Marktwirtschaft in der DDR, Umstellung von Löhnen, Gehältern, Renten und Pensionen zum Umtausch- kurs 1:1.
15./16. Juli	Sowjetisch-bundesdeutscher Gipfel in Moskau.
2. August	Einmarsch irakischer Truppen in Kuwait.
23. August	Volkskammer beschließt Beitritt der DDR zur Bundesrepublik.
31. August	Unterzeichnung des zweiten Staatsvertrags (Einigungsvertrag) zwischen der DDR und der Bundesrepublik.
12. September	Ende der Zwei-plus-Vier-Verhandlungen durch die Unterzeich- nung des »Vertrags über die abschließende Regelung in bezug auf Deutschland«: Deutschland erlangt die volle Souveränität als Vor- aussetzung für die Wiedervereinigung.
13. September	Zusammenarbeits- und Nichtangriffsvertrag zwischen Bundes- republik Deutschland und UdSSR.
14. September	Unterzeichnung des deutsch-polnischen Grenzvertrags über die Festlegung der Oder-Neiße-Grenze als polnische Westgrenze in Warschau.
2. Oktober	Mit der Verabschiedung der westalliierten Stadtkommandanten endet das Besatzungsstatut in West-Berlin.
3. Oktober	Die DDR tritt dem Geltungsbereich des Grundgesetzes bei: die Wiedervereinigung Deutschlands; Tätigkeitsbeginn des Bundes-

	beauftragten für die Unterlagen des Staatssicherheitsdienstes der ehemaligen DDR, Joachim Gauck, zur Aufbewahrung und Auswertung der Stasi-Unterlagen in Berlin (BStU, »Gauck-Behörde«).
12. Oktober	Attentat auf Bundesinnenminister Wolfgang Schäuble (CDU).
9. November	Der erste gesamtdeutsche Bundesrat konstituiert sich in Berlin.
14. November	Unterzeichnung des deutsch-polnischen Grenzvertrags.
19.–21. November	KSZE-Gipfelkonferenz in Paris: Verabschiedung der »Charta von Paris für ein neues Europa«; Proklamation des Endes des Kalten Krieges.
2. Dezember	Wahlen zum 12. Deutschen Bundestag: erste freie gesamtdeutsche Wahlen zum Deutschen Bundestag erste gesamtdeutsche CDU/CSU-FDP-Regierung unter Kohl; CDU/CSU: 43,8%, SPD: 33,5%, FDP: 11%, Bündnis 90/DIE GRÜNEN (Wahlgebiet West): 4,8%, (Wahlgebiet Ost): 6% und PDS 2,4%.

1991

17. Januar	Helmut Kohl wird vom Deutschen Bundestag erneut zum Bundeskanzler gewählt.
17. Januar–28. Februar	Beginn des zweiten Golfkriegs; finanzielle Beteiligung der Bundesrepublik.
8. März	Bundeskabinett beschließt Solidaritätszuschlag zum wirtschaftlichen Wiederaufbau Ostdeutschlands.
1. April	Ermordung des Präsidenten der Treuhandanstalt, Detlev Carsten Rohwedder, durch die RAF.
17. Juni	Unterzeichnung des Vertrags über gute Nachbarschaft und freundschaftliche Zusammenarbeit zwischen Polen und Deutschland in Bonn.
20. Juni	Mit 338 gegen 320 Stimmen entscheiden sich die Abgeordneten des Deutschen Bundestags für Berlin als neuen Regierungssitz.
27. Juni	Beginn des jugoslawischen Bürgerkrieges.
2. September	Beginn des ersten Mauerschützen-Prozesses gegen vier DDR-Grenzsoldaten in Berlin.
20. September	Rechtsextremer Überfall auf Asylbewerberwohnheim im sächsischen Hoyerswerda; es folgen schwere Ausschreitungen im gesamten Bundesgebiet.
14. November	Verabschiedung des Stasi-Unterlagengesetzes durch den Bundestag.
23. November	Klaus Kinski stirbt im Alter von 65 Jahren in Luganita bei San Francisco.

9. Dezember	Beschluß der Gründung der Europäischen Union durch die Staats- und Regierungschefs der zwölf EG-Staaten auf einem Gipfeltreffen im niederländischen Maastricht.

1992

19. Januar	Eröffnung der ersten zentralen deutschen Gedenkstätte zur Erinnerung an den Holocaust in der Villa am Wannsee.
6. Mai	Marlene Dietrich stirbt im Alter von 90 Jahren in Paris.
5. Juni	Asylbeschleunigungsgesetz wird mit den Stimmen von CDU/CSU und FDP und fast aller SPD-Abgeordneter beschlossen.
26. Juni	Beschluß über die Neuregelung des Abtreibungsrechts (§ 218 GG).
8. Oktober	Der frühere Bundeskanzler und SPD-Vorsitzende Willy Brandt stirbt im Alter von 78 Jahren in Unkel bei Bonn.
8. November	Demonstration von über 350 000 Menschen in Berlin unter dem Motto »Die Würde des Menschen ist unantastbar« gegen die zunehmende Ausländerfeindlichkeit in der Bundesrepublik.

1993

17. Januar	Zusammenschluß der ostdeutschen Bürgerbewegung Bündnis 90 und der westdeutschen Partei DIE GRÜNEN zu Bündnis 90/DIE GRÜNEN.
1. Februar	Beginn der Beitrittsverhandlungen über die Aufnahme Österreichs, Schwedens und Finnlands in die Europäische Union.
26. Mai	Änderung des Art. 16 GG zum Asylrecht mit 551 gegen 132 Stimmen durch den Bundestag.
1. Juli	Einführung des neuen fünfstelligen Postleitzahlensystems durch die Deutsche Bundespost.
1. November	Der Vertrag von Maastricht über die Europäische Union tritt in Kraft.
14. November	Einweihung der »Zentralen Gedenkstätte der Bundesrepublik Deutschland für die Opfer von Krieg und Gewaltherrschaft« in Berlin.

1994

11. März	Beschluß der Bundesregierung, die Pflegeversicherung als vierte Säule der Sozialversicherungen neben Renten-, Arbeitslosen- und Krankenversicherung einzuführen.

23. Mai	Wahl des bisherigen Präsidenten des Bundesverfassungsgerichts, Roman Herzog, zum Bundespräsidenten.
16. Oktober	Wahlen zum 13. deutschen Bundestag, CDU/CSU: 41,5%, SPD: 36,4%, Bündnis 90/DIE GRÜNEN: 7,3%, FDP: 6,9%, PDS: 4,4% (vier Direktmandate in Berlin).
15. November	Bundestag wählt Helmut Kohl zum fünften Mal zum Bundeskanzler.
31. Dezember	Die Bundesanstalt zur treuhänderischen Verwaltung des Volkseigentums der ehemaligen DDR (Treuhandanstalt) stellt ihre Arbeit ein.

1995

26. März	Schengener Abkommen tritt in Kraft: Personenkontrollen an den Binnengrenzen zwischen Deutschland, Frankreich, den Benelux-Staaten, Spanien und Portugal entfallen.
25. April	Der erste CASTOR-Behälter mit Atommüll wird aus dem Kernkraftwerk Philippsburg/Baden-Württemberg in das Zwischenlager nach Gorleben/Niedersachsen gebracht.
23. Juni	Verhüllung des Reichstagsgebäudes in Berlin durch das Künstlerehepaar Christo und Jeanne Claude.
5. Juli	»Chaostage '95« finden in Hannover statt; Punker aus dem gesamten Bundesgebiet nehmen teil; Straßenschlachten mit der Polizei.
1. Dezember	Billigung einer Rechtschreibreform durch die Kultusminister der deutschen Bundesländer.

1996

5. Mai	Volksabstimmung läßt Zusammenschluß zwischen Berlin und Brandenburg scheitern.
4. Juni	Die europäische Trägerrakete *Ariane 5* explodiert kurz nach dem Start in Französisch-Guayana.
30. Juni	Die deutsche Fußballnationalmannschaft gewinnt gegen die Mannschaft der Tschechischen Republik in London die Europameisterschaft.
18. November	Die Aktien der Deutschen Telekom werden erstmals an allen acht deutschen Wertpapierbörsen sowie in den USA und Japan gehandelt.
13. Dezember	Der Bundestag billigt die Beteiligung der Bundeswehr bei der Stabilization Force (SFOR), der neuen internationalen Friedenstruppe in Bosnien unter NATO-Oberbefehl.

1997

1. Januar	Kofi Annan tritt sein Amt als neuer Generalsekretär der UNO an.
21. Januar	Unterzeichnung der deutsch-tschechischen Aussöhnungserklärung durch Bundeskanzler Helmut Kohl und den tschechischen Regierungschef Václav Klaus in Prag.
14. Februar	Eröffnung der Ausstellung: »Vernichtungskrieg. Verbrechen der Wehrmacht 1941 bis 1944« im Münchner Rathaus.
17. Juli	Oderflut: Tausende von Menschen müssen ihre Häuser verlassen.
27. Juli	Als erster Deutscher gewinnt Jan Ullrich die Tour de France.
25. August	Der letzte DDR-Staatsratschef, Egon Krenz, wird im sog. Politbüro-Prozeß wegen der Todesschüsse an der früheren deutsch-deutschen Grenze durch das Berliner Landgericht zu sechseinhalb Jahren Haft verurteilt.

1998

16. Januar	Beschluß über eine Grundgesetzänderung zur Einführung der akustischen Überwachung von Wohnungen durch den Bundestag (Großer Lauschangriff).
27. Januar	Beschluß der deutschen Bischofskonferenz, die für eine straffreie Abtreibung notwendigen Beratungsscheine in kirchlichen Beratungsstellen künftig nicht mehr auszustellen.
23. April	Bundestag beschließt Teilnahme Deutschlands an der europäischen Währungsunion.
3. Juni	Zugunglück bei Eschede; 101 Menschen kommen ums Leben.
17. Juni	Der PDS-Vorsitzende Lothar Bisky entschuldigt sich für die Niederschlagung des Volksaufstandes vom 17. Juni 1953 durch das SED-Regime.
18. Juli	Die Gründung eines ständigen Internationalen Strafgerichtshofs (IStGH) wird in Rom beschlossen.
27. September	Wahlen zum 14. Deutschen Bundestag: SPD: 40,9%, CDU/CSU: 35,1%, Bündnis 90/DIE GRÜNEN: 6,7%, FDP: 6,2% und PDS: 5,1%.
16. Oktober	Billigung des Bundestag in seiner alten Zusammensetzung einer Beteiligung der Bundeswehr an einem möglichen Militärschlag der NATO gegen Rest-Jugoslawien (Kosovo-Krise).
27. Oktober	Gerhard Schröder wird vom Bundestag zum neuen Bundeskanzler gewählt.
3. November	PDS übernimmt erstmals Regierungsverantwortung gemeinsam mit der SPD auf Länderebene in Mecklenburg-Vorpommern.

1999

1. Januar	Die Europäische Währungsunion tritt in Kraft.
22. Januar	Eröffnung des jüdischen Museums in Berlin.
16. Februar	Beschluß zur Einrichtung eines Entschädigungsfonds für ehemalige Zwangsarbeiter durch Bundeskanzler Schröder und zwölf Konzernchefs.
11. März	Bundesfinanzminister Oskar Lafontaine gibt schriftlich und ohne Angabe von Gründen seinen Rücktritt als Finanzminister, als SPD-Vorsitzender und als Bundestagsmitglied bekannt.
24. März	Beginn des Kosovo-Krieges unter Beteiligung von 14 Tornados der Bundeswehr.
23. Mai	Wahl des früheren Ministerpräsidenten von Nordrhein-Westfalen, Johannes Rau, zum Bundespräsidenten.
1. Juni	Letzte Bundestagssitzung in Bonn.
25. Juni	Bundestag spricht sich für ein Holocaust-Mahnmal in Berlin aus.
5. November	Beginn der CDU-Spendenaffäre: Der mit Haftbefehl gesuchte frühere CDU-Schatzmeister Walther Leisler Kiep stellt sich der Justiz und erklärt, vom Waffenlobbyisten Karlheinz Schreiber einen Koffer mit 1 Mio. DM als Parteispende an die CDU empfangen zu haben.
10. Dezember	Günter Grass erhält den Nobelpreis für Literatur.

2000

11. Januar	Europäischer Gerichtshof entscheidet, daß auch Frauen in der Bundeswehr Waffendienst leisten dürfen.
15. Februar	Bundestagspräsident Wolfgang Thierse verhängt gegen die CDU eine Strafzahlung von 41 Mio. DM wegen der CDU-Spendenaffäre.
16. Februar	Bundespräsident Johannes Rau hält als erstes deutsches Staatsoberhaupt eine Rede in deutscher Sprache vor dem israelischen Parlament (Knesset) in Jerusalem und entschuldigt sich für die Verfolgung der Juden während des Nationalsozialismus in Deutschland.
10. April	Angela Merkel wird zur Vorsitzenden der CDU gewählt.
31. Mai	Eröffnung der Weltausstellung Expo 2000 in Hannover.
15. Juni	Vertreter der Bundesregierung und der Energiewirtschaft einigen sich auf den Ausstieg aus der Atomenergie mit einer Frist von 32 Jahren.
11. Oktober	Die frühere DDR-Bürgerrechtlerin und Grünen-Politikerin Ma-

rianne Birthler tritt die Nachfolge von Joachim Gauck als Bundes-
beauftragte für die Unterlagen des Staatssicherheitsdienstes an.

24. November   Erster Fall von BSE (»Rinderwahnsinn«) in Deutschland.

11. Dezember   Beschluß einer EU-Charta der Grundrechte und der Osterweiterung der EU auf einem Gipfeltreffen in Nizza.

2001

26. Januar   Bundestag verabschiedet Rentenreform. Das Gesetz sieht einen
langsameren Anstieg der Renten vor; Kernpunkt ist die sog. Riester-Rente.

30. Januar   Bundesregierung stellt NPD-Verbotsantrag vor dem Bundesverfassungsgericht.

10. Juni   Klaus Wowereit (SPD), Bürgermeisterkandidat für Berlin, macht
auf dem Berliner Landesparteitag als erster Politiker öffentlich
seine Homosexualität bekannt.

2. Juli   Die PDS verurteilt in einer Erklärung des Parteivorstandes den
Mauerbau, spricht aber keine ausdrückliche Entschuldigung für
die Toten an der innerdeutschen Grenze aus.

17. Juli   Bestätigung des Gesetzes zur Eingetragenen Lebenspartnerschaft
homosexueller Paare durch das Bundesverfassungsgericht.

22. August   Der Traditionskonzern Mannesmann wird von dem Mobilfunk-
unternehmen Vodafone übernommen.

11. September   Terroranschlag auf die Zwillingstürme des New Yorker World
Trade Center und das Washingtoner Pentagongebäude; bis zu 5000
Tote.

12. September   Bundeskanzler Gerhard Schröder sichert den USA uneinge-
schränkte Solidarität zu.

7. Oktober   Beginn der Luftangriffe auf Afghanistan durch die US-amerikani-
sche und britische Luftwaffe.

4. November   Auf dem ehemaligen Reichsparteitagsgelände in Nürnberg wird
ein Dokumentationszentrum eröffnet.

16. November   Abstimmung über den Bundeswehreinsatz in Afghanistan durch
den Deutschen Bundestag; Bundeskanzler Schröder verbindet die
Abstimmung mit der Vertrauensfrage.

15. Dezember   Ende der Afghanistan-Konferenz der Vereinten Nationen in Bonn,
die sich auf den Paschtunenführer Hamid Karsai an der Spitze der
Übergangsregierung einigt.

2002

1. Januar	Einführung des Euro als offizielles Zahlungsmittel in zwölf europäischen Ländern.
20. März	Bundeskabinett beschließt Dosenpfand.
16. April	Beginn des ersten Prozesses gegen fünf mutmaßliche al-Qai'da-Terroristen in Deutschland.
26. April	Ein 19jähriger ehemaliger Schüler des Erfurter Gutenberg-Gymnasiums erschießt in einem Amoklauf 14 Lehrer und zwei Schüler.
4. Juli	Entscheidung des Bundestags, das Hohenzollernschloß in Berlin-Mitte wiederaufzubauen.
3. August	Bundeskanzler Schröder schließt die Beteiligung deutscher Soldaten an einem eventuellen Krieg gegen den Irak aus.
25. August	Erstes TV-Duell der Kanzlerkandidaten Gerhard Schröder und Edmund Stoiber auf den Privatsendern *RTL* und *SAT 1*.
8. September	Zweites TV-Duell auf *ARD* und *ZDF*.
22. September	Wahlen zum 15. Deutschen Bundestag: SPD: 38,5%, CDU/CSU: 38,5%, Bündnis 90/DIE GRÜNEN: 8,6%, FDP: 7,4%, PDS: 4,0%.
22. Oktober	Gerhard Schröder wird vom Bundestag erneut zum Bundeskanzler gewählt.

2003

27. Januar	Unterzeichnung eines Staatsvertrags zwischen dem Zentralrat der Juden und der Bundesregierung zum Holocaust-Gedenktag.
10. Februar	Deutschland und die Niederlande übernehmen die Führung der ISAF-Truppen in Afghanistan.
14. März	Bundeskanzler Schröder stellt im Bundestag die »Agenda 2010« vor.
20. März	Beginn des dritten Golfkriegs unter Führung der USA.
1. Juni	SPD billigt »Agenda 2010« auf dem SPD-Sonderparteitag in Berlin.
24. September	Bundesverfassungsgericht mahnt zu gesetzlichen Regelungen bezüglich eines »Kopftuchverbotes« auf Landesebene.
14. November	Stillegung des Atomkraftwerkes Stade im Rahmen des beschlossenen Atomausstiegs.

2004

6. Februar	Bundeskanzler Schröder tritt vom Amt des Parteivorsitzenden der SPD zugunsten von Franz Müntefering zurück.
11. März	Terroranschlag auf Madrider Nahverkehrszüge; 191 Menschen finden den Tod.
28. März	Sir Peter Ustinov stirbt im Alter von 82 Jahren in der Schweiz.

1. Mai	Erweiterung der Europäischen Union um 10 Mitglieder (Estland, Lettland, Litauen, Malta, Polen, Slowakei, Slowenien, Tschechische Republik, Ungarn und Zypern).
23. Mai	Horst Köhler wird zum Bundespräsidenten gewählt.
6. Juni	Gedenkfeier zum 60. Jahrestag der Landung der Alliierten in der Normandie; Gerhard Schröder nimmt als erster deutscher Bundeskanzler an den Feierlichkeiten teil.
13. Juni	Wahlen zum Europaparlament.
August	Zehntausende demonstrieren gegen die sog. »Hartz-IV-Bestimmungen«.
11. November	Jassir Arafat stirbt im Alter von 75 Jahren.
14. Dezember	Präsidentschaftswahlen in den USA; George W. Bush geht als Sieger hervor.
26. Dezember	Seebeben erschüttert Südostasien; über 200 000 Tote.

2005

Januar	Start der LKW-Maut in Deutschland.
	Arbeit & soziale Gerechtigkeit – Die Wahlalternative (WASG) wird als Partei gegründet.
2. April	Papst Johannes Paul II. stirbt im Alter von 84 Jahren.
19. April	Konklave wählt Benedikt XVI. (Joseph Ratzinger) zum neuen Papst.
22. Mai	CDU und FDP gewinnen die Landtagswahlen in Nordrhein-Westfalen; Bundeskanzler Schröder kündigt daraufhin Neuwahlen zum Bundestag an.
29. Mai	Mehrheit der Franzosen stimmt bei Volksabstimmung gegen die Europäische Verfassung.
27. Juni	Bundeskanzler Schröder stellt Vertrauensfrage im Deutschen Bundestag.
21. Juli	Bundespräsident Horst Köhler löst den 15. Deutschen Bundestag auf.
4. September	Kanzlerkandidatin Angela Merkel (CDU) und Bundeskanzler Gerhard Schröder treten zum einzigen Fernsehduell an.
18. September	Wahlen zum 16. Deutschen Bundestag: CDU/CSU: 35,2 %, SPD: 34,2 %, FDP: 9,8 %, Bündnis 90/DIE GRÜNEN: 8,1 %, Die Linke/PDS: 8,7 %.
10. Oktober	CDU/CSU und SPD einigen sich auf eine Große Koalition unter Führung von Angela Merkel.
22. November	Angela Merkel wird durch den Bundestag zur ersten Bundeskanzlerin der Bundesrepublik Deutschland gewählt.

Tabellen und Karten

Karte 1: Politische Gliederung 1949–1990 (Das Land Baden-Württemberg wurde 1952 gegründet; das Saarland wurde 1957 in die BRD eingegliedert)

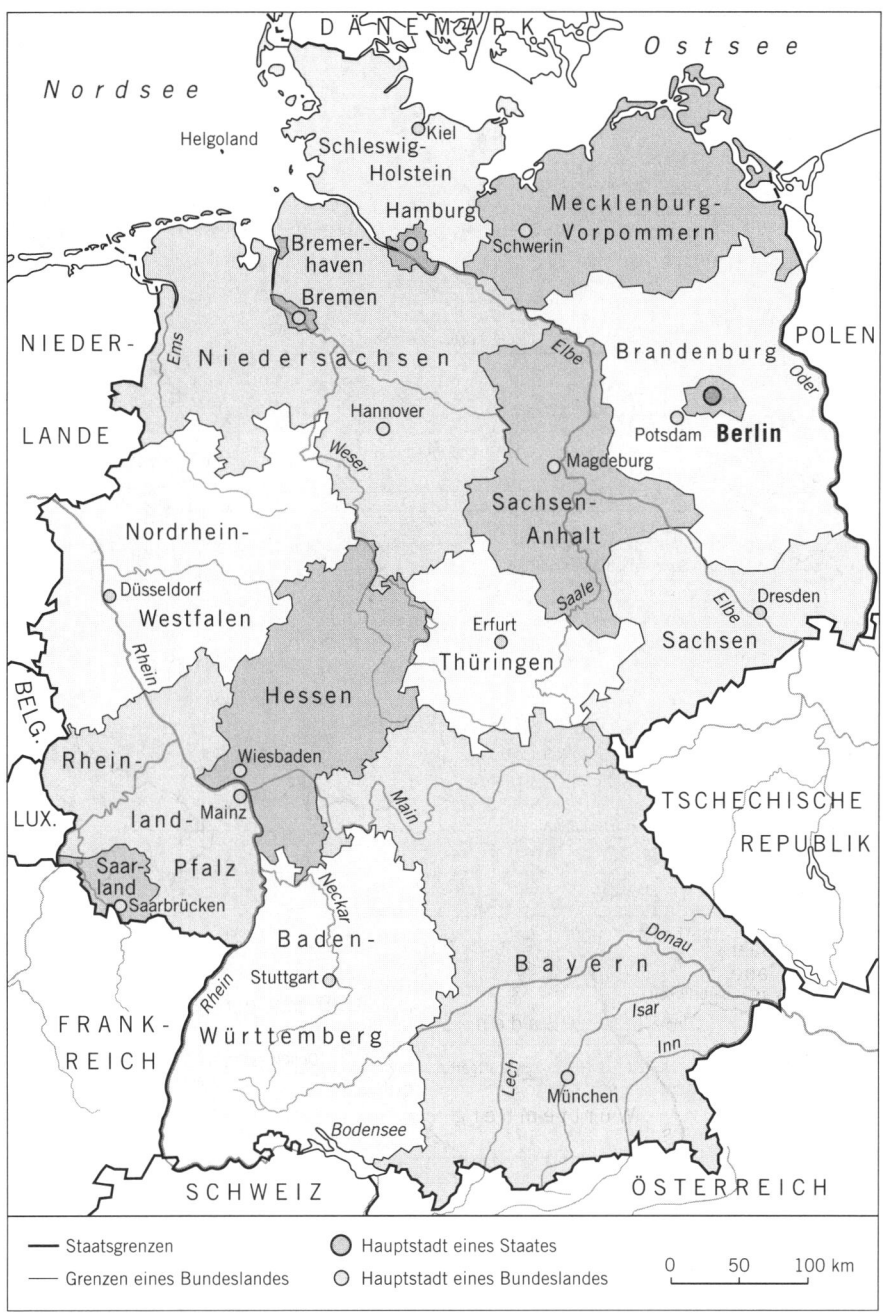

Karte 2: *Politische Gliederung seit 1990*

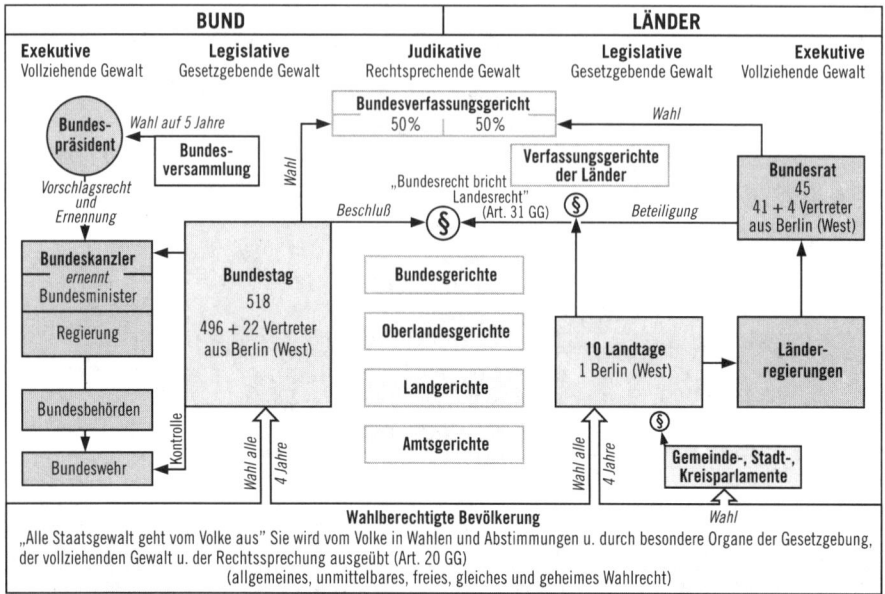

Abb. 1: *Wahlsystem in Bund und Ländern vor der Wiedervereinigung*

Tab. 1: *Wahlergebnisse vom 1.–16. Deutschen Bundestag 1949–2005 (in %)*

	1.		2.		3.		4.	
Wahltag	14.8.1949		6.9.1953		15.9.1957		17.9.1961	
Wahlbeteiligung/Sitze*	78,5	410 Sitze	86,0	509 Sitze	87,8	519 Sitze	87,7	521 Sitze
CDU/CSU	31,0	141	45,2	249	50,2	277	45,3	251
SPD	29,2	136	28,8	162	31,8	181	36,2	203
FDP/DVP	11,9	53	9,5	53	7,7	43	12,8	67
BP	4,2	17	1,7	–	–	–	–	–
DP	4,0	17	3,2	15	3,4	18	–	–
GB/BHE	–	–	5,9	27	4,6	–	–	–
KPD	5,7	15	2,2	–	–	–	–	–
WAV	2,9	12	–	–	–	–	–	–
Zentrum	3,1	10	0,8	3	–	–	–	–
Sonstige	7,9	9	2,7	–	2,3	–	5,7	–

	5.		6.		7.		8.	
Wahltag	19.9.1965		28.9.1969		19.11.1972		3.10.1976	
Wahlbeteiligung/Sitze*	86,8	518 Sitze	86,7	518 Sitze	91,1	518 Sitze	90,7	518 Sitze
CDU/CSU	47,6	251	46,1	250	44,9	234	48,6	254
SPD	39,3	217	42,7	237	45,8	242	42,6	224
FDP	9,5	50	5,8	31	8,4	42	7,9	40
Sonstige	3,6	–	5,5	–	0,9	–	0,9	–

	9.		10.		11.		12.	
Wahltag	5.10.1980		6.3.1983		25.1.1987		2.12.1990	
Wahlbeteiligung/Sitze*	88,6	519 Sitze	89,1	520 Sitze	84,3	519 Sitze	77,8	662 Sitze
CDU/CSU	44,5	237	48,8	255	44,3	234	43,8	319
SPD	42,9	228	38,2	202	37,0	193	33,5	239
FDP	10,6	54	7,0	35	9,1	48	11,0	79
GRÜNE	1,5	–	5,6	28	8,3	44	3,8	8**
PDS	–	–	–	–	–	–	2,4	17**
Sonstige	0,5	–	0,5	–	1,4	–	4,2	–

	13.		14.		15.		16.	
Wahltag	16.10.1994		27.9.1998		22.9.2002		18.9.2005	
Wahlbeteiligung/Sitze*	79,0	672 Sitze	82,2	669 Sitze	79,1	603 Sitze	77,7	614 Sitze
CDU/CSU	41,5	294	35,1	245	38,5	248	35,2	226
SPD	36,4	252	40,9	298	38,5	251	34,2	222
FDP	6,9	47	6,2	43	7,4	47	9,8	61
GRÜNE	7,3	49	6,7	47	8,6	55	8,1	51
PDS	4,4	30**	5,1	36	4,0	2	–	–
Linke	–	–	–	–	–	–	8,7	54
Sonstige	3,5	–	5,9	–	2,8	–	3,9	–

* Sitze einschl. Berlin-West, bis 1953 ohne das Saarland
** Sitze trotz 5-%-Hürde wg. Einteilung der Bundesrep. in zwei Wahlgebiete West/Ost
(Quelle: http://www.bundeswahlleiter.de, eigene Zusammenstellung)

Tab. 2:   Bundeskabinette 1949–2005

Erstes Kabinett Adenauer (20. 10. 1949–20. 10. 1953)	
Bundeskanzler	Konrad Adenauer, CDU
Stellvertreter und Marshallplan	Franz Blücher, FDP
Inneres	Dr. Dr. Gustav Heinemann, CDU (bis 11. 10. 1950) Dr. Robert Lehr, CDU
Justiz	Dr. Thomas Dehler, FDP
Finanzen	Fritz Schäffer, CSU
Wirtschaft	Prof. Dr. Ludwig Erhard, parteilos
Ernährung, Landwirtschaft und Forsten	Prof. Dr. Wilhelm Niklas, CSU
Arbeit und Sozialordnung	Anton Storch, CDU
Verkehr	Dr. Hans-Christoph Seebohm, DP
Post- und Fernmeldewesen	Hans Schuberth, CSU
Wiederaufbau (ab 1950: Wohnungsbau)	Eberhard Wildermuth, FDP († 9. 3. 1952) Fritz Neumayer, CDU (ab 19. 7. 1952)
Vertriebene, Flüchtlinge und Kriegs-geschädigte	Dr. Hans Lukaschek, CDU
Gesamtdeutsche Fragen	Jakob Kaiser, CDU
Angelegenheiten des Bundesrates	Heinrich Hellwege, DP

Zweites Kabinett Adenauer (20. 10. 1953–29. 10. 1957)	
Bundeskanzler	Konrad Adenauer, CDU
Stellvertreter und Wirtschaftl. Zusammen-arbeit	Franz Blücher, FDP, seit 1956 FVP
Auswärtiges (ab 1955)	Konrad Adenauer, CDU (bis 6. 6. 1955) Dr. Heinrich von Brentano, CDU
Inneres	Dr. Gerhard Schröder, CDU
Justiz	Fritz Neumayer, FDP (bis 16. 10. 1956) Dr. Hans-Joachim von Merkatz, DP
Finanzen	Fritz Schäffer, CSU
Wirtschaft	Prof. Dr. Ludwig Erhard, parteilos
Ernährung, Landwirtschaft und Forsten	Heinrich Lübke, CDU
Arbeit und Sozialordnung	Anton Storch, CDU
Verkehr	Dr. Hans-Christoph Seebohm, DP

▶

Post- und Fernmeldewesen	Hans Schuberth, CSU (bis 9.12.1953) Prof. Dr. Siegfried Balke, CSU (bis 14.11.1956) Ernst Lemmer, CDU
Wohnungsbau	Dr. Victor-Emanuel Preusker, FDP, seit 1956 FVP
Vertriebene, Flüchtlinge und Kriegs- geschädigte	Prof. Dr. Dr. Theodor Oberländer, GB/BHE, seit 1955 CDU
Gesamtdeutsche Fragen	Jakob Kaiser, CDU
Angelegenheiten des Bundesrates	Heinrich Hellwege, DP (bis 26.5.1955) Dr. Hans-Joachim von Merkatz, DP
Familienfragen	Dr. Franz-Josef Wuermeling, CDU
Besondere Aufgaben	Dr. Robert Tillmanns, CDU († 12.11.1955) Waldemar Kraft, GB/BHE, seit 1956 CDU (bis 16.10.1956) Dr. Hermann Schäfer, FDP (bis 16.10.1956) Franz Josef Strauß, CSU (bis 12.10.1955)
Verteidigung (ab 8.6.1955)	Theodor Blank, CDU (bis 16.10.1956) Franz Josef Strauß, CSU
Atomfragen (ab 12.10.1955)	Franz Josef Strauß, CSU (bis 16.10.1956) Prof. Dr. Siegfried Balke, CDU

Drittes Kabinett Adenauer (29.10.1957–14.11.1961)	
Bundeskanzler	Konrad Adenauer, CDU
Stellvertreter und Wirtschaft	Prof. Dr. Ludwig Erhard, parteilos
Auswärtiges	Dr. Heinrich von Brentano, CDU
Inneres	Dr. Gerhard Schröder, CDU
Justiz	Fritz Schäffer, CSU
Finanzen	Franz Etzel, CDU
Ernährung, Landwirtschaft und Forsten	Heinrich Lübke, CDU (bis 15.9.1959) Werner Schwarz, CDU
Arbeit und Sozialordnung	Theodor Blank, CDU
Verteidigung	Franz Josef Strauß, CSU
Verkehr	Dr. Hans-Christoph Seebohm, DP, seit 1960 CDU
Post- und Fernmeldewesen	Richard Stücklen, CSU
Wohnungsbau	Paul Lücke, CDU

Vertriebene, Flüchtlinge und Kriegs-geschädigte	Prof. Dr. Dr. Theodor Oberländer, CDU (bis 5.4.1960) Dr. Hans-Joachim von Merkatz, CDU (ab 27.10.1960)
Gesamtdeutsche Fragen	Ernst Lemmer, CDU
Angelegenheiten des Bundesrates und der Länder	Dr. Hans-Joachim von Merkatz, DP, seit 1960 CDU
Familien- und Jugendfragen	Dr. Franz-Josef Wuermeling, CDU
Atomkernenergie und Wasserwirtschaft	Prof. Dr. Siegfried Balke, CSU
Wirtschaftlicher Besitz des Bundes	Dr. Hermann Lindrath, CDU († 27.2.1960) Dr. Hans Wilhelmi, CDU (ab 4.5.1960)

Viertes Kabinett Adenauer (14.11.1961–13.12.1962)	
Bundeskanzler	Konrad Adenauer, CDU
Stellvertreter und Wirtschaft	Prof. Dr. Ludwig Erhard, parteilos
Auswärtiges	Dr. Gerhard Schröder, CDU
Inneres	Hermann Höcherl, CSU
Justiz	Dr. Wolfgang Stammberger, FDP (bis 19.11.1962)
Finanzen	Dr. Heinz Starke, FDP (bis 19.11.1962)
Ernährung, Landwirtschaft und Forsten	Werner Schwarz, CDU
Verteidigung	Franz Josef Strauß, CSU
Verkehr	Dr. Hans-Christoph Seebohm, CDU
Arbeit und Sozialordnung	Theodor Blank, CDU
Post- und Fernmeldewesen	Richard Stücklen, CSU
Wohnungswesen, Städtebau und Raumordnung	Paul Lücke, CDU
Vertriebene, Flüchtlinge und Kriegs-geschädigte	Wolfgang Mischnick, FDP (bis 19.11.1962)
Gesamtdeutsche Fragen	Ernst Lemmer, CDU
Familien- und Jugendfragen	Dr. Franz-Josef Wuermeling, CDU
Angelegenheiten des Bundesrates und der Länder	Dr. Hans-Joachim von Merkatz, CDU
Atomkernenergie und Wasserwirtschaft	Prof. Dr. Siegfried Balke, CSU
Schatz	Hans Lenz, FDP (bis 19.11.1962)
Wirtschaftliche Zusammenarbeit	Walter Scheel, FDP (bis 19.11.1962)

Gesundheitswesen	Dr. Elisabeth Schwarzhaupt, CDU
Besondere Aufgaben	Dr. Heinrich Krone, CDU

Fünftes Kabinett Adenauer (14. 12. 1962 – 11. 10. 1963)	
Bundeskanzler	Konrad Adenauer, CDU
Stellvertreter des Bundeskanzlers	Prof. Dr. Ludwig Erhard, CDU
Auswärtiges	Dr. Gerhard Schröder, CDU
Inneres	Hermann Höcherl, CSU
Justiz	Dr. Ewald Bucher, FDP
Finanzen	Dr. Rolf Dahlgrün, FDP
Wirtschaft	Prof. Dr. Ludwig Erhard, CDU
Ernährung, Landwirtschaft und Forsten	Werner Schwarz, CDU
Arbeit und Sozialordnung	Theodor Blank, CDU
Verteidigung	Franz Josef Strauß, CSU (mit der Wahrnehmung beauftragt bis 9. 1. 1963) Kai-Uwe von Hassel, CDU
Verkehr	Dr. Hans-Christoph Seebohm, CDU
Post- und Fernmeldewesen	Richard Stücklen, CSU
Wohnungswesen, Städtebau und Raumordnung	Paul Lücke, CDU
Vertriebene, Flüchtlinge und Kriegsgeschädigte	Wolfgang Mischnick, FDP
Gesamtdeutsche Fragen	Dr. Rainer Barzel, CDU
Angelegenheiten des Bundesrates und der Länder	Alois Niederalt, CSU
Familien- und Jugendfragen	Dr. Bruno Heck, CDU
Wissenschaftliche Forschung	Hans Lenz, FDP
Schatz	Dr. Werner Dollinger, CSU
Wirtschaftliche Zusammenarbeit	Walter Scheel, FDP
Gesundheitswesen	Dr. Elisabeth Schwarzhaupt, CDU
Besondere Aufgaben	Dr. Heinrich Krone, CDU

Erstes Kabinett Erhard (17. 10. 1963–26. 10. 1965)

Bundeskanzler	Prof. Dr. Ludwig Erhard, CDU
Stellvertreter des Bundeskanzlers	Dr. Erich Mende, FDP
Auswärtiges	Dr. Gerhard Schröder, CDU
Inneres	Hermann Höcherl, CSU
Justiz	Dr. Ewald Bucher, FDP (bis 27.3.1965) Dr. Karl Weber, CDU (seit 1.4.1965)
Finanzen	Dr. Rolf Dahlgrün, FDP
Wirtschaft	Kurt Schmücker, CDU
Ernährung, Landwirtschaft und Forsten	Werner Schwarz, CDU
Arbeit und Sozialordnung	Theodor Blank, CDU
Verteidigung	Kai-Uwe von Hassel, CDU
Verkehr	Dr. Hans-Christoph Seebohm, CDU
Post- und Fernmeldewesen	Richard Stücklen, CSU
Wohnungswesen, Städtebau und Raumordnung	Paul Lücke, CDU
Vertriebene, Flüchtlinge und Kriegsgeschädigte	Hans Krüger, CDU (bis 7.2.1964) Ernst Lemmer, CDU (seit 19.2.1964)
Gesamtdeutsche Fragen	Dr. Erich Mende, FDP
Bundesrat und Länder	Alois Niederalt, CSU
Wissenschaftliche Forschung	Hans Lenz, FDP
Familie und Jugend	Dr. Bruno Heck, CDU
Schatz	Dr. Werner Dollinger, CSU
Wirtschaftliche Zusammenarbeit	Walter Scheel, FDP
Gesundheitswesen	Dr. Elisabeth Schwarzhaupt, CDU
Besondere Aufgaben (seit 13.7.1964: Vorsitzender des Bundesverteidigungsrates)	Dr. Heinrich Krone, CDU
Besondere Aufgaben/Chef des Bundeskanzleramtes	Dr. Ludger Westrick, CDU (seit 16.6.1964)

Zweites Kabinett Erhard (26.10.1965–30.11.1966)	
Bundeskanzler	Prof. Dr. Ludwig Erhard, CDU
Stellvertreter und Gesamtdt. Fragen	Dr. Erich Mende, FDP (bis 28.10.1966) Dr. Hans-Christoph Seebohm, CDU (als Stellvertreter ab 8.11.1966) Dr. Johann Baptist Gradl, CDU (für Gesamtdt. Fragen ab 8.11.1966)
Auswärtiges	Dr. Gerhard Schröder, CDU
Inneres	Paul Lücke, CDU
Justiz	Dr. Richard Jaeger, CSU
Finanzen	Dr. Rolf Dahlgrün, FDP (bis 28.10.1966) Kurt Schmücker, CDU
Wirtschaft	Kurt Schmücker, CDU
Ernährung, Landwirtschaft und Forsten	Hermann Höcherl, CSU
Arbeit und Sozialordnung	Hans Katzer, CDU
Verteidigung	Kai-Uwe von Hassel, CDU
Verkehr	Dr. Hans-Christoph Seebohm, CDU
Post- und Fernmeldewesen	Richard Stücklen, CSU
Wohnungswesen, Städtebau und Raumordnung	Dr. Ewald Bucher, FDP (bis 28.10.1966) Dr. Bruno Heck, CDU
Vertriebene, Flüchtlinge und Kriegsgeschädigte	Dr. Johann Baptist Gradl, CDU
Angelegenheiten des Bundesrates und der Länder	Alois Niederalt, CSU
Familien- und Jugendfragen	Dr. Bruno Heck, CDU
Wissenschaftliche Forschung	Dr. Gerhard Stoltenberg, CDU
Wirtschaftliche Zusammenarbeit	Walter Scheel, FDP (bis 28.10.1966) Dr. Werner Dollinger, CSU
Schatz	Dr. Werner Dollinger, CSU
Gesundheit	Dr. Elisabeth Schwarzhaupt, CDU
Angelegenheiten des Bundesverteidigungsrates	Dr. Heinrich Krone, CDU
Besondere Aufgaben/Chef des Bundeskanzleramtes	Dr. Ludger Westrick, CDU (bis 15.9.1966)

Kabinett Kiesinger (1. Große Koalition, 1.12.1966–21.10.1969)	
Bundeskanzler	Kurt Georg Kiesinger, CDU
Stellvertreter und Auswärtiges	Willy Brandt, SPD
Inneres	Paul Lücke, CDU (bis 2.4.1968) Ernst Benda, CDU
Justiz	Dr. Dr. Gustav Heinemann, SPD (bis 26.3.1969) Prof. Dr. Horst Ehmke, SPD
Finanzen	Franz Josef Strauß, CSU
Wirtschaft	Prof. Dr. Karl Schiller, SPD
Ernährung, Landwirtschaft und Forsten	Hermann Höcherl, CSU
Arbeit und Sozialordnung	Hans Katzer, CDU
Verteidigung	Dr. Gerhard Schröder, CDU
Verkehr	Georg Leber, SPD
Post- und Fernmeldewesen	Dr. Werner Dollinger, CSU
Wohnungswesen und Städtebau	Dr. Lauritz Lauritzen, SPD
Vertriebene, Flüchtlinge und Kriegs-geschädigte	Kai-Uwe von Hassel, CDU (bis 5.2.1969) Heinrich Windelen, CDU (seit 7.2.1969)
Gesamtdeutsche Fragen	Herbert Wehner, SPD
Bundesrat und Länder	Prof. Dr. Carlo Schmid, SPD
Wissenschaftliche Forschung	Dr. Gerhard Stoltenberg, CDU
Familie und Jugend	Dr. Bruno Heck, CDU (bis 2.10.1968) Aenne Brauksiepe, CDU (seit 16.10.1968)
Schatz	Kurt Schmücker, CDU
Gesundheitswesen	Käte Strobel, SPD
Wirtschaftliche Zusammenarbeit	Hans-Jürgen Wischnewski, SPD (bis 2.10.1968) Dr. Erhard Eppler, SPD (seit 16.10.1968)

Erstes Kabinett Brandt (22.10.1969–14.12.1972)	
Bundeskanzler	Willy Brandt, SPD
Stellvertreter und Auswärtiges	Walter Scheel, FDP
Inneres	Hans-Dietrich Genscher, FDP
Justiz	Gerhard Jahn, SPD

▶

Finanzen	Alexander Möller, SPD (bis 13.5.1971) Prof. Dr. Karl Schiller, SPD (bis 7.7.1972) Helmut Schmidt, SPD
Wirtschaft	Prof. Dr. Karl Schiller, SPD (bis 7.7.1972) Helmut Schmidt, SPD
Ernährung, Landwirtschaft und Forsten	Josef Ertl, FDP
Arbeit und Sozialordnung	Walter Arendt, SPD
Verteidigung	Helmut Schmidt, SPD (bis 7.7.1972) Georg Leber, SPD
Jugend, Familie und Gesundheit	Käte Strobel, SPD
Verkehr; Post- und Fernmeldewesen	Georg Leber, SPD (bis 7.7.1972) Dr. Lauritz Lauritzen, SPD
Städtebau und Wohnungswesen	Dr. Lauritz Lauritzen, SPD
Innerdeutsche Beziehungen	Egon Franke, SPD
Bildung und Wissenschaft	Prof. Dr. Hans Leussink, parteilos (bis 15.3.1971) Dr. Klaus von Dohnanyi, SPD
Wirtschaftliche Zusammenarbeit	Dr. Erhard Eppler, SPD
Besondere Aufgaben/Chef des Bundes-kanzleramtes	Prof. Dr. Horst Ehmke, SPD

Zweites Kabinett Brandt (15.12.1972–6.5.1974)	
Bundeskanzler	Willy Brandt, SPD
Stellvertreter und Auswärtiges	Walter Scheel, FDP
Inneres	Hans-Dietrich Genscher, FDP
Justiz	Gerhard Jahn, SPD
Finanzen	Helmut Schmidt, SPD
Wirtschaft	Dr. Hans Friderichs, FDP
Ernährung, Landwirtschaft und Forsten	Josef Ertl, FDP
Arbeit und Sozialordnung	Walter Arendt, SPD
Verteidigung	Georg Leber, SPD
Jugend, Familie und Gesundheit	Dr. Katharina Focke, SPD
Verkehr	Dr. Lauritz Lauritzen, SPD
Post- und Fernmeldewesen	Prof. Dr. Horst Ehmke, SPD
Raumordnung, Bauwesen und Städtebau	Dr. Hans-Jochen Vogel, SPD

Innerdeutsche Beziehungen	Egon Franke, SPD
Forschung und Technologie	Prof. Dr. Horst Ehmke, SPD
Bildung und Wissenschaft	Dr. Klaus von Dohnanyi, SPD
Wirtschaftliche Zusammenarbeit	Dr. Erhard Eppler, SPD
Besondere Aufgaben beim Bundeskanzler	Egon Bahr, SPD
Besondere Aufgaben beim Stellvertreter	Prof. Dr. Werner Maihofer, FDP

Erstes Kabinett Schmidt (16.5.1974–14.12.1976)

Bundeskanzler	Helmut Schmidt, SPD
Stellvertreter des Bundeskanzlers	Hans-Dietrich Genscher, FDP
Auswärtiges	Hans-Dietrich Genscher, FDP
Inneres	Prof. Dr. Werner Maihofer, FDP
Justiz	Dr. Hans-Jochen Vogel, SPD
Finanzen	Dr. Hans Apel, SPD
Wirtschaft	Dr. Hans Friderichs, FDP
Ernährung, Landwirtschaft und Forsten	Josef Ertl, FDP
Arbeit und Sozialordnung	Walter Arendt, SPD
Verteidigung	Georg Leber, SPD
Jugend, Familie und Gesundheit	Dr. Katharina Focke, SPD
Verkehr; Post- und Fernmeldewesen	Kurt Gscheidle, SPD
Raumordnung, Bauwesen und Städtebau	Karl Ravens, SPD
Innerdeutsche Beziehungen	Egon Franke, SPD
Forschung und Technologie	Hans Matthöfer, SPD
Bildung und Wissenschaft	Helmut Rohde, SPD
Wirtschaftliche Zusammenarbeit	Dr. Erhard Eppler, SPD (bis 8.7.1974) Egon Bahr, SPD

Zweites Kabinett Schmidt (15.11.1976–4.11.1980)

Bundeskanzler	Helmut Schmidt, SPD
Stellvertreter und Auswärtiges	Hans-Dietrich Genscher, FDP
Inneres	Prof. Dr. Werner Maihofer, FDP (bis 8.6.1978) Gerhart Rudolf Baum, FDP
Justiz	Dr. Hans-Jochen Vogel, SPD

Finanzen	Dr. Hans Apel, SPD (bis 16.2.1978) Hans Matthöfer, SPD
Wirtschaft	Dr. Hans Friderichs, FDP (bis 7.10.1977) Dr. Otto Graf Lambsdorff, FDP
Ernährung, Landwirtschaft und Forsten	Josef Ertl, FDP
Arbeit und Sozialordnung	Dr. Herbert Ehrenberg, SPD
Verteidigung	Georg Leber, SPD (bis 16.2.1978) Dr. Hans Apel, SPD
Jugend, Familie und Gesundheit	Antje Huber, SPD
Verkehr; Post- und Fernmeldewesen	Kurt Gscheidle, SPD
Raumordnung, Bauwesen und Städtebau	Karl Ravens, SPD (bis 16.2.1978) Dr. Dieter Haack, SPD
Innerdeutsche Beziehungen	Egon Franke, SPD
Forschung und Technologie	Hans Matthöfer, SPD (bis 16.2.1978) Dr. Volker Hauff, SPD
Bildung und Wissenschaft	Helmut Rohde, SPD (bis 16.2.1978) Dr. Jürgen Schmude, SPD
Wirtschaftliche Zusammenarbeit	Marie Schlei, SPD (bis 16.2.1978) Rainer Offergeld, SPD

Drittes Kabinett Schmidt (5.11.1980–1.10.1982)	
Bundeskanzler	Helmut Schmidt, SPD
Stellvertreter und Auswärtiges	Hans-Dietrich Genscher, FDP (bis 17.9.1982) Egon Franke, SPD (als Stellvertreter ab 17.9.1982) Helmut Schmidt, SPD (für Auswärtiges ab 17.9.1982)
Inneres	Gerhart Rudolf Baum, FDP (bis 17.9.1982) Dr. Jürgen Schmude, SPD
Justiz	Dr. Hans-Jochen Vogel, SPD (bis 22.1.1981) Dr. Jürgen Schmude, SPD
Finanzen	Hans Matthöfer, SPD (bis 28.4.1982) Manfred Lahnstein, SPD
Wirtschaft	Dr. Otto Graf Lambsdorff, FDP (bis 17.9.1982) Manfred Lahnstein, SPD

Ernährung, Landwirtschaft und Forsten	Josef Ertl, FDP (bis 17.9.1982) Björn Engholm, SPD
Arbeit und Sozialordnung	Dr. Herbert Ehrenberg, SPD (bis 28.4.1982) Heinz Westphal, SPD
Verteidigung	Dr. Hans Apel, SPD
Jugend, Familie und Gesundheit	Antje Huber, SPD (bis 28.4.1982) Anke Fuchs, SPD
Verkehr	Dr. Volker Hauff, SPD
Post- und Fernmeldewesen	Kurt Gscheidle, SPD (bis 28.4.1982) Hans Matthöfer, SPD
Raumordnung, Bauwesen und Städtebau	Dr. Dieter Haack, SPD
Innerdeutsche Beziehungen	Egon Franke, SPD
Forschung und Technologie	Dr. Andreas von Bülow, SPD
Bildung und Wissenschaft	Dr. Jürgen Schmude, SPD (bis 28.1.1981) Björn Engholm, SPD
Wirtschaftliche Zusammenarbeit	Rainer Offergeld, SPD

Erstes Kabinett Kohl (4.10.1982–29.3.1983)	
Bundeskanzler	Dr. Helmut Kohl, CDU
Stellvertreter und Auswärtiges	Hans-Dietrich Genscher, FDP
Inneres	Dr. Friedrich Zimmermann, CSU
Justiz	Hans A. Engelhard, FDP
Finanzen	Dr. Gerhard Stoltenberg, CDU
Wirtschaft	Dr. Otto Graf Lambsdorff, FDP
Ernährung, Landwirtschaft und Forsten	Josef Ertl, FDP
Innerdeutsche Beziehungen	Dr. Rainer Barzel, CDU
Arbeit und Sozialordnung	Dr. Norbert Blüm, CDU
Verteidigung	Dr. Manfred Wörner, CDU
Jugend, Familie und Gesundheit	Dr. Heiner Geißler, CDU
Verkehr	Dr. Werner Dollinger, CSU
Post- und Fernmeldewesen	Dr. Christian Schwarz-Schilling, CDU
Raumordnung, Bauwesen und Städtebau	Dr. Oscar Schneider, CSU
Forschung und Technologie	Dr. Heinz Riesenhuber, CDU
Bildung und Wissenschaft	Dr. Dorothee Wilms, CDU
Wirtschaftliche Zusammenarbeit	Dr. Jürgen Warnke, CSU

▶

Zweites Kabinett Kohl (30.3.1983–11.3.1987)	
Bundeskanzler	Dr. Helmut Kohl, CDU
Stellvertreter und Auswärtiges	Hans-Dietrich Genscher, FDP
Inneres	Dr. Friedrich Zimmermann, CSU
Justiz	Hans A. Engelhard, FDP
Finanzen	Dr. Gerhard Stoltenberg, CDU
Wirtschaft	Dr. Otto Graf Lambsdorff, FDP (bis 27.6.1984) Dr. Martin Bangemann, FDP
Ernährung, Landwirtschaft und Forsten	Ignaz Kiechle, CSU
Innerdeutsche Beziehungen	Heinrich Windelen, CDU
Arbeit und Sozialordnung	Dr. Norbert Blüm, CDU
Verteidigung	Dr. Manfred Wörner, CDU
Jugend, Familie und Gesundheit (ab 6.6.1986: Jugend, Familie, Frauen und Gesundheit)	Dr. Heiner Geißler, CDU (bis 26.9.1985) Prof. Dr. Rita Süssmuth, CDU
Verkehr	Dr. Werner Dollinger, CSU
Umwelt, Naturschutz und Reaktorsicherheit (ab 6.6.1986)	Dr. Walter Wallmann, CDU
Post- und Fernmeldewesen	Dr. Christian Schwarz-Schilling, CDU
Raumordnung, Bauwesen und Städtebau	Dr. Oscar Schneider, CSU
Forschung und Technologie	Dr. Heinz Riesenhuber, CDU
Bildung und Wissenschaft	Dr. Dorothee Wilms, CDU
Wirtschaftliche Zusammenarbeit	Dr. Jürgen Warnke, CSU
Besondere Aufgaben/Chef des Bundeskanzleramtes (ab 15.11.1984)	Dr. Wolfgang Schäuble, CDU

Drittes Kabinett Kohl (12.3.1987–18.1.1991)	
Bundeskanzler	Dr. Helmut Kohl, CDU
Stellvertreter und Auswärtiges	Hans-Dietrich Genscher, FDP
Inneres	Dr. Friedrich Zimmermann, CSU (bis 21.4.1989) Dr. Wolfgang Schäuble, CDU
Justiz	Hans A. Engelhard, FDP

Finanzen	Dr. Gerhard Stoltenberg, CDU (bis 21.4.1989) Dr. Theodor Waigel, CSU
Wirtschaft	Dr. Martin Bangemann, FDP (bis 9.12.1988) Dr. Helmut Haussmann, FDP
Ernährung, Landwirtschaft und Forsten	Ignaz Kiechle, CSU
Innerdeutsche Beziehungen	Dr. Dorothee Wilms, CDU
Arbeit und Sozialordnung	Dr. Norbert Blüm, CDU
Verteidigung	Dr. Manfred Wörner, CDU (bis 18.5.1988) Prof. Dr. Rupert Scholz, CDU (bis 21.4.1989) Dr. Gerhard Stoltenberg, CDU
Jugend, Familie, Frauen und Gesundheit	Prof. Dr. Rita Süssmuth, CDU (bis 9.12.1988) Prof. Dr. Ursula Lehr, CDU
Verkehr	Dr. Jürgen Warnke, CSU (bis 21.4.1989) Dr. Friedrich Zimmermann, CSU
Umwelt, Naturschutz und Reaktorsicherheit	Dr. Walter Wallmann, CDU (bis 7.5.1987) Prof. Dr. Klaus Töpfer, CDU
Post- und Fernmeldewesen (ab 1.7.1989: Post und Telekommunikation)	Dr. Christian Schwarz-Schilling, CDU
Raumordnung, Bauwesen und Städtebau	Dr. Oscar Schneider, CSU (bis 21.4.1989) Gerda Hasselfeldt, CSU
Forschung und Technologie	Dr. Heinz Riesenhuber, CDU
Bildung und Wissenschaft	Jürgen W. Möllemann, FDP
Wirtschaftliche Zusammenarbeit	Hans Klein, CSU (bis 21.4.1989) Dr. Jürgen Warnke, CSU
Besondere Aufgaben/Chef des Bundeskanzleramtes	Dr. Wolfgang Schäuble, CDU (bis 21.4.1989) Rudolf Seiters, CDU
Besondere Aufgaben/Chef des Bundespresseamtes	Hans Klein, CSU (ab 21.4.1989)
Besondere Aufgaben (ab 3.10.1990)	Dr. Sabine Bergmann-Pohl, CDU Dr. Günther Krause, CDU Lothar de Maizière, CDU (bis 19.12.1990) Prof. Dr. Rainer Ortleb, FDP Prof. Dr. Hansjoachim Walther, CSU

Viertes Kabinett Kohl (18.1.1991 – 17.11.1994)	
Bundeskanzler	Dr. Helmut Kohl, CDU
Stellvertreter und Auswärtiges	Hans-Dietrich Genscher, FDP (bis 18.5.1992) Jürgen W. Möllemann, FDP (bis 21.1.1993, nur Stellvertreter) Dr. Klaus Kinkel, FDP
Inneres	Dr. Wolfgang Schäuble, CDU (bis 26.11.1991) Rudolf Seiters, CDU (bis 7.7.1993) Manfred Kanther, CDU
Justiz	Dr. Klaus Kinkel, FDP (bis 18.5.1992) Sabine Leutheusser-Schnarrenberger, FDP
Finanzen	Dr. Theodor Waigel, CSU
Wirtschaft	Jürgen W. Möllemann, FDP (bis 21.1.1993) Dr. Günter Rexrodt, FDP
Ernährung, Landwirtschaft und Forsten	Ignaz Kiechle, CSU (bis 21.1.1993) Jochen Borchert, CDU
Arbeit und Sozialordnung	Dr. Norbert Blüm, CDU
Verteidigung	Dr. Gerhard Stoltenberg, CDU (bis 1.4.1992) Volker Rühe, CDU
Familie und Senioren	Hannelore Rönsch, CDU
Frauen und Jugend	Dr. Angela Merkel, CDU
Gesundheit	Gerda Hasselfeldt, CSU (bis 6.5.1992) Horst Seehofer, CSU
Verkehr	Dr. Günther Krause, CDU (bis 13.5.1993) Matthias Wissmann, CDU
Umwelt, Naturschutz und Reaktorsicherheit	Prof. Dr. Klaus Töpfer, CDU
Post und Telekommunikation	Dr. Christian Schwarz-Schilling, CDU (bis 17.12.1992) Dr. Wolfgang Bötsch, CSU (ab 22.1.1993)
Raumordnung, Bauwesen und Städtebau	Dr. Irmgard Adam-Schwaetzer, FDP
Forschung und Technologie	Dr. Heinz Riesenhuber, CDU (bis 21.1.1993) Matthias Wissmann, CDU (bis 13.5.1993) Dr. Paul Krüger, CDU
Bildung und Wissenschaft	Prof. Dr. Rainer Ortleb, FDP (bis 4.2.1994) Prof. Dr. Karl-Hans Laermann, FDP

Wirtschaftliche Zusammenarbeit (seit 22.1.1993: Wirtschaftliche Zusammenarbeit und Entwicklung)	Carl-Dieter Spranger, CSU
Besondere Aufgaben/Chef des Bundeskanzleramtes	Friedrich Bohl, CDU

Fünftes Kabinett Kohl (17.11.1994–26.10.1998)

Bundeskanzler	Dr. Helmut Kohl, CDU
Stellvertreter und Auswärtiges	Dr. Klaus Kinkel, FDP
Inneres	Manfred Kanther, CDU
Justiz	Sabine Leutheusser-Schnarrenberger, FDP (bis 17.1.1996) Prof. Dr. Edzard Schmidt-Jortzig, FDP
Finanzen	Dr. Theodor Waigel, CSU
Wirtschaft	Dr. Günter Rexrodt, FDP
Ernährung, Landwirtschaft und Forsten	Jochen Borchert, CDU
Arbeit und Sozialordnung	Dr. Norbert Blüm, CDU
Verteidigung	Volker Rühe, CDU
Familie, Senioren, Frauen und Jugend	Claudia Nolte, CDU
Gesundheit	Horst Seehofer, CSU
Verkehr	Matthias Wissmann, CDU
Umwelt, Naturschutz und Reaktorsicherheit	Dr. Angela Merkel, CDU
Post und Telekommunikation (aufgelöst am 31.12.1997)	Dr. Wolfgang Bötsch, CSU
Raumordnung, Bauwesen und Städtebau	Prof. Dr. Klaus Töpfer, CDU (bis 14.1.1998) Eduard Oswald, CSU
Bildung, Wissenschaft, Forschung und Technologie	Dr. Jürgen Rüttgers, CDU
Wirtschaftliche Zusammenarbeit und Entwicklung	Carl-Dieter Spranger, CSU
Besondere Aufgaben/Chef des Bundeskanzleramtes	Friedrich Bohl, CDU

Erstes Kabinett Schröder (27.10.1998–22.10.2002)

Bundeskanzler	Gerhard Schröder, SPD
Stellvertreter und Auswärtiges	Joseph Fischer, Bündnis 90/DIE GRÜNEN

Inneres	Otto Schily, SPD
Justiz	Prof. Dr. Herta Däubler-Gmelin, SPD
Finanzen	Oskar Lafontaine, SPD (bis 11.3.1999) Hans Eichel, SPD (seit 12.4.1999)
Wirtschaft und Technologie	Dr. Werner Müller, parteilos
Ernährung, Landwirtschaft und Forsten (ab 1.1.2001: Verbraucherschutz, Ernährung und Landwirtschaft)	Karl-Heinz Funke, SPD (bis 12.1.2001) Renate Künast, Bündnis 90/DIE GRÜNEN
Arbeit und Sozialordnung	Walter Riester, SPD
Verteidigung	Rudolf Scharping, SPD (bis 19.7.2002) Dr. Peter Struck, SPD
Familie, Senioren, Frauen und Jugend	Dr. Christine Bergmann, SPD
Gesundheit	Andrea Fischer, Bündnis 90/DIE GRÜNEN (bis 12.1.2001) Ulla Schmidt, SPD
Verkehr, Bau- und Wohnungswesen	Franz Müntefering, SPD (bis 29.9.1999) Reinhard Klimmt, SPD (bis 16.11.2000) Kurt Bodewig, SPD (seit 20.11.2000)
Umwelt, Naturschutz und Reaktorsicherheit	Jürgen Trittin, Bündnis 90/DIE GRÜNEN
Bildung und Forschung	Edelgard Bulmahn, SPD
Wirtschaftliche Zusammenarbeit und Entwicklung	Heidemarie Wieczorek-Zeul, SPD
Besondere Aufgaben/Chef des Bundeskanzleramtes	Bodo Hombach, SPD (bis 31.7.1999) Dr. Frank-Walter Steinmeier, SPD

Zweites Kabinett Schröder (22.10.2002–21.11.2005)	
Bundeskanzler	Gerhard Schröder, SPD
Stellvertreter und Auswärtiges	Joseph Fischer, DIE GRÜNEN
Inneres	Otto Schily, SPD
Justiz	Brigitte Zypries, SPD
Finanzen	Hans Eichel, SPD
Wirtschaft und Arbeit	Wolfgang Clement, SPD
Verbraucherschutz, Ernährung und Landwirtschaft	Renate Künast, DIE GRÜNEN (bis 4.10.2005) Jürgen Trittin, DIE GRÜNEN (seit 4.10.2005 mit der Wahrnehmung beauftragt)
Verteidigung	Dr. Peter Struck, SPD

Familie, Senioren, Frauen und Jugend	Renate Schmidt, SPD
Gesundheit und Soziale Sicherung	Ulla Schmidt, SPD
Verkehr, Bau- und Wohnungswesen	Manfred Stolpe, SPD
Umwelt, Naturschutz und Reaktorsicherheit	Jürgen Trittin, DIE GRÜNEN
Bildung und Forschung	Edelgard Bulmahn, SPD
Wirtschaftliche Zusammenarbeit und Entwicklung	Heidemarie Wieczorek-Zeul, SPD
Besondere Aufgaben/Chef des Bundeskanzleramtes	Dr. Frank-Walter Steinmeier, SPD

Erstes Kabinett Merkel (2. Große Koalition, seit 22.11.2005)	
Bundeskanzlerin	Dr. Angela Merkel, CDU
Arbeit und Soziales und Stellvertreter der Bundeskanzlerin	Franz Müntefering, SPD
Auswärtiges	Dr. Frank-Walter Steinmeier, SPD
Inneres	Dr. Wolfgang Schäuble, CDU
Justiz	Brigitte Zypries, SPD
Finanzen	Peer Steinbrück, SPD
Wirtschaft und Technologie	Michael Glos, CSU
Ernährung, Landwirtschaft und Verbraucherschutz	Horst Seehofer, CSU
Verteidigung	Dr. Franz Josef Jung, CDU
Familie, Senioren, Frauen und Jugend	Dr. Ursula von der Leyen, CDU
Gesundheit	Ulla Schmidt, SPD
Verkehr, Bau und Stadtentwicklung	Wolfgang Tiefensee, SPD
Umwelt, Naturschutz und Reaktorsicherheit	Sigmar Gabriel, SPD
Bildung und Forschung	Dr. Annette Schavan, CDU
Wirtschaftliche Zusammenarbeit und Entwicklung	Heidemarie Wieczorek-Zeul, SPD
Besondere Aufgaben/Chef des Bundeskanzleramtes	Dr. Thomas de Maizière, CDU

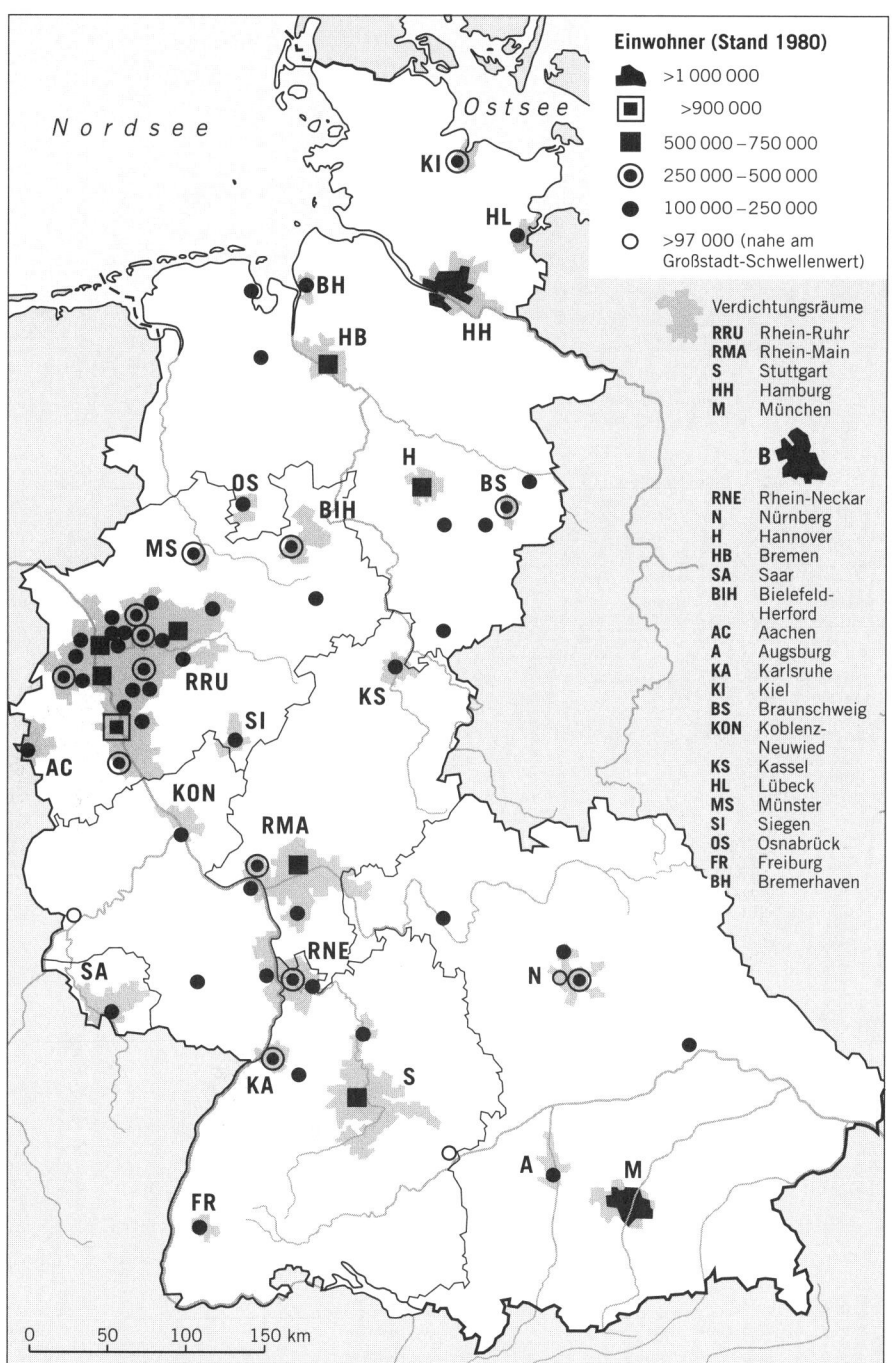

Einwohner (Stand 1980)

- >1 000 000
- >900 000
- 500 000 – 750 000
- 250 000 – 500 000
- 100 000 – 250 000
- >97 000 (nahe am Großstadt-Schwellenwert)

Verdichtungsräume

RRU	Rhein-Ruhr
RMA	Rhein-Main
S	Stuttgart
HH	Hamburg
M	München
RNE	Rhein-Neckar
N	Nürnberg
H	Hannover
HB	Bremen
SA	Saar
BIH	Bielefeld-Herford
AC	Aachen
A	Augsburg
KA	Karlsruhe
KI	Kiel
BS	Braunschweig
KON	Koblenz-Neuwied
KS	Kassel
HL	Lübeck
MS	Münster
SI	Siegen
OS	Osnabrück
FR	Freiburg
BH	Bremerhaven

Karte 3: Einwohner und Verdichtungsräume 1980

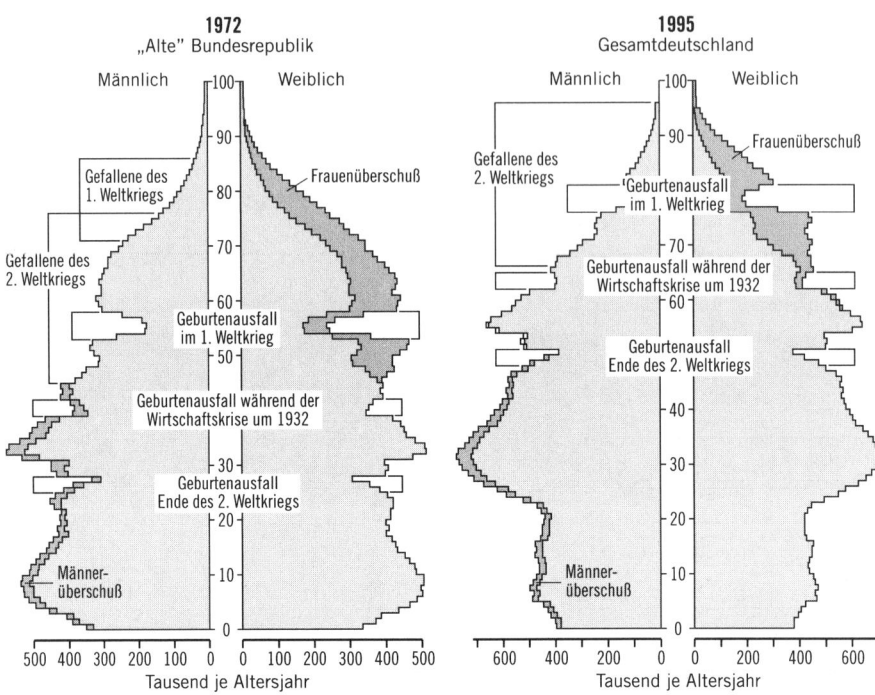

Abb. 2: *Altersstruktur der Bevölkerung 1972 und 1995*

Tab. 3: *Natürliche Bevölkerungsentwicklung 1950–1997; Geburten und Sterbefälle absolut und relativ (je 1000 Einw.), Saldo*

Jahr	Geburten-		Sterbe-		Saldo
	zahl	quote	fälle	quote	
1950	812 835	16,2	528 747	10,5	5,7
1955	820 128	15,7	581 872	11,1	4,5
1960	968 629	17,4	642 962	11,6	5,9
1965	1 044 328	17,7	677 628	11,5	6,2
1970	810 808	13,4	734 843	12,1	1,3
1975	600 512	9,7	749 260	12,1	− 2,4
1980	620 657	10,1	714 117	11,6	− 1,5
1985	586 155	9,6	704 296	11,5	− 1,9
1990	727 199	11,5	713 335	11,3	0,2
1995	765 221	9,4	884 588	10,8	− 1,5
1996	796 013	9,7	882 843	10,8	− 1,1
1997	812 173	9,9	860 389	10,5	− 0,6

Ab 1950 mit Berlin-West, ab 1960 mit Saarland, ab 1995 mit ehem. DDR
(Quelle: Fischer-Chronik Deutschland 1949–1999, Sp. 1183 f.)

Tab.4:   *Entwicklung der Industrie in der Bundesrepublik Deutschland 1950–1997*

Jahr	Betriebe	Beschäftigte in 1000	Umsatz in Mrd. DM	Exportquote (Auslandsumsatz) in %
1950	47135	5058	80,395	8,3
1955	54457	6815	171,568	13
1960	56156	8081	266,373	15,3
1965	59168	8460	374,612	15,7
1970	56219	8603	528,867	19,3
1975	52756	7616	733,856	23,6
1980	48777	7660	1196,543	24,3
1985	44570	6942	1496,553	30
1990	46674	7411	1823,282	29,2
1991	47226	7515	1949,555	26,8*
1991	54338	9274	2046,172	26,2**
1992	53797	8275	2048,592	26,2
1993	52134	7541	1920,095	26,1
1994	51011	7039	1988,53	27,4
1995	47919	6778	2073,667	28,4
1996	47322	6520	2079,295	29,7
1997	46033	6311	2186,204	31,9

Industrie wird verstanden als Verarbeitendes Gewerbe mit Bergbau und Gewinnung von Steinen und Erden, aber ohne Energie- und Wasserversorgung und Baugewerbe. Die Zahlen bis 1975 sind untereinander, jedoch nicht mit denen ab 1980 vergleichbar (bis 1975 Betriebe ab 10 Beschäftigte, ab 1980 Betriebe ab 20 Beschäftigte einschl. Handwerk). Vor 1960 Angaben ohne das Saarland.

* Bis 1991: Angaben für die alten Bundesländer
** Ab 1991: Angaben für Gesamtdeutschland
(Quelle: Fischer-Chronik Deutschland 1949–1999, Sp. 1263 f.)

Tab. 5: Wirtschaftsleistung 1950–1997

Entwicklung des Bruttosozialprodukts insgesamt und je Einwohner						
Jahr	in Mrd. DM	in DM je Einw.	Wachstum in %	Jahr	in Mrd. DM	in DM je Einw.	Wachstum in %
	in				in		
	jeweiligen Preisen		konstanten Preisen		jeweiligen Preisen		konstanten Preisen
1950	97,9	2100	–	1974	983,7	15900	0
1951	119,5	2500	10,9	1975	1027,7	16600	– 1,1
1952	136,6	2900	9	1976	1123,8	18300	5,5
1953	147,1	3100	7,9	1977	1195,6	19500	2,6
1954	157,9	3200	7,2	1978	1289,4	21000	3,4
1955	180,4	3700	12	1979	1393,8	22700	4,1
1956	198,8	4000	7	1980	1477,4	24000	0,9
1957	216,3	4300	5,8	1981	1539,6	25000	0
1958	231,5	4500	3,3	1982	1590,3	25800	– 1,1
1959	250,9	4900	6,9	1983	1675,7	27300	2,1
1960	279,8	5400	8,8	1984	1763,3	28800	3,1
1961	331,4	5900	4,3	1985	1834,5	30100	1,9
1962	360,5	6300	4,7	1986	1936,1	31700	2,3
1963	382,1	6700	2,8	1987	2003	32800	1,5
1964	419,6	7200	6,6	1988	2108	34300	3,7
1965	458,2	7800	5,2	1989	2249,1	36200	4,2
1966	487,4	8200	2,8	1990	2448,6	38700	5,5
1967	493,7	8300	– 0,3	1991	2668,1	41600	4,9
1968	533,7	9000	5,7	1992	3097,6	38400	1,8
1969	597,8	10000	7,4	1994	3168,8	39000	– 1,6
1970	675,7	11100	5,4	1994	3320,2	40800	2,3
1971	750,4	12200	3,1	1995	3442,7	42200	1,6
1972	824,6	13400	4,3	1996	3515,3	42900	1,1
1973	918,8	14800	4,7	1997	3612,2	44000	2,1

1950–1960 ohne Saarland und Berlin-West, ab 1961 alte Bundesländer, ab 1992 Gesamtdeutschland (alte und neue Bundesländer)
(Quelle: Fischer-Chronik Deutschland 1949–1999, Sp. 1209)

Tab. 6: *Staatsschulden 1950–1997*

Öffentliche Schulden des Bundes in Mrd. DM			
1950	6,704	1988	475,167
1955	10,699	1989	490,539
1960	26,214	1990	542,189
1965	34,371	1991	585,983
1970	47,771	1992	606,745
1975	107,094	1993	685,283
1980	299,988	1994	712,488
1985	392,361	1995	756,834
1986	413,378	1996	839,883
1987	440,477	1997	905,691

Bis 1997: früheres Bundesgebiet
(Quelle: Fischer-Chronik Deutschland 1949–1999, Sp. 1215)

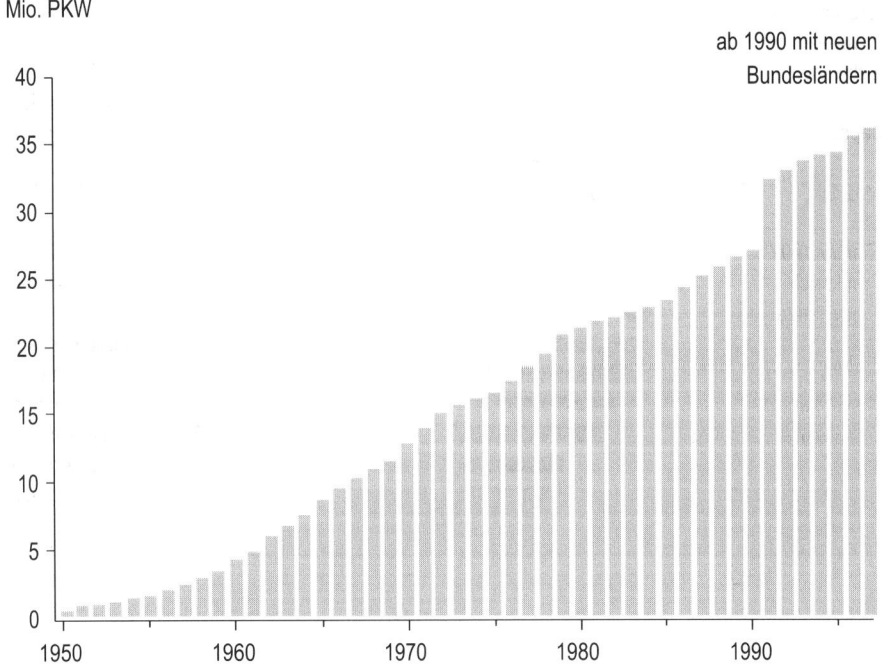

Abb. 3: *Anzahl der zugelassenen PKW 1950–1997*
(Quelle: Fischer-Chronik Deutschland 1949–1999, Sp. 1310)

Die wichtigsten Ursprungsländer   Die wichtigsten Bestimmungsländer

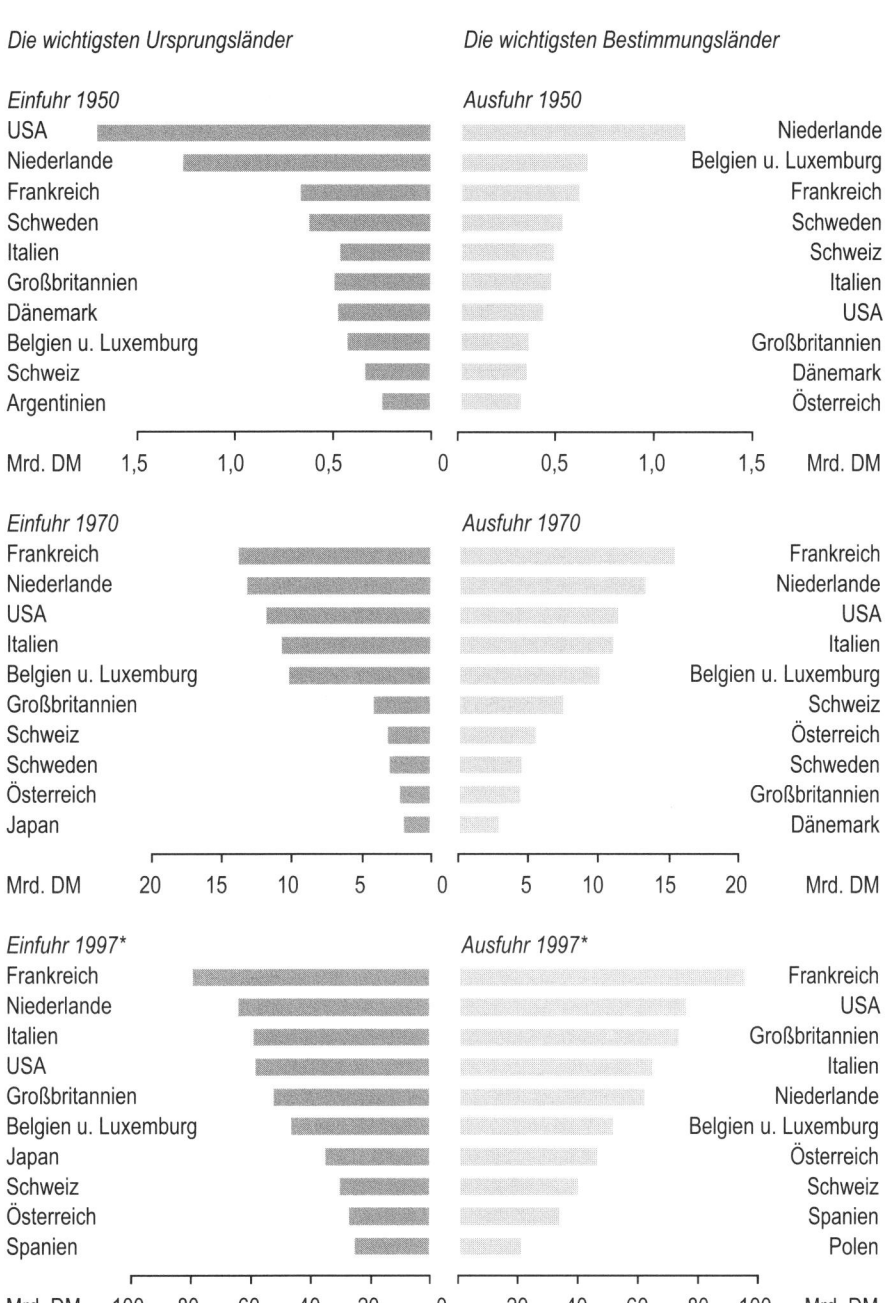

Abb. 4: Die wichtigsten Außenhandelspartner 1950, 1970 und 1997
* Alte und neue Bundesländer
(Quelle: Fischer-Chronik Deutschland 1949–1999, Sp. 1301 f.)

Tab. 7:   *Der Außenhandel der Bundesrepublik Deutschland 1950–1997*

Einfuhr- und Ausfuhrwerte und Saldo in Mrd. DM zu jeweiligen Preisen			
	Einfuhr	Ausfuhr	Saldo
Alte Bundesländer:			
1950	11,374	8,362	– 3,012
1955	24,472	25,717	1,244
1960	42,723	47,946	5,223
1965	70,448	71,051	1,203
1970	109,606	125,276	15,67
1975	184,313	221,589	37,276
1980	341,38	350,328	8,947
1985	463,811	537,164	73,353
1990	550,628	642,785	92,157
Gesamtdeutschland:			
1991	634,914	665,813	21,899
1995	664,234	749,537	85,303
1997	755,865	886,776	130,912

(Quelle: Fischer-Chronik Deutschland 1949–1999, Sp. 1300)

Arbeitslose in % der abhängigen Personen

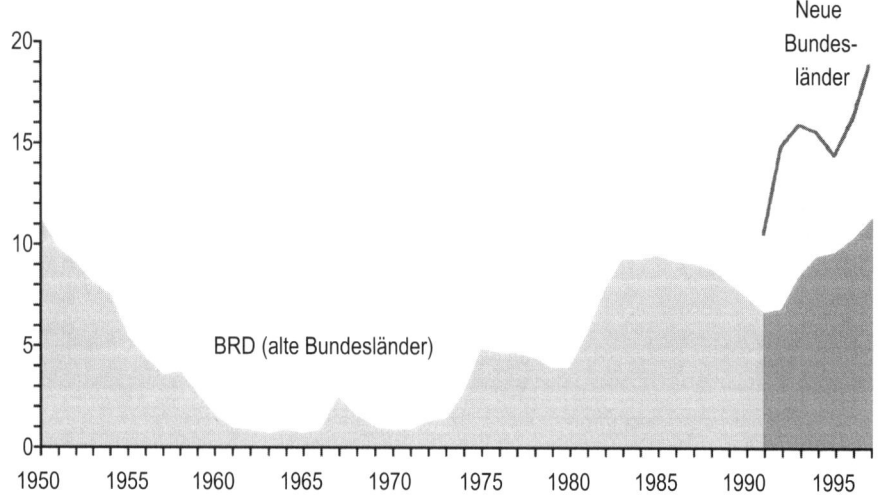

Abb. 5:   *Arbeitslosigkeit 1950–1997*
(Quelle: Fischer-Chronik Deutschland 1949–1999, Sp. 1197 f.)

Tab. 8: *Die Marktführer der politischen Meinungsforschung in der Bundesrepublik Deutschland*

Institut	Gründungs-jahr	Mitarbei-ter/-innen 1999 (feste/freie)	Umsatz 1999 (in Mio. DM)	Anteil der Wahl- und Politik-forschung	Wichtigste regelmäßige Auftraggeber
Emnid Bielefeld	1945	213/1600	61	10–15%	Der Spiegel n-tv
Institut für Demo-skopie Allensbach (IfD)	1947	97/2095	15	12%	Bundesreg. CDU FAZ
ipos Mannheim	1973	5/300*	1,7**	70%	Bundesreg. Landesreg. (diverse)
Forschungs-gruppe Wahlen (FGW) Mannheim	1974	16/300*	5,6	100%	ZDF
forsa Berlin/ Dortmund	1984	46/900	13,6	15%	Bundesreg. Die Woche Stern RTL
polis München	1990	11/90	4,7	60%	SPD Landesreg. (diverse)
Infratest dimap Berlin (Ifr)	1996	20/3000	10	90%	ARD Bundesreg. Medien (diverse)

* Als Forschungsgruppe Wahlen Feld GmbH organisatorisch ausgegliedert
** Angabe für 1998
(Quelle: ZfP 1, 2001, 40)

Tab. 9:   *Ähnlichkeit mit den Eltern 1981/82; neun europäische Länder, erwachsene Bevölkerung*
(in %)

Frage: »In welchen Bereichen haben/hatten Sie und Ihre Eltern ähnliche Ansichten?«

	Europa insges.	Westdeutschland		England	Irland
		insgesamt	18–24 Jahre		
Moralvorstellungen	63	49	38	76	66
Einstellungen zur Religion	56	47	39	58	69
Einstellungen gegenüber anderen Menschen	55	44	47	62	57
Politische Ansichten	36	28	33	47	42
Einstellung zur Sexualität	23	13	14	35	29
In nichts davon	10	9	13	8	66
Weiß nicht	11	14	9	5	11
	254	204	193	291	281
n =	12463	1305	337	1231	1217

	Dänemark	Holland	Belgien	Frankreich	Spanien	Italien
Moralvorstellungen	55	54	63	64	57	68
Einstellungen zur Religion	53	53	61	56	53	64
Einstellungen gegenüber anderen Menschen	50	55	55	55	50	61
Politische Ansichten	36	40	36	35	26	41
Einstellung zur Sexualität	24	24	25	20	17	28
In nichts davon	10	8	6	10	14	12
Weiß nicht	16	14	16	13	13	8
	244	248	262	253	230	282
n =	1182	1221	1145	1199	2303	1348

(Quelle: Noelle-Neumann, Demoskopische Geschichtsstunde (siehe Lit.verzeichnis), 51)

Tab.10: *Die Bundesrepublik Deutschland im Sprachgebrauch der Westdeutschen; erstellt aus*
Daten des Instituts für Demoskopie (IfD) und Infratest dimap (Ifr) (in %)

Jahr	1966	1980	1982	1989	1982	1987
Datenbasis	IfD	IfD	IfD	IfD	Ifr	Ifr
Deutschland	12	34	34	35	66	66
Bundesrepublik	36	26	27	25	21*	26*
Westdeutschland	29	12	12	11	6	3
BRD	–	12	11	16	–	3
Westen	8	5	2	4	x	x
Bei uns, unser Teil	5	5	6	4	x	x
Bundesrepublik Deutschland	3	4	6	3	x	x
Bundesgebiet	2	–	–	1	x	x
Bundesland	x	x	x	x	4	3
Sonstiges	7**	5**	6**	1	2	2

*   Bei Ifr zusammengefaßt »Bundesrepublik (Deutschland)«
** Beim IfD zusammengefaßt »andere/keine Angabe«
x Kategorie nicht erfaßt
– Kategorie von weniger als 0,5 % der Befragten genannt
(Quelle: M. Glaab, Deutschlandpolitik in der öffentlichen Meinung, 1999, 79)

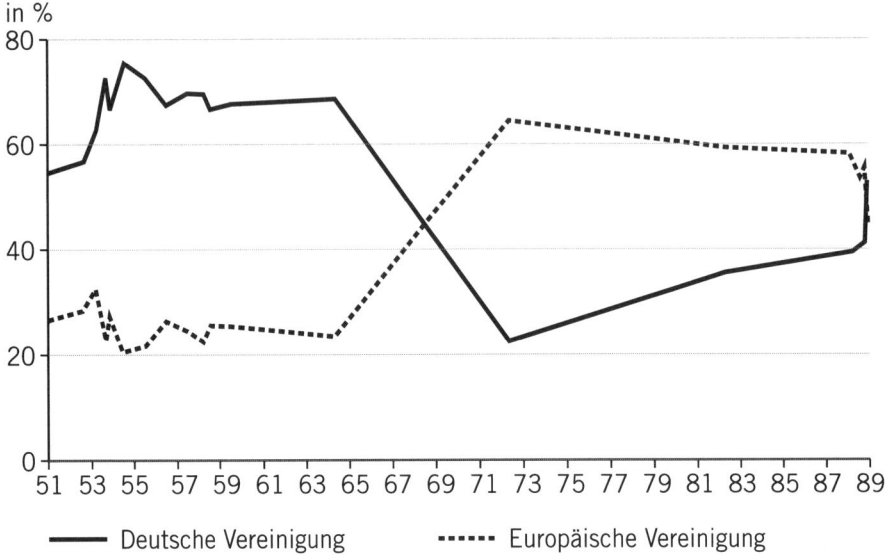

Abb. 6: *Die Frage der Wichtigkeit von Wiedervereinigung oder europäischer Einigung im Bewußtsein der Westdeutschen*
(Quelle: M. Glaab, Deutschlandpolitik in der öffentlichen Meinung, 1999, 174)

Quellen und Literatur

W. Abelshauser, Die langen Fünfziger Jahre. Wirtschaft und Gesellschaft in der Bundesrepublik Deutschland 1949–1966, 1987.

W. Abelshauser, Wiederaufbau vor dem Marshallplan. Westeuropas Wachstumschancen und die Wirtschaftspolitik in der zweiten Hälfte der vierziger Jahre, in: VfZ 29, 1981, 545–578.

W. Abelshauser, Wirtschaft in Westdeutschland 1945–1948, 1975.

W. Abelshauser, Wirtschaftsgeschichte der Bundesrepublik Deutschland, [7]1993.

K. Adenauer, Erinnerungen, Bd. 1–4, 1965–1968.

K. Adenauer, Reden 1917–1967. Eine Auswahl, Hg. H.-P. Schwarz, 1975.

Konrad Adenauers Regierungsstil, Hg. H.-P. Schwarz, 1991.

Adenauer-Studien, Hg. R. Morsey u.a., Bd. 1–3, 1971–1974.

Adenauer und die Wiederbewaffnung, Hg. W. Krieger, 2000.

H. Adomeit, Imperial Overstretch. Germany in Soviet Policy from Stalin to Gorbachev. An Analysis Based on New Archival Evidence, Memoirs and Interviews, 1998.

T. W. Adorno, Was bedeutet Aufarbeitung der Vergangenheit? (1959), in: Ders., Eingriffe. Neun kritische Modelle, 1963, 125–146.

G. Adriani u.a., Joseph Beuys, 1994.

J. Agnoli u.a., Die Transformation der Demokratie, 1967.

H. Albers, Die stille Revolution auf dem Lande. Landwirtschaft und Landwirtschaftskammer in Westfalen-Lippe 1899–1999, 1999.

M. Albert, Kapitalismus contra Kapitalismus, 1992.

V. Alberts, Die Bundesrepublik Deutschland und die Entwicklungspolitik der Europäischen Gemeinschaft 1957–1983, 1990.

C. Albrecht u.a., Die intellektuelle Gründung der Bundesrepublik. Eine Wirkungsgeschichte der Frankfurter Schule, 1999.

W. Albrecht, Kurt Schumacher. Ein Leben für den demokratischen Sozialismus, 1985.

W. Albrecht, Der Sozialistische Deutsche Studentenbund (SDS). Vom parteikonformen Studentenbund zum Repräsentanten der Neuen Linken, 1994.

P. Alheit u.a., Die zögernde Ankunft im Westen. Biographien und Mentalitäten in Ostdeutschland, 2004.

F. R. Allemann, Bonn ist nicht Weimar, 1956.

Die Alternative – oder: Brauchen wir eine neue Regierung?, Hg. M. Walser, 1961.

R. Altmann, Das Erbe Adenauers. Eine Bilanz, 1963.

Amerikanisierung und Sowjetisierung in Deutschland 1945–1970, Hg. K. H. Jarausch u.a., 1997.

A. Andersen, Der Traum vom guten Leben. Alltags- und Konsumgeschichte vom Wirtschaftswunder bis heute, 1997.

Die Anfänge des Schuman-Plans 1950/51, Hg. K. Schwabe, 1988.

J. Angster, Konsenskapitalismus und Sozialdemokratie. Die Westernisierung von SPD und DGB von 1940–1965, 2002.

Anstoß und Ermutigung. Gustav W. Heinemann, Bundespräsident 1969–1974, Hg. H. Böll u. a., 1974.

Antworten auf die amerikanische Herausforderung. Forschung in der Bundesrepublik und der DDR in den »langen« siebziger Jahren, Hg. G. Ritter u. a., 1999.

Archiv der Gegenwart (AdG) (früher: Keesing's Archiv), 1–, 1931–.

P. Arend, Die innerparteiliche Entwicklung der SPD 1966–1975, 1975.

H. Arendt, Eichmann in Jerusalem. Ein Bericht von der Banalität des Bösen, [13]2004.

J. Arenth, Der Westen tut nichts! Transatlantische Kooperation während der zweiten Berlin-Krise (1958–1962) im Spiegel neuer amerikanischer Quellen, 1993.

R. Articus, Die Beatles in Harburg, 1996.

M. Atze, »Unser Hitler«. Der Hitler-Mythos im Spiegel der deutschsprachigen Literatur nach 1945, 2003.

Auftakt zur Ära Adenauer. Koalitionsverhandlungen und Regierungsbildung 1949, Bearb. U. Wengst, 1985.

Auschwitz: Geschichte, Rezeption und Wirkung, Hg. Fritz Bauer Institut, 1996.

J. C. Ausland, Kennedy, Krushchev and the Berlin-Cuba Crisis, 1961–1964, 1996.

Außenpolitik der Bundesrepublik Deutschland. Dokumente von 1949 bis 1994, hg. aus Anlaß des 125. Jubiläums des Auswärtigen Amts, 1995.

Außenpolitik der Bundesrepublik Deutschland. Vom kalten Krieg zum Frieden in Europa. Dokumente von 1949–1989, Hg. Auswärtiges Amt, 1990.

S. Aust, Der Baader-Meinhof-Komplex, 1989.

W. Bach, Geschichte als politisches Argument. Eine Untersuchung an ausgewählten Debatten des Deutschen Bundestages, 1977.

K. J. Bade, Europa in Bewegung. Migration vom späten 18. Jahrhundert bis zur Gegenwart, 2002.

E. Bahr, Zu meiner Zeit, 1996.

B. Bandulet, Schnee für Afrika. Das Milliardengeschäft mit der Entwicklungshilfe, 1979.

D. E. Barclay, Schaut auf diese Stadt. Der unbekannte Ernst Reuter, 2000.

A. Baring, Außenpolitik in Adenauers Kanzlerdemokratie. Bonns Beitrag zur europäischen Verteidigungsgemeinschaft, 1969 (später ersch. u. d. T. Im Anfang war Adenauer. Die Entstehung der Kanzlerdemokratie, [3]1984).

A. Baring, Es lebe die Republik, es lebe Deutschland. Stationen demokratischer Erneuerung 1949–1999, 1999.

A. Baring, Machtwechsel. Die Ära Brandt-Scheel, 1984.

A. Baring, Scheitert Deutschland? Der schwierige Abschied von unseren Wunschwelten, 1997.

S. H. Barnes u. a., Political Action. Mass Participation in Five Western Democracies, 1979.

R. Barzel, Im Streit und umstritten. Anmerkungen zu Adenauer, Erhard und den Ostverträgen, 1986.

R. Barzel, Die Tür blieb offen. Mein persönlicher Bericht über Ostverträge – Mißtrauensvotum – Kanzlersturz, 1998.

P. Bauchet, La planification française, 1967.

U. Baumgärtner, Reden nach Hitler. Theodor Heuss – die Auseinandersetzung mit dem Nationalsozialismus, 2001.

Bayern im Bund, Hg. T. Schlemmer u.a., Bd. 1–3, 2001–2004 (Bd. 1: Die Erschließung des Landes 1949 bis 1973, 2001; Bd. 2: Gesellschaft im Wandel 1949 bis 1973, 2002; Bd. 3: Politik und Kultur im föderativen Staat 1949 bis 1973, 2004).

U. Beck, Die Risikogesellschaft. Auf dem Weg in eine andere Moderne, 1986.

H. Becker, Bildung und Bildungspolitik, in: Zäsuren nach 1945 (siehe unten), 63–68.

W. Becker u.a., Das Fernsehen als Vermittler von Geschichtsbewußtsein. 1989 als Jubiläumsjahr, 1991.

Begegnungen mit Kurt Georg Kiesinger, Hg. D. Oberndörfer, 1984.

D. Bell, Die nachindustrielle Gesellschaft, 1989.

K.-H. Bender, Mitterrand und die Deutschen (1938–1995) oder die Wiedervereinigung der Karolinger, 1995.

P. Bender, Deutsche Parallelen. Anmerkungen zu einer gemeinsamen Geschichte zweier getrennter Staaten, 1989.

P. Bender, Episode oder Epoche? Zur Geschichte des geteilten Deutschland, 1996.

P. Bender, Der goldene Angelhaken. Entspannungspolitik und Systemwandel, in: APuZ B 14, 1994, 11–15.

P. Bender, Die »Neue Ostpolitik« und ihre Folgen. Vom Mauerbau bis zur Vereinigung, ⁴1996.

P. Bender, Zehn Gründe zur Anerkennung der DDR, 1968.

W. Benz, Versuche zur Reform des öffentlichen Dienstes in Deutschland 1945–1952, in: VfZ 29, 1981, 216–245.

N. Berg, Der Holocaust und die westdeutschen Historiker. Erforschung und Erinnerung, 2003.

V. Berghahn u.a., Otto A. Friedrich, ein politischer Unternehmer, 1993.

V. Berghahn, Unternehmer und Politik in der Bundesrepublik, 1985.

H. Berghoff, Zwischen Verdrängung und Aufarbeitung. Die bundesdeutsche Gesellschaft und ihre nationalsozialistische Vergangenheit in den Fünfziger Jahren, in: GWU 49, 1998, 96–114.

W. Bergmann, Antisemitismus in öffentlichen Konflikten. Kollektives Lernen in der politischen Kultur der Bundesrepublik 1949–1989, 1997.

M. R. Beschloß, Powergame. Kennedy und Chruschtschow – die Krisenjahre 1960–1963, 1991.

W. Besson, Die Außenpolitik der Bundesrepublik. Erfahrungen und Maßstäbe, 1970.

Bestandsaufnahme. Eine deutsche Bilanz, Hg. H. W. Richter, 1962.

»Bestien« und »Befehlsempfänger«. Frauen und Männer in NS-Prozessen nach 1945, Hg. U. Weckel u.a., 2003.

K. v. Beyme, Das politische System der Bundesrepublik Deutschland, ⁴1985.

K. v. Beyme, Der Wiederaufbau. Architektur und Städtebaupolitik in beiden deutschen Staaten, 1987.

Bilanz der Ära Kohl. Christlich-liberale Politik in Deutschland 1982–1998, Hg. G. Wewer, 1998.

D. Bingen, Die Polenpolitik der Bonner Republik von Adenauer bis Kohl 1949–1991, 1998.

A. M. Birke, Großbritannien und die deutsche Einheit, 1991.

K. H. Bohrer, Die gefährdete Phantasie oder Surrealismus und Terror, 1970.

G. Bollenbeck, Bildung und Kultur. Glanz und Elend eines deutschen Deutungsmusters, 1994.

K. Bölling, Die letzten 30 Tage des Kanzlers Helmut Schmidt. Ein Tagebuch, 1982.

Bonn – Warschau 1945–1991. Die deutsch-polnischen Beziehungen. Analyse und Dokumentation, Hg. H.-A. Jacobsen u. a., 1992.

Der Boom 1948–1973. Gesellschaftliche und wirtschaftliche Folgen in der Bundesrepublik Deutschland und Europa, Hg. H. Kaelble, 1992.

K. Borchardt, Zäsuren in der wirtschaftlichen Entwicklung. Zwei, drei oder vier Perioden?, in: Zäsuren nach 1945 (siehe unten), 21–33.

F. Bösch, Die Adenauer-CDU. Gründung, Aufstieg und Krise einer Erfolgspartei 1945–1969, 2001.

F. Bösch, Kontinuität im Umbruch. Die CDU/CSU auf dem Weg ins neue Jahrhundert, in: APuZ B 5, 2000, 12–21.

K. D. Bracher, Die deutsche Diktatur. Entstehung, Struktur, Folgen des Nationalsozialismus, [7]1993.

K. D. Bracher, Die Kanzlerdemokratie – Antwort auf das deutsche Staatsproblem, in: Ders., Zeitgeschichtliche Kontroversen, [4]1989, 119–159.

K. D. Bracher u. a., Republik im Wandel. 1969–1974: Die Ära Brandt (Geschichte der Bundesrepublik, Hg. Bracher u. a. (siehe unten), Bd. 5.1), 1986.

W. Brandt, Begegnungen und Einsichten. Die Jahre 1960–1975, [2]1978.

W. Brandt, Berliner Ausgabe, Hg. H. Grebing u. a., Bd. 1–, 2000–.

W. Brandt, Erinnerungen. Mit den »Notizen zum Fall G«, (erw. Ausg.) 1994.

W. Brandt, Der Wille zum Frieden. Perspektiven der Politik, 1973.

H. Braun, Helmut Schelskys Konzept der »nivellierten Mittelstandsgesellschaft« und die Bundesrepublik der 50er Jahre, in: AfS 29, 1989, 199–223.

W. v. Bredow, Der KSZE-Prozeß. Von der Zähmung bis zur Auflösung des Ost-West-Konflikts, 1992.

I. Breuer, Das 20. Jahrhundert-Projekt: Kultur und Geisteswissenschaften, 2001.

K. Briegleb, 1968. Literatur in der antiautoritären Bewegung, 1993.

U. Brochhagen, Nach Nürnberg. Vergangenheitsbewältigung und Westintegration, 1994.

F.-J. Brüggemeier, Tschernobyl, 26. April 1986. Die ökologische Herausforderung, 1998.

A. v. Brünneck, Politische Justiz gegen Kommunisten in der Bundesrepublik Deutschland 1949–1968, 1978.

D. Buchhaas, Die Volkspartei. Programmatische Entwicklung der CDU 1950–1973, 1981.

C. Buchheim, Von der aufgeklärten Hegemonie zur Partnerschaft: Die USA und Westdeutschland in der Weltwirtschaft 1945–1968, in: Die USA und Deutschland im Zeitalter des Kalten Krieges 1945–1968. Ein Handbuch, Hg. D. Junker, Bd. 1–2, [2]2001, Bd. 1, 401–423.

C. Buchheim, Die Wiedereingliederung Westdeutschlands in die Weltwirtschaft 1945–1958, 1990.

S. Buchloh, »Pervers, jugendgefährdend, staatsfeindlich«: Zensur in der Ära Adenauer als Spiegel des gesellschaftlichen Klimas, 2002.

W. Bührer, Unternehmerverbände, in: Geschichte der Bundesrepublik Deutschland, Hg. Benz (siehe unten), Bd. 2, 1989, 140–209.

Bulletin des Presse- und Informationsamtes der Bundesregierung, 1951–1990.

Bundeskanzler Brandt. Reden und Interviews, Hg. Presse- und Informationsamt der Bundesregierung, 1971.

Die Bundesrepublik Deutschland und Frankreich. Dokumente 1949–1963, Hg. H. Möller u. a., Bd. 1–4, 1996–1999.

Das Bündnis im Bündnis. Deutsch-französische Beziehungen im internationalen Spannungsfeld, Hg. R. Picht, 1982.

A. R. Bunz u. a., Qualität des Arbeitslebens, 1973.

W. Bürklin, Grüne Politik: Ideologische Zyklen, Wähler und Parteiensystem, 1984.

W. Buschfort, Parteien im Kalten Krieg. Die Ostbüros von SPD, CDU und FDP, 2000.

J. Cage, Für die Vögel. Gespräche mit Daniel Charles, 1984.

Die CDU/CSU-Fraktion im Deutschen Bundestag 1949–1966, Sitzungsprotokolle 1949–1953, 1998; Sitzungsprotokolle 1953–1957, Halbbd. 1–2, 2003, Sitzungsprotokolle 1957–1961, Halbbd. 1–2, 2004, Sitzungsprotokolle 1961–1966, Teilbd. 1–4, 2004.

U. Chaussy, Die drei Leben des Rudi Dutschke. Eine Biographie, 1999.

D. Claussen, Theodor W. Adorno. Ein letztes Genie, 2003.

C. Clemens, Amerikanische Entspannungs- und deutsche Ostpolitik 1969–1975, in: Die USA und die deutsche Frage 1945–1990, Hg. W.-U. Friedrich, 1991, 195–230.

S. Conrad, Auf der Suche nach der verlorenen Nation. Geschichtsschreibung in Westdeutschland und Japan 1945–1960, 1999.

E. Conze, Die gaullistische Herausforderung. Die deutsch-französischen Beziehungen in der amerikanischen Europapolitik 1958–1963, 1995.

E. Conze, Überlegungen zu einer »modernen Politikgeschichte« der Bundesrepublik Deutschland, in: VfZ 53 (2005), S. 357–380.

C. Cornelißen, Gerhard Ritter. Geschichtswissenschaft und Politik im 20. Jahrhundert, 2001.

T. E. Crow, Die Kunst der sechziger Jahre: Von der Pop-art zu Yves Klein und Joseph Beuys, 1997.

R. Dahrendorf, Bildung ist Bürgerrecht. Plädoyer für eine alternative Bildungspolitik, 1965.

R. Dahrendorf, Gesellschaft und Demokratie in Deutschland, 1965.

R. Dahrendorf, Lebenschancen, 1979.

R. Dahrendorf, Der Wiederbeginn der Geschichte. Vom Fall der Mauer zum Krieg im Irak. Reden und Aufsätze, 2004.

Datenhandbuch zur Geschichte des Deutschen Bundestages 1949 bis 1982, [3]1984.

A. W. Daum, Kennedy in Berlin. Politik, Kultur und Öffentlichkeit im Kalten Krieg, 2003.

Demokratisierung und gesellschaftlicher Aufbruch. Die sechziger Jahre als Wendezeit der Bundesrepublik, Hg. M. Frese u. a., 2003.

Deutsche Erinnerungsorte, Hg. E. François u. a., Bd. 1–, 2001–.

Deutsche Europapolitik von Konrad Adenauer bis Gerhard Schröder, Hg. G. Müller-Brandeck-Bocquet u. a., 2002.

Die deutsche Frage in der Nachkriegszeit, Hg. W. Loth, 1994.

Die deutsche Frage 1952–1956. Notenwechsel und Konferenzdokumente der vier Mächte, Hg. E. Jäckel, 1957.

Deutsche Geschichte in Quellen und Darstellung, Bd. 11: Bundesrepublik und DDR: 1969–1990, Hg. D. Grosser u. a., 1996.

Der deutsche Heimatfilm, Hg. Ludwig-Uhland-Institut für Empirische Kulturwissenschaft der Universität Tübingen, 1989.

Die deutsche Ostpolitik 1961–1970. Kontinuität und Wandel. Dokumentation, Hg. B. Meissner, 1970.

Deutsche Vergangenheiten – eine gemeinsame Herausforderung, Hg. C. Kleßmann u.a., 1999.

Deutscher Bildungsrat, Empfehlungen der Bildungskommission 1967–1977, 1970–1977.

Deutscher Bildungsrat, Gutachten und Studien der Bildungskommission 1967–1977 (Serie von Einzelpublikationen verschiedener Autoren bzw. Herausgeber), 1967–1977.

Deutschland im Kalten Krieg 1945–1963 (Ausstellungskatalog), Hg. D. Vorsteher, 1992.

Deutschland in den neunziger Jahren. Politik und Gesellschaft zwischen Wiedervereinigung und Globalisierung, Hg. W. Süß, 2002.

Deutschland unter alliierter Besatzung 1945–1949/55. Ein Handbuch, Hg. W. Benz, 1999.

Deutschland-Handbuch. Eine doppelte Bilanz 1949–1989, Hg. W. Weidenfeld u.a., 1989.

Deutschlands neue Außenpolitik, Bd. 4: Institutionen und Ressourcen, Hg. W.-D. Eberwein u.a., 1998.

Deutschland-Trendbuch. Fakten und Orientierungen, Hg. K.-R. Korte u.a., 2001.

M. Dickhaus, Die Bundesbank im westeuropäischen Wiederaufbau. Die internationale Währungspolitik der Bundesrepublik Deutschland 1948 bis 1958, 1996.

H. Dillgen, Deutsch-amerikanische Sicherheitsbeziehungen in der Ära Helmut Schmidt. Vorgeschichte und Folgen des NATO-Doppelbeschlusses, 1991.

D. Diner, Verkehrte Welten – Antiamerikanismus in Deutschland, 1993.

J. Dittberner, Zur Entwicklung des Parteiensystems zwischen 1949 und 1961, in: Das Parteiensystem der Bundesrepublik. Geschichte – Entstehung – Entwicklung, Hg. D. Staritz, 1976, 129–156.

K. Dittmann, Adenauer und die deutsche Wiedervereinigung. Die politische Diskussion des Jahres 1952, 1981.

M. Dloczik u.a., Der Fischer-Informationsatlas Bundesrepublik Deutschland, 1982.

Documents on Germany under Occupation 1945–1954, Hg. B. Ruhm v. Oppen, 1955.

A. Doering-Manteuffel, Die Bundesrepublik Deutschland in der Ära Adenauer. Außenpolitik und innere Entwicklung, [2]1988.

A. Doering-Manteuffel, Deutsche Zeitgeschichte nach 1945. Entwicklung und Problemlagen der historischen Forschung zur Nachkriegszeit, in: VfZ 41, 1993, 1–29.

A. Doering-Manteuffel, Strukturmerkmale der Kanzlerdemokratie, in: Der Staat 30, 1991, 1–18.

A. Doering-Manteuffel, Wie westlich sind die Deutschen? Amerikanisierung und Westernisierung im 20. Jahrhundert, 1999.

Dokumentation der Bundesregierung zur Entführung von Hanns-Martin Schleyer, 1977.

Dokumentation der Vertreibung der Deutschen aus Ost-Mitteleuropa, Hg. Bundesministerium für Vertriebene, Flüchtlinge und Kriegsgeschädigte (Bearb. T. Schieder), Bd. 1–5, Reg.bd., 1954–1963 (ND, Bd. 1–8, 2004).

Dokumente der Wiedervereinigung Deutschlands. Quellentexte zum Prozeß der Wiedervereinigung, Hg. I. v. Münch, 1991.

Dokumente zur Berlin-Frage, 1944–1966, Hg. Forschungsinstitut der Deutschen Gesellschaft für Auswärtige Politik, 1987.

Dokumente zur Deutschlandpolitik, Hg. Bundesministerium für Gesamtdeutsche Fragen/Bundesministerium für Innerdeutsche Beziehungen/Bundesministerium des Inneren unter Mitwirkung des Bundesarchivs, Reihe 1–6, 1961–.

Dokumente zur Deutschlandpolitik, Deutsche Einheit. Sonderedition aus den Akten des Bundeskanzleramtes 1989/90, Bearb. H. J. Küsters u. a., 1998.

M. Gräfin Dönhoff u. a., Reise in ein fernes Land. Bericht über Kultur, Wirtschaft und Politik in der DDR, 1964.

Doppelte Zeitgeschichte. Deutsch-deutsche Beziehungen 1945–1990, Hg. A. Bauerkämper u. a., 1998.

Dr. Dr. Gustav Heinemann antwortet. Ein Interview und seine Folgen. Dokumentation, Hg. Vorstand der SPD, 1969.

K. Dreher, Helmut Kohl. Leben mit Macht, 1998.

Drei Wege deutscher Sozialstaatlichkeit. NS-Diktatur, Bundesrepublik und DDR, Hg. H. G. Hockerts, 1998.

D. Düding, Heinz Kühn, 1912–1992. Eine politische Biographie, 2002.

J. Dülffer, Europa im Ost-West-Konflikt: 1945–1991, 2004.

R. Dutschke, Jeder hat sein Leben ganz zu leben. Die Tagebücher 1963–1979, Hg. G. Dutschke, 2003.

Dynamische Zeiten. Die 60er Jahre in den beiden deutschen Gesellschaften, Hg. A. Schildt u. a., 2000.

J. Echternkamp, Nach dem Krieg. Alltagsnot, Neuorientierung und Last der Vergangenheit 1945–1949, 2003.

F. v. Eckart, Ein unordentliches Leben. Lebenserinnerungen, 1967.

H. Edelmann, Heinz Nordhoff und Volkswagen. Ein deutscher Unternehmer im amerikanischen Jahrhundert, 2003.

H. Ehmke, Mittendrin. Von der Großen Koalition zur Deutschen Einheit, 1994.

Ein ganz normaler Staat? Perspektiven nach 40 Jahren Bundesrepublik, Hg. W. Bleek u. a., 1989.

Eine Generation später. Bundesrepublik Deutschland 1953–1979, Hg. E. Noelle-Neumann u. a., 1983.

Eine lernende Demokratie. 50 Jahre Bundesrepublik Deutschland, Hg. M. Kaase u. a., 1999.

T. Ellwein, Krisen und Reformen. Die Bundesrepublik seit den sechziger Jahren, [2]1993.

T. Ellwein, Politik und Planung, 1968.

S. Endlich u. a., Gedenkstätten für die Opfer des Nationalsozialismus, Bd. 1–2, 1999.

E. Endres, Die Literatur der Adenauerzeit, 1980.

Engagierte Demokraten. Vergangenheitspolitik in kritischer Absicht, Hg. C. Fröhlich u. a., 1999.

U. Engel, Die Afrikapolitik der Bundesrepublik Deutschland 1949–1999. Rollen und Identitäten, 2000.

Entwicklungspolitische Zusammenarbeit in der Bundesrepublik Deutschland und der DDR, Hg. H. J. Bücking, 1998.

E. Eppler, Ende oder Wende. Von der Machbarkeit des Notwendigen, 1975.

K. D. Erdmann, Der gescheiterte Nationalstaat. Die Interdependenz von Nations- und Geschichtsverständnis im politischen Bedingungsgefüge der DDR, 1996.

K. D. Erdmann, Vierzig Jahre Bundesrepublik – geteilte Nation im geteilten Europa, in: GWU 41, 1990, 257–271.

L. Erhard, Wohlstand für alle, 1957.

P. Erker, Zeitgeschichte als Sozialgeschichte. Forschungsstand und Forschungsdefizite, in: GG 19, 1993, 202–238.

Erlebnis Geschichte, Hg. Haus der Geschichte der Bundesrepublik Deutschland, 1998.

B. Erler, Tödliche Hilfe. Bericht von meiner letzten Dienstreise in Sachen Entwicklungshilfe, 1985.

K. Erlinghagen, Katholisches Bildungsdefizit in Deutschland, 1965.

T. Eschenburg, Herrschaft der Verbände, 1955.

Evangelische Kirche im geteilten Deutschland 1945–1989/90, Hg. C. Lepp u.a., 2001.

J. Falter, Kontinuität und Neubeginn. Die Bundestagswahl 1949. Zwischen Weimar und Bonn, in: PVS 22, 1981, 236–263.

B. Faulenbach, NS-Interpretationen und Zeitklima. Zum Wandel in der Aufarbeitung der jüngsten Vergangenheit, in: APuZ B 22, 1987, 19–30.

E. Faure, Si tel doit être mon destin ce soir, Mémoires, Bd. II, 1984.

Der FDP-Bundesvorstand. Die Liberalen unter dem Vorsitz von Theodor Heuss und Franz Blücher. Sitzungsprotokolle 1949–1954, Bearb. U. Wengst, 1990.

Der FDP-Bundesvorstand. Die Liberalen unter dem Vorsitz von Thomas Dehler und Reinholf Maier. Sitzungsprotokolle 1954–1969, Bearb. U. Wengst, 1991.

Der FDP-Bundesvorstand. Die Liberalen unter dem Vorsitz von Erich Mende. Sitzungsprotokolle 1960-1967, Bearb. R. Schiffers, 1993.

M. F. Feldkamp, Der Parlamentarische Rat 1948–1949, 1998.

I. Fetscher, Terrorismus und Reaktion, 1977.

S. Firestone, Frauenbefreiung und sexuelle Revolution, 1975.

F. Fischer, Griff nach der Weltmacht. Die Kriegszielpolitik des kaiserlichen Deutschland 1914/18, 1961.

F. Fischer, Krieg der Illusionen. Die deutsche Politik von 1911 bis 1914, 1969.

F. Fischer, »Im deutschen Interesse«. Die Ostpolitik der SPD von 1969 bis 1989, 2001.

J. Fischer, Les Certitudes Allemandes. Grundkonstanten bundesdeutscher Außenpolitik, in: Blätter für deutsche und internationale Politik 9, 1994, 1082–1090.

J. Fischer, Risiko Deutschland. Krise und Zukunft der deutschen Politik, 1994.

P. Fischer, Der diplomatische Prozeß der Entstehung des Deutsch-Französischen Vertrages von 1963, in: VfZ 41, 1993, 101–116.

K.-H. Flach u.a., Die Freiburger Thesen der Liberalen, 1972.

P. Fontaine, Eine Ordnung für Europa. Vierzig Jahre Schuman-Plan (1950–1990) (Europäische Dokumentation 3), 1990.

Die Formierte Gesellschaft. Ludwig Erhards Gedanken zur politischen Ordnung Deutschlands. Reden und Interviews des Bundeskanzlers und bemerkenswerte Stellungnahmen, Hg. Presse- und Informationsamt der Bundesregierung, 1966.

A. François-Poncet, Les rapports mensuels d'André François-Poncet, Haut Commissaire français en Allemagne 1949–1955, Bd. 1–2, 1996.

Frankfurter Schule und Studentenbewegung. Von der Flaschenpost zum Molotowcocktail 1946–1995, Hg. W. Kraushaar, Bd. 1: Chronik, Bd. 2: Dokumente, Bd. 3: Aufsätze und Kommentare, ²1998.

Frauen arbeiten. Weibliche Erwerbstätigkeit in Ost- und Westdeutschland nach 1945, Hg. G.-F. Budde, 1997.

N. Frei, Treibhaus des Westens. Neue Literatur zur »Adenauer-Zeit«, in: NPL 43, 1998, 278–289.

N. Frei, Vergangenheitspolitik. Die Anfänge der Bundesrepublik und die NS-Vergangenheit, ²2003.

K. Freudiger, Die juristische Aufarbeitung von NS-Verbrechen, 2002.

U. Frevert, Frauen auf dem Weg zur Gleichberechtigung – Hindernisse, Umleitungen, Einbahnstraßen, in: Zäsuren nach 1945 (siehe unten), 113–130.

U. Frevert, Frauen-Geschichte, 1986.

M. Frey, Geschichte des Vietnamkrieges. Die Tragödie in Asien und das Ende des amerikanischen Traums, 2000.

W. Fricke u.a., »Konzentrierte Schläge«. Staatssicherheitsaktionen und politische Prozesse in der DDR 1953–1956, 1998.

R. Fritsch-Bournazel, Rapallo: ein französisches Trauma, 1976.

A. Frohn, Adenauer und die deutschen Ostgebiete in den fünfziger Jahren, in: VfZ 44, 1996, 485–525.

D. Fuchs, »Dreiecksverhältnisse sind immer komplizierter«. Kissinger, Bahr und die Ostpolitik, 1999.

50 Jahre Bundesrepublik Deutschland. Rahmenbedingungen – Entwicklungen – Perspektiven, Hg. T. Ellwein u.a., 1999.

50 Jahre Institut für Zeitgeschichte. Eine Bilanz, Hg. H. Möller u.a., 1999.

D. Gabor u.a., Das Ende der Verschwendung. Zur materiellen Lage der Menschheit. Ein Tatsachenbericht an den Club of Rome, 1976.

L. Gall, Der Bankier. Hermann Josef Abs. Eine Biographie, 2004.

A. Gallus, Die Neutralisten. Verfechter eines vereinten Deutschlands zwischen Ost und West. 1945–1990, 2001.

M. Gantet, § 218 in der Diskussion. Meinungs- und Willensbildung 1945–1976, 1991.

L. Gardner Feldman, The Special Relationship between West Germany and Israel, 1984.

R. Gareis, Berliner Mauer. Die längste Leinwand der Welt, 1999.

T. Garton Ash, Im Namen Europas. Deutschland und der geteilte Kontinent, 1993.

P. Gassert, Kurt Georg Kiesinger 1904–1988. Kanzler zwischen den Zeiten, 2004.

M. Gehler, Zeitgeschichte im dynamischen Mehrebenensystem. Zwischen Regionalisierung, Nationalstaat, Europäisierung, internationaler Arena und Globalisierung, 2001.

R. Geißler, Die Sozialstruktur Deutschlands. Ein Studienbuch zur sozialstrukturellen Entwicklung im geteilten und vereinten Deutschland, ²1996.

H.-D. Genscher, Erinnerungen, 1995.

U. Gerhard, Atempause. Feminismus als demokratisches Projekt, 1999.

»Gerichtstag halten über uns selbst …«. Geschichte und Wirkung des ersten Frankfurter Auschwitz-Prozesses, Hg. Fritz Bauer Institut, 2001.

Die Geschichte der Bundesrepublik Deutschland, Hg. W. Benz, Bd. 1–4, 1989.

Geschichte der Bundesrepublik Deutschland, Hg. K. D. Bracher u.a., Bd. 1–5, 1983–1987.

Geschichte und Zukunft der Arbeit, Hg. J. Kocka u.a., 2000.

Geschichte vor Gericht. Historiker, Richter und die Suche nach Gerechtigkeit, Hg. N. Frei u.a., 2000.

M. Geyer u.a., Operation Rot-Grün. Geschichte eines politischen Abenteuers, 2005.

H. Giersch u.a., The Fading Miracle. Four Decades of Market Economy in Germany, 1994.

I. Gilcher-Holtey, Die 68er Bewegung. Deutschland – Westeuropa – USA, 2001.

R. Giordano, Die zweite Schuld oder Von der Last Deutscher zu sein, 1987.

V. Giscard d'Estaing, Le pouvoir et la vie, 1988.

H. Glaser, Deutsche Kultur. Ein historischer Überblick von 1945 bis zur Gegenwart, 1997.

W. Glatzer, Die materiellen Lebensbedingungen in der Bundesrepublik Deutschland, in: Deutschland-Handbuch, Hg. Weidenfeld u.a. (siehe oben), 276–291.

M. Gorbatschow, Erinnerungen, 1995.

M. Görtemaker, Geschichte der Bundesrepublik Deutschland. Von der Gründung bis zur Gegenwart, 1999.

D. Gosewinkel, Adolf Arndt. Die Wiederbegründung des Rechtsstaates aus dem Geist der Sozialdemokratie (1945–1961), 1991.

J. B. Gradl, Für deutsche Einheit. Zeugnisse eines Engagements, Hg. K. W. Beer, 1975.

H. Graml, Die Legende von der verpaßten Gelegenheit. Zur sowjetischen Notenkampagne des Jahres 1952, in: VfZ 29, 1981, 307–341.

H. Grebing, Die Parteien, in: Geschichte der Bundesrepublik Deutschland, Hg. Benz (siehe oben), Bd. 1, 71–150.

M. Greiffenhagen, Die Aktualität Preußens. Fragen an die Bundesrepublik, 1981.

M. Greiffenhagen u.a., Ein schwieriges Vaterland. Zur politischen Kultur Deutschlands, ²1979.

M. Greschat, Die Kirchen in den beiden deutschen Staaten nach 1945, in: GWU 42, 1991, 267–284.

M. Greve, Der justitielle und rechtspolitische Umgang mit den NS-Gewaltverbrechen in den sechziger Jahren, 2001.

W. Grewe, Rückblenden 1976–1951. Aufzeichnungen eines Augenzeugen deutscher Außenpolitik von Adenauer bis Schmidt, 1979.

R. Gries, Produkte als Medien. Kulturgeschichte der Produktkommunikation in der Bundesrepublik und der DDR, 2003.

R. Gries, Die Rationen-Gesellschaft. Versorgungskampf und Vergleichsmentalität. Leipzig, München und Köln nach dem Kriege, 1991.

J. Gross, Begründung der Berliner Republik. Deutschland am Ende des 20. Jahrhunderts, 1995.

A. Grosser, Die Bonner Demokratie. Deutschland von draußen gesehen, 1960.

A. Grosser, Das Bündnis – Die westeuropäischen Länder und die USA seit dem Krieg, 1982.

A. Grosser, Ermordung der Menschheit. Der Genozid im Gedächtnis der Völker, 1990.

Die großen Regierungserklärungen der deutschen Bundeskanzler von Adenauer bis Schröder, Hg. K. Stüwe, 2002.

T. Grotum, Die Halbstarken. Zur Geschichte einer Jugendkultur der 50er Jahre, 1994.

H. Gruhl, Ein Planet wird geplündert. Die Schreckensbilanz unserer Politik, 1975.

Grundgesetz. Textausgabe mit einem ausführlichen Sachverzeichnis und einer Einführung von G. Düring, 19., neubearb. Aufl., Stand 1. März 1977.

Der Grundvertrag vor dem Bundesverfassungsgericht. Eine Dokumentation, Hg. Presse- und Informationsamt der Bundesregierung in Zusammenarbeit mit dem Bundesverfassungsgericht, 1973.

Gustav Heinemann und seine Politik, Hg. Haus der Geschichte der Bundesrepublik Deutschland, 1999.

J. Habermas, Eine Art Schadensabwicklung, 1987.

J. Habermas, Die Moderne – ein unvollendetes Projekt, 1981.

J. Habermas, Die nachholende Revolution. Kleine Politische Schriften VII, 1990.

J. Habermas, Protestbewegung und Hochschulreform, 1969.

L. Hachmeister, Schleyer. Eine deutsche Geschichte, 2004.

C. Hacke, Die Außenpolitik der Bundesrepublik Deutschland. Weltmacht wider Willen?, 1997.

C. Hacke, Deutschland, Europa und der Irakkonflikt, in: APuZ B 24–25, 2003, 8–16.

C. Hacke, Die weltpolitische Rolle der USA nach dem 11. September, in: APuZ B 51, 2002, 16–23.

S. Haffner, Im Schatten der Geschichte, 1985.

H. Haftendorn, Deutsche Außenpolitik zwischen Selbstbeschränkung und Selbstbehauptung 1945–2000, 2001.

H. Haftendorn, Das doppelte Mißverständnis. Zur Vorgeschichte des NATO-Doppelbeschlusses von 1979, in: VfZ 33, 1985, 244–287.

H. Haftendorn, Kernwaffen und die Glaubwürdigkeit der Allianz. Die NATO-Krise von 1966/67, 1994.

H. Hamm-Brücher, Aufbruch ins Jahr 2000 oder Erziehung im technischen Zeitalter, 1967.

Handbuch der deutschen Bildungsgeschichte, Hg. C. Berg, Bd. 1–6, 1987–1998.

Handbuch der empirischen Sozialforschung, Bd. 11, ²1977.

Handbuch politische Partizipation von Frauen in Europa, Bd. 1–2, 1998, 2004.

W. F. Hanrieder, Deutschland, Europa, Amerika. Die Außenpolitik der Bundesrepublik Deutschland 1949–1994, ²1995.

W. F. Hanrieder, Fragmente der Macht. Die Außenpolitik der Bundesrepublik, 1981.

N. Hansen, Aus dem Schatten der Katastrophe. Die deutsch-israelischen Beziehungen in der Ära Konrad Adenauer und David Ben Gurion. Ein dokumentarischer Bericht, 2002.

K. Harpprecht, Im Kanzleramt. Tagebuch der Jahre mit Willy Brandt. Januar 1973–Mai 1974, 2000.

P. Haungs, Kanzlerdemokratie in der Bundesrepublik Deutschland: Von Adenauer bis Kohl, in: ZfP 33, 1986, 44–66.

D. Hauser, Baader und Herold. Beschreibung eines Kampfes, 1997.

T. E. Heck, EKD und Entspannung. Die Evangelische Kirche in Deutschland und ihre Bedeutung für die Ost- und Deutschlandpolitik bis 1969, 1996.

U. v. Hehl, Kampf um die Deutung. Der Nationalsozialismus zwischen »Vergangenheitsbewältigung«, Historisierungspostulat und »neuer Unbefangenheit«, in: HJb 117/II, 1997, 406–436.

H. Heidemeyer, Flucht und Zuwanderung aus der SBZ/DDR 1945/1949–1961. Die Flüchtlingspolitik der Bundesrepublik Deutschland bis zum Bau der Berliner Mauer, 1994.

M. Heilmann, Die Umverteilungswirkungen der Einkommensteuerreform von 1975, 1976.

Heimkehr 1948, Hg. A. Kaminsky, 1998.

G. W. Heinemann, Allen Bürgern verpflichtet. Reden des Bundespräsidenten, 1975.

G. W. Heinemann, Die Freiheitsbewegungen in der deutschen Geschichte, in: GWU 25, 1974, 601–610.

G. W. Heinemann, Zur Reichsgründung 1871. Zum 100. Geburtstag des ersten Deutschen Reichspräsidenten Friedrich Ebert, Hg. Bundeszentrale für politische Bildung, 1971.

Heiterkeit und Härte. Walter Scheel in seinen Reden und im Urteil von Zeitgenossen (Festschrift W. Scheel), Hg. H.-D. Genscher, 1984.

E. Helmstädter, Die Wirtschaftsordnung in der Bundesrepublik Deutschland: Soziale Marktwirtschaft, in: Deutschland-Handbuch, Hg. Weidenfeld u.a. (siehe oben), 241–257.

K.-D. Henke, Die amerikanische Besetzung Deutschlands, 1995.

V. Hentschel, Ludwig Erhard. Ein Politikerleben, 1996.

U. Herbert, Best. Biographische Studien über Radikalismus, Weltanschauung und Vernunft. 1903–1989, [3]1996.

U. Herbert, Geschichte der Ausländerpolitik in Deutschland: Saisonarbeiter, Zwangsarbeiter, Gastarbeiter, Flüchtlinge, 2001.

U. Herbert u.a., Zweierlei Bewältigung. Vier Beiträge über den Umgang mit der NS-Vergangenheit in den beiden deutschen Staaten, 1992.

L. Herbst, Option für den Westen. Vom Marshallplan bis zum deutsch-französischen Vertrag, 1989.

J. Herf, Zweierlei Erinnerung. Die NS-Vergangenheit im geteilten Deutschland, 1997.

J. Hermand, Die Kultur der Bundesrepublik Deutschland 1965–1985, (durchges. u. korr. Ausg.) 1990.

H.-H. Hertle, Chronik des Mauerfalls. Die dramatischen Ereignisse um den 9. November 1989, [8]2001.

H.-H. Hertle, Der Fall der Mauer. Die unbeabsichtigte Selbstauflösung des SED-Staates, [2]1999.

D. Herz, Die Europäische Union, 2001.

J. C. Hess, Die Bundesrepublik auf dem Wege zur Nation?, in: NPL 26, 1981, 292–324.

J. J. Hesse u.a., Das Regierungssystem der Bundesrepublik Deutschland, Bd. 1–2, [7]1992.

T. Heuss, Tagebuchbriefe 1955–1963. Eine Auswahl von Briefen an Toni Stolper, Hg. E. Pikart, 1970.

G. Heydemann, Deutschlandpolitische Neuansätze der 60er Jahre, in: HPM 1, 1994, 15–32.

G. Heydemann, Die Innenpolitik der DDR, 2003.

R. Hilberg, Unerbetene Erinnerung. Der Weg eines Holocaust-Forschers, 1994.

K. Hildebrand, Die Außenpolitik der Bundesrepublik Deutschland 1949–1989, in: GWU 45, 1994, 611–625.

K. Hildebrand, Der provisorische Staat und das ewige Frankreich. Die deutsch-französischen Beziehungen 1963–1969, in: HZ 240, 1985, 283–311.

K. Hildebrand, Von Erhard zur Großen Koalition: 1963–1969 (Geschichte der Bundesrepublik Deutschland, Hg. Bracher u.a. (siehe oben), Bd. 4), 1984.

M. Hirsch, Anlaß, Verlauf und Ergebnis der Verjährungsdebatten im Deutschen Bundestag, in: Vergangenheitsbewältigung durch Strafverfahren? NS-Prozesse in der Bundesrepublik Deutschland, Hg. J. Weber u.a., 1984, 40–50.

»Historikerstreit«. Die Dokumentation der Kontroverse um die Einzigartigkeit der nationalsozialistischen Judenvernichtung, 1987.

Die historische Meistererzählung. Deutungslinien der deutschen Nationalgeschichte nach 1945, Hg. K. H. Jarausch u.a., 2002.

E. Hobsbawm, Das Zeitalter der Extreme. Weltgeschichte des 20. Jahrhunderts, 1995.

M. Hochgeschwender, Freiheit in der Offensive? Der Kongreß für kulturelle Freiheit und die Deutschen, 1998.

H. G. Hockerts, Metamorphosen des Wohlfahrtsstaats, in: Zäsuren nach 1945 (siehe unten), 35–45.

H. G. Hockerts, Sozialpolitische Entscheidungen im Nachkriegsdeutschland. Alliierte und deutsche Sozialversicherungspolitik 1945–1957, 1980.

H. G. Hockerts, Vom Nutzen und Nachteil parlamentarischer Parteienkonkurrenz. Die Rentenreform 1972 – ein Lehrstück, in: Staat und Parteien (Festschrift R. Morsey), Hg. K. D. Bracher, 1992, 903–934.

H. G. Hockerts, Wiedergutmachung in Deutschland. Eine historische Bilanz 1945–2000, in: VfZ 49, 2001, 167–214.

H. G. Hockerts, Zeitgeschichte in Deutschland. Begriff, Methoden, Themenfelder, in: APuZ B 29–30, 1993, 3–19.

D. Hofmann, »Verdächtige Eile«. Der Weg zur Koalition aus SPD und F.D.P. nach der Bundestagswahl vom 28. September 1969, in: VfZ 48, 2000, 515–564.

J. Hohensee, Der erste Ölpreisschock 1973/74. Die politischen und gesellschaftlichen Auswirkungen der arabischen Erdölpolitik auf die Bundesrepublik Deutschland und Westeuropa, 1996.

Holocaust and Shilumim. The Policy of Wiedergutmachung, Hg. A. Frohn, 1991.

C. Hoppe, Zwischen Teilhabe und Mitsprache. Die Nuklearfrage in der Allianzpolitik Deutschlands 1959–1966, 1993.

M. Huber, 11. März 1985. Die Auflösung des Sowjetischen Imperiums, 2002.

R. Hudemann, Sozialpolitik im deutschen Südwesten zwischen Tradition und Neuordnung 1945–1953, 1988.

K. Hüfner u. a., Konjunkturen der Bildungspolitik in der Bundesrepublik Deutschland, Bd. 1: Der Aufschwung (1960–1967), 1977.

P. Hünseler, Die außenpolitischen Beziehungen der Bundesrepublik Deutschland zu den arabischen Staaten 1949–1980, 1990.

P. Hüttenberger, Wirtschaftsordnung und Interessenpolitik in der Kartellgesetzgebung der Bundesrepublik 1949–1957, in: VfZ 24, 1976, 287–307.

Identität, Hg. O. Marquard u. a., 1979.

B. Ihme-Tuchel, Die DDR, 2002.

Institut für Demoskopie Allensbach, Zwischen Toleranz und Besorgnis. Einstellungen der deutschen Bevölkerung zu den aktuellen Problemen der Ausländerpolitik, 1985.

W. Jacoby, Vom Zwangsarbeiter zum heimatlosen Ausländer. Die Displaced Persons in Westdeutschland 1945–1951, 1985.

W. Jäger, Historische Forschung und politische Kultur in Deutschland. Die Debatte 1914–1980 über den Ausbruch des Ersten Weltkriegs, 1984.

W. Jäger, Die Innenpolitik der sozial-liberalen Koalition 1969–1974, in: Bracher u. a., Republik im Wandel: Die Ära Brandt (siehe oben), 15–155.

W. Jäger, Von der Kanzlerdemokratie zur Koordinationsdemokratie, in: ZfP 35, 1988, 15–32.

W. Jäger u. a., Republik im Wandel. 1974–1982: Die Ära Schmidt (Geschichte der Bundesrepublik Deutschland, Hg. Bracher u. a. (siehe oben), Bd. 5.2), 1987.

Jahrbuch der öffentlichen Meinung/Institut für Demoskopie, Allensbach (1947/55–1968/73), Hg. E. Noelle-Neumann u. a., Bd. 1–5, 1956–1974 (Forts. Allensbacher Jahrbuch der Demoskopie, Bd. 6–, 1974–).

H. James, Rambouillet, 15. November 1975. Die Globalisierung der Wirtschaft, 1997.

H.-H. Jansen, Im Adenauer-Sog. Die kleinen bürgerlichen Parteien in den 50er Jahren, in: Bilanz: 50 Jahre Bundesrepublik Deutschland, Hg. M.-L. Recker u.a., 2001, 69–81.

K. H. Jarausch, Normalisierung oder Re-Nationalisierung? Zur Umdeutung der deutschen Vergangenheit, in: GG 21, 1995, 571–584.

K. H. Jarausch, Die Umkehr. Deutsche Wandlungen 1945–1995, 2004.

K. H. Jarausch, Die unverhoffte Einheit 1989–1990, 1995.

K. H. Jarausch u.a., Zerbrochener Spiegel. Deutsche Geschichten im 20. Jahrhundert, 2005.

K. Jaspers, Die Atombombe und die Zukunft des Menschen. Politisches Bewußtsein in unserer Zeit, 1958.

K. Jaspers, Freiheit und Wiedervereinigung. Über Aufgaben deutscher Politik, 1960.

K. Jaspers, Wohin treibt die Bundesrepublik? Tatsachen, Gefahren, Chancen, 1966.

M. Jeismann, Auf Wiedersehen gestern. Die deutsche Vergangenheit und die Politik von morgen, 2001.

C. Jenck, Die Sprache der postmodernen Architektur, 1980.

H. Johnsen, Der Startbahn-West-Konflikt. Ein politisches Lehrstück?, 1996.

I. Juchler, Die Studentenbewegungen in den Vereinigten Staaten und der Bundesrepublik Deutschland der sechziger Jahre. Eine Untersuchung hinsichtlich ihrer Beeinflussung durch Befreiungsbewegungen und -theorien aus der Dritten Welt, 1996.

Jugend 2002. Zwischen pragmatischem Idealismus und robustem Materialismus, Hg. Deutsche Shell, 2002.

Jugendliche und Erwachsene '85. Generationen im Vergleich. Studie im Auftrag des Jugendwerks der Deutschen Shell (»Shell-Studie«), Bd. 3: Jugend der fünfziger Jahre – heute, 1985.

R. Jungk, Der Atom-Staat. Vom Fortschritt in die Unmenschlichkeit, 1977.

R. Jungk u.a., Wege ins neue Jahrtausend. Wettkampf der Planungen in Ost und West, 1964.

»Junkerland in Bauernhand«? Durchführung, Auswirkungen und Stellenwert der Bodenreform in der Sowjetischen Besatzungszone, Hg. A. Bauerkämper, 1996.

H. Kaelble, Wege zur Demokratie. Von der Französischen Revolution zur Europäischen Union, 2001.

J. Kaiser, Phasenverschiebungen und Einschnitte in der kulturellen Entwicklung, in: Zäsuren nach 1945 (siehe unten), 69–74.

Kalter Krieg. 60 Filme aus Ost und West, Hg. Stiftung Deutsche Kinemathek, 1991.

Karrieren im Zwielicht. Hitlers Eliten nach 1945, Hg. N. Frei, ²2002.

Katholizismus im politischen System der Bundesrepublik 1949–1963, Hg. A. Langer, 1978.

F.-X. Kaufmann, Schrumpfende Gesellschaft. Vom Bevölkerungsrückgang und seinen Folgen, 2005.

H. U. Kempski, Um die Macht. Sternstunden und sonstige Abenteuer mit den Bonner Bundeskanzlern 1949–1999, 1999.

F.-W. Kersting, Helmut Schelskys »Skeptische Generation« von 1957. Zur Publikations- und Wirkungsgeschichte eines Standardwerkes, in: VfZ 50, 2002, 465–495.

P. Graf Kielmansegg, Nach der Katastrophe – eine Geschichte des geteilten Deutschland, 2000.

M. Kimmel, Studentenbewegungen der 60er Jahre: Frankreich, BRD und USA im Vergleich, 1998.

B. Kirk, Der Contergan-Fall: Eine unvermeidbare Arzneimittelkatastrophe? Zur Geschichte des Arzneistoffes Thalidomid, 1999.

J.-H. Kirsch, Nationaler Mythos oder historische Trauer? Der Streit um ein zentrales »Holocaust-Mahnmal« für die Berliner Republik, 2003.

H. A. Kissinger, Memoiren 1968–1973, 1979.

H. A. Kissinger, Memoiren 1973–1974, 1982.

H. A. Kissinger, Vernunft der Nationen. Über das Wesen der Außenpolitik, 1994.

G. Klein u. a., Is this real? Die Kultur des HipHop, 2003.

M. Klein u. a., Der lange Weg der Grünen: eine Partei zwischen Protest und Regierung, 2003.

H. Kleinert, Vom Protest zur Regierungspartei. Die Geschichte der Grünen, 1992.

D. Klenke, Bundesdeutsche Verkehrspolitik und Motorisierung. Konfliktträchtige Weichenstellungen in den Jahren des Wiederaufstiegs, 1993.

C. Kleßmann, Die doppelte Staatsgründung. Deutsche Geschichte 1945–1955, [5]1991.

C. Kleßmann, Ein stolzes Schiff und krächzende Möwen. Die Geschichte der Bundesrepublik und ihre Kritiker, in: GG 11, 1985, 476–494.

C. Kleßmann, »Das Haus wurde gebaut aus den Steinen, die vorhanden waren« – Zur kulturgeschichtlichen Kontinuitätsdiskussion nach 1945, in: Tel Aviver Jahrbuch für Deutsche Geschichte 19, 1990, 159–177.

C. Kleßmann, Verflechtung und Abgrenzung. Aspekte der geteilten und zusammengehörigen deutschen Nachkriegsgeschichte, in: APuZ B 29–30, 1993, 30–41.

C. Kleßmann, Zwei Staaten, eine Nation. Deutsche Geschichte 1955–1970, [2]1997.

H. Klotz, Kunst im 20. Jahrhundert. Moderne – Postmoderne – Zweite Moderne, 1999.

K. Klotzbach, Der Weg zur Staatspartei. Programmatik, praktische Politik und Organisation der deutschen Sozialdemokratie 1945–1965, 1982.

U. Kluge, Vierzig Jahre Agrarpolitik in der Bundesrepublik Deutschland, Bd. 1–2, 1989.

H. Knabe, Die unterwanderte Republik. Stasi im Westen, 1999.

H. Knoch, Die Tat als Bild. Fotografien des Holocaust in der deutschen Erinnerungskultur, 2001.

T. Knoll, Das Bonner Bundeskanzleramt. Organisation und Funktionen von 1949–1999, 2004.

H. Knorr, Der parlamentarische Entscheidungsprozeß während der Großen Koalition 1966 bis 1969. Struktur und Einfluß der Koalitionsfraktionen und ihr Verhältnis zur Regierung der Großen Koalition, 1975.

J. Kocka, 1945. Neubeginn oder Restauration?, in: Wendepunkte deutscher Geschichte: 1848–1900, Hg. C. Stern u. a., 1994, 159–192.

J. Kocka, Sozialgeschichte. Begriff – Entwicklung – Probleme, 1986.

G. Koenen, Vesper, Ensslin, Baader. Urszenen des deutschen Terrorismus, 2003.

D. Koerfer, Kampf ums Kanzleramt. Erhard und Adenauer, 1987.

D. Koerfer, Schwierige Geburten. Die Regierungsbildungen 1961, 1962, 1963 und 1965, in: Verantwortung für die Freiheit. 40 Jahre FDP, Hg. W. Mischnick, 1989, 156–192.

H. Kohl, Erinnerungen, Bd. 1–, 2004–.

H. Kohl, Freizeitpolitik, 1976.

H. Kohl, Ich wollte Deutschlands Einheit, Bearb. K. Diekmann u. a., 1998.

H. Köhler, Adenauer. Eine politische Biographie, 1994.

W. Köllmann, Die Bevölkerungsentwicklung der Bundesrepublik, in: Sozialgeschichte der Bundesrepublik Deutschland (siehe unten), 66–114.

W. König, Geschichte der Konsumgesellschaft, 2000.

Kontroversen der Zeitgeschichte. Historisch-politische Themen im Meinungsstreit, Hg. V. Dotterweich, 1998.

Konzertierte Aktion. Kritische Beiträge zu einem Experiment, Hg. E. Hoppmann, 1971.

Koordinaten deutscher Geschichte in der Epoche des Ost-West-Konflikts, Hg. H. G. Hockerts, 2004.

H. Korte, Eine Gesellschaft im Aufbruch. Die Bundesrepublik in den sechziger Jahren, 1987.

K.-R. Korte, Der Standort der Deutschen. Akzentverlagerungen der deutschen Frage in der Bundesrepublik Deutschland seit den siebziger Jahren, 1990.

I.-S. Kowalczuk, 17. Juni 1953 – Volksaufstand in der DDR. Ursachen – Abläufe – Folgen, 2003.

H. Kramer, Europäische Gemeinschaft und die Türkei. Entwicklung, Probleme und Perspektiven einer schwierigen Partnerschaft, 1988.

W. Kraushaar, Denkmodelle der 68er-Bewegung, in: APuZ B 22–23, 2001, 14–27.

W. Kraushaar, 1968. Das Jahr, das alles verändert hat, 1998.

W. Kraushaar, Die Protest-Chronik 1949–1959. Eine illustrierte Geschichte von Bewegung, Widerstand und Utopie, Bd. 1–4, 1996.

L. Kreuz, Das Kuratorium Unteilbares Deutschland. Aufbau, Programmatik, Wirkung, 1980.

Der Krieg in der Nachkriegszeit. Der Zweite Weltkrieg in Politik und Gesellschaft der Bundesrepublik, Hg. M. T. Greven u. a., 2000.

Kriegsniederlagen. Erfahrungen und Erinnerungen, Hg. H. Carl u. a., 2004.

C. Graf v. Krockow, Der deutsche Niedergang. Ein Ausblick ins 21. Jahrhundert, ²1998.

D. Kroegel, Einen Anfang finden! Kurt Georg Kiesinger in der Außen- und Deutschlandpolitik der Großen Koalition, 1997.

U. Kubisch, Motor-Roller mobil. Vom zivilisierten Zweirad zum Fast-Automobil. Eine Geschichte der Massenmotorisierung, 1985.

H. J. Küsters, Adenauers Europapolitik in der Gründungsphase der Europäischen Wirtschaftsgemeinschaft, in: VfZ 31, 1983, 646–673.

H. J. Küsters, Der Integrationsfriede. Viermächte-Verhandlungen über die Friedensregelung mit Deutschland 1945–1990, 2000.

H. J. Küsters, Konrad Adenauer und Willy Brandt in der Berlin-Krise 1958–1963, in: VfZ 40, 1992, 483–542.

H. Lampert, Die Soziale Marktwirtschaft in der Bundesrepublik Deutschland. Ursprung, Konzeption, Entwicklung und Probleme, in: APuZ B 17, 1988, 3–14.

V. M. Lampugnani, Die Modernität des Dauerhaften. Essays zu Stadt, Architektur und Design, 1995.

H. Langbein, Der Auschwitz-Prozeß. Eine Dokumentation, Bd. 1–2, 1965.

E. Lange, Vom Wahlrechtsstreit zur Regierungskrise. Die Wahlrechtsentwicklung Nordrhein-Westfalens bis 1956, 1980.

U. Lappenküper, Die deutsch-französischen Beziehungen 1949–1963. Von der »Erbfeindschaft« zur »Entente élémentaire«, Bd. 1–2, 2001.

U. Lappenküper, »Ich bin wirklich ein guter Europäer«. Ludwig Erhards Europapolitik 1949–1966, in: Francia 18, 1991, 85–121.

U. Lappenküper, Der Schuman-Plan. Mühsamer Durchbruch zur deutsch-französischen Verständigung, in: VfZ 42, 1994, 403–445.

D. C. Large, Berlin. Biographie einer Stadt, 2002.

S. Layritz, Der NATO-Doppelbeschluß. Westliche Sicherheitspolitik im Spannungsfeld von Innen-, Bündnis- und Außenpolitik, 1992.

Lebenslagen, Lebensläufe, Lebensstile, Hg. P. A. Berger u. a., 1990.

Lebensqualität in der Bundesrepublik. Objektive Lebensbedingungen und subjektives Wohlbefinden, Hg. W. Glatzer, u. a., 1984.

G. Leber, Vom Frieden, 1979.

L. Leblond, Le couple franco-allemand depuis 1945, 1997.

Die Legende von der verpaßten Gelegenheit. Die Stalin-Note vom 10. März 1952, Hg. H.-P. Schwarz, 1982.

C. Leggewie, Der Mythos des Neuanfangs – Gründungsetappen der Bundesrepublik Deutschland: 1949 – 1969 – 1989, in: Mythos und Nation. Studien zur Entwicklung des kollektiven Bewußtseins in der Neuzeit, Hg. H. Berding, Bd. 3, 1996, 275–302.

I. Lehmann, Die deutsche Vereinigung von außen gesehen. Angst, Bedenken und Erwartungen in der ausländischen Presse, Bd. 1–3, 1996–2001.

M. Lemke, Die Berlinkrise 1958 bis 1963. Interessen und Handlungsspielräume der SED im Ost-West-Konflikt, 1995.

C. Lepp, Tabu der Einheit? Ost-West-Gemeinschaft der evangelischen Christen und die deutsche Teilung (1945–1969), 2005.

C. Lepp, Weg des Protestantismus im geteilten und wiedervereinigten Deutschland, in: GWU 51, 2000, 173–189.

M. R. Lepsius, Demokratie in Deutschland. Soziologisch-historische Konstellationsanalysen. Ausgewählte Aufsätze, 1993.

M. R. Lepsius, Das Erbe des Nationalsozialismus und die politische Kultur der Nachfolgestaaten des »Großdeutschen Reiches«, in: Ders., Demokratie in Deutschland (siehe oben), 229–245.

A.-H. Leugers-Scherzberg, Herbert Wehner und der Rücktritt Willy Brandts am 7. Mai 1974, in: VfZ 50, 2002, 303–322.

C. Lind, Die deutsch-französischen Gipfeltreffen in der Ära Kohl-Mitterrand 1982–1994. Medienspektakel oder Führungsinstrument?, 1998.

W. Link, Außen- und Deutschlandpolitik in der Ära Brandt 1969–1974, in: Bracher u. a., Republik im Wandel. Die Ära Brandt (siehe oben), 163–282.

W. Link, Die Entstehung des Moskauer Vertrages im Lichte neuer Archivalien, in: VfZ 49, 2001, 295–315.

U. Linnhoff, Die Neue Frauenbewegung. USA – Europa seit 1968, 1974.

E. Lohse, Östliche Lockungen und westliche Zwänge. Paris und die deutsche Teilung 1949 bis 1955, 1995.

W. Loth, Helsinki, 1. August 1975. Entspannung und Abrüstung, 1998.

W. Loth, Stalins ungeliebtes Kind. Warum Moskau die DDR nicht wollte, 1994.

W. Loth, Der Weg nach Europa. Geschichte der europäischen Integration, 1939–1957, 1991.

R. Löwenthal, Der romantische Rückfall, 1970.

R. Löwenthal, Vom kalten Krieg zur Ostpolitik, in: Die zweite Republik (siehe unten), 604–699.

H. Lübbe, Der Nationalsozialismus im deutschen Nachkriegsbewußtsein, in: HZ 236, 1983, 579–599.

H. Lübbe, Politik nach der Aufklärung. Philosophische Aufsätze, 2001.

P. Lücke, Ist Bonn doch Weimar? Der Kampf um das Mehrheitswahlrecht, 1968.

M. Lurz, Kriegerdenkmäler in Deutschland, Bd. 1–6, 1985 ff.

J.-F. Lyotard, Das postmoderne Wissen, 1982.

E. G. Mahrenholz, Die Kirchen in der Gesellschaft der Bundesrepublik, 1969.

C. S. Maier, Die Gegenwart der Vergangenheit. Geschichte und nationale Identität der Deutschen, 1992.

C. S. Maier, Das Verschwinden der DDR und der Untergang des Kommunismus, 1999.

G. Mann, Deutsche Geschichte des 19. und 20. Jahrhunderts, 1958.

M. Manz, Stagnation und Aufschwung in der französischen Besatzungszone, 1985.

R. Marcowitz, Option für Paris? Unionsparteien, SPD und Charles de Gaulle 1958 bis 1969, 1996.

J. J. Maresca, To Helsinki. The Conference on Security and Cooperation in Europe, 1973–1975, 1985.

S. Marx, Franz Meyers 1908–2002. Eine politische Biographie, 2003.

Materialien der Enquete-Kommission »Aufarbeitung von Geschichte und Folgen der SED-Diktatur in Deutschland«, Hg. Deutscher Bundestag, Bd. I–IX, 1995–.

Mauerbau und Mauerfall. Ursachen – Verlauf – Auswirkungen, Hg. H.-H. Hertle u.a., 2002.

D. L. Meadows, Die Grenzen des Wachstums. Bericht des Club of Rome zur Lage der Menschheit, 1973.

Medien – Kunst – Geschichte, Hg. Zentrum für Kunst und Medientechnologie Karlsruhe (ZKM), 1997.

Mediengeschichte der Bundesrepublik Deutschland, Hg. J. Wilke, 1999.

E. Mende, Von Wende zu Wende. 1962–1982, 1986.

U. Menzel, Das Ende der Dritten Welt und das Scheitern der großen Theorien, 1991.

P. Merseburger, Der schwierige Deutsche. Kurt Schumacher, [3]1996.

P. Merseburger, Willy Brandt 1913–1992. Visionär und Realist, [4]2002.

M. D. Mesarovice u.a., Menschheit am Wendepunkt. 2. Bericht des Club of Rome zur Weltlage, 1974.

R. Messerschmidt, Aufnahme und Integration der Vertriebenen und Flüchtlinge in Hessen 1945–1950, 1994.

G. Metzler, Am Ende aller Krisen? Politisches Denken und Handeln in der Bundesrepublik der sechziger Jahre, in: HZ 275, 2002, 57–103.

G. Metzler, Breite Straßen, schmale Pfade. Fünf Wege zur Geschichte der Bundesrepublik, in: NPL 46, 2001, 244–267.

G. Metzler, Konzeptionen politischen Handelns von Adenauer bis Brandt. Politische Planung in der pluralistischen Gesellschaft, 2005.

H. Meulemann, Wertewandel in der Bundesrepublik zwischen 1950 und 1980. Versuch einer zusammenfassenden Deutung vorliegender Zeitreihen, in: Wirtschaftlicher Wandel, religiöser Wandel und Wertewandel. Folgen für das politische Verhalten in der Bundesrepublik Deutschland, Hg. D. Oberndörfer, 1985, 391–411.

N. Meyer-Landrut, Frankreich und die deutsche Einheit. Die Haltung der französischen Regierung und Öffentlichkeit zu den Stalin-Noten 1952, 1988.

S. Mielke u.a., Die Gewerkschaften in der Bundesrepublik Deutschland, in: Internationales Gewerkschafts-Handbuch, Hg. Ders., 1983, 337–383.

A. Mintzel, Geschichte der CSU, 1977.

A. Mitscherlich, Die vaterlose Gesellschaft, 1966.

A. u. M. Mitscherlich, Die Unfähigkeit zu trauern. Grundlagen kollektiven Verhaltens, [21]1990.

F. Mitterrand, Über Deutschland, 1996.

Die Modernisierung der Moderne, Hg. U. Beck, 2001.

Modernisierung im Wiederaufbau. Die westdeutsche Gesellschaft der 50er Jahre, Hg. A. Schildt u.a., 1998.

A. Möller, Genosse Generaldirektor, 1978.

J. Monnet, Erinnerungen eines Europäers, 1978.

J. Mooser, Abschied von der »Proletarität«. Sozialstruktur und Lage der Arbeiterschaft in der Bundesrepublik in historischer Perspektive, in: Sozialgeschichte der Bundesrepublik Deutschland (siehe unten), 143–186.

J. Mooser, Arbeiterleben in Deutschland 1900–1970. Klassenlagen, Kultur und Politik, 1984.

R. Morsey, Die Bundesrepublik Deutschland. Entstehung und Entwicklung bis 1969, [4]2000.

R. Morsey, Heinrich Lübke. Eine politische Biographie, 1996.

R. Morsey, Die Rhöndorfer Weichenstellung am 21. August 1949. Neue Quellen zur Vorgeschichte der Koalitions- und Regierungsbildung nach der Wahl zum ersten Deutschen Bundestag, in: VfZ 28, 1980, 508–542.

R. Morsey, Die Vorgeschichte der Großen Koalition von 1966, in: Von der Arbeiterbewegung zum modernen Sozialstaat, Hg. J. Kocka, 1994, 462–478.

J. Müller, Die Gesamtdeutsche Volkspartei. Entstehung und Politik unter dem Primat nationaler Wiedervereinigung 1950–1957, 1990.

W. Müller, Die Gründung der Ständigen Konferenz der Kultusminister der Bundesrepublik Deutschland, in: HJb 114, 1994, 76–106.

D. Münkel, Willy Brandt und die »Vierte Gewalt«. Politik und Massenmedien in den 50er bis 70er Jahren, 2005.

H. Münkler, Die neuen Kriege, 2002.

N. M. Naimark, Die Russen in Deutschland. Die sowjetische Besatzungszone 1945 bis 1949, 1997.

W.-D. Narr, CDU – SPD. Programm und Praxis seit 1945, 1966.

Nationalsozialistische Vernichtungspolitik 1939–1945. Neue Forschungen und Kontroversen, Hg. U. Herbert, [4]2001.

Nationalsozialistischer Terror gegen Homosexuelle, Hg. B. Jellonnek u.a., 2002.

K. Naumann, Die Historisierung der Bonner Republik. Zeitgeschichtsschreibung in zeitdiagnostischer Absicht, in: Mittelweg 36, 2000, 53–67.

K. Naumann, »Neuanfang ohne Tabus«. Deutscher Sonderweg und politische Semantik, in: Blätter für deutsche und internationale Politik 39, 1994, 435–447.

O. Negt, Achtundsechzig. Politische Intellektuelle und die Macht, 2001.

Neue soziale Bewegungen in der Bundesrepublik Deutschland, Hg. R. Roth u.a., 1987.

Neue soziale Bewegungen in Westeuropa und den USA, Hg. K. W. Brand, 1985.

F. Neumann, Der Block der Heimatvertriebenen und Entrechteten 1950–1960, 1968.

1968 – Vom Ereignis zum Gegenstand der Geschichtswissenschaft, Hg. I. Gilcher-Holtey, 1998.

1968: 30 Jahre danach, Hg. V. Schubert, 1999.

K. Niclauß, Kontroverse Deutschlandpolitik, 1977.

G. Niedhart, Revisionistische Elemente und die Initiierung friedlichen Wandels in der neuen Ostpolitik 1967–1974, in: GG 28, 2002, 233–266.

G. Niedhart u. a., Neue Ostpolitik und das Bild der Sowjetunion von 1968 bis 1975, in: APuZ B 14, 1994, 27–35.

M. Niehuß, Die Familie in der Bundesrepublik Deutschland im Spiegel der Demographie 1945–1960, in: AfS 35, 1995, 211–226.

L. Niethammer, Angepaßter Faschismus. Politische Praxis der NPD, 1969.

L. Niethammer, Die Mitläuferfabrik. Die Entnazifizierung am Beispiel Bayerns, 1982.

E. Noelle-Neumann, Demoskopische Geschichtsstunde. Vom Wartesaal der Geschichte zur Deutschen Einheit, 1991.

E. Noelle-Neumann u. a., Die verletzte Nation. Über den Versuch der Deutschen, ihren Charakter zu ändern, 1987.

P. Nolte, Generation Reform. Jenseits der blockierten Republik, 2004.

P. Nolte, Die Ordnung der deutschen Gesellschaft. Selbstentwurf und Selbstbeschreibung im 20. Jahrhundert, 2000.

C. Nonn, Die Ruhrbergbaukrise. Entindustrialisierung und Politik 1958–1969, 2001.

C. v. Oertzen, Teilzeitarbeit und die Lust am Zuverdienen. Geschlechterpolitik und gesellschaftlicher Wandel in Westdeutschland 1948–1969, 1999.

G. Oetzel, Die geplante Zukunft. Die bundesdeutsche Schnellbrüterentwicklung in den 1960er Jahren, 1999.

R. Opitz, Der große Plan der CDU: Die »Formierte Gesellschaft«, in: Blätter für deutsche und internationale Politik 10, 1965, 750–777.

T. Oppelland, Gerhard Schröder (1910–1989). Politik zwischen Staat, Partei und Konfession, 2002.

J. Osterhammel u. a., Geschichte der Globalisierung. Dimensionen, Prozesse, Epochen, 2003.

H. Osterheld, Außenpolitik unter Bundeskanzler Ludwig Erhard, 1963–1966. Ein dokumentarischer Bericht aus dem Kanzleramt, 1992.

T. Osterwold, Pop-Art, 1999.

Paris – Bonn. Eine dauerhafte Bindung schwieriger Partner, Hg. K. Manfrass, 1984.

Parteien-Handbuch. Die Parteien der Bundesrepublik Deutschland 1945–1980, Hg. R. Stöss, 1983.

G. Paul, Der Bilderkrieg. Inszenierungen, Bilder und Perspektiven der »Operation Irakische Freiheit«, 2005.

G. Picht, Die deutsche Bildungskatastrophe. Analyse u. Dokumentation, 1964.

T. Pirker, Die blinde Macht. Die Gewerkschaftsbewegung in Westdeutschland (1945–1960), Tl. 1–2, 1960.

Pluralismus und Postmodernismus. Literatur- und Kulturgeschichte der achtziger und frühen neunziger Jahre in Deutschland, Hg. H. Kreuzer, [3]1994.

R. Poidevin, Robert Schumans Deutschland- und Europapolitik, 1976.

R. Poidevin, Die unruhige Großmacht. Deutschland und die Welt im 20. Jahrhundert, 1985.

Die Politik der Öffentlichkeit – Die Öffentlichkeit der Politik. Politische Medialisierung in der Geschichte der Bundesrepublik, Hg. B. Weisbrod, 2003.

Politische Kultur in Deutschland: Bilanz und Perspektiven der Forschung, Hg. D. Berg-Schlosser u. a., 1987.

Politische Kultur und deutsche Frage. Materialien zum Staats- und Nationalbewußtsein in der Bundesrepublik Deutschland, Hg. W. Weidenfeld, 1989.

Politische Säuberung in Europa. Die Abrechnung mit Faschismus und Kollaboration nach dem Zweiten Weltkrieg, Hg. K.-D. Henke u. a., 1991.

R. Pommerin, »Bonn ohne Bombe«. Zur Nuklearwaffenabstinenz der Bundesrepublik Deutschland, in: Macht und Zeitkritik (Festschrift H.-P. Schwarz), Hg. P. R. Weilemann u. a., 1999, 327–336.

D. Posser, Anwalt im Kalten Krieg. Ein Stück deutscher Geschichte in politischen Prozessen 1951–1968, 1991.

N. Postman, Wir amüsieren uns zu Tode. Urteilsbildung im Zeitalter der Unterhaltungsindustrie, 1985.

H. Potthoff, Im Schatten der Mauer. Deutschlandpolitik 1961 bis 1990, 1999.

H. Potthoff, Die »Koalition der Vernunft«. Deutschlandpolitik in den 80er Jahren, 1995.

A. Prinz, Lieber wütend als traurig: die Lebensgeschichte der Ulrike Marie Meinhof, 2003.

Programm der Erneuerung, Hg. Presse- und Informationsamt der Bundesregierung, 1983.

T. Ramge, Die großen Polit-Skandale. Eine andere Geschichte der Bundesrepublik, 2003.

J. Raschke, Die Grünen. Wie sie wurden, was sie sind, 1993.

H.-J. Rautenberg u. a., Die »Himmeroder Denkschrift« vom Oktober 1950. Politische und militärische Überlegungen für einen Beitritt der Bundesrepublik Deutschland zur westeuropäischen Verteidigung, 1977.

Recht und Politik der Planung in Wirtschaft und Gesellschaft, Hg. J. H. Kaiser, 1965.

Rechtsstellung Deutschlands. Völkerrechtliche Verträge und andere rechtsgestaltende Akte, Hg. D. Rauschning, 1989.

P. Reichel, Politik mit der Erinnerung. Gedächtnisorte im Streit um die nationalsozialistische Vergangenheit, 1995.

P. Reichel, Vergangenheitsbewältigung in Deutschland. Die Auseinandersetzung mit der NS-Diktatur von 1945 bis heute, 2001.

M. Rensing, Geschichte und Politik in den Reden der deutschen Bundespräsidenten 1949–1989, 1996.

Revolution in Deutschland: sieben Beiträge, Hg. M. Hettling, 1991.

G. A. Ritter, Über Deutschland. Die Bundesrepublik in der deutschen Geschichte, ²2000.

A. Rödder, Die Bundesrepublik Deutschland 1969–1990, 2004.

A. Rödder, Staatskunst statt Kriegshandwerk. Probleme der deutschen Vereinigung von 1990 in internationaler Perspektive, in: HJb 118, 1998, 221–260.

H. C. Röhl, Der Wissenschaftsrat. Kooperation zwischen Wissenschaft, Bund und Ländern und ihre rechtlichen Determinanten, 1994.

H. Rosenbach, Der Preis der Freiheit. Die deutsch-amerikanischen Verhandlungen über den Devisenausgleich (1961–1967), in: VfZ 46, 1998, 709–746.

F. Roth, Die Idee der Nation im politischen Diskurs. Die Bundesrepublik Deutschland zwischen neuer Ostpolitik und Wiedervereinigung (1969–1990), 1995.

D. Rucht, Von Wyhl nach Gorleben. Bürger gegen Atomprogramm und nukleare Entsorgung, 1980.

M. Ruck, Korpsgeist und Staatsbewußtsein. Beamte im deutschen Südwesten 1928 bis 1972, 1996.

A. Rückerl, NS-Verbrechen vor Gericht. Versuch einer Vergangenheitsbewältigung, 1982.

H.-J. Rupieper, Die Berliner Außenministerkonferenz von 1954. Ein Höhepunkt der Ost-West-Propaganda oder die letzte Möglichkeit zur Schaffung der deutschen Einheit?, in: VfZ 34, 1986, 427–453.

C. F. Rüter u.a., Die westdeutschen Strafverfahren wegen nationalsozialistischer Tötungsverbrechen 1945–1997. Eine systematische Verfahrensbeschreibung. Mit Karten und Registern, 1998.

A. v. Saldern, Von der »guten Stube« zur »guten Wohnung«. Zur Geschichte des Wohnens in der Bundesrepublik Deutschland, in: AfS 35, 1995, 227–254.

M. E. Sarotte, A Small Town in (East) Germany. The Erfurt Meeting of 1970 and the Dynamics of Cold War Détente, in: Diplomatic History 25, 2001, 85–104.

T. Sauer, Westorientierung im deutschen Protestantismus? Vorstellungen und Tätigkeit des Kronberger Kreises, 1999.

F. W. Scharpf, Politikverflechtung. Theorie und Empirie des kooperativen Föderalismus in der Bundesrepublik, 1976.

F. W. Scharpf, Sozialdemokratische Krisenpolitik in Europa. Das Modell Deutschland im Vergleich, 1987.

W. Schäuble, Der Vertrag. Wie ich über die deutsche Einheit verhandelte, 1991.

H. Schelsky, Auf der Suche nach Wirklichkeit. Gesammelte Aufsätze, 1965.

H. Schelsky, Die skeptische Generation. Eine Soziologie der deutschen Jugend, 1957.

A. Scheybani, Handwerk und Kleinhandel in der Bundesrepublik Deutschland. Sozialökonomischer Wandel und Mittelstandspolitik 1949–1961, 1996.

R. Schiffers, »Ein mächtiger Pfeiler im Bau der Bundesrepublik«. Das Gesetz über das Bundesverfassungsgericht vom 12. März 1951, in: VfZ 32, 1984, 66–102.

R. Schiffers, Zwischen Bürgerfreiheit und Staatsschutz. Wiederherstellung und Neufassung des politischen Strafrechts in der Bundesrepublik Deutschland 1949–1951, 1989.

A. Schildt, Moderne Zeiten. Freizeit, Massenmedien und »Zeitgeist« in der Bundesrepublik der 50er Jahre, 1995.

A. Schildt, Nachkriegszeit. Möglichkeiten und Probleme einer Periodisierung der westdeutschen Geschichte nach dem Zweiten Weltkrieg und ihrer Einordnung in die deutsche Geschichte des 20. Jahrhunderts, in: GWU 44, 1993, 567–584.

A. Schildt, Vor der Revolte: Die sechziger Jahre, in: APuZ B 22–23, 2001, 7–13.

A. Schildt, Zwischen Abendland und Amerika. Studien zur westdeutschen Ideengeschichte der 50er Jahre, 1999.

K. Schiller, Preisstabilität durch globale Steuerung der Marktwirtschaft, Hg. Walter-Eucken-Institut, 1968.

D. Schindelbeck u.a., »Haste was, biste was!« Werbung für die soziale Marktwirtschaft, 1999.

T. Schlemmer, Aufbruch, Krise und Erneuerung. Die Christlich-Soziale Union 1945–1955, 1996.

W. Schluchter, Neubeginn durch Anpassung? Studien zum ostdeutschen Übergang, 1996.

C. Schmid, Erinnerungen, 1979.

H. Schmidt, Die Deutschen und ihre Nachbarn. Menschen und Mächte II, 1990.

M. G. Schmidt, CDU und SPD an der Regierung. Ein Vergleich ihrer Politik in den Ländern, 1980.

M. G. Schmidt, Die Politik der inneren Reformen in der Bundesrepublik Deutschland 1969–1976, in: PVS 19, 1978, 201–253.

M. G. Schmidt, Die Politik des mittleren Weges. Besonderheiten der Staatstätigkeit in der Bundesrepublik Deutschland, in: APuZ B 9/10, 1990, 23–31.

M. G. Schmidt, Das politische System der Bundesrepublik Deutschland, 2005.

G. Schmidtchen, Protestanten und Katholiken. Soziologische Analyse konfessioneller Kultur, ²1979.

W. Schmiese, Fremder Freund. Deutschland und die USA zwischen Mauerfall und Golfkrieg, 2000.

T. Schmitt, Die Friedensbewegung in der Bundesrepublik Deutschland, 1990.

R. Schmoeckel u.a., Die vergessene Regierung. Große Koalition 1966 bis 1969 und ihre langfristigen Wirkungen, 1991.

A. H. Schneider, Die Kunst des Kompromisses. Helmut Schmidt und die Große Koalition 1966–1969, 1999.

F. Schneider, Große Koalition – Ende oder Neubeginn?, 1969.

M. Schneider, Demokratie in Gefahr? Der Konflikt um die Notstandsgesetze. Sozialdemokratie, Gewerkschaften und intellektueller Protest (1958–1968), 1986.

G. Schöllgen, Geschichte der Weltpolitik von Hitler bis Gorbatschow 1941–1991, 1996.

G. Schöllgen, Willy Brandt. Die Biographie, 2001.

W. Schollwer, Liberale Opposition gegen Adenauer. Aufzeichnungen 1957–1961, Hg. M. Fassbender, 1990.

K. Schönhoven, Aufbruch in die sozialliberale Ära. Zur Bedeutung der 60er Jahre in der Geschichte der Bundesrepublik, in: GG 25, 1999, 123–145.

K. Schönhoven, Die Deutschen Gewerkschaften, 1987.

K. Schönhoven, Entscheidung für die Große Koalition. Die Sozialdemokratie in der Regierungskrise im Spätherbst 1966, in: Gestaltungskraft des Politischen, Hg. W. Pyta u.a., 1998, 379–397.

K. Schönhoven, Wendejahre. Die Sozialdemokratie in der Zeit der Großen Koalition 1966–1969, 2004.

H. Schreiber u.a., Gustav W. Heinemann, Bundespräsident, 1969.

W. Schreiber, Existenzsicherheit in der industriellen Gesellschaft. Vorschläge des Bundes Katholischer Unternehmer zur Sozialreform, 1955.

F. Schröder, Das parlamentarische Zustimmungsverfahren zum Auslandseinsatz der Bundeswehr in der Praxis, 2005.

E. Schudlich, Die Abkehr vom Normalarbeitstag. Entwicklung der Arbeitszeiten in der Industrie der Bundesrepublik seit 1945, 1987.

S. Schultz u.a., Wirtschaftliche Verflechtung der Bundesrepublik Deutschland mit den Entwicklungsländern, 1980.

K. Schulz, Der lange Atem der Provokation. Die Frauenbewegung in der Bundesrepublik und in Frankreich 1968–1976, 2002.

A. Schulze, Polen und die deutsche Einheit, in: Deutsche Studien 34, 1997, 307–329.

G. Schulze, Erlebnisgesellschaft. Kultursoziologie der Gegenwart, 1992.

W. Schulze, Deutsche Geschichtswissenschaft nach 1945, 1989.

J. Schuster, Heinrich Albertz, der Mann, der mehrere Leben lebte. Eine Biographie, 1997.

G. Schwan, Politik und Schuld. Die zerstörerische Macht des Schweigens, 1997.

H.-P. Schwarz, Adenauer, Bd. 1–2, ³1991.

H.-P. Schwarz, Adenauer und die Kernwaffen, in: VfZ 37, 1989, 565–593.

H.-P. Schwarz, Adenauer und Europa, in: VfZ 27, 1979, 471–523.

H.-P. Schwarz, Adenauers Kanzlerdemokratie und Regierungstechnik, in: APuZ B 1–2, 1989, 15–27.

H.-P. Schwarz, Die Ära Adenauer. Epochenwechsel 1957–1963 (Geschichte der Bundesrepublik Deutschland, Hg. Bracher u. a. (siehe oben), Bd. 3), 1983.

H.-P. Schwarz, Die Ära Adenauer. Gründerjahre der Republik 1949–1957, (Geschichte der Bundesrepublik Deutschland, Hg. Bracher u. a. (siehe oben), Bd. 2), 1981.

H.-P. Schwarz, Eine Entente Elémentaire. Das deutsch-französische Verhältnis im 25. Jahr des Elysée-Vertrages, 1990.

H.-P. Schwarz, Erbfreundschaft: Adenauer und Frankreich, 1992.

H.-P. Schwarz, Geschichtsschreibung und politisches Selbstverständnis. Die Geschichte der Bundesrepublik Deutschland – Herausforderung für die Forschung, in: APuZ B 36, 1982, 1–16.

H.-P. Schwarz, Das Gesicht des Jahrhunderts. Monster, Retter, Mediokritäten, 1998.

H.-P. Schwarz, Die neueste Zeitgeschichte, in: VfZ 51, 2003, 5–28.

H.-P. Schwarz, Die Regierung Kiesinger und die Krise in der ČSSR 1968, in: VfZ 47, 1999, 159–186.

H.-P. Schwarz, Republik ohne Kompaß, 2005.

H.-P. Schwarz, Die Westdeutschen, die westliche Demokratie und die Westbindung, in: Die Bundesrepublik Deutschland und die Vereinigten Staaten von Amerika. Politische, soziale und wirtschaftliche Beziehungen im Wandel, Hg. J. A. Cooney u. a., 1985, 87–144.

H. W. Schwarze, Die DDR ist keine Zone mehr, 1969.

A. Schwarzer, So fing es an! 10 Jahre Frauenbewegung, 1981.

G. Schweigler, Nationalbewußtsein in der BRD und der DDR, 1972.

B. Seebacher, Willy Brandt, 1994.

W. Seibel, Verwaltete Illusionen. Die Privatisierung der DDR-Wirtschaft durch die Treuhandanstalt, 2005.

Sicherheitspolitik der Bundesrepublik Deutschland. Dokumentation 1945–1977, Hg. K. v. Schubert, Tl. 1–2, 1978f.

H. Siegrist, Ende der Bürgerlichkeit? Die Kategorien »Bürgertum« und »Bürgerlichkeit« in der westdeutschen Gesellschaft und Geschichtswissenschaft der Nachkriegsepoche, in: GG 20, 1994, 549–583.

M. Siekmeier, Restauration oder Reform? Die FPD in den sechziger Jahren. Deutschland- und Ostpolitik zwischen Wiedervereinigung und Entspannung, 1998.

D. Simon, Zäsuren im Rechtsdenken, in: Zäsuren nach 1945 (siehe unten), 153–167.

H. Soell, Fritz Erler. Eine politische Biographie, Bd. 1–2, 1976.

K. Sontheimer, Die Adenauer-Ära. Grundlegung der Bundesrepublik, ³2003.

K. Sontheimer, So war Deutschland nie. Anmerkungen zur politischen Kultur der Bundesrepublik, 1999.

K. Sontheimer, Die verunsicherte Republik. Die Bundesrepublik nach 30 Jahren, 1979.

Sozialgeschichte der Bundesrepublik Deutschland. Beiträge zum Kontinuitätsproblem, Hg. W. Conze u. a., 1983 (^{2}1985).

Sozialgeschichte in Deutschland, Hg. W. Schieder u. a., Bd. 1–4, 1986 f.

Die SPD-Fraktion im Deutschen Bundestag. Sitzungsprotokolle, Tl. 1–3, 1993.

Die SPD unter Kurt Schumacher und Erich Ollenhauer 1946–1963. Sitzungsprotokolle der Spitzengremien, Hg. W. Albrecht, Bd. 1: 1946 bis 1948, 1999; Bd. 2: 1948 bis 1950, 2003.

Die Spiegel-Affäre, Bd. 1–2, Hg. J. Seifert, 1966.

Die Stalin-Note vom 10. März 1952. Neue Quellen und Analysen, Hg. J. Zarusky, 2002.

T. Stamm, Kurt Schumacher als Parteiführer, in: GWU 40, 1989, 257–277.

Statistisches Jahrbuch für die Bundesrepublik Deutschland, Hg. Statistisches Bundesamt, 1952– (ab 2001: DeStatis: wissen, nutzen).

G. Staupe u. a., Die Pille, 1996.

P. Steinbach, Nationalsozialistische Gewaltverbrechen. Die Diskussion in der deutschen Öffentlichkeit nach 1945, 1981.

G. Steingart, Deutschland – der Abstieg eines Superstars, 2004.

R. Steininger, Deutsche Geschichte seit 1945. Darstellung und Dokumente in vier Bänden. Bd. 1: 1945–1947, 1996.

R. Steininger, Der Mauerbau. Die Westmächte und Adenauer in der Berlinkrise 1958–1963, 2001.

R. Steininger, Eine vertane Chance. Die Stalin-Note vom 10. März 1952 und die Wiedervereinigung. Eine Studie auf der Grundlage unveröffentlichter britischer und amerikanischer Akten, 1985.

R. Steinmetz, Freies Fernsehen. Das erste privat-kommerzielle Fernsehprogramm in Deutschland, 1996.

Sterben wir aus? Die Bevölkerungsentwicklung in der Bundesrepublik Deutschland, Hg. B. Heck, 1988.

D. Sternberger, Verfassungspatriotismus, 1990 (Schriften, Bd. 10).

Stichworte zur »Geistigen Situation der Zeit«, Hg. J. Habermas, Bd. 1: Nation und Republik, Bd. 2: Politik und Kultur, 1979.

B. Stöver, Der Kalte Krieg, 2003.

A. Straßner, Die dritte Generation der »Roten Armee Fraktion«, 2003.

F. J. Strauß, Die Erinnerungen, 1989.

Die Studentenproteste der 60er Jahre: Archivführer, Chronik, Bibliographie, Hg. T. P. Becker, 2000.

W. Stützle, Kennedy und Adenauer in der Berlin-Krise 1961–1962, 1973.

M. Szöllösi-Janze, »Aussuchen und abschießen« – der Heimatfilm der fünfziger Jahre als historische Quelle, in: GWU 44, 1993, 308–321.

M. Szöllösi-Janze, Geschichte der Arbeitsgemeinschaft der Großforschungseinrichtungen 1958–1980, 1990.

D. Taschler, Vor neuen Herausforderungen. Die außen- und deutschlandpolitische Debatte in der CDU-CSU-Bundestagsfraktion während der Großen Koalition (1966–1969), 2001.

H. Teltschik, 329 Tage. Innenansichten der Einigung, 1991.

Tendenzwende. Zur geistigen Situation der Bundesrepublik, Hg. C. Graf Podewils, 1975.

K. Tenfelde, 1914–1990 – Einheit der Epoche, in: APuZ B 40, 1991, 3–11.

M. Thatcher, Downing Street No. 10. Die Erinnerungen, 1993.

The Kennedy Tapes. Inside the White House during the Cuban Missile Crisis, Hg. E. R. May u.a., 1997.

D. Thränhardt, Geschichte der Bundesrepublik Deutschland 1949–1990, 1996.

D. Thränhardt, Die Ursprünge von Rassismus und Fremdenfeindlichkeit in der Konkurrenzdemokratie. Ein Vergleich der Entwicklungen in England, Frankreich und Deutschland, in: Leviathan 21, 1993, 336–357.

H. Thum, Mitbestimmung in der Montanindustrie. Der Mythos vom Sieg der Gewerkschaften, 1982.

A. Tiggemann, CDU-CSU und die Ost- und Deutschlandpolitik 1969–1972. Zur »Innenpolitik der Außenpolitik« der ersten Regierung Brandt/Scheel, 1998.

M. Tolomelli, »Repressiv getrennt« oder »organisch verbündet«. Studenten und Arbeiter 1968 in der Bundesrepublik Deutschland und Italien, 2001.

Umkämpfte Vergangenheit. Geschichtsbilder, Erinnerung und Vergangenheitspolitik im internationalen Vergleich, Hg. P. Bock u.a., 1999.

Die USA und Deutschland im Zeitalter des Kalten Krieges 1945–1968. Ein Handbuch, Hg. D. Junker, Bd. 1–2, ²2001.

W. van Kampen, Holocaust. Materialien zu einer amerikanischen Fernsehserie über die Judenverfolgung im »Dritten Reich«, 1981.

»Vaterlandslose Gesellen«. Sozialdemokratie und Nation 1860–1990, Hg. D. Groh u.a., 1992.

Vereintes Deutschland – geteilte Jugend. Ein Handbuch, Hg. S. Andresen u.a., 2003.

Verhandlungen des Deutschen Bundestages. Stenographische Berichte, 1949–.

Verletztes Gedächtnis. Erinnerungskultur und Zeitgeschichte im Konflikt, Hg. K. H. Jarausch u.a., 2002.

D. Vernet, La renaissance allemande, 1992 (dt. Was wird aus Deutschland?, 1993).

Verwandlungspolitik. NS-Eliten in der westdeutschen Nachkriegsgesellschaft, Hg. W. Loth u.a., 1998.

A. Vogtmeier, Egon Bahr und die deutsche Frage. Zur Entwicklung der sozialdemokratischen Ost- und Deutschlandpolitik vom Kriegsende bis zur Vereinigung, 1996.

Vom Kalten Krieg zur deutschen Einheit (Bearb. W. Schmidt), Hg. B. Thoß, 1995.

Vom Marshallplan zur EWG, Hg. L. Herbst, 1990.

Vom Obrigkeitsstaat zur entgrenzten Politik. Politische Einstellungen und politisches Verhalten in der Bundesrepublik seit den sechziger Jahren, Hg. R. Zoll 1999.

Von der Bonner zur Berliner Republik. 10 Jahre Deutsche Einheit, Hg. R. Czada u.a., 2000.

Von Truman bis Harmel. Die Bundesrepublik Deutschland im Spannungsfeld von NATO und europäischer Integration, Hg. H.-J. Harder, 2000.

H. Vorländer, Der Soziale Liberalismus der F.D.P., 1986.

H. Vorländer, Die Wiederkehr der Politik und der Kampf der Kulturen, in: APuZ B 52–53, 2001, 3–6.

Wandlungsprozesse in Westdeutschland. Belastung, Integration, Liberalisierung 1945 bis 1980, Hg. U. Herbert, 2002.

P. Weber, Carlo Schmid. 1896–1979. Eine Biographie, 1996.

Wege aus der Moderne. Schlüsseltexte der Postmoderne- Diskussion, Hg. W. Welsch, 1988.

H.-U. Wehler, Deutsches Bürgertum nach 1945. Exitus oder Phönix aus der Asche?, in: GG 27, 2001, 617–634.

H.-U. Wehler, Modernisierungstheorie und Geschichte, 1975.

H.-U. Wehler, Preußen ist wieder chic, 1983.

W. Weidenfeld, Außenpolitik für die deutsche Einheit. Die Entscheidungsjahre 1989/90 (Geschichte der deutschen Einheit in vier Bänden, Bd. 4), 1998.

W. Weidenfeld u.a., Die deutsche Frage im Bewußtsein der Bevölkerung in beiden Teilen Deutschlands. Das Zusammengehörigkeitsgefühl der Deutschen – Konstanten und Wandlungen. Einstellungen der westdeutschen Bevölkerung 1945/49–1990, in: Materialien der Enquete-Kommission »Aufarbeitung von Geschichte und Folgen der SED-Diktatur in Deutschland«, Hg. Deutscher Bundestag, Bd. V/3, 1995, 2798–2962.

M. Weingardt, Deutsche Israel- und Nahostpolitik. Die Geschichte einer Gratwanderung seit 1949, 2002.

A. Weinke, Die Verfolgung von NS-Tätern im geteilten Deutschland: Vergangenheitsbewältigung 1949–1969 oder: Eine deutsch-deutsche Beziehungsgeschichte im kalten Krieg, 2002.

E. Weisenfeld, Charles de Gaulle. Der Magier im Elysée, 1990.

E. Weisenfeld, Welches Deutschland soll es sein? Frankreich und die deutsche Einheit seit 1945, 1986.

R. v. Weizsäcker, Drei Mal Stunde Null? 1949, 1969, 1989. Deutschlands europäische Zukunft, 2001.

R. v. Weizsäcker, Vier Zeiten. Erinnerungen, 1997.

R. v. Weizsäcker, Zum 40. Jahrestag der Beendigung des Krieges in Europa und der nationalsozialistischen Gewaltherrschaft, 1985.

J. Welsch, Globalsteuerung in der Bundesrepublik Deutschland. Eine kritische Analyse der Stabilisierungspolitik seit 1967, 1980.

A. Wenger, Der lange Weg zur Stabilität. Kennedy, Chruschtschow und das gemeinsame Interesse der Supermächte am Status quo in Europa, in: VfZ 46, 1998, 69–99.

U. Wengst, Die CDU/CSU im Bundestagswahlkampf 1949, in: VfZ 34, 1986, 1–52.

U. Wengst, Thomas Dehler (1897–1967). Eine Biographie, 1997.

G. Werle u.a., Auschwitz vor Gericht. Völkermord und bundesdeutsche Strafjustiz, 1995.

U. Wesel, Die verspielte Revolution. 1968 und die Folgen, 2002.

Westbindungen. Amerika in der Bundesrepublik, Hg. H. Bude, 1999.

W. Wette u.a., Kriegsverbrechen im 20. Jahrhundert, 2001.

G. Wettig, Entmilitarisierung und Wiederbewaffnung in Deutschland 1943–1955, 1967.

G. Wettig, Die sowjetische Deutschland-Note vom 10. März 1952. Wiedervereinigungsangebot oder Propagandaaktion?, in: DA 15, 1982, 130–148.

Wie Kriege entstehen. Zum historischen Hintergrund von Staatenkonflikten, Hg. B. Wegner, 2000.

Wiedergutmachung in der Bundesrepublik Deutschland, Hg. L. Herbst u.a., 1979.

L. Wiegand, Der Lastenausgleich in der Bundesrepublik Deutschland von 1959–1985, 1992.

M. Wildt, Vom kleinen Wohlstand. Eine Konsumgeschichte der fünfziger Jahre, 1996.

A. Wilkens, Frankreich und die deutsche Ostpolitik. Die Reaktionen auf die Ostverträge und die Mitwirkung an den Berliner Viermächte-Verhandlungen, Bd. 1–2, 1989.

H. A. Winkler, Der lange Weg nach Westen, Bd. 1–2, 2000 f.

H. A. Winkler, Stabilisierung durch Schrumpfung: Der gewerbliche Mittelstand in der Bundesrepublik, in: Sozialgeschichte der Bundesrepublik Deutschland (siehe oben), 187–209.

H. A. Winkler, Streitfragen der deutschen Geschichte, 1997.

H.-J. Wischnewski, Mit Leidenschaft und Augenmaß. In Mogadischu und anderswo. Politische Memoiren, 1989.

E. Wolfrum, Geschichte als Waffe. Vom Kaiserreich bis zur Wiedervereinigung, 2001.

E. Wolfrum, Geschichtspolitik in der Bundesrepublik Deutschland. Phasen und Kontroversen, in: APuZ B 45, 1998, 3–15.

E. Wolfrum, Geschichtspolitik in der Bundesrepublik Deutschland. Der Weg zur bundesrepublikanischen Erinnerung 1948–1990, 1999.

E. Wolfrum u. a., Krisenjahre und Aufbruchszeit. Das Land Baden unter französischer Besatzung 1945–1949, 1996.

E. Wolgast, Die Wahrnehmung des Dritten Reiches in der unmittelbaren Nachkriegszeit (1945/46), 2001.

H. Woller, Die Loritz-Partei. Geschichte, Struktur und Politik der Wirtschaftlichen Aufbau-Vereinigung (WAV) 1945–1955, 1982.

W. Zapf, Sozialstruktur und gesellschaftlicher Wandel in der Bundesrepublik Deutschland, in: Deutschland-Handbuch, Hg. Weidenfeld u. a. (siehe oben), 99–124.

Zäsuren nach 1945. Essays zur Periodisierung der deutschen Nachkriegsgeschichte, Hg. M. Broszat, 1990.

P. Zelikow u. a., Sternstunde der Diplomatie. Die deutsche Einheit und das Ende der Spaltung Europas, 1997.

G. Ziebura, Die deutsch-französischen Beziehungen seit 1945. Mythen und Realitäten, (Neuausg.) 1997.

H. Zimmer, Der Buchenwald-Konflikt. Zum Streit um Geschichte und Erinnerung im Kontext der deutschen Vereinigung, 1999.

R. Zitelmann, Adenauers Gegner. Streiter für die Einheit, 1991.

R. Zohlnhöfer, Die Wirtschaftspolitik der Ära Kohl. Eine Analyse der Schlüsselentscheidungen in den Politikfeldern Finanzen, Arbeit und Entstaatlichung, 1982–1998, 2001.

D. Zöllner, Sozialpolitik, in: Die Geschichte der Bundesrepublik Deutschland, Hg. Benz (siehe oben), Bd. 2: Wirtschaft, 1989, 362–392.

Zur Integration der Flüchtlinge und Vertriebenen im deutschen Südwesten nach 1945, Hg. M. Beer, 1994.

Zur Verjährung nationalsozialistischer Verbrechen. Dokumentation der parlamentarischen Bewältigung des Problems 1960–1979, Hg. Deutscher Bundestag, 1980.

H. Zwahr, Ende einer Selbstzerstörung. Leipzig und die Revolution in der DDR, 1993.

Der 20. Juli: Das »andere Deutschland« in der Vergangenheitspolitik, Hg. G. R. Ueberschär, 1998.

Die zweite Republik. 25 Jahre Bundesrepublik Deutschland. Eine Bilanz, Hg. R. Löwenthal u. a., [3]1997.

Zwischen den Stühlen. Remigranten und Remigration in der deutschen Medienöffentlichkeit der Nachkriegszeit, Hg. C.-D. Kohn u.a., 2002.

Zwischen Moral und Realpolitik. Deutsch-israelische Beziehungen 1945–1965. Eine Dokumentensammlung, Hg. Y. A. Jelinek, 1999.

Zwischen Wissenschaft und Politik: Studien zur deutschen Universitätsgeschichte (Festschrift E. Wolgast), Hg. A. Kohnle, 2001.

Abbildungs- und Kartennachweis

Orts- und Sachregister

Personenregister